Debian GNU/Linux

Springer
*Berlin
Heidelberg
New York
Barcelona
Budapest
Hongkong
London
Mailand
Paris
Singapur
Tokio*

Peter H. Ganten

Debian GNU/Linux

Grundlagen, Installation, Administration und Anwendung

Mit 57 Abbildungen und 15 Tabellen

Springer

Peter H. Ganten
Manteuffelstr. 33
28203 Bremen
E-mail: debian-buch@ganten.org

Die Deutsche Bibliothek – CIP-Einheitsaufnahme
Ganten, Peter H.:
Debian GNU, Linux: Grundlagen, Installation, Administration und
Anwendung/Peter H. Ganten.– Berlin; Heidelberg; New York;
Barcelona; Hongkong; London; Mailand; Paris; Singapur; Tokio:
Springer, 2000
  ISBN 3-540-65841-6

ISBN 3-540-65841-6 Springer-Verlag Berlin Heidelberg New York

Dieses Werk ist urheberrechtlich geschützt. Die dadurch begründeten Rechte, insbesondere die der Übersetzung, des Nachdrucks, des Vortrags, der Entnahme von Abbildungen und Tabellen, der Funksendung, der Mikroverfilmung oder der Vervielfältigung auf anderen Wegen und der Speicherung in Datenverarbeitungsanlagen, bleiben, auch bei nur auszugsweiser Verwertung, vorbehalten. Eine Vervielfältigung dieses Werkes oder von Teilen dieses Werkes ist auch im Einzelfall nur in den Grenzen der gesetzlichen Bestimmungen des Urheberrechtsgesetzes der Bundesrepublik Deutschland vom 9. September 1965 in der jeweils geltenden Fassung zulässig. Sie ist grundsätzlich vergütungspflichtig. Zuwiderhandlungen unterliegen den Strafbestimmungen des Urheberrechtsgesetzes.

Springer-Verlag ist ein Unternehmen der Fachverlagsgruppe BertelsmannSpringer.
© Springer-Verlag Berlin Heidelberg 2000
Printed in Germany

Die Wiedergabe von Gebrauchsnamen, Handelsnamen, Warenbezeichnungen usw. in diesem Werk berechtigt auch ohne besondere Kennzeichnung nicht zu der Annahme, daß solche Namen im Sinne der Warenzeichen- und Markenschutz-Gesetzgebung als frei zu betrachten wären und daher von jedermann benutzt werden dürften.

Umschlaggestaltung: Künkel + Lopka Werbeagentur, Heidelberg
Satz: Satzstellung durch den Autor
SPIN 10721470   33/3142SR – 5 4 3 2 1 0 – Gedruckt auf säurefreiem Papier

Vorwort

Die Erfindung des Buchdrucks schuf die technische Voraussetzung für den Zugriff auf Wissen durch breite Bevölkerungsschichten. Es bedurfte allerdings gesellschaftlicher Umwälzungen wie der Reformation und der Aufklärung, bis die technische Möglichkeit tatsächlich genutzt wurde, und die Masse der Menschen „geheime Schriften" lesen durfte, und dadurch letztlich mehr Freiheit und Mitbestimmungsrechte erhielt.

Die Entwicklung von Computern und weltumspannenden Netzwerken ermöglicht den freien Zugriff auf Computerprogramme, eine neue Form von Wissen, von der immer mehr Bereiche des Lebens abhängig sind. Auch hier führt die technische Möglichkeit jedoch nicht automatisch zu mehr Freiheit. Im Gegenteil: Es gibt machtvolle Bestrebungen mit dem Ziel, den Gebrauch dieses Wissens einzuschränken.

GNU und Linux sind Projekte, die sich gegen die Zurückhaltung von Wissen und gegen Einschränkungen, Wissen zu verbreiten, damit zu arbeiten und es zu verbessern, richten. Das Debian-Projekt ist aus diesen Projekten hervorgegangen und stellt – sehr erfolgreich – ein umfangreiches System freier Software zur Verfügung, das vom „Surfbrett" bis hin zur „Server-Farm" für fast alle Computeranwendungen benutzt werden kann.

Diese sogenannte „Open-Source-Revolution" ist zur Zeit auf dem Vormarsch und hat in manchen Bereichen die kommerziellen Programme und Betriebssysteme bereits auf die Plätze verwiesen. Die Freiheit dieser Software ist einer der Gründe für ihren unglaublichen Erfolg. Qualität, Stabilität und Vielfalt sind sicherlich nicht weniger bedeutend. Bei Debian GNU/Linux stehen Qualität und Freiheit besonders im Vordergrund. Es ist nicht das kommerzielle Interesse, sondern das Ziel, eine Software-Distribution zu schaffen, mit der dauerhaft optimal gearbeitet werden kann, welches die Entwicklung trägt. Debian wird dort gemacht, wo Software gebraucht wird, nämlich von Anwendern, Administratoren und Entwicklern für Anwender, Administratoren und Entwickler.

Für Anfänger und Umsteiger ist es jedoch nicht immer ganz einfach gewesen, den Einstieg in diese faszinierende Linux-Distribution zu finden, nicht zuletzt aufgrund des fehlenden Anwenderhandbuchs. Dieser Umstand und meine Erfahrung als Administrator einer Reihe von Debian-basierten Computern, gaben den Anlass, das vorliegende Buch zu schreiben. Gerade bei der Einführung neuer Benutzer in die Arbeit mit dem System habe ich ein Buch dieser Art vermisst. Leider ließen sich nicht alle der ursprünglich geplanten Themen integrieren, es wären sonst zwei Bücher geworden.

Die Entstehung des Buches wäre nicht ohne die einfühlsame Unterstützung durch meine Freunde, insbesondere durch Stefanie Sommer, möglich gewesen. Zu besonderem Dank bin ich auch Frau Prof. Dr. Canan Başar-Eroğlu verpflichtet. In ihrem Labor hatte ich die Möglichkeit und jede Freiheit, mich so intensiv mit Debian, GNU und Linux auseinanderzusetzen, dass ich es mir schließlich zugetraut habe, dieses Buchprojekt in Angriff zu nehmen. Gewinnbringend und äußerst hilfreich waren außerdem die zahlreichen inhaltlichen und orthographischen Hinweise von Det und Britta Buchholz, Volkmar Delitzsch, Michael Henkel, Andreas Heuer, Thomas Krebs, Dirk Meissner, Michael Miener, Andreas Schuldei, Jochen Sommer, Eduard Tölle und Torsten Warnke. Für die unverzichtbare Hilfe mit dem Manuskript möchte ich mich bei Michael Miener und Sabine Pfaff bedanken. Und schließlich hat das Buch den qualifizierten und freundlichen Mitgliedern der deutschsprachigen Debian-Mailingliste sowie den Mitgliedern der Linux User Group Bremen sehr viel zu verdanken. Meine Bewunderung möchte ich außerdem der Free Software Foundation, den Entwicklern des Linux-Kernels und den Mitgliedern des Debian-Projekts aussprechen.

Ich hoffe, dass Sie dieses Buch nützlich finden. Über Hinweise auf Fehler, konstruktive Kritik, aber natürlich auch über Lob würde ich mich sehr freuen. Bitte senden Sie Ihre Zuschriften an die folgende E-Mail-Adresse: *debian-buch@ganten.org*.

Peter H. Ganten

Bremen, den 7. April 2000

Inhaltsverzeichnis

1. **Einführung** 1
   1.1 Über dieses Buch 1
       1.1.1 Überblick über den Inhalt 1
       1.1.2 Arbeiten mit diesem Buch 2
       1.1.3 Konventionen im Buch 2
   1.2 GNU, Linux und freie Software 3
       1.2.1 GNU is Not UNIX 3
       1.2.2 Freie Software 5
       1.2.3 Linux 6
       1.2.4 Debian GNU/Linux 7
       1.2.5 Internetadressen 9
   1.3 Warum Debian GNU/Linux? 9

Teil I. Installation

2. **Planung der Installation** 15
   2.1 Definition des Einsatzzwecks 15
   2.2 Koexistenz mit anderen Betriebssystemen 16
   2.3 Auswahl der Hardware 16
   2.4 Planung des Massenspeicherbedarfs 21
   2.5 Partitionierung von Festplatten 22
   2.6 Planung der Partitionierung 25
   2.7 Wahl einer Bootmethode 29
   2.8 Wahl des Installationsmediums 30

3. **Vorbereitung der Installation** 31
   3.1 Für die Installation benötigte Informationen 31
       3.1.1 Informationen zur eingesetzten Hardware 31
       3.1.2 Netzwerkdaten 33
       3.1.3 Installationsquellen 34
   3.2 Vorbereitung der Installationsmedien 34
       3.2.1 Auswahl der benötigten Disketten und Dateien 35
       3.2.2 Herstellen der Installationsdisketten 38
       3.2.3 Erzeugung von Bootdisketten für andere Betriebssysteme 39

Inhaltsverzeichnis

- 3.3 Durchführung der Partitionierung unter einem anderen Betriebssystem 40
  - 3.3.1 Partitionsgrößen verändern mit FIPS 40
  - 3.3.2 Manuelles Umpartitionieren unter anderen Betriebssystemen 44
  - 3.3.3 Zuordnung von Gerätedateien unter Linux 50
- 3.4 BIOS-Einstellungen 52

4. Durchführung der Basisinstallation 55
- 4.1 Der erste Start von Linux 55
  - 4.1.1 Das Bootmenü 56
  - 4.1.2 Start des Installationssystems unter DOS 57
  - 4.1.3 Start des Linuxkernels 58
- 4.2 Durchführung des Basisinstallation mit *dbootstrap* 58
  - 4.2.1 Partitionieren von Festplatten(n) 61
  - 4.2.2 Das Festplattenpartitionierungsprogramm *cfdisk* 61
  - 4.2.3 Festlegen der Auslagerungs- (Swap-) Partition 65
  - 4.2.4 Formatieren von Partitionen für Debian GNU/Linux 66
  - 4.2.5 Einbinden (mounten) der Partitionen 67
  - 4.2.6 Installation des Kernels und der Treibermodule 69
  - 4.2.7 Konfiguration der PCMCIA-Unterstützung 71
  - 4.2.8 Konfiguration der Treibermodule mit *modconf* 72
  - 4.2.9 Basiskonfiguration des Netzwerkes 78
  - 4.2.10 Installation des Basissystems 80
  - 4.2.11 Auswahl der Zeitzone 81
  - 4.2.12 Wahl der zukünftigen Bootmethode 82
  - 4.2.13 Neustart des Systems 83
- 4.3 Konfiguration des Basissystems 85
  - 4.3.1 Konfiguration von Benutzerkonten und Passwörtern 85
  - 4.3.2 PCMCIA-Unterstützung 86
  - 4.3.3 Konfiguration einer PPP-Verbindung 86
  - 4.3.4 Auswahl von Paketquellen 87
  - 4.3.5 Auswahl und Installation von Paketen 87
- 4.4 Mögliche Probleme bei der Basisinstallation 88

Teil II. Grundlagen

5. Einführung für Linux/UNIX-Anfänger 93
- 5.1 Anmeldung 93
- 5.2 Die Eingabeaufforderung 93
- 5.3 Eingabe von Befehlen 94
- 5.4 Abmelden und Herunterfahren des Systems 94
- 5.5 Arbeitsverzeichnis und Heimatverzeichnis 95
- 5.6 Arbeiten mit Verzeichnissen 96
- 5.7 Fehlermeldungen 99
- 5.8 Arbeiten mit Dateien 100

5.9		Automatische Vervollständigung von Befehlen	102
5.10		Bearbeiten von Textdateien (mit *vi*)	103
5.11		Verweise (Links)	106
5.12		Verändern von Systemdateien	108
5.13		Dateiattribute und Rechte	109
5.14		Ändern von Dateiattributen	111
5.15		Versteckte Dateien (Dotfiles)	112
5.16		Meta-Zeichen	113
5.17		Mehrfache Anmeldungen und virtuelle Konsolen	115
5.18		Arbeit mit externen Datenträgern (Disketten)	116
	5.18.1	Einbinden von Datenträgern („Mounten")	116
5.19		Datenträger als gewöhnlicher Benutzer einbinden	119
	5.19.1	Die Dateisystemtabelle */etc/fstab*	119
	5.19.2	Verwendung des Befehls *mount* als Benutzer	121
5.20		Suchen nach Dateien	122
	5.20.1	Suchen mit *find*	122
	5.20.2	Ausführen von Kommandos mit den Suchergebnissen	124
	5.20.3	Schnelles Suchen mit *locate*	125
5.21		Programme zum Betrachten von Text (Pager)	127
	5.21.1	Bedienung von *less*	127
	5.21.2	Betrachten komprimierter Dateien mit *zless*	129

6. Dokumentation und Hilfe 131

6.1		Das Manual System	131
	6.1.1	Die Abschnitte des Manualsystems	132
	6.1.2	Manualseiten in unterschiedlichen Sprachen	133
	6.1.3	Drucken von Manualseiten	134
	6.1.4	Suchen in Manualseiten	134
	6.1.5	Weitere Programme zur Arbeit mit Manualseiten	135
6.2		Das Info-System	136
	6.2.1	Bedienung von *info*	137
	6.2.2	Drucken und Konvertieren von Info-Dokumentation	137
	6.2.3	Info und (X)Emacs	139
	6.2.4	Info-Dokumentation in GNOME und KDE	139
6.3		Zusätzliche Dokumentation	140
	6.3.1	Paketspezifische Dokumentationsverzeichnisse	140
	6.3.2	Anleitungen, Bücher und allgemeine Dokumentation	141
6.4		Integrierte Hilfesysteme (*dhelp* und *dwww*)	142
6.5		Beschaffung von Informationen aus dem Internet	144
	6.5.1	Wichtige WWW-Adressen	144

7. Installation von Software 147
    7.1   Einleitung 147
    7.2   Übersicht über das Paketverwaltungssystem 147
    7.3   Konfiguration von Paketquellen mit *apt-setup* 150
    7.4   Aufgabenbezogene Paketauswahl: *tasksel* 152
    7.5   Das interaktive Installationsprogramm: *dselect* 153
        7.5.1   Aufruf und Bedienung von *dselect* 153
        7.5.2   Bestimmen der Installationsmethode 154
        7.5.3   Aktualisierung der Liste der verfügbaren Pakete 158
        7.5.4   Auswahl der zu installierenden Pakete 159
        7.5.5   Installation der Pakete 166
        7.5.6   Konfiguration unkonfigurierter Pakete 168
        7.5.7   Löschen von Paketen 168
        7.5.8   Hinweise zur Benutzung von *dselect* 168
    7.6   Paketkonfiguration 169
        7.6.1   Arbeiten mit *debconf* 170
        7.6.2   Aktualisierung von Konfigurationsdateien 172
        7.6.3   Konfigurationsprozess ausgewählter Pakete 173

Teil III. Konfiguration und Administration

8. Mehr über Pakete und Paketverwaltung 181
    8.1   Eigenschaften und Beziehungen von Debian-Paketen 181
        8.1.1   Benennung von Paketen und Paketdateien 181
        8.1.2   Inhalt von Debian-Paketen 181
        8.1.3   Abhängigkeiten und Konflikte 182
        8.1.4   Was passiert während der Installation eines Pakets? .. 183
        8.1.5   Mögliche Zustände von Debian Paketen 184
    8.2   Aufbau und Layout der offiziellen Distribution 185
        8.2.1   Stabile und Unstabile Versionen 185
        8.2.2   Anordnung der Pakete auf Servern und CDs 186
    8.3   Bedienung des Paketmanagers *dpkg* 189
        8.3.1   Allgemeines zur Bedienung von *dpkg* 189
        8.3.2   Installation und Aktualisierung von Paketen 190
        8.3.3   Deinstallieren (Entfernen) von Paketen 193
        8.3.4   Informationen über Pakete und Dateien 193
        8.3.5   Arbeiten mit Paketdateien 195
        8.3.6   Anzeigen und Verändern der Datenbank verfügbarer Pakete 196
        8.3.7   Arbeiten mit der Paketauswahl 197
        8.3.8   Verändern von Voreinstellungen (- -*force* und - -*refuse*) 198
    8.4   APT – Intelligenz für *dpkg* 201
        8.4.1   Konfiguration von APT 201
        8.4.2   Arbeiten mit *apt-get* 205

		8.4.3	Wichtige Optionen des Programms *apt-get* 215

        8.4.3   Wichtige Optionen des Programms *apt-get* 215
        8.4.4   Arbeiten mit APTs Informationen – *apt-cache* 215
  8.5   Alternative Programme zur Paketverwaltung 216
        8.5.1   Paketmanagement unter X: *gnome-apt* 217
        8.5.2   Interaktive Paketauswahl an der Konsole: *aptitude* 221
  8.6   Werkzeuge zur Anpassung des Systems 224
        8.6.1   Arbeiten mit Alternativen 224
        8.6.2   Verwenden eigener Dateien mit *dpkg-divert* 226
        8.6.3   Erstellen eigener Paketindices mit *dpkg-scanpackages* 227
        8.6.4   Erstellen angepasster Pakete mit *dpkg-repack* 228
        8.6.5   Überschreiben von Abhängigkeiten mit *equivs* 228

9. Konfiguration wichtiger Systemkomponenten 231
  9.1   Konfiguration der Maus (*gpm*) 231
        9.1.1   Arbeiten mit *gpm* 233
  9.2   Einrichtung von Druckern 233
        9.2.1   Einleitung 233
        9.2.2   Auswahl und Installation der Software..234
        9.2.3   Konfiguration 235
        9.2.4   Fehlerbehebung...242
        9.2.5   Hinweise zur Arbeit mit Druckern 242
        9.2.6   Weiterführende Information zur Druckerverwaltung 245
  9.3   Cron: Regelmäßiges Ausführen von Programmen 246
        9.3.1   Einleitung 246
        9.3.2   Konfiguration 246
        9.3.3   Gewöhnliche Benutzer und *cron* 248
        9.3.4   Cron und das Ausschalten von Rechnern (*anacron*) 248
  9.4   Das X Window System 250
        9.4.1   Einleitung 250
        9.4.2   Konfiguration des X-Window Systems mit *anXious* 251
        9.4.3   Welche Pakete werden benötigt?...253
        9.4.4   Installation der Pakete 254
        9.4.5   Identifizieren der Graphikkarte mit *SuperProbe* 255
        9.4.6   Konfiguration des X-Servers mit *XF86Setup*.............................256
        9.4.7   Testen der Konfiguration 261
        9.4.8   Mögliche Probleme beim Start von XFree86................................262
        9.4.9   Konfiguration von X mit *xf86config* 264
        9.4.10 Aufbau der Datei */etc/X11/XF86Config* 267
        9.4.11 Weitere Möglichkeiten zur Anpassung...269
        9.4.12 Arbeiten mit X: Besonderheiten 271
        9.4.13 Window-Manager..273
        9.4.14 Display-Manager 276
        9.4.15 Weitere Informationen zum X Window System 278
  9.5   Arbeitsplatzumgebungen 279
        9.5.1   K Desktop Environment (KDE) 279
        9.5.2   GNU Network Object Model Environment (GNOME) 281

10. Starten von Linux – Bootloader und Bootmanager ... 285
10.1 Der Bootprozess eines PCs ... 285
10.1.1 Mögliche Situationen nach der Basisinstallation ... 286
10.2 Bootverfahren ... 287
10.2.1 Verwendung von Bootdisketten ... 287
10.2.2 Starten von Linux unter DOS mit Loadlin ... 287
10.2.3 Verwendung von Bootmanagern ... 293
10.3 LILO – Der LInux LOader ... 293
10.3.1 LILOs Bestandteile ... 294
10.3.2 Basiseinrichtung von LILO ... 295
10.3.3 Installation von LILO ... 299
10.3.4 Bedienung von LILO ... 299
10.3.5 Erstellen eines Bootmenüs mit LILO ... 300
10.3.6 Referenz zu LILO ... 302
10.3.7 Probleme bei der Verwendung von LILO ... 305
10.3.8 Besondere Konfigurationen und LILO ... 306
10.4 Alternative Bootloader ... 310

11. Anpassung und Erstellung des Betriebssystemkerns (Kernel) ... 311
11.1 Einleitung ... 311
11.2 Installation der Software ... 314
11.3 Konfiguration des Kernels ... 317
11.3.1 Methoden der Kernelkonfiguration ... 318
11.3.2 Aktualisieren der Konfiguration ... 320
11.3.3 Manuelles Sichern und Anpassen der Konfiguration ... 320
11.3.4 Kernelbestandteil oder Modul? ... 321
11.3.5 Erstellen der Konfiguration ... 321
11.4 Übersetzen des Kernels ... 338
11.4.1 Revisionsnummern für Kernelpakete ... 338
11.4.2 Übersetzen der Kernelquellen ohne *make-kpkg* ... 339
11.5 Installation eines neuen Kernels ... 340
11.5.1 Vorbereitung der Installation ... 340
11.5.2 Durchführung der Installation ... 341
11.6 Starten des neuen Kernels ... 342
11.6.1 Mögliche Probleme ... 343
11.7 Aktualisieren des Kernels mit Patchdateien ... 343

12. Konfiguration von Kernel und Modulen ... 345
12.1 Einleitung ... 345
12.2 Der Bootprompt – Übergabe von Parametern an den Kernel ... 346
12.2.1 Syntaktischer Aufbau von Kernelparametern ... 346
12.2.2 Kernelparameter und LILO ... 347
12.2.3 Kernelparameter und Loadlin ... 348
12.2.4 Kernelparameter und Syslinux ... 348
12.2.5 Kernelparameter mit *rdev* setzen ... 348

Inhaltsverzeichnis XIII

- 12.3 Verarbeitung von Parametern durch den Kernel 349
- 12.4 Module 349
  - 12.4.1 Manuelles Laden und Entfernen von Modulen 349
  - 12.4.2 Automatisches Laden und Entfernen von Modulen 351
- 12.5 Allgemeine Kernelparameter 353
- 12.6 Parameter für Treiber 354
  - 12.6.1 (E)IDE-Festplatten und -CDROMs 355
  - 12.6.2 Diskettenlaufwerke 356
  - 12.6.3 SCSI-Subsystem 357
  - 12.6.4 Ethernet-Adapter 360
  - 12.6.5 Mäuse 363
  - 12.6.6 Parallele Schnittstellen 364
  - 12.6.7 Ältere (proprietäre) CDROM-Laufwerke 364
  - 12.6.8 Soundkarten 366
- 12.7 Konfiguration von ISA-PNP-Karten 370

13. Der Startvorgang von Debian GNU/Linux 375
- 13.1 Runlevel 375
- 13.2 Die Datei */etc/inittab* 376
- 13.3 Bedienung von *init* 378
- 13.4 Start- und Stopskripte 380
- 13.5 Verwalten der Runlevel 382

14. Die Verzeichnisstruktur und Dateisysteme 385
- 14.1 Der File Hierarchie Standard (FHS) 385
- 14.2 Namen und Aufgaben der wichtigsten Verzeichnisse 386
- 14.3 Verwaltung des Dateisystems 391
  - 14.3.1 Anzeigen eingebundener Partitionen 391
  - 14.3.2 Anzeigen des freien und belegten Speicherplatzes auf Datenträgern 391
  - 14.3.3 Anzeigen des von einem Verzeichnis belegten Speicherplatzes 392
  - 14.3.4 Einbinden und Entfernen von Datenträgern 392
  - 14.3.5 Prüfen und Reparieren von Partitionen und Datenträgern 395
  - 14.3.6 Formatieren von Datenträgern 396
  - 14.3.7 Verlegen von Teilen der Verzeichnisstruktur auf andere Partitionen 397
  - 14.3.8 Verwaltung von Auslagerungsspeicher (Swap) 400
  - 14.3.9 Der Kernel Automounter 401

15. Benutzer und Gruppen 407
- 15.1 Einleitung 407
- 15.2 Die Dateien */etc/passwd* und */etc/group* 408
- 15.3 Schattenpasswörter 409
- 15.4 Vordefinierte Benutzerkonten und Gruppen 409
- 15.5 Arbeiten mit Benutzer- und Gruppenkonten 410
  - 15.5.1 Administration von Benutzern und Gruppen 411
  - 15.5.2 Gemeinsames Zugreifen auf Dateien und Verzeichnisse 412

15.5.3 Benutzern Administratoraufgaben übertragen 413
15.6 Diskquotas – Beschränkung von Speicherplatz 416
    15.6.1 Einrichtung des Quotasystems 417
    15.6.2 Anzeigen und Auswerten von Beschränkungen 419

Teil IV. Anwendung

16. Der Kommandointerpreter Bash 423
16.1 Ein Beispiel am Anfang 423
16.2 Starten und Beenden der Bash 425
16.3 Konfiguration und Startdateien 427
    16.3.1 Die Dateien *.inputrc* und */etc/inputrc* 427
    16.3.2 Die Startdateien */etc/profile*, *~/.bash_profile* und *~/.bashrc* 432
16.4 Grundlagen 433
    16.4.1 Externe und Interne Kommandos 433
    16.4.2 Bedienung 433
16.5 Ein- und Ausgabeumleitung 435
    16.5.1 Befehlsverkettung 438
16.6 Auftragsverwaltung (Jobverwaltung) und Prozessverwaltung 439
16.7 Aneinanderreihung von Befehlen 443
16.8 Variablen 445
    16.8.1 Einfache Variablen 445
    16.8.2 Eingebaute Shell-Variablen 447
    16.8.3 Konfiguration der Eingabeaufforderung über die Variable *PS1* 450
    16.8.4 Umgebungsvariablen 451
16.9 Substitution (Ersetzung) und Expansion (Erweiterung oder Auflösung) 454
    16.9.1 Dateinamenerweiterung 454
    16.9.2 Interpretation von Sonderzeichen unterdrücken 455
    16.9.3 Kommandosubstitution 456
    16.9.4 Arithmetische Berechnungen 457
    16.9.5 Feldvariablen 458
    16.9.6 Klammererweiterung 458
    16.9.7 Bedingte Variablenexpansion 459
16.10 Automatisierung von Vorgängen mit der Bash 460
    16.10.1 Allgemeine Bemerkungen zur Skripterstellung 461
    16.10.2 Die Parametervariablen 461
    16.10.3 Ablaufsteuerung 462
    16.10.4 Funktionen 472
    16.10.5 Beispiel: Ein System-V Startskript 473
16.11 Referenz eingebauter Bash-Befehle 476

17. Debian GNU/Linux im Netzwerk 495
17.1 Einleitung und Grundlagen 495
17.1.1 Interfaces und Adressen 495
17.1.2 Netzwerke und Subnetzwerke 496
17.1.3 Namensauflösung und DNS 499
17.1.4 Ports und Protokolle 499
17.2 Basiskonfiguration 501
17.2.1 Konfiguration der Namensauflösung 505
17.2.2 Automatische Netzwerkkonfiguration während des Systemstarts 507
17.3 Einwahl über Internet Service Provider 510
17.4 Konfiguration von PPP-Einwahlverbindungen mit einem Modem 512
17.4.1 Konfiguration der seriellen Schnittstellen 512
17.4.2 PPP-Konfiguration mit *pppconfig* 513
17.4.3 Testen und Benutzen von PPP-Verbindungen 517
17.4.4 Hintergrundinformationen und Fehlersuche 520
17.4.5 Weiterführende Informationen 521
17.4.6 Alternative Konfigurationsprogramme 524
17.4.7 PPP over Ethernet (ADSL, T-DSL, T-ISDN-DSL) 526
17.5 Konfiguration des ISDN-Subsystems für Einwahlverbindungen 527
17.5.1 Konfiguration der Treiber 528
17.5.2 Basiskonfiguration einer ISDN-Einwahlverbindung 530
17.5.3 Starten und Testen der Verbindung 533
17.5.4 Mehr über ISDN 535
17.5.5 Weiterführende Informationen 539
17.6 Klientprogramme für das Internet 539
17.6.1 WWW-Klientprogramme (Webbrowser) 540
17.6.2 E-Mail (Klient-)Programme 542
17.6.3 Internet-News 546
17.6.4 Fernbedienung von Rechnern (Telnet) 549
17.6.5 File Transfer Protokoll (FTP) 549
17.7 Konfiguration von Netzwerkdiensten 553
17.7.1 Der Internet-Daemon *inetd* 553
17.7.2 Zugangskontrolle mit *tcpd* 556
17.7.3 Vereinfachter Zugriff mit den R-Kommandos 558
17.7.4 FTP- und Telnet-Server 559
17.7.5 Einrichtung des Mail-Transport-Agents *exim* 562
17.7.6 Abholen von Mail mit *fetchmail* 569
17.7.7 Das Network Filesystem (NFS) 574
17.7.8 Network Information System (NIS) 578
17.7.9 Drucken im Netzwerk 582
17.8 Ausgewählte weitere Netzwerkdienste 586
17.8.1 Installation und Einrichtung des WWW-Servers *apache* 586
17.8.2 SAMBA – Netzwerkdienste für Windows und OS/2 593
17.8.3 Netatalk – Netzwerkdienste für Äpfel 610
17.8.4 Network Address Translation (IP-Masquerading) 612

18. Hinweise zu Anwendungen und Paketen 619
    18.1 Editoren 619
    18.2 Text- und Tabellenverarbeitung 620
        18.2.1 TeX und LaTeX 620
        18.2.2 Office-Programme 622
        18.2.3 Kommerzielle Office-Pakete 623
    18.3 Integration von Anwendungen für DOS und Windows 625
    18.4 Weitere Anwendungen 626
        18.4.1 Brennen von CDROMs 626
        18.4.2 Graphikbearbeitung 626
        18.4.3 Faxversand und -empfang 627
        18.4.4 Sound- und Videoplayer, MP3 627
        18.4.5 Spiele 628

19. Kommandoreferenz 629
    19.1 Einleitung 629
    19.2 Referenzteil 630

Teil V. Anhang

20. Verwendung regulärer Ausdrücke 743

21. Befehle unter DOS und GNU/Linux mit vergleichbaren Aufgaben 745

22. Wichtige Gerätedateien 747

23. Glossar 749

24. Der „Gesellschaftsvertrag" 753

25. GNU Public License 757

Index 764

1. Einführung

1.1 Über dieses Buch

Dieses Buch dient als Grundlage für die Arbeit mit Debian GNU/Linux auf PCs, also auf sogenannten Intel 80386-kompatiblen Computern und zwar sowohl aus Sicht des Anwenders als auch aus der des Administrators. Es richtet sich an Leser, die von einem anderen Betriebssystem oder einer anderen Linux-Distribution zu Debian wechseln oder von Grund auf in das System eingeführt werden wollen. Erfahrenen UNIX/Linux-Anwendern soll es als Referenz des Systems dienen. Erklärtes Ziel ist es, keine „Kochrezepte" zu geben, sondern zu jedem Schritt das notwendige Hintergrundwissen zu vermitteln. Der Leser soll dadurch in die Lage versetzt werden, nach dem Studium dieses Buches selbstständig mit dem System arbeiten zu können, es zu administrieren und an unterschiedliche Aufgaben und Bedürfnisse anzupassen.

1.1.1 Überblick über den Inhalt

Das Buch führt zunächst in die Grundlagen und Ideen freier Software ein, um dann die Planung von Debian-basierten Systemen sowie die Vorbereitung der Installation zu erläutern. Dabei wird auch darauf eingegangen, wie Festplatten einzurichten sind, damit Debian und andere Betriebssysteme (wie z. B. Windows) zusammen auf dem Rechner installiert sein können. Es folgt dann die Beschreibung der Basisinstallation des Systems von einer CDROM, über ein lokales Netzwerk oder aus dem Internet.

In den beiden Kapiteln des zweiten Teils wird in die Grundlagen der Arbeit mit dem System eingeführt. Dazu gehört die Bedienung der Kommandozeile, die Arbeit mit Dateien und Verzeichnissen sowie mit Datenträgern. Ein weiterer Schwerpunkt ist die Benutzung der Hilfe- und Informationssysteme des Systems sowie die Beschaffung von Dokumentation aus dem Internet.

Der umfangreichste Teil des Buches befasst sich mit der Einrichtung und Administration des Systems. Dabei wird zunächst ausführlich in die Grundlagen und die Bedienung der Paketverwaltung von Debian eingeführt. Alsdann werden die unterschiedlichen Programme und Werkzeuge zur Installation und Deinstallation von Software sowie zur Anpassung des Systems an eigene Bedürfnisse vorgestellt und deren Bedienung erläutert. Bei der Installation einiger Pakete ist es notwendig, Angaben zur Konfiguration der darin enthaltenen Software zu machen. Dies wird für wichtige Programme beschrieben. Insbesondere wird hier die Installation und Konfiguration von Druckern sowie des X Window Systems ausführlich erläutert. Das X Window System stellt unter UNIX/Linux die Grundlage für graphische Benutzeroberflächen dar, auf deren Installation daraufhin ebenfalls eingegangen wird. Wichtige Aufgaben bei der Anpassung des Systems sind die Konfiguration des Bootvorgangs, die Erstellung eines eigenen, angepassten Betriebssystemkerns sowie die Arbeit mit und Konfiguration von Gerätetreibern und anderen Bestandteilen des Betriebssystemkerns. Diese Schritte werden in den folgenden Kapiteln beschrieben. Daran schließt sich die Erläuterung des Startvorgangs, des Verzeichnissystems sowie der Benutzerverwaltung an.

Im Anwendungsteil werden zunächst eingehend die Möglichkeiten des Kommandozeileninterpreters Bash bis hin zur Automatisierung von Vorgängen (Skriptprogrammierung) mit diesem Programm erläutert. Es folgt dann eine Einführung in die Konfiguration und Arbeit mit (IP-basierten) Netzwerken unter Debian GNU/Linux. Hier wird auch beschrieben, wie Einwahlverbindungen zu Internetprovidern über ein Modem oder per ISDN eingerichtet werden. Dieser Netzwerkteil umfasst weiter eine Einführung in die Installation und Bedienung wichtiger Klientprogramme für das Internet, also z. B. E-Mail- oder News-Programme und Webbrowsern wie Netscape. Danach wird erläutert, wie Server-Dienste mit Debian installiert und eingerichtet werden. Dort finden Sie u. a. Informationen über die Einrichtung von Datei- und Druckservern für UNIX, Windows und Apple-Macintosh-Rechner sowie über den Aufbau eines einfachen WWW-Servers. Am Ende des Netzwerkteils wird beschrieben, wie ein Debian-Rechner mit Hilfe der sogenannten Network Address Translation so eingerichtet werden kann, dass er für ein kleines Netzwerk als Internet-Einwahlserver dient. Es folgt ein Überblick über verfügbare Programme und Pakete für unterschiedliche Anwendungszwecke mit einem gewissen Fokus auf Office-Programmen (Büroanwendungen). Daran schließt sich eine ausführliche Kommandoreferenz an, in der alle wichtigen Befehle zusammen mit den gebräuchlichsten Optionen und vielen praktischen Beispielen aufgeführt sind.

1.1.2 Arbeiten mit diesem Buch

Zur Arbeit mit diesem Buch benötigen Sie einen PC und Debian GNU/Linux, Version 2.2. Diese Version ist auch unter dem Codenamen *potato* bekannt und in der „Power-Pack"-Version des Buches bereits enthalten. Die meisten hier dargestellten Informationen gelten natürlich auch für andere Versionen von Debian und für andere Rechnerarchitekturen, sie beziehen sich jedoch auf diese Version und wurden mit der Entwicklerversion von Debian 2.2 auf PCs getestet. Bitte haben Sie Verständnis dafür, dass sich einige Details in letzter Minute geändert haben können und deswegen u. U. nicht mit den hier gegebenen Informationen übereinstimmen.

Hilfreich – aber nicht zwingend notwendig – für die Arbeit mit Debian sind eine Anbindung an das Internet und elementare Englischkenntnisse. Große Teile der Online-Hilfe, der Ausgaben von Programmen und anderer Texte wurden zwar bereits in die deutsche Sprache übersetzt, trotzdem muss man sagen, dass die englischen Originaltexte in vielen Fällen vollständiger und aktueller als die deutschen Übersetzungen sind. Aus diesem Grund wird an einigen Stellen des Buches absichtlich auf die englischen Originale bestimmter Dokumentationen und nicht auf die Übersetzungen verwiesen.

Ein Internetzugang ist bei der Suche und Beschaffung von zusätzlicher Dokumentation sehr hilfreich, außerdem um mit anderen Debian-Benutzern zu kommunizieren und um aktuelle oder zusätzliche Software zu beschaffen und zu installieren, die auf den CDROMs nicht enthalten ist.

Zur Bestimmung der Reihenfolge, in welcher die Kapitel des Buchs gelesen werden, ist anzuraten, sich von den eigenen Aufgaben und Wünschen leiten zu lassen. Wenn Sie das System installieren wollen, lesen Sie den Installationsteil, wenn Sie das Netzwerk konfigurieren möchten, lesen Sie den Netzwerkteil und wenn Sie Software installieren wollen, lesen Sie die Kapitel zur Paketverwaltung. Gelegentlich werden Sie dabei zwar blättern müssen, allerdings führt diese Form der Arbeit (hoffentlich) schnell zu Erfolgserlebnissen und macht deswegen mehr Spaß. Falls Sie noch keine Erfahrung mit UNIX- oder Linux-basierten Systemen haben, sollten Sie allerdings zuerst bzw. nach der Installation des Basissystems den Teil *Grundlagen* lesen, in dem Kenntnisse vermittelt werden, die in allen weiteren Abschnitten vorausgesetzt werden.

1.1.3 Konventionen im Buch

Tasten Wann immer eine bestimmte Taste zu drücken ist, ist die Bezeichnung der entsprechenden Taste in kleinen Großbuchstaben (Small Caps) wiedergegeben. Falls also in einer bestimmten Situation die Taste A zu drücken wäre, finden Sie an der betreffende Stelle des Buchs das Zeichen A. Sollte explizit der Großbuchstabe A gemeint sein, finden Sie an der entsprechenden Stelle die Anweisung, die Tasten SHIFT-A zu betätigen. *Shift* steht dabei für die Umschalttaste, welche ja auch tatsächlich betätigt werden muss, um ein großes A einzugeben.

Die Eingabeaufforderung Eine Reihe von Operationen auf einem Linux-System darf nur vom Administrator und nicht von gewöhnlichen Benutzern ausgeführt werden. Damit nicht jedesmal erneut darauf hingewiesen werden muss, ob für eine bestimmte Aktion die Rechte des Administrators benötigt werden, wird hier die folgende Konvention benutzt. Wenn ein Befehl von einem gewöhnlichen Benutzer einzugeben ist, wird der Befehl so dargestellt:

```
joe@debian:~$ ls
```

Die Zeichenkette *joe@debian:~$* muss bei der Eingabe des Befehls nicht abgeschrieben werden, sie entspricht der standardmäßigen Eingabeaufforderung der Shell, wobei für *joe* Ihr Benutzername und für *debian* der Name Ihres Rechners ausgegeben wird. Falls der betreffende Befehl nur vom Administrator benutzt werden darf, finden Sie folgende Schreibweise:

```
debian:~# ls
```

Auch hier entspricht die dargestellte Eingabeaufforderung der standardmäßigen Eingabeaufforderung für den Systemadministrator. Unter Umständen ist es bei der Eingabe eines Befehls erforderlich, dass Sie sich in einem ganz bestimmten Verzeichnis befinden. In solchen Fällen werden Befehle so dargestellt:

```
debian:/etc# ls
```

Dies würde (im Beispiel) also bedeuten, dass der Befehl *ls* vom Administrator im Verzeichnis */etc* eingegeben werden soll. Einige Befehle sind so lang, dass sie nicht in eine Textzeile dieses Buches passen. Diese Befehle wurden deswegen umgebrochen. Wenn Sie solche Befehle eingeben, sind die entsprechenden Zeilen in einer Zeile einzugeben, so als wären sie nicht umgebrochen. Nach der Eingabe eines Befehls ist die EINGABE-Taste zu drücken, um den Befehl „abzuschicken".

Syntaxerläuterungen An vielen Stellen in diesem Buch wird in einer einheitlichen Form angegeben, wie ein bestimmter Befehl oder ein Programm zu verwenden ist. Solche Erläuterungen folgen diesem Schema:

```
Befehl [Optionen] Datei | Verzeichnis
```

Befehl ist dabei der Name des Programms, also die Zeichenfolge, die einzugeben ist, um das Programm aufzurufen. In eckigen Klammern angegebene Ausdrücke (wie hier *Optionen*) sind optional. Sie sind nicht zwingend notwendig, um das Programm sinnvoll benutzen zu können, sondern verändern das Verhalten des Programms. Ausdrücke, die durch einen Längsstrich voneinander getrennt sind (wie hier *Datei* und *Verzeichnis*) sind alternativ voneinander zu benutzen. In dem Beispiel würde das heißen, dass der Befehl *Befehl* also mit dem nachgestellten Namen einer Datei oder eines Verzeichnisses benutzt werden muss.

Viele Befehle und Programme lassen sich mit mehreren Parametern des gleichen Typs hintereinander aufrufen. So kann man dem Befehl *rm* (der Befehl löscht Dateien) beispielsweise mehrere Dateinamen hintereinander übergeben, es werden dann alle angegebenen Dateien gelöscht. In den Syntaxerläuterungen wird dies durch drei Punkte hinter dem betreffenden Argument angegeben.

1.2 GNU, Linux und freie Software

1.2.1 GNU is Not UNIX

Der Programmierer Richard Stallman gründete 1983 das GNU Projekt mit dem Ziel, ein komplettes System freier Software zu erzeugen, welches den Software-Bedarf von Computer-Benutzern vollständig abdecken soll. Kernbestandteile dieses Projekts waren zunächst die Erstellung eines Compilers[1] sowie die Programmierung eines Betriebssystems. Von Anfang an kümmerte sich das GNU Projekt jedoch auch um die Erstellung von Anwendungsprogrammen und Werkzeugen zur Bedienung des Systems. Eines der bekanntesten GNU Anwendungsprogramme ist der Editor[2] Emacs, der zu den weitverbreitetsten, umfangreichsten und mächtigsten Editoren überhaupt gehört. Die GNU-Programme erfreuten sich früh großer Beliebtheit, sie wurden und werden von vielen Computeranwendern eingesetzt, um kommerzielle Programme und Werkzeuge zu ersetzen, weil sie oft besser programmiert sind und mehr Möglichkeiten als die kommerziellen Gegenstücke bieten.

Das GNU-Projekt ist eng mit dem Betriebssystem UNIX verbunden. Der erste Prototyp diese Betriebssystems wurde bereits 1969 von Keneth Thompson und Dennis Ritchie in den Laboren der US-amerikanischen Telefongesellschaft AT&T entwickelt. Bei UNIX handelt es sich um ein Multiprozess- und Multiusersystem, also um ein System, auf dem mehrere Benutzer gleichzeitig unterschiedliche Programme ausführen können. Zu Beginn war UNIX relativ frei verfügbar, was sich mit der Zeit durch zunehmende kommerzielle Interessen änderte. Die Abkürzung GNU steht für „GNU is Not UNIX". Der Name drückt aus, dass GNU in enger Beziehung zu dem Betriebssystem UNIX steht, sich gleichzeitig jedoch von UNIX abgrenzt. Das vom GNU-Projekt geplante und entwickelte Betriebssystem verhält sich in vielerlei Hinsicht wie eine Weiterentwicklung von UNIX, es handelt sich jedoch nicht um UNIX, weil alle GNU-Programme unabhängig von UNIX neu programmiert wurden.

Hauptmotivation für die Gründung des GNU-Projekts war die Tatsache, dass Anfang der 80er Jahre immer mehr Programme unter Copyright-Bestimmungen gestellt wurden, die es unmöglich machten, die Programme zu verändern, also beispielsweise Fehler zu korrigieren oder Anpassungen an eigene Bedürfnisse vorzunehmen. Darüberhinaus stellten die Copyright-Bestimmungen es unter Strafe, Programme oder eigene Änderungen daran – sofern sie doch möglich waren – an andere Menschen weiterzugeben. Eines der wesentlichen Bestandteile des GNU-Projekts ist deswegen eine eigene Softwarelizenz, die zum einen die Rechte des Programmierers schützt, zum anderen jedoch verhindert, dass die Freiheit bei der Verwendung eines Programms auf diese Art eingeschränkt werden kann. Diese GNU-Lizenz wird (in Anspielung auf den Begriff Copyright) auch als Copyleft bezeichnet. Ihr offizieller Name ist GNU Public License (GPL). Eine deutsche Übersetzung diese Lizenz finden Sie im Anhang ab Seite 757.

Die Erstellung von Programmen läuft gewöhnlich in zwei Schritten ab. Zunächst wird ein Quelltext (Sourcecode) erstellt. Dabei handelt es sich um eine oder mehrere Textdateien, die von anderen Programmieren gelesen, verstanden und geändert werden können. Der Quelltext wird dann mit Hilfe eines speziellen Programms – dem Compiler – in ein Binärformat gebracht, das vom Betriebssystem geladen und dann vom Prozessor des Computers ausgeführt werden kann. Die genaue Arbeitsweise eines Programms oder etwaige Fehler lassen sich anhand der Binärversion, gar nicht oder nur mit sehr hohem Aufwand feststellen. Ebenso ist es beinahe unmöglich, solche Programme zu verändern oder um neue Eigenschaften zu erweitern. Darüberhinaus verbieten viele kommerzielle Softwarelizenzen, im Binärformat vorliegende Programme zu untersuchen oder zu verändern. Eine besonders wichtige Bestimmung der GPL fordert deswegen, dass jedes Programm, welches unter der GPL steht, zusammen mit seinem Quelltext verfügbar gemacht werden muss. Außerdem muss jeder, der ein GPL-lizenziertes Programm verändert oder weitergibt, dieses ebenfalls unter den Bedingungen der GPL weitergeben. Es muss also ebenfalls der Quellcode – inklusive etwaiger Änderungen – offengelegt werden. Durch diese Bestimmung wird gewährleistet, dass der ursprüngliche Autor eines Programms, welches unter der GPL veröffentlicht wurde, von Verbesserungen und Erweiterungen des Programms durch die Lizenznehmer profitiert. Die Verpflichtung zur Offenlegung des Quellcodes ist also keine einseite Leistung des Programmautoren sondern ein Angebot an andere Personen, das Programm verändern und weitergeben zu können, unter der Bedingung dass die Änderungen ebenfalls veröffentlicht werden.

---

[1] Ein Compiler ist ein Programm, welches den von Menschen geschriebenen Programmcode in ein von Maschinen ausführbares Format übersetzt.

[2] Ein Editor ist ein Programm, mit dem Daten bearbeitet werden.

1.2.2 Freie Software

Software, bei der man das Recht hat, den Quellcode einzusehen, diesen zu verändern und die Software in originaler oder veränderter Form weiterzugeben bezeichnet man als freie Software. Es ist zu beachten, dass sich das Wort „frei" dabei nicht auf den Preis bezieht. Die GPL gestattet es durchaus, Software zu verkaufen. Sie gestattet es allerdings nicht, für den Quellcode einen gesonderten Preis zu berechnen oder es zu verbieten, dass der Käufer die betreffenden Programme seinerseits weitergibt. Freie Software ist von so genannter *Freeware* zu unterscheiden. Bei Freeware handelt es sich um Programme, die zwar ohne Bezahlung eines Preises beschafft und eingesetzt werden können, zu denen aber nicht notwendigerweise der Quellcode verfügbar ist. Bei Freeware bezieht sich das Wort „free" also auf den Preis und nicht auf die Freiheit, dass Programm so zu benutzen, wie man vielleicht möchte.

Freie Software muss nicht unbedingt unter der GPL stehen. Bei einer Reihe von Programmen handelt es sich beispielsweise um sogenannte *Public Domain Software*. Solche Programme können ebenfalls von jedem Menschen eingesetzt, verändert und weitergegeben werden, sie sind aber nicht lizenziert. Das bedeutet, dass der ursprüngliche Autor auf alle Rechte an dem Programm verzichtet und deswegen beispielsweise auch kein Recht hat, zu verlangen, dass Änderungen ebenfalls im Quellcode veröffentlicht werden. Darüberhinaus gibt es eine Reihe weitere Softwarelizenzen, welche bestimmte Rechte des Autors bei der Veröffentlichung freier Software schützen. Die bekannteste diese Lizenzen ist – neben der GPL – die Lizenz der Berkeley Software Distribution (BSD-Lizenz).

Freie Software ist sicher nicht nur aufgrund idealler Überlegungen oder ausgeklügelter Lizenzen erfolgreich. Vielmehr ist die Möglichkeit zur Veränderung eines Programms oft ein schlagkräftiges Argument für die Auswahl freier Software. Neben Gründen der Flexibilität und der Kosten, spielen häufig auch Aspekte der Sicherheit sowie der Softwarestabilität eine entscheidende Rolle. Fehler in offengelegten Programmen, die von vielen Benutzern, Programmieren und Analysten untersucht werden können, werden in der Regel viel schneller entdeckt und behoben, als es bei kommerziellen Programmen, auf deren Quellcode nur ein sehr eingeschränkter Personenkreis zugreifen kann, der Fall ist.

Stellen Sie sich die folgende Situation vor: Ein Systemadministrator entdeckt ein etwas eigenartiges Verhalten eines Programms. Er untersucht die Situation und stellt anhand des Quellcodes fest, dass das Programm (unbeabsichtigter Weise) die Möglichkeit bietet, über das Netzwerk auf den Rechner zuzugreifen und dort befindliche Daten zu manipulieren. Diese Entdeckung teilt er den Autoren und Benutzern des Programms beispielsweise über eine Mailingliste[3] mit. Aufgrund der genauen Angaben zu dem Fehler (die ohne den Quellcode nicht möglich gewesen wären), kann ein anderer Benutzer des Programms den Fehler innerhalb weniger Stunden lösen. Die Lösung wird sofort veröffentlicht, um die Gefahr des unbefugten Datenzugriffs zu bannen. Aus Sicht desjenigen, der die Problemlösung erarbeitet hat, sprechen eine Reihe weiterer Gründe für die schnelle Veröffentlichung der Lösung:

- Bliebe sie unveröffentlicht, müsste sie in jede neue Version des betreffenden Programms erneut integriert werden.
- Durch die Veröffentlichung wird die eigene Qualifikation nachgewiesen.
- Es besteht u. U. das Bedürfnis, etwas an Menschen „zurückzugeben", die einem in vergleichbaren Situationen ebenfalls geholfen haben.

Zum Vergleich könnte sich die Geschichte bei einem kommerziellen Softwareprodukt folgendermaßen abspielen: Der Systemadministrator bemerkt wieder ein etwas eigenartiges Verhalten eines Programms. Er versucht, dieses Verhalten zu untersuchen, ist sich allerdings nicht darüber im klaren, ob der Grund für das Programmverhalten im Programm selbst oder im Zusammenspiel mit dem Betriebssystem liegt. Diese Frage kann er nicht ohne weiteres beantworten, weil der Quellcode von Programm und Betriebssystem nicht zur Verfügung stehen und das fragliche Programm nur unter diesem Betriebssystem ausgeführt werden kann. Daraufhin nimmt er Kontakt zum Support des Programmherstellers auf und erklärt diesem die Angelegenheit. Der Programmhersteller sieht sich allerdings nicht

---

[3] Eine Mailingliste ist eine Art Verteilerprogramm für E-Mail.

veranlasst, eine Änderung an dem Programm vorzunehmen, weil ihm ja nicht nachgewiesen werden kann, dass tatsächlich ein Fehler im Programm vorliegt. Das Gleiche gilt für den Hersteller des Betriebssystems. Der Fehler wird allerdings zu einem späteren Zeitpunkt von böswilligen Angreifern bemerkt, die ihn tatsächlich benutzen, um sich Zugriff zum betreffenden System zu verschaffen und dort Daten zu verändern. Erst zu diesem Zeitpunkt räumt der Hersteller der Programms eine mögliche „Angelegenheit" ein und empfiehlt das Programm zunächst in einem bestimmten Modus nicht mehr zu benutzen. Ein halbes Jahr später bringt er ein „Update" des Programms heraus, für das allerdings neue Lizenzgebühren fällig sind.

Die Geschichte illustriert einen der zentralen Vorteile freier Software: Es ist einem erlaubt, sich und anderen selbst zu helfen. Freie Software wird seit einiger Zeit auch als Open-Source-Software bezeichnet. Der Begriff „Open Source" ist ein geschützter Begriff, welcher mit bestimmten Bedingungen verbunden ist. Diese Bedingungen können Sie im Internet unter der URL `http://www.opensource.org/osd.html` nachlesen.

1.2.3 Linux

1991 begann der Finne Linus Thorvalds einen Betriebssystemkern[4] zu entwickeln, das die Fähigkeiten des damals relativ neuen Intel 80386-Prozessors ausnutzen konnte. Thorvalds benutzte zu diesem Zweck von Anfang an die Werkzeuge, welche vom GNU-Projekt bereits erstellt worden waren, insbesondere setzte er den GNU-C-Compiler ein, um den Quellcode seines Kernels in das maschinenausführbare Format zu übersetzen. Das Design und die Schnittstellen dieses neuen Betriebssystemkerns orientieren sich an den Schnittstellen von UNIX-Betriebssystemen, weswegen sich auch die übrigen GNU-Programme sowie andere UNIX-Programme leicht auf das neue System übertragen ließen.

Nach kurzer Zeit (am 17. September 1991) veröffentlichte Thorvalds eine erste Version seines Kernels unter dem Namen Linux und unter den Lizenzbedingungen der GPL im Internet. Das System war zu diesem Zeitpunkt bereits in der Lage, den GNU-C-Compiler und den GNU-Kommandointerpreter Bash auszuführen. Während andere Informatiker über Konstruktionsprinzipien von Betriebssystemen stritten, verfolgte Thorvalds mit Linux bis heute einen äußerst pragmatischen Ansatz. Im Vordergrund der Entwicklung steht, zügig ein zuverlässiges und funktionales System aufzubauen und gleichzeitig Spaß daran zu haben. Von diesem Ansatz ließen sich in kurzer Zeit eine Reihe anderer Programmierer begeistern. Sie beteiligten sich an der Entwicklung, so dass der Kernel schnell wuchs, stabiler wurde und um neue Eigenschaften ergänzt wurde.

Diese Entwicklung wäre nicht ohne das Internet möglich gewesen. Nachdem Anfang der 1990er Jahre Internetverbindungen in allen wissenschaftlichen Einrichtungen und vielen Firmen zur Verfügung standen, wurde es zum ersten Mal möglich, dass eine große Zahl von Entwicklern aus vielen Teilen der Welt gemeinsam an Softwareprojekten arbeiten und dabei unkompliziert, schnell und kostengünstig miteinander kommunizieren konnte. Die Entwicklung von Linux ist deswegen eng mit dem Ausbau des Internets verbunden. Durch dieses Medium konnte – und kann noch heute – jeder Interessierte Linux und die notwendigen GNU-Programme beschaffen, damit herumexperimentieren, Fehler melden oder diese Software weiterentwickeln. Eine große Rolle spielen dabei auch die Kommunikationskanäle des Internets. Interessierte können sich über Medien wie E-Mail und Newsgroups austauschen oder gegenseitig Hilfestellung geben.

Zwei Jahre nach der ersten Veröffentlichung des Linux-Kernels (also 1993) hatten sich bereits mehr als 100 Programmierer an der Entwicklung beteiligt. Die Menge des Quellcodes hatte sich bis dahin ungefähr verzehnfacht. Man schätzt, dass 1993 bereits 20.000 Benutzer Linux einsetzten. Diese Entwicklung hat sich bis heute in beinahe exponentieller Form fortgesetzt. Die Anzahl der Linux-Installationen wird zur Zeit auf 14 Millionen geschätzt, die Anzahl von Entwicklern, die einen Beitrag zu Linux geleistet haben, liegt bei weit über 1.000, Tendenz weiter steigend. In einigen Bereichen ist Linux schon jetzt das verbreitetste Betriebssystem überhaupt und zwar – wen

---

[4] Der Betriebssystemkern oder Kernel ist das Herzstück des Betriebssystem. Er stellt die Schnittstellen zur Verfügung, die von anderen Programmen genutzt werden können und führt die eigentliche Ressourcenverwaltung durch, gleichzeitig ist der Kernel für die Ansteuerung der Hardware zuständig. Der Kernel ist praktisch das Betriebssystem abzüglich der Möglichkeit, es zu benutzen.

wundert es – vor allem im Bereich von Internet-Servern. Genaue Zahlen über die Verbreitung von Linux kennt allerdings niemand. Weil es nicht notwendig ist, eine Lizenz für das System zu erwerben oder sich irgendwo zu registrieren, sind solche Zahlen schwer zu erheben. Es kann also davon ausgegangen werden, dass die „Dunkelziffer" noch höher ist.

Auch im wissenschaftlichen Umfeld, als Server für Windows-Netzwerke und immer mehr im Bereich der Heim- und Arbeitsplatzrechner hat sich Linux einen bedeutenden Platz erobert. Niedrige Kosten, hohe Stabilität, hohe Flexibilität, ein hohes Maß an Sicherheit und relativ geringe Hardwareanforderungen bewirken, dass sich immer mehr Einkäufer, Entscheider und Entwickler von den kommerziellen Softwareanbietern abwenden und sich für GNU und Linux entscheiden. Während vor einigen Jahren vor allem in Unternehmen noch Bedenken bestanden, Linux einzusetzen, weil kein kommerzieller Support für das System verfügbar war, so hat sich auch diese Situation mittlerweile geändert. Eine große Anzahl neuer GNU/Linux-Firmen bietet Dienstleistungen wie Schulungen und Support, aber auch die Planung und Installation von Linux-basierten EDV-Landschaften an. Darüberhinaus engagieren sich namhafte Firmen aus der IT-Branche, wie IBM, Hewlett-Packard oder Compaq im Linux-Bereich und bieten Hard- und Software, sowie Dienstleistungen im Umfeld dieses Betriebssystems an.

Freie Software wie GNU und Linux werden in Zukunft eine weiter steigende Bedeutung haben. Letztendlich ist es sogar die Frage, ob einzelne Software-Firmen – langfristig gesehen – überhaupt in der Lage sind, gegen die gemeinsamen Anstrengungen von Benutzern und Entwicklern freier Software zu konkurrieren, zumal die Entwicklung und Pflege freier Software mittlerweile zu großen Teilen ebenfalls von kommerziellen Unternehmen getragen wird. Es darf also bezweifelt werden, ob das herkömmliche Lizenzmodell kommerzieller, nicht-freier Software (außer in einigen Randbereichen) überhaupt noch Zukunft hat oder ob Lizenzen, die viel Geld kosten, aber nicht das Recht enthalten, das erworbene Produkt zu verändern und weiterzugeben nicht Auslaufmodelle sind. Oder würden Sie ein Auto kaufen, dessen Motorhaube Sie nicht öffnen dürfen und bei dessen Kauf Sie sich verpflichten müssten, es nur in einer Werkstatt reparieren zu lassen?

1.2.4 Debian GNU/Linux

Die Installation und Pflege eines funktionsfähigen Linux-basierten Systems wäre mit großem Aufwand verbunden, gäbe es nicht die so genannten Distributionen. Man müsste sich den Linux-Kernel, viele GNU-Programme, eine Reihe weitere Programme und die benötigten Anwendungsprogramme von ganz unterschiedlichen Stellen besorgen und so anpassen, dass sie mit den übrigen Komponenten zusammenarbeiten. Als nächstes wären die Programme vom Quellcode in das Binärformat zu übersetzen und dann zu installieren. Bei alledem müsste man Inkompatibilitäten zwischen verschiedenen Programmversionen beachten, protokollieren, was man zu welchem Zeitpunkt wohin installiert hat und immer wieder testen, ob die so erzeugte Installation überhaupt funktioniert. Kurz: Ein optimal eingerichtetes System zu erstellen wäre mit einem unvertretbar hohem Aufwand verbunden.

Aus diesem Grund gibt es die sogenannten Distributoren. Hierbei handelt es sich in den meisten Fällen um Unternehmen, die den Linux-Kernel, die GNU-Software, weitere Programme und viele Anwendungsprogramme aufeinander abstimmen, diese Software in das Binärformat übersetzen, dazu ein Installationsprogramm schreiben und alles zusammen auf CDROMs oder anderen Datenträgern zum Verkauf anbieten. Der Anwender braucht dann lediglich einen Satz CDROMs zu kaufen, mit denen er das Betriebssystem mit samt vieler Anwendungen auf seinen Rechnern installieren kann. Zu den größten kommerziellen Linux-Distributoren gehören die Firmen Red Hat, SuSE und Caldera.

Bei dem Debian-Projekt handelt es sich um eine freie Organisation aus zur Zeit etwas weniger als 500 Entwicklern, die es sich zum Ziel gesetzt hat, eine freie Software-Distribution herauszugeben. Das Projekt wurde 1993 von Ian Murdock gegründet, der Name „Debian" entstand aus dem Vornamen seiner Frau Debra und Murdocks eigenem Vornamen. Für die Gründung des Debian Projekts sprach vieles: Die kommerziellen Distributionen waren lange nicht so gut, wie sie es hätten sein können, kommerzielle Distributoren bewarben ausgiebig neue, noch nicht ausgereifte Linux-Eigenschaften, wodurch bei der Kundschaft Enttäuschungen hervorgerufen wurden, außerdem begannen einige Distributoren freie und nicht-freie Software miteinander zu vermischen, was zur Folge hatte, dass diese Distributionen nicht mehr frei benutzt werden konnten.

Ein weiterer wichtiger Grund für die Entstehung von Debian war darüberhinaus die Tatsache, dass es sich bei einer Distribution selbst um Software handelt, die genauso frei sein sollte, wie ihre Bestandteile. Durch die Gründung von Debian wurde das Entwicklungsprinzip von Linux, nämlich das gemeinschaftliche Arbeiten viele Entwickler, die über das Internet miteinander kommunizieren, auf die Distribution ausgedehnt. Das Debian-Projekt selbst ist ohne Rechtsform. Weil es bei einem Projekt dieser Größenordnung jedoch notwendig ist, Gelder zu verwalten und Rechte wahrzunehmen, wurde von dem Projekt die anerkannt allgemeinnützige Organisation Software in the Public Interest Inc. (SPI) gegründet. Diese Organisation tritt beispielsweise als Inhaberin des Warenzeichens „Debian" sowie als Copyright-Halterin für die Produkte des Debian-Projekts auf. Außerdem nimmt sie Geld- und Sachspenden an das Debian-Projekt entgegen.

Im Gegensatz zu den Namen anderer Distributionen (z. B. Red Hat Linux oder SuSE Linux) soll der Name Debian GNU/Linux ausdrücken, dass es sich dabei um eine Softwaredistribution handelt, die auf zwei wesentlichen Säulen basiert, nämlich dem GNU-System und dem Linux-Kernel. Zur Zeit wird daran gearbeitet, neben Linux auch andere Betriebssystemkerne in das System zu integrieren. Vor allem das GNU-Projekt arbeitet schon seit langer Zeit an einem eigenen Betriebssystemkern, welcher den Namen HURD trägt. Dieser Kernel wird zur Zeit in das System integriert. Aus diesem Grund wird die Distribution seit einiger Zeit nur noch Debian GNU oder einfach nur Debian genannt, weil Linux kein notwendiger Bestandteil mehr ist. In diesem Buch wird allerdings weiterhin von Debian GNU/Linux gesprochen, weil nur der Linux-basierten Teil der Distribution beschrieben wird.

Das Debian-Projekt fühlt sich besonders freier Software verpflichtet. Eine der konstitutionellen Säulen des Projekts ist der so genannte Gesellschaftsvertrag (Social Contract), in dem die Ziele des Projekts definiert werden. In einem Anhang zu diesem Dokument wird definiert, unter welchen Bedingungen Debian ein Programm als freie Software akzeptiert. Diese Richtlinien werden als Debian Free Software Guidelines (DFSG) bezeichnet. Gesellschaftsvertrag und DFSG sind im Anhang ab Seite 753 wiedergegeben. Die eigentliche Debian-Distribution besteht ausschließlich aus Programmen, die mit den DFSG in Einklang stehen. Als Service für die Benutzer der Distribution bereiten Debian-Entwickler jedoch auch einige nicht-freie Programme für den Einsatz auf Debian-Systemen vor. Der Grund hierfür ist im wesentlichen, dass es zur Zeit noch einige Programme gibt, für die kein freies Äquivalent verfügbar ist. Freie und nicht-freie Software befindet sich auf den Debian-Servern im Internet sowie auf den Debian-CDROMs in unterschiedlichen Bereichen, so dass es für die Benutzer sofort klar ist, aus welchem Bereich ein bestimmtes Programm stammt. So lange Sie nur Programme aus dem Hauptteil der Distribution (main) einsetzen, können Sie sich sicher sein, dass Sie das System im Sinne der DFSG frei benutzen dürfen. Falls Sie jedoch Software aus den Abteilungen *non-free* oder *contrib* benutzen, müssen Sie prüfen, ob Sie diese Programme für den von Ihnen geplanten Zweck benutzen dürfen.

Die Entwicklung der Debian-Distribution ist vollkommen offen. Das Projekt bietet zwei Versionen der Distribution an. Zum einen eine stabile und abgeschlossene Version, die in unregelmäßigen Abständen bei Bedarf aktualisiert wird. Und zum anderen eine unstabile Version, an der die Entwickler des Projekts arbeiten und die sich deswegen ständig ändert. Fehler können von Benutzern und Entwicklern in eine Datenbank eingegeben werden. Der Inhalt dieser Datenbank kann ebenfalls von jedem Menschen gelesen werden. Bevor eine neue Version der Distribution herausgegeben wird, müssen alle schwerwiegenden Fehler beseitigt sein.

Das Debian-Projekt ist ein großer Erfolg. Auch hier zeigt sich wieder, dass ein offenes Projekt, bei dem jeder zur Mitarbeit eingeladen ist, auf Dauer mit kommerziellen Lösungen mithalten kann und diese hinsichtlich der Qualität des Produktes in vielen Bereichen übertrifft. Debian gehört heute zu den bedeutendsten Linux-Distributionen überhaupt und, obwohl die Verbreitung einer freien Distribution nur grob geschätzt werden kann, darf davon ausgegangen werden, dass Debian – weltweit betrachtet – heute die zweitgrößte Linux-Distribution ist. Im Vergleich zu anderen Distributionen bietet Debian die größte Anzahl von Softwarepaketen, unterstützt neben Intel-80386er-kompatiblen PCs die größte Zahl weiterer Rechnerarchitekturen und ist vollständig kostenlos über das Internet verfügbar. Weil das Herunterladen der Distribution für viele Benutzer jedoch ebenfalls mit Kosten verbunden ist, stellt das Debian-Projekt CD-Abbilddateien der Distribution zur Verfügung, welche ebenfalls aus dem Internet heruntergeladen werden dürfen und z. B. von Firmen zur Herstellung von CDROMs benutzt werden können. CDROM-Sätze, die aus den CD-Abbilddateien des Debian Projekts erstellt wurden, werden auch als offizielle Debian-CDROMs bezeichnet. Daneben gibt es Anbieter, die selbst Debian-CDROMs zusammenstellen. Solche CDROMs können speziell auf bestimmte Bedingungen angepasst sein oder zusätzliche Software enthalten, die das Debian-Projekt mit den offiziellen CDROMs nicht verteilen kann.

Natürlich hat jede Distribution ihre Stärken und Schwächen. Kommerzielle Distributoren bemühen sich oftmals um besonders einfach zu bedienende oder ansprechend aussehende Installationsprogramme. Dies sind Programmteile, die – vor allem von Zeitschriften – bei Vergleichen von Linuxdistributionen oft getestet werden und mit denen sich schnell gute Testergebnisse erzielen lassen. Debian wird von Anwendern für Anwender gemacht. Die Installation des Betriebssystems mit einem aufwendigen graphischen Programm hat für die tägliche Arbeit jedoch eine eher geringe Bedeutung (was nicht heißt, dass Debian schwer zu installieren ist). Deswegen steht bei Debian eher im Vordergrund, dass dauerhaft sicher und stabil mit dem System gearbeitet werden kann, als beispielsweise dass ein optisch besonders aufwendiges Installationsprogramm entwickelt wird.

Aus Wettbewerbsgründen sind in kommerziellen Distributionen oft besonders aktuelle Versionen allgemein gut bekannter Programme enthalten. Diese werden Gelegentlich in letzter Minute in die Distribution aufgenommen, ohne vorher ausreichend getestet worden zu sein. Auf der anderen Seite werden weniger bekannte, aber für den Betrieb des Systems ebenso wichtige Programme von diesen Distributoren eher vernachlässigt, weil sich damit nicht werben lässt. Debian ist nicht auf Marketing angewiesen und braucht deshalb auf solche Überlegungen keine Rücksicht zu nehmen. Hier steht die Stabilität und Fehlerfreiheit, bei einer gleichmäßigen Aktualität aller Komponenten, im Vordergrund. Dies macht sich beispielsweise bei Aktualisierungen des Systems bemerkbar: Ein Debian System kann problemlos von einer auf die nächste Version der Distribution aktualisiert werden, ohne dass persönliche Anpassungen verlorengehen oder das System neu gestartet werden muss. Debian Systeme lassen sich in der Regel über Jahre ohne Unterbrechung betreiben, es sei denn der Betriebssystemkern muss ausgetauscht werden oder ein Hardwareproblem zwingt dazu, den Rechner herunterzufahren.

Einige kommerziele Anbieter von Linux-Distributionen haben die unschlagbaren Vorteile von Debian erkannt und bieten Distributionen an, die auf Debian basieren. Diese Distributionen verwenden den größten Teil der in Debian enthaltenen Software unverändert und benutzen die Debian-Programme zur Paketverwaltung. Sie unterscheiden sich von der offiziellen Debian-Distribution beispielsweise durch andere Installationsprogramme oder die Anpassung und Auswahl der enthaltenen Software im Hinblick auf bestimmte Anwendergruppen. Die bekanntesten kommerziellen Distributionen, die auf Debian basieren, sind Corel Linux und Storm Linux.

1.2.5 Internetadressen

- Free Software Foundation (Träger des GNU-Projekts): `http://www.fsf.org`
- Linux Portalseiten: `http://www.linux.org` und `http://www.linux.com`
- Homepage des Debian-Projekts: `http://www.debian.org`
- Homepage von GNU-HURD `http://www.gnu.org/software/hurd/hurd.html`
- Definition des Begriffes Open Source: `http://www.opensource.org/osd.html`
- Corel Linx: `http://linux.corel.com`
- Storm Linux `http://www.stormix.com`

1.3 Warum Debian GNU/Linux?

Vor gar nicht langer Zeit war der Begriff „Linux" nur Eingeweihten vertraut. Heute lesen wir Neuigkeiten über Linux in der Tageszeitung und sehen Berichte im Fernsehen zu diesem Thema. Linux und freie Software sind schwer im kommen. Welche Gründe sprechen aber für den Einsatz von Linux-basierten Betriebssystemen? Und welche Gründe sprechen dafür, Debian GNU/Linux zu verwenden?

Stabilität Linux ist eines der sichersten und stabilsten Betriebssysteme für PCs. Regelmäßige Abstürze, welche zum Neustart des Rechners zwingen, gehören mit Linux der Vergangenheit an. Debian GNU/Linux wird sehr lange öffentlich getestet, bevor es freigegeben wird, es ist deswegen eine besonders stabiles und ausgereiftes Linux-System.

Geringe Hardwareanforderungen Linux benötigt für eine bestimmte Aufgabe in der Regel weniger Hardwareressourcen als andere Betriebssysteme. Das System ist außerdem modularer aufgebaut, so braucht eine graphische Oberfläche nur dort installiert werden, wo sie auch tatsächlich benötigt wird, wodurch sich weitere Ressourcen einsparen lassen.

Mehrbenutzerfähigkeit Linux ermöglicht mehreren Benutzern, gleichzeitig mit dem System zu arbeiten. Dies beschränkt sich nicht nur auf den Einsatz als WWW-, Datei oder z. B. Mail-Server, sondern auch auf die Ausführung von Programmen. So lässt sich das System hervorragend als Anwendungsserver einsetzen.

Sicherheit Unter Linux lassen sich Daten wirkungsvoll vor dem Zugriff durch Unbefugte schützen. Weil der Quellcode des Betriebssystems offengelegt ist, wird er von sehr vielen Leuten geprüft, sicherheitsrelevante Fehler werden deswegen schnell gefunden und behoben.

Kooperativität Debian kann problemlos auf Rechnern installiert werden, auf denen sich bereits andere Betriebssysteme befinden. Das System kann dann so eingerichtet werden, dass zum Startzeitpunkt ausgewählt werden kann, welches der installierten Betriebssysteme gestartet werden soll.

Benutzerfreundlichkeit Mit KDE und GNOME stehen gleich zwei freie graphische Benutzeroberflächen für Linux zur Verfügung, mit denen das System ähnlich einfach bedient werden kann, wie ein Windows- oder Macintosh-basiertes System.

Freiheit Alle Bestandteile von Debian GNU/Linux sind freie Software. Das bedeutet u. a., dass sie im Quellcode verfügbar sind, beliebig oft eingesetzt werden dürfen, angepasst und verändert werden können und an anderer weitergegeben werden dürfen, ohne Gebühren zu zahlen oder jemanden um Erlaubnis fragen zu müssen.

Weil es in einigen Fällen leider notwendig ist, nicht-freie Software einzusetzen, wird eine Reihe von nicht-freien Programmen vom Debian-Projekt als Serviceleistung ebenfalls für den Einsatz mit der Distribution vorbereitet. Diese Software ist jedoch kein offizieller Bestandteil der Distribution und deutlich gekennzeichnet.

Preis Linux ist in der Regel relativ günstig erhältlich. Wenn Sie über eine gute Internetanbindung verfügen, können Sie Debian GNU/Linux komplett aus dem Internet installieren und müssen (abgesehen von den Verbindungskosten) nichts bezahlen.

Investitionssicherheit Weil Debian keine kommerziellen Interessen verfolgt, werden Sie nicht in regelmäßigen Abständen gezwungen, „Updates" oder neue Programmversionen zu bezahlen und zu installieren. Außerdem besteht keine Gefahr, dass die Distribution eines Tages aufgrund fehlendem kommerziellen Erfolg eingestellt wird. Debian kann nicht an schlechtem Marketing zu Grunde gehen oder von einem Konkurrenten aufgekauft werden.

Umfang Debian bietet eine besonders große Zahl an Softwarepaketen, die für das System vorbereitet sind. Zur Zeit sind dies weit über 3000 Pakete. Mit der enthaltenen Software lassen sich heute (fast) alle Aufgaben, von der Büroanwendung, über den Server, bis hin zum Forschungsrechner abdecken.

Kommerzielle Software Immer mehr Firmen setzen auf Linux. Die ganz großen der IT-Branche, wie IBM, Hewlett-Packard, SUN, oder Compaq finanzieren mittlerweile die Entwicklung von Linux mit und bieten Software für dieses Betriebssystem an. Aber auch viele neue Linux-Firmen sind mit diesem Betriebssystem gewachsen und bieten spezielle Linux-Lösungen an.

Unterstützung Wenn Sie Fragen zu Linux oder Debian haben, ist eine große Zahl von kompetenten Linux-Benutzern bereit, Ihre Fragen zu beantworten. In den meisten Städten gibt es Linux-Benutzergruppen (User-

Groups), die sich auf Ihren Besuch freuen. Weiter gibt es im Internet eine große Zahl von Foren in denen alle möglichen Linux- und Debian-bezogenen Fragen rund um die Uhr diskutiert werden. Zusätzlich bietet eine Anzahl von Unternehmen kommerziellen Linux-Support an.

Flexibilität Die Distribution enthält für viele Aufgaben unterschiedliche, alternativ oder nebeneinander einsetzbare Programmpakete, aus denen Sie eines Auswählen können. Falls Sie von einer anderen Linux-Distribution zu Debian wechseln, werden Sie feststellen, dass (fast) alle Programme, die Sie von Ihrer alten Distribution kennen, auch unter Debian verfügbar sind.

Debian ist besonders Modular aufgebaut. Es muss nicht erst ein 120 MB großes Basispaket installiert werden. Vielmehr kann jedes Paket einzeln ausgewählt werden[5], wodurch in der Regel weniger Festplattenplatz und ein besser auf Ihre Bedürfnisse abgestimmtes System aufgebaut werden kann.

Rechnerarchitekturen Debian unterstützt die größte Anzahl an Rechnerarchitekturen. Neben klassischen (Intel 80386-kompatiblen) PCs werden Amigas, Ataris, Apple-Macintosh (sowohl m68000- als auch PowerPC-Prozessoren), SUN-Workstation (sparc) und DEC-Alpha-Computer unterstützt. Debian zu lernen und zu verwenden bedeutet also flexibel zu bleiben.

Softwaremanagement Das Softwaremanagement (Paketverwaltungssystem) von Debian ist oft gelobt worden und tatsächlich eines der besten. Es erlaubt den nahtlosen Übergang von einer Debian-Version zur nächsten, kann die Software direkt aus dem Internet installieren, ohne dass manuell irgendetwas heruntergeladen werden muss, und erhält dabei immer Ihre Anpassungen an das System. Vor allem kennt es alle Beziehungen von verschiedenen Softwarebestandteilen untereinander und kann wirkungsvoll verhindern, dass unbenutzbare Programme installiert werden oder das System durch die Entfernung eines wichtigen Pakets zerstört wird. Während der Installation von Software ist ein Neustart des Systems normalerweise nicht notwendig, so dass die Ausfallzeiten des Rechners auch während der Aktualisierung minimal sind.

---

[5] Einige besonders wichtige Pakete müssen allerdings immer installiert sein.

Teil I

Installation

2. Planung der Installation

2.1 Definition des Einsatzzwecks

Debian GNU/Linux wird für eine immer breiter werdende Anzahl von Anwendungen eingesetzt. Dazu gehören Netzwerkrouter[1], Dateiserver für unterschiedlich große Netzwerke, Internetserver (meist WWW und FTP), Firewalls[2], Rechner zur Programmentwicklung, wissenschaftliche Workstations, einfache Netzwerkterminals, die sich nur um Ein- und Ausgabe kümmern und auf einem anderen Computer rechnen lassen, sowie Heim-PCs, die zum Verfassen einfacher Texte und Tabellen, zum „Surfen" im Internet, zum Spielen und vielleicht noch zum Brennen von CDs oder zum Musikhören verwendet werden.

Den Einsatzzweck eines Rechners vor der Installation zu definieren ist hilfreich, wenn es um die folgenden Fragen geht:

- Beschaffung der richtigen Hardware,
- Bestimmung der benötigten Menge an Massenspeicher (Festplattenkapazität),
- Einteilung der Festplatte(n) in verschiedene Bereiche und
- Auswahl der zu installierenden Software.

Zur Abgrenzung des Einsatzzweckes und um die Installation des Systems optimal durchzuführen ist es hilfreich, vorher die folgenden Fragen – zumindest grob – zu beantworten.

- Soll auf dem Rechner eine graphische Benutzeroberfläche zur Verfügung stehen oder reicht es aus, den Rechner von einem textbasierten Terminal aus zu bedienen?
- Welche Programme sollen auf dem Rechner installiert werden? Also beispielsweise Office-Pakete, Spiele, wissenschaftliche Anwendungen oder andere. Hierfür muss genügend Platz vorhanden sein.
- Welche Datenmenge muss pro Benutzer auf dem System gespeichert werden? Dies ist abhängig von der Art der Anwendungen und reicht von einigen Megabyte für einfache Textbearbeitungen bis zu mehreren Gigabyte bei Anwendungen wie dem Brennen von CDs oder aufwendiger Musik-, Video- oder Bildbearbeitung.
- Wieviele Personen werden insgesamt (nicht gleichzeitig) mit dem Rechner arbeiten? Für jeden Benutzer muss ein gewisser Festplattenplatz eingeplant werden, auf dem dieser seine Daten speichern kann.
- Wieviele Personen werden gleichzeitig mit dem Rechner arbeiten (etwa über Terminals oder Internet-Verbindungen), also auf dem Rechner Programme ausführen? Mit jedem Benutzer, der ein Programm benutzt, wird zusätzliche Rechenkapazität und zusätzlicher Arbeitsspeicher benötigt.
- Wie hoch sind die Sicherheitsanforderungen an das System? Ein Rechner, der dauerhaft, beispielsweise über eine Ethernetkarte, mit dem Internet oder einem anderen Netzwerk, von dem theoretisch Angriffe zu erwarten sind, verbunden ist, muss hinsichtlich seiner Sicherheit sorgfältiger konfiguriert werden, als ein Heim-PC, der nur gelegentlich und für kurze Zeit über eine Einwahlverbindung mit einem Netzwerk verbunden ist. Wenn von einem Rechner bestimmte Dienste in einem Netz angeboten werden sollen, erhöhen sich die Sicherheitsanforderungen weiter.

---

[1] Rechner, die Datenpakete von einem Netzwerk in ein anderes leiten.
[2] Systeme, die Datenpakete nach bestimmten Regeln filtern und nur „erwünschte" Pakete durchlassen.

- Wenn der Rechner als Server dient: Wieviele Benutzer werden gleichzeitig auf ihn zugreifen?
- Sollen neben Debian GNU/Linux noch ein oder mehrere andere Betriebssysteme auf dem Rechner installiert sein?

2.2 Koexistenz mit anderen Betriebssystemen

Debian GNU/Linux verträgt sich wunderbar mit anderen Betriebssystemen. Trotzdem muss bei Installationen, bei denen Debian nachträglich neben einem anderen Betriebssystem auf dem Rechner eingerichtet werden soll, mit besonderer Sorgfalt vorgegangen werden, damit das alte System nicht beschädigt wird. Es ist nämlich zu beachten, dass jedes Betriebssystem normalerweise einen eigenen Festplattenbereich benötigt, der von anderen Betriebssystemen nicht verändert werden darf.

Die einfachste, aber nicht kostengünstigste, Methode besteht in solchen Fällen sicherlich darin, dem System einfach eine weitere Festplatte hinzuzufügen, die vollständig Debian GNU/Linux „gehört". Dies ist allerdings nicht immer möglich, weil das System-BIOS[3] mancher Computer Betriebssysteme nicht von allen angeschlossenen Festplatten starten kann. Hier besteht dann allerdings immer noch die Möglichkeit, das System von einer bestehenden DOS (oder Windows 95/98) Installation aus zu starten.

Oft muss oder soll jedoch auf die Anschaffung einer weiteren Festplatte verzichtet werden. Es stehen dann immer noch eine Reihe von Möglichkeiten zur Verfügung: In vielen Fällen kann der einem Betriebssystem zugeordnete Bereich einfach „verkleinert" werden[4] und in anderen Fällen muss die Festplatte neu aufgeteilt werden. Bei der zweiten Möglichkeit ist allerdings das Anlegen einer umfangreichen Sicherungskopie aller Daten auf der Festplatte unausweichlich.

2.3 Auswahl der Hardware

Grundsätzlich gilt, dass ein Computer immer so langsam ist, wie seine langsamste Komponente. Welche dies ist, hängt jedoch vom Einsatzzweck des Rechners ab. So ist klar, dass bei einem Rechner, auf dem oft aufwendige graphische Animationen (wie etwa bei Spielen) laufen sollen, eine Graphikhardware, die besonders schnell ist und dem Hauptprozessor Berechnungen abnehmen kann, sich positiv auf die Performance des Systems auswirkt. Auf der anderen Seite macht es wenig Sinn, einen besonders schnellen Hauptprozessor in einem Rechner zu haben, welcher oft auf Daten von einer langsamen Festplatte warten muss, weil der Hauptspeicher (RAM) so klein ist, dass seine Inhalte ständig auf die Festplatte ausgelagert und von ihr zurückgelesen werden müssen. Wichtig ist also eine „runde" Abstimmung der Komponenten des Rechners im Hinblick auf seinen Einsatzzweck.

Für ein Betriebssystem, auf dem ständig mehrere Programme gleichzeitig ausgeführt werden und das unter Umständen sogar von vielen Benutzern gleichzeitig in Anspruch genommen wird, ist es darüber hinaus sinnvoll, Komponenten einzusetzen, die eine eigene „Intelligenz" haben, wodurch eine teilweise parallele Verarbeitung von Anforderungen erreicht werden kann. Als Beispiele für solche Komponenten lassen sich SCSI-Systeme, aktive ISDN-Karten oder PostScript-fähige Drucker nennen.

Bevor ein Rechnersystem oder eine Komponente gekauft wird, sollte man prüfen, ob das entsprechende Teil von Linux unterstützt wird. Die Palette unterstützter Hardware ist in den letzten Jahren zwar ständig gewachsen, allerdings gibt es immer noch Hardware-Hersteller, die keine Treiber für Linux entwickeln und die Spezifikationen ihrer Hardware nicht offenlegen. Eine gut gepflegte und regelmäßig aktualisierte Liste von Hardware, die

---

[3] BIOS steht für Basic Input Output System, einem fest in den Computer eingebautem Programm zur Steuerung der Hardware.
[4] Dies kann beispielsweise mit dem Debian GNU/Linux beiliegenden Programm *fips.exe* oder dem kommerziellen Programm *Partition Magic* geschehen.

mit Linux eingesetzt werden kann, stellt das Linux-Hardware-HOWTO dar. Es befindet sich nach der Installation von Debian in der Datei */usr/share/doc/HOWTO/en-txt/Hardware-HOWTO.txt.gz*, wenn das Paket *doc-linux-text* installiert ist und kann außerdem unter der Internet-Adresse `http://metalab.unc.edu/LDP/HOWTO/Hardware-HOWTO.html` abgerufen werden.

Die folgenden allgemeinen Hinweise sollten Sie berücksichtigen, wenn Sie Hardware für den Aufbau eines Linux-Systems einkaufen:

- Lassen Sie sich von ihrem Händler bestätigen, dass die zu erwerbende Komponente mit Linux kompatibel ist. Achten Sie auch darauf, dass alle benötigten Betriebsarten der betreffenden Hardware unterstützt werden.
- Verzichten Sie darauf, die allerneueste Komponenten zu kaufen. Solche Geräte sind oft unverhältnismäßig teuer, darüber hinaus werden sie oft selbst für die Betriebssysteme, die die Hersteller offiziell unterstützen, mit schlecht funktionierenden Treibern ausgeliefert. Es ist deswegen meistens besser, erprobte Komponenten zu kaufen, die sich an bekannte Standards halten.
- Grundsätzlich sollten Sie nur solche Komponenten kaufen, deren Spezifikationen vom Hersteller offengelegt werden. „Black-Box"-Hardware wird unter Linux oft gar nicht oder nur unzureichend unterstützt. Oft lassen sich auf den Internetseiten der Hersteller Hinweise über die Verfügbarkeit der Spezifikationen finden.
- In Laptops findet man oft sehr spezielle Hardware oder solche, deren Spezifikationen von den Herstellern nicht veröffentlicht wird. Ausführliche Informationen zum Thema Laptops und Linux finden Sie im Internet unter `http://www.cs.utexas.edu/users/kharker/linux-laptop`. Hinweise zu den mit Laptops eingesetzten PCMCIA[5]-Karten finden Sie im PCMCIA-HOWTO unter der Internet-Adressen `http://metalab.unc.edu/LDP/HOWTO/PCMCIA-HOWTO.html`.
- Der Universal Serial Bus (USB) wird von den Linux-Kernels der aktuellen 2.2.x-Serie noch nicht vernünftig unterstützt. Zur Zeit wird an der USB-Unterstützung gearbeitet; sie wird in den Kernels der 2.4.x-Serie enthalten sein. Unter der URL `http://www.suse.cz/development/usb-backport/` finden Sie einen Patch, mit dem Sie den Quellcode des aktuellen 2.2.x-Kernels so verändern können, dass in diesem danach eine Vorab-Version der USB-Unterstützung enthalten ist.
Generell muss im Moment jedoch noch empfohlen werden, entweder auf USB-Geräte ganz zu verzichten oder solche Geräte zu wählen, die sowohl die USB- als auch eine andere Schnittstelle (z. B. die serielle) benutzen können.
- Nehmen Sie Abstand von Komponenten, die speziell für die Betriebssysteme der Windows-Familie entwickelt wurde. Solche Komponenten tragen oft Bezeichnungen wie WinModem, WinPrinter oder GDIPrinter. In der Regel sind dies Teile, die ihrer eigenen „Intelligenz" beraubt wurden und sämtliche Arbeit wie etwa das Interpretieren des Befehlssatzes eines Modems durch das Betriebssystem vornehmen lassen. Dies heißt zwar nicht, dass diese Geräte prinzipiell nicht unter Linux eingesetzt werden könnten, es macht allerdings auf einem Multitasking und Multiuser-Betriebssystem wenig Sinn, jede Aufgabe an den Hauptprozessor des Rechners zu übertragen. Darüber hinaus ist die Funktion solcher Hardware oft an ganz bestimmte Eigenschaften der Windows-Betriebssystemfamilie verknüpft, so dass die Entwicklung einer Unterstützung für Linux sehr aufwendig wäre. Ein einfacher „Designed for Windows 98"-Aufkleber ist allerdings noch kein Indiz dafür, dass es sich um solche unbenutzbaren Geräte handelt (sofern Sie den Aufkleber schnell entfernen, wenn Sie das Gerät unter Linux betreiben).

Hinweise zu wichtigen Hardwarekomponenten

Hauptprozessor(en) Die benötigte Prozessorleistung ist abhängig von Art und Anzahl der Programme, die gleichzeitig auf dem Rechner ausgeführt werden sollen. Rechenintensive Anwendungen sind unter anderem Spiele, viele

---

[5] PCMCIA steht für Personal Computer Memory Card Interface Association. Es bezeichnet eine Klasse von Geräten, die über die PCMCIA-Schnittstelle mit Rechnern verbunden werden. Diese Schnittstelle ist häufig in Laptops zu finden. PCMCIA-Geräte werden neuerdings auch als PC-Cards bezeichnet.

wissenschaftliche (mathematische) Anwendungen und die Entwicklung von Programmen, bei der vom Compiler eine hohe Rechenlast erzeugt wird. Auch bei der Bild- oder Musikverarbeitung sind oft intensive und komplexe Rechenoperationen notwendig, die einen schnellen Prozessor ausnutzen. Auf der anderen Seite verbringen Anwendungen wie Textverarbeitungen oder Tabellenkalkulationen die meiste Zeit damit, auf Eingaben des Benutzers zu warten und benötigen keine besonders hohe Rechenleistung. Für einen Heim-PC zum Verfassen von Texten und für Internet-Anwendungen wie einem Web-Browser oder einem E-Mail Programm sind Prozessoren der Pentium-Klasse (586er) als ausreichend anzusehen. Positiv bemerkbar macht sich der in den Prozessor eingebaute Cache-Speicher, welcher die Zugriffszeiten auf regelmäßig benötigte Speicherinhalte signifikant verkürzt. Wenn Sie die Wahl haben, sollten Sie lieber einen etwas langsameren Prozessor mit mehr Cache-Speicher nehmen.

Bei Datei- und WWW-Servern, auf denen keine umfangreichen Berechnungen ausgeführt werden, wird meistens auf das Netzwerk oder den Datenzugriff gewartet, so dass auch hier kein besonders schneller Prozessor benötigt wird. Ähnlich sieht es aus bei Routern: Ein Rechner, der einen Internetzugang über eine ISDN-Leitung für ein kleines Netzwerk zur Verfügung stellen soll, ist mit einem 486-Prozessor ausreichend bedient.

Multiprozessorsysteme (SMP) sind beispielsweise dann sinnvoll, wenn auf dem Rechner viele Benutzer zeitgleich rechenintensive Programme ausführen oder ein Server viele Klienten gleichzeitig bedienen soll. Da viele Programme einen zweiten Prozessor alleine gar nicht verwenden können, macht ein Multiprozessorsystem keinen Sinn, wenn in der Regel nur mit einem Programm zur Zeit gearbeitet werden soll. Erst wenn das Programm zum zweiten Mal ausgeführt wird (etwa von einem anderen Benutzer), kann das Betriebssystem die Last auf mehrere Prozessoren verteilen. Eine Ausnahme hiervon stellen allerdings spezielle Programme, beispielsweise für mathematische Berechnungen oder zum Rendern von Bildern dar, die – vorausgesetzt, sie wurden entsprechend programmiert – von mehreren Prozessoren sehr wohl profitieren können. Beachten Sie bitte, dass die Unterstützung von Multiprozessorsystemen im Standard-Kernel nicht enthalten ist. Sie müssen deswegen nach der Installation einen angepassten Kernel erzeugen, um mehrere Prozessoren benutzen zu können.

Achtung: Die Minimalanforderung an den Prozessor ist bei Linux für PCs ein Intel-80386 kompatibler Prozessor. 80286er Prozessoren und deren Vorgänger werden nicht unterstützt.

Moderne Prozessoren dieser Familie weisen heute einen mathematischen Coprozessor sowie Multimediaerweiterungen (MMX oder ähnliche) auf. Beides wird von Linux nicht zwingend benötigt. Der mathematische Coprozessor kann von Linux emuliert werden, falls er nicht zur Verfügung steht, und die Multimediaerweiterungen werden vom Betriebssystem überhaupt nicht benötigt[6].

Arbeitsspeicher (RAM) Dies ist die Komponente, welche die Gesamtleistung eines Debian GNU/Linux Systems in vielen Fällen am ehesten beeinflussen kann. Linux selbst kann zwar auf einem System ab 4 MB RAM ausgeführt werden, moderne graphische Benutzeroberflächen mit integrierten Arbeitsplatzumgebungen wie KDE oder GNOME[7] brauchen jedoch ein vielfaches davon und wenn noch Office-Pakete oder aufwendige Webbrowser (wie Netscape) dazukommen, sind 32 MB RAM als absolutes Minimum anzusehen und 64 MB sicher angemessen. Zum Glück ist Arbeitsspeicher in den letzten Jahren recht günstig geworden, so dass 128 MB für ein Arbeitsplatzsystem langsam zum Standard werden.

Auch Serversysteme profitieren stark von Arbeitsspeicher, da sie Festplatteninhalte, auf die häufig zugegriffen wird, im RAM zwischenlagern und die angeforderten Daten um ein vielfaches schneller zur Verfügung stellen können. Bei Systemen, auf denen mehrere Benutzer gleichzeitig Programme ausführen, ist zu bedenken, dass zum Starten der ersten Instanz eines Programms mehr Arbeitsspeicher benötigt wird als bei den folgenden, da viele Programmbestandteile zwischen den Prozessen geteilt werden können. So werden beispielsweise zum Starten

---

[6] Es kann lediglich vorkommen, dass bestimmte Anwendungen solche Erweiterungen benötigen und ohne nicht funktionieren.

[7] Bei KDE und GNOME handelt es sich um so genannte Desktop Environments (Arbeitsplatzumgebungen), die eine Reihe von Anwendungen mit einheitlicher Bedienung (beispielsweise Drag and Drop) und einheitlichem Aussehen zur Verfügung stellen.

eines bekannten Office-Paketes 35 MB Arbeitsspeicher benötigt, wenn der erste Benutzer das Programm startet, wohingegen für jeden weiteren Benutzer nur 15 MB zusätzlich benötigt werden.

Wenig Arbeitsspeicher wird hingegen bei Rechnern benötigt, die als reine Terminals dienen: hier können bei Verwendung des X-Window Systems (graphische Oberfläche) 16 MB-32 MB schon ausreichend sein. Auch Netzwerkrouter oder Druckserver ohne graphische Oberfläche sollten mit 16 MB RAM über ausreichend Hauptspeicher verfügen[8].

Achtung: Das absolute Minimum für die Installation von Debian GNU/Linux beträgt 8 MB – 14 MB RAM, abhängig davon, ob eine Swappartition zur Verfügung steht oder nicht.

Als Faustregel lässt sich empfehlen, lieber etwas mehr Arbeitsspeicher zu nehmen und dafür an anderen Komponenten zu sparen! Für einen Arbeitsplatzrechner sollten 128 MB heute ausreichend sein, bei Servern sind 512 MB RAM oder mehr keine Seltenheit mehr.

In der Vergangenheit hat es oft Probleme mit älteren, ungenau arbeitenden Speicherchips gegeben. Zum Teil sind diese Probleme unter anderen Betriebssystemen nicht aufgetreten, weil diese geringere Anforderungen an den Speicher stellen. Wenn Ihr Rechner unter DOS oft einfach stehen geblieben ist oder unter Windows häufig (selten ist normal) „allgemeine Schutzverletzungen" erzeugt hat, kann es sein, dass sich in ihrem Rechner fehlerhafte Speicherchips befinden, mit denen Sie unter Linux Probleme bekommen werden.

Graphikkarte Graphikkarten für Rechner mit graphischer Benutzeroberfläche sollten eine ausreichende Auflösung bei ergonomischen Bildfrequenzen bieten. Für eine Auflösung von 1024x768 Punkten bei 32 Bit Farbtiefe wird eine Karte mit 4 MB Graphikspeicher benötigt. Eigenschaften wie zusätzlicher Graphikspeicher oder 3D-Beschleunigung werden nur von speziellen Programmen wie Spielen oder besonderen Graphikprogrammen ausgenutzt.

Graphische Benutzeroberflächen basieren unter Linux auf dem X Window System. Dabei ist ein spezielles Programm, der sogenannte X-Server, für die Ansteuerung der Graphikhardware zuständig. Unter Debian wird standardmäßig die freie Implementierung XFree86 des X Window Systems benutzt. Welche Graphikkarten bzw. Chipsätze von dieser Implementierung unterstützt werden, können Sie unter der Internet-Adresse http://www.xfree86.org/cardlist.html nachlesen.

Festplattenadapter (EIDE oder SCSI) EIDE- (Enhanced Intelligent Drive Electronics) und SCSI- (Small Computer System Interface) Adapter sind die beiden heute gebräuchlichsten Schnittstellen zum Anschluss von Massenspeichergeräten wie Festplatten oder CDROM-Laufwerken. Während beide prinzipiell gleich gut von Linux unterstützt werden, bietet SCSI (das teurere System) einige Vorteile. Die wesentlichen Vorteile sind:

1. SCSI-Adapter nehmen dem Hauptprozessor einige Arbeit ab, die dieser bei einem EIDE-System selbst durchführen muss.
2. Über einen EIDE-Adapter lassen sich zwei Geräte an den Rechner anschließen. Weil in den meisten modernen Rechnern heute zwei Adapter vorhanden sind, lassen sich also insgesamt vier Festplatten oder CDROM-Laufwerke an diese Schnittstelle anschließen. Mit einem SCSI-Adapter lassen sich hingegen mindestens sieben, oft 15 Geräte verwenden.
3. Neben Festplatten und CDROM-Laufwerken lassen sich an SCSI-Adapter eine Reihe weiterer Geräte, wie Scanner, Bandlaufwerke oder Laufwerke für Magneto-Optische Medien anschließen, falls diese eine entsprechende Schnittstelle haben. Bei EIDE-Systemen werden solche Geräte oft über die parallele Schnittstelle oder eigene Karten mit dem Rechner verbunden. Dadurch ergeben sich u. U. Nachteile bezüglich der Geschwindigkeit und der Systembelastung. Außerdem ist die Wahrscheinlichkeit höher, dass ein SCSI-Gerät unter Linux unterstützt wird.

---

[8] Druckserver, auf denen aufwendige Filterprozesse laufen, benötigen jedoch mehr Arbeitsspeicher.

Für Rechner, auf denen viele Prozesse gleichzeitig auf Festplatten zugreifen, wie z.B. Dateiserver, Systeme, an denen mehrere Benutzer gleichzeitig arbeiten oder WWW-Server, aber auch für Systeme, auf denen ein einziger Benutzer mit mehreren Prozessen gleichzeitig auf die Festplatte(n) zugreift, ist unbedingt zu empfehlen, ein SCSI-System zu verwenden. Auf der anderen Seite bringt überall dort, wo Festplattenperformance nicht im Mittelpunkt steht, z.B. auf Routern oder Firewalls, die nach ihrem Start praktisch nicht mehr auf die Festplatte zugreifen, sowie bei Einbenutzersystemen, bei denen Büroanwendungen wie Textverabeitungen, Spiele oder Web-Surfen im Vordergrund stehen, der Einsatz von SCSI-Geräten keine spürbare Verbesserung der Systemleistung.

Datensicherungssysteme Zur Datensicherung können Disketten, Datenträger wie ZIP- oder JAZ-Medien, Magneto-Optische Medien (MO-Disks), verschiedene Floppy- oder Parallelportstreamer sowie DAT-Laufwerke, um nur einige zu nennen, eingesetzt werden. Auch das Brennen von Daten auf CDs oder das „Spiegeln" von Daten auf einer Reihe von Servern kann eine Lösung sein. Manuell durchzuführende Methoden, wie das Kopieren von Daten auf externe Datenträger, kommen nur für Einzelbenutzersysteme in Frage, bei denen eine Standardinstallation von Betriebssystem und Anwendungsprogrammen nach einem Datenverlust schnell wiederhergestellt werden kann und nur wenige Daten manuell restauriert werden müssen. Empfehlen lässt sich eine solche Lösung keinesfalls! Festplatten gehen schneller kaputt als man denkt und meistens hat man bei einer solchen Methode doch wichtige Daten vergessen und verbringt darüber hinaus lange Zeit damit, die mühsam eingerichtete Konfiguration wiederherzustellen.

Für Mehrbenutzersysteme und Server ist eine gute Sicherungsstrategie unausweichlich! Die Wahl einer entsprechenden Lösung ist abhängig von der Menge der zu sichernden Daten – im Idealfall lässt sich das System ohne manuellen Eingriff komplett sichern – der Geschwindigkeit des Sicherungssystems – wieviel Zeit wird benötigt, um das System zu sichern beziehungsweise es wiederherzustellen? – sowie der Reliabilität der Medien und unter Umständen der Zeit, die benötigt wird, um einzelne Dateien auf den Sicherungsmedien zu finden und sie wiederherzustellen. Bei der Einrichtung professioneller Systeme wird man sich in der Regel für eine DAT-basierte Lösung entscheiden.

Ethernetkarte(n) Die Auswahl einer Ethernetkarte ist abhängig von

- dem Netzwerk-Typ, an das der Rechner angeschlossen wird (100MBit oder 10MBit)
- der eingesetzten Verkabelung (10BaseT, 10Base2 oder 10Base5) und
- der zu erwartenden Netzwerkauslastung.

Viele Netzwerkkarten haben sowohl einen 10BaseT als auch einen 10Base2 Anschluss, so dass man bezüglich der Verkabelung flexibel bleibt. Bei einem 10 MBit-Ethernet reicht es aus, Karten zu verwenden, die über den ISA-Bus mit dem Rechner verbunden sind, weil das Netzwerk hier langsamer ist als der ISA-Bus, wohingegen bei 100 MBit in jedem Fall PCI-Karten eingesetzt werden sollten. Bei hohem Netzwerkverkehr (etwa auf Servern oder Routern) sollte darüber hinaus eine Busmasterfähige PCI-Karte verwendet werden. Falls das ganze Netz (auch wenn es nur eine Vernetzung von zwei Rechnern ist) neu geplant wird, sollte man sich für 100MBit-Ethernet entscheiden, da die entsprechende Hardware mittlerweile recht günstig geworden ist.

Achtung: Einige wenige Netzwerkkarten, die zwar prinzipiell von Linux unterstützt werden, werden vom Installationssystem nicht unterstützt. Wenn Sie eine solche Netzwerkkarte besitzen, müssen Sie nach der Installation einen angepassten Kernel erstellen. Aktuelle Hinweise dazu finden Sie im Internet unter der Adresse `http://ftp.debian.org/dists/potato/main/disks-i386/current/doc/ch-hardware-req.en.html` oder in der Dokumentation Ihrer Debian-CDROMs

Drucker Die meisten Anwendungen unter UNIX/Linux erzeugen zum Drucken eine Ausgabe im PostScript-Format. Hierbei handelt es sich um eine Seitenbeschreibungssprache, die von PostScriptfähigen Druckern direkt interpretiert werden kann. PostScript-Drucker lassen sich deswegen prinzipiell immer mit Debian verwenden.

Da diese Drucker jedoch relativ teuer sind, kann alternativ das Programm „Ghostscript" (*gs*) benutzt werden, um PostScriptdaten in ein Format zu übersetzen, das von anderen nicht PostScript-fähigen Druckern verstanden wird. Dieser Vorgang läuft normalerweise automatisch im Hintergrund ab, so dass der Drucker von den Anwendungen wie ein PostScript-fähiger Drucker angesprochen werden kann. Ob ein bestimmter nicht-PostScript-fähiger Drucker mit Debian benutzt werden kann, ist deswegen normalerweise davon abhängig, ob er von dem Programm *gs* unterstützt wird. Eine Liste der von *gs* unterstützen Drucker finden Sie im Internet unter `http://www.cs.wisc.edu/~ghost/printer.html`.
Unter der Adresse `http://www.picante.com/~gtaylor/pht/` kann auf eine recht vollständige Datenbank von Druckern zugegriffen werden. Hier lässt sich beispielsweise abfragen, wie gut ein bestimmtes Modell unterstützt wird.

Soundkarten und andere Komponenten Für eine große Anzahl von Soundkarten ist die Unterstützung im Kernel bereits enthalten. Daneben besteht die Möglichkeit, kommerzielle Soundkartentreiber oder die vom ALSA-Projekt entwickelten Treiber einzusetzen. Weitere Hinweise hierzu finden Sie auf Seite 337.

Linux unterstützt eine große Zahl weiterer Hardware. Dazu gehören CD-Brenner, Scanner, ZIP-Laufwerke, Magneto-Optische-Laufwerke, serielle Terminals, Joysticks, FrameGrabber-Karten, Digitale Kameras, Analog-Digital-Wandler und ISDN-Karten. Sie sollten hier ebenfalls das Hardware-HOWTO zu Rate ziehen, wenn Sie wissen möchten, ob ein bestimmtes Gerät unterstützt wird.

2.4 Planung des Massenspeicherbedarfs

Die benötigte Festplattenkapazität ist abhängig von Art und Menge der zu installierenden Anwendungen sowie von der Menge der Daten, die auf dem Rechner gespeichert werden sollen. Für einen gut ausgestatteten Server sollten 400 MB für das Betriebssystem ausreichend sein. Auf einem Arbeitsplatzrechner mit Officepaket, Webbrowser, KDE oder GNOME sollten mindestens 700 MB Festplattenplatz zur Verfügung stehen. Sollen zusätzlich noch Programme einer mittleren Größe auf dem Rechner übersetzt werden oder der Rechner als Entwicklungssystem dienen, so sind 1,5 GB sicher nicht zu wenig.

> **Achtung:** Die Mindestanforderung zur Installation von Debian beträgt 40 MB. Bedenken Sie, dass Sie damit lediglich das Betriebssystem selbst und keinerlei Anwendungen installieren können.

Besonders viel Festplattenplatz wird beim Übersetzen komplexer Programme oder beim Brennen von CDs sowie dann benötigt, wenn große Bild-, Video- oder Musikdateien bearbeitet und gespeichert werden sollen. Hier sollte eine Festplatte mit einer Mindestgröße von 8 GB gewählt werden. Bei der Wahl der Festplatte sollte auf eine hohe mittlere Zugriffszeit geachtet werden, da sich hierdurch die Geschwindigkeit des Systems bei Festplattenzugriffen erhöht.
Bei Datei- und Internetservern sowie bei Mehrbenutzersystemen ist darüber hinaus genau abzuwägen, wieviel Platz den einzelnen Benutzern zum Speichern ihrer Daten zur Verfügung gestellt werden muss. Darüber hinaus macht es sich ab einer gewissen Last des Systems positiv bemerkbar, die Daten auf mehrere Festplatten zu verteilen, weil der Datenzugriff dann parallel erfolgen kann.
Als Orientierungshilfe zur Abschätzung des Speicherplatzes, welcher für die Installation des Systems benötigt wird, kann Tabelle 1 dienen. Mit Ausnahme des Basissystems können die meisten der dort dargestellten Komponenten unabhängig voneinander installiert werden. Wenn das System eine graphische Oberfläche bekommen soll, muss das X Window System in jedem Fall installiert werden. Ebenfalls müssen bei der Programmentwicklung die allgemeinen Dateien dafür in jedem Fall installiert sein. Für die Erstellung eines angepassten Kernels benötigen Sie die allgemeinen Programme und Dateien zur Entwicklung sowie die Pakete für C/C++. Sicherheitshalber und

Allgemeines	
Basissystem	100 MB
Backupprogramme	5 MB
Interneteinwählverbindungen	20 MB
Dokumentation	30 MB
Anfängerdokumentation	30 MB
Produktivitätshilfen	15 MB
Arbeitsplatzzubehör	25 MB
Graphische Benutzeroberfläche	
Basis: X Window System	30 MB
zusätzliche X Programme	50 MB
Arbeitsplatzumgebung GNOME	90 MB
Arbeitsplatzumgebung KDE	90 MB
Programme zur Administration	
Administration (allgemein)	30 MB
Administration (Netzwerk)	20 MB
Programmentwicklung und -Übersetzung	
Basis: allgemeine Programme und Dateien	90 MB
C/C++	50 MB
Fortran	20 MB
Perl	25 MB
Python	15 MB
Erstellung angepasster Kernels	80 MB
Anwendungen	
Spiele	30 MB
Datenbank Postgresql	20 MB
Graphikprogramme	70 MB
Textsatzsystem TeX	110 MB
wissenschaftliche Programme	70 MB
Netzwerkanwendungen	
Netzwerk DNS-Server	5 MB
FTP-Server	8 MB
Mailinglisten-Server	8 MB
Netzbackup-Server	5 MB
Internet-News-Server	5 MB
NIS- (YP-) Server	3 MB
POP-Server	3 MB
SAMBA (Server für Windows-Rechner)	10 MB
WWW-Server	15 MB

Tabelle 1: Speicherplatzbedarf für ausgesuchte Systemkomponenten. Die gezeigten Werte dienen der Orientierung, sie beinhalten nicht den für Benutzerdaten benötigten Speicherplatz.

um einen optimalen Betrieb des Systems zu gewährleisten, sollten auf den für das System errechneten Speicherplatzbedarf noch einmal 15% aufgeschlagen werden.

Die pro Benutzer benötigte Speicherkapazität ist natürlich stark davon abhängig, welche Arbeiten die Benutzer ausführen. Grundsätzlich ist ein Wert von 150 MB pro Benutzer als angemessen anzusehen. Für viele Aufgaben (Bearbeitung und Speicherung von Multimediadaten, Bearbeiten und Übersetzen von Programmpaketen o. ä.) wird jedoch zusätzliche Kapazität benötigt. Bei der Einrichtung von Serversystemen ist zusätzlich natürlich Speicherplatz für solche Daten einzuplanen, die mit dem Server zur Verfügung gestellt werden sollen (also z. B. WWW-Seiten).

2.5 Partitionierung von Festplatten

Im Gegensatz zu vielen wechselbaren Datenträgern (wie Disketten) sind Festplatten gewöhnlich in so genannte Partitionen (einzelne Untereinheiten) aufgeteilt. Gelegentlich befindet sich jedoch auf einer Festplatte nur eine einzige Partition, so dass dieser Unterschied bei oberflächlicher Betrachtung nicht auffällt. Unter verschiedenen Umständen ist es sinnvoll, Festplatten in mehrere Partitionen aufzuteilen.

Solche Gründe können sein, dass man unterschiedliche Betriebssysteme auf ein- und derselben Festplatte installieren möchte. Diese organisieren Festplatten unterschiedlich und würden sich gegenseitig ihre Daten zerstören, falls Sie denselben Bereich der Festplatte verwalten. Oder man möchte die Daten, welche die Benutzer auf einem System selbst anlegen (wie z.B. mit einer Textverarbeitung erzeugte Dokumente) von denen, die zum Betriebssystem oder den auf dem System installierten Anwendungen gehören, trennen. Das hat den Vorteil, dass man mit vergleichbar geringem Aufwand Sicherungskopien der wirklich wichtigen Dateien erzeugen kann, da diese sich dann auf einem getrennten Bereich der Festplatte befinden. Außerdem kann man dann die Größe der einzelnen Bereiche so wählen, dass sie die Kapazität des Datenträgers für Sicherungskopien, wie z.B. einem Bandlaufwerk, nicht überschreiten, so dass Sicherungskopien jederzeit unbeaufsichtig durchgeführt werden können, da keine Bänder gewechselt werden müssen.

Die Partitionierung von Festplatten erhöht darüber hinaus die Systemsicherheit. Falls durch irgendeinen Fehler das Dateisystem auf einer Partition zerstört sein sollte, lassen sich die anderen Partitionen meist noch verwenden und es muss nur die Sicherungskopie für die zerstörte Partition zurückgespielt werden. Man kann dazu auch auf einer kleinen Partition ein „Notfallbetriebssystem" einrichten, das von den normalerweise verwendeten Betriebssystemen nicht angefaßt wird. So hat man immer ein lauffähiges System, mit dem man das Hauptsystem im Notfall reparieren kann.

Die Verwendung mehrerer Partition ist unter Linux schon deswegen dringend zu empfehlen, weil dieses Betriebssystem Inhalte des Arbeitsspeichers auf dafür vorgesehene Partitionen, so genannte Swappartitionen auslagern kann. Durch dieses Verfahren kann die Menge des „virtuellen" Arbeitsspeichers, der Programmen zur Verfügung gestellt werden kann, erhöht werden, wodurch die Leistungsfähigkeit des Systems spürbar verbessert wird. Nur in besonderen Fällen, in denen die Einrichtung einer Swappartition nicht möglich ist, sollte hierauf verzichtet werden und stattdessen eine Datei verwendet werden. Dies ist in der Regel langsamer als die Verwendung einer Swappartition.

Partitionstypen

Auf jeder Festplatte befindet sich im Bootsektor eine Partitionstabelle, in der festgehalten ist, wie die betreffende Platte partitioniert ist. Auf PC-Systemen ist hier Platz für maximal vier Partitionen vorgesehen. Diese im Bootsektor eingetragenen Partitionen bezeichnet man als „primäre" Partitionen.

Sollen auf einer Festplatte mehr als diese vier Partitionen zur Verfügung stehen, so können also nicht alle benötigten Partitionen als primäre angelegt werden. Es muss stattdessen eine der primären Partitionen als eine so genannte „erweiterte" Partition markiert werden. Auf jeder Festplatte darf es nur eine erweiterte Partition geben.

In dieser erweiterten Partition ist es dann möglich, eine nahezu unbegrenzte Anzahl von „logischen" Partitionen zu erzeugen. Tatsächlich ist die Anzahl unter Linux verwendbarer logischer Partitionen zur Zeit auf 12 Partitionen bei SCSI-Festplatten und auf 60 Partitionen bei (E)IDE-Festplatten begrenzt. Eine SCSI-Festplatte sollte also zur Verwendung mit Linux in nicht mehr als 15 Partitionen (drei Primäre und 12 Logische) und eine IDE-Festplatte in nicht mehr als 63 Partitionen aufgeteilt werden.

Die Aufteilung einer Festplatte in unterschiedliche Partitionen ist in Abbildung 1 dargestellt. Die dort gezeigte Festplatte ist in drei primäre Partitionen aufgeteilt. Eine davon wird als erweiterte Partition verwendet, in der sich drei logische Partitionen befinden. Ganz am Anfang liegt der MBR (Master Boot Record). Hier befindet sich die Partitionstabelle sowie Programmcode, der beim Einschalten des Rechners ausgeführt wird, um ein Betriebssystem zu starten.

Weiter befindet sich am Anfang jeder primären Partition ein so genannte Bootsektor (BS) der entsprechenden Partition. Er kann Programmcode enthalten, der zum Starten des Betriebssystems auf der jeweiligen Partition notwendig ist.

Auf welche Partitionen kann installiert werden?

Unglücklicherweise kann nicht jedes Betriebssystem auf jede beliebige Partition installiert werden. Welche Partitionen für welches Betriebssystem in Frage kommt, ist einerseits von dem Betriebssystem selbst, andererseits vom BIOS des Rechners abhängig.

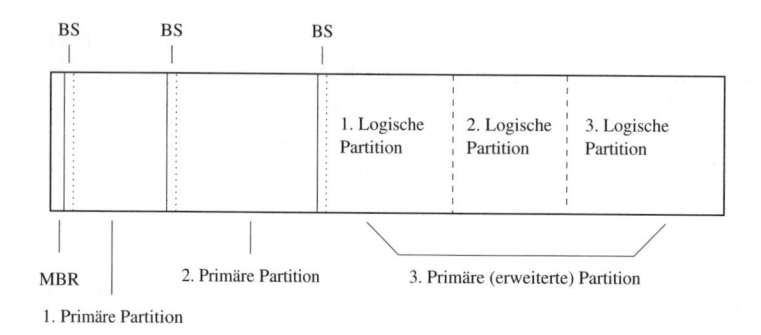

Abbildung 1: Aufteilung einer Festplatte in primäre, erweiterte und logische Partitionen.

Linux lässt sich prinzipiell sowohl von primären als auch von logischen Partitionen starten. MS-DOS basierte Betriebssysteme und Windows NT benötigen allerdings zumindest eine primäre Partition, um gestartet zu werden. Falls also solche Betriebssysteme neben Linux auf einer Festplatte installiert werden sollen, muss dies bei der Partitionierung berücksichtigt werden.

Darüber hinaus können viele Rechner Betriebssysteme nicht von jeder Festplatte starten[9]. Dabei gilt oft, dass bei „Misch-Systemen", also Systemen mit sowohl (E)IDE- als auch SCSI-Festplatten nur von den (E)IDE-Festplatten gestartet werden kann. Weiter muss sich bei vielen Rechnern das zu startende Betriebssystem auf den ersten beiden (E)IDE-Festplatten oder auf der SCSI-Festplatte mit der ID (Identifikationsnummer) „0" befinden. Neuere Rechner zeigen sich hier allerdings etwas flexibler. Um herauszufinden, von welchen Festplatten Sie Betriebssysteme starten können, sollten Sie die Dokumentation ihres Rechners konsultieren oder im BIOS-Setup nachsehen, welche Möglichkeiten zur Verfügung stehen (siehe Kap.: 3.4). Falls es nicht möglich sein sollte, Platz auf einer startbaren Partition bereitzustellen, können Sie Linux allerdings immer noch mit einer Diskette oder von DOS (siehe Kap.: 10.2.2) starten.

Eine weitere Einschränkung bei der Auswahl der Partitionen, von denen Betriebssysteme gestartet werden sollen (Bootpartitionen), ist die „1024 Zylinder Grenze", die im folgenden Abschnitt erläutert wird.

Die 1024 Zylinder Grenze

Bei der Adressierung eines Bereiches der Festplatte wird dem BIOS die Nummer eines Zylinders und eines Sektors sowie die Nummer eines Schreib- und Lesekopfes der Festplatte mitgeteilt. Hierbei steht ausreichend Platz zur Verfügung, um 1024 Zylinder mit 63 Sektoren voneinander unterscheiden zu können.

Da eine Festplatte in der Regel 16 logische Schreib- und Leseköpfe hat und die Sektorengröße auf Festplatten normalerweise 512 Byte beträgt, ergibt sich eine über diese Methode ansprechbare maximale Gesamtkapazität von:

$$1024 * 63 * 16 * 512B = 528482304B \qquad (1)$$

Dies entspricht 504 MB. Bei älteren Computern bedeutet dies, dass vom BIOS aus nur auf Daten zugegriffen werden kann, die unterhalb der ersten 504 MB auf der Festplatte liegen. Modernen Betriebssystemen macht dies zwar nichts aus, da sie zur Kommunikation mit dem Festplattenadapter nicht das BIOS verwenden, sondern diese Kommunikation direkt vornehmen. Allerdings wird zum Laden von Betriebssystemen immer noch das BIOS verwendet, da zu diesem Zeitpunkt kein Betriebssystem zur Verfügung steht.

---

[9] Der Grund dafür besteht darin, dass das BIOS u. U. nicht alle Festplatten „sieht" und deshalb nicht auf sie zugreifen kann.

Seit einigen Jahren (ungefähr seit 1994) wird von fast allen Rechnern der so genannte LBA (Logical Block Adressing) Modus verwendet. Hierbei wird die Tatsache ausgenutzt, dass bei der Adressierung eines Festplattenbereichs Platz für 255 Schreib-/Leseköpfe zur Verfügung steht. Das BIOS akzeptiert dann auch Adressen mit einer höheren Kopfnummer als 16 und rechnet sie in die tatsächliche Adresse auf der Festplatte um. Dieser Modus lässt sich bei vielen Rechnern im BIOS-Setup ein- und ausschalten. Er sollte aktiviert sein, wenn Sie eine oder mehrere Festplatte(n), die größer als 504 MB sind, verwenden. Durch den LBA-Modus ergibt sich eine neue Grenze: Aus Sicht von Programmen, die mit dem BIOS kommunizieren, lassen sich nun 1024 Zylinder, 63 Sektoren und 255 Köpfe mit einer Sektorgröße von üblicherweise 512 Byte, also

$$1024 * 63 * 255 * 512B = 8422686720B \tag{2}$$

Byte (entsprechend 7.844 GB) ansprechen. Die Bootpartitionen aller Betriebssysteme müssen also stets innerhalb dieses Bereiches liegen.

Bei SCSI-Festplatten sieht die Situation etwas anders aus: Hier entspricht die Festplattengeometrie, die der SCSI-Adapter an das BIOS weitergibt, selten der wirklichen Festplattengeometrie, da der Adapter hier ebenfalls eine Umrechnung vornimmt. Aus diesem Grund lassen sich bei SCSI-Festplatten schon lange Festplattenbereiche oberhalb der 504MB Grenze ohne einen Konflikt mit der 1024 Zylinder Grenze ansprechen.

Achtung: Entscheidend ist jedoch in jedem Fall, welche Festplattengeometrie das BIOS „berichtet". Da Linux im Normalfall mit Hilfe von BIOS-Routinen geladen wird, muss sich die Bootpartition immer unterhalb der Grenze von 1024 Zylindern befinden.

Wenn es also auf Ihrem System „eng" ist, sollte eine 5 MB große Partition unterhalb der 1024-Zylinder Grenze angelegt werden, in die alle zum Starten des Systems notwendigen Dateien kommen. Dies sind bei Debian GNU/Linux die Dateien im Verzeichnis /boot. Der Rest des Systems kann dann auch auf eine Partition oberhalb dieser Grenze oder auf eine zum Booten nicht verwendbare Festplatte installiert werden, solange eine solche kleine Partition zur Verfügung steht.

Falls Sie ein DOS-basiertes Betriebssystem verwenden (beispielsweise Windows 98), können Sie das Programm Fips verwenden, um sich die Festplattengeometrie anzeigen zu lassen. Die Aufgabe dieses Programms besteht eigentlich darin, DOS-Partitionen zu verkleinern ohne sie zu löschen, was normalerweise nicht möglich ist. Fips wird ausführlich in Kapitel 3.3.1 beschrieben.

Achtung: Die aktuelle Version des Bootloaders LILO sowie das zu Debian gehörende MBR-Programm unterstützen eine BIOS-Erweiterung (*int 0x13 large disk exentsion*), mit der Betriebssysteme auch von Festplattenbereichen oberhalb der ersten 1024 Zylinder gestartet werden können. Falls Sie sich sicher sind, dass das BIOS-Ihres Rechners diese Erweiterung ebenfalls unterstützt, brauchen Sie auf die 1024 Zylinder-Grenze keine Rücksicht zu nehmen.

2.6 Planung der Partitionierung

Wie beschrieben, sollten dem zu installierenden Debian GNU/Linux System mindestens zwei Partitionen zur Verfügung stehen:

1. Eine Partition zur Beherbergung der eigentlichen Installation sowie der Dateien, die durch die Benutzer des Systems erzeugt werden (und von der das System gestartet wird).
2. Eine weitere Partition, die zum Auslagern von Inhalten des Arbeitsspeichers dient (Swappartition).

Falls nur eine einzige Partition zur Verfügung steht und ausreichend Arbeitsspeicher vorhanden ist, kann auf die Swappartition verzichtet werden. Wird allerdings ohnehin umpartitioniert, so sollte eine Swappartition immer auch angelegt werden.

Wie die Partitionierung im einzelnen aussehen soll, lässt sich im allgemeinen nicht sagen, da dies viel zu sehr von den Anforderungen abhängt, die an eine bestimmte Installation gestellt werden. Die folgenden Bemerkungen sind deswegen nur als grobe Anhaltspunkte zu verstehen.

Größe und Anzahl von Swappartition(en)

Die Menge des Festplattenplatzes, der dem System zum Auslagern von Inhalten des Arbeitsspeichers (RAM), also zum Swappen, bereitgestellt werden sollte, ist abhängig von der Menge tatsächlich vorhandenen Arbeitsspeichers im System sowie der Menge des Arbeitsspeichers, der vom Betriebssystem selbst und von den Anwendungen benötigt wird. Besonders speicherhungrig sind dabei solche Anwendungen, die große Datenmengen im Speicher halten müssen, wie beispielsweise Programme zur Bildbearbeitung. Da der Zugriff auf ausgelagerte Speicherbereiche wesentlich langsamer ist, als der Zugriff auf Daten, die sich direkt im Arbeitsspeicher befinden, kann Swapplatz natürlich nie als Ersatz für „echten" Arbeitsspeicher dienen. Er ist vielmehr dort nützlich, wo Daten im Arbeitsspeicher gehalten werden sollen, auf die nicht ständig zugegriffen wird.

Beispielsweise sollte ein System, das zur Bildbearbeitung eingesetzt wird, soviel Arbeitsspeicher besitzen, dass es die Graphiken, die gleichzeitig bearbeitet werden, im Arbeitsspeicher halten kann. Weitere Bilder können dann „geöffnet", also in den Arbeitsspeicher geladen sein und hinterher vom System auf eine Swappartition ausgelagert worden sein. Hier macht sich der Geschwindigkeitsnachteil des Swappens nur dann bemerkbar, wenn von einem Bild zum anderen (ausgelagerten) umgeschaltet wird, was als vertretbar angesehen werden kann. Außerdem läuft das „Laden" eines bereits geöffneten Bildes wesentlich schneller ab, wenn es nur aus dem Swapbereich zurückgeholt werden muss und nicht vom Programm selbst geladen werden muss, wobei in der Regel zusätzliche Rechenzeit benötigt wird.

Größe der Swappartition(en) Als „Faustformel" gilt, dass Festplattenplatz zur Speicherauslagerung in der zwei- bis dreifachen Größe des Arbeitsspeichers (RAMs) verfügbar sein sollten.

Je kleiner die Menge des physikalisch vorhandenen Arbeitsspeichers ist, desto größer ist wahrscheinlich der Bedarf an Swapplatz, so dass bei einem System mit 16MB RAM eine Swappartition von mindestens 48MB angemessen ist. Bei 32MB RAM sollte Swapplatz in der Größenordnung von 96MB zur Verfügung gestellt werden und bei Systemen mit 64MB oder mehr RAM sind 128MB Swapplatz in der Regel ausreichend.

Sinnvolle Lage von Swappartitionen In Systemen mit mehreren Festplatten sollten sich die Swappartition(en) immer auf den schnellsten Festplatten befinden. Dabei ist es günstig, wenn diese Festplatten kaum für andere Zwecke benutzt werden. Optimal ist es, die Swappartition in der Mitte einer Festplatte unterzubringen, da dann die Wege, die der Schreib- und Lesekopf der Platte zu diesem Bereich zurücklegen muss, am kürzesten sind.

Die Bootpartition

Hierunter wird die Partition verstanden, von der Debian GNU/Linux gestartet werden soll. Auf ihr brauchen nur die zum Starten notwendigen Dateien zu liegen, welche sich bei einer Debian GNU/Linux Installation in der Regel im Verzeichnis /boot befinden. Diese Dateien reichen allerdings nur zum Starten des Systems, es lässt sich ohne weitere Dateien nicht benutzen.

Normalerweise ist die Bootpartition deswegen dieselbe wie die Rootpartition (Wurzelpartition, s. u.), auf der sich alle anderen Dateien befinden, die benötigt werden, um ein minimal benutzbares System starten zu können. Nur in besonderen Fällen, etwa weil auf denjenigen Festplatten, die zum Starten eines Betriebssystems vom BIOS verwendet werden können nicht ausreichend Platz vorhanden ist, muss eine eigene Bootpartition eingerichtet werden. Hierfür reicht eine Partitionsgröße von 5 MB aus.

Rootpartition (Installationspartition)

Dies ist die Partition, auf die nach dem Start des Kernels, also des Betriebssystemkerns, als erstes zugegriffen wird. Das Wurzelverzeichnis dieser Partition ist gleichzeitig das Wurzelverzeichnis des gesamten Dateisystems, wie es nach dem Start zur Verfügung steht. Auf der Rootpartition befinden sich in der Regel zumindest die Dateien und Programme, die nach dem Start von Linux automatisch ausgeführt werden. Dazu gehören beispielsweise Konfigurationsprogramme (etwa um das richtige Tastaturlayout einzustellen) oder Programme, mit denen Dienste gestartet werden, die vom System nach seinem Start automatisch zur Verfügung gestellt werden (siehe Kapitel 13). Die Rootpartition enthält darüber hinaus gewöhnlich alle Programme, die notwendig sind, um zumindest eine Anmeldung des Administrators an das System zu ermöglichen und ihm soviel Funktionalität zur Verfügung zu stellen, dass er das System im Fall eines Fehlers reparieren kann.

Größe der Rootpartition Bei den meisten Standardinstallationen beherbergt diese Partition auch alle übrigen installierten Komponenten des Systems und stellt Platz für die Benutzerdaten und Anwendungen, die nicht zu Debian GNU/Linux gehören, zur Verfügung. Sie sollte mindestens so groß sein, dass auf ihr ein Basissystem installiert werden kann (50 MB). Zur sinnvollen Verwendung des Rechners müssen dann allerdings weitere Partitionen während der Installation des Basissystems oder später hinzugefügt werden.

Achtung: Im einfachen Fall mit zwei Partitionen (Swap- und Linuxpartition) muss die Rootpartition mindestens so groß sein, dass sie alle zu installierenden Komponenten und alle Benutzerdaten aufnehmen kann(Vergleiche Tabelle 1).

Weitere Partitionen

Zusätzliche Festplattenpartitionen werden unter UNIX/Linux an einer beliebigen Stelle ins Dateisystem „eingehängt". Diesen Vorgang bezeichnet man als „mounten" (siehe Kap. 5.18.1). Das Verfahren ermöglicht es u. a., sobald an irgendeiner Stelle nicht mehr genug Platz zur Verfügung steht, die Dateien von dort einfach auf eine andere Partition zu kopieren und diese dann an der Stelle einzuhängen, wo sich die Daten vorher befanden. Für Programme und Anwender entsteht hieraus keine Veränderung, denn sie finden die Dateien ja weiterhin an ihrem alten Platz, mit dem Unterschied, dass dort wieder mehr Festplattenspeicher zur Verfügung steht.
Prinzipiell können weitere Partitionen sinnvoll dort eingehängt werden, wo es „eng" werden kann und keine Speicherplatzbegrenzungen (Diskquotas, siehe Kap. 15.6) eingeführt werden sollen. Dadurch wird erreicht, dass beim Überlaufen einer dieser Partitionen nur ein Teil der Funktionalität des Systems eingeschränkt wird und wichtige weitere Funktionen, wie beispielsweise das Führen von Protokolldateien, erhalten bleiben. Darüber hinaus machen unterschiedliche Partitionen Sinn, wenn sie einzeln unbeaufsichtigt gesichert werden sollen. Während das gesamte Dateisystem oft zu groß ist, um auf ein Sicherungsmedium (beispielsweise ein Band) zu passen, können die Benutzerdaten auf einer Partition, die so groß ist wie das Sicherungsmedium, nachts automatisch gesichert werden. Auch die Entscheidung, welche Verzeichnisse auf eigene Partitionen ausgelagert werden sollen, hängt vom Einsatzzweck des Rechners ab. Die Namen und Aufgaben der einzelnen Verzeichnisse sind in Kapitel 14.1, Seite 385 beschrieben. Dort finden Sie auch Hinweise, welche Verzeichnisse sich gut für die Verlagerung auf eigene Partitionen eignen.

Partitionsgrößen bei Verwendung mehrerer Partitionen

Tabelle 2.6 enthält Partitionierungsvorschläge für unterschiedliche Installationen. Wird auf die Verwendung bestimmter, in der Tabelle dargestellter Partitionen verzichtet, so muss der von diesen Partitionen zur Verfügung gestellte Platz derjenigen Partition zuaddiert werden, unterhalb der die betreffende Partition eingebunden werden würde. Soll also beispielsweise auf die Verwendung einer eigenen Partition für das Verzeichnis /usr/local im Beispiel „Server" verzichtet werden, so wäre für die Partition für /usr um 200 MB zu vergrößern. Und wenn für /usr keine eigene Partition benutzt werden würde, dann wäre die Rootpartition (/) entsprechend zu vergrößern.

Für Verzeichnisse, die in der Tabelle mit einem Stern gekennzeichnet sind, wird bei der betreffenden Installation keine eigene Partition vorgeschlagen. Der für solche Verzeichnisse benötigte Speicherplatz ist dann bereits in der Größe der Partition, in der sich das entsprechende Verzeichnis befindet enthalten.

Partition (Verzeichnis)	Basisinstallation	Standardinstallation	Durchschnittliches Einbenutzersystem	Server
Bootpartition (/boot)	*	10	10	10
Rootpartition (/)	50	200	200	100
Benutzerdaten (/home)	*	150 +	200 +	500 +
Programmdaten (/usr)	*	*	700 +	650 +
Swappartition	32	64	128	128-256
Zusätzlicher Programme (/opt)	*	*	200 +	500 +
Veränderliche Systemdateien und zwischengespeicherte Daten (/var)	*	*	*	200 +
Lokale Programme (/usr/local)	*	*	*	200 +
Temporäre Dateien (/tmp)	*	*	*	100 +

Tabelle 2: Partitionierungsvorschläge für unterschiedliche Installationen (Alle Größen in MB). Mit dem Zeichen + versehene Angaben sind als Minimalangaben zu verstehen.

Tipps zur Partitionierung

Im folgenden finden Sie ein paar allgemeine Tipps, die Sie bei der Partitionierung beherzigen sollten:

- Bestimmte Betriebssysteme (dazu gehören alle DOS-basierten Betriebssysteme wie Windows 95/98) können prinzipiell nur von einer primären Partition auf der ersten Festplatte gestartet werden. Wenn Sie solche Betriebssysteme verwenden, müssen Sie dies berücksichtigen.
- Da auf jeder Festplatte nur eine erweiterte Partition existieren kann, sollte man die benötigten primären Partitionen an den Anfang der betreffenden Festplatte legen und dahinter die erweiterte Partition mit den darin enthaltenen logischen Partitionen folgen lassen. Falls nämlich beispielsweise mit einer primären Partition gestartet wird, dann eine erweiterte Partition mit logischen Partitionen folgt, und dahinter wieder eine primäre Partition liegt, so kann auf einer solchen Festplatte nur noch eine einzige (primäre) Partition eingerichtet werden, da keine zweite erweiterte Partition eingerichtet werden darf und bereits drei primäre Partitionen vergeben wurden.
- Es muss nicht der gesamte auf einer Platte zur Verfügung stehende Platz partitioniert sein. So kann es bei einer großen Festplatte durchaus sinnvoll sein, nur den tatsächlich benötigten Platz zu partitionieren und den restlichen Raum zunächst für eine spätere Verwendung zu unpartitioniert zu belassen.
- Zwischen den einzelnen Partitionen sollte kein ungenutzter freier Platz liegen (viele Festplattenpartitionierungsprogramme gestatten dies auch nicht).
- Auf Festplatten, von denen kein Betriebssystem gestartet werden soll, welches auf eine primäre Partition angewiesen ist, reicht es in der Regel aus, eine einzige erweiterte Partition anzulegen, in der dann nach Bedarf logische Partitionen erzeugt werden können.

- Wenn Linux mit einem anderen Betriebssystem zusammen verwendet wird, das zur Benennung von Partitionen Laufwerksbuchstaben verwendet, sollten freier Platz und die Partitionen für Linux immer möglichst weit hinten liegen. Falls nämlich eine solche Partition eines Tages wieder für das Betriebssystem mit den Laufwerksbuchstaben sichtbar wird, ordnet es eventuell einigen Partitionen neue Laufwerksbuchstaben zu. Das kann dazu führen, dass dieses Betriebssystem seine eigenen Daten nicht mehr findet und deswegen nicht mehr funktioniert.

2.7 Wahl einer Bootmethode

Normalerweise wird nach dem Einschalten des Rechners das installierte Betriebssystem automatisch gestartet. Falls jedoch mehrere Betriebssysteme (z. B. Windows 98 und Debian) auf dem Rechner installiert sein sollen, muss entschieden werden, welches dieser Systeme standardmäßig geladen werden soll und wie zwischen den unterschiedlichen Systemen ausgewählt werden kann.

Während der Basisinstallation besteht zum einen die Möglichkeit, eine geeignete Bootdiskette herstellen zu lassen, mit der Debian gestartet werden kann ohne dass irgendwelche Änderungen an der Startkonfiguration des Rechners notwendig sind. Es wird dann normalerweise weiterhin das bisher installierte System gestartet und Debian kann nur über die Bootdiskette gestartet werden.

Zum anderen kann das Programm LILO installiert werden, mit dem Linux automatisch von der Festplatte gestartet werden kann. Dabei gibt es zwei unterschiedliche Möglichkeiten, nämlich die Installation von LILO in den Master-Boot-Record (MBR), wodurch die bisherige Bootkonfiguration überschrieben wird und die Installation in den Bootsektor der Rootpartition, wodurch der Start von Linux aus einem bestehenden MBR heraus oder mit einem Bootmanager möglich ist. Mit dieser Konfiguration ist es allerdings nicht möglich, Debian GNU/Linux von einer anderen als der ersten Festplatte aus zu starten. Wird das System auf eine andere Platte installiert, muss zunächst mit einer Diskette, von CD oder von DOS aus gestartet werden und *lilo* dann manuell angepasst werden (siehe Kap.: 10.3).

Mögliche Bootmethoden

Neben der oben beschriebenen Bootkonfiguration, wie sie während der Basisinstallation eingerichtet werden kann, bestehen die folgenden Möglichkeiten, um beim Start des Rechners zwischen verschiedenen Betriebssystemen auswählen zu können:

1. Das Bootloader LILO kann so konfiguriert werden, dass er neben Linux auch andere Betriebssysteme (dazu gehören MS-DOS, Windows 95/98 und OS/2) starten kann. Nach dem Einschalten des Rechners hat man dann die Möglichkeit, zwischen den zur Verfügung stehenden Betriebssystemen zu wählen und eines davon zu starten. Dabei kann ein Vorgabewert festgelegt werden, so dass ohne eine Eingabe etwa immer Windows 98 oder Debian GNU/Linux gestartet wird (siehe Kap. 10.3). Leider funktioniert *lilo* nicht mit allen Versionen von Windows NT, so dass hier u. U. der Bootloader von NT benutzt werden muss, um Linux zu starten (siehe nächster Punkt).
2. Das Startprogramm vom Windows NT kann so konfiguriert werden, dass es auch Linux starten kann. Dies sollte die Methode der Wahl bei gemischten Linux- und Windows NT-Installationen sein (siehe Kap. 10.3.8).
3. Darüber hinaus stehen außerhalb von Debian GNU/Linux eine Reihe weiterer „Bootmanager" zur Verfügung, die teilweise recht komfortable Oberflächen zum Auswählen und Starten von Betriebssystemen bieten. Besonders bekannt sind der Bootmanager des Betriebssystems OS/2 sowie der zum Programm „Partition Magic" gehörende Bootmanager.

4. Falls an der Startkonfiguration des Rechners nichts verändert werden soll und neben Linux ein MS-DOS-basiertes Betriebsystem (*nicht Windows NT oder OS/2*) verwendet wird, so kann Debian GNU/Linux auch von DOS aus gestartet werden. Hierzu wird das Programm *loadlin* verwendet, das den Linux-Kernel von der Festplatte in den Speicher liest und dann die Kontrolle an diesen übergibt. Der einzige Nachteil einer solchen Konfiguration besteht darin, dass der Linux-Kernel auf eine von DOS aus zugängliche Partition kopiert werden muss (siehe Kap. 10.2.2).

2.8 Wahl des Installationsmediums

Die letzte wichtige Entscheidung vor der Installation des Systems ist, von wo installiert werden soll. Hier stehen eine Reihe von Möglichkeiten zur Verfügung:

- Installation von einer oder mehreren CDROMs.
- Installation von der Festplatte. Falls der Zielrechner unvernetzt ist und entweder nicht mit einem CDROM-Laufwerk ausgestattet ist oder das CDROM-Laufwerk während des Installationsprozesses nicht angesprochen werden kann, können die Installationsdaten unter einem anderen Betriebssystem auf die Festplatte kopiert werden und von dort während der Installation gelesen werden. Dieses Verfahren benötigt viel Festplattenkapazität (ungefähr 1.5 GB wenn der Inhalt von zwei CDROMs auf die Festplatte kopiert wird).
- Installation von einem anderen Rechner im Netz. Im einfachsten Fall hat hier ein Rechner (Server) die Installations-CDROMs im Laufwerk und andere Rechner können die Installationsdateien von diesem beziehen. Voraussetzung dafür ist ein NFS-Server (siehe Kapitel 574), der die zur Installation benötigten Dateien im Netz bereitstellt.
- Installation direkt von einem Debian-Server. Falls der zu installierende Rechner über einen guten Internetanschluß verfügt, kann hier komplett auf die CDROMs verzichtet werden. Bei einer Modem-Verbindung ist es in der Regel kostengünstiger, die CDs zur Verfügung zu stellen. Eine schnelle ISDN-Verbindung, besser jedoch eine Ethernet-Verbindung mit hoher Übertragungsgeschwindigkeit zum Debian-Server ist jedoch eine Alternative zur Installation von CDROM. Eine Liste der offiziellen Server, die dafür in Frage kommen, ist unter der Internetadresse http://www.debian.org/misc/README.mirrors verfügbar. Alternativ können Sie in Ihrem Netzwerk einen eigenen FTP- oder HTTP-Server einrichten, mit welchem die zur Installation benötigten Dateien zur Verfügung gestellt werden.

3. Vorbereitung der Installation

3.1 Für die Installation benötigte Informationen

Dieser Abschnitt beschreibt, welche Informationen Sie gegebenenfalls während der Installation benötigen und wo Sie diese Informationen finden können. Neben den hier genannten Informationen sollten Sie sich die aktuellen Informationen auf den CDROMs (im Verzeichnis *dists/potato/main/disks-i386/current/doc/* der ersten CDROM), falls Sie die Installation von CDROM durchführen wollen, und im Internet unter der URL `http://www.debian.org/releases/` durchlesen. Dort befinden sich u. U. aktuelle Hinweise, die Sie bei der Installation beachten müssen.

3.1.1 Informationen zur eingesetzten Hardware

Zunächst sollten Sie sich vergewissern, dass Sie die Hardware des betreffenden Rechners ausreichend gut kennen. Im Normalfall werden die „lebenswichtigen" Komponenten des Computers zwar automatisch erkannt, bei einigen Geräten ist dies jedoch nicht möglich, weswegen Sie die im folgenden aufgeführten Informationen zur Hand haben sollten.

Hardwarekomponenten, die direkt (und nicht über eine Schnittstelle) mit dem Computer verbunden sind, belegen in der Regel so genannte Systemressourcen. Das können beispielsweise physikalisch vorhandene Leitungen im Rechner sein, die nur einmal vorhanden sind und nicht von mehreren Geräten gleichzeitig benutzt werden können. Dabei sind die folgenden Ressourcen voneinander zu unterscheiden:

IO-Adressen IO steht für Input/Output oder Ein-/Ausgabe. IO-Adressen sind Bereiche im Adressbereich des Computers, über die Hardwarekomponenten Daten von anderen Systemkomponenten (in der Regel dem Hauptprozessor) erhalten, beziehungsweise an sie senden. Die IO-Adresse dient als Bezeichner für die Basisadresse des betreffenden Speicherbereichs und wird normalerweise in hexadezimaler Schreibweise angegeben. Üblicherweise wird hexadezimalen Zahlen das Kürzel *0x* vorangestellt, um diese Schreibweise beispielsweise von der dezimalen zu trennen[1].

Interruptnummern Hardwareinterrupts sind Signale, die von einer Hardwarekomponente an den Hauptprozessor geschickt werden können, in der Regel um zu verlangen, dass der Hauptprozessor eine Bedingung behandelt, die in der betreffenden Komponente eingetreten ist. Beispielsweise kann eine parallele Schnittstelle, an die ein Drucker angeschlossen ist, einen Interrupt dann senden, wenn der Drucker alle bereits empfangenen Daten bearbeitet hat und bereit ist, neue Daten zu empfangen. Hierdurch wird dem Betriebssystem erspart, immer wieder „nachzuschauen" ob der Drucker gerade bereit ist, Daten zu empfangen. Auf Computern der Intel-Architektur stehen 15 Interrupts (oder IRQs) zur Verfügung, die ursprünglich nur jeweils einer Hardwarekomponente zugeordnet sein durften. Bei PCI-Geräten ist allerdings auch „Interruptsharing" möglich, was bedeutet, dass sich zwei oder mehr Komponenten einen Interrupt teilen.

---

[1] Beachten Sie, dass sich diese Konvention von der unter DOS/Windows gebräuchlichen Konvention unterscheidet, hexadezimalen Zahlen den Buchstaben „h" nachzustellen.

DMA-Kanal DMA bedeutet *Direct Memory Access* oder „direkter Speicherzugriff". Hardwarekomponenten können über DMA direkt in den Speicher schreiben, ohne dass hierzu die Mithilfe des Prozessors benötigt wird. Dies ermöglicht hohe Transferraten von und zu solchen Komponenten. Ein DMA-Kanal kann nur an ein Gerät zur Zeit vergeben sein. Dieses Verfahren wird nur von älteren Hardwarekomponenten benutzt, die über den ISA-Bus mit dem Rechner verbunden sind.

Die Informationen darüber, welche Systemressourcen von welcher Hardwarekomponente benutzt werden, sollten Sie in den Unterlagen zu Ihrem Computer bzw. zu den darin eingebauten Komponenten finden. Viele Karten sind dafür geeignet, unterschiedliche Ressourcen zu verwenden. Dabei wird über Jumper[2] auf der Karte oder spezielle Software zwischen den zu verwendenden Ressourcen ausgewählt.

Darüberhinaus lassen sich viele neuere Karten (so genannte PnP- oder Plug and Play-Karten) direkt vom Betriebssystem konfigurieren. Sie können dem Betriebssystem über ein Protokoll mitteilen, welche Ressourcen sie verwenden, woraufhin die passenden Ressourcen ausgewählt werden, mit denen das Gerät dann konfiguriert wird. Zu dieser Familie von Geräten gehören auch die so genannten ISA-Plug-and-Play Geräte, die unter Linux nur dann benutzt werden können, wenn sie entweder vom BIOS oder von einem Programm unter Linux zur Verwendung bestimmter Ressourcen konfiguriert wurden (siehe auch Kapitel 12.7, S. 370).

Falls Sie einige der im folgenden genannten Informationen nicht finden können und auf dem betreffenden Rechner bereits ein Betriebssystem installiert ist, können Sie eventuell auch dieses verwenden, um sich die belegten Ressourcen anzeigen zu lassen. Unter Windows 95/98, Windows NT oder OS/2 Warp Version 4 können Sie dazu den Gerätemanager verwenden. Falls auf dem Rechner bereits ein Linux-basiertes System installiert ist, können Sie dort die Programme *lsdev* (S. 678) und *procinfo* (S. 700) verwenden, um die Ressourcen der von diesem System eingebundenen Hardwarekomponenten anzuzeigen.

Die folgenden Informationen sollten vorliegen, bevor Sie mit der Installation beginnen:

Festplattenadapter Handelt es sich um ein (E)IDE oder um ein SCSI-System?

Bei SCSI Welchen SCSI-Adapter verwenden Sie (Hersteller und Chipsatz)?

Festplatten An welche Adapter sind die Festplatten angeschlossen? Bei (E)IDE-Adaptern sollten Sie für jede Festplatte wissen, an den wievielten Adapter Sie angeschlossen ist und ob sie dort and den ersten (Master) oder an den zweiten (Slave) Anschluß angeschlossen ist. Bei SCSI-Adaptern sollten Sie die SCSI-IDs der einzelnen Festplatten kennen. Tipp: Bei vielen Computern werden diese Informationen nach dem Einschalten auf dem Bildschirm ausgegeben.

CDROM-Laufwerke Hier gilt das gleiche wie bei Festplatten: An welchen (E)IDE-Anschluss sind die Laufwerke angeschlossen, beziehungsweise, welche SCSI-ID haben sie?

Ältere CDROM-Laufwerke sind oft über eine eigene Schnittstelle oder die Soundkarte mit dem Rechner verbunden. Wenn dies so ist, sollten Sie den Typ der Schnittstelle und des Laufwerks sowie die davon belegten Systemressourcen kennen.

Arbeitsspeicher (RAM) Menge in MB.

Netzwerkkarte Hersteller, Typ (z. B. Ethernet) Chipsatz und belegte Ressourcen (IO-Adresse, IRQ-Nummer und DMA-Kanal, falls von der Karte benutzt).

Videokarte Hersteller, Chipsatz und Menge des Graphikspeichers auf der Karte.

Monitor Frequenzbereich für horizontale und vertikale Frequenzen. (Graphikkarten- und Monitordaten werden nur benötigt, falls Sie Debian GNU/Linux mit einer graphischen Oberfläche betreiben wollen.)

Schnittstellen Falls IO-Adressen oder Interruptnummern der seriellen oder parallelen Schnittstellen vom Standard abweichen, müssen Sie diese unter Umständen kennen, um Geräte wie Maus, Modem oder Drucker in Betrieb nehmen zu können.

---

[2] Jumper sind kleine Stecker, die dazu dienen, Kontakte miteinander zu verbinden.

Maus Hier müssen Sie zum einen den Typ Ihrer Maus, also das Protokoll, mit dem sich Maus und Rechner „unterhalten" (meist Microsoft, Logitech oder PS/2) und die Schnittstelle über welche die Maus mit dem Rechner verbunden ist (unter DOS/Windows meist COM1 oder COM2) kennen.

Plug and Play Welche der verwandten Karten sind PnP-Karten? Können diese Karten eventuell auch in einen nicht-Plug-and-Play-Modus versetzt werden (etwa durch einen Jumper)? und welche Ressourcen benötigen sie dann?

Modem (falls vorhanden) Typ und Schnittstelle (COM1, COM2 etc). Bei internen Modems u. U. zusätzlich Interruptnummer und IO-Adresse. Diese Information ist nur dann notwendig, falls Sie die Installation über eine Modem-basierte Netzwerkverbindung durchführen wollen. Unter Umständen benötigen Sie ein Handbuch Ihres Modems mit dem unterstützten Befehlssatz.

Bei Notebooks Typ des verwandten PCMCIA-Adapters sowie Informationen darüber, welche PCMCIA-Geräte an das Geräte angeschlossen werden sollen Es gibt zwei weitverbreitete Typen von PCMCIA-Adaptern: Der am häufigsten verwandte heißt „i82365", seltener findet man einen Adapter vom Typ „tcic". Sie sollten unbedingt wissen, welcher von beiden in Ihr Notebook eingebaut ist.

Drucker (falls vorhanden) Hersteller und Typ sowie Schnittstelle (unter DOS/Windows oft LPT1 oder LPT2). Da Drucker unter Debian nicht über druckerspezifische Treiber angesteuert werden, sondern zu druckende Dokumente durch entsprechende Filterprogramme geschickt werden, welche die Dokumente in ein von dem Drucker zu interpretierendes, Format umwandeln, ist es hilfreich, ein Handbuch des Druckers zur Verfügung zu haben, das Auskunft darüber gibt, welche Formate der betreffende Drucker unterstützt, beziehungsweise, mit welchen anderen Druckern er kompatibel ist.

3.1.2 Netzwerkdaten

Je nachdem, ob ihr Rechner keine Netzwerkverbindung hat, nur gelegentlich mit einem Netzwerk (etwa über eine Einwahlverbindung) verbunden ist oder dauerhaft in einem Netz integriert sein soll, sollten Ihnen einige weitere Informationen zur Verfügung stehen. Das Netzwerk kann natürlich auch später konfiguriert werden, falls Sie aber eine Installation über eine Netz- oder Einwahlverbindung planen, müssen Sie die Konfiguration während der Installation durchführen.

Keine Netzverbindung In diesem (einfachsten) Fall brauchen Sie sich nur einen netten Namen für ihren Rechner auszudenken.

Einwahlverbindung über PPP Auch in diesem Fall dürfen Sie sich den Namen Ihres Rechners ausdenken. Darüber hinaus brauchen Sie die folgenden Daten von ihrem Internetprovider:

- Die Telefonnummer zur Einwahl.
- Ob Sie bei Ihrer Telefonleitung Tonwahl verwenden können oder Pulswahl verwenden müssen.
- Ihren Benutzernamen bei Ihrem Provider und das dazugehörige Passwort.
- Die Authentifizierungsmethode (üblich sind PAP, CHAP sowie seltener skriptgesteuerte Verfahren).
- Ob Sie von ihrem Provider dynamisch eine IP-Adresse zugewiesen bekommen (Normalfall) oder ob statische IP-Adressen verwandt werden. Bei statischen Adressen müssen Sie Ihre eigene IP-Nummer, eventuell auch die IP-Nummer der Gegenstelle kennen.
- Die Information, an welche serielle Schnittstelle Ihr Modem angeschlossen ist.
- Die maximale Übertragungsrate Ihrer seriellen Schnittstelle (gewöhnlich 115200 Bit/s).
- Ob Ihr Internetprovider Ihnen dynamisch den zu verwendenden DNS-Server zuweist oder ob Sie Ihr System fest für die Benutzung eines bestimmten DNS-Servers konfigurieren müssen. Im zweiten Fall benötigen Sie die IP-Adresse des DNS-Servers Ihres Providers.

Dauerhafter Netzanschluss Wenn Ihr Rechner dauerhaft mit einem Netzwerk verbunden ist, sollten Sie die Netzwerkeinstellungen während der Installation des Basissystems vornehmen.

In vielen Ethernet-basierten Netzwerken wird heute eines der Protokolle DHCP oder BOOTP zur automatischen Konfiguration der Netzwerkeinstellungen der angeschlossenen Rechner benutzt. Dieses Verfahren wird von Debian unterstützt. Sie brauchen dann lediglich den Rechnernamen Ihres Rechners zu kennen (der Ihnen u. U. von Ihrem Netzwerkadministrator zugewiesen wurde).

Falls in Ihrem Netzwerk kein BOOTP oder DHCP zur Verfügung steht, benötigen Sie die folgenden zusätzlichen Informationen, die Sie von Ihrem Netzwerkadministrator erhalten:

- Die IP-Adresse ihres Rechners.
- Die Netzwerkmaske ihres Netzes.
- Die IP-Adresse Ihres Netzwerkes.
- Die Broadcast-Adresse ihres Netzes (dies ist gewöhnlich die gleiche Adresse wie Ihre IP-Adresse, nur dass die letzte Ziffer 255 lautet).
- Eventuell den Namen Ihres Rechners, ansonsten dürfen Sie sich selbst einen aussuchen.
- (Falls vorhanden) Den Namen Ihrer Internetdomäne.
- (Falls vorhanden) Die IP-Adresse des Nameservers (DNS).
- (Falls vorhanden) Die IP-Adresse eines Gateways.

3.1.3 Installationsquellen

Neben der Installation von CDROM gibt es die folgenden Möglichkeiten, Debian auf Ihrem Rechner zu installieren. Abhängig davon, welche Methode Sie wählen und je nach der Hardware Ihres Rechners benötigen Sie vor der Installation bestimmte Dateien und müssen u. U. einige Installationsdisketten vorbereiten.

Installation von nicht-offiziellen CDs Wenn Sie nicht offizielle Debian-CDs benutzen, sollten Sie wissen, ob diese CDs dem Layout der offiziellen CDs entsprechen und – falls dies nicht der Fall ist – wissen, wo sich die Debian-Distribution auf der oder den CD(s) befindet.

Installation über NFS Wenn Sie diese Installationsmethode verwenden wollen, müssen Sie die Adresse des Rechners kennen, der die Installationsdaten zur Verfügung stellt. Weiter müssen Sie das Verzeichnis, in dem sich die Installationsdaten befinden und das von dem Server im Netz bereitgestellt („exportiert") wird, kennen.

Installation von einem Debian-Internetserver Auch hier müssen Sie die Adresse des Servers kennen und darüberhinaus wissen, in welchem Verzeichnis sich die Debian GNU/Linux Distribution auf dem Server befindet. Falls Sie die zur Zeit aktuelle und stabile Version von einem offiziellen Debian-Spiegel installieren wollen, so ist dies normalerweise */debian/dists/stable*.

Installation von der Festplatte Wenn Sie die benötigten Dateien vor der Installation unter einem anderen Betriebssystem auf eine Festplatte kopiert haben, müssen Sie wissen, auf welcher Festplatte und in welchem Verzeichnis sich die Debian-Pakete dort befinden (siehe hierzu Kap. 3.3.2).

Achtung: Falls die Debian-Pakete auf ihrem Installationsmedium anders angeordnet sind, als auf den offiziellen CDs, beziehungsweise den offiziellen Debian-Servern im Internet, sollten Sie sich vor der Installation einen Überblick darüber verschaffen, wo sich welche Pakete befinden (siehe Kap. 8.2.2).

3.2 Vorbereitung der Installationsmedien

Weil es sich bei den Installationsprogrammen um Linux-Programme handelt, muss bereits vor der eigentlichen Durchführung der Installation ein Linux-System auf dem Rechner laufen. Dieses kann natürlich nicht von der Festplatte gestartet werden. Das Installationssystem verwendet deswegen eine so genannte Ramdisk. Dabei handelt es sich um einen Bereich des Arbeitsspeichers, der wie eine Festplatte „formatiert" ist und in dem sich alle zu Beginn der Installation benötigten Dateien befinden. Der vorbereitete Inhalt dieser Ramdisk wird vor dem Start des Installationssystems aus einer Datei in den Speicher geladen, so dass dem Kernel danach ein ähnliches Dateisystem zur Verfügung steht wie beim Start von der Festplatte.

Normalerweise wird das Installationssystem zunächst mit einer speziellen Bootdiskette geladen, auf der sich der Kernel befindet. Nachdem dieser geladen und gestartet wurde, wird dann eine weitere Diskette benutzt, auf der sich die Dateien für das Installationssystem befinden. Der Inhalt dieser Diskette wird dann in eine Ramdisk geladen. Danach wird die Ramdisk eingebunden und das Installationssystem wird gestartet. Um die hierzu benötigten Disketten zu erstellen, stehen so genannte Disketten-Abbilddateien bereit, welche mit einem speziellen Programm auf die Disketten geschrieben werden müssen.

In einigen Fällen ist es jedoch nicht notwendig, die Disketten tatsächlich zu erstellen, weil das Installationssystem auf eine andere Art gestartet wird:

– Sofern der Rechner das Starten von CD ermöglicht und Sie eine bootfähige Installations-CD verwenden, brauchen Sie – nachdem Sie sich vergewissert haben, dass Ihr BIOS richtig konfiguriert ist (siehe auch Kap. 3.4) – nur die CD in das Laufwerk zu legen und den Rechner zu starten. Das Installationssystem wird dann direkt von der CD geladen.
– Falls auf dem Rechner ein DOS-basiertes Betriebssystem (einschließlich Windows 95/98) installiert ist, können Ramdisk und Kernel mit Hilfe des DOS-Programmes *loadlin* direkt unter DOS in den Arbeitsspeicher geladen und gestartet werden.

3.2.1 Auswahl der benötigten Disketten und Dateien

Unabhängig davon, mit welchen Medien die Installation durchgeführt wird, werden für die einzelnen Phasen der Installation die folgenden Daten benötigt:

Rescuediskette Auf dieser Diskette befindet sich der Kernel für das Installationssystem. Bei der Installation von CDROM aus, wird der Inhalt dieser Diskette direkt von der CDROM geladen. Beim Start des Installationssystems von DOS aus wird der Kernel aus einer Datei geladen.
Rootdiskette Hier befindet sich der Inhalt der Ramdisk, die u. a. das Installationsprogramm mit den für dieses Programm benötigten Dateien enthält. Er wird bei der Installation von CDROM direkt von der CD geladen. Beim Start von DOS aus muss die Abbilddatei dieser Diskette zur Verfügung stehen.
Treiber Neben dem Kernel selbst werden Treiber für Hardwarekomponenten wie Netzwerkkarten benötigt, für welche die Unterstützung im Standardkernel nicht enthalten ist.
Basissystem Der größte Teil des Installationssystems ist das so genannte Basissystem. Es handelt sich dabei um ein minimales Debian-System, dass nach der Installation gestartet wird und von dem aus alle weiteren Komponenten installiert werden.

Die hier beschriebenen Daten befinden sich auf der ersten CDROM des offiziellen CDROM-Satzes im Verzeichnis *dists/potato/main/disks-i386*. Auf den Debian-Servern im Internet finden Sie diese Daten im Unterverzeichnis *dists/potato/main/disks-i386* des Debian-Verzeichnisses auf diesen Servern. Eine Liste viele Debian-Spiegelserver ist unter der Adresse `http://www.debian.org/misc/README.mirrors` verfügbar.

In dem Verzeichnis *disks-i386* befinden sich verschiedene Unterverzeichnisse, deren Namen in der Regel aus einer Versionsbezeichnung und einem Datum bestehen. Wie sich vermuten lässt, befinden sich in diesen Verzeichnissen unterschiedliche Versionen des Installations- und Basissystems. In der Regel sollten Sie die neueste Version verwenden, auf die ein symbolische Link mit der Bezeichnung *current* zeigt.

Wenn Sie beispielsweise den deutschen Debian-Spiegel verwenden, können Sie die neuesten Installationsdateien also normalerweise unter der folgenden URL beziehen: http://ftp.de.debian.org/debian/dists/potato/main/disks-i386/current/.

Die beschriebenen Daten befinden sich in diesem Verzeichnis in unterschiedlichen Ausführungen. Welche Ausführung Sie benötigen ist einerseits davon abhängig, von welchem Medium aus die Installation durchgeführt werden soll und andererseits, was für ein Diskettenlaufwerk Sie besitzen. Dies wird im folgenden beschrieben. Datei- und Verzeichnisnamen werden dabei jeweils relativ zum Verzeichnis *current* angegeben.

Rettungsdiskette (Rescue-Floppy) Die Rescue-Floppy (Rettungsdiskette) trägt diesen Namen, weil sie neben ihrer Funktion als Bootdiskette auch später genutzt werden kann, um das System zu starten, falls Debian GNU/Linux sich aus irgendeinem Grund nicht anders starten lässt. Die Diskette enthält das Programm zum Starten von Linux (den Bootloader) sowie den Linux-Kernel.

Start der Installation von CDROM Es müssen keine Vorbereitungen getroffen werden.

Start der Installation von DOS aus Auf einem Datenträger, der unter DOS angesprochen werden kann, benötigen Sie die Datei *linux* (den Kernel), sowie das Programm *loadlin.exe* aus dem Verzeichnis *dosutils*. Die Dateien müssen nicht auf Disketten geschrieben werden, aus Sicherheitsgründen empfiehlt es sich dennoch, die Rescuediskette zu erzeugen.

Start der Installation von Disketten Wenn Sie ein altes 5.25 Zoll-Diskettenlaufwerk besitzen, benötigen Sie das Diskettenabbild der Rescuediskette für 5.25 Zoll Disketten. Die Abbilddateien für diesen Typ befinden sich im Unterverzeichnis *images-1.20*. Der Name der Datei ist *rescue.bin*.

Für moderne 3.5 Zoll-Disketten mit 1.44 MB Fassungsvermögen, sind die Dateien aus dem Verzeichnis *images-1.44* zu verwenden. Auch dort lautet der Name der Rescuedisketten-Abbilddatei *rescue.bin*.

In den Verzeichnissen *images-1.44* und *images-1.20* befinden sich Unterverzeichnisse für spezielle Konfigurationen. Das Unterverzeichnis *compact* enthält einen kleineren Kernel, der lediglich gängige Hardware unterstützt. Wenn Sie einen Standard-PC ohne besondere Komponenten benutzten, können Sie die Dateien in diesem Verzeichnis benutzen. Der Vorteil der *compact*-Variante besteht darin, dass weniger Daten heruntergeladen werden müssen und hinterher weniger Speicherplatz durch nicht benötigte Treiber belegt wird. Ähnliches gilt für das Unterverzeichnis *ide+pci*. Der Kernel in diesem Verzeichnis unterstützt keine SCSI-Systeme. Im Verzeichnis *safe* befindet sich eine Variante, die für Rechner mit problematischer Hardware gedacht ist, welche mit der Standard-Rescuediskette nicht gestartet werden kann. In diesen Verzeichnissen befindet sich ebenfalls eine Datei mit dem Namen *rescue.bin*, welche Sie alternativ zur Standarddiskette verwenden können.

> **Achtung:** Nach der Installation muss dann u. U. der Standardkernel installiert oder ein eigener Kernel erstellt werden, damit Treiber für alle Hardwarekomponenten zur Verfügung stehen.

U. U. stehen in Zukunft weitere Varianten der Disketten bereit, mit denen bestimmte (neue) Hardware oder zusätzliche Konfigurationen unterstützt werden. Prüfen Sie dies bitte auf einem der Debian-Server. Beachten Sie auch die Information in den jeweiligen Verzeichnissen.

Rootdiskette Diese Diskette enthält das Installationsprogramm (*dbootstrap*) sowie alle von diesem Programm benötigten Dateien und Verzeichnisse. Der Inhalt dieser Diskette wird nach dem Start des Kernels in eine Ramdisk geladen und dann vom Kernel eingebunden, bevor das Installationssystem gestartet wird.

Start der Installation von CDROM In diesem Fall brauchen keine Vorbereitungen getroffen zu werden.

Start der Installation von DOS aus Für dieses Verfahren benötigen Sie die Datei *root.bin* aus dem Verzeichnis *images-1.44*, bzw. aus dem Verzeichnis, aus dem Sie auch die Datei *rescue.bin* bezogen haben. Sie sollten die Datei im gleichen Verzeichnis speichern, in dem sich auch die Dateien *linux* und *loadlin.exe* befinden.

Start der Installation von Diskette Je nach Diskettentyp (1.44 MB oder 1.2 MB) benötigen Sie die Datei *root.bin* aus dem selben Verzeichnis, aus dem Sie auch die Datei *rescue.bin* verwenden. Falls diese Datei sich dort nicht befindet, können Sie die Version aus dem übergeordneten Verzeichnis verwenden.

Treiberdisketten Auf diesen Disketten befinden sich Treiber, die nicht im Kernel selbst enthalten sind. Dazu gehören u. a. Treiber für Netzwerkkarten oder für ältere proprietäre CDROM-Laufwerke, für die ein eigener Treiber benötigt wird.
Es ist möglich, diese Treiber von der Festplatte, von einer CDROM oder von Disketten zu installieren. Bei Verwendung eines speziell angepassten Installationskernels ist sogar die Installation der Treiber aus dem Netzwerk möglich.
Falls auf das CDROM-Laufwerk jedoch nur mit besonderen Treibern zugegriffen werden kann und die entsprechenden Dateien sich nicht auf der Festplatte befinden, ist es notwendig diese Disketten zu erstellen und die Treiber dann von den Disketten zu installieren. Danach können die benötigten Treibermodule geladen werden, so dass hinterher die Installation der weiteren Systembestandteile von CDROM oder über das Netzwerk möglich sein sollte.

Installation von CDROM Wenn das CDROM-Laufwerk über einen (E)IDE- oder SCSI-Adapter mit dem Rechner verbunden ist, brauchen keine Vorbereitungen getroffen werden. Ansonsten müssen diese Dateien von Diskette oder der Festplatte installiert werden.

Installation von der Festplatte Sie benötigen die Datei *drivers.tgz*, welche sich im Basisverzeichnis befindet. Wenn Sie die *compact*-Variante des Kernels verwenden, benötigen Sie die Datei *drivers.tgz* aus dem Unterverzeichnis *compact* des Basisverzeichnisses. Es empfiehlt sich, die entsprechende Datei im selben Verzeichnis wie die übrigen Installationsdateien abzulegen.

Installation von Diskette Je nach Diskettenformat benötigen Sie alle Dateien, deren Namen mit *driver-* beginnen aus dem Verzeichnis für Ihre Diskettengröße. Wenn Sie eine spezielle Variante (z. B. *safe* oder *compact*) verwenden, benötigen Sie die *driver-* Dateien aus dem entsprechenden Unterverzeichnis des Verzeichnisses für Ihre Diskettengröße.

Basissystem Nachdem Kernel und Treiber installiert sind, wird der Installationsprozeß mit der Installation des Basissystems fortgesetzt. Hierbei handelt es sich um ein kleines, allein lauffähiges Debian GNU/Linux System, von dem aus später die Anwendungsprogramme installiert werden. Zur Installation des Basissystems bestehen die folgenden Möglichkeiten:

- Das Basissystem wird von einer CDROM installiert. Dies ist die einfachste Variante, wenn Sie die Installation von CDROMs durchführen. Sie brauchen dann keine weiteren Vorbereitungen zu treffen.
- Das Basissystem wird von der Festplatte installiert. Dieses Verfahren kommt in Betracht, wenn Sie die zur Installation benötigten Dateien unter einem anderen Betriebssystem heruntergeladen haben. Sie benötigen dann die Datei *base2_2.tgz* aus dem Basisverzeichnis.
- Es wird von einem Verzeichnis aus installiert, dass sich auf einem anderen Rechner befindet, der das entsprechende Verzeichnis über NFS im Netzwerk für Ihren Rechner freigegeben hat. Die Datei *base2_2.tgz* muss sich dann auf diesem Rechner befinden.
- Es wird direkt aus dem Internet von einem Debian-Server heruntergeladen und installiert. Dieses Verfahren kommt nur dann in Betracht, wenn der Rechner über eine feste Internetanbindung verfügt. Einwahlverbindungen mit einem Modem oder über ISDN sind hierzu nicht geeignet, weil die dafür benötigte Software vor der Installation des Basissystems noch nicht zur Verfügung steht. Sie müssen dann die URL zu dem Rechner und Verzeichnis kennen, von dem die Daten heruntergeladen werden können.
- Schließlich kann auch das Basissystem von Disketten installiert werden. Weil hierfür jedoch relativ viele Disketten vorbereitet werden müssen, empfiehlt es sich in der Regel, eines der anderen Verfahren zu verwenden sofern dies möglich ist. Falls die Installation von Disketten durchgeführt werden soll, benötigen Sie alle Dateien, deren Namen mit *base-* beginnen aus dem Unterverzeichnis für Ihre Diskettengröße.

Paketdateien Sobald das Basissystem installiert ist, kann mit der Auswahl der gewünschten Pakete auf dem System begonnen werden. Diese können dann von CDs, einem NFS-Server, von der Festplatte oder aus dem Internet heruntergeladen und installiert werden. Auch eine Installation von Disketten ist möglich, die Ihnen aber aufgrund des Umfangs nicht empfohlen werden soll.

3.2.2 Herstellen der Installationsdisketten

Nachdem die benötigten Diskettenabbilddateien beschafft worden sind, müssen diese auf Disketten geschrieben werden. Dies ist sowohl unter DOS als auch unter Linux möglich. Sie benötigen für jeder Diskettenabbilddatei eine Diskette. Bedenken Sie, dass der Inhalt der hierfür benutzten Disketten überschrieben und damit gelöscht wird, wenn die Abbilddateien auf die Disketten geschrieben werden.

Diskettenerstellung unter DOS (und Windows) Unter DOS erfolgt das Erstellen der Disketten mit dem Programm *rawrite2.exe*. Sie finden das Programm im Unterverzeichnis *dosutils* des Basisverzeichnisses für die Installationsdateien. Dieses Programm kann theoretisch auch von den DOS-Eingabeaufforderungen unter Windows 95/98, Windows NT oder OS/2 ausgeführt werden. Gelegentlich sind hierbei jedoch Probleme aufgetreten, wobei die Daten nicht richtig geschrieben wurden. Sofern Sie Windows (3.11 oder 95/98) verwenden, sollten Sie dieses also beenden, bevor Sie die Disketten beschreiben. Unter Windows 95/98 wählen Sie dazu „Start", „Beenden" und „Computer im MS-DOS Modus starten". Um die Disketten unter DOS herzustellen, sind die folgenden Schritte durchzuführen:

– Wechseln Sie in das Verzeichnis, in dem sich die Diskettenabbilddadeien sowie das Programm *rawrite2.exe* befinden. Angenommen, diese Dateien befinden sich im Verzeichnis \deb_inst auf dem Laufwerk *C:*, so müsste dazu zunächst der folgende Befehl eingegeben werden, um in das richtige Verzeichnis zu wechseln:

```
C:\> cd \deb_inst
```

Falls Sie die Dateien in einem anderen Verzeichnis oder auf einem anderen Laufwerk gespeichert haben, müssen Laufwerksbuchstabe und Verzeichnis natürlich entsprechend geändert werden.
– Legen Sie eine Diskette in das Diskettenlaufwerk ein, die leer ist oder deren Inhalt überschrieben werden darf.
– Geben Sie zum Erstellen der Diskette folgenden Befehl ein:

```
C:\deb_inst\> rawrite -f rescue.bin -d a: -n
```

Hierbei steht *rescue.bin* für den Namen der Abbilddatei und *a:* für den Laufwerksbuchstaben des Diskettenlaufwerks, in dem sich die Diskette befindet. Um eine andere Diskettenabbilddatei zu schreiben, ist der Befehl entsprechend anzupassen.
– Nachdem der Befehl ausgeführt worden ist und auf dem Diskettenlaufwerk nicht mehr geschrieben wird (die Lampe ist aus), entfernen Sie die Diskette wieder aus dem Laufwerk und beschriften sie.
– Wiederholen Sie, falls notwendig, diese Schritte für alle Disketten. Beschriften Sie alle erzeugten Disketten entsprechend.

Diskettenerstellung unter Linux Um die benötigten Disketten unter Linux herzustellen, ist es notwendig, direkt auf das Diskettenlaufwerk zugreifen zu können. Hierzu benötigen Sie, abhängig von der Konfiguration des Systems, unter dem Sie die Disketten herstellen, unter Umständen Administrator- (*root*) Rechte.

– Wechseln Sie in das Verzeichnis, in dem sich die Dateien befinden. Angenommen dies ist ein Verzeichnis mit dem Namen *debian_install*, welches sich unterhalb Ihres Heimatverzeichnisses befindet, so würden Sie an der Kommandozeile folgenden Befehl eingeben:

```
joe@debian:~$ cd ~/debian_install
```
- Zum Beschreiben der Disketten wird der Befehl *dd* benutzt. Um beispielsweise die Rescue-Diskette zu erzeugen, wäre der folgende Befehl einzugeben:

```
joe@debian:~/debian_install$ dd if=resc1440.bin of=/dev/fd0 bs=512
    conv=sync; sync
```

(Das abschließende *sync* bewirkt, das die Daten nicht zwischengespeichert werden, sondern sofort verlässlich auf die Diskette geschrieben werden. Siehe auch *dd* (S. 649).) Natürlich müssen auch hier unter Umständen der Dateiname sowie der Name des Diskettenlaufwerkes */dev/fd0* angepasst werden.
- Nachdem der Schreibvorgang beendet ist, entfernen Sie die Diskette und beschriften Sie sie.
- Wiederholen Sie – falls notwendig – diese Schritte für alle Disketten, die Sie erzeugen müssen. Beschriften Sie alle erzeugten Disketten entsprechend.

3.2.3 Erzeugung von Bootdisketten für andere Betriebssysteme

Bevor Sie mit der Installation von Debian GNU/Linux beginnen, sollten Sie sicherstellen, dass Sie sich im Besitz funktionsfähiger Bootdisketten für alle Betriebssysteme befinden, die sich in Zukunft neben Linux auf dem Rechner befinden sollen.

Erstellung von Bootdisketten unter DOS Unter DOS können Sie eine leere Diskette zur Bootdiskette machen, in dem Sie an der DOS-Eingabeaufforderung den Befehl

```
C:\> format a: /s
```

eingeben, wobei *a:* der Laufwerksbuchstabe Ihres Diskettenlaufwerks mit der leeren Diskette ist. Auf dieser Diskette sollten Sie alle wichtigen DOS-Programme haben, mit denen Sie das System wieder reparieren können. Dazu gehören die Programme *fdisk.exe, sys.com, chkdsk.exe* oder *scandisk.exe, edit.com, qbasic.exe* (dieses Programm enthält den Editor) sowie die Dateien *config.sys* und *autoexec.bat* mit allen Befehlen und den von ihnen aufgerufenen Programmen, die notwendig sind, um ein bedienbares Minimalsystem zu erhalten.

Erstellung von Bootdisketten unter Windows 95/98 Hier kann eine Startdiskette hergestellt werden, in dem in der Systemsteuerung „Software", dann die Indexzunge „Startdiskette" und dann „Startdiskette erstellen" ausgewählt wird. Folgen Sie danach den Anweisungen auf dem Bildschirm.

Falls Sie andere Betriebssysteme verwenden, beziehen Sie sich bitte auf die Dokumentation dieser Systeme.

3.3 Durchführung der Partitionierung unter einem anderen Betriebssystem

Die (Um-)Partitionierung der Festplatte(n) kann normalerweise während der Installation von Debian geschehen. Dazu müssen allerdings entweder freier Platz auf der Festplatte oder Partitionen, die gelöscht werden dürfen, zur Verfügung stehen.

Oft ist auf dem Computer bereits ein Betriebssystem installiert, welches auch nach der Installation von Debian GNU/Linux verwendbar bleiben soll. Viele Betriebssysteme (z. B. Windows 95/98) legen bei einer Standardinstallation eine einzige große Partition auf jeder Festplatte an. Die Folge dessen ist, dass alle auf solchen Partitionen enthaltenen Daten gelöscht werden würden, wenn diese Partitionen während der Installation von Debian gelöscht oder überschrieben werden würden.

Aus diesem Grund ist es notwendig, vor der Installation von Debian Festplattenplatz freizugeben.

> **Achtung:** Die Umpartitionierung von Festplatten ist unter jedem Betriebssystem ein kritischer Vorgang, bei dem mit höchster Sorgfalt vorgegangen werden sollte und im Falle eines Fehlers sämtliche Daten einer oder sogar aller Festplatten gelöscht werden können. In jedem Fall sollte vor der Umpartitionierung ein komplettes Backup des gesamten Systems, wenigstens jedoch aller wichtigen persönlichen Daten und eventuell der Konfigurationsdateien angelegt werden.

Jedes Betriebssystem wird mit einem Programm zur Partitionierung ausgeliefert. Diese Programme tragen meist den Namen *fdisk* (so unter allen DOS-Varianten, inklusive Windows 95/98 und unter OS/2). Unter Windows NT ist das Programm *windisk* (Festplattenmanager) für diese Aufgabe verantwortlich. Diese Programme bieten die Möglichkeit, Partitionen zu löschen und neue Partitionen zu erstellen. Es besteht allerdings keine Möglichkeit, die Größe bestehender Partitionen zu verändern! Dies bedeutet, dass beim Aufteilen einer Partition in mehrere, alle Daten auf der betreffenden Partition gelöscht werden. Ist nur eine einzige Partition vorhanden (wie bei einer standardmäßigen DOS/Windows-Installation) muss also vor dem Umpartitionieren der gesamte Festplatteninhalt gesichert werden, dann die Partition gelöscht, danach eine neue und kleinere Partitionen angelegt und zum Schluss das Backup wieder zurückgespielt werden.

Im Gegensatz zu normalen Partitionierungsprogrammen kann das auf der Debian-CD befindliche DOS-Programm *fips.exe* (Fips) in vielen Situationen die Verkleinerung von Partitionen, die mit einem der DOS-Dateisysteme FAT, VFAT oder FAT32 formatiert sind, übernehmen. Wenn Sie also eines der Betriebssysteme DOS, Windows 3.1/3.11/95 oder 98 verwenden oder Sie OS/2 oder Windows NT mit einem solchen Dateisystem verwenden (eher unwahrscheinlich und nicht zu empfehlen) können Sie eine (oder mehrere) Partitionen mit diesem Programm verkleinern, um dadurch (eine) weitere primäre Partition(en) zu erhalten. Diese neue(n) Partition(en) können Sie während der Installation von Debian löschen und in dem dadurch frei gewordenen Platz neue Partitionen anlegen. Alternativ zu Fips können auch verschiedene kommerzielle Programme (wie z. B. Partition Magic) benutzt werden, um Partitionen zu verkleinern und dadurch Festplattenplatz freizugeben. Seit kurzer Zeit gibt es auch ein freies Programm für Linux mit dem Partitionen in ihrer Größe verändert und verschoben werden können. Der Name dieses Programms ist *parted*, es kann unter der Internet-Adresse http://www.gnu.org/software/parted/ bezogen werden. Unter Debian steht es mit dem Paket *parted* zur Verfügung.

Im folgenden wird beschrieben, wie mit Fips eine Partition verkleinert werden kann. Danach finden Sie einige Hinweise zu Partitionierungsprogrammen anderer Betriebssysteme.

3.3.1 Partitionsgrößen verändern mit FIPS

Das Programm Fips ermöglicht es, primäre Partitionen aufzuteilen. Dies ist nützlich, wenn zur Installation von Debian keine freie Partition zur Verfügung steht.

> **Achtung:** Damit das Programm sicher funktioniert, müssen die folgenden Voraussetzungen erfüllt sein:

- Es können nur primäre Partitionen verkleinert werden. Nach einer standardmäßigen DOS/Windows Installation befinden sich auf dem Rechner gewöhnlich nur solche Partitionen.
- Falls Sie mehrere Festplatten oder mehrere primäre Partitionen haben, müssen Sie wissen, welche primäre Partition auf welcher Festplatte verändert werden soll.
- Die Partition muss mit den Dateisystemen FAT, VFAT (das ist FAT mit langen Dateinamen, wie es unter Windows 95 verwandt wird) oder FAT32 (findet in späteren Versionen von Windows 95 und in Windows 98 Verwendung) formatiert sein.
- Die Partition muss defragmentiert sein. Durch die Defagmentierung werden alle Dateien an den Anfang der Partition verschoben.
- Der Computer sollte mit einer DOS-Bootdiskette gestartet werden, bevor Fips ausgeführt wird. Dadurch wird sichergestellt, dass keine anderen Programme während der Verkleinerung auf die fragliche Partition zugreifen.
- Die zu verkleinernde Partition darf nicht von einem Festplattenmanager wie ONTrack oder EZDrive verwaltet werden.
- FIPS wurde zwar in Hinblick auf größte Sicherheit geschrieben, allerdings sollten wichtige Daten auch vor der Ausführung von FIPS durch ein Backup in „Sicherheit" gebracht werden.

Fips sollte sich auf allen Debian-CD-Sätzen befinden. Auf den offiziellen CDs liegt es sich auf der ersten Binary-CD im Verzeichnis */tools/fips20*, wobei die „20" am Ende des Namens für die aktuelle Versionsnummer steht. Wenn Sie das Programm auf den CDROMs nicht finden, können Sie es auch unter der Adresse http://ftp.debian.org/tools/ aus dem Internet herunterladen.

Dort sollten Sie ein Zip-Archiv finden, das einen Namen wie *fips20.zip* trägt, wobei auch hier die „20" wieder für die Versionsnummer des Programms steht. Falls Sie kein Programm haben, mit dem Sie Zip-Archive auspacken können, finden Sie dort auch eine Datei mit einem Namen wie *unz512x3.exe*. Hierbei handelt es sich um ein selbstentpackendes Zip-Archiv, welches die Programme *unzip.exe* und *unzip386.exe* enthält, mit denen Sie Zip-Archive von der DOS-Kommandozeile aus entpacken können. Zum Herunterladen von Dateien per FTP siehe Kap. 17.6.5.

Wenn Sie die Zip-Archive verwenden, gehen Sie wie folgt vor, um das Programm benutzen zu können:

- Legen Sie ein leeres Verzeichnis für FIPS an. Dieses Verzeichnis könnte beispielsweise den Namen *fips* tragen und sich im Wurzelverzeichnis des Laufwerkes C: befinden. Geben Sie dazu folgenden Befehl ein:

    `C:\> `**`mkdir c:\fips`**

    Sie können dieses Verzeichnis später löschen, wenn Sie mit der Partitionsverkleinerung fertig sind.

- Speichern Sie die beiden Dateien *fips*.zip* und *unz*.exe* (die Sterne stehen für die Versionsnummern) in diesem Verzeichnis. Wenn Sie die Dateien bereits in einem anderen Verzeichnis gespeichert haben, kopieren Sie sie hierhin.

- Stellen Sie sicher, dass Sie sich auf dem richtigen Laufwerk befinden:

    `C:\> `**`c:`**

    und wechseln Sie in das Verzeichnis:

    `C:\> `**`cd \fips`**

- Packen Sie die Datei mit den Unzip-Programmen aus. Sie befindet sich ja in diesem Verzeichnis, also brauchen Sie nur den folgenden Befehl einzugeben:

    `c:\fips\> `**`unz512x3`**

Sie sollten am Bildschirm eine Liste der ausgepackten Dateien sehen.
- Jetzt können Sie das Zip-Archiv mit dem Programm FIPS auspacken. Geben Sie dazu den Befehl

    ```
    c:\fips\> unzip386 fips20.zip
    ```

    ein. Achten Sie auch hier auf die Versionsnummer. Sie sollten am Bildschirm wieder eine Liste der ausgepackten Dateien sehen. FIPS ist nun einsatzbereit.

Fips wird mit einer sehr ausführlichen Dokumentation geliefert. Es empfiehlt sich, diese zu lesen, bevor Sie mit der Verkleinerung beginnen. Die Dokumentation befindet sich in den Dateien *fips.doc* sowie *fips.faq*, welche im gleichen Verzeichnis liegen, wie das Programm selbst.

Die Umpartitionierung mit FIPS wird folgendermaßen ausgeführt:

1. Sichern Sie alle Dateien, die auf keinen Fall verloren gehen dürfen, auf externe Datenträger, wie z.B. auf Disketten, besser auf ein Band oder auf Zip-Disketten.
2. Erstellen Sie eine DOS-Startdiskette. Legen Sie dazu eine leere Diskette (oder eine Diskette mit nicht mehr benötigten Daten) in das Diskettenlaufwerk ein und geben Sie dann an der DOS-Eingabeaufforderung den Befehl

    ```
    C:\> format a: /s
    ```

    ein (dies funktioniert auch unter Windows 95/98). Wenn Sie ein anderes Betriebssystem verwenden, müssen Sie sich anderweitig eine DOS-Startdiskette besorgen.
3. Auf die Startdiskette kopieren Sie die folgenden Dateien aus dem angelegten FIPS-Verzeichnis oder von der CD-ROM: *fips.exe*, *errors.txt* und *restorrb.exe*. Dies können Sie mit dem Explorer, dem Dateimanager oder mit dem DOS-Befehl *copy* tun. Zusätzlich sollten Sie sich auf diese Diskette noch weitere Hilfsprogramme, wie *scandisk*, bzw. *chkdsk* und *fdisk* kopieren.
4. Untersuchen Sie die zu verkleinernde Partition auf etwaige Fehler im Dateisystem.
    - Bei Verwendung von DOS (ohne Windows 95/98) ist dazu an der DOS-Kommandozeile der folgende Befehl einzugeben:

        ```
        C:\> scandisk
        ```

        Bei Verwendung ältere DOS-Version muss anstelle von *scandisk* der Befehl *chkdsk* benutzt werden.
    - Bei Verwendung von Windows 95/98 klicken Sie im Explorer mit der rechten Maustaste auf das entsprechende Laufwerk (es befindet sich im Ordner „Arbeitsplatz"), und wählen „Eigenschaften", dann „Extras" und dann „Jetzt prüfen".

    Falls bei der Prüfung irgendwelche Fehler auftreten, die behoben werden konnten, sollten Sie den Vorgang so lange wiederholen, bis keine Fehler mehr gefunden werden. Wenn dies nicht gelingt, ist mit ihrer Partition etwas nicht in Ordnung und Sie sollten Fips zunächst nicht ausführen, sondern dem Fehler auf den Grund gehen.
5. Nun müssen Sie die betreffende Partition defragmentieren. Hierzu können Sie das Programm *defrag* verwenden, welches mit einigen DOS-Versionen ausgeliefert wurde. Der entsprechende Befehl lautet:

    ```
    C:\> defrag
    ```

    Bei Verwendung von Windows 95/98 klicken Sie im Explorer wieder mit der rechten Maustaste auf das entsprechende Laufwerk, wählen dann „Eigenschaften", dann Extras und dann „Jetzt optimieren".

    Achtung: Falls Ihnen DOS-Defrag oder Windows mitteilt, das entsprechende Laufwerk sei nicht oder nur wenig fragmentiert, müssen Sie es trotzdem defragmentieren, um sicherzustellen, dass alle Dateien im Anfangsbereich der betreffenden Partition liegen!

Während der Defragmentierung darf kein anderes Programm aktiv sein und Sie sollten nicht mit dem Computer arbeiten, damit ausgeschlossen ist, dass während dieses Vorgangs auf die Festplatte geschrieben wird.

6. Nach der Defragmentierung starten Sie den Computer von der angelegten Bootdiskette: Legen Sie dazu die Diskette in das Laufwerk und starten Sie den Computer neu. DOS (beziehungsweise der DOS-Teil von Windows 95/98) wird nun von der Diskette geladen. Falls dies nicht der Fall ist, ist Ihr Rechner wahrscheinlich so eingestellt, dass er immer direkt von der Festplatte bootet. Sie sollten dies im BIOS-Setup des Rechners ändern können (siehe Kap. 3.4).
7. Sie haben jetzt ein Minimal-DOS, bei dem nicht einmal die Unterstützung für deutsche Tastaturen vorhanden ist. Wenn Sie eine deutsche Tastatur verwenden, sind die Buchstaben „y" und „z" vertauscht. Den Doppelpunkt erreichen sie durch die Tastenkombination SHIFT-Ö. Geben Sie den Befehl

```
A:\> dir C:
```

ein, um zu testen, ob DOS die Festplatte „sieht". Sie sollten das Wurzelverzeichnis Ihres ersten Laufwerkes unter DOS/Windows sehen.

8. Nun können Sie FIPS aufrufen. Dazu geben Sie den Befehl

```
A:\> fips
```

ein. FIPS begrüßt Sie mit einigen Hinweisen und bittet Sie, eine Taste zu drücken. Nachdem Sie das getan haben untersucht FIPS, wieviele Festplatten Sie haben. Falls mehr als eine Festplatte gefunden wird, werden Sie gefragt, welche Festplatte Sie umpartitionieren möchten. Geben dazu die entsprechende Ziffer ein.

9. FIPS untersucht nun die Partitionstabelle der entsprechenden Festplatte. Unter Umständen werden Sie darauf hingewiesen, dass sich die wirkliche Festplattengeometrie nicht mit der deckt, die vom BIOS berichtet wird. Dies ist in der Regel kein Problem, da nur die berichtete Festplattengeometrie entscheidend ist.
10. Falls Fips mehrere Partitionen auf der entsprechenden Festplatte findet, werden Sie nun gebeten, die Partition auszuwählen, die Sie verkleinern möchten. Wählen Sie die entsprechende Ziffer. Falls Sie sich nicht sicher sind, welche Partition die richtige ist, sollten Sie hier abbrechen, die Startdiskette entfernen und den Computer erneut starten (Reset-Knopf drücken). Untersuchen Sie dann erst unter ihrem normalen Betriebssystem, welche Partition die richtige ist. Meist können Sie dies an der Größenangabe (MB) erkennen.
11. FIPS führt nun eine Reihe von Tests durch, die gewährleisten sollen, dass bei der Umpartitionierung kein Fehler passiert. Falls hierbei ein Fehler auftritt, wird das Programm abgebrochen.

> Die aktuelle Version von FIPS weigert sich, Dateisysteme mit den Typennummern mit den Nummer „0E" und „0F" zu verkleinern. Hierbei handelt es sich um einen von Microsoft mit Windows 95 eingeführten Dateisystemtyp, der laut Microsoft identisch mit den Dateisystemtypen „06", bzw. „05" ist, die von FIPS problemlos verändert werden können. Wenn FIPS Ihre Partition nicht verändert, weil ein solcher Dateisystemtyp gefunden wurde, können Sie versuchen, den Dateisystemtyp manuell zu ändern: Dazu starten Sie die Debian GNU/Linux Installation, wie in Kapitel 4.1 beschrieben. Bevor von der Installation irgendwelche Veränderungen an der Festplatte vorgenommen werden, können Sie dort die Festplatte verändern. Dabei nehmen Sie dann keine Veränderungen an der Partitionierung vor, sondern verändern den Dateisystemtyp der zu verkleinernden Partition von „0E" auf „06", bzw. von „0F" auf „05". Dies ist ausführlich in Kapitel 4.2.2 beschrieben. Danach brechen Sie die Debian-Installation ab und starten erneut mit der DOS-Bootdiskette, auf der sich FIPS befindet. Jetzt sollte die Umpartitionierung funktionieren. Danach können Sie die Dateisystemtypen mit der beschriebenen Methode wieder auf die alten Werte setzen, Windows sollte jedoch auch mit den Werten „05" und „06" starten.

Falls FIPS mit der Fehlermeldung „Last cylinder is not free" abbrechen sollte, obwohl Sie defragmentiert haben und sich genügend freier Platz auf der Partition befindet, kann die Ursache darin bestehen, dass bei der Defragmentierung bestimmte Dateien mit den Attributen „read-only", „system" oder „hidden" nicht verschoben wurden. Sie können diese Attribute löschen, in dem Sie an der DOS-Eingabeaufforderung im Wurzelverzeichnis der entsprechenden Partition den Befehl

```
C:\> attrib -r -s -h *.* /s
```

eingeben (Windows sollte dabei nicht aktiv sein). Unter Umständen ist es auch hilfreich, die Verwendung virtuellen Speichers in der Systemsteuerung von Windows abzuschalten. Nachdem Sie eine solche Veränderung durchgeführt haben, müssen Sie die Defragmentierung wiederholen.

12. Nachdem FIPS festgestellt hat, dass es die Partition verkleinern kann, werden Sie gefragt, ob Sie eine Sicherungskopie des Root- sowie des Bootsektors der entsprechenden Festplatte anlegen wollen. Beantworten Sie diese Frage unbedingt mit Y (Achtung: Um „y" einzugeben müssen Sie wahrscheinlich die Taste „z" drücken). Sie werden dann gefragt, ob sich eine Bootdiskette im Laufwerk A: befindet. Da Sie von dieser gebootet haben, antworten Sie wieder mit Y. Die beiden Sektoren werden dann auf die Diskette gesichert.

13. Nun können Sie die Größe der neu zu erstellenden Partition festlegen. Auf dem Bildschirm wird unten links die Größe der alten Partition, in der Mitte der Zylinder, bei dem die neue Partition beginnt und rechts die Größe der neuen Partition angezeigt. Bedenken Sie, dass jedes Betriebssystem vom BIOS nur von einer Partition unterhalb der Grenze von 1024 Zylindern gestartet werden kann (siehe Kap.:2.5). Sie können diese Werte mit den Pfeiltasten verändern: Die Größe der alten Partition steigt durch die Pfeiltaste nach links und sinkt durch die Pfeiltaste nach rechts, die anderen Werte ändern sich entsprechend. Nachdem Sie die richtigen Werte eingestellt haben, drücken Sie EINGABE.

14. Nun erscheint die Partitionstabelle, wie sie nach Durchführung der Änderungen gelten würde. Sie haben die Möglichkeit, fortzufahren oder von vorne zu beginnen. Prüfen Sie die Tabelle auf ihre Richtigkeit und drücken Sie dann entweder C, um fortzufahren oder R, um von vorne zu beginnen. Wenn Sie das Programm abbrechen möchten, drücken Sie STRG-C.

15. Wenn Sie fortfahren, erhalten Sie einige Angaben zu dem neuen Bootsektor der Festplatte, wie er von FIPS geschrieben werden soll und dann die Meldung *Ready to write new partition scheme to disk*. Wenn Sie sich sicher sind, dass alles richtig ist, drücken Sie die Taste Y. Der neue Sektor wird nun geschrieben.

16. Falls Sie eine Fehlermeldung erhalten, welche Ihnen mitteilt, dass der Sektor nicht geschrieben werden konnte, hat u. U. trotzdem alles geklappt. Sie sollten jetzt in jedem Fall die Bootdiskette entfernen und versuchen, Ihr System neu zu starten. Wenn dies funktioniert, sollten Sie ein zusätzliches, unformatiertes Laufwerk sehen. Prüfen Sie alle Laufwerke (bis auf das Neue) mit *chkdsk*, *scandisk* oder Windows 95/98 (siehe oben), um sicherzugehen, dass Ihr altes Betriebssystem mit der neuen Partitionierung zurecht kommt.

17. Falls ein Fehler aufgetreten ist, starten Sie den Rechner wieder mit der vorbereiteten Diskette und geben den Befehl:

    A:\> **restorrb**

    ein. Sie werden gefragt, ob Sie den alten Bootsektor zurück schreiben möchten, antworten Sie hierauf mit Y (bzw. Z) und starten Sie den Rechner erneut, wenn der alte Bootsektor zurückgeschrieben wurde. Sie sollten jetzt wieder die gleiche Konfiguration vorfinden, wie vor dem Vorgang und müssen nun manuell umpartitionieren, um Debian GNU/Linux zu installieren.

Nachdem die Umpartitionierung mit Fips abgeschlossen ist, haben Sie also eine zusätzliche primäre Partition. Diese kann während der Installation von Debian GNU/Linux gelöscht werden. In dem dadurch entstehenden freien Bereich kann dann z. B eine erweiterte Partition mit mehreren logischen Partitionen angelegt werden. In diese logischen Partitionen können Sie Linux installieren. Ihr System ist somit für die Installation vorbereitet.

3.3.2 Manuelles Umpartitionieren unter anderen Betriebssystemen

Wenn die Verkleinerung bestehender Partitionen nicht möglich ist und kein freier (unpartitionierter) Festplattenplatz zur Verfügung steht, muss eine manuelle Neupartitionierung durchgeführt werden, um Festplattenplatz freizugeben.

Dabei sollte das Anlegen von Partitionen jeweils mit dem Partitionierungsprogramm desjenigen Betriebssystems durchgeführt werden, das die entsprechenden Partitionen auch nutzen soll. Im allgemeinen ist die folgende Vorgehensweise empfehlenswert:

1. Sichern aller Daten, die die Umpartitionierung "überleben" sollen, wenigstens die Daten auf Partitionen, die gelöscht werden sollen *müssen* gesichert werden!
2. Erstellen und Überprüfen einer Bootdiskette für das betreffende Betriebssystem. Auf dieser Bootdiskette sollten sich alle Werkzeuge befinden, mit der das System neu gestartet und das Backup zurückgespielt werden kann.
3. Löschen von Partitionen mit dem Betriebssystem, das diese Partitionen verwendet und Neuanlegen von Partitionen in dem dadurch entstandenen freien Platz im gleichen Arbeitsschritt. Dabei sollten nur solche Partitionen angelegt werden, die das entsprechende Betriebssystem nutzen soll. Der restliche freie Platz kann dann später unter Linux partitioniert werden.
4. Neustart des Computers mit dem gleichen Betriebssystem. Falls sich auf der gelöschten Partition das Betriebssystem befunden hat: Neuinstallation des Betriebssystem in der neuen, kleineren Partition oder Wiederherstellen des Betriebssystems von einer Sicherungskopie.
5. Wiederherstellen aller gesicherten Daten.

Achtung: Aufgrund besonderer Probleme, die das Festplattenpartitionierungsprogram von OS/2 gelegentlich mit Partitionen hat, die unter anderen Betriebssystemen angelegt wurden, sollte die gesamte Partitionierung auf solchen Computern, auf denen sowohl OS/2 als auch Debian GNU/Linux verwendet werden soll, mit dem Fdisk-Programm von OS/2 vorgenommen werden. Das heißt: In einer solchen Situation ist es empfehlenswert, alle Partitionen, also auch die, die später von Debian verwendet werden, unter OS/2 anzulegen.

Weil beim Löschen von Partitionen alle Daten auf den betreffenden Partitionen gelöscht werden, muss vor der Umpartitionierung entschieden werden, wie die Daten auf den zu löschenden Partitionen gesichert werden sollen. Hierbei kommen prinzipiell drei Möglichkeiten in Betracht:

1. Es stehen weitere Partitionen, eventuell auf weiteren Festplatten zur Verfügung, auf die die Daten kopiert werden können, um sie nach der Umpartitionierung auf neu angelegte (kleinere) Partitionen zurückzukopieren.
2. Die Daten werden mit einem Datensicherungsprogramm auf einen externen Datenträger (beispielsweise ein Band) gesichert. Wenn Sie dieses Verfahren wählen, sollten Sie sich vergewissern, dass sie die Daten tatsächlich von dem Datenträger wiederherstellen können.
3. Es werden nur die Dateien, die nicht wiederhergestellt werden können, auf einen externen Datenträger wie eine Diskette oder ein ZIP-Medium kopiert. Ein solches Verfahren kann gewählt werden, wenn man sich entschließt, das Betriebssystem und Anwendungen nach der Umpartitionierung neu zu installieren. Hierbei sollte sorgfältig nach allen wichtigen Dateien (wie selbst erstellten Texten) gesucht werden. Eventuell sollten auch die Konfigurationsdateien von Programmen mitgesichert werden. Beim Einsatz von Disketten empfiehlt es sich die Sicherungen *doppelt* auf zwei Diskettensätze anzulegen, da Disketten relativ häufig Fehler aufweisen können.

Achtung: Bedenken Sie, dass Sie ihren Computer nicht mehr wie gewohnt starten können, nachdem Sie die Partition gelöscht haben, auf der Ihr Betriebssystem installiert ist. Sie sollten also unbedingt wissen, wie Sie das Betriebssystem wieder herstellen wollen (Wiederherstellung von den Sicherungskopien oder Neuinstallation).

Als Beispiel soll im folgenden die Umpartitionierung unter DOS bzw. Windows 95/98 mit dem DOS-Programm *fdisk* erläutert werden:

Umpartitionierung unter DOS oder Windows 95/98

Achtung: Die im folgenden beschriebene Prozedur löscht alle Daten auf mindestens einer Partition! Gehen Sie äußerst sorgfältig vor, da im Falle eines Fehlers auch andere Partitionen mit den darauf enthaltenen Daten gelöscht werden können!

Sie sollten die folgende Anleitung einmal komplett durchlesen, bevor Sie damit beginnen, die beschriebenen Schritte auszuführen.

1. Vergewissern Sie sich, dass Sie im Besitz einer funktionsfähigen Bootdiskette für Ihr Betriebssystem sind. Auf der Diskette muss sich das Programm *format.com* befinden.
2. Falls Sie Windows verwenden, beenden Sie Windows. Unter Windows 95/98 wählen Sie dazu Start, Beenden und dann „Computer im MS-DOS-Modus starten".
3. Um das Programm *fdisk* aufzurufen, geben Sie folgenden Befehl ein:

   ```
   C:\> fdisk
   ```

   Es erscheint der in Abbildung 2 dargestellte Bildschirm.

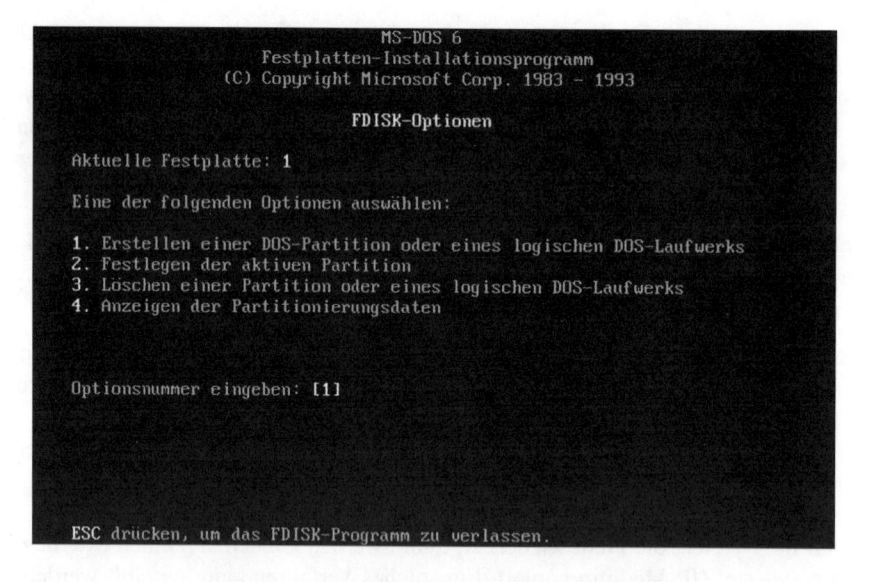

Abbildung 2: Das MSDOS-Programm *fdisk*

4. Wenn sich in ihrem Computer mehr als eine Festplatte befindet, drücken Sie 5[3] (Wechseln der aktuellen Festplatte) und EINGABE. Es erscheint eine Liste aller Festplatten mit den von DOS zugeordneten Laufwerksbuchstaben. Wählen Sie die entsprechende Festplatte durch Drücken der richtigen Ziffer. Bestätigen Sie die Auswahl mit EINGABE. Sie gelangen wieder in das Hauptmenü, dort sollte jetzt oben die richtige Festplatte angezeigt sein (aktuelle Festplatte).
5. Wählen Sie 4 und EINGABE, um sich die Partitionierungsdaten der Festplatte anzeigen zu lassen. Überprüfen Sie anhand der angezeigten Daten, ob Sie die richtige Festplatte ausgewählt haben und identifizieren Sie die Partition, die gelöscht werden soll. (Falls es nur eine primäre Partition gibt, ist dies „1".)

---

[3] Diesen Menüpunkt erscheint nur dann, wenn es in dem Rechner tatsächlich mehr als eine Festplatte gibt. Er ist deswegen in der hier gezeigten Abbildung nicht zu sehen.

Wenn sich auf der Festplatte eine erweiterte Partition befindet, werden Sie gefragt, ob die logischen Laufwerke innerhalb dieser angezeigt werden sollen. Wählen Sie J und EINGABE, um sich diese anzeigen zu lassen. Danach drücken Sie ESC um wieder ins Hauptmenü zu gelangen.

6. Wenn Sie sich nicht sicher sind, welche Partition die zu löschende ist, wiederholen Sie die vorherigen beiden Punkte so lange, bis Sie die richtige Partition identifiziert haben. Sie können nun auch ESC drücken, um das Programm zu verlassen und den Vorgang abzubrechen.
7. Drücken Sie 3 und EINGABE, um eine Partition zu löschen.
8. Wählen Sie aus, ob Sie eine primäre DOS-Partition (1), eine erweiterte DOS-Partition (2) oder eine logische Partition (3) innerhalb einer erweiterten Partition löschen möchten (siehe Kapitel 2.5). Erweiterte Partitionen lassen sich mit dem Programm nur löschen, wenn Sie keine logische Partitionen („logische Laufwerke") mehr enthalten. Drücken Sie die entsprechende Taste und bestätigen Sie mit EINGABE.
9. Es erscheint eine Warnung und die vorhandenen Partitionen des entsprechenden Typs werden aufgelistet. Wählen Sie die richtige aus und bestätigen Sie mit EINGABE. Zur Sicherheit werden Sie aufgefordert, den Namen der Partition (Datenträgerbezeichnung) einzugeben, er ist in der Liste im oberen Teil des Bildschirms mit aufgeführt. Geben Sie den Namen an und bestätigen Sie mit EINGABE (wenn die Partition keinen Namen hat, drücken Sie einfach EINGABE ohne etwas einzugeben).
10. Sie werden nochmals gefragt, ob Sie sich sicher sind, bestätigen Sie mit J und drücken Sie EINGABE.
11. Die Partition ist gelöscht. Drücken Sie ESC, um wieder ins Hauptmenü zurückzukehren.
12. Falls notwendig, können Sie nun weitere Partitionen auf die beschriebene Art löschen.
13. Nun können Sie neue (kleinere) Partitionen anlegen. Betätigen Sie dazu die Tasten 1 und EINGABE.
14. Wählen Sie aus, ob Sie eine primäre DOS-Partition (1), eine erweiterte DOS-Partition (2) oder eine logische Partition innerhalb einer erweiterten Partition (3) anlegen möchten. Falls Sie eine primäre Partition gelöscht haben, auf der das Betriebssystem installiert war und sie dieses wieder auf einer neuen verkleinerten Partition unterbringen wollen, müssen Sie wieder eine primäre DOS-Partition (1) anlegen. Bestätigen Sie ihre Auswahl mit EINGABE.
15. Sie werden nun gefragt, ob der maximal verfügbare Speicherplatz der Partition zugeordnet werden soll. Wenn Sie eine kleinere Partition anlegen wollen, wählen Sie N und drücken EINGABE.
16. Es wird angezeigt, wieviel Platz zum Anlegen der Partition zur Verfügung steht, geben Sie die Größe der Partition, die Sie für Ihr altes Betriebssystem verwenden möchten, ein und drücken Sie EINGABE. (Sie können die Größe auch in Prozent eingeben, dazu müssen Sie der Größenangabe ein Prozentzeichen folgen lassen.)
17. Falls Sie für Ihr altes Betriebssystem weitere Partitionen anlegen möchten, gehen Sie analog vor. Beachten Sie, dass das Programm es nicht ermöglicht, auf einer Festplatte mehr als eine primäre Partition anzulegen. Sie können lediglich eine erweiterte Partition mit darin enthaltenen logischen Laufwerken (Partitionen) erzeugen. Wenn Sie eine erweiterte Partition erzeugen, springt das Programm danach direkt zum Erzeugen logischer Laufwerke. Wenn Sie weitere primäre Partitionen auf der selben Festplatte benötigen sollten, legen Sie diese später mit dem Betriebssystem an, das diese benötigt. Für Debian GNU/Linux brauchen Sie jetzt keine weiteren Partitionen anlegen.
18. Falls es sich bei einer der gelöschten Partitionen um eine Partition handelte, von der Sie ihr Betriebssystem gestartet haben und Sie nun eine neue, kleinere dafür vorgesehen haben, müssen Sie diese Partition als „aktiv" markieren. Drücken Sie dazu 2 EINGABE und wählen Sie die entsprechende Partition aus. Danach drücken Sie EINGABE, um zu bestätigen und ESC, um wieder ins Hauptmenü von *fdisk* zu gelangen.
19. Wenn Sie mit der Neupartitionierung fertig sind, drücken Sie im Hauptmenü nochmals ESC. Sie erhalten die Mitteilung, dass Ihr Rechner neu gestartet wird. Falls Sie die Partition mit Ihrem Betriebssystem gelöscht haben, müssen Sie nun von der vorbereiteten Bootdiskette starten. Drücken Sie eine Taste um den Rechner neu zu starten. Sollte Ihr Rechner nicht von einer Diskette gestartet werden können, kann das daran liegen, dass im BIOS Ihres Rechners die „Bootreihenfolge" falsch eingestellt ist. (Siehe Kap. 3.4)

20. Nun können Sie Ihre Daten auf der neuen, verkleinerten Partition wieder herstellen, bzw. das Betriebssystem neu installieren.

Welcher Laufwerksbuchstabe entspricht welcher Gerätedatei unter Linux?

Unter den Betriebssystemen OS/2, Windows NT und DOS (inklusive der Windows 95/98) werden Speichermedien, wie Diskettenlaufwerke und Festplattenpartitionen über so genannte Laufwerksbuchstaben angesprochen. Diese Laufwerksbuchstaben werden – mit einigen Ausnahmen – während der Startphase des betreffenden Betriebssystems vergeben und ändern sich danach nicht mehr. Unter UNIX/Linux gibt es das Konzept der Laufwerksbuchstaben nicht: komplette Festplatten, einzelne Partitionen oder Laufwerke für auswechselbare Datenträger, wie Diskettenlaufwerke oder Zip-Laufwerke werden über so genannte *Gerätedateien* angesprochen.

Ein weiterer Unterschied besteht darin, dass unter Linux alle Partitionen zur Verfügung stehen, jedoch vom Administrator des Systems entschieden wird, ob diese auch tatsächlich ins Dateisystem eingebunden werden sollen. Unter den oben genannten Betriebssystemen werden hingegen automatisch grundsätzlich alle Partitionen, die einen Dateisystemtyp aufweisen, von dem das betreffende System meint, es könne damit umgehen, über Laufwerksbuchstaben ins Dateisystem eingebunden.

Während der Installation von Debian GNU/Linux müssen Sie unter Umständen neue Partitionen auf dem freien Bereich Ihrer Festplatte(n) anlegen und mindestens eine Partition angeben, auf die das System installiert werden soll. Darüberhinaus werden Sie sehr wahrscheinlich eine Swappartition (siehe Kap. 2.6) anlegen wollen und diese dem Linux System zur Verfügung stellen. Vielleicht möchten Sie auch die Partitionen Ihres alten Betriebssystems unter Linux einbinden, um auf Ihre alten Daten zugreifen zu können. Da Linux von Laufwerksbuchstaben nichts „weiß", müssen Sie bei diesen Tätigkeiten die entsprechenden Linux-Gerätedateien angeben.

> **Achtung:** Für unerfahrene Anwender, die Debian GNU/Linux auf einen Computer installieren wollen, auf dem sich bereits ein anderes Betriebssystem befindet, ergibt sich jedoch hierbei die Schwierigkeit, anhand der Gerätedateinamen unter Linux, Festplatten und Partitionen wiederzuerkennen, von denen sie nur die Laufwerksbuchstaben unter OS/2, Windows NT oder DOS kennen.

Es ist deswegen zu empfehlen, die Partitionierungsdaten unter allen installierten Betriebssystemen zu sammeln, bevor mit der Installation von Debian begonnen wird. Anhand von Informationen wie Partitionstyp (primär oder logisch), Partitionsgröße usw. sollte es dann möglich sein, die Partitionen unter Linux wiederzuerkennen. Im folgenden wird deswegen beschrieben, wie diese Informationen unter verschiedenen Betriebssystemen sichtbar gemacht werden können und auf welche Weise Partitionen benannt werden.

Laufwerksbuchstaben unter MS-DOS und Windows 95/98

Die Partitionstabelle können Sie sich unter DOS anzeigen lassen, in dem Sie das Programm *fdisk* folgendermaßen aufrufen:

```
debian:~# fdisk /status
```

Es erscheint dann eine Ausgabe, die sinngemäß der folgenden entspricht:

Festpl.	Lw.	MByte	frei	benutzt
1		1028	0	100%
	C:	24		
	D:	251		
		502		
		243		
2		1028	0	100%
	E:	1028		

Es ist zu sehen, dass sich in dem System zwei Festplatten mit mehreren Partitionen befinden, wobei nur drei dieser Partitionen von DOS einen Laufwerksbuchstaben zugewiesen bekommen haben.

DOS-basierte Betriebssysteme vergeben Laufwerksbuchstaben während der Startphase nach dem folgenden Verfahren:

1. Der erste Laufwerksbuchstabe, der an eine Festplattenpartition vergeben wird ist *C:*, *A:* und *B:* sind für Diskettenlaufwerke reserviert.
2. Partitionen, deren Dateisystemtyp auf ein darauf befindliches Dateisystem zurückschliessen lassen, das DOS nicht kennt, wie z.B. Linux Partitionen oder OS/2-HPFS- und NT-NTFS-Partitionen werden übergangen und erhalten keinen Laufwerksbuchstaben.
3. Zunächst werden Laufwerksbuchstaben an die jeweils erste primäre Partition auf jeder Festplatte vergeben.
4. Danach werden Laufwerksbuchstaben an logische Partitionen in erweiterten Partitionen vergeben. Dabei erhalten zunächst die logischen Partitionen auf der ersten Festplatte in der Reihenfolge ihrer Anordnung Laufwerksbuchstaben, dann die logischen Partitionen auf der zweiten Festplatte und so weiter.
5. Zuletzt erhalten die zweiten und dritten primären Partitionen jeder Festplatte Laufwerksbuchstaben.

Laufwerksbuchstaben unter OS/2

Um die Partitionstabelle unter diesem Betriebssystem anzuzeigen, ist an der OS/2-Eingabeaufforderung der folgende Befehl einzugeben:

`C:\> `**`fdisk /QUERY`**

Die Ausgabe sollte dann etwa folgendermaßen aussehen (sie wurde mit der gleichen Partitionierung erzeugt, wie das DOS/Windows-Beispiel auf Seite 48):

```
Laufw. Name     Partition Ptyp   FStyp  Status   Start    Größe
  1    0000003f      :      1     0a      2        0        7
  1    DOS           C:     1     04      1        7       23
  1    0000fb43      D:     2     06      0       31      251
  1    LINUX         :      2     83      1      282      502
  1    WARP          E:     2     07      1      784      243
  2    0000003f      :      1     00      0        0        7
  2    00003f00      :      2     82      0        7       47
  2    0001b786      :      2     83      0       55      400
  2    000e37f9      :      2     0b      0      455      572
```

Diese Ausgabe zeigt in der ersten Spalte, dass zwei Festplatten (Laufwerke 1 und 2) erkannt wurden. In der zweiten Spalte befindet sich der Name der einzelnen Partitionen und in der dritten Spalte die, von OS/2 vergebenen Laufwerksbuchstaben. Die Spalten vier und fünf zeigen den Partitionstyp (wobei 1 für primär und 2 für erweitert steht), sowie den Dateisystemtyp (FStyp, für Filesystemtyp) an. In der letzten Spalte findet sich die Größe der einzelnen Partitionen, die ihrer physikalischen Anordnung auf den Festplatten nach aufgelistet wurden.

Vergabe von Laufwerksbuchstaben unter Windows NT

Unter Windows NT verwenden Sie das Programm *windisk.exe* (Festplattenmanager), um die Partitionierungsdaten ihrer Festplatten anzuzeigen. Das Programm zeigt Ihnen für jede Festplatte unterschiedlich gefärbte Bereiche, die primären oder erweiterten Partitionen entsprechen. Gleichzeitig wird angezeigt, welcher Laufwerksbuchstabe an welche Partition vergeben wurde. Auch hier sollten Sie für jede Festplatte die einzelnen Partitionen (in der richtigen Reihenfolge), die zugeordneten Laufwerksbuchstaben, die Information, ob es sich um primäre oder erweiterte Partitionen handelt sowie die Größe und ob die Partition unter Linux gelöscht werden darf, notieren.

3.3.3 Zuordnung von Gerätedateien unter Linux

Linux verwendet zum Ansprechen ganzer Festplatten oder einzelner Partitionen – wie für Hardware im allgemeinen – so genannte Gerätedateien. Über diese Dateien können die Partitionen „roh" beschrieben und gelesen werden, d. h. auf dieser Ebene gibt es keine Dateien oder Verzeichnisse, sondern nur Bits und Bytes auf den Partitionen. Um solche Partitionen dann „geregelt" verwenden zu können, werden sie – wie unter anderen Betriebssystemen – formatiert und dann in das Dateisystem eingebunden („gemountet", siehe Kap. 5.18.1).

Die Benennung der Festplatten und Partitionen, beziehungsweise der Gerätedateien, durch die sie repräsentiert werden, verläuft üblicherweise nach folgendem Schema:

- Zunächst erhält jede Festplatte als ganzes (ohne Rücksicht auf eventuell vorhandene Partitionen) eine Gerätedatei („Namen") zugewiesen: Dabei heißt die erste (E)IDE-Festplatte *hda*, die Zweite *hdb* die Dritte *hdc* und so weiter. „hd" steht hierbei für Harddisk (Festplatte), also Harddisk a, Harddisk b usw. SCSI-Festplatten erhalten die Namen *sda*, *sdb* usw. für SCSI-Disk a, SCSI-Disk b etc. Sie müssen also wissen, ob Sie (E)IDE-Festplatten oder SCSI-Festplatten oder beides verwenden, um die richtige Platte benennen zu können.

- Da es auf jeder Festplatte nur maximal vier primäre Partitionen geben kann (einschließlich einer Erweiterten), erhalten diese die Namen *hda1*, *hda2*, *hda3* und *hda4* auf der ersten (E)IDE-Festplatte, beziehungsweise *hdb1*, *hdb2*, *hdb3* und *hdb4* auf der zweiten (E)IDE-Platte usw., bei SCSI-Festplatten ist bei den entsprechenden Namen wieder das „h" durch ein „s" auszutauschen. *hdb2* würde also die zweite primäre Partition auf der zweiten (E)-IDE-Festplatte meinen, wohingegen *sdc1* die erste primäre Partition auf der dritten SCSI-Platte benennen würde.

- Daraufhin folgen die logischen Partitionen in einer eventuell vorhandenen erweiterten Partition: Die logischen Partitionen auf der ersten (E)IDE-Festplatte würden also beispielsweise *hda5*, *hda6*, *hda7* usw. heißen, wobei *hda6* die zweite logische Partition auf der ersten (E)IDE-Platte meinen würde (*hda5* ist ja die erste). Analog dazu wäre *sdb9* die fünfte logische Partition auf der zweiten SCSI-Festplatte.

Es ist wichtig zu verstehen, dass diese Gerätedateien unabhängig davon vorhanden sind, ob die entsprechende Partition wirklich existiert. Im Gegensatz zu DOS, Windows oder OS/2, wo der Laufwerksbuchstabe *D:* auf jedem System eine andere Bedeutung haben kann (zweite Partition auf erster Festplatte, CDROM-Laufwerk oder zweite Festplatte) repräsentiert *sdb3* unter Linux *immer* die dritte primäre Partition auf der zweiten SCSI-Platte. Falls eine solche Partition dann nicht vorhanden sein sollte und man trotzdem darauf zugreift, gibt es eine Fehlermeldung.
Die Gerätedateien befinden sich unter Debian GNU/Linux, wie üblich unter UNIX im Verzeichnis */dev*, weswegen man normalerweise beim spezifizieren von Festplatten- und Partitionsgerätedateien Angaben wie */dev/hda2* oder */dev/sdb5* machen muss, um das System durch den absoluten Pfadnamen die Gerätedatei und damit die richtige Partition finden zu lassen.
Übrigens: CDROM-Laufwerke bekommen die gleichen Bezeichnungen wie Festplatten, wenn sie an einen (E)IDE-Adapter angeschlossen sind. So würde ein CDROM-Laufwerk, dass an den zweiten Anschluß des ersten IDE-Adapters angeschlossen wäre durch die Gerätedatei */dev/hdb* repräsentiert werden. SCSI-CDROMs erhalten dagegen andere Namen, so lautet der Name des ersten SCSI-CDROMs */dev/scd0*, das zweite heißt entsprechend */dev/scd1* usw. Darüberhinaus gibt es eine große Anzahl spezieller CDROM-Laufwerke: Diese haben auch spezielle Namen, die der Tabelle auf Seite 365 zu entnehmen sind.

Ein komplexes Beispiel

In einen Computer sind eine EIDE-Festplatte, ein CDROM-Laufwerk (an den EIDE-Adapter als „Slave" angeschlossen) sowie ein SCSI-Adapter mit zwei daran angeschlossenen Festplatten eingebaut. Das BIOS des Rechners ist so konfiguriert, dass es Betriebssysteme nur von der EIDE-Festplatte starten kann. Auf dem Computer sollen die

3.3 Durchführung der Partitionierung unter einem anderen Betriebssystem

Festplatte	prim. Part.	log. Part.	Dateisystem	LW. Win98	LW. WinNT	Gerätedatei Linux	Kommentar
1 (EIDE)	1	-	VFAT	C:	C:	/dev/hda1	Startpartition Win 98
	2 (erw.)	1	NTFS	-	D:	/dev/hda5	Startpartition Win NT
		2	ext2	-	-	/dev/hda6	Startpartition Debian
		3	VFAT	D:	E:	/dev/hda7	Datenpartition Win 98
2 (SCSI)	1 (erw.)	1	NTFS	-	F:	/dev/sda5	Daten Win NT
		2	Swap	-	-	/dev/sda6	Swappartition Linux
3 (SCSI)	1	1	ext2	-	-	/dev/sdb5	Daten Linux
							Freier Platz für spätere Verwendung
4 (CDROM)	0	-	iso9660	E:	G:	/dev/hdb	CD-Laufwerk

Tabelle 3: Beispiel für die Repräsentation von Partitionen durch Gerätedateien und durch Laufwerksbuchstaben unter verschiedenen Betriebssystemen. (erw.) steht für erweiterte primäre Partition

Betriebssysteme Debian GNU/Linux, Windows NT und Windows 98 installiert werden. Dazu muss jedes dieser Betriebssysteme eine Partition auf dieser Platte haben, damit es vom BIOS gestartet werden kann. Die folgende Tabelle zeigt eine sinnvolle Partitionierung für diese Situation mit den entsprechenden Laufwerksbuchstaben, wie sie von den beiden Microsoft-Betriebssystemen vergeben werden würden und den entsprechenden Gerätedateinamen unter Linux mit einer kurzen Beschreibung

Der Tabelle ist zu entnehmen, dass die verschiedenen Microsoft-Betriebssysteme ein- und derselben Partition unterschiedliche Laufwerksbuchstaben zuordnen. Die Gerätedateien unter Linux verhalten sich hingegen wesentlich konsistenter. Hier entspricht beispielsweise */dev/hda7* immer und auf jedem System der dritten logischen Partition auf der ersten EIDE-Festplatte.

3.4 BIOS-Einstellungen

Das BIOS des Computers ist für die erste Initialisierung des Rechners nach dem Einschalten verantwortlich. Es führt eine Reihe von Selbsttests durch und lädt daraufhin ein Betriebssystem. Es stellt außerdem eine Reihe von Routinen zur Verfügung, die von Betriebssystemen und Programmen zum Zugriff auf die Hardware benutzt werden können.

Die meisten BIOS lassen eine Reihe von Konfigurationsmöglichkeiten zu, welche die Art, wie der Computer arbeitet, beeinflussen. Hier müssen unter Umständen Einstellungen vorgenommen werden, die

- die Installation von Debian GNU/Linux ermöglichen und
- Bedingungen bieten, unter denen Debian GNU/Linux auf dem System funktioniert.

Darüber hinaus lassen sich in einigen Fällen Optimierungen der Systemleistung erreichen. Dazu gehört u. a. das Abschalten bestimmter Betriebsmodi, die für andere Betriebssysteme zwar hilfreich sind, von Debian GNU/Linux jedoch nicht benötigt werden und nur unnötig Systemressourcen verbrauchen.

Starten des BIOS-Setup-Programms

Wie Sie das Setup-Programm Ihres BIOS erreichen, ist vom Hersteller des BIOS abhängig. In den allermeisten Fällen drückt man hierzu die Taste ENTF während der Rechner nach dem Einschalten den Arbeitsspeichertest durchführt. Bei einigen Computern wird das Setup-Programm aber auch durch Drücken der Taste ESC oder durch Tastaturkombinationen wie STRG-ALT-ESC aufgerufen. Falls Sie auch mit diesen Tastenkombinationen nichts erreichen, ziehen Sie die Dokumentation Ihres Rechners zu Rate. Wenn Sie zum ersten Mal Änderungen am BIOS Ihres Computers durchführen, sollten Sie sich diese notieren, damit Sie die alten Werte wieder herstellen können, falls Ihr Rechner mit den vorgenommenen Änderungen nicht mehr startet. Dies ist zwar unwahrscheinlich, aber immerhin möglich.

Leider ist der Aufbau von BIOS-Setup-Programmen nicht standardisiert, so dass hier kein allgemeiner Hinweis gegeben werden kann, wo welche der im folgenden genannten Einstellungen geändert werden können. In der Regel erscheint jedoch nach Aufruf des Programms ein Bildschirm, auf dem verschiedene Unterpunkte wie „Standard CMOS-Setup", „Advanced Setup", „Chipset Setup" oder „Save and Exit" ausgewählt werden können. Gewöhnlich kann dann mit den Pfeiltasten (manchmal sogar mit der Maus) zwischen den einzelnen Unterpunkten gewechselt werden und der Gewünschte mit der EINGABE Taste ausgewählt werden. Es erscheint dann ein weiterer Bildschirm, auf dem verschiedene Einstellungsmöglichkeiten dargestellt werden, die wieder mit den Pfeiltasten ausgewählt werden können. Um die Verwirrung zu erhöhen, unterscheiden sich auch die Methoden, durch die die Werte geändert werden, von Hersteller zu Hersteller: Manchmal erscheint nach Betätigung der EINGABE-Taste ein Fenster, in dem mit den Pfeiltasten zwischen verschiedenen Optionen gewählt werden kann und dann wieder mit EINGABE bestätigt wird und manchmal werden die Tasten SEITE-RAUF und SEITE-RUNTER verwendet, um Einstellungen zu ändern. In den allermeisten Fällen befindet sich allerdings auf dem Bildschirm ein Hinweis, welche Tasten wozu benutzt werden können.

Falls Sie eine der hier genannten Einstellungen nicht sofort finden, sollten Sie ruhig alle Untermenüs einmal durchsehen (manchmal heißen die entsprechenden Optionen auch etwas anders). Da jedoch nicht jede Konfigurationsmöglichkeit von jedem BIOS unterstützt wird, kann es auch sein, dass etwas wirklich nicht vorhanden ist.

BIOS-Einstellungen für Linux

Boot-Sequence Hiermit wird die Reihenfolge festgelegt, in der vom BIOS nach Datenträgern gesucht wird, von denen dann ein Betriebssystem geladen wird. Optimal ist es, Sie wählen die Reihenfolge Diskettenlaufwerk

– CDROM-Laufwerk – Festplatte aus. Sie haben dann die Möglichkeit Debian GNU/Linux direkt von der CDROM aus zu installieren und können, falls dies nicht funktioniert, ebenso vom Diskettenlaufwerk starten. Beachten Sie, dass nur neuere BIOS die Möglichkeit zum Starten von CD vorsehen. Falls Ihres dies nicht unterstützt, wählen Sie Diskettenlaufwerk – Festplatte aus. Oft finden Sie hier auch die unter DOS gebräuchlichen Laufwerksbuchstaben, so dass Sie dann A: – C: auswählen würden.

Achtung: Bei vielen SCSI-Systemen muss SCSI ebenfalls in die Bootreihenfolge aufgenommen werden, damit das System von SCSI-Festplatten gestartet werden kann.

Aus Sicherheitsgründen empfiehlt es sich, die Boot-Sequenz nach der Installation so einzustellen, dass nur von der Festplatte gestartet werden kann. Sonst ist es nämlich möglich, mit einer Bootdiskette oder -CDROM ohne Passwortschutz auf die Daten des Rechners zuzugreifen. Das BIOS-Setup selbst muss dann natürlich auch durch ein Passwort geschützt werden.

Virus Protection Falls vorhanden, schalten Sie diese Option ab. In der Regel wird hierdurch das Überschreiben des Master-Boot-Records verhindert, der unter Linux sowieso nur mit besonderen Privilegien verändert werden darf. Nach der Installation können Sie diese BIOS-Eigenschaft wieder einschalten, falls Sie neben Debian GNU/Linux ein weiteres Betriebssystem verwenden, das keine so hohen Sicherheitsvorkehrungen hat.

Expanded Memory Falls vorhanden, schalten Sie diese Option ab oder reduzieren Sie sie so weit wie möglich. Debian GNU/Linux kann diese Form von Speicher nicht nutzen.

Extended Memory Diesen Wert sollten Sie so hoch wie möglich einstellen.

Shadow RAM Das ist die Möglichkeit, das System-BIOS, sowie die Programme, die sich auf anderen Hardwarekomponenten befinden, im Hauptspeicher zu „spiegeln", damit ältere Betriebssysteme, die diese Programme nutzen, schneller darauf zugreifen können. Unter Linux wird dies nicht benötigt und verbraucht nur unnötig Arbeitsspeicher. Wenn Sie also Optionen wie „Video BIOS Shadow" oder „C800 - CBFF Shadow" entdecken, schalten Sie diese unbedingt ab.

Advanced Power Management (APM) APM wird vom Installationssystem nicht unterstützt. Wenn Sie es verwenden wollen, müssen Sie nach der Installation einen neuen Kernel kompilieren (siehe 11). Zur Installation sollten Sie APM komplett ausschalten. Wenn Sie später dann einen Kernel verwenden, der APM unterstützt, sollten Sie APM wieder aktivieren, aber alle weiteren Optionen, wie „standby", „sleep", „suspend" und vor allem „Harddisk power-down" abschalten, da solche Modi dann von Linux kontrolliert werden können.

15-16MB Memory Hole Hiermit wird der genannte Speicherbereich ausgeschaltet, weil bestimmte Betriebssysteme damit nicht zurechtkommen. Debian GNU/Linux hat hiermit jedoch keine Probleme und erwartet den Speicher dort, wo er ist. Diese Eigenschaft muss ausgeschaltet sein.

Internal und External Cache Der Cache-Speicher ist ein besonders schneller Zwischenspeicher, in dem Daten abgelegt werden, die in den Arbeitsspeicher geschrieben oder von dort gelesen werden. Weil innerhalb kurzer Zeit statistisch öfter auf die gleichen Speicherbereiche zugegriffen wird als auf andere, erhöht sich durch den Einsatz von Cache die Arbeitsgeschwindigkeit des Rechners erheblich. Allerdings gibt es Berichte von Benutzern von Cyrix-Prozessoren, deren Diskettenlaufwerke während der Installation bei eingeschaltetem Cache nicht richtig funktionierten. Wenn Sie solch eine CPU verwenden und dieses Problem bei Ihnen auftritt, sollten Sie versuchen, mit abgeschaltetem Cache zu arbeiten, ihn nach der Installation aber unbedingt wieder einschalten.

Systemzeit Falls der betreffende Rechner ausschließlich unter Debian GNU/Linux oder anderen UNIX-kompatiblen Systemen betrieben wird, empfiehlt es sich, die Systemuhr auf die unter solchen Systemen üblicherweise verwendete Coordinated Universal Time (UTC), die auch als Greenwich Mean Time bekannt ist, zu stellen. Diese Zeit ist in Deutschland zur Sommerzeit zwei Stunden und zur Winterzeit eine Stunde hinter der Ortszeit. Ist es also zur Sommerzeit in Deutschland 12 Uhr 36, so wäre die entsprechende Zeit in Coordinated Universal Time ausgedrückt 10 Uhr 36. Beachten Sie jedoch, dass viele Betriebssysteme (wie Windows) mit einer auf UTC gestellten Systemuhr nicht richtig umgehen können, so dass Sie bei zusätzlicher Verwendung solcher Betriebssysteme die Uhr auf die lokale Zeit stellen sollten. Während der Installation des Basissystems kann später angegeben werden, ob die Systemuhr nach lokaler Uhrzeit oder UTC läuft, so dass die entsprechenden Umrechnungen vorgenommen werden können und Sie immer die lokale Uhrzeit angezeigt bekommen.

Nicht benötigte Komponenten Grundsätzlich sollten Sie alle Eigenschaften des Systems abschalten, die Sie nicht benötigen. Oftmals befinden sich beispielsweise auf einem Mainboard mit SCSI-Adapter zusätzliche EIDE-Adapter, die abgeschaltet werden können, falls an diesen keine Geräte angeschlossen sind (allerdings werden SCSI-Systeme oft mit EIDE-CDROM ausgeliefert, in diesen Fällen muss natürlich zumindest der Adapter, an den das CDROM-Laufwerk angeschlossen ist, aktiviert bleiben). Auf der anderen Seite gilt, dass benötigte Komponenten aktiviert sein müssen, um benutzt werden zu können.

IDE Busmastering In Systemen mit IDE-Festplatten sollte IDE-Busmastering aktiviert werden, falls die Möglichkeit hierzu besteht. Dadurch können Festplattenzugriffszeiten in der Regel deutlich verringert werden.

PCI Latency Timer Dieser Wert ist gewöhnlich standardmäßig sehr niedrig gewählt. Falls sich in dem Rechner **keine** ISA-Geräte befinden, können Sie hier einen höheren Wert einstellen, um die Leistungsfähigkeit des PCI-Systems zu erhöhen.

Sollte der betreffende Rechner einen „Turbo"-Schalter haben, mit dem seine Arbeitsgeschwindigkeit zwischen hoch und niedrig geschaltet werden kann, sollte der Rechner unbedingt auf „schnell" geschaltet sein, damit Linux die maximale Rechenleistung des Computers ausnutzen kann. Sollte es im BIOS-Setup möglich sein, zu erlauben, dass diese Einstellung auch durch Software vorgenommen werden kann, sollten Sie diesen Modus ausschalten.

Abstand sollten Sie vom „Übertakten" des Hauptprozessors nehmen. Obwohl dies in einigen Fällen gut funktioniert, kann es dazu führen, dass der Prozessor sich überhitzt und schlimmstenfalls zerstört wird. Der wahrscheinlichere Fall ist allerdings, dass unter Debian GNU/Linux in unregelmäßigen Abständen Fehler auftreten, die nicht reproduzierbar sind, weil der Prozessor nicht mehr mit der notwendigen Genauigkeit arbeitet. Dabei kann es sein, dass Sie mit anderen Betriebssystemen solche Fehler nicht bemerken, da diese auf eventuelle Fehler nicht so schnell reagieren wie Linux.

Weitere Hardwareeinstellungen Bei einigen Hardwarekomponenten ist es möglich den Speicherbereich des Hauptspeichers anzugeben, in den Speicherbereiche der betreffenden Komponente eingeblendet werden sollen (*mapped memory*). Hier sollten Sie nach Möglichkeit Speicheradressen zwischen 0xA0000 und 0xFFFFFF, also zwischen 640 KB und 1 MB wählen.

4. Durchführung der Basisinstallation

Auch auf die Gefahr hin, dass es langweilig wird: Jetzt besteht die letzte Möglichkeit, wichtige Daten zu sichern. Die Installation eines Betriebssystems ist immer ein gewisser Eingriff in die Organisation der Festplatte(n) des betreffenden Computers, bei der kleine Fehler (etwa bei der Angabe einer zu formatierenden Partition) schwerwiegende Auswirkungen haben können.

Debian GNU/Linux wird während der Installation zwar nicht ungefragt die Festplatte formatieren, aber natürlich können auch hier Missverständnisse und Programmierfehler nicht hundertprozentig ausgeschlossen werden. Eine Sicherungskopie – zumindest der wichtigsten Daten – ist also unbedingt zu empfehlen.

4.1 Der erste Start von Linux

Nachdem alles vorbereitet ist, kann das Installationssystem gestartet werden: Dieser Start sollte ein so genannter Kaltstart des Rechners sein, damit eventuelle Initialisierungen von Hardwarekomponenten unter anderen Betriebssystemen gelöscht werden. Falls Sie noch ein anderes Betriebssystem benutzen, dann beenden Sie dieses, schalten den Rechner aus, warten einige Sekunden und schalten ihn dann wieder ein.

Start von der Diskette

Schieben Sie die vorbereitete Startdiskette (Rescue-Diskette) in das Laufwerk und starten den Rechner. Nach kurzer Zeit und einiger Aktivität des Diskettenlaufwerks sollte ein Bildschirm wie in Abbildung 3 erscheinen. Sollte dies nicht funktionieren überprüfen Sie bitte folgendes:

- Ist das BIOS ihres Computers so eingestellt, dass es als erstes versucht, den Rechner von der Diskette zu starten (siehe Kap.: 3.4)?
- Falls an dem Rechner mehrere Diskettenlaufwerke angeschlossen sind: Befindet sich die Diskette in dem Laufwerk, von dem der Rechner starten kann?
- Ist das Diskettenlaufwerk als erstes Diskettenlaufwerk angeschlossen? Ein Indikator dafür, dass dies nicht so ist, ist die Zuordnung des Laufwerksbuchstabens *B:* für das Diskettenlaufwerk unter DOS, obwohl es das einzige im Rechner ist. Unter Umständen besteht dann die Möglichkeit, das BIOS des Rechners so einzustellen, dass es den Rechner von dem zweiten Diskettenlaufwerk startet. Ansonsten muss das Laufwerk anders angeschlossen werden.

Start von der CDROM

Sofern Sie bootfähige Installations-CDs zur Verfügung haben (wie das mit dem offiziellen CD-Satz der Fall ist) und das BIOS Ihres Rechners das Booten von einer CD unterstützt, können Sie diese Methode verwenden. Legen Sie die erste CD in das Laufwerk und starten Sie Ihren Rechner neu. Wenn alles funktioniert, sollten Sie nach kurzer Zeit den in Abbildung 3 dargestellten Bildschirm erhalten.

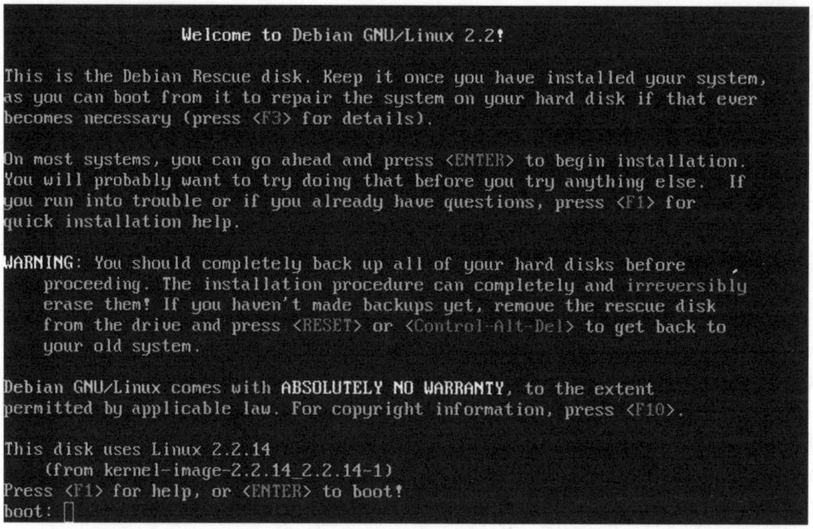

56   4. Durchführung der Basisinstallation

```
                Welcome to Debian GNU/Linux 2.2!

This is the Debian Rescue disk. Keep it once you have installed your system,
as you can boot from it to repair the system on your hard disk if that ever
becomes necessary. (press <F3> for details).

On most systems, you can go ahead and press <ENTER> to begin installation.
You will probably want to try doing that before you try anything else. If
you run into trouble or if you already have questions, press <F1> for
quick installation help.

WARNING: You should completely back up all of your hard disks before
         proceeding. The installation procedure can completely and irreversibly
         erase them! If you haven't made backups yet, remove the rescue disk
         from the drive and press <RESET> or <Control-Alt-Del> to get back to
         your old system.

Debian GNU/Linux comes with ABSOLUTELY NO WARRANTY, to the extent
permitted by applicable law. For copyright information, press <F10>.

This disk uses Linux 2.2.14
   (from kernel-image-2.2.14_2.2.14-1)
Press <F1> for help, or <ENTER> to boot!
boot:
```

Abbildung 3: Begrüßungsbildschirm des Installationssystems

4.1.1 Das Bootmenü

Der in Abbildung 3 gezeigte Bildschirm beinhaltet das Bootmenü des Installationssystems. Hier besteht die Möglichkeit, dem zu startenden Linux-Kernel Parameter zu übergeben, die ihm u. a. helfen können, bestimmte Hardwarekomponenten richtig zu erkennen und gegebenfalls zu initialisieren. Darüber hinaus können mit Hilfe der Funktionstasten (F1 – F10) verschiedene Informationen und Hilfetexte zur Rescue-Diskette angezeigt werden.

In der Regel ist es zur Installation nicht notwendig, irgendwelche Parameter anzugeben. Falls der Kernel ohne Parameter jedoch nicht richtig startet oder die Hardware falsch erkannt, ist zu prüfen, ob er mit geeigneten Parameter an das System angepasst werden kann. Beachten Sie dabei bitte, dass zu dem Zeitpunkt, zu dem das Bootmenü angezeigt wird, die Umsetzung für deutsche Tastaturen noch nicht aktiviert ist. So sind beispielsweise die Tasten Y und Z vertauscht. Die ZURÜCK-Taste sollte jedoch funktionieren, so dass Sie ausprobieren und falsche Eingaben korrigieren können.

Bootparameter In der folgenden Liste bezeichnet *linux* den zu startenden Kernel. Wenn Sie mehrere Parameter angeben müssen, geben Sie das Wort *linux* nur einmal am Anfang der Zeile ein. Einige wichtige Bootparameter werden angezeigt, wenn Sie die Funktionstasten F5, F6 und F7 drücken.

IBM Thinkpad Computer Wenn Sie ein Laptop diesen Typs besitzen, müssen Sie u. U. den folgenden Parameter verwenden:

```
linux floppy=thinkpad
```

IBM PS/1 Computer Wenn Sie einen solchen Computer verwenden und die Festplattengeometrie nicht richtig erkannt wird, müssen Sie dem Kernel die Geometrie der Festplatte mitteilen. Dazu müssen Sie die Anzahl der Zylinder, Köpfe (heads), und der Sektoren kennen und sie in der folgenden Form eingeben:

```
linux hd=Zylinder,Köpfe,Sektoren
```

Hat Ihre Festplatte also beispielsweise 360 Zylinder, 16 Köpfe und 63 Sektoren, so würden Sie folgendes eingeben müssen:

```
linux hd=360,16,63
```

Falls die Größe des Arbeitsspeichers nicht richtig erkannt wird: Wenn der Linux-Kernel startet, erscheint am Bildschirm eine Meldung, mit der die Größe des erkannten Arbeitsspeichers ausgegeben wird[1]. Falls diese Angabe nicht mit dem tatsächlich vorhandenen Arbeitsspeicher übereinstimmt können Sie den Kernel mit der folgenden Angabe auf die richtige Größe hinweisen.

```
linux mem=ram
```

Hierbei müssen Sie *ram* durch die Größe des Arbeitsspeicher ersetzen und die Einheit (*k* für Kilobyte und *m* für Megabyte) angeben.

```
linux mem=128m
```

gibt also an, dass der Rechner 128 MB Arbeitsspeicher hat.

Darüber hinaus steht eine große Anzahl weiterer Parameter zur Verfügung, die in Kapitel 12.5 ausführlich beschrieben werden und nur in besonderen Fällen, bei „schwieriger" Hardware gebraucht werden. Unabhängig davon, ob Sie einen Parameter eingegeben haben oder nicht, müssen Sie nun EINGABE drücken, um den Ladevorgang des Installationssystems zu starten.

4.1.2 Start des Installationssystems unter DOS

Wenn Sie die Installation von DOS aus starten wollen, gehen Sie wie folgt vor:

- Vergewissern Sie sich, dass Windows nicht aktiv ist, bzw. beenden Sie Windows (unter Windows 95/98 wählen Sie dazu „Start", „Beenden" und dann „Computer im MS-DOS Modus starten").
- Wechseln Sie in das Verzeichnis, in dem sich der Linuxkernel, die Abbilddatei der Ramdisk (wenn Sie die Standarddateien verwenden, haben diese die Namen *linux* und *root.bin*) sowie das Programm *loadlin.exe* befinden. Angenommen die Dateien befinden sich auf dem Laufwerk *C:* im Verzeichnis *deb_inst* so würden Sie dazu die folgenden Befehle eingeben:

  ```
  C:\> C:
  ```

  ```
  C:\> cd \deb_inst
  ```

- Starten Sie das Installationssystem mit dem Befehl:

  ```
  C:\deb_inst\> loadlin linux root=/dev/ram initrd=root.bin
  ```

  Hierbei steht *linux* für den zu ladenden Linux-Kernel und *root.bin* für die Abbilddatei der Ramdisk. Wenn Sie Dateien mit anderen Namen verwenden, müssen Sie die Befehlszeile entsprechend anpassen.

Wenn das Installationssystem von DOS aus gestartet wird, erscheint im Gegensatz zum Start von CDROM oder Diskette kein Bootmenü, sondern das System wird sofort geladen. Das Bootmenü ist bei dieser Methode auch nicht notwendig, da eventuell benötigte Parameter direkt an der DOS-Kommandozeile übergeben werden können. Sollten Sie also beispielsweise den Parameter *floppy=thinkpad* benötigen, so würden Sie ihn einfach an die oben beschriebene Kommandozeile anhängen und folgendes eingeben:

```
C:\deb_inst\> loadlin linux root=/dev/ram initrd=root.bin floppy=thinkpad
```

---

[1] Zur Laufzeit kann die Menge des verfügbaren Arbeitsspeichers u. a. durch den Befehl *free* (S. 658) in Erfahrung gebracht werden.

4.1.3 Start des Linuxkernels

Unabhängig davon, wie Sie das Installationssystem gestartet haben, wird nun der Linux-Kernel gestartet. Dieser untersucht nun zunächst die Hardware des Rechners, auf dem er sich befindet, wobei er eine ganze Reihe möglicher Komponenten durchprobiert.

Wenn Sie Linux nicht kennen, ist es für Sie dabei sicher ungewohnt, dass bei diesem Vorgang relativ viele Meldungen auf den Bildschirm ausgegeben werden. Lassen Sie sich davon nicht beunruhigen, die meisten Meldungen teilen Ihnen nur mit, dass irgendeine Komponente gestartet wurde oder ein Teil Ihrer Hardware erkannt wurde. Mit hoher Wahrscheinlichkeit werden auch einige Meldungen erscheinen, die Ihnen mitteilen, dass irgendetwas fehlgeschlagen ist: Auch dies ist völlig normal, denn der Kernel des Installationssystems ist so aufgebaut, dass er eine große Palette an Hardwarekomponenten unterstützt. Diese versucht er nun zu finden und da nicht jede der möglichen Komponenten auch tatsächlich in den Ihren Rechner eingebaut ist, gibt es Fehlermeldungen. Sollte der Bootvorgang fehlschlagen, finden Sie in Kapitel 4.4 einige mögliche Lösungen.

Wenn Sie das System vom Diskettenlaufwerk aus gestartet haben, erscheint nach dem Start des Kernels die folgende Aufforderung:

```
VFS: Insert root floppy disk to be loaded into RAM disk and press ENTER
```

Dieser Aufforderung müssen Sie dann nachkommen, in dem Sie die Rescuediskette aus dem Laufwerk nehmen, die Rootdiskette einlegen und danach Enter drücken. Wenn der in Abbildung 4 gezeigte Bildschirm erscheint, sind Kernel und Rootdateisystem für die Installation erfolgreich geladen und es kann mit der Installation begonnen werden. Drücken Sie die Taste EINGABE, nachdem Sie den Text auf dem Bildschirm gelesen haben.

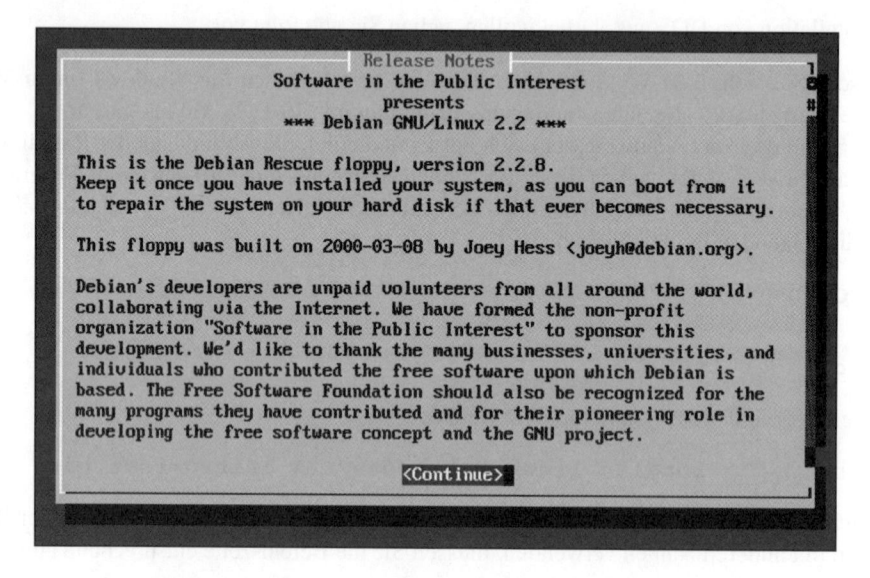

Abbildung 4: Begrüßungsbildschirm des Installationssystems

4.2 Durchführung des Basisinstallation mit *dbootstrap*

Nach der Bestätigung des Begrüßungsbildschirms erscheint das Hauptmenü des Installationsprogramms. Das Programm versucht zu jedem Zeitpunkt festzustellen, welcher Schritt als nächstes durchgeführt werden muss und wählt den entsprechenden Schritt in diesem Menü aus, so dass es in der Regel ausreicht, die Taste EINGABE zu betätigen, um die Auswahl zu übernehmen. Unter dem jeweiligen „Hauptvorschlag" befinden sich in der Regel einige Alternativen. Das sind Aktionen, die zu dem gegebenen Zeitpunkt ebenfalls sinnvoller Weise durchgeführt werden könnten. Beachten Sie, dass es zu jedem Zeitpunkt zusätzlich möglich ist, einen Menüpunkt auszuwählen, der nicht vorgeschlagen wurde[2].

```
┌──────────┤ Debian GNU/Linux Installation Main Menu ├──────────┐
│ Your keyboard has not yet been configured. Please select      │
│ "Next" from the menu to configure the keyboard.               │
│                                                               │
│   ┌─────────────────────────────────────────────────────────┐ │
│   │ Next      : Configure the Keyboard                      │ │
│   │ Alternate: Partition a Hard Disk                        │ │
│   │                                                         │ │
│   │ Configure the Keyboard                                  │ │
│   │ Partition a Hard Disk                                   │ │
│   │ Initialize and Activate a Swap Partition                │ │
│   │ Activate a Previously-Initialized Swap Partition        │ │
│   │ Do Without a Swap Partition                             │ │
│   │ Initialize a Linux Partition                            │ │
│   │ Mount a Previously-Initialized Partition                │ │
│   │ Un-Mount a Partition                                    │ │
│   │ Install Operating System Kernel and Modules             │ │
│   │ Configure Device Driver Modules                         │ │
│   └─────────────────────────────────────────────────────────┘ │
│                                                               │
│        <Up>/<Down> between elements   |   <Enter> selects     │
└───────────────────────────────────────────────────────────────┘
```

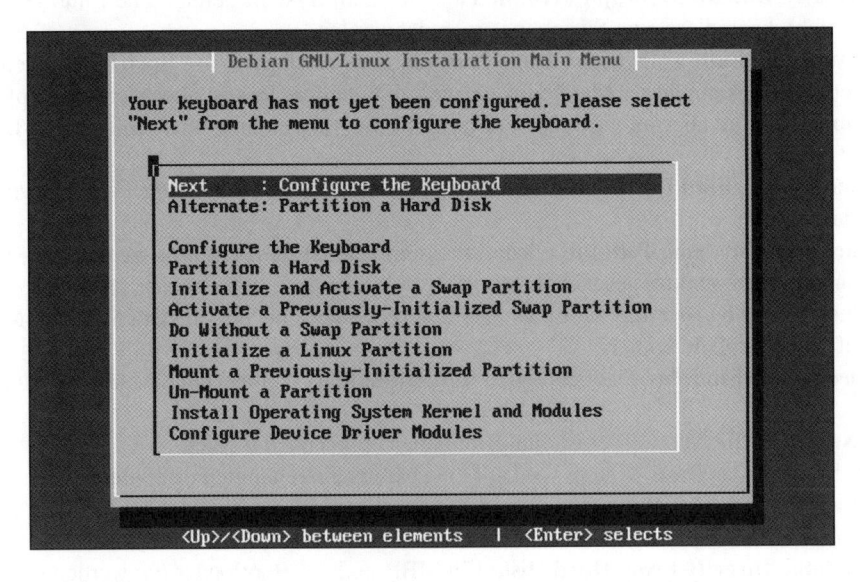

Abbildung 5: Das Hauptmenü des Installationsprogramms *dbootstrap*

Zur Navigation in dem Programm benötigen Sie im wesentlichen die Pfeiltasten, mit denen Sie in Menüs, wie dem Hauptmenü, eine Auswahl treffen können, die Taste EINGABE mit der eine Auswahl bestätigt wird, sowie die Taste TAB, mit der in einigen Bildschirmen zwischen verschiedenen Feldern gewechselt wird.

Während der Basisinstallation ist es zu jedem Zeitpunkt möglich, mit der Tastenkombination ALT-F2 auf eine zweite „virtuelle Konsole" (siehe Kap.: 5.17) zu schalten, die Sie durch Betätigung der Taste EINGABE aktivieren können. Dort steht dann eine einfache Shell zur Verfügung, an der von Anfang an gewisse Aufgaben der Systemkonfiguration durchgeführt, sowie die Einstellungen, die durch das Installationsprogramm vorgenommen wurden, feinabgestimmt oder korrigiert werden können. Unter anderem lassen sich von dieser Shell aus der Editor *ae* (S. 634), einige Kommandos zur Administration von Kernelmodulen (*insmod, lsmod, rmmod*), Netzwerk (*route, ifconfig*) und Dateisystem (*cfdisk, mke2fs, mformat, ls, rm, mkdir, mount, umount* etc.) aufrufen. Auf der dritten und vierten Konsole (ALT-F3, ALT-F4) werden die Meldungen des Syslog-Daemons sowie des Kernels angezeigt.

Um die, während des Startvorgang des Kernels entstandenen, Kernelmeldungen nochmals anzuzeigen, kann auf der zweiten virtuellen Konsole der Befehl *dmesg* (S. 652) eingegeben werden. Danach ist es möglich, mit den Tastenkombinationen SHIFT–SEITE-RAUF und SHIFT–SEITE-RUNTER auf dem Bildschirm nach oben und nach unten zu blättern.

Wenn das Installationsprogramm nach dem Wechsel auf eine andere virtuelle Konsole fortgesetzt werden soll, kann mit der Tastaturkombination ALT-F1 wieder auf die erste Konsole gewechselt werden. Falls eine zweite Shell benötigt wird, kann diese aus dem Hauptmenü des Installationsprogramms durch Auswahl des Befehls *Execute a Shell* gestartet werden.

Im Hauptmenü stehen die folgenden Befehle zur Auswahl. Wie erwähnt, ist es normalerweise sinnvoll, diese Befehle in der vom Installationsprogramm vorgeschlagenen Reihenfolge abzuarbeiten:

Configure the Keyboard Hiermit wird das Layout der angeschlossenen Tastatur angegeben. Dies ist beispielsweise notwendig, um die deutsche Tastenbelegung verwenden zu können.

---
[2] Dies ist jedoch nicht immer sinnvoll. Beispielsweise lassen sich natürlich keine Dateien auf die Festplatte kopieren, wenn noch nicht angegeben wurde, welche Partitionen eingebunden werden sollen.

Partition a Hard Disk Es wird das Festplattenpartitionierungsprogramm *cfdisk* aufgerufen, mit dem die Festplatte(n) partitioniert werden können.

Initialize and Activate a Swap Partition Es kann angegeben werden, welche Partition Linux zum Auslagern von Arbeitsspeicherinhalten auf die Festplatte verwenden kann (swappen). Die ausgewählte Partition wird dabei für diesen Zweck vorbereitet.

Activate a Previously-Initialized Swap Partition Falls auf dem System bereits eine Linux-Swap-Partition zur Verfügung steht, kann diese zum Swappen verwendet werden.

Do Without a Swap Partition Falls Linux keine Partition zum Auslagern von Speicherinhalten zur Verfügung gestellt werden soll, kann dieser Menüpunkt ausgewählt werden. Das ist aber nicht zu empfehlen.

Initialize a Linux Partition Hiermit wird eine Partition für die Verwendung mit Debian GNU/Linux vorbereitet (formatiert).

Mount a Previously-Initialized Partition Eine für Debian GNU/Linux vorbereitete Partition wird in das System eingebunden.

Un-Mount a Partition Falls eine Partition wieder aus dem Dateisystem entfernt werden soll, kann dies durch Auswahl dieses Menüpunktes geschehen.

Install Operating System Kernel and Modules Der Linux-Kernel und die einzelnen Kernel-Module (Treiber) werden auf eine Festplatte kopiert.

Configure Device Driver Modules Die benötigten Kernel-Module (Treiber) können ausgewählt und konfiguriert werden.

Configure the Network Die Netzwerkeinstellungen können eingegeben werden.

Install the Base System Das Basis System wird auf eine bereits eingehängte Festplattenpartition kopiert.

Configure the Base System Das Basissystem wird konfiguriert. Mit diesem Menüpunkt wird konfiguriert, wie das System die Uhrzeit verwalten soll.

Make Linux Bootable Directly From Hard Disk Ein MBR und der Bootloader *lilo* werden konfiguriert und installiert.

Make a Boot Floppy Eine Diskette zum Starten des installierten Systems wird erstellt.

Reboot the System Mit diesem Befehl wird das System neu gestartet.

View the Partition Table Die Partitionstabelle wird angezeigt.

Execute a Shell Eine Shell (Eingabeaufforderung) wird aufgerufen, mit der weitere Aktionen durchgeführt werden können.

Configure PCMCIA Support Die Unterstützung für PCMCIA-Geräte, welche im wesentlichen in Notebooks Verwendung finden, kann konfiguriert werden.

Restart the Installation System Das Installationsprogramm wird von vorne gestartet.

Auswahl des Tastaturlayouts

Abbildung 6 zeigt den Bildschirm zur Auswahl der Tastatur. Hier finden Sie auf der linken Seite der Liste die unterstützen Layouts (benannt nach den ersten sechs Buchstaben der ersten Buchstabenreihe auf der Tastatur, also beispielsweise *qwertz* für ein deutsches Layout) mit unterschiedlichen Belegungstabellen nach dem Schrägstrich. Auf der rechten Seite der Liste sind die Länder aufgeführt, in denen die entsprechenden Kombinationen aus Layout und Belegunstabelle in der Regel Verwendung finden. Wenn Sie eine deutsche Tastatur besitzen, können Sie also einfach mit den Pfeiltasten *Germany* auswählen und dann EINGABE drücken, um zurück ins Hauptmenü zu gelangen.

Nach der Installation können Sie die Einstellung der Tastatur mit Hilfe des Befehls *kbdconfig* (S. 670) anpassen.

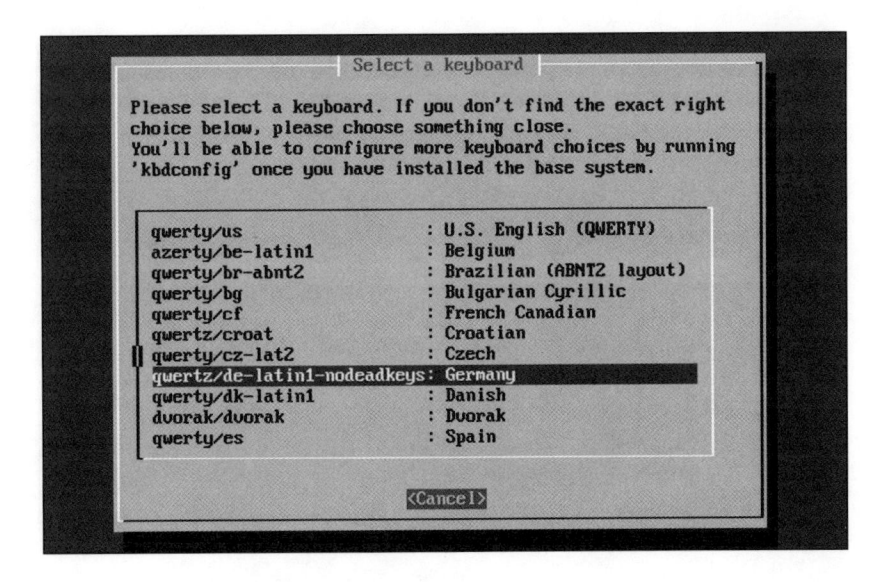

```
        ┌─────────── Select a keyboard ───────────┐
        │ Please select a keyboard. If you don't find the exact right │
        │ choice below, please choose something close.                │
        │ You'll be able to configure more keyboard choices by running│
        │ 'kbdconfig' once you have installed the base system.        │
        │                                                             │
        │  ┌─────────────────────────────────────────────────────┐    │
        │  │ qwerty/us                : U.S. English (QWERTY)    │    │
        │  │ azerty/be-latin1         : Belgium                  │    │
        │  │ qwerty/br-abnt2          : Brazilian (ABNT2 layout) │    │
        │  │ qwerty/bg                : Bulgarian Cyrillic       │    │
        │  │ qwerty/cf                : French Canadian          │    │
        │  │ qwertz/croat             : Croatian                 │    │
        │  │ qwerty/cz-lat2           : Czech                    │    │
        │  │ qwertz/de-latin1-nodeadkeys: Germany                │    │
        │  │ qwerty/dk-latin1         : Danish                   │    │
        │  │ dvorak/dvorak            : Dvorak                   │    │
        │  │ qwerty/es                : Spain                    │    │
        │  └─────────────────────────────────────────────────────┘    │
        │                       <Cancel>                              │
        └─────────────────────────────────────────────────────────────┘
```

Abbildung 6: Auswahl des Tastaturlayouts

4.2.1 Partitionieren von Festplatten(n)

Als nächstes sollten Sie ihre Festplatte für die Verwendung von Debian GNU/Linux partitionieren. Unter Umständen haben Sie ja bereits unter einem anderen Betriebssystem freien Platz oder eine leere Partition für die Installation geschaffen. Hier können Sie jetzt den freien Platz aufteilen oder die leeren Partition(en) mit der richtigen Partitionstypbezeichnung versehen. Außerdem sollten Sie eine Partition zur Auslagerung von Inhalten des Arbeitsspeichers (Swappartition) anlegen. Wählen Sie also *Partition a Hard Disk* aus.

Es erscheint eine Liste der Festplatten, die in Ihrem System gefunden wurden. Sofern sich in dem zu installierenden Computer nur eine Festplatte befindet, können Sie einfach EINGABE drücken um fortzufahren. Hat Ihr Rechner mehrere Festplatten, wählen Sie die richtige aus. Sollten Sie sich nicht sicher sein, welche Festplatte die richtige ist, vergleichen Sie bitte mit Kapitel 3.3.2. Wählen Sie die Festplatte aus, auf der sich der Platz zur Installation von Debian GNU/Linux befindet und drücken Sie EINGABE.

Daraufhin erscheint zunächst ein Hinweis auf die 1024 Zylinder Grenze und nach dessen Bestätigung der in Abbildung 7 dargestellte Bildschirm. Dies ist das Hauptmenü des Festplattenpartitionierungsprogrammes *cfdisk*, das Sie auch später zur Partitionierung von Festplatten unter Linux einsetzen können. Seine Bedienung ist im nächsten Abschnitt ausführlich beschrieben. Wenn Sie mehrere Festplatten partitionieren wollen, wählen Sie nach der Beendigung von *cfdisk* im Hauptmenü des Installationsprogramms einfach wieder *Partition a Hard Disk* aus und daraufhin die nächste zu partitionierende Festplatte. Diesen Vorgang können Sie wiederholen, bis alle Festplatten richtig partitioniert sind.

4.2.2 Das Festplattenpartitionierungsprogramm *cfdisk*

Abbildung 7 zeigt das Hauptmenü dieses komfortabel zu bedienenden Festplattenpartitionierungsprogrammes. Der Bildschirm ist folgendermaßen aufgebaut:

– Ganz oben befindet sich die Angabe des Programmnamens und der Versionsnummer.
– Darunter wird die Festplatte genannt, die mit dem Programm zur Zeit bearbeitet wird. (Im Bild ist das */dev/sda*.)

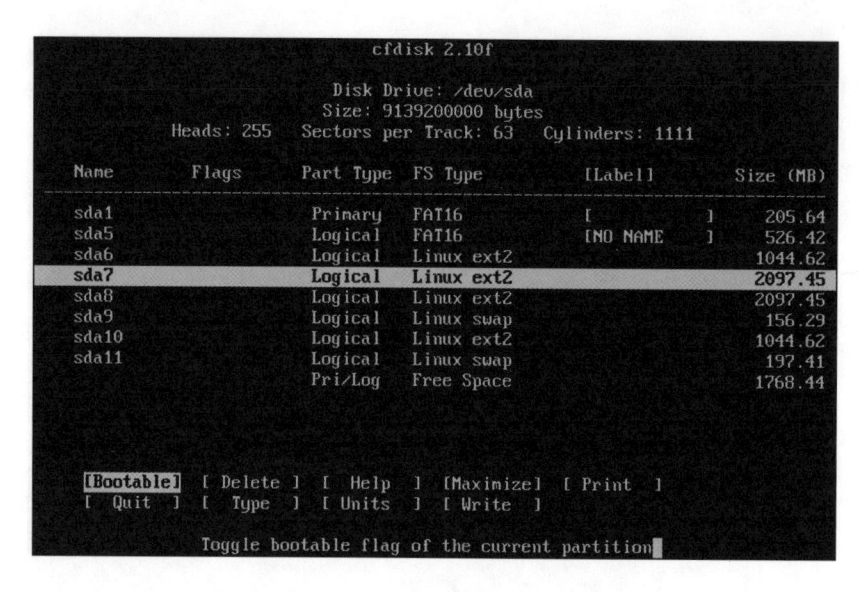

```
                    cfdisk 2.10f

                Disk Drive: /dev/sda
                Size: 9139200000 bytes
        Heads: 255  Sectors per Track: 63  Cylinders: 1111

   Name      Flags     Part Type  FS Type     [Label]      Size (MB)

   sda1                Primary    FAT16       [         ]    205.64
   sda5                Logical    FAT16       [NO NAME  ]    526.42
   sda6                Logical    Linux ext2                1044.62
   sda7                Logical    Linux ext2                2097.45
   sda8                Logical    Linux ext2                2097.45
   sda9                Logical    Linux swap                 156.29
   sda10               Logical    Linux ext2                1044.62
   sda11               Logical    Linux swap                 197.41
                       Pri/Log    Free Space                1768.44



           [Bootable]  [ Delete ]  [ Help  ]  [Maximize]  [ Print ]
           [ Quit   ]  [ Type   ]  [ Units ]  [ Write   ]

           Toggle bootable flag of the current partition
```

Abbildung 7: Hauptmenü des Partitionierungsprogramms *cfdisk*.

- In der vierten Zeile von oben wird die Geometrie der verwendeten Festplatte mitgeteilt. Hier wird die Anzahl der Köpfe (Heads), der Zylinder (Cylinders) sowie der Sektoren (Sectors per Track) angegeben.
- Nun folgt eine Tabelle der Partitionen, wie sie sich auf der Festplatte befinden. In dieser Tabelle sind (von links nach rechts) folgende Informationen aufgeführt:

   Name Name der Gerätedatei, durch welche die Partition unter Linux repräsentiert wird.

   Flags Besondere Eigenschaften der Partition. Die Partition kann „aktiv" sein, d. h. von ihr wird beim Start des Rechners der Bootsektor geladen[3], sie erhält dann das Flag *boot* (siehe Kap.: 2.7).
   Darüber hinaus kann die Partition für die Verwendung unter Debian GNU/Linux optimiert sein. Es steht dann zusätzlicher Platz auf der Partition zur Verfügung, der unter anderen Betriebssystemen nicht genutzt werden kann, da diese besondere Anforderungen an die Anordnung der Partitionen auf der Festplatte stellen. Ist die Partition für Linux optimiert, so erhält sie das Flag *NC* was „Not Compatible" bedeutet und aussagt, dass die Partition von einigen anderen Betriebssystemen nicht verwendet werden kann.

   Part Type Hier ist aufgeführt, ob es sich bei der entsprechenden Partition um eine primäre (Primary) Partition oder um eine logische (Logical) Partition in einer erweiterten primären Partition handelt. Bei freiem Platz ist hier vermerkt, welche Arten von Partitionen an dieser Stelle angelegt werden könnten. Pri/Log bedeutet dabei, dass es sowohl möglich wäre, hier primäre als auch logische Partitionen einzurichten.

   FS Type In der Partitionstabelle wird vermerkt, mit welchem Dateisystem (Filesystem oder FS) die Partition formatiert ist. Diese Information wird von vielen Betriebssystemen dazu genutzt, zu entscheiden, ob die Partition automatisch eingebunden werden soll.

   Label Unter einigen Betriebssystemen ist es möglich, Partitionen Namen zu geben. Falls eine Partition einen solchen Namen bekommen hat, ist er hier aufgeführt und erleichtert die Erkennung der Partitionen von anderen Betriebssystemen.

   Size (MB) Hier ist die Größe der Partition in Megabyte angegeben.

---

[3] Dies trifft nur bei Verwendung eines Master-Boot-Records (MBR) zu, der sich an diese Konvention hält. Ein solcher kann im weiteren Verlauf der Installation erzeugt werden. Falls jedoch beispielsweise *lilo* oder ein anderer Bootmanager im MBR installiert ist, dann ist es unerheblich, welche Partitionen als „aktiv" markiert sind.

Mit den beiden Pfeiltasten PFEILRAUF und PFEILRUNTER kann zwischen den einzelnen Partitionen, beziehungsweise freien Bereichen ausgewählt werden. Der ausgewählte Bereich ist weiß unterlegt.

Kommandos in *cfdisk* Unter der Partitionstabelle befindet sich eine Liste der für den ausgewählten Festplattenbereich verfügbaren Kommandos. Zwischen diesen Befehlen kann entweder mit den beiden Pfeiltasten PFEILLINKS und PFEILRECHTS oder durch Eingabe des Anfangsbuchstabens eines Befehls gewechselt werden. Hierbei wird auf Groß- oder Kleinschreibung keine Rücksicht genommen. Eine Ausnahme stellt allerdings der Befehl *Write* dar, der aus Sicherheitsgründen nur durch Eingabe des Großbuchstabens „W" oder über die Pfeiltasten erreicht werden kann. Wenn ein Kommando durch Eingabe des entsprechenden Buchstabens ausgewählt wird, wird es sofort aufgerufen. Bei der Auswahl mit den Pfeiltasten muss zusätzlich die EINGABE-Taste betätigt werden, um die Auswahl zu bestätigen.
Es existieren hier die folgenden Kommandos:

Bootable Der Status der ausgewählten Partition wird von startbar auf nicht-startbar geändert (oder umgekehrt).
Delete Die ausgewählte Partition wird gelöscht.
Help Ein Hilfetext mit kurzer Erklärung der verfügbaren Kommandos wird angezeigt. Da dieser Text nicht auf eine Bildschirmseite passt, kann durch das Drücken einer beliebigen Taste die jeweils nächste Seite angezeigt werden, danach wird wieder das Hauptmenü angezeigt.
Maximize Die ausgewählte Partition wird für die Verwendung von Debian GNU/Linux optimiert. Sie kann danach von vielen anderen Betriebssystemen nicht mehr verwendet werden und erhält deswegen nach der Optimierung das Flag „Not-Compatible" (s. o.).
New Dieser Befehl steht zur Verfügung, wenn freier (unpartitionierter) Festplattenplatz ausgewählt ist. Mit ihm lassen sich neue Partitionen anlegen.
Print Die Partitionstabelle wird in eine Datei oder auf den Bildschirm ausgegeben.
Quit Das Programm wird verlassen, **ohne** die durchgeführten Änderungen auf die Festplatte zu schreiben.
Type Der Dateisystemtyp, der in die Partitionstabelle eingetragen werden soll, kann ausgewählt werden. Nach Auswahl des Befehls erscheint ein Bildschirm, in dem die bekannten Dateisystemtypen mit ihren hexadezimalen Kennziffern aufgelistet sind. Dort ist die Kennziffer des gewünschten Typs einzugeben. Für Linux-Datenpartitionen (Ext2-Format) ist dies 83 und für Linux-Swappartitionen 82.
Units Die Angabe der Partitionsgröße (in der letzten Spalte der Partitionstabelle) kann ausgetauscht werden gegen die Angabe der Zylinder- oder Sektorenanzahl, zu der die Partitionen reichen. Dies ist insbesondere dann hilfreich, wenn überprüft werden soll, ob eine Partition unterhalb der 1024-Zylinder-Grenze liegt (siehe 2.5). Durch wiederholtes Aufrufen dieses Befehls wird zwischen den drei möglichen Angaben (Größe in MB, Sektoren- und Zylinderanzahl) hin- und hergeschaltet.
Write Die Partitionstabelle wird auf die Festplatte geschrieben. Erst hierdurch werden eventuell durchgeführte Veränderungen wirksam. Nach Auswahl dieses Befehls erfolgt die Abfrage, ob wirklich gewünscht ist, die Partitionstabelle zu schreiben. Hierauf muss mit *yes* geantwortet werden.

Bis auf *help*, *print*, *write* und *quit* beziehen sich die Kommandos immer auf den aktuell ausgewählten Bereich der Festplatte in der darüberliegenden Partitionstabelle. Unter den Befehlen befinden sich zwei weitere Zeilen, in denen sich Ausgaben des Programms und eine kurze Erklärung des aktuell ausgewählten Befehls befinden.

Achtung: Bevor Sie beginnen, mit dem Programm die Partitionstabelle zu verändern, sollten Sie anhand der Größe der angezeigten Partitionen sowie eventuell unter anderen Betriebssystemen vergebenen Partitionsbezeichnungen unbedingt die Partitionen identifizieren, die zu anderen Betriebssystemen gehören und auf keinen Fall verändert werden dürfen.

Legen Sie nun die Partitionen an, die Sie mit Debian verwenden wollen. Das Programm steht Ihnen auch nach der Installation zur Verfügung, so dass Sie auch dann noch unbenutzte Partitionen oder freien Bereich neu einteilen und vergeben können. Im einzelnen werden Sie hierbei unter Umständen bestehende Partitionen löschen, neue Partitionen in freien oder frei gewordenen Bereichen anlegen, die richtigen Dateisystemtypen spezifizieren und entscheiden, ob eine Partition als startbar markiert sein soll oder für den Gebrauch mit Debian GNU/Linux optimiert sein soll. Dazu einige Hinweise:

- Sie können mit dem Programm ruhig verschiedene Partitionierungen „durchspielen". Die Partitionstabelle wird erst dann geschrieben, wenn Sie den Befehl SHIFT-W eingeben.

  ⟹ Sollten Sie versehentlich eine Partition gelöscht haben, die nicht gelöscht werden durfte, beenden Sie das Programm einfach mit Q und rufen es danach erneut auf (dies funktioniert natürlich nur, solange die Partitionstabelle noch nicht geschrieben ist).

- Die Partitionen, die Sie unter Debian GNU/Linux verwenden wollen, sollten den Dateisystemtyp 83 (hexadezimal) tragen. Um den Dateisystemtyp zu ändern, wählen sie die richtige Partition und dann *Type* im Hauptmenü (T). Danach sehen Sie eine Liste der bekannten Dateisystemtypen. Geben Sie für Linux-Partitionen hier „83" ein und drücken dann EINGABE.
- Vergessen Sie nicht (mindestens) eine Swappartition anzulegen. Diese Partitionen bekommen den Dateisystemtyp „82" (hexadezimal).
- Denken Sie an die 1024-Zylinder-Grenze (Kap.: 2.5) für Partitionen, von denen Betriebssysteme gestartet werden sollen. Benutzen Sie den Befehl *Units* (Taste U), um sich die Anzahl Zylinder anzeigen zu lassen, zu denen eine Partition reicht.
- Es sollte **genau eine** Partition als startbar (*bootable*) bzw. aktiv markiert sein. Dies sollte die Partition sein, auf der sich das Betriebssystem befindet, das normalerweise gestartet werden soll. Bei Verwendung eines Bootmanagers, der in einer eigene Partition installiert ist (wie der OS/2-Bootmanager) sollte die Partition, die den Bootmanager enthält, als startbar markiert sein. Wählen Sie die entsprechende Partition in der Liste und drücken Sie B, um diese als startbar zu markieren. Wenn Sie die Markierung wieder aufheben wollen, drücken Sie nochmals B.
- Seien Sie vorsichtig mit der Optimierung (*Maximize*)! Sie können optimierte Partitionen mit einigen Betriebssystemen nicht mehr benutzen.
- Falls nach der Umpartitionierung eine Warnung erscheint und ein Warnton erklingt, bezieht sich dieses auf das Anlegen von Partitionen, die unter MS-DOS verwendet werden sollen. Wenn Sie nur Partitionen für Debian GNU/Linux geändert oder angelegt haben, können Sie diese Warnung ignorieren.

Ein Beispiel Nehmen wir an, Sie hätten in Ihrem Rechner eine Festplatte, die an den ersten Anschluß eines EIDE-Adapters angeschlossen ist. Ihr Name unter Linux ist also */dev/hda*. Diese Festplatte stand vormals komplett Windows 98 zur Verfügung und Sie haben sie mit dem Programm *fips.exe* unter DOS in zwei primäre Partitionen aufgeteilt, so wie es in Kapitel 3.3.1 beschrieben ist. Die zweite, neue primäre Partition soll nun für die Verwendung von Debian GNU/Linux in eine Swappartition, eine Partition für das Betriebssystem und Anwendungen sowie eine Partition für Benutzerdaten aufgeteilt werden.

Nach dem Aufruf von *cfdisk* durch das Installationsprogramm sehen Sie in der Partitionstabelle die beiden primären Partitionen. Sie erkennen die von Windows verwendete Partition an ihrer Größe. Nun können Sie die folgenden Schritte ausführen, um die Festplatte in der beschriebenen Weise zu partitionieren:

1. Wählen Sie die Partition aus, die den Raum zur Installation Debian GNU/Linux belegt. Benutzen Sie dazu die Pfeiltasten PFEILRAUF und PFEILRUNTER.
2. Da der Platz im Moment noch von einer großen Partition belegt ist, muss diese zunächst gelöscht werden. Drücken Sie D, um die Partition zu löschen.
3. Die Partition ist gelöscht und anstelle ihrer ist der nun entstandene freie Bereich ausgewählt. Legen Sie nun die erste Partition (beispielsweise die für das Betriebssystem) an. Drücken Sie dazu N (für *new*).
4. Sie werden gefragt, ob eine primäre oder eine logische Partition angelegt werden soll. Drücken Sie L, um eine logische Partition anzulegen.

5. Nun werden Sie aufgefordert, die Größe der anzulegenden Partition einzugeben. Vorgegeben ist der gesamte freie Bereich. Da Sie aber noch weitere Partitionen anlegen wollen, geben Sie hier nur einen Teil davon ein. Korrigieren Sie Ihre Eingabe gegebenenfalls mit der Taste ZURÜCK und drücken Sie EINGABE, wenn Sie fertig sind.
6. Jetzt müssen Sie festlegen, ob die neue Partition am Anfang (Beginning) oder am Ende (End) des freien Bereiches angelegt werden soll.

    ⟹ In unserem Beispiel ist das unerheblich. Weil übrigbleibender, freier Bereich jedoch prinzipiell am Ende der Festplatte liegen sollte, empfiehlt es sich immer, neue Partitionen an den Anfang des zur Verfügung stehenden Bereiches zu legen

    Geben Sie hier B für Beginning ein.
7. Die neue Partition ist angelegt, jetzt muss sie den richtigen Dateisystemtyp erhalten: Geben Sie dazu T für Type ein. Es erscheint eine Liste aller dem Programm bekannter Dateisystemtypen. Der Dateisystemtyp muss als hexadezimale Zahl eingegeben werden und lautet für Linux Partitionen 83. Geben Sie also 83 ein und drücken dann EINGABE.
8. Falls Sie sich sicher sind, dass Sie die Partition nicht unter einem anderen Betriebssystem verwenden wollen, können Sie jetzt noch M für Maximize drücken, um die Partition für den Gebrauch mit Debian GNU/Linux zu optimieren.
9. Nun können Sie die Swappartition einrichten. Wählen Sie dazu in der Partitionstabelle den freien Bereich aus und wiederholen Sie die aufgeführten Schritte. Die Swappartition erhält allerdings einen anderen Dateisystemtyp, dessen hexadezimale Nummer 82 lautet. Sie wird nicht als startbar markiert.
10. Als letztes legen Sie die Partition für die Benutzerdaten an. Diese Partition erhält wieder den Dateisystemtyp „Linux Native" mit der hexadezimalen Nummer 83. Auch von ihr wird natürlich kein Betriebssystem gestartet, so dass sie nicht als startbar markiert werden braucht.
11. Wenn Sie mit der Partitionierung fertig sind, überprüfen Sie noch einmal alles. Gegebenenfalls können Sie Partitionen mit D löschen und neu anlegen.
12. Markieren Sie dann die Partition als startbar, von der Ihr Standardbetriebssytem gestartet werden soll. Das ist also entweder die primäre Partition mit Windows oder die logische Partition, die als Betriebssystemspartition von Debian genutzt werden soll. Entfernen Sie gegebenfalls alle *bootable*-Markierungen an anderen Partitionen (Taste B).
13. Nachdem alles richtig ist, drücken Sie SHIFT-W um die neue Partitionstabelle auf die Festplatte zu schreiben.
14. **Achtung:** Dies ist der allerletzte Moment, der Ihnen die Möglichkeit bietet, die Partitionierung abzubrechen. Falls Sie versehentlich eine Partition mit ungesicherten Daten gelöscht haben, gehen diese nach dem Neuschreiben der Partitionierungstabelle verloren!

    Wenn Sie sich sicher sind, geben Sie *yes* ein, um die Partitionstabelle neu zu schreiben.
15. Nun sollte in der zweiten Zeile von unten die Meldung „Wrote partition table to disk" erscheinen. Sie können das Programm nun beenden, in dem Sie Q drücken.

4.2.3 Festlegen der Auslagerungs- (Swap-) Partition

Nachdem die Festplatte(n) partitioniert wurden, schlägt das Installationssystem Ihnen vor, Partitionen zu benennen, die als Swappartitionen verwendet werden sollen. Der entsprechende Menüpunkt im Hauptmenü des Installationsprogramms lautet *Initialize and Activate a Swap Partition*. Damit wird eine Partition ausgewählt, die dann vom Installationsprogramm für die Verwendung als Swappartition vorbereitet (formatiert) und anschließend dem Linux-Kernel zum Auslagern von Inhalten des Arbeitsspeichers zur Verfügung gestellt wird.

Alternativ besteht die Möglichkeit, eine Swappartition zu benennen, die bereits für diesen Zweck eingerichtet wurde. Der entsprechende – als Alternative vorgeschlagene – Menüpunkt dazu lautet *Activate a Previously-Initialized Swap Partition*. Solche Partitionen befinden sich u. U. auf dem Computer, wenn Linux dort bereits installiert war.

Wenn auf die Verwendung einer Swappartition verzichtet werden soll, ist der Menüpunkt *Do Without a Swap Partition* auszuwählen. Hiervon sei abgeraten, da sich die Leistungsfähigkeit des System unter den meisten Umständen durch den Einsatz einer Swappartition deutlich erhöht.

Falls eine Neupartitionierung vermieden werden soll oder in Situationen mit wenig verfügbarem Festplattenplatz, kann der Verzicht auf eine Swappartition jedoch einen möglichen Ausweg darstellen. In solchen Fällen sollte später eine Swapdatei angelegt werden (siehe Kap.: 14.3.8).

Initialisieren einer neuen Swappartition Nach Auswahl des Menüpunktes *Initialize and Activate a Swap Partition* erscheint eine Liste der Partitionen, deren Dateisystemtyp auf „Linux Swap" (hexadezimal 82) eingestellt ist. Wählen Sie eine der angezeigten Partition aus und drücken Sie EINGABE.
Sollten Sie jedoch die Meldung

```
No swap partitions that had not already be mounted were detected
```

erhalten und dem System noch keine Swappartition zugeteilt haben, so haben Sie wahrscheinlich vergessen, eine Swappartition einzurichten oder ihren Dateisystemtyp entsprechend einzustellen. In diesem Fall sollten Sie den Menüpunkt *Partition a Hard Disk* erneut aufrufen, um die Partitionierung zu korrigieren.

Dann erfolgt der Hinweis, dass das Initialisieren der Partition als Swappartition alle Daten löscht und Sie werden gefragt, ob Sie dies wirklich wünschen. Falls dies so ist, drücken Sie EINGABE, ansonsten wechseln Sie mit TAB auf *No* und drücken dann EINGABE. Nach der Bestätigung wird die Partition initialisiert und eingebunden. Das Programm springt danach zurück in das Hauptmenü. Falls Sie mehrere Swappartitionen verwenden wollen, rufen Sie den Menüpunkt *Initialize and Activate a Swap Partition* einfach wieder auf und gehen für jede Swappartition wie beschrieben vor.

Aktivieren einer vorhandenen Swappartition Ähnlich wie bei der Initialisierung von Swappartitionen erhalten Sie hier eine Liste aller Partitionen, deren Dateisystemtyp hexadezimal 82, also „Linux-Swap" ist. Wählen Sie die bereits initialisierte Swappartition aus und bestätigen sie durch Betätigung der EINGABE-Taste. Es erfolgt wieder eine Warnung und die Frage ob Sie sich sicher sind. Wenn Sie es sind, drücken Sie nochmals EINGABE. Auch diesen Vorgang können Sie mit allen zur Verfügung stehenden und bereits initialisierten Swappartitionen wiederholen.

4.2.4 Formatieren von Partitionen für Debian GNU/Linux

Nachdem Sie die Swappartition(en) zugewiesen haben, schlägt das Installationsprogramm vor, eine Partition zur Verwendung mit Debian GNU/Linux vorzubereiten. Der entsprechende Menüpunkt lautet *Initialize a Linux Partition*. Sofern Sie zuvor Partitionen für die Verwendung mit Debian angelegt haben, müssen diese nun initialisiert werden, worunter die Formatierung der entsprechenden Partitionen verstanden wird.

> **Achtung:** Falls sich auf dem Computer bereits formatierte Linux-Partitionen befinden, deren Inhalt nicht verlorengehen darf, wie z.B. eine Partition mit Benutzerdaten einer anderen Linux-Installation, dürfen Sie solche Partitionen nicht „initialisieren", da hierbei alle darauf befindlichen Daten verloren gehen.

Es erscheint eine Liste der Partitionen, deren Dateisystem hexadezimal 83 ist, die also als Ext2-Partitionen markiert sind. Wählen Sie die zu formatierende Partition mit den Pfeiltasten aus und bestätigen Sie mit EINGABE. Danach sehen Sie einen Hinweis, dass der Kernel neue Dateisystemeigenschaften hat, die in vorherigen Versionen von Linux nicht vorhanden waren. Sie können wählen, ob Sie die neuen Eigenschaften benutzen wollen (*No*), oder ob Sie ein Dateisystem erzeugen wollen, das mit älteren Linux-Versionen kompatibel ist (*Yes*). Dann erfolgt danach eine Sicherheitsabfrage und die Mitteilung, dass durch die Formatierung sämtliche Daten auf der Partition gelöscht werden. Wenn Sie mit *Yes* und EINGABE bestätigen, wird die ausgewählte Partition formatiert. Danach fragt das Programm, wie – und ob – die Partition in das Dateisystem eingebunden werden soll.

4.2.5 Einbinden (mounten) der Partitionen

Das Einbinden von initialisierten (also formatierten) Linux-Partitionen in das Dateisystem des zu installierenden Betriebssystems kann zum einen direkt nach der Formatierung geschehen. Zum anderen besteht die Möglichkeit, über die Auswahl des Menüpunktes *Mount a Previously-Initialized Partition* eine Partition einzubinden, die bereits für die Verwendung unter Debian GNU/Linux formatiert wurde. Sofern die zweite Methode gewählt wird, erscheint eine Liste, die neben den Linux-Partitionen (Typ 83) auch alle Partitionen enthält, die einen nicht-Linux Dateisystemtyp aufweisen, aber trotzdem vom Installationssystem beschrieben und gelesen werden können. Dazu gehören beispielsweise Partitionen die unter DOS oder Windows 95/98 formatiert wurden.

⇒Erst nach dem Einbinden einer Partition in das Dateisystem („mounten", siehe auch Kap.: 5.18.1) steht sie unter Linux zur Verfügung, so dass auf ihr Dateien gespeichert werden können, beziehungsweise diese von ihr gelesen werden können. Dabei ist es zwingend notwendig, dass eine Partition als so genannte Rootpartition in das Dateisystem eingebunden wird. Dies bedeutet, dass das Wurzelverzeichnis der betreffenden Partition gleichzeitig das Wurzelverzeichnis des Linux-Dateisystems darstellt. Falls – neben der Swappartition – nur eine Partition für Debian GNU/Linux verwendet werden soll, wird diese grundsätzlich als Rootpartition in das Dateisystem gemountet.

Wenn Sie mehrere Partitionen verwenden wollen, so müssen Sie nun wissen, welche Partition an welchem Ort gemountet werden soll. Hinweise hierzu finden sich in Kapitel 2.6. Natürlich können Sie auch zu einem späteren Zeitpunkt Partitionen in das Dateisystem einbinden oder Sie wieder entfernen, falls Sie die Partitionierung jedoch bereits geplant haben und die entsprechenden Partitionen mit *cfdisk* angelegt haben, ist es sinnvoll, sie jetzt an der richtigen Stelle einzubinden, damit die Dateien während der weiteren Installation auf die richtigen Partition(en) geschrieben werden und Sie sie nicht später dorthin kopieren müssen.

Einbinden der Rootpartition Die Rootpartition muss als erste Partition eingebunden werden. Deshalb werden Sie entweder nach der Formatierung einer neuen Partition oder nach der Auswahl des Menüpunktes *Mount a Previously-Initialized Partition* gefragt, ob Sie die gewählte Partition als Rootpartition verwenden möchten, sofern Sie nicht bereits eine andere Partition hierfür benannt haben.

Falls also nach der Formatierung einer Partition oder der Auswahl des Befehls zum Einbinden bereits formatierter Partitionen die Meldung

```
You must mount your root filesystem ("/") before you can mount any other
     filesystems. Would you like to mount ... as the root filesystem?
```

erscheint, weist Sie diese Meldung darauf hin, dass noch keine Partition als Rootpartition in das Dateisystem eingebunden wurde.
Wenn Sie die ausgewählte Partition als Rootpartition verwenden wollen, bestätigen Sie die vorgeschlagene Antwort mit *Yes* und EINGABE. Sollten Sie eine andere Partition als Rootpartition verwenden wollen, wechseln Sie mit TAB auf *No* und drücken dann EINGABE. Das Programm springt dann zurück in das Hauptmenü und Sie haben die Möglichkeit eine andere Partition für diesen Zweck zu bestimmen. Die jetzt formatierte Partition wird dann nicht gemountet und kann später mit *Mount a Previously Initialized Linux-Partition* eingebunden werden.

Einbinden weiterer Partitionen Nachdem eine Partition als Rootpartition festgelegt und eingebunden wurde, können weitere Partition entweder mit dem Befehl *Initialize a Linux Partition* formatiert und eingebunden oder über den Befehl *Mount a Previously-Initialized Partition* ohne Formatierung in das Dateisystem von Debian GNU/Linux eingebunden werden. Der zweitgenannte Befehl ermöglicht es auch, Verzeichnisse einzubinden, die von anderen Rechnern über NFS im Netz zur Verfügung gestellt werden. Diese Möglichkeit kann allerdings erst dann benutzt werden, wenn das Netzwerk bereits konfiguriert ist.

Nach der Auswahl der entsprechenden Partition werden Sie gefragt, an welchem Punkt des Dateisystems die Partition eingebunden werden soll. Ein solcher Punkt im Dateisystem ist ein beliebiges leeres Verzeichnis. Nach dem Einbinden einer Partition werden alle Daten, die in dieses Verzeichnis (oder in ein Unterverzeichnis dieses Verzeichnisses) geschrieben werden auf die entsprechende Partition geschrieben (siehe auch Kap.: 5.18.1). Je nach Einsatzzweck des Rechners kann es sich u. a. anbieten, Partitionen in die folgenden Verzeichnisse einzubinden (siehe auch Kap.: 14.2):

/boot Verzeichnis mit Dateien zum Start des Systems. Hier wird eine eigene Partition benötigt, falls das System nicht von der Rootpartition gestartet werden kann (siehe Kap.: 2.6).

/home Verzeichnis mit den Benutzerdaten.

/tmp Verzeichnis für temporäre Dateien.

/usr Verzeichnis für Programme und Dateien, die zu Debian GNU/Linux gehören und sich normalerweise nicht ändern.

/var Hier befinden sich alle Dateien, die vom System oder von Anwendungen verwaltet werden und deren Inhalt sich regelmäßig ändert, wie zum Beispiel Druckerwarteschlangen oder zwischengelagerte elektronische Post.

Sie können nun eines der oben beschriebenen Verzeichnisse auswählen oder manuell ein anderes Verzeichnis angeben (*other*), in das die ausgewählte Partition gemountet werden soll (Wenn es noch nicht existiert, wird es angelegt). Vergessen Sie dabei nicht den Schrägstrich („/") am Anfang und denken Sie daran, dass Groß- und Kleinschreibung unter Linux bedeutsam ist. Nach der Eingabe des Verzeichnisses drücken Sie EINGABE, um die Partition einzubinden.

Einbinden von Partitionen anderer Betriebssysteme Es ist außerdem möglich, über das Installationsprogramm Nicht-Linux (ext2) Partitionen in das Dateisystem einzubinden. Das Installationssystem unterstützt zu diesem Zeitpunkt Partitionen, die mit einem Linux-Dateisystem, mit einem DOS-Dateisystem (FAT, FAT32 und VFAT) wie es von den Betriebssystemen Windows 95/98 verwendet wird oder mit einem Dateisystem der Typen minix, affs oder hfs formatiert sind. Falls Sie also beispielsweise eine Partition haben, die Windows 98 zur Verfügung steht, aber die Dateien auf dieser Partition auch unter Debian GNU/Linux benutzen wollen, können Sie diese ebenfalls mit dem Befehl *Mount a Previously-Initialized Partition* in das Dateisystem einbinden. Wählen Sie die entsprechende Partition aus und geben Sie ein Verzeichnis an, in das diese gemountet werden soll. Für eine Windows Partition könnten Sie also beispielsweise folgendes Verzeichnis angeben: */Windows*. Das angegebene Verzeichnis wird erstellt, falls es noch nicht existiert.

Das Einbinden von weiteren Partitionen, beispielsweise von NTFS- oder HPFS-formatierten Partitionen, wie sie von Windows NT oder OS/2 verwendet werden ist erst möglich, wenn die entsprechenden Treiber (Module) für diese Dateisysteme geladen wurden. Wenn Sie solche Partitionen einbinden wollen, können Sie dies tun, nachdem Sie das Basissystem installiert haben (siehe Kap.: 14.3.4).

Einbinden von NFS-Partitionen Die Option *Mount a Previously-Initialized Partition* erlaubt es auch, Verzeichnisse einzubinden, die von anderen Rechnern im Netz per NFS zur Verfügung gestellt werden. Dazu ist die Option *NFS* auszuwählen und danach der Name des Rechners, welcher das Verzeichnis zur Verfügung stellt sowie der Name des Verzeichnisses auf diesem Rechner anzugeben. Rechner- und Verzeichnisname werden durch einen Doppelpunkt voneinander getrennt. Um also beispielsweise das Verzeichnis */daten* vom Rechner *datserver* einzubinden, wäre hier folgendes einzugeben:

```
datserver:/daten
```

Danach wird wie üblich der Name des Verzeichnisses auf Ihrem Rechner erfragt, in welches das Verzeichnis eingebunden werden soll. Das Verzeichnis wird danach eingebunden.

Achtung: Bedenken Sie, dass Datenträger erst dann über NFS eingebunden werden können, wenn das Netzwerk bereits konfiguriert ist. U. U. müssen Sie später zu diesem Menüpunkt zurückkehren. Weiter muss natürlich auf dem Serversystem sichergestellt sein, dass das entsprechende Verzeichnis von Ihrem Rechner aus eingebunden werden darf.

Beispiel zum Einbinden von Festplattenpartitionen In dem Beispiel aus Abschnitt 4.2.2 zur Festplattenpartitionierung hatten wir drei Partitionen zur Verwendung mit Debian GNU/Linux angelegt: Eine Swappartition, eine Partition für das Betriebssystem sowie eine weitere Partition für Benutzerdaten. Wenn wir dieses Beispiel weiter verfolgen, müssten zur Einbindung dieser Partitionen die folgenden Schritte durchlaufen werden:

— Die Swappartition wurde bereits durch den Befehl *Initialize and Activate a Swap Partition* eingebunden.
— Danach wird der Befehl *Initialize a Linux Partition* ausgeführt. In der Auswahlliste werden die beiden angelegten Partitionen gezeigt. Hier wird zunächst die erste Partition ausgewählt, weil diese als Rootpartition eingesetzt werden soll. Nach der Sicherheitsabfrage wird die Partition initialisiert.
— Jetzt folgt die Frage, ob die Partition als Rootpartition gemountet werden soll, worauf – weil dies richtig ist – mit *Yes* geantwortet wird.
— Zurück im Hauptmenü wird nun vorgeschlagen mit dem Befehl *Install the Operating System Kernel and Modules* fortzufahren. Dies ist jedoch nicht gewünscht, da noch eine zweite Partition formatiert und eingebunden werden soll.
— Deswegen wird mit den Pfeiltasten wieder der Menüpunkt *Initialize a Linux Partition* ausgewählt.
— Hier steht nun nur noch eine Partition zur Verfügung (die andere ist ja bereits eingebunden) so dass sie mit EINGABE ausgewählt werden kann. Auch diese Partition wird nach der Sicherheitsabfrage formatiert.
— Nun folgt die Frage, in welches Verzeichnis diese (zweite) Partition gemountet werden soll. Da diese Partition die Benutzerdaten beherbergen soll, wird hier */home* ausgewählt und mit EINGABE bestätigt.
— Zu Schluss wird die Windows-Partition gemountet. Hierzu wird im Hauptmenü der Befehl *Mount a Previously-Initialized Partition* ausgewählt. Da diese Partition die einzige nicht gemountete Partition ist (Die beiden Linux Partitionen sind ja bereits eingebunden), erscheint in der Liste nur die Windows-Partition, die beispielsweise in das Verzeichnis */Windows* gemountet werden kann. Dieses Verzeichnis wird automatisch angelegt, da es bisher noch nicht existiert.

4.2.6 Installation des Kernels und der Treibermodule

Nachdem alle Partitionen eingebunden sind, können der Linux-Kernel sowie die dazugehörigen Gerätetreibermodule auf der Festplatte installiert werden. Hierzu ist der Befehl *Install Operating System Kernel and Modules* auszuwählen.
Nun erscheint eine Liste der möglichen Quellen, von denen der Kernel und die Module installiert werden können:

CDROM Wählen Sie diese Quelle aus, wenn Sie die Installation von einer CD durchführen. Bei dem CDROM-Laufwerk muss es sich um ein über einen (E)IDE- oder SCSI-Adapter an den Computer angeschlossenes Gerät handeln. Falls Ihr Laufwerk über einen anderen Adapter mit dem Rechner verbunden ist, können Sie zwar wahrscheinlich den Rest des Systems von diesem Laufwerk installieren, allerdings müssen Kernel und Treibermodule dann anders geladen werden, da diese benötigt werden, um ein solches Laufwerk überhaupt anzusprechen.
Nach Bestätigung der Auswahl teilt Ihnen das Installationsprogramm mit, ob es das CDROM-Laufwerk automatisch gefunden hat und – falls ja – durch welche Gerätedatei das Laufwerk, nach Meinung des Programms, repräsentiert wird. Es erfolgt die Frage, ob das Laufwerk richtig erkannt wurde. Wenn Sie sich nicht sicher sind, sollten Sie den Vorschlag übernehmen. Sollte das Laufwerk jedoch nicht richtig erkannt worden sein, müssen Sie selbst angeben durch welche Gerätedatei Ihr CDROM-Laufwerk repräsentiert wird.

Es erscheint dann eine Liste, in der zunächst die Gerätedateien für das erste und das zweite SCSI-CDROM-Laufwerk */dev/scd0* und */dev/scd1* aufgeführt sind. Darunter befinden sich die unterschiedlichen Gerätedateien, die CDROM-Laufwerke repräsentieren, die an einen (E)IDE-Adapter angeschlossen sind. Die Benennung erfolgt nach dem folgenden Schema: */dev/hda* entspricht dem Gerät an dem ersten Anschluß (Master) des ersten (E)IDE-Adapters, */dev/hdb* dem Gerät am zweiten Anschluß (Slave) des ersten Adapters. */dev/hdc* entspricht dem Gerät am ersten Anschluß (Master) des zweiten (E)IDE-Adapters und so weiter. Bei Standard-PCs mit einer Festplatte und einem CDROM-Laufwerk ist das CDROM-Laufwerk oft an den ersten Anschluß des zweiten (E)IDE-Adapters angeschlossen. Deshalb sollten Sie, wenn Sie sich nicht sicher sind, hier */dev/hdc* auswählen und mit EINGABE bestätigen.

Nach dem entweder das automatisch gefundene CDROM-Laufwerk bestätigt oder das CDROM-Laufwerk manuell ausgewählt wurde, werden Sie nun aufgefordert, die (erste) Debian-CD in das Laufwerk einzulegen und dann EINGABE zu drücken.

Falls Sie daraufhin die Fehlermeldung

```
The CD-ROM was not mounted succesfully
```

erhalten, haben Sie entweder eine falsche Gerätedatei benannt oder Ihr Laufwerk wird vom Installationssystem nicht richtig erkannt. Sie landen dann wieder im Hauptmenü des Installationsprogramms und können es mit einer anderen Gerätedatei versuchen.

Sobald das Laufwerk erfolgreich eingebunden wurde, erscheint die Aufforderung, den Pfad anzugeben, in dem sich die Debian-Distribution auf der CD befindet. Bei Verwendung des offiziellen CD-Satzes können Sie es hier bei dem Vorgabewert */instmnt* belassen. Sollten Sie jedoch eine CD verwenden, die von dem offiziellen Layout abweicht, so müssen Sie u. U. einen anderen Pfad angeben. Wenn Sie mit der Taste TAB auf das Feld <...> wechseln und danach die Taste EINGABE drücken, besteht die Möglichkeit, die CDROM zu durchsuchen. Es werden dann alle Unterverzeichnisse des Ausgangsverzeichnisses *instmnt* angezeigt und Sie können das richtige auswählen.

Wenn Sie die Eingabe manuell vornehmen, dann denken Sie daran, dass Groß- und Kleinschreibung bedeutsam ist und dass die Verzeichnisse durch einen Schrägstrich („/") voneinander getrennt werden. Alternativ zur Eingabe eines Verzeichnisses können Sie das Installationssystem – wie im folgenden beschrieben – nach den Dateien suchen lassen.

Nun muss das Installationssystem nämlich wissen, wo sich die Diskettenabbilder mit dem Kernel (Abbilddatei der Rescue-Diskette) und mit den Modulen (Abbilddatei der Treiber-Diskette) unterhalb des angegebenen Verzeichnisses befinden. Dabei besteht zum einen die Möglichkeit, eine Liste mit allen in Frage kommenden Verzeichnissen erzeugen zu lassen (*List*) oder den Pfad direkt einzugeben (*manually*). Im Normalfall wählen Sie *List* aus und bestätigen mit EINGABE. Das Programm sucht nun auf der CD nach den benötigten Diskettenabbilddateien und präsentiert daraufhin eine Liste mit den Verzeichnissen, in denen es solche Dateien gefunden hat. Je nach Layout Ihrer CDs finden sich u. U. verschiedene Einträge mit unterschiedlichen Versionsnummern. In der Regel sollten Sie die jeweils neueste Version (*current*) verwenden. Es besteht aber auch die Möglichkeit, dass auf speziell angepassten CDs spezielle Versionen der Dateien zur Verfügung gestellt werden. Diese befinden sich oft in einem Verzeichnis mit der Endung *disks-i386/vendor*. Wenn Sie ein solches Verzeichnis wählen, konsultieren Sie die Dokumentation Ihrer CDs.

Wenn das Installationsprogramm die benötigten Dateien nicht auf der CDROM finden konnte, dann versuchen Sie es bitte erneut mit einer anderen CDROM aus dem Installationssatz.

Nach der Auswahl eines Verzeichnisses werden Kernel und Module auf die Festplatte kopiert und das Programm bringt Sie wieder zurück in das Hauptmenü.

/dev/fd0 oder /dev/fd1 Wenn Sie vor der Installation die Treiberdiskette(n) erzeugt haben, können Sie diese Quelle angeben. */dev/fd0* entspricht dabei dem ersten Diskettenlaufwerk (unter DOS/Windows Laufwerk A:) und */dev/fd1* dem zweiten Diskettenlaufwerk (unter DOS/Windows Laufwerk B:).

Nach Auswahl dieser Methode werden Sie zunächst aufgefordert, die Rescue-Diskette in das entsprechende Diskettenlaufwerk einzulegen (wo sie sich bei einer Installation von Disketten wahrscheinlich schon befindet). Nachdem sie dort ist, drücken Sie EINGABE, woraufhin der Kernel installiert wird. Danach sind nacheinander die einzelnen Treiberdisketten einzulegen.

Harddisk Wählen Sie diese Quelle, falls sich die Datei *drivers.tgz* sowie das Diskettenabbild der Rescuediskette auf eine Festplattenpartition befinden, die Sie **nicht** in das Dateisystem eingebunden haben. Diese Partition muss so formatiert sein, dass auf sie vom Installationssystem zugegriffen werden kann (also beispielsweise eine von DOS/Windows im FAT32- oder von Linux im ext2-Format formatierte Partition). Es erscheint dann eine Liste aller erkannten Partitionen, die noch nicht in das Dateisystem eingebunden wurden, beziehungsweise eine Fehlermeldung, die Ihnen mitteilt, dass eine solche Partition nicht gefunden wurden. Wählen Sie die richtige Partition aus und drücken Sie EINGABE. Sie werden dann gefragt, in welchem Verzeichnis sich die Dateien auf der Partition befinden.

Geben Sie den Verzeichnisnamen ein. Wenn Sie sich nicht sicher sind, löschen Sie einfach nur den Vorgabewert und lassen Sie das Installationssystem für Sie nach den Dateien suchen.

Wie bei der Angabe eines CDROM-Laufwerkes werden Sie nun gefragt, ob das Installationsprogramm für Sie eine Liste von Verzeichnissen zusammenstellen soll, in denen sich die Dateien befinden oder ob Sie selbst ein Unterverzeichnis angeben möchten. In der Regel sollten Sie hier die erste Option *List* wählen, woraufhin Ihnen das Verzeichnis präsentiert werden sollte, in dem sich die Dateien befinden. Wenn Sie die Dateien mehrmals in unterschiedlichen Verzeichnissen auf der gewählten Partition gespeichert haben, so können Sie dann zwischen diesen Verzeichnissen wählen. Suchen Sie das richtige aus und bestätigen Sie mit EINGABE. Daraufhin werden Kernel und Treibermodule installiert und Sie gelangen zurück in das Hauptmenü des Installationsprogramms.

Mounted Wählen Sie diese Quelle, wenn sich die Abbilddatei der Rescue- sowie die Datei *drivers.tgz* auf einer Partition befinden, die Sie bereits in das Dateisystem eingebunden haben (also beispielsweise eine von Windows verwendete Partition, die Sie zur Benutzung unter Debian GNU/Linux bereits gemountet haben und auf die Sie vor der Installation die entsprechenden Dateien gespeichert haben).

Ebenso wie bei der Installation von CDROM oder ungemounteter Partition (s. o.) können Sie nun einen Pfad eingeben, ab dem nach den Dateien gesucht werden soll. Auch hier ist es möglich, das Dateisystem nach Auswahl der Schaltfläche <...> zu durchsuchen. Beachten Sie, dass alle Partitionen, die Sie zuvor eingebunden haben während der Installation unterhalb des Verzeichnisses */target* eingebunden sind.

Daraufhin können Sie zwischen automatischer Suche und manueller Eingabe des Pfades wählen. Wenn Sie sich nicht sicher sind oder es bequem haben möchten, wählen Sie die automatische Suche (Menüpunkt *List*). Wie bei der Installation von CDROM oder nicht-eingebundener Partition wird dann eine Liste mit Verzeichnissen erstellt, in denen sich die benötigten Dateien befinden.

4.2.7 Konfiguration der PCMCIA-Unterstützung

Wenn Sie Debian GNU/Linux auf einem Laptop installieren, der mit einem PCMCIA-Adapter ausgestattet ist, müssen Sie jetzt die PCMCIA-Unterstützung konfigurieren, sofern Sie die weitere Installation über ein Gerät durchführen wollen, das an diesen Adapter angeschlossen ist. Dies ist beispielsweise dann der Fall, wenn die Installation von einem CDROM-Laufwerk, das über den PCMCIA-Adapter mit dem Rechner verbunden ist, durchgeführt werden soll, oder bei einer Installation über das Netzwerk, wenn die Netzwerkkarte eine PCMCIA-Netzwerkkarte ist. Wählen Sie dazu die Alternative *Configure PCMCIA Support* aus, **bevor** Sie mit *Configure Device Driver Modules* die Konfiguration der Treibermodule durchführen. Die, an den PCMCIA-Adapter angeschlossenen, Geräte können von den Treibermodulen nämlich nur dann erkannt werden, wenn die PCMCIA-Unterstützung bereits konfiguriert und aktiviert ist.

In allen anderen Fällen, in denen kein PCMCIA-Adapter vorhanden ist oder zwar ein solcher Adapter vorhanden ist, er zu Installation aber nicht benötigt wird, können Sie direkt mit *Configure Device Driver Modules* fortfahren und die PCMCIA-Unterstützung gegebenenfalls zu einem späteren Zeitpunkt konfigurieren.

Nachdem der entsprechende Befehl im Hauptmenü ausgewählt wurde, erscheint eine Eingabemaske in der Sie angeben können, welche Teile des PCMCIA-Subsystems Sie von Hand konfigurieren möchten. In der Regel ist es allerdings nicht notwendig, hiervon Gebrauch zu machen, da mit den Voreinstellungen alles funktionieren sollte. Sie sollten also zunächst mit TAB auf *OK* springen und EINGABE drücken, um es mit den Voreinstellungen zu versuchen. Erst wenn im weiteren Verlauf Probleme entstehen, etwa weil Ihre Netzwerkkarte oder das CDROM-Laufwerk nicht gefunden werden, sollten Sie versuchen, hier spezielle Einstellungen vorzunehmen.

Sofern Sie spezielle Einstellungen vornehmen wollen, stehen die folgenden Gruppen zur Verfügung:

PCMCIA Controller Hier können Sie angeben, ob in das entsprechende Notebook ein Adapter vom Typ „i82365" oder vom Typ „tcic" eingebaut ist, sofern dies nicht automatisch erkannt wurde. Darüber hinaus können Sie einige spezielle Einstellungen treffen, mit denen Sie ihren Adapter unter Umständen zur Mitarbeit bewegen können.

Serial Devices Ermöglicht die Konfiguration serieller Geräte, also beispielsweise von Modems, die an die PCMCIA-Schnittstelle angeschlossen sind. Sie können hier festlegen, welche Gerätedatei ein solches Gerät repräsentieren soll (*/dev/modem* ist eine gute Wahl für ein Modem), ob die Schnittstelle mit dem Programm *setserial* (S. 711) auf besondere Weise konfiguriert werden soll und ob sie nach dem Systemstart für eingehende Verbindungen konfiguriert werden soll (*Should we create an inittab entry for this port?*). Letzteres benötigen Sie nur, wenn über diese Schnittstelle beispielsweise Logins möglich sein oder Faxe empfangen werden sollen, allerdings brauchen Sie so etwas nicht während der Installation des Basissystems zu konfigurieren. Antworten Sie also, wenn Sie sich nicht sicher sind, bei der Frage *Should we generate a inittab entry...* mit *No*.

CD-ROM Devices Hier können Sie bestimmen, ob und wie an einen PCMCIA-Adapter angeschlossene CDROM-Laufwerke nach der Verbindung mit dem Adapter automatisch gemountet, also in das Dateisystem eingebunden werden sollen. Sie können bestimmen, ob für das Laufwerk ein Eintrag in der Dateisystemtabelle (*/etc/fstab*, siehe Kap.: 5.19.1) angelegt werden soll (empfehlenswert), ob das Laufwerk automatisch gemountet werden soll (was voraussetzt, dass sich immer eine CD in dem Laufwerk befindet, bevor Sie es anschließen). Weiter, welchen Dateisystemtyp die in ihm befindlichen CDs haben (der Standard ist *iso9660*), mit welchen Optionen es gemountet werden soll (Sie sollten hier den Vorgabewert *ro* übernehmen) und wohin es gemountet werden soll (die Übernahme des Vorgabewerts */cdrom* ist auch hier zu empfehlen).

Sie können sich in diesem Menü mit den Pfeiltasten bewegen und mit der Leertaste die Punkte aus der Liste wählen, die Sie von Hand konfigurieren möchten. Danach wählen Sie mit TAB *ok* und bestätigen mit EINGABE. Nun werden Ihnen die oben angesprochenen Fragen gestellt, die Sie entweder durch Eingabe des entsprechenden Textes oder durch Wechseln zwischen vorgegebenen Antworten wie *Yes* und *No* beantworten können.

Sobald eine Fragengruppe beantwortet ist, werden Ihre Angaben nochmals zusammengefasst dargestellt. Sie haben dann die Möglichkeit, die Angaben zu bestätigen oder erneut vorzunehmen. Wenn alle Fragen beantwortet sind, versucht das Installationsprogramm, die PCMCIA-Dienste zu starten. Falls es dabei zu einem Fehler kommt, wird Ihnen dies mitgeteilt und das Programm springt zurück in das Hauptmenü.

4.2.8 Konfiguration der Treibermodule mit *modconf*

Nach der Installation von Kernel und Modulen (und u. U. Konfiguration der PCMCIA-Unterstützung), können Sie nun eventuell benötigte Module auswählen und konfigurieren. Wählen Sie dazu *Configure Device Driver Modules*.

Module sind Bestandteile des Linux-Kernels, die während der Laufzeit des Systems geladen und wieder entfernt werden können. Prinzipiell ist es möglich, dass Module alle möglichen Funktionen haben. Viele Module stellen jedoch Gerätetreiber für verschiedene Hardwarekomponenten dar. Darüber hinaus gibt es Module durch die der Kernel Dateisysteme verwenden kann, die er normalerweise nicht kennt (z. B. solche von Windows NT oder OS/2) oder die ihm irgendeine andere zusätzliche Funktionalität verleihen (wie beispielsweise den Umgang mit einem besonderen Netzwerkprotokoll).

Ein wichtiger Vorteil von Linux gegenüber vielen anderen Betriebssystemen, besteht darin, dass solche Module zu jeder Zeit geladen und wieder entfernt werden können, sofern sie nicht gerade benutzt werden. Das bedeutet, dass das System nicht neu gestartet werden muss, wenn ihm ein neuer Treiber hinzugefügt werden soll. Außerdem ist es möglich, Treiber nur dann zu laden, wenn man sie wirklich braucht (wie beispielsweise einen Treiber für eine Soundkarte, die nur gelegentlich benutzt wird) und dadurch Speicherplatz zu sparen. Darüber hinaus lassen sich unkompliziert unterschiedliche Einstellungen eines Treibers ausprobieren, weil er einfach ent- und mit neuen Einstellungen wieder geladen werden kann. Es ist sogar möglich, neue Versionen eines Treibers zu installieren und zu laden, ohne das System neu starten zu müssen.

Linux kann Module automatisch laden, sobald auf das entsprechende Gerät oder auf die Funktion, die das Modul zur Verfügung stellt, zugegriffen wird. Dies ist in Kapitel 12.4, S. 349 beschrieben. Die Konfiguration der Module während der Installation geschieht mit dem zu Debian gehörenden Programm *modconf*, welches aufgerufen wird, sobald Sie den Befehl *Configure Device Driver Modules* im Hauptmenü des Installationprogramms aufgerufen haben. Dieses Programm steht Ihnen auch später zur Verfügung, so dass Sie sich während der Installation darauf beschränken könnten, nur die wirklich wichtigen Hardwarekomponenten zu konfigurieren.

Achtung: Wenn Ihr Rechner mit einer Netzwerkkarte oder mit einem CDROM-Laufwerk, für das besondere Treiber benötigt werden, ausgestattet ist, müssen die Treiber für diese Komponenten jetzt geladen werden, damit sie im weiteren Verlauf der Installation benutzt werden können. Falls Sie die Installation des Basissystems über NFS durchführen wollen, sollten Sie den Treiber für dieses Dateisystem ebenfalls jetzt einbinden.

⟹ Das Programm kann später durch Eingabe des folgenden Befehls aufgerufen werden:

```
debian:~# modconf
```

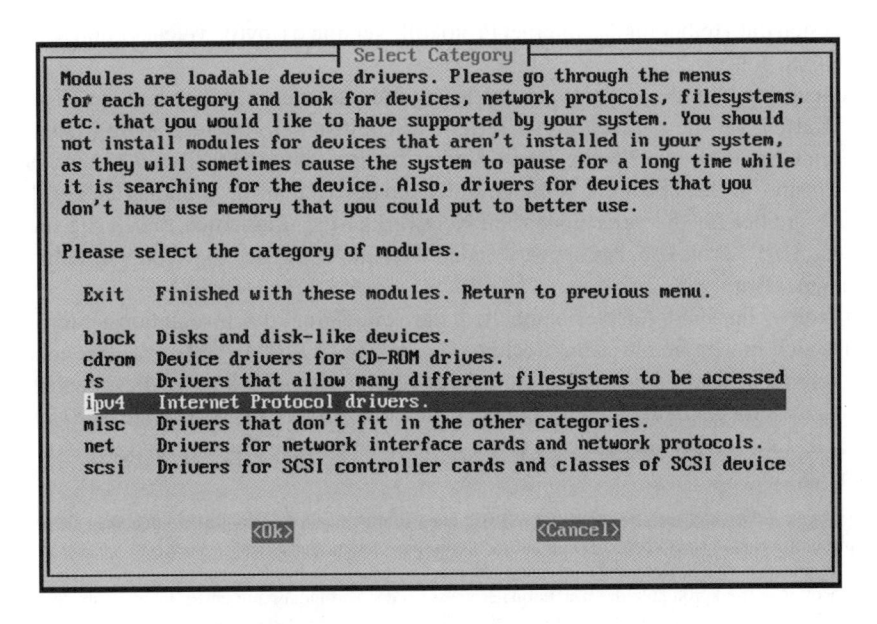

Abbildung 8: Hauptmenü des Programms *modconf*

Abbildung 8 zeigt den Hauptbildschirm des Programms *modconf*, wie er erscheinen sollte, nachdem Sie das Programm aus dem Installationsmenü oder von der Kommandozeile aufgerufen haben. Es ist eine Liste von verschiedenen Kategorien zu sehen, die unterschiedliche Gruppen von Modulen beinhalten. Sie können mit den Pfeiltasten zwischen den einzelnen Gruppen wählen, um sich dann mit der Taste EINGABE die verfügbaren Module aus der entsprechenden Kategorie anzeigen zu lassen und diese gegebenenfalls zu laden. Insgesamt stehen die folgenden Gruppen zur Verfügung (beachten Sie, dass u. U. nicht alle Gruppen zu sehen sind und die Liste mit den Pfeiltasten nach oben und unten bewegt werden kann):

block In dieser Gruppe befinden sich Treiber für so genannte „Blockgeräte". Dies sind in der Regel Speichermedien wie Festplatten. Sie finden hier u. a. Treiber für alte XT-Festplattenadapter (solche Adapter kommen nur noch in sehr alten Computern vor) und für IDE-Geräte, die über die parallele Schnittstelle angeschlossen sind (dies ist gelegentlich bei CDROM-Laufwerken der Fall). Darüber hinaus stehen Ihnen hier Treiber zur Realisierung von Software-Raid[4] zur Verfügung.

cdrom Hier finden sich eine Reihe von Treibern für CDROM-Laufwerke, die **nicht** über eine SCSI- oder IDE-Schnittstelle mit dem Rechner verbunden sind.

fs Hier sind alle Module, die benötigt werden, um Dateisysteme verwenden zu können, die von dem Standardkernel des Installationssystems nicht unterstützt werden. Dazu gehören neben Festplattendateisystemen auch solche, mit denen auf Dateisysteme zugegriffen werden kann, die sich auf anderen Rechnern befinden (NFS, SMB). Solche Dateisysteme können natürlich nur benutzt werden, wenn das Netzwerk bereits konfiguriert ist.

Weil einige Dateisysteme (z. B. FAT, VFAT und FAT32) Datei- und Verzeichnisnamen mit anderen Zeichentabellen kodieren können, als es Standard unter Linux ist, finden Sie hier auch Module, welche die Unterstützung für solche Zeichentabellen bieten. Diese Module werden normalerweise bei Bedarf automatisch geladen.

ipv4 In dieser Rubrik befinden sich Treiber für Netzwerkprotokolle, welche Teil des Internet Protokolls (IP) sind. Während der Basisinstallation ist es in der Regel nicht notwendig, explizit Module aus dieser Rubrik zu laden.

ipv6 Hier befinden sich die Treiber für das Internet Protokoll, Version 6 (ipv6), welches einmal das heutige Internet Protokoll ablösen soll.

misc Unterschiedliche Module, die in keine andere Kategorie passen. Sie finden hier u. a. Treiber für verschiedene ISDN-Karten, für die parallelen und seriellen Schnittstellen, für besondere Mäuse, Protokolltreiber für Novell- und Appletalk-Netzwerke sowie Treiber für Bandlaufwerke, die nicht an einen SCSI-Adapter angeschlossen sind. In dieser Rubrik befinden sich auch die Treiber für Soundkarten und Joysticks.

net Hier liegen die Treiber für die verschiedensten Netzwerkkarten. Zusätzlich finden Sie hier Treiber für das PPP[5]- und das SLIP[6]-Protokoll, das sie verwenden werden, wenn Sie eine Wählverbindung zu einem Internetprovider herstellen.

scsi Module, die Treiber für SCSI-Adapter beinhalten, die vom Kernel des Installationssystems nicht unterstützt werden. Falls sich in dem betreffenden Rechner Geräte wie CDROM-Laufwerke, Scanner oder zusätzliche Festplatten befinden, die an einen solchen Adapter angeschlossen sind, können diese nach dem Laden solcher Module benutzt werden. Darüber hinaus befinden sich hier Treiber für bestimmte SCSI-Protokolle, u. a. ein Treiber für ZIP-Laufwerke, die an die parallele Schnittstelle angeschlossen sind und ein Treiber für SCSI-Bandlaufwerke.

---

[4] Dies ist eine Betriebsart von Datenträgern, bei der mehrere Partitionen so miteinander verbunden werden, dass sie für das Dateisystem wie eine einzige Festplatte aussehen. Dabei können Daten auf mehreren Festplatten gleichzeitig gespeichert werden, so dass bei dem Defekt einer einzelnen Platte immer noch alle Daten zur Verfügung stehen.

[5] Point-to-Point Protokoll. Netzwerkprotokoll, das u. a. normalerweise bei der Verbindung mit einem Internetanbieter benutzt wird.

[6] Serial-Line-Internet Protokoll. Netzwerkprotokollprotokoll, das ebenfalls für Verbindungen zu Internetprovidern verwendet wird, mittlerweile jedoch fast vollständig von PPP abgelöst ist.

video Hier finden Sie Treiber für einige Graphik- und Videokarten. In den allermeisten Fällen ist die Verwendung eines Treibers aus dieser Rubrik auch dann nicht notwendig, wenn Sie Linux mit einer graphischen Benutzeroberfläche verwenden wollen. Die graphische Benutzerfläche basiert unter Linux nämlich auf dem X Windows System, welches seine eigene Unterstützung für Graphikkarten mitbringt.

Bedienung von *modconf* Im Hauptmenü können Sie mit den Pfeiltasten von einer Gruppe zur nächsten wechseln. Zusätzlich steht der Menüpunkt *exit* zur Verfügung, mit dem Sie das Programm verlassen und in das Hauptmenü des Installationsprogramms zurückgelangen (oder dorthin, von wo aus Sie das Programm aufgerufen haben). Sobald Sie die Taste EINGABE drücken, wird die entsprechende (markierte) Gruppe ausgewählt.
Es erscheint dann eine Liste mit den Modulen der Gruppe auf der linken Seite. Daneben befindet sich entweder das Zeichen „-", was bedeutet, dass das betreffende Modul noch nicht geladen wurde oder das Zeichen „+", was anzeigt, dass das Modul bereits geladen ist. Mit den Pfeiltasten können Sie nun wieder zwischen den Modulen wechseln und ein Modul mit der Taste EINGABE auswählen. Daraufhin erscheint ein Menü, der Ihnen noch einmal den Namen des gewählten Moduls anzeigt und Ihnen die Möglichkeit gibt, wieder in die Liste der Module zurückzukehren oder das Modul zu laden (installieren), falls es bisher noch nicht geladen war. Anderenfalls haben Sie die Möglichkeit, es wieder zu entfernen.
Wenn Sie *Install* wählen, gibt es zwei Möglichkeiten: Dem Modul können entweder Parameter übergeben werden oder nicht. Im zweiten Fall, wenn keine Parameter benötigt werden, wird sofort versucht, das Modul zu laden. Anderenfalls erscheint ein weiterer Dialog, in dem u. U. ein Hilfetext zu sehen ist, der die verfügbaren Parameter des Moduls erklärt. Leider wurde jedoch bisher nicht für jedes Modul ein solcher Hilfetext geschrieben, so dass es auch passieren kann, dass eine (unbedeutende) Fehlermeldung erscheint, die Ihnen dieses mitteilt. Wenn Sie diese Fehlermeldung mit EINGABE quittieren, erhalten Sie ebenfalls (allerdings ohne Anleitung) die Möglichkeit, Parameter für das zu ladende Modul einzugeben. Die Angabe von Parametern ist bei einigen Modulen zwingend erforderlich. Andere bieten zwar optional die Möglichkeit dazu, sind aber mit Vorgabewerten ausgestattet, die die Spezifikation von Parametern im Normalfall unnötig machen (s. u.). Sollten Sie sich bei der Eingabe von Parametern vertippen, können Sie den eingegebenen Text mit der ZURÜCK-Taste und den Pfeiltasten korrigieren. Wenn Sie die Eingabe abgeschlossen haben, drücken Sie EINGABE und es wird versucht, das Modul mit den angegebenen Werten zu installieren.
Dabei erscheint ein schwarzer Bildschirm, der Ihnen mitteilt, dass das Modul geladen wird und Ihnen mitteilt, dass der Computer eine Zeit lang nicht reagieren kann, falls es zu einem Problem kommt. Daraufhin sollten Sie die Meldung

```
Installation succeeded
```

erhalten sowie die Aufforderung, mit der EINGABE-Taste wieder ins vorhergehende Menü zurückzukehren. Sollten Sie jedoch die Meldung

```
Installation failed
```

sehen, so wurde das Modul nicht geladen. Ein solcher Fehler kann im allgemeinen zwei Ursachen haben: Entweder Sie haben das falsche Modul geladen, zu dem die Hardware in ihrem Computer nicht existiert oder Sie haben Parameter angegeben die entweder von dem Modul nicht interpretiert werden konnten[7] oder nicht der Konfiguration ihrer Hardware entsprechen. Falls Sie sich bei der Auswahl des Moduls oder den Parametern nicht sicher waren, können Sie es dann mit einem anderen Modul oder mit anderen Parametern versuchen.

---

[7] in einem solchen Fall erscheint zusätzlich u. U. die Fehlermeldung

```
Symbol for parameter ... not found
```

wodurch Sie erkennen können, welche Parameter nicht interpretiert werden konnte.

Nachdem Sie mit den Modulen in einer Gruppe fertig sind, wählen Sie wieder den obersten Menüpunkt (*Exit*) aus, wodurch Sie in das Hauptmenü gelangen. Sie können nun entweder eine andere Gruppe wählen, um dort ebenfalls Module zu installieren oder das Programm mit dem Menüpunkt *Exit* im Hauptmenü verlassen.

Entfernen von Modulen Mit dem Programm können Module auch wieder entfernt werden: Wählen Sie das zu entfernende Modul aus und drücken Sie EINGABE. Daraufhin erscheint ein Dialog, der Sie fragt, ob Sie das Modul wirklich entfernen möchten. Wenn dies so ist, wählen Sie *remove* woraufhin das Modul entfernt wird. Sollte dabei die Fehlermeldung

```
Device or resource busy
```

erscheinen, bedeutet dies, dass das Modul nicht entfernt wurde, weil es zur Zeit von einem Programm oder einem anderen Modul benutzt wird. In diesem Fall müssen Sie u. U. erst das Programm beenden, welches das Modul verwendet (also beispielsweise eine CD, die in das Dateisystem über den Befehl *mount* eingebunden wurde, wieder entfernen) oder andere Module entfernen, welche die Funktionen des betreffenden Moduls verwenden.

Angabe von Modulparametern Wie bereits beschrieben, ist die Angabe von Parametern beim Laden von Modulen meistens nicht notwendig. Viele Module benötigen entweder keine besonderen Informationen, um geladen zu werden oder sind mit Routinen ausgestattet, die die Ressourcen der Hardware, für die sie einen Treiber implementieren, selbst erkennen. Einige Module sind jedoch zwingend auf besondere Angaben angewiesen, da sie Informationen zur Konfiguration der entsprechenden Hardware nicht selbsttätig erkennen können. Dies ist vor allem bei Treibermodulen für solche Hardwarekomponenten der Fall, die über den (altmodischen) ISA-Bus mit dem Rechner verbunden sind. Dieses Bussystem wurde erdacht, bevor man überhaupt an „Plug and Play" dachte und bietet deshalb in vielen Fällen keinen sicheren Weg zur Hardwareerkennung.

In solchen Fällen muss dem Modul in der Regel die IO-Adresse der entsprechenden Komponente sowie gelegentlich der benutzte Interrupt und DMA-Kanal mitgeteilt werden (siehe Kap.: 3.1.1). Leider gibt es keinen einheitlichen Standard, wie diese Parameter zu spezifizieren sind, so dass die Angaben teilweise von Modul zu Modul in unterschiedlicher Form einzugeben sind. Es lassen sich jedoch zwei „Familien" von Eingabeformen unterscheiden:

1. Dem Modul wird eine Zeichenkette übergeben, die sich zusammensetzt aus
   - einer Bezeichnung, die die entsprechende Hardwarekomponente identifiziert,
   - dem Gleichheitszeichen und
   - einer Anzahl von Werten, die durch Kommas getrennt die eigentlichen Parameter darstellen.

   Dabei werden in der Regel zunächst die IO-Adresse und daraufhin optional eine Anzahl weiterer Parameter übergeben, die von Modul zu Modul unterschiedlich sein können und gegebenfalls den benutzten Interrupt sowie DMA-Kanal oder Anweisungen an das Modul, wie die entsprechende Hardware zu konfigurieren ist, beinhalten. Im Falle des Moduls *sonycd535*, welches den Treiber für CDROM-Laufwerke vom Typ Sony CDU-535 darstellt, lautet die entsprechende Syntax beispielsweise:

   sonycd535=[adress]

   Soll dieses Modul also installiert werden, um als Treiber für ein solches CDROM-Laufwerk, das die IO-Adresse 0x320 hat, zu dienen, so wäre in der entsprechenden Parameterzeile

   ```
   sonycd535=0x320
   ```

   zu spezifizieren. Bei anderen Geräten kann es da schon komplizierter sein, so lautet die Syntax des Treibermoduls für SCSI-Adapter, die Adaptecs aha152x-Chipsatz verwenden:

   aha152x=IOPORT[,IRQ[,SCSI-ID[,RECONNECT[,PARITY[,SYNCHRONOUS[,DELAY[, EXT_TRANS]]]]]]]

In eckigen Klammern angegebene Parameter sind wie üblich optional. Die entsprechende Konfiguration vorausgesetzt könnte man diesen Treiber also beispielsweise mit den Parametern

```
aha152x=0x340,10,7
```

installieren. Hiermit würde dem Modul mitgeteilt, dass der Adapter die Ein-/Ausgabeadresse *0x340*, den Interrupt *10* und die SCSI-ID *7* verwendet. Da die übrigen Parameter (RECONNECT, PARITY etc.) im Beispiel nicht angegeben wurden, würde der Treiber dafür Standardwerte verwenden.

2. Die zweite, häufig anzutreffende Form der Parameterangabe beim Laden von Modulen setzt sich zusammen aus (1) einem Schlüsselwort (beispielsweise IRQ), (2) dem Gleichheitszeichen und (3) einem Wert, der diesem Schlüsselwort zugeordnet werden soll. Solche Ausdrücke können dann mit unterschiedlichen Schlüsselwörtern und Werten (durch Leerzeichen voneinander getrennt) mehrmals vorkommen. So lautet beispielsweise die Syntax zum Laden des Moduls *ne*, das den Treiber für NE2000-basierte Ethernetkarten, die über den ISA-Bus mit dem Rechner verbunden sind, implementiert:

`io=IOPORT [irq=IRQ]`

Die eckigen Klammern um den Ausdruck *irq=IRQ* bedeuten auch hier wieder, dass die Angabe dieses Parameters optional ist. Wäre die entsprechende Karte also hardwareseitig zur Benutzung der Speicheradresse 0x240 und des Interrupts 7 konfiguriert, so wären die Parameter in der folgenden Form zu spezifizieren:

```
io=0x240 irq=7
```

Die Parameter *io, irq* und *dma* sind bei vielen Modulen in dieser Form anzugeben (so beispielsweise bei vielen Treibermodulen für Netzwerkkarten). Andere Module benutzen jedoch besondere Schlüsselwörter: So werden IO-Adresse und IRQ bei dem Modul *isp16* (einem weiteren CDROM-Treiber) durch Angabe der Schlüssenwörter *isp16_cdrom_base* und *isp16_cdrom_irq* spezifiziert. Weiter werden von vielen Modulen zusätzliche Schlüsselwörter verwendet.

Lesen Sie sich – sofern vorhanden – die angezeigten Anweisungen zur Parameterangabe des Moduls, das Sie installieren wollen, genau durch. Falls die Angabe von Parametern für das Modul nicht zwingend vorgeschrieben ist, können Sie zunächst versuchen, das Modul ohne Parameter zu laden. Wenn es ohne Parameter erfolgreich geladen werden konnte, ist in der Regel alles in Ordnung. Sollten Sie jedoch eine Fehlermeldung wie

```
Device or resource busy
```

erhalten, so sollten Sie es zunächst mit der Angabe der IO-Basisadresse (z.B.: 0x330), dann zusätzlich mit der Angabe des von der entsprechenden Komponente verwendeten Interrupts und schließlich (sofern von dieser Komponente benötigt) mit der Angabe des DMA-Kanals versuchen. Diese Parameter sollten Sie der Dokumentation Ihrer Hardware entnehmen können.

⟹Beispiel: Nehmen wir an, in dem Rechner, auf dem Debian GNU/Linux installiert werden soll, befindet sich eine ISA-Ethernetkarte vom Typ 3Com Etherlink II. Vor der Installation wurde festgestellt, dass die Karte für die Benutzung der IO-Adresse 0x2A0 und des Interrupts 9 konfiguriert wurde. Um den Treiber für diese Karte zu laden, wird nach dem Aufruf des Programms *modconf* die Gruppe *net* ausgewählt und mit EINGABE bestätigt. Dann wird das entsprechende Modul für die Karte gesucht: Wie der Beschreibung der einzelnen Module zu entnehmen ist, handelt es sich bei dem Modul *3c503* um das richtige. Dieses Modul wird ausgewählt und in dem folgenden Dialog wird *install* gewählt. Daraufhin erscheint ein Bildschirm, auf dem mitgeteilt wird, dass für das Modul drei verschiedene Parameter angegeben werden können, nämlich *io, irq* und *xcvr*. Weiter ist dem Text zu entnehmen, dass der letzte Parameter (*xcvr*) nur benötigt wird, falls die Netzwerkkarte mit einem externen Transceiver betrieben wird. Da dies nicht der Fall ist, werden die Parameter in der folgenden Form eingegeben:

```
io=0x2A0 irq=9
```

Nach der Bestätigung durch EINGABE wird der Bildschirm schwarz und nach kurzer Zeit erscheint die Meldung

```
Installation succeeded
```

Diese Nachricht wird durch die EINGABE-Taste quittiert und es erscheint wieder die Liste mit den verfügbaren Treibermodulen für Netzwerkkarten, wobei hinter dem Modul *3c503* jetzt das Zeichen „+" zu sehen ist, was bedeutet, dass das Modul installiert ist. Das Programm kann dann durch Auswahl des Menüpunkts *exit* verlassen werden.

Weitere Hinweise zur Arbeit mit Modulen finden Sie in Kapitel 12.4, S. 349. Beachten Sie bitte, dass Treibermodule für so genannte Plug-and-Play Geräte u. U. nicht geladen werden können, bevor das entsprechende Gerät initialisiert worden ist. Hinweise hierzu finden Sie in Abschnitt 12.7.

4.2.9 Basiskonfiguration des Netzwerkes

Nachdem die Treibermodule für eventuell vorhandene Netzwerkkarten konfiguriert und geladen wurden, können die notwendigen Netzwerkeinstellungen vorgenommen werden. Der entsprechende Befehl im Hauptmenü des Installationsprogramms lautet *Configure the network*. Dieser Konfigurationsschritt muss auch dann durchgeführt werden, falls Ihr Computer nicht mit einem Netzwerk verbunden ist oder nur gelegentlich über eine Einwahlverbindung mit einem Netzwerk verbunden werden soll, da hier in jedem Fall der Computername des Rechners angegeben werden muss.

Aus diesem Grund erfragt das Programm nach Auswahl des Menüpunktes als erstes den Rechnernamen. Geben Sie dann den Namen Ihres Computers ein, den Sie entweder von ihrem Netzwerkadministrator erhalten haben oder sich selbst ausgedacht haben, falls ihr Rechner nicht mit einem Netzwerk verbunden ist oder in ihrem Netzwerk kein Namensdienst (DNS) benutzt wird.

Daraufhin untersucht das Installationsprogramm, welche Netzwerkinterfaces[8] sich in Ihrem Computer befinden. Es kann dabei nur solche Interfaces finden, für die zuvor ein Treibermodul geladen wurde. Zu beachten ist ferner, dass während der Installation des Basissystems nur ein Interface konfiguriert werden kann. Aus diesem Grund erfolgt die Frage, welches Interface konfiguriert werden soll, wenn mehr als eines gefunden wurde.

Falls das Installationsprogramm kein einziges Netzwerkinterface finden konnte, teilt es Ihnen dies mit und fragt nach, ob die Netzwerkinstallation abgebrochen werden soll. Wenn Ihr Rechner mit einem Netzwerk verbunden ist und Sie bisher lediglich vergessen haben, den Treiber für Ihre Netzwerkkarte zu laden, dann sollten Sie die Netzwerkkonfiguration jetzt tatsächlich abbrechen und zum Befehl *Configure Device Driver Modules* zurückkehren, um den entsprechenden Treiber zu laden. Sollte Ihr Rechner jedoch nicht mit einem Netzwerk verbunden sein, dann wählen Sie hier aus, dass die Konfiguration des Netzwerkes nicht abgebrochen werden soll *No*. Der Rechner wird dann zunächst nicht für die Verbindung mit einem Netzwerk konfiguriert und Sie können dies später nachholen.

Sofern ein Netzwerkinterface gefunden wurde, bzw. wenn Sie eines ausgewählt haben, überprüft das Installationsprogramm, ob es sich bei dem entsprechenden Gerät um eine PCMCIA-Karte handelt. Wenn das Programm der Meinung ist, das dem so ist, fragt es nach, ob dies tatsächlich der Fall ist. Weil PCMCIA-Geräte nämlich nicht dauerhaft zur Verfügung stehen, kann das System dann nicht so konfiguriert werden, dass das Netzwerk automatisch beim Systemstart gestartet wird.

---

[8] Dies sind Schnittstellen wie Ethernetkarten, über die der Rechner mit einem Netzwerk verbunden ist.

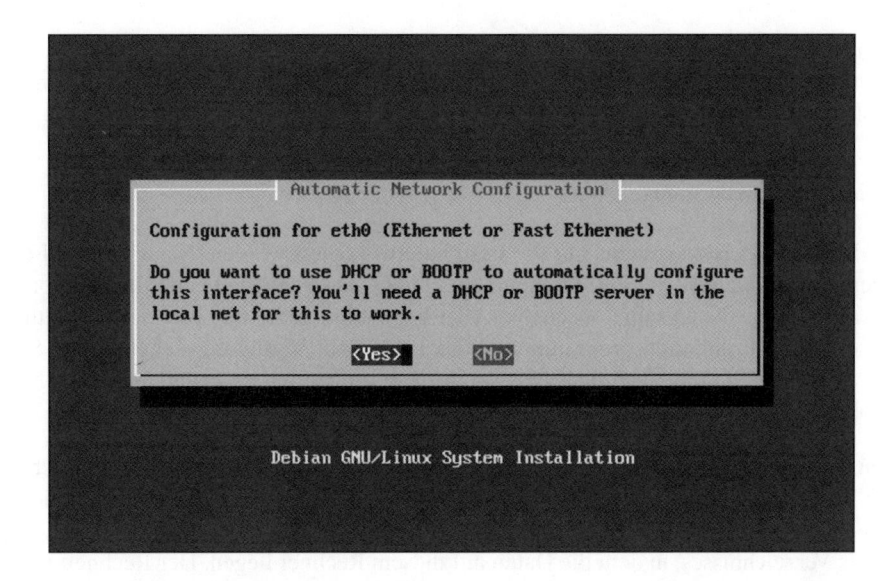

4.2 Durchführung des Basisinstallation mit *dbootstrap*

Abbildung 9: Automatische Netzwerkkonfiguration über DHCP oder BOOTP.

Wenn in Ihrem Netzwerk ein DHCP- oder BOOTP-Server zur automatischen Netzwerkkonfiguration verfügbar ist, kann und sollte dieser benutzt werden, um alle weiteren Netzwerkeinstellungen automatisch vorzunehmen. Sie sollten dann die Frage *Automatic Network Configuration* mit *Yes* beantworten (siehe Abb. 9). Wenn alles gutgeht, sollte das Netzwerk dann automatisch konfiguriert werden und Sie können mit der Installation des Basissystems fortfahren. Sollte bei der automatischen Konfiguration jedoch ein Fehler auftreten, dann teilt Ihnen das Programm dies mit und bietet an, zur manuellen Netzwerkkonfiguration zu springen. Eventuell sollte dann überprüft werden, ob das Modul für die richtige Netzwerkkarte geladen wurde und ob die physikalische Netzwerkverbindung in Ordnung ist. Falls dabei Fehler gefunden werden, kann die automatische Konfiguration danach erneut probiert werden.

Manuelle Netzwerkkonfiguration Wenn kein DHCP- oder BOOTP-Server zur Verfügung steht, müssen Sie die IP-Adresse ihres Rechner angeben. Diese setzt sich aus vier Zahlen im Bereich von 0-255 zusammen, die jeweils durch einen Punkt voneinander getrennt werden. Den vorgegebenen Wert können Sie gegebenfalls mit der ZURÜCK-Taste löschen. Danach müssen Sie die Netzwerkmaske Ihres Netzwerkes angeben: Der Vorgabewert 255.255.255.0 ist in vielen Netzwerken richtig. Falls Sie jedoch eine andere Einstellung machen müssen, löschen Sie diesen Wert mit der ZURÜCK-Taste und tragen den entsprechenden Wert ein. Im nächsten Schritt erfolgt die Frage, ob Ihr Netzwerk über ein Gateway mit einem anderen Netzwerk (wie z. B. dem Internet) verbunden ist. Wenn dies der Fall ist, geben Sie die IP-Adresse des Gateways ein, ansonsten müssen Sie den Vorgabewert löschen und das Feld leer lassen.

Nun können Sie den Namen Ihrer Internetdomäne, bzw. Ihres Netzwerkes eingeben. Falls Ihr Netzwerk keinen Namen hat, können Sie dieses Feld leer lassen. Der Domänen- oder Netzwerkname ist der hintere Teil des Internetnamens Ihres Rechners. Also z. B. *beispiel.de*, wenn der Internetname Ihres Rechners *debian.beispiel.de* lautet. Im nächsten Schritt sind die IP-Adressen der DNS-Server anzugeben, die in Ihrem Netz verfügbar sind. Die einzelnen Adressen müssen durch Leerzeichen voneinander getrennt werden. Falls in Ihrem Netzwerk kein DNS-Server benutzt wird, lassen Sie das entsprechende Feld einfach leer.

Achtung: Wenn Sie sich während der Durchführung der Netzwerkeinstellungen an einem Punkt vertippt haben sollten, müssen Sie den Befehl *Configure the network* erneut aus dem Hauptmenü aufrufen und die Konfiguration wiederholen.

Informationen zur Konfiguration und zur Überprüfung des Netzwerkes finden Sie in Kapitel 17, S. 495. Beachten Sie, dass es auch schon während der Basisinstallation möglich ist, die Netzwerkeinstellungen auf der zweiten virtuellen Konsole zu überprüfen und anzupassen.

4.2.10 Installation des Basissystems

Nun können die Dateien des Basissystems auf die Festplatte(n) kopiert werden. Nach Auswahl des entsprechenden Menüpunktes (*Install the Base System*) erscheint die gleiche Auswahl wie bei der Installation von Kernel und Treibermodulen zur Angabe der Installationsquelle. Allerdings können Sie nun zusätzliche Methoden zur Installation benutzen, weil dem Installationsprogramm nun die Treiber zur Verfügung stehen. Wenn Sie das Netzwerk konfiguriert haben, können Sie nun auch über das Netzwerk installieren. Die Installation über NFS setzt voraus, dass Sie den Treiber für das NFS-Dateisystem geladen haben:

NFS Sie können jetzt auch die Installationsquelle NFS benutzen, wenn das Netzwerk konfiguriert ist und in Ihrem Netz ein NFS-Server mit den Dateien zur Verfügung steht. Nach Auswahl dieser Installationsquelle müssen Sie den Rechnernamen oder die IP-Adresse des Rechners angeben, der die Daten im Netz bereithält, sowie den Pfad des Verzeichnisses, in dem die Daten auf diesem Rechner liegen. Der Rechner, von dem installiert werden soll, muss natürlich so konfiguriert sein, dass er das entsprechende Verzeichnis auch zur Verfügung stellt (siehe Kap.: 17.7.7). Diese Angaben müssen in der folgenden Form vorgenommen werden:

```
Rechnername:/Verzeichnis
```

Dabei ist für *Rechnername* entweder der DNS-Name des NFS-Servers oder seine IP-Adresse anzugeben. Liegen in Ihrem Netzwerk die Installationsdaten also beispielsweise auf dem Rechner mit dem Namen „instserver" und dort in dem Verzeichnis */public/deb_inst*, so wäre in das entsprechende Dialogfeld folgender Text einzugeben:

```
instserver:/public/deb_inst
```

Die weitere Installation des Basissystems verläuft dann genauso wie bei den anderen Installationsquellen.

Network Die Dateien werden über das Hypertext-Transfer-Protocol (HTTP) von einem Debian-Server bezogen und dann installiert. Voraussetzung für dieses Verfahren ist, dass Sie über eine funktionierende Netzwerkanbindung zu einem WWW-Server verfügen, auf dem sich die Dateien befinden. Nach der Auswahl dieser Option ist die URL zu dem Verzeichnis anzugeben, in dem sich das Archiv mit dem Basissystem befindet. Um die Dateien also beispielsweise von dem Debian-Mirror *ftp.de.debian.org* zu installieren, wäre hier `http://ftp.de.debian.org/debian/dists/potato/main/disks-i386/current/` anzugeben. Falls Sie einen Proxy-Server[9] verwenden wollen (oder müssen) ist dies ebenfalls möglich. Wechseln Sie mit der Taste TAB in das Feld *Proxy*, löschen Sie dort den Text *None* und geben Sie den Namen des Proxy-Servers und im Feld Port die Portnummer des Servers an. Wenn Sie sich nicht sicher sind, sollten Sie es ohne Proxy-Server versuchen oder Ihren Netzwerkadministrator fragen.

Wenn Sie nach der Bestätigung Ihrer Angaben eine Meldung wie *HTTP/1.1 404 Not Found* erhalten, haben Sie die URL wahrscheinlich falsch eingeben. Wiederholen Sie dann den Vorgang und korrigieren Sie dabei Ihre Angaben. Sollte das Installationsprogramm beim Versuch die Dateien herunterzuladen „hängen", dann liegt dies wahrscheinlich daran, dass die Netzwerkeinstellungen nicht stimmten. Sie können das Programm dann neu starten, in dem Sie (mit der Tastenkombination ALT-F2) auf die zweite Konsole wechseln und dort den Befehl

```
debian:~# killall dbootstrap
```

---

[9] Ein Server, der für Sie die benötigten Dateien herunterlädt und diese an Ihren Rechner weitergibt.

eingeben. Danach wechseln Sie mit ALT-F1 wieder zurück zur ersten Konsole und können dann mit der Installation fortfahren.

Wenn alle Angaben richtig sind und die Netzverbindung funktioniert, sehen Sie einen Bildschirm, in dem der Fortschritt des Herunterladens sowie die verbleibende Wartezeit angezeigt wird.

CDROM Bei der Installationsquelle *cdrom* kann neben den bereits bekannten Gerätedateien für (E)IDE und SCSI-Laufwerke zusätzlich ein Laufwerk mit spezieller (nicht-standardisierter) Schnittstelle angegeben werden. Falls Sie ein solches Laufwerk verwenden, wählen Sie aus der Liste der CD-Laufwerke den Listenpunkt *proprietary* aus. Daraufhin wird wieder das Programm *modconf* aufgerufen, welches Ihnen ermöglicht, das Treibermodul für Ihr CDROM-Laufwerk mit nicht-standardisierter Schnittstelle zu laden, falls Sie dies nicht bereits getan haben.

Die Installation des Basissystems erfolgt genauso, wie die Installation von Kernel und Treibermodulen: Bei der Installation von Disketten werden Sie aufgefordert, die entsprechenden Disketten einzulegen. Bei der Installation von CD, Harddisk (nicht in das Dateisystem eingebundener Partition), eingebundener Partition (*mounted*) oder NFS erhalten Sie zunächst die Möglichkeit, einen Pfad anzugeben, unterhalb dem nach der Datei mit dem Basissystem (*base2_2.tgz*) gesucht werden soll. Daraufhin können Sie wählen, ob Sie den genauen Pfad zu dem Verzeichnis mit dieser Datei angeben möchten oder das Installationsprogramm für Sie suchen lassen wollen (*List*). Wenn Sie *List* wählen, erhalten Sie eine Liste der Verzeichnisse, in denen die entsprechenden Dateien gefunden wurden. Wählen Sie das Gewünschte aus, bestätigen Sie mit EINGABE, woraufhin das Basissystem installiert wird.

4.2.11 Auswahl der Zeitzone

Der unter UNIX übliche Standard zur Zeitverwaltung besteht darin, die in den Rechner eingebaute Hardwareuhr, auf Coordinated Universal Time (UTC), die auch als Greenwich Mean Time (GMT) bekannt ist, zu stellen (siehe auch Kap 3.4).

Außerdem wird dem Rechner mitgeteilt, wo er sich auf der Welt befindet, woraufhin er die lokale Uhrzeit anhand des Standortes und der Einstellung der Uhr des Rechners bestimmen kann. Andere Betriebssysteme (z. B. Windows 95/98) gehen allerdings davon aus, dass die Systemuhr nach der lokalen Uhrzeit läuft, so dass diese die falsche Uhrzeit anzeigen, wenn die Uhr nach UTC gestellt ist [10].

Für Rechner, auf denen neben Debian GNU/Linux noch ein weiteres Betriebssystem benutzt werden soll, das von einer auf Lokalzeit eingestellten Systemuhr ausgeht, wird deswegen empfohlen, die Systemuhr auf lokaler Zeit zu belassen. Für alle anderen Systeme wird empfohlen, die Systemuhr nach der Installation auf UTC zu stellen, sofern dies nicht schon während der Einstellung des BIOS geschehen ist.

Die Einstellung der Systemzeit wird mit dem Befehl *Configure the Base System* im Hauptmenü des Installationsprogramms vorgenommen. Nach Auswahl dieses Befehls erscheint ein zweigeteilter Bildschirm, der links die Auswahl einer bestimmten Zeit erlaubt und rechts die Auswahl einer Region ermöglicht. Zwischen den beiden Listen kann mit der Taste TAB gewechselt werden. Sie können nun entweder die lokale Zeit anhand eines vorgegebenen Schemas in der linken Liste (beispielsweise *CET* für Central European Time) auswählen oder in der rechten Liste die Region auswählen, in der Sie sich befinden. Im zweiten Fall (Auswahl der Region) erscheint auf der linken Seite eine neue Liste mit Städten innerhalb dieser Region. Wählen Sie daraus eine Stadt in Ihrer Nähe, die die gleiche Uhrzeit wie Ihr Standort hat.

⇒Beispiel: Für einen Rechner in Deutschland würde zunächst in der rechten Liste die Region *Europe* ausgewählt. In der daraufhin erscheinenden Liste mit europäischen Städten wäre dann *Berlin* auszuwählen, weil es innerhalb von Deutschlands keine Zeitzonenunterschiede gibt.

---

[10] Besonders ärgerlich ist, dass diese Betriebssysteme die Systemuhr beim Übergang von Sommer- auf Winterzeit und umgekehrt verstellen, woraufhin die Zeit unter Debian GNU/Linux nicht mehr richtig angezeigt wird, da hier die Uhrzeit aufgrund der Kenntnis der verwendeten Zeitzone automatisch korrigiert wird. Die Folge ist eine doppelt umgestellte Uhr, so dass die angezeigte Zeit um eine Stunde vor- oder zurückgeht.

Nach der Auswahl der Zeitzone erscheint ein Bildschirm, der Sie auf den Unterschied zwischen lokaler Zeit und UTC hinweist und Ihnen die Möglichkeit gibt, zu wählen, ob die Hardwareuhr des betreffenden Rechners auf lokale Zeit gestellt oder mit UTC betrieben werden soll. Antworten Sie auf die entsprechende Frage mit *Yes*, wenn Sie die Uhr Ihres Rechners mit der Standardzeit (UTC) betreiben wollen und mit *No*, falls die Uhr mit lokaler Zeit laufen soll. In jedem Fall sollten Sie die Einstellung der Uhr später auf ihre Richtigkeit überprüfen und entweder im BIOS-Setup des Computers, unter einem anderen Betriebssystem oder unter Debian mit dem Programm *hwclock* (S. 665) richtig einstellen.

⟹ Die Einstellung der Zeitzone kann später mit dem Programm *tzconfig* geändert werden.

4.2.12 Wahl der zukünftigen Bootmethode

Was nun noch fehlt ist die Möglichkeit, das neu installierte System zu starten. Dazu bietet das Installationsprogramm zwei Möglichkeiten: Zum einen kann eine Bootdiskette erstellt werden, mit der das System gestartet werden kann und zum anderen kann der Linux-Bootloader LILO installiert werden. Die dritte Möglichkeit, nämlich Linux von DOS aus zu starten, besteht natürlich auch, hierzu sind jedoch seitens des Installationsprogramms keine Schritte notwendig.

Die Installation von LILO ist also normalerweise zu empfehlen. Sie ist allerdings nicht notwendig, wenn Sie Debian ausschließlich von DOS aus oder von Diskette starten wollen (siehe Kap.: 2.2). Eine Bootdiskette sollte in jedem Fall erzeugt werden.

Installation von LILO Die Installation von LILO erfolgt über den Befehl *Make Linux Bootable Directly From Hard Disk*. Das Installationsprogramm kann LILO in zwei unterschiedlichen Konfigurationen installieren:

1. LILO wird in den MBR der ersten Festplatte installiert. Mit diesem Verfahren können Sie Linux relativ sicher starten, falls die 1024 Zylinder Grenze für die zum Booten benötigten Dateien nicht überschritten ist und Sie Linux auf eine Festplatte installiert haben, die direkt vom BIOS angesprochen werden kann.
2. LILO wird in den Bootsektor der Partition installiert, welche die Rootpartition des installierten Systems ist. Es kann dann zusätzlich ein MBR installiert werden, mit dem dieses System, aber auch ein anderes, bereits auf der Festplatte befindliches System, gestartet werden kann. Mit dieser Konfiguration ist es auch möglich, einen eventuell bereits installierten externen Bootmanager weiterhin zu verwenden. Wenn Sie Debian auf eine Partition installiert haben, die sich nicht auf der ersten Festplatte befindet, kann es sein, dass das Debian-System nicht startbar ist und sie eine Bootdiskette benötigen.

Achtung: Durch die Installation von LILO in den MBR wird eine eventuell zuvor vorhandene Bootkonfiguration überschrieben. Sie können Ihr altes Betriebssystem dann hinterher zunächst nicht mehr automatisch starten, sondern benötigen dazu eine Bootdiskette.

Es wird empfohlen, LILO in den MBR zu installieren, wenn Sie Linux als einziges Betriebssystem auf dem Rechner verwenden wollen. Wenn Sie neben Linux noch andere Betriebssysteme verwenden wollen, dann sollten Sie LILO in den Bootsektor der Rootpartition installieren und den alternativen MBR benutzen. Sie können LILO dann später mit einer Konfiguration, die das alternative Starten verschiedener Betriebssysteme ermöglicht, in den MBR installieren. Wählen Sie auf die Frage *Where should the lilo boot loader be installed?* die Antwort *Install LILO in the MBR* um LILO in den MBR zu installieren oder *Install LILO in the /target boot sektor*, um LILO in den Bootsektor zu schreiben.

Wenn Sie LILO in den Bootsektor der Installationspartition geschrieben haben und sich diese Partition nicht auf der ersten Festplatte befindet, erscheint nach Auswahl des Befehls eine Warnung, dass das Starten eines Betriebssystems von der gewählten Festplatte u. U. nicht vom BIOS unterstützt wird. Es wird dann empfohlen, den MBR trotzdem zu installieren und das System zunächst mit einer Bootdiskette oder von DOS aus zu starten, falls es tatsächlich nicht automatisch gestartet werden kann. Später kann LILO dann so konfiguriert werden, dass Linux und andere Betriebssysteme alternativ gestartet werden können (siehe Kap.: 10.3).

Falls die Rootpartition des Systems eine logische Partition ist, teilt Ihnen das Installationsprogramm nun mit, dass es nicht möglich ist, LILO in eine logische Partition zu installieren und bietet alternativ an, den Bootloader in eine erweiterte Partition zu schreiben. Falls auf dem System mehrere erweiterte Partitionen vorhanden sind, können Sie aus den vorhandenen eine auswählen. Prinzipiell sollten Sie die erweiterte Partition wählen, in der sich die logische Partition befindet, die das Rootdateisystem der Installation beherbergt. U. U. empfiehlt es sich jedoch auch, die erweiterte Partition auf der ersten Festplatte zu verwenden, weil das System von dort direkt gestartet werden kann. In jedem Fall sollten Sie sich vergewissern, dass sich in der Zielpartition nicht bereits der Bootsektor eines anderen Betriebssystems befindet.

Installation des MBR Wenn LILO nicht in den MBR installiert wurde, erfolgt nun die Frage, ob dorthin ein anderes Programm installiert werden soll.

> **Achtung:** Bedenken Sie, dass durch die Installation eines neuen MBR die Bootkonfiguration Ihres Rechners verändert wird. Falls Sie einen Bootmanager verwenden, der aus dem MBR gestartet wird und diesen weiterhin benutzen wollen, dürfen Sie keinen neuen MBR installieren.

Ein MBR wird zwingend benötigt, um den Rechner überhaupt von der Festplatte starten zu können. Falls sich bisher noch kein Betriebssystem auf dem Rechner befunden hat, müssen Sie den MBR installieren. Die Installation des MBRs empfiehlt sich auch, wenn Sie bisher einen Standard-MBR benutzt haben, der lediglich das Betriebssystem auf der ersten aktiven Partition startet, weil es mit dem hier angebotenen MBR möglich ist, während des Startvorgangs auszuwählen, von welcher Partition ein Betriebssystem geladen werden soll. Standardmäßig startet dieser MBR das Betriebssystem auf der ersten aktiven Partition.

Wenn Sie sich für die Installation des MBRs entschieden haben, erscheint danach ein Bildschirm mit Hinweisen zu seiner Bedienung.

Schließlich kann festgelegt werden, ob Debian GNU/Linux als Standardbetriebssystem gestartet werden soll. Dadurch wird die Partition, in deren Bootsektor *lilo* installiert wurde, als aktiv (startbar) markiert. Die Folge davon ist, dass – bei Einsatz eines Standard-MBR – Debian nach dem Einschalten des Rechners automatisch gestartet wird. Sie sollten die Frage *Make Linux the Default Root Partition?* mit *No* beantworten, wenn Sie Ihre bisherige Bootkonfiguration zunächst behalten wollen. Wenn Sie Linux als Standardbetriebssystem verwenden wollen, beantworten Sie die Frage mit *Yes*.

Herstellen einer Bootdiskette Durch die Auswahl des Menüpunktes *Make a Boot Floppy* wird eine Diskette hergestellt, mit der Sie Debian im Notfall starten können oder falls Sie sich gegen den Start des Systems über die Festplatte entschieden haben. Diese Bootdiskette unterscheidet sich von der Standard Rescue-Diskette, die Sie vielleicht schon erzeugt haben dadurch, dass mit ihr automatisch das nun installierte System gestartet wird. Sie sollten diese Diskette auf jeden Fall erzeugen lassen und sie hinterher vor versehentlichem Überschreiben schützen (indem Sie die kleine Plastiklasche oben rechts an der Diskette nach oben schieben) und sie entsprechend beschriften[11]. Nach Auswahl des entsprechenden Menüpunktes erhalten Sie die Aufforderung, eine Diskette (deren Inhalt überschrieben werden darf) in das Laufwerk zu legen. Nach der Bestätigung mit EINGABE wird die Diskette erstellt.

4.2.13 Neustart des Systems

Die Installation des Basissystems ist nun beendet und das System muss neu gestartet werden. Wählen Sie den entsprechenden Befehl *Reboot the System* aus dem Hauptmenü. Wenn Sie das System mit einer Bootdiskette starten wollen, muss sich die entsprechende Diskette dazu im Laufwerk befinden. Wenn das neu installierte System jedoch

---

[11] Am besten erstellen Sie sogar zwei Bootdisketten, indem Sie zweimal hintereinander den Befehl *Make a Boot Floppy* auswählen. Dann sind Sie auch vor einer fehlerhaften Diskette geschützt.

mit LILO oder von DOS aus gestartet werden soll, sollten Sie alle Disketten und CDROMs aus den Laufwerken entfernen, bevor das System neu gestartet wird.

Falls das System aus irgendeinem Grund nicht richtig starten sollte, verwenden Sie bitte die Bootdiskette oder – falls nicht vorhanden – die Rescuediskette, um mit der Installation fortzufahren. Sie müssen die Bootkonfiguration dann manuell anpassen, wenn die Installation abgeschlossen ist (siehe Kapitel 10).

Start des neu installierten System mit der Rescuediskette oder von CDROM Um das neu installierte System mit Hilfe der Rescue-Diskette oder der CDROM zu starten, ist am Bootprompt (der Eingabeaufforderung, die vor dem Start des Linux-Kernels erscheint) folgendes einzugeben:

```
rescue root=Partition
```

Wobei Sie *Partition* durch die Bezeichnung der Gerätedatei ersetzen müssen, durch welche die Partition mit dem Rootdateisystem repräsentiert wird. Beachten Sie, dass zu diesem Zeitpunkt noch keine Tastaturtabelle für deutsche Tastaturen geladen ist. Wenn Sie Linux also auf die Partition */dev/hda6* installiert haben, wäre folgendes einzugeben:

```
rescue root=/dev/hda6
```

Falls Sie bereits beim ersten Start von Debian GNU/Linux (zu Beginn der Installation) spezielle Bootparameter angeben mussten, so müssen Sie diese auch hier wieder verwenden und sie an die oben aufgeführte Befehlszeile heranhängen.

Neustart des Systems unter DOS Um das neu installierte System von DOS aus zu starten, wechseln Sie in das Verzeichnis auf der Festplatte oder CD, in dem sich die Dateien *loadlin.exe* und *linux* befinden. Geben Sie dann folgenden Befehl ein:

```
C:\> loadlin linux root=Partition
```

Auch hier müssen Sie natürlich *Partition* durch die Rootpartition der erstellten Debian GNU/Linux-Installation ersetzen. Also beispielsweise:

```
C:\> loadlin linux root=/dev/hda6
```

Wie beim Start von der Rescuediskette besteht auch hier die Möglichkeit, spezielle Parameter an die Befehlszeile heranzuhängen.

Auswahl des zu startenden Systems mit dem neuen MBR Wenn Sie LILO in den Bootsektor der Rootpartition des neu installierten Systems installiert haben und den Debian-MBR-Code in den MBR installiert haben, können sie auf die folgende Art und Weise zwischen den zu startenden Betriebssystemen auswählen, sofern diese von primären Partitionen der ersten Festplatte gestartet werden können:

1. Drücken Sie eine beliebige Taste, während der Rechner startet.
2. Es erscheint eine Eingabeaufforderung, die ungefähr folgendermaßen aussieht:

    ```
    MBR 1FA
    ```

3. Sie können nun eine Taste drücken, die den angezeigten Zahlen und Buchstaben entspricht. Die Zahlen (1 – 4) entsprechen dabei den primären Partitionen der ersten Festplatte, von denen ein Betriebssystem gestartet werden kann. Mit *F* kann von der Diskette gestartet werden. Der Buchstabe *A* steht für *advanced*. Nach der Betätigung der Taste A besteht die Möglichkeit, jede primäre Partition zu starten (was nicht unbedingt funktionieren muss).

Falls sich also ihr altes Betriebssystem auf der ersten primären Partition der ersten Festplatte befindet, wäre die Taste 1 zu betätigen und wenn LILO in den Bootsektor der dritten primären Partition installiert ist, wäre die Taste 3 zu drücken, um die entsprechende Linux-Installation zu starten.

4.3 Konfiguration des Basissystems

Während das System erneut startet, erscheinen wieder eine Reihe von Meldungen auf dem Bildschirm, die Sie zum Teil bereits vom Start des Installationssystems her kennen. Danach erscheint der in Abbildung 10 dargestellte Bildschirm.

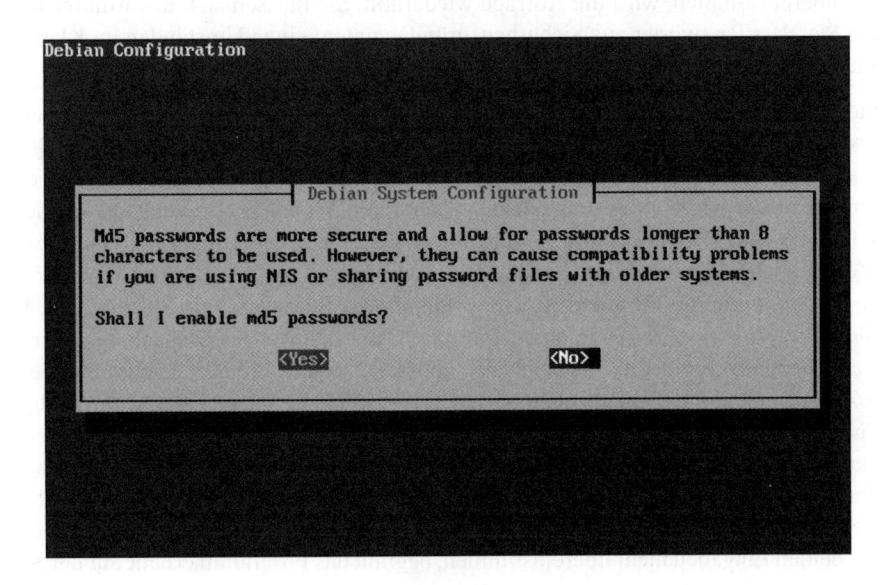

Abbildung 10: Konfiguration von MD5-Passwörtern

Dieser Bildschirm gehört zum Konfigurationsprogramm für das Basissystem. Es kann zu einem späteren Zeitpunkt erneut gestartet werden, in dem der folgende Befehl eingeben wird (siehe auch S. 170):

```
debian:~# dpkg-reconfigure base-config --frontend=dialog --priority=low
```

4.3.1 Konfiguration von Benutzerkonten und Passwörtern

Die ersten beiden Fragen beziehen sich auf die Konfiguration von Passwörtern. Es bestehen verschiedenen Möglichkeiten, wie Passwörter auf dem System verschlüsselt und gespeichert werden.

MD5-Passwörter erlauben es, Passwörter zu benutzen, bei denen mehr als die ersten acht Zeichen bedeutsam sind. Allerdings kann es bei Verwendung solcher Passwörter zu Kompatibilitätsproblemen mit bestimmten Programmen und älteren Systemen kommen. Grundsätzlich ist die Verwendung von MD5-Passwörtern jedoch zu empfehlen.

Unter der Verwendung von Schattenpasswörtern (*Shadow passwords*) wird ein Verfahren verstanden, bei dem die verschlüsselten Passwörter so gespeichert werden, dass Sie von normalen Benutzern des Systems nicht gelesen werden können (siehe auch Kap. 15.2). Die Verwendung von Schattenpasswörtern erhöht die Sicherheit des Systems deutlich und wird deswegen dringend empfohlen.

Passwort für das Konto des Administrators Im nächsten Schritt ist das Passwort für den Administrator, dessen Benutzername auf UNIX-Systemen *root* lautet, anzugeben. Selbstverständlich sollten Sie das Benutzerkonto des Administrators mit einem guten Passwort schützen.

Ein gutes Passwort besteht sowohl aus Buchstaben als auch aus Zahlen, sollte keine Wörter oder Namen beinhalten und sowohl Klein- als auch Großbuchstaben verwenden[12]. Darüber hinaus sollte es eine Länge von fünf bis acht Zeichen haben. Wählen Sie ein gutes Passwort aus und geben Sie es ein. Da diese Eingabe nicht auf dem Bildschirm erscheint (es könnte Sie ja jemand beobachten), werden Sie nach der Bestätigung des Passworts mit der EINGABE-Taste aufgefordert, es zu wiederholen, um sicherzustellen, dass Sie sich nicht vertippt haben. Wenn beide Eingaben nicht übereinstimmen, wird die Abfrage wiederholt. Sie müssen sich das Administratorpasswort gut merken. Beachten Sie, dass Passwörter aus Sicherheitsgründen unter keinen Umständen im Klartext auf Rechnern gespeichert werden dürfen.

Einrichtung eines Benutzerkontos Es ist nicht empfehlenswert, die tägliche Arbeit mit dem Benutzerkontos des Systemverwalters durchzuführen. Dies würde die gesamte Sicherheit, die Ihnen Debian GNU/Linux normalerweise bietet, ausschalten und Sie in die Lage versetzt werden, jederzeit durch einen kleinen Fehler das System unbenutzbar zu machen oder wichtige Systemdateien zu zerstören. Es sollte also auch auf solchen Systemen, die im wesentlichen nur von einer Person benutzt werden, mindestens ein „gewöhnliches" Benutzerkonto eingerichtet werden, dass für die tägliche Arbeit mit dem System verwendet wird.

Aus diesem Grund besteht nun die Möglichkeit, ein gewöhnliches Benutzerkonto einzurichten. Beantworten Sie dazu die Frage *Shall I create a normal user account now* durch Auswahl von *Yes*. Danach muss der Name des neuen Benutzerkontos angegeben werden. Ein solcher Name muss mit einem kleinen Buchstaben beginnen und darf desweiteren aus Zahlen und kleinen Buchstaben bestehen. Sie könnten beispielsweise Ihren kleingeschriebenen Vornahmen als Name für Ihr Benutzerkonto verwenden. Löschen Sie den Vorgabewert mit der Taste ZURÜCK und geben Sie den Namen ein. Daraufhin muss der vollständige Name des neuen Benutzers angegeben werden. Geben Sie hier Ihren vollständigen Namen ein, nachdem Sie den Vorgabewert gelöscht haben. Schließlich muss für das neue Benutzerkonto ein Passwort angegeben werden. Auch hier muss das Passwort zur Sicherheit wiederholt werden. Wenn die beiden Eingaben nicht übereinstimmen, beginnt das Programm erneut mit der Konfiguration des neuen Benutzerkontos.

⟹Hinweise dazu, wie Sie später neue Benutzerkonten anlegen oder entfernen können und Benutzer und Gruppen verwalten, finden Sie in Kapitel 15.

4.3.2 PCMCIA-Unterstützung

Falls Sie während der Basisinstallation PCMCIA nicht konfiguriert haben, wird dies bemerkt und das System erkundigt sich, ob die Pakete, in denen die PCMCIA-Unterstützung enthalten ist, wieder entfernt werden sollen. Falls Sie kein Notebook mit PCMCIA-Adapter und zugehörigen Geräten verwenden, brauchen Sie diese Pakete nicht und antworten hier mit *yes*. Wenn Sie die PCMCIA-Unterstützung jedoch zu einem späteren Zeitpunkt konfigurieren wollen, antworten Sie mit „no".

4.3.3 Konfiguration einer PPP-Verbindung

Unter Umständen erfolgt nun die Frage, ob eine Einwahlverbindung in das Internet konfiguriert und gestartet werden soll, damit die im Folgenden zu installierende Software von einem Debian-Server im Internet heruntergeladen werden kann. Falls Sie von CDROM, über eine andere Netzwerkanbindung (z. B. Ethernet) oder von einer lokalen Festplattenpartition installieren, brauchen Sie die PPP-Konfiguration jetzt nicht durchzuführen. Beachten Sie, dass zu diesem Zeitpunkt nur eine Einwahlverbindung ins Internet über ein Modem konfiguriert werden kann. Für ISDN-Verbindungen wird zusätzliche Software benötigt, die im Basissystem nicht enthalten ist.

---
[12] Bei der Verwendung bestimmter Dienste (z. B. SAMBA) gibt es Probleme mit Groß- und Kleinschreibung in Passwörtern. Allerdings sollten diese Dienste für den Administrator sowieso nicht benutzbar sein, so dass Sie hierauf bei der Vergabe des Administratorenpasswortes keine Rücksicht nehmen sollten.

Wenn Sie die entsprechende Frage mit *Yes* beantworten, wird das Programm *pppconfig* gestartet. Dieses Programm dient zur bequemen interaktiven Konfiguration von Internet-Einwahlverbindungen. Es in Kapitel 17.4 ausführlich beschrieben. Sobald *pppconfig* beendet wird, startet das Installationsprogramm die PPP-Verbindung.

Sie können das Programm *pppconfig* auch manuell starten. Wechseln Sie dazu durch Betätigung der Tasten ALT-F2 auf die zweite virtuelle Konsole, melden Sie sich dort als Systemadministrator (Benutzername *root*) mit Ihrem neuen Passwort an und geben Sie dann den folgenden Befehl ein:

```
debian:~# pppconfig
```

Die Internetverbindung kann dann mit dem Befehlen *pon* (S. 699) und *poff* (S. 699) manuell gestartet und beendet werden.

4.3.4 Auswahl von Paketquellen

Nun muss angegeben werden, von welchen Installationsquellen Pakete installiert werden sollen. Zu diesem Zweck wird das Programm *apt-setup* aufgerufen, welches Sie auch später verwenden können, um die Konfiguration zu verändern. Mehr Hinweise dazu finden Sie auf Seite 150.
Wenn Sie die Installation von einem Satz CDROMs durchführen, legen Sie die erste CDROM des Satzes in das Laufwerk und wählen dann CDROM aus. Das Programm versucht dann, das CDROM-Laufwerk selbstständig zu erkennen. Wenn dies nicht gelingt, müssen Sie die Gerätedatei, durch die das Laufwerk repräsentiert wird, manuell angeben (siehe Seite 393). Danach untersucht das Programm die eingelegte CDROM nach Paketen und fordert Sie danach auf, die nächste CDROM einzulegen. Wiederholen Sie diese Prozedur für alle CDROMs Ihres CD-Satzes.
Sofern Sie die Installation von einem Server im Netzwerk vornehmen wollen, wählen Sie die den Quellentyp *http*. Das Programm leitet Sie dann so durch die Konfiguration der Paketquelle, wie es auf Seite 150 beschrieben ist. Beachten Sie, dass sie über eine funktionierende und aktive Internetverbindung verfügen müssen, um die Installation von einem Server im Internet durchführen zu können.

4.3.5 Auswahl und Installation von Paketen

Im nächsten Schritt wird ausgewählt, welche Software auf dem System installiert werden soll. Zur Auswahl der entsprechenden Pakete können von hier aus zwei verschiedene Programme aufgerufen werden, nämlich zum einen das Programm *tasksel* (siehe S. 152) und das Programm *dselect* (siehe S. 153).
Das Programm *tasksel* ermöglicht es, zwischen einer überschaubaren Anzahl aufgabenbezogener Pakete auszuwählen. Dadurch lässt sich relativ einfach eine Ausgangskonfiguration von Paketen auswählen. Mit *dselect* ist es hingegen möglich, eine detaillierte Auswahl zu treffen. Wenn Sie sich nicht sicher sind, sollten Sie zunächst *tasksel* benutzen und zu einem späteren Zeitpunkt *dselect* oder ein anderes Werkzeug verwenden, um die Installation an Ihre Bedürfnisse anzupassen.
Wählen Sie auf die Frage *How do you want to choose additional software to install?* die Antwort *simple*, wenn Sie das Programm *tasksel* benutzen wollen und *advanced*, wenn Sie die Paketauswahl mit *dselect* vornehmen wollen. Wenn Sie *tasksel* verwenden, werden die Pakete nach Auswahl der Aufgaben automatisch installiert. Bei Verwendung von *dselect* sollten Sie jetzt Kapitel 7.5 lesen, um sich mit dem Programm vertraut zu machen.
Bei einer Reihe von Paketen ist es notwendig, Fragen zur gewünschten Konfiguration der entsprechenden Pakete vorzunehmen. Hinweise hierzu finden Sie in Kapitel 7.6, S. 169.
Danach ist die Installation abgeschlossen. Herzlichen Glückwunsch. Wenn Sie UNIX/Linux-Anfänger sind, sollten Sie sich nun zunächst mit dem System vertraut machen (Kapitel 5). Vielleicht möchten Sie auch nun die Bootkonfiguration des Rechners anpassen oder verfeinern. Hinweise hierzu finden Sie in Kapitel 10. Oder es kann (sofern noch nicht geschehen) eine graphische Benutzeroberfläche installiert werden. Voraussetzung hierfür ist die Installation und Konfiguration des X Window Systems (siehe Kapitel 9.4).

4.4 Mögliche Probleme bei der Basisinstallation

Hier eine Sammlung möglicher Probleme, die während der Installation des Basissystems auftauchen können, mit möglichen Lösungen:

Die Bootdiskette funktioniert nicht richtig Beim Start des Rechners von Diskette müssen der Linux-Kernel und das initiale Dateisystem mit Hilfe von BIOS-Routinen in den Arbeitsspeicher des Rechners geladen werden. Diese Routinen stellen bei vielen Rechnern höhere Anforderungen an die Qualität einer Diskette sowie die Justierung des Laufwerkes, als es die Leseroutinen moderner Betriebssysteme tun, die viele Fehler automatisch korrigieren können. Wenn es also zu einem Fehler kommt, nachdem die folgende Meldung ausgegeben ist und der Kernel noch nicht gestartet wurde, lohnt es sich u. U., eine andere Diskette zu verwenden.

```
loading linux ...
```

Benutzer von Cyrix-Prozessoren sollten versuchen, während der Installation den Cache (siehe Kap.: 3.4) ausschalten. Er kann und sollte nach der Installation wieder eingeschaltet werden.

Von der CDROM kann nicht gestartet werden Wenn Sie eine bootfähige CDROM zur Installation verwenden und dies von ihrem Rechner prinzipiell unterstützt wird, der Rechner jedoch auch mit eingelegter CDROM von der Festplatte startet, überprüfen Sie bitte folgendes:

- Haben Sie das BIOS so eingestellt, dass der Rechner von CDROM starten kann (siehe Kap.: 3.4)?
- Bei einigen Laufwerken kann es vorkommen, dass die CD nicht rechtzeitig erkannt wird. Legen Sie die CDROM dann erst in den Rechner ein und starten Sie ihn danach durch Betätigung der Reset-Taste neu.
- Gelegentlich hilft es, die CDROM mit Seifenlauge zu reinigen, sie danach zu trocknen und es dann noch einmal zu versuchen.

Der Rechner startet während des Bootvorgangs neu Versuchen Sie es mit der *save*-Variante der Rescue-Diskette (siehe Kap.: 3.2). Wenn Sie das Installationssystem von CDROM starten, versuchen Sie, das Installationssystem mit der zweiten CDROM zu starten.

Der Rechner bleibt während des Bootvorgangs stehen Gelegentlich kommt es vor, dass bei der Erkennung oder der Initialisierung von Hardware mit dem Kernel des Installationssystems Probleme auftreten, die dazu führen, dass das System stehen bleibt.

Es muss dann versucht werden, den Kernel durch entsprechende Bootparameter auf die vorhandene Hardwarekonfiguration hinzuweisen. Dadurch wird das selbständige Suchen nach Komponenten vermieden, das gelegentlich zum Stillstand des Systems führt. Wichtige Bootparameter finden Sie in Kapitel 12.2.

Unter Umständen muss allerdings in den „sauren Apfel" gebissen werden und eine spezielle Bootdiskette verwendet werden. Dazu muss ein, für das Zielsystem vorbereiteter, Kernel kompiliert werden und auf eine vorhandene Bootdiskette gebracht werden. Die Voraussetzung ist natürlich, dass bereits ein lauffähiges Linux-System zur Verfügung steht, auf dem ein angepasster Kernel erstellt werden kann. Die Erstellung eines angepassten Kernels ist in Kapitel 11 beschrieben. Mit welchen besonderen Optionen ein Kernel für die Rescuedisketten erstellt werden muss und wie er auf die Rescuediskette gebracht wird, ist in der Datei *readme.txt* beschrieben, welche sich im Wurzelverzeichnis der Rescuediskette befindet.

Festplattenpartitionen lassen sich nicht formatieren Falls während der Formatierung einer Festplattenpartition (Befehl: *Initialize a Linux Partition*) der Fehler

```
mke2fs failed
```

erscheint, sollten Sie versuchen, die Partitionierung geringfügig zu verändern, also eine Partition um ein paar Megabyte zu vergrößern und dafür eine andere um den gleichen Betrag zu verkleinern.

Das CDROM-Laufwerk wird nicht erkannt Falls Sie ein CDROM-Laufwerk verwenden, das über einen (E)IDE-Adapter mit dem Computer verbunden ist und dieses während der Installation nicht verwendbar ist, können Sie versuchen, den Linux Kernel vor dem Start auf die Existenz des Laufwerkes hinzuweisen. Addieren Sie dazu

```
hdx=cdrom
```

zu der Kommandozeile, mit der Sie Linux booten. *hdx* müssen Sie dabei durch den Namen der Gerätedatei ersetzen, die Ihrem CDROM-Laufwerk entspricht, also beispielsweise *hdc* falls es sich am ersten (Master-) Anschluß des zweiten IDE-Adapters befindet.

Teil II

Grundlagen

5. Einführung für Linux/UNIX-Anfänger

Dieses – wie ein Tutorium aufgebaute – Kapitel richtet sich an Leser, die noch keine Erfahrung mit Linux- oder UNIX-Systemen haben. Es erläutert wichtige Konzepte, wie die von Dateien, Rechten und Verzeichnissen. Darüber hinaus werden grundlegende Kenntnisse und Fähigkeiten zur Bedienung eines UNIX- oder Linuxsystems über die Kommandozeile vermittelt. Die hierbei benutzte Shell ist die GNU Bash. Die vermittelten Kenntnisse sollten ausreichen, um alle weiteren in diesem Buch beschriebenen Schritte durchführen zu können.
Falls auf Ihrem Rechner das X Window System (graphische Oberfläche) läuft, schalten Sie bitte mit der Tastenkombination STRG-ALT-F1 auf eine Textkonsole, um die hier aufgeführten Aktionen und Befehle nachvollziehen zu können.

5.1 Anmeldung

Der erste Schritt jeder Arbeitssitzung mit Debian GNU/Linux besteht darin, sich am System anzumelden. Dies ist einerseits aus Sicherheitsgründen notwendig. Andererseits muss das System auch wissen, wer gerade eine Aktion ausführt, um beispielsweise Dateien immer den richtigen Benutzern zuzuordnen.
Bei Ihrem eigenen Rechner haben Sie dazu mindestens zwei Möglichkeiten. Entweder Sie melden sich als Systemadministrator an oder als gewöhnlicher Benutzer. Der Benutzername des Systemadministrators lautet *root*, die Namen aller anderen Benutzer können vom Systemverwalter frei gewählt werden.
Der Systemadministrator hat das uneingeschränkte Recht, jedwede Veränderung am System vorzunehmen, er kann es also auch relativ leicht zerstören. Normale Benutzer können hingegen nur ihre eigenen Dateien verändern und haben auch sonst eingeschränkte Rechte. Sie sollten sich deswegen **immer** als gewöhnlicher Benutzer anmelden, um sich vor eigenen Fehlern zu schützen. Noch wichtiger ist der Umstand, dass dann auch die Programme, die Sie aufrufen, in der Regel nur mit Ihren Rechten ausgeführt werden. Ein Programm, das versucht, wichtige Systemdateien zu löschen, kann dies also gar nicht tun, wenn Sie es nicht mit *root*-Rechten ausführen.
Sobald das System hochgefahren wurde, erscheint die Aufforderung, sich anzumelden (*Login:*). Geben Sie Ihren Benutzernamen ein, den Sie sich während der Installation gegeben haben und drücken Sie dann EINGABE.
Nun müssen Sie Ihr Passwort eingeben.Falls Benutzername und Passwort nicht zusammenpassen, erscheint die Fehlermeldung:

```
Login incorrect
```

Sie können dann – nach einer kurzen Pause – erneut versuchen, sich anzumelden.

5.2 Die Eingabeaufforderung

Nach der Anmeldung erscheinen – je nach Einstellung des Systems – einige Meldungen und dann die Eingabeaufforderung. Diese Eingabeaufforderung wird von einem Programm generiert, dass als „Shell" (Schale, Muschel) bezeichnet wird. Der Name ist passend, weil die Shell – wie die Schale einer Muschel – quasi als Schale des Betriebssystems dient. Die Shell nimmt die Befehle der Benutzer entgegen und leitet sie an das Betriebssystem weiter. Einige Befehle führt die Shell allerdings auch selbst aus.

Die Standardshell von Debian GNU/Linux heißt *bash*, das Erscheinungsbild Ihrer Eingabeaufforderung ist konfigurierbar (siehe S. 450), nach der Standardinstallation sieht sie folgendermaßen aus:

```
joe@debian:~$
```

Für *joe* wird dabei Ihr Benutzername ausgegeben und für *debian* der Name Ihres Rechners. Wenn Sie sich allerdings als *root* angemeldet haben, hat die Eingabeaufforderung folgendes Erscheinungsbild:

```
debian:~#
```

Sie können also anhand der Eingabeaufforderung erkennen, ob Sie gerade als *root* oder als normaler Benutzer arbeiten.

5.3 Eingabe von Befehlen

Nun können Sie beliebigen Text eingeben, der dann hinter der Eingabeaufforderung erscheint. Mit den Tastaturkombinationen STRG-B und STRG-F können Sie die Einfügemarke (den Cursor) nach links und rechts bewegen. Alternativ können Sie dazu auch die Pfeiltasten PFEILLINKS und PFEILRECHTS benutzen.

Um ganz an den Anfang des Textes zu springen, benutzen Sie die Tastaturkombination STRG-A oder die Taste POS 1. Analog können Sie die Tasten STRG-E oder ENDE verwenden, um an das Ende der Zeile zu springen.

Die *bash* befindet sich standardmäßig im „Einfügemodus". D. h., wenn sich die Einfügemarke im Text befindet und neuer Text eingeben wird, dann wird dieser Text eingefügt und der dahinter stehende Text nach rechts verschoben. Sie können Text löschen, indem Sie die Tastaturkombination STRG-D oder die Taste ENTF verwenden. Es wird dann der Text hinter dem Cursor gelöscht. Wenn Sie den Text vor dem Cursor löschen wollen, benutzen Sie die Taste ZURÜCK.

5.4 Abmelden und Herunterfahren des Systems

Abmelden

Die Arbeitssitzung wird beendet, wenn das Programm beendet wird, welches nach der Anmeldung aufgerufen wurde. Das ist standardmäßig die Shell, also normalerweise das Programm *bash*. Sie verlassen die *bash*, in dem Sie folgenden Befehl eingeben:

```
joe@debian:~$ exit
```

Danach erscheint wieder die Anmeldeaufforderung und Sie können eine neue Sitzung starten.

Herunterfahren des Systems

Während des Betriebs von Debian GNU/Linux werden immer eine Reihe von Programmen ausgeführt, die im Hintergrund laufen und verschiedene Dienste zur Verfügung stellen. Dazu gehört beispielsweise das Protokollieren von Systemereignissen oder die Entgegennahme von Anmeldungen. Viele dieser Programme dürfen nicht einfach abgebrochen werden, sondern sollten geordnet beendet werden. Deswegen dürfen Sie ein GNU/Linux-System nicht einfach ausschalten, sondern müssen es „herunterfahren".

Ein weiterer, sehr wichtiger Grund für das geordnete Herunterfahren besteht darin, dass Veränderungen an Daten nicht unbedingt sofort auf die Festplatte geschrieben werden. Vielmehr werden Schreibaktionen erst dann ausgeführt, wenn das Betriebssystem gerade nicht ausgelastet ist oder andere Umstände auftreten, die es zum sofortigen Schreiben aller Daten zwingen. Wenn Sie den Rechner einfach ausschalten kann es also passieren, dass wichtige Daten noch nicht ordnungsgemäß auf die Festplatte geschrieben worden sind und beim nächsten Systemstart nicht mehr zur Verfügung stehen. Außerdem können sich die Daten auf der Festplatte dann in einem inkonsistenten Zustand befinden, was dazu führen kann, dass weitere Daten verloren gehen.

Der einfachste Weg, dass System neu zu starten besteht darin, gleichzeitig die Tasten STRG, ALT und ENTF zu betätigen[1]. Hierzu müssen Sie nicht angemeldet sein und benötigen keine besonderen Rechte. Der Rechner wird dann heruntergefahren und startet daraufhin neu. Sie können ihn ausschalten, wenn Sie den Startbildschirm Ihres Rechners sehen.

Alternativ können Sie folgenden Befehl eingeben, falls Sie sich als Systemadministrator angemeldet haben:

```
debian:~# init 0
```

Dies führt ebenso dazu, dass das System heruntergefahren wird. Es wird danach allerdings nicht neu gestartet. Statt dessen erscheint eine der folgenden beiden Meldungen auf dem Bildschirm:

```
Power down
```

oder

```
System halted
```

Danach können Sie den Rechner ebenfalls ausschalten oder per Reset-Taste neu starten.

Sie können den Rechner auch mit *init* neu starten, wenn Sie folgenden Befehl eingeben:

```
debian:~# init 6
```

Eine dritte Möglichkeit zum Herunterfahren des Systems besteht darin, als Systemadministrator den folgenden Befehl einzugeben:

```
debian:~# shutdown -h now
```

Wenn das System mit *shutdown* (S. 714) heruntergefahren wird, erhalten alle angemeldeten Systembenutzer eine Meldung, bevor mit dem Herunterfahren begonnen wird. Der Befehl *shutdown* bietet eine Reihe weiterer Möglichkeiten, wie beispielsweise die, den Zeitpunkt zum Herunterfahren festzulegen. In der Praxis eines Einbenutzersystems ist es gleichgültig, welches Verfahren Sie zum Herunterfahren verwenden.

5.5 Arbeitsverzeichnis und Heimatverzeichnis

Jedem Programm (also auch der *bash*) ist ein Arbeitsverzeichnis[2] zugeordnet. Durch das Arbeitsverzeichnis wird bestimmt, wo Dateien gesucht werden und wo sie neu angelegt werden. Immer wenn nicht explizit etwas anderes angegeben wird, werden Dateien in dem aktuellen Arbeitsverzeichnis angelegt oder gesucht.

---

[1] Dieses Verfahren funktioniert nicht, wenn Sie mit dem X Window System arbeiten. Schalten Sie dann zunächst auf eine Textkonsole (z. B. mit den Tasten STRG ALT F1) und benutzen Sie dann die angegebene Tastaturkombination.

[2] Ein Verzeichnis kann man sich am besten als einen Ort im Dateisystem vorstellen, an dem eine bestimmte Anzahl von Dateien aufbewahrt werden. Verzeichnisse dienen also dem Ordnen von Dateien auf der Festplatte.

Darüber hinaus wird jedem Benutzer ein Heimat-Verzeichnis (Home-Directory) zugeordnet. Das ist in der Regel das Verzeichnis in dem der Benutzer selbst Dateien anlegen und verändern darf.

Nach der Anmeldung am System ist das aktuelle Arbeitsverzeichnis der Shell das gleiche wie das Heimatverzeichnis des Benutzers, der sich angemeldet hat. Man befindet sich also immer gleich dort, wo man auch Dateien verändern darf.

Anzeigen des Arbeitsverzeichnisses

Um das aktuelle Arbeitsverzeichnis anzuzeigen, ist der Befehl *pwd* (print working directory) einzugeben. Wenn Sie also jetzt

    joe@debian:~$ **pwd**

eingeben, sollten Sie die folgende Ausgabe erhalten:

    /home/jan

Wobei anstelle von *jan* natürlich ihr Benutzername erscheint. Danach erscheint wieder die Eingabeaufforderung, und Sie können einen neuen Befehl eingeben.

Achtung: Unter GNU/Linux ist die Groß- und Kleinschreibung von Befehlen und Dateinamen bedeutsam. Hätten Sie eben den Befehl *PWD* eingegeben, so hätten Sie eine Fehlermeldung erhalten, weil es diesen Befehl nicht gibt.

An der Ausgabe */home/jan* ist zu erkennen, dass das Verzeichnis *jan* ein Unterverzeichnis des Verzeichnisses *home* ist. Verzeichnisse werden unter UNIX durch einen Schrägstrich („/", engl: Slash) getrennt. Dies ist für viele Anfänger ungewohnt, weil andere Betriebssysteme (z. B. DOS und Windows) Verzeichnisse durch einen umgekehrten Schrägstrich (engl.: Backslash) trennen.

Per Konvention werden die Verzeichnisse der Benutzer in der Regel unterhalb des Verzeichnisses *home* angelegt. Gäbe es auf Ihrem System zwei Benutzer mit den Namen *jan* und *eva*, so würde das Verzeichnis *home* die beiden Unterverzeichnisse *jan* und *eva* beinhalten.

5.6 Arbeiten mit Verzeichnissen

Erzeugen von Verzeichnissen

Auf die Dauer wird es unübersichtlich, wenn Sie alle Ihre Dateien in Ihrem Heimatverzeichnis aufbewahren. Vielleicht wollen Sie Ihr Debian-System in erster Linie dazu verwenden, Briefe zu schreiben und Bilddateien zu erstellen und zu bearbeiten. Es wäre also sinnvoll, für diese beiden Aufgabengebiete zwei Unterverzeichnisse anzulegen. Mit dem Befehl *mkdir* (make directory) können neue Verzeichnisse angelegt werden. Es wären also die Befehle:

    joe@debian:~$ **mkdir grafik**

    joe@debian:~$ **mkdir briefe**

einzugeben um die beiden Verzeichnisse anzulegen.

Parameter für Kommandos

Die Worte *grafik* und *briefe* sind hier sogenannte Parameter für den Befehl *mkdir*. Parameter sind Worte, Buchstaben oder Zeichenkombinationen, die – durch Leerzeichen getrennt – hinter dem eigentlichen Befehl eingegeben werden und dem Befehl/Programm mitteilen, was genau zu tun ist. So würde die Eingabe von *mkdir* allein wenig Sinn machen, da ja bekannt sein muss, wie das zu erstellende Verzeichnis überhaupt heißen soll. Parameter dienen oft zur Modifikation dessen, was ein bestimmter Befehl oder ein Programm tut. Gelegentlich wird bei Parametern auch von Argumenten oder Optionen gesprochen. Unter Optionen werden im allgemeinen solche Parameter verstanden, die das Verhalten eines Programms oder Befehls modifizieren.

Anzeigen von Verzeichnissen und Dateien

Der Befehl *ls* (list) dient dem Anzeigen von Dateien und Verzeichnissen. Geben Sie einmal folgenden Befehl ein:

```
joe@debian:~$ ls
```

Wenn Sie vorher die beiden Verzeichnisse erzeugt haben, sollten Sie sie jetzt angezeigt bekommen.

Wechseln des Arbeitsverzeichnisses

Angenommen, Sie wollten nun einen Brief schreiben. Der soll natürlich im Verzeichnis *briefe* entstehen. Sie müssen also das Arbeitsverzeichnis auf dieses Verzeichnis wechseln. Dazu dient der Befehl *cd* (change directory). Auch dieser Befehl benötigt einen Parameter, nämlich den Namen des Verzeichnisses, in das gewechselt werden soll. Geben Sie den Befehl

```
joe@debian:~$ cd briefe
```

ein, um in das Verzeichnis mit dem Namen *briefe* zu wechseln.

Pfadnamen

Wenn Sie jetzt wieder den Befehl *pwd* eingeben, erscheint folgende Ausgabe:

```
/home/jan/briefe
```

Sie befinden sich also im Verzeichnis *briefe*, welches ein Unterverzeichnis von *jan* ist, das ein Unterverzeichnis vom Verzeichnis *home* ist. *home* ist kein Unterverzeichnis, sondern geht direkt vom Wurzelverzeichnis des Dateisystems ab. Man kann sich das Dateisystem also auch wie einen Baum mit verschiedenen Ästen und Blättern vorstellen.
Eine Angabe wie */home/jan/briefe* bezeichnet man auch als einen Pfadnamen. Ein Pfadname spezifiziert quasi den Weg von einem gegebenem Punkt zu einem bestimmten Verzeichnis oder einer Datei. Man kann sich diesen Pfadnamen auch wie folgende Anweisung vorstellen:
Vom Wurzelverzeichnis des Dateisystems (/) gehe in das Verzeichnis *home*. Von dort gehe dann in das Verzeichnis *jan*. Dort angekommen, ist das Verzeichnis *briefe* gemeint.

Wichtige Abkürzungen

Nun möchten Sie vielleicht wissen, wie Sie wieder zurück in Ihr Heimatverzeichnis gelangen. Es gibt u. a. die folgenden drei Möglichkeiten:

1. Mit dem Befehl *cd ..* gelangen Sie in das Verzeichnis über dem Verzeichnis, in dem Sie sich gerade befinden. Das wäre also */home/jan*. Beachten Sie, dass zwischen *cd* und *..* ein Leerzeichen stehen muss. Die Zeichenkette *..* symbolisiert immer das nächsthöhere Verzeichnis.
2. Mit dem Befehl *cd ~* gelangen Sie in Ihr Heimatverzeichnis, egal wo Sie sich vorher befanden. Das Zeichen *~* ist in der *bash* immer die Abkürzung für das eigene Heimatverzeichnis.
3. Mit dem Befehl *cd –* (Minus) gelangen Sie in das Verzeichnis, in dem Sie sich befanden, bevor Sie den letzten *cd*-Befehl eingegeben haben. Das war */home/jan*.

Zur Übung könnten Sie jetzt einmal in das Verzeichnis *grafik* wechseln und dann zurück in Ihr Heimatverzeichnis gehen. Überprüfen Sie dabei jedesmal, ob Sie auch im richtigen Verzeichnis sind (mit *pwd*).

Löschen von Verzeichnissen

Vielleicht möchten Sie eines der eben angelegten Verzeichnisse wieder löschen. Hierzu dient der Befehl *rmdir* (remove directory). Um das Verzeichnis *grafik* zu löschen, wäre also der Befehl

```
joe@debian:~$ rmdir grafik
```

einzugeben. Voraussetzung dafür, dass dies funktioniert, ist, dass Sie sich wieder im Heimatverzeichnis befinden, weil das Verzeichnis *grafik* dort liegt und von einem anderen Verzeichnis aus mit diesem Befehl nicht gefunden werden kann. Löschen Sie einmal das Verzeichnis *grafik* und erzeugen Sie es danach erneut. Wechseln Sie dann in dieses Verzeichnis.

Absolute Pfade

Wenn man nur kurz etwas in einem Verzeichnis verändern möchte, ist es oft zu aufwendig, in dieses Verzeichnis zu wechseln, dort etwas auszuführen und dann zurück in das alte Verzeichnis zu wechseln. Man kann sich dann mit dem absoluten Pfadnamen helfen. Beispielsweise möchten Sie noch ein drittes Verzeichnis in Ihrem Heimatverzeichnis anlegen, das den Titel *sound* trägt und Sie befinden sich noch im Verzeichnis */home/jan/grafik*. Mit der eben beschriebenen Methode würden Sie jetzt zurück in Ihr Heimatverzeichnis wechseln, dort den Befehl *mkdir sound* eingeben und dann wieder zurück in das Verzeichnis *grafik* wechseln. Sie können aber auch direkt folgenden Befehl eingeben:

```
joe@debian:~/grafik$ mkdir /home/jan/sound
```

Achtung: Der absolute Pfadname bezeichnet den vollen Pfadnamen mit allen Verzeichnissen und Unterverzeichnissen ausgehend vom Wurzelverzeichnis des Dateisystems.

Löschen Sie zur Übung das Verzeichnis *sound* in Ihrem Heimatverzeichnis und erzeugen dann ein neues Verzeichnis mit dem Namen *musik*, welches ebenfalls ein Unterverzeichnis Ihres Heimatverzeichnisses darstellt. Wechseln Sie danach in Ihr Heimatverzeichnis und lassen Sie sich alle Dateien und Verzeichnisse dort (mit *ls*) anzeigen.

Relative Pfade

Manchmal hat aber auch die Verwendung absoluter Pfadnamen Nachteile. Stellen Sie sich vor, Sie befinden sich in Ihrem Heimatverzeichnis und möchten im dort befindlichen Verzeichnis *briefe* zwei Unterverzeichnisse anlegen, welche die Namen *privat* und *geschaeft* tragen sollen. Sie könnten nun in das Verzeichnis Briefe wechseln und diese Unterverzeichnisse dort erzeugen.

Sie können diese Verzeichnisse aber auch mit folgendem Befehl anlegen:

```
joe@debian:~$ mkdir briefe/privat briefe/geschaeft
```

Jetzt haben Sie dem Befehl *mkdir* gleich zwei Parameter übergeben, wodurch beide Verzeichnisse mit einem Befehl erzeugt wurden. Viele UNIX-Befehle akzeptieren solche Mehrfach-Parameter, mit denen Sie sich viel Tipparbeit sparen können.

Außerdem haben Sie die beiden Verzeichnisse *privat* und *geschaeft* erzeugt, in dem Sie den relativen Pfad, nämlich den Pfad ausgehend vom aktuellen Arbeitsverzeichnis (dem Heimatverzeichnis) angegeben haben.

Achtung: Relative Pfadnamen bezeichnen einen Pfad ausgehend vom aktuellen Arbeitsverzeichnis.

Wenn Sie jetzt in das Verzeichnis *musik* wechseln und sich dann den Inhalt von *briefe* anzeigen lassen wollen, könnten Sie u. a. folgenden Befehl eingeben:

```
joe@debian:~$ ls ../briefe
```

Auch dies ist ein relativer Pfadname. Mit .. wird das über dem aktuellen Arbeitsverzeichnis liegende Verzeichnis spezifiziert, welches wieder das Heimatverzeichnis ist. Und von dort geht es dann weiter in das Verzeichnis *briefe*. Man könnte den Befehl also auch übersetzen mit: „Zeige mir die Dateien und Verzeichnisse, die sich in dem Verzeichnis befinden das *briefe* heißt und ein Unterverzeichnis von dem Verzeichnis ist, in dem auch das Verzeichnis liegt, in dem ich mich gerade befinde."

Wechseln Sie jetzt mit folgendem Befehl in das Verzeichnis *briefe*:

```
joe@debian:~$ cd ../briefe
```

Legen Sie dann im Verzeichnis *musik* die beiden Unterverzeichnisse *klassisch* und *modern* an. Gehen Sie dann zurück in ihr Heimatverzeichnis und lassen sich den Inhalt von *musik* anzeigen.

5.7 Fehlermeldungen

Geben Sie jetzt folgenden Befehl ein:

```
joe@debian:~$ list
```

Es erscheint die folgende Fehlermeldung:

```
bash: list: command not found
```

Damit teilt Ihnen die *bash* mit, dass sie das Kommando *list* nicht finden konnte. Dass es die *bash* ist, die Ihnen dies mitteilt, erkennen Sie an dem Wort *bash:* ganz am Anfang der Fehlermeldung.

Wenn Sie jetzt den Befehl

```
joe@debian:~$ ls eilig
```

eingeben, erhalten Sie die folgende Fehlermeldung:

```
ls: eilig: No such file or directory
```

Diesmal teilt Ihnen *ls* mit, dass es die Datei oder das Verzeichnis *eilig* nicht finden konnte. Die *bash* hatte mit der Ausführung des Befehls keine Probleme, denn Sie kennt ja das Kommando *ls* und konnte es mit dem Parameter *eilig* ausführen. *ls* konnte jedoch im aktuellen Verzeichnis nichts finden, was den Namen *eilig* trägt.

Es ist also wichtig, darauf zu achten, welches Programm eine Fehlermeldung ausgibt. So lässt sich erkennen, bei welchem Teil des angegebenen Kommandos der Fehler liegt. Im ersten Beispiel (mit *list*) konnte der Befehl nicht ausgeführt werden und im zweiten Beispiel (mit *ls*) konnte *ls* zwar ausgeführt werden, das Programm bemängelte dann jedoch die Angabe eines ungültigen Parameters.

5.8 Arbeiten mit Dateien

Dateien enthalten die Daten, mit denen eigentlich gearbeitet wird. Sie spezifizieren logisch abgetrennte Einheiten auf der Festplatte, in denen sich eine Menge Informationen unterschiedlichster Art befinden können.

So kann eine Datei beispielsweise den Text eines Briefes, den Inhalt eines Bildes, die Klänge eines Musikstückes oder auch Anweisungen an den Prozessor, wie z. B. ein Programm auszuführen ist, beinhalten. Wie Verzeichnisse tragen Dateien Namen, die prinzipiell frei gewählt werden dürfen.

Auch Verzeichnisse sind Dateien. Es handelt sich dabei allerdings um eine spezielle Form, nämlich um eine Liste der Dateien und Unterverzeichnisse, die sich in dem betreffenden Verzeichnis befinden, mit Informationen darüber, wo auf der Festplatte diese Dateien und Verzeichnisse zu finden sind.

Um Dateien zu bearbeiten werden normalerweise Programme verwendet, die mit den speziellen Informationen, wie sie in einer bestimmten Datei zu finden sind, etwas Sinnvolles anfangen können. So bearbeitet man Textdateien in der Regel mit einem Texteditor oder einem Textverarbeitungsprogramm, Bilddateien mit Bildbearbeitungsprogrammen usw.

Anzeigen von Dateien

Um den Inhalt einer Datei auf dem Bildschirm auszugeben, kann der Befehl *cat* benutzt werden. Auf jedem Debian-System befindet sich die Datei */etc/debian_version*, die Sie sich jetzt beispielsweise mit dem Befehl

```
joe@debian:~$ cat /etc/debian_version
```

anzeigen lassen können. Es erscheint eine Zeichenkette, die der Version Ihrer Debian-Distribution entspricht und in dieser Datei gespeichert ist.

Geben Sie nun folgenden Befehl ein:

```
joe@debian:~$ cat /usr/share/common-licenses/GPL
```

Es wird der Text der GNU General Public License auf dem Bildschirm ausgegeben, der in der angegebenen Datei enthalten ist. Bei der Anzeige tritt allerdings ein Problem auf: Der Text ist so lang, dass er oben aus dem Bildschirm herausläuft und Sie den größten Teil nicht mehr lesen können. Es ist zwar möglich, mit den Tastenkombinationen SHIFT-SEITE-RAUF und SHIFT-SEITE-RUNTER auf dem Bildschirm nach oben und unten zu blättern, allerdings ist auch der Teil des Textes, der zum Zurückblättern zwischengespeichert wird, kürzer als der gesamte Text der Lizenz, so dass am Anfang immer noch etwas fehlt.

Man braucht also ein Werkzeug, mit dem auch größere Dateien am Bildschirm gelesen werden können. Dieses Werkzeug wird durch das Programm *less* dargestellt. Geben Sie einmal folgenden Befehl ein:

```
joe@debian:~$ less /usr/share/common-licenses/GPL
```

Sie sehen jetzt den Anfang der Datei auf dem Bildschirm und können mit den Tasten SEITE-RAUF und SEITE-RUNTER sowie mit den Pfeiltasten in der Datei blättern. Ein besonderer Vorteil von *less* besteht darin, dass auch nach Text in der Datei gesucht werden kann. Dazu ist die Taste / zu drücken, dann der Text einzugeben, nach dem gesucht werden soll und dann EINGABE zu drücken. Suchen Sie einmal nach dem Begriff *free software* in dieser Datei. Durch Betätigung der Taste N gelangen Sie nach dem Suchvorgang an die jeweils nächste Stelle des Textes, an dem der Begriff ebenfalls gefunden wurde. Sehen Sie sich einmal alle Stellen an, an denen dieser Begriff vorkommt.

Wenn Sie *less* wieder verlassen wollen, drücken Sie die Taste Q. Das Programm wird ausführlich in Kapitel 5.21.1, S. 127 beschrieben.

Kopieren von Dateien

Weil Sie sich als gewöhnlicher Benutzer am System angemeldet haben, dürfen Sie die Datei */usr/share/common-licenses/GPL* nicht verändern. Sie ist Bestandteil der Debian GNU/Linux-Installation und kann nur vom Administrator verändert werden. Außerdem wäre es dumm, diese Datei zu verändern, weil Sie vom Paketverwaltungssystem verwaltet wird und während einer Aktualisierung des Systems u. U. überschrieben wird, wodurch Ihre Veränderungen verloren gehen würden.

Wenn Sie diese Datei aber trotzdem bearbeiten möchten – etwa um sie mit Anmerkungen zu versehen –, können Sie sie in Ihr Heimatverzeichnis kopieren. Zum Kopieren von Dateien dient der Befehl *cp* (copy). Diesem Befehl müssen mindestens zwei Parameter übergeben werden, nämlich der Name der Datei, die kopiert werden soll (Quelldatei) und der Name der zu erstellenden Datei, in die der Inhalt der Quelldatei kopiert werden soll (Zieldatei). Es ist allerdings auch möglich, anstatt der Zieldatei ein Verzeichnis anzugeben. Dann wird die Zieldatei in dem spezifizierten Verzeichnis mit dem gleichen Namen wie die Quelldatei erzeugt. Die Syntax von *cp* lautet also (im einfachsten Fall):

```
cp Quelldatei Zielverzeichnis
```

Um jetzt die GPL in Ihr Heimatverzeichnis zu kopieren, können Sie den folgenden Befehl eingeben.

```
joe@debian:~$ cp /usr/share/common-licenses/GPL ~/
```

Hier verwenden wir wieder die Abkürzung ~, um das eigene Heimatverzeichnis anzugeben. Wenn Sie sich jetzt in Ihrem Heimatverzeichnis befinden (überprüfen Sie das mit *pwd*) können Sie sich jetzt Ihre persönliche Kopie der Datei ansehen.

Außerdem möchten Sie vielleicht einmal die Originalversion und eine weitere Version, in die Sie Ihre Kommentare einfügen wollen, in Ihrem Heimatverzeichnis haben. Dazu können Sie folgenden Befehl verwenden:

```
joe@debian:~$ cp GPL GPL-Kommentare
```

Voraussetzung für die korrekte Ausführung dieses Befehls ist natürlich, dass Sie sich weiterhin in Ihrem Heimatverzeichnis befinden, wo die Datei GPL liegt. Wenn Sie sich jetzt (mit *ls*) den Inhalt Ihres Heimatverzeichnisses anzeigen lassen, sollten Sie – neben den vorher erzeugten Verzeichnissen – die beiden Kopien der GPL sehen.

Löschen von Dateien

Später fällt Ihnen ein, dass Sie die unveränderte Version der GPL nicht in Ihrem Heimatverzeichnis aufbewahren wollen, weil Sie ja ohnehin auf dem System vorhanden ist und Sie sie jederzeit wieder in Ihr Heimatverzeichnis kopieren können.

Dateien werden mit dem Befehl *rm* (remove) gelöscht. Der Befehl benötigt mindestens einen Parameter, nämlich den Namen einer zu löschenden Datei. Es ist jedoch u. a. auch möglich, mehrere Dateien anzugeben. Die Syntax von *rm* lautet also im einfachsten Fall:

```
rm Dateiname
```

Löschen Sie nun die Datei *GPL* in Ihrem Heimatverzeichnis und überprüfen Sie hinterher, ob diese Datei wirklich gelöscht wurde.

> **Achtung:** Unter UNIX/Linux sind gelöschte Dateien wirklich gelöscht. D. h. sie stehen auch nicht mehr in einem Papierkorb oder über eine Art *undelete*-Kommando zur Verfügung. Seien Sie also mit der Benutzung dieses Befehls entsprechend vorsichtig.

Verschieben und Umbenennen von Dateien

Vielleicht möchten Sie Ihr Heimatverzeichnis möglichst ordentlich gestalten. Deswegen soll die Datei *GPL-Kommentare* in einem speziellen Unterverzeichnis liegen, das den Namen *texte* trägt. Legen Sie dieses Verzeichnis jetzt an (*mkdir*).

Nun kann die Datei mit dem Befehl *mv* (move) in dieses Verzeichnis verschoben werden. Der Befehl *mv* benötigt – wie cp – mindestens zwei Parameter, nämlich zum einen den alten Namen der zu verschiebenden Datei und zum anderen den neuen Namen. Bei dem neuen Namen kann es sich ebenfalls um ein Verzeichnis handeln. Dann wird die zu verschiebende Datei in das angegebene Verzeichnis gelegt und erhält dort den gleichen Namen, den sie vorher – im alten Verzeichnis – auch schon hatte. Die Syntax von *mv* lautet also im einfachsten Fall:

```
mv Name-Alt Name-Neu
```

Um die Datei *GPL-Kommentare* in das neue Verzeichnis *texte* zu verschieben, ist der folgende Befehl einzugeben:

```
joe@debian:~$ mv GPL-Kommentare texte/
```

Wechseln Sie danach in das Verzeichnis *texte* und überprüfen Sie, ob die Datei dort angekommen ist.

5.9 Automatische Vervollständigung von Befehlen

Die *bash* verfügt über eine Eigenschaft, die Ihnen viel Schreibarbeit sparen kann. Denken Sie nochmal an den letzten Befehl:

```
joe@debian:~$ mv GPL-Kommentare texte/
```

In Ihrem Heimatverzeichnis befand sich zu dem Zeitpunkt, als Sie diesen Befehl eingegeben haben nur eine Datei, deren Name mit dem Zeichen *G* anfing. Ein Teil Ihrer Absicht, die Datei *GPL-Kommentare* in das Verzeichnis *texte* zu verschieben, war deswegen bereits klar, als Sie nur *mv G* eingegeben hatten. Sie wollten die Datei *GPL-Kommentare* verschieben. Die *bash* kann das erkennen und den entsprechenden Dateinamen deswegen automatisch vervollständigen.

Angenommen, Sie wollen jetzt eine Kopie der Datei *GPL-Kommentare* mit dem Namen *GPL-Gedanken* anlegen. Dazu wäre folgender Befehl einzugeben:

```
joe@debian:~/texte$ cp GPL-Kommentare GPL-Gedanken
```

Geben Sie diesmal nur folgenden Text ein: *cp GP* und drücken Sie dann die Taste TAB. Wie sie sehen, wird der Name automatisch vervollständigt, weil er eindeutig ist. Den letzten Teil müssen Sie allerdings selbst eingeben, weil die *bash* ja nicht raten kann, welchen Namen die Kopie der Datei tragen soll.

Nachdem Sie die Kopie erstellt haben, wollen Sie sie wieder löschen. Dazu wäre dann der Befehl *rm GPL-Gedanken* einzugeben.

Geben Sie jetzt nur den folgenden Text ein: *rm GP* und drücken Sie dann wieder die Taste TAB. Es ertönt ein Warnton. Die *bash* teilt Ihnen damit mit, dass der eingegebene Name nicht eindeutig ist. Es gibt jetzt die Dateien *GPL-Gedanken* und *GPL-Kommentare*, die beide mit der Zeichenfolge *GP* beginnen. Wenn Sie nun nochmals die Taste TAB betätigen, zeigt Ihnen die *bash* die beiden möglichen Vervollständigungen. Sie können dann bis *rm GPL-G* weiterschreiben. Nun ist der Name eindeutig. Wenn Sie jetzt wieder die Taste TAB drücken, wird er deswegen vervollständigt.

Die Benutzung dieser Eigenschaft hat noch einen weiteren Vorteil: Sie ersparen sich Schreibfehler. Versuchen Sie deswegen von jetzt an, so oft wie möglich mit der TAB-Taste zu arbeiten.

Bei der Vervollständigung von Namen untersucht die *bash*, ob sich aus dem eingegebenen Anfang der Name einer existierenden Datei oder eines existierenden Verzeichnisses bilden lässt. Dabei werden eingegebene Pfadnamen mit berücksichtigt. So wird die Bezeichnung */usr/share/com* zu */usr/share/common-lincenses/* vervollständigt. Geübte *bash*-Benutzer geben deswegen immer nur die Teile von Dateinamen ein, die uneindeutig sind. Um beispielsweise *cp /usr/share/common-licenses/GPL* zu schreiben, würde es ausreichen, *cp /u* – TAB *sh* – TAB *com* – TAB – *G* TAB einzugeben.

Etwas anders sieht es aus, wenn das zu vervollständigende Wort am Anfang der Befehlszeile steht. Hier muss nicht ein Dateiname sondern der Name eines Kommandos eingegeben werden. Deswegen versucht die *bash* in diesem Fall, aus der Menge der zur Verfügung stehenden Kommandos zu vervollständigen. So zeigt die Eingabe von *ls* – TAB-TAB alle verfügbaren Befehle, die mit den Buchstaben *ls* beginnen – inklusive *ls* selbst – an.

5.10 Bearbeiten von Textdateien (mit *vi*)

Zur Bearbeitung von Dateien, die Text enthalten, wird ein so genannter Texteditor benötigt. Solche Programme stellen in der Regel den Inhalt der zu bearbeitenden Datei auf dem Bildschirm dar und ermöglichen es, durch verschiedene Befehle Manipulationen an dem angezeigten Text durchzuführen.

Unter Debian GNU/Linux steht Ihnen eine breite Palette verschiedener Texteditoren zur Verfügung, die jedoch nicht alle auf Ihrem Rechner installiert sein müssen. Eine Übersicht über wichtige verfügbare Editoren finden Sie in Kapitel 18.1. **Der** Standard-Editor auf UNIX-Systemen ist allerdings der Editor *vi*. Wann immer Sie sich an einem UNIX-System anmelden, dürfen Sie erwarten, diesen Editor benutzen zu können. Ein weiterer Vorteil von *vi* besteht darin, dass zu seinem Betrieb keine graphische Oberfläche notwendig ist. Sie können ihn also auch dann benutzen, wenn Sie sich über das Netzwerk auf einem anderen System angemeldet haben oder wenn Sie die Konfiguration Ihrer graphischen Oberfläche reparieren müssen[3].

Wenn Sie sich jetzt im Unterverzeichnis *texte* befinden, geben Sie einmal folgenden Befehl ein:

```
joe@debian:~/texte$ vi GPL-Kommentare
```

Achten Sie auch hier auf Groß- und Kleinschreibung und benutzen Sie sobald wie möglich die TAB-Taste.

---

[3] Der eigentliche „Original"-*vi* steht unter Debian nicht zur Verfügung, dafür aber eine Reihe von „vi-kompatiblen" Editoren, wie *vim* oder *nvi*. Diese Programme bieten oft zusätzliche Eigenschaften, die im ursprünglichen *vi* nicht vorhanden waren. Sie verstehen jedoch alle die im folgenden gezeigten Befehle. Welche *vi*-Variante nach Eingabe des Befehls *vi* tatsächlich aufgerufen wird, wird mit dem Alternativen-System festgelegt (siehe S. 224).

Navigation im Text

Sie sollten nun den Inhalt der Datei auf dem Bildschirm sehen. Ähnlich wie bei *less* sollten Sie in der Lage sein, mit den Tasten SEITE-RAUF und SEITE-RUNTER im Text vor- und zurückzublättern. Genauso können Sie die Pfeiltasten verwenden, um die Einfügemarke (den Cursor) im Text zu bewegen und zeilenweise vorwärts und rückwärts zu gehen.

Weil diese Tasten jedoch nicht überall zu Verfügung stehen oder nicht richtig konfiguriert sind, dienen zur Bewegung des Cursors zusätzlich die folgenden Tastaturkommandos:

H Bewegen des Cursors nach links.
L Bewegen des Cursors nach rechts.
J Bewegen des Cursors nach unten.
K Bewegen des Cursors nach oben.

Suchen

Genauso wie in *less* können Sie mit *vi* durch Eingabe der Befehlsfolge /-*Text*-EINGABE nach bestimmten Textstellen suchen, wobei *Text* natürlich durch den Text ersetzt werden muss, nach dem gesucht werden soll. Weiterhin ist es möglich, durch die Befehlsfolge /EINGABE nach dem gleichen Text wie bei der vorhergehenden Suche zu suchen. Hierzu kann – wie bei *less* – auch der Befehl N benutzt werden.

Einfügen von Text

Zum Einfügen von Text dienen die folgenden Kommandos:

I Einfügen von Text vor dem Cursor.
A Einfügen von Text hinter dem Cursor.
O Erzeugen einer neuen (leeren) Zeile unterhalb der Zeile, in der sich der Cursor befindet und einfügen von Text in dieser Zeile.
SHIFT-O Erzeugen einer neuen (leeren) Zeile oberhalb der Zeile, in der sich der Cursor befindet und einfügen von Text in dieser Zeile.
ESC Beenden der Eingabe.

Nachdem eines der oben aufgeführten Tastaturkommandos benutzt wurde, kann mit der Tastatur frei Text eingegeben werden. Falsche Eingaben können mit der Taste ZURÜCK wieder rückgängig gemacht werden. Wenn Sie während der Texteingabe die Taste EINGABE drücken, wird eine neue Zeile unterhalb der aktuellen Zeile erzeugt, in der dann weiter geschrieben werden kann.

> **Achtung:** Während der Eingabe von Text können Sie keinen der oben aufgeführten Befehl zur Navigation im Text benutzen, da die entsprechenden Tasten ja dann als normale Texteingabe interpretiert werden. Um die Eingabe zu beenden, muss die Taste ESC betätigt werden.

Löschen von Text

Zum Löschen von bereits vorhandenem Text stehen u. a. die folgenden Befehle zur Verfügung:

X Löschen des Zeichens, auf dem sich der Cursor befindet.
DD Löschen der Zeile, auf der sich der Cursor befindet.

Das Löschen funktioniert selbstverständlich nur, wenn Sie nicht gerade Text eingeben.

Verschieben von Text

Mit folgenden Tastaturkommandos ist es möglich, Text zeilenweise zu verschieben:

YY Die Zeile, auf der sich der Cursor befindet, wird in einen Zwischenspeicher kopiert. Falls sich vorher anderer Text im Zwischenspeicher befunden hat, wird dieser dort gelöscht.
P Die Zeile im Zwischenspeicher wird unterhalb der Zeile, auf der sich der Cursor befindet, eingefügt.

Rückgängigmachen von Änderungen

Mit dem Befehl U (undo) können Sie die jeweils letzte Änderung rückgängig machen. Damit ist die gesamte Auswirkung eines Befehls gemeint. Wird also beispielsweise nach Verwendung des Befehls X die Taste U gedrückt, so wird das vorher gelöschte Zeichen wieder eingesetzt. Wenn nach der Eingabe von Text (beispielsweise durch die Befehle I – Texteingabe – ESC) U ausgeführt wird, wird der gerade eingegebene Text komplett gelöscht.

Speichern und Verlassen

Es besteht die Möglichkeit, *vi* zu verlassen, ohne die vorgenommenen Änderungen zu speichern. Außerdem kann die Datei unter einem neuen Namen gespeichert werden. Danach gibt es dann zwei Dateien. Einerseits die Datei mit dem alten Namen, die die vorgenommenen Änderungen nicht enthält und andererseits die Datei mit dem neuen Namen, die die Änderungen enthält. Außerdem ist es möglich, die bearbeitete Datei zwischendurch zu speichern, ohne den Editor zu verlassen. Und schließlich kann die Datei gesichert und das Programm dann verlassen werden. Um diese Operationen durchzuführen, ist *vi* in einen speziellen Modus zu schalten, den so genannten *ex*-Modus[4]. Hierzu ist der Tastaturbefehl : einzugeben. Genau wie den Eingabemodus können Sie auch den *ex*-Modus durch Betätigung der Taste ESC verlassen.
Im *ex*-Modus stehen Ihnen u. a. die folgenden Befehle zur Verfügung:

w Speichern. Die Datei wird unter dem aktuellen Namen gespeichert. Dabei wird die ursprüngliche Version der Datei überschrieben. Der Editor wird nicht verlassen.
w Name Speichern unter. Die Datei wird unter dem mit *Name* angegebenen Dateinamen gespeichert. Hierbei kann selbstverständlich auch ein relativer oder absoluter Pfadname angegeben werden.
wq Speichern und verlassen. Die Datei wird unter dem aktuellen Namen gespeichert. Danach wird *vi* beendet.
q Beenden. Der Editor wird beendet. Falls Änderungen an der bearbeiteten Datei noch nicht gesichert sind, erscheint eine Warnung und der Editor wird nicht beendet.
q! Sofort verlassen. Der Editor wird in jedem Fall beendet. Ungespeicherte Änderungen gehen verloren.

Üben mit *vi*

Es ist wichtig, sich mit einem Editor vertraut zu machen, weil die meisten Konfigurationsdateien unter Debian Textdateien sind und viele Einstellungen durch das Verändern dieser Textdateien vorgenommen werden.
Sie müssen dazu nicht *vi* verwenden, aber es ist sinnvoll, die wichtigsten Funktionen eines Editors zu beherrschen, der Ihnen in den allermeisten Situationen zur Verfügung steht. Ein guter Editor ist praktisch das Schweizer-Messer für die Arbeit mit dem GNU/Linux-System.
Hier sind einige Übungsaufgaben, die Ihnen den Umgang mit *vi* vertraut machen sollen. Wenn Sie diese Aufgaben lösen können, sind Sie in der Lage, alle in diesem Buch beschriebenen Konfigurationsänderungen durchzuführen.

---

[4] *ex* ist ein zeilenorientierter Editor.

- Suchen Sie in der Datei *GPL-Kommentare* die dritte Textstelle, in der die Zeichenfolge *free software* vorkommt, und schreiben Sie hinter diese Zeichenfolge die folgende Zeichenfolge: *(not free beer)*.
- Speichern Sie die geänderte Datei dann unter dem Namen *GPL-Beer* in dem gleichen Verzeichnis, in dem auch die Ausgangsdatei liegt und verlassen Sie den Editor dann.
- Rufen Sie den Editor nun mit der jetzt neu erzeugten Datei *GPL-Beer* auf.
- Suchen Sie Absatz 10 (er fängt mit der Zahl *10* an), fügen Sie davor die Bemerkung „Hier war Absatz 10" ein und löschen Sie dann die erste Zeile des Absatzes.
- Machen Sie das Löschen sofort wieder rückgängig.
- Löschen Sie dann aus der eingefügten Zeile („Hier war Absatz 10") das Wort *war* und fügen stattdessen das Wort *ist* ein.
- Verschieben Sie diese Zeile dann vor Absatz 9 und ändern Sie die Zahl 10 in 9.
- Speichern Sie die Datei.
- Fügen Sie an einer beliebigen Stelle einige wirre Zeichen ein.
- Verlassen Sie den Editor, ohne zu speichern.
- Rufen Sie *vi* nun mit der Datei *GPL-Beer* auf und suchen die eingefügte Zeile (*Hier ist ...*).
- Verlassen Sie den Editor dann wieder.

5.11 Verweise (Links)

Eine Besonderheit des Dateisystems unter UNIX stellen die so genannten Verweise dar. Man unterscheidet dabei zwischen zwei verschiedenen Typen, den weichen Verweisen (softlinks) und den harten Verweisen (hardlinks). Softlinks werden auch als symbolische Links bezeichnet.

Hardlinks

Ein Hardlink ist ein Eintrag einer Datei in einem Verzeichnis. Wenn Sie sich eine Datei als eine Menge von Daten auf der Festplatte vorstellen, so können Sie sich einen Verzeichniseintrag als den Namen dieser Datei mit der Information, wo diese Datei auf der Festplatte zu finden ist, vorstellen. Für jede Datei muss es also mindestens einen Verzeichniseintrag (Hardlink) geben, damit Sie überhaupt gefunden werden kann.
Ebenso können Sie sich das Löschen einer Datei als das Entfernen dieses Eintrags aus dem Verzeichnis vorstellen. Es ist nun möglich, für eine Datei einen weiteren Verzeichniseintrag im gleichen Verzeichnis, aber auch in einem anderen Verzeichnis anzulegen. Hierzu dient der Befehl *ln*. Er hat prinzipiell die gleiche Syntax wie die Befehle *cp* und *mv*, nämlich:

```
ln Quelldatei Zieldatei
```

Stellen Sie sich vor, Sie bearbeiten die Datei *GPL-Beer* so oft, dass Sie sie gleich nach der Anmeldung in Ihrem Heimatverzeichnis vorfinden wollen. Trotzdem soll Sie auch im Verzeichnis *texte* liegen, weil sie zu Ihren Textdateien gehört. Wenn Sie sich nun in diesem Unterverzeichnis Ihres Heimatverzeichnisses befinden, können Sie mit folgendem Befehl einen weiteren Verzeichniseintrag für die Datei *GPL-Beer* in Ihrem Heimatverzeichnis erzeugen.

```
joe@debian:~/texte$ ln GPL-Beer ../GPL-Beer
```

Die Datei hat jetzt in Ihrem Heimatverzeichnis den gleichen Namen wie im Verzeichnis *texte*. Sie hätten aber auch einen anderen Namen wählen können. Wechseln Sie nun in Ihr Heimatverzeichnis und verändern Sie die dortige

Datei *GPL-Beer* geringfügig mit *vi*. Wechseln Sie danach wieder in das Verzeichnis *texte* und sehen Sie nach, ob die Veränderungen auch dort in *GPL-Beer* vorhanden sind. Sie sehen, es handelt sich wirklich um die gleiche Datei.

Wenn Sie jetzt einen der beiden Verzeichniseinträge mit *rm* löschen, so können Sie auf die Datei immer noch unter dem anderen Verzeichniseintrag zugreifen. Erst wenn alle Verzeichniseinträge gelöscht worden sind – im Beispiel also *GPL-Beer* in Ihrem Heimatverzeichnis und im Verzeichnis */texte* – kann auf die Datei nicht mehr zugegriffen werden und der Platz, den Sie auf der Festplatte eingenommen hat, kann vom Betriebssystem anderweitig benutzt werden.

Beim Erzeugen von Hardlinks gibt es zwei Einschränkungen. Einerseits können keine Hardlinks auf Verzeichnisse angelegt werden, weil dies zu Rekursionen führen kann. Andererseits müssen sich Hardlinks immer auf dem gleichen physikalischen Datenträger befinden wie die Datei selbst. Angenommen, die Heimatverzeichnisse von *jan* und *eva* liegen auf unterschiedlichen Partitionen, dann kann *eva* keinen Hardlink auf die Datei *GPL-Beer* in *jan*s Heimatverzeichnis in seinem eigenen Verzeichnis erzeugen.

Symbolische Links

Die beiden Einschränkungen für Hardlinks lassen sich durch symbolische Links umgehen. Symbolische Links kann man sich wie Dateien vorstellen, in denen die Anweisung an das Betriebssystem steht, eine andere Datei zu verwenden, sobald auf diese Datei (den Link) zugegriffen wird. Symbolische Links sind also keine zusätzlichen Verzeichniseinträge für eine bestimmte Datei, sondern eigene Dateien.

Auch symbolische Links werden mit dem Befehl *ln* erzeugt, dem dann der Parameter *-s* (für symbolic) übergeben werden muss. Die einfache Syntax zum Erzeugen eines symbolischen Links lautet also:

```
ln -s Quelldatei Zieldatei
```

Um also einen symbolischen Link mit dem Namen *Verweis-auf-GPL-Beer* in Ihrem Heimatverzeichnis auf die Datei *GPL-Beer* im Unterverzeichnis *texte* zu erzeugen, ist folgender Befehl einzugeben:

```
joe@debian:~/texte$ ln -s ~/texte/GPL-Beer ~/Verweis-auf-GPL-Beer
```

Ebenso wie bei einem Hardlink können Sie jetzt mit *Verweis-auf-GPL-Beer* genauso arbeiten, wie mit der Originaldatei. Es werden in jedem Fall die gleichen Daten bearbeitet und evtl. verändert. Ein wichtiger Unterschied zwischen symbolischen (weichen) und harten Verweisen besteht aber in der Auswirkung des Löschens auf Original und Verweis. Während das Löschen des Ursprungseintrags bei einer zweifach gelinkten Datei die Daten nicht wirklich löscht, weil sie ja noch unter dem zweiten Namen zu erreichen ist, sieht es bei symbolischen Links anders aus. Hier ist zwischen der Entfernung des Verweises und Entfernung der Ursprungsdatei zu unterscheiden.

Wird die Ursprungsdatei gelöscht, dann existiert der Verweis zwar noch, er zeigt aber ins Leere. Sie können das ausprobieren, in dem Sie eine Datei (mit *vi* oder *cp*) erzeugen, dann einen symbolischen Link auf diese Datei anlegen und hinterher die Ausgangsdatei löschen. Wenn Sie nun versuchen, sich den Inhalt des symbolischen Links (mit *cat*) ausgeben zu lassen, erhalten Sie eine Fehlermeldung, dass die Datei nicht existiert.

Wenn Sie jedoch den symbolischen Link löschen, ist die Ursprungsdatei davon nicht betroffen, es fehlt dann eben nur der Verweis auf diese Datei.

> Ein sinnvoller Anwendungsbereich für die Arbeit mit symbolischen Links ist folgende Situation: Stellen Sie sich vor, Sie haben auf der Partition, auf die Sie Debian installiert haben, keinen Platz mehr und möchten zusätzliche Pakete installieren. Deswegen bauen Sie eine weitere Festplatte in Ihren Rechner ein.
>
> Unter vielen anderen Betriebssystemen würde dies oft bedeuten, dass Sie nun das Betriebssystem und alle Anwendungen neu installieren müßten. Unter UNIX/Linux kopieren Sie einfach einen Teil der Dateien und Verzeichnisse auf die neue Festplatte und löschen Sie dann auf der alten Platte. Dann erzeugen Sie symbolische Links, die von der Position, wo sich die Dateien vorher befanden, auf die neue Position zeigen.
>
> In der Praxis würde man hier einfach ein ganzes Verzeichnis mit allen Unterverzeichnissen auf die neue Platte kopieren und dann einen einzigen Link auf die neue Position dieses Verzeichnisses einrichten.

5.12 Verändern von Systemdateien

Es wurde bereits darauf hingewiesen, dass Sie als gewöhnlicher Benutzer keine Teile des Betriebssystems verändern können. Wenn Sie allerding Ihr eigener Administrator sind, werden Sie dies gelegentlich tun wollen. Sie könnten sich dazu abmelden (s. o.) und sich dann als *root* wieder anmelden. Danach haben Sie alle notwendigen Rechte.

Der Befehl *su*

Dieses Vorgehen ist allerdings unbequem, gerade wenn Sie bereits eine Reihe von Programmen aufgerufen haben, die Sie erst beenden und später wieder neu starten müßten. Deswegen kann zum Wechsel der Identität auch das Kommando *su* verwendet werden. Wird *su* ohne einen Parameter aufgerufen, so wird die Benutzeridentität auf die des Systemadministrators (*root*) gewechselt. Es ist aber auch möglich, als Parameter einen Benutzernamen anzugeben, um kurzzeitig eine andere Identität anzunehmen.

Lage von Konfigurationsdateien

Vielleicht möchten Sie nach der Anmeldung an Ihrem System etwas freundlicher begrüßt werden? Die Datei *motd* (message of the day) enthält den Text, der nach der Anmeldung ausgegeben wird. Diese Datei befindet sich, wie alle Konfigurationsdateien, im Verzeichnis */etc*[5]. Zur Administration eines Debian GNU/Linux-Systems müssen Sie deswegen ausschließlich Dateien unterhalb dieses Verzeichnisses ändern.

Ändern der Datei */etc/motd*

Geben Sie nun folgenden Befehl ein, um Systemadministrator zu „werden":

```
joe@debian:~/texte$ su
```

Sie werden nun nach einem Passwort gefragt. Geben Sie das Verwalterpasswort ein. Wenn Sie sich vertippen, schlägt *su* fehl und sie erhalten folgende Fehlermeldung:

```
su: incorrect password
```

su teilt Ihnen also mit, dass das Passwort falsch war. Sie können es dann erneut versuchen, indem Sie nochmals *su* eingeben. Wenn Sie jedoch das richtige Passwort eingegeben haben, sehen Sie jetzt eine andere Eingabeaufforderung. Es ist die Eingabeaufforderung des Systemadministrators, die oben bereits vorgestellt wurde. Jetzt haben Sie volle Administratorenrechte!

Wenn Sie nun folgenden Befehl eingeben:

```
debian:/home/jan/texte# vi /etc/motd
```

starten Sie den Editor *vi* und öffnen damit gleichzeitig die Datei */etc/motd*. (Wie Sie sehen, wurde hier ein absoluter Pfadname benutzt.)

Sie könnten nun beispielsweise ganz unten eine neue Zeile mit dem Text *Herzlich willkommen!* einfügen und die Datei danach speichern.

Um danach die *root*-Rechte sicherheitshalber wieder aufzugeben und als normaler Benutzer weiterzuarbeiten, geben Sie folgenden Befehl ein:

---

[5] Viele Konfigurationsdateien befinden sich auch in paketspezifischen Unterverzeichnissen des Verzeichnisses */etc*.

```
debian:/home/jan/texte# exit
```

Damit wird die Shell des Administrators beendet und Sie befinden sich wieder in der Ausgangs-Shell, die Sie durch Ihre Anmeldung als Benutzer gestartet haben.

Noch ein Hinweis: Mit dem Befehl *whoami* (Wer bin ich) können Sie sich jederzeit Ihre Identität ausgeben lassen. Der Befehl benötigt keine Parameter. Probieren Sie es einmal als Benutzer und als Systemadministrator aus.

5.13 Dateiattribute und Rechte

Für Benutzer (user)

Die Information, ob ein Benutzer eine Datei lesen oder verändern darf, wird vom Betriebssystem zu jeder Datei gespeichert. Dabei wird einerseits festgehalten, wem die betreffende Datei gehört. Dies ist per Standardeinstellung der Benutzer, der die betreffende Datei erzeugt hat. Andererseits wird zu jeder Datei gespeichert, was dieser Besitzer mit der Datei machen darf.

Dabei gibt es drei verschiedene Rechte:

1. Die Datei darf gelesen werden (read). Dieses Attribut wird durch den Buchstaben „r" abgekürzt.
2. Die Datei darf geändert oder gelöscht werden (write). Dieses Attribut wird durch den Buchstaben „w" abgekürzt.
3. Die Datei darf ausgeführt werden (execute). Dieses Attribut wird durch den Buchstaben „x" abgekürzt. Alle Programmdateien müssen dieses Attribut haben.

Für Gruppen (group)

Gelegentlich ist es erwünscht, einer bestimmten Gruppe von Benutzern zu erlauben, bestimmte Dateien zu verändern. Hierbei kann es sich z. B. um eine Projektgruppe handeln, bei der alle Mitglieder mit den gleichen Daten arbeiten. Es würde dann nicht ausreichen, einzelnen Benutzern Schreib- und Leserechte an diesen Daten zu erteilen.

Deswegen wird – neben dem Besitzer – für jede Datei eine Gruppe gespeichert, für die besondere Rechte gelten. Jeder Benutzer gehört mindestens einer Gruppe an. Wenn er neue Dateien erzeugt, „gehören" diese der Gruppe, der er angehört. Wenn er mehreren Gruppen angehört, muss zwischen der primären (oder aktiven) Gruppe unterschieden werden, die mit neu angelegten Dateien assoziiert wird und zusätzlichen Gruppen, denen der Benutzer auch angehört. Hierdurch erhält er u. U. das Recht, auf weitere Dateien zuzugreifen, die diesen Gruppen zugeordnet sind. Unter Debian wird beim Anlegen eines neuen Benutzerkontos gleichzeitig eine neue Gruppe mit dem gleichen Namen angelegt, der welcher neue Benutzer dann automatisch angehört.

Die für die Gruppe verwalteten Rechte sind die gleichen Rechte, wie sie auch für den Besitzer verwaltet werden, also read, write und execute. Es kann also festgelegt werden, dass die Gruppenmitglieder eine Datei lesen, verändern (und löschen) sowie ausführen können.

Für Andere (others)

Neben Benutzer und Gruppen werden die gleichen Rechte ein drittes Mal für alle anderen Benutzer verwaltet, also für alle, die weder der Gruppe, die mit einer Datei assoziiert ist, angehören, noch Besitzer der Datei sind.

Viele Dateien auf einem UNIX-System sind für alle Benutzer lesbar, dürfen jedoch nicht verändert werden. Dazu gehört beispielsweise die Dokumentation, die natürlich lesbar sein soll, aber von Benutzern nicht verändert werden darf, damit nicht ein Benutzer plötzlich falsche Informationen erhält, weil ihn jemand anderes ärgern wollte und die Dokumentation verändert hat. Auch sind fast alle Programme von allen Benutzern ausführbar.

Anzeigen von Dateiattributen

Wird der Befehl *ls* mit dem Parameter *-l* (long) aufgerufen, erfolgt die Ausgabe im so genannten langen Format. Es wird dann für jede Datei die folgende Information ausgegeben:

- Art der Datei. Also beispielsweise gewöhnliche Datei, Verzeichnis oder symbolischer Link.
- Rechte des Besitzers an der Datei.
- Rechte der Gruppe an der Datei.
- Rechte anderer Benutzer an der Datei.
- Anzahl der Verzeichniseinträge der Datei, also Anzahl der Hardlinks auf diese Datei.
- Besitzer der Datei.
- Gruppe der Datei.
- Größe der Datei (in Byte).
- Datum der letzten Änderung der Datei.
- Name der Datei.

Bei symbolischen Links wird neben dem Namen des Links zusätzlich der Name der Datei angezeigt, auf die der Link zeigt. Geben Sie jetzt im Unterverzeichnis *texte* Ihres Heimatverzeichnisses den folgenden Befehl ein:

```
joe@debian:~/texte$ ls -l
```

Sie erhalten dann in etwa die folgende Ausgabe:

```
total 38
-rw-r--r--  1   jan   jan   18007 Jun 24 15:21 GPL-Beer
-rw-r--r--  1   jan   jan   18007 Jun 24 15:21 GPL-Kommentare
```

In der oberen Zeile wird der Platzbedarf aller angezeigten Dateien in Kilobyte dargestellt. Darunter befinden sich detaillierte Angaben zu den beiden Dateien in dem Verzeichnis. Die Bedeutung der einzelnen Felder wird in Abbildung 11 dargestellt. Neben gewöhnlichen Dateien und Verzeichnissen gibt es noch andere Dateitypen (z. B. Softlinks, s. u.) und zusätzliche Rechte, die hier nicht besprochen werden.

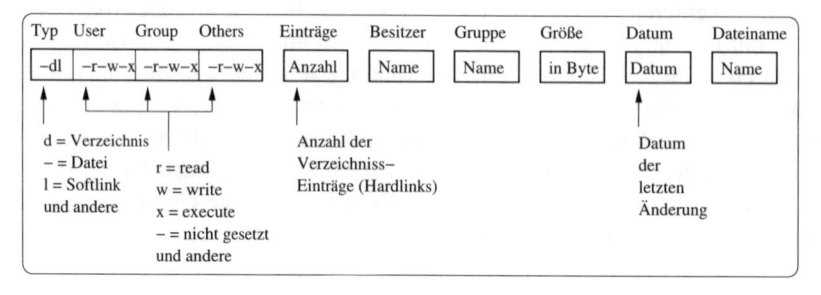

Abbildung 11: Bedeutung der Ausgabefelder des Befehls *ls -l*.

An der oben wiedergegebenen Ausgabe von *ls -l* lässt sich also folgendes ablesen:

- Bei den beiden angezeigten Dateien handelt es sich um gewöhnliche Dateien, denn das erste Zeichen des ersten Feldes ist ein Minuszeichen (-).

- Beide Dateien gehören dem Benutzer *jan* (drittes Feld) und der Gruppe *jan* (viertes Feld).
- Beide Dateien haben eine Größe von 18.007 Byte (fünftes Feld).
- Sie wurden zuletzt am 24. Juni des aktuellen Jahres um 15:21 Uhr geändert (sechstes Feld).
- Der Besitzer *jan* darf die Dateien lesen (zweites Zeichen, erstes Feld ist r) und verändern (drittes Zeichen, erstes Feld ist w). Er darf die Datei nicht ausführen (viertes Zeichen, erstes Feld ist nicht x, sondern -).
- Mitglieder der Gruppe *jan* dürfen die Dateien lesen (fünftes Zeichen, erstes Feld), aber weder verändern noch ausführen (sechstes und siebentes Zeichen, erstes Feld).
- Ebenso dürfen alle anderen Benutzer die Dateien nur lesen (achtes Zeichen, erstes Feld), aber nicht verändern oder ausführen (letzte beide Zeichen, erstes Feld).

5.14 Ändern von Dateiattributen

Dateiattribute können grundsätzlich nur von dem Besitzer einer Datei verändert werden. Darüber hinaus hat der Systemadministrator das Recht, die Attribute aller Dateien zu verändern. Es gibt drei wichtige Kommandos zum Ändern der Attribute:

chown Change owner. Der Besitzer einer Datei wird gewechselt.
chgrp Change group. Die mit einer Datei assoziierte Gruppe wird gewechselt
chmod Die Rechte, die Besitzer, Gruppe und andere Benutzer an einer Datei haben, werden verändert.

Verändern von Besitzer und Gruppe

Im einfachsten Fall lautet die Syntax von *chown*:

```
chown Benutzer Datei
```

Damit wird der mit *Benutzer* angegebene Benutzer der neue Besitzer der Datei, die mit *Datei* angegeben wurde. Der Befehl *chgrp* wird genauso verwendet. Es ist zu beachten, dass nur der Systemadministrator berechtigt ist, Dateien neuen Besitzern zuzuordnen. Benutzer können allerdings Dateien anderen Gruppen zuordnen, wenn Sie selbst Besitzer der betreffenden Datei und außerdem Mitglied der betreffenden Gruppe sind.
Ändern Sie zur Übung (als *root*, also vorher *su* eingeben) Besitzer und Gruppe der Datei *GPL-Beer* auf *root*, lassen Sie sich zwischendurch das Ergebnis mit *ls -l* anzeigen, und machen Sie die Änderungen hinterher rückgängig. Danach geben Sie die Administratorrechte wieder auf.

Verändern der Rechte

Der Befehl *chmod* ist etwas komplizierter zu bedienen. Ihm müssen mindestens zwei Parameter übergeben werden:

1. Ein Ausdruck, der die zu erteilenden Rechte festlegt.
2. Der oder die Namen der Datei(en), deren Rechte geändert werden sollen.

Der Ausdruck, mit dem die Rechte festgelegt werden, setzt sich zusammen aus:

1. Einer Angabe, wessen Rechte (Besitzer, Gruppe oder Andere) geändert werden sollen. Diese Angabe besteht aus einem oder mehreren der folgenden Buchstaben:

    u Die Rechte des Besitzers (user) sollen geändert werden.
    g Die Rechte der Gruppe (group) an der Datei sollen geändert werden.

o Die Rechte aller anderen Benutzer (others) sollen geändert werden.
a Die Rechte aller Benutzer (all), also Besitzer, Gruppenmitglieder und anderer Benutzer sollen gleichzeitig geändert werden.

Diese Angabe muss nicht vorgenommen werden. Wenn sie fehlt wird angenommen, dass die Rechte aller Benutzer, also *a* gleichzeitig geändert werden sollen.

2. Einer Angabe, ob Rechte hinzugefügt oder entfernt werden sollen. Dabei steht

    + dafür, dass Rechte hinzugefügt werden sollen,
    − dafür, dass Rechte entfernt werden sollen und
    = dafür, dass die Rechte exakt so, wie angegeben gesetzt werden sollen.

3. Der Angabe, welche Rechte hinzugefügt, entfernt oder gesetzt werden sollen. Hierbei werden die gleichen Abkürzungen benutzt, die Sie schon aus der Ausgabe von *ls -l* kennen. Siehe auch *chmod* (S. 644).

    r Die Leserechte.
    w Die Schreibrechte.
    x Die Rechte zum Ausführen der Datei.

Zwischen den einzelnen Teilen eines solchen Ausdrucks darf kein Leerzeichen stehen. Der Ausdruck *u+w* würde also bewirken, dass *chmod* einer Datei Schreibrechte für den Besitzer hinzufügt. Ebenso würde der Parameter *g+w* die Schreibrechte für die Mitglieder der Gruppe, die mit der Datei assoziiert ist, hinzufügen. Der Ausdruck *a-r* würde die Leserechte an eine Datei für Besitzer, Gruppenmitglieder und andere Benutzer entfernen. Dies ließe sich mit *a+r* wieder ändern. *a=r* würde allen Benutzern ausschließlich Leserechte erteilen und alle weiteren Rechte entfernen.

Es sind auch Kombinationen möglich. So würde der Ausdruck *ug+rwx* Schreib-, Lese-, und Ausführungsrechte hinzufügen, wohingegen *go-rwx* diese Rechte für die Gruppe und andere Benutzer entfernen würde. Außerdem können unterschiedliche Ausdrücke durch Kommata voneinander getrennt angegeben werden (Bsp.: *u+rwx,g+w,o-rwx*).

Um also alle Rechte für alle Benutzer an der Datei *GPL-Beer* aufzuheben, wäre (im Verzeichnis *texte*) folgender Befehl einzugeben:

```
joe@debian:~$ chmod a-rwx GPL-Beer
```

Danach kann niemand (auch nicht Sie selber) die Datei lesen oder verändern. Versuchen Sie danach einmal, diese Datei mit *vi* zu bearbeiten. Glücklicherweise können aber der Besitzer der Datei sowie der Systemadministrator die Rechte wieder verändern, und beispielsweise mit folgendem Befehl dem Besitzer wieder Lese- und Schreibrechte einräumen:

```
joe@debian:~$ chmod u+rw GPL-Beer
```

Machen Sie sich jetzt mit dem Befehl *chmod* vertraut, indem Sie

- sich und der assoziierten Gruppe Ausführungsrechte an der Datei *GPL-Kommentare* geben.
- die Ausführungsrechte wieder aufheben.
- sicherstellen, dass nur Sie die beiden Dateien in dem Verzeichnis lesen dürfen.

Lassen Sie sich zwischendurch die Veränderungen mit *ls -l* anzeigen.

5.15 Versteckte Dateien (Dotfiles)

Eine besondere Form von Dateien sind die so genannten versteckten Dateien, die auch als Dotfiles bezeichnet werden, weil Ihr Name mit einem Punkt beginnt. Diese Dateien unterscheiden sich von anderen Dateien nicht

bezüglich ihrer Attribute. Vielmehr besteht die Konvention, dass solche Dateien normalerweise von *ls* oder auch von Dateimanagern nicht angezeigt werden.
Der Grund hierfür besteht darin, dass in den Heimatverzeichnissen von Benutzern eine ganze Reihe von Dateien vorhanden sind, in denen die Einstellungen der betreffenden Benutzer für verschiedene Programme gespeichert werden. Dadurch können verschiedene Benutzer unterschiedliche Voreinstellungen für die gleichen Programme verwenden.
Die Existenz dieser Dateien, von denen bei Benutzung vieler unterschiedlicher Programme eine ganze Menge vorhanden sein können, stört jedoch einfach, wenn man sich den Inhalt seines Heimatverzeichnisses ansieht. Aufgrund der großen Anzahl von Dateien wird die Struktur unübersichtlich und gesuchte Dateien lassen sich nur noch schwer finden.
Manchmal ist es aber gewünscht, dass auch diese Dateien angezeigt werden. Hierzu dient der Parameter *-a* von *ls*. Wenn Sie jetzt in Ihr Heimatverzeichnis wechseln und dann den Befehl

```
joe@debian:~$ ls -a
```

eingeben, sehen Sie, dass dort einige solche Dateien existieren. Sie sollten zumindest die Einstellungsdateien der *bash* finden, die die Namen *.bashrc* und *.bash_profile* tragen. Außerdem sehen Sie noch zwei besondere Einträge, die .. und . lauten. Diese Einträge bezeichnen das Verzeichnis, welches über dem angezeigten Verzeichnis liegt (..) sowie das angezeigte Verzeichnis selbst (.), welches ebenfalls einen Eintrag in der Dateiliste des betreffenden Verzeichnisses hat.
Selbstverständlich ist es auch möglich, verschiedene Parameter beim Aufruf von *ls* und anderen Kommandos oder Programmen zu kombinieren. Der folgende Befehl zeigt Ihnen die vollständige Liste **aller** Dateien in Ihrem Heimatverzeichnis:

```
joe@debian:~$ ls -l -a ~/
```

Und weil man sich gerne unnötige Tipparbeit sparen möchte, lassen sich Parameter noch einfacher kombinieren. Der folgende Befehl hat genau die gleiche Wirkung wie der vorherige:

```
joe@debian:~$ ls -la ~/
```

5.16 Meta-Zeichen

In vielen Situationen möchte man eine bestimmte Aktion nur auf eine begrenzte Menge von Dateien anwenden, die in einem bestimmten Verzeichnis liegen. Wenn man beispielsweise nach einer Datei sucht, von der man weiß, dass Sie im Systemkonfigurationsverzeichnis */etc* liegt und ihr Name mit *.conf* endet, aber den Anfang des Namens vergessen hat, so kann man folgenden Befehl eingeben:

```
joe@debian:~$ ls /etc/*.conf
```

Es werden dann alle Dateien im Verzeichnis */etc* ausgegeben, die die Endung *.conf* haben. Zusätzlich wird der Inhalt aller Unterverzeichnisse dieses Verzeichnisses angezeigt, deren Namen ebenfalls mit *.conf* endet. Der Stern ist ein so genanntes Meta- (Über-) Zeichen, welches nicht als es selbst, also als Stern, sondern als Ersatz für alle möglichen Zeichenkombinationen interpretiert wird. Ebenso würde der Befehl

```
joe@debian:~$ ls *txt
```

alle Dateien im aktuellen Arbeitsverzeichnis ausgeben, die mit *txt* enden. Meta-Zeichen sind auch in der Mitte oder am Ende eines Parameters erlaubt. Beispiel:

```
joe@debian:~$ ls GPL*
```

Neben dem Stern gibt es weitere wichtige Meta-Zeichen, wie z. B. das Fragezeichen, das für **ein** beliebiges Zeichen steht. So würde der folgende Befehl alle Dateien im aktuellen Verzeichnis anzeigen, deren Name mit *notiz* beginnt, dann ein beliebiges Zeichen enthält und dann mit *.txt* endet:

```
joe@debian:~$ ls notiz?.txt
```

⟹ Wenn Sie die angegebenen Beispiele ausprobieren möchten, können Sie mit dem Befehl *touch* leere Dateien erzeugen lassen. Der folgende Befehl erzeugt die leere Datei *notiz1.txt*:

```
joe@debian:~$ touch notiz1.txt
```

Vorausgesetzt, die entsprechenden Dateien existieren tatsächlich, würden beispielsweise die Namen der Dateien *notiza.txt*, *notizb.txt* und *notiz5.txt*, nicht aber der Name der Datei *notiz17.txt* ausgegeben werden, weil *notiz17.txt* zwei Zeichen zwischen *notiz* und *.txt* hat. Würde man anstatt des Fragezeichens den Stern verwenden, so würde auch *notiz17.txt* angezeigt werden.

In eckige Klammern eingeschlossene Zeichen bedeuten, dass irgendeines der eingeschlossenen Zeichen an der entsprechenden Stelle vorkommen muss. Der folgende Befehl würde die Dateien *notiz1.txt* und *notiz2.txt*, nicht aber *notiza.txt* ausgeben, da in den eckigen Klammern nur die Zeichen 1 und 2 vorkommen.

```
joe@debian:~$ ls notiz[12].txt
```

Selbstverständlich können Meta-Zeichen nicht nur mit dem Kommando *ls* benutzt werden. Durch den folgenden Befehl würden die Dateien *notiz1.txt* und *notiz2.txt* aus dem eigenen Heimatverzeichnis in das Unterverzeichnis *texte* verschoben:

```
joe@debian:~$ mv ~/notiz[12].txt ~/texte
```

Es ist wichtig zu verstehen, dass die Meta-Zeichen von der Shell und nicht von dem aufgerufenen Kommando (z. B. *ls*) interpretiert werden. Wenn die Shell auf ein Meta-Zeichen trifft, überprüft Sie, auf welche Namen existierender Dateien die angegebene Kombination aus normalen Zeichen und Meta-Zeichen zutrifft und übergibt diese an das aufgerufene Programm. Nach Eingabe des Befehls

```
joe@debian:~$ ls notiz[ab].txt
```

passiert also folgendes: Die Shell überprüft, ob im Arbeitsverzeichnis die Dateien *notiza.txt* und *notizb.txt* existieren und setzt die gefundenen Dateinamen an der Stelle des Befehls ein, an der sich die Kombination aus normalen und Meta-Zeichen befunden hat. Wenn beide Dateien existieren, ist obiger Befehl also gleichbedeutend mit dem Befehl:

```
joe@debian:~$ ls notiza.txt notizb.txt
```

Existiert jedoch lediglich die Datei *notizb.txt*, so wäre der Befehl gleichbedeutend mit:

```
joe@debian:~$ ls notizb.txt
```

Wenn die Shell keine Dateinamen findet, auf welche die angegebene Kombination zutrifft, dann übergibt die Shell diese Kombination aus Meta- und normalen Zeichen unverändert an das aufgerufene Kommando. Wenn also weder *notiza.txt* noch *notizb.txt* existieren, dann erhält *ls* die Anweisung, den Namen der Datei *notiz[ab].txt* anzuzeigen, wobei die eckigen Klammern jetzt tatsächlicher Bestandteil des Dateinamens sein müssen.

Verwendung von Meta-Zeichen wie normale Zeichen

Gelegentlich ist es notwendig, die Shell daran zu hindern, Meta-Zeichen gesondert zu interpretieren. Stellen Sie sich vor, es gibt die Datei *notiz[ab].txt* tatsächlich und Sie wollen sie löschen. Gleichzeitig gibt es noch die Datei *notiza.txt*, die nicht gelöscht werden darf. Der folgende Befehl wäre jetzt falsch, da er die Datei *notiza.txt* – die ja existiert – löschen würde:

```
joe@debian:~$ rm notiz[ab].txt
```

Um die Shell an der Interpretation von Meta-Zeichen zu hindern, ist entweder vor jedes Meta-Zeichen, das nicht interpretiert werden soll, ein umgekehrter Schrägstrich (\) zu setzen oder die gesamte Kombination aus normalen und Meta-Zeichen in Anführungsstriche zu setzen. Die beiden folgenden Befehle hätten also dieselbe Wirkung:

```
joe@debian:~$ rm "notiz[ab].txt"
```

```
joe@debian:~$ rm notiz\[ab\].txt
```

5.17 Mehrfache Anmeldungen und virtuelle Konsolen

Nehmen wir an, sic bearbeiten mit dem Editor *vi* gerade eine Datei und müssen zwischendurch etwas anderes machen, also z. B. den Namen oder den Besitzer einer Datei mit *ls* nachsehen, dann müßten Sie die bearbeitete Datei zunächst sichern, den Editor verlassen, *ls* aufrufen und dann wieder *vi* aufrufen, um mit der Datei weiterzuarbeiten. Dieses Verfahren ist auf Dauer recht unpraktisch. Linux stellt deswegen mehrere so genannte virtuelle Konsolen zur Verfügung. Die virtuellen Konsolen dienen dem Zweck, mehrere Arbeitssitzungen gleichzeitig auszuführen und schnell von einer zur anderen umschalten zu können. Sie müssen sich an jeder virtuellen Konsole neu anmelden und können dazu natürlich auch unterschiedliche Benutzerkonten verwenden. Es ist beispielsweise denkbar, auf der ersten virtuellen Konsole als *root* angemeldet zu sein und auf drei weiteren Konsolen als gewöhnlicher Benutzer, wobei an der ersten dieser drei Konsolen ein Editor ausgeführt wird, an der zweiten mit *less* eine Datei betrachtet wird und an der dritten Konsole eine Eingabeaufforderung zur Verfügung steht, mit der neue Programme gestartet werden können.

Standardmäßig stehen sechs virtuelle Konsolen bereit, die erste davon sehen Sie – ohne umzuschalten –, nachdem der Rechner hochgefahren wurde. Auf die zweite Konsole schalten Sie durch Betätigung der Tastenkombination ALT-F2, auf die Dritte durch die Tastenkombination ALT-F3 usw. Um wieder zurück auf die erste Konsole zu gelangen, drücken Sie wieder ALT-F1.

Die einzelnen Arbeitssitzungen an den verschiedenen Konsolen sind völlig unabhängig voneinander. Wenn Sie beispielsweise an der einen Konsole das aktuelle Arbeitsverzeichnis wechseln, sind die anderen Sitzungen davon nicht betroffen. Auch müssen Sie sich natürlich an jeder Konsole, an der Sie sich angemeldet haben, wieder abmelden, um die dortige Sitzung zu beenden.

Probieren Sie einmal aus, sich auf der ersten (Standard-)Konsole eine Datei mit *less* anzuschauen und schalten Sie während dessen auf die zweite Konsole um, wo Sie dann eine andere Datei mit *vi* bearbeiten können. Zwischendurch können Sie jederzeit durch Betätigung von ALT-F1 bzw. ALT-F2 zwischen den beiden Konsolen hin- und herschalten.

⟹ Bei einigen Programmen haben die Tastenkombinationen ALT-F1 usw. eine spezielle Bedeutung, so dass sie nicht zum umschalten der Konsole führen. Zu diesen Programmen gehören die X-Server des XFree86-Projekts und die DOS-Laufzeitumgebung DOSemu. In diesen Programmen – aber auch normalerweise – können Sie die virtuellen Konsolen durch die Tastenkombinationen STRG-ALT-F1 usw. wechseln.

Neben den standardmäßig zur Verfügung stehenden sechs virtuellen Konsolen besteht die Möglichkeit, neue Konsolen zu öffnen. Hiervon macht vor allem das X Window System Gebrauch, das nach seinem Start die nächste freie virtuelle Konsole verwendet. Dies ist standardmäßig also die siebte Konsole. Wenn Sie das X Window System benutzen, können Sie deswegen mit der Tastenkombination STRG-ALT-F1 vom X Window System zur ersten virtuellen Konsole schalten und von dort mit ALT-F7 wieder zurück zur graphischen Oberfläche wechseln.

5.18 Arbeit mit externen Datenträgern (Disketten)

Vielleicht möchten Sie die Datei *GPL-Beer* speichern, um sie auf einem anderen Rechner weiter bearbeiten zu können. Hierzu benötigen Sie eine Diskette, die in einem Format formatiert ist, dass von Ihrem Linux-Kernel unterstützt wird. Bei Verwendung des Standardkernels, können Sie beispielsweise eine DOS- (oder Windows-) formatierte Diskette verwenden.

Gerätebezeichnungen

Falls Sie Betriebssysteme wie DOS/Windows kennen, werden Sie sich vielleicht darüber gewundert haben, dass bei der Angabe von Pfadnamen nie ein Laufwerksbuchstabe benutzt werden musste. Die unpraktische Erfindung der Laufwerksbuchstaben existiert unter UNIX nicht. Es gibt keine Laufwerke, sondern nur ein großes Dateisystem, in das alle zur Verfügung stehenden Festplatten, Diskettenlaufwerke oder CDROMs eingebunden werden können. Trotzdem haben diese Geräte Namen, die allerdings anders gebraucht werden, als unter DOS/Windows. Geräte wie Festplatten oder Diskettenlaufwerke werden durch spezielle Dateien repräsentiert, die sich gewöhnlich alle im Verzeichnis */dev* befinden. Diese Dateien werden auch Gerätedateien genannt und dienen dazu, die Geräte, die sie repräsentieren, direkt anzusprechen. Einige Gerätenamen für Festplatten oder CDROM-Laufwerke haben Sie während der Installation bereits kennengelernt. Es existiert jedoch eine große Menge weiterer Gerätedateien, beispielsweise auch solche, die Bandlaufwerke (Streamer) oder den Sound-Mixer auf einer Soundkarte repräsentieren.

Die Gerätedateien für Diskettenlaufwerke heißen *fd0* (für Floppy-Disk 0), *fd1*, *fd2* usw. Dabei entspricht */dev/fd0* (absoluter Name) dem Diskettenlaufwerk, dass Sie unter DOS über den Laufwerksbuchstaben *A:* ansprechen würden, */dev/fd1* dem zweiten Laufwerk (unter DOS: *B:*) usw.

5.18.1 Einbinden von Datenträgern („Mounten")

Theoretisch kann eine Datei direkt auf einen Datenträger geschrieben werden. Der Inhalt der Datei wird dann ohne Umwege und unter Umgehung der Formatierung des Datenträgers geschrieben. Es ist dann jedoch nicht möglich, so etwas wie Verzeichnisse oder Dateien auf einem solchen Datenträger anzulegen. Man müßte also genau wissen, an welcher Stelle auf der Diskette diese Datei beginnt und endet, um sie später wieder zu lesen. Es müßte also manuell all das getan werden, was einem normalerweise das Betriebssystem abnimmt.

Deswegen besteht die Möglichkeit, Datenträger in das Dateisystem einzubinden. Bei diesem Vorgang wird der Inhalt eines Datenträgers (Diskette, Festplattenpartition, CDROM o. a.) einem bereits bestehenden Verzeichnis zugeordnet. So gibt es auf vielen Debian-Systemen das Verzeichnis */floppy*, dem bei Bedarf der Inhalt einer Diskette zugeordnet wird. Diesen Vorgang nennt man auch mounten (befestigen, einbinden). Diese Zuordnungen sind solange gültig, bis Sie aufgehoben werden oder das Betriebssystem heruntergefahren wird.

Achtung: Auf eine Diskette oder ein anderes Medium kann also nicht zugegriffen werden, bevor es nicht in das Dateisystem eingebunden wurde[6].

---

[6] Eine Alternative zum Zugriff auf DOS-formatierte Datenträger stellen die *mtools* dar. Mit Ihnen ist es möglich, direkt und ohne Einbindung des betreffenden Datenträgers, Dateien beispielsweise von Disketten zu lesen oder auf sie zu schreiben (siehe *mtools* (S. 692).

Normalerweise ist der direkte Zugriff auf Hardwarekomponenten nur dem Systemverwalter gestattet. Weil das Mounten von Datenträgern einen Hardwarezugriff darstellt, kann dieser Vorgang auch nur vom Systemverwalter durchgeführt werden. Er hat allerdings die Möglichkeit, für bestimmte Datenträger anzugeben, dass diese auch von gewöhnlichen Benutzern gemountet werden dürfen.

Einbinden einer DOS-formatierten Diskette

Das Verzeichnis */floppy*, welches zum Einbinden von Disketten gedacht ist, wurde während der Basisinstallation bereits angelegt. Zum Einbinden eines Datenträgers dient der Befehl *mount*. Ihm müssen normalerweise mindestens zwei Parameter übergeben werden. Dies ist zum einen die Gerätedatei, die das Gerät repräsentiert, welches in das Dateisystem eingebunden werden soll und zum anderen der Name des Verzeichnisses, in das der betreffende Datenträger eingebunden werden soll. Die Syntax des Befehls lautet also in einfachen Fällen:

```
mount Gerätedatei Verzeichnis
```

> Das mag zunächst vielleicht alles etwas kompliziert erscheinen. Es ist jedoch nur durch die Anmeldung eines Datenträgers beim Betriebssystem möglich, den Inhalt des betreffenden Datenträgers zwischenzuspeichern. Dadurch können Schreib- und Lesevorgänge viel eher beendet werden, weil gegebenenfalls nur aus dem Zwischenspeicher gelesen, bzw. in ihn geschrieben wird. Das wirkliche Schreiben findet erst dann statt, wenn das Betriebssystem gerade Zeit dazu hat oder der Datenträger wieder abgemeldet wird. Würde das Betriebssystem sich nicht darauf verlassen können, dass der Datenträger noch vorhanden ist, müßte es bei jeder Leseoperation nachschauen und Schreiboperationen sofort durchführen, weil der Datenträger ja im nächsten Moment vom Benutzer entfernt werden könnte.
>
> Außerdem ist es theoretisch möglich, dass andere Benutzer über das Netzwerk ebenfalls auf den betreffenden Datenträger zugreifen. Hier würde ein Fehlerzustand auftreten, wenn ein Benutzer gerade beispielsweise auf eine Diskette schreibt und ein anderer sie gleichzeitig aus dem Laufwerk nimmt. Die Folge wäre eine zerstörte Datei, im schlimmsten Fall sogar ein zerstörtes Dateisystem auf der Diskette. Aus diesem Grunde bieten die meisten Laufwerke für Wechseldatenträger (wie CDROM-Laufwerke oder ZIP-Laufwerke) die Möglichkeit, die Ausgabetaste zu sperren, wenn der Datenträger benutzt wird. Diskettenlaufwerke bieten diese Möglichkeit bei PCs leider jedoch nicht, so dass man sich hier mit der „vertrauensvollen" An- und Abmeldung begnügen muss.
>
> Wem das Mounten und Unmounten von Wechseldatenträgern auf Dauer zu aufwendig ist, kann zum einen mit den *mtools* (S. 692) direkt auf DOS/Windows-formatierte Datenträger zugreifen, wobei aber auch auf alle Vorteile der Einbindung in das Dateisystem verzichtet werden muss. Zum anderen besteht die Möglichkeit, einen so genannten Automounter einzusetzen, der Datenträger in dem Moment mountet, in dem auf sie zugegriffen wird und unmountet, wenn eine Zeit lang kein Zugriff mehr erfolgt ist (siehe Kap.: 14.3.9, S. 401). Darüber hinaus wird das Einbinden von Datenträgern bei der Arbeit mit graphischen Benutzeroberflächen vereinfacht, weil der Vorgang hier durch entsprechende Mausaktionen steuerbar ist.

Um jetzt eine Diskette zu mounten, sollten Sie die Diskette in das Laufwerk einlegen und dann als Systemverwalter folgenden Befehl eingeben. Denken sie daran, dass Sie mit dem Befehl *su* Systemverwalter werden können.

```
debian:/home/jan# mount /dev/fd0 /floppy
```

In der Regel bemerken Sie dann, wie die Lampe am Diskettenlaufwerk kurz aufleuchtet und es anläuft. Wenn Sie keine Fehlermeldung erhalten, ist der Datenträger nun mit dem Verzeichnis */floppy* verbunden. Falls hierbei ein Fehler auftritt, sollten Sie folgende Fragen überprüfen:

- Ist */dev/fd0* die richtige Gerätedatei? Versuchen Sie es einmal mit */dev/fd1*.
- Ist die Diskette mit einem Dateisystem formatiert, dass von Ihrem Linux-Kernel unterstützt wird? Vom Standardkernel werden u. a. DOS/Windows-, ext2- (Linux) und Minix-formatierte Datenträger erkannt und unterstützt.
- Ist die Unterstützung für Diskettenlaufwerke in Ihren Kernel einkompiliert? Dies ist beim Standardkernel der Fall.
- Sind Sie als *root* angemeldet oder haben Sie Ihre Identität mit *su* zur Identität des Administrators gewechselt?

Den Inhalt der Diskette können Sie sich jetzt wie den Inhalt jedes anderen Verzeichnisses anzeigen lassen. Geben Sie folgenden Befehl ein:

```
debian:/home/jan# ls /floppy
```

Sie sollten jetzt die Dateien auf der Diskette angezeigt bekommen. Wenn die Diskette leer ist, bekommen Sie natürlich keine Dateien angezeigt. Vielleicht probieren Sie es dann nochmal mit einer anderen Diskette. Vorher müssen Sie die momentan gemountete Diskette jedoch wieder aus dem Dateisystem entfernen (s. u.)

Entfernen von Datenträgern aus dem Dateisystem

Achtung: Sie dürfen eine Diskette nie aus dem Laufwerk nehmen, bevor Sie sie wieder ordnungsgemäß vom Dateisystem getrennt haben.

Der Grund hierfür ist folgender: Wie bereits beschrieben schreibt Linux Daten nicht unbedingt sofort, nachdem ein Befehl eingegeben wurde. Vielleicht kennen Sie den Effekt, wenn Sie mit Windows eine große Datei auf einer Diskette speichern. Das System wird langsam und reagiert schlecht auf Benutzeraktionen. Dies wird Ihnen mit GNU/Linux nicht passieren. Die andere Seite der Medaille ist jedoch, dass Sie sich nicht sicher sein können, ob Ihre Daten tatsächlich geschrieben worden sind, wenn Sie eine Diskette einfach aus dem Laufwerk nehmen, ohne sie explizit (mit *umount*) aus dem Dateisystem entfernt zu haben.
Zum Trennen (oder unmounten) eines Datenträgers vom Dateisystem dient der Befehl *umount*. Sie können *umount* als Parameter entweder die Gerätedatei eines bereits gemounteten Datenträgers oder das Verzeichnis, in das sie diesen gemountet haben, übergeben. Die beiden Befehle

```
debian:/home/jan# umount /floppy
```

```
debian:/home/jan# umount /dev/fd0
```

bewirken also dasselbe. Der vorher in das Verzeichnis */floppy* gemountete Datenträger */dev/fd0* wird wieder aus dem Dateisystem entfernt. Erst danach dürfen Sie den Datenträger (also die Diskette) aus dem Laufwerk nehmen.

Wiederholen von Befehlen Zur Übung könnten Sie sich nun mit den Befehlen *mount*, *ls* und *umount* den Inhalt einiger Disketten anzeigen lassen. Dazu folgender Tip: Um Schreibarbeit zu sparen, können Sie in der Bash mit der Taste PFEILRAUF den als letztes eingegebenen Befehl wiederholen. Sie brauchen ihn dann nur mit EINGABE zu bestätigen. Durch zweimalige Betätigung von PFEILRAUF erscheint der vor-vorhergehende Befehl usw. Mit der Taste PFEILRUNTER gelangen Sie wieder jeweils einen Befehl zurück. Sie brauchen die Befehle *mount*, *ls* und *umount* also nur einmal zu schreiben und können sie dann durch dreimaliges Drücken der Taste PFEILRAUF immer wieder übernehmen.

Kopieren von Dateien auf einen externen Datenträger

Nachdem ein Datenträger gemountet ist, kann er wie ein normales Verzeichnis benutzt werden. Sie können also die gleichen Befehle verwenden, die Sie schon kennengelernt haben, um Dateien zu kopieren, zu verschieben oder zu löschen.
Die Ausgangsfragestellung dieses Abschnitts bestand darin, wie die Datei *GPL-Beer* aus dem Unterverzeichnis *texte* Ihres Heimatverzeichnisses auf eine Diskette zu kopieren ist. Sie können die Diskette jetzt als *root* mounten (wenn sie nicht schon gemountet ist), in das Verzeichnis *texte* wechseln und die Datei dann mit dem Befehl

```
debian:/home/jan/texte# cp GPL-Beer /floppy
```

in das Verzeichnis */floppy*, also auf die Diskette kopieren. Lassen Sie sich zur Übung anzeigen, ob die Datei auf der Diskette angekommen ist. Wechseln Sie dazu in das Verzeichnis */floppy* und geben dort den Befehl *ls* ein.

Fehler beim Entfernen von Datenträgern

Danach können Sie versuchen, die Diskette mit dem Befehl

```
debian:/floppy# umount /floppy
```

wieder aus dem Dateisystem zu entfernen. Wenn Sie dieses allerdings tun, während Ihr aktuelles Arbeitsverzeichnis mit dem Datenträger verbunden ist, den Sie unmounten wollen, erhalten Sie folgende Fehlermeldung:

```
umount: /floppy: device is busy
```

Das Programm */umount* teilt Ihnen mit, dass das mit */floppy* verbundene Gerät „beschäftigt" ist. Es wird also gerade benutzt. Dies mag Sie wundern, wenn Sie alleine mit dem Rechner arbeiten. Jedoch stellt auch das aktuelle Verzeichnis Ihrer Arbeitssitzung eine Benutzung des Dateisystems dar. Sie müssen also vorher wieder in Ihr Heimatverzeichnis wechseln. Erinnern Sie sich an die folgende Abkürzung?

```
debian:/floppy# cd -
```

Damit wechseln Sie wieder in das vorhergehende Verzeichnis. Wiederholen Sie jetzt den *umount*-Befehl. Denken Sie an die PFEILRAUF-Taste.

Übungen

Natürlich können Sie Dateien auf einem externen Datenträger auch direkt bearbeiten, sobald er gemountet ist. Mounten Sie die Diskette mit der Datei *GPL-Beer* nochmal und verändern Sie die darauf befindliche Datei dann mit dem Editor *vi*.

Danach können Sie zur Übung eine Datei von einer Diskette auf eine andere Diskette kopieren. Wenn Sie nur ein Diskettenlaufwerk haben, müssen Sie die Datei zunächst in Ihr Heimatverzeichnis kopieren, dann die zweite Diskette mounten und die Datei dann von Ihrem Heimatverzeichnis auf diese Diskette kopieren. Die zum Zwischenspeichern benötigte Kopie in Ihrem Heimatverzeichnis können Sie danach löschen.

5.19 Datenträger als gewöhnlicher Benutzer einbinden

In vielen Fällen ist es auf Dauer mit Nachteilen verbunden, wenn Sie für jeden Zugriff auf das Diskettenlaufwerk die Rechte des Administrators haben müssen. Erstens entsteht hierdurch zusätzliche und oftmals unnötige Schreibarbeit und zweitens müssen Sie dadurch viel zu oft als *root* arbeiten, was unnötige Risiken birgt.

5.19.1 Die Dateisystemtabelle */etc/fstab*

In der Systemkonfigurationsdatei */etc/fstab* (fstab steht für file-system-table) wird festgelegt, welcher Datenträger beim Systemstart automatisch in welches Verzeichnis gemountet werden soll. Diese Datei ist sehr wichtig, weil während des Systemstarts ja zumindest der Datenträger feststehen muss, auf dem sich das Wurzeldateisystem befindet. Sehen Sie sich diese Datei einmal (mit *cat* oder *less*) an. Sie könnte – nach der Standardinstallation – ungefähr folgendermaßen aussehen:

```
# /etc/fstab: static file system information.
#
#<file system> <mount point>   <type>  <options>                   <dump><pass>
/dev/hda6       /               ext2    defaults,errors=remount-ro  0     1
/dev/hda5       none            swap    sw                          0     0
proc            /proc           proc    defaults                    0     0
```

Unter den hier wiedergegebenen Einträgen befinden sich noch weitere, wenn Sie bereits während der Basisinstallation zusätzliche Datenträger eingebunden haben.
Die Datei ist folgendermaßen aufgebaut:

- Leere Zeilen und solche, die mit einem Doppelkreuz (#) beginnen, haben keine Bedeutung und dienen dem übersichtlichen Aufbau sowie der Kommentierung der Datei.
- Jede andere Zeile bezeichnet die Zuordnung eines Datenträgers zu einem Verzeichnis. Diese Zeilen bestehen aus verschiedenen Feldern (Spalten).
- Dabei steht in der ersten Spalte die Bezeichnung der Gerätedatei, die den einzubindenden Datenträger repräsentiert.
- In der zweiten Spalte steht der Name des Verzeichnisses, in das der Datenträger gemountet werden soll.
- In der dritten Spalte steht der Typ des Dateisystems auf dem Datenträger, also das Format, in dem der Datenträger formatiert ist.
- In der vierten Spalte können besondere Optionen stehen, die teilweise vom Typ des Dateisystems auf dem Datenträger abhängig sind. Einzelne Optionen werden durch Kommata voneinander getrennt. Zwischen den Optionen dürfen sich keine Leerzeichen befinden, weil dann die Optionen hinter dem Leerzeichen als Inhalt der nächsten Spalte interpretiert werden würden.
- In der fünften Spalte befinden sich Informationen für das Programm *dump*, die zur Zeit ignoriert werden.
- In der sechsten Spalte befinden sich Informationen darüber, wie und ob die entsprechenden Datenträger beim Systemstart auf Ihre Intaktheit geprüft werden sollen. Der Wert von 0 bedeutet, dass der Datenträger nicht geprüft zu werden braucht (sinnvoll z. B. bei CDROMs). Der Wert 1 bedeutet, dass der Datenträger vor allen anderen Datenträgern geprüft werden soll. Der Datenträger mit dem Rootdateisystem (/) sollte diesen Wert erhalten. Alle anderen Datenträger sollten danach geprüft werden und deswegen den Wert von 2 erhalten.

In der oben wiedergegebenen Datei */etc/fstab* befinden sich zwei besondere Einträge, die auch auf Ihrem System vorhanden sein sollten. Dies ist einmal der Eintrag für die Swappartition. Diese dient bekanntlich zum Auslagern von Inhalten des Arbeitsspeichers auf die Festplatte und ist deswegen nicht in das Dateisystem eingebunden. In der zweiten Spalte (*mount point*), in der normalerweise das Verzeichnis steht, in das die Partition gemountet werden soll, befindet sich deswegen hier der Eintrag *none*.
Die zweite Besonderheit ist das so genannte */proc*-Dateisystem. Dieses Dateisystem stellt eine Schnittstelle zum Linux-Kernel dar, über die Informationen aus dem Kernel gelesen und an diesen übergeben werden können. Das *proc*-Dateisystem ist deswegen keinem physikalischen Datenträger zugeordnet, weswegen sich hier in der ersten Spalte, wo normalerweise der physikalische Datenträger eingetragen ist, der Eintrag *proc* befindet.
Sie können die Benutzung des */proc*-Dateisystems ausprobieren, in dem Sie den Befehl

```
joe@debian:~$ cat /proc/interrupts
```

eingeben. In dieser Datei stehen die vom Kernel benutzten Interrupts, die durch den Befehl angezeigt werden. Selbstverständlich müssen *swap*- und *proc*-Dateisystem nicht geprüft werden, weil auf ihnen ja keine Daten gespeichert werden, die nach einem Neustart des Systems noch zur Verfügung stehen müssten.

Anlegen eines Eintrags für das Diskettenlaufwerk

Bevor Sie die Datei */etc/fstab* verändern, sollten Sie eine Sicherheitskopie anlegen. Kopieren Sie die Datei dazu (mit *cp*) in Ihr Heimatverzeichnis

> **Achtung:** Wenn Sie als Administrator die Abkürzung ~ verwenden, beziehen Sie sich damit auf das Heimatverzeichnis des Administrators (*/root*).

Nun können Sie die Datei mit *vi* editieren. Dazu müssen Sie natürlich *root*-Rechte haben, weil es sich bei der Datei um eine Systemkonfigurationsdatei handelt, die von normalen Benutzern nicht verändert werden darf.
Fügen Sie der Datei folgende Zeile hinzu:

```
/dev/fd0         /floppy      msdos   defaults,user,noauto    0    0
```

Damit spezifizieren Sie in der ersten Spalte den Namen der Gerätedatei Ihres Diskettenlaufwerks. Wenn Ihr Diskettenlaufwerk nicht */dev/fd0* ist (s. o.), müssen Sie hier einen anderen Gerätedateinamen angeben. In der zweiten Spalte geben Sie als Mountpunkt das Verzeichnis */floppy* an. Hierhin sollen Disketten in Zukunft per Voreinstellung gemountet werden. Die dritte Spalte bestimmt wieder das Dateisystem. Weil Disketten in der Regel DOS/Windows-formatiert sind, geben Sie hier *msdos* oder *vfat* an. Die zweite Variante (*vfat*) beinhaltet die Unterstützung für lange Dateinamen auf DOS-formatierten Dateisystemen.
In der Spalte mit den Optionen sind einige zusätzliche Angaben zu machen. Zunächst bestimmt *default*, dass die Standardeinstellungen übernommen werden sollen. Der Eintrag *user* bestimmt, das auch gewöhnliche Benutzer berechtigt sind, dieses Dateisystem zu mounten. Und der Eintrag *noauto* legt fest, dass dieses Dateisystem nicht automatisch während des Systemstarts gemountet werden soll. Dies würde bei einem Diskettenlaufwerk keinen Sinn machen, weil sich nicht immer eine Diskette im Laufwerk befindet und zu Fehlern führen, wenn das System versucht, eine nicht vorhandene Diskette zu mounten. In den letzten beiden Feldern sind hier die Standardeinstellungen eingetragen.

5.19.2 Verwendung des Befehls *mount* als Benutzer

Wenn Sie die Datei */etc/fstab* angepaßt und gesichert haben, verlassen Sie den Editor wieder und geben die *root*-Rechte auf. Nun können als Benutzer Disketten im Laufwerk */dev/fd0* mounten und unmounten. Hierbei muss nun nicht mehr die Gerätedatei angegeben werden, die ja bereits in */etc/fstab* festgelegt ist. Vielmehr reicht es aus, einfach das Verzeichnis als Parameter anzugeben, in das der vordefinierte Datenträger eingebunden werden soll.
Zum Mounten ist deswegen der folgende Befehl einzugeben:

```
joe@debian:~$ mount /floppy
```

Und analog zum unmounten:

```
joe@debian:~$ umount /floppy
```

Übung: CDROMs als Benutzer einbinden

Das gleiche bequeme Vorgehen, dass Sie nun für die Verwendung von Disketten eingerichtet haben, möchten Sie vielleicht auch für CDROMs nutzen können.
Wenn sich in Ihrem Rechner ein CDROM-Laufwerk befindet, können Sie nun einen ähnlichen Eintrag für dieses Laufwerk anlegen. Es wird hier davon ausgegangen, dass Sie die Basisinstallation – zumindest teilweise – von CDROM durchgeführt haben und deswegen wissen, wie Ihr CDROM angesprochen werden kann. Sie benötigen die folgenden zusätzlichen Informationen:

- Der Dateisystemtyp von CDROMs ist in der Regel *iso9660*.
- Analog zum Verzeichnis */floppy*, in das Sie Disketten einbinden, wird während der Basisinstallation das Verzeichnis */cdrom* erzeugt, das zum Einbinden von CDROMs vorgesehen ist. (Natürlich können Sie theoretisch auch irgendein anderes Verzeichnis anlegen und hierfür verwenden.)

- Weil es eine große Anzahl verschiedener CDROM-Laufwerkstypen gibt, existiert eine große Anzahl von Gerätedateien, die diese repräsentieren. Während der Basisinstallation wurde allerdings die Datei /dev/cdrom angelegt, die einen Verweis auf die für Ihr System gültige CDROM-Gerätedatei ist. Verwenden Sie diese Datei, um CDROMs einzubinden (siehe auch S. 365).
- Weil von CDs nur gelesen werden kann und sie nicht beschrieben werden können, gibt es normalerweise eine Warnung beim mounten dieser Datenträger. Verwenden Sie deswegen in der Datei /etc/fstab die zusätzliche Option *ro* (für read-only), um diese Warnung zu umgehen.

Wenn Sie den entsprechenden Eintrag vorgenommen haben, prüfen Sie, ob Sie CDROMs als Benutzer mounten können und lassen Sie sich den Inhalt einer CD anzeigen. Lassen Sie sich auch den Inhalt von Unterverzeichnissen auf der CD anzeigen. Wenn Sie die offiziellen Debian-CDs zur Verfügung haben, sehen Sie sich dann die Datei *README.1ST* auf der ersten CD an.

5.20 Suchen nach Dateien

Das Durchsuchen verschiedener Verzeichnisse mit *cd* und *ls* ist relativ aufwendig. Oft weiß man, wie eine Datei heißt, aber nicht in welchem Verzeichnis sie liegt. Oder man kennt nur einen Teil des Namens genau. Oder man möchte eine Datei finden, die man eben verändert hat, aber deren Namen einem gerade nicht mehr einfällt.

5.20.1 Suchen mit *find*

Zum Suchen (und Finden) dient das Kommando *find*. Es ermöglicht, Dateien anhand unterschiedlicher Kriterien zu suchen, die auch miteinander verknüpft werden können. Außerdem können mit den gefundenen Dateien unterschiedliche Aktionen durchgeführt werden. Beispielsweise kann untersucht werden, ob Sie eine bestimmte Zeichenfolge enthalten oder nicht.
In einfachen Fällen sieht die Syntax von *find* folgendermaßen aus:

```
find [Verzeichnis] Suchkriterium [Argument]
```

Verzeichnis bezeichnet dabei das Verzeichnis, das – zusammen mit seinen Unterverzeichnissen und deren Unterverzeichnissen usw. – durchsucht werden soll. Die Dokumentation von Debian befindet sich unterhalb des Verzeichnisses */usr/share/doc*[7]. Wenn nun hieraus ein bestimmtes Dokument gesucht werden soll, so würde man nur unterhalb dieses Verzeichnisses suchen, um den Suchvorgang zu beschleunigen. *Verzeichnis* muss nicht angegeben werden. Fehlt dieser Parameter, so wird das aktuelle Arbeitsverzeichnis benutzt.
Suchkriterium stellt einen Parameter dar, der *find* angibt, wonach zu suchen ist. Bei den Suchkriterien handelt es sich um Tests, die für jede Datei unterhalb des Startverzeichnisses durchgeführt werden. Ein Beispiel für einen Test ist das Suchkriterium *-name*, welches *find* veranlaßt, für jede Datei zu überprüfen, ob Sie einen bestimmten Namen hat. Diesen Suchkriterien muss in den meisten Fällen noch ein weiterer Parameter folgen, nämlich das *Argument* des Kriteriums. Im Beispiel von *-name* wäre das der Name, nach dem gesucht werden soll.
Um also alle Dateien zu finden, die unterhalb des Verzeichnisses */usr/share/doc* liegen und den Namen *README* tragen, ist folgender Befehl einzugeben:

```
joe@debian:~$ find /usr/share/doc -name README
```

---
[7] In älteren Versionen von Debian befand sich die Dokumentation unterhalb des Verzeichnisses */usr/doc*.

Einige Suchkriterien für *find*

Neben *-name* gibt es noch eine Reihe weiterer Suchkriterien. Die wichtigsten sind:

-iname Dateiname Es wird nach einem Dateinamen ohne Beachtung von Groß- und Kleinschreibung gesucht (das „i" steht für case insensitive). Beispiel: wird nach *GPL* gesucht, dann wird auch *gpl* gefunden.

-user Benutzername und **-group Gruppenname** Es wird nach Dateien gesucht, die einem bestimmten Benutzer oder einer bestimmten Gruppe zugeordnet sind. Beispiel:

```
joe@debian:~$ find -user root
```

Es werden die Namen aller Dateien ausgehend vom aktuellen Verzeichnis ausgegeben, die dem Systemadministrator gehören.

-newer Datei Es werden Dateien gefunden, die später als die mit *Datei* angegebene Datei geändert wurden. Beispiel:

```
joe@debian:~$ find -newer /usr/share/common-licenses/GPL
```

Es werden alle Dateien, ausgehend vom aktuellen Verzeichnis, ausgegeben, die nach dem Datum verändert wurden, an dem die Datei */usr/share/common-licenses/GPL* das letzte Mal geändert (oder neu erzeugt) wurde.

-type Typ Es werden die Dateien ausgegeben, die vom Typ *Typ* sind. Für Typ kann u. a. folgendes eingesetzt werden:

d Verzeichnis (directory). Es werden nur Verzeichnisse ausgegeben.
l Symbolischer Link. Es werden nur symbolische Links ausgegeben.
f Datei (file). Es werden nur gewöhnliche Dateien ausgegeben.

-size Größe Es werden Dateien ausgegeben, deren Größe *Größe* überschreitet, wenn *Größe* das Zeichen „+" vorangestellt ist, oder deren Größe *Größe* unterschreitet, wenn *Größe* ein „-" vorangestellt ist. Wenn *Größe* weder ein „+" noch ein „-" vorangestellt ist, werden nur die Namen der Dateien ausgegeben, deren Größe *Größe* exakt entspricht. Hinter der Angabe von Größe kann die Einheit angegeben werden. Dafür gibt es u. a. die folgenden Möglichkeiten:

c Die Größe wird in Bytes angegeben (count).
k Die Größe wird in KB (Kilobyte) angegeben.
b Die Größe wird in Blöcken (Ein Block entspricht 512 Byte) angegeben.

Der folgende Befehl sucht unterhalb des aktuellen Arbeitsverzeichnisses alle Dateien, die kleiner als 5 Kilobyte sind:

```
joe@debian:~$ find -size -5k
```

Und der nächste Befehl listet alle Dateien unterhalb des Verzeichnisses */usr/share/doc* auf, die größer als 100 KB sind:

```
joe@debian:~$ find /usr/share/doc -size +100k
```

Verknüpfen von Suchkriterien

Es ist auch möglich, Suchkriterien durch logische Operatoren miteinander zu verbinden. Hierzu stehen u. a. die Parameter *-and*, *-or* und *-not* zur Verfügung. Beispielsweise sucht der folgende Befehl nach allen Dateien unterhalb des Verzeichnisses */usr/share/doc*, deren Namen *README* lautet und deren Größe 4 KB übersteigt.

```
joe@debian:~$ find /usr/share/doc -name README -and -size +4k
```

Der nächste Befehl sucht unterhalb des aktuellen Arbeitsverzeichnisses alle Dateien, die nicht dem Systemadministrator gehören und gewöhnliche Dateien (keine Verzeichnisse oder symbolische Links) sind.

```
joe@debian:~$ find ./ -not -user root -and -type f
```

Die Zeichenkette *./* bezeichnet das aktuelle Arbeitsverzeichnis.

Verwendung von Meta-Zeichen mit *find*

Wenn Sie *find* mit den Suchkriterien *-name* oder *-iname* benutzen, dürfen die Namen, nach denen gesucht wird, auch Meta-Zeichen enthalten. Diese haben die gleiche Bedeutung wie bei Verwendung der Shell. Bedenken Sie jedoch, dass Sie verhindern müssen, dass die Meta-Zeichen von der Shell interpretiert werden können. Stellen Sie sich vor, sie befänden sich im Unterverzeichnis */texte* Ihres Heimatverzeichnisses und würden von dort aus nach allen Dateien unterhalb des Verzeichnisses */usr/share/doc* suchen, bei denen die ersten drei Buchstaben des Namens *GPL* lauten. Wenn Sie dazu den Befehl

```
joe@debian:~$ ~/texte
```

find /usr/share/doc -name GPL* eingäben, würde die Shell das Meta-Zeichen (den Stern) auflösen und daraus folgenden Befehl machen:

```
joe@debian:~$ ~/texte
```

find /usr/share/doc -name GPL-Kommentare GPL-Beer Der Grund dafür besteht darin, dass diese beiden Dateien sich im Arbeitsverzeichnis *~/texte* befinden und auf die Zeichenkette *GPL** passen. *find* würde jetzt jedoch nicht mehr nach *GPL** suchen, weil es mit anderen Parametern aufgerufen worden wäre. Wie Sie sich vielleicht erinnern, können Sie durch die Verwendung von Anführungszeichen verhindern, dass die Shell Meta-Zeichen interpretiert. Geben Sie also den nachfolgenden Befehl ein, wenn Sie möchten, dass das Meta-Zeichen an *find* übergeben wird:

```
joe@debian:~$ find /usr/share/doc "GPL*"
```

5.20.2 Ausführen von Kommandos mit den Suchergebnissen

Standardmäßig gibt *find* den Pfad- und Dateinamen zu einer Datei aus, die den Suchkriterien entspricht. Gelegentlich ist es jedoch gewünscht, die Suchergebnisse gleich einem neuen Kommando zuzuführen. Beispielsweise erzeugen viele Programme eine so genannte *core*-Datei (Herz), wenn ein unbehebbarer Fehler auftritt. Solche Dateien enthalten das Abbild des Speichers dieser Programme zu dem Zeitpunkt, zu dem der Fehler aufgetreten ist. Mit den *core*-Dateien ist es Programmentwicklern u. U. möglich, die Ursache des Fehlers zu entdecken.
Leider benötigen diese Dateien manchmal sehr viel Platz auf der Festplatte und wer viel mit experimenteller Software arbeitet, hat seine Festplatte u. U. nach gewisser Zeit mit *core*-Dateien „zugemüllt". Es ist deswegen ratsam, solche Dateien zu löschen, wenn nicht beabsichtigt wird, sie genauer zu untersuchen.
Dies kann erreicht werden, indem man *find* nach *core*-Dateien suchen lässt und dann das Programm *rm* direkt von *find* aufrufen lässt, um die gefundenen Dateien zu löschen. Zunächst wollen wir *find* aber nur das Programm *ls* mit dem Parameter *-l* aufrufen lassen, um nicht wirklich Dateien zu löschen, sondern die Größe der Dateien anzeigen zu lassen.
Zum Ausführen eines Programms durch *find* dient der Parameter *-exec*. Ihm muss als erstes Argument der Name des Programms übergeben werden, das aufgerufen werden soll. Alle folgenden Parameter interpretiert *find* nicht

selbst, sondern übergibt sie dem aufzurufenden Programm. Wird also *-exec ls -l* angegeben, so ruft *find ls* mit dem Parameter *-l* auf. Deswegen muss *find* wissen, wo die Parameter für das aufzurufende Programm enden. Dies wird mit einem Semikolon angezeigt. Hierbei muss allerdings beachtet werden, dass das Semikolon für die Shell eine besondere Bedeutung hat[8] und deswegen nicht an *find* weitergeleitet wird. Dies kann verhindert werden, wenn dem Semikolon ein umgekehrter Schrägstrich vorangestellt wird. Der Parameter müßte dann also *-exec ls -l \;* lauten. Dies ist allerdings noch nicht alles. Bis jetzt würde *find* für jede gefundene Datei folgenden Befehl ausführen:

```
joe@debian:~$ ls -l
```

Es würde also einfach nur *ls* aufgerufen werden, wodurch die Dateien im Arbeitsverzeichnis angezeigt werden würden. Dies würde genau so oft passieren, wie *find* Dateien findet, auf die die angegebenen Suchkriterien zutreffen, weil *find ls* für jede gefundene Datei einmal aufruft. Da dies keinen Sinn macht (man könnte *ls* schließlich auch selbst aufrufen), muss *find* an *ls* noch einen Parameter übergeben, der *ls* angibt, welche Datei anzuzeigen ist. Da dies während der Eingabe des Befehls noch nicht bekannt ist – die Dateien sollen ja noch gefunden werden –, werden hierfür eine geöffnete und eine geschlossene geschweifte Klamme ({}) benutzt, an deren Stelle *find* später die Namen der gefundenen Dateien einsetzt. Wird *find* also der Parameter *-exec ls -l {} \;* übergeben und dann z. B. die Datei *texte/core* gefunden, so ruft *find ls* folgendermaßen auf:

```
joe@debian:~$ ls -l texte/core
```

Um also alle Dateien unterhalb des eigenen Arbeitsverzeichnisses zu finden, die den Namen *core* haben, ist folgender Befehl einzugeben:

```
joe@debian:~$ find ~/ -name core
```

Um sich für jede gefundene Datei die Ausgabe von *ls -l* anzeigen zu lassen, wäre folgender Befehl einzugeben:

```
joe@debian:~$ find ~/ -name core -exec ls -l {} \;
```

Und um die gefundenen Dateien automatisch durch *rm* löschen zu lassen, ist dieser Befehl zu verwenden:

```
joe@debian:~$ find ~/ -name core -exec rm {} \;
```

Alternativ zu dem Parameter *-exec* kann der Parameter *-ok* verwendet werden. Er bewirkt das gleiche, allerdings wird vor jedem Aufruf des auszuführenden Befehls nachgefragt, ob dieser tatsächlich aufgerufen werden soll. Das kann dann mit „y" oder „n" bestätigt oder verneint werden.

5.20.3 Schnelles Suchen mit *locate*

Einen anderen Ansatz als *find* verfolgt das Kommando *locate*. Während *find* das Dateisystem nach jedem Aufruf tatsächlich durchsucht, benutzt *locate* eine Datenbank, in der Namen und Verzeichnisse der meisten Dateien auf dem System gespeichert sind. Diese Datenbank wird standardmäßig einmal pro Nacht durch Aufruf des Programms *updatedb* aktualisiert[9].

Deswegen werden Sie Dateien, die gerade eben erzeugt wurden, mit *locate* nicht finden. Auf der anderen Seite eignet sich *locate* gut zur Suche nach Dateien, die Bestandteil der Debian-Installation sind, weil diese sich in der Regel nicht täglich ändert. Weil *locate* nicht wirklich das Dateisystem durchsucht, ist es dabei wesentlich schneller als *find*.

Im einfachsten Fall rufen Sie *locate* folgendermaßen auf:

---

[8] Das Semikolon zeigt der Shell an, dass ein Kommando zu Ende ist. Es hat die gleiche Wirkung, wie ein Zeilenende oder die Betätigung der EINGABE-Taste. Allerdings führt es nicht zur sofortigen Ausführung des Kommandos.

[9] Verantwortlich hierfür ist das *cron*-System, welches Programme zu definierten Uhrzeiten aufruft (siehe 9.3). Natürlich muss der Rechner zu den entsprechenden Uhrzeiten eingeschaltet sein, allerdings kann alternativ auch das Paket *anacron* benutzt werden, dass den entsprechenden Programmaufruf später nachholt, wenn der betreffende Rechner nur manchmal eingeschaltet ist.

```
locate Suchzeichenfolge
```

Die *Suchzeichenfolge* bezeichnet dabei eine Zeichenkette, die im Datei- oder Pfadnamen der gesuchten Datei vorkommt. Beispielsweise sucht der folgende Befehl nach allen in der Datenbank gespeicherten Dateien, in deren Namen die Zeichenkette *README* vorkommt und gibt diese aus:

```
joe@debian:~$ locate README
```

Sie können in der Suchzeichenfolge auch die Meta-Zeichen *, ? und [] verwenden. Denken Sie dann daran, dass Sie die Meta-Zeichen vor der Shell schützen müssen. Wenn Sie Meta-Zeichen verwenden, werden nur Dateien ausgegeben, auf die die Suchzeichenfolge exakt zutrifft (Beispiel: die Suchzeichenfolge *aa** trifft nicht exakt auf den Namen *laang* zu, weil das *l* mit ihr nicht abgedeckt ist), während ohne Meta-Zeichen alle Dateien ausgegeben werden, die die Suchzeichenfolge enthalten (Beispiel: Die Suchzeichenfolge *aa* ist in dem Namen *laang* enthalten). So durchsucht der folgende Befehl die Datenbank nach allen Einträgen, die mit der Zeichenfolge *README* enden:

```
joe@debian:~$ locate "*README"
```

Und der nächste Befehl gibt alle Dateien der Datenbank aus, die die Zeichenfolge *README* enthalten, welche von einem Punkt gefolgt ist und dann drei beliebige Zeichen enthält:

```
joe@debian:~$ locate "*README.???"
```

Übungen mit *find* und *locate*

Das schnelle Auffinden von Dateien und Verzeichnissen auf dem System ist aus vielen Gründen und in vielen Situationen eine wichtige Fertigkeit. Wenn Sie die bisher aufgeführten Beispiele nachvollzogen haben, wird es einfach sein, die folgenden Aufgaben zu lösen:

- Suchen Sie im Systemkonfigurationsverzeichnis */etc* alle Dateien, die die Endung *.conf* haben.
- Untersuchen Sie, ob es auf dem System außer in Ihrem Heimatverzeichnis noch Dateien gibt, die Ihnen gehören.
- Vergleichen Sie die Geschwindigkeit von *find* und *locate* bei der Suche nach allen Dateien, deren Namen die Zeichenkette *README.Debian.gz* enthalten und die unterhalb des Verzeichnisses */usr/share/doc* liegen.
- Suchen Sie im Systemdokumentationsverzeichnis alle Dateien, die die Bezeichnung *copyright* haben und die gewöhnliche Dateien sind. Untersuchen Sie für jede gefundene Datei, ob sich in ihr die Zeichenfolge *GNU General Public License* befindet. **Hinweis:** Das Durchsuchen von Dateien nach einer bestimmten Zeichenfolge kann mit dem Kommando *grep* geschehen. Die einfache Syntax von *grep* lautet:

```
grep Suchzeichenkette Dateiname
```

Suchzeichenkette muss dabei in Anführungsstrichen stehen, wenn sie Leer- oder Meta-Zeichen enthält. Der zusätzliche Parameter *-H* bewirkt, dass *grep* vor jeder Zeile, die die Zeichenkette enthält den betreffenden Dateinamen ausgibt. Um die Aufgabe zu lösen, muss *find grep* also folgendermaßen aufrufen:

```
grep -H "Suchzeichenkette" Dateiname
```

5.21 Programme zum Betrachten von Text (Pager)

Ein Pager ist ein Programm, das Text kontrolliert am Bildschirm ausgibt und dem Benutzer erlaubt, sich im Rahmen der Möglichkeiten des Programms in dem Text zu bewegen (also z.B. vorwärts und rückwärts zu blättern oder in dem Text nach Worten zu suchen). Ein Pager, der auf jedem UNIX System zu finden sein sollte, ist das Programm *more* (S. 688). Unter Debian GNU/Linux steht zusätzlich das Programm *less* (S. 672) aus dem gleichnamigen Paket zur Verfügung, welches wesentlich mehr Funktionen hat und bequemer zu bedienen ist als *more*.
Programme zum Betrachten von Text sind Bestandteil des Alternativen-Systems von Debian. Sie können mehrere solche Programme gleichzeitig installieren. Welches Programm dann nach Eingabe des Befehls *pager* aufgerufen wird, wird durch einen symbolischen Link im Verzeichnis */etc/alternatives* festgelegt (siehe auch S. 224). Die Textbetrachter können natürlich auch direkt über ihren eigentlichen Namen, also z.B. *more* oder *less* aufgerufen werden.
Eine Reihe von Programmen, die einen Textbetrachter verwenden um Text anzuzeigen, werten den Inhalt der Umgebungsvariable *PAGER* (siehe auch S. 451) aus, um zu entscheiden, welches Programm aufgerufen werden soll. Das bekannteste Beispiel hierfür ist wahrscheinlich das Programm *man*. Prinzipiell können Textbetrachter in zwei verschiedenen Modi arbeiten, indem sie den Text aus einer Datei anzeigen oder in dem sie den Text aus einem Datenstrom (siehe Abschnitt 16.5.1) lesen und anzeigen. Um beispielsweise die Datei *readme.txt* im aktuellen Arbeitsverzeichnis mit *less* anzuzeigen, kann also alternativ einer der beiden Befehle benutzt werden:

```
joe@debian:~$ less readme.txt
```

```
joe@debian:~$ cat readme.txt | less
```

Bedienung von *more*

Die Programme *more* und *less* werden beide mit der Tastatur bedient, es ist also wichtig, einige Tastaturkommandos für diese Programme zu kennen. Bei *more* sind die wichtigsten Kommandos:

H oder ? Ein Hilfebildschirm mit den Tastaturkommandos wird angezeigt. Drücken Sie die Leertaste, um ihn wieder zu verlassen.
LEER Es wird die nächste Seite des Textes angezeigt.
EINGABE Es wird eine weitere Zeile angezeigt.
Q oder SHIFT-Q Das Programm wird sofort verlassen.
STRG-L Der Bildschirm wird neu gezeichnet.

Darüberhinaus bietet *more* eine Reihe weiterer Befehle und Funktionen (wie das Zurückblättern), die zum Teil jedoch nur dann funktionieren, wenn mit dem Programm eine Datei angezeigt wird und nicht, wenn *more* aus einem Datenstrom liest, wie es beispielsweise bei der Verwendung des Programms mit *man* (siehe S. 131) der Fall ist.

5.21.1 Bedienung von *less*

Diese und andere Schwächen von *more* beseitigt das Programm *less*, mit dem Sie auch in Text aus einem Datenstrom vor- und zurückblättern können. Die wichtigsten Kommandos, die für die Arbeit mit *less* benötigt werden, werden in der folgenden Übersicht aufgeführt. Vielen Kommandos kann dabei optional eine Zahl vorangestellt werden. Dazu ist zunächst die Zahl einzugeben (also beispielsweise die 5 zu drücken) und dann die Taste für das Kommando zu betätigen. Die komplette Liste aller von *less* verstandenen Befehle finden Sie in der Manualseite zu dem Programm sowie in der Onlinehilfe. Hier die wichtigsten Befehle:

H oder SHIFT-H Die Onlinehilfe mit einer Übersicht über die verfügbaren Kommandos wird angezeigt. Um diesen Bildschirm zu verlassen, ist die Taste Q zu drücken.

LEER, F oder SEITE-RUNTER Der Text wird um eine voreingestellte Menge Text vorwärts geblättert. In der Regel ist das die Menge Text, die auf einen Bildschirm passt. Wenn Sie eine Zahl eingeben, bevor Sie eine der beiden Tasten betätigen, wird um die entsprechende Anzahl Zeilen vorwärts geblättert.

Z Wie LEER oder F, mit dem Unterschied, dass die optional vorangestellte Zahl zur neuen Voreinstellung wird.

B, ESC-V oder SEITE-RAUF Es wird um die voreingestellte Menge Text rückwärts geblättert. Diese ist, wie bei LEER, voreingestellt auf die Menge Text, die auf einen Bildschirm passt.

W Wie B, mit dem Unterschied, dass die optional vorangestellte Zahl zur neuen Voreinstellung wird.

EINGABE, E oder PFEILRUNTER Wenn Sie diesem Befehl keine Zahl voranstellen, wird um eine Zeile vorgeblättert, ansonsten um die Anzahl von Zeilen, die Sie angegeben haben.

Y, K oder PFEILRAUF Es wird um eine Zeile oder die spezifizierte Anzahl von Zeilen rückwärts geblättert (wie EINGABE, nur in die andere Richtung).

D Standardmäßig wird um die Hälfte der Zeilen, die auf einen Bildschirm passen, vorwärtsgeblättert. Alternativ um die Menge der Zeilen, die angegeben wurden.

U Wie D, aber rückwärts.

ESC-(oder PFEILRECHTS Der Text wird um die spezifizierte Anzahl Spalten nach rechts verschoben. Wird keine Anzahl angegeben, sind dies acht Spalten.

ESC-) oder PFEILLINKS Der Text wird um die spezifizierte Anzahl Spalten nach links verschoben. Der voreingestellte Wert ist wieder acht.

R oder STRG-L Der Bildschirm wird neu gezeichnet.

P Es wird zu der Stelle des Textes gesprungen, die der spezifizierten Menge des Textes in Prozent entspricht. Wenn Sie also *50* und dann P eingeben, gelangen Sie in die Mitte des Textes.

/ (Suchen) Nach der Betätigung dieser Taste ist eine Zeichenfolge einzugeben und dann EINGABE zu drücken. *less* sucht daraufhin nach der eingegebenen Zeichenfolge und springt an die erste Stelle des Textes, an dem die Zeichenfolge gefunden wurde. Wenn Sie dem Befehl eine Zahl vorangestellt haben, wird an die der Zahl entsprechende Stelle des Auftretens gesprungen. Wenn Sie also beispielsweise 3, /, Schuhcreme und EINGABE eingegeben haben, wird an die Position des Textes gesprungen, an der das Wort Schuhcreme zum dritten Mal von der aktuellen Position gesehen vorkommt. Der angegebene Suchbegriff wird als regulärer Ausdruck interpretiert (siehe S. 743).

Wenn Sie mehrmals nach der gleichen Zeichenfolge suchen, brauchen Sie den Suchbefehl nicht zu wiederholen, sondern können einfach N eingeben, womit zur nächsten Position, an der die entsprechende Zeichenfolge gefunden wurde, gesprungen wird. Geben Sie SHIFT-N ein, um rückwärts zur vorherigen Textstelle zu springen, an der die Zeichenfolge gefunden wurde.

? Wie /, nur dass rückwärts gesucht wird.

Q oder SHIFT-Q Beendet das Programm *less*.

V Es wird der voreingestellte Editor mit der Datei geöffnet. Dieser Befehl funktioniert nicht, wenn Sie nicht eine Datei sondern einen Datenstrom mit *less* ansehen.

S Der Text wird in einer Datei gespeichert. Dieser Befehl funktioniert nur, wenn Sie einen Datenstrom betrachten.

Die wichtigsten Kommandozeilenoptionen von *less* finden Sie auf Seite 672.

Manchmal ist es notwendig, *less* mitzuteilen, welchen Zeichensatz das Programm benutzen soll. Hierzu dient die Umgebungsvariable (siehe Seite 451) *LESSCHARSET*. Mögliche Werte für diese Variable sind u. a.:

ascii Es werden nur die Zeichen des ASCII-Zeichensatzes angezeigt. Beachten Sie, dass die Umlaute der deutschen Sprache nicht dazu gehören.

iso8859 Dieser Zeichensatz entspricht weitgehend dem ASCII-Zeichensatz, er enthält jedoch zusätzlich die Sonderzeichen westeuropäischer Sprachen, wie z. B. Holländisch, Französisch oder Deutsch. Dieser Wert ist die Standardeinstellung, wenn die Variable *LESSCHARSET* nicht gesetzt ist.

dos MS-DOS Zeichensatz.

koi-8r Zeichensatz für die russische Sprache.

Um den Inhalt von russischen Textdateien anzuzeigen, welche mit dem Zeichensatz *koi-8r* kodiert sind, wäre also dieser Befehl einzugeben, bevor *less* aufgerufen wird:

```
joe@debian:~$ export LESSCHARSET=koi-8r
```

5.21.2 Betrachten komprimierter Dateien mit *zless*

Fast alle Textdateien in den Dokumentationsverzeichnissen unterhalb von */usr/share/doc* liegen in (mit dem Programm *gzip* (S. 663)) komprimierter Form vor. Um diese Dateien mit *less* zu betrachten, wären die entsprechenden Dateien also zunächst zu dekomprimieren. Einfacher geht es mit dem Befehl *zless*. Der Befehl dekomprimiert die anzuzeigende Datei automatisch:

```
joe@debian:~$ zless /usr/share/doc/bash/FAQ.gz
```

Neben *zless* steht auch der Befehl *zmore* zur Verfügung, welcher den Inhalt komprimierter Dateien oder eines komprimierten Datenstroms mit dem Programm *more* anzeigt.

Anzeigen spezieller Daten mit *lessfile* und *lesspipe*

Die beiden Programme *lessfile* und *lesspipe* erlauben es, auch Dateien mit *less* zu betrachten, bei denen es sich nicht um Textdateien handelt. Die Programme können von *less* aufgerufen werden, bevor eine Datei angezeigt wird und die Datei so konvertieren, dass ihr Inhalt wie gewöhnlicher Text angezeigt werden kann.

Die Programme unterscheiden sich dadurch, dass *lesspipe* die konvertierten Daten direkt auf die Standardausgabe gibt, welche mit der Standardeingabe von *less* verbunden ist, während *lessfile* zunächst die gesamte anzuzeigende Datei konvertiert, das Ergebnis in eine temporäre Datei schreibt und den Inhalt dieser Datei nach Abschluss der Konvertierung mit *less* anzeigt. Die Datei wird dann bei Beendigung von *less* gelöscht. Bei der Verwendung von *lessfile* muss also gelegentlich länger gewartet werden, bis Daten angezeigt werden, während *lesspipe* sofort Daten zur Verfügung stellt, die aber u. U. zu Beginn noch nicht komplett durchsucht werden können, weil sie noch nicht komplett konvertiert wurden.

Beide Programme entscheiden anhand der Endung des Namens einer Datei, wie die betreffenden Daten zu konvertieren sind. Daraus ergibt sich, dass dieses Verfahren nur dann funktioniert, wenn der Inhalt einer Datei angezeigt wird und nicht, wenn von der Standardeingabe gelesen wird. Im zweiten Fall steht nämlich kein Dateiname zur Verfügung.

Das Programm *less* erfährt durch die beiden Umgebungsvariablen *LESSOPEN* und *LESSCLOSE* davon, welche Programme vor und nach dem Anzeigen einer Datei aufgerufen werden sollen. Die beiden Variablen können komfortabel mit den Programmen *lessfile* bzw. *lesspipe* gesetzt werden. Wenn Sie *lessfile* benutzen wollen, geben Sie den folgenden Befehl ein:

```
joe@debian:~$ eval $(lessfile)
```

Wenn Sie *lesspipe* benutzen wollen, dann ist dieser Befehl zu verwenden:

```
joe@debian:~$ eval $(lesspipe)
```

Um diese Einstellung dauerhaft zu verwenden, ist der entsprechende Befehl in der Startdatei der Standardshell anzugeben (siehe Seite 427). Danach kann *less* u. a. den Inhalt sowie die Beschreibung von Debian-Paketen oder von komprimierten Dateien anzeigen. Um beispielsweise den Inhalt des Debian-Archives *lprng_3.6.12-5.deb* anzuzeigen, wäre der folgende Befehl einzugeben:

```
joe@debian:~$ less lprng_3.6.12-5.deb
```

6. Dokumentation und Hilfe

Neben dem eigentlichen Betriebssystem und den Anwendungsprogrammen stellt Debian eine große Menge unterschiedlicher Dokumentation zur Verfügung. Ein Teil dieser Dokumente ist in den einzelnen Programmpaketen bereits enthalten. Hierzu gehören vor allem Kurzbeschreibungen zur Bedienung der in diesen Paketen enthaltenen Programme. In anderen Paketen befindet sich ausschließlich Dokumentation. Diese reicht von ausführlichen Beschreibungen bestimmter Pakete bis hin zu kompletten Büchern zum Ausdrucken oder zum Lesen am Bildschirm.
Die Dokumentation freier Software stützt sich auf unterschiedliche Säulen. Zu den meisten Programmen gibt es eine sogenannte Manualseite, die in vielen Fällen eine kurze Beschreibung des Einsatzzweckes des betreffenden Programms sowie eine Erläuterung der möglichen Optionen und Parameter beim Aufruf des Programms enthält. In manchen Manualseiten befinden sich allerdings auch sehr viel ausführlichere Beschreibungen des betreffenden Programms, einer Funktion oder einer Konfigurationsdatei.
Neben dem Manualsystem sind viele GNU-Programme mit dem GNU-Info-System dokumentiert. Diese Dokumentation kann am Bildschirm mit speziellen Programmen gelesen werden, sie lässt sich jedoch auch so aufbereiten, dass aus ihr ansprechend gestaltete Handbücher zum Ausdrucken erzeugt werden können.
Normalerweise stehen zu jedem Paket zusätzliche Dokumente zur Verfügung. Dazu gehören etwa Kurzanleitungen zur Benutzung des betreffenden Pakets, Notizen des oder der Programmierer der Software oder Anleitungen und Hinweise, die von anderen Personen erstellt wurden. Diese Dokumente befinden sich nach der Installation eines Pakets unterhalb des Verzeichnisses */usr/share/doc* in einem Unterverzeichnis, welches den gleichen Namen trägt wie das Paket selber (bei Paketen, die noch nicht an den File Hierarchie Standard angepasst worden sind, finden Sie die Dokumente unterhalb von */usr/doc*). Dort befinden sich oft auch Hinweise des Debian-Entwicklers, der die betreffende Software an das Debian-System angepasst hat.
Freie Software ist mit dem Internet groß geworden. Deswegen ist es auch nicht weiter verwunderlich, dass sich im Internet eine große Anzahl von Informationen zum Thema Linux finden lässt. Hier spielt nicht nur das weithin bekannte World-Wide-Web (WWW) eine bedeutende Rolle, sondern auch andere Internetdienste wie Internet-News oder Mailinglisten.
Schließlich sollten Sie sich bei der Arbeit mit dem System immer darüber im klaren sein, dass Sie mit freier Software arbeiten, was bedeutet, dass der Quellcode zu allen Programmen vorhanden ist. Wie Sie den Quellcode zu einem Paket installieren können, ist ab Seite 213 beschrieben. Oft befinden sich in den Dateien des Quellcodes Kommentare und Hinweise, mit denen sich Fragen beantworten lassen und die auch verstanden werden können, ohne dass Programmierkenntnisse erforderlich sind.

6.1 Das Manual System

Manual Pages (Handbuch Seiten, oft auch kurz „Man-Pages" genannt) stellen das klassische Hilfesytem auf den meisten UNIX-Systemen dar. Die Grundidee ist folgende: Zu jedem Programm, jeder Funktion und jeder Konfigurationsdatei gibt es einen speziell formatierten Text, der sich unter anderem auf einem Drucker ausgeben oder am Bildschirm anzeigen lässt. Um eine Manualseite anzuzeigen, ist im Normalfall einfach der folgende Befehl einzugeben:

```
man Programmname
```

Hierbei ist *Programmname* durch den Namen des Programms, zu dem Informationen benötigt werden, zu ersetzen ist. Das Programm *man* ist in dem Paket *man-db* enthalten, welches natürlich installiert sein muss, um das Manual-System zu benutzen. Will man also beispielsweise Informationen zu dem Befehl *ls* erhalten, so gibt man einfach diesen Befehl ein:

```
joe@debian:~$ man ls
```

Das Programm *man* sucht nach der entsprechenden Seite in vorgegebenen Verzeichnissen, formatiert diese und zeigt sie dann standardmäßig am Bildschirm an. Hierzu verwendet es ein Hilfsprogramm, einen sogenannten *Pager*. Standardmäßig ist dies das Programm *more*. Es empfiehlt sich jedoch, das Paket *less* zu installieren, in dem ein sehr komfortabel zu bedienender Pager enthalten ist, welcher nach der Installation des Pakets dann automatisch als Standard benutzt wird. In *less* können Sie sich mit den Pfeiltasten sowie mit den Tasten SEITE-RAUF und SEITE-RUNTER im Text bewegen und nach Betätigung der Taste / nach Text suchen. Das Programm wird durch Betätigung der Taste Q verlassen (siehe auch Seite 127).

6.1.1 Die Abschnitte des Manualsystems

Das Manualsystem besteht aus unterschiedlichen Abschnitten oder Sektionen. Jeder Abschnitt repräsentiert dabei einen bestimmten Bereich der Dokumentation. Die Abschnitte sind durchnummeriert und entsprechen den folgenden Bereichen:

1. Dokumentation zu Programmen, die zur Benutzung durch normale Anwender bestimmt sind, also Programme wie *ls* oder *cp*.
2. Systemaufrufe. In diesem Abschnitt sind die Schnittstellen des Linux-Kernels dokumentiert.
3. Funktionen von Bibliotheken. Hier befindet sich die Dokumentation zu Programmbibliotheken, die z. B. von C- oder Perl-Programmierern benutzt werden.
4. Gerätedateien. Hier befindet sich u. a. die Dokumentation für einige der Gerätedateien aus dem Verzeichnis */dev*.
5. Dateiformate. In diesem Abschnitt werden viele der Konfigurationsdateien aus dem Verzeichnis */etc* beschrieben.
6. Dokumentation zu Spielen.
7. Dokumentation unterschiedlicher Dinge, die in keine andere Kategorie passen.
8. Dokumentation zu Programmen und Dateien, die in erster Linie für die Benutzung durch den Administrator bestimmt sind.

Die Manualseiten selbst, sind normalerweise in den Paketen enthalten, in denen sich auch die Programme befinden, zu denen die entsprechenden Seiten gehören. Eine große Anzahl allgemeiner Manualseiten, im wesentlichen aus den Abschnitten 3, 5, und 7, befindet sich jedoch im Paket *manpages*. Die Manualseiten befinden sich nach ihrer Installation unterhalb des Verzeichnisses */usr/share/man* sowie unterhalb */usr/X11R6/man*, wenn es sich um Dokumentation zum X Window System oder zu Programmen für X handelt. Manualseiten für lokale Programme werden unterhalb von */usr/local/man* abgelegt[1]. In diesen Verzeichnissen befinden sich Unterverzeichnisse, die den einzelnen Abschnitten des Manualsystems entsprechen, sowie weitere Unterverzeichnisse für nicht-englische Sprachen.

---
[1] Ältere Pakete legen Manualseiten darüber hinaus unterhalb von */usr/man* ab.

Im allgemeinen braucht man sich nicht dafür zu interessieren, in welchem Abschnitt sich eine bestimmte Manualseite befindet. In einigen Fällen gibt es jedoch in verschiedenen Abschnitten Manualseiten mit dem gleichen Namen. Ein Beispiel hierfür ist *passwd*. Mit dem Programm *passwd* (S. 696) können Benutzer Ihre Passwörter auf dem System ändern. Die Manualseite zu diesem Programm befindet sich im Abschnitt 1. Darüber hinaus gibt es die Datei */etc/passwd*, in welcher die Daten zu den Benutzerkonten des Systems gespeichert werden. Zum Aufbau dieser Datei gibt es ebenfalls eine Manualseite, welche sich in der Sektion 5 befindet. Standardmäßig werden die Sektionen der Reihenfolge nach durchsucht und es wird die erste passende Seite angezeigt. Würde man also den Befehl *man passwd* eingeben, dann würde die Dokumentation zu dem Programm *passwd* angezeigt werden. Um eine Seite aus einem anderen Abschnitt anzuzeigen, muss dem Programm *man* die Bezeichnung des entsprechenden Abschnittes mitgeteilt werden. Dazu muss die Bezeichnung des gewünschten Abschnitts vor der Bezeichnung der gesuchten Manualseite eingegeben werden. Um also die Dokumentation zur Datei */etc/passwd* anzuzeigen, wäre dieser Befehl einzugeben:

    joe@debian:~$ **man 5 passwd**

Es ist auch möglich, alle Manualseiten, die den selben Namen tragen, hintereinander anzuzeigen. Zu diesem Zweck ist das Programm mit der Option *-a* aufzurufen. Der folgende Befehl zeigt die beiden *passwd*-Manualseiten hintereinander an:

    joe@debian:~$ **man -a passwd**

Oft findet man in Dokumentationstexten Hinweise auf Programme oder Manualseiten in der Form *ls(1)* oder *fopen(3)*. Damit wird zum Ausdruck gebracht, dass beispielsweise das Programm *ls* gemeint ist, welches im Abschnitt 1 des Manualsystems dokumentiert ist.

6.1.2 Manualseiten in unterschiedlichen Sprachen

Die Manualseiten zu vielen Programmen und anderen Bereichen des Manualsystems wurden in eine Reihe von Sprachen übersetzt. Diese übersetzten Manualseiten sind in gesonderten Paketen enthalten. Die Namen dieser Pakete bestehen aus der Zeichenkette *manpages-* sowie dem betreffenden Landes- oder Sprachkürzel. Die deutschsprachigen Manualseiten sind also in dem Paket *manpages-de* zu finden.
Auf dem System können gleichzeitig Manualseiten in verschiedenen Sprachen installiert sein. Welche Sprache benutzt wird, lässt sich durch die Umgebungsvariablen (siehe S. 451) *LC_MESSAGES* oder *LANG* festlegen. Wenn einem Benutzer standardmäßig die deutschen Seiten angezeigt werden sollen, so könnte man die Umgebungsvariable *LANG* für diesen Benutzer beispielsweise auf den Wert *de_DE* setzen:

    joe@debian:~$ **export LANG=de_DE**

Um diese Einstellung dauerhaft wirksam zu machen, ist der Befehl in die Startdateien Standard-Shell zu schreiben (siehe auch Seite 427). Wenn danach der Befehl *man ls* eingegeben wird, dann wird die Beschreibung des Befehls *ls* in deutscher Sprache angezeigt.

Achtung: Aufgrund eines Problems mit den aktuellen Paketen *manpages-de* (Version 0.2-2) und *man-db* (Version 2.3.14) ist der voreingestellte Suchpfad für Manualseiten zu überschreiben, um die deutschen Manualseiten benutzen zu können. Dies kann durch die Umgebungsvariable *MANPATH* geschehen. Geben Sie dazu den folgenden Befehl ein oder schreiben Sie den Befehl in die Startdatei Ihrer Standardshell:

    joe@debian:~$ **export MANPATH=/usr/man:$(manpath)**

Mehr Informationen zur Bedienung von *man* finden Sie auf Seite 679 sowie in der Manualseite zu dem Programm. Diese Manualseite wird standardmäßig auch in deutscher Sprache installiert.

6.1.3 Drucken von Manualseiten

Manualseiten liegen auf dem System im sogenannten *nroff*-Format vor. Dieses Format lässt sich in eine Reihe unterschiedlicher Formate umwandeln. Zu diesen Formaten gehören PostScript und DVI (Device Independent, Ausgabeformat des Textsatzsystems TeX). Standardmäßig werden die Manualseiten in ein Format umgewandelt, das zur Darstellung am Bildschirm geeignet ist. Zur Anforderung eines anderen Formats ist die Option *-T* zu verwenden. Dieser Option ist (ohne Leerzeichen) der Name des gewünschten Ausgabeformats nachzustellen. Dabei steht *ps* für PostScript und *dvi* für DVI. Mit *X75* und *X100* lassen sich die Seiten auch in einem Fenster unter X anzeigen.

Um beispielsweise aus der Dokumentation zum Befehl *ls* ein PostScript-Dokument zu erzeugen, könnte der folgende Befehl eingegeben werden:

```
joe@debian:~$ man -Tps ls > ls.ps
```

Das Ergebnis wird dadurch in die Datei *ls.ps* geschrieben. Diese Datei ließe sich dann mit diesem Befehl ausdrucken:

```
joe@debian:~$ lpr ls.ps
```

Einfacher geht es, wenn die Ausgabe von *man* direkt an das Programm *lpr* übergeben wird:

```
joe@debian:~$ man -Tps ls | lpr
```

Um die Manual-Seite zu dem DVI-Betrachter *xdvi* (aus dem Paket *tetex-bin*) in das DVI-Format zu bringen, könnte dieser Befehl benutzt werden:

```
joe@debian:~$ man -Tdvi xdvi > xdvi.dvi
```

Das Ergebnis (die Datei *xdvi.dvi*) kann dann (unter X) mit dem Programm *xdvi* betrachtet werden:

```
joe@debian:~$ xdvi xdvi.dvi
```

6.1.4 Suchen in Manualseiten

In jeder Manualseite befindet sich am Anfang der Name sowie eine Kurzbeschreibung des zugehörigen Kommandos, bzw. der zugehörigen Datei oder Funktion. Mit dem Befehl *apropos* ist es möglich, diese Kurzbeschreibungen zu durchsuchen. So liefert der folgende Befehl die Namen und Kurzbeschreibungen aller Manualseiten, in deren Kurzbeschreibungen das Wort *directory* (Verzeichnis) vorkommt:

```
joe@debian:~$ apropos directory
```

Weitere Informationen zu *apropos* finden Sie auf Seite 635 sowie in der Manualseite zu dem Programm. Das Gegenstück zu dem Befehl *apropos* ist der Befehl *whatis*. Diesem Befehl kann der Name eines Programms, einer Funktion oder einer Datei übergeben werden, für die eine Manualseite existiert. Es liefert dann die Kurzbeschreibung des entsprechenden Kommandos zurück.

```
joe@debian:~$ whatis ls
```

Dieser Befehl gibt beispielsweise die folgende Meldung aus:

```
ls (1) - list directory contents
```

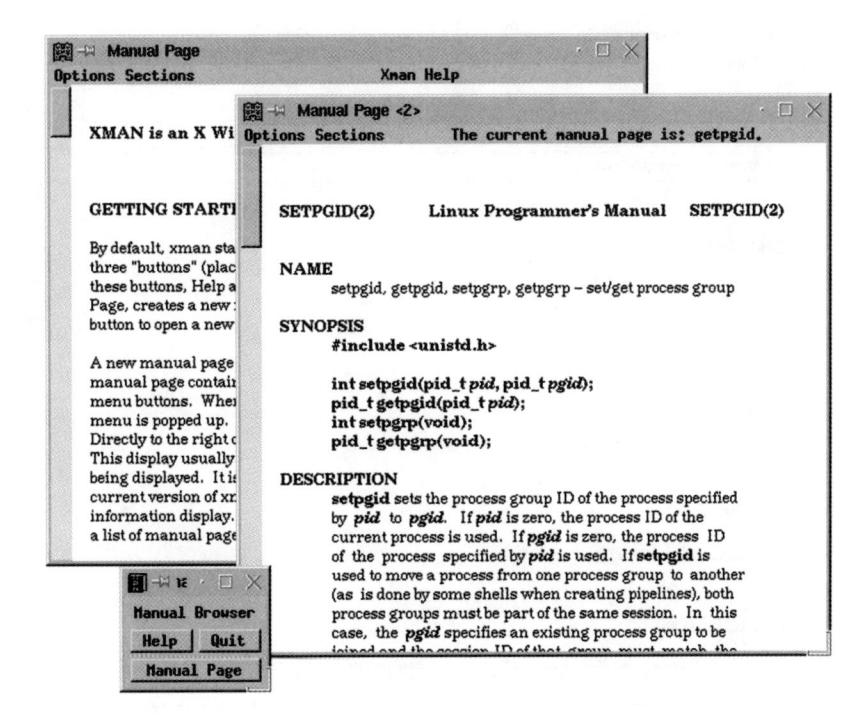

Abbildung 12: Manualbrowser für das X Window System: *xman*.

6.1.5 Weitere Programme zur Arbeit mit Manualseiten

Neben dem Programm *man* stehen eine Reihe anderer Programme zur Verfügung, mit denen Manualseiten angezeigt werden können. Der Klassiker unter diesen Programmen ist sicherlich das Programm *xman* für das X Window System.
Das Programm kann über das Debian-Menü oder den folgenden Befehl gestartet werden:

```
debian:~# xman &
```

Es erscheint dann ein kleines Steuerungsfenster, in welchem die Schaltfläche *Manual Page* angeklickt werden muss, um ein Fenster anzuzeigen, in dem dann mit den Manualseiten gearbeitet werden kann. In diesem Fenster kann im Menü *Sections* einer der Bereiche des Manualsystems ausgewählt werden, woraufhin die Liste der in dem betreffenden Bereich zur Verfügung stehenden Seiten angezeigt wird. Sobald der Name einer Manualseite mit der linken Maustaste angeklickt wird, wird die zugehörige Seite angezeigt. Wichtige Tastaturbefehle bei der Arbeit mit *xman* sind F (vorwärtsblättern) und B (rückwärtsblättern) sowie STRG-D, wodurch zur Liste der verfügbaren Seiten zurückgesprungen wird und STRG-S, womit ein Dialog zum Durchsuchen der Seite angezeigt wird.

Manualseiten in GNOME und KDE Wenn Sie mit den Arbeitsplatzumgebungen KDE oder GNOME arbeiten, möchten Sie vielleicht die Hilfeprogramme dieser Umgebungen verwenden, um mit Manualseiten zu arbeiten. Das Hilfeprogramm der Arbeitsplatzumgebung GNOME heißt *gnome-help-browser* und ist im Paket *gnome-help* enthalten. Das KDE-Hilfeprogramm befindet sich im KDE-Paket *kdebase* und heißt *kdehelp*.
Beide Programme können sowohl Manual-Seiten, Info-Dateien (siehe nächstes Kapitel) als auch die im HTML-Format gehaltenen Hilfeseiten der jeweiligen Arbeitsplatzumgebung anzeigen

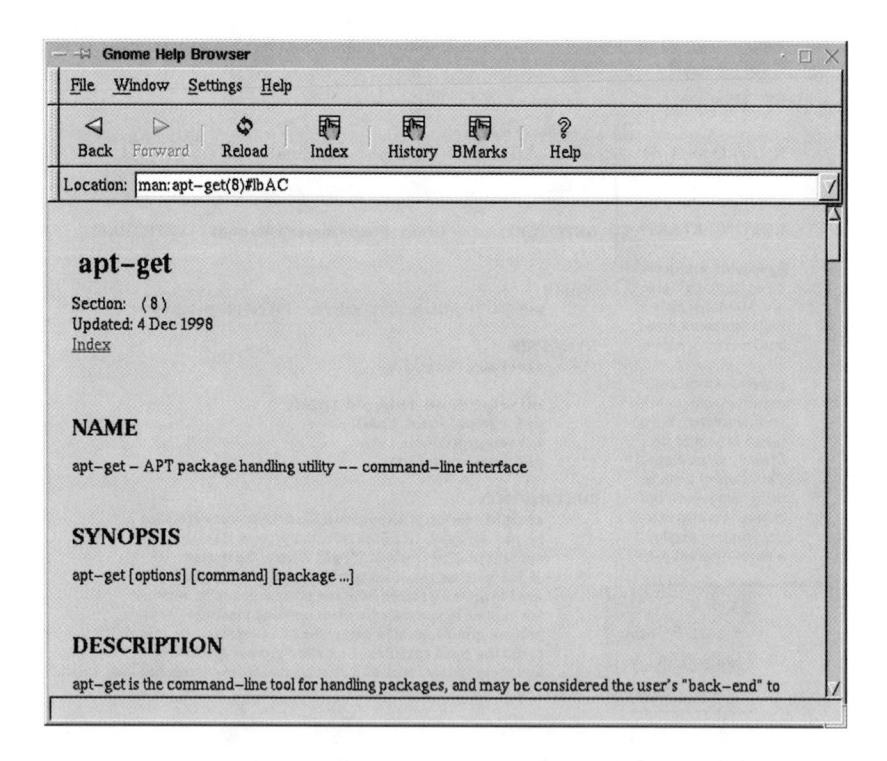

Abbildung 13: Anzeigen von Manualseiten im GNOME-Hilfeprogramm *gnome-help-browser*.

Die beiden Programm lassen sich ähnlich wie ein WWW-Browser bedienen. In der Eingabezeile unterhalb der Werkzeugleiste kann ein URI (Uniform Resource Identifier, siehe auch S. 202) eingegeben werden, wobei als Protokolltyp *man* angegeben werden muss, um eine Manualseite anzuzeigen. Hinter dem Doppelpunkt wird dann der Name der gewünschten Seite angegeben und dahinter in Klammern die Abteilung, falls dies notwendig ist. Der URI für die Manualseite *passwd* aus der Sektion 5 (Dateiformate) würde also folgendermaßen aussehen:

```
man:passwd(5)
```

Alternativ zur manuellen Eingabe eines URI kann man sich natürlich mit der Maus zur gewünschten Seite „durchklicken".

Manualseiten in Emacs und Xemacs Nach Eingabe des Kommandos *manual-entry* in einem der beiden Editoren (etwa durch die Tastenfolge ALT-X*manual-entry*) wird man zur Eingabe des Namens der anzuzeigenden Manualseite aufgefordert. Die Seite wird dann – wenn vorhanden – im Editor angezeigt. Dies ist recht bequem, wenn man ohnehin viel mit einer der beiden Emacs-Varianten arbeitet.

6.2 Das Info-System

Der größte Nachteil des Manualsystems besteht darin, dass es keine vernünftige Methode gibt, in Manualseiten mit Verweisen zu arbeiten, so wie es beispielsweise bei HTML-Dokumenten möglich ist. Dies ist einer der Gründe dafür, warum bei der Free Software Foundation das GNU-Info-System (kurz: Info) entwickelt wurde. Das

Info-System wird von vielen GNU-Programmen, wie z. B. dem C-Compiler *gcc*, als primäres System zur Dokumentation benutzt.

Zum Arbeiten mit Info an der Konsole oder in einem Terminalfenster ist das Programm *info* aus dem gleichnamigen Paket bestimmt. Wenn dieses Programm ohne Parameter aufgerufen wird, zeigt es das Inhaltsverzeichnis aller auf dem System installierten Info-Dateien an. Alternativ ist es möglich, den Namen eines Eintrags im Inhaltsverzeichnis als Parameter an der Kommandozeile anzugeben. Das Programm zeigt dann sofort den entsprechenden Eintrag an. Um beispielsweise die Dokumentation zum Werkzeug *make* anzuzeigen, wäre der folgende Befehl einzugeben:

```
joe@debian:~$ info make
```

Wenn Info den angeforderten Eintrag nicht finden kann, untersucht es, ob eine Manualseite mit dem Namen des gewünschten Eintrags existiert und zeigt diese an, falls das der Fall ist.

6.2.1 Bedienung von *info*

Sie können sich in dem von *info* angezeigten Text mit den Pfeiltasten, sowie mit den Tasten SEITE-RAUF und SEITE-RUNTER bewegen. Querverweise sind mit einem Stern gekennzeichnet. Um einen Querverweis zu benutzen, ist der Cursor auf den entsprechenden Verweis zu bewegen und dann die Taste EINGABE zu betätigen. Wenn Sie das Programm verlassen wollen, benutzen Sie die Taste Q. Im folgenden finden Sie eine Übersicht der wichtigsten Tastaturkommandos innerhalb von *info*:

LEER SEITE-RUNTER Eine Seite nach unten.
ZURÜCK SEITE-RAUF Eine Seite nach oben.
PFEILRUNTER Eine Zeile nach unten.
PFEILRAUF Eine Zeile nach oben.
TAB Zum jeweils nächsten Querverweis innerhalb der angezeigten Seite springen.
EINGABE Den Querverweis öffnen, auf dem sich der Cursor befindet.
B, E An den Anfang, bzw. an das Ende der angezeigten Seite springen.
N Zur nächsten Einheit der gleichen Hierarchieebene springen.
P Zur vorherigen Einheit der gleichen Hierarchieebene springen.
U Eine Hierarchieebene nach oben springen.
L Zurück zum zuletzt angezeigten Text springen.
S Innerhalb des angezeigten Themas suchen.
Q Das Programm verlassen.
? Die Kommandoübersicht anzeigen.
H Die ausführliche Hilfe (ein Tutorium) zu dem Programm starten.

Zu Info selbst existiert eine ausführliche Dokumentation im *info*-Format, die durch Eingabe des folgenden Befehls angezeigt wird:

```
joe@debian:~$ info info
```

Einige weitere Hinweise zum Aufruf des Programms finden Sie auf Seite 666

6.2.2 Drucken und Konvertieren von Info-Dokumentation

Die Info-Dokumentation wird im sogenannten Texinfo-Format erstellt. In diesem Format erstellte Dateien lassen sich in verschiedene andere Formate übersetzen, wozu die folgenden Programme dienen:

texi2dvi Das Programm aus dem Paket *texinfo* erzeugt aus Texinfo-Dateien Dateien im TEX-Ausgabeformat DVI (Device Independent). Dokumente im DVI-Format lassen sich beispielsweise mit dem Programm *xdvi* am Bildschirm (unter X) betrachten oder mit dem Programm *dvips* in PostScriptdateien umwandeln, welche unter anderem mit dem Programm *gv* am Bildschirm betrachtet werden können. Abhängig davon, welches Druckfiltersystem installiert ist, lassen sich DVI- und PostScript-Dateien auch direkt ausdrucken. Auf diese Weise ist es möglich, aus Texinfo-Dokumenten ansprechend gesetzte Handbücher zu erzeugen.

texi2pdf Dieses Programm erzeugt aus Info-Dateien Dokumente im PDF-Format. Es ist im Paket *tetex-bin* enthalten. PDF-Dateien lassen sich unter den meisten Betriebssystemen mit Programmen wie dem *Acrobat Reader* anzeigen und ausdrucken.

texi2html Dieses Programm aus dem Paket *tetex-bin* erzeugt – wie der Name erraten lässt – aus Texinfo-Dokumenten Dateien im HTML-Format. Diese Dateien eignen sich für die Betrachtung mit einem Webbrowser oder die Veröffentlichung über einen Webserver.

makeinfo Mit diesem Programm werden aus Texinfo-Dokumenten Info-Dateien erstellt, die später beispielsweise mit dem Programm *info* betrachtet werden können. Das Programm ist im Paket *texinfo* enthalten.

Die Texinfo-Quelldateien sind in den (Binär-)Debian-Paketen nicht enthalten, um Platz zu sparen. Normalerweise werden lediglich die Info-Dateien installiert, damit die Dokumentation mit *info* und anderen Programmen betrachtet werden kann, sowie oft zusätzlich die in das HTML-Format konvertierte Dokumentation. Diese befindet sich in der Regel in einem Unterverzeichnis mit dem Namen *html* im Dokumentationsverzeichnis des entsprechenden Pakets unter */usr/share/doc*.

Wenn Sie also aus einem Info-Dokument eine PostScript-Datei erzeugen möchten, ist es erforderlich, den Quellcode zu dem Paket zu installieren, in welchem die entsprechenden Dokumente enthalten sind. Dies kann mit dem Programm *apt-get* geschehen (siehe Kapitel 213, S. 213). Suchen Sie nach der Installation des Quellcodes nach einer Datei mit der Namensendung *.texi*, um den TexInfo-Quellcode zu finden. Dieser kann dann mit den oben genannten Programmen konvertiert werden.

Beispiel: Um die Dokumentation zu dem Programm *wget* (aus dem Paket *wget*) in das PostScript-Format zu konvertieren und auszudrucken, sind die im folgenden beschriebenen Schritte durchzuführen. Zunächst ist der Quellcode des Pakets zu installieren:

```
joe@debian:~$ apt-get source wget
```

Danach ist in das durch den Befehl erzeugte Verzeichnis mit dem Quellcode zu wechseln (beachten Sie, dass der tatsächliche Verzeichnisname abhängig von der aktuellen Version des Pakets ist) und dort die Texinfo-Dokumentation zu suchen:

```
joe@debian:~$ cd wget-1.5.3
```

```
joe@debian:~$ find ./ -name "*.texi"
```

Im Beispiel erfolgt die folgende Ausgabe:

```
./doc/wget.texi
```

Die Datei *doc/wget.texi* kann nun in das DVI-Format gebracht werden:

```
joe@debian:~$ texi2dvi doc/wget.texi
```

Und daraufhin nach PostScript konvertiert werden.

```
joe@debian:~$ dvips wget.dvi -o
```

Die Option *-o* bewirkt, dass die Ausgabe von *dvips* in eine Datei geschrieben wird und nicht über das Programm *lpr* ausgedruckt wird. Es entsteht dann eine PostScript-Datei mit dem Namen *wget.ps*. Diese Datei kann beispielsweise mit dem Programm *gv* (aus dem gleichnamigen Paket) betrachtet werden:

```
joe@debian:~$ gv wget.ps
```

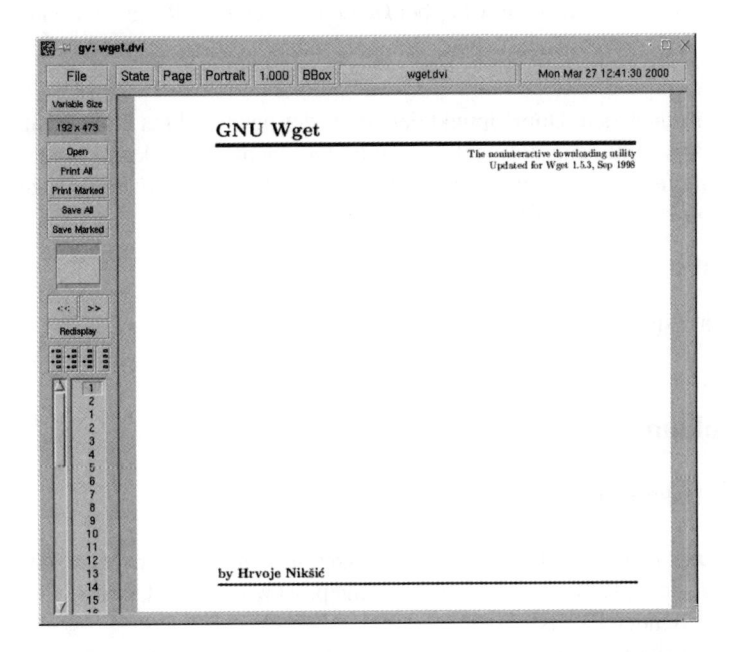

Abbildung 14: Anzeigen von Info-Dokumentation im PostScript-Format mit *gv*.

Die erzeugte PostScript-Datei sollte sich normalerweise problemlos ausdrucken lassen, beispielsweise indem dieser Befehl eingegeben wird (siehe auch S. 242):

```
joe@debian:~$ lpr wget.ps
```

6.2.3 Info und (X)Emacs

Eine der bequemsten Methoden, mit Info-Dokumentation zu arbeiten besteht in der Verwendung einer der Editoren Emacs oder Xemacs. Wenn Sie einen dieser Editoren unter X benutzen, können Sie den Info-Modus aus dem *Help*-Menü heraus starten. Alternativ kann dazu der Tastaturbefehl STRG-H-I benutzt werden. Danach wird das Inhaltsverzeichnis des Info-Systems angezeigt, in dem Sie sich beispielsweise mit den Pfeiltasten oder der Maus bewegen können. Verweise (Links) können wie bei dem Programm *info* mit der Taste EINGABE oder (unter X) mit der mittleren Maustaste geöffnet werden.
Sie verlassen den Info Modus, indem Sie den Befehl STRG-X-K eingeben.

6.2.4 Info-Dokumentation in GNOME und KDE

Auf die Hilfeprogramme *kdehelp* und *gnome-help-browser* der beiden Arbeitsplatzumgebungen KDE und GNOME wurden bereits auf Seite 135 hingewiesen. Beide Programme erlauben es auch, die auf dem System vorhandene Dokumentation im Info-Format anzuzeigen. Diese wird erreicht, indem man entweder die entsprechenden

Hyperlinks in dem jeweiligen System anklickt oder einen URI eingibt, bei dem als Protokolltyp *info* angegeben wird.

Leider unterscheidet sich der weitere Aufbau eines Info-URIs zwischen den beiden Programmen. In *kdehelp* ist der Name des gewünschten Info-Dokuments in Klammern hinter dem Doppelpunkt anzugeben, dahinter kann optional der gewünschte Abschnitt spezifiziert werden. Beispiel: Um aus der Dokumentation zum Editor *emacs* (Version 20) den Abschnitt *keys* anzuzeigen, wäre bei *kdehelp* folgender URI zu verwenden:

```
info:(emacs-e20)Keys
```

In *gnome-help-browser* ist nach dem Doppelpunkt der Name des gewünschten Dokuments ohne Klammern anzugeben. Ein bestimmter Abschnitt kann optional danach hinter einem Doppelkreuz eingegeben werden. Beispiel: Um den Abschnitt *Installation* aus der Info-Dokumentation zum Programm *dvips* anzuzeigen, wäre bei Verwendung von *gnome-help-browser* dieser URI einzugeben:

```
info:dvips#Installation
```

Wenn Sie sich nicht sicher sind, sollten Sie das Hyperlink-System verwenden.

6.3 Zusätzliche Dokumentation

6.3.1 Paketspezifische Dokumentationsverzeichnisse

Zu jedem installierten Paket befindet sich im Verzeichnis */usr/share/doc*, bzw. im Verzeichnis */usr/doc* (bei solchen Paketen, die noch nicht an den File-Hierarchie-Standard angepasst worden sind, siehe S. 385) ein Unterverzeichnis, mit dem Namen des betreffenden Pakets.

In diesen Verzeichnissen befinden sich unterschiedliche Dokumente zu den betreffenden Paketen. In vielen Fällen handelt es sich dabei um Textdokumente. Beachten Sie, dass viele Dateien unterhalb von */usr/share/doc* in komprimierter Form vorliegen, um Platz zu sparen. Sie können komprimierte Textdateien beispielsweise mit dem Befehl *zless* (siehe Seite 129) betrachten, ohne sie vorher manuell dekomprimieren zu müssen. Einige Programme (wie z. B. das Programm *gv* zum Betrachten von PostScript-Dateien) können ebenfalls direkt mit komprimierten Dateien arbeiten, so dass auch bei diesen Dateitypen das manuelle Dekomprimieren der entsprechenden Dateien nicht notwendig ist. Neben Dokumenten im Text- oder PostScriptformat befinden sich in vielen Dokumentationsverzeichnissen Dokumente im DVI-Format oder im HTML-Format. DVI-Dateien können beispielsweise mit dem Programm *xdvi* (Paket *tetex-bin*) betrachtet werden und HTML-Dateien mit einem Webbrowser wie Netscape oder *lynx*.

Zu einigen Paketen stehen auch zusätzliche Informationen in gesonderten Paketen zur Verfügung. Beispiele hierfür sind die Pakete *bash-doc* oder *samba-doc*. Zu den entsprechenden Paketen steht eine so umfangreiche Dokumentation zur Verfügung, dass ein großer Teil davon in eigene Pakete verschoben wurde, um auf solchen Systemen Festplattenplatz einzusparen, auf denen die Dokumente nicht benötigt werden.

In jedem Verzeichnis unterhalb von */usr/share/doc* sollte sich eine Datei mit dem Namen *copyright* befinden. Dabei handelt es sich um Textdateien, in denen Sie Informationen darüber finden, aus welchen Quellen das entsprechende Paket erstellt wurde, wo diese Quellen bezogen werden können und unter welchen Copyright-Bestimmungen das Paket steht. Weiter findet sich in den meisten Dokumentationsverzeichnissen eine Datei mit dem Namen *changelog.Debian.gz*. In diesen Dateien ist dokumentiert, welche Veränderungen von Debian-Entwicklern an dem entsprechenden Paket vorgenommen wurden. Darüber hinaus ist hier häufig eine Datei mit dem Namen *changelog.gz* zu finden. Dort ist in der Regel dokumentiert, welche Veränderungen die eigentlichen Programmierer des entsprechenden Pakets (die sogenannten „Upstream"-Autoren) an dem Paket vorgenommen haben. Falls es sich bei

Debian-Entwicklern und Upstream-Autoren um die gleichen Personen handelt, ist in dem Verzeichnis nur die Datei *changelog.gz* zu finden.

Zu vielen Paketen gibt es im Dokumentationsverzeichnis eine Datei mit dem Namen *README.Debian* oder *README.Debian.gz*. Diese Dateien enthalten meist wichtige Informationen darüber, wie ein Paket an die Debian-Distribution angepasst worden ist und welche Besonderheiten u. U. zu beachten sind. In den Dokumentationsverzeichnissen zu den einzelnen Paketen befinden sich oft Unterverzeichnisse wie *examples* mit Beispielen zur Konfiguration oder zur Benutzung des betreffenden Pakets oder *html* mit Dokumenten im HTML-Format zur Betrachtung mit Hilfe eines Webbrowsers.

6.3.2 Anleitungen, Bücher und allgemeine Dokumentation

Rund um Debian, GNU und Linux existieren eine Reihe von Projekten zur Dokumentation des Systems selbst sowie zur Arbeit mit Linux und den GNU-Werkzeugen. Dabei sind eine Reihe kompletter, viel beachteter und qualitativ hochwertiger Bücher entstanden, welche frei verfügbar sind und in Form von Debian-Paketen installiert oder aus dem Internet heruntergeladen werden können. Außerdem sind diese Bücher natürlich im Buchhandel erhältlich, denn die Arbeit mit einem gedruckten Buch ist ab einem gewissen Umfang oft angenehmer als der Umgang mit einer Zettelsammlung oder dem Bildschirm.

Eine andere Klasse von Dokumenten sind die sogenannte HOWTOs (Wie macht man?). Hierbei handelt es sich in der Regel um Anleitungen und Erläuterungen zu bestimmten Themen rund um Linux. HOWTOs sind zu unterteilen in „normale", große HOWTOs und die sogenannten Mini-HOWTOs. Mini-HOWTOs sind in der Regel kürzer und enthalten oft nur eine „Kochrezept"-artige Erklärungen zu einem bestimmten Thema. Die großen, „richtigen" HOWTOs enthalten hingegen neben den reinen Handlungsanweisungen viele Hintergrundinformationen.

HOWTOs und viele Bücher werden vom Linux Documentation Project erstellt und gepflegt. Dieses Projekt ist unter der Internetadresse http://www.linuxdoc.org/ zu erreichen. Dort finden Sie die neuesten Versionen der Bücher und HOWTOs zum Online-Lesen sowie zum Herunterladen. Viele HOWTOs sind in die deutsche Sprache übersetzt worden. Das deutsche Linux HOWTO Projekt ist unter der Internet-Adresse http://www.tu-harburg.de/dlhp/ zu erreichen. Beachten Sie jedoch, dass alle HOWTOs auch in Form von Debian-Paketen zur Verfügung stehen, und deswegen normalerweise nicht gesondert heruntergeladen werden müssen.

Neben dieser allgemeinen Linux-Dokumentation gibt es eine Anzahl von Debian-spezifischen Dokumenten. Diese stehen alle in Form von Debian-Paketen zur Verfügung. Aktuellste Informationen zu Debian finden Sie darüber hinaus natürlich auf den Internetseiten des Debian-Projekts, die unter http://www.debian.org zu erreichen sind.

Einige wichtige installierbare Dokumente werden im folgenden aufgelistet. Pakete mit Dokumentation befinden sich in der Unterabteilung *doc* der Abteilung *main* der Distribution. Hier sollten sie also nach Dokumentation zu einem bestimmten Thema suchen.

doc-linux-text Dieses Paket enthält die HOWTOs und FAQs (Frequently Asked Questions) des Linux Documentation Projects in Form komprimierter Textdateien. Sie werden unterhalb des Verzeichnisses */usr/share/doc/HOWTO/en-txt* installiert und lassen sich beispielsweise mit dem Programm *zless* lesen. Um z. B. den Inhalt des XFree86-HOWTOs zu lesen, wäre der folgende Befehl einzugeben:

```
joe@debian:~$ zless /usr/share/doc/HOWTO/en-txt/XFree86-HOWTO.txt.gz
```

doc-linux-html In diesem Paket befinden sich die gleichen Dokumente wie im Paket *doc-linux-txt* im HTML-Format. Die HOWTOs werden nach der Installation dieses Pakets unterhalb des Verzeichnisses */usr/share/doc/HOWTO/en-html* abgelegt und lassen sich bequem mit einem Webbrowser lesen. Geben Sie die folgende URL ein, um das Startdokument der HOWTOs zu öffnen: `file:/usr/share/doc/HOWTO/en-html/index.html` Achtung: Das Paket braucht 15 MB Platz auf der Festplatte.

doc-linux-de Installieren Sie dieses Paket, um die deutschen Übersetzungen der HOWTOs auf dem System zu haben. Sie sind in dem Paket im HTML-Format enthalten und werden im Verzeichnis */usr/share/doc/HOWTO/de-html* abgelegt. In einem Webbrowser ist die URL `file:/usr/share/doc/HOWTO/de-html/index.html` zu verwenden um das Startdokument dieses Paketes zu öffnen.

doc-debian In dem Paket enthalten sind das Debian-FAQ (Dokument mit Antworten auf viele häufig gestellte Fragen bezüglich Debian) in den Formaten HTML, PostScript und DVI sowie einige kleinere Dateien zu Debian. Die Dokumente werden im Verzeichnis */usr/share/doc/debian* installiert. Um das FAQ zu lesen, benutzen Sie die folgende URL: `file:/usr/share/doc/debian/FAQ/index.html`.

debian-history Das Paket installiert einige HTML-Dateien zur Geschichte des Debian-Projekts im Verzeichnis */usr/share/doc/debian-history/html*.

debian-guide Das Paket installiert die PostScript- sowie die HTML-Version des Buches *Debian GNU/Linux: Guide to Installation and Usage* von John Goerzen und Ossama Othman. Die Dateien werden im Verzeichnis */usr/doc/debian-guide* abgelegt.

debian-policy In diesem Paket befinden sich die verbindlichen Richtlinien für die Erstellung von Debian-Paketen und den Aufbau der Distribution. Die Dateien werden im Text-, im SGML- sowie im HTML-Format unterhalb des Verzeichnisses */usr/share/doc/debian-policy* installiert.

developers-reference Das Paket enthält wichtige Informationen für Debian-Entwickler und Personen, die Debian-Entwickler werden wollen.

maint-guide Hier befindet sich eine Anleitung zum Erstellen von Debian-Paketen im HTML-Format. Benutzen Sie die URL `file:/usr/share/doc/maint-guide/maint-guide.html/index.html`, um die Anleitung mit einem Webbrowser zu lesen.

doc-rfc Hier befinden sich die RFCs (Request for Comments), in denen im wesentlichen die Protokolle des Internets beschrieben werden. Die RFCs werden als komprimierte Textdateien in das Verzeichnis */usr/doc/doc-rfc* installiert.

jargon In diesem Paket befindet sich das sogenannte *jargon-file* einer Art Lexikon der Hacker-Sprache im Info-Format. Geben Sie den Befehl *jargon* ein, um die Datei zu lesen oder *jargon Begriff* um den mit *Begriff* spezifizierten Begriff nachzuschlagen.

asr-manpages In diesem Paket befinden sich einige (nicht ganz ernst gemeinte) Manualseiten zu Kommandos wie *bosskill*, *guru* oder *luser*.

kernel-doc-2.2.14 Das Paket enthält die Dokumentationsdateien aus dem Quellcode des Linux-Kernels Version 2.2.14. Ähnliche Pakete stehen auch für andere Kernel-Versionen zur Verfügung. Wenn Sie den Kernelquellcode bereits installiert haben oder installieren wollen, benötigen Sie dieses Paket nicht.

ldp-nag Hier befindet sich das Buch *Network Administrator Guide* des Linux Documentation Projects.

sysadmin-guide Dies Paket enthält das Buch *The Linux System Administrators Guide* des Linux Documentation Projects.

selfhtml Das Paket enthält eine deutschsprachige Anleitung zur Erstellung von HTML-Dateien im HTML-Format. Benutzen Sie die URL `file:/usr/share/doc/selfhtml/html/selfhtml.htm` um sie zu lesen.

6.4 Integrierte Hilfesysteme (*dhelp* und *dwww*)

Es gibt eine Reihe von Programmen und Systemen, mit denen die verschiedenen Formate der Dokumentation integriert und innerhalb einer einheitlichen Oberfläche verfügbar gemacht werden sollen. In einem gewissen Umfang gehören dazu auch die beiden bereits vorgestellten Programme *kdehelp* und *gnome-help-browser*, welche in erste Linie zur Darstellung der Hilfe in den Arbeitsplatzumgebungen KDE und GNOME benutzt werden, aber auch zur Arbeit mit Info- und Manual-Dokumentation benutzt werden können. Allerdings kann mit beiden Programmen nicht ohne weiteres auf die paketspezifische und allgemeine Dokumentation unterhalb des Verzeichnisses */usr/share/doc* zugegriffen werden.

Den Versuch, sämtliche auf dem System verfügbaren Dokumente innerhalb einer Umgebung darzustellen, unternehmen die Pakete *dwww* und *dhelp*. Beide Systeme benutzen zur Visualisierung der Dokumentation einen Webbrowser wie Netscape oder *lynx*. Im Fall von *dwww* muss darüber hinaus zwingend ein WWW-Server (*httpd*) installiert sein. Zu diesem Zweck können Sie beispielsweise das Paket *apache* verwenden, dessen Installation in Abschnitt 17.8.1, S. 586 beschrieben ist. Alternativ können Sie auch einen leichteren und kleineren Server wie beispielsweise *boa* (Paket *boa*) benutzen. Das Paket *dhelp* ist nicht zwingend auf die Installation eines WWW-Server-Programms angewiesen, allerdings lässt sich dieses System optimal auch nur zusammen mit einem WWW-Server benutzen. Durch den Einsatz eines WWW-Servers ergibt sich bei beiden Systemen der Vorteil, dass von allen Rechnern im Netzwerk aus mit einem Webbrowser auf die Dokumentation zugegriffen werden kann.

Für die Arbeit mit *dhelp* wird zusätzlich empfohlen, die Pakete *info2www*, *man2html* sowie *glimpse* zu installieren. Diese Pakete ermöglichen es, Man- und Info-Dokumente über einen Web-Server zur Verfügung zu stellen. Das Programm *glimpse* wird benötigt, um die Suchfunktion von *dhelp* zu benutzen. Auch wenn Sie sich für *dwww* entscheiden, empfiehlt sich die Installation von *info2www*. Hier wird außerdem die Installation des Debian-Menüsystems aus dem Paket *menu* empfohlen.

Sind Web-Server und Hilfsprogramme installiert und funktionsfähig, kann mit einem Webbrowser auf die Hilfesysteme zugegriffen werden. Bei der Benutzung von *dwww* ist dazu die URL `http://localhost/dwww/index.html` zu verwenden. Die Startseite von *dhelp* erreichen Sie unter der URL `http://localhost/doc/HTML/index.html` Beachten Sie, dass es auch möglich ist, beide Systeme gleichzeitig installiert zu haben. Abbildung 15 zeigt die Startseite des Hilfesystems *dhelp*.

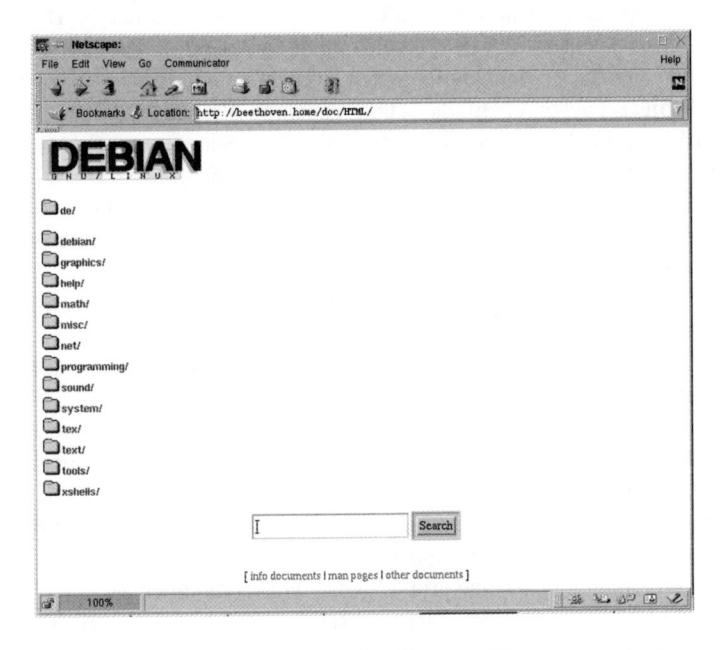

Abbildung 15: Startseite des integrierten Hilfesystems *dhelp*.

In beiden Systemen besteht zum einen die Möglichkeit über ein strukturiertes System von Verweisen (Links) nach bestimmten Themen oder Programmen zu suchen. Außerdem steht jeweils eine Schnittstelle zum Info- und zum Manual-System zur Verfügung und es ist darüber hinaus möglich, direkt auf die Verzeichnisse unterhalb von

/usr/share/doc bzw. */usr/doc* zuzugreifen. Eine Suchfunktion gestattet in beiden Systemen die Volltextsuche in der auf dem System installierten Dokumentation. Im Fall von *dhelp* beschränkt sich diese Suche allerdings auf Dateien im HTML-Format.

6.5 Beschaffung von Informationen aus dem Internet

Es wurde bereits mehrfach darauf hingewiesen, dass die Entwicklung von Linux, freier Software und Debian eng mit dem Internet verknüpft ist. Aus diesem Grund ist es auch kein Zufall, dass sich auf (fast) alle Fragen bezüglich dieser Themen im Internet eine Antwort finden lässt. Dazu stehen zum einen Websites und Suchmaschinen zur Verfügung, von denen bestimmte Informationen bezogen werden können. Zum anderen besteht die Möglichkeit zur Kommunikation in Newsgroups und über Mailinglisten. Hier können Fragen direkt gestellt werden, auf die man anderweitig keine Antwort findet.

6.5.1 Wichtige WWW-Adressen

Die folgende Sammlung von WWW-Adressen stellt eine kleine (und sicher subjektive) Auswahl wichtiger Internetseiten zum Thema Debian GNU/Linux dar. Wenn Sie offene Fragen haben, sollten Sie zunächst diese Seiten besuchen, um eine Antwort zu finden.

Debian Projekt Unter dieser, bereits öfter genannten, URL `http://www.debian.org` erreichen Sie die Homepage des Debian Projekts. Hier finden Sie alle wichtigen Informationen zu Debian sowie u. a. die Möglichkeit, nach Paketen zu suchen, die Fehlerdatenbank, in der ebenfalls gesucht werden kann und die Möglichkeit, in den Archiven aller Debian-Mailinglisten zu suchen und alte Mails zu lesen.

Linux Documentation Project Dieses ebenfalls schon genannte Projekt stellt freie Bücher, HOWTOs und Manual-Seiten zu Linux zur Verfügung. Besuchen Sie diese Seite, wenn Sie die allerneueste Version eines Dokuments benötigen. URL: `http://www.linuxdoc.org`.

Freshmeat Unter der Seite auf `http://www.freshmeat.net` wird täglich über neu erschienene oder aktualisierte Programme berichtet. Die Seite bietet darüber hinaus eine gute Möglichkeit, nach Linux-Anwendungen für einen bestimmten Zweck zu suchen.

Slashdot Täglich aktueller Klatsch und Tratsch zu den Themen Hacker, freie Software und Linux ist unter der URL `http://www.slashdot.org` zu finden.

Linux Today Unter der Adresse `http://linuxtoday.com` finden Sie Verweise auf alle wichtigen Nachrichten zum Thema Linux.

Linux.de Die deutschsprachige Linux-Homepage. Hier finden Sie unter anderem eine Liste der Linux-Benutzer-Gruppen (LUGs, also Linux User Groups) im deutschsprachigen Raum mit Hinweisen zu Treffpunkten. Ihre örtliche LUG freut sich auf Ihren Besuch!

Linux.org Unter der Adresse `http://www.linux.org` finden Sie viele Verweise zum Thema Linux.

Linux.com Diese, von der Firma VA Linux gesponserte Seite (`http://www.linux.com`) biete viele Artikel und Informationen für Anfänger und eine große Menge weiterführender Verweise.

Internet FAQs Auf der Seite `http://www.faqs.org/` finden Sie u. a. die Antworten auf häufig gestellte Fragen vieler Internet-Newsgroups nicht nur zum Thema Linux.

Deja.com Diese Site archiviert alle Beiträge in Newsgroups und ermöglicht die Suche in alten Artikeln. Unter der Adresse `http://www.deja.com/home_ps.shtml` finden Sie ein Formular, welches eine detaillierte Suchanfrage ermöglicht. Für viele die erste Adresse bei offenen Fragen.

Google Eine Suchmaschine die u. a. zum Thema Linux oft auf Anhieb die richtigen Seiten findet: `http://www.google.com`.

Kernel Traffic Unter dieser Adresse finden Sie alle aktuellen Informationen zur Entwicklung des Linux Kernels: `http://kt.linuxcare.com/`.

Linux Games Unter der Seite `http://www.linuxgames.com` finden Sie viele Informationen zum Thema Spiele unter Linux.

Newsgroups und Mailing-Listen Manchmal ist die Lösung eines Problems einfach nicht zu finden. In solchen Fällen ist es hilfreich, wenn es jemanden oder eine Gruppe von Menschen gibt, denen man sein Problem darlegen kann und die einem u. U. bei der Lösung helfen können. Zu diesem Zweck gibt es im Internet im wesentlichen zwei wichtige Medien, nämlich sogenannte Newsgroups (Internet-News) und Mailing-Listen.

Eine Einführung zu Internet-News finden Sie in Kapitel 17.6.3, ab S. 546. Dort ist auch beschrieben, welche Programme für die Benutzung von Internet-News in Frage kommen. Beachten Sie, dass einige Internetseiten die Möglichkeit bieten, archivierte Beiträge in Newsgroups zu durchsuchen (siehe Seite 144). Diese Möglichkeit liefert oft schneller eine Antwort, als es der Fall ist, wenn man eine Frage stellt, die in der gleichen Newsgroup bereits vor wenigen Tagen beantwortet wurde.

Mailinglisten funktionieren etwas anders als Newsgroups. Hier meldet man sich an einen Mailinglisten-Server an und bekommt dann alle Nachrichten zugesendet, die an die Liste geschickt werden. An einige Mailinglisten dürfen Sie auch Mails senden, wenn Sie nicht Mitglied der betreffenden Liste sind, während andere Listen dies nur gestatten, nachdem Sie sich selbst in die betreffende Liste eingetragen haben.

Beachten Sie, dass für den Umgang mit Mailinglisten prinzipiell das gleiche gilt, wie für Newsgroups (siehe Seite 546). Sie sollten zunächst immer versuchen ein Problem selbst zu lösen, also beispielsweise die betreffenden Manualseiten und Info-Dokumente lesen sowie in den fraglichen Dokumentationsverzeichnissen nachsehen, ob dort eine Lösung beschrieben ist. Darüber hinaus sollten Sie die Archive der Mailinglisten benutzen. Auch das hilfsbereiteste Mitglied einer Mailingliste wird keine Lust verspüren, jeden Tag dreimal die gleiche Frage zu beantworten. Wenn Sie dann freundlich eine Frage stellen und beschreiben, was Sie bereits unternommen haben, um das Problem zu lösen, wird Ihnen bestimmt geholfen. Auf der anderen Seite besteht natürlich kein Grund, sich für fehlende Erfahrung zu schämen oder zu entschuldigen. Die meisten Listenmitglieder können sich noch daran erinnern, selbst einmal angefangen zu haben.

Das Debian-Projekt verwaltet eine große Anzahl von Mailinglisten zu unterschiedlichen Themen, im Zusammenhang mit der Arbeit mit und der Entwicklung von Debian GNU. Auf der Internet-Seite `http://www.debian.org/MailingLists/subscribe` finden Sie zu jeder Liste eine Beschreibung. Die Seite kann gleichzeitig auch dazu benutzt werden, um sich auf einer oder mehreren Liste(n) einzutragen. Die für Debian-Benutzer wichtigste Liste hat den Namen *debian-user*. In dieser Liste können alle Fragen im Zusammenhang mit der Benutzung von Debian gestellt werden. Als Sprache ist dabei Englisch zu verwenden. Die Liste hat ein sehr hohes Aufkommen, sie sollten sich dort nur eintragen, wenn Sie bereit sind, täglich auch einmal 200 Mails zu empfangen. Um sich in diese Liste einzuschreiben ist eine Mail an die Adresse *debian-user-request@lists.debian.org* zu schicken. Diese Mail muss als Betreff (bzw. Subject) das Wort *subscribe* haben. Um sich wieder aus der Liste auszutragen, ist eine Mail mit dem Betreff *unsubscribe* an die gleiche Adresse zu senden.

Unter der URL `http://www.debian.org/MailingLists` finden Sie die Archive der Mailinglisten. Dort lassen sich alte Nachrichten lesen, außerdem kann das Archiv durchsucht werden.

Bei der Fachbuchhandlung Lehmanns wird eine Mailingliste zu Debian in deutscher Sprache geführt. Diese Mailingliste wird ebenfalls archiviert, das Archiv ist unter der Adresse `http://www.jfl.de/cgi-bin/debian/debian` zu erreichen. Alternativ dazu können Sie diese URL verwenden: `http://www.mail-archive.com/debian-user-de@jfl.de/` Auf beiden Seiten besteht ebenfalls die Möglichkeit zur Suche in den archivierten Mails. In dieser Liste sind eine Reihe von Debian-Entwicklern und viele weitere Kenner von Debian und Linux eingeschrieben, so dass immer mit kompetenten Antworten gerechnet werden kann, sofern man nicht die sachlich-freundliche Stimmung auf der Liste stört. Um sich in die Liste einzuschreiben ist eine Mail mit der folgenden Subjekt-Zeile an die Adresse *majordomo@jfl.de* zu senden.

```
subscribe debian-user-de
```

Wer sich wieder austragen möchte, sendet eine Mail mit dieser Betreffzeile an die selbe Adresse:

```
unsubscribe debian-user-de E-Mail-Adresse
```

Hierbei ist *E-Mail-Adresse* durch die eigene Adresse zu ersetzen, also die Adresse, mit der man in die Liste eingetragen war. Die eigentliche E-Mail-Adresse dieser Liste ist *debian-user-de@jfl.de*. An diese Adresse sind alle inhaltlichen Mails zu senden.

Wenn es nicht an Ihnen liegt: Die Fehlerdatenbank Auch Debian ist nicht völlig fehlerfrei. Es kann also durchaus einmal passieren, dass Sie auf ein Problem stoßen, dessen Ursache nicht in Unwissenheit oder falscher Bedienung, sondern in einem Fehler eines Debian-Pakets begründet ist. In einem solchen Fall sollten Sie einen Fehlerreport an das Debian Projekt schicken.

Auf dem Debian-Internetserver unter der URL `http://www.debian.org/Bugs/` finden Sie eine Suchmaske für die Fehlerdatenbank, mit deren Hilfe Sie herausfinden können, ob der Fehler bereits bekannt und gemeldet ist. Falls dies nicht der Fall ist finden Sie unter der URL `http://www.debian.org/Bugs/Reporting` Informationen darüber, wie eine Fehlermeldung zu erstellen und abzusenden ist. Sie sollten dabei im Hinterkopf behalten, dass Sie den Fehlerbericht an einen Freiwilligen schicken und sich bemühen, die Informationen zu liefern, die benötigt werden, um das Problem mit möglichst geringem Aufwand zu beheben.

7. Installation von Software

7.1 Einleitung

Das Debian GNU/Linux System ist – wie andere Linux Distributionen – in so genannte Pakete unterteilt. Pakete beinhalten Teile des Betriebssystems, Anwendungen, Dokumentation oder andere Formen von Daten, die sich auf einem Rechner installieren lassen. Debian verwendet ein eigenes Paketformat, das so genannte Debian-Format. Dateien, die Debian-Pakete beinhalten haben üblicherweise die Namensendung *.deb*. Andere weit verbreitete Paketformate sind das Redhat-Paketmanager-Format (RPM), welches u. a. von den Distributionen Redhat und S.u.S.E verwendet wird (Die Dateinamensendung dieser Pakete ist *.rpm*) oder das Slackware-Format (Dateinamensendung *.tar.gz*[1]).

Das Paketsystem ermöglicht es, nur die Komponenten und Anwendungen zu installieren, die auf einem System tatsächlich benötigt werden. Außerdem lässt sich bei der Auswahl eines Pakets in vielen Fällen aus einer Reihe von Alternativen wählen. Durch das Wachstum von Debian und die Aufteilung großer Pakete in einzelne kleinere ist die Anzahl verfügbarer Pakete in den letzten Jahren stark angestiegen. Für viele Anwendungen stehen eine Reihe von Alternativen zur Verfügung und durch die hohe Modularität des Systems lassen sich Installationen durchführen, die genau an bestimmte Aufgaben angepasst sind. Die große Anzahl der Pakete stellt allerdings für Anfänger ein gewisses Problem dar. Aus diesem Grund steht eine Reihe von Werkzeugen zur Verfügung, mit denen Pakete gesucht und ausgewählt werden können.

Dieses Kapitel beschreibt nach einer Einführung in das Paketverwaltungssystem die wichtigsten Programme zur Administration, also zur Beschaffung, Installation und Entfernung von Paketen.

7.2 Übersicht über das Paketverwaltungssystem

Es gibt eine Reihe von Programmen, die für die Verwaltung und Installation von Paketen unter Debian verantwortlich sind. Der eigentliche Paketmanager ist das Programm *dpkg*. Es führt Installationen und Deinstallationen von Paketen durch, kann Auskunft über den Status von Paketen auf dem System liefern und Informationen zu Paketen anzeigen.

Bei der Installation eines Pakets muss *dpkg* die so genannten Paketabhängigkeiten prüfen. Die meisten Programme, die in Paketen enthalten sind funktionieren nur dann, wenn andere Pakete ebenfalls installiert sind. So wird für die Ausführung eines Programms in der Regel eine Anzahl von Programmbibliotheken benötigt. Programmbibliotheken stellen Programmcode zur Verfügung, der von mehreren Programmen benutzt werden kann und deswegen nicht in jedem Programm einzeln enthalten sein muss. Er wird mit dem betreffenden Programm während des Starts oder zu seiner Laufzeit verbunden. Eine zentrale Bibliothek auf jedem Linux System ist die C-Laufzeitbibliothek

---

[1] Die Dateinamensendung *.tar.gz* bedeutet im allgemeinen, dass es sich bei der betreffenden Datei um ein komprimiertes Tar-Archiv handelt. Dieses Archivformat wird üblicherweise verwendet, um Daten im Internet zu verbreiten, es hat unter Linux/UNIX eine ähnliche Bedeutung wie das ZIP-Format und Windows.

(*libc*), die von fast allen Programmen benötigt wird. Sie ist – wie viele andere Bibliotheken – in einem eigenen Debian-Paket enthalten. Neben der Überprüfung des bloßen Vorhandenseins bestimmter Pakete muss *dpkg* weiter sicherstellen, dass die notwendigen Pakete in der richtigen Version vorliegen. Die meisten Programme funktionieren nämlich nur mit bestimmten Versionen von Programmbibliotheken oder anderen Programmen richtig.

Wenn ein Paket entfernt werden soll, überprüft *dpkg*, ob dadurch nicht die Systemintegrität gestört wird. Wenn beispielsweise versucht wird, das Paket zu entfernen, welches die C-Laufzeitbibliothek enthält, wäre die Konsequenz, dass sich hinterher fast kein Programm mehr benutzen ließe. Die Folgen wären also fatal. Der Paketmanager *dpkg* würde dies dann anzeigen und sich weigern, das entsprechende Paket zu entfernen, es sei denn, alle Pakete, die das zu entfernende Paket benötigen, um zu funktionieren, sollten ebenfalls entfernt werden.

Das Programm *dpkg* ist ein reines Kommandozeilenprogramm. Es kann mit unterschiedlichen Parametern und Optionen aufgerufen werden, die ihm anzeigen, ob es Pakete installieren oder entfernen soll oder ob es Informationen zu einzelnen Paketen oder dem System anzeigen soll. Wenn ein Paket installiert werden soll, muss dem Programm der Name der Datei angegeben werden, in der das Paket enthalten ist. Angenommen, das Paket *modconf* wurde aus dem Internet heruntergeladen und in der Datei *modconf_0.2.26.9_all.deb* gespeichert, so könnte es mit dem folgenden Befehl installiert oder aktualisiert werden:

```
debian:~# dpkg --install modconf_0.2.26.9_all.deb
```

Bevor ein Programm mit *dpkg* installiert wird, muss also bekannt sein, wo sich das die Paketdatei befindet und welche anderen Pakete installiert sein müssen, damit alle Abhängigkeiten des betreffenden Pakets erfüllt sind. Bei der hohen Anzahl der Pakete und den teilweise komplexen Abhängigkeiten der Pakete untereinander ist es jedoch schwierig, dabei den Überblick zu behalten. Außerdem müssen sich die verfügbaren Pakete ja nicht unbedingt auf einem lokalen Datenträger (wie der Festplatte oder einer CDROM) befinden, sie können auch auf einem Server im lokalen Netzwerk oder im Internet liegen. Dann müssen sie erst heruntergeladen werden, bevor sie installiert werden können.

Dieser Gruppe von Problemen widmet sich das APT-System. Es handelt sich dabei um eine Familie von Programmen, welche die Abhängigkeiten von Paketen untereinander sowie eine große Zahl von Paketquellen verwaltet. Das wichtigste Programm aus dieser Familie ist *apt-get*, es kann ebenso wie *dpkg* zur Installation oder Deinstallation von Paketen an der Kommandozeile eingesetzt werden. Wenn es ein bestimmtes Paket installieren soll, prüft *apt-get* zunächst, welche anderen Pakete notwendigerweise installiert sein müssen, damit das gewünschte Paket installiert werden kann. Danach versucht es, alle benötigten Pakete zur Verfügung zu stellen. Das kann bedeuten, dass es den Benutzer auffordert, eine bestimmte CDROM in das Laufwerk zu legen oder dass es Pakete von einem Server aus dem Internet herunterlädt. Wenn die Pakete dann auf dem Rechner vorhanden sind, ruft *apt-get* *dpkg* auf, um sie zu installieren. Weil *apt-get* die Abhängigkeiten der Pakete untereinander kennt, kann es dabei so vorgehen, dass es *dpkg* zunächst die notwendigen Pakete installieren lässt, die benötigt werden, um das gewünschte Paket zu installieren, um *dpkg* dann erneut mit der Anweisung aufzurufen, das tatsächlich ausgewählte Paket zu installieren. Auf diese Weise sind Fehler aufgrund unberücksichtigter Abhängigkeiten bei der Installation von Paketen nahezu ausgeschlossen.

Neben *dpkg* und *apt-get* stehen einige Programme zur bequemen, interaktiven Verwaltung von Paketen zur Verfügung. Diese Programme zeigen dem Benutzer die verfügbaren und installierten Pakete in listen- oder baumartigen Strukturen an und ermöglichen die Auswahl, Installation oder Deinstallation von Paketen innerhalb der angezeigten Paketlisten. Außerdem lassen sich mit diesen Programmen u. a. Zusatzinformationen zu allen Paketen, wie Beschreibungen oder Installationsempfehlungen, abrufen. Das „klassische" Programm zur interaktiven Paketverwaltung ist das Programm *dselect*. Es stellt alle verfügbaren und installierten Pakete in einer Liste dar, die nach unterschiedlichen Kriterien sortiert werden kann, es ermöglicht die Suche nach Paketen und unterstützt den Benutzer beim Lösen von Konflikten zwischen verschiedenen Paketen. Das Programm *dselect* kann auf zwei verschiedene Arten benutzt werden: Mit und ohne Verwendung von APT. Im allgemeinen ist die Verwendung mit APT zu empfehlen, *dselect* ist dann nur für die Unterstützung des Benutzers bei der Auswahl von Paketen zuständig

7.2 Übersicht über das Paketverwaltungssystem

und überlässt APT die Bereitstellung der ausgewählten Pakete sowie den Aufruf von *dpkg*. Die Möglichkeit der Verwendung von *dselect* ohne APT stammt aus der Zeit, als es APT noch nicht gab. Das Programm muss dazu für die Benutzung einer anderen Installationsmethode konfiguriert werden und kümmert sich dann selbst um die Bereitstellung von Paketen und den Aufruf von *dpkg*.

Seit einiger Zeit wird an der Entwicklung von Programmen gearbeitet, die *dselect* einmal ablösen sollen. Dazu gehören die Programme *gnome-apt* (Paketverwaltungsprogramm für die graphische Benutzeroberfläche), *console-apt* (Paketverwaltungsprogramm für die Arbeit an der Konsole oder einem Terminal) und *aptitude* (ein weiteres Programm für die Konsole, dass einen anderen Ansatz verfolgt). Diese neueren Programme sind alle für die Verwendung mit APT vorgesehen, der direkte Aufruf von *dpkg* wird nicht mehr unterstützt und ist auch nicht mehr notwendig. Eine Reihe von Aufgaben, die klassischerweise mit *dselect* gelöst werden, lassen sich bereits bequemer mit diesen Programmen vollziehen. Allerdings bietet keines der genannten Programme zur Zeit den vollen Funktionsumfang von *dselect*, so dass das letztgenannte Programm im Moment noch das Werkzeug der Wahl bei der interaktiven Paketauswahl ist.

Um die Paketauswahl für Anfänger zu erleichtern, haben sich die Debian-Entwickler ein weiteres Instrument einfallen lassen. Das Programm *tasksel* bietet nur eine besondere Form von Debian-Paketen zur Auswahl an, nämlich so genannte Task-Pakete. Diese Pakete enthalten keine eigenen Programme oder Dateien, sondern im wesentlichen Abhängigkeiten zu anderen Paketen. Nach der Auswahl eines oder mehrerer Task-Pakete ruft *tasksel* das Programm *apt-get* auf, welches die in diesen Paketen als notwendigerweise zu installierend vermerkten Pakete beschafft und installiert. Wie der Name schon sagt, werden auf diese Weise durch *task-Pakete* die Pakete installiert, die für einen bestimmten Aufgaben- oder Anwendungsbereich benötigt werden. So werden nach Auswahl des Pakets *task-german* eine Reihe von Paketen installiert, die deutschsprachigen Benutzern die Arbeit mit dem System erleichtern (deutschsprachige Dokumentation, Wörterbuchdateien etc.). Ein weiteres Beispiel ist das Paket *task-games*, es bewirkt die Installation einer Reihe von Spielen.

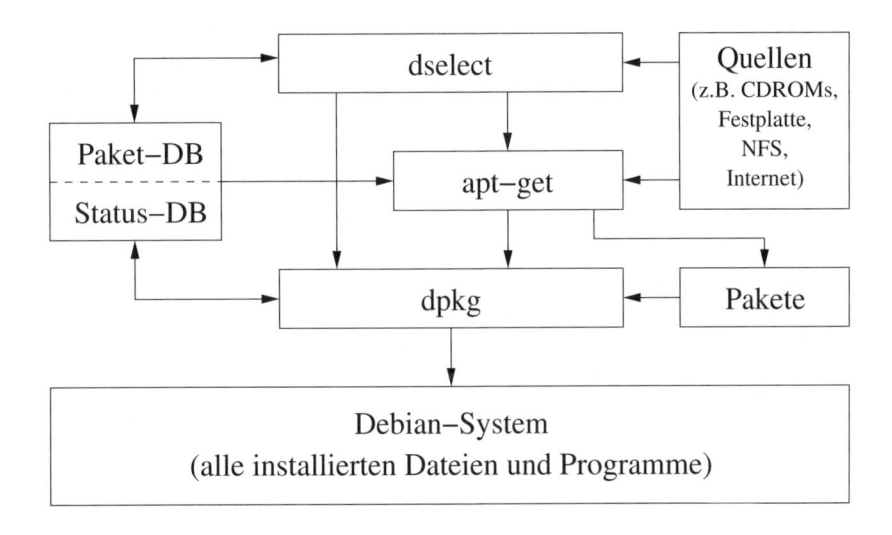

Abbildung 16: Das Paketverwaltungssystem unter Debian. Erläuterung im Text.

Abbildung 16 zeigt den Aufbau des Paketverwaltungssystems schematisch sowie das Zusammenwirken der einzelnen Programme. Das Programm *dpkg* ist für die Installation und Deinstallation der Pakete zuständig. Dafür benötigt es den Zugriff auf die Paketdateien (Pakete). Von dem Programm werden zwei Datenbanken gepflegt, nämlich eine Datenbank, die alle verfügbaren Pakete enthält (Paket-DB) und eine weitere, die den Status jeden einzelnen Paketes auf dem System enthält (Status-DB). Status eines Pakets kann sein, dass es installiert oder nicht installiert ist, oder aber, dass im Zusammenhang mit dem Paket ein Fehler aufgetreten ist.

Die Beschaffung von Paketen sowie der Aufruf von *dpkg* zur eigentlichen Installation wird von dem Programm *apt-get* durchgeführt. Dieses Programm kann wiederum von anderen Programmen aufgerufen werden, die eine bequeme, interaktive Auswahl der zu installierenden oder zu entfernenden Software ermöglichen. Das wichtigste dieser Programme ist *dselect*, es kann auch so konfiguriert werden, dass es *dpkg* direkt aufruft. Das Programm *apt-get* sowie die interaktiven Installationsprogramme müssen Kenntnis von den zu verwendenden Installationsquellen, also CDROMs, Internetserver usw. haben. Dies ermöglicht ihnen, die verfügbaren Pakete anzuzeigen und zu installierende Pakete bei Bedarf zu beschaffen. Außerdem können die Programme ebenfalls auf die Status-Datenbank sowie die Paketdatenbank zugreifen, damit sie entscheiden können, welche Pakete nach einer erfolgten Auswahl installiert oder entfernt werden müssen.

7.3 Konfiguration von Paketquellen mit *apt-setup*

Das Programm *apt-setup* dient dazu, die Paketquellen (also etwa CDROMs oder Server im Internet) einzustellen, von denen APT Pakete zur Installation beziehen kann. Die Konfiguration von Paketquellen ist zwingend notwendig, bevor mit Installationsprogrammen gearbeitet werden kann, welche APT benutzen. Das Programm wird während der Basisinstallation automatisch aufgerufen, um das Programm zu einem späteren Zeitpunkt erneut aufzurufen, ist der folgende Befehl einzugeben:

```
debian:~# apt-setup
```

Achtung: Falls Sie das Programm verwenden wollen, um eine Installationsquelle einzurichten, auf die Sie über das Netzwerk zugreifen und Sie eine Einwahlverbindung benutzen, müssen Sie die Verbindung starten, bevor Sie *apt-setup* aufrufen. Das Programm benutzt nämlich die Verbindung, um zu prüfen, ob die konfigurierten Quellen tatsächlich verfügbar sind.

Nach Aufruf des Programms erscheint der in in Abbildung 17 dargestellte Bildschirm.
In dem Menü kann per Pfeiltasten die Art der zu verwendenden Paketquelle ausgewählt werden. Die Bedeutung entspricht der Bedeutung der URI-Typen, wie sie im Abschnitt 8.4.1 beschrieben sind. Die Auswahl ist mit der Taste EINGABE zu bestätigen. Wenn Sie CDROMs als Paketquellen verwenden wollen, sollten Sie die erste CDROM in das Laufwerk eingelegt haben, bevor Sie den entsprechenden Quellentyp auswählen. Das Programm erwartet, dass der Zugriff auf das CDROM-Laufwerk über die Datei */dev/cdrom* möglich ist. Dies sollte der Fall sein, wenn die Basisinstallation ebenfalls von CDROM durchgeführt wurde. Wenn der Zugriff über diese Datei nicht möglich ist, werden Sie aufgefordert, die Gerätedatei, durch die das Laufwerk im System repräsentiert wird, anzugeben. Vergleichen Sie hierzu bitte mit Kapitel 14.3.4 (Seite 393).

Die im Laufwerk befindliche CDROM wird daraufhin nach Paketindices durchsucht. Danach werden Sie gefragt, ob Sie weitere CDROMs verwenden wollen. Wenn Sie einen Satz von CDROMs verwenden, müssen Sie die Frage mit *Yes* beantworten und den Vorgang für jede CDROM wiederholen, die in dem Satz enthalten ist.

Die Auswahl der Paketquellen vom Typ *ftp* und *http* erfordert, dass sie über eine funktionierende Internetanbindung verfügen. Wenn Sie über einen Debian-Spiegel verfügen, der über das Dateisystem Ihres Computers erreicht werden kann (z. B. weil er sich auf einer eingebundenen Festplattenpartition befindet oder über NFS eingebunden ist), wählen Sie den Typ *filesystem*. Sie müssen dann später das Verzeichnis angegeben, in dem sich Ihr Debian-Spiegel befindet[2]. Weiter besteht die Möglichkeit, die Konfigurationsdatei */etc/apt/sources.list* von Hand zu bearbeiten

---

[2] Das ist das Verzeichnis, in dem sich das Unterverzeichnis *dists* befindet.

7.3 Konfiguration von Paketquellen mit *apt-setup*

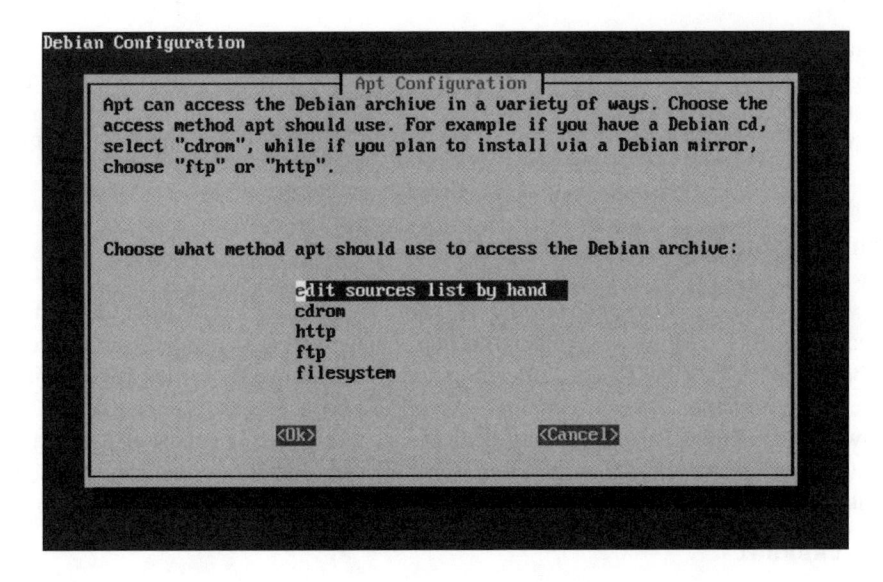

```
Debian Configuration
                ┤ Apt Configuration ├
    Apt can access the Debian archive in a variety of ways. Choose the
    access method apt should use. For example if you have a Debian cd,
    select "cdrom", while if you plan to install via a Debian mirror,
    choose "ftp" or "http".


    Choose what method apt should use to access the Debian archive:

                    edit sources list by hand
                    cdrom
                    http
                    ftp
                    filesystem


                    <Ok>                    <Cancel>
```

Abbildung 17: Konfiguration von Paketquellen mit *apt-setup*

(siehe hierzu S. 202). Hierzu ist der Menüpunkt *edit sources list by hand* auszuwählen. Es wird dann ein Texteditor (*vi*) mit der Datei geöffnet. Falls Sie die Softwareinstallation aus dem Internet durchführen wollen, sollten Sie *http* auswählen.

U. U. erfolgt nun die Abfrage, welche Distribution Sie installieren möchten. Wählen Sie dann *stable* oder *potato* aus.

Nach Auswahl einer Paketquelle kann ausgewählt werden, ob neben der Abteilung *main* auch Software aus den Abteilungen *non-free* und *contrib* benutzt werden soll.

Achtung: Die Auswahl von *non-free* und *contrib* bewirkt, dass auf Ihrem Computer u. U. Software installiert wird, die keiner freien Lizenz unterliegt. Auf der anderen Seite ist die Auswahl dieser Abteilungen notwendig, um beispielsweise Programme wie Netscape installieren zu können (siehe auch S. 186).

Wenn Sie eine der beiden Quellentypen *http* oder *ftp* ausgewählt haben, können Sie nun ein Land angeben, in dem sich der Rechner befindet, von dem die Pakete bezogen werden sollen. Grundsätzlich ist es empfehlenswert, hier das Land anzugeben, in dem Sie sich befinden. Einige Internet-Provider haben jedoch bessere Anbindungen zu Servern beispielsweise in den USA, so dass die Auswahl eines anderen Landes dann die bessere Wahl ist. Am Ende der Liste befindet sich ein Menüpunkt, mit dem Sie selber einen Server angeben können. Nach Auswahl dieser Option muss zunächst der Name des Servers und dann das Basisverzeichnis auf dem Server angegeben werden, unterhalb dessen sich die Debian-Distribution dort befindet (Beispiel: */pub/mirrors/debian*).
Nach der Auswahl eines Landes erscheint eine Liste der bekannten Server in diesem Land. Sie sollten hier den Server auswählen, der die schnellste Datenübertragung ermöglicht. Wenn sie eine Quelle vom Typ *http* verwenden, erscheint zum Schluss ein Eingabefeld, mit dem Sie die Verwendung eines Proxy-Servers konfigurieren können (siehe S. 206).
Nachdem die Konfiguration der Quelle abgeschlossen ist, testet das Programm ihre Angaben, damit es später, bei der Installation von Paketen, nicht zu Fehlern kommt. Einige Hinweise zu Fehlern, die dabei auftreten können, finden Sie auf Seite 205. Nach erfolgreichem Test erfolgt die Frage, ob eine weitere Installationsquelle konfiguriert

werden soll, woraufhin der Vorgang wiederholt wird, wenn die Frage mit *Yes* beantwortet wurde. Falls Sie über einen Internetzugang verfügen, aber in erster Linie von CDROMs installieren, können Sie hier, **nachdem** Sie die CDROMs als Installationsquelle eingerichtet haben, einen Debian-Mirror angeben. Es werden dann nur die Pakete von dem Server bezogen, die dort in einer aktuelleren Fassung vorhanden sind als auf Ihren CDROMs.

7.4 Aufgabenbezogene Paketauswahl: *tasksel*

Das Programm *tasksel* dient zur Auswahl von *task-Paketen*. Task-Pakete sind Pakete, die selbst keine eigenen Programme enthalten, aber eine Reihe von Abhängigkeiten zu anderen Paketen haben, die deswegen während der Installation des betreffenden Task-Paketes installiert werden. Auf diese Weise werden Pakete, die sinnvollerweise gemeinsam für einen bestimmten Zweck benötigt werden, zu einem Paket zusammengefasst. Anfängern wird dadurch die Auswahl der richtigen Pakete aus der großen Menge gewöhnlicher Pakete erspart. Das Programm wird während der Erstinstallation automatisch aufgerufen, wenn Sie sich dort für das einfache Verfahren (*simple*) zur Paketauswahl entschieden haben. Ansonsten können Sie *tasksel* erneut starten, in dem Sie diesen Befehl eingeben:

```
debian:~# tasksel
```

Achtung: Bevor Sie *tasksel* manuell aufrufen, sollten die Datenbank von *dpkg* über verfügbare Pakete aktualisiert werden. Dies geschieht am einfachsten über den Befehl *Update* im Hauptmenü von *dselect*. Während der Basisinstallation wird dieser Vorgang automatisch erledigt.

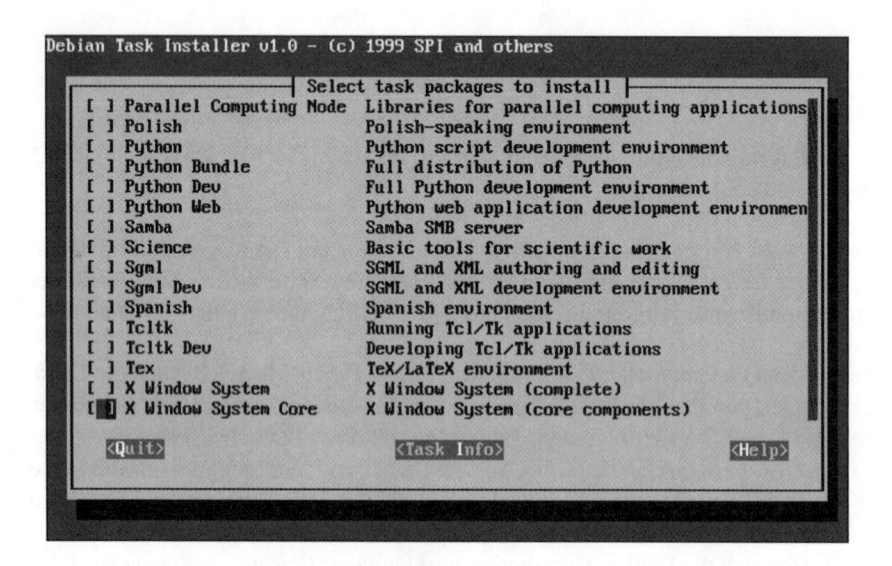

Abbildung 18: Hauptmenü des Programms *tasksel* zur Auswahl von Aufgabenbezogenen Task-Paketen.

Abbildung 18 zeigt das Hauptmenü des Programms. Durch die Pfeiltasten PFEILRAUF und PFEILRUNTER kann zwischen den einzelnen Aufgabenpaketen gewechselt werden. Mit der Taste TAB wird zwischen der Liste von Task-Paketen und den Befehlen *Quit*, *Task Info* und *Help* gewechselt. Nach Auswahl des Befehls *Task Info* werden Informationen zu dem aktuell ausgewählten Task-Paket angezeigt. Schließlich lassen sich durch die Taste EINGABE Task-Pakete zur Installation auswählen. Dabei kann eine beliebige Anzahl von Paketen ausgewählt werden.

Wenn das Programm über den Befehl *quit* verlassen wird, dann wird automatisch das Programm *apt-get* aufgerufen, welches die ausgewählten Pakete nach einer Abfrage automatisch installiert. Dabei sind u. U. eine Reihe von Fragen zu beantworten, wie es ab Seite 169 beschrieben ist.

7.5 Das interaktive Installationsprogramm: *dselect*

7.5.1 Aufruf und Bedienung von *dselect*

Das Programm *dselect* wird nach der Erstinstallation automatisch aufgerufen, wenn Sie als Verfahren zur Paketauswahl die fortgeschrittene Methode (*advanced*) ausgewählt haben. Wenn Sie das Programm später wieder aufrufen möchten, melden Sie sich als Administrator (*root*) an und geben folgenden Befehl ein:

```
debian:~# dselect
```

Das Programm kann auch von gewöhnlichen Benutzern aufgerufen werden, diese haben allerdings keine Möglichkeit, Pakete zu installieren oder zu deinstallieren, sie können das Programm lediglich nutzen, um zu sehen, welche Pakete verfügbar und installiert sind. Nach dem Programmaufruf erscheint der in Abbildung 19 dargestellte Bildschirm[3].

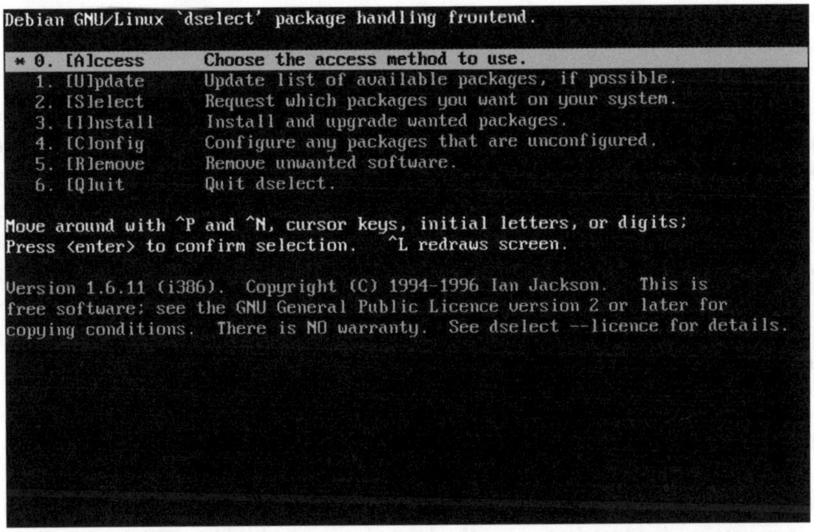

```
Debian GNU/Linux 'dselect' package handling frontend.
 * 0. [A]ccess   Choose the access method to use.
   1. [U]pdate   Update list of available packages, if possible.
   2. [S]elect   Request which packages you want on your system.
   3. [I]nstall  Install and upgrade wanted packages.
   4. [C]onfig   Configure any packages that are unconfigured.
   5. [R]emove   Remove unwanted software.
   6. [Q]uit     Quit dselect.

Move around with ^P and ^N, cursor keys, initial letters, or digits;
Press <enter> to confirm selection.   ^L redraws screen.

Version 1.6.11 (i386). Copyright (C) 1994-1996 Ian Jackson. This is
free software; see the GNU General Public Licence version 2 or later for
copying conditions. There is NO warranty. See dselect --licence for details.
```

Abbildung 19: Hauptmenü von *dselect*.

Sie befinden sich nun im Hauptmenü von *dselect*. Ganz oben teilt Ihnen das Programm mit der Zeile *Debian Linux 'dselect' package handling frontend* noch einmal mit, was es ist. Darunter befinden sich eine Reihe von Befehlen, die im folgenden erläutert werden. Unter diesen Befehlen erscheint eine kurze Hilfezeile, die mitteilt, wie man zwischen den einzelnen Befehlen wählen kann: Ausgewählt ist der zur Zeit hervorgehobene (in der Regel weiß unterlegte) Befehl (nach dem Aufruf des Programms ist dies *Access*). Andere Befehle können ausgewählt werden,

---
[3] Weitere Möglichkeiten zum Aufruf von *dselect* sind auf Seite 653 beschrieben.

indem entweder der Anfangsbuchstabe des betreffenden Befehls eingegeben wird (er ist in eckige Klammern gestellt), die Zahl, die sich vor dem Befehl befindet eingegeben wird oder mit den Pfeiltasten von einem Befehl zum nächsten gewechselt wird. Falls Ihre Tastatur keine Pfeiltasten hat oder diese bei Ihnen nicht funktionieren[4], können sie auch die Tastaturkombinationen STRG-N und STRG-P (für next und previous) verwenden, um von Befehl zu Befehl zu wechseln. Wenn Sie den gewünschten Befehl ausgewählt haben (er also hervorgehoben ist), drücken Sie EINGABE, um ihn tatsächlich auszuführen.

Weitere wichtige Tastaturbefehle in *dselect* sind STRG-L mit dem ein Neuzeichnen des Bildschirms veranlaßt werden kann, falls dieser nicht mehr lesbar ist sowie die Taste ?, mit der in vielen Bereichen von *dselect* Hilfe angefordert werden kann. Diese Hilfe listet unter anderem die Tastaturkommandos (also einzelne Tasten oder Tastenkombinationen) auf, die in dem gerade aktiven Bereich von *dselect* zur Verfügung stehen und erläutert deren Bedeutung. Beginnt eine solche Tastenkombination mit dem Zeichen „^", so ist damit die Taste STRG gemeint. „^n" steht also beispielsweise für die Tastenkombination STRG-N. Sie können die Hilfe verlassen, indem sie die Taste LEER drücken.

Im Normalfall sollten alle Befehle des Hauptmenüs einmal ausgeführt werden. Damit wird festgelegt, von wo Software installiert werden soll, die Datenbank verfügbarer Pakete aktualisiert und die gewünschte Software ausgewählt und installiert. Schließlich werden Pakete konfiguriert, die es noch nicht sind und zu entfernende Software wird von dem System gelöscht.

> **Achtung:** Während der Basisinstallation wurden die ersten beiden Schritte allerdings schon für Sie übernommen. Sie brauchen also im Normalfall nicht mehr anzugeben, von wo Software installiert werden soll und die Datenbank verfügbarer Pakete sollte ebenfalls bereits aktualisiert sein. Sie können also – nach der Basisinstallation – direkt mit der Auswahl der gewünschten Software fortfahren.

In späteren Sitzungen mit *dselect* brauchen Sie ebenfalls nicht alle Schritte zu wiederholen: So muss die Wahl der Installationsmethode natürlich erst dann wieder aufgerufen werden, wenn sich die gewünschte Installationsmethode tatsächlich geändert hat. Die Aktualisierung der Liste verfügbarer Pakete sollte immer dann durchgeführt werden, wenn man den Verdacht hat, dass sich an dieser etwas geändert haben könnte. Falls Sie von CDROMs installieren, ist dies selbstverständlich erst dann der Fall, wenn Sie die CDROMs gegen andere austauschen. Falls Sie jedoch von einem anderen Rechner (beispielsweise von einem offiziellen Debian-Server) installieren, kann sich die Liste der verfügbaren Pakete regelmäßig verändern (etwa weil neue Programmversionen erschienen sind), so dass Sie in einem solchen Fall das Update dieser Liste vor jeder Auswahl von Paketen, die installiert oder gelöscht werden sollen, durchführen sollten.

7.5.2 Bestimmen der Installationsmethode

Der erste Befehl in *dselect*s Hauptmenü lautet *Access*. Wenn Sie diesen Befehl ausgewählt haben, erhalten Sie eine Liste der zur Verfügung stehenden Installationsmethoden, wie sie in Abbildung 20 dargestellt ist:
Dieser Bildschirm ist folgendermaßen aufgebaut: Oben befindet sich die Liste der verfügbaren Installationsmethoden mit einem abkürzenden Namen (Abbrev.) auf der linken Seite und einer Beschreibung (Description) auf der rechten Seite. Im unteren Teil des Bildschirms befindet sich dann eine ausführliche Beschreibung zu der gerade ausgewählten Installationsmethode. Sie können in dieser Liste wieder, wie im Hauptmenü, mit den Pfeiltasten navigieren. Darüber hinaus gibt es eine Reihe von Tastaturbefehlen und Tastenkombinationen, mit denen Sie sich in dieser Liste bewegen können und die dazugehörigen Informationen lesen können. Die wichtigsten sind:

X und SHIFT-X Verlassen der Auswahl ohne Speicherung der Änderungen.

---

[4] Dies kann insbesondere dann der Fall sein, wenn Sie *dselect* über eine Telnet-Verbindung aufrufen und Ihr Telnet-Programm nicht die richtige Übermittlung der Steuercodes für die Pfeiltasten unterstützt.

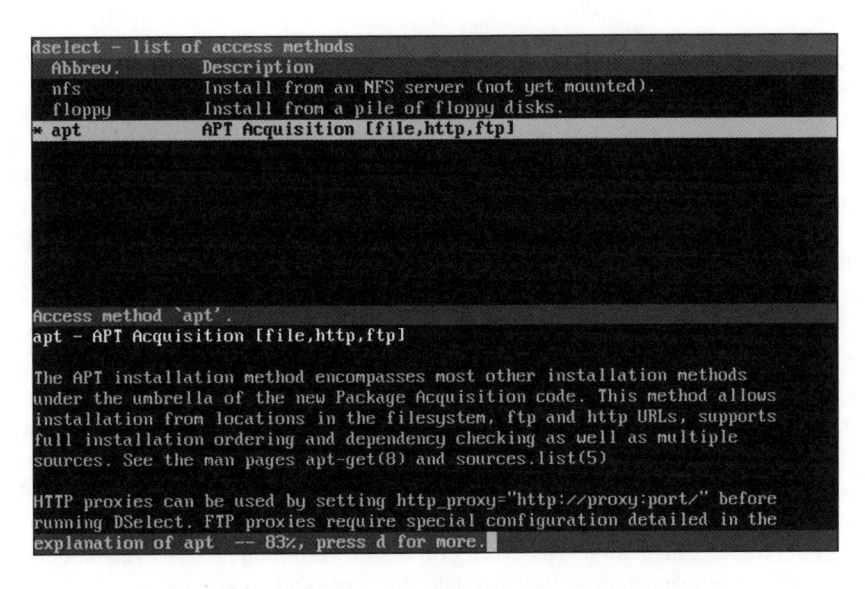

Abbildung 20: *dselect*: Liste der Installationsmethoden

EINGABE Die unterlegte Installationsmethode wird ausgewählt. Gegebenenfalls werden Ihnen nach dieser Auswahl einige Fragen zu der betreffenden Installationsmethode gestellt (wie z.B. nach der Netzwerkadresse des Rechners, von dem installiert werden soll).

N und P Vorwärts (next) und rückwärts (previous) in der Liste. Der ausgewählte Eintrag der Liste (weiß unterlegt) wird dabei verschoben.

SHIFT-N und SHIFT-P Die Liste wird seitenweise vorwärts bzw. rückwärts geblättert. Hierzu können Sie auch die Tasten SEITE-RUNTER und SEITE-RAUF verwenden.

T und E An den Anfang oder das Ende der Liste springen. Sie können dazu auch die Tasten POS1 oder ENDE benutzen.

U und D Die Informationen im unteren Teil des Bildschirms werden um jeweils eine Seite vor- (up) oder zurück- (down) geblättert. Diese Tasten sind oft wichtig, um den Informationstext vollständig lesen zu können.

STRG-U und STRG-D Die Informationen im unteren Teil des Bildschirms werden zeilenweise vor- oder zurückgeblättert.

SHIFT-B und SHIFT-F Der Bildschirm wird um ein Drittel seines Inhalts nach rechts oder nach links verschoben. Benutzen Sie diese Tasten, falls die Länge eines Eintrags den sichtbaren Bereich einer Zeile übersteigt.

Es ist wichtig, sich mit diesen Tastaturkommandos vertraut zu machen, da es sich bei ihnen um dieselben handelt, mit denen Sie sich später im Paketauswahlmenü des Programms bewegen können. Selbiges ist recht umfangreich und frau sollte wissen, wie sie darin navigieren kann. Probieren Sie doch einmal alle beschriebenen Kommandos aus.

Installationsmethoden sind Module von *dselect*, die sich einzeln installieren und deinstallieren lassen. Dadurch ist *dselect* leicht erweiterbar und bietet eine einfache Möglichkeit, Distributionen zu erstellen, die an die Bedürfnisse ganz bestimmter Umgebungen angepasst sind. Die im folgenden aufgelisteten Installationsmethoden sind zum Teil im Paket *dpkg-multicd* enthalten und werden standardmäßig während der Basisinstallation nicht installiert. Beachten Sie, dass einzelne Hersteller von Debian-CDs eigene Installationsmethoden anbieten können, die Sie dann in diesem Menü finden.

Achtung: Seit Debian GNU/Linux 2.2 sollte normalerweise ausschließlich die Installationsmethode APT benutzt werden, die bereits während der Konfiguration des Basissystems eingerichtet wird.

Multi CD Es wird von mehreren CDROMs installiert. Für dieser Methode befinden sich normalerweise auf der letzten CDROM mit Binärpaketen Listen der auf allen CDROMs verfügbaren Pakete. Bei Verwendung der offiziellen Debian-CDROMs sollten Sie die letzte (Binär-)CDROM im Laufwerk liegen haben, wenn Sie diese Methode auswählen[5]. Im allgemeinen sollten Sie jedoch die Methode APT verwenden, wenn Sie von mehreren CDROMs installieren.

NFS Installation von einem fremden Rechner, der ein Verzeichnis mit den Debian-Paketen über NFS (Network Filesystem) im Netz zur Verfügung stellt. Wenn Sie diese Methode verwenden, müssen Sie den Netzwerknamen oder die Netzwerkadresse (IP-Nummer) des Rechners kennen, auf dem sich die Pakete befinden. Außerdem müssen Sie das Verzeichnis kennen, in dem die Pakete auf dem fremden Rechner liegen.

Multi NFS Wie NFS, mit dem Unterschied, dass sich der Inhalt des im Netz freigegebenen Verzeichnisses ändern darf. Dadurch ist es möglich, auch bei einem Satz von CDROMs einfach das CDROM-Laufwerk eines Server-Rechners freizugeben, über NFS zu installieren und bei Bedarf die notwendigen CDROMs in das Laufwerk des Servers einzulegen. Voraussetzung für dieses Verfahren ist selbstverständlich, dass Sie Zugriff auf den entsprechenden Server haben, um die CDROMs wechseln zu können.

Floppy Installation von Disketten. Diese Installationsmethode ist bei dem Umfang der Debian-Distribution sicherlich nicht zu empfehlen. Sie kann höchstens als letzter Ausweg dienen, wenn Ihr Rechner kein CDROM-Laufwerk besitzt und nicht vernetzt ist.

Apt APT ermöglicht es, verschiedene, unterschiedliche Quellen für Debian-Pakete zu definieren. So kann beispielsweise definiert werden, dass zunächst die Pakete auf den lokalen CDROMs verwendet werden sollen, danach auf einem Server im lokalen Netz nachgesehen und schließlich auf einem offiziellen Debian-Server nach Paketen gesucht werden soll. APT bietet viele Möglichkeiten, die über den Einsatzbereich von *dselect* hinausgehen. Deswegen ist diesem Programm ein eigener Abschnitt gewidmet (Kapitel 8.4).

Mit *dselect* ist es möglich, APT zur Beschaffung und zur Installation von Paketen zu verwenden: Deswegen eignet sich diese Installationsmethode gut dafür, die Installation von einem WWW- oder FTP-Server im Internet oder einem Satz CDROMs durchzuführen. Nach der Basisinstallation ist diese Methode vorausgewählt.

Konfiguration der Installationsmethoden Wenn Sie eine neue Installationsmethode ausgewählt haben, wird ein Skript (eine Art Programm) aufgerufen, dass Ihnen Fragen stellt, wo genau sich die Debian-Pakete befinden. Die einzelnen Installationsmethoden verwenden hierzu unterschiedliche Skripte, die von unterschiedlichen Voreinstellungen ausgehen und versuchen, auf unterschiedliche Art und Weise – teilweise automatisch – diese Voreinstellungen an Ihr System anzupassen. Deswegen ist es nötig, dass Sie alle Fragen genau lesen und gegebenenfalls prüfen, ob die vorgeschlagenen Einstellungen tatsächlich auf Ihr System und Ihre Installationsquelle zutreffen.

Vorgeschlagene Werte (*Default*-Werte) finden Sie in der Regel bei jeder Frage in eckigen Klammern. Wenn Sie mit diesen einverstanden sind, brauchen Sie nur die EINGABE Taste zu betätigen, um die entsprechenden Werte zu übernehmen. Bei leeren Klammern stellt das Skript keine Voreinstellungen zur Verfügung und Sie müssen in der Regel einen Wert angeben. Wenn Sie einen Pfadnamen angeben müssen, der sich auf eine Datei oder ein Verzeichnis (Ordner) auf einer CD bezieht, müssen sie diesen Namen meist ausgehend vom Wurzelverzeichnis der CDROM angeben. Falls sich also beispielsweise auf Ihrer CDROM die Debian-Distribution im Verzeichnis *Distributionen* befindet, das wiederum im Verzeichnis *Linux* des Wurzelverzeichnisses liegt und sie nach diesem Verzeichnis gefragt werden, so sollten sie */Linux/Distributionen/Debian* angeben.

---

[5] Dies kann bei CDROMs, die von der offiziellen Version abweichen, anders sein. Konsultieren Sie dann sicherheitshalber die Dokumentation Ihrer CD-Ausgabe.

Wenn Sie sich bei der Beantwortung von Fragen vertippt haben, können Sie den bereits eingegebenen Text mit der Taste ZURÜCK löschen, so lange Sie ihn noch nicht mit EINGABE bestätigt haben. Falls Ihnen ein Fehler erst nach der Bestätigung mit EINGABE auffällt, müssen Sie STRG-C drücken um das entsprechende Skript abzubrechen. Sie landen dann wieder im Menü zur Installationsmethodenauswahl und können die erwünschte Methode erneut auswählen, um die Eingaben zu korrigieren. Im folgenden finden Sie einige Hinweise zu wichtigen Installationsmethoden.

Installationsmethode Multi-CD Legen Sie die letzte CDROM mit Binärpaketen ein, bevor Sie diese Installationsmethode konfigurieren.

Das Konfigurationsskript für diese Methode untersucht zunächst, ob auf Ihrem System bereits CDROMs in das Dateisystem eingebunden sind. Falls es mehrere findet, zeigt es Ihnen eine numerierte Liste aller gemounteten CDROMs und bittet Sie, durch Drücken einer Zahl die richtige auszuwählen. Wenn nur eine einzige gemountete CDROM gefunden wird, werden Sie gefragt, ob es sich um die richtige handelt. Sie können dann entweder mit EINGABE die Vorgabe (*Yes*) bestätigen oder *No* eingeben, woraufhin Sie die Möglichkeit erhalten, die richtige CDROM in ihr Laufwerk einzulegen.

Gewöhnlich wird eine CDROM nach dem Einlegen jedoch nicht automatisch gemountet. Also wird das Skript keine gemountete CDROM finden und versuchen, herauszufinden, welche Gerätedatei ihrem CDROM-Laufwerk entspricht, um sie später selber mounten zu können. Falls Sie schon die Basisinstallation von CDROM durchgeführt haben, existiert bereits der symbolische Link (Verweis) */dev/cdrom* auf die Gerätedatei ihres Laufwerkes oder Sie haben ihn selbst erzeugt. Sie brauchen also nur mit EINGABE zu bestätigen. Sollten Sie allerdings von einem zweiten oder dritten CDROM-Laufwerk installieren wollen, so müssen Sie hier die entsprechende Gerätedatei angeben und dann EINGABE drücken.

Nachdem ihr CDROM-Laufwerk gefunden bzw. das richtige Laufwerk ausgewählt wurde, werden Sie, wie bei der Methode für eine einzige CD, gefragt, wo auf der CDROM sich das Debian-Hauptverzeichnis befindet. Bei den offiziellen CDROMs ist es das Verzeichnis */debian/*. Wenn Sie diese CDROMs verwenden, sollten Sie also nur mit EINGABE bestätigen müssen. Ansonsten müssen Sie den Pfad eingeben.

Hieraufhin wird untersucht, ob sich ein Katalog verfügbarer Pakete für jede Abteilung der Distribution finden lässt. Falls ein Katalog nicht gefunden wird, können Sie den Pfad eingeben, an dem er sich befindet. Für Abteilungen, die auf Ihrer CDROM nicht vorhanden sind, geben Sie einfach *none* an. Dies ist bei Verwendung der offiziellen CDROMs u. a. bei den Abteilungen *non-free* und *non-US* der Fall. Wenn alle Kataloge gefunden bzw. abgefragt worden sind werden Sie aufgefordert EINGABE zu drücken und landen dann im Hauptmenü von *dselect*.

Installationsmethode NFS Das Konfigurationsskript für diese Methode fragt nach der TCP/IP-Adresse des NFS-Servers (siehe Kapitel 17). Hier können sie entweder den Rechnernamen (Hostname) oder die numerische IP-Adresse eingeben. Außerdem müssen Sie das vom Server exportierte Verzeichnis kennen, in dem sich die Distribution befindet.

Sind Rechner und Verzeichnis eingegeben, muss festgelegt werden, in welchem Verzeichnis unterhalb des exportierten Verzeichnisses sich die Debian-Distribution befindet. Geben Sie den Pfad relativ zum exportierten Verzeichnis ohne einen führenden Schrägstrich an. Beispiel: *pub/mirrors/debian/dists/potato*.

Das Skript untersucht dann, wo sich unterhalb des Verzeichnisses der Debian-Distribution auf Ihrer CDROM die Verzeichnisse der einzelnen Abteilungen (Sections *main, contrib, non-Free* usw., siehe Abschnitt 8.2.2) befinden. Es macht dabei die Vorannahme, dass die Verzeichnisse aller Abteilungen in dem Hauptverzeichnis der Distribution liegen. Falls dies nicht der Fall ist, wird nachgefragt. Geben Sie dann wieder die Pfade zu den richtigen Verzeichnissen an und bestätigen Sie mit EINGABE. Wenn eine Abteilung (Section) auf dem Server nicht vorhanden ist (was zumindest bei *local* der Fall sein könnte), geben Sie einfach „none" ein und bestätigen mit EINGABE. Nachdem Sie mit Ihrer Eingabe fertig sind, werden Sie noch einmal aufgefordert, EINGABE zu drücken und gelangen dann wieder zurück in das Hauptmenü von *dselect*, wo Sie mit der Aktualisierung der Liste der verfügbaren Pakete fortfahren sollten.

Installationsmethode Multi-NFS Der Vorteil von Multi-NFS liegt darin, dass mit einem einzigen CDROM-Laufwerk in einem Netz auf mehreren Rechnern ohne ein solches Laufwerk von einem Satz CDROMs aus installiert werden kann. Beachten Sie jedoch, dass dies nur dann praktikabel ist, wenn nicht unabhängig voneinander auf verschiedenen Rechnern installiert wird. Multi-NFS verlangt, dass Sie gelegentlich zu ihrem Server gehen und die CDROM wechseln.

Wie bei der einfachen NFS-Methode (siehe vorhergehender Abschnitt), werden Sie bei dieser Installationsmethode nach Adresse und exportiertem Verzeichnis des NFS-Servers gefragt und können danach genauso verfahren, wie es im Abschnitt 7.5.2 für das Multi-CD-Verfahren beschrieben ist.

Installationsmethode Floppy Die Konfiguration dieser Installationsmethode ist denkbar einfach: Das Skript fragt zunächst nach der Gerätedatei, die dem Diskettenlaufwerk entspricht, von dem installiert werden soll. Dabei ist ausnahmsweise nicht das Verzeichnis */dev* mit anzugeben, sondern einfach nur die Gerätedatei in diesem Verzeichnis. In der Regel ist dies *fd0* (erstes Diskettenlaufwerk) oder *fd1* (zweites Diskettenlaufwerk). Alternativ können auch die unter DOS/Windows üblichen Laufwerksbuchstaben angegeben werden (*A* bzw. *B*). In einem zweiten Schritt muss *dselect* wissen, in welchem Format die verwendeten Disketten formatiert sind. Dieses Format muss natürlich vom benutzten Kernel unterstützt werden. Geben Sie hier *msdos* für DOS/Windows-formatierte Disketten oder *minix* bzw. *ext2* für solche Disketten an, die mit einem unter Linux gebräuchlichen Dateisystem formatiert wurden.

Installationsmethode APT Die von APT zu verwendenden Paketquellen können entweder manuell oder mit Hilfe des Programms *apt-setup* die Konfigurationsdatei */etc/apt/sources.list* eingetragen werden. Eine Ausgangskonfiguration wird während nach der Basisinstallation durch automatische Aufruf des Programm *apt-setup* angelegt. Die Konfiguration von APT ist ausführlich in Kapitel 8.4.1, S. 201 beschrieben.

Wenn Sie innerhalb von *dselect* die Installationsmethode APT wählen, prüft das Programm, ob die Konfigurationsdatei */etc/apt/sources.list* bereits existiert. Wenn dies der Fall ist, wird die Datei am Bildschirm ausgegeben und es wird nachgefragt, ob sie überschrieben werden soll. In der Regel ist dies nicht gewünscht, weswegen Sie hier *N* auswählen sollten.

Sollten Sie *y* auswählen, fragt das Programm ab, welche Installationsquellen APT verwenden soll. Beachten Sie jedoch, dass es normalerweise einfacher ist, die Konfiguration mit *apt-setup* durchzuführen.

7.5.3 Aktualisierung der Liste der verfügbaren Pakete

Immer wenn die Installationsmethode neu konfiguriert wurde oder wenn der Verdacht besteht, dass sich der Inhalt der Installationsquelle geändert hat (was bei Installation von einem Internetserver und Verwendung der unstabilen Variante durchaus mehrmals täglich der Fall sein kann), sollte die auf dem System vorhandene Liste der verfügbaren Pakete aktualisiert werden.

Geschieht dies nicht, kann das zur Folge haben, dass ein Paket zur Auswahl steht, dass die Installationsquelle gar nicht mehr zur Verfügung stellt. Wenn es dann ausgewählt wird, wird spätestens bei dem Versuch, es zu installieren, ein Fehler auftreten. Diese Aktualisierung wird durch Auswahl des Befehls *Update* im Hauptmenü von *dselect* durchgeführt.

Abhängig von der gewählten Installationsmethode werden dann die ausgewählten Quellen auf ihren Inhalt untersucht und die lokal verwaltete Datenbank wird aktualisiert. Falls es hierbei zu einem Fehler kommt erscheint eine Fehlermeldung wie:

```
update available list returned exit status 1
```

sowie die Aufforderung, die EINGABE-Taste zu betätigen.

In diesem Fall sollten Sie zu der Auswahl der Installationsmethode zurückkehren und nochmals überprüfen, ob Sie alle Angaben richtig vorgenommen haben. Falls alles richtig ist, können Sie weiterhin überprüfen, ob mit den Installationsquellen alles in Ordnung ist, also beispielsweise, ob die richtige CDROM im Laufwerk liegt oder ob bei Verwendung von APT die gewählten Server tatsächlich zur Verfügung stehen und erreichbar sind.

7.5.4 Auswahl der zu installierenden Pakete

Mit dem Befehl *select* im Hauptmenü von *dselect* können die Pakete ausgewählt werden, die installiert oder entfernt werden sollen.

Nach der Anwahl dieses Befehls erscheint zunächst ein Hilfebildschirm[6], der eine kurze Einführung in die später folgende Paketliste gibt. Sie können die Taste LEER betätigen, um von dort direkt zur Auswahl zu gelangen. Durch Betätigung der Tasten ? oder EINGABE gelangen Sie in den Auswahlbildschirm der Hilfe. Dort können Sie sich durch Drücken der angezeigten Tasten Informationen zu speziellen Themen wie der Tastenbelegung und detaillierten Beschreibungen zur Auswahlliste anzeigen lassen. Auch hier können Sie die Hilfe jederzeit durch Betätigung der Taste LEER verlassen.

Danach erscheint die eigentliche Liste der verfügbaren und installierten Pakete, wie sie in Abbildung 21 zu sehen ist.

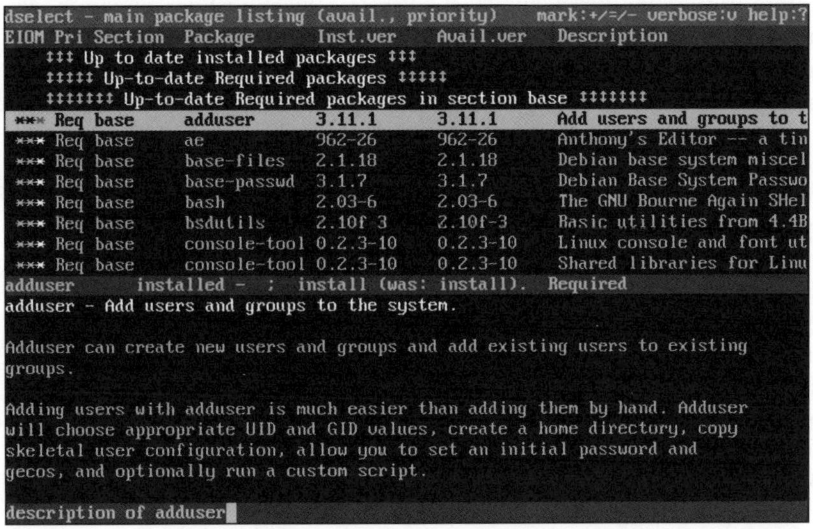

```
dselect - main package listing (avail., priority)    mark:+/=/- verbose:v help:?
EIOM Pri Section  Package      Inst.ver     Avail.ver    Description
     ‡‡‡ Up to date installed packages ‡‡‡
     ‡‡‡‡‡ Up-to-date Required packages ‡‡‡‡‡
     ‡‡‡‡‡‡‡ Up-to-date Required packages in section base ‡‡‡‡‡‡‡
 *** Req base     adduser      3.11.1       3.11.1       Add users and groups to t
 *** Req base     ae           962-26       962-26       Anthony's Editor -- a tin
 *** Req base     base-files   2.1.18       2.1.18       Debian base system miscel
 *** Req base     base-passwd  3.1.7        3.1.7        Debian Base System Passwo
 *** Req base     bash         2.03-6       2.03-6       The GNU Bourne Again SHel
 *** Req base     bsdutils     2.10f 3      2.10f-3      Basic utilities from 4.4B
 *** Req base     console-tool 0.2.3-10     0.2.3-10     Linux console and font ut
 *** Req base     console-tool 0.2.3-10     0.2.3-10     Shared libraries for Linu
adduser       installed - ; install (was: install).  Required
adduser - Add users and groups to the system.

Adduser can create new users and groups and add existing users to existing
groups.

Adding users with adduser is much easier than adding them by hand. Adduser
will choose appropriate UID and GID values, create a home directory, copy
skeletal user configuration, allow you to set an initial password and
gecos, and optionally run a custom script.

description of adduser
```

Abbildung 21: *dselect*: Auswahl der Pakete

Bedeutung der Informationen im Auswahlbildschirm Diese Liste enthält eine Reihe wichtiger Informationen und es erfordert schon eine gewisse Übung, sie alle auf einen Blick erkennen zu können. Im oberen Teil des Bildschirms befinden sich untereinander die einzelnen installierten oder verfügbaren Pakete. Diese sind nach den folgenden Kategorien sortiert:

Broken Ganz am Anfang werden die Pakete aufgeführt, die zwar installiert sind, bei denen das Paket-Management-System aber meint, dass sie nicht mehr funktionieren können, etwa weil andere Pakete, die ein hier aufgeführtes Programm benötigt, nicht mehr vorhanden sind.

Obsolete Dies sind Pakete, die installiert sind, jedoch in der Liste der verfügbaren Pakete nicht erscheinen. Sie sollten vorsichtig sein, sich von der Bezeichnung „Obsolete“ dahin leiten zu lassen, diese Pakete zu löschen. Falls Sie beispielsweise einmal manuell ein Paket installiert haben, dass nicht Bestandteil der offiziellen Distribution ist, wird diese Paket unter Umständen als *Obsolete* eingestuft, trotzdem wollen Sie es wahrscheinlich behalten.

[6] Sie können das Anzeigen dieses Hilfebildschirms unterdrücken, indem Sie *dselect* mit der Option *--expert* aufrufen.

New Pakete, die neu sind, sich also bisher nicht in der Liste der verfügbaren Pakete befanden, jedoch nach der letzten Aktualisierung dieser Liste dort eingetragen worden sind.

Updated In dieser Rubrik befinden sich die Pakete, die auf dem System installiert sind und von denen neuere Versionen verfügbar sind. Sie werden von *dselect* automatisch zum Aktualisieren ausgewählt, was in der Regel auch die gewünschte Aktion ist. Beachten Sie, dass es auch nach einer „frischen" Installation des Basissystem vorkommen kann, dass hier Pakete aufgeführt sind: Gelegentlich basiert das Basissystem nämlich auf älteren Versionen der in ihm enthaltenen Pakete als den verfügbaren Paketen. Dies ist auch nicht weiter schlimm, da solche Pakete ja sofort nach der Installation des Basissystems aktualisiert werden.

Up-to-date Hier finden sich alle Pakete, die installiert sind und deren Version der verfügbaren Version entspricht.

Available Zu Schluß kommen die Pakete, die nicht auf dem System installiert sind.

Innerhalb dieser Kategorien sind die Pakete nach Dringlichkeitsstufen (Prioritäten) sortiert. Diese reichen von *Required* (unbedingt notwendig) über *Important* (wichtig) und *Standard* (gewöhnliche Pakete) bis hin zu *Optional* (optional installierbare Pakete) und *Extra* (zusätzliche Pakete). Wichtig ist nur zu wissen, dass Pakete der Stufe *Required* prinzipiell nicht gelöscht werden dürfen.

Eine weitere Gliederungsebene stellen die einzelnen Unterabteilungen der Distribution dar. Sie haben eher informellen Charakter und dienen der Einordnung von Paketen in bestimmte Anwendungsarten (siehe Kap.: 8.2.2). Die wichtigsten sind:

base Bestandteile des Basissystems. Diese haben meist die Dringlichkeitsstufe *required* und dürfen nicht gelöscht werden.

admin Programme und Pakete zur Administration des Systems.

doc Dokumentationen aller Art.

editors Editoren (Programme zum Bearbeiten von Dateien, meist Textdateien).

devel (Developer) Entwicklungswerkzeuge und zur Programmentwicklung sowie zum Kompilieren von Programmen benötigte Pakete.

interpreters Programme zur Ausführung interpretierter Programmiersprachen (Perl, Python, BASIC etc.)

net Netzwerkprogramme und Administrationswerkzeuge.

mail E-Mail Programme aller Art. Dazu gehören alle Programme, die irgendwie zur Bearbeitung, Versendung oder Aufbewahrung von E-Mail benutzt werden können.

news Programme, die im Zusammenhang mit Internet- (Usenet-) News stehen.

text Textverarbeitungsprogramme. Hierzu gehören nicht (nur) die bekannten Office-Applikationen, sondern viele kleine und auf UNIX-Systemen wichtige Programme beispielsweise zur Bearbeitung und Konvertierung von Texten in unterschiedlichen Formaten.

tex Alle Programme für TEXund LATEX, dem bekannten Textsatzsystem.

utils (Utilities) Werkzeuge und „Nützliches" aller Art.

libs (Libraries) Programmbibliotheken. Vorausgesetzt dass eine Bibliothek nicht zur Entwicklung von Programmen installiert werden soll, braucht man Bibliotheken in der Regel nicht von Hand auszuwählen. Ist ein Paket auf eine bestimmte Bibliothek angewiesen, so wird man hierauf nach Auswahl des entsprechenden Paketes hingewiesen und erhält die Möglichkeit, die entsprechende Bibliothek ebenfalls auszuwählen.

misc (Miscelaneous) Verschiedenes, das sich nicht einordnen lässt.

oldlibs (Alte Bibliotheken) Hier befinden sich Programmbibliotheken, die von Debian nicht mehr benutzt werden. Oftmals ist es für den Betrieb von Programmen, die nicht zu Debian gehören allerdings notwendig, Bibliotheken aus diesem Bereich zu installieren. Beispielsweise gibt es eine Reihe kommerzieller Programme, die für die Verwendung einer älteren C-Laufzeitbibliothek übersetzt wurden (*libc5*) und mit der moderneren Bibliothek von Debian (*glibc*) nicht funktionieren.

otherosfs (Other Operating Systems File Systems) Programme, die im Zusammenhang mit anderen Betriebssystemen stehen. Hierzu gehören Werkzeuge für den Umgang mit deren Dateisystemen ebenso wie der DOS-Emulator DOSEmu und die Laufzeitumgebung für Windows-Programme *wine*.

web Programme für das World-Wide-Web (WWW), also beispielsweise Web-Browser.

x11 Das X-Window-System (die Grundlage für alle graphischen Benutzeroberflächen) sowie u. a. Window-Manager, Arbeitsplatzumgebungen und viele Anwendungen.

games Spiele und Spielzeuge.

graphics Programme zum Bearbeiten und Ansehen von Graphiken.

math Wissenschaftlich-mathematische Programme.

sound Programme zum Anhören und Bearbeiten von Musik- oder Geräuschdateien.

Statusinformationen In der Zeile jedes verfügbaren oder installierten Pakets befindet sich zunächst ganz links eine aus vier Zeichen bestehende Zeichenkette, die Aufschluß über den Status, den das betreffende Paket auf dem System hat, gibt. Diese Zeichenkette ist oben mit der Bezeichnung *EIOM* überschrieben. Die einzelnen Zeichen haben dabei – von links nach rechts – die folgenden Bedeutungen:

E (Error) Fehler: Ein **Leerzeichen** bedeutet hier, dass bezüglich des betreffenden Pakets *kein* Fehler aufgetreten ist. *R* bedeutet, dass ein schwerwiegender Fehler vorliegt und das Paket neu installiert werden muss.

I (Installed) Die zweite Spalte gibt Auskunft über den Status, den das Paket auf dem System hat. Dabei bedeuten (siehe auch Kap 8.1.5):

- **-** (Remove) Das Paket ist nicht installiert. Es können jedoch Konfigurationsdateien vorhanden sein.
- ***** (Install) Das Paket ist installiert.
- **U** (Unpacked) Das Paket ist ausgepackt, aber noch nicht konfiguriert (Fehler).
- **C** (Half-configured) Während der Konfiguration des Pakets ist ein Fehler aufgetreten.
- **I** (Half-installed) Während der Installation des Pakets ist ein Fehler aufgetreten.

O (Old) Der Status, der für das Paket vorgesehen war, bevor (in dieser Sitzung) Änderungen durchgeführt wurden (wie unten).

M (Mark) Der Status, der für das Paket vorgesehen ist. Hierbei bedeuten:

- **-** (Remove) Das Paket soll nicht installiert, beziehungsweise falls es bisher installiert war, vom System entfernt werden. Beim Löschen bleiben die Konfigurationsdateien erhalten, so dass es sich ohne weitere Konfiguration erneut installieren lässt und dann wie vor dem Löschen benutzt werden kann.
- ***** (Install) Das Paket soll installiert bleiben. Falls es vorher noch nicht installiert war, soll es installiert werden. Falls die verfügbare Version neuer ist als die installierte, soll es aktualisiert werden.
- **=** (Hold) Das Paket soll den Status behalten, den es hatte. Es soll also nicht aktualisiert werden, falls eine neue Version zur Verfügung steht.
- **_** (Purge) Das Paket soll inklusive seiner Konfigurationsdateien gelöscht werden. Falls sich lediglich die Konfigurationsdateien auf dem System befinden, werden nur diese gelöscht.
- **n** (New) Das Paket ist neu, es wurde noch nicht festgelegt, ob es installiert oder entfernt werden soll. Wenn es nicht explizit zur Installation ausgewählt wird, hat es beim nächsten Aufruf den Status *Remove*.

Durch Betätigung der Taste v (verbose) werden diese Informationen in ausführlicher Form für jedes Paket angezeigt und durch nochmaliges Drücken derselben Taste kann die Anzeige wieder in den ursprünglichen Zustand versetzt werden.

Neben dieser Statusbeschreibung befindet sich die Priorität des betreffenden Pakets, also die Dringlichkeitsstufe, wie sie oben beschrieben ist in abgekürzter Form. Dann folgt weiter rechts die Gruppe, zu der das Paket gehört (also *base* oder *x11* usw.). Daneben befindet sich die Bezeichnung des Pakets. Noch weiter rechts folgen die Versionsnummer des Pakets, in der es auf dem System installiert ist. Hier steht *<none>*, falls es nicht installiert ist. Daneben steht die Versionsnummer in der das Paket verfügbar ist. Hier bedeutet <none>, dass es nicht mehr verfügbar (also *obsolete*) ist. Die Zeile wird abgeschlossen durch eine kurze Beschreibung des Paketes, sofern eine solche verfügbar ist.

Durch Betätigung der Taste O (order) können die Reihenfolge, in der die Pakete in der Liste erscheinen, sowie die Informationen, die für jedes Paket dargestellt werden, verändert werden. Hierbei stehen drei verschiedenen Modi zur Verfügung:

1. Anzeige nach Verfügbarkeit und Priorität (Dringlichkeitsstufe) (*avail., priority*).
2. Anzeige nach Verfügbarkeit und Gruppe (*avail., section*).
3. Anzeige nur nach Verfügbarkeit (*availability*).

Der zur Zeit dargestellte Modus befindet sich in Klammern in der obersten Zeile des Bildschirms. Durch wiederholtes Betätigen der Taste O wird jeweils von einem Modus zum nächsten geschaltet.

Im unteren Teil des Bildschirms wird eine relativ ausführliche Beschreibung des Paketes angezeigt, deren Inhalt mit geeigneten Tastaturkommandos (s. u.) geändert werden kann.

Bedienung des Auswahlbildschirms Innerhalb der angezeigten Liste können mit verschiedenen Tastaturkommandos Pakete gesucht werden, unterschiedliche Informationen zu den Paketen angezeigt werden und Pakete u. a. zur Installation oder zur Entfernung vom System ausgewählt werden. Die im unteren Teil des Bildschirms angezeigten Informationen sowie alle Kommandos, die den Status eines Pakets verändern, beziehen sich dabei immer auf das gerade ausgewählte Paket, also das Paket, dass durch invertierte Schrift hervorgehoben ist. Wichtig zu wissen ist, dass alle Kommandos erst dann wirksam werden, wenn Sie nochmals bestätigt wurden (z. B. mit EINGABE). Es ist also durchaus möglich durchzuspielen, was passiert, wenn verschiedene Pakete gelöscht oder installiert werden, ohne dass wirklich etwas an dem Status der Pakete geändert wird.

Im einzelnen ist es möglich, die folgenden Aktionen durchzuführen (siehe auch Tabelle: 4):

Suchen nach Paketen Nach Betätigung der Taste / kann in der untersten Zeile des Bildschirms eine Zeichenkette eingegeben werden, nach der gesucht werden soll. Nach der Bestätigung der Zeichenkette durch EINGABE wird das nächste Paket ausgewählt, bei dem die angegebene Zeichenkette im Namen des Pakets vorkommt. Damit diese Zeichenkette nicht immer wieder eingegeben werden braucht, wenn mehrmals nach der gleichen Zeichenkette gesucht werden soll, kann danach mit der Taste \ zu den nächsten Paketen gesprungen werden, in deren Namen die vorher angegebene Zeichenkette vorkommt. Soll beispielsweise nach Paketen gesucht werden, in deren Namen die Zeichenkette „mp3" vorkommt, so ist zunächst die Taste / zu betätigen, daraufhin die Zeichenkette „mp3" einzugeben und dann EINGABE zu drücken. Durch weiteres Betätigen der Taste N können dann schnell alle weiteren Pakete angezeigt werden, in denen diese Zeichenkette vorkommt, so dass man sich schnell und bequem einen Überblick über die verfügbaren Pakete, die im Zusammenhang mit der Bearbeitung und Wiedergabe von Musikdateien im MP3-Format stehen, verschaffen kann[7].

Manuelles Durchsuchen der Liste Hier stehen die gleichen Tastaturkommandos zur Verfügung wie schon bei der Liste zur Auswahl des Installationsverfahrens: Durch die Pfeiltasten sowie die Tasten SEITE-RAUF und SEITE-RUNTER kann in der Liste vor- und zurückgeblättert werden. Auf Terminals, bei denen diese Tasten nicht zur Verfügung stehen oder nicht funktionieren, können zum Blättern auch die Tasten LEER und SHIFT-N zum Vorwärtsblättern sowie ZURÜCK und SHIFT-P zum Zurückblättern verwendet werden. Zum Auswählen eines Paketes können darüber hinaus auch die Tasten N und J (vorwärts) sowie P und K (rückwärts) verwendet werden. Durch die Tasten POS1 und T gelangt man an den Anfang der Liste und durch die Tasten ENDE und E an das Ende. Weiter kann durch die Tasten PFEILRECHTS und SHIFT-F sowie die Tasten PFEILLINKS und SHIFT-B die Anzeige nach links beziehungsweise nach rechts verschoben werden, was nützlich ist, wenn die Informationen über den darstellbaren Bereich hinausgehen.

---

[7] Eine mächtigere Funktion zum Durchsuchen der Liste verfügbarer Pakete wird mit dem Programm *apt-cache* zur Verfügung gestellt. Siehe Abschnitt 8.4.4, S. 215.

Anzeigen unterschiedliche Informationen zum ausgewählten Paket Die in der unteren Hälfte des Bildschirms angezeigten Informationen über das ausgewählte Paket passen oft nicht ganz in den zur Verfügung stehenden Rahmen. Deswegen können mit den Tasten D und U die dort angezeigten Informationen um eine Seite vor- oder zurückgeblättert werden. Zeilenweises „Scrollen" ist durch die Tastenkombinationen STRG-D und STRG-U möglich.

Darüber hinaus kann die Art der angezeigten Informationen verändert werden: Standardmäßig ist eine ausführliche Beschreibung des ausgewählten Paketes angezeigt. Durch Betätigung der Taste I kann auf die internen Kontrollinformationen des installierten Paketes oder des zur Verfügung stehenden Paketes gewechselt werden. Auch hier wird durch wiederholtes Drücken dieser Taste in den jeweils nächsten Modus geschaltet. Die Kontrollinformationen enthalten – neben der ausführlichen Beschreibung – u. a. Angaben zu eventuell vorhandenen Abhängigkeiten und Vorschlägen des betreffenden Paketes, so dass man sich schnell über die Konsequenzen einer Installation des Paketes informieren kann.

Auswahl von Paketen zur Installation Um für das aktuell ausgewählte Paket festzulegen, dass es installiert werden soll, ist die Taste + oder die Taste EINFG zu drücken. Daraufhin erscheint u. U. ein Bildschirm, der über eventuell bestehende Konflikte informiert und die Möglichkeit bietet, diese zu lösen (s. u.).

„Einfrieren" eines Pakets Gelegentlich ist es nicht gewünscht, ein Paket zu aktualisieren, das in einer neueren Version zur Verfügung steht. Da *dselect* normalerweise alle installierten Pakete von sich aus automatisch zur Aktualisierung auswählt, sobald diese in einer neueren Version vorliegen, kann für einzelne Pakete der Status *Hold* ausgewählt werden: Dies geschieht durch Auswahl einer der Tasten = oder SHIFT-H. Entschließt man sich später, das Paket wieder zur Aktualisierung freizugeben, so kann dieser Status mit den Tasten : oder SHIFT-G wieder aufgehoben werden.

Auswahl von Paketen zum Löschen Um ein Paket zum Löschen auszuwählen, ist entweder die Taste ENTF oder die Taste - zu drücken (vorausgesetzt, das entsprechende Paket war vorher ausgewählt). Auch das Löschen bestimmter Pakete kann zu Konflikten führen, so dass Sie sich danach im weiter unten beschriebenen Bildschirm zur Lösung von Konflikten wiederfinden können.

Die Konfigurationsdateien eines Pakets bleiben nach dem Löschen auf dem System vorhanden. Soll ein Paket komplett gelöscht werden, das System also in einen Zustand versetzt werden, als sci das entsprechende Paket nie installiert gewesen, so kann durch die Taste _ die Aktion *Purge* ausgewählt werden, die dieses bewirkt.

Verlassen der Liste, ohne eventuelle Änderungen zu übernehmen Durch Betätigung einer der Tasten X oder ESC wird die Auswahl abgebrochen. Alle vorgenommenen Änderungen gehen dabei verloren. Weiter ist es möglich, durch den Befehl SHIFT-R sämtliche Änderungen rückgängig zu machen, ohne die Liste zu verlassen.

Verlassen der Liste mit Sicherung der durchgeführten Änderungen Mit der Taste EINGABE wird die Liste mit allen Änderungen gespeichert. Dabei wird eine letzte Überprüfung aller Abhängigkeiten durchgeführt. Falls irgendwelche Abhängigkeiten nicht erfüllt sind, erscheint der Bildschirm zum Lösen von Konflikten und Abhängigkeiten. Ansonsten oder danach wird das Hauptmenü von *dselect* angezeigt.

Soll die abschließende Konflikt- und Abhängigkeitsprüfung übersprungen werden, etwa weil bekannt ist, dass Konflikte bestehen, die aufgrund nicht verfügbarer Pakete nicht gelöst werden können, so kann die Auswahl auch durch den Befehl SHIFT-Q beendet werden. Auch hier werden alle Änderungen gespeichert, die Abhängigkeitsprüfung allerdings übersprungen. Dies kann bei der späteren tatsächlichen Installation oder Entfernung von Paketen selbstverständlich zu Problemen führen.

Weitere Befehle Ein Neuzeichnen des Bildschirms kann durch die Tastenkombination STRG-L bewirkt werden. Durch die Tasten V oder SHIFT-V werden die Statusinformationen von der Kurzfassung in den ausführlichen Modus umgeschaltet.

Lösen von Konflikten Nach jeder Aktion, die den Status eines Paketes auf dem System verändern würde, also beispielsweise nach dem Auswählen eines Paketes zur Installation, überprüft *dselect* ob alle Abhängigkeiten dieses Paketes von anderen Paketen erfüllt sind und ob es Konflikte zwischen dem ausgewählten Paket und einem anderen

7. Installation von Software

Paket, dass bereits auf dem System installiert ist, gibt. Wenn dies nicht der Fall ist, geschieht gar nichts und das Paket wird für die gewünschte Aktion (also z. B. für die Installation) ausgewählt.

Sollten jedoch Konflikte auftreten, Abhängigkeiten nicht erfüllt sein oder ein zur Installation ausgewähltes Paket andere Pakete zur Installation vorschlagen, die noch nicht auf dem System installiert sind, so wird zunächst ein Hilfetext angezeigt, der über die Situation aufklärt. Nach Betätigung der Taste LEER erscheint dann eine Anzeige, wie sie in Abbildung 22 dargestellt wird.

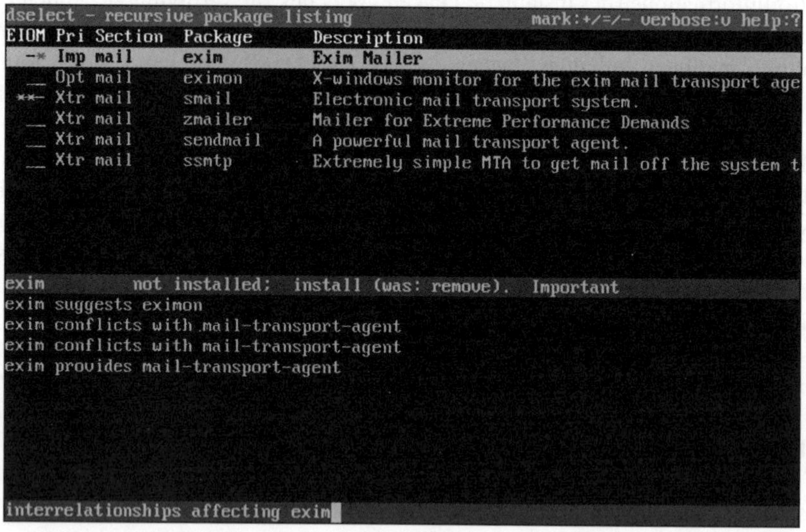

```
dselect - recursive package listing            mark:+/=/- verbose:v help:?
EIOM Pri Section   Package        Description
  -* Imp mail      exim           Exim Mailer
  _  Opt mail      eximon         X-windows monitor for the exim mail transport age
 **- Xtr mail      smail          Electronic mail transport system.
  _  Xtr mail      zmailer        Mailer for Extreme Performance Demands
  _  Xtr mail      sendmail       A powerful mail transport agent.
  _  Xtr mail      ssmtp          Extremely simple MTA to get mail off the system t




exim          not installed; install (was: remove). Important
exim suggests eximon
exim conflicts with mail-transport-agent
exim conflicts with mail-transport-agent
exim provides mail-transport-agent









interrelationships affecting exim
```

Abbildung 22: *dselect*: Lösen von Konflikten

In dem Beispiel der Abbildung wurde versucht, das Mail-Transport-System *exim* auf einem System zur Installation auszuwählen, auf dem bereits ein anderes Mail-Transport-System, nämlich *smail* installiert war. Da es auf einem Debian GNU/Linux System nur ein einziges Mail-Transport-System geben darf, trat dadurch ein Konflikt auf. Der angezeigte Bildschirm zum Lösen von Konflikten ist genauso aufgebaut wie die normale Paketliste, mit dem Unterschied, dass hier nur die an der zu lösenden Situation beteiligten Pakete aufgeführt werden. Darüber hinaus befindet sich im unteren Teil des Bildschirms – neben den schon bekannten Informationen, die weiterhin mit I erreicht werden können – eine Beschreibung der Art des Konflikts aus Sicht des Paketes, welches im oberen Teil des Bildschirms ausgewählt ist. Dabei erscheint im oberen Teil zunächst das Paket, welches den Konflikt ausgelöst hat, in unserem Beispiel also *exim*.

In der Abbildung sind für dieses Paket im unteren Teil des Bildschirms folgende Informationen zu erkennen:

- Die erste Zeile (*exim suggests eximon*) stellt keinen Konflikt dar. Hier handelt es sich lediglich um die Empfehlung, das Paket *eximon* ebenfalls zu installieren. Dieses Paket ist deswegen ebenfalls in der Liste aufgeführt und kann dort zur Installation ausgewählt werden.
- Die Zeilen zwei und drei (*exim conflicts with mail-transport-agent*) machen auf den eigentlichen Konflikt aufmerksam: Es ist zumindest ein weiteres Programm installiert oder zur Installation ausgewählt, das ebenfalls einen *mail-transport-agent* zur Verfügung stellt. Unter *eximon* sind deswegen alle verfügbaren Pakete aufgeführt, die ebenfalls das virtuelle Paket *mail-transport-agent* zur Verfügung stellen. Klar zu erkennen ist auch, dass der Konflikt mit dem Paket *smail* besteht, da dieses (zu erkennen an den beiden Sternen) bereits installiert ist.

– Die letzte Zeile *exim provides mail-transport-agent* teilt uns mit, was wir schon wissen, nämlich, dass auch *exim* einen *mail-transport-agent* zur Verfügung stellt.

dselect versucht in solchen Situationen, sinnvolle Vorschläge zu machen. In dem Beispiel ist dem Programm bekannt, dass *exim* zur Installation ausgewählt wurde und *smail* bereits auf dem System installiert ist. Deswegen ist es sinnvoll, *smail* zum Löschen auszuwählen, wie es in der vorgegebenen Liste der Fall ist. Da der Benutzer jedoch unter Umständen nicht wußte, dass die Installation von dem einen Paket das Löschen eines anderen erzwingt, soll dies nicht automatisch geschehen und es besteht die Möglichkeit, die Änderungen wieder rückgängig zu machen. Zur Lösung eines Konflikts stehen die folgenden Aktionen zur Verfügung:

Manuelle Auswahl In dem Konfliktbildschirm stehen alle Befehle zur Verfügung, die auch in der normalen Liste (mit allen Paketen) zur Verfügung stehen. Es ist also möglich, von Hand Pakete zur Deinstallation auszuwählen, mit denen ein Konflikt besteht oder die von einem zum Löschen ausgewählten Paket abhängig sind. Ebenso kann die Auswahl zum Löschen eines Paketes aufgrund der angezeigten Abhängigkeiten rückgängig gemacht werden oder ein Paket, das zur Installation ausgewählt wurde, wieder entfernt werden, um Konflikte mit anderen Paketen zu lösen.

Annullierung der Auswahl, die zum Konflikt führte Durch Betätigung der Taste SHIFT-R wird der Status aller am Konflikt beteiligten Pakete wieder so eingestellt, wie er war, bevor der Konflikt aufgetreten ist.

Übernahme der Vorschläge von *dselect* Die Taste SHIFT-U bewirkt, dass alle am Konflikt beteiligten Pakete den Status erhalten, den *dselect* vorschlägt. Hierbei ist allerdings zu beachten, dass *dselect* nicht jeden Konflikt lösen kann, da gelegentlich einfach Entscheidungen für oder gegen ein Paket getroffen werden müssen. Die Vorschläge von *dselect* sollten immer überprüft und gegebenenfalls manuell nachbearbeitet werden.

Beibehaltung der Konfliktsituation Durch den Befehl SHIFT-D erhalten alle beteiligten Pakete den Status, wie er ausgewählt wurde ohne dass die Vorschläge von *dselect* berücksichtigt werden. Der Konflikt wird also nicht gelöst, was später zu Problemen führen kann.

Nachdem ein Konflikt oder eine Abhängigkeit – mit den oben aufgeführten Befehlen – gelöst wurde, kann die Auswahl mit der Taste EINGABE übernommen werden. Daraufhin erfolgt erneut die Überprüfung von Konflikten und Abhängigkeiten, was dazu führen kann, dass wieder der Bildschirm zum Lösen von Konflikten erscheint. Mögliche Ursachen hierfür können darin bestehen, dass ein Problem entweder nicht (vollständig) gelöst wurde, oder dass zur Lösung von Abhängigkeiten zusätzliche Pakete ausgewählt wurden, die nun wiederum in Konflikt mit anderen Paketen stehen oder von nicht installierten Paketen abhängig sind. In diesem Fall müssen die dann entstandenen Probleme ebenfalls, wie beschrieben, gelöst werden.

Darüber hinaus besteht – wie im Auswahlbildschirm – die Möglichkeit, durch Drücken der Taste SHIFT-Q die Konflikt- und Abhängigkeitsprüfung zu unterdrücken. Die Folge ist, dass mit der Paketauswahl fortgefahren werden kann, obwohl ein Problem besteht. Dieses Vorgehen ist sicherlich nur in Ausnahmesituationen zu empfehlen und birgt prinzipiell das Risiko, dass betroffene Systembestandteile nicht richtig funktionieren.

Grundsätzlich soll zur Konfliktbehebung sowie zur Lösung von Abhängigkeiten die folgende Vorgehensweise empfohlen werden:

1. Wenn Sie ausreichend Platz haben, sollten Sie alle auf Grund von Abhängigkeiten benötigten Pakete installieren. Das gleiche gilt im allgemeinen für Vorschläge (Recommendations, Suggestions).
2. Es ist eine sinnvolle Vorgehensweise, sich von Konflikten und Abhängigkeiten bei der Auswahl von Paketen leiten zu lassen: Gerade wenn Sie nicht genau wissen, welche Pakete Sie benötigen, können Sie diejenigen Pakete auswählen, von denen Sie genau wissen, dass sie installiert sein sollen und brauchen dann nur noch die von diesen Paketen benötigten oder empfohlenen Pakete zu installieren.
3. Im Falle eines Konflikts sollten Sie genau prüfen, ob Sie das Paket, durch das der Konflikt verursacht wurde, wirklich installieren wollen. Wenn Sie sich nicht sicher sind, sollten Sie die Auswahl lieber wieder rückgängig machen.

4. Falls es Ihnen nicht gelingt einen Konflikt zu lösen, kann das daran liegen, dass die Liste der verfügbaren Pakete unvollständig ist. Beispielsweise, weil Sie nur eine CDROM aus einem Satz von Installations-CDROMs verwenden. Sie erkennen das daran, dass zu einem benötigten Paket die Meldung ... *seems not to be available* erscheint. Überprüfen Sie in diesem Fall die Einstellungen der Installationsmethode.
5. In einigen Fällen stehen mehrere Pakete zur Verfügung, um eine Abhängigkeit zu befriedigen. Versuchen Sie in solchen Fällen, sich anhand der Informationen im unteren Teil des Bildschirms (umschalten mit I) für eine Alternative zu entscheiden. Oft können Sie auch mehrere Alternativen gleichzeitig installieren. Dies verbraucht zwar Festplattenplatz, aber Sie haben so die Möglichkeit, später festzustellen, welche der Alternativen Sie wirklich benutzen wollen. Die anderen Pakete können Sie dann mit *dselect* oder einem anderen Programm wieder löschen.

Allgemein	
Neuzeichnen des Bildschirms:	STRG-L
Bestätigung der Auswahl:	EINGABE
Navigation	
Vorwärts:	N, PFEILRUNTER
Rückwärts:	P, PFEILRAUF
Seite runter:	SHIFT-N, SEITE-RUNTER
Seite rauf:	SHIFT-P, SEITE-RAUF
An den Anfang:	T, POS 1
An das Ende:	E, ENDE
Inhalt nach links:	SHIFT-F, PFEILRECHTS
Inhalt nach rechts:	SHIFT-B, PFEILLINKS
Suchen:	/ Suchbegriff EINGABE
Suche wiederholen:	\
Informationsteil	
Seite runter:	D
Seite rauf:	U
Aktionen allgemein	
Sichern aller Einstellungen:	EINGABE
Verlassen ohne sichern:	X, ESC

Ansicht Paketauswahl	
Ausführliche Form:	V
Sortierung umschalten:	O
Paketinformationen umschalten:	I
Aktionen Paketauswahl	
Auswahl zur Installation (install):	+, EINFG
Auswahl zur Deinstallation (deinstall):	-, ENTF
Auswahl zum vollständigen Löschen (purge):	_ (Unterstrich)
Einfrieren des Status' (hold):	SHIFT-H, =
Freigeben des Status' (unhold):	SHIFT-G, :
Alle Einstellungen rückgängig:	SHIFT-R
Sichern ohne Konfliktprüfung:	SHIFT-Q
Lösen von Konflikten	
Manuelles Auswählen:	(wie oben)
Zurück zur Ausgangssituation:	SHIFT-R
Übernahme der Vorschläge:	SHIFT-U
Beibehalten des Konflikts:	SHIFT-D

Tabelle 4: Wichtige *dselect*-Tastaturkommandos.

7.5.5 Installation der Pakete

Nachdem die zu installierenden und zu deinstallierenden Pakete ausgewählt worden sind, müssen diese natürlich noch installiert beziehungsweise entfernt werden. Im Hauptmenü von *dselect* ist dazu der Befehl *Install* auszuwählen. Abhängig von der unter *Access* ausgewählten Installationsmethode müssen die benötigten Pakete u. U.

zunächst bereitgestellt werden, also beispielsweise von einem Server heruntergeladen werden. Bei der Installation von CDROM oder einem anderen lokalen Dateisystem ist dies natürlich nicht notwendig. Dafür kann es aber bei den Multi-Verfahren, also beispielsweise *Multi-CD* oder *Multi-NFS* vorkommen, dass Sie aufgefordert werden, bestimmte CDROMs in das ausgewählte Laufwerk einzulegen.

Wurde APT als Installationsmethode gewählt, so wird vor dem eigentlichen Beginn der Installation eine Übersicht ausgegeben, wieviele Pakete gelöscht, aktualisiert und installiert werden sollen. Unter Umständen wird hier nochmals auf Fehler hingewiesen, falls diese von APT bemerkt werden. Daraufhin wird erfragt, ob tatsächlich mit der Installation begonnen werden soll. In der Regel wird man diese Frage mit *y* beantworten wollen. APT unterscheidet sich von anderen Installationsmethoden außerdem dadurch, dass dieses Programm zur Deinstallation ausgewählte Pakete entfernt, bevor und während die Installation und Aktualisierung von anderen Paketen stattfindet. Bei Benutzung von APT braucht der Befehl *remove* im Hauptmenü also später nicht mehr aufgerufen zu werden.

Sobald alle benötigten Pakete zur Verfügung stehen, werden Sie entsprechend des in Kapitel 8.1.4 beschriebenen Verfahrens installiert. Es werden also die Skripte zur Vorbereitung der Installation (*preinst*), bei einer Aktualisierung auch die zur Vorbereitung der Entfernung von Paketen (*prerm*) ausgeführt, woraufhin die Pakete ausgepackt werden. Ist dies für alle zu installierenden Pakete geschehen, so werden sie konfiguriert. Das heißt, es werden die *postinst*-Skripte der entsprechenden Pakete nacheinander ausgeführt.

Natürlich kann es bei all diesen Schritten zu Fehlern kommen. Dies wird besonders dann der Fall sein, wenn während der Auswahl von Paketen Abhängigkeiten oder Konflikte explizit überschrieben wurden. Sollte hier also eine Fehlermeldung auftreten, so muss unter Umständen zur Paketauswahl zurückgekehrt werden, um etwaige Probleme zu beseitigen. Gelegentlich kommt es jedoch auch vor, dass Pakete während ihrer Konfiguration voraussetzen, dass andere Pakete bereits vollständig installiert und konfiguriert sind, und dann nicht konfiguriert werden können. Solche Fehler lassen sich in der Regel einfach dadurch beheben, dass nach der Installation der Befehl *Config* im Hauptmenü von *dselect* aufgerufen wird, wodurch bisher nicht konfigurierte Pakete ebenfalls konfiguriert werden. In schwierigen Situationen ist dies sogar mehrmals notwendig. Die Verwendung von APT ist auch deswegen zu empfehlen, weil dieses Programm solche Fehler in der Regel von Anfang an vermeiden kann.

Weitere Fehlerquellen sind kaputte oder unvollständige Paketdateien, bei Installationen über ein Netzwerk, unerreichbare Netzwerkadressen oder fehlende Berechtigungen zum Zugriff auf die ausgewählten Ressourcen. Bei CDROM-Laufwerken kommt es darüber hinaus gelegentlich zu Lesefehlern, falls die eingelegten CDROMs Fehler aufweisen oder stark verschmutzt sind.

Allgemein kann hier nur empfohlen werden, eventuell auftretende Fehlermeldungen genau zu lesen, um der Ursache auf die Spur zu kommen. Wichtig ist dabei zu bedenken, dass das Fehlschlagen der Installation eines wichtigen Paketes viele weitere Fehlermeldungen nach sich ziehen kann. Versuchen Sie also im Falle einer Reihe von Fehlermeldungen zunächst, den als erstes auftauchenden Fehler zu beheben[8].

Wenn Sie die Installationsmethode APT verwenden, erfolgt nach der Installation die Frage, ob die heruntergeladenen Paketdateien gelöscht werden sollen. Dadurch lässt sich Speicherplatz freigeben. Auf der anderen Seite müssen gelöschte Paketdateien erneut beschafft werden, wenn die entsprechenden Pakete später erneut installiert werden sollen.

Konfigurationsphase Während der Konfigurationsphase mancher Pakete ist es notwendig, Fragen zur Einrichtung der in ihnen enthaltenen Programme zu beantworten. So muss beispielsweise ein zu installierendes Drucksubsystem Informationen über den angeschlossenen Drucker erfahren und ein Mail-Transport-System wissen, ob der Rechner, auf dem es installiert wird, direkt mit dem Internet verbunden ist oder ein unvernetzter Heimrechner ist, auf dem E-Mail nur an lokale Benutzer zugestellt werden kann.

Glücklicherweise werden viele Pakete mit einem speziellen Konfigurationsskript ausgeliefert, durch dessen Aufruf die in ihnen enthaltene Programme auch später konfiguriert werden können. Deswegen können Sie die Konfiguration vieler Pakete auf später verschieben und brauchen bei einer Erstinstallation nicht gleich das gesammte System vollständig „durchkonfigurieren".

---

[8] Denken Sie daran, dass Sie sich mit der Tastenkombination SHIFT-SEITE-RAUF „nach oben" bewegen können.

168   7. Installation von Software

Kapitel 7.6 (Seite 169) befaßt sich ausführlich mit dem Konfigurationsvorgang von Paketen, die in Standardsituationen häufig installiert werden. Dort werden viele Fragen, die von solchen Paketen während der Konfigurationsphase gestellt werden, behandelt, so dass eine Standardinstallation mit dieser Anleitung ohne große Probleme gelingen sollte.

Da die, während der Konfigurationsphase von den Paketen abgefragten, Informationen natürlich abhängig von den in ihnen enthaltenen Programmen sind, kann es schon einmal vorkommen, dass hierbei Fragen gestellt werden, die Sie nicht sofort ohne weiteres beantworten können. In diesen Fällen können Sie meist die vorgegeben Einstellungen durch Betätigung der EINGABE-Taste übernehmen und die Konfiguration später – bei Bedarf – ändern.

7.5.6 Konfiguration unkonfigurierter Pakete

Wie oben beschrieben, kann es passieren dass einzelne Pakete während des Installationsvorgangs nicht konfiguriert werden konnten. Nach Abschluß der Installation sollte deswegen sicherheitshalber in jedem Fall einmal der Befehl *Config* im Hauptmenü von *dselect* aufgerufen werden. Sind bereits alle installierten Pakete konfiguriert, bewirkt dieser Befehl nichts, falls jedoch ein oder mehrere Pakete bisher zwar installiert, aber nicht konfiguriert sind, werden diese nun konfiguriert.

Auch hierbei gilt, dass die Voraussetzungen zum Konfigurieren der betreffenden Pakete erfüllt sein müssen. Weiter müssen auch hier unter Umständen Fragen zur Konfiguration der betreffenden Pakete beantwortet werden.

7.5.7 Löschen von Paketen

Wenn eine andere Installationsmethode als APT benutzt wird, so müssen zum Löschen ausgewählte Pakete durch den Befehl *Remove* explizit gelöscht werden.

Die Entfernung von Paketen sollte dann nämlich erst nach der Installation oder Aktualisierung durchgeführt werden, weil der Fall denkbar ist, dass zu löschende Pakete von den vor einer Aktualisierung installierten Paketen noch benötigt werden. In solchen Fällen würde das Löschen von Paketen vor der Aktualisierung zu Fehlern oder einem inkonsistenten System führen.

Da Pakete auch automatisch zum Löschen ausgewählt werden können, etwa weil ein neues Paket ein älteres mit einem anderen Namen ersetzt, sollte nach der Installation oder Aktualisierung von Paketen immer der Befehl *Remove* im Hauptmenü von *dselect* aufgerufen werden. Dadurch werden auch die Pakete, die zur vollständigen Deinstallation (*Purge*) ausgewählt wurden, vom System entfernt.

7.5.8 Hinweise zur Benutzung von *dselect*

Hier noch einige Tipps und Tricks zur Arbeit mit *dselect*:

- Wenn Sie *dselect* in einem Terminalfenster unter X verwenden, also beispielsweise in einem *xterm*- oder *konsole*[9]-Fenster, und sich wundern, warum keine Farben mehr dargestellt werden, sollten Sie die Umgebungsvariable *TERM* auf den Wert *linux* setzen, bevor Sie *dselect* starten. Geben Sie dazu den Befehl

    ```
    debian:~# export TERM=linux
    ```

    ein, bevor Sie *dselect* starten.

---
[9] Das KDE-Terminalemulationsprogramm.

– Falls Sie eine CDROM-basierte Installationsmethode (z. B. multi CD) gewählt haben, übernimmt *dselect* unter Umständen das Einbinden des betreffenden Mediums in das Dateisystem. Es kann dabei zu Fehlern kommen, falls die CDROM schon in das Dateisystem eingebunden ist. Sie können dies leicht überprüfen, in dem Sie versuchen, die Lade zu öffnen. Wenn dies nicht funktioniert, ist die CDROM wahrscheinlich bereits gemountet. Geben Sie dann den Befehl

```
debian:~# umount /cdrom
```

ein, wobei Sie */cdrom* natürlich durch ein anderes Verzeichnis ersetzen müssen, wenn die CDROM woandershin eingebunden ist. Denken Sie daran, dass Sie z. B. mit ALT-F2 auf eine andere virtuelle Konsole wechseln können.

– Falls wichtige Pakete in der Liste der installierten oder verfügbaren Pakete fehlen, sollten Sie prüfen, ob Sie Ihre Installationsmethode richtig konfiguriert haben. Bei Installation von CDROM sollten Sie darüber hinaus prüfen, ob bei der Aktualisierung der Liste der verfügbaren Pakete wirklich die CDROM mit den kompletten Katalogen im Laufwerk war. Dies ist meist die letzte CDROM mit Binärpaketen. Einige Hersteller von Debian-CDROMs legen zusätzliche Pakete in Verzeichnisse auf CDROMs, die von den Installationsmethoden nicht gefunden werden. Solche Pakete können Sie von Hand mit *dpkg* (siehe 8.3) installieren.

7.6 Paketkonfiguration

Der letzte Teil der Installation eines Pakets besteht darin, es zu konfigurieren. Dabei finden zwei unterschiedlich Vorgänge statt:

1. Das Paket wird mit Konfigurationsdateien ausgestattet. Dies kann bedeuten, dass die in dem Paket enthaltenen Konfigurationsdateien an den richtigen Platz kopiert werden oder dass gar nichts geschieht, weil es sich bei der Konfiguration um eine Aktualisierung handelt und die Konfigurationsdateien bereits vorhanden sind. In bestimmten Fällen kann allerdings nicht automatisch entschieden werden, was geschehen soll, weswegen *dpkg* den Benutzer dann nach seinen Wünschen fragen muss.
2. Es wird das so genannte *postinst*-Skript ausgeführt. Aufgabe dieses Skriptes ist es, die endgültige Konfiguration des Pakets festzulegen. Das Skript kann ebenfalls mit dem Benutzer interagieren. Beispielsweise könnte während der Installation eines WWW-Browsers nachgefragt werden, welche WWW-Seite standardmäßig beim Start des Browsers geladen werden soll, oder es können Hinweise ausgegeben werden, deren Kenntnisnahme vom Benutzer zu quittieren ist.

Dieses Verfahren ist leider mit zwei Nachteilen verbunden:

– Wenn eine große Anzahl von Paketen installiert wird, wie etwa während einer Neuinstallation des gesamten Systems, werden immer wieder und mit größeren Zeitabständen Fragen gestellt, nämlich immer dann wenn gerade irgendein Paket konfiguriert wird. Installationen lassen sich deswegen schwer unbeaufsichtigt durchführen.
– Es ist nicht klar, wie die Konfiguration eines Pakets wiederholt werden kann. Die *postinst*-Skripte sind nämlich nur für den Aufruf durch *dpkg* bestimmt und können später nicht ohne weiteres vom Benutzer aufgerufen werden.

Das zweite Problem ist bei vielen Paketen dadurch gelöst worden, dass diese Pakete ein weiteres Skript beinhalten, mit dem die eigentliche Konfiguration vorgenommen wird. Dieses Skript kann dann vom *postinst*-Skript aufgerufen werden und steht später weiterhin zur Verfügung, um eine erneute Konfiguration bzw. eine Anpassung der vorhandenen Konfiguration vorzunehmen. Solche Pakete müssen dann nicht unbedingt während der Installation konfiguriert werden, vielmehr kann das entsprechende Konfigurationsskript zu einem späteren Zeitpunkt aufgerufen werden.

Das Verfahren wird von einer Reihe von Paketen benutzt. Die in den Paketen enthaltenen Konfigurationsskripte werden von solchen Paketen normalerweise im Verzeichnis */usr/sbin* abgelegt und tragen Namen, die sich aus den Namen des entsprechenden Pakets sowie der Zeichenkette *config* zusammensetzen. Zur Konfiguration des MTAs *exim* steht beispielsweise das Skript *eximconfig* zur Verfügung, welches sich folgendermaßen aufrufen lässt:

```
debian:~# /usr/sbin/eximconfig
```

Durch Verwendung solcher Skripte wird jedoch nicht das Problem gelöst, dass die Installation größerer Mengen von Paketen immer wieder angehalten wird, weil bestimmte Fragen zur Konfiguration gestellt werden müssen. Aus diesem Grund wurde das Programm *debconf* entwickelt, mit dem ein vollständig neuer Ansatz zur Paketkonfiguration vorliegt. Das Programm *debconf* verwaltet eine Datenbank mit Informationen zur Konfiguration von Paketen. Wenn nun das *postinst*-Skript während der Installation eines Pakets ausgeführt wird, kann dieses die Informationen aus der Datenbank abfragen und das Paket automatisch konfigurieren, vorausgesetzt, alle benötigten Informationen sind in der Datenbank vorhanden. Informationen, die einmal in die *debconf*-Datenbank eingegeben wurde, bleiben dort vorhanden und können bei der erneuten Installation des Pakets genutzt werden, ohne dass sie von neuem erfragt werden müssen. Außerdem können Pakete, die *debconf* verwenden, zu jeder Zeit neu konfiguriert werden. Optimal ist es, *debconf* zusammen mit APT einzusetzen. Bevor es damit beginnt, Pakete zu installieren, ruft APT dann nämlich das Programm *dpkg-preconfigure* (ein Teil von *debconf*) auf, mit dem alle zur Konfiguration benötigten Informationen abgefragt werden, bevor das erste zu installierende Paket konfiguriert wird.

Die aktuelle Version von Debian GNU/Linux (*potato, 2.2*) ist von der Umstellung auf dieses System gekennzeichnet. Eine große Anzahl von Paketen verwendet *debconf* bereits, allerdings gibt es eine Reihe anderer Pakete, die noch nicht an das neue System angepasst worden sind und deswegen weiterhin während der Konfigurationsphase Mitteilungen ausgeben oder Fragen stellen.

7.6.1 Arbeiten mit *debconf*

Konfiguration von *debconf* Das Programm *debconf* wird selbst über *debconf* konfiguriert. Wenn es das erste Mal installiert wird, stellt es einige Fragen zu seiner Konfiguration. Sie können die Konfiguration später erneuern, in dem Sie den folgenden Befehl eingeben:

```
debian:~# dpkg-reconfigure -plow -fdialog debconf
```

Es erscheint dann der in Abbildung 23 dargestellte Bildschirm.

Das in diesem Bildschirm dargestellte Menü dient zur Auswahl des „Frontends", mit dem Pakete in Zukunft konfiguriert werden sollen. Damit sind Programme gemeint, welche in Zukunft dafür verantwortlich sind, Fragen darzustellen und Antworten entgegenzunehmen. Zur Zeit stehen die folgenden Frontends zur Auswahl:

Dialog Dies ist das in Abbildung 23 gezeigte Frontend. Es bietet eine menügesteuerte Benutzerführung und kann an der Konsole oder in einem Terminalfenster benutzt werden. In der Regel ist die Auswahl dieses Frontends zu empfehlen.

Text Bei der Verwendung dieses Frontends werden Fragen zur Konfiguration auf die Konsole ausgegeben. Antworten sind dort einzugeben und mit EINGABE zu bestätigen.

Web Dieses Frontend ist eine Art WWW-Server. Wenn es benutzt wird, gibt *debconf* eine WWW-Adresse (URL) aus, die in einen WWW-Browser (z. B. *netscape*) eingegeben werden muss. Die Fragen werden dann im Browser angezeigt und können dort beantwortet werden.

Noninteractive Dieses Frontend ist eigentlich keines. Seine Auswahl bewirkt, dass *debconf* in Zukunft keine Fragen zur Konfiguration stellen wird und, an Stelle dessen, Voreinstellungswerte benutzt.

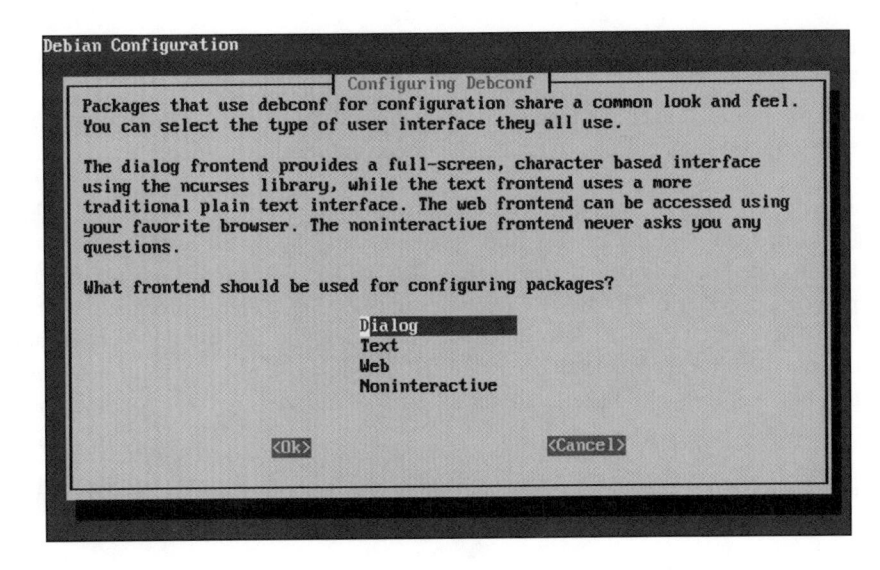

```
┌─ Debian Configuration ─────────────────────────────┐
│                ┤ Configuring Debconf ├             │
│  Packages that use debconf for configuration share a common look and feel. │
│  You can select the type of user interface they all use. │
│                                                    │
│  The dialog frontend provides a full-screen, character based interface │
│  using the ncurses library, while the text frontend uses a more │
│  traditional plain text interface. The web frontend can be accessed using │
│  your favorite browser. The noninteractive frontend never asks you any │
│  questions.                                        │
│                                                    │
│  What frontend should be used for configuring packages? │
│                    Dialog                          │
│                    Text                            │
│                    Web                             │
│                    Noninteractive                  │
│                                                    │
│           <Ok>                    <Cancel>         │
└────────────────────────────────────────────────────┘
```

Abbildung 23: Konfigurationsmenü des Programms *debconf*

Slang Das Frontend *slang* befindet sich zur Zeit noch in Entwicklung; in zukünftigen Versionen wird es einen verbesserten Ersatz für das Frontend *dialog* darstellen.

Nach Auswahl des Frontends (mit den Pfeiltasten PFEILRAUF und PFEILRUNTER), kann mit der Taste TAB auf das Feld *OK* gesprungen werden, um die Auswahl zu bestätigen.

Danach erscheint ein Bildschirm, welcher die Auswahl der Priorität im nächsten Bildschirm erläutert. Dort können Sie nämlich festlegen, welche Fragen ihnen in Zukunft überhaupt vorgelegt werden sollen:

low Diese Einstellung bewirkt, dass Sie jede mögliche Einstellung von Hand vornehmen müssen, auch wenn dafür Voreinstellungen bekannt sind, die in den allermeisten Fällen richtig sind.

medium Ermöglicht es, auch solche Einstellungen selbst vorzunehmen, für die in der Regel sinnvolle Voreinstellungen verfügbar sind.

high Nach der Auswahl dieser Priorität werden nur Fragen gestellt, für die es keine sinnvollen Voreinstellungen gibt. Beispielsweise kann in einem Paket nicht die Information enthalten sein, welcher Internetprovider zu verwenden ist.

critical Mit dieser Einstellung werden nur noch solche Informationen erfragt, die benötigt werden, damit das System richtig funktioniert.

Normalerweise ist zu empfehlen, die Einstellung *medium* zu verwenden, wenn Sie ein hohes Maß an Kontrolle über die Konfiguration Ihres Systems wünschen oder die Einstellung *high*, wenn Sie sich normalerweise auf Voreinstellungswerte verlassen wollen.

Danach können Sie auswählen, ob Fragen zur Konfiguration tatsächlich vor der Installation von Paketen gestellt werden sollen. Es ist zu empfehlen, diese Frage mit *Yes* zu beantworten. Zum Schluss kann ausgewählt werden, ob bereits bekannte Informationen jedesmal neu erfragt werden sollen, wenn ein Paket, für dessen Konfiguration die betreffende Information benötigt wird, neu installiert oder aktualisiert wird. Hier wird empfohlen, dies mit *No* abzulehnen.

Konfiguration von Paketen mit *debconf* Die Konfiguration von Paketen mit *debconf* funktioniert genauso wie die Konfiguration von *debconf* selbst. Je nachdem, welches Frontend Sie zur Verwendung mit *debconf* ausgewählt haben, werden Fragen zur Konfiguration in einem Menü dargestellt, direkt auf der Konsole ausgegeben oder es wird ein WWW-Server gestartet, der von einem Browser aus bedient werden kann.

Wenn ein Paket nach der Installation erneut konfiguriert werden soll, ist hierzu das Programm *dpkg-reconfigure* zu verwenden. Dieses Programm kann mit den folgenden Optionen aufgerufen werden:

-f`Typ` | --frontend=`Typ` Hiermit wird das zu verwendende Frontend ausgewählt. Wenn diese Option nicht benutzt wird, dann wird das bei der Konfiguration von *debconf* eingestellte Frontend benutzt. Wenn Sie das zu benutzende Frontend dauerhaft neu einstellen wollen, müssen Sie *debconf* neu konfigurieren.

-p`Wert` | --priority=`Wert` Mit dieser Option bestimmten Sie, welche Informationen tatsächlich erfragt werden sollen. Für *Wert* ist eine der Prioritäten zu verwenden, die Sie von der Konfiguration von *debconf* her kennen. Wenn die Priorität dauerhaft neu eingestellt werden soll, muss *debconf* neu konfiguriert werden.

--all Die Option bewirkt, dass alle Pakete, die installiert sind und *debconf* zur Konfiguration benutzen, neu konfiguriert werden.

Wenn also das Paket *netbase* neu konfiguriert werden soll, könnte *dpkg-reconfigure* folgendermaßen aufgerufen werden:

```
debian:~# dpkg-reconfigure -plow netbase
```

Der Parameter *-plow* (niedrigste Priorität) bewirkt, dass alle Informationen neu erfragt werden. Bedenken Sie, dass es passieren kann, dass nach dem Aufruf von *dpkg-reconfigure* überhaupt keine Informationen erfragt werden. Die Ursache dafür ist dann wahrscheinlich, dass die Priorität zu hoch eingestellt wurde.

7.6.2 Aktualisierung von Konfigurationsdateien

Viele Pakete beinhalten vorgefertigte Konfigurationsdateien für die in ihnen enthaltenen Programme. Diese Dateien werden oft vom Administrator des Systems angepasst, um das gewünschte Verhalten eines Programms zu erzielen. Um diese Anpassungen bei der Aktualisierung von Paketen nicht zu überschreiben, werden Konfigurationsdateien standardmäßig nicht automatisch ersetzt. Vielmehr überprüft *dpkg*, ob eine Konfigurationsdatei angepasst wurde, also von der Originaldatei des zu aktualisierenden Pakets abweicht. Wenn dies nicht der Fall ist, kann davon ausgegangen werden, dass der Systemadministrator keine Änderungen an der Konfiguration des Pakets vorgenommen hat und eine neue Version der Konfigurationsdatei kann bedenkenlos installiert werden.

Wenn jedoch Anpassungen vorgenommen worden sind, wird geprüft, ob sich das Original der entsprechenden Konfigurationsdatei, wie sie in der alten Paketversion enthalten war, von der Konfigurationsdatei unterscheidet, welche Teil der neuen Paketversion ist. Wenn dies nicht der Fall ist, kann davon ausgegangen werden, dass sich das Format der entsprechenden Konfigurationsdatei sowie die darin vorzunehmenden Einstellungen zwischen den beiden Paketversionen nicht geändert haben. Die manuell angepasste Version kann also weiterbenutzt werden.

Falls sich die Konfigurationsdateien allerdings zwischen beiden Paketversionen unterscheiden, besteht die Gefahr, dass bei der aktualisierten Fassung des Pakets eine andere Konfigurationssyntax zu verwenden ist oder Einstellungen vorgenommen werden müssen, die für die alte Version nicht erforderlich waren. Diese Änderungen sind in der manuell angepassten Version u. U. noch nicht enthalten, weswegen die Weiterverwendung der alten, angepassten Datei im schlimmsten Fall dazu führen könnte, dass das Paket nicht mehr richtig funktioniert.

Aus diesem Grund fragt *dpkg* in solchen Situationen nach, wie verfahren werden soll. Es erscheint dann eine Ausgabe, die sinngemäß so aussieht:

```
Configuration file '/etc/wgetrc'
 ==> File on system created by you or by a script.
 ==> File also in package provided by package maintainer.
   What would you like to do about it ?  Your options are:
    Y or I  : install the package maintainer's version
    N or O  : keep your currently-installed version
      D     : show the differences between the versions
      Z     : background this process to examine the situation
 The default action is to keep your current version.
*** wgetrc (Y/I/N/O/D/Z) [default=N] ?
```

Für dieses Beispiel ist das Paket *wget* installiert worden, welches die Konfigurationsdatei */etc/wgetrc* enthält, die auf dem System bereits vorhanden ist und von der Originalversion abweicht. *dpkg* bietet nun die folgenden Möglichkeiten zur Auswahl an:

Überschreiben der alten Version Durch Auswahl von Y oder I wird die in dem Paket enthaltene Version der Konfigurationsdatei installiert. Die vorher vorhandene Datei wird zuvor mit der Namensendung *.dpkg-old* gesichert, so dass sie weiterhin zur Verfügung steht und Änderungen später manuell übernommen werden können. Im Beispiel würde die alte, gesicherte Datei also den Namen */etc/wgetrc.dpkg-old* tragen.

Beibehalten der alten Version Durch Auswahl von N oder O wird die entsprechende neue Konfigurationsdatei nicht installiert. Statt dessen wird sie mit der Endung *.dpkg-dist* ins gleiche Verzeichnis abgelegt, in dem auch die alte Version liegt (im Beispiel also */etc/wgetrc.dpkg-dist*). Auch hier besteht später die Möglichkeit, beide Dateien miteinander zu vergleichen und Änderungen evtl. manuell zu übernehmen.

Anzeigen der Unterschiede Durch Auswahl von D wird das Programm *diff* (S. 651) aufgerufen, dass die Unterschiede zwischen der alten und der neuen Konfigurationsdatei mit dem Standardtextbetrachter (in der Regel also mit *less*) anzeigt. Zeilen, die nur in der alten Konfigurationsdatei vorhanden sind, werden dann mit einem vorangestellten Minuszeichen dargestellt, während solche Zeilen, die nur in der neuen Datei existieren, mit einem vorangestellten Pluszeichen erscheinen. Anhand der Unterschiede zwischen beiden Dateien kann beurteilt werden, ob die neue Version installiert oder die alte beibehalten werden soll. Wenn der Textbetrachter beendet wird (normalerweise mit Q), erscheint wieder das Auswahlmenü.

Untersuchen der Situation Durch Auswahl von Z wird der Prozess in den Hintergrund gestellt. Vorher wird die neue Version der Datei mit der Endung *.dpkg-new* (im Beispiel also */etc/wgetrc.dpkg-new*) in das Verzeichnis abgelegt, in dem sich auch die Originalversion befindet. Es besteht dann die Möglichkeit, die beiden Dateien zu vergleichen, bevor das Paketverwaltungssystem irgendetwas unternimmt. Auch können Änderungen bereits jetzt vorgenommen werden.

Durch Eingabe des Befehls *exit* kann danach wieder zur Abfrage zurückgekehrt werden. Achten Sie dann darauf, eine eventuell eben erst geänderte Datei nicht zu überschreiben. Wählen Sie N, wenn Sie die Originaldatei angepasst haben oder Y, wenn Sie die neue Konfigurationsdatei übernehmen wollen.

Durch Drücken der EINGABE-Taste wird der eingegebene Wert übernommen oder der Vorgabewert (alte Version beibehalten) ausgewählt. Wenn Sie sich nicht sicher sind, sollten Sie jeweils die neue Konfigurationsdatei, die mit einem Paket geliefert wird, wählen. Wenn es sich dabei allerdings um wichtige Konfigurationsdateien handelt, sollten Sie hinterher die alte, gesicherte Version mit der neu installierten vergleichen.

7.6.3 Konfigurationsprozess ausgewählter Pakete

Im folgenden finden Sie Hinweise zum Konfigurationsprozess einer Reihe von Paketen, die typischeweise während einer Erstinstallation installiert werden. Verwenden Sie diesen Abschnitt, um darin nachzuschlagen, wie bestimmte Fragen zu beantworten sind. Zu jedem aufgeführten Paket ist außerdem angegeben, wie die Konfiguration zu einem späteren Zeitpunkt wiederholt werden kann.

dotfile Bei *dotfile* handelt es sich um ein Programm, mit dem Konfigurationsdateien verschiedener wichtiger Programme (z. B. *emacs*, *elm* oder *bash*) über eine komfortable graphische Oberfläche angepaßt werden können. *dotfile* besteht aus einem Grundpaket (*dotfile*) und Zusatzpaketen für die Bearbeitung der Konfigurationsdateien bestimmter Programme (beispielsweise *dotfile-bash*). Bei der erstmaligen Installation eines dieser Paket wird die folgende Frage gestellt:

```
Setting up dotfile-bash (1.02-6) ...
 Byte compiled Dotfile modules run significantly faster.
 Do you want to:
  1. automatically bytecompile Dotfile modules as they get installed,
  2. pick which Dotfile modules to bytecompile yourself, or
  3. completely skip automatic bytecompilation of all Dotfile modules?
```

Im allgemeinen ist es zu empfehlen, die Option 1 auszuwählen, also alle Module während der Installation automatisch zu Byte-kompilieren. Diese Konfiguration lässt sich aufheben, in dem die Datei *no-bytecompiles*, *do-bytecompiles* oder *pi-bytecompiles* im Verzeichnis */usr/X11R6/lib/X11/dotfile* gelöscht wird.

Enlightened Sound Daemon (Paket *esound-common***)** Bei der Konfiguration dieses Pakets ist anzugeben, ob sich in dem Rechner eine Soundkarte oder ein Soundchip befindet. Die Konfiguration kann durch diesen Befehl wiederholt werden:

```
debian:~# dpkg-reconfigure esound-common -plow
```

Mail Transport Agent *exim* Das Programm *exim* stellt den Standard-MTA unter Debian GNU/Linux dar. Während der erstmaligen Installation wird während der Installation das Skript */usr/sbin/eximconfig* aufgerufen. Sie können dieses Skript auch später verwenden, um eine grundlegende Konfiguration des Programms zu erstellen. Die Konfiguration von *exim* ist in Kapitel 17.7.5, S. 562 beschrieben.

Plotprogramm *gnuplot* Das Programm *gnuplot* dient zur Visualisierung von Daten sowie zur Darstellung von Funktionsverläufen. Die Darstellung kann dabei auf verschiedenen Ausgabegeräten erfolgen, u. a. unter dem X-Window-System oder unter Verwendung von SVGA-Konsolegraphik. Zur Verwendung der Konsolegraphik muss das Programm in der Regel allerdings mit den Rechten des Administrators ausgeführt werden, weil hierzu der direkte Hardwarezugriff erforderlich ist.
Während der Installation von *gnuplot* wird Ihnen deswegen die folgende Frage gestellt:

```
Do you want to install gnuplot setuid root?
```

Wenn Sie sich nicht sicher sind sollten Sie hierauf mit *no* antworten. Sie können diese Einstellung später durch die Eingabe des folgenden Befehls ändern:

```
debian:~# dpkg-reconfigure gnuplot -plow
```

gom **(Audio-Mixerprogramm)** Hierbei handelt es sich um eine relativ mächtige Mixerapplikation[10], die sich über die Kommandozeile, ein Textmodeinterface (*gom -it*) und eine X-Interface (*gom -ix*) bedienen lässt.
Das Programm wird über das Skript *gomconfig* konfiguriert, welches nach der Erstinstallation automatisch aufgerufen wird. Zur Neukonfiguration ist das Skript mit dem Parameter *--force* aufzurufen:

```
debian:~# gomconfig --force
```

---

[10] Ein Mixer dient zum Einstellen von Lautstärke, Höhen und Tiefen der einzelnen Kanäle (z. B. Line-In, Mikrofon, MIDI, Audio oder CD) auf einer Soundkarte.

Sie haben dann die Möglichkeit, zu bestimmen, welche Benutzer des Systems mit dem Programm arbeiten dürfen, oder genauer: welche Benutzer auf Audiogerätedateien zugreifen dürfen. Dies geschieht durch Auswahl der Option *1. Audio Users*. Durch Auswahl der Option *3. Config Mixer* können Sie die Gerätedatei des Mixers (normalerweise */dev/mixer*) festlegen. Und schließlich können Sie durch Auswahl der Option *4. Default Settings* Vorgabewerte für den Betrieb von *gom* festlegen. Übernehmen Sie hier die Voreinstellungen, wenn Sie sich nicht sicher sind.

Wörterbuchkonflikt (z. B. *igerman*) Nach der Installation von Wörterbuchdateien, die von Programmen zur Rechtschreibprüfung verwendet werden, muss das System wissen, welches Wörterbuch als Standard benutzt werden soll. In diesem Fall wird Ihnen folgende Frage gestellt:

```
[1] american
[2] britisch
[3] german

Select the number of the default dictonary [1]?
```

Wählen Sie dann das gewünschte Wörterbuch aus oder betätigen Sie nur die EINGABE-Taste, um den Vorgabewert zu übernehmen.

Zur Einstellung des Standardwörterbuchs wird das Skript *update-ispell-dictionary* benutzt. Sie können es auch später aufrufen, wenn Sie die Einstellung verändern möchten.

Internet-Relay-Chat- (IRC-) Klient (z. B. *ircii*) Internet-Relay-Chat ist ein Internetprotokoll zur Online-Kommunikation zwischen einer Gruppe von Personen. Um daran teilzunehmen wird ein IRC-Klient benötigt. Ein solches Programm muss wissen, welchen IRC-Server es verwenden soll.

Genauso wie bei der erstmaligen Installation eines Newsreaders werden Sie deswegen bei der Installation nach dem Namen des bevorzugten IRC-Servers gefragt. Dieser Wert wird in der Datei */etc/irc/servers* gespeichert.

Gegebenfalls müssen Sie neben dem eigentlichen Server eine Portnummer sowie ein Passwort angeben, um den Server zu verwenden. Verwenden Sie dazu die folgende Syntax:

```
server:portnummer:passwort
```

Die Angabe von Portnummer und Passwort ist dabei optional

Wenn Sie keine Angabe machen, wird als Vorgabewert *irc.debian.org* verwendet.

isdnutils In dem Paket *isdnutils* befinden sich alle Programme und Werkzeuge, die neben den betreffenden Kernel-Modulen benötigt werden, um das ISDN-Subsystem zu benutzen.

Das Paket enthält weiter das Skript *isdnconfig*, mit dem die ISDN-Konfiguration vorbereitet werden kann. Während der Installation besteht die Möglichkeit, dieses Skript auszuführen. Die Konfiguration von ISDN ist in Kapitel 17.5, Seite 527 beschrieben.

Wenn Sie noch keine Erfahrung mit der Konfiguration von ISDN unter Linux haben, sollten Sie *isdnconfig* während der Installation nicht ausführen und diesen Teil des Systems später konfigurieren.

News-Server *leafnode* In diesem Paket befindet sich ein Internet-News-Server, der für die Benutzung durch wenige Benutzer und eine geringe Bandbreite optimiert ist. Das Programm eignet sich besonders für Rechner mit Einwahlverbindungen. Bei der Installation müssen Sie angeben, von welchem News-Server *leafnode* News-Artikel beziehen soll und ob eine dauerhafte Internet-Verbindung oder eine Einwahlverbindung besteht. Schließlich kann angegeben werden, dass nach der Installation des Programms eine Verbindung zum News-Server aufgebaut werden soll, um die Liste der dort verfügbaren Newsgroups zu beziehen.

Um das Programm zu verwenden, konfigurieren Sie Ihr News-Klientprogramm (siehe S. 546) für die Benutzung Ihres eigenen Rechners als News-Server. Die Rekonfiguration erfolgt nach Eingabe des Befehls:

```
debian:~# dpkg-reconfigure leafnode -plow
```

Festlegung der Papiergröße (Paket *libpaperg*) Zur systemweit einheitlichen Einstellung des beim Drucken zu verwendenden Papierformats dient das Paket *libpaperg*, Es erfragt bei seiner erstmaligen Installation das Standard-Papierformat und zeigt eine Liste der bekannten Papierformate an. Hier ist normalerweise Regel *a4* anzugeben. Später können Sie die Einstellung verändert werden, in dem in die Datei */etc/papersize* ein anderer Wert eintragen wird oder das Konfigurationsskript *paperconfig* mit dem Parameter *--force* aufgerufen wird, also:

```
debian:~# paperconfig --force
```

Das Skript teilt Ihnen mit, welche Werte möglich sind.

Webbrowser für den Textmodus: (Paket *lynx*) Bei der Installation dieses Paket muss angegeben werden, welche Web-Seite standardmäßig angezeigt werden soll, nachdem das Programm aufgerufen wird. Es kann ein URL oder ein absoluter Pfadname eingegeben werden. Die Konfiguration wird durch diesen Befehl wiederholt:

```
debian:~# dpkg-reconfigure lynx -plow
```

News- (Usenet-) Klientprogramme (*nn*, *slrn*) Programme zum Lesen von Internet-News müssen wissen, welchen Server sie verwenden sollen, um Internet-News zu beziehen. Der Name dieses Servers wird in der Datei */etc/news/server* gespeichert. Einige solcher Programme benötigen darüberhinaus weitere Angaben, um benutzt werden zu können.

Beispielsweise stellt Ihnen der Newsreader *nn* bei seiner erstmaligen Installation die folgende Frage:

```
What news server (NNTP server) should I use for reading.
  Enter its full name.
```

Sie können dann den Namen des Ihnen zur Verfügung stehenden News-Servers eingeben[11] oder die Frage nicht beantworten und u. U. später einen Eintrag in der Datei */etc/news/server* vornehmen. Mehr Informationen zu Internet News finden Sie in Kapitel 17.6.3, S. 546.

Zeitsynchronisation im Netzwerk (Paket *ntp*) Das Paket *ntp* stellt Server- und Klientprogramme zur Verfügung, mit denen die Uhren zwischen Rechnern in einem Netz synchronisiert werden können. Während der Installation des Pakets ist es möglich, einen Server anzugeben, mit dem die Uhr des lokalen Rechners synchronisiert werden soll. Es erscheint dazu die folgende Ausgabe:

```
Setting up ntp (4.0.99g-1) ...
Creating a simple /etc/ntp.conf...

Before ntpd can syncronize your computer's clock, we need the
address of at least one existing NTP server for the ntp.conf
file. If you have a radio clock and/or want to establish peer
instead of server relationships in ntpd, you will need to edit
/etc/ntp.conf manually.

Please enter the address of an NTP server, or <enter> to end:
>
```

Wenn Sie für diesen Zweck einen Server in Ihrem Netzwerk haben, können Sie hier seinen Namen angeben. Falls nicht, reicht es aus, hier einfach die Taste EINGABE zu betätigen. Die Konfiguration kann später durch Bearbeitung der Datei */etc/ntp.conf* angepasst werden. Mehr Information zu diesem Thema ist in dem Paket *ntp-doc* enthalten.

---
[11] Ihr Internet-Provider sollte Ihnen mitteilen können, welchen Newsserver Sie verwenden können.

phalanx phalanx ist ein Schachprogramm, welches im Textmodus oder gemeinsam mit dem Programm *xboard* verwandt werden kann. Bei der erstmaligen Installation von *phalanx* werden Sie gefragt, wie groß die Datei sein darf, die das Programm zum „Lernen" von Schachzügen verwendet. Der Vorgabewert (32768) entspricht einer 256 KB großen Datei. Sie können die Konfiguration später ändern, in dem Sie den folgenden Befehl eingeben:

```
debian:~# dpkg-reconfigure -plow phalanx
```

playmidi Mit diesem Programm lassen sich MIDI[12]-Dateien abspielen. Damit das Programm solche Dateien automatisch abspielen kann, müssen u. U. einige Optionen angegeben werden.

Wenn Sie sich nicht sicher sind, welche Optionen Sie benötigen, sollten Sie zunächst keine angeben und während der Installation auf die entsprechende Frage einfach die EINGABE-Taste betätigen. Diese Auswahl müssen Sie dann nochmals bestätigen. Falls Sie später feststellen, dass Sie doch spezielle Optionen benötigen, können Sie diese in die Datei */etc/playmidi/playmidi.conf* schreiben. Lesen Sie dazu die Dokumentation im Verzeichnis */usr/share/doc/playmidi*.

wvdial wvdial ist ein Programm zur einfachen Konfiguration von PPP[13]-Verbindungen über ein Modem zu einem Internet-Provider. Hinweise zur Konfiguration von *wvdial* finden Sie auf Seite 525.

World Wide Web OFFline Explorer (Paket *wwwoffle*) Dieses Paket enthält einen WWW-Proxy-Server, der für Einwahlverbindungen optimiert ist und es ermöglicht, zwischengespeicherte Seiten zu lesen, wenn keine Internet-Verbindung besteht. Bei der Installation können Sie angeben, in welcher Sprache das Programm Webseiten von Servern anfordern soll. Darüberhinaus kann bestimmt werden, ob das Programm seinerseits einen Proxyserver benutzen soll. Neukonfiguration:

```
debian:~# dpkg-reconfigure wwwoffle -plow
```

xbanner Wenn Sie den Display-Manager *xdm* verwenden (siehe Kap. 9.4.3), können Sie *xbanner* benutzen, um den von *xdm* dargestellten Login-Bildschirm mit einem hübschen Hintergrundbild zu versehen. Dazu müssen die Konfigurationsdateien von *xdm* entsprechend angepaßt werden. Während der Installation besteht die Möglichkeit, dies automatisch durchführen zu lassen, wenn Sie die folgende Frage mit *Y*.

```
Should I modify xdm files to make xbanner be launched on xdm startup?
 [Y/n]
```

xbuffy Ein weiteres Programm, das optional mit *root*-Rechten ausgeführt werden kann ist *xbuffy*. Es handelt sich hierbei um ein *biff*-Programm, das regelmäßig nachsieht, ob ein Benutzer neue E-Mail bekommen hat und ihn dann mit einem Ton, einer Nachricht oder einem Bildchen darüber informieren.

xbuffy kann zusätzlich die Leuchtdioden der Tastatur zum Blinken bringen, wenn neue Mail eingetroffen ist. Weil es sich hierbei um einen direkten Hardwarezugriff handelt, benötigt das Programm dazu Administratorenrechte. Weil dies ein gewisses Sicherheitsrisiko darstellt, sollten Sie die Frage

```
Do you want to enable LED support via a small setuid-root program?
```

nur dann mit *Yes* beantworten, wenn Sie diese Eigenschaft wirklich nutzen wollen. Das Programm kann auch ohne diese Eigenschaft benutzt werden.

Später kann die Einstellung durch Eingabe des folgenden Befehls wieder geändert werden:

```
debian:~# dpkg-reconfigure -plow xbuffy
```

---

[12] Musical Instrument Device Interface, eine Art Beschreibungsformat für Musik
[13] Point-to-Point Protokoll.

xmcd *xmcd* ist ein Programm, das es ermöglicht ein oder mehrere CDROM-Laufwerke des Computers als Musik-CD-Spieler zu verwenden. Neben der Eigenschaft, auch CD-Wechsler zu unterstützen, kann das Programm eine Datenbank mit CD- und Song-Titeln verwalten und die entsprechenden Bezeichnungen anzeigen. Diese Datenbank kann sich entweder auf dem eigenen Rechner befinden oder von einem fremden Server bezogen werden. Dabei werden verschiedene Protokolle (*cddbp*[14] und *http*) unterstützt. Weiter wird das Kommandozeilenprogramm *cda* zur Verfügung gestellt, mit dem das CD-Laufwerk ohne graphische Oberfläche bedient werden kann.

Die Konfiguration von *xmcd* ist recht umfangreich, weil die Typen der vorhandenen CD-Laufwerke und die Gerätedateien, durch die sie repräsentiert werden (siehe S. 365) angegeben werden müssen. Darüberhinaus muss angegeben werden, ob ein CD-Datenbankserver verwandt werden soll und dessen Adresse sowie das von ihm verwandte Protokoll angegeben werden.

Während der Installation des Programms wird deswegen gefragt, ob die Konfiguration sofort geschehen oder auf später verschoben werden soll. Zur eigentlichen Konfiguration dient das Skript *xmcdconfig*, welches dann entweder sofort aufgerufen wird oder später zur Konfiguration benutzt werden kann.

X Server Installation (z. B. *xserver-svga*) Während der Installation eines X Server wird erfragt, ob der entsprechende Server als Standard-Server benutzt werden soll, sofern er es noch nicht ist. Falls das X Window System noch nicht konfiguriert ist, erfolgt danach die Frage, ob eine Konfiguration erstellt werden soll. Es wird empfohlen, die X-Konfiguration nicht während der Installation der Pakete durchzuführen, sondern danach. Wie dies geschehen kann, ist ab Seite 250 beschrieben.

---

[14] Compact Disc Database Protocol.

Teil III

Konfiguration und Administration

8. Mehr über Pakete und Paketverwaltung

8.1 Eigenschaften und Beziehungen von Debian-Paketen

8.1.1 Benennung von Paketen und Paketdateien

Pakete tragen normalerweise den Namen des Programms, welches sie zur Verfügung stellen. So befindet sich beispielsweise das Programm *The Gimp* in dem Paket *gimp*. Task-Pakete beginnen immer mit der Zeichenkette *task*, also z. B. *task-german*.

Namen von Paketdateien Von den eigentlichen Paketnamen sind die Namen zu unterscheiden, die Debian-Paketdateien tragen. Per Konvention bestehen sie aus dem Paketnamen, an den mit einem Unterstrich („_") die Versionsnummer des Programms angehängt ist. Diese Versionsnummer wird auch als Upstream-Version bezeichnet, weil es die Versionsnummer ist, die der ursprüngliche Autor des Programms vergeben hat.
Daran schließt sich mit einem Bindestrich („-") die Versionsnummer des Debian-Paketes an, die vom Hersteller des Debian-Pakets vergeben wurde. Dies ist die Paketversion.
Wenn also der Hersteller des Paketes *gimp_1.0.4-2* (The Gimp, Version 1.0.4) das Paket aus dem gleichen Originalquellcode erneut erstellt, etwa weil er eine weitere Anpassung an Debian vorgenommen hat, würde das Paket danach den Namen *gimp_1.0.4-3* tragen. Wie erwähnt wird Debian-Paketen die Endung *.deb* angehängt, damit sie leicht von anderen Dateitypen zu trennen sind. Der Dateiname des Gimp-Paketes würde also *gimp_1.0.4-3.deb* lauten.
Wenn Debian Pakete für unterschiedliche Rechnerarchitekturen in einem Verzeichnis aufbewahrt werden sollen, ist es notwendig, ihnen unterschiedliche Namen zu geben, auf Grund derer auf die Rechnerarchitektur geschlossen werden kann, für die die Pakete bestimmt sind. In solchen Fällen wird dem Paketnamen hinter einem Unterstrich die Bezeichnung der Rechnerarchitektur angehängt. Beispiel: *gimp_1.0.4-3_i386.deb*.

8.1.2 Inhalt von Debian-Paketen

Bei Debian Paketen handelt es sich um *ar*-Archive. Unter einem Archiv wird eine Datei verstanden, die eine Anzahl weiterer Dateien enthält. Das Programm *ar* wird in der Regel benutzt, um Archive von Objekt-Dateien zu erstellen, wie sie oft bei der Erstellung ausführbarer Programmdateien benötigt werden.
Mit dem Programm *ar* ist es möglich, den Inhalt eines *ar*-Archives anzuzeigen. Dazu muss es mit der Option *t*, für table (of contents), aufgerufen werden. Zusätzlich kann die Option *v*, für verbose, benutzt werden, um neben den Namen der enthaltenen Dateien zusätzliche Informationen zu erhalten. Wenn sich beispielsweise das Debian-Paket *modconf_0.2.26.9_all.deb* im Arbeitsverzeichnis befindet, kann sein Inhalt mit dem folgenden Befehl angezeigt werden (mehr Informationen zu *ar* finden Sie in der Manual-Seite zu dem Programm):

```
joe@debian:~$ ar vt modconf_0.2.26.9_all.deb
```

Die Ausgabe dürfte der folgenden entsprechen:

```
rw-r--r-- 0/0       4 Feb  8 07:55 2000 debian-binary
rw-r--r-- 0/0     616 Feb  8 07:55 2000 control.tar.gz
rw-r--r-- 0/0  167467 Feb  8 07:55 2000 data.tar.gz
```

Es ist zu sehen, dass das Paket drei Dateien enthält, nämlich die Dateien *debian-binary*, *control.tar.gz* und *data.tar.gz*. Diese drei Dateien sind in allen Debian-Paketen enthalten, ihr Inhalt unterscheidet sich natürlich von Paket zu Paket. Die Datei *debian-binary* enthält Informationen darüber, für welche Version von *dpkg* das Paket bestimmt ist. Bei den Dateien *data.tar.gz* und *control.tar.gz* handelt es sich wiederum um Archive. Diesmal um (*gzip-*) komprimierte Tar-Archive. Im Archiv *data.tar.gz* sind die eigentlichen Dateien enthalten, die durch das Paket installiert werden und im Archiv *control.tar.gz* befinden sich Kontrollinformationen darüber, welche Konfigurationsdateien zu dem Paket gehören und welche Aktionen vor oder nach der Installation oder der Entfernung des Pakets ausgeführt werden müssen. Außerdem befindet sich hier eine Beschreibung des Pakets mit verschiedenen Informationen wie Abhängigkeiten, Namen und E-Mail-Adresse des Paket-Herstellers usw.

8.1.3 Abhängigkeiten und Konflikte

Wie beschrieben, ist es meist notwendig, dass neben einem bestimmten Paket noch andere Pakete installiert sind, damit die Programme in dem betreffenden Paket funktionieren. Diese Abhängigkeiten (Dependencies) sind in den Steuerdateien der Pakete vermerkt und *dpkg* hat deswegen die Möglichkeit zu verhindern, dass sinnlos nicht lauffähige Programme installiert werden oder durch das Entfernen von wichtigen Systembestandteilen andere Pakete nicht mehr nutzbar sind und das System dadurch u. U. ernsthaft beschädigt wird. Die interaktiven Installationsprogramme können den Anwender in einem solchen Fall zwingen, bestimmte andere Programme zu installieren oder eine bestimmte Bibliothek nicht zu entfernen.

„Virtuelle" Pakete Neben „realen" Paketen, von denen ein gegebenes Paket abhängig sein kann, können auch Abhängigkeiten zu so genannten „virtuellen" Paketen bestehen. Virtuelle Pakete existieren nicht wirklich, sondern können von verschiedenen realen Paketen bereitgestellt werden.

> ⟹Beispiel: Die Dokumentation zu einem Programm wird im HTML-Format geliefert. Um Dokumente in diesem Format sinnvoll lesen zu können, benötigt man einen Webbrowser, wie er durch *netscape* und andere Programme zur Verfügung gestellt wird. Das Paket, das die Dokumentation enthält, ist also abhängig davon, dass auf dem System ein Webbrowser installiert ist. Es wäre jedoch schlecht, wenn es als Abhängigkeit beispielsweise *netscape* verlangen würde, weil der Administrator eines gegebenen Systems u. U. einen anderen Webbrowser verwenden möchte. Deswegen verlangt das Paket, dass neben ihm das virtuelle Paket „www-browser" installiert ist, das von Paketen wie *netscape*, *mosaic* oder *lynx* (einem Text-Mode Browser) zur Verfügung gestellt werden kann.

Durch virtuelle Pakete wird es dem Administrator also ermöglicht, aus einer Reihe von Paketen auszuwählen, die alle eine bestimmte Funktionalität zur Verfügung stellen, um die Abhängigkeit eines anderen Pakets, welches diese Funktionalität benötigt, zu befriedigen.

Empfehlungen von Paketen (Suggestions und Recommendations) Neben den „harten" Abhängigkeiten gibt es auch Programme oder Systembestandteile, die von einem Programm nicht zwingend benötigt werden, jedoch sinnvollerweise ebenfalls vorhanden sein sollten. Will man beispielsweise das Bildbearbeitungsprogramm The Gimp (*gimp*) installieren, so ist es sinnvoll, eine Reihe zusätzlicher Hilfsprogramme, Dokumentationsdateien oder Schriftarten zu installieren.
Die Hersteller von Paketen haben die Möglichkeit, solche Empfehlungen in dringende Hinweise (Recommendations) und eher hinweisend gemeinte Vorschläge (Suggestions) zu unterteilen.

Recommendations Dies sind Empfehlungen, zusätzliche Pakete zu installieren, von denen der Hersteller eines Pakets meint, dass das Paket ohne die entsprechenden anderen Pakete zwar funktioniert, aber kaum sinnvoll einsetzbar ist.

Suggestions beziehen sich auf Pakete, die empfohlen werden, weil sie die Funktionalität des Ausgangspakets sinnvoll ergänzen.

Es ist also sehr zu empfehlen, Pakete, die als Recommendations angegeben werden, grundsätzlich auch zu installieren, wohingegen bei Suggestions geprüft werden kann, ob die empfohlenen Pakete tatsächlich benötigt werden.

Konflikte zwischen Paketen Es kann vorkommen, dass Pakete in Konflikt (Conflicts) mit anderen Paketen stehen: Es ist dann nur möglich, entweder das eine oder das andere Paket zu installieren. So darf auf einem Debian-System nur ein Programm zum Transportieren elektronischer Mail (Mail Transport Agent, MTA) vorhanden sein[1]. Wenn bereits eines installiert ist und Sie versuchen, ein weiteres zu installieren, wird *dpkg* dies nicht gestatten. Sie müssen sich dann entscheiden, welches von beiden Paketen Sie verwenden wollen.

Weitere Beziehungen zwischen Paketen Neben den bereits genannten Beziehungen (Abhängigkeiten und Konflikte) gibt es einige weitere wichtige Eigenschaften von Paketen, die bei der Installation oder Deinstallation u. U. berücksichtigt werden müssen. Dazu gehören:

– Die Eigenschaft eines Paketes, ein anderes zu ersetzen (replace). In einem solchen Fall wird das zu ersetzende Paket von dem System entfernt, während das neue Paket installiert wird.
Diese Eigenschaft ist beispielsweise dann nützlich, wenn die Funktionalität eines Pakets nach einer Aktualisierung von einem anderen Paket übernommen wird.
– Ein Paket kann eine besondere Form der Abhängigkeit zu einem anderen Paket haben („Pre-Depends"). Das bedeutet, dass das entsprechende Paket nicht entpackt werden darf, bevor das andere Paket, zu dem diese Abhängigkeit besteht, vollständig installiert ist. Normalerweise werden Pakete mit Abhängigkeiten zwar entpackt, aber nicht konfiguriert, wenn Abhängigkeiten nicht erfüllt sind. Sie sind dann zwar vorhanden, aber nicht richtig benutzbar.

8.1.4 Was passiert während der Installation eines Pakets?

Überprüfung von Konflikten Während der Installation eines Paketes überprüft *dpkg* zunächst, ob das zu installierende Paket in Konflikt zu irgendeinem anderen Paket steht, das bereits installiert ist. Falls dies so ist, wird der Installationsprozess abgebrochen. Eine Ausnahme hiervon wird allerdings gemacht, wenn das installierte Paket, welches mit dem zu installierenden in Konflikt steht, zur Deinstallation vorgesehen ist.

Vor der Entfernung oder Aktualisierung Falls die Konfliktüberprüfung nicht fehlgeschlagen ist, wird geprüft, ob es sich bei der Installation um eine Aktualisierung (Update) des Pakets oder um eine Neuinstallation handelt. Im Falle der Aktualisierung wird ein Skript (Programm) der alten Version ausgeführt, mit dem diese darauf vorbereitet wird, gelöscht zu werden. Dies ist beispielsweise wichtig für Pakete, die Programme zur Verfügung stellen, welche dauerhaft im Hintergrund ausgeführt werden und vor der Entfernung oder der Aktualisierung gestoppt werden müssen. Es handelt sich hierbei um das so genannte *prerm*-Skript. *prerm* steht dabei für Pre-Remove, also für Vor-Der-Entfernung.

Vor der Installation Danach wird, falls vorhanden, ein Skript ausgeführt, mit dem das zu installierende Paket seine Installation vorbereitet. Hier kann gegebenenfalls geprüft werden, ob wirklich alle Voraussetzungen zur Installation des Paketes bestehen. Falls dies nicht der Fall ist, können die Voraussetzungen u. U. hergestellt werden oder der Installationsprozess kann abgebrochen werden. Dies ist das so genannte *preinst*-Skript (*preinst* steht für Pre-Installation, also Vor-Der-Installation).

---

[1] Hiermit sind nicht die bekannten E-Mail Programme gemeint, von denen man soviele installieren kann, wie man Platz auf der Festplatte hat, sondern diejenigen Programme, die das Weiterleiten von E-Mail von einem Rechner zu einem anderen übernehmen.

Installation (Auspacken des Paket-Inhalts) Im nächsten Schritt wird das Paket entpackt, gleichzeitig werden Dateien, die zu einer eventuell vorhandenen älteren Version des Pakets gehören, gelöscht. Falls eine ältere Version vorhanden war, erhält sie danach noch einmal die Möglichkeit, ein Skript auszuführen, durch das sie alle noch verbliebenen und durch sie vorgenommenen Veränderungen am System rückgängig machen soll. Dieses Skript heißt *postrm*-Skript, für Post-Remove (Nach-Der-Entfernung).

Falls mehrere Pakete installiert oder aktualisiert werden, wird an dieser Stelle unterbrochen und es werden zunächst die übrigen Pakete bis hin zu diesem Punkt installiert. Der Grund hierfür besteht darin, dass ein neues zu installierendes Paket ja von einem anderen Paket abhängen könnte, das auch installiert werden soll, es aber noch nicht ist.

Deswegen wird erst nach dem Entpacken aller zu installierenden Pakete überprüft, ob alle Abhängigkeiten eines bestimmten Paketes erfüllt sind. Falls nicht, wird abgebrochen und das Paket in einem ausgepackten, aber noch nicht konfigurierten Zustand hinterlassen und eine Fehlermeldung ausgegeben.

Nach der Installation (Konfiguration) Sind hingegen alle Abhängigkeiten erfüllt, wird das neu zu installierende Paket konfiguriert. Dabei werden zunächst die Konfigurationsdateien des Pakets installiert. Wenn es sich bei der Installation um eine Aktualisierung handelt, wird dabei zunächst geprüft, ob an den Konfigurationsdateien der alten Version Änderungen vorgenommen worden sind und dann – falls sich alte und neue Version der betreffenden Konfigurationsdatei voneinander unterscheiden – nachgefragt, ob die alten (angepassten) Konfigurationsdateien durch die neuen ersetzt werden sollen. Dadurch ist sichergestellt, dass mühsam angelegte Konfigurationsdateien nie automatisch während der Aktualisierung von Paketen überschrieben werden. (siehe auch Kap.: 7.6.2). In einem letzten Schritt wird ein Skript ausgeführt, mit dem das neue Paket Anpassungen am System vornehmen und dem Benutzer Fragen zur gewünschten Konfiguration stellen kann. Bei diesem Skript handelt es sich um das so genannte *postinst*-Skript (für Post-Installation, also Nach-Der-Installation).

8.1.5 Mögliche Zustände von Debian Paketen

Wie bereits erwähnt, verwaltet *dpkg* eine Datenbank mit einer Liste aller installierten und verfügbaren Pakete. In dieser Liste befinden sich, neben den eigentliche Paketinformationen (also z. B. den Abhängigkeiten), Informationen über den Zustand oder Status des Pakets, den es auf dem betreffenden System zur Zeit besitzt. Die beiden einfachsten möglichen Zustände sind:

installed Das Paket ist installiert oder
not installed Das Paket ist nicht installiert.

Ein Paket, das vom System entfernt wurde, erhält den Status *config*. Dies bedeutet, dass sich die eigentlichen Dateien des Pakets nicht auf dem System befinden, jedoch die Konfigurationsdateien noch vorhanden sind. Mit einem besonderen Befehl (*dpkg - -purge*) können allerdings auch diese Dateien gelöscht werden, wonach das Paket wieder als nicht installiert gilt.

Darüber hinaus können (im allgemeinen immer dann, wenn Probleme aufgetreten sind) die folgenden Zustände auftreten:

unpacked Das Paket wurde bereits entpackt, es wurde jedoch noch nicht konfiguriert, D. h. es kann noch nicht eingesetzt werden.
half installed Beim Entpacken des Pakets trat ein Fehler auf. Um das Paket zu verwenden muss es neu entpackt und konfiguriert werden. Es muss also neu installiert werden.
half configured Das Paket wurde bereits entpackt, bei der Konfiguration ist jedoch ein Fehler aufgetreten. Um das Paket verwenden zu können, muss es erneut konfiguriert werden.

Vorgesehener Status oder Wunschstatus Neben dem Status, den ein Paket auf dem System hat, wird ein zweiter Status verwaltet, nämlich der, den die Systemadministratorin für das entsprechende Paket vorgesehen hat. Ein Paket kann installiert, aber zum Löschen ausgewählt sein. Ebenso kann es noch nicht installiert sein, aber für die Installation vorgesehen sein. Ein Paket, das installiert ist und auch installiert bleiben soll, gilt ebenfalls als zur Installation vorgesehen. Weiter ist es möglich, dass nur noch die Konfigurationsdateien vorhanden sind und das Paket zum Löschen der Konfigurationsdateien ausgewählt ist. Darüber hinaus kann bestimmt werden, dass ein Paket „eingefroren" werden soll. Die Konsequenz ist, dass es nicht durch eine neuere Version ersetzt wird, wenn das System aktualisiert wird. Dieser Status wird *Hold* genannt.

Dieser „Auswahl-Status" kann noch eine weitere Ausprägung annehmen: Er kann unbekannt sein, d. h. es wurde noch nie angegeben, das betreffende Paket zu installieren oder zu löschen, etwa weil das Paket der Liste verfügbarer Pakete erst neu hinzugefügt wurde. Der Auswahl-Status wird normalerweise nicht von *dpkg* direkt verändert, sondern von Programmen zur interaktiven Paketauswahl, wie beispielsweise *dselect*.

8.2 Aufbau und Layout der offiziellen Distribution

Die vollständige Debian-Distribution besteht aus mehreren tausend Einzelpaketen, die ständig weiterentwickelt und von hunderten von Entwicklern gepflegt werden. Bei dieser Menge ist es klar, dass es einer gewissen Organisation bedarf, um gleichzeitig die Weiterentwicklung nicht zu behindern und trotzdem eine stabile und ausgereifte Distribution bereit zu stellen.

8.2.1 Stabile und Unstabile Versionen

Das Debian-Projekt verwaltet zeitgleich immer mindestens zwei unterschiedliche Distributionen: Eine, die als voll funktionsfähig, stabil und fertig entwickelt gilt (*stable*) und eine weitere, die noch unfertig ist und der die Mitwirkenden des Projekts neue oder aktualisierte Pakete hinzufügen können (*unstable*).

Eingefrorene Version (*frozen*) Darüber hinaus gibt es in gewissen Phasen des Projekts noch eine dritte Variante: Sie nennt sich *frozen* (eingefroren) und ist immer dann vorhanden, wenn die Entwicklerversion kurz vor der Fertigstellung steht. Der eingefrorenen Version dürfen keine neuen Pakete mehr hinzugefügt werden, es dürfen lediglich Pakete aktualisiert werden, um Fehler zu beheben. Ungefähr zu dem Zeitpunkt, an dem eine Version der Distribution von *unstable* zu *frozen* wechselt, wird wieder eine neue unstabile Version erzeugt.
Wenn dann in der eingefrorenen Variante alle bedeutenden Fehler behoben worden sind, wird diese unstabile Version zur neuen stabilen Version und der Entwicklungskreis schließt sich.
Die unstabile Variante ist immer auch eine vollständige Version. Sie wird prinzipiell dadurch erzeugt, dass ein Abbild der eingefrorenen Variante hergestellt wird. Kurz nach dem Entstehen einer neuen unstabilen Version ist diese also nahezu deckungsgleich mit der eingefrorenen Distribution und unterscheidet sich von dieser nur dadurch, dass die Debian-Entwickler neue Pakete in sie einbringen können. Sie verändert sich naturgemäß ständig und es kann durchaus einmal vorkommen, dass sie über den Zeitraum von einigen Tagen nicht installierbar ist oder bestimmte Pakete aus ihr nicht funktionieren. Da *unstable* jedoch immer vollständig ist, lässt sie sich *theoretisch* immer verwenden, so dass man jederzeit versuchen kann, sie ganz oder in Teilen zu installieren.

Codenamen Neben den Bezeichnungen *unstable*, *frozen* und *stable* erhalten die einzelnen Versionen Nummern und, weil das anscheinend in der Softwarebranche zwingend notwendig ist, so genannte Codenamen. So hatte die Version 2.1 den Codenamen „Slink", die Version, auf die sich dieses Buch bezieht (2.2) hat den Codenamen „Potato" und die folgende, zur Zeit unstabile Version hat den Codenamen „Woody". Die Code-Namen stammen aus dem Film „Toy Story" von Pixar. Sie dienen ebenso wie die Versionsnummern auch dazu, die Entwicklung einer bestimmten Version leichter verfolgen zu können. Gäbe es sie nicht, könnte es zu bösen Überraschungen kommen, wenn der Inhalt der stabilen Version plötzlich ein ganz anderer ist, als noch am Tag zuvor...

Ausgaben (Releases) Gelegentlich werden an der aktuellen stabilen Version Änderungen vorgenommen, etwa dann, wenn sich herausstellt, dass ein Paket nach der Fertigstellung dieser Version doch noch einen kritischen Fehler beinhaltet. Dies lässt sich dann an den Versionsnummern erkennen, denen in einem solchen Fall eine „Release-" oder Ausgabe-Nummer angehängt wird. So könnte also die zweite Ausgabe der Debian-Version mit dem Codenamen „Potato" die Versionsnummer 2.2r2 haben.

Hersteller von Debian-CDs bringen neue Versionen meist dann heraus, wenn ein Entwicklungszirkel abgeschlossen ist, also eine Version ihren Status gerade von *unstable* zu *stable* geändert hat.

Mixen von Versionen Es ist durchaus möglich, Versionen zu mixen, solange alle Abhängigkeiten erfüllt bleiben. Wenn Sie also einmal ein bestimmtes Programm in einer neueren Version benötigen, können Sie ruhig versuchen, das entsprechende Paket aus der unstabilen Distribution zu verwenden. Sie müssen dann allerdings damit rechnen, dass Sie eine Reihe weiterer Pakete aktualisieren müssen, um alle Abhängigkeiten zu erfüllen.

Das macht sich insbesondere dann bemerkbar, wenn in der neueren Version eine wichtige Systemkomponente erneuert wurde, die mit der alten Version nicht mehr kompatibel ist. Wird dann ein Paket installiert, welches die neue Version der betreffenden Komponente benötigt, muss diese ebenfalls installiert werden, was u. U. zu Konflikten mit den anderen auf dem System installierten Paketen führt, welche die alte Version der Komponente benötigen. Die Folge ist, dass alle Pakete, die von der alten Version abhängig sind, ebenfalls aktualisiert werden müssen[2].

Die Verwendung von Paketen aus der unstabilen Distribution erhöht natürlich die Wahrscheinlichkeit, kritische Fehler zu finden, so dass Sie darauf verzichten sollten, wenn es bei Ihrem System auf Stabilität und Sicherheit ankommt.

Andererseits verwenden viele Debian-Anwender ständig die unstabile Variante, weil sie immer auf dem neuesten Stand sein wollen und behaupten, dass selbst diese „unstabile" Distribution stabiler als manch andere Nicht-Debian-Distribution sei.

8.2.2 Anordnung der Pakete auf Servern und CDs

Auf den Servern, welche die Debian-Distribution beherbergen[3], finden sich die beschriebenen Distributionsvarianten wieder: Im Verzeichnis *dists* (für Distributionen) auf diesem Server befinden sich die Unterverzeichnisse *stable*, *unstable* und manchmal auch *frozen*. Diese Verzeichnisse sind symbolische Links auf andere Verzeichnisse, welche Namen tragen, die den Codenamen der entsprechenden Distributionen entsprechen (also beispielsweise *potato* oder *woody*) und die die zur Distribution gehörenden Dateien beinhalten.

Wenn Sie die offiziellen Debian-CDs verwenden, finden sie eine ähnliche Struktur[4], in denen jedoch die unstabile Variante fehlt. Unterhalb des Verzeichnisses ihrer Distributionsversion auf den CDs sollten sich dann jedoch prinzipiell die gleichen Verzeichnisse befinden wie im Debian-Hauptarchiv.

Dabei ist allerdings zu beachten, dass sich die einzelnen Teile der Gesamtdistribution wegen der Menge auf verschiedene CDs verteilen. Außerdem werden Sie auf ihren CDs wahrscheinlich nur den Teil der Distribution finden, der für die Rechnerarchitektur hergestellt wurde, für die Sie die CDs erhalten haben. Wenn Sie also einen (auf der Intel 386er CPU basierenden) PC verwenden, so werden die Pakete für m68k-Prozessoren fehlen.

Wenn Sie sich die Debian-CDs unter einem anderen Betriebssystem ansehen (beispielsweise Windows 95/98), werden Sie sich vielleicht wundern, dass einige der beschriebenen Verzeichnisse nicht vorhanden sind. Dies liegt daran, dass solche Betriebssysteme symbolische Links nicht unterstützen.

---

[2] Ein Ausweg einer solchen Situation ist oft die Installation von Quellcode-Paketen (siehe Seite.: 213).
[3] Internet-Adresse: z. B. `ftp://ftp.debian.org/debian/`.
[4] im Verzeichnis */dists/* auf den CDs.

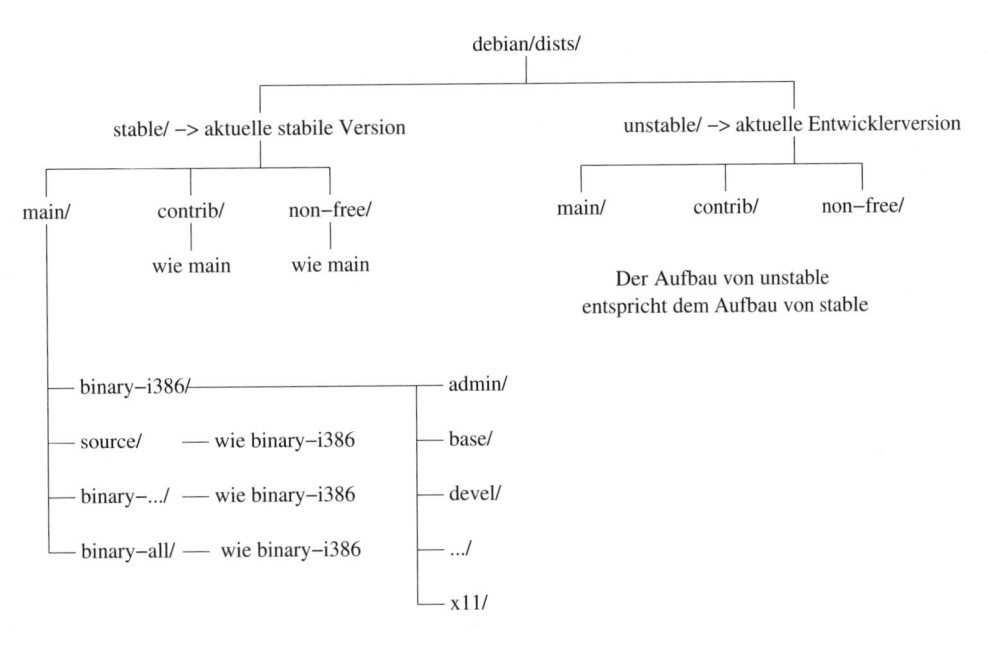

8.2 Aufbau und Layout der offiziellen Distribution

```
                              debian/dists/
                    ┌──────────────┴──────────────┐
        stable/ -> aktuelle stabile Version    unstable/ -> aktuelle Entwicklerversion
        ┌───────┼────────┐                     ┌───────┼────────┐
      main/  contrib/  non-free/             main/  contrib/  non-free/
               │          │
            wie main   wie main              Der Aufbau von unstable
                                             entspricht dem Aufbau von stable

        ├── binary-i386/ ─────────────────── admin/
        ├── source/      ── wie binary-i386  base/
        ├── binary-.../  ── wie binary-i386  devel/
        └── binary-all/  ── wie binary-i386  .../
                                             x11/
```

Abbildung 24: Layout des Debian-Archives.

Abbildung 24 zeigt schematisch das Layout des Debian Archivs. Die Pfeile hinter *stable* und *unstable* symbolisieren die Verweise auf die tatsächlichen Distributionsverzeichnisse, welche die Codenamen der jeweiligen Distributionen (z. B. *potato* oder *woody*) tragen, die in der Abbildung dargestellten Unterverzeichnisse werden im Folgenden beschrieben.

Freie und Nicht-freie Software Im Hauptverzeichnis einer Distribution (auf den offiziellen Debian-CDs also beispielsweise im Verzeichnis */dists/potato*) befindet sich eine Anzahl von Unterverzeichnissen, die alle in sich gleich aufgebaut sind. Diese Unterverzeichnisse tragen Namen wie *main*, *contrib* oder *non-free* und grenzen die einzelnen Abteilungen (Sections) der Debian-Distribution voneinander ab. Die Abteilungen wurden eingeführt, da das Debian-Projekt eine freie Distribution zur Verfügung stellen will, die definierten Kriterien genügt (siehe Kapitel 1.2.4). Trotzdem soll jedoch auch Software, die diesen Kriterien nicht genügt, in das System integrierbar sein und zur Verfügung gestellt werden können.

Achtung: Es ist wichtig zu wissen, dass nur die Pakete unterhalb des Unterverzeichnisses *main* (also in der Abteilung oder Section *main*) Bestandteil der offiziellen Debian-Distribution sind. Nur die Pakete unterhalb dieses Verzeichnisses gehören formal zur Distribution und nur für den Inhalt dieser Pakete ist gesichert, dass sie mit den Debian-Richtlinien übereinstimmen. Wenn Sie Pakete aus einem anderen Verzeichnis verwenden, sollten Sie immer im einzelnen prüfen, ob Sie die Bedingungen, unter denen Ihnen diese Pakete zur Verfügung gestellt werden, akzeptieren können, wollen und dürfen.

In den weiteren Unterverzeichnissen, befinden sich Pakete mit folgenden Einschränkungen:

contrib Hier befinden sich Pakete, die aus unterschiedlichen Gründen nicht mit den Debian-Richtlinien übereinstimmen, aber frei verteilt werden dürfen. Gründe hierfür sind in der Regel Lizenzbedingungen, die die Verwendung des Quellcodes in einer Weise einschränken, wie sie das Debian-Projekt nicht akzeptiert oder die ausschließlich in binärer Form zur Verfügung stehen.

Auch Programme, die zwar selber den Debian-Kriterien genügen, allerdings andere Programme benötigen, die den Kriterien nicht genügen, um benutzt werden zu können, landen in dieser Abteilung.

non-free Für Pakete unterhalb des Verzeichnisses *non-free* bestehen weitere Einschränkungen. Die wichtigste ist, dass diese Pakete u. U. nicht frei verteilt werden dürfen. So müssen Hersteller von Debian-CDs hier prüfen, ob sie überhaupt berechtigt sind, die entsprechende Software auf ihren CDs zur Verfügung zu stellen. Deswegen kann es also sein, dass Sie im Verzeichnis *non-free* des Debian-Hauptarchivs mehr Pakete finden, als auf Ihren CDs (wenn es auf den CDs überhaupt vorhanden ist).

In diesem Verzeichnis können sich auch Demo-Versionen von Programmen befinden oder Shareware, bei der man nach einer gewissen Zeit der Benutzung verpflichtet ist, eine Gebühr an den Programmautor zu zahlen.

Auf den offiziellen CD-ROMs befinden sich, aufgrund dieser Einschränkungen, nur die Abteilungen *main* und *contrib*.

Exportbeschränkte Software In Ländern wie den USA bestehen relativ strenge Bestimmungen, die den Export bestimmter Software verbieten. Als Export gilt dabei auch die Tatsache, freie Software auf einem Internetserver abzulegen, von dem diese aus anderen Ländern heruntergeladen werden kann. Die Exporteinschränkungen gelten im wesentlichen für kryptographische Software, also für solche Programme, die zum Ver- und Entschlüsseln von Daten benutzt werden können.

Damit Debian-Benutzer Programme, die unter die Exportbestimmungen der USA fallen, trotzdem benutzen können, gibt es einen zweiten Debian-Server (ftp://non-us.debian.org/debian-non-US/), der sich nicht in den USA befindet und der prinzipiell genauso aufgebaut ist, wie der Hauptserver. Auch hier gibt es einzelne Unterverzeichnisse, für die Distributionen (*stable* und *unstable*) und Unterverzeichnisse für die Abteilungen *main*, *contrib* und *non-free*. Im Unterschied zum Hauptserver liegen diese Unterverzeichnisse jedoch in einem eigenen Verzeichnis, das den Namen *non-US}/* trägt.

Architekturabhängige Pakete Da Debian für eine Reihe von Rechnerarchitekturen verfügbar ist, wurden die einzelnen Abteilungen weiter in einzelne Unterverzeichnisse aufgeteilt, die Namen wie *binary-i386* tragen. Unterhalb dieser Verzeichnisse befinden sich dann nur noch Pakete, die für die Verwendung auf einer bestimmten Architektur bestimmt sind. Im Beispiel *binary-i386* also Binär-Pakete, die für den Einsatz auf Rechnern bestimmt sind, die auf Intels 386er Architektur beruhen. Gewöhnliche Pakete werden auch Binär-Pakete genannt, weil sie fertig kompilierten und nach der Installation sofort ausführbaren Programmcode enthalten.

Darüber hinaus gibt es hier ein Verzeichnis mit dem Namen *binary-all*, in welchem plattformunabhängige Pakete liegen, das sind in der Regel solche Pakete, die Dokumente oder Software beinhalten, die auf jeder von Debian unterstützen Rechnerarchitektur benutzt werden können, ohne erst speziell angepasst werden zu müssen.

Quellcodepakete Weil es sich bei Debian GNU/Linux um freie Software handelt, steht natürlich auch der Quellcode für jedes einzelne Debian-Paket zur Verfügung. Deswegen gibt es in jedem Verzeichnis einer Abteilung ein Unterverzeichnis *source*, in dem der Quellcode zu Paketen liegt, die in den *binary--*Verzeichnissen gefunden werden können. Diese Quellcodepakete bestehen normalerweise aus jeweils drei Dateien, nämlich einer Datei, die den Quellcode enthält, aus dem das Paket erstellt wurde (sie hat die Endung *.orig.tar.gz*), einer Datei, welche alle Änderungen enthält, die Debian-Entwickler an dem Paket vorgenommen haben (sie hat die Endung *.diff.gz*) und einer weiteren Datei mit einer Beschreibung des Pakets (sie hat die Endung *.dsc*). Einige Quellcode-Pakete bestehen nur aus zwei Dateien. Dies sind Pakete, die direkt vom Debian-Projekt entwickelt wurden, wie beispielsweise *dpkg* selbst. Bei diesen Paketen fehlt die *.diff.gz*-Datei, weil das Paket ja nicht an Debian angepasst werden muss. Aus allen drei (oder zwei) Dateien lässt sich automatisch ein normales Debian-Paket (Binär-Paket) erstellen, vorausgesetzt, die dafür benötigten Programme und Werkzeuge sind auf dem System installiert (siehe Seite 213).

Boot- und Installationsdisketten Zusätzlich befinden sich in der Abteilung *main* noch Verzeichnisse, in denen Abbilder der zur Erstinstallation benötigten Disketten abgelegt sind. Diese sind natürlich auch architekturabhängig und tragen deswegen Namen wie *disks-i386*. Hier wären also die Bootdisketten für PCs zu finden.

Themenspezifische Unterabteilungen Da nun in den einzelnen Abteilungen auch für jede Rechnerarchitektur noch eine unüberschaubare Menge von Paketen existiert, wurden Unterabteilungen eingerichtet, die die einzelnen Pakete thematisch lose gruppieren. Diese Gruppierung dient lediglich der Übersicht und ist weniger fest organisiert als die bisher beschriebenen Einteilungen. Sie kann bei Bedarf jederzeit von den Administratoren des Debian-Hauptarchivs geändert werden. Üblich sind beispielsweise Unterabteilungen wie *libs*, in der sich Programmbibliotheken (libraries) befinden, oder *devel*, mit Werkzeugen und Programmen zur Softwareentwicklung (development). Sobald Sie die Möglichkeit haben, sich den Inhalt Ihrer CDs anzusehen, sollten Sie dies einmal tun, um sich mit dem Aufbau des Archivs sowie den einzelnen Abteilungen und Unterabteilungen vertraut zu machen.

Empfohlene Aktualisierungen Gelegentlich liegt auf dem Hauptserver ein Verzeichnis mit dem Namen *proposed-updates*. In diesem Verzeichnis befinden sich dann Pakete, die zwar nicht offizieller Teil der aktuellen stabilen Debian-Distribution sind, von denen die Entwickler jedoch vorschlagen, dass sie zur Aktualisierung des Systems benutzt werden sollten.

Spiegel-Server (Mirrors) Im allgemeinen ist es nicht zu empfehlen, den Debian-Hauptserver zu verwenden, um Pakete zu beziehen. Vielmehr gibt es eine Reihe weiterer Server, die ständig automatisch auf den Stand des Hauptservers gebracht werden. Diesen Vorgang nennt man Spiegeln. Die Verwendung eines Spiegel-Servers bietet zwei Vorteile:

1. Ein Spiegelserver ist von Ihrem Rechner aus einfacher zu erreichen, die Dateien können deswegen schneller auf Ihren Rechner transportiert werden, wodurch die Zeit verkürzt wird, in der Ihr Rechner mit dem Internet verbunden sein muss.
2. Durch die Benutzung von Spiegel-Servern wird die Last auf dem Hauptserver verringert. Er kann deswegen die Spiegel-Server schneller beliefern.

Wenn Sie mehrere Debian-Rechner in Ihrem Netzwerk verwenden, empfiehlt sich u. U. die Einrichtung eines eigenen privaten Spiegels. Die benötigten Debian-Pakete müssen dann nur ein einziges Mal in Ihr Netzwerk heruntergeladen werden.

Eine Liste aller offiziellen Spiegel Server ist unter der WWW-Adresse `ftp://ftp.debian.org/debian/README.mirrors.html` verfügbar. In Deutschland empfiehlt sich u. a. die Verwendung des Server `ftp.de.debian.org`. Er befindet sich im Wissenschaftsnetz und ist deswegen besonders gut von Universitäten und Fachhochschulen aus zu erreichen.

8.3 Bedienung des Paketmanagers *dpkg*

Während die Programme *dselect* und *apt-get* unterschiedliche Hilfestellungen bei der Auswahl und der Installation von Paketen bieten, stellt *dpkg* die wesentlichen Funktionen der Paketverwaltung zur Verfügung. Das Programm ist deswegen nicht dafür geeignet, interaktiv Pakete zu suchen und auszuwählen oder Konflikte zu lösen. Auch die Aktualisierung des Systems von einer Debian Version auf eine neuere ist mit *dpkg* eher schwierig. Auf der anderen Seite lässt sich mit dem Programm schnell ein Paket installieren, von dem man weiß, in welcher Datei es sich befindet. Weiter können Informationen schnell und gezielt abgefragt werden. Und schließlich gibt es eine Reihe von Informationen und Aktionen, die sich ausschließlich mit *dpkg* abfragen, bzw. ausführen lassen.

8.3.1 Allgemeines zur Bedienung von *dpkg*

dpkg wird von der Kommandozeile aus aufgerufen und kann eine große Anzahl unterschiedlicher Aufgaben übernehmen. Diese sogenannten Aktionen müssen an der Kommandozeile durch die Angabe entsprechender Optionen ausgewählt werden. So wird beispielsweise die Installation eines Paketes durch die Option --*install* ausgewählt.

Zusätzlich erkennt das Programm eine Reihe von Optionen, mit denen sein Verhalten in bestimmten Situationen beeinflusst werden kann. So lässt sich z. B. durch die Option - -*skip-same-version* global verhindern, dass ein Paket durch die selbe Version des gleichen Pakets ersetzt wird (also Arbeit ausgeführt wird, die normalerweise unnötig ist). Eine besondere Klasse von Optionen verändert die Voreinstellungen von *dpkg*. Diese Optionen beginnen alle mit der Zeichenkette - -*force-* (erzwingen), wenn ein bestimmtes Verhalten erzwungen werden soll, das normalerweise nicht vorgesehen ist oder mit - -*refuse* (zurückweisen), wenn ein solches Verhalten verhindert werden soll. So werden Pakete, deren Abhängigkeiten nicht erfüllt sind, normalerweise nicht konfiguriert. Dies führt dazu, dass sie nach der Installation nicht benutzbar sind. Durch die Option - -*force-depends* lässt sich die Konfiguration in einem solchen Fall erzwingen und durch - -*refuse-depends* verhindern. Es ist klar, dass die Benutzung dieser Optionen in der Regel zu einem inkonsistenten und teilweise unbenutzbaren System führt. Sie sind also äußerst vorsichtig zu verwenden.

Das Programm zeigt einen Überblick über die verfügbaren Aktionen und allgemeinen Optionen an, wenn es mit der Option - -*help* aufgerufen wird. Die Optionen zum Verhalten in Fehlersituationen lassen sich mit der Option - -*force-help* anzeigen. Eine Einführung in die Benutzung der Kommandozeile befindet sich in Kapitel 5, S. 93.

8.3.2 Installation und Aktualisierung von Paketen

Um Pakete zu installieren ist *dpkg* mit folgender Syntax aufzurufen:

```
dpkg --install | -i Paketdateiname [Paketdateiname ...]
```

Dem Programm sind dabei also die Namen der Dateien, in denen sich die zu installierenden Pakete befinden, zu übergeben. Diese müssen sich im Arbeitsverzeichnis befinden oder mit Pfadnamen angegeben werden.

Pakete, die bereits auf dem System installiert sind, werden durch den Befehl erneut installiert. Das heißt, sie werden aktualisiert, wenn die zu installierende Paketdatei eine neuere Version des Pakets enthält. Es kann aber auch eine bereits installierte Version eines Pakets erneut installiert werden. Dies ist z. B. dann notwendig, wenn Bestandteile eines installierten Pakets versehentlich gelöscht wurden. Außerdem ist es möglich, eine ältere Version zu installieren.

Soll beispielsweise das Paket *biff_0.10-3.deb* installiert werden, ist folgender Befehl einzugeben, wenn sich die Paketdatei im Arbeitsverzeichnis befindet:

```
debian:~# dpkg -i biff_0.10-3.deb
```

Falls das Paket bisher noch nicht installiert war und keine Probleme auftreten, erscheint daraufhin ungefähr die folgende Ausgabe:

```
Selecting previously deselected package biff.
(Reading database ... 53378 files and directories currently installed.)
Unpacking biff (from biff_0.10-3.deb) ...
Setting up biff (0.10-3) ...
```

In der ersten Zeile dieser Ausgabe teilt *dpkg* mit, dass es das Paket *biff* zur Installation auswählt. Würde dies nicht passieren, bestünde die Gefahr, dass es beim nächsten Aufruf von *dselect* oder *apt* wieder deinstalliert werden würde, da es dann ja nicht zur Installation ausgewählt wäre.

Dann liest *dpkg* Informationen über alle bereits installierten Pakete ein (*Reading Database...*) und packt das Paket daraufhin aus (*Unpacking biff...*). Zu Schluß wird das Paket konfiguriert (*Setting up biff...*). Abhängig vom installierten Paket können hierbei Fragen zur Konfiguration des entsprechenden Pakets erscheinen (siehe auch Seite 169).

Installation eines Paketes von CDROM Um ein Paket zu installieren, das sich in einer Datei auf einer CDROM befindet, ist das Paket dort zunächst zu lokalisieren und kann dann ebenso mit *dpkg* installiert werden. Falls also das Paket *biff* direkt von der CDROM installiert werden soll, ist die CD einzulegen und in das Dateisystem einzubinden (siehe auch Kap.: 14.3.4, S. 393):

```
debian:~# mount -t iso9660 -o ro /dev/cdrom /cdrom
```

Danach muss die entsprechende Datei auf der CDROM gesucht werden. Dies kann mit dem Befehl *find* (S. 656) geschehen. Als Suchzeichenkette kann hierbei der Paketname benutzt werden, weil Paketdateinamen mit dem Namen des Pakets beginnen, das sie beinhalten:

```
debian:~# find /cdrom -name "biff*"
```

Es erfolgt dann die Ausgabe der Namen von Dateien auf der CDROM, die mit der angegebenen Suchzeichenkette beginnen, also beispielsweise:

```
/cdrom/dists/potato/main/binary-i386/mail/biff_0.10-3.deb
```

Wenn keine Datei mit passendem Namen gefunden wurde, erfolgt keine Ausgabe. Ansonsten kann diese Ausgabe benutzt werden, um *dpkg* den richtigen Pfad- und Dateinamen zu übergeben:

```
debian:~# dpkg -i
    /cdrom/dists/potato/main/binary-i386/mail/biff_0.10-3.deb
```

Unerfüllte Abhängigkeiten Falls versucht wird, ein Paket zu installieren, dessen Abhängigkeiten nicht erfüllt sind, liefert *dpkg* eine Fehlermeldung. So führt der Versuch, das Paket *whiptail* zu installieren, zu folgender Ausgabe, wenn das Paket *libnewt0* nicht installiert ist:

```
Selecting previously deselected package whiptail.
(Reading database ... 53350 files and directories currently installed.)
Unpacking whiptail (from whiptail_0.50-5.2.deb) ...
dpkg: dependency problems prevent configuration of whiptail:
 whiptail depends on libnewt0; however:
  Package libnewt0 is not installed.
dpkg: error processing whiptail (--install):
 dependency problems - leaving unconfigured
Errors were encountered while processing:
 whiptail
```

Der erste Teil dieser Ausgabe ist vergleichbar mit der oben gezeigten Ausgabe, die bei der Installation des Pakets *biff* entstanden ist. Das Paket wird zunächst ausgepackt. Allerdings liefert die dann folgende Abhängigkeitsprüfung das Ergebnis, dass nicht alle Voraussetzungen zur Installation von *whiptail* erfüllt sind. *whiptail* ist abhängig von *libnewt0* und dieses Paket ist nicht installiert. Daraufhin teilt *dpkg* mit, dass bei der Bearbeitung von *whiptail* ein Fehler aufgetreten ist und das Paket unkonfiguriert bleibt. Zum Schluss wird nochmals ausgegeben, bei welchem Paket ein Fehler aufgetreten ist. Diese letzte Ausgabe ist dann hilfreich, wenn mit einem Aufruf von *dpkg* eine große Anzahl von Paketen installiert wird und nicht mehr alle Fehlermeldungen auf dem Bildschirm sichtbar sind. Um das hier gezeigte Problem zu lösen, ist also zunächst das Paket *libnewt0* zu installieren und dann *whiptail* zu konfigurieren. Einfacher ist es allerdings, beide Pakete gleichzeitig zu installieren. Dies bietet sich vor allem dann an, wenn innerhalb einer Gruppe zu installierender Pakete Abhängigkeiten bestehen, die es unmöglich machen, einzelne Pakete aus einer solchen Gruppe alleine zu installieren.

Gleichzeitige Installation mehrere Pakete Die Pakete *whiptail* und *libnewt0* könnten mit folgendem Befehl gleichzeitig installiert werden:

```
debian:~# dpkg -i whiptail_0.50-5.2.deb libnewt0_0.50-5.deb
```

Voraussetzung ist auch hier selbstverständlich, dass sich die Paketdateien im Arbeitsverzeichnis befinden. Bei der Ausführung dieses Befehls werden zunächst beide Pakete nacheinander ausgepackt und dann konfiguriert. Die Abhängigkeitsprüfung schlägt nun nicht mehr fehl, weil das Paket *libnewt0* bereits ausgepackt und zur Installation ausgewählt ist, wenn *whiptail* konfiguriert werden soll. Darüber hinaus kann *dpkg* die Reihenfolge der Konfiguration dieser Pakete jetzt an die vorliegenden Abhängigkeiten anpassen.

Installieren aller Pakete in einem Verzeichnis und allen Unterverzeichnissen Mit den Optionen *-R* oder *--recursive* kann *dpkg* dazu benutzt werden, alle Pakete in einem Verzeichnis und allen Unterverzeichnissen dieses Verzeichnisses zu installieren. Die Option kann beispielsweise dazu benutzt werden, alle Pakete auf einer CDROM mit einem Befehl zu installieren. Wenn diese Option benutzt wird, kann es hilfreich sein, eine der folgenden Optionen zusätzlich zu verwenden:

-G | --refuse-downgrade Pakete, die bereits in einer neueren Version installiert sind, als die zu installierenden, werden nicht installiert.

-O | --selected-only Es werden nur solche Pakete installiert, die zur Installation ausgewählt sind. Die eigentliche Auswahl wird dann normalerweise vorher mit dem Programm *dselect* vorgenommen.

-E | --skip-same-version Pakete, die bereits in der selben Version installiert sind, wie die neu zu installierenden, werden nicht installiert.

-B | --auto-deconfigure Wenn ein Paket aktualisiert wird, kann es passieren, dass Abhängigkeiten von anderen Paketen zu dem betreffenden Paket hinterher nicht mehr erfüllt sind. Diese Option bewirkt, dass solche Pakete dann automatisch in den Zustand *unpacked* versetzt werden. Sie müssen später erneut konfiguriert werden.

Angenommen, auf einer CDROM befindet sich eine Anzahl von Paketen, von denen ein Teil z. B. mit *dselect* ausgewählt worden ist und die ausgewählten Pakete sollen nun in einem Durchgang installiert werden, wobei solche Pakete, die bereits in der Version, in der sie sich auf der CDROM befinden, oder in einer neueren Version installiert sind, nicht erneut installiert werden sollen. Die Pakete können mit folgendem Befehl installiert werden:

```
debian:~# dpkg -iGROEB /cdrom
```

Voraussetzung dafür ist natürlich, dass die betreffende CDROM zuvor in das Verzeichnis */cdrom* gemountet wurde. Bei Verwendung langer Optionen würde der Befehl so aussehen:

```
debian:~# dpkg --install --recursive --refuse-downgrade --selected-only
   --skip-same-version --auto-deconfigure /cdrom
```

Schrittweises Installieren von Paketen Wie erwähnt, werden Pakete während der Installation zunächst ausgepackt und später (nachdem alle anderen zu installierenden Pakete ausgepackt sind) konfiguriert. Diese Schritte lassen sich mit *dpkg* auch einzeln durchführen, was in bestimmten Situationen notwendig sein kann, um komplexe Situationen von Abhängigkeiten und Konflikten während der Installation von Paketen zu lösen[5]

Bis zum Status *unpacked* (also ausgepackt) wird ein Paket installiert, wenn *dpkg* mit der Option *--unpack* aufgerufen wird. Hinterher kann das Paket mit der Option *--configure* konfiguriert werden. Zu beachten ist dabei, dass *dpkg* zum Auspacken der Name der betreffenden Paketdatei übergeben werden muss (also z. B. *modconf_0.2.26.9_all.deb*), während dem Programm zum Konfigurieren der Name des Paketes übergeben wird (also z. B. *modconf*).

---

[5] In den allermeisten Fällen ist das Programm *apt-get* allerdings dazu in der Lage, diese Aufgabe zu übernehmen.

Um das Paket *modconf* lediglich auszupacken, wäre also der folgende Befehl zu benutzen, vorausgesetzt, die Paketdatei befindet sich im aktuellen Arbeitsverzeichnis:

```
debian:~# dpkg --unpack modconf_0.2.26.9_all.deb
```

Danach kann das Paket mit dem nächsten Paket konfiguriert werden:

```
debian:~# dpkg --configure modconf
```

Zusammen mit der Option *--configure* kann die Option *--pending* benutzt werden. Dadurch wird bewirkt, dass alle Pakete, die bereits ausgepackt, aber noch nicht konfiguriert sind, nun konfiguriert werden:

```
debian:~# dpkg --configure --pending
```

8.3.3 Deinstallieren (Entfernen) von Paketen

Um Pakete vom System zu entfernen, wird die Option *--remove* oder *-r* benutzt. Während der Entfernung eines Pakets wird zunächst überprüft, ob andere Pakete Abhängigkeiten zu dem zu entfernenden Paket haben. Wenn dies der Fall ist, wird das Paket nicht entfernt, es sei denn, die Pakete mit Abhängigkeiten zu dem betreffenden Paket sollen ebenfalls entfernt werden. Beim Entfernen von Paketen sind *dpkg* die Namen der zu entfernenden Pakete (nicht die Dateinamen) zu übergeben. Um also das Programm *modconf* vom System zu entfernen wäre dieser Befehl zu verwenden:

```
debian:~# dpkg --remove modconf
```

Während der Entfernung eines Pakets bleiben die Konfigurationsdateien, die zu dem Paket gehören, erhalten. Es erhält also den Status *config-files*. Dadurch kann das Paket nach einer erneuten Installation sofort wieder mit der Konfiguration benutzt werden, die es besessen hat, bevor es entfernt wurde. Gelegentlich, z. B. wenn man sich dauerhaft von einem Paket getrennt hat, ist es jedoch erwünscht, auch die Konfigurationsdateien zu löschen[6]. Dies wird mit der Option *--purge* gemacht. Um also beispielsweise das Paket *modconf* mitsamt seinen Konfigurationsdateien zu löschen, ist *dpkg* folgendermaßen aufzurufen:

```
debian:~# dpkg --purge modconf
```

Achtung: Wenn Sie das Programm *modconf* während der Basisinstallation oder später dazu benutzt haben, anzugeben, mit welchen Parametern Kernelmodule (z. B. Treiber) geladen werden sollen, gehen diese Informationen durch den gezeigten Befehl verloren und sie müssen *modconf* erneut installieren und verwenden, um die Einstellungen erneut vorzunehmen.

Nachdem ein Paket mitsamt seinen Konfigurationsdateien vom System gelöscht worden ist, hat es den gleichen Status, wie ein Paket, das noch nie installiert war. Die Optionen *--remove* und *--purge* können ebenfalls zusammen mit der Option *--pending* benutzt werden. Die Folge ist dann, dass alle Pakete, die zum Löschen ausgewählt sind, gelöscht bzw. mitsamt ihrer Konfigurationsdateien gelöscht werden.

8.3.4 Informationen über Pakete und Dateien

Das Programm *dpkg* bietet eine Reihe von Möglichkeiten, Information über installierte Pakete und Dateien oder den Zustand des Systems und mögliche Fehlerquellen anzuzeigen.

---

[6] Bedenken Sie, dass Konfigurationsdateien in der Regel nur sehr wenig Festplattenplatz benötigen. Es ist deswegen nur sehr selten notwendig, Konfigurationsdateien tatsächlich zu löschen.

Anzeigen und Durchsuchen der Liste installierter Pakete Zum Anzeigen der Liste installierter Pakete dient die Option *--list* bzw. *-l*. Die Syntax des Programms mit dieser Option ist folgende:

```
dpkg --list | -l [Suchausdruck]
```

Wenn *dpkg* nur mit der Option *--list* aufgerufen wird, gibt es eine Liste aller auf dem System installierter Pakete aus, einschließlich der Pakete, von denen nur noch die Konfigurationsdateien vorhanden sind. Wenn man sich die Ausgabe dieses Befehls ansehen möchte, sollte man sie in einen Textbetrachter wie *less* umleiten:

joe@debian:~$ **dpkg --list | less**

Die Ausgabe entspricht ungefähr der folgenden (in Wirklichkeit ist sie natürlich länger):

```
Desired=Unknown/Install/Remove/Purge
| Status=Not/Installed/Config-files/Unpacked/Failed-config/Half-installed
|/ Err?=(none)/Hold/Reinst-required/X=both-problems (Status,Err: uppercase=bad)
||/ Name            Version          Description
+++-===============-================-=================================================
ii  a2ps            4.10.4-4         GNU a2ps 'Anything to PostScript' converter
ii  adduser         3.8              Add users and groups to the system.
ii  ae              962-21.1         Anthony's Editor -- a tiny full-screen edito
rc  diald           0.98.2-0.1       dial on demand daemon for PPP and SLIP.
```

Die ersten drei Zeilen beinhalten eine Zeichenerklärung, von der jede Zeile die Bedeutung eines der drei ersten Zeichen in der darauf folgenden Ausgabe beschreibt:

1. Das Zeichen ganz am Anfang jeder Zeile der Ausgabe beschreibt den Wunschstatus des betreffenden Pakets, den es auf dem System hat, die Buchstaben entsprechen dabei den Anfangsbuchstaben der Wörter *unknown*, *install*, *remove* und *purge*. Der gezeigten Ausgabe ist also zu entnehmen, dass die Pakete *a2ps*, *adduser* und *ae* installiert sein sollen, während das Paket *diald* entfernt sein soll (r=remove).
2. Das nächste Zeichen beschreibt den Status, den das betreffenden Paket tatsächlich auf dem System hat. Auch hier entsprechen die Anfangsbuchstaben den in der Zeichenerklärung angezeigten Wörtern, nämlich *not (installed)*, *installed*, *config-files*, *unpacked*, *failed-config* und *half-installed*. Der Ausgabe ist also zu entnehmen, dass die ersten drei Pakete tatsächlich installiert sind, während sich von dem letzten Paket *diald* lediglich die Konfigurationsdateien auf dem System befinden.
3. Das dritte Zeichen jeder Zeile ist für Fehlermeldungen reserviert. In der gezeigten Ausgabe, befindet sich hier bei keinem Paket ein Zeichen, es liegen also keine Fehler vor.

Wenn *dpkg --list* mit der Angabe eines Suchbegriffs aufgerufen wird, zeigt es nur solche Pakete an, deren Namen mit dem Suchbegriff übereinstimmen. Hierbei werden – im Gegensatz zum Aufruf ohne Suchbegriff – auch die Pakete mit angezeigt, die nicht installiert sind. Suchbegriffe dürfen die gleichen Meta-Zeichen (z. B. * oder ?) enthalten, wie sie von der Benutzung der Bash her bekannt sind (siehe Seite 113). Um die Ausgabe also auf alle Pakete zu beschränken, deren Namen mit der Zeichenkette *dpkg* beginnt, wäre dieser Befehl einzugeben.

joe@debian:~$ **dpkg --list "dpkg*"**

Die Anführungszeichen sind notwendig, damit das Metazeichen * nicht von der Shell interpretiert wird.

Anzeigen des Status' eines Pakets Wenn man sich nur für den Status eines bestimmten Pakets interessiert, kann auch die Option *--status* oder *-s* benutzt werden. Dem Programm müssen dann die Namen eines oder mehrerer Pakete übergeben werden, deren Status angezeigt werden soll. Ausgegeben wird daraufhin der gesamte Eintrag des oder der betreffenden Pakete in der Status-Datenbank.

Welche Dateien gehören zu einem installierten Paket? Nach der Installation eines Pakets möchte man manchmal wissen, welche Dateien dem System durch die Installation zugefügt wurden. Die Option *--listfiles* bzw. *-L* bewirkt, dass dies angezeigt wird. Dem Programm müssen dann ebenfalls die Namen eines oder mehrerer Pakete übergeben werden. Die installierten Dateien können natürlich nur dann angezeigt werden, wenn die betreffenden Pakete auch tatsächlich installiert sind. Um beispielsweise anzuzeigen, welche Dateien durch das Paket *xteddy* installiert wurden, wäre dieser Befehl zu verwenden:

```
joe@debian:~$ dpkg --listfiles xteddy
```

Zu welchem Paket gehört eine bestimmte Datei? Gelegentlich stellt sich auch die Frage, zu welchem Paket eine bestimmte Datei gehört. Um dies herauszubekommen, ist *dpkg* mit der Option *--search* bzw. *-S* aufzurufen. Dem Programm muss dazu ein Suchbegriff übergeben werden, der einem Dateinamen oder einem Teil eines Dateinamens einer installierten Datei entspricht. Angenommen, es soll angezeigt werden, zu welchem Paket die Datei */bin/ls* gehört, kann dazu der folgende Befehl eingesetzt werden:

```
joe@debian:~$ dpkg -S /bin/ls
```

Und um die Namen aller Pakete zu erhalten, welche Dateien enthalten, in deren Namen die Zeichenkette *FAQ* vorkommt, wäre dieser Befehl einzugeben:

```
joe@debian:~$ dpkg -S FAQ
```

⟹ Eine einfachere und schnellere Methode, die mit *dpkg -L* und *dpkg -S* erhältlichen Informationen abzufragen stellt das Paket *dlocate* zur Verfügung. Das in diesem Paket enthaltene Programm *dlocate* kann ferner anzeigen, bei welchen Dateien es sich um Konfigurationsdateien handelt und wieviel Platz ein Paket auf der Festplatte verbraucht. In vielen Fällen ist es mit dem Programm sogar möglich zu überprüfen, ob sich die Dateien auf der Festplatte von den Originalversionen eines Pakets unterscheiden. Näheres hierzu finden Sie in Manualseite zu dem Programm.

Welches Paket stellt eine bestimmte Datei zur Verfügung? Manchmal wird nach dem Namen eines Pakets gesucht, dass eine bestimmte Datei zur Verfügung stellt, die auf dem System noch nicht vorhanden ist. Leider kann *dpkg* hierzu nicht benutzt werden, weil das Programm nur die Namen der installierten Dateien sowie der verfügbaren Pakete, nicht aber die Namen der Dateien, die in den nicht installierten Paketen enthalten sind, kennt. Zur Lösung des Problems gibt es zwei Möglichkeiten: Im Basisverzeichnis jeder Distribution (also z. B. */dists/potato*) auf dem Debian-Server befinden sich Dateien mit Namen wie *Contents-i386.gz* oder *Contents-alpha.gz*. Jede dieser Dateien enthält für eine Rechnerarchitektur (*Contents-i386.gz* also für PCs) die Zuordnungen zwischen allen verfügbaren Paketen und den darin enthaltenen Dateien. Die Datei kann z. B. mit dem Befehl *zgrep* (S. 738) durchsucht werden. Wenn man auf diese Weise herausfinden möchte, in welchem Paket die */etc/samba/smb.conf* enthalten ist, wäre folgender Befehl einzugeben:

```
joe@debian:~$ zgrep /etc/samba/smb.conf Contents-i386.gz
```

Als Ausgabe erscheinen dann alle Zeilen, in denen die Zeichenkette */etc/samba/smb.conf* enthalten ist.
Die andere Möglichkeit ist, den Debian WWW-Server zu benutzen. Unter der Adresse `http://www.debian.org/distrib/packages` findet man eine Suchmaske, mit der nach der gewünschten Information gesucht werden kann.

8.3.5 Arbeiten mit Paketdateien

Eine weitere Gruppe von Optionen ermöglicht es, Informationen über Paketdateien, also solche Pakete, die in Form von Dateien vorliegen, anzuzeigen oder Dateien aus ihnen zu extrahieren. Hierzu ist dem Programm *dpkg* eine der im Folgenden erläuterten Optionen sowie der Name einer Paketdatei zu übergeben.

-c | --contents Mit dieser Option wird angezeigt, welche Dateien auf dem System installiert werden, wenn das betreffende Paket installiert wird.

-I | --info Die Option bewirkt, dass eine Reihe von Informationen über das Paket angezeigt werden. Dazu gehören u. a. die Paketversion, die Namen von Paketen, von denen das betreffende Paket abhängig ist, die Namen von Paketen, zu denen das betreffende Paket in Konflikt steht, Informationen darüber, welche Dateien zur Kontrolle der Installation in dem Paket enthalten Sind, sowie eine ausführliche Beschreibung des Pakets.

-f | --field Hiermit werden die Kontrollinformationen in dem Paket ausgegeben. Optional kann nach dem Paketnamen der Name eines Feldes in den Kontrollinformationen angegeben werden. Es wird dann nur der Wert dieses Feldes ausgegeben.

-e | --control Extrahiert die Skripte, welche bei der Installation oder Deinstallation des Pakets ausgeführt werden, in ein Unterverzeichnis mit dem Namen *DEBIAN* des aktuellen Arbeitsverzeichnisses.

-x | --extract Extrahiert die Dateien in ein Verzeichnis, welches hinter dem Paketdateinamen an der Kommandozeile angegeben werden muss. Hierdurch ist es möglich, die Dateien, die während der Installation des betreffenden Pakets installiert werden zu untersuchen, ohne das Paket tatsächlich zu installieren.

-X | --vextract Bewirkt das gleiche wie die vorherige Option, mit dem Unterschied, dass die Namen der Dateien während des Extrahierens angezeigt werden.

--fsys-tarfile Gibt das in dem Paket enthaltene Tar-Archiv, mit den zu installierenden Dateien, auf die Standardausgabe. Diese kann dann in die Standardeingabe des Programms *tar* (S. 720) weitergeleitet werden, um den Archivinhalt weiter zu verarbeiten.

Hier einige Beispiele: Die Befehle setzen voraus, dass sich die Paketdatei *modconf_0.2.26.9_all.deb* im aktuellen Arbeitsverzeichnis befindet:

```
joe@debian:~$ dpkg --contents modconf_0.2.26.9_all.deb
```

Der Inhalt (die zu installierenden Dateien) der Paketdatei werden angezeigt.

```
joe@debian:~$ dpkg --info modconf_0.2.26.9_all.deb
```

Die in dem Paket enthaltenen Kontrollinformationen werden angezeigt.

```
joe@debian:~$ dpkg --control modconf_0.2.26.9_all.deb
```

Die während der Installation und Deinstallation auszuführenden Skripte werden in ein Unterverzeichnis mit dem Namen *DEBIAN* extrahiert.

```
joe@debian:~$ dpkg --vextract modconf_0.2.26.9_all.deb tmp
```

Der Inhalt (die zu installierenden Dateien) der Paketdatei werden extrahiert und unterhalb des Verzeichnisses *tmp* abgelegt.

8.3.6 Anzeigen und Verändern der Datenbank verfügbarer Pakete

Die folgenden Optionen sind zur Arbeit mit der Datenbank verfügbarer Pakete geeignet. Um den Eintrag eines oder mehrerer Pakete aus dieser Datenbank auszugeben, ist die Option *--print-avail* zu verwenden. Dem Programm müssen dazu die Namen eines oder mehrerer Pakete übergeben werden, deren Einträge angezeigt werden sollen. Um beispielsweise die Einträge für die Pakete *dpkg* und *apt* mit dem Textbetrachter *less* anzuzeigen, kann dieser Befehl benutzt werden:

```
joe@debian:~$ dpkg --print-avail dpkg apt | less
```

Zusätzlich stehen einige Optionen zur Verfügung, mit denen die Datenbank gelöscht, neu erstellt oder aktualisiert werden kann. Normalerweise ist es jedoch nicht notwendig, diese Operationen manuell auszuführen. Vielmehr werden sie u. a. von *dselect* benutzt, um die Datenbank zu pflegen.

--clear-avail Die Option löscht die Datenbank verfügbarer Pakete.

--forget-old-unavail Die Option löscht Informationen über Pakete, die nicht mehr verfügbar sind und nicht installiert sind.

--record-avail Paketdatei ... Die Option bewirkt, dass der Datenbank verfügbare Pakete, die Informationen über das oder die mit *Paketdatei* angegebene(n) Paket(e) hinzugefügt werden. Die Option kann zusammen mit der Option -R benutzt werden. Dem Befehl sind dann Namen eines oder mehrere Verzeichnisse zu übergeben, in dem sich Debian-Pakete befinden. Der Datenbank werden dann die Informationen über alle in diesen Verzeichnissen und Unterverzeichnissen davon befindlichen Pakete hinzugefügt.

--update-avail Packages-Datei Die Datenbank verfügbarer Pakete wird durch die Informationen in dem mit *Packages-Datei* angegebenen Paket-Index ersetzt. Paketindices haben in der Regel den Namen *Packages*. Sie befinden sich in den architekturabhängigen Wurzelverzeichnissen der einzelnen Abteilungen jeder Distribution (also z. B. *dists/potato/main/binary-i386/Packages*).

--merge-avail Packages-Datei Wie die vorherige Option, mit dem Unterschied, dass die Datenbank nicht durch die Informationen in *Packages-Datei* ersetzt, sondern mit ihr kombiniert wird.

8.3.7 Arbeiten mit der Paketauswahl

Mit den beiden Optionen *--get-selections* und *--set-selections* ist es möglich, den für ein Paket vorgesehenen Status („Wunschstatus") auszulesen oder neu zu setzen. Dadurch lässt sich die einmal auf einem System getroffene Auswahl einfach sichern und später wieder herstellen. Die Methode eignet sich auch gut dazu, auf verschiedenen Computern die selben Pakete zu installieren, ohne dass auf jedem dieser Rechner erneut eine manuelle Paketauswahl vorgenommen werden muss.

Der folgende Befehl gibt die auf einem System aktuell bestehende Paketauswahl in die Datei *selections*. Der Status wird dabei nur für solche Pakete ausgegeben, für die er tatsächlich bekannt ist, also schon einmal ausgewählt wurde.

```
joe@debian:~$ dpkg --get-selections > selections
```

Wenn Sie sich die Datei ansehen (z. B. mit *less selections*) werden Sie feststellen, dass es sich dabei um eine Textdatei handelt, in welcher in jeder Zeile zunächst der Name eines Pakets und dann der für dieses Paket gewünschte Status aufgeführt ist, also z. B.:

```
apache install
```

Achtung: Beachten Sie, dass die Ausgabe von *dpkg --get-selections* abweichend von den tatsächlich auf dem System installierten Paketen sein kann. Sie beschreibt, wie gesagt, lediglich den Wunschstatus, der für die betreffenden Pakete (z. B. mit *dselect*) ausgewählt wurde.

Dem Befehl kann optional ein Suchbegriff übergeben werden, der die gleichen Meta-Zeichen enthalten darf, die von der Benutzung der Bash her bekannt sind, also die Zeichen *, ? und []. Das Programm gibt dann den gewünschten Status für alle bekannten Pakete, auf die der Suchbegriff zutrifft, aus. Also auch für solche Pakete, für die bisher noch keine explizite Auswahl getroffen wurde. Diese Pakete werden dann mit dem Status *purge* versehen, das heißt, sie sollen zusammen mit ihren Konfigurationsdateien gelöscht werden, falls sie installiert sind. Um den Wunschstatus für alle Pakete, deren Name mit der Zeichenkette *dpkg* beginnt, in die Datei *dpkg-selections* auszugeben, könnte also dieser Befehl eingesetzt werden:

```
joe@debian:~$ dpkg --get-selections "dpkg*" > dpkg-selections
```

Die Anführungszeichen sind notwendig, um das Meta-Zeichen vor der Interpretation durch die Shell zu schützen. Um den Wunschstatus für alle (installierten und verfügbaren) Pakete in die Datei *selections-all* zu geben, wäre dieser Befehl zu benutzen:

```
joe@debian:~$ dpkg --get-selections "*" > selections-all
```

Um den gewünschten Status von Paketen zu setzen, ist die Option *--set-selections* zu verwenden. Das Programm *dpkg* liest dann Daten von der Standardeingabe, die so aufgebaut sein müssen, wie sie von *dpkg --get-selections* ausgegeben werden. Um also den in der Datei *selections* gespeicherten Wunschstatus auf einem System zu setzen, kann dieser Befehl benutzt werden:

```
debian:~# dpkg --set-selections < selections
```

Dabei wird nur der Wunschstatus der Pakete geändert, die auch in der Datei *selections* aufgeführt sind. Wenn auf einem System also beispielsweise für das Paket *apache* der Status *install* vorgesehen ist und dieses Paket in der Datei *selections* nicht genannt wird, dann wird der Wunschstatus von *apache* durch den gezeigten Befehl nicht verändert.

Um den Wunschstatus exakt zu reproduzieren, ist es also notwendig, eine Datei zu verwenden, die Informationen für alle Pakete enthält, die auf dem System, wo die Reproduktion stattfinden soll, installiert sind oder als verfügbar gelten. Dazu ist es in der Regel notwendig, zunächst die Datenbank verfügbarer Pakete zwischen dem Rechner, auf dem die Auswahldatei erstellt wird, und dem Rechner, auf dem sie benutzt wird, zu synchronisieren. Selbstverständlich können die Auswahldateien auch manuell oder mit einem anderen Verfahren erstellt werden, die wichtigsten darin verwendbaren Schlüsselwörter sind:

install Das Paket soll installiert werden. Wenn es bereits installiert ist, soll es installiert bleiben.
deinstall Das Paket soll nicht installiert werden. Wenn es installiert ist, soll es entfernt werden.
purge Das Paket soll nicht installiert werden. Wenn es installiert ist, soll es mit seinen Konfigurationsdateien gelöscht werden.
hold Wenn das Paket installiert ist und eine neuere Version des Pakets zur Verfügung steht, soll es nicht aktualisiert werden.

Um ein Paket mit *--set-selections* manuell zur Installation auszuwählen, kann auch der folgende Befehl benutzt werden:

```
debian:~# echo "apache install" | dpkg --get-selections
```

Der Name des Pakets *apache* ist dabei natürlich durch den Namen des gewünschten Pakets zu ersetzen.

8.3.8 Verändern von Voreinstellungen (*--force* und *--refuse*)

dpkg muss in einigen Situationen entscheiden, wie bestimmte Probleme gelöst werden sollen. Dazu ist es mit Voreinstellungen ausgestattet, die so getroffen wurden, dass keine Aktionen ausgeführt werden, welche die Systemintegrität oder das Funktionieren einzelner Pakete ernsthaft gefährden könnten. In manchen Situationen ist es allerdings notwendig, diese Voreinstellungen zu überschreiben, beispielsweise um Pakete zu installieren, die mit den relativ konservativen Standard-Voreinstellungen nicht installiert werden können. Man sollte dabei allerdings immer beachten, dass dies im schlimmsten Fall dazu führen kann, dass das System in Teilen oder vollständig unbenutzbar wird.

Die verfügbaren Optionen zum Überschreiben von Voreinstellungen werden jeweils mit --force- eingeleitet, wenn ein bestimmtes Verhalten erzwungen werden soll und mit --refuse- wenn eine Aktion nicht ausgeführt werden soll, die per Voreinstellung stattfindet. Es ist möglich, mehrere solcher Optionen hinter --force- oder --refuse- anzugeben. Sie müssen dann durch Kommata (ohne Leerzeichen) voneinander getrennt werden.

Beispiel: Ein Paket, das eine Abhängigkeit zu einem anderen, nicht installierten Paket hat, wird normalerweise nicht konfiguriert. Dieses Verhalten lässt sich durch die Option --force-depends überschreiben. Außerdem werden normalerweise keine Pakete installiert, die Dateien enthalten, welche bereits durch ein anderes Paket installiert wurden, weil die bereits installierte Datei dann durch die Installation des neuen Pakets überschrieben werden würde. Dieses Verhalten lässt sich durch die Option --force-overwrite überschreiben. Wenn beide Verhaltensweisen erzwungen werden sollen, wäre die Option folgendermaßen zu verwenden:

```
debian:~# dpkg --force-depends,overwrite Paket
```

Damit wird das mit *Paket* bezeichnete Paket auch dann installiert, wenn es unerfüllte Abhängigkeiten hat und/oder Dateien anderer installierter Pakete überschreibt.

Achtung: Diese Optionen sollten mit äußerster Vorsicht benutzt werden. Sie können das System in einen unbenutzbaren Zustand bringen!

Die folgende Tabelle zeigt alle Optionen, die sich mit --force- oder --refuse- ein- bzw. ausschalten lassen:

Option	Beschreibung	Voreinstellung
auto-select	Pakete, die installiert werden, werden automatisch zur Installation ausgewählt. Pakete, die entfernt werden sollen, werden automatisch zur Entfernung ausgewählt. Dies betrifft den Wunschstatus der entsprechenden Pakete	Ja
downgrade	Pakete können auch dann installiert werden, wenn bereits eine neuere Version installiert ist.	Ja
configure-any	Pakete, die bereits ausgepackt, aber noch nicht konfiguriert sind, werden konfiguriert, wenn ein Paket installiert wird, das von diesem Paket abhängig ist.	Nein
remove-reinstreq	Pakete, bezüglich derer ein schwerwiegender Fehler vorliegt und die deswegen erneut installiert werden müssen, können mit dieser Option entfernt werden. Die Folge dessen kann sein, dass auf dem System Dateien übrig bleiben, die nicht mehr von *dpkg* verwaltet werden.	Nein
remove-essential	Pakete, die in ihren Kontrollinformationen als besonders wichtig (*essential*) markiert sind, können mit dieser Option gelöscht werden.	Nein
depends	Es wird auch dann versucht, Pakete zu konfigurieren, wenn diese unerfüllte Abhängigkeiten haben.	Nein
depends-version	Es wird auch dann versucht, Pakete zu konfigurieren, wenn diese Abhängigkeiten zu anderen Paketen haben, die zwar installiert sind, allerdings nicht in der benötigten Version.	Nein

Fortsetzung auf der nächsten Seite

200   8. Mehr über Pakete und Paketverwaltung

Fortsetzung der vorherigen Seite

Option	Beschreibung	Voreinstellung
`conflicts`	Es wird versucht, Pakete zu installieren, die in Konflikt zu anderen, bereits installierten Paketen stehen.	Nein
`confnew`	Wenn ein Paket aktualisiert wird und dieses eine (im Vergleich zur alten Version) geänderte Konfigurationsdatei enthält und die alte Version der Konfigurationsdatei manuell oder durch ein Skript geändert wurde, fragt *dpkg* normalerweise nach, ob die alte (angepasste) Version weiterhin benutzt werden soll, oder ob die neue Version installiert werden soll. Mit dieser Option wird automatisch und ohne Nachfrage die neue Version installiert.	Nein
`confold`	Wie *confnew*, mit dem Unterschied, dass automatisch die alten Versionen von Konfigurationsdateien beibehalten werden.	Nein
`confdef`	Wie *confold* oder *confnew*, mit dem Unterschied, dass automatisch die Version einer Konfigurationsdatei installiert wird, die dem Benutzer normalerweise als Voreinstellung vorgeschlagen wird.	Nein
`overwrite`	Pakete, die Dateien beinhalten, die bereits durch andere Pakete installiert wurden, werden normalerweise nicht installiert. Dieses Verhalten wird durch die Option überschrieben.	Nein
`overwrite-dir`	Wenn ein Paket ein Verzeichnis mit einem bestimmten Namen angelegt hat, ist es mit dieser Option möglich, das betreffende Verzeichnis zu löschen und an Stelle dessen eine Datei zu installieren, die den gleichen Namen wie das Verzeichnis hat.	Nein
`overwrite-diverted`	Ermöglicht das Überschreiben von Dateien, die mit *dpkg-divert* verschoben wurden.	Nein
`architecture`	Ermöglicht die Installation von Paketen, die für eine andere Rechnerarchitektur bestimmt sind.	Nein
`bad-path`	Lässt *dpkg* auch dann versuchen, die angeforderten Aktionen auszuführen, wenn wichtige Programme nicht im Suchpfad für Programme enthalten sind.	Nein
`not-root`	Es wird auch dann versucht, die angeforderten Aktionen auszuführen, wenn das Programm nicht vom Administrator aufgerufen wird.	Nein

Tabelle 5: Verhaltensweisen von *dpkg*, die sich mit - -*force*- einschalten und mit - -*refuse*- abschalten lassen.

Weitere Aktionen und Optionen

Im Folgenden finden Sie eine Anzahl verschiedener Optionen, die bisher noch nicht beschrieben worden sind:

- - `audit` Mit dieser Option aufgerufen, gibt *dpkg* die Namen aller Pakete aus, bezüglich derer Fehler aufgetreten sind oder die noch nicht vollständig installiert sind. Das Programm macht dann Vorschläge, wie diese Fehler behoben werden können.

--yet-to-unpack Listet die Namen aller Pakete auf, die zur Installation ausgewählt, aber noch nicht ausgepackt sind.

--abort-after=Anzahl Gibt mit *Anzahl* an, nach wievielen Fehlern das Programm abbrechen soll. Voreinstellungswert ist hier 50. Dieser Wert ist u. U. zu gering, wenn gleichzeitig eine sehr große Anzahl von Paketen installiert wird.

--no-act Führt dazu, dass das Programm keine der ausgewählten Aktionen wirklich ausführt, sondern nur anzeigt, was es tun würde.

--ignore-depends=Paket[,Paket ...] Mit dieser Option lässt sich bestimmen, dass die Abhängigkeiten der mit *Paket* bezeichneten Pakete nicht überprüft werden sollen. Dadurch kann eine feinere Einstellung als mit der Option *--force-depends* erreicht werden.

8.4 APT – Intelligenz für *dpkg*

Die Bezeichnung APT steht für *Advance Package Tool*. Es handelt sich dabei, wie beschrieben, um eine Reihe von Programmen und Bibliotheken, die den Aufruf von *dpkg* steuern und somit Pakete installieren oder deinstallieren können. Dabei werden die Beziehungen (wie Abhängigkeiten oder Konflikte) der Pakete untereinander zunächst einmal analysiert, so dass beim Aufruf von *dpkg* keine Fehler mehr auftreten sollten. Auf diese Weise lassen sich auch komplexe Aufgaben, wie die Umstellung einer Installation von einer Debian-Version auf die nächste, automatisch durchführen.

Neben der Fähigkeit, Pakete in der richtigen Reihenfolge installieren und deinstallieren zu können, verwaltet APT eine Reihe von Paketquellen. Paketquellen können beispielsweise CDROMs, auf denen sich Debian-Pakete befinden, die lokale Festplatte oder Server im lokalen Netzwerk oder im Internet sein, die Pakete zum Herunterladen anbieten. Wenn ein bestimmtes Paket installiert werden soll, muss dann nur noch der Name dieses Pakets bekannt sein, APT kann sich um alles weitere automatisch kümmern. Das Programm fordert dann beispielsweise auf, eine bestimmte CDROM in das Laufwerk zu legen oder lädt die benötigten Paket-Dateien aus dem Internet herunter. Es erkennt auch, wenn das zu installierende Paket Abhängigkeiten zu Paketen hat, die noch nicht installiert sind und besorgt und installiert diese, zusätzlich benötigten, Pakete dann ebenfalls. Falls ein zu installierendes Paket in Konflikt mit einem Paket steht, dass bereits installiert ist, erkennt APT dies und entfernt das Paket, welches den Konflikt erzeugt, bevor das neue Paket installiert wird. Standardmäßig wird zunächst berechnet, was geschehen muss, um die angeforderte Aktion auszuführen. Danach wird ein Bericht ausgegeben, der die notwendigen Änderungen am System darstellt, der Benutzer hat dann die Möglichkeit, abzubrechen oder die Veränderungen am System auszuführen.

8.4.1 Konfiguration von APT

APT wird durch zwei Dateien konfiguriert. Dies sind die Dateien */etc/apt/apt.conf* sowie */etc/apt/sources.list*. In der ersten Datei werden allgemeine Einstellungen vorgenommen. Dazu gehören Einstellungen, die bestimmen, wie APT *dpkg* aufruft, welche Verzeichnisse APT verwenden soll oder wie APT arbeiten soll, wenn es von *dselect* aus benutzt wird. In der Regel ist es nicht notwendig, manuell Änderungen an dieser Datei vorzunehmen.

In der zweiten Datei (*/etc/apt/sources.list*) wird definiert, welche Paketquellen das Programm verwenden soll. In dieser Datei werden dem System bekannte CDROMs, Verzeichnisse und Server aufgeführt, die APT benutzen darf, wenn es Pakete beschaffen muss. Diese Datei muss normalerweise an die lokalen Gegebenheiten angepasst werden. Dies kann zum einen manuell mit einem Texteditor geschehen oder mit dem Programm *apt-setup*, welches im Paket *base-config* enthalten ist (siehe Seite 150). Dieses Programm haben Sie bereits nach der Installation des Basissystems kennengelernt.

202   8. Mehr über Pakete und Paketverwaltung

Die Datei */etc/apt/sources.list*   Wie allgemein üblich handelt es sich bei dieser Konfigurationsdatei um eine Textdatei. Leere Zeilen und solche, die mit einem Doppelkreuz (#) beginnen haben für APT keine Bedeutung und können benutzt werden, um die Datei zu strukturieren und zu kommentieren.
Jede andere Zeile beschreibt eine Installationsquelle und ist folgendermaßen aufgebaut:

```
Typ URI Distribution [Abteilung ...]
```

Für *Typ* ist der Typ der Installationsquelle anzugeben. Zur Zeit werden zwei mögliche Typen von Installationsquellen erkannt:

deb   Der Typ *deb* beschreibt Installationsquellen, von denen gewöhnliche Debian-Pakete bezogen werden können. Dabei handelt es sich um so genannte Binär-Pakete, also Pakete, welche Programme in vorkompilierter Form enthalten, die nach ihrer Installation sofort ausgeführt werden können.

deb-src   Dieser Typ beschreibt Quellen, von den Quellcodepakete bezogen werden können. Wie der Name sagt, beinhalten Quellcodepakete Dateien, die zunächst übersetzt (kompiliert) werden müssen, bevor die darin enthaltenen Programme ausgeführt werden können. APT kann Quellcodepakete zur Verfügung stellen und aus diesen Binärpakete erstellen. Dafür ist es allerdings notwendig, dass eine Reihe von Programmen zum Übersetzen von Quellcode sowie zum Erstellen von Debian-Paketen installiert ist (siehe auch S 213).

Nach dem Typ ist der so genannte Universal Resource Identifier (URI) anzugeben. Das ist eine Erweiterung der vom Internet bekannten Uniform Resource Locator (URL), mit denen eine bestimmte Adresse im Internet sowie das zum Zugriff auf diese Adresse zu benutzende Protokoll beschrieben wird. Wie URLs bestehen URIs aus drei Komponenten:

1. Einer Bezeichnung des Protokolls oder der Zugriffsart, die verwendet wird, um auf die Quelle zuzugreifen. APT unterstützt zur Zeit die folgenden Typen (Protokolle) von URIs:

    file   Hiermit werden Quellen angegeben, auf die über das Dateisystem des Rechners zugegriffen werden kann, also Verzeichnisse, in denen sich Debian-Pakete befinden.

    cdrom   Der URI-Typ *cdrom* ermöglicht einen, speziell für CDROMs geeigneten, Zugriff auf Debian-Pakete. Auf CDROMs kann zwar ebenfalls über das Dateisystem zugegriffen werden, allerdings stehen sie nicht immer zur Verfügung und müssen u. U. ausgewechselt werden, damit auf alle Pakete zugegriffen werden kann, die sich auf einem Satz von CDROMs befinden.

    > **Achtung:** Paketquellen mit URIs vom Typ CDROM dürfen nicht manuell in die Datei */etc/apt/sources.list* eingetragen werden. Vielmehr ist hierzu ein spezielles Programm (*apt-cdrom*, siehe Seite 204) zu verwenden!

    copy   Der Zugriff auf Pakete über den URI-Typen *copy* ist ähnlich wie über den Typen *file*. Allerdings werden Pakete zunächst auf die Festplatte kopiert, bevor sie installiert werden. Dies ist sinnvoll beim Einsatz von entfernbaren Datenträgern wie MO-Disks oder ZIP-Disketten, wenn die Pakete auch nach der Installation noch verfügbar sein sollen.

    http   Dies ermöglicht den Zugriff auf andere Rechner über das Hyper-Text-Transfer-Protocol (HTTP), welches vor allem von WWW-Browsern zum Herunterladen von Dateien benutzt wird.

    ftp   Das Protokoll *ftp* ist das klassische Internetprotokoll zum Austausch von Dateien. Es wird von allen offiziellen Debian-Spiegel-Servern unterstützt.

2. Auf den URI-Typen folgt die Internet-Adresse des Rechners, auf dem sich die Quelle befindet. Bei den lokalen URIs *file*, *cdrom* und *copy* entfällt dieser Teil. Rechneradressen können als IP-Adressen (z. B *141.76.2.4*) oder als DNS-Namen (z. B. *ftp.de.debian.org*) angegeben werden. Wenn eine Rechneradresse angegeben ist, wird diese von der Bezeichnung des URI-Typen durch einen Doppelpunkt und zwei darauffolgende Schrägstriche getrennt. Wenn keine Rechneradresse angegeben ist, befindet sich hinter dem URI-Typen nur ein Doppelpunkt.

3. Zum Schluss folgt der Name des Pfades zur Debian-Distribution (der Verzeichnisname) auf dem Rechner, der die Quelle zur Verfügung stellt.

Nach der URI muss der Name der Distribution angegeben werden, auf welche mit der beschriebenen Quellendefinition zugegriffen werden soll. Diese Namen entsprechen den Namen der Verzeichnisse, unterhalb derer sich die zu beschaffenden Debian-Pakete befinden, also beispielsweise *potato*, *woody*, *stable* oder *unstable*.

⟹ Ob die Codenamen einer Distribution oder die Bezeichnungen *stable* bzw. *unstable* benutzt werden sollten, ist abhängig davon, was man möchte. Wer als Distribution *unstable* angibt, bekommt immer die neuesten (unstabilen) Pakete, auch wenn der Status einer unstabilen Version in *frozen* geändert wird. Weil zu dem Zeitpunkt eine neue unstabile Version erzeugt wird, verwendet APT dann automatisch die neu angelegte.

Wer hingegen den Codenamen einer Distribution (z. B. *potato*) benutzt, kann sich sicher sein, weiterhin die gleiche Distribution zu verwenden, auch wenn ihr Status von *unstable* nach *frozen* oder von *frozen* nach *stable* geändert wird.

Zum Schluss müssen die gewünschten Abteilungen der zu verwendenden Distribution angegeben werden, also z. B. *main*, *contrib* und *non-free*.

Die Einträge in der Datei */etc/apt/sources.list* setzen voraus, dass sich die Verzeichnisstruktur der benutzten Installationsquellen an den offiziellen Debian-Servern oder CDs orientiert. Das heißt, dass dort Distributionen, Abteilungen und Unterverzeichnisse für verschiedene Rechnerarchitekturen vorhanden sind. Gelegentlich hat man es aber mit Quellen zu tun, bei denen alle Pakete einfach in einem Verzeichnis liegen, die also nicht wie offizielle Debian-Server aufgebaut sind. In solchen Fällen ist an Stelle des Namens der Distribution der Name eines Verzeichnisses gefolgt von einem Schrägstrich anzugeben. Namen von Distributionsabteilungen können dann natürlich nicht angegeben werden. Der Name dieses Verzeichnisses wird dann von APT beim Zugriff auf die Quelle an den Verzeichnisteil des URIs angehängt.

Durch die Reihenfolge der Einträge in der Datei */etc/apt/sources.list* wird bestimmt, mit welcher Priorität die angegebenen Quellen benutzt werden sollen. APT versucht zunächst immer, Pakete von der zuerst genannten Quelle zu beziehen. Wenn das Paket dort nicht vorhanden ist, wird die nächste Quelle versucht usw. Zu beachten ist dabei, dass APT immer die neueste verfügbare Version eines Paketes beschafft. Es kann also sein, dass ein bestimmtes Paket zwar in der ersten genannten Quelle vorhanden ist, aber trotzdem von der Dritten bezogen wird, weil es dort in einer neueren Version vorliegt. Im allgemeinen ist es zu empfehlen, lokal vorhandene Datenträger zuerst aufzuführen. Dadurch werden Netzwerkverbindungen erst dann aufgebaut, wenn ein Paket lokal nicht mehr in der neuesten Version zur Verfügung steht.

Hier ein Beispiel für die Datei */etc/apt/sources.list*:

```
# Pakete auf CDROM sollen mit höchster Priorität benutzt werden:
deb "cdrom:Potato 20.5.2000/debian/" potato contrib main non-free

# Danach wird der lokale Debian-Spiegel benutzt:
deb file:/pub/mirrors/debian potato main contrib non-free

# Pakete, die in den beiden oben aufgeführten Quellen nicht oder nicht in der aktuellsten
# Fassung vorhanden sind, sollen von den folgenden Internet-Servern besorgt werden:
deb ftp://ftp.de.debian.org/debian potato main contrib non-free
deb ftp://non-US.debian.org/debian-non-US potato non-US/main non-US/contrib non-US/non-free

# Mit dem folgenden Eintrag wird keine Distribution, sondern ein Verzeichnis bezeichnet:
deb ftp://ftp.kde.org/pub/kde/stable/1.1.2/distribution/deb/potato i386/

# Quellcode-Pakete sollen  von diesem Server bezogen werden:
deb-src ftp://ftp.de.debian.org/debian potato main contrib non-free
```

204   8. Mehr über Pakete und Paketverwaltung

Der erste Eintrag in diesem Beispiel ist ein Eintrag für eine CDROM. Solche Einträge sind mit dem Programm *apt-cdrom* zu erstellen (siehe Seite 204). Der nächste Eintrag bezeichnet einen Debian-Spiegel, der lokal zur Verfügung steht. Er befindet sich unterhalb des Verzeichnisses */pub/mirrors/debian*. Von hier soll die Distribution *potato* mit den Komponenten *main, contrib* und *non-free* bezogen werden. Weil dieser lokale Spiegel nach dem CDROM-Eintrag aufgeführt ist, werden Pakete von APT bevorzugt von CDROM installiert.

Die Beispieldatei bestimmt weiter, dass Pakete, die weder auf der angegebenen CDROM noch auf dem lokalen Spiegel in aktueller Fassung vorhanden sind, aus dem Internet bezogen werden sollen. Dazu ist zunächst ein deutscher Debian-Spiegel-Server aufgeführt und dahinter der Server *non-US.debian.org*[7]. Zu beachten ist, dass die Namen der Abteilungen beim *non-US*-Server *non-US/main* usw. lauten. Wie beschrieben, gibt es auf diesem Server ja ein zusätzliches Unterverzeichnis.

Danach ist der Server des KDE-Projekts aufgeführt. Diese Server hält keine Verzeichnisstruktur vor, die dem Layout der Debian-Server entspricht. Deswegen ist hier an Stelle des Namen der gewünschten Distribution einfach ein Verzeichnis (*i386/*) angegeben. Die von diesem Server zu beziehenden Debian-Pakete befinden sich dort also im Verzeichnis */pub/kde/stable/1.1.2/distribution/deb/potato/i386*.

Der letzte Eintrag ist vom Typ *deb-src*. Mit diesem Eintrag können Quellcodepakete bezogen werden. Er unterscheidet sich ansonsten in seinem Aufbau nicht von den übrigen Einträgen.

Addieren von CDROMs Wenn CDROMs mit Debian-Paketen mit APT benutzt werden sollen, muss APT von deren Existenz und Inhalt in Kenntnis gesetzt werden. Diese Aufgabe übernimmt das Programm *apt-cdrom*. Damit es funktioniert, muss das Programm in der Lage sein, auf das CDROM-Laufwerk zuzugreifen. Das bedeutet im allgemeinen, dass in der Datei */etc/fstab* ein Eintrag zum Mounten von CDROMs vorhanden sein muss (siehe auch Seite 14.3.4). Das Programm wird folgendermaßen aufgerufen:

```
debian:~# apt-cdrom add
```

Daraufhin wird versucht, eine eventuell bereits eingebundene CDROM aus dem Dateisystem zu entfernen und es erscheint die Aufforderung, die CDROM in das Laufwerk einzulegen, von deren Existenz APT in Kenntnis gesetzt werden soll. Wenn dies geschehen ist, muss die Taste EINGABE betätigt werden und das Programm untersucht die CDROM dann nach Paketindices. Falls auf der CDROM kein Name enthalten ist, werden Sie aufgefordert, eine Bezeichnung für die CDROM einzugeben.

Der Vorgang ist für alle CDROMs zu wiederholen, die angemeldet werden sollen. Wenn Sie also einen Satz von Debian-CDROMs besitzen, müssen Sie *apt-cdrom* für jede darin enthaltene CDROM einmal aufrufen. Danach sollte sich in der Datei */etc/apt/sources.list* ein Eintrag für jede CDROM befinden.

> **Achtung:** Das Programm *apt-cdrom* kann nicht mit CDROMs umgehen, auf denen sich einfach nur eine Anzahl von Debian-Paketen befindet. Es ist erforderlich, dass die CDROMs – wenigstens grob – dem Verzeichnislayout der Debian-Distribution folgen und dass in den richtigen Verzeichnissen Paketindices vorhanden sind!

Das Programm *apt-cdrom* kennt einige Optionen, mit denen sein Verhalten beeinflusst werden kann. Diese Optionen sind in der Manual-Seite beschrieben, die wichtigsten sind:

- -d | --cdrom *Verzeichnis* Gibt mit *Verzeichnis* das Verzeichnis an, in das CDROMs eingebunden werden. Standardwert ist */cdrom*.
- -m | --no-mount Bewirkt, dass die bereits eingebundene CDROM verwendet wird und keine Aufforderung zum Einlegen einer neuen CDROM ergeht.

Wenn Sie möchten, dass bestimmte CDROMs nicht mehr benutzt werden, können Sie die entsprechenden Einträge manuell aus der Datei */etc/apt/sources.list* entfernen.

---
[7] Theoretisch könnte der deutsche Spiegel-Server auch für den *non-US*-Teil der Distribution benutzt werden, da sich dieser ebenfalls auf dem Server befindet.

Nicht-offizielle Paketquellen Neben dem Debian-Projekt gibt es eine Reihe anderer Anbieter, die Debian-Pakete zur Verfügung stellen. Wenn Sie die Server dieser Anbieter in die Datei */etc/apt/sources.list* aufnehmen, können Sie die entsprechenden Pakete ebenso mit *apt-get* oder *dselect* verwalten, wie den offiziellen Teil der Distribution. Eine Liste einiger Anbieter von inoffiziellen Debian-Pakete, mit entsprechenden *sources.list*-Einträgen und Beschreibungen, hat Stéphane Bortzmeyer zusammengestellt, sie ist unter der WWW-Adresse `http://www.internatif.org/bortzmeyer/debian/apt-sources/` zu beziehen.

Achtung: Inoffizielle Debian-Pakete sollten mit Vorsicht „genossen" werden, sie können zwar wie offizielle Pakete installiert werden, sind aber nicht Teil von Debian und bieten deswegen nicht die gewohnten Sicherheiten und Serviceleistungen. Vorsicht auch vor trojanischen Pferden.

8.4.2 Arbeiten mit *apt-get*

Das Programm *apt-get* ist die Schnittstelle zu APT, mit der Pakete installiert, deinstalliert oder auch das ganze System aktualisiert werden kann.

APT verfügt über eine eigene Datenbank verfügbarer Pakete, die völlig getrennt ist von der Datenbank, die *dpkg* zu diesem Zweck pflegt. Der Grund dafür ist folgender: In der von *dpkg* gepflegten Datenbank darf jedes Paket nur einmal vorkommen. APT kann jedoch eine Reihe von Installationsquellen kennen, auf denen das gleiche Paket mehrmals, u. U. in unterschiedlichen Versionen vorhanden ist. Die Folge ist, dass ein Paket, von dem APT Kenntnis hat, für *dpkg* unbekannt sein kann und umgekehrt. Es ist allerdings möglich die beiden Datenbanken zu synchronisieren. Dies geschieht, wenn in *dselect* der Befehl *update* aufgerufen wird und APT dort als Installationsmethode ausgewählt ist.

Aktualisieren der Datenbank verfügbarer Pakete Bevor *apt-get* das erste Mal benutzt wird, muss APTs Datenbank der, auf den konfigurierten Paketquellen verfügbaren, Pakete initialisiert werden. Hierzu ist das Programm folgendermaßen aufzurufen:

```
debian:~# apt-get update
```

Je nachdem, welche Paketquellen in der Datei */etc/apt/sources.list* definiert worden sind, verbindet sich das Programm dann mit den entsprechenden Rechnern und lädt die dort vorhandenen Paketindices herunter. Hierbei kann es natürlich zu Fehlern kommen. Die häufigsten sind:

- Es werden Syntaxfehler in der Datei *sources.list* festgestellt (`E: Malformed line`). Korrigieren Sie die Datei und versuchen Sie es erneut.
- Die Verbindung zu, als Paketquellen definierten, Rechnern kann nicht aufgebaut werden (z. B. `Could not resolve` bedeutet: der Rechnername ist nicht bekannt oder `could not connect` bedeutet: Der ferne Rechner meldet sich nicht). Überprüfen Sie, ob die Rechnernamen in den URIS richtig angegeben sind und ob Ihre Netzwerkkonfiguration stimmt.
- Die Paketindices konnten auf den Paketquellen nicht gefunden werden (`Couldn't stat source package list`). Überprüfen Sie in diesem Fall, ob die Verzeichnisteile der URIs sowie Distributionsnamen und Abteilungsnamen richtig angegeben sind.

Wenn alles gut geht, sollten keine Fehlermeldungen und zum Schluss der Satz *Building Dependency Tree...Done* erscheinen. Das Programm ist nun bereit für den Einsatz.

Achtung: Dieser Schritt muss immer dann wiederholt werden, wenn sich die Pakete, die durch die Quellen zur Verfügung gestellt werden, geändert haben. Ansonsten würde APT versuchen, Pakete zu beziehen, die gar nicht mehr vorhanden sind, was natürlich zu Fehlern führt.

Wenn Sie nur CDROMs oder lokale Verzeichnisse verwenden, haben Sie selbst die Kontrolle darüber, welche Pakete zur Verfügung stehen. Sollten in der Datei */etc/apt/sources.list* allerdings fremde Rechner als Quellen spezifiziert worden sein, empfiehlt es sich, den Befehl *apt-get update* auszuführen, bevor mit der Installation von Paketen begonnen wird. Alternativ zum manuellen Aufruf des Befehls kann auch der Menüpunkt *update* im Hauptmenü von *dselect* ausgewählt werden. Dabei werden, wie beschrieben, auch die Datenbanken von APT und *dpkg* miteinander synchronisiert.

Verwendung von Proxy-Servern In einer Reihe von Netzwerken (insbesondere in Unternehmen) kann auf FTP- oder HTTP- (WWW-) Server nur über so genannte Proxy-Server zugegriffen werden. Hierbei handelt es sich um Rechner, mit denen, an Stelle des eigentlichen Zielrechners, eine Verbindung aufgebaut wird. Der Proxy ist dann dafür verantwortlich, die angeforderten Daten zur Verfügung zu stellen und an den Ausgangsrechner zu schicken. Auch APT kann für die Verwendung von Proxies konfiguriert werden. Zur Verwendung eines HTTP-Proxies ist vor dem Aufruf von *apt-get* die Umgebungsvariable *http_proxy* zu setzen (siehe auch Kapitel 16.8.4, S. 451). Dies kann in der Bash mit dem Befehl *export* geschehen. Die Syntax ist dann folgende:

```
export http_proxy=[Benutzer:Passwort@]Proxy-Server:Port/
```

Die Angabe von Benutzername und Passwort ist optional und bei den meisten Proxy-Servern nicht erforderlich. Mit *Proxy-Server* wird der Name des Servers und mit *Port* der zu benutzende TCP/IP-Port auf dem Server angegeben. Beispiel:

```
debian:~# export http_proxy=proxy.firma.de:8080/
```

Die Verwendung eines FTP-Proxies ist auf die gleiche Art zu konfigurieren, mit dem Unterschied, dass hier die Umgebungsvariable *ftp_proxy* zu benutzen ist. Beachten Sie, dass viele HTTP-Proxies auch FTP-URLs verwenden können.

Automatische Aktualisierung des Systems Nachdem APT weiß, welche Pakete auf den Installationsquellen zur Verfügung stehen und welche Pakete installiert sind, kann es das System auf den neuesten Stand bringen, also alle die Pakete aktualisieren, die in einer neueren Version verfügbar sind, als sie zur Zeit installiert sind. Hierzu ist das Programm so aufzurufen:

```
debian:~# apt-get upgrade
```

Daraufhin erscheint eine Ausgabe, die sinngemäß der Folgenden entspricht:

```
Reading Package Lists... Done
Building Dependency Tree... Done
10 packages upgraded, 0 newly installed, 0 to remove and 0 not upgraded.
Need to get 4456kB of archives. After unpacking 2634kB will be used.
Do you want to continue? [Y/n]
```

Das Programm gibt also aus, wieviele Pakete in einer neueren Version vorhanden sind und aktualisiert werden. In der nächsten Zeile wird angezeigt, wieviel Daten von fremden Rechnern heruntergeladen werden müssen und wieviel zusätzlicher Speicherplatz nach der Installation benötigt wird [8]. Gelegentlich kommt es vor, dass durch die Aktualisierung kein zusätzlicher Speicherplatz benötigt wird, sondern Speicherplatz freigegeben wird (etwa, weil Pakete kleiner geworden sind). Auch dies wird von dem Programm angezeigt. Bedenken Sie bitte, dass Sie zusätzlich zu dem Speicherplatz, der für die Installation der Pakete benötigt wird, Speicherplatz benötigen, um

---

[8] Weil die meisten Dateien von Paketen unterhalb des Verzeichnisses */usr* installiert werden, wird der Speicherplatz in der Regel auf dem Datenträger benötigt, auf dem sich dieses Verzeichnis befindet.

diejenigen Pakete zwischen zu speichern, die von anderen Rechnern heruntergeladen werden müssen[9]. Es besteht dann die Möglichkeit, den Vorgang fortzusetzen (Taste EINGABE) oder abzubrechen (Taste N).

Wenn der Vorgang fortgesetzt wird, stellt APT die Verbindungen zu den betreffenden Rechnern her und lädt die benötigten Pakete herunter. Dabei erfolgt eine Statusanzeige, anhand derer abgeschätzt werden kann, wann der Download abgeschlossen ist.

Sobald alle Dateien zur Verfügung stehen, beginnt das Programm sie zu installieren. Wenn das Programm *debconf* (siehe Seite 7.6.1) benutzt wird, werden nun alle Pakete auf benötigte Konfigurationsangaben hin untersucht. Gegebenenfalls wird danach die gewünschte Konfiguration erfragt.

Danach wird *dpkg* aufgerufen und die Pakete werden installiert. Wenn Sie CDROMs als Installationsquelle verwenden, kann es dabei vorkommen, dass APT Sie zum Einlegen bestimmter CDROMs auffordert. Die Installation der Pakete erfolgt dann wie üblich, hier kann es passieren, dass Ihnen während der Konfigurationsphase Fragen zur Konfiguration einzelner Pakete gestellt werden (siehe S. 169).

Sowohl bei der Beschaffung von Paketen als auch während ihrer Installation ist es möglich, dass Fehler auftreten. Die häufigsten Fehler sind:

- Die Verbindung zu einem Rechner konnte nicht aufgebaut werden. In diesem Fall sollten Sie die Netzwerkkonfiguration Ihres Rechners überprüfen.
- Ein Paket konnte nicht heruntergeladen werden. Die Ursache hierfür ist in der Regel, dass APTs Datenbank verfügbarer Pakete nicht mit den, tatsächlich auf den Installationsquellen vorhandenen, Paketen übereinstimmt. Führen Sie dann den Befehl *apt-get update* aus und versuchen Sie danach erneut, die Aktualisierung durchzuführen. Eine andere mögliche Ursache ist, dass die Paketindices und die Pakete auf der Installationsquelle tatsächlich nicht übereinstimmten. Dies kann schon mal der Fall sein, wenn Pakete gerade aktualisiert worden sind, aber die Indices noch nicht angepasst wurden. Warten Sie in so einem Moment ein paar Stunden oder versuchen Sie es mit einem anderen Debian-Mirror.
- Wenn Pakete mit falschen Angaben über Abhängigkeiten oder Konflikte versehen sind, lässt *apt-get* Pakete u. U. in einer falschen Reihenfolge installieren, was zu Fehlern bei der Installation der Pakete führen kann. Solche Fehler sollten bei der offiziellen, stabilen Debian-Distribution nicht auftreten. Falls es doch einmal passiert, müssen Pakete u. U. direkt mit *dpkg* installiert oder konfiguriert werden. Die von *apt-get* heruntergeladenen Paketdateien befinden sich im Verzeichnis */var/cache/apt/archives*.

Bei der Benutzung von *apt-get upgrade* werden keine Pakete installiert, die bisher nicht installiert waren und es werden auch keine Pakete von dem System entfernt. Dies kann allerdings gelegentlich zur vollständigen Aktualisierung notwendig sein. Stellen Sie sich vor, ein aktualisiertes Paket hat eine neue Abhängigkeit zu einem Paket, das nicht auf dem System installiert ist. Dieses (aktualisierte) Paket kann dann nicht installiert werden, wenn nicht auch das neue Paket installiert wird, zu dem die Abhängigkeit besteht. In solchen Fällen werden die entsprechenden Pakete von der Aktualisierung ausgeschlossen. Es erscheint dann eine Ausgabe, die sinngemäß wie die folgende aussieht:

```
Reading Package Lists... Done
Building Dependency Tree... Done
The following packages have been kept back
  imagemagick  libc6 libc6-dev libc6-pic libmagick4g locales
120 packages upgraded, 0 newly installed, 0 to remove and 6 not upgraded.
Need to get 15.5MB/64.7MB of archives. After unpacking 9787kB will be used.
```

Die Pakete, die unter der Zeile *The following packages have been kept back* aufgeführt sind, werden von APT nicht aktualisiert, weil dazu neue zusätzliche Pakete installiert oder bisher installierte Pakete vom System entfernt

---

[9] APT speichert heruntergeladene Pakete im Verzeichnis */var/cache/apt/archives*. Der Speicherplatz wird also auf dem Datenträger benötigt, auf dem sich dieses Verzeichnis befindet.

werden müssten. Die Ausgabe unterscheidet sich von der oben gezeigten in einem zweiten Punkt: Die Angabe über die zu beschaffende Datenmenge ist in zwei Angaben aufgeteilt (15.5 MB/64.7 MB). Die erste Angabe bezeichnet hier die Menge der Daten, die von fremden Rechnern beschafft werden müssen und für die Speicherplatz zur Zwischenspeicherung auf dem lokalen Rechner benötigt wird. Die zweite Angabe bezeichnet die Gesamtdatenmenge aller zu installierender Pakete.

Aktualisieren der gesamten Installation Wie oben angesprochen, gibt es Situationen, in denen zusätzliche Pakete installiert und evtl. andere vom Rechner entfernt werden müssen, um das System komplett zu aktualisieren. Dies ist insbesondere dann der Fall, wenn von einer Version der Distribution auf eine neuere aktualisiert wird (also z. B. von *potato* zu *woody*). Um eine solche komplette Aktualisierung durchzuführen, ist *apt-get* folgendermaßen aufzurufen:

```
debian:~# apt-get dist-upgrade
```

Achtung: Durch die Verwendung dieses Befehls können Pakete von dem System gelöscht werden! Sie sollten die Ausgabe des Programms *apt-get* genau prüfen, bevor Sie bestätigen, dass die Aktion tatsächlich ausgeführt wird.

APT arbeitet mit einer Reihe von Algorithmen, mit denen festgestellt wird, welche Pakete tatsächlich installiert sein sollen und welche nur installiert sind, um Abhängigkeiten zu erfüllen. In der Regel führt dies dazu, dass Systemaktualisierungen im Sinne des Administrators durchgeführt werden. U. U. ist es aber nach einer Aktualisierung notwendig, einzelne Pakete nachzuinstallieren oder Pakete zu entfernen, die fälschlicherweise installiert wurden. Nach der Eingabe des Befehls erscheint eine Ausgabe, wie sie im folgenden gezeigt ist:

```
Reading Package Lists... Done
Building Dependency Tree... Done
Calculating Upgrade... Done
The following packages will be REMOVED:
   console-apt fsresize gconv-modules gnome-apt
The following NEW packages will be installed:
   libhdf4g libreadline4
130 packages upgraded, 2 newly installed, 4 to remove and 0 not upgraded.
Need to get 21.7MB/73.3MB of archives. After unpacking 18.6MB will be used.
Do you want to continue? [Y/n]
```

Besonders sollten Sie hier die Ausgabe unter der Zeile *The following packages will be REMOVED:* prüfen. Hier werden solche Pakete aufgeführt, die nach der Aktualisierung nicht mehr auf dem System vorhanden sein werden, etwa weil sich Abhängigkeiten verändert haben, die für diese Pakete nicht mehr befriedigt werden können oder Konflikte zu anderen wichtigen Paketen bestehen. Überprüfen Sie, ob sich in dieser Liste Pakete befinden, die Sie unbedingt benötigen und brechen Sie das Programm gegebenenfalls ab, wenn dies der Fall ist. Oft handelt es sich bei den zu entfernenden Paketen allerdings um solche, deren Funktionalität nach der Aktualisierung durch andere Pakete bereit gestellt wird, so dass die vorgeschlagenen Änderungen akzeptiert werden können.
Wenn Sie bestätigen, den Vorgang fortzusetzen, geschieht das gleiche wie bei der einfachen Aktualisierung des Systems. Gegebenenfalls werden Verbindungen zu anderen Rechnern aufgebaut und Pakete heruntergeladen. Sobald alle Pakete zur Verfügung stehen, ruft *apt-get* das Programm *dpkg* auf, um sie zu installieren.

Installation von neuen Paketen Wenn dem System einzelne Pakete hinzugefügt werden sollen, kann *apt-get* in der folgenden Form aufgerufen werden:

```
apt-get install Paketname [Paketname ...]
```

Dem Programm sind dann also die Namen der zu installierenden Pakete hintereinander an der Kommandozeile zu übergeben. Es ist dabei nicht notwendig, Pakete mit anzugeben, die von den zu installierenden Paketen aufgrund von Abhängigkeiten benötigt werden. APT kümmert sich selbst um solche Pakete und installiert diese ebenfalls. Die wichtigsten Entscheidungen, die APT u. U. bei der Installation neuer Pakete treffen muss, sind die folgenden:

1. Ein zu installierendes Paket ist abhängig von Paketen, die noch nicht auf dem System installiert sind. APT entscheidet dann, die benötigten Pakete ebenfalls zu installieren.
2. Ein zu installierendes Paket steht in Konflikt mit einem anderen, bereits installierten Paket. APT entscheidet in diesem Fall, das bereits installierte Paket zu entfernen, weil der Benutzer das neue, zu installierende, Paket ja explizit ausgewählt hat.
   Konflikte können auch dadurch ausgelöst werden, dass neue Pakete aufgrund von Abhängigkeiten installiert werden müssen, die nicht explizit zur Installation vorgesehen sind. In solchen Fällen wird APT keine Veränderungen am System durchführen, weil die, auf Grund von Abhängigkeiten zu installierenden, Pakete nicht explizit vom Administrator zur Installation ausgewählt wurden. Das Programm gibt dann eine Fehlermeldung aus.
3. Schließlich kann es vorkommen, dass zwei Pakete, die miteinander in Konflikt stehen, installiert werden sollen. Solche „unmöglichen Situationen" werden von APT bemerkt und mit einer entsprechenden Fehlermeldung quittiert.

Ein einfaches Beispiel für die Installation eines Pakets mit *apt-get* wäre folgendes:

```
debian:~# apt-get install xteddy
```

Die Ausgabe könnte dann z. B. so aussehen:

```
Reading Package Lists... Done
Building Dependency Tree... Done
The following extra packages will be installed:
  imlib1
The following NEW packages will be installed:
  imlib1 xteddy
0 packages upgraded, 2 newly installed, 0 to remove and 0 not upgraded.
Need to get 0B/356kB of archives. After unpacking 590kB will be used.
Do you want to continue? [Y/n]
```

Das Programm teilt hier mit, dass es, neben dem eigentlich angeforderten Paket, das Paket *imlib1* installieren muss (*extra packages*). Als Konsequenz werden durch die angeforderte Aktion in diesem Fall also die Pakete *imlib1* und *xteddy* installiert. Wenn dies bestätigt wird, erfolgt die Installation auf die gleiche Weise, wie bereits beschrieben. Falls es bei der Installation neuer Pakete lediglich erforderlich ist, die an der Kommandozeile angeforderten Pakete zu installieren, wartet *apt-get* übrigens nicht auf eine Bestätigung sondern startet sofort, weil die Situation klar ist. Etwas komplexer ist es, wenn zur Installation neuer Pakete Konflikte gelöst werden müssen. Angenommen, auf dem System ist der Mail-Transport-Agent (MTA) *exim* installiert und es soll nun das Paket *sendmail* installiert werden, welches ebenfalls einen MTA zur Verfügung stellt. Weil auf einem System nur ein MTA vorhanden sein kann, ergibt sich hieraus ein Konflikt:

```
debian:~# apt-get install sendmail
```

Nun erscheint folgende Ausgabe:

```
The following extra packages will be installed:
  procmail
The following packages will be REMOVED:
  exim
The following NEW packages will be installed:
  procmail sendmail
0 packages upgraded, 2 newly installed, 1 to remove and 0 not upgraded.
Need to get 0B/1041kB of archives. After unpacking 868kB will be used.
Do you want to continue? [Y/n]
```

Wie oben teilt das Programm zunächst mit, dass ein zusätzliches Paket installiert werden muss, um Abhängigkeiten des zu installierenden Programms zu befriedigen (*procmail*). Darunter befindet sich die Warnung, dass das Paket *exim* entfernt werden muss, um das angeforderte Paket zu installieren. Wie bei der Aktualisierung des Systems, sollte in einer solchen Situation gut geprüft werden, ob zu entfernende Pakete tatsächlich gelöscht werden dürfen. Wenn jedoch ein Paket installiert werden soll, welches eine Abhängigkeit zu einem anderen, nicht installierten, Paket hat, und dieses nicht explizit angeforderte, aber benötigte Paket in Konflikt zu einem bereits installierten Paket steht, dann entscheidet APT, dass die Entfernung des installierten Pakets, zu welchem der Konflikt besteht, nicht gewünscht ist und teilt dies mit. Beispiel: Das Paket *sharc* ist von dem Paket *sendmail* abhängig. Auf einem System, auf dem *exim* als MTA benutzt wird, muss das Paket *exim* also entfernt werden, bevor *sharc* installiert werden kann. Die Ausgabe von *apt-get* sieht dann folgendermaßen aus:

```
Building Dependency Tree... Done
Some packages could not be installed. This may mean that you have
requested an impossible situation or if you are using the unstable
distribution that some required packages have not yet been created
or been moved out of Incoming.

Since you only requested a single operation it is extremely likely that
the package is simply not installable and a bug report against
that package should be filed.
The following information may help to resolve the situation:

Sorry, but the following packages have unmet dependencies:
  sharc: Depends: sendmail (>= 8.9.1) but it is not going to be installed
E: Sorry, broken packages
```

Das Programm teilt hier also mit, dass das Paket *sharc* Abhängigkeiten zu Paketen hat, die nicht installiert werden sollen. Wenn *sharc* trotzdem installiert und *exim* deswegen gelöscht werden soll, so ist die Installation des von *sharc* benötigten Pakets *sendmail* explizit anzufordern:

```
debian:~# apt-get install sharc sendmail
```

Durch diesen Befehl erfährt APT, dass die Installation von *sendmail* tatsächlich gewünscht ist und führt die Installation der Pakete (inklusive der Deinstallation von *exim*), nach Bestätigung, durch.

Entfernen von Paketen Um Pakete von dem System zu entfernen, ist *apt-get* in der folgenden Form aufzurufen:

```
apt-get remove Paketname [Paketname ...]
```

Dabei kann es vorkommen, dass Pakete entfernt werden sollen, von denen andere Pakete abhängig sind. Weil diese (anderen) Pakete nach der Entfernung der spezifizierten Pakete nicht mehr funktionsfähig wären, müssen sie auch entfernt werden. Das Programm gibt deswegen zunächst eine Liste der Pakete aus, die hiervon betroffen sind. Angenommen, auf einem System ist der MTA *exim* installiert und dieser soll nun entfernt werden. Weil eine Reihe anderer Pakete einen MTA benötigen, haben diese eine Abhängigkeit zu dem virtuellen Paket *mail-transport-agent*, das u. a. durch *exim* zur Verfügung gestellt wird. Diese Pakete müssen nun ebenfalls entfernt werden, weil nach der Entfernung von *exim* kein MTA mehr verfügbar ist:

```
debian:~# apt-get remove exim
```

Auf diesen Befehl hin erscheint eine Ausgabe, die der folgenden entspricht:

```
Reading Package Lists... Done
Building Dependency Tree... Done
The following packages will be REMOVED:
  at exim eximon logrotate mailx
0 packages upgraded, 0 newly installed, 5 to remove and 0 not upgraded.
Need to get 0B of archives. After unpacking 1497kB will be freed.
Do you want to continue? [Y/n]
```

Hier werden unter der Zeile *The following packages will be REMOVED:* die Pakete aufgelistet, die von der Entfernung des Paketes *exim* betroffen sind und ebenfalls entfernt werden müssen. Auch hier sollte überprüft werden, ob die angeforderte Aktion tatsächlich gewünscht ist und die Ausführung gegebenenfalls abgebrochen werden.

Wenn ein Paket entfernt werden soll, um durch ein anderes ersetzt zu werden, das ebenfalls die Abhängigkeiten der installierten Pakete befriedigen kann, ist es also nicht sinnvoll, das entsprechende Paket zu entfernen und danach das neue Paket zu installieren, weil dann alle Pakete mit Abhängigkeiten zu diesem Paket hinterher erneut installiert werden müssten. Vielmehr empfiehlt es sich in einer solchen Situation, beide Aktionen (Entfernung eines Pakets und Installation eines anderen) mit einem einzigen Aufruf von *apt-get* zu erledigen. Bei der Verwendung von *apt-get install* ist es deswegen möglich, an die Paketnamen Plus- oder Minuszeichen anzuhängen, durch die angezeigt wird, welche Pakete installiert und welche entfernt werden sollen. Beispiel:

```
debian:~# apt-get install sendmail+ exim-
```

Wenn der Befehl in dieser Form benutzt wird, müssen die Pakete, die von dem virtuellen Paket *mail-transport-agent* abhängen, nicht entfernt werden, weil ein MTA ja weiterhin installiert bleibt (*exim* wird durch *sendmail* ersetzt).

Pflege des Paket-Caches Wie erwähnt, speichert APT alle Pakete, die es von fremden Rechnern heruntergeladen hat, im Verzeichnis */var/cache/apt/archives*. Nach der Installation werden diese Pakete standardmäßig nicht gelöscht. Pakete, die einmal heruntergeladen und installiert wurden, können deswegen vom System entfernt und erneut installiert werden, ohne dass dazu eine Netzwerkverbindung aufgebaut werden muss, um das Paket erneut herunterzuladen.

Auf die Dauer kann sich dadurch jedoch eine große Menge von Paketen in diesem Verzeichnis ansammeln, die viel Platz verbraucht. Gerade wenn mit der unstabilen Version von Debian gearbeitet wird, stehen aktualisierte Pakete in sehr kurzen Intervallen zur Verfügung und im Paket-Cache sammeln sich dann alte Pakete an, die nicht mehr benötigt werden, weil neuer Versionen vorhanden sind. Es ist also notwendig, den Paketcache gelegentlich aufzuräumen. Hierzu stehen zwei unterschiedliche Befehle zur Verfügung:

```
debian:~# apt-get clean
```

Durch diesen Befehl werden alle Paketdateien gelöscht, die sich im Paket-Cache befinden. Die Folge ist, dass sie erneut heruntergeladen werden müssen, wenn sie erneut installiert werden sollen. Auf der anderen Seite lässt sich mit diesem Befehl u. U. eine große Menge Speicherplatz freigeben.

```
debian:~# apt-get autoclean
```

Dieser Befehl löscht nur die Pakete aus dem Paketcache, die auf den, in der Datei */etc/apt/sources.list* konfigurierten, Installationsquellen nicht mehr zur Verfügung stehen. Es werden also nur die Pakete gelöscht, die sowieso nicht mehr benötigt werden, weil bei einer erneuten Installation neuere Versionen benutzt werden. Durch die regelmäßige Verwendung dieses Befehls lässt sich der Paket-Cache dauerhaft in einer vertretbaren Größe halten und es kann verhindert werden, dass die gleichen Dateien mehrmals heruntergeladen werden müssen.

Paketverwaltung mit apt-move Wenn mehrere, miteinander vernetzte, Debian-Rechner regelmäßig aktualisiert werden sollen, ist es u. U. ärgerlich, die selben Paketdateien von jedem dieser Rechner aus erneut herunterladen zu müssen. In solchen Fällen empfiehlt sich die Verwendung eines lokalen Debian-Spiegels, auf den alle Rechner im lokalen Netzwerk Zugriff haben.

Ein solcher Spiegel kann beispielsweise mit dem Paket *mirror* angelegt und gepflegt werden. Dabei wird allerdings ein vollständiger Spiegel der Debian-Distribution erzeugt, der sehr viel Festplattenplatz benötigt. Außerdem muss zur Erstellung und regelmäßigen Aktualisierung eines Debian-Spiegels eine hohe Netzbandbreite zur Verfügung stehen.

Weil auf verschiedenen Rechnern in einem Netzwerk oft im Wesentlichen die gleichen Pakete installiert sind und der Großteil der verfügbaren Debian-Pakete überhaupt nicht benötigt wird, ist es meistens ausreichend, einen partiellen Spiegel zu verwenden, der lediglich die Debian-Pakete enthält, die von Rechnern im lokalen Netz bereits heruntergeladen worden sind.

Dieser Aufgabe widmet sich das Programm *apt-move* aus dem gleichnamigen Paket. Es verschiebt die im Paket-Cache vorhandenen Pakete in einen lokalen Spiegel und pflegt dort Paketindices, die nur die tatsächlich vorhanden Pakete enthalten. Das Programm wird über die Datei */etc/apt-move.conf* konfiguriert und ist recht ausführlich in einer Manual-Seite beschrieben. In der Regel ist es erforderlich, das Verzeichnis anzugeben, unterhalb dem der Spiegel erstellt werden soll. Dies geschieht durch den folgende Eintrag in der Konfigurationsdatei:

```
LOCALDIR=/pub/mirrors/debian
```

Hierdurch würde die Debian-Verzeichnisstruktur unterhalb des Verzeichnisses */pub/mirrors/debian* erzeugt werden. Zusätzlich muss angegeben werden, welche Distribution (also z. B. *potato* oder *woody* bzw. *stable*, *frozen* oder *unstable*) gespiegelt werden soll. Diese Angabe sollte mit den entsprechenden Eintragungen in der Datei */etc/apt/sources.list* übereinstimmen. Um beispielsweise die Distribution *potato* zu spiegeln, wäre dieser Eintrag geeignet:

```
MIRROR=potato
```

Als letztes müssen Sie in der Konfigurationsdatei angeben, welche Server sie verwenden wollen. Hier sind zwei Einträge möglich, nämlich einer für den Server mit dem Hauptarchiv und ein weiterer für den Server mit den Non-US-Paketen. Beispiel:

```
USSITE=ftp.de.debian.org
NONUSSITE=non-us.debian.org
```

Achtung: In der Konfigurationsdatei sind bereits Einträge vorhanden, die als Beispiel dienen. Sie müssen die vorhandenen Einträge verändern, um die gewünschten Einstellungen vorzunehmen.

Nun kann nach jeder Installation von Paketen mit *apt-get*, im Zuge derer neue Pakete heruntergeladen wurden, das Programm *apt-move* aufgerufen werden. Dies geschieht in der folgenden Form:

```
debian:~# apt-move update
```

Durch diesen Befehl werden zunächst die Paketindices sowie die so genannten *override*-Dateien von dem konfigurierten Server heruntergeladen. Dies ist notwendig, damit *apt-move* eine Verzeichnisstruktur erzeugen kann, die dem offiziellen Archiv entspricht. Im nächsten Schritt werden die Debian-Pakete aus dem Paket-Cache von APT in den lokalen Spiegel verschoben, danach werden alte Pakete gelöscht, die auf dem zu spiegelnden Server nicht mehr vorhanden sind (z. B. weil sie aktualisiert worden sind) und zum Schluss werden Indices erstellt, die nur die im Spiegel vorhandenen Pakete enthalten.

Es ist nicht unbedingt erforderlich, die Original-Indices bei jedem Aufruf von *apt-move* erneut herunterzuladen. Wenn das Programm wie folgt aufgerufen wird, werden die bereits vorhanden Indices benutzt:

```
debian:~# apt-move local
```

Damit Original-Server und Spiegel jedoch halbwegs übereinstimmen, sollten die Indices in regelmäßigen Abständen aktualisiert werden.

Damit APT den lokalen Spiegel auch benutzt, ist natürlich ein entsprechender Eintrag in der Datei */etc/apt/sources.list* notwendig. Dieser könnte wie folgt aussehen:

```
deb file:/pub/mirrors/debian potato main contrib non-free
```

Und zum Schluss muss APT über den Inhalt des Spiegels informiert werden. Es ist also einmal *apt-get update* auszuführen.

Arbeiten mit Quellcodepaketen Wie bereits bei der Beschreibung der Datei */etc/apt/sources.list* angedeutet, ist *apt-get* auch in der Lage, Quellcodepakete zu beschaffen. Diese Pakete können natürlich nicht wie Binär-Pakete installiert werden, weil ihr Inhalt ja zunächst kompiliert werden muss, bevor er ausgeführt werden kann. Standardmäßig werden Quellcodepakete deswegen lediglich im aktuellen Arbeitsverzeichnis abgelegt[10], und dort ausgepackt. Danach kann mit dem Befehl *dpkg-buildpackage* ein Binärpaket erstellt werden.

Die Verwendung von Quellcodepaketen empfiehlt sich u. a. in den folgenden Situationen:

– Wenn der Quellcode eines Paketes verändert werden soll.
– Wenn ein bestimmtes Paket (in der aktuellen Fassung) nicht für Ihre Distribution zur Verfügung steht, weil es von Paketen abhängig ist, die sie nicht installieren möchten. Dies kann z. B. dann der Fall sein, wenn sie die stabile Variante der Distribution verwenden, aber ein Paket in der neuesten Version nur für die unstabile Ausgabe zur Verfügung steht. Die Installation des Binär-Pakets aus der unstabilen Distribution würde dann u. U. zur Folge haben, dass eine Reihe weiterer Pakete (meist Programmbibliotheken) aktualisiert werden müssten, was oft nicht erwünscht ist. Selbst erstellte Binärpakete haben in der Regel nur Abhängigkeiten zu installierten Programmbibliotheken und können deswegen dort installiert werden, wo sie erstellt worden sind.

Um das Quellcodepaket *xteddy* zu installieren, könnte dieser Befehl benutzt werden:

```
joe@debian:~$ apt-get source xteddy
```

Dies setzt natürlich voraus, dass in der Datei */etc/apt/sources.list* eine Paket-Quelle von Typ *deb-src* angegeben ist und dass das gewünschte Quellcodepaket von dieser Quelle bezogen werden kann. Wenn der Befehl erfolgreich ausgeführt wurde, finden Sie danach die folgenden Dateien und Verzeichnisse im aktuellen Arbeitsverzeichnis (Die Versionsnummern können abweichend sein):

xteddy_2.0.1.orig.tar.gz Dieses komprimierte Tar-Archiv enthält den Originalquellcode des Pakets, der von dem oder den Programmier(n) des Programms zur Verfügung gestellt worden ist. Dieser Quellcode dient als Ausgangsbasis bei der Erstellung des Pakets. Sie können die Datei mit dem Programm *tar* (S. 720) entpacken.

xteddy_2.0.1-2.diff.gz Diese mit *gzip* (S. 663) komprimierte Datei enthält alle Änderungen, die von Debian-Entwicklern an dem Originalquellcode vorgenommen worden sind. Diese Datei fehlt bei Paketen, die speziell für das Debian-Projekt erstellt wurden.

xteddy_2.0.1-2.dsc Die Datei enthält eine Beschreibung des Pakets sowie die elektronische Signatur des Debian-Entwicklers, der das Paket erstellt hat.

xteddy-2.0.1 In diesem Verzeichnis befindet sich der ausgepackte Quellcode des Pakets. Die Änderungen aus der Datei *xteddy_2.0.1-2.diff.gz* sind hier bereits enthalten.

---

[10] Wenn die Quellcodepakete auf einem lokalen Datenträger (URI-Typ *file:*) zur Verfügung stehen, werden sie nicht in das aktuelle Verzeichnis kopiert. An Stelle dessen werden dort symbolische Links auf die benötigten Dateien angelegt.

Sie können nun Änderungen am Quellcode des Pakets vornehmen. Damit aus dem Quellcode ein Binärpaket erstellt werden kann, muss auf dem System eine Anzahl von Paketen installiert sein, mit denen Quellcode übersetzt (kompiliert) werden kann und mit denen Debian-Pakete erstellt werden. Ob und welchen Compiler Sie benötigen, ist abhängig davon, in welcher Programmiersprache das Paket erstellt wurde. Zusätzlich benötigen Sie in der Regel eine Reihe von Entwicklerpaketen, die Headerdateien und u. U. zum Linken benötigte Bibliotheken enthalten. Leider gibt es für Quellcodepakete (zur Zeit noch) kein System von Abhängigkeiten, wie bei der Installation von Binärpaketen. Es ist also ein gewisses Wissen erforderlich, um entscheiden zu können, welche Pakete benötigt werden.

Für den Anfang sollten Sie mit den folgenden Paketen starten:

dpkg-dev Dieses Paket enthält die wichtigsten Programme und Werkzeuge, die zur Erstellung von Binärpaketen benötigt werden.

task-c-dev Durch die Installation dieses Paketes werden C-Compiler und wichtige Headerdateien installiert.

task-c++-dev Mit diesem Paket werden zusätzlich C++-Compiler sowie für diese Sprache benötigte Bibliotheken und Headerdateien installiert.

fakeroot Das Programm *fakeroot* (S. 655) ermöglicht gewöhnlichen Benutzern die Erstellung von Debian-Paketen.

Um zu entscheiden, welche Entwicklerpakete zu Bibliotheken benötigt werden, ist es hilfreich zu untersuchen, von welchen Paketen das entsprechende Binärpaket abhängig ist. Diese Information lässt sich beispielsweise mit dem Befehl *dpkg - -print-avail* anzeigen. Dabei ist allerdings zu beachten, dass dann die Information ausgegeben wird, die für das verfügbare Paket gilt, bei dem es sich u. U. um eine ältere Version handelt. Notfalls muss das aktuelle Binärpaket manuell heruntergeladen werden und mit dem Befehl *dpkg - -info* untersucht werden.

Um beim Beispiel *xteddy* zu bleiben, lassen sich Hinweise über wahrscheinlich benötigte Entwicklerpakete also mit dem folgenden Befehl anzeigen:

```
joe@debian:~$ dpkg --print-avail xteddy
```

In der Ausgabe ist die folgende Zeile enthalten:

```
Depends: imlib1 (>= 1.9.8-2), libc6 (>= 2.1), libjpeg62, libpng2(>=1.0.3),
  libtiff3g, libungif3g (>= 3.0-2) | giflib3g (>= 3.0-5.2), libz1, xlib6g (>= 3.3.5-1)
```

Jedes Paket, in dem die Zeichenfolge *lib* (library) vorkommt, beinhaltet in der Regel eine Programmbibliothek. Um den Quellcode des Pakets *xteddy* zu übersetzen ist es also wahrscheinlich notwendig, die Entwicklerdateien zu diesen Bibliotheken installiert zu haben. Die Entwicklerdateien sind in der Regel in Paketen enthalten, welche die gleichen Namen tragen, wie die Pakete mit den Bibliotheken, jedoch die Endung *-dev* haben. So befinden sich die Entwicklerdateien zur Bibliothek *imlib1* im Paket *imlib-dev* und zur Bibliothek *libjpeg62* im Paket *libjpeg62-dev*. Wenn alle notwendigen Pakete installiert sind, kann das Binärpaket erzeugt werden, in dem in das Basisverzeichnis des Quellcodes gewechselt wird:

```
joe@debian:~$ cd xteddy-2.0.1
```

Dort ist dann der folgende Befehl aufzurufen:

```
joe@debian:~$ fakeroot dpkg-buildpackage
```

Sollte das Paket *fakeroot* nicht installiert sein, muss der Befehl mit Administratorrechten und ohne *fakeroot* ausgeführt werden. Während der Erstellung eines Pakets wird oft zunächst ein so genanntes *configure*-Skript ausgeführt. Dessen Aufgabe ist es u. a., zu überprüfen, ob die notwendigen Dateien auf dem System vorhanden sind. Unter

Umständen gibt dieses Skript eine Fehlermeldung aus, wenn es eine benötigte Datei oder Systemeigenschaft nicht findet. Sie müssen dann anhand der Fehlermeldung entscheiden, welche zusätzlichen Pakete zu installieren oder zu aktualisieren sind, um das betreffende Paket erstellen zu können. Das selbe gilt für den eigentlichen Vorgang der Übersetzung. Hier können Fehlermeldungen des Compilers auftreten, die meist aussagen, dass eine bestimmte Headerdatei nicht gefunden werden konnte. Oft lässt sich am Namen der vermissten Datei erkennen, welches Paket installiert werden muss.

Nachdem die Paketerstellung erfolgreich abgeschlossen ist, befindet sich im übergeordneten Verzeichnis (also in dem Verzeichnis, in dem auch die von *apt-get* beschafften Dateien liegen) das neu erstellte Debian-Paket. Es kann dann – wie gewohnt – folgendermaßen installiert werden:

```
debian:~# dpkg --install xteddy_2.0.1-2_i386.deb
```

8.4.3 Wichtige Optionen des Programms *apt-get*

Das Programm *apt-get* kann eine Reihe von Optionen interpretieren, durch die sich sein Verhalten in bestimmten Situationen beeinflussen lässt. Alle diese Einstellungen lassen sich auch dauerhaft in der Datei */etc/apt/apt.conf* vornehmen. Beschreibungen aller Optionen finden Sie in der Manual-Seite zu dem Programm. Lesenswert sind außerdem die Texte im Verzeichnis */usr/share/doc/apt*. Hier die wichtigsten *apt-get*-Optionen zum Nachschlagen:

- `-f | --fix-broken` Mit dieser Option versucht *apt-get*, Installationen zu korrigieren, bei denen es installierte Pakete mit unerfüllten Abhängigkeiten gibt.
- `-m | --fix-missing` Die Option bewirkt, dass *apt-get* auch dann versucht, die vorhandenen Pakete zu installieren, wenn aus irgendwelchen Gründen nicht alle Pakete beschafft werden konnten.
- `-s | --simulate` Das System wird nicht verändert. Stattdessen wird ausgegeben, welche Aktionen ausgeführt werden würden.
- `-y | --yes` Es erfolgen keine Nachfragen, ob Pakete tatsächlich installiert, aktualisiert oder entfernt werden sollen, sondern es wird sofort damit begonnen, die angeforderte Aktion auszuführen.
- `-u | --show-upgraded` Bewirkt, dass *apt-get* auch die Namen der zu aktualisierenden Pakete ausgibt.
- `--purge` Wenn Pakete entfernt werden, werden diese mitsamt der zugehörigen Konfigurationsdateien gelöscht.
- `--reinstall` Die Option ermöglicht es, Pakete erneut zu installieren, die bereits in der aktuellen Version installiert sind.

8.4.4 Arbeiten mit APTs Informationen – *apt-cache*

Eine Reihe von Informationen, die APT gespeichert hat, lassen sich mit dem Programm *apt-cache* auswerten und verwenden. So lässt sich beispielsweise APTs Datenbank verfügbarer Pakete bequem mit *apt-cache* durchsuchen und es können verschiedene Informationen zu bekannten Paketen angezeigt werden. Die komplette Liste der, von diesem Programm unterstützten, Möglichkeiten finden Sie in der Manual-Seite zu *apt-cache*. Hier die wichtigsten:

Anzeigen der Einträge von Paketen Mit dem Befehl *apt-cache show* können die Datenbankeinträge eines oder mehrerer Pakete ausgegeben werden. Die Funktion ist vergleichbar mit der Option *--print-avail* von *dpkg*, allerdings wird hier nicht die Datenbank von *dpkg* sondern die von APT benutzt. Die Datenbankeinträge enthalten u. a. Informationen über den von dem Paket benötigten Speicherplatz, über Abhängigkeiten und Konflikte des Pakets sowie eine ausführliche Beschreibung.

Um die Datenbankeinträge der Pakete *xbill* und *xteddy* auszugeben, ist dieser Befehl zu verwenden:

```
joe@debian:~$ apt-cache show xteddy xbill
```

Falls die Ausgabe zu lang ist und mit *less* angezeigt werden soll, wäre der Befehl in den folgenden abzuändern:

```
joe@debian:~$ apt-cache show xteddy xbill | less
```

Durchsuchen der Datenbank verfügbarer Pakete Um die Datenbank verfügbarer Pakete zu durchsuchen, ist *apt-cache* mit dem Parameter *search* aufzurufen. Danach ist an der Kommandozeile genau ein Suchbegriff anzugeben, nach welchem dann sowohl die Namen der Pakete als auch die ausführlichen Beschreibungen durchsucht werden. Soll die Datenbank beispielsweise nach allen Paketen durchsucht werden, in denen der Begriff *gnome* vorkommt, kann dazu dieser Befehl benutzt werden:

```
joe@debian:~$ apt-cache search gnome
```

Der Suchbegriff wird dabei wie ein regulärer Ausdruck (siehe Seite 743) behandelt, welcher eine Teilzeichenkette im Paketnamen oder in der Paketbeschreibung repräsentiert. Groß- und Kleinschreibung werden dabei nicht berücksichtigt. Wenn nur die Paketnamen durchsucht werden sollen, kann zusätzlich die Option *--names-only* benutzt werden. Um die Datenbank beispielsweise nach Paketen zu durchsuchen, deren Namen mit der Zeichenfolge *gnome-* beginnt, wäre folgender Befehl einzugeben:

```
joe@debian:~$ apt-cache search --names-only "^gnome-"
```

Das Zeichen ^ gibt bei regulären Ausdrücken den Anfang der Zeile an. Bei der Suche werden standardmäßig nur die Namen und Kurzbeschreibungen der Pakete ausgegeben. Falls die gesamten Einträge ausgegeben werden soll, ist zusätzlich die Option *--full* zu verwenden.

Anzeigen der Abhängigkeiten von Paketen Die Option *depends* gibt eine ausführliche Liste aller Abhängigkeiten und Konflikte zu einem oder mehreren angegebenen Paketen aus. Dabei werden auch die Pakete berücksichtigt, zu denen keine zwingenden Abhängigkeiten, sondern nur Vorschläge oder Empfehlungen bestehen (*Suggestions* und *Recommendations*). Bei Abhängigkeiten zu virtuellen Paketen wird angezeigt, welche realen Pakete die benötigten virtuellen Pakete zur Verfügung stellen. Um sich beispielsweise alle Abhängigkeiten des Pakets *exim* (mit möglichen Lösungen) anzeigen zu lassen, wäre das Programm so aufzurufen:

```
joe@debian:~$ apt-cache depends exim
```

Mit der Option *showpkg* können u. a. die reversen Abhängigkeiten eines Pakets angezeigt werden. Das sind solche Abhängigkeiten, die andere Pakete zu dem gegebenen Paket haben:

```
joe@debian:~$ apt-cache showpkg exim
```

8.5 Alternative Programme zur Paketverwaltung

Das Programm *dselect* wurde entwickelt, als die Anzahl verfügbarer Debian Pakete sehr viel kleiner war, als dies heute der Fall ist. Es eignet sich deswegen beispielsweise nicht besonders gut dazu, manuell nach Paketen für einen bestimmten Zweck zu suchen, deren Namen man nicht kennt und wirkt außerdem etwas „angestaubt".

Aus diesem Grund gibt es eine Reihe unterschiedlicher Ansätze zur Entwicklung neuer Programme, die *dselect* einmal ablösen sollen und sich zum Teil schon jetzt sehen lassen können. Gemeinsam ist allen diesen Programmen, dass sie direkt auf APT aufsetzen und deshalb in der Regel automatisch mit Abhängigkeiten und Konflikten umgehen können. Es muss allerdings auch erwähnt werden, dass zur Zeit noch kein Programm zur Verfügung steht, welches die gesamte Funktionalität von *dselect* bietet, weswegen *dselect* bisher noch das Standardprogramm zur Benutzerführung bei der Installation und Deinstallation von Paketen unter Debian ist.

8.5.1 Paketmanagement unter X: *gnome-apt*

Das Programm *gnome-apt* aus dem gleichnamigen Paket bietet eine komfortable grafische Oberfläche zur Suche, Installation und Deinstallation von Paketen. Die Entwicklung dieses Programms ist noch nicht abgeschlossen, so dass eine Reihe von Eigenschaften noch nicht vollständig implementiert ist. Trotzdem bietet das Programm bereits jetzt fast alle Funktionen, die auch mit *apt-get* an der Kommandozeile zur Verfügung stehen. Herausragende Eigenschaften von *gnome-apt* sind die sehr mächtige Funktion zum Suchen nach Paketen sowie die konfigurierbare und übersichtliche Paketliste.

Das Programm kann entweder aus dem Debian-Menü oder durch Eingabe des folgenden Befehls gestartet werden (Dabei ist es erforderlich, dass das X Windows System aktiv ist, bzw. die Umgebungsvariable *DISPLAY* richtig gesetzt ist):

```
debian:~# gnome-apt
```

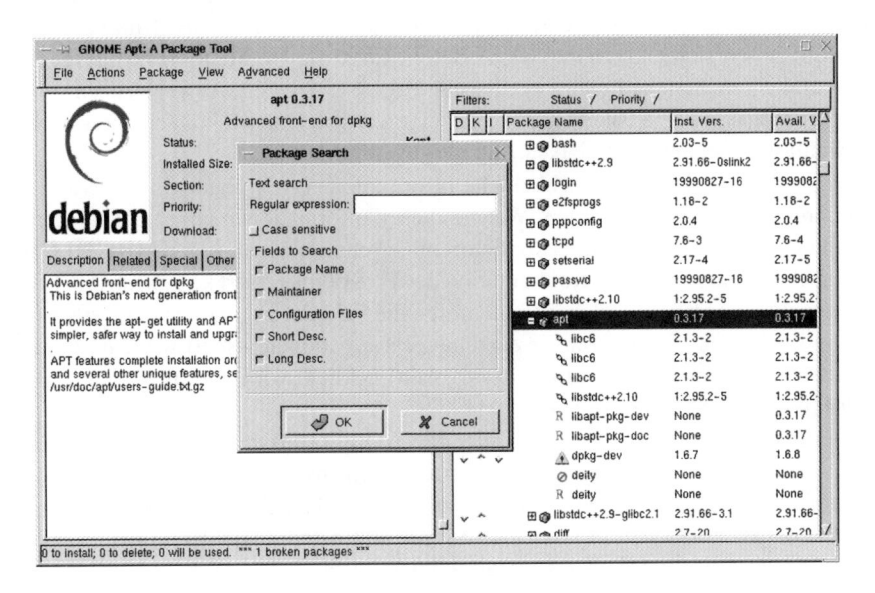

Abbildung 25: *gnome-apt* – Paket Management unter X

Achtung: In der Version 0.3.7 des Pakets *gnome-apt* funktioniert der Befehl *update* im Menü *actions* nicht richtig. Sie sollten deswegen *apt-get* verwenden, um die Liste der verfügbaren Pakete zu aktualisieren, bevor Sie *gnome-apt* starten. Das Programm *apt-get* ist dazu folgendermaßen aufzurufen:

```
debian:~# apt-get update
```

Nicht funktionsfähig sind außerdem der Dialog zur Konfiguration der Paketquellen (Menü *File*, Befehl *Sources*) sowie die Befehle im Menü *Advanced*. Bearbeiten Sie die Datei */etc/apt/sources.list* entweder manuell oder verwenden Sie *apt-setup* (siehe S. 150), wenn Sie die zu verwendenden Paketquellen ändern möchten.

Arbeiten mit der Paketliste Nach dem Start des Programms finden Sie im rechten Teil des Bildschirms eine alphabetische Liste aller Pakete. Sie können sich die Pakete, deren Namen mit einem bestimmten Buchstaben beginnen, anzeigen lassen, indem Sie auf den entsprechenden Buchstaben doppelklicken oder einmal auf das Plus-Zeichen vor dem Buchstaben klicken. Durch nochmaliges Doppelklicken auf den selben Buchstaben wird die Liste wieder eingeklappt. Neben der alphabetischen Gruppierung ist es möglich, die Pakete nach ihrem Status (nicht installiert, installiert usw.), nach ihrer Priorität (*Required*, *Standard* usw.) oder nach ihrer Unterabteilung (*admin*, *base*, *devel* usw.) zu ordnen. Wählen Sie die gewünschte Methode zur Gruppierung im Menü *View*, Untermenü *Group* aus.

Die Reihenfolge der Pakete innerhalb eine Gruppe (also beispielsweise innerhalb aller Pakete, die mit dem Buchstaben A beginnen oder aller installierten Pakete) lässt sich durch das Untermenü *Order* im Menü *View* einstellen. Hier stehen die gleichen Kategorien zur Verfügung, wie bei der Gruppierung der Pakete. Durch die beiden Menüs *Status* und *Priority* über der Paketliste ist es außerdem möglich, Filterregeln einzustellen. Im Menü *Status* kann beispielsweise ausgewählt werden, dass nur die Pakete angezeigt werden sollen, bezüglich derer ein Problem besteht (*broken*) oder die aktualisiert werden sollen (*to be upgraded*). Beachten Sie, dass Pakete, die installiert sind und weder aktualisiert, neu installiert oder entfernt werden sollen, sich hier in der Rubrik *Kept* befinden. Einmal definierte Filterregeln lassen sich einfach durch den Befehl *Clear All* im Menü *Filters* aufheben oder durch den Befehl *Reverse All* umkehren. Standardmäßig werden alle Pakete angezeigt, weswegen nach Auswahl von *Reverse All* in diesem Menü überhaupt keine Pakete mehr angezeigt werden. Danach können dann die Statusgruppen und Prioritäten ausgewählt werden, aus denen Pakete angezeigt werden sollen.

Zu jedem Paket können in der Liste unterschiedliche Informationen, wie Name, installierte Version, verfügbare Version oder Beschreibung angezeigt werden. Welche dieser Informationen angezeigt werden sollen, lässt sich über das Untermenü *Columns* im Menü *View* konfigurieren. Wenn im Menü *File* der Befehl *General Preferences* ausgewählt wird, erscheint ein Dialog zur Konfiguration des Programms. Dort kann nach Auswahl der Indexzunge *Column Order* angegeben werden, in welcher Reihenfolge die Paketinformationen dargestellt werden sollen. Beachten Sie, dass die Breiten der Spalten für die einzelnen Informationen justiert werden können, in dem mit der Maus auf die Spaltentrenner im Index der Liste (ganz oben) geklickt wird und diese dann nach links oder nach rechts bewegt wird (während die Maustaste gedrückt bleibt).

Sobald ein Paket in der Liste mit der Maus (oder der EINGABE-Taste) ausgewählt ist, erscheint im linken Teil des Fensters die vollständige Beschreibung des Pakets mit einigen zusätzlichen Informationen, beispielsweise zum Status oder zur Größe des betreffenden Pakets. Diese ausführliche Paketbeschreibung kann abgeschaltet werden, in dem im Menü *File* der Befehl *General Preferences* ausgewählt wird und im daraufhin erscheinenden Dialog die Auswahl *Show Package Details in Main Windows* deselektiert wird.

Wenn Sie doppelt auf einen Paketnamen klicken oder das Plus-Zeichen vor dem Paket einmal anklicken, erscheinen unter dem betreffenden Paket die Pakete, zu denen das Paket Beziehungen, wie Abhängigkeiten oder Konflikte, hat. Die Art der Beziehung wird dabei durch ein Icon gekennzeichnet. Eine Legende der einzelnen Icons wird angezeigt, wenn Sie im Menü *Help* den Befehl *Icon Key* auswählen.

Suchen nach Paketen Wie bereits angesprochen, besitzt *gnome-apt* eine sehr mächtige Suchfunktion. Diese Funktion ist über den Befehl *Search* im Menü *Package* zu erreichen. Der Suchdialog, welcher nach Auswahl dieses Befehls erscheint, ist in Abbildung 25 dargestellt.

Im oberen Teil des Dialoges ist der Suchbegriff einzugeben. Dabei ist ein regulärer Ausdruck (siehe S. 743) zu verwenden. Die Suche kann entweder mit oder ohne Berücksichtigung von Groß- und Kleinschreibung stattfinden (*case sensitive*). Im unteren Teil des Dialoges kann spezifiziert werden, welche Felder der Paketinformationen durchsucht werden sollen. Beachten Sie, dass standardmäßig alle verfügbaren Felder aktiviert sind.

Nach erfolgter Suche erscheint ein Fenster, in dem die Namen der gefundenen Pakete untereinander dargestellt sind. Wenn mit der Maus auf einen Paketnamen in diesem Fenster geklickt wird, bewirkt dies, dass in der Paketliste des Hauptfensters automatisch zu dem entsprechenden Paket gesprungen wird. Es ist möglich, eine Suche auszuführen, ohne das Ergebnisfenster einer etwaigen vorherigen Suche zu schließen.

Arbeiten mit der Paketauswahl Installierte Pakete erkennen Sie daran, dass sich in der Paketliste neben diesen Paketen zwei Auswahlknöpfe in den Spalten K (wie *Keep*) und D (wie *Delete*) befinden. Um ein installiertes Paket zum Löschen vorzumerken, ist der Auswahlknopf in der Spalte D des entsprechenden Pakets anzuklicken. Um diese Aktion hinterher wieder rückgängig zu machen, ist entsprechend der Auswahlknopf in der Spalte K zu betätigen. Nicht installierte Pakete haben hingegen nur einen Auswahlknopf in der Spalte I (wie *Install*). Wie der Name schon sagt, dient dieser Knopf dazu, das Paket zur Installation vorzumerken.

Wenn Sie Pakete zur Installation oder zur Deinstallation auswählen, sollten Sie auf die Informationen in der Statuszeile des Fensters (ganz unten links) achten. Dort wird angezeigt, wieviele Pakete aufgrund der ausgewählten Änderungen installiert, aktualisiert oder entfernt werden müssen. Wenn die Auswahl zu einer Fehlersituation führt wird dort die Information *Broken Packages* angezeigt. Durch den Blick auf die Statuszeile kann die Konsequenz einer Änderung also immer sofort abgeschätzt werden.

Neben Paketen, die zwar installiert sind, aber in einer neueren Version als der installierten zur Verfügung stehen, befinden sich alle drei Auswahlknöpfe. Standardmäßig ist bei diesen Paketen der Knopf *Keep* ausgewählt, so dass diese Pakete nicht automatisch aktualisiert werden. Durch die Auswahl von *Install* kann das entsprechende Paket zur Aktualisierung ausgewählt werden. Um alle Pakete, die in einer neueren Version verfügbar sind, zur Aktualisierung auszuwählen, ist im Menü *Actions* der Menüpunkt *Mark Upgrades* auszuwählen. Dieser Befehl hat die gleiche Wirkung wie die Option *upgrade* bei dem Programm *apt-get*, d. h. es werden alle erneuerten Pakete zur Aktualisierung ausgewählt, so lange dadurch keine Pakete vom System entfernt oder neue Pakete installiert werden müssen (siehe auch Abschnitt 8.4.2, S. 205). Der Befehl *Smart Mark Upgrades* entspricht der Option *dist-upgrade* bei *apt-get*. Bei dieser Operation wird das System vollständig aktualisiert, was zur Folge haben kann, dass neue Paket installiert werden müssen oder Pakete, die installiert sind, entfernt werden.

Im Menü *Actions* ist auch der Befehl *Fix Broken* zu finden. Dieser Befehl führt – wie die Option --*fix-broken* bei *apt-get* – dazu, dass versucht wird, ein System mit Fehlern wie unerfüllten Abhängigkeiten oder Paketkonflikten zu reparieren, wobei installierte Pakete zur Deinstallation ausgewählt werden und neue Paket installiert werden können.

Um die zur Aktualisierung, Installation oder Deinstallation ausgewählten Pakete im Überblick angezeigt zu bekommen, können Sie die Filtermöglichkeiten im Menü *Status* verwenden. Um beispielsweise nach Auswahl des Befehls *Mark Upgrades* im Menü *Actions* anzuzeigen, welches Pakete durch den Befehl zur Aktualisierung ausgewählt wurden, ist es am einfachsten, im Menü *Status* zunächst den Befehl *Reverse* und dann *To be upgraded* auszuwählen. Alternativ können Sie die Gruppierung nach Status auswählen (Menü *View*, Untermenü *Group*).

Achtung: Das Programm speichert die von Ihnen vorgenommene Auswahl nicht. Es darf also nicht verlassen werden, bevor die Änderungen auch tatsächlich durchgeführt worden sind, sonst gehen alle gewünschten Änderungen verloren. Diese Eigenschaft ist dann nützlich, wenn man noch einmal von vorne mit der Auswahl beginnen und nicht alle Änderungen manuell rückgängig machen möchte. Es reicht dann aus, das Programm einfach zu verlassen und es danach neu zu starten.

Installieren, Aktualisieren und Deinstallieren Wenn Sie die zu installierenden, zu aktualisierenden und zu löschenden Pakete fertig ausgewählt haben, können Sie die gewünschten Änderungen durchführen, indem Sie im Menü *Actions* den Befehl *Complete Run* auswählen. Es erscheint dann ein Dialog, in dem Ihnen mitgeteilt wird, wieviele Pakete aktualisiert, neu installiert, entfernt oder nicht aktualisiert werden. Im unteren Teil des Dialoges befindet sich eine Baumansicht der Pakete, bezüglich derer Veränderungen durchgeführt werden sollen. Klicken Sie auf das Plus-Zeichen vor einer Kategorie um beispielsweise zu sehen, welche Pakete aktualisiert oder entfernt werden sollen. Wenn Sie mit den Änderungen einverstanden sind, klicken Sie auf die Schaltfläche *OK*.

Lösen von Konflikten Falls Sie eine Auswahl getroffen haben, die von APT nicht automatisch gelöst werden kann, etwa weil Sie Pakete ausgewählt haben, die in Konflikt mit solchen Paketen stehen, die installiert sind und von denen andere installierte Pakete abhängen, dann erscheint nach Auswahl des Befehls *Complete Run* eine Fehlermeldung, in der die Namen der Pakete genannt werden, bezüglich derer ein Fehler aufgetreten ist. Sie müssen dann

220   8. Mehr über Pakete und Paketverwaltung

zur Paketliste zurückkehren und die Auswahl entsprechend ändern. Am einfachsten gelingt dies normalerweise, wenn Sie dazu die Gruppierung nach Status (Menü *View*, Untermenü *Group*) auswählen und dann die Pakete in der Statusgruppe *Would be broken* bearbeiten. Gelegentlich ist es allerdings auch erforderlich, Pakete in der Gruppe *To be installed* von der Installation auszunehmen oder in der Gruppe *To be deleted* nach Paketen zu suchen, von denen Pakete abhängig sind, die nicht gelöscht werden sollen. Beachten Sie, dass Pakete bezüglich derer ein Problem besteht in rot dargestellt sind.

Beschaffung der Pakete Wenn keine Konflikte bestehen und die vorzunehmenden Änderungen bestätigt worden sind, erscheint ein Dialog, in dem mitgeteilt wird, wieviel Kilo- oder Megabyte an Paketen heruntergeladen werden müssen. Sie haben dann nochmals die Möglichkeit, den Vorgang abzubrechen, falls Sie die Pakete zu einem späteren Zeitpunkt oder auf eine andere Weise besorgen möchten.

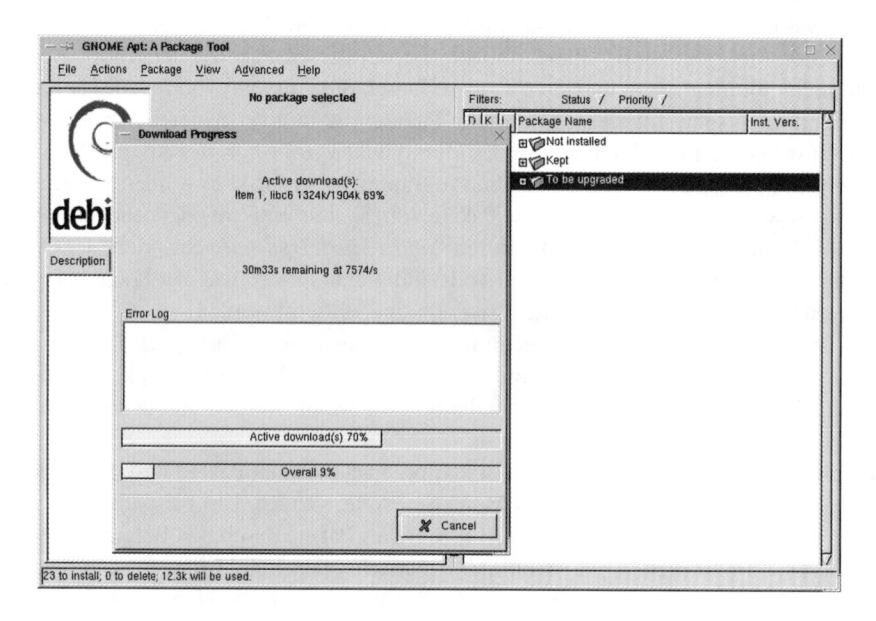

Abbildung 26: Herunterladen von Paketen mit *gnome-apt*

Sobald das Herunterladen der Pakete bestätigt worden ist, erscheint das in Abbildung 26 dargestellte Fenster. Im oberen Teil des Fensters wird angezeigt, welche Pakete gerade heruntergeladen werden und wieviel Zeit voraussichtlich noch für den gesamten Download-Vorgang benötigt wird. Etwaige Fehlermeldungen werden in der Mitte des Fensters ausgegeben, einige Fehlerursachen sind auf Seite 205 beschrieben. Sie können das Herunterladen von Paketen jederzeit durch den Befehl *Cancel* abbrechen. Wenn Sie dann später wieder den Befehl *Complete Run* auswählen, wird der Download-Vorgang dort wieder aufgenommen, wo er abgebrochen wurde.

Achtung: Wenn Sie ausschließlich von lokalen Datenträgern wie CDROMs oder einem lokalen Debian-Spiegel installieren, müssen natürlich keine Dateien heruntergeladen werden und der hier beschriebene Dialog erscheint dann nicht.

Durchführung der Installation Nachdem alle zu installierenden bzw. zu aktualisierenden Pakete zur Verfügung stehen, erscheint das in Abbildung 27 dargestellte Fenster. In diesem Fenster passiert das selbe, was während der Installation von Paketen mit anderen Programmen (z. B. direkt mit *dpkg* oder mit *apt-get*) in einem Terminalfenster oder an der Konsole passiert: Es werden u. U. Fragen zur Konfiguration von Paketen gestellt. Außerdem erscheinen hier die Meldungen von *dpkg* und den Installationsskripten, anhand derer der eigentliche Installationsvorgang nachvollzogen werden kann.

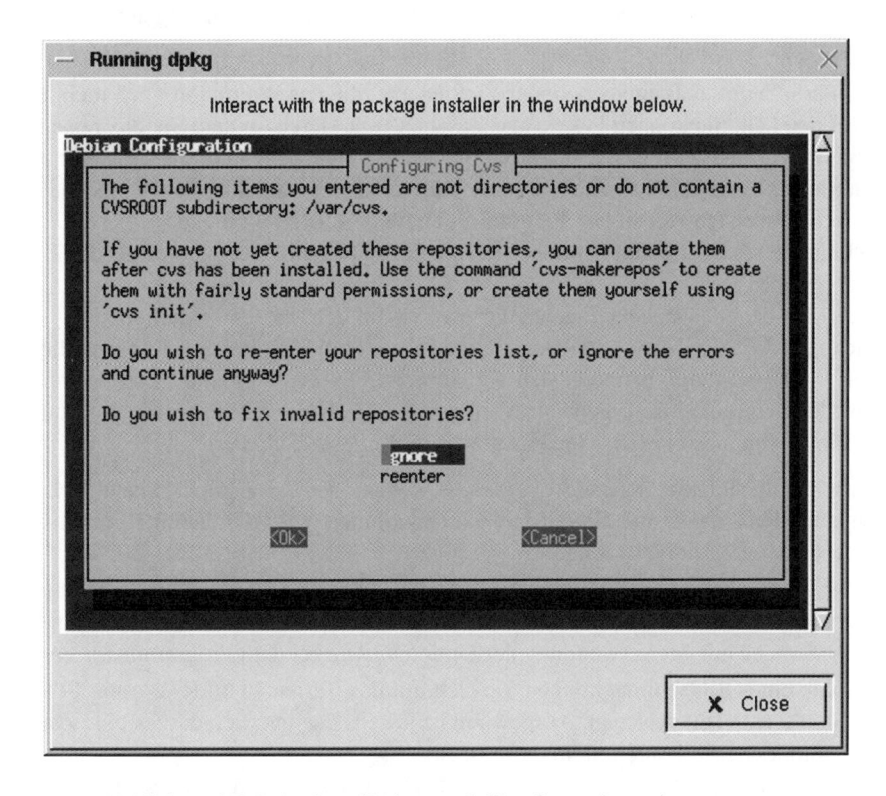

Abbildung 27: Paketinstallation und -Konfiguration mit *gnome-apt*.

Achtung: Ein Fehler in dem Programm bewirkt zur Zeit (Version 0.3.7), dass die Ausgabe in dem Fenster u. U. „eingeschwärzt" erscheint. Wenn dieses Problem bei Ihnen auftritt, selektieren Sie bitte blind den Text in dem Fenster mit der linken Maustaste und klicken danach einmal mit der linken Maustaste in das Fenster, um die Selektion wieder aufzuheben. Dadurch sollte auch die „Einschwärzung" aufgehoben sein.

Am Ende der Installation erscheint in dem Fenster der folgende Text:

```
GNOME Apt: Install successful. It is now safe to close this window.
```

Sie können dem Hinweis dann folgen und das Fenster schließen. Danach werden die Paketinformationen neu eingelesen und es kann weiter mit dem Programm gearbeitet werden.

8.5.2 Interaktive Paketauswahl an der Konsole: *aptitude*

Das Programm *aptitude* (Paket *aptitude*) lässt sich kurz am ehesten als APT-basierter Ersatz für *dselect* beschreiben. Es befindet sich zur Zeit unter intensiver Entwicklung. Das Programm wird durch Eingabe des folgenden Befehls gestartet:

```
debian:~# aptitude
```

Das Programm organisiert die Pakete und Informationen in verschiedenen baumartigen Strukturen sowie unterschiedlichen Bildschirmen. Nach dem Start von *aptitude* werden einige der im folgenden beschriebenen Bäume angezeigt:

New Packages Unterhalb dieses Baumes befinden sich Pakete, die das Programm noch nicht „gesehen" hat und deswegen für neu hält. Sie können Pakete als „gesehen" markieren, in dem Sie die Taste F drücken, danach ist dieser Baum leer und wird deswegen nicht mehr angezeigt. Beachten Sie, dass hier alle Pakete auftauchen, wenn Sie das erste Mal mit dem Programm arbeiten, weil dann alle Pakete als neu gelten. Sie sollten deswegen nach dem ersten Aufruf des Programms einmal die Taste F drücken.

Upgradable Packages In diesem Baum befinden sich die Pakete, die in einer neueren als der installierten Version zur Verfügung stehen.

Installed Packages Hier befinden sich die Pakete, die zur Zeit auf dem System installiert sind.

Not installed Packages Wie der Name schon sagt, finden Sie hier die Pakete, die nicht installiert sind.

Virtual Packages In diesem Baum befinden sich alle virtuellen Pakete. Virtuelle Pakete werden nicht direkt zur Installation oder Deinstallation ausgewählt. Vielmehr lässt sich mit diesem Baum bestimmen, durch welches reale Paket ein bestimmtes virtuelles Paket zur Verfügung gestellt werden soll.

Beachten Sie, dass nur die Bäume angezeigt werden, in denen auch tatsächlich Pakete vorhanden sind. Wenn es beispielsweise keine Pakete gibt, die aktualisiert werden können, wird der Baum *Upgradable Packages* nicht angezeigt.

Aktualisierung der Liste verfügbarer Pakete Nach Betätigung der Taste U aktualisiert das Programm APTs Datenbank verfügbarer Pakete entsprechend den in der Datei */etc/apt/source.list* aufgeführten Paketquellen. Der Vorgang ist gleichbedeutend mit der Verwendung der Option *update* bei dem Programm *apt-get*.

Navigation Innerhalb eines Bildschirms können Sie sich mit den Tasten PFEILRAUF und PFEILRUNTER sowie SEITE-RAUF und SEITE-RUNTER bewegen. Ausgewählt ist jeweils die invertiert dargestellte Zeile (normalerweise ist das die Zeile mit dunkler Schrift auf hellem Grund).

Die Ausgangspunkte der verschiedenen Bäume sind mit einem Minuszeichen, bzw. einem Pluszeichen in eckigen Klammern gekennzeichnet. Ein Minuszeichen bedeutet, dass der betreffenden Baum „eingeklappt" ist, die darin befindlichen Pakete und Informationen also nicht sichtbar sind. Ein Pluszeichen bedeutet hingegen, dass der Baum „ausgeklappt" ist. Die Äste (Bestandteile) des Baumes sind dann darunter eingerückt dargestellt. Wenn Sie sich auf dem Ausgangspunkt eines Baumes oder Astes befinden, können Sie diesen durch Betätigung der Taste EINGABE ein- oder ausklappen.

Die von jedem Baum abgehenden Äste repräsentieren in der Regel die Abteilungen *main*, *contrib*, *non-free* usw. der Distribution. Dahinter verbergen sich dann die Unterabteilungen wie *base*, *admin* oder *devel*, in denen sich schließlich die einzelnen Pakete befinden. Wenn Sie einen Baum soweit (mit *return*) ausgeklappt haben, dass Sie die Namen der Pakete sehen, dann können Sie sich (ebenfalls mit den Pfeiltasten) auf die Paketnamen bewegen und dort EINGABE drücken, um Informationen über das ausgewählte Paket anzeigen zu lassen.

Es wird dann ein neuer Bildschirm geöffnet, in dem die ausführliche Beschreibung des Pakets sowie u. a. Informationen über den Debian-Entwickler (Maintainer) und die Größe des Pakets angezeigt werden. Darunter befinden sich dann wieder Baumstrukturen, in denen die Pakete dargestellt werden, zu denen das betreffenden Paket Beziehungen hat, also beispielsweise Pakete von denen das Paket abhängig ist (Recommendations und Suggestions) oder zu denen Konflikte bestehen. Sie können den jeweils aktiven Bildschirm wieder verlassen, indem Sie die Taste Q betätigen. Beachten Sie, dass dadurch das Programm verlassen wird, wenn Sie sich in dem ersten Bildschirm befinden.

Im unteren Teil des Bildschirms befindet sich eine Statuszeile, in denen die Kurzbeschreibung des aktuell ausgewählten Pakets angezeigt wird. Im Falle eines Fehlers oder eines Problems wird diese Zeile rot und es erscheint dort eine Fehlermeldung sowie u. U. ein Hinweis, was zu tun ist, um den Fehler zu beheben.

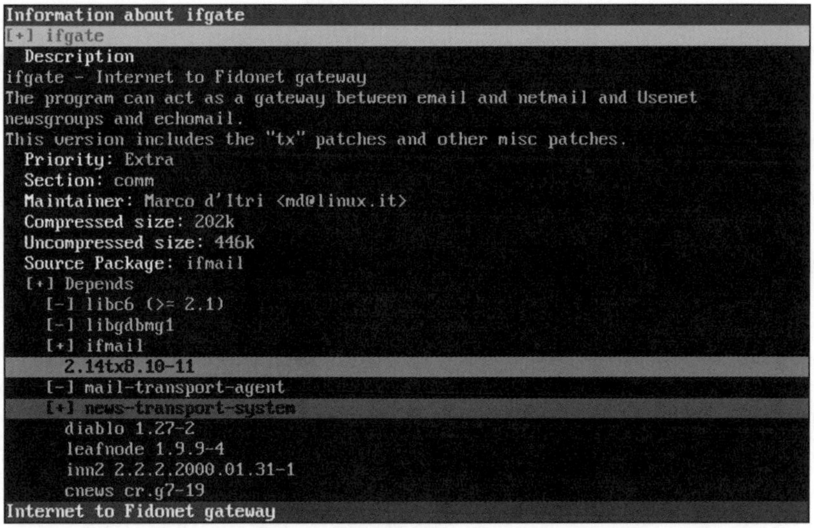

```
Information about ifgate
[+] ifgate
  Description
ifgate - Internet to Fidonet gateway
The program can act as a gateway between email and netmail and Usenet
newsgroups and echomail.
This version includes the "tx" patches and other misc patches.
  Priority: Extra
  Section: comm
  Maintainer: Marco d'Itri <md@linux.it>
  Compressed size: 202k
  Uncompressed size: 446k
  Source Package: ifmail
  [+] Depends
    [-] libc6 (>= 2.1)
    [-] libgdbmg1
    [+] ifmail
      2.14tx8.10-11
    [-] mail-transport-agent
    [+] news-transport-system
      diablo 1.27-2
      leafnode 1.9.9-4
      inn2 2.2.2.2000.01.31-1
      cnews cr.g7-19
Internet to Fidonet gateway
```

Abbildung 28: Ansicht von Paketinformationen mit *aptitude*.

Suchen nach Paketen In dem Programm steht eine Suchfunktion zur Verfügung, die mit der von *dselect* zu vergleichen ist. Nach Betätigung der Taste / kann eine Suchzeichenfolge eingegeben werden, nach denen die Paketnamen durchsucht werden. Die Suchzeichenfolge kann mit der Taste ZURÜCK korrigiert werden und wird mit der Taste EINGABE „abgeschickt". Das Durchsuchen von Paketbeschreibungen oder anderen Feldern der Pakteinformationen ist zur Zeit mit *aptitude* noch nicht möglich.

Paketauswahl zur Installation, Aktualisierung oder Deinstallation Nach der Auswahl eines Pakets mit den Pfeiltasten, kann durch die Tasten +, - und = angegeben werden, was mit dem betreffenden Paket passieren soll. Die Taste + führt dazu, dass ein Paket installiert, bzw. aktualisiert wird, während die Taste - zu Deinstallation eines installierten Paketes führt. Durch die Taste = wird der Zustand eines Paketes eingefroren, d. h. es wird nicht aktualisiert, wenn eine neuere Version des Pakets vorhanden ist. Pakete, die bereits installiert sind, werden mit fett gedruckter Schrift dargestellt und die Namen von Paketen, deren Status eingefroren wurden, erscheinen auf weißem Hintergrund.

Wenn ein Paket zur Installation ausgewählt wurde (mit +), dann wird es hinterher entweder mit grünen Buchstaben dargestellt oder mit roten. Grün bedeutet, dass die Auswahl unproblematisch ist und dass das betreffende Paket ohne weiteres installiert werden kann. Rote Buchstaben bedeuten jedoch, dass es bezüglich des Paketes Probleme gibt. Es besteht dann die Möglichkeit, entweder das Paket wieder zu deselektieren (mit -) oder es mit der EINGABE-Taste auszuwählen. Daraufhin erscheint dann der oben beschriebene Bildschirm mit allen Informationen zu dem Paket. Hier ist es möglich, den Status der Pakete zu ändern, die mit dem Paket in Beziehung stehen, also etwa ein Paket zur Entfernung auszuwählen, das mit dem ursprünglichen Paket in Konflikt steht. In vielen Fällen löst APT die entstandenen Probleme allerdings selbstständig, so dass ein manueller Eingriff nicht notwendig ist.

Beachten Sie, dass *aptitude* Pakete automatisch zur Aktualisierung auswählt, sofern Ihr Status nicht zuvor eingefroren wurde. Sie erkennen zu aktualisierende Pakete daran, dass Ihre Namen mit blauem Hintergrund dargestellt werden. Wenn Sie ein bestimmtes Paket nicht aktualisieren möchten, sollten Sie dieses im Baum *Upgradable Packages* suchen und mit - von der Aktualisierung ausschließen.

Übersicht über die Tastaturbefehle in *aptitude* Die folgende Tabelle fasst die zur Bedienung des Programms *aptitude* verfügbaren Tastaturbefehle zusammen. Beachten Sie, dass es möglich ist, sowohl die Tastaturbelegung als auch die von dem Programm verwendeten Farben vollständig neu zu konfigurieren. Wie dies geschehen kann, ist in der Datei */usr/share/doc/aptitude/README.gz* beschrieben. Hier die Standardtastenbelegung:

Eine Paket/Gegenstand nach oben	PFEILRAUF	**Paketauswahl**	
Ein Paket/Gegenstand nach unten	PFEILRUNTER	Auswahl eines Pakets zur Installation bzw. zur Aktualisierung (Paket wird grün, wenn es tatsächlich installiert/aktualisiert werden kann)	+
Eine Seite nach oben	SEITE-RAUF		
Eine Seite nach unten	SEITE-RUNTER	Auswahl eines Pakets zur Deinstallation (Paket wird rot)	-
An die Spitze des aktuellen Bereichs	^	Einfrieren (*Hold*) des Status' eines Paketes	=
Zeigt die Beschreibung des ausgewählten Pakets an	I	Löschen der Information des Programms darüber, welche Pakete neu sind.	F
Zeigt die verfügbaren Versionen des ausgewählten Pakets an	V	Suchen (nur in den Paketnamen). Nach Betätigung dieser Taste kann ein Suchbegriff eingegeben werden, der mit ZURÜCK korrigiert und mit EINGABE „abgeschickt" werden kann.	/
Zeigt Abhängigkeiten an	D		
Baum auf- und zuklappen. Wenn ein Paket ausgewählt ist, werden alle Informationen zu dem Paket in einem neuen Bildschirm angezeigt	EINGABE		
		Aktualisierung und Installation	
		Aktualisieren der Informationen über verfügbare Pakete	U
Aus einem Bildschirm in den vorhergehenden wechseln bzw. das Programm beenden	Q	Installiert, aktualisiert und entfernt Pakete entsprechend der Auswahl	G

Tabelle 6: Wichtige *aptitude*-Tastaturkommandos

Durchführung der ausgewählten Änderungen Um die ausgewählten Änderungen am System tatsächlich wirksam werden zu lassen, also die ausgewählten Pakete zu installieren, zu entfernen oder zu aktualisieren, ist die Taste G („Go") betätigen. Es erscheint dann ein Bildschirm, in dem die zu installierenden, zu löschenden oder zu aktualisierenden Pakete nochmals untereinander dargestellt werden. Hier können mit den oben beschriebenen Tastaturbefehlen Korrekturen an der Auswahl vorgenommen werden. Der Bildschirm kann mit Q auch wieder verlassen werden. Durch nochmaliges Betätigen der Taste G werden die Pakete (je nach Konfiguration von APT) beschafft. Wenn die Beschaffung (also z. B. das Herunterladen) beendet ist, ist eine Taste zu drücken, um mit der Installation der Pakete zu beginnen. Die eigentliche Installation erfolgt auf die gleiche Art und Weise, wie mit jedem anderen APT-basierten Installationsprogramm.

8.6 Werkzeuge zur Anpassung des Systems

8.6.1 Arbeiten mit Alternativen

Es gibt eine Reihe von Programmen, die eine ähnlich Funktionalität zur Verfügung stellen und im Allgemeinen sogar mit dem selben Namen aufgerufen werden. Ein gutes Beispiel hierfür ist der Editor *vi*. Eine Anzahl von

Paketen (u. a. *nvi*, *elvis* oder *vim*) stellen *vi*-ähnliche Programme zur Verfügung. Alle in diesen Paketen enthaltenen Editoren bieten die gleiche Grundfunktionalität, aber unterschiedliche Erweiterungen und Zusatz-Eigenschaften.

Der UNIX-gewohnte Benutzer eines Debian-Systems erwartet nun, dass er an der Kommandozeile den Befehl *vi* eingeben kann und daraufhin ein Programm mit *vi*-Funktionalität gestartet wird. Hieraus ergibt sich ein Problem: Es kann natürlich nur eine Datei (also ein Programm) mit diesem Namen geben, dass dann ausgeführt wird, wenn der Befehl ohne Pfadangabe eingegeben wird.

Dieses Problem könnte durch Paket-Konflikte gelöst werden. Dann dürfte nur eines der *vi*-ähnlichen Programme zur Zeit installiert sein. Das wiederum würde bedeuten, dass verschiedene Benutzer des Systems nicht gleichzeit ihren Lieblingseditor benutzen könnten. Das Problem wird deswegen unter Debian mit Hilfe so genannter Alternativen gelöst.

Pakete, die Alternativen zur Verfügung stellen, legen Dateien nicht unter dem Namen ab, mit dem später auf sie zugegriffen wird, sondern unter einem anderen, der nicht von einem anderen Paket beansprucht wird. So wird der *vi*-ähnliche Editor während der Installation des Pakets *nvi* mit dem Namen */usr/bin/nvi* installiert und das Paket *elvis* installiert seine Variante dieses Editors mit dem Namen */usr/sbin/elvisnox*.

Damit eine der Alternativen trotzdem mit dem Namen *vi* benutzt werden kann, wird ein symbolischer Link mit dem Namen */usr/bin/vi* angelegt, der auf einen weiteren symbolischen Link im Verzeichnis */etc/alternatives* mit dem gleichen Namen zeigt. Dieser Link (also */etc/alternatives/vi*) zeigt dann auf das Programm, welches tatsächlich aufgerufen werden soll, wenn der Befehl *vi* eingegeben wird. Standardmäßig wird dabei ein automatisches, Prioritäten-gesteuertes System benutzt, mit dem festgelegt wird, welches Programm dies ist. Als Systemadministrator können Sie die Links in */etc/alternatives* an ihre Bedürfnisse anpassen und die voreingestellten Prioritäten überschreiben. Das System gewährleistet auf diese Weise, dass ein automatisch oder vom Administrator ausgewählter Editor mit dem Namen *vi* aufgerufen werden kann und trotzdem weitere ähnliche Programme installiert sein können, die dann allerdings mit einem anderen Namen aufgerufen werden müssen.

Zu beachten ist bei der Administration von Alternativen, dass in der Regel eine Reihe von Alternativen zusammengehören. So macht es wenig Sinn, wenn durch Eingabe des Befehls *vi* der Editor *nvi* aufgerufen wird, aber nach Eingabe des Befehls *man vi* die Manualseite zu dem Editor *vim* angezeigt wird. Das Alternativen-System kennt deswegen so genannte Master-Alternativen und dazugehörige Slave-Alternativen, die zusammen mit den Master-Alternativen geändert werden sollten.

Zur Administration von Alternativen dient das Skript *update-alternatives*. Um die für ein Programm oder eine Datei vorhandenen Alternativen anzuzeigen, ist es mit dem Parameter --*display* sowie mit dem Namen des betreffenden Programms oder der betreffenden Datei aufzurufen. Um also beispielsweise die verfügbaren Alternativen für den Editor *vi* anzuzeigen, wäre das Programm so aufzurufen:

```
debian:~# update-alternatives --display vi
```

Die Ausgabe sieht dann – je nachdem, welche Alternativen tatsächlich installiert sind – ungefähr folgendermaßen aus:

```
vi - status is auto.
 link currently points to /usr/bin/elvisnox
/usr/bin/elvis-tiny - priority 10
 slave vi.1.gz: /usr/man/man1/elvis-tiny.1.gz
/usr/bin/nvi - priority 30
 slave vi.1.gz: /usr/share/man/man1/nvi.1.gz
/usr/bin/elvisnox - priority 120
 slave vi.1.gz: /usr/man/man1/elvis.1.gz
Current 'best' version is /usr/bin/elvisnox.
```

Dieser Ausgabe können Sie entnehmen, welche Alternative zur Zeit eingestellt ist und welche anderen Alternativen mit welcher Priorität zur Verfügung stehen. Außerdem werden für jede Alternative eventuell vorhandene Slave-

Alternativen angezeigt. Wenn Sie wissen möchten, welche Alternativen auf ihrem System vorhanden sind, sollten Sie sich den Inhalt des Verzeichnisses /etc/alternatives mit ls anzeigen lassen.

Verändert werden können Alternativen, in dem die entsprechenden symbolischen Links im Verzeichnis /etc/alternatives neu gesetzt werden. Um das System so zu konfigurieren, dass nach Eingabe des Befehls vi das Programm nvi aufgerufen wird, wäre also dieser Befehl zu verwenden[11]:

```
debian:~# ln -sf /usr/bin/nvi /etc/alternatives/vi
```

Zusätzlich sollte natürlich auch die Slave-Alternative angepasst werden:

```
debian:~# ln -sf /usr/share/man/man1/nvi.1.gz /etc/alternatives/nvi.1.gz
```

Die damit angelegten Links werden bei der Aktualisierung oder Neuinstallation von Paketen, die Alternativen für das Programm vi beinhalten, in Zukunft nicht mehr geändert. Alternativ zum manuellen Ändern der Links kann das Programm *update-alternatives* auch mit der Option --*config* aufgerufen werden. Es zeigt dann ein Menü der verfügbaren Alternativen an, aus dem die gewünschte Alternative durch Eingabe einer Zahl ausgewählt werden kann[12]. Beispiel:

```
debian:~# update-alternatives --config vi
```

Wenn Sie wieder die automatisch eingestellten Voreinstellungswerte verwenden wollen, können Sie das Programm *update-alternatives* folgendermaßen aufrufen:

```
debian:~# update-alternatives --auto vi
```

Mehr Informationen zu *update-alternatives* finden Sie in der Manualseite zu dem Programm.

8.6.2 Verwenden eigener Dateien mit *dpkg-divert*

Manchmal ist es notwendig, Dateien, die mit einem Debian-Paket installiert wurden, gegen eigene Versionen auszutauschen. Stellen Sie sich vor, Sie möchten an Stelle der in dem Paket *tetex-extra* installierten Datei */usr/share/texmf/tex/latex/dinbrief/dinbrief.cls* eine veränderte Version dieser Datei verwenden. Sie könnten die Datei nun einfach verändern oder eine veränderte Version an ihren Platz kopieren. Dies hätte allerdings den Nachteil, dass die Datei immer dann überschrieben werden würde, wenn das Paket *tetex-extra* neu installiert oder aktualisiert werden würde. Sie müssen *dpkg* also mitteilen, dass die Datei nicht überschrieben werden darf. Dies geschieht mit dem Befehl *dpkg-divert*. Um also beispielsweise die Datei *dinbrief.cls* zu „diversifizieren", wäre der Befehl folgendermassen aufzurufen:

```
debian:~# dpkg-divert --add
    /usr/share/texmf/tex/latex/dinbrief/dinbrief.cls
```

Durch den Parameter --*add* wird dem Programm mitgeteilt, dass eine Diversifikation erzeugt werden soll. Es erscheint dann die folgende Ausgabe:

```
Adding 'local diversion of /usr/share/texmf/tex/latex/dinbrief/dinbrief.cls
    to /usr/share/texmf/tex/latex/dinbrief/dinbrief.cls.distrib'
```

---
[11] Alternativ zum manuellen Setzen der Links kann *update-alternatives* auch mit der Option --*config* aufgerufen werden.
[12] Leider aktualisiert *update-alternatives* zur Zeit (*dpkg*-Version 1.6.11) nicht die Slave-Alternativen.

Damit wird Ihnen mitgeteilt, dass die Datei in Zukunft den Namen */usr/share/texmf/tex/latex/dinbrief/dinbrief.cls.distrib* erhält, wenn sie während der Installation oder Aktualisierung eines Paketes neu installiert wird. Sie können nun Ihre Version der Datei an den entsprechenden Ort bringen und sich sicher sein, dass sie von *dpkg* nicht überschrieben werden wird. Wenn zusätzlich der Parameter - -*rename* mit angegeben wird, dann wird die Datei gleichzeitig an den neuen Platz verschoben.

Um die Diversifikation wieder aufzuheben, ist das Programm mit dem Parameter - -*remove* aufzurufen. Im Beispiel also:

```
debian:~# dpkg-divert --remove
    /usr/share/texmf/tex/latex/dinbrief/dinbrief.cls
```

Alle auf dem System bestehenden Diversifikationen können durch folgenden Befehl angezeigt werden:

```
debian:~# dpkg-divert --list
```

Dabei werden wahrscheinlich auch einige Diversifikationen ausgegeben, die bei der Installation von Paketen automatisch vorgenommen worden sind. Diese Einstellungen sollten nicht manuell gelöscht werden. Mehr Informationen zu *dpkg-divert* finden Sie in der Manual-Seite des Programms.

8.6.3 Erstellen eigener Paketindices mit *dpkg-scanpackages*

Wenn Sie ein eigenes Verzeichnis mit Debian Paketen anlegen möchten und wünschen, dieses Verzeichnis wie CDROMs oder andere Paketquellen benutzen zu können, ist es erforderlich, dass sie in dem Verzeichnis Paket-Indices anlegen. Hierzu dient das Programm *dpkg-scanpackages*, welches im Paket *dpkg-dev* enthalten ist. Das Programm wird in der folgenden Form aufgerufen:

```
dpkg-scanpackages Verzeichnis override-Datei [Pfad] > Packages
```

Mit Verzeichnis ist der Name des Verzeichnisses anzugeben, in dem sich die Pakete befinden. Dieser Verzeichnisname muss relativ zu dem Verzeichnis angegeben werden, in dem die Index-Datei abgelegt werden soll. Mit *override-Datei* wird der Name einer Datei angegeben, in der Einstellungen vorgenommen werden können, mit denen die Angaben in den Kontrollinformationen der Pakete überschrieben werden. Ihr Format ist in der Manual-Seite zu *dpkg-scanpackages* erläutert. Wenn Sie eine solche Datei nicht verwenden wollen, können Sie hier den Namen einer leeren Datei oder der Gerätedatei */dev/null* angeben. Optional kann mit *Pfad* ein Pfadbestandteil angegeben werden. Er wird dann den Pfadeinträgen in der Indexdatei vorangestellt.

Wenn sich alle Pakete beispielsweise in dem Verzeichnis *non-official* befinden, welches ein Unterverzeichnis von */pub/local_stuff* ist, sollten Sie zunächst in das Verzeichnis */pub/local_stuff* wechseln und dort folgenden Befehl eingeben, um den Index zu erzeugen:

```
joe@debian:~$ dpkg-scanpackages non-official /dev/null >
    non-official/Packages
```

Der Paketindex wird mit diesem Befehl in die Datei *Packages* geschrieben, welche im Verzeichnis *non-official* abgelegt wird. Paketindices müssen immer den Dateinamen *Packages* haben, weil *apt-get* und andere Paketverwaltungsprogramme die Indices mit diesem Namen suchen. Die Indices dürfen allerdings auch mit *gzip* (S. 663) komprimiert werden.

Um das Verzeichnis mit APT benutzen zu können, müssen Sie es natürlich noch der Konfigurationsdatei */etc/apt/sources.list* hinzufügen. Wenn der Name ihres Paketverzeichnisses also *non-official* lautet und sich im Verzeichnis */pub/local_stuff* befindet, so könnte der Eintrag folgendermaßen aussehen:

```
deb file:/pub/local_stuff non-official/
```

Denken Sie daran, dass der Schrägstrich am Ende des Namens *non-official* erforderlich ist, um APT anzuzeigen, dass es sich bei dem Eintrag um ein einzelnes Verzeichnis handelt. Um auf die Paket-Dateien in dem Verzeichnis zugreifen zu können, muss – wie gewohnt – der Befehl *apt-get update* ausgeführt werden.

8.6.4 Erstellen angepasster Pakete mit *dpkg-repack*

Das Programm *dpkg-repack* (aus dem gleichnamigen Paket) erlaubt es, aus den Dateien, die auf dem System installiert sind, Pakete zu rekonstruieren. Dies kann in verschiedenen Situationen sehr nützlich sein:

– Wenn Sie ein älteres Paket benötigen, das auf den offiziellen Servern nicht mehr verfügbar ist, aber noch auf einem Ihrer Rechner installiert ist.
– Wenn Sie Pakete nicht erneut herunterladen wollen, die Sie bereits auf einem Rechner installiert haben, von denen die Paketdateien jedoch bereits gelöscht sind.
– Weil die Pakete mit *dpkg-repack* aus den Dateien erzeugt werden, die auf dem System installiert sind, können leicht modifizierte Pakete erstellt werden, die beispielsweise Konfigurationsdateien enthalten, welche an bestimmte Bedürfnisse angepasst sind.

Neben dem Paket *dpkg-repack* sollten Sie das Paket *fakeroot* installieren, damit Sie die Pakete nicht als Administrator erstellen müssen. Das Programm ist einfach mit dem Namen des Pakets aufzurufen, das rekonstruiert werden soll. Wenn Sie das Paket *apt* neu erzeugen wollen, wäre also folgender Befehl einzugeben:

```
joe@debian:~$ fakeroot dpkg-repack apt
```

Wenn Sie *fakeroot* nicht verwenden, müssen Sie den Befehl (ohne *fakeroot*) als Administrator aufrufen. Nachdem das Programm seine Arbeit beendet hat, sollte sich die rekonstruierte Paketdatei im Arbeitsverzeichnis befinden. Sie können dem Programm auch mehrere Paketnamen übergeben.

Achtung: Beachten Sie bitte, dass Sie die so erstellten Pakete nicht wie offizielle Debian Pakete verwenden dürfen. Sie können andere Dateien enthalten als die offiziellen Pakete und wurden nicht mit dem eigentlich dafür vorgesehenen Verfahren erstellt!

8.6.5 Überschreiben von Abhängigkeiten mit *equivs*

Wenn Sie ein bestimmtes Programm auf Ihrem Computer kompiliert und ohne Verwendung von Debian-Paketen installiert haben, dann kann das Problem auftreten, dass Sie andere Pakete, die von diesem Programm abhängig sind, nicht mehr installieren können, weil das entsprechende Debian-Paket nicht installiert ist. Sie müssen dem Paketmanager also mitteilen, dass das benötigte Programm doch auf dem System vorhanden ist und davon abhängig Pakete durchaus installiert werden können.
Mit dem Paket *equivs* können in solchen Fällen Dummy-Pakete erstellt werden, deren Aufgabe einzig und allein darin besteht, dem Paketmanager mitzuteilen, dass bestimmte Komponenten installiert sind.
Die Erstellung von Dummy-Paketen erfolgt in mehreren Schritten. Zunächst muss eine Kontrolldatei erstellt werden, eine Vorlage dafür kann mit dem Programm *equivs-control* erzeugt werden. Alternativ können vorgefertigte Vorlagen aus dem Verzeichnis */usr/share/doc/equivs/examples* benutzt werden. Dem Programm *equivs-control* ist der Name der zu erzeugenden Kontrolldatei zu übergeben. Um also im Arbeitsverzeichnis eine Kontrolldatei mit dem Namen *dummy-control* zu erzeugen, wäre das Programm so aufzurufen:

```
joe@debian:~$ equivs-control dummy-control
```

Die damit erzeugte Datei ist ähnlich aufgebaut wie eine „echte" Kontrolldatei eines Debian-Pakets. Sie müssen die Datei nun mit einem Texteditor bearbeiten und an Ihre Bedürfnisse anpassen. In der Datei befinden sich verschiedene Kontrollfelder, die jeweils mit ihrem Namen und einem Doppelpunkt eingeleitet werden. Werte von Feldern, die angepasst werden sollten, sind durch die Zeichen < und > markiert. Zwischen den beiden Zeichen befindet sich bei den meisten Feldern ein Hilfetext, der anzeigt, welcher Wert benutzt wird, wenn Sie dort keinen Wert angeben. Sie müssen für jedes Feld entweder einen Wert angeben oder das Feld löschen, damit *equivs* dann den Vorgabewert benutzt.

Der Aufbau von Debian-Kontrolldateien ist in der Manualseite *deb-control* beschrieben, die in dem Paket *dpkg-dev* enthalten ist. Die Kontrolldateien für *equivs* dürfen einige zusätzliche Felder enthalten, die normalerweise nicht vorgesehen sind. Insgesamt stehen die folgenden Felder zur Verfügung:

Section Das Feld bestimmt die Unterabteilung, in die das Paket gehört. Hier sollte die Unterabteilung angegeben werden, zu der das zu ersetzende Paket gehört.
Priority Hier sollte die Priorität des zu ersetzenden Pakets angegeben werden.
Package Dieses Feld bestimmt den Namen des zu erstellenden Dummy-Pakets. Hier sollte der Name des zu ersetzenden Pakets angegeben werden.
Version Dieses Feld bestimmt die Versionsnummer des zu erstellenden Pakets. Sie sollten hier mindestens die gleiche Versionsnummer angeben, die das zu ersetzende Paket hat. Um zu verhindern, dass das Dummy-Paket während einer Aktualisierung des Systems wieder durch das zu ersetzende Paket überschrieben wird, sollte allerdings lieber eine höhere Versionsnummer gewählt werden.
Maintainer Hier sollten sie Ihren Namen und Ihre E-Mail-Adresse in der folgenden Form eingeben: *Vorname Name <name@domain>*.
Pre-Depends In diesem Feld können Pakete angegeben werden, die vollständig installiert und konfiguriert sein müssen, bevor Ihr Paket installiert wird. Für Dummy-Pakete wird dieses Feld normalerweise nicht benötigt.
Depends Mit diesem Feld wird bestimmt, zu welchen Paketen das Paket Abhängigkeiten haben soll (Komma-separierte Liste).
Recommends Pakete, die ausdrücklich zur Installation mit diesem Paket empfohlen werden.
Suggests Pakete, die zur Installation mit diesem Paket empfohlen werden.
Provides Virtuelle Pakete, die mit diesem Paket zur Verfügung gestellt werden. Für virtuelle Pakete dürfen keine Versionsnummern angegeben werden.
Conflicts Pakete, mit denen das zu erstellende Paket in Konflikt steht.
Architecture Rechnerarchitektur, für die das Paket bestimmt ist. Für Intel-basierte PCs ist hier der Wert *i386* anzugeben.
Copyright Dateiname der Datei, die das Copyright für das Paket enthält. Standardwert ist die GPL, Version 2.
Readme Dateiname der Datei, die während der Installation des Pakets als *README.Debian* im Dokumentationsverzeichnis des Pakets abgelegt wird.
Changelog Dateiname der Datei, die während der Installation des Pakets als *changelog.Debian.gz* im Dokumentationsverzeichnis des Pakets abgelegt wird.
Extra-Files Namen von Dateien, die zusätzlich im Dokumentationsverzeichnis des Pakets vorhanden sein sollen (Komma-separierte Liste).
Description Beschreibung des Pakets. Die erste Zeile enthält dabei die Kurzbeschreibung. Darunter befindet sich die lange Beschreibung. Absätze können durch Zeilen erzeugt werden, die lediglich einen Punkt enthalten. Beachten Sie, dass das erste Zeichen jeder Zeile in der ausführliche Beschreibung leer sein muss.

Die Kontrolldatei könnte also folgendermaßen aussehen:

```
Section: misc
Priority: optional
Standards-Version: 3.0.1

Package: foobar
Version: 2.9.3-2
Maintainer: Foo Bar <foo@bar.org>
Depends: libc6, xlib6g
Provides: bar-foo-foo
Architecture: i386
Description: The final foobar
 This is foo
 .
 This is bar
```

Wenn die Kontrolldatei fertig angepasst ist, kann das Paket mit dem Befehl *equivs-build* erzeugt werden. Dem Befehl ist der Name der Kontrolldatei zu übergeben, im Beispiel wäre es also so aufzurufen:

```
joe@debian:~$ equivs-build dummy-control
```

Danach befindet sich das erstellte Paket im Arbeitsverzeichnis. Es kann dann mit *dpkg* installiert werden:

```
debian:~# dpkg --install foobar_2.9.3-2_i386.deb
```

Achtung: Bedenken Sie, dass bei der Installation des Dummy-Pakets alle Dateien des zu ersetzenden Pakets gelöscht werden. Sie müssen also vorher sichergestellt haben, dass das System auch ohne die Dateien des zu ersetzenden Pakets lauffähig ist!

Nach der Installation sollte geprüft werden, ob alle Einträge in der Kontrolldatei richtig sind. Dies kann beispielsweise mit dem folgenden Befehl geschehen:

```
debian:~# apt-cache gencaches
```

Wenn hierbei Fehler auftreten, stimmen Einträge in den Kontrollinformationen nicht. Sie sollten die Kontrolldatei dann überarbeiten und das Paket neu erstellen und installieren.

9. Konfiguration wichtiger Systemkomponenten

9.1 Konfiguration der Maus (*gpm*)

Das Programm *gpm* (aus dem gleichnamigen Paket) ermöglicht es, auch ohne graphische Benutzeroberfläche, also an der Konsole, die Maus zu benutzen und dort mit Funktionen, wie dem Markieren und Einfügen von Text zu arbeiten. Darüberhinaus kann *gpm* so konfiguriert werden, dass es die Maus komplett verwaltet. Andere Programme, die ebenfalls auf die Maus zugreifen (wie z. B. ein X-Server) müssen dann mit *gpm* und nicht direkt mit der Maus kommunizieren. Das Programm *gpm* stellt zu diesem Zweck eine Pipe (siehe S. 438) zur Verfügung, die von anderen Programmen wie eine Maus-Gerätedatei benutzt werden kann. Diesen Betriebsmodus von *gpm* bezeichnet man als Repeater-Modus.

Zur Konfiguration des Programms dient das Skript *gpmconfig*. Es wird während der Installation des Pakets automatisch aufgerufen und lässt sich später mit diesem Befehl neu starten:

```
debian:~# gpmconfig
```

Nach dem Aufruf des Programms wird zunächst die aktuelle Konfiguration von *gpm* dargestellt, wobei es sich bei der erstmaligen Installation um die Vorgabewerte des Paketes handelt. Diese Vorgabewerte sind geeignet für eine PS/2-Maus, welche über die PS/2-Schnittstelle des Computers (*/dev/psaux*) angeschlossen ist. Besitzen Sie eine andere Maus oder ist diese an eine andere Schnittstelle angeschlossen, so sollten Sie auf die Frage *Do you want to change anything?* mit *y* antworten. Ansonsten können Sie die Vorgabewerte mit *n* übernehmen. Testen Sie danach unbedingt durch Bewegen der Maus, ob die Mausunterstützung funktioniert und rufen Sie *gpmconfig* erneut auf, falls dies nicht so ist, um die Einstellungen zu ändern.

Wenn Sie ausgewählt haben, die Einstellungen ändern zu wollen, wird Ihnen mitgeteilt, dass ein Testprogramm aufgerufen werden kann, mit dem versucht wird, Art sowie Anschlussschnittstelle der Maus selbst festzustellen und Sie werden gefragt, ob dies gewünscht ist. Beachten Sie, dass dies nur funktionieren kann, wenn nicht gleichzeitig Programme aktiv sind, die ebenfalls die Maus benutzen, wie beispielsweise das X-Window-System. Wenn Sie das Testprogramm ausführen lassen, erhalten Sie unter Umständen Aufforderungen, die Maus zu bewegen oder bestimmte Tasten der Maus zu drücken sind. Dies ist notwendig, damit die Maus richtig identifiziert werden kann. Nach Erfahrung des Autors funktioniert die Mauserkennung mit dem Programm nicht besonders gut, es wird deswegen hier empfohlen, die notwendigen Einstellungen manuell vorzunehmen.

Falls die Identifikation der Maus nicht gelingt oder Sie gleich die manuelle Konfiguration gewählt haben, müssen Sie zunächst angeben, an welche Schnittstelle Ihre Maus angeschlossen ist. Die möglichen Alternativen sind in der folgenden Tabelle 7 dargestellt.

Die weitverbreitesten Mäuse werden heute entweder über serielle Schnittstellen oder die PS/2-Mausschnittstelle mit dem Rechner verbunden (auch bei Logitech-Mäusen handelt es sich oft um einen dieser beiden Typen), so dass Sie wahrscheinlich */dev/ttyS0*, */dev/ttyS1* bzw. */dev/psaux* angeben müssen. Der PS/2-Anschluß ist ein kleiner, runder Stecker mit 6 Stiften.

Nach Angabe der Schnittstelle werden Sie nach dem Typ Ihrer Maus gefragt. Hiermit ist das Protokoll gemeint, mit dem die Maus dem Rechner mitteilt, dass Bewegungen stattgefunden haben oder Tasten gedrückt wurden.

Maustyp oder Anschluß	Gerätedatei
Erste serielle Schnittstelle (Unter DOS COM1)	/dev/ttyS0
Zweite serielle Schnittstelle (Unter DOS COM2)	/dev/ttyS1
Dritte serielle Schnittstelle (Unter DOS COM3)	/dev/ttyS2
Vierte serielle Schnittstelle (Unter DOS COM4)	/dev/ttyS3
Logitech Bus Maus	/dev/logibm
PS/2 Maus	/dev/psaux
Microsoft Inport Bus Mause	/dev/inportbm
ATI XL Bus Maus	/dev/atibm
J-Maus	/dev/jbm

Tabelle 7: Typische Gerätedateien für Mausanschlüsse.

Die meisten heute eingesetzten Mäuse sind entweder Microsoft-Mäuse oder PS/2-Mäuse. Wenn Sie eine solche Standardmaus verwenden, müssen Sie hier *ms* oder *ps2* angegeben. Darüberhinaus wird aber eine große Anzahl weiterer Maustypen unterstützt, wie Tabelle 8 zu entnehmen ist.

Maustyp	Typenbezeichnung für gpm	Typenbezeichnung für XFree86
MouseMan Mäuse (einige neuere Mäuse von Logitech)	mman	MouseMan
Microsoft Mäuse mit zwei oder drei Tasten (Bei zwei Tasten wird die mittlere Taste durch Betätigung beider Tasten simuliert)	ms	Microsoft
Microsoft Mäuse mit zwei Tasten	bare	
Microsoft Mäuse mit drei Tasten und Unterstützung zum Ziehen mit gedrückter mittlerer Taste	ms+	
Wie ms+ mit der Möglichkeit, die Maus durch gleichzeitiges Drücken von linker und rechter Maustaste zurückzusetzen	ms+lr	
MouseSystems (serielle Mäuse mit drei Tasten)	msc	MouseSystems
Alte serielle Logitech Mäuse	logi	Logitech
Viele Busmäuse (u. a. Microsoft und Logitech)	bm	BusMouse
MM Mäuse	mm	MMSeries
PS/2 Mäuse	ps2	PS/2
Logitechmäuse, die im 3-Tasten MouseSystems-Modus betrieben werden können	logim	MouseSystems
Microsoft IntelliMouse und einige Logitech Wheel- und Cordless- Mäuse am PS/2-Anschluß	imps2	IMPS/2
Microsoft Plug-and-Play Mäuse	PnP	
Microsoft IntelliMouse am seriellen Anschluß mit drei Tasten	ms3	IntelliMouse

Fortsetzung auf der nächsten Seite

Fortsetzung der vorherigen Seite

Maustyp	Typenbezeichnung für gpm	Typenbezeichnung für XFree86
Genius NetMouse	netmouse	NetMousePS/2
Sun Sparc-Mäuse	sun	

Tabelle 8: Bezeichnungen von Mausprotokollen für *gpm* und XFree86.

Nach der Angabe des Maustyps können Sie die Antwortgeschwindigkeit der Maus festlegen. Dies ist normalerweise nicht notwendig, falls sich der Mauszeiger jedoch zu schnell oder zu langsam bewegt, sollten Sie diesen Parameter verändern. Der Wert *0* entspricht dabei fast gar keiner Mauszeigerbewegung, während der Wert *50* den Mauszeiger in der Regel so schnell bewegen lässt, dass es sehr schwierig wird, die Maus richtig zu positionieren. Ergonomische Werte liegen in der Regel zwischen *5* und *15*.

Danach wird angegeben, ob *gpm* im Repeater-Modus betrieben werden soll. Dies ist in der Regel zu empfehlen. Auf die Frage *Repeat Protocol...?* ist deswegen der Name des Mausprotokolls anzugeben, welches anderen Anwendungen über die Repeater-Funktion zur Verfügung gestellt werden soll. Beachten Sie, dass dies nicht notwendigerweise das gleiche Protokoll sein muss, mit dem Maus und *gpm* miteinander kommunizieren. Erfahrungsgemäß eignet sich das *MouseSystems*-Protokoll gut für diese Funktion. Geben Sie deswegen den Wert *msc* ein, um den Repeater für die Verwendung dieses Protokolls zu konfigurieren.

Als letztes bekommen Sie die Möglichkeit, zusätzliche Parameter zur Konfiguration von *gpm* anzugeben. Normalerweise können Sie hier die voreingestellten Parameter übernehmen, indem Sie einfach EINGABE drücken. Eine Übersicht aller von *gpm* verstandenen Parameter finden Sie in der Manualseite des Programms.

Nachdem alle Einstellungen vorgenommen sind, fragt das Programm, ob Sie es testen möchten. Sie sollten diese Frage mit *Y* beantworten. Bewegen Sie danach die Maus und versuchen Sie, mit der linken Maustaste Text auf dem Bildschirm zu markieren. Falls Sie den Mauszeiger (ein kleines weißes Rechteck) nicht sehen können, stimmt irgendetwas nicht und Sie sollten die Konfiguration nochmals mit anderen Werten wiederholen.

Beenden Sie den Test durch Betätigung der Tastenkombination STRG-D. *gpmconfig* erfragt dann, ob Sie die Einstellungen übernehmen wollen. Wenn Sie mit *Y* antworten, wird das Programm gestartet und läuft im Hintergrund weiter. Antworten Sie mit *N*, so wird der Konfigurationsvorgang wiederholt.

9.1.1 Arbeiten mit *gpm*

Von nun an können Sie an der Konsole mit der linken Taste Text markieren und diesen mit der mittleren Maustaste an der aktuellen Eingabeposition einfügen. Mit der rechten Maustaste kann der Bereich zwischen zwei Punkten markiert werden: Klicken Sie dazu zunächst auf den Anfang des zu markierenden Bereichs und dann auf das Ende. Falls Ihre Maus nur zwei Tasten hat, wird je nach verwendetem Protokoll die dritte Maustaste durch gleichzeitiges Betätigen beider Maustasten emuliert oder die Funktionalität der dritten Maustaste entfällt und die rechte Taste übernimmt die Aufgabe der mittleren Maustaste. Bei Problemen mit *gpm* empfiehlt sich das Studium der Datei */usr/share/doc/gpm/faq.gz* in der sich einige Antworten auf häufig gestellte Fragen befinden.

9.2 Einrichtung von Druckern

9.2.1 Einleitung

Die Ansteuerung von Druckern geschieht unter UNIX/Linux gewöhnlich über einen so genannten Spooler. Dabei handelt es sich um ein Programmpaket, dass eingehende Druckjobs annimmt, verwaltet und der Reihe nach an den

Drucker schickt. Dadurch können von verschiedenen Benutzern oder aus verschiedenen Programmen gleichzeitig Druckjobs abgeschickt werden, die dann in einer definierten Reihenfolge hintereinander ausgedruckt werden. Weil es sich bei dem Protokoll, mit dem Druckjobs an den Spooler übertragen werden, um ein Internetprotokoll handelt, ist gleichzeitig gewährleistet, dass Druckjobs in einem Netzwerk von jedem Rechner an jeden Drucker geschickt werden können, vorausgesetzt die benötigten Rechte hierfür wurden erteilt (siehe auch Kapitel 17.7.9, S. 582).

Weil zu druckende Dokumente jedoch in ganz unterschiedlichen Formaten (z. B. Bilddateien, Textdateien, PostScript-Dateien usw.) an den Spooler geschickt werden können und auf der anderen Seite unterschiedliche Drucker angeschlossen sein können, die diese Dateiformate nicht von sich aus interpretieren und ausdrucken können, bedarf es weiterer Programme, welche die Konvertierung des Eingangsdatenformats in ein vom betreffenden Drucker verstandenes Format übernehmen. Solche Programme werden Filterprogramme genannt.

Ein großer Teil der Programme, die unter UNIX eingesetzt werden, generieren zum Drucken PostScript-Dokumente, die dann an den Spooler geschickt werden. Falls also ein PostScript-fähiger Drucker eingesetzt wird, kann u. U. auf den Einsatz von Filterprogrammen verzichtet werden. Allerdings ist es in vielen Fällen bequemer, beispielsweise Bilddateien direkt an den Spooler schicken zu können, ohne sie vorher manuell in PostScript-Dokumente konvertieren zu müssen und stattdessen diese Aufgabe im Hintergrund automatisch ausführen zu lassen. Prinzipiell ist die Installation eines Filtersystems deswegen auch bei Verwendung eines PostScriptdruckers zu empfehlen.

Wird ein Drucker eingesetzt, der nicht PostScript-fähig ist, so müssen die eingehenden Druckjobs in der Regel vom PostScript-Format in ein weiteres, vom Drucker interpretierbares Format übersetzt werden. Diese Aufgabe übernimmt das Programm Ghostscript (*gs*), das eine große Anzahl unterschiedlicher Drucker als Ausgabegeräte unterstützt (siehe auch S. 20). Beachten Sie, dass unter Debian zwei unterschiedliche Versionen von GhostScript zur Verfügung stehen, nämlich zum einen GNU Ghostscript (Paket *gs*) und zum anderen Aladdin Ghostscript (Paket *gs-aladdin*). Bei der zweiten Variante handelt es sich um eine neuere Version, welche in der Regel mehr Drucker unterstützt und teilweise bessere Ergebnisse erzielt, diese Variante steht jedoch unter einer Lizenz, welche nicht den Debian-Richtlinien genügt und befindet sich deswegen im Non-Free-Bereich der Distribution.

In der Regel werden also für das Drucksystem auf einem Rechner mit eigenem angeschlossenen Drucker drei Programmpakete benötigt:

1. Spoolersystem
2. Filterprogramm
3. Ghostscript

Dieser Konfiguration lassen sich eine Reihe weiterer Programmpakete sinnvoll hinzufügen, die die Konvertierung bestimmter Dateiformate nach PostScript übernehmen. Die entsprechenden Programme werden vom Filtersystem dann automatisch aufgerufen.

9.2.2 Auswahl und Installation der Software

Unter Debian stehen im wesentlichen zwei unterschiedliche Spoolersysteme zur Verfügung, nämlich zum einen der klassische BSD-Spooler, welcher im Paket *lpr* enthalten ist sowie mit dem Paket *lprng* eine weiterentwickelte Variante dieses Pakets. Im allgemeinen ist die Verwendung des Spoolerpakets *lprng* zu empfehlen.

Weiter stehen zwei unterschiedliche Filtersysteme zur Verfügung, nämlich das Paket *apsfilter* sowie das Paket *magicfilter*. Es ist nicht so einfach möglich, eine Empfehlung für eines der beiden Pakete abzugeben, weil die beiden Systeme zum Teil unterschiedliche Drucker unterstützen und die Wahl deswegen u. U. von der vorhandenen Hardware abhängig gemacht werden muss. Beide System ermöglichen die automatische Konvertierung einer Vielzahl von Eingabeformaten in ein vom Drucker verstandenes Ausgabeformat. Traditionell ist *magicfilter* das unter Debian weiter verbreitete Paket.

Wenn Sie sich für *lprng* und *magicfilter* entscheiden und das System mit allen Filterprogrammen installieren wollen, können Sie den folgenden Befehl verwenden um die dazu benötigten Pakete zu installieren. Dafür werden ungefähr 55 MB Speicherplatz auf der Festplatte benötigt:

```
debian:~# apt-get install lprng gs tetex-bin netpbm libjpeg-progs
   libtiff-tools enscript recode djtools
```

Ca. 35 MB Speicherplatz lässt sich einsparen, wenn bei dem Befehl auf die Installation des Pakets *tetex-bin* verzichtet wird. Es besteht dann allerdings keine Möglichkeit, DVI-Dateien (Ausgabeformat von TeX und LaTeX) am Bildschirm zu betrachten oder diese auszudrucken.

Zur Installation des Systems *lprng* und *apsfilter* können Sie den als nächstes gezeigten Befehl benutzen (benötigter Festplattenplatz ca. 60 MB). Auch hier kann u. U auf die Installation von *tetex-bin* verzichtet werden.

```
debian:~# apt-get install lprng apsfilter gs tetex-bin a2ps transfig
   netpbm mailx
```

⇒Eine relativ neue Alternative zu den Paketen *lpr* oder *lprng* stellt das so genannte Common UNIX Printing System (CUPS) dar. Mehr Informationen darüber finden Sie im Internet unter http://www.cups.org. Das System steht unter Debian mit dem Paket *cupsys* zur Verfügung.

9.2.3 Konfiguration

Die wichtigste Konfigurationsdatei für den Spooler ist die Datei */etc/printcap*. In dieser Datei wird u. a. definiert, welche Drucker auf dem System zur Verfügung stehen, an welche Schnittstellen diese angeschlossen sind, bzw. an welche fremden Rechner, falls es sich nicht um lokale Drucker handelt. Außerdem wird hier spezifiziert, welche Filterprogramme aufgerufen werden, bevor ein Druckauftrag tatsächlich gedruckt wird. Das Format dieser Datei ist in der Manualseite *printcap* im Abschnitt 5 des Manualsystems beschrieben.

In vielen Situationen ist es allerdings nicht notwendig, die Einträge in der Datei manuell anzulegen. Vielmehr beinhalten die Paket *apsfilter* und *magicfilter* jeweils ein Skript, mit welchem die Druckerkonfiguration komfortabel durchgeführt werden kann. Neben der Einrichtung der Filter für Ihren Drucker kümmern sich die Skripte auch um die entsprechenden Einträge in der Datei */etc/printcap*.

Konfiguration von *magicfilter* Dieses Filtersystem wird über das Skript *magicfilterconfig* eingerichtet. *magicfilterconfig* prüft zunächst, ob die Datei */etc/printcap* bereits vorhanden ist und beendet sich mit einer entsprechenden Meldung, falls dies der Fall ist. Wenn die Datei noch nicht vorhanden ist oder das Skript mit dem Parameter *--force* aufgerufen wird, startet es die Druckerkonfiguration. Geben Sie also den folgenden Befehl ein, um eine neue Druckerkonfiguration anzulegen (eine eventuell vorhandene alte Konfiguration geht dabei verloren):

```
debian:~# magicfilterconfig --force
```

magicfilterconfig erfragt dann für eine beliebige Anzahl von Druckern eine Reihe von Informationen. Hierbei erscheinen in eckigen Klammern Vorgabewerte, die durch die Betätigung der EINGABE-Taste übernommen werden können. Jede Eingabe muss ebenfalls mit dieser Taste bestätigt werden, sobald sie abgeschlossen ist. Korrekturen können mit der ZURÜCK-Taste durchgeführt werden.

Zunächst ist der Name anzugeben, unter dem der Drucker künftig angesprochen werden soll, also beispielsweise *HP Laserjet 1100* oder *Canon BJC4000*. Nach Betätigung der EINGABE-Taste muss eine Abkürzung für diesen Namen angegeben werden, in der Regel möchte man sich und anderen Benutzern nämlich nicht zumuten, in Zukunft immer den vollen Namen eingeben zu müssen. Hier sind Eingabewerte wie *hp1100* oder *bjc4* in Betracht zu ziehen.

Weiter ist die Gerätedatei anzugeben, durch welche die Schnittstelle repräsentiert wird, an die der Drucker angeschlossen ist. Die meisten Drucker werden heute über eine parallele Schnittstelle an den Rechner angeschlossen. Einige Drucker werden jedoch auch über serielle Schnittstellen verbunden. Tabelle 9.2.3 listet die Gerätedateinamen für die gebräuchlichsten seriellen und parallelen Schnittstellen auf.

Schnittstelle	Gerätedatei
Erste parallele Schnittstelle (Unter DOS LPT1)	/dev/lp0
Zweite parallele Schnittstelle (Unter DOS LPT2)	/dev/lp1
Dritte parallele Schnittstelle (Unter DOS LPT3)	/dev/lp2
Vierte parallele Schnittstelle (Unter DOS LPT4)	/dev/lp3
Erste serielle Schnittstelle (Unter DOS COM1)	/dev/ttyS0
Zweite serielle Schnittstelle (Unter DOS COM2)	/dev/ttyS1
Dritte serielle Schnittstelle (Unter DOS COM3)	/dev/ttyS2
Vierte serielle Schnittstelle (Unter DOS COM4)	/dev/ttyS3

Tabelle 9: Schnittstellen für Drucker.

Wenn Ihr Drucker also beispielsweise an die erste parallele Schnittstelle (unter DOS *LPT1*) angeschlossen ist, so würden Sie die entsprechende Frage mit */dev/lp0* beantworten. Im folgenden muss *magicfilter* wissen, welchen Filter es für den zu verwendenden Drucker benutzen soll. Die Wahl des Filters ist zum einen natürlich abhängig von Modell und Fähigkeiten des Druckers, zum anderen können für einige Drucker auch unterschiedliche Filter benutzt werden, die sich beispielsweise hinsichtlich der Auflösung des Ausdrucks unterscheiden. In solchen Fällen ist es durchaus möglich und empfehlenswert, zwei oder mehrere „virtuelle" Drucker zu definieren, wobei beispielsweise der eine schwarz-weiß und der andere in Farbe oder in einer höheren Auflösung druckt, beide jedoch den selben realen Drucker repräsentieren.

In der Tabelle 10 sind die zur Zeit von *magicfilter* unterstützten Drucker mit den entsprechenden Filtern aufgelistet. Bedenken Sie, dass es sich hier in vielen Fällen um Druckerfamilien handelt: Sollte Ihr Drucker nicht explizit in der Tabelle aufgeführt sein, so sollten Sie in der Dokumentation Ihres Druckers nachsehen, mit welchem der aufgeführten Drucker Ihrer kompatibel ist. Falls dies nicht möglich ist, können Sie auch versuchen, einen Filter für einen Drucker aus der gleichen Familie, also beispielsweise *bj600* für einen Canon BJC-4000, zu verwenden. Falls Ihr Drucker PostScript-fähig ist, wählen Sie den Filter nach der gewünschten bzw. vom Drucker unterstützten Auflösung und danach aus, ob der Drucker Farbdruck unterstützt oder nicht.

Druckertyp	Filter
Canon BubbleJet 10E	bj10e
Canon BubbleJet 200	bj200
Canon BubbleJet 600	bj600
Canon BubbleJet 600 Draft-Modus	bj600_draft
Canon BubbleJet 610	bj610
Canon BubbleJet 800	bj800
Canon BubbleJet 800 Draft-Modus	bj800_draft
Canon LBP-8II Laserdrucker	lbp8
300 dpi PostScript Farbe und ASCII-Text	cps300
400 dpi PostScript Farbe und ASCII-Text	cps400
	Fortsetzung auf der nächsten Seite

Fortsetzung der vorherigen Seite	
Druckertyp	**Filter**
600 dpi PostScript Farbe und ASCII-Text	cps600
300 dpi PostScript Farbe	cpsonly300
400 dpi PostScript Farbe	cpsonly400
600 dpi PostScript Farbe	cpsonly600
300 dpi PostScript Schwarz-Weiß und ASCII-Text	ps300
400 dpi PostScript Schwarz-Weiß und ASCII-Text	ps400
600 dpi PostScript Schwarz-Weiß und ASCII-Text	ps600
300 dpi PostScript Schwarz-Weiß	psonly300
400 dpi PostScript Schwarz-Weiß	psonly400
600 dpi PostScript Schwarz-Weiß	psonly600
HP DeskJet vor 500 (z. B. Deskjet 450)	deskjet
HP DeskJet 500 Schwarz-Weiß (auch Deskjet 500C mit Schwarz-Weiß Patrone)	dj500
HP DeskJet 500 Farbdrucker mit CMY Patrone	dj500c
HP DeskJet 500 mit CMY und Schwarz-Weiß Patrone	dj550c
HP DeskJet 690c Farbdrucker höchste Qualität	dj690c-best
HP DeskJet 690c Farbdrucker normale Qualität	dj690c
HP DeskJet 690c Farbdrucker niedrige Qualität	dj690c-low
Epson 9-pin (oder kompatibel) Schwarz-Weiß	epson9
Epson 9-pin (oder kompatibel) Farbdrucker	epson9c
Epson LQ Schwarz-Weiß	epsonlq
Epson LQ Farbdrucker	epsonlqc
IBM ProPrinter	ibmpro
IBM JetPrinter 3852	jetp3852
DEC LA-50	la50
DEC LA-75	la75
DEC LJ250	lj250
DEC LN-03	ln03
HP LaserJet mit 1.5 MB oder mehr RAM	laserjet
HP LaserJet mit weniger als 1.5 MB RAM	laserjetlo
HP LaserJet IID/IIP mit 1.5 MB oder mehr RAM	ljet2p
HP LaserJet IID/IIP weniger als 1.5 MB RAM	ljet2plo
HP LaserJet III	ljet3
HP LaserJet 4 (600 dpi) ohne PostScript (z. B. LJ 4P, 4, 4+, 4V oder 4Si ohne PostScript)	ljet4
HP LaserJet 4 (300 dpi) ohne PostScript (z. B. LJ 4L)	ljet4l
HP LaserJet 4 (300 dpi) mit PostScript (z. B. LJ 4MP, 4M, 4M+, 4MV oder 4SiMX or 4P, 4, 4+, 4V oder 4Si mit PostScript).	ljet4m
HP LaserJet 4 (300 dpi) mit PostScript (z. B. LJ 4ML).	ljet4ml
HP Laserjet + oder II mit 1.5 MB oder mehr RAM	ljetplus
HP Laserjet + oder II mit weniger als 1.5 MB RAM	ljetpluslo
	Fortsetzung auf der nächsten Seite

Fortsetzung der vorherigen Seite	
Druckertyp	**Filter**
HP Laserjet 4050 (1200 dpi und PostScript)	ljet4050
HP PaintJet	pj
HP PaintJet XL	pjxl
HP PaintJet XL 300	pjxl300
C.Itoh M8510	m8510
NEC P6, P6+ und P60	necp6
OKI 182	oki182
Ricoh 4081 Laserdrucker	r4081
Epson Stylus	stylus800
Epson Stylus Color 1520 Farbdrucker 1440 dpi	StylusColor-1520@1440dpi
Epson Stylus Color 360 dpi	StylusColor@360dpi
Epson Stylus Color 720 dpi	StylusColor@720dpi
Epson Stylus Color 500 360 dpi	StylusColor-500@360dpi
Epson Stylus Color 500 720 dpi	StylusColor-500@720dpi
Epson Stylus Color 600 360 dpi	StylusColor-600@360dpi
Epson Stylus Color 600 720 dpi	StylusColor-600@720dpi
Epson Stylus Color 600 1440 dpi	StylusColor-600@1440dpi
Epson Stylus Color 800 360 dpi	StylusColor-800@360dpi
Epson Stylus Color 800 720 dpi	StylusColor-800@720dpi
Epson Stylus Color 800 1440 dpi	StylusColor-800@1440dpi
Epson Stylus Color II und IIs 360 dpi	StylusColor-II-IIs@360dpi
Epson Stylus Color II 720 dpi	StylusColor-II@720dpi
Epson Stylus Color IIs 720 dpi	StylusColor-II@720dpi
Epson ESC/P2 (z. B. Stylus Color) Farbdrucker mit 360 dpi	stylus_color_360dpi
Epson ESC/P2 (z. B. Stylus Color) Farbdrucker mit 720 dpi	stylus_color_720dpi
Tektronix 4693	tek4693
Tektronix 4695/4696	tek4696

Tabelle 10: Von *magicfilter* unterstützte Druckertypen.

Nach Eingabe des Filters ist die Druckerkonfiguration abgeschlossen. Sie erhalten nun die Möglichkeit, einen weiteren Drucker einzurichten. Wenn dies nicht gewünscht wird, ist das Wort *done* einzugeben.

Daraufhin erscheint eine Liste aller von Ihnen definierten Drucker, wobei der Standarddrucker, also der Drucker auf den gedruckt wird, wenn in Zukunft kein Drucker explizit angegeben wird, mit einem Stern am Ende der Zeile gekennzeichnet ist. Wenn Sie mehr als einen Drucker angegeben haben, erhalten Sie die Möglichkeit, den Standarddrucker zu ändern. Sollten Sie dies wünschen, geben Sie Y ein und danach den Kurznamen des Druckers, den Sie in Zukunft als Standarddrucker verwenden möchten.

Als letztes erscheint die Frage *Is this ok?* Wenn Sie diese Frage mit Y beantworten, wird die Druckerkonfiguration gesichert. Falls Sie einen Fehler gemacht haben, können Sie hier N angeben, woraufhin mit der Konfiguration von vorne begonnen wird.

Dann hält *magicfilterconfig* den Spooler an, schreibt die Datei */etc/printcap* und startet den Spooler danach erneut, so dass die Änderungen sofort wirksam werden.

Achtung: Falls während des Installationsprozesses *magicfilter* konfiguriert wird, bevor der Spooler installiert ist, wird während der Installation des Spoolers erfragt, ob die bereits erzeugte Datei */etc/printcap* durch die Version im Spoolerpaket ersetzt werden soll. Diese Frage müssen Sie unbedingt verneinen, damit die mit *magicfilterconfig* erzeugte Dokumentation nicht überschrieben wird.

Konfiguration von *apsfilter* Während der Installation von *apsfilter* wird erfragt, ob das Paket sofort konfiguriert werden soll. Alternativ kann die Konfiguration später durchgeführt werden, indem der folgende Befehl eingegeben wird:

```
debian:~# apsfilterconfig
```

Daraufhin erscheint ein Bildschirm, wie er in Abbildung 29 dargestellt ist.

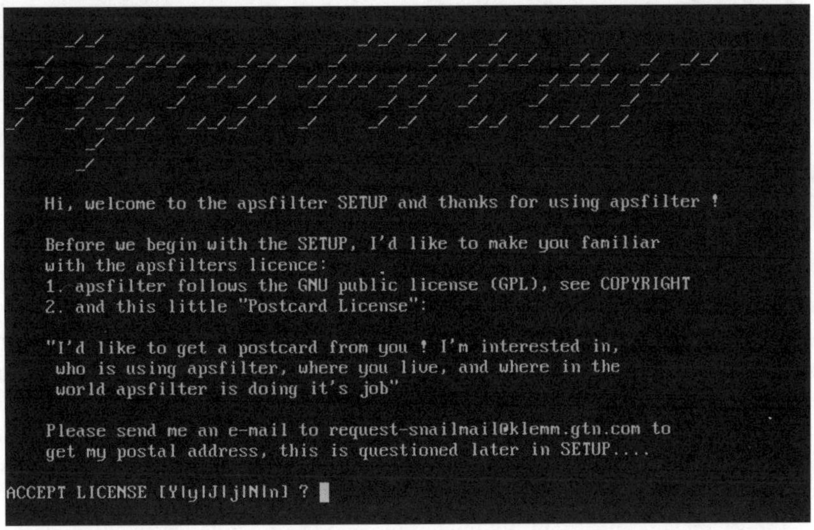

Abbildung 29: Konfiguration des Druckfiltersystems *apsfilter*.

Im ersten Schritt müssen Sie der Lizenz des Programms zustimmen. Das Programm steht unter der GPL, außerdem bittet der Autor von *apsfilter* darum, dass Sie ihm eine Postkarte schicken. Wählen Sie *Y*, um die Lizenz zu akzeptieren. Sie werden danach gefragt, ob Sie von dem betreffenden System aus E-Mail versenden können, also ob auf Ihrem System ein MTA installiert ist, mit dem E-Mail an andere Rechner versendet werden kann (siehe Seite 562). Wenn Sie diese Frage mit *Y* beantworten, erkundigt sich das Programm nach Ihrer E-Mail-Adresse und schickt dann eine Mail an den Autor des Programms. Sie sollten später eine Nachricht bekommen, in der sich die postalische Adresse des Autors befindet, an die Sie eine Postkarte schicken sollen. Falls Sie dies nicht wünschen, geben Sie einfach an, von dem System keine Mail versenden zu können.

Das Programm untersucht danach, welche Programme zur Konvertierung von Druckjobs auf dem System vorhanden sind. Währenddessen müssen Sie u. U. ein paar mal EINGABE drücken. Danach erscheint ein Begrüßungsbildschirm, den Sie ebenfalls mit EINGABE quittieren müssen. Nach einem weiteren Bildschirm, in dem eine kurze Einführung zu dem Programm gegeben wird, erscheint das Hauptmenü des Programms, welches in Abbildung 30 zu sehen ist.

Aus den dort zur Verfügung stehenden Befehle wählen Sie aus, indem Sie den Buchstaben oder die Zahl eingeben, die sich vor dem gewünschten Befehl befindet und dann EINGABE drücken. Normalerweise sollten Sie die folgenden Schritte hintereinander abarbeiten:

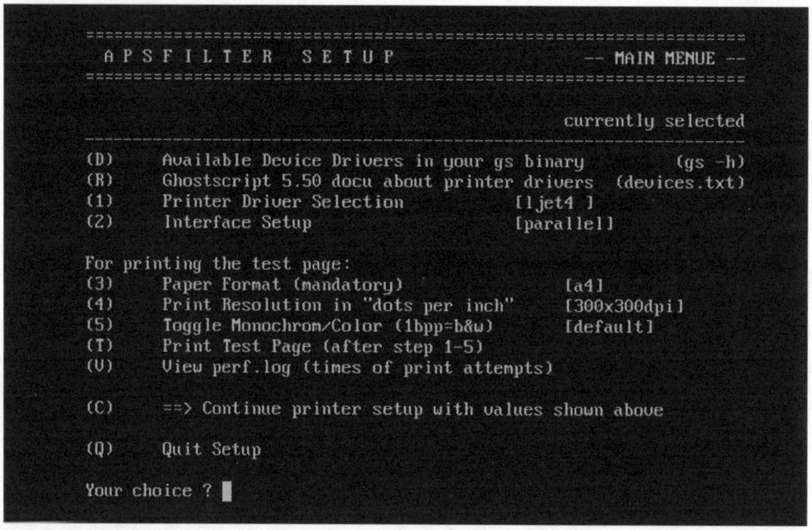

9. Konfiguration wichtiger Systemkomponenten

```
=================================================================
           A P S F I L T E R    S E T U P              -- MAIN MENUE --
=================================================================

                                                       currently selected

   (D)      Available Device Drivers in your gs binary        (gs -h)
   (R)      Ghostscript 5.50 docu about printer drivers   (devices.txt)
   (1)      Printer Driver Selection            [ljet4 ]
   (2)      Interface Setup                     [parallel]

   For printing the test page:
   (3)      Paper Format (mandatory)            [a4]
   (4)      Print Resolution in "dots per inch" [300x300dpi]
   (5)      Toggle Monochrom/Color (1bpp=b&w)   [default]
   (T)      Print Test Page (after step 1-5)
   (V)      View perf.log (times of print attempts)

   (C)      ==> Continue printer setup with values shown above

   (Q)      Quit Setup

   Your choice ? ▮
```

Abbildung 30: Hauptmenü des Programms *apsfilterconfig*.

1 – Printer Driver Selection Nach Auswahl dieses Befehls erscheint ein Menü, aus dem eine Druckerfamilie auszuwählen ist. Nach der Auswahl der Familie werden die dazu gehörenden Druckermodelle angezeigt. Aus der Liste ist dann der eigene Drucker auszuwählen. Wenn Sie sich nicht sicher sind, zu welcher Familie Ihr Drucker gehört, können Sie sich die einzelnen Listen anzeigen lassen, indem Sie jeweils eine Familie auswählen und aus der dann erscheinenden Liste **keinen** Drucker auswählen. Wenn Sie danach EINGABE drücken, erscheint wieder das Auswahlmenü der Druckerfamilien.

Beachten Sie, dass es hier nicht darum geht, einen Drucker auszuwählen, dessen Bezeichnung exakt der Bezeichnung Ihres Druckers entspricht. Vielmehr müssen Sie ein Modell auswählen, dass mit Ihrem Drucker kompatibel ist. Entsprechende Listen sollten sich in der Dokumentation Ihres Druckers befinden. Nach der Auswahl eines Druckers, müssen Sie Ihre Auswahl einmal bestätigen.

2 – Interface Setup Hier können Sie angeben, ob Ihr Drucker über eine serielle oder eine parallele Schnittstelle mit dem Rechner verbunden ist. In den allermeisten Fällen werden Drucker heute über eine parallele Schnittstelle verbunden. Nach der Auswahl des Schnittstellentyps ist bei parallelen Schnittstellen lediglich noch der Name der Gerätedatei anzugeben, durch welche die Schnittstelle auf dem System repräsentiert wird. Geben Sie hier z. B. */dev/lp0* für die erste parallele Schnittstelle (unter DOS LPT1) oder */dev/lp1* für die zweite parallele Schnittstelle (unter DOS LPT2) ein.

Falls Ihr Drucker über eine serielle Schnittstelle angeschlossen ist, sind u. U. einige zusätzliche Angaben zur Konfiguration der Schnittstelle notwendig. Deswegen erscheint dann ein weiteres Menü, welches diese Einstellungen ermöglicht. Sie müssen dort mindestens den Namen der Gerätedatei angeben, welche die entsprechende serielle Schnittstelle unterstützt. Dies ist z. B. */dev/ttyS0* für die erste serielle Schnittstelle (unter DOS COM1) oder */dev/ttyS1* für die zweite serielle Schnittstelle (unter DOS COM2).

3 – Page Format Hier können Sie das Papierformat beim Ausdruck einer Testseite angeben. Die Einstellung wirkt sich nicht auf den normalen Druckerbetrieb aus.

4 – Print Resolution Nach der Auswahl dieses Menüpunkts kann bestimmt werden, mit welcher Auflösung der Drucker arbeiten sollen. Selbstverständlich muss die gewählte Auflösung von Ihrem Drucker unterstützt werden. Im Zweifelsfall sollten Sie *d) back to default resolution...* auswählen oder in der Dokumentation Ihres Druckers nachsehen, welche Auflösungen dieser unterstützt. Unglücklicherweise müssen viele Drucker mit einer niedrigeren Auflösung betrieben werden, als es theoretisch möglich wäre, wenn die Geschwindigkeit des Druckers voll ausgenutzt werden soll. Ursache hierfür ist meist zu wenig Speicher im Drucker.

5 – Toggle Monochrome/Color Hier kann ausgewählt werden, mit welcher Farbtiefe der Drucker benutzt werden soll. Im allgemeinen wird empfohlen, hier mit der Voreinstellung (*d*) *default*) zu arbeiten.

T – Print Test Page Mit diesem Befehl können Sie die Druckereinstellungen überprüfen. Nach der Auswahl des Befehls muss im dann folgenden Bildschirm zunächst angegeben werden, dass die Testseite tatsächlich gedruckt werden soll. Danach gibt das Programm den Befehl aus, mit dem es die Seite druckt und fragt nach, ob dieser Befehl ausgeführt werden soll. Auf der Testseite befinden sich recht aufwendige PostScriptgraphiken, weswegen die Konvertierung in das Druckerformat bei langsameren Rechnern einen gewissen Zeitraum in Anspruch nehmen kann. Sobald die Konvertierung abgeschlossen ist, erscheint die Meldung *Printing test page* auf dem Bildschirm. Die Seite sollte dann ausgedruckt werden.

Wenn der Drucker nach einer angemessenen Zeit nicht reagiert und sichergestellt ist, dass er funktionsfähig, eingeschaltet und mit dem Rechner verbunden ist, müssen Sie das Programm abbrechen. Benutzen Sie hierzu die Tastenkombination STRG-C.

V – View perf.log Der Befehl zeigt an, wieviel Zeit zur Konvertierung der Testseite sowie zum Ausdrucken der Seite benötigt wurde.

C – Continue printer setup with values shown above Wählen Sie diesen Befehl aus, wenn Sie die Testseite erfolgreich drucken konnten. Sie werden dann u. U. gefragt, ob es sich bei dem Drucker um einen Farb- (*color*) oder einen Schwarz-Weiß- (*mono*) Modell handelt. Wählen Sie die Ihrem Drucker entsprechende Einstellung aus. Die Druckerkonfiguration wird dann erzeugt.

Nachdem die Konfiguration abgeschlossen ist, erscheinen hintereinander eine Reihe von Bildschirmen, in denen Hinweise und Informationen zu dem Programm und verschiedenen anderen Dingen ausgegeben werden. Lesen Sie die entsprechenden Texte und betätigen Sie die Taste EINGABE um zum jeweils nächsten Bildschirm zu gelangen. Sobald das Programm beendet ist, müssen Sie das Spoolersystem neu starten, damit die Veränderungen an der Konfiguration wirksam werden. Geben Sie dazu bei Verwendung von *lprng* diesen Befehl ein:

```
debian:~# /etc/init.d/lprng restart
```

Wenn Sie das Paket *lpr* benutzern, müssen Sie den Befehl entsprechend anpassen.

Im Verzeichnis */usr/share/doc/apsfilter* befindet sich eine Reihe von Dokumenten zu dem Programm. Bei Problemen sollten Sie zuerst die Datei *FAQ.gz* in diesem Verzeichnis lesen, sie enthält Antworten auf eine Reihe häufig gestellter Fragen und Lösungen für oft auftretende Probleme. Weitere Informationen finden Sie u. a. auf der Homepage des Programms, die unter der URL http://www.FreeBSD.org/~andreas/apsfilter/index.html erreicht werden kann.

Falls Sie dem System Programme hinzufügen, die von *apsfilter* als Filterprogramme benutzt werden können oder nachdem Sie solche Programme vom System entfernt haben, müssen Sie den folgenden Befehl ausführen:

```
debian:~# /usr/share/apsfilter/setup/filtersetup
```

Dadurch wird sichergestellt, dass *apsfilter* nicht versucht, Programme zu benutzen, die nicht mehr installiert sind und neu installierte Programme auch tatsächlich verwendet. Wenn Sie sich nicht sicher sind, ob ein installiertes oder entferntes Paket solche Programme enthält, sollten Sie den Befehl einmal aufrufen. Es werden dann die Namen der Programme ausgegeben, nach denen von *filtersetup* gesucht wird.

Testen der Konfiguration Nachdem Spooler und Filtersystem installiert und konfiguriert sind, sollten Sie das System zunächst mit PostScriptdateien testen. Ein Anzahl solcher Dateien, die Sie für diesen Zweck benutzen können, werden mit Ghostscript mitgeliefert. Diese Dateien befinden sich nach der Installation des Paketes *gs* bzw. *gs-aladdin* im Verzeichnis */usr/share/doc/gs/examples* oder */usr/doc/gs-aladdin/examples*. Um beispielsweise die Datei *escher.ps.gz* auszudrucken, wäre der folgende Befehl einzugeben:

```
joe@debian:~$ lpr /usr/share/doc/gs/examples/escher.ps.gz
```
Wenn Sie *gs-aladdin* benutzen, ist der Befehl natürlich entsprechend anzupassen.

9.2.4 Fehlerbehebung

Falls die zu druckende Datei nicht ausgedruckt wird, sollten Sie die folgenden Punkte überprüfen:

– Funktioniert der Drucker überhaupt? Ist er richtig angeschlossen? Falls neben Linux ein anderes Betriebssystem benutzt wird: Funktioniert das Drucken dort?
– Ist der Drucker On-Line geschaltet?
– Wird der Druckspooler ausgeführt. Sie können dies testen, indem Sie den folgenden Befehl eingeben:

```
joe@debian:~$ lpq
```

Wenn daraufhin nach einer gewissen Zeit die Meldung *Make sure the LPD server is running on the server* erscheint, bedeutet dies, dass der Spooler nicht erreicht werden kann, also wahrscheinlich nicht ausgeführt wird. Starten Sie den Spooler, indem Sie diesen Befehl eingeben:

```
debian:~# /etc/init.d/lprng start
```

Wenn Sie danach immer noch die selbe Fehlermeldung von *lpq* erhalten, müssen Sie die Netzwerkeinstellungen des Rechners überprüfen. Insbesondere sollten Sie dann überprüfen, ob das Loopback-Interface aktiviert ist (siehe S. 501)
– Kommt überhaupt etwas am Drucker an? Dies ist beispielsweise dann der Fall, wenn der Drucker anfängt zu blinken, sobald gedruckt wird oder 'wirre" Zeichenketten ausgegeben werden. Falls der Drucker nichts empfängt, ist zu überprüfen, ob (1) die richtige Gerätedatei angegeben wurde und (2) falls ein selbsterstellter Kernel eingesetzt wird, ob dieser die Unterstützung für parallele bzw. serielle Schnittstellen enthält.
– Falls der Drucker Daten empfängt, aber nichts sinnvolles druckt, muss u. U. ein anderer Druckertreiber benutzt werden. Konfigurieren Sie den Drucker dann mit *magicfilterconfig* oder *apsfilterconfig* neu. Eventuell ist es auch notwendig, den Drucker in einen speziellen Modus zu schalten, damit er die an ihn gesendeten Daten richtig interpretieren kann (Druckerhandbuch).

9.2.5 Hinweise zur Arbeit mit Druckern

Die Pakete *lpr* und *lprng* stellen beide eine Reihe von Kommandos zur Bedienung der Drucker zur Verfügung. Die folgenden Erläuterungen beziehen sich auf die *lprng*-Versionen der Kommandos. Die Bedienung beider Systeme ähnelt sich jedoch in vielerlei Hinsicht, so dass Sie die hier beschriebenen Befehle in ähnlicher Weise auch mit dem Paket *lpr* benutzen können. Wie viele Bestandteile eines UNIX/Linux-Systems, ist auch das Drucksystem nach dem so genannten Klient-/Server-Prinzip aufgebaut. Ein Programm (der Druckserver) kontrolliert den Drucker und nimmt von anderen Programmen (den Klienten) Druckjobs an. Druckserver und Druckklienten kommunizieren miteinander über ein IP-basiertes Netzwerkprotokoll, weswegen sich beide nicht auf dem selben Rechner zu befinden brauchen. Hinweise dazu, wie sie das Drucksystem im Netzwerk einsetzen können, finden Sie in Kapitel 17.7.9, S. 582.
Dies sind die wichtigsten Programme des Spoolsystems:

lpd Dies ist der Druckserver (Line Printer Daemon). Er wird während des Systemstarts über ein Startskript im Verzeichnis */etc/init.d* gestartet. Das Programm ist zum einen dafür zuständig, die verfügbaren Drucker zu kontrollieren. Zum anderen nimmt es Druckaufträge von Programmen auf dem selben Rechner oder über Netzwerkverbindungen entgegen. Außerdem kann es Druckjobs an andere Rechner weiterleiten.

lpr Dies ist das Klientprogramm, mit welchem die Druckjobs an *lpd* übergeben werden.
lpq Mit diesem Programm lässt sich der Status von Druckwarteschlangen anzeigen.
lprm Das Programm dient zum Löschen von Druckjobs, die noch nicht vollständig ausgedruckt wurden.
lpc Mit diesem Programm lassen sich unterschiedlicher Aufgaben zur Druckeradministration ausführen.

Drucken Um eine Datei auszudrucken, ist sie mit dem Programm *lpr* an den Druckserver zu übergeben. Beispiel:

```
joe@debian:~$ lpr datei.ps
```

Welche Dateitypen Sie direkt ausdrucken können, hängt von der Konfiguration des Druckfilters ab. Sowohl mit *magicfilter* als auch mit *apsfilter* sollten Sie in der Lage sein, eine große Anzahl gängiger Graphik- und Textformate direkt ausdrucken zu können, ohne die entsprechenden Dateien erst mit einem anderen Programm konvertieren zu müssen. Hinweise zur Konvertierung von Daten befinden sich u. a. im Printing-HOWTO (Datei */usr/share/doc/HOWTO/en-txt/Printing-HOWTO.txt.gz*, Paket *doc-linux-text*). Grundsätzlich sollten Sie versuchen, Dateien in das PostScript-Format zu konvertieren, um sie auszudrucken.

Wenn Sie mehrere Druckerdefinitionen in der Datei */etc/printcap* haben, können Sie den gewünschten Drucker beim Aufruf von *lpr* mit angeben. Hierzu ist die Option *-P* zu verwenden. Beispiel:

```
joe@debian:~$ lpr -Pcolor datei.ps
```

Der Befehl druckt die Datei *datei.ps* auf den Drucker, welcher in der Datei */etc/printcap* den Namen *color* erhalten hat. Eine Reihe weiterer wichtiger Parameter von *lpr* finden Sie im Referenzteil sowie in der Manualseite des Programms.

Anzeigen von Statusinformationen Nachdem ein Druckauftrag an den Spooler übergeben ist, wird er von diesem so lange aufbewahrt, bis er vollständig ausgedruckt ist. Der Befehl *lpq* dient dazu, die augenblicklich im Spooler befindlichen Aufträge anzuzeigen. Wenn *lpq* ohne weitere Parameter aufgerufen wird, zeigt das Programm die Aufträge für den Standarddrucker an. Auch *lpq* kann mit dem Parameter *-P* mitgeteilt werden, für welchen Drucker die wartenden Aufträge angezeigt werden sollen. Beispiel:

```
joe@debian:~$ lpq -Pcolor
```

Daraufhin erscheint eine Ausgabe, die sinngemäß der folgenden entspricht:

```
Printer: color@beethoven  'Color Printer'
 Queue: 1 printable job
 Server: pid 27973 active
 Unspooler: pid 27974 active
 Status: printing data file 'dfA972beethoven', size 31487 at 00:03:36.353
 Rank   Owner/ID              Class Job Files       Size Time
active  peter@beethoven+972    A    972 datei.ps    31487 00:03:36
2       karl@beethoven+998     A    998 brief.dvi   2127  00:09:19
3       heinz@beethoven+921    A    921 bild.jpg    123221 00:10:13
```

In der ersten Zeile wird angezeigt, auf welchen Drucker sich die Ausgabe bezieht. *color@beethoven* bedeutet dabei, dass sich die Ausgabe auf den Drucker *color*, welcher an den Rechner *beethoven* angeschlossen ist, bezieht. Darunter befinden sich verschiedene Statusinformationen und zu Schluss folgt die Liste der Druckjobs. In den einzelnen Spalten der Liste befinden sich die folgenden Informationen:

Rank Hier wird angezeigt, welcher Auftrag gerade gedruckt wird und in welcher Reihenfolge die nächsten Aufträge ausgedruckt werden sollen.

Owner/ID In dieser Spalte befinden sich der Benutzernamen der Auftraggeber sowie die Job-IDs der einzelnen Aufträge.

Class Hier werden die Prioritäten der einzelnen Aufträge angegeben. Die Priorität eines Auftrags lässt sich zusammen mit dem Befehl *lpr* beim Drucken eines Dokuments angeben. A entspricht der niedrigsten und Z der höchsten Priorität.

Job-ID Die Job-ID des Auftrags.

Files In dieser Spalte befinden sich die Originaldateinamen der auszudruckenden Daten, sofern diese bekannt sind.

Size Die Größe des Druckauftrags in Byte.

Time Die Uhrzeit, zu welcher der betreffende Auftrag abgeschickt wurde im Format Stunde:Minute:Sekunde

Sie können das Ausgabeformat des Befehls *lpq* mit verschiedenen Optionen beeinflussen. Durch die Option *-l* werden zusätzliche Statusinformationen mit ausgegeben, wobei um so mehr Informationen ausgegeben werden, je öfter die Option an der Kommandozeile wiederholt wurde. Beispiel:

```
joe@debian:~$ lpq -l -l -l
```

Mit der Option *-L* werden alle verfügbaren Statusinformationen angezeigt. Die Option *-s* reduziert die Ausgabe auf eine kurze Statusmitteilung. Mehr Informationen zu *lpq* finden Sie im Referenzteil sowie in der Manualseite zu dem Programm.

Löschen von Druckaufträgen Mit dem Befehl *lprm* können Druckaufträge gelöscht werden, die sich in der Warteschlange befinden. Standardmäßig darf der Systemadministrator alle Druckaufträge löschen oder anderweitig beeinflussen, während normale Benutzer nur Ihre eigenen Aufträge wiederrufen können.

Ebenso wie mit den Befehlen *lpr* und *lpq* kann auch bei *lprm* mit der Option *-P* angegeben werden, von welchem Drucker Aufträge entfernt werden sollen. Wenn die Option nicht benutzt wird, dann werden die Aufträge vom Standarddrucker entfernt. Mit der Option *-a* kann angegeben werden, dass Druckaufträge von allen Druckern gelöscht werden sollen.

Dem Befehl *lprm* muss natürlich angegeben werden, welche Druckaufträge entfernt werden sollen. Dazu können u. a. die Job-IDs, welche von *lpq* ausgegeben werden, benutzt werden. Weiter ist es möglich, einen Benutzernamen anzugeben, wodurch alle Druckaufträge des betreffenden Benutzers entfernt werden. Wenn das Schlüsselwort *all* angegeben wird, werden alle Druckjobs entfernt, sofern die Berechtigung dazu vorhanden ist. Hier einige Beispiele:

```
lprm 231
```

Der Befehl löscht den Auftrag mit der ID 231.

```
lprm -Pcolor kurt
```

Der Befehl löscht alle Aufträge des Benutzers *kurt*, die auf dem Drucker *color* ausgegeben werden sollen.

```
lprm -a all
```

Es werden alle Druckjobs des aufrufenden Benutzers auf allen Druckern gelöscht. Falls der Befehl vom Administrator benutzt wird, werden alle Druckjobs überhaupt gelöscht.

Weitere Hinweise zur Verwendung von *lpq* finden Sie im Referenzteil sowie in der Manualseite zu dem Programm.

Kontrolle von Druckern und Druckaufträgen Der Befehl *lpc* ermöglicht die Kontrolle und Administration von Druckern. Mit diesem Werkzeug ist es beispielsweise möglich, die Priorität von Druckaufträgen zu verändern, Aufträge von einem Drucker zu einem anderen zu verschieben, einzelne Drucker ein- oder auszuschalten oder zu bewirken, dass bestimmte Aufträge nicht gedruckt werden, ohne sie zu löschen.

Nach dem Aufruf des Programms durch Eingabe des Befehls *lpc* meldet sich das Programm mit einer eigenen Eingabeaufforderung, an der Sie spezielle Befehle zur Manipulation der Drucker und Druckaufträge eingeben können. Eine Übersicht der verfügbaren Befehle wird ausgegeben, wenn Sie den Befehl *help* eingeben. Sie können das Programm durch einen der Befehle *exit* oder *quit* wieder verlassen. Bevor Sie mit *lpc* arbeiten, sollten Sie die Manualseite des Programms lesen.

9.2.6 Weiterführende Information zur Druckerverwaltung

Programme zur Arbeit mit Druckern Unter Debian stehen eine Reihe weiterer Programme zur Druckerverwaltung und -Administration zur Verfügung. Hier eine Übersicht über die wichtigsten Pakete:

printtool Das Paket enthält das Programm zur Druckereinrichtung der Linux-Distribution Red Hat. Es zeichnet sich vor allem dadurch aus, dass mit dem Programm leicht Einträge in der Datei */etc/printcap* definiert werden können, mit denen auf Drucker an Windows- oder Netware-Rechnern gedruckt werden kann.

djtools In diesem Paket finden Sie einige Werkzeuge zur Kontrolle von Druckern der Deskjet-Reihe von HP.

rlpr Das Paket enthält ein Programm, mit welchem Dateien auf einen Drucker an einem anderen Rechner ausgegeben werden können, ohne dass ein entsprechender Eintrag in der Datei */etc/printcap* benötigt wird.

printop Das Paket enthält ein Programm zur Visualisierung der Druckerwarteschlangen sowie zur Manipulation von Druckjobs mit der Maus (siehe Abbildung 31).

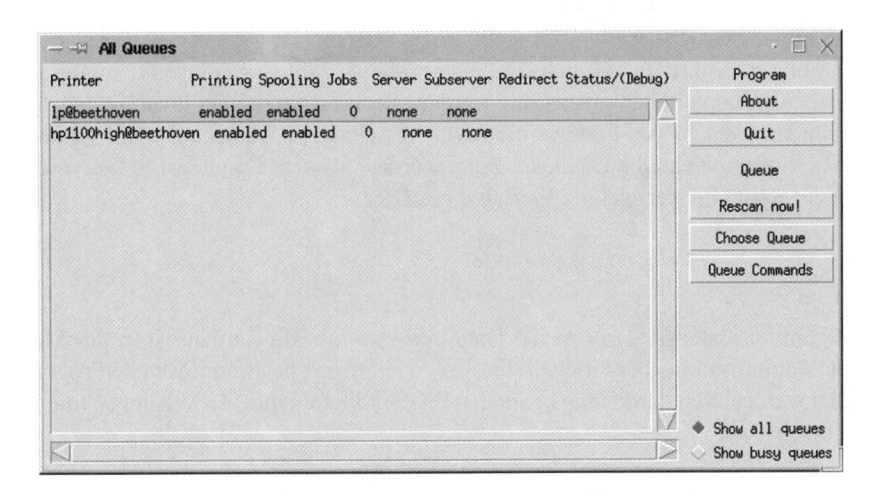

Abbildung 31: Graphische Visualisierung und Manipulation von Druckerwarteschlangen mit *printop*.

Dokumentation Zum Thema Drucken unter Linux stehen eine Menge unterschiedlicher Dokumente zur Verfügung. Im Paket *doc-linux-text* befinden sich zwei HOWTOs zu dem Thema, nämlich das Printing-HOWTO, welches eher auf die Einrichtung von Druckern eingeht sowie das *Printing-Usage-HOWTO*, das sich verschiedenen Aspekten der Benutzung von Druckern unter Linux widmet (beide HOWTOs liegen im Verzeichnis */usr/share/doc/HOWTO/en-txt* wenn das Paket *doc-linux-text* installiert ist).

Im Paket *gs-aladdin-manual* befindet sich das Handbuch des PostScript-Interpreters *Ghostscript*. Hier gibt es sogar eine deutschsprachige Version, welche Sie im Paket *gs-aladdin-manual-de* finden. Eine Anleitung zur Konfiguration von *lprng* sowie zur Arbeit mit dem System finden Sie in dem Paket *lprng-doc*. Dieses Paket enthält Dokumentation im HTML-Format, das Inhaltsverzeichnis befindet sich in der Datei */usr/share/doc/lprng-doc/html/LPRng-HOWTO.html*.

9.3 Cron: Regelmäßiges Ausführen von Programmen

9.3.1 Einleitung

Aus verschiedenen Gründen ist es notwendig, einige Programme in regelmäßigen Abständen aufzurufen. Ein Beispiel hierfür ist das Programm *locate* (S. 673). Das Programm wird dazu benutzt, Dateien und Verzeichnisse auf dem Rechner zu suchen. Im Gegensatz zu *find* (S. 656) durchsucht *locate* das Dateisystem nicht selbst, sondern benutzt eine Datenbank, in der die Namen aller auf dem System vorhandenen Dateien enthalten sind. Dieses Verfahren bietet gegenüber *find* einen deutlichen Geschwindigkeitsvorteil. Auf der anderen Seite ist es jedoch notwendig, die von *locate* benutzte Datenbank regelmäßig zu aktualisieren, damit dass Programm Dateien finden kann, die auch tatsächlich auf dem System vorhanden sind. Zur Aktualisierung der *locate*-Datenbank wird das Programm *updatedb* benutzt.

Man könnte *updatedb* nun gelegentlich manuell aufrufen, etwa nachdem Pakete neu installiert oder von dem System entfernt worden sind. Dann besteht allerdings schnell die Gefahr, dass man es doch einmal vergisst. Weil die Datenbankaktualisierung außerdem eine gewisse Last auf dem Rechner erzeugt, wäre es weiter sinnvoll, *updatedb* automatisch und regelmäßig zu einem Zeitpunkt auszuführen, zu dem wahrscheinlich kaum jemand mit dem Rechner arbeitet (beispielsweise um 6 Uhr morgens).

Aus diesem Grund gibt es das Paket *cron*. Es stellt einen Daemon-Prozess zur Verfügung, der Programme in regelmäßigen Intervallen ausführt. Tatsächlich sind eine große Anzahl von Paketen darauf angewiesen, dass gelegentlich bestimmte Aufräumarbeiten ausgeführt werden. So müssen Protokolldateien regelmäßig durch neue ersetzt werden, damit sie nicht zu viel Platz verbrauchen, verschiedene Datenbanken müssen aktualisiert werden oder Backups von besonders wichtigen Dateien erzeugt werden[1]. Dieser Daemon-Prozess wird – wie andere Systemdienste – über ein Skript im Verzeichnis */etc/init.d* gestartet.

9.3.2 Konfiguration

Die zentrale Konfigurationsdatei für *cron* ist die Datei */etc/crontab*. Ihr Aufbau ist in der Manualseite *crontab* im Abschnitt 5 des Manualsystems beschrieben. In dieser Datei wird bestimmt, welche Programme zu welchem Zeitpunkt ausgeführt werden. Standardmäßig befinden sich dort die folgende Anweisungen (die Sie normalerweise nicht ändern sollten):

- Täglich um 6:25 Uhr werden alle Programme und Skripte ausgeführt, die sich im Verzeichnis */etc/cron.daily* befinden.
- Jeweils Sonntags um 6:47 Uhr werden alle Programme und Skripte ausgeführt, die sich im Verzeichnis */etc/cron.weekly* befinden.
- Am ersten Tag in jedem Monat um 6:52 werden alle Programme und Skripte ausgeführt, die sich im Verzeichnis */etc/cron.monthly* befinden.

---

[1] So befinden sich im Verzeichnis */var/backups* immer Sicherheitskopien der Benutzer- und Gruppendateien */etc/passwd* und */etc/group* sowie einiger anderer wichtiger Dateien.

9.3 Cron: Regelmäßiges Ausführen von Programmen

Tatsächlich werden diese Skripte nur dann zu den angegebenen Zeiten ausgeführt, wenn das Paket *anacron* nicht installiert ist. Dazu später mehr. Die Einträge in der Datei haben das folgende Format:

```
Minute Stunde Tag-im-Monat Monat Wochentag Benutzer Befehl [Argumente]
```

Mit *Minute* und *Stunde* wird die Uhrzeit angegeben, zu welcher der betreffende Befehl ausgeführt werden soll. Mit *Tag-im-Monat*, *Monat* und *Wochentag* kann angegeben werden, an welchen Tagen der Eintrag berücksichtigt werden soll. Beim Wochentag entspricht die Zahl 1 Montag, für Sonntag kann sowohl 0 als auch 7 angegeben werden. Für jedes dieser Felder kann ein Stern (*) eingesetzt werden. Die Folge ist, dass der entsprechende Befehl zu jeder Minute oder Stunde, bzw. an jedem Tag ausgeführt wird. Mit *Benutzer* wird angegeben, unter wessen Benutzer-ID der betreffende Befehl ausgeführt werden soll. Danach folgt der Befehl in der selben Form, wie er an der Kommandozeile eingegeben wird, u. U. mit Argumenten. Beachten Sie, dass es gegebenenfalls notwendig ist, den Namen eines aufzurufenden Programms mit absolutem Pfadnamen anzugeben, damit es von *cron* gefunden wird. Zu Beginn der Datei befindet sich eine *PATH=*-Anweisung, aus der hervorgeht, welche Verzeichnisse automatisch durchsucht werden, wenn kein absoluter Pfad- und Dateiname angegeben wurde. Hier drei Beispiele:

```
0 * * * * root echo "hallo Admin!"
```

Zu jeder vollen Stunden wird der Befehl *echo "hallo Admin!"* ausgeführt. Beachten Sie, dass die Ausgaben von *cron*-Aufträgen (wie hier also *hallo Admin!*) per Mail an den aufrufenden Benutzer geschickt werden. Voraussetzung hierfür ist allerdings ein funktionsfähig eingerichtetes Mail-Transport-Programm (siehe S. 562).

```
* 3 * * * root reboot
```

Täglich um 3 Uhr morgens wird der Rechner neu gestartet.

```
* 5 * * 7 root /usr/local/sbin/backupscript full
```

Jeden Sonntag wird um 5 Uhr morgens das Skript */usr/local/sbin/backupscript* ausgeführt. Es wird mit dem Parameter *full* aufgerufen.
In vielen Fällen müssen Aktionen mehrmals täglich zu unterschiedlichen Uhrzeiten ausgeführt werden. Aus diesem Grund ist es möglich, Bereiche von Zeiten, Aufzählungen unterschiedlicher Zeitpunkte sowie Intervalle von Zeitpunkten zu spezifizieren. Hierzu noch zwei Beispiele:

```
0,15,30,45 8-17 * * 1-5 root lpq -a
```

An den Wochentagen Montag bis Freitag soll zwischen 8 und 17 Uhr alle 15 Minuten der Befehl *lpq* mit dem Parameter *-a* aufgerufen werden.

```
10 10-17/2 * * 6,7 kurt ping -c 1 -q rechner2
```

Sonnabends und Sonntags soll im Zeitraum zwischen 10 und 17 Uhr alle zwei Stunden der Befehl *ping -c 1 -q rechner2* unter der Benutzer-ID des Benutzers *kurt* ausgeführt werden und zwar jeweils 10 Minuten nach einer vollen Stunde.
Beachten Sie, dass sich jede *crontab*-Anweisung in einer eignen Zeile befinden muss. Die Datei kann auch Kommentare enthalten, denen ein Doppelkreuz (#) vorangestellt sein muss oder leere Zeilen, die nicht beachtet werden. Im Unterschied zu den meisten anderen Systemdiensten braucht *cron* nicht neu gestartet zu werden, wenn die Datei */etc/crontab* geändert wurde. Das Programm liest den Inhalt der Datei automatisch neu ein, wenn er sich geändert hat. Mehr Informationen zu dieser Datei finden Sie in der Manualseite *crontab* im Abschnitt 5 des Manualsystems.
Eine Debian-Besonderheit ist das Verzeichnis */etc/cron.d*. In diesem Verzeichnis können Dateien abgelegt werden, deren Inhalt genauso wie der Inhalt der Datei */etc/crontab* aufgebaut sein muss. Diese Dateien werden von *cron* ebenfalls automatisch berücksichtigt. Es ist zu empfehlen, eigene Aufträge in einer Datei in diesem Verzeichnis (etwa */etc/cron.d/local*) zu definieren, damit die Datei */etc/crontab* nicht verändert wird und bei Systemaktualisierungen automatisch ausgetauscht werden kann.

9.3.3 Gewöhnliche Benutzer und *cron*

Neben dem Systemadministrator dürfen auch gewöhnliche Benutzer den *cron*-Daemon benutzen. Weil Sie die Datei */etc/crontab* natürlich nicht selbst verändern dürfen, müssen sie ein spezielles Programm benutzen, mit dem diese Ihre eigenen *crontab*-Dateien bearbeiten können. Dieses Programm trägt ebenfalls den Namen *crontab*, es ist im Referenzteil (auf Seite 647) sowie in einer Manualseite beschrieben.

Achtung: Die *crontab*-Dateien der Benutzer unterscheiden sich von den Einträgen in */etc/crontab* dadurch, dass das Feld mit dem Benutzernamen fehlt. Dieses Feld ist hier nicht notwendig, weil Aufträge von Benutzern immer mit der Benutzer-ID des betreffenden Benutzers ausgeführt werden.

Durch die Dateien */etc/cron.allow* und */etc/cron.deny* lässt sich einschränken, welche Benutzer *cron* verwenden dürfen. Falls die Datei */etc/cron.allow* existiert, dürfen nur solche Benutzer *cron* verwenden, deren Namen in die Datei eingetragen sind. Wenn die Datei */etc/cron.deny* existiert, dürfen nur solche Benutzer von *cron* Gebrauch machen, deren Namen nicht in die Datei eingetragen sind. Standardmäßig existieren beide Dateien nicht und jeder Benutzer darf das Programm *crontab* verwenden.

9.3.4 Cron und das Ausschalten von Rechnern (*anacron*)

Das *cron*-Konzept geht davon aus, dass der Rechner durchgehend läuft. Dies ist jedoch bei vielen Heimcomputern oder bei Laptops oft nicht der Fall. Die Folge ist, dass wichtige Programme zur Pflege des Systems u. U. nie ausgeführt werden, weil der Rechner zum betreffenden Zeitpunkt nicht eingeschaltet ist. Als Konsequenz liefert dann beispielsweise das Programm *locate* falsche Ergebnisse, Protokolldateien werden nicht mehr erneuert und verbrauchen deswegen viel zu viel Festplattenplatz und Backups von wichtigen Dateien werden nicht erstellt.
Dieses Problem wird von dem Paket *anacron* gelöst. Sie sollten es installieren, wenn Ihr Rechner normalerweise innerhalb von 24 Stunden ein- oder mehrmals abgeschaltet wird. Programme, welche von *anacron* ausgeführt werden sollen, werden in der Datei */etc/anacrontab* aufgelistet. Einträge in dieser Datei haben das folgende Format:

```
Tage Verzögerung Bezeichnung Befehl Argumente
```

Mit *Tage* wird hier angegeben, nach jeweils wievielen Tagen dar betreffende Befehl aufgerufen werden soll. *Verzögerung* erlaubt es anzugeben, wieviel Minuten nach dem Start von *anacron* der Befehl frühestens ausgeführt werden darf, nachdem *anacron* gestartet worden ist. Zweck dieses Feldes ist es, zu verhindern, dass unmittelbar nach dem Systemstart (wenn *anacron* aufgerufen wird) eine sehr hohe Systemlast erzeugt wird. Mit *Bezeichnung* ist eine eindeutige Bezeichnung für den Eintrag zu vergeben und mit *Befehl* und *Argumente* wird bestimmt, welches Programm mit welchen Parametern aufgerufen werden soll.
Standardmäßig enthält die Datei Einträge, mit denen sichergestellt wird, dass die Skripte und Programme in den Verzeichnissen */etc/cron.daily*, */etc/cron.weekly* und */etc/cron.monthly* täglich, wöchentlich und ungefähr monatlich ausgeführt werden, vorausgesetzt der Rechner wird oft genug eingeschaltet. Aus diesem Grund haben die entsprechenden Einträge in der Datei */etc/crontab* das folgende Format:

```
25 6 * * * root test -e /usr/sbin/anacron || run-parts --report
   /etc/cron.daily
```

Die *test*-Anweisung bewirkt, dass die Programme in */etc/cron.daily* nur dann ausgeführt werden, wenn *anacron* nicht installiert ist. Ansonsten würden *cron* und *anacron* nämlich beide versuchen, die entsprechende Aufträge auszuführen. Sie sollten andere Anweisungen in der Datei */etc/crontab* bzw. in Dateien unterhalb des Verzeichnisses */etc/cron.d* ebenfalls durch eine solche Anweisung schützen, falls die entsprechenden Aufträge von *anacron* ausgeführt werden sollen.

Das Programm wird während des Systemstarts über die Datei */etc/init.d/anacron* gestartet und beendet sich, nachdem es alle Programme und Skripte aufgerufen hat, die „überfällig" waren. Dies ist der Grund für die zusätzliche Aktivität des Rechners nach dem Systemstart, welche zu beobachten ist, wenn das Paket installiert ist. Weitere Informationen zu *anacron* finden Sie im Verzeichnis */usr/share/doc/anacron* sowie in der Manualseite zu dem Programm.

9.4 Das X Window System

9.4.1 Einleitung

Das X Window System (kurz X oder X11) stellt die Grundlage für graphische Benutzeroberflächen unter Linux und vielen UNIX-basierten Betriebssystemen dar. Das X Window System unterscheidet sich in einem zentralen Punkt von den graphischen Oberflächen, die Sie vielleicht von Windows oder dem Macintosh hier kennen: Unter dem X Window System wird ein Netzwerkprotokoll (das X-Protokoll) benutzt, über das Anwendungen einem Serverprogramm mitteilen, wie Fenster u. ä. auf dem Bildschirm dargestellt werden sollen. Im Gegenzug teilt dieses Serverprogramm der Anwendung mit, wenn vom Benutzer Aktionen, wie beispielsweise Mausbewegungen oder Tastaturanschläge ausgeführt worden sind. Dadurch macht es aus Sicht des Benutzers prinzipiell keinen Unterschied, ob eine Anwendung auf dem gleichen Rechner ausgeführt wird, von dem aus sie auch bedient wird oder auf einem anderen Rechner läuft (der vielleicht mehr Rechenleistung hat) und die Bedienung von einem Rechner aus stattfindet, der lediglich die Darstellung der Fenster und die Weitergabe von Benutzereingaben (also in der Regel Tastatur- und Mausereignissen) an die Anwendung übernimmt.

X-Server und X-Klientprogramme Das Serverprogramm ist der so genannte X-Server, der verantwortlich für die Darstellung auf dem Bildschirm und für die Entgegennahme von Eingabeereignissen ist. Er wird dort ausgeführt, wo mit den Programmen gearbeitet wird (Er bedient quasi den Arbeitsplatz). Auf der anderen Seite stehen die Anwendungen (die Klienten), die über das X-Protokoll mit dem X-Server kommunizieren und diesen beispielsweise anweisen, Fenster auf den Bildschirm zu bringen oder von ihm die Mitteilung erhalten, dass der Benutzer eine Taste gedrückt hat. Natürlich, und das ist bei Einzelsystemen immer der Fall, können sich X-Server und Anwendungen auch auf ein- und demselben Rechner befinden. Die Terminologie ist etwas verwirrend, weil normalerweise mit einem Server ein Programm assoziiert wird, mit dem man nicht direkt sondern über ein Klientprogramm arbeitet. Beim X-System ist es umgekehrt. Der Server läuft am Arbeitsplatz, er stellt die Fenster dar und wird vom Benutzer bedient. Die Klienten (X-Anwendungen) können sich irgendwo im Netzwerk befinden, sie werden über den X-Server bedient.

Window-Manager Eine weitere Besonderheit besteht in der Aufgabentrennung zwischen X-Server und so genannten Window-Managern: Während der X-Server nur für die Darstellung der Fenster und ihrer Inhalte auf dem Bildschirm verantwortlich ist, kümmert sich ein weiteres Programm (der Window-Manager) um das optische Erscheinungsbild von Fenstern. Der Window-Manager ist beispielsweise verantwortlich für einheitlichen Rahmen und Kontrollleisten, die sich an jedem Fenster befinden, für Fenstern zugeordnete Schaltflächen (wie den Knöpfen zum Minimieren und Maximieren), aber auch für das Umschalten von einem Fenster zum nächsten oder für die Verbindung von bestimmten Geräuschen mit Ereignissen, wie dem Minimieren eines Fensters. Darüberhinaus bieten Window-Manager meist weitere Eigenschaften, wie die Darstellung von System-Menüs oder von einer Taskbar über die zwischen den einzelnen Anwendungen hin- und hergeschaltet werden kann. Weil Window-Manager auch X-Anwendungen sind, können Sie ebenfalls auf einem anderen Rechner, als dem Arbeitsplatzrechner, ausgeführt werden.

Normalerweise kann auf einem X-Server nur ein Window-Manager zur Zeit ausgeführt werden. Es ist aber durchaus möglich, verschiedene Window-Manager zu installieren und ganz nach Lust und Laune oder nach Bedarf zwischen diesen zu wechseln.

Arbeitsplatzumgebungen Eine weitere Ebene stellen die so genannten Arbeitsplatzumgebungen, wie GNOME oder KDE dar. Hierbei handelt es sich um Sammlungen von Programmen, die auf einheitlichen Programmbibliotheken beruhen. Diese Programme erscheinen alle mit dem gleichen „Look and Feel", wodurch eine homogene Gesamterscheinung des Arbeitsplatzes und aller Anwendungen erreicht wird. Zu diesen Arbeitsplatzumgebungen gehören meist Datei-Manager, die in der Lage sind, Icons[2] auf dem Bildschirm darzustellen. Außerdem bieten

---
[2] Das sind kleine Bildchen, mit denen durch Mausklick beispielsweise Programme gestartet werden können.

diese Umgebungen Hilfsprogramme, die das Finden und Starten von Programmen erleichtern und bestimmte Programmen bestimmten Dateitypen zuordnen, wodurch mit dem Anklicken einer Datei gleich das richtige Programm zum Anzeigen oder Bearbeiten dieser Datei gestartet wird. Bestandteil solcher Desktopumgebungen (Desktop heißt Schreibtisch) ist normalerweise auch ein – speziell an die entsprechende Umgebung angepasster – Window-Manager.

Im Gegensatz zu Window-Managern können Programme, die zu unterschiedlichen Arbeitsplatzumgebungen gehören, durchaus gleichzeitig und nebeneinander betrieben werden. Voraussetzung hierfür ist lediglich, dass die benötigten Komponenten dieser Umgebungen auf dem System installiert sind. Es kann dabei allerdings vorkommen, dass die Anwendungen nicht richtig miteinander kommunizieren können, so dass ein Programm einer Arbeitsplatzumgebung beispielsweise nichts damit anfangen kann, wenn mit der Maus ein Objekt aus einem Programm einer anderen Arbeitsplatzumgebung auf dieses Programm gezogen wird.

Display-Manager Noch eine Programmgruppe stellen die so genannten Display-Manager dar. Hierbei handelt es sich um Programme, die gestartet werden, bevor sich Benutzer an dem System anmelden. Sie starten dann den X-Server und stellen auf diesem ein Fenster dar, das die Anmeldung an das System erlaubt. Nach erfolgreicher Anmeldung starten Sie daraufhin meist einen Window-Manager. Durch den Einsatz eines Display-Managers kann also auf die Anmeldung an der Textkonsole vollständig verzichtet werden: Das System schaltet nach seinem Start sofort in den graphischen Modus, wo sich Benutzer anmelden und „ihren" Window-Manager starten können. Darüberhinaus ermöglicht das Protokoll XDMCP (X Display Manager Control Protocol) die Verwendung eines Display-Managers, der auf einem anderen Rechner läuft, wodurch auf einem Arbeitsplatzrechner lediglich ein X-Server benötigt wird und die Benutzerauthentifizierung sowie alle Anwendungen (inklusive Window-Manager) auf einem anderen Rechner ausgeführt werden können.

X11 ist ein offener Standard, der auf vielen Betriebssystemen der UNIX-Familie zur Vefügung steht. Daraus ergibt sich der Vorteil, dass Anwendungen, die auf anderen UNIXen ausgeführt werden, auch von einem Debian System aus benutzt werden können, vorausgesetzt es besteht eine Netzwerkverbindung zwischen beiden Rechnern. Darüberhinaus sind X-Server für fast alle modernen Betriebssysteme erhältlich, so dass auch von einem Windows-Rechner aus mit Anwendungen gearbeitet werden kann, die auf einem Linux-Rechner ausgeführt werden, wenn auf dem Windows-Rechner ein X-Server installiert ist.

X-Implementierungen Debian GNU/Linux wird standardmäßig mit der freien X-Implementierung XFree86 ausgeliefert. Diese unterstützt eine breite Palette handelsüblicher Graphikkarten, leider jedoch nicht jede. Es gibt eine Reihe unterschiedlicher X-Server, die jeweils für die Unterstützung bestimmter Graphikkarten geeignet sind. Soll auf einem Rechner also ein X-Server installiert werden, so muss dieser in Abhängigkeit von der in dem Rechner vorhandenen Graphikkarte ausgewählt werden. Neben XFree86 gibt es einige kommerzielle X-Implementierungen, z. B. von der Firma XIGraphics (`http://www.xig.com/`) oder von der Firma Metrolink (`http://www.metrolink.com/`).

Die Konfiguration von X ist etwas aufwendiger als die Konfiguration anderer Programme. Ein wichtiger Grund hierfür ist, dass die X-Server direkt mit der Hardware im Rechner kommunizieren. So muss während der Konfiguration beispielsweise angegeben werden, was für eine Graphikkarte, Maustyp und Tastatur benutzt wird.

9.4.2 Konfiguration des X-Window Systems mit *anXious*

Das Programm *anXious* aus dem Paket *xviddetect* ist ein Werkzeug zur Erstellung einer einfachen XFree86-Installation und -Konfiguration. Es handelt sich dabei um ein relativ neues Werkzeug, welches deswegen zur Zeit nur Debian- und X-Kennern empfohlen werden soll. Allen anderen Benutzern wird die Konfiguration von X mit den Programmen *XF86Setup* oder *xf86config* empfohlen, wie sie ab Seite 253 beschrieben ist.

anXious versucht selbstständig herauszufinden, welche Schritte notwendig sind, um die Konfiguration zu vervollständigen. Falls der Konfigurationsprozess komplett neu gestartet werden soll, ist das Programm folgendermaßen aufzurufen:

9. Konfiguration wichtiger Systemkomponenten

```
debian:~# anXious --forceconfig --forcesetup
```

Ansonsten sind die beiden Parameter wegzulassen. Weitere mögliche Parameter werden angezeigt, wenn Sie das Programm mit der Option *--help* aufrufen. Falls das Programm feststellt, dass X auf Ihrem Computer bereits konfiguriert ist, meldet es dies und fragt nach, ob die bestehende Konfiguration tatsächlich überschrieben werden soll.

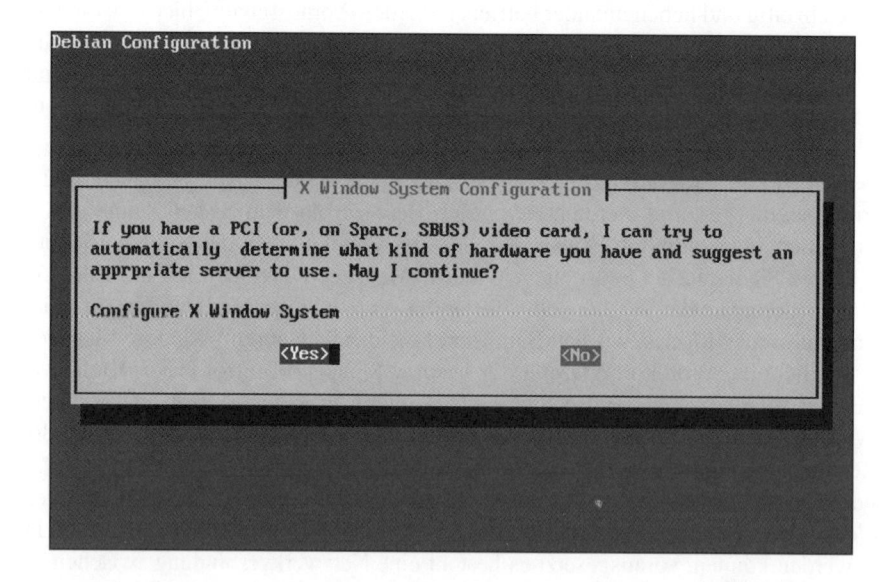

Abbildung 32: Einrichtung des X Window-Systems mit *anXious*

Danach erscheint der in Abbildung 32 gezeigte Bildschirm, in dem sich das Programm erkundigt, ob es herausfinden soll, welche Graphikkarte in den Rechner eingebaut ist. Sie sollten diese Frage unbedingt mit *Yes* beantworten. Falls das Programm die Karte nicht identifizieren kann, wird es dieses mitteilen und sich danach beenden.

Wenn die Karte jedoch identifiziert wurde, müssen Sie nun einige Fragen beantworten. Es wird nacheinander abgefragt, welche Pakete mit Schriftarten (*Fonts*), welche Terminal-Emulationsprogramme und welche Window-Manager installiert werden sollen. Danach kann angegeben werden, ob der Display-Manager *xdm* installiert werden soll. Im nächsten Schritt wird die Konfigurationsdatei */etc/X11/XF86Config* erzeugt. Dazu müssen die im folgenden genannten Angaben gemacht werden. Beachten Sie, dass es sich hierbei im wesentlichen um die selben Informationen handelt, die auch von den Programm *XF86Setup* (Seite 256) und *xf86config* (Seite 264) erfragt werden:

- Typ der Maus, ob die mittlere Maustaste durch Betätigung der linken und rechten Maustaste gleichzeitig emuliert werden soll (Emulate3Bottons) sowie der Name der Gerätedatei, durch welche die Maus repräsentiert wird.
- Art und Layout der Tastatur.
- Horizontaler und vertikaler Frequenzbereich des Monitors sowie Bezeichnung des Monitors. Die Frequenzen müssen unbedingt mit den tatsächlichen Eigenschaften des Monitors übereinstimmen!
- Menge des Graphikspeichers auf der Videokarte sowie Bezeichnung der Videokarte.
- Typ des Clockchips (normalerweise *none*) und ob Clock-Probing durchgeführt werden soll (normalerweise nicht).

– Standard Farbtiefe und Standardauflösung sowie welche weiteren Auflösungen zur Verfügung stehen sollen.
– Zu Schluss muss bestätigt werden, dass die neue Konfiguration tatsächlich nach */etc/X11/XF86Config* geschrieben werden soll.

Danach erzeugt das Programm die Konfigurationsdatei und wählt alle notwendigen Pakete zur Installation aus. Um die Pakete zu installieren, sollte dem Hinweis des Programms gefolgt und dieser Befehl benutzt werden:

```
debian:~# apt-get dselect-upgrade
```

9.4.3 Welche Pakete werden benötigt?

Prinzipiell lassen sich drei unterschiedliche Installationsarten unterscheiden:

Alleinstehender Rechner Die Anwendungen werden auf dem Rechner ausgeführt, von dem aus sie auch bedient werden. Dazu müssen sowohl ein geeigneter X-Server als auch die benötigten Anwendungen (inklusive Window-Manager etc.) installiert werden. Dies ist die Standardkonfiguration.

X-Terminal Auf dem Rechner sollen nur X-Anwendungen, die auf anderen Computern ausgeführt werden, benutzt werden. Hier bedarf es nur des X-Servers und eventuell auch eines Display- und Window-Managers.

X-Anwendungsserver Auf dem Rechner sollen X-Anwendungen ausgeführt werden, die von anderen Computern (X-Terminals) aus benutzt werden. Es müssen nur die Anwendungen inklusive der benötigten Infrastruktur, aber keine X-Server installiert werden.

Die grundlegende Infrastruktur, die sowohl von X-Anwendungen als auch vom X-Server benötigt wird, befindet sich in dem Paket *xfree86-common*. Darüberhinaus benötigen so gut wie alle X-Anwendungen die Bibliothek *xlib6g*, welche auch als X-Bibliothek bezeichnet wird. Wenn auf dem Rechner ein X-Server ausgeführt werden soll, muss zusätzlich das Paket *xserver-common* installiert werden, in welchem sich die Dateien befinden, die von allen X-Servern benötigt werden.

Auf alleinstehenden Rechnern, auf denen sowohl X-Anwendungen als auch ein X-Server ausgeführt werden soll, müssen also alle genannten Bestandteile installiert sein. Welches der richtige X-Server für Ihr System ist, lässt sich normalerweise mit dem Programm *xviddetect* aus dem gleichnamigen Paket feststellen. Das Programm ist folgendermaßen aufzurufen:

```
debian:~# xviddetect
```

Daraufhin erscheint eine Ausgabe, die sinngemäß der folgenden entspricht:

```
The XFree86 server for S3 Inc. Vision 968 is
    s3
```

Überprüfen Sie, ob die ausgegebene Bezeichnung (in diesem Fall *S3 Inc. Vision 968*) mit der tatsächlich in Ihrem Rechner vorhandenen Graphikkarte übereinstimmt. Wenn dies der Fall ist, dann sollte auch die darunter ausgegebene Bezeichnung des benötigten X-Servers stimmen. Der Name des entsprechenden Debian-Pakets setzt sich aus der Zeichenkette *xserver-* sowie der Bezeichnung des Servers (hier *s3*) zusammen. Im Beispiel wäre also das X-Server-Paket *xserver-s3* zu installieren. Falls *xviddetect* Ihre Graphikkarte nicht identifizieren kann, können Sie unter der Internet-Adresse http://www.xfree86.org/cardlist.html nachsehen, welcher X-Server für Ihre Karte „zuständig" ist. Alternativ finden Sie diese Information auch im Hardware-HOWTO (siehe Seite 16).

Um die eigentlichen Basiskomponenten herum gibt es eine Reihe von Paketen, die zu einer normalen X-Installation gehören und teilweise zwingend benötigt werden, sofern der Rechner alleinstehend betrieben wird. Ein gutes Beispiel hierfür sind Schriftdateien (Fonts): Diese werden zwingend zur Darstellung von Text auf der graphischen

Oberfläche benötigt. Allerdings kann in Netzwerkumgebungen auch ein Fontserver (z. B. *xfs*) eingesetzt werden, so dass sich die Fonts nicht auf dem gleichen Rechner wie der X-Server befinden müssen. Für eine alleinstehende X-Installation, bei der X-Server und Anwendungen vorhanden sind, sollten Sie (mit *dselect* oder *apt-get*) mindestens die folgenden Pakete installieren, sofern dies nicht schon geschehen ist:

xfree86-common Dieses Paket stellt die Infrastruktur bereit, die sowohl vom X-Server, als auch von X-Anwendungen benötigt wird.

xlib6g Bibliothek, über die X-Anwendungen mit dem X-Server kommunizieren.

xserver-common Dateien, die von allen X-Servern benötigt werden.

xserver-??? Der zu Ihrer Graphikkarte passende X-Server. Die entsprechenden Pakete tragen Namen wie beispielsweise *xserver-s3* für Graphikkarten, die mit einem S3-Chip ausgerüstet sind, oder *xserver-svga* für Super-VGA Graphikkarten. In den Paketbeschreibungen der einzelnen X-Server finden Sie Informationen darüber, für welche Graphikkarten die jeweiligen Server geeignet sind. Wenn Sie sich nicht sicher sind, sollten Sie alle in Frage kommenden X-Server installieren, weil Sie später (mit *XF86Setup*) nur die installierten Server konfigurieren können. Nach der Konfiguration von X können dann die nicht benötigte Server wieder entfernt werden. Den X-Server *xserver-vga16* sollten Sie in jedem Fall zusätzlich installieren, da dieser benötigt wird, um das Konfigurationsprogramm *XF86Setup* auszuführen. Dieser Server bietet die Möglichkeit, nahezu alle Graphikkarten in einem rudimentären graphischen Modus zu betreiben, welcher für die Einrichtung des X Window Systems ausreichend ist.

Schriftartendateien (Fonts) Es sollten die folgenden Pakete mit Schriftarten installiert werden: *xfonts-base*, *xfonts-100dpi*, *xfonts-75dpi*, *xfonts-scalable* und *xfont-pex*. Darüberhinaus stehen weitere Pakete mit Fonts für X bereit, die Sie aber nicht unbedingt benötigen werden, wie beispielsweise kyrillische Fonts.

Window-Manager Zunächst reicht es aus, wenn Sie den (etwas primitiven) Window-Manager *twm* installieren. Wenn Sie das X Window System fertig konfiguriert haben, können Sie dann später einen anderen Window-Manager nachinstallieren und *twm* wieder entfernen.

xbase-clients In diesem Paket befinden sich die „Zubehör-Programme" von XFree86. Dazu gehören ein einfacher Texteditor, ein Bitmapeditor, Werkzeuge zur Feineinstellung des X-Servers, aber auch Programme, mit denen der X-Server von der Kommandozeile aus gestartet werden kann.

xf86setup Ein Programm zur Konfiguration des X Window Systems. Dieses Programm benötigt **zwingend** den VGA16-Server *xserver-vga16*, den Sie auch zusätzlich als weiteren X-Server installieren sollten (s. o.).

xterm Mit diesem „Terminal-Emulationsprogramm" können Sie textbasierte Anwendungen in einem Fenster unter X laufen lassen. Die wichtigste Anwendung des Programms *xterm* besteht darin, auch unter X eine Shell (die ja ebenfalls eine textbasierte Anwendung ist) benutzen zu können. Zu *xterm* gibt es mittlerweile einige (teilweise hübschere, teilweise auch funktionalere) Alternativen, die Sie später ebenfalls installieren können. Dazu gehören die Programme *konsole* das zur Arbeitsplatzumgebung KDE gehört oder das Programm *gnome-terminal* welches Teil von GNOME ist.

Unter Umständen wollen Sie noch das Paket *xdm* installieren. Hierbei handelt es sich um den standardmäßigen Display-Manager von XFree86, also das Programm, das es ermöglicht, X nach dem Start des Rechners automatisch zu starten und Benutzern einen graphischen Begrüßungsbildschirm zu präsentieren. Es stehen allerdings weitere Display-Manager zur Verfügung, so dass Sie unter Umständen auch später einen anderen Display-Manager installieren wollen, der besser zu Ihrem Window-Manager passt. So kommt etwa die Arbeitsplatzumgebung GNOME mit einem eigenen Display-Manager, der optisch an diese Umgebung angepasst ist und so ein einheitliches „Look and Feel" von Anfang bis zum Ende einer Sitzung am Rechner bietet.

9.4.4 Installation der Pakete

Sie können die benötigten Pakete mit *dselect* oder einem anderen Programm zur interaktiven Paketverwaltung auswählen und dann installieren. Alternativ dazu können Sie das Task-Paket (siehe Kap. 7.4) *task-x-window-system* installieren, wodurch eine grundlegende Ausstattung an Software für das X Window System installiert wird. Hierfür benötigen Sie ungefähr 70 MB Speicherplatz auf der Festplatte.

Damit gleich der richtige X-Server für Ihre Graphikkarte installiert wird, sollten Sie diesen zusammen mit *task-x-window-system* installieren. Angenommen, für Ihre Hardware müsste der S3-Server benutzt werden, so könnte die Software mit dem folgenden Befehl installiert werden:

```
debian:~# apt-get install xserver-vga16 xserver-s3
```

Der VGA16-Server wurde hier mitinstalliert, damit es möglich ist, das Programm *XF86Setup* zur Konfiguration zu benutzen.

Als Alternative zu *task-x-window-system* steht das Task-Paket *task-x-window-system-core* zur Verfügung. Mit diesem Paket werden lediglich X-Server und die Infrastruktur zum Ausführen von X-basierten Programmen installiert, jedoch kein Window-Manager und kein Terminal-Emulator. Das Paket eignet sich zur Verwendung mit Arbeitsplatzumgebungen wie KDE oder GNOME, die andere Window-Manager und Terminal-Emulationsprogramme verwenden.

Während der Installation der Pakete erfolgt unter Umständen die Frage, ob Sie einen bestimmten X-Server als Standard-X-Server konfigurieren möchten:

```
Do you want to make the S3 X server the default instead? (y/n)
```

Diese Frage können Sie bei dem X-Server für Ihre Hardware mit Y beantworten. Falls das X Window System bisher noch nicht konfiguriert wurde, erfolgt nach der Installation jedes X-Servers die Frage, ob sofort eine Konfigurationsdatei erstellt werden soll:

```
Do you want to create the XFree86 configuration file? (y/n) [y]
```

Es wird empfohlen, diese Frage jeweils mit *n* zu beantworten und die Konfiguration nach der Installation so durchzuführen, wie es im folgenden beschrieben ist.

Zur Konfiguration des X-Servers stehen (neben *anXious*) zwei Programme bereit: Zum einen das graphische Programm *XF86Setup*, zum anderen das Programm *xf86config*, mit dem eine Konfigurationsdatei durch Beantwortung von Fragen an der Textkonsole erstellt werden kann. Die Bedienung von *xf86config* ist weniger komfortabel als die Arbeit mit *XF86Setup*, allerdings werden von *xf86config* Konfigurationsdateien erzeugt, die sich später leichter anpassen lassen und die mehr Flexibilität bieten. Unabhängig davon, mit welchem der beiden Programme Sie den X-Server konfigurieren, sollten Sie vorher sicherstellen, dass Sie wissen, welche Graphikkarte mit welchem Chipsatz sich in Ihrem Rechner befindet und mit wieviel Graphikspeicher diese ausgestattet ist. Um dies herauszufinden, können Sie u. U. das Programm *SuperProbe* verwenden.

Neben den Eigenschaften der Graphikkarte müssen Sie die horizontale und vertikale Strahlenablenkungsfrequenzen Ihres Monitors kennen. Dabei handelt es sich um Frequenzbereiche, die Horizontal im Kilohertzbereich und Vertikal im Hertzbereich liegen. Sie finden diese Information in den technischen Daten Ihres Monitors.

9.4.5 Identifizieren der Graphikkarte mit *SuperProbe*

Das Programm *SuperProbe* führt verschiedene Tests durch, um zu bestimmen, welcher Chipsatz sich auf der Graphikkarte befindet. Daneben kann es Auskunft über den RAMDAC auf der Karte und die Menge des dort vorhandenen Graphikspeichers geben.

Achtung: *SuperProbe* funktioniert zwar in den meisten Fällen problemlos, allerdings kann die Identifikation der Graphikkarte im schlimmsten Fall auch zu einem Systemstillstand führen. Das Programm testet nämlich verschiedene Hardwareadressen, die in ungünstigen Situationen bereits von anderen Geräten belegt sind, welche die an sie gesandten Befehle oder Tests zur Identifikation nicht richtig interpretieren können und daraufhin das System zum Stillstand bringen.

256   9. Konfiguration wichtiger Systemkomponenten

Sie sollten also keine wichtigen Programme mit ungesicherten Daten ausführen, wenn Sie *SuperProbe* aufrufen. Außerdem sollte vor dem Aufruf des Programms sichergestellt werden, dass Festplatteninhalte, die noch nicht geschrieben wurden, tatsächlich auf die Festplatte geschrieben werden, damit das Dateisystem nach einem Neustart in einem konsistenten Zustand ist. Dazu können Sie vor dem Aufruf von *SuperProbe* folgenden Befehl eingeben:

```
debian:~# sync
```

Es sollte kein X-Server ausgeführt werden, wenn Sie *SuperProbe* aufrufen und auch andere Software, die direkt auf die Graphikkarte zugreift sollte beendet werden. Nachdem diese Bedingungen sichergestellt sind, können Sie *SuperProbe* mit dem folgenden Befehl aufrufen:

```
debian:~# SuperProbe
```

Es erscheint eine Warnung und das Programm wartet 5 Sekunden, um Ihnen die Möglichkeit zu geben, es abzubrechen. Wenn Sie wirklich abbrechen wollen, können Sie dies durch Betätigung der Tastenkombination STRG-C erreichen. Anderenfalls wird nach der Karte gesucht und Sie sollten nach kurzer Zeit eine Ausgabe erhalten, die – sinngemäß – wie die folgende aussieht:

```
First video: Super-VGA
    Chipset: S3 Vision968 (PCI Probed)
    Memory: 2048 Kbytes
    RAMDAC: TI ViewPoint3026
    24-bit TrueColor DAC w/cursor,pixel-mux,clock
    (with 6-bit wide lookup tables (or in 6-bit mode))
    (programmable for 6/8-bit wide lookup tables)
```

Notieren Sie sich die genaue Bezeichnung des Chipsatzes (Chipset), die Größe des auf der Graphikkarte befindlichen Speichers (Memory) sowie die Bezeichnung des RAMDAC (hier reicht es aus, die Information in der ersten Zeile zu notieren). Falls Ihr Rechner hängenbleibt oder *SuperProbe* Ihnen die Ausgabe *Generic VGA (or unknown SVGA)* gibt, müssen Sie die benötigten Informationen aus dem Handbuch Ihrer Graphikkarte beziehen. Besonders wichtig sind der verwendete Chipsatz und die Größe des Graphikspeichers.

9.4.6 Konfiguration des X-Servers mit *XF86Setup*

Das Programm *XF86Setup* ermöglicht die komfortable Konfiguration von X über ein Programm, das selbst eine X-Anwendung ist und deswegen mit Hilfe des VGA16-X-Servers ausgeführt wird.

X und *gpm* Wenn Sie das Programm *gpm* (siehe Kapitel 9.1) verwenden, und bei diesem nicht die Repeater-Funktion aktiviert ist, sollten Sie es stoppen, bevor Sie mit der Konfiguration von X beginnen. XFree86 und *gpm* würden sonst nämlich beide zugleich auf die Maus zuzugreifen, was in einigen Fällen dazu führt, dass sie nicht mehr richtig benutzt werden kann. Bei den meisten Mäusen besteht dieses Problem zwar nicht, aber bei der erstmaligen Konfiguration sollten Sie schwer zu findende Fehlerquellen ausschliessen. Um *gpm* zu beenden, geben Sie den folgenden Befehl ein:

```
debian:~# /etc/init.d/gpm stop
```

Start von *XF86Setup* Um das *XF86Setup* zu starten, geben Sie folgenden Befehl ein:

```
debian:~# XF86Setup
```

Wenn auf Ihrem Computer das Paket *dialog* installiert ist, erfolgen alle weiteren Fragen und Mitteleilungen im Textmodus in der Form, wie Sie sie schon von der Einrichtung des Basissystems und beispielsweise vom Programm *modconf* her kennen. Ansonsten werden Fragen und Mitteilungen im gewöhnlichen Textmodus ausgegeben, worauf sich hier bezogen wird.

Falls bereits eine Konfigurationsdatei für X vorhanden ist, werden Sie zunächst gefragt, ob die bestehende Konfigurationsdatei verwendet werden soll, um aus ihr Vorgabewerte zu entnehmen. Dies sollten Sie in einem solchen Fall mit *Y* beantworten.

⇒Sie können das Programm später auch direkt unter X aufrufen, um die Konfiguration zu verändern. Hierzu wird der VGA16-Server nicht mehr benötigt, da es in diesem Fall ja bereits ein funktionierendes X11-System gibt. *XF86Config* bemerkt eine solche Situation und fragt nach, ob X nachkonfiguriert werden soll. Diese Frage ist dann ebenfalls mit *Y* zu beantworten.

Das werden Sie aufgefordert, die EINGABE-Taste zu betätigen, um in den graphischen Modus zu schalten. Danach sollte das System tatsächlich in den graphischen Modus schalten und Sie mit dem in Abbildung 33 dargestellten Bildschirm begrüßen.

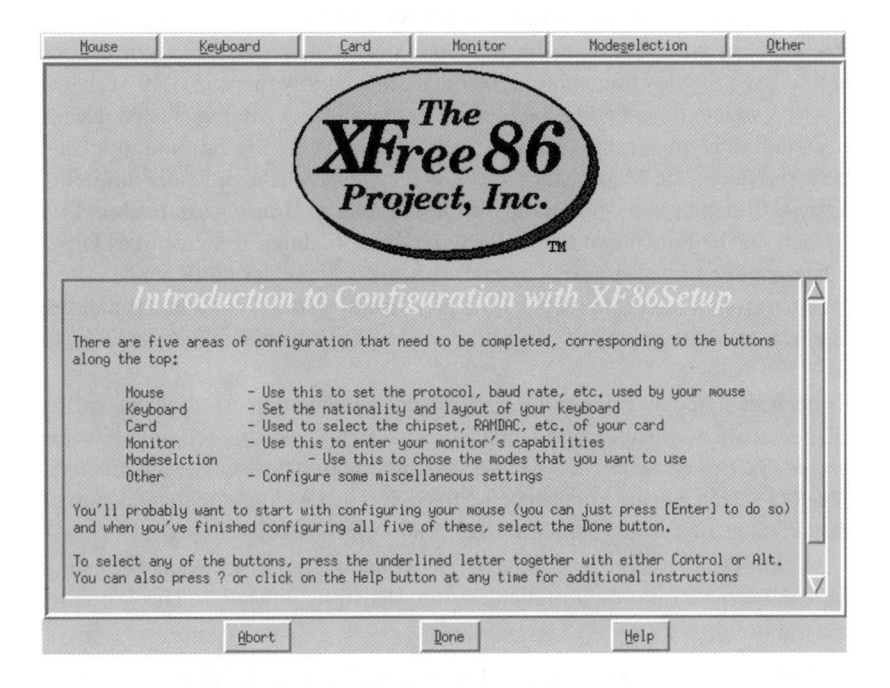

Abbildung 33: Hauptbildschirm von *XF86Setup*

Das Programm *XF86Setup* ist in verschiedene Bereiche eingeteilt, die es Ihnen ermöglichen, die verschiedenen Aspekte des X Window Systems zu konfigurieren. Diese Bereiche erreichen Sie, indem Sie entweder mit der Maus eine der Schaltflächen am oberen Bildschirmrand anklicken oder den jeweils unterstrichenen Buchstaben auf der gewünschten Schaltfläche gemeinsam mit der STRG-Taste betätigen. Um also beispielsweise den Bereich *Keyboard* zu erreichen, wäre die Tastenkombination STRG-K zu betätigen. Sie sollten mit der Konfiguration der Maus beginnen, damit Sie diese im folgenden zur weiteren Bedienung des Programms benutzen können.

Konfigurartion der Maus Nach dem Start des Programms müssen Sie EINGABE oder STRG-M drücken, um die Maus zu konfigurieren. Es erscheint ein Hilfefenster, in dem die verfügbaren Tastaturbefehle während dieses Schritts erklärt werden. Betätigen Sie die TAB-Taste, um den Text in diesem Fenster mit den Pfeiltasten auf- und abwärts bewegen zu können. Nach nochmaliger Betätigung der TAB-Taste ist wieder das Schaltfeld *Dismiss* aktiv, und Sie können das Hilfefenster durch Betätigung der EINGABE-Taste beenden. Danach können Sie die Hilfe jederzeit durch Betätigung der Tastenkombination STRG-H wieder aufrufen.

Nun können Sie durch Betätigung der Taste P den Typ (gemeint ist das Protokoll, mit dem Maus und X-Server miteinander kommunizieren) Ihrer Maus festlegen. Betätigen Sie die Taste so lange, bis der richtige Typ hervorgehoben ist. Wenn Sie sich nicht sicher sind, vergleichen Sie mit Tabelle 8 auf Seite 232.

Achtung: Falls Sie *gpm* im Repeater-Modus verwenden, müssen Sie hier den von *gpm* emulierten Maustyp angeben. Üblicherweise ist dies *MouseSystems*.

Danach müssen Sie X mitteilen, durch welche Gerätedatei Ihre Maus repräsentiert wird. Die für Mäuse in Frage kommenden Anschlüsse sind in Tabelle 7 auf Seite 232 aufgeführt. Drücken Sie die Taste N, um zu dem entsprechenden Eingabefeld zu gelangen. Daraufhin können Sie entweder den Namen der entsprechenden Gerätedatei eingeben (löschen Sie die Vorgabe mit ZURÜCK) oder mit den Pfeiltasten eine Gerätedatei aus der Liste auswählen. Bei Verwendung von *gpm* im Repeater-Modus müssen Sie hier */dev/gpmdata* angeben.

Versuchen Sie dann, mit den vorgenommen Einstellungen die Maus zu testen. Dazu drücken Sie die Taste A (für *Apply*, eventuell müssen Sie das Eingabefeld für die Gerätedatei vorher mit TAB verlassen). Wenn alles gut geht, sollten Sie den Mauszeiger dann bewegen können. Testen Sie auch, ob alle Tasten der Maus richtig erkannt werden: Bewegen Sie den Mauszeiger dazu auf das Testfeld (die weiße Fläche) und drücken Sie hintereinander die linke, die mittlere und die rechte Maustaste. Es sollten die entsprechenden Felder auf dem Testfeld reagieren. Falls Ihre Maus nur zwei Tasten besitzt, sollten Sie die Option *Emulate3Buttons* aktivieren. Danach (*Apply* oder A nicht vergessen) können Sie die Funktionalität der dritten Maustaste durch gleichzeitiges Drücken von linker und rechter Taste erreichen. Weiter gibt es einige Mäuse, die beim Betätigen der mittleren Maustaste, die Information an den Rechner senden, es wären linke und rechte Taste gleichzeitig gedrückt worden. Bei diesen Mäusen kann die Option *ChordMiddle* benutzt werden, um mit der mittleren Maustaste normal arbeiten zu können. Probieren Sie es aus!

Falls Sie die Maus nach dem ersten Versuch nicht verwenden können, überprüfen Sie nochmals Maustyp und Gerätedatei und versuchen Sie es erneut. Unter Umständen müssen Sie auch die Baudrate verändern, dies können Sie durch Betätigung der Taste B erreichen. Bei MouseSystems-Mäusen müssen Sie unter Umständen die Optionen *ClearDTR*, und *ClearRTS* setzen, um die Maus in den MouseSystems-Modus zu schalten, bevor auf sie zugegriffen wird. Diese Optionen können Sie mit den Tasten D bzw. R ein- und ausschalten.

Wenn die Maus erst einmal prinzipiell ansprechbar ist, können Sie verschiedene Feineinstellungen wie die Sampling-Rate oder die Latenzzeit für die emulierte dritte Maustaste einstellen. Die Voreinstellungen sollten in der Regel angemessen sein.

Konfiguration der Tastatur Klicken Sie mit der Maus auf die Schaltfläche *Keyboard*, um die Tastatur zu konfigurieren. Wählen Sie dann aus der Liste unter *Model* die richtige Tastatur aus (durch Klicken auf den Pfeil erscheint die Liste). Im deutschsprachigen Raum üblicherweise verwendete Tastaturen sind internationale 102-Tasten-Modelle (*Generic 102-key (Intl) PC*) oder 104-Tasten-Modelle (*Generic 104-key PC*). Danach wählen Sie das Sprachlayout Ihrer Tastatur in der darunterliegenden Liste, also beispielsweise *german* oder *swiss-german*. Zusätzlich besteht die Möglichkeit, unter *Variant* die Option *Eliminate dead keys* auszuwählen. Unter „toten" Tasten werden solche Tasten verstanden, die erst dann eine Wirkung zeigen, wenn nach Ihrer Betätigung eine weitere Taste betätigt wird (z. B. wenn erst eine Akzent-Taste und dann eine Buchstabentaste betätigt wird.)

Die Optionen auf der rechten Seite können Sie ersteinmal bei den Voreinstellungen belassen. Vergessen Sie nicht, die Schaltfläche *Apply* zu betätigen, bevor Sie fortfahren.

Konfiguration der Graphikkarte Nachdem Sie die Schaltfläche *Card* angeklickt oder STRG-K gedrückt haben, erscheint eine Liste verschiedener Graphikkarten und Chipsätze. Im einfachsten Fall reicht es hier aus, die verwendete Graphikkarte auszuwählen (anzuklicken) und danach die Schaltfläche *Detailed Setup* zu betätigen. Wenn Sie Ihre Graphikkarte nicht in der Liste finden, sollten Sie untersuchen, ob der Chipsatz der Karte in der Liste vorkommt und diesen dann auswählen. Den Chipsatzbezeichnungen ist oft der Hersteller vorangestellt, so dass Sie unter Umständen unter der Herstellerbezeichnung suchen müssen. Eine Karte oder einen Chipsatz mit einer ähnlichen Bezeichnung, wie der Bezeichnung Ihrer Karte/Ihres Chipsatzes sollten Sie nur dann auswählen, wenn Sie genau wissen, dass beide Karten/Chipsätze die gleichen Eigenschaften haben. Sehr oft ist dies nämlich nicht der Fall. Unter Umständen erklingt nach der Kartenauswahl ein Warnton und im unteren Teil des Bildschirms erscheint die Meldung, dass der richtige X-Server nicht installiert ist. Tun Sie in diesem Fall, was das Programm Ihnen empfiehlt: Notieren Sie sich den Namen des benötigten X-Servers, klicken Sie dann auf *Abort* und installieren Sie danach den benötigten Server.

Falls weder Graphikkarte noch Chipsatz in der Liste vorkommen, müssen Sie in den „sauren Apfel" beißen und sollten zunächst versuchen, anhand der mitgelieferten Dokumentation herauszufinden, ob Ihre Graphikkarte überhaupt unterstützt wird. Im Verzeichnis */usr/share/doc/xserver-common* befinden sich ausführliche Beschreibungen zu allen mit XFree86 verfügbaren X-Servern und die Datei */usr/share/doc/xserver-common/README.gz* enthält eine Liste aller von XFree86 unterstützten Chipsatztypen. Darüberhinaus können Sie sich auf den WWW-Seiten von XFree86 unter `http://www.xfree86.org` über den aktuellen Stand der Entwicklung informieren und eventuell zusätzliche, aktuelle Informationen über die Zusammenarbeit von XFree86 mit Ihrer Graphikkarte erhalten oder einen neueren X-Server herunterladen, mit dem Sie Ihre Karte betreiben können.

Wenn Sie genau wissen, dass Ihre Graphikkarte mit einem bestimmten X-Server funktioniert und Sie diesen X-Server bereits installiert haben, dann wählen Sie jetzt *Detailled Setup*. Danach können Sie den Server auch manuell auswählen.

Sollte Ihre Graphikkarte jedoch tatsächlich nicht unterstützt werden, so müssen Sie *generic VGA compatible* auswählen. Damit können Sie X zwar benutzen, allerdings in einer sehr schlechten Auflösung. Ihnen bleibt dann nichts anderes übrig, als auf die Unterstützung Ihrer Karte durch XFree86 zu warten, einen kommerziellen X-Server einzusetzen oder eine andere Graphikkarte zu beschaffen[3].

Nach Anklicken der Schaltfläche *Detailed Setup* besteht die Möglichkeit, manuell Auswahl und Einstellungen des X-Servers vorzunehmen. Im oberen Bereich des Fensters können Sie den gewünschten X-Server auswählen (hier sollte nach vorheriger Auswahl einer Karte bereits der richtige Server eingetragen sein). Darüberhinaus können Sie Chipsatz, RAMDAC und Clockchip Ihrer Karte manuell auswählen (Dies ist normalerweise nicht notwendig). Außerdem kann die Größe des Graphikspeichers auf der Karte angegeben werden.

Im allgemeinen sollten Sie nach Auswahl der richtigen Graphikkarte, bzw. des Chipsatzes, die Voreinstellungen übernehmen und erst später, falls irgendetwas nicht zufriedenstellend funktioniert, Feinanpassungen vornehmen. Bei einigen Karten finden Sie in dem weißen Feld in der Mitte des Bildschirms bereits Hinweise, welche Optionen Sie benutzen sollten, falls es zu Problemen kommt.

Konfiguration des Monitors Nachdem Sie auf die Schaltfläche *Monitor* geklickt haben, gibt es zwei Möglichkeiten zur Konfiguration des Monitors:

1. Sie geben die horizontalen und vertikalen Frequenzbereiche, mit denen Ihr Monitor arbeiten kann, in den beiden entsprechenden Eingabefeldern (im oberen Teil des Fensters) von Hand ein. Dabei können Sie entweder Bereiche in der Form *31.5-82.0* oder einzelne, durch Kommata getrennte Werte in der Form *31.5,35.5*

---

[3] Gelegentlich gibt es noch einen anderen Ausweg: Immer mehr Karten können direkt vom Linux-Kernel angesprochen werden, der dann ein so genanntes Framebuffer-Device zur Verfügung stellt (siehe Seite 336), auf das ein spezieller X-Server, der Framebuffer-Server (Paket: *xserver-fbdev*), zugreifen kann. Auf diese Weise lässt sich auch manche Graphikkarte, die von XFree86 nicht unterstützt wird, in einer höheren Auflösung betreiben, als mit dem Standard-VGA16 Server. Lesen Sie dazu das Vesafb-Mini-HOWTO (Dateiname */usr/share/doc/HOWTO/en-txt/mini/Vesafb.txt.gz*, Paket *doc-linux-text*).

eingeben. Es sind auch Kombinationen möglich. Beachten Sie, dass Nachkommazahlen durch einen Punkt, nicht durch ein Komma getrennt werden, also *31.5*, **nicht** *31,5*.
2. Oder Sie wählen einen der vordefinierten Monitortypen nach den Spezifikationen Ihres Monitors aus. Dies ist die einfacherer Methode.

Achtung: Halten Sie sich bei diesen Angaben genau an die Dokumentation Ihres Monitors. Moderne Monitore schalten sich zwar automatisch ab, falls sie mit falschen Frequenzen angesteuert werden. Bei sehr alten Modellen können falsche Werte jedoch die Zerstörung des Monitors herbeiführen!

Auswahl der Darstellungsmodi Nach der Konfiguration des Monitors müssen Sie festlegen, mit welchen Auflösungen und Farbtiefen Sie den X-Server betreiben wollen. Klicken Sie hierzu die Schaltfläche *Modeselection* an.

Wählen Sie (durch Anklicken) die Auflösungen, die Sie in Zukunft benutzen wollen. Sie können dann später, während des Betriebs von X, zwischen den ausgewählten Auflösungen umschalten (sofern Ihre Hardware dies unterstützt). Voraussetzung dafür, dass Sie eine gewählte Auflösung auch tatsächlich benutzen können, ist allerdings dass genügend Graphikspeicher zur Verfügung steht. Der benötigte Graphikspeicher berechnet sich aus der verwendeten Farbtiefe (also der Einstellung, wieviele Farben gleichzeitig angezeigt werden können) und der Auflösung. Falls Sie beispielsweise eine Auflösung von 1024x768 Punkten mit einer Farbtiefe von 32 Bit pro Pixel verwenden möchten, benötigen Sie dazu:

$$1024 * 768 * 32 = 25165824 \tag{3}$$

Bit, was 3072 KB oder 3 MB Graphikspeicher entspricht. Eine solche Darstellung könnten Sie also mit einer 2 MB-Karte nicht verwenden.

Sie können auch „unübliche" Auflösungen (z. B. 1152x864) auswählen: Hierbei verwendet XFree86 einen „virtuellen Bildschirm", der größer ist als der angezeigte Bereich und sich mit der Maus verschieben lässt. Dadurch wird der verfügbare Arbeitsspeicher besser ausgenutzt und auf dem Bildschirm steht eine größere Fläche zur Verfügung. Neben dem verfügbaren Graphikspeicher sollten Sie bei der Auswahl der Auflösungen auch die Größe Ihres Monitors berücksichtigen. (Bei einem 15-Zoll Monitor ist eine Auflösung von 1280x1024 Punkten beispielsweise nicht zu empfehlen, auch wenn es technisch möglich ist.)

Im unteren Teil des Bildschirmes können Sie die Farbtiefe einstellen, mit der der X-Server standardmäßig starten soll.

Weitere Einstellungen Wenn Sie die Schaltfläche *Other* anklicken, können Sie eine Reihe weiterer Einstellungen vornehmen. Normalerweise ist es sinnvoll, hier die Vorgabewerte zu übernehmen. Die folgenden Einstellungen können hier vorgenommen werden.

Allow Server to be killed with hotkey-sequence (Ctrl-Alt-Backspace) Mit dieser Option ist es möglich, den X-Server zu (fast) jedem Zeitpunkt „abzuschiessen". Dies kann nützlich sein, falls bestimmte Programme aufgrund von Fehlern keine Eingabe mehr zulassen und deswegen nicht regulär beendet werden können, vor allem aber, falls der X-Server selbst so konfiguriert wurde, dass er den Monitor falsch ansteuert und dieser abschaltet. Zum „Abschiessen" des X-Servers wird dann die Tastaturkombination STRG-ALT-ZURÜCK benutzt.

Allow video mode switching Hierdurch wird das angesprochene Umschalten von einer Auflösung in eine andere ermöglicht. Wenn Sie diese Option einschalten, können Sie mit den Tastaturkombinationen STRG-ALT-+ und STRG-ALT-- zwischen den verfügbaren Auflösungen hin- und herschalten.

Don't Trap Signals Diese Option verhindert das ordnungsgemäße Beenden des X-Servers im Falle eines unvorhergesehenen Ereignisses. Anstatt dessen beendet sich der Server dann sofort und erzeugt einen so genannten Core-Dump, mit dem Entwickler die Ursache des Fehlers herausfinden können. Sie sollten diese Option nicht verwenden.

Allow video mode changes from other hosts Hiermit wird ermöglicht, dass auch von anderen Rechnern im Netzwerk die Auflösung des X-Servers verändert werden kann. Normalerweise ist das nicht erwünscht, manchmal jedoch notwendig, beispielsweise, wenn Sie ein Programm auf einem anderen Rechner ausführen, welches seine Ausgabe auf Ihrem X-Server vornimmt diesen in einen bestimmten Video-Modus schalten muss, damit es funktioniert.

Allow changes to keyboard and mouse settings from other hosts Dasselbe gilt für Maus- und Tastatureinstellungen. Normalerweise möchte man nicht, das diese von anderen Rechnern aus verändert werden können, allerdings gibt es Ausnahmen, in denen dies notwendig oder hilfreich ist.

Abschluß der Konfiguration Nachdem Sie die Schaltfläche *Done* (unten in der Mitte) betätigt oder STRG-D gedrückt haben, erscheint ein Fenster, welches Ihnen mitteilt, dass Sie durch das Anwählen einer Konfigurationskategorie (oben) mit der Konfiguration fortfahren können oder die Konfiguration durch Anklicken der Schaltfläche *Okay* beenden können.

Wenn Sie *Okay* anklicken, wird der laufende X-Server beendet. Das Programm schaltet wieder in den Textmodus und versucht dann, den von Ihnen ausgewählten X-Server mit den vorgenommenen Einstellungen zu starten.

> **Achtung:** Sollte sich Ihr Monitor hierbei abschalten oder etwas anderes passieren, was Ihnen irgendwie als „ungesund" erscheint, drücken Sie sofort gleichzeitig die Tasten STRG-ALT-ZURÜCK! Damit können Sie den X-Server „abschießen" und sollten wieder in den Textmodus zurückkehren.

Im Falle eines Fehlers, oder wenn Sie den Server durch Drücken der Tasten STRG-ALT-ZURÜCK beendet haben, versucht *XF86Setup*, wieder den VGA16-Server zu starten, um Ihnen die Möglichkeit zu geben, die Konfiguration zu verbessern. Falls auch dies nicht gelingt, wird das Programm beendet. Sie können es dann erneut aufrufen, um eine andere Konfiguration (notfalls mit dem VGA16-Server als Standard-X-Server) festzulegen.

Wenn alles gut geht, sollte sich das System jetzt wieder im graphischen Modus, und zwar in der von Ihnen eingestellten Auflösung, befinden. Unter Umständen müssen Sie Ihren Monitor nun noch so einstellen, dass das angezeigte Bild die verfügbare Fläche des Monitors ausfüllt. Probieren Sie dann, ob die Maus richtig funktioniert und ob Sie mit den Tastaturkombinationen STRG-ALT-+ und STRG-ALT-- zwischen verschiedenen Auflösungen hin- und herschalten können.

> Es besteht nun die Möglichkeit, das Programm *xvidtune* aufzurufen, mit dem Sie eine Feinjustierung der Ansteuerung der Graphikkarte durchführen können. Weil das Programm – bei fehlenden Kenntnissen – nicht besonders einfach zu bedienen ist und Sie mit falschen Einstellungen theoretisch auch Ihre Hardware zerstören können, wird dies hier nicht empfohlen.

Sie sollten die erzeugte Konfiguration nun in der Datei */etc/X11/XF86Config* abspeichern. Geben Sie diesen Dateinamen dazu in das Eingabefeld hinter *Save Configuration to* ein, wenn er sich dort noch nicht befindet und klicken Sie dann auf die Schaltfläche *Save the configuration and exit*. Wenn es bereits eine alte Version dieser Konfigurationsdatei auf Ihrem System gibt, erhalten Sie die Mitteilung, dass diese in der Datei */etc/X11/XF86Config.bak* gesichert wurde. Bestätigen Sie diese Meldung durch Betätigung der Schaltfläche *Okay*. Das System schaltet nun wieder in den Textmodus und gibt die Meldung *Configuration complete* aus. Die Konfiguration des X-Servers wurde damit erfolgreich beendet.

9.4.7 Testen der Konfiguration

Sie können XFree86 nun starten, indem Sie an der Kommandozeile den Befehl

```
joe@debian:~$ startx
```

eingeben. Daraufhin sollte das System wieder in den graphischen Modus schalten und den von Ihnen als Standard ausgewählten Window-Manager starten. Weil es abhängig vom verwendeten Window-Manager ist, was nun auf dem Bildschirm dargestellt wird und welche Funktionen Ihnen zu Verfügung stehen, kann hier nicht allgemeingültig beschrieben werden, wie X wieder beendet werden kann. Falls der voreingestellte Window-Manager *twm* ist, können Sie diesen beenden, in dem Sie mit der linken Maustaste auf den Bildschirm klicken und aus dem dann erscheinenden Menü den Befehl *exit* auswählen.

Eine Auswahl von Window-Managern ist in Kapitel 9.4.13 auf Seite 273 beschrieben. Falls Sie die entsprechende Option aktiviert haben, sollten Sie X jedoch immer „brutal" durch die Tastenkombination STRG-ALT-ZURÜCK beenden können.

Wenn Sie nun Änderungen an der Konfiguration vornehmen möchten, können Sie dies tun, indem Sie entweder X beenden und *XF86Setup* erneut aufrufen. In diesem Fall sollten Sie angeben, dass die bereits vorhandene Datei */etc/X11/XF86Config* für Voreinstellungen verwendet werden soll (das Programm fragt danach). Oder Sie rufen *XF86Setup* direkt unter X (beispielsweise in einem *xterm*-Fenster) auf. In diesem Fall müssen Sie angeben, dass es sich um eine Konfigurationsänderung (*reconfiguration*) und nicht um eine Neukonfiguration handelt. Wenn Sie auf diese Art Änderungen an der Konfiguration vornehmen, müssen Sie hinterher X beenden und wieder neu starten, damit die Änderungen wirksam werden.

Umschalten zwischen graphischem Modus und Textmodus Wenn ein Display-Manager aktiv ist oder Sie den X-Server manuell mit *startx* gestartet haben, können Sie trotzdem weiterhin im Textmodus arbeiten: Durch Betätigung der Tastaturkombinationen STRG-ALT-F1 bis STRG-ALT-F7 können Sie zwischen den virtuellen Konsolen, hin- und herschalten. Der erste X-Server läuft dabei gewöhnlich auf der siebenten virtuellen Konsole. Um also wieder zurück auf die erste Konsole zu schalten, müssen Sie STRG-ALT-F1 drücken. Um dann wieder in die graphische Oberfläche (also zum X-Server) zu schalten, drücken Sie STRG-ALT-F7 (siehe auch Kap. 5.17).

9.4.8 Mögliche Probleme beim Start von XFree86

Beim Start und während des Betriebs von X werden eine Reihe von Meldungen auf die Konsole geschrieben, von der aus X gestartet wird. Um der Ursache eines Problems auf die Spur zu kommen, sollten Sie diese Ausgaben in eine Datei umleiten. Starten Sie X dazu auf die folgende Weise:

    joe@debian:~$ **startx 1>&2 2>x.log**

Dadurch werden alle Meldungen in die Datei *x.log* geschrieben. Sie können diese Meldungen später beispielsweise mit dem Programm *less* betrachten:

    joe@debian:~$ **less x.log**

Wenn Sie einen Display-Manager verwenden, werden die entsprechenden Meldungen in eine Protokolldatei im Verzeichnis */var/log* geschrieben. Bei Verwendung von *gdm* werden die Protokolldateien im Verzeichnis */var/log/gdm* abgelegt.

Im folgenden werden einige häufig auftretende Probleme beim Konfiguration von XFree86 mit möglichen Ursachen und Vorschlägen zur Behebung aufgeführt.

Das Programm *XF86Setup* schaltet überhaupt nicht in den graphischen Modus In diesem Fall sollten Sie überprüfen, ob Sie eine Graphikkarte haben, die mit dem Standard-VGA-Modus kompatibel ist (640x480 Punkte bei 8 Bit Farbtiefe). Wenn dies nicht der Fall ist, können Sie das Programm nicht benutzen. Konfigurieren Sie X dann mit dem Programm *xf86config*.

Trotz der Veränderung der Datei */etc/X11/XF86Config* verändert sich das Verhalten des X-Servers nicht Die X-Server untersuchen zunächst, ob sich im aktuellen Arbeitsverzeichnis eine Datei mit dem Namen *XF86Config* befindet und verwenden diese Datei falls dies so ist. Sie müssen in einem solchen Fall also entweder die betreffende Datei in ein anderes Verzeichnis verschieben oder das aktuelle Arbeitsverzeichnis wechseln.

Die Maus lässt sich unter X nicht benutzen, sie funktioniert jedoch mit *gpm* Stellen Sie sicher, dass *gpm* nicht aktiv ist, wenn der X-Server gestartet wird. Dauerhaft sollten Sie die Repeater-Funktion von *gpm* benutzen, um X und *gpm* gleichzeitig ausführen zu können.

Fehlermeldung *No valid modes found* Die im folgenden gezeigte Fehlermeldung sagt aus, dass der X-Server keinen gültigen Betriebsmodus für Ihren Bildschirm gefunden hat.

```
Fatal Server Error:
No valid modes found
```

Hierfür kommen u. U. folgeden Ursachen in Frage:

- Sie haben ausschließlich Auflösungen und Farbtiefen gewählt, für die nicht genügend Graphikspeicher vorhanden ist.
- Sie haben Frequenzen angegeben, für die keine Modus-Definitionen (Modelines) zur Verfügung stehen, um die gewünschten Auflösungen zu verwenden.

Überprüfen Sie zunächst, ob Sie die Frequenzen richtig angegeben haben. Wenn dies der Fall ist, die Auflösungen ebenfalls stimmen und Sie die Konfiguration bisher mit *XF86Setup* erstellt haben, versuchen Sie die Konfiguration nun mit *xf86config* durchzuführen. Dieses Programm erzeugt mehr Modus-Definitionen, so dass die Wahrscheinlichkeit größer ist, dass ein passender gefunden werden kann.

Fehlermeldung *unable to start X session* Die folgende Fehlermeldung weist Sie darauf hin, dass Sie wahrscheinlich vergessen haben, einen Window-Manager zu installieren:

```
Xsession: Unable to start X session: No /home/user/.xsession found,
no window managers and no terminal emulators found.
```

Der Monitor schaltet sich ab oder zeigt eine Fehlermeldung an Dieser Fehler ist mit größter Wahrscheinlichkeit darauf zurückzuführen, dass der horizontale oder der vertikale Frequenzbereich des Bildschirms falsch angegeben wurde.

Das Bild wird falsch dargestellt Wenn auf dem Bildschirm eigenartige Störungen wie z. B. Längs- oder Querstreifen zu sehen sind, könnte eine Ursache sein, dass Sie die Menge des verfügbaren Graphikspeichers falsch angegeben haben, bzw. diese nicht richtig erkannt wurde. Sie sollten die Konfiguration dann wiederholen und den richtigen Wert explizit angeben. Andere mögliche Ursachen sind Frequenzen, welche sich nicht mit dem Monitor vertragen. In solchen Fällen kann es helfen, die Frequenzen geringfügig zu ändern.

Bestimmte Tasten funktionieren nicht wie erwartet Passen Sie die Datei */etc/X11/XF86Config* manuell so an, wie es auf Seite 267 empfohlen ist. Wenn auch dies nicht hilft, verwenden Sie das Programm *xkeycaps* aus dem gleichnamigen Paket, um die Konfiguration manuell anzupassen.

Fehlermeldung: *could not open default font 'fixed'* Diese Fehlermeldung sagt aus, dass der X-Server den Standard-Font nicht finden konnte. Stellen Sie sicher, dass die Pakete mit den Schriftarten, insbesondere das Paket *xfonts-base* installiert sind.

264   9. Konfiguration wichtiger Systemkomponenten

9.4.9 Konfiguration von X mit *xf86config*

Das Programm *xf86config* ist ein textbasiertes Programm, das nach der Erfragung einiger Daten eine Konfigurationsdatei */etc/X11/XF86Config* erstellt. Sie brauchen dieses Programm nur dann verwenden, wenn die Konfiguration mit *XF86Setup* aus irgendwelchen Gründen nicht funktioniert oder nicht befriedigend ist.

Das Programm wird Sie in der Regel auffordern, Fragen entweder mit *Y* (für Ja) oder *N*, durch Eingabe einer Zahl, mit der eine bestimmte Option ausgewählt wird, oder durch die direkte Eingabe einer Einstellung, wie beispielsweise der Gerätedatei, durch welche die Maus repräsentiert wird, zu beantworten. Nach Beendigung jeder Eingabe müssen Sie EINGABE drücken, um sie zu übernehmen. Vorher können Sie Fehler durch die ZURÜCK-Taste korrigieren. Eine große Unannehmlichkeit von *xf86config* besteht darin, dass es in dem Programm keine Möglichkeit gibt, zu einer bereits vorgenommenen, aber verkehrten Einstellung „zurückzukehren". Das einzige Verfahren, einen solchen Fehler zu korrigieren besteht darin, das Programm abzubrechen (STRG-C) und es danach erneut aufzurufen.

Wenn Sie vor dem Aufruf von *xf86config* bereits über eine Konfigurationsdatei für X verfügen, sollten Sie diese zunächst sichern. Geben Sie dazu folgenden Befehl ein:

```
debian:~# cp /etc/X11/XF86Config /etc/X11/XF86Config.pre-xf86setup
```

Benutzen Sie diesen Befehl ein, um *xf86config* zu starten:

```
debian:~# xf86config
```

Es erscheint ein Bildschirm, der Ihnen u. a. mitteilt, dass mit dem Programm nur eine einfache Konfiguration erstellt werden kann, welche später u. U. manuell verbessert werden muss. Drücken Sie EINGABE, um fortzufahren.

Konfiguration der Maus Sie werden nun nach dem Typ Ihrer Maus gefragt (vergleiche auch Tabelle 8 auf Seite 232). Geben Sie hier die Zahl, die sich vor der Typenbezeichnung Ihrer Maus befindet, ein und drücken Sie EINGABE. Wenn Sie den Typ *Mouse Systems* gewählt haben, können Sie nun angeben, ob Sie die Optionen *ClearDTR* und *ClearRTS* verwenden möchten. Diese Optionen werden bei manchen Mäusen benötigt, um sie in den MouseSystems-Modus zu schalten, bevor der X-Server startet.

Wenn Sie eine Zwei-Tasten-Maus besitzen oder die mittlere Maustaste nicht benutzbar ist, sollten Sie nun die Frage, ob die mittlere Maustaste durch Drücken von linker und rechter Maustaste gleichzeitig emuliert werden soll (*Emulate3Buttons*), mit *Y* beantworten. Bei Bedarf können Sie auch angeben, dass Ihre Maus bei Betätigung der mittleren Maustaste die Information an den Rechner sendet, dass linke und rechte Taste gleichzeitig gedrückt worden wären. Die entsprechende Option heißt *ChordMiddle*.

Zu Schluss müssen Sie die Gerätedatei angeben, welche die Maus repräsentiert. Wenn Sie sich nicht sicher sind, sehen Sie in Tabelle 7 auf Seite 232 nach.

Achtung: Wenn Sie X zusammen mit *gpm* im Repeater-Modus verwenden wollen, wählen Sie als Maustyp *Mouse Systems* und als Gerätedatei */dev/gpmdata*.

Konfiguration der Tastatur Im nächsten Schritt erfolgt der Hinweis, dass nun die Tastatur auszuwählen ist. Drücken Sie die Taste EINGABE. Nun können Sie eine Tastatur aus der Liste (durch Eingabe der entsprechenden Ziffer) auswählen oder *None of the above* wählen, um das Layout selbst festzulegen. Wenn Sie eine deutsche Standardtastatur verwenden, sollten Sie 5 (*Standard 101-key, German encoding*) wählen.

None of the above sollten Sie wählen, wenn Sie eine spezielle Tastatur, wie beispielsweise ein Microsoft Natural Keyboard, verwenden, weil die vordefinierten Layouts hierfür nicht besonders gut geeignet sind. Nach der Wahl von *None of the above* erhalten Sie eine Liste von Tastaturen, aus der Sie Ihre auswählen können. In Deutschland sind 102 Tasten-Tastaturen gebräuchlich. Wenn Sie eine Tastatur mit „Windows"-Tasten besitzen, dann handelt es sich dabei normalerweise um eine 104 Tasten Tastatur. Sie sollten jeweils die Variante mit *Mode_switch* auswählen. Geben Sie die entsprechende Zahl ein und drücken Sie EINGABE.

Danach erfolgt die Auswahl des nationalen Layouts. Wählen Sie dort beispielsweise *Germany* oder *Switzerland/German layout*. Beachten Sie, dass u. U. nicht alle verfügbaren Layouts auf einmal angezeigt werden. Benutzen Sie die Taste EINGABE um zur jeweils nächsten Seite zu schalten. Die gewählten Einstellungen werden danach ausgegeben und es erscheint eine Warnung, dass diese Konfiguration möglicherweise nicht funktioniert.

Konfiguration des Monitors Bevor mit der Konfiguration des Monitors begonnen wird, erscheint eine Meldung, die Sie darauf hinweist, dass Sie bei der Angabe der von Ihrem Monitor unterstützten Frequenzbereiche nach Möglichkeit keinen Fehler machen sollten. Quittieren Sie diese Meldung mit EINGABE.

Es erscheint dann eine Liste verschiedener horizontaler Frequenzbereiche. Sie können hier entweder eine vorgegebene, Ihrem Monitor entsprechende Einstellung übernehmen oder durch Auswahl von *Enter your own horizontal sync range* eigene, angepasste Angaben machen.

Achtung: Gehen Sie hierbei äußerst vorsichtig vor: Bei älteren Monitoren kann die Angabe zu hoher Werte zur Zerstörung des Monitors führen!

Wenn Sie die Frequenzen manuell eingeben wollen, haben Sie zum einen die Möglichkeit, Frequenzbereiche in der Form *31.5-79* oder einzelne Werte, die von Ihrem Monitor unterstützt werden, in der Form *31.5,48,60* anzugeben. Es sind auch Kombinationen möglich, wie beispielsweise *42-55, 60-72*.

Danach müssen Sie den vertikalen Frequenzbereich Ihres Monitors angeben. Auch hier besteht wieder die Möglichkeit, zwischen verschiedenen vorgegebenen Bereichen zu wählen, oder den Bereich durch Auswahl von *Enter your own vertical sync range* selbst anzugeben.

Zum Abschluß der Monitorkonfiguration müssen Sie Ihrem Monitor eine Bezeichnung geben (*Enter an identifier for your monitor definition*), sowie eine Bezeichnung für den Hersteller/Verkäufer (*Enter the vendor name of your monitor*) und die Typenbezeichnung Ihres Monitors (*Enter the model name of your monitor*). Diese Angaben wirken sich auf das Verhalten von XFree86 nicht aus, sie dienen lediglich dazu, bei Konfigurationen mit mehreren Monitoren oder unterschiedlichen Konfigurationen des gleichen Monitors, die einzelnen Monitorbeschreibungen auseinanderzuhalten. Es reicht also aus, einfache Abkürzungen für die drei Beschreibungskategorien einzugeben, irgendeine Bezeichnung müssen Sie allerdings auf jeden Fall angeben.

Konfiguration der Graphikkarte Nun erscheint ein Text, in welchem erklärt wird, dass die Möglichkeit besteht, eine Graphikkartendefinition aus der mitgelieferten Datenbank zu übernehmen. Dieser Text enthält den wichtigen Hinweis, dass – falls die eigene Karte nicht in der Datenbank enthalten ist – auf keinen Fall eine Graphikkarte mit ähnlicher Bezeichnung gewählt werden sollte. Oft unterscheiden sich Karten mit ähnlichen Bezeichnungen nämlich erheblich bezüglich ihrer Eigenschaften.

Um eine Karte aus der Datenbank auszuwählen, antworten Sie auf die Frage *Do you want to look at the card database* mit *Y*. Daraufhin erscheint eine alphabetisch sortierte Liste der dort vorkonfigurierten Graphikkarten. Sie haben die Möglichkeit, die Taste EINGABE zu drücken, um die jeweils nächste Seite anzeigen zu lassen („zurückblättern" geht leider nicht, allerdings wird, nachdem die letzte Seite angezeigt wurde, wieder die erste angezeigt), Q zu drücken, um das Anzeigen der Liste abzubrechen oder die Nummer einer Kartendefinition einzugeben, wodurch die entsprechende Karte ausgewählt wird.

Nach Auswahl einer Karte werden Kartenbezeichnung, Chipsatz und X-Server, für die entsprechende Graphikkarte am Bildschirm ausgegeben. Hier können Sie überprüfen, ob Sie die richtige Karte ausgewählt haben. Falls nicht, sollten Sie hier mit STRG-C abbrechen und von vorne beginnen.

Nun müssen Sie festlegen, welcher X-Server standardmäßig gestartet werden soll. *xf86config* erzeugt vier verschiedene Konfigurationen, die für einen X-Server für den Swarz-Weiß-Modus, für den VGA16-Server, für den SVGA-Server, der eine Reihe von verschiedenen SVGA-Karten mit hohen Auflösungen und Farbtiefen unterstützt und für die Verwendung mit einem der X-Server für Graphikkarten mit Hardwarebeschleunigung (engl.:

acceleration) geeignet sind. Falls Sie vorher aus der Datenbank eine Kartendefinition ausgewählt haben, besteht darüberhinaus die Möglichkeit, den Server als Standard zu verwenden, der von der Kartendefinition vorgesehen wurde. Sie sollten unbedingt diese Option wählen. Ansonsten wählen Sie einen Server, von dem Sie wissen, dass er Ihre Graphikkarte unterstützt (also notfalls den VGA16-Server).

Danach werden Sie gefragt, ob Sie wünschen, dass die Datei */etc/X11/Xserver* entsprechend angepasst wird. Dies ist die Datei, in der unter Debian GNU/Linux festgelegt wird, welcher X-Server als Standard-Server benutzt wird. Beantworten Sie diese Frage mit *y*. Falls Sie vorher ausgewählt hatten, einen Server für Graphikkarten mit Hardwarebeschleunigung („accel") zu verwenden, der nicht durch eine vorgegebene Kartendefinition festgelegt worden war, müssen Sie nun noch angeben, welchen dieser Server Sie standardmäßig verwenden möchten.

Nun können Sie angeben, wieviel Graphikspeicher auf Ihrer Karte vorhanden ist. Wählen Sie entweder eine vorgegebene Option aus oder wählen Sie *Other* und geben Sie die Größe dann in KiloByte (KB) ein. Denken Sie daran, dass 1 MB 1024 KB entspricht. Bei einer Karte mit 16 MB Graphikspeicher würden Sie hier also den Wert *16384* angeben.

Ebenso wie bei der Monitorkonfiguration müssen Sie nun einen Bezeichner, den Namen des Herstellers und die Modell-Bezeichnung für Ihre Graphikkarte angeben. Auch hier wirken sich die Angaben nicht auf das Verhalten von XFree86 aus, so dass Sie prinzipiell beliebige Angaben machen können. Wichtig ist nur, überhaupt irgendwelche Angaben vorzunehmen, damit die Konfiguration funktioniert.

Hiernach können Sie den RAMDAC Ihrer Karte festlegen. In der Regel ist dies nicht notwendig, so dass Sie es ersteinmal ohne RAMDAC-Angabe versuchen sollten (Q drücken). Da diese Angabe bei einigen Karten allerdings zwingend erforderlich ist, müssen Sie dann u. U. später nochmal nachbessern und durch Angabe der entsprechenden Zahl den RAMDAC festlegen. Selbiges gilt für die Auswahl des „Clockchips". Auch diese ist in der Regel nicht notwendig, muss aber bei manchen Karten vorgenommen werden. Drücken Sie EINGABE, um ohne die Auswahl eines Clockchips fortzufahren, oder wählen Sie den Chip Ihrer Karte durch Angabe der entsprechenden Nummer aus.

Als nächstes wird gefragt, ob der X-Server – testweise – zum Feststellen der unterstützten Pixelfrequenzen aufgerufen werden soll. Wenn Sie zuvor eine Karte aus der Datenbank ausgewählt haben erhalten Sie mit dieser Frage u. U. die Meldung: *The card definition says to NOT probe clocks*. In diesem Fall sollten Sie sich daran halten und die Frage mit *n* beantworten.

Konfiguration der verfügbaren Auflösungen Nun wird eine Liste möglicher Bildschirmauflösungen bei verschiedenen Farbtiefen ausgegeben. Die zuerst angegebene Auflösung für eine Farbtiefe ist dabei die Auflösung, in welcher der Server in Zukunft standardmäßig gestartet wird. Danach lässt sich zwar sofort in eine andere Auflösung umschalten, allerdings ist es komfortabler, gleich in der richtigen Auflösung zu starten. Deshalb können Sie die Reihenfolge und die definierten Auflösungen ändern, indem Sie die einer bestimmten Farbtiefe entsprechende Zahl eingeben und dann die Auflösungen in der Reihenfolge auswählen, in der sie vom X-Server benutzt werden sollen.

Um also beispielsweise die Auflösungen für 32 Bit Farbtiefe zu verändern, geben Sie zunächst *4* ein und dann *4325* um die Auflösungen 1024x768, 800x600, 640x480 und 1280x1024 festzulegen. Da die Auflösung 1024x768 (*4*) hierbei zuerst genannt wurde, benutzt der X-Server, wenn er in dieser Farbtiefe gestartet wird, am Anfang diese Auflösung.

Nach der Auswahl der Auflösungen wird nachgefragt, ob erwünscht ist, „virtuelle" Auflösungen zu verwenden, welche die physikalische Auflösung des Bildschirms übertreffen. Dies ist ein Trick, mit dem eine größere Arbeitsplatzfläche auf dem Bildschirm zur Verfügung steht, als Sie eigentlich vom Bildschirm dargestellt werden kann. Der Bildschirm dient dann praktisch als Fenster auf diese Arbeitsfläche, das mit der Maus verschoben werden kann. Hierdurch wird der zur Verfügung stehende Graphikspeicher auf der Karte besser ausgenutzt und es lassen sich mehr Fenster übersichtlich auf der Arbeitsfläche anordnen. Einige Leute finden diese Einstellung jedoch auch unübersichtlich und verwirrend.

Nachdem Sie für alle Farbtiefen die gewünschten Auflösungen ausgewählt haben, wählen Sie *The modes are ok* ..., um die Konfiguration abzuschließen.

Abschluß der Konfiguration Das Programm fragt nun, ob es die Datei */etc/X11/XF86Config* erstellen soll. Generell sollten Sie diese Frage mit *Y* beantworten. Sie können allerdings auch *N* angeben, woraufhin gefragt wird, ob die Datei *XF86Config* im aktuellen Arbeitsverzeichnis gespeichert werden soll.

Testen Sie die mit *xf86setup* erzeugte Konfiguration so, wie es ab Seite 261 für die Konfiguration mit dem Programm *XF86Setup* beschrieben ist.

9.4.10 Aufbau der Datei /etc/X11/XF86Config

Diese Datei ist die zentrale Konfigurationsdatei für den X-Server. Sie ist in verschiedene Abschnitte aufgeteilt, die mit dem Schlüsselwort *Section* sowie einer Bezeichnung beginnen und mit dem Schlüsselwort *EndSection* enden. Innerhalb eines Abschnittes wird jeweils ein Teilaspekt, wie beispielsweise die Tastatur oder die Graphikkarte konfiguriert. Die Datei kann leere Zeilen und Kommentare enthalten. Kommentare sind mit einem Doppelkreuz (#) einzuleiten. Konfigurationsdateien, welche mit dem Programm *xf86config* erzeugt wurden, enthalten eine große Anzahl von Kommentaren. Eine Übersicht über alle in der Datei möglichen Direktiven und Optionen finden Sie in der Manualseite *XF86Config* im Abschnitt 5 des Manualsystems.

Die Arbeit mit der Datei ist etwas komplizierter als die Arbeit mit anderen Konfigurationsdateien, weil sich in */etc/X11/XF86Config* gleich mehrere Konfigurationen für unterschiedliche Graphikkarten und unterschiedliche Bildschirme befinden können. Abschnitte zur Definition eines Monitor tragen den Namen *Monitor* und solche zur Definition einer Graphikkarte die Bezeichnung *Device*. Beides zusammen ergibt eine Einheit, die als *Screen* bezeichnet wird. Weil sich die unterschiedlichen Definitionen für Graphikkarten mit den unterschiedlichen Bildschirmdefinitionen theoretisch beliebig kombinieren lassen, kann es auch mehrere *Screen*-Abschnitte geben.

In vielen Fällen ist es möglich, eine Kombination aus Graphikkarte und X-Server alternativ mit dem VGA16-Server, dem Super-VGA-Server und einem speziellen kartenspezifischen Server zu betreiben. Aufgrund der Möglichkeit, gleichzeitig unterschiedliche Definitionen für die Graphikkarte in der Datei zu haben, lassen sich diese Konfigurationen nebeneinander in der Datei speichern. Welche Einstellungen dann tatsächlich benutzt werden ergibt sich daraus, welcher X-Server tatsächlich gestartet wird.

Dateien und Pfade (*Files*) sowie Module (*Modules*) Im ersten Abschnitt mit dem Namen *Files* wird definiert, wo vom X-Server benötigte Dateien zu finden sind. Dazu gehören Verzeichnisse mit Schriftartendateien (*FontPath*) sowie Verzeichnisse, in denen sich Module befinden, mit denen der Server um zusätzliche Fähigkeiten erweitert werden kann (*ModulePath*). Mit *FontPath* wäre auch anzugeben, wenn ein Fontserver[4] benutzt werden soll. Näheres hierzu findet sich in der Manualseite *XF86Config*.

Im Abschnitt *Modules* wird angegeben, welche Server-Module geladen werden sollen.

Allgemeine Optionen für den X-Server (*ServerFlags*) In diesem Abschnitt finden Sie die bereits auf Seite 260 beschriebenen Einstellungen wieder.

Einstellung der Tastatur (*Keyboard*) Die Konfiguration der Tastatur unter X ist etwas schwieriger, als es zu erwarten wäre. Sie sollten die Funktionsfähigkeit der Tastatur nicht in einem Terminalfenster, sondern beispielsweise mit einem Editor prüfen (Sie können dazu u. a. das Programm *xedit* aus dem Paket *xcontrib* verwenden). In einem Terminalfenster besteht nämlich die Gefahr, dass Tastenanschläge nicht vom X-Server, sondern von der Shell falsch interpretiert werden (siehe auch Seite 427).

Wenn Sie mit den Programmen *XF86Setup* oder *xf86config* keine befriedigende Tastaturkonfiguration hinbekommen haben, können Sie es mit dem im folgenden dargestellten Abschnitt probieren. Den Wert hinter *XkbModel* sollten Sie dabei auf *pc104* ändern, falls Sie eine Tastatur mit „Windows"-Tasten besitzen.

---

[4] Ein Fontserver ist ein Programm, welches Schriftarten im Netz zur Verfügung stellt

```
Section "Keyboard"
    Protocol     "Standard"
    AutoRepeat   500 30
    XkbRules     "xfree86"
    XkbModel     "pc102"
    XkbLayout    "de"
    XkbVariant   "nodeadkeys"
    XkbOptions   "grp:switch"
EndSection
```

Mauskonfiguration (*Pointer*) In diesem Abschnitt wird bestimmt, welches Protokoll zur Kommunikation mit der Maus benutzt werden soll und durch welche Gerätedatei diese repräsentiert wird. Darüberhinaus lassen sich die angesprochenen Optionen *Emulate3Buttons* und *ChordMiddle* hier ein- und ausschalten.

Monitoreinstellungen (*Monitor*) In diesen Abschnitt(en) werden die Eigenschaften des Monitors angegeben und bestimmt, wie dieser betrieben werden soll. Damit es später möglich ist, sich auf eine einmal vorgenommene Monitordefinition zu beziehen, wird der Definition zunächst mit dem Schlüsselwort *Identifier* ein Name zugeordnet. Mit *Vendorname* und *ModelName* können darüberhinaus Hersteller- und Modellname des Monitors angegeben werden.

Mit *HorizSync* und *VertRefresh* werden die, von dem Monitor unterstützten, horizontalen und vertikalen Frequenzbereiche angegeben. Wie bereits beschrieben, lassen diese sich als Bereiche (etwa in der Form *31-65*) oder als einzelne durch Kommata separierte Werte (in der Form *31.8,48.2*) angeben. Bedenken Sie, dass die hier angegebenen Werte unbedingt mit den tatsächlichen Werten Ihrer Hardware übereinstimmen müssen!

Weiter finden Sie in diesem Abschnitt so genannte Modeline-Definitionen. Hierbei handelt es sich um Anweisungen, wie der Monitor angesteuert werden soll. Es kann innerhalb eines *Monitor*-Abschnitts beliebig viele Modeline-Definitionen geben. Der X-Server verwendet automatisch die Definition, die innerhalb der durch *HorizSync* und *VertRefresch* bestimmten Grenzen für eine angeforderte Auflösung am besten geeignet ist. In ganz seltenen Fällen ist es notwendig, eigene Modeline-Definitionen zu errechnen und anzugeben. Informationen hierzu finden Sie im Xfree86 Video-Timings-HOWTO (Datei */usr/share/doc/HOWTO/en-txt/XFree86-Video-Timings-HOWTO.txt.gz*, Paket *doc-linux-text*).

Konfiguration der Graphikkarte (*Device*) Ebenso wie der Monitor ist es bei den Abschnitten für Graphikkarten notwendig, diesen mit *Identifier*, *VendorName* und *BoardName* eine eindeutige Bezeichnung zu geben. Weiter kann in diesem Abschnitt angegeben werden, welcher Chipsatz und wieviel Graphikspeicher sich auf der Karte befindet und welche Hardwareressourcen das Gerät benutzt. Näheres hierzu finden Sie in der Manualseite *XF86Config* (Abschnitt 5). Die Spezifikation der Menge des Graphikspeichers ist in einigen Fällen notwendig und sollte vorgenommen werden, falls es zu Problemen kommt. Bevor Sie andere Optionen in diesem Abschnitt ändern, löschen oder hinzufügen, sollten Sie die Dokumentation zum X-Server für Ihre Graphikkarte lesen. Die entsprechenden Textdateien befinden sich im Verzeichnis */usr/share/doc/xserver-common*.

***Screen*-Definitionen** Sie werden sich u. U. fragen, woher der X-Server weiß, welche *Screen*-Definition zu verwenden ist. Jeder dieser Abschnitte beginnt mit einer *Driver*-Direktive. Jeder X-Server hat ebenfalls einen *Driver*-Typ eingebaut, so dass immer der *Screen*-Abschnitt benutzt wird, bei dem *Driver*-Typ des gestarteten X-Servers mit *Driver*-Definition des entsprechenden Abschnittes übereinstimmen. Daraus ergibt sich dann auch, welcher *Device*-Abschnitt und welcher *Monitor*-Abschnitt benutzt werden soll, denn jede *Screen*-Definition muss mit den Direktiven *Device* und *Monitor* ausgestattet sein, mit denen die Namen der zu benutzenden Abschnitte angegeben werden (die Namen wurden in den Abschnitten mit *Identifier* festgelegt).

Wenn Sie einen Hardware-beschleunigten X-Server (z. B. den S3-Server) verwenden, hat dieser den *Driver*-Typ *accel*. Es ist dann also der *Screen*-Abschnitt zu bearbeiten, in dem sich die Direktive *driver "accel"* befindet. Der SVGA-Server hat den *Driver*-Typ *svga* und der VGA16-Server den Typ *vga16*.

In jedem *Screen*-Abschnitt befinden sich ein oder mehrerer Unterabschnitte (*SubSection* mit der Bezeichnung *Display*. In diesen Unterabschnitten werden die verschiedenen Betriebsarten einer Kombination aus Graphikkarte und Monitor definiert. Hier befinden sich beispielsweise hinter der Anweisung *Modes* die verschiedenen Auflösungen, in denen der Bildschirm betrieben werden soll und zwischen denen mit STRG-ALT-- und STRG-ALT-+ hin- und hergeschaltet werden kann. Beachten Sie, dass die jeweils zuerst genannte Auflösung die ist, mit welcher der Server standardmäßig startet. Mit *Depth* wird die Farbtiefe des betreffenden Modus festgelegt und mit *Virtual* die virtuelle Bildschirmauflösung, also die Fläche die tatsächlich auf der Arbeitsfläche zum Anordnen von Fenstern zur Verfügung steht. Durch die Direktive *DefaultColorDepth* wird bestimmt, in welcher Farbtiefe der Server standardmäßig gestartet werden soll. Wenn Sie beispielsweise einen X-Server mit Hardware-Beschleunigung standardmäßig mit 32 Bit Farbtiefe und einer Auflösung von 1024x768 Pixeln benutzen wollen, dann könnte Ihre *Screen*-Definition folgendermaßen aussehen:

```
Section "Screen"
    Driver      "accel"
    Device      "FastBoard"
    Monitor     "BigScreen"
    DefaultColorDepth 32
    Subsection "Display"
        Depth       16
        Modes       "1024x768" "800x600" "640x480" "1280x1024"
        ViewPort    0 0
        Virtual     1280 1024
    EndSubsection
    Subsection "Display"
        Depth       32
        Modes       "1024x768" "800x600" "640x480" "1280x1024"
        ViewPort    0 0
        Virtual     1024 768
    EndSubsection
EndSection
```

Beachten Sie, dass dieses Beispiel aus Platzgründen keine Einträge (*Display*-Abschnitte) für die Farbtiefen 8 und 24 Bit enthält. Diese sollten normalerweise ebenfalls vorhanden sein. Weiter ist zu erkennen, dass bei der Farbtiefe 16 Bit ein virtueller Bildschirm mit der Größe von 1280x1024 Punkten benutzt wird.

9.4.11 Weitere Möglichkeiten zur Anpassung

Wie Sie sich vielleicht schon gedacht haben, befinden sich die Konfigurationsdateien für das X Window System und für viele X-basierte Programme unterhalb des Verzeichnisses */etc/X11*. Im folgenden werden die wichtigsten Dateien und Verzeichnisse in diesem Verzeichnis kurz vorgestellt.

Feineinstellung der Tastatur XFree86 erlaubt es, die Bedeutung einzelner Tasten zu überschreiben. Hierzu dient das Programm *xmodmap* (aus dem Paket *xbase-clients*). Diese Anpassungen werden global für alle Benutzer in der Datei */etc/X11/Xmodmap* gespeichert. Jeder Benutzer kann darüberhinaus eigene Tastaturdefinitionen in der Datei *.Xmodmap* in seinem Heimatverzeichnis speichern. Besonders komfortabel lassen sich solche Dateien mit dem Programm *xkeycaps* aus dem gleichnamigen Paket erzeugen. Mehr Informationen hierzu finden Sie in der Manualseite zu *xmodmap*.

X-Ressourcen Das X Window System verfügt über eine besondere Methode zur Konfiguration von Anwendungen, die man als X-Ressourcen bezeichnet. Der X-Server verwaltet dabei eine Hierarchie von Variablen und Werten, mit denen beispielsweise die Hintergrundfarbe von Fenstern, die von einer Applikation zu verwendenden Schriftarten oder das Erscheinungsbild einer Werkzeugleiste bestimmt werden können.

Während des Starts einer X-Sitzung werden die X-Ressourcen in den Server geladen. Dies geschieht mit dem Programm *xrdb*. Dabei werden zunächst die systemweit geltenden X-Ressourcen aus den Dateien im Verzeichnis */etc/X11/Xresources* und dann – falls vorhanden – die Ressourcen-Definitionen aus der Datei *.Xresources* im Heimatverzeichnis desjenigen Benutzers, der die X-Sitzung gestartet hat, geladen.

Die Syntax in diesen Dateien unterscheidet sich etwas von anderen Konfigurationsdateien. Kommentare werden hier nicht mit einem Doppelkreuz (#) sondern mit einem Ausrufungszeichen eingeleitet. Jede Ressourcendefinition besteht prinzipiell aus einer Zeile in der sich der Name der Ressource, gefolgt von einem Doppelpunkt sowie dem Wert der Ressource befindet. Falls für die Spezifikation einer Ressource mehr als eine Zeile Platz benötigt wird, sind angefangene Zeilen mit einem Backslash (\) abzuschließen.

Bezeichner von Ressourcen setzen sich aus unterschiedlichen Elementen zusammen, die mit Punkten voneinander getrennt werden. Das erste Element bezeichnet dabei in der Regel den Namen der Anwendung, die nächsten Elemente einzelne Teile des oder der Fenster der betreffenden Anwendung (Widgets) und der letzte Teil ein Merkmal des betreffenden Elements. Dies kann am Beispiel des Terminal-Emulators *xterm* erläutert werden. Die Fenster des Programms setzen sich aus verschiedenen Widgets zusammen, wobei der Name des Widgets im Hauptfenster von *xterm* VT100 lautet. Möchte man nun den Hintergrund des *xterm*-Fensters in blauer Farbe haben, so wäre die folgende X-Ressource zu setzen:

```
xterm.vt100.background: blue
```

Menüs und andere Fenster des Programms benutzen andere Widgets, sie würden durch diese Ressource also nicht verändert. Durch den Stern (*) lassen sich jedoch alle möglichen Kombinationen auf einmal spezifizieren, so würde die folgende Anweisung dazu führen, dass der Hintergrund aller Teile von *xterm* in Blau dargestellt wird:

```
xterm*background: blue
```

Um den Hintergrund alle Anwendungen, die mit X-Ressourcen arbeiten, in Blau darzustellen, könnte diese Anweisung in die Datei *.Xresources* aufgenommen werden:

```
*background: blue
```

Beachten Sie, dass nicht alle Anwendungen X-Ressourcen verwenden. Die voreingestellten Ressourcen für die meisten Programme, welche mit X-Ressourcen arbeiten befinden sich in Dateien im Verzeichnis */usr/X11R6/lib/X11/app-defaults*. Die Namen der Dateien in diesem Verzeichnis entsprechen den Namen der Anwendungen für die sie gelten. Sie sollten diese Dateien nicht verändern, sondern als Vorlagen für Einträge in der Datei *.Xresources* in Ihrem Heimatverzeichnis oder in einer Datei unterhalb von */etc/X11/Xresources* verwenden. Mehr über X-Ressourcen finden Sie u. a. in der Manualseite zu X. Wie Sie Ressourcen zur Laufzeit von X verändern können, ist in der Manualseite zu *xrdb* beschrieben. Damit eine Anwendung Gebrauch von einer veränderten X-Ressource macht, ist diese in der Regel neu zu starten.

Auswahl des X-Servers und Vergabe von Startberechtigungen In der Datei */etc/X11/Xserver* wird festgelegt, welches Programm als X-Server zu starten ist. Wenn Sie beispielsweise den S3-Server verwenden, befindet sich in dieser Datei folgender Eintrag in der ersten Zeile:

```
/usr/bin/X11/XF86_S3
```

Darüberhinaus wird hier bestimmt, wer berechtigt ist, X zu starten. Mögliche Werte sind:

RootOnly Der X-Server darf nur vom Administrator gestartet werden. Die Folge dieser Einstellung wäre, dass gewöhnliche Benutzer den Befehl *startx* nicht benutzen können.

Anybody Der X-Server kann von jedem Benutzer gestartet werden.

Console Der X-Server kann nur von solchen Benutzern gestartet werden, die direkt an dem Rechner angemeldet sind und ihn nicht etwas über eine Telnet-Verbindung benutzen.

Entscheidend ist, welches der drei oben aufgeführten Schlüsselwörter in der Datei als erstes genannt wird. Die Voreinstellung *Console* sollte normalerweise nicht geändert werden.

9.4.12 Arbeiten mit X: Besonderheiten

Es wurde bereits darauf hingewiesen, dass das Erscheinungsbild des Desktops und der Fenster von Anwendungen in den Zuständigkeitsbereich der Window-Manager fällt und von X insofern unabhängig ist. Hierzu gehört auch die Frage, wie Programme gestartet werden und welche Funktionen mit Maustasten verbunden sind.

Es gibt jedoch einige Eigenschaften des X Window Systems, die sich von den graphischen Benutzeroberflächen anderer Betriebssysteme unterscheiden und unabhängig vom eingesetzten Window-Manager vorhanden sind.

Cut and Paste Text kann in fast allen Anwendungen mit der linken Maustaste markiert werden und hinterher im gleichen oder in einem anderen Fenster mit der mittleren Maustaste eingefügt werden. Es ist dabei nicht notwendig, zunächst in einem Menü einen Befehl zum Kopieren in die Zwischenablage und hinterher einen Befehl zum Einfügen aus der Zwischenablage zu verwenden.

Scrollbars Ältere X-Anwendungen sind oft mit Scrollbars (Leisten am Rand eines Fensters, mit dem der Fensterinhalt bewegt werden kann) ausgestattet, die anders bedient werden, als Sie dies vielleicht von Windows her kennen. Ein Beispiel für eine solche Anwendung ist das Terminal-Emulationsprogramm *xterm*. Bei diesen Anwendungen wird der Fensterinhalt mit der linken Maustaste vorwärts und mit der rechten Maustaste rückwärts bewegt und zwar unabhängig davon, wo man auf den Scrollbar klickt. Mit der mittleren Maustaste wird der Scrollbar an die Position bewegt, an der sich die Maus befindet.

Kontextmenüs Mit vielen Window-Managern und Anwendungen erreichen Sie Funktionen dadurch, dass Sie mit der Maus auf das Fenster der Anwendung, bzw. auf den Bildschirmhintergrund klicken. Manche Funktionen lassen sich auch nur mit diesem Verfahren erreichen. Es erscheint dann ein Menü, aus dem bestimmte Befehle ausgewählt werden können. Teilweise müssen solche Menüs „festgehalten" werden, d. h. sie werden nur so lange dargestellt, wie die Maustaste gedrückt ist. Andere Menüs bleiben so lange auf dem Bildschirm, bis ein Befehl ausgewählt wurde oder in einen anderen Bereich des Bildschirms geklickt worden ist. Beachten Sie, dass linker, mittlerer und rechter Maustaste dabei meistens unterschiedliche Menüs zugeordnet sind.

Virtuelle Desktops Es wurde bereits erwähnt, dass die X-Server so konfiguriert werden können, dass die „virtuelle" Fläche des Bildschirms größer ist als die tatsächliche. Der Bildschirm fungiert dann als Fenster auf diese Fläche, dass mit der Maus verschoben wird, sobald sie an den Rand des Bildschirms bewegt wird. Fast alle Window-Manager unterstützen darüberhinaus mehrere virtuelle Bildschirme. Man kann sich das so vorstellen, dass mehrere Bildschirme an den Rechner angeschlossenen sind, zwischen denen hin- und hergeschaltet werden kann. Die zur Verfügung stehende Fläche des Bildschirms vergrößert sich dadurch weiter und außerdem lassen sich zusammengehörende Anwendungen auf den einzelnen virtuellen Bildschirmen gruppieren.

Terminal-Emulatoren Für viele „alte Hasen" besteht der einzige Sinn des X Window Systems in der Möglichkeit, mehrere Terminal-Fenster nebeneinander laufen zu lassen. Moderne Arbeitsplatzumgebungen wie GNOME oder KDE machen die Arbeit mit der Kommandozeile zwar immer seltener zwingend notwendig. Effektives Arbeiten ist in vielen Situationen jedoch ohne die Shell nicht möglich. Darüberhinaus sind viele UNIX/Linux-Programme nicht für die Verwendung mit einem Fenstersystem programmiert.

Damit unter X ebensogut, wie an der Konsole, mit solchen Programmen gearbeitet werden kann, gibt es die so genannten Terminal-Emulatoren. Dies sind Programme, die anderen Programmen die gleichen Möglichkeiten zur Verfügung stellen, wie sie normalerweise an der Konsole bestehen. Also beispielsweise, die Möglichkeit Text auszugeben und vom Anwender entgegenzunehmen, einfache Graphiken darzustellen oder Warntöne auszugeben. Solche Programme stellen auf dem Bildschirm ein Fenster dar, mit dem genauso gearbeitet werden kann, wie an der Konsole.

Das bekannteste dieser Programme ist das bereits genannte Programm *xterm*. Mittlerweile gibt es jedoch eine große Anzahl von Alternativen zu *xterm*, wie beispielsweise das Programm *gnome-terminal* für GNOME oder *konsole* als Bestandteil von KDE. Programme, die für die Ausführung in einem Terminal oder an der Konsole bestimmt sind, werden unter X in dem Programm *x-terminal-emulator* ausgeführt. Hierbei handelt es sich (wie bei *x-window-manager*) um einen symbolischen Link, der über das Alternativen-System (siehe S. 224) verwaltet wird.

Zugriffssteuerung und -Kontrolle X ist ein Netzwerkprotokoll. Anwendungen, die das X Window System benutzen, müssen daher wissen, auf welchem Rechner der X-Server läuft, den sie zur Darstellung verwenden sollen. Dies wird ihnen normalerweise mit Hilfe der Umgebungsvariablen *DISPLAY* (siehe auch Seite 451) mitgeteilt. Diese Variable wird gewöhnlich während des Starts von X gesetzt, so dass alle innerhalb des X Window Systems gestarteten Anwendungen wissen, welchen Server sie zu benutzen haben.

Der Wert der Variablen *DISPLAY* setzt sich aus dem Rechnernamen, der Nummer des Displays auf diesem Rechner und der Nummer des Bildschirms, der zu dem betreffenden Display gehört, zusammen. Daraus folgt, dass es auf einem Rechner mehrere Anzeigeeinheiten geben kann. Rechnername und Displaynummer werden durch einen Doppelpunkt voneinander getrennt, während Displaynummer und Bildschirmnummer durch einen einfachen Punkt getrennt werden. Ein Beispiel:

```
DISPLAY=blackmagic:1.0
```

X-Anwendungen, die aufgerufen werden, wenn die Variable *DISPLAY* diesen Wert hat, würden also versuchen, den Rechner mit dem Namen *blackmagic* zu kontaktieren und dort den ersten Bildschirm auf dem zweiten Display zu verwenden (Displays und Bildschirme werden mit der Zahl 0 beginnend durchnummeriert). Rechnername und Bildschirmnummern sind optional. Wenn kein Rechnername angegeben ist, wird der X-Server auf dem gleichen Rechnern benutzt. Wenn keine Bildschirmnummer angegeben ist, wird der erste Bildschirm benutzt. Normalerweise hat die Variable deshalb diesen Wert:

```
DISPLAY=:0
```

Er bedeutet X-Anwendungen, auf dem ersten Display des Rechners darzustellen, auf dem die Anwendung auch selbst ausgeführt wird.

Sie können auf Ihrem Rechner auch mehrere X-Server gleichzeitig ausführen. Dazu ist es allerdings erforderlich, dass jeder X-Server ein eigenes Display verwaltet. Um beispielsweise mit dem Befehl *startx* einen X-Sitzung auf dem zweiten Display zu starten, könnte dieser Befehl eingegeben werden:

```
joe@debian:~$ startx -- :1
```

Hier wird dem X-Server mit dem Parameter *:1* die Bezeichnung des zu verwendenden Displays angegeben. Auf diese Art lassen sich auch mehrere X-Server mit unterschiedlichen Farbtiefen nebeneinander betreiben. Mehr dazu finden Sie in der Manualseite *Xserver*. Alternativ zur Umgebungsvariablen *DISPLAY* werten die meisten X-Anwendungen die Kommandozeilenoption *-display* aus, hinter welcher der zu benutzende X-Server in der selben Form angegeben werden kann, wie mit der Umgebungsvariablen. Um z. B. das Terminal-Emulationsprogramm *xterm* zu starten und dessen Ausgabe auf dem ersten Display des Rechners *redmagic* darzustellen, könnte das Programm so aufgerufen werden:

```
joe@debian:~$ xterm -display redmagic:1
```

Weil es möglich ist, jedem Programm mit Hilfe der Umgebungsvariablen *DISPLAY* oder eine Kommandozeilenoption mitzuteilen, auf welchem Rechner es seine Ausgaben vornehmen soll, muss natürlich sichergestellt werden, dass von den X-Servern nur solche Programme akzeptiert werden, die tatsächlich erwünscht sind. Oder würden Sie es lustig finden, wenn Ihr Kollege ständig irgendwelche Fenster auf Ihrem Bildschirm öffnet oder schließt?

Zur Zugriffskontrolle gibt es zwei Verfahren. Das ältere, unsicherere Verfahren ist in der Manualseite zu dem Programm *xhost* beschrieben. Das neuere und sicherere Verfahren erlaubt die benutzerabhängige Zugriffskontrolle. Es wird standardmäßig benutzt. Beim Start einer X-Sitzung (also nach der Anmeldung am Display-Manager oder nach Eingabe des Befehls *startx*) wird dabei in der Datei *.Xauthority* im Heimatverzeichnis desjenigen Benutzers, der die Sitzung startet ein Schlüssel (ein so genannter *Cookie*) abgelegt. Jeder der im Besitz dieses Schlüssels ist, darf das Display dann benutzen. Die Datei *.Xauthority* sollte deswegen aus Sicherheitsgründen nur für dessen Besitzer lesbar sein.

Soll nun einem anderen Benutzer die Möglichkeit gegeben werden, das Display zu benutzen, dann kann der Schlüssel aus der Datei extrahiert werden. Hierzu dient der Befehl *xauth*. Ihm ist zu diesem Zweck das Schlüsselwort *extract*, der Name der Datei, in die der Schlüssel geschrieben werden soll sowie der Name des Displays zu welchem der Schlüssel gehört zu übergeben. Beispiel:

```
joe@debian:~$ xauth extract mykey :0
```

Hiermit wird der Schlüssel des aufrufenden Benutzers für das Display *:0* in die Datei *mykey* im Arbeitsverzeichnis geschrieben. Die Datei wird durch den Befehl überschrieben, wenn Sie vorher bereits existiert. Die Datei kann nun einem anderen Benutzer übergeben werden oder auf einen anderen Rechner transferiert werden. Dort lässt sich der in ihr enthaltene Schlüssel mit dem folgenden Befehl in die Schlüsselsammlung aufnehmen:

```
joe@debian:~$ xauth merge mykey
```

Nun kann auch dieser Benutzer das betreffenden Display benutzen. Dabei ist es unerheblich, ob es sich um einen Benutzer des gleichen Rechners oder eines anderen Systems handelt. Mehr Informationen zu *xauth* finden Sie in der Manualseite zu dem Programm.

Viele Administratoren arbeiten normalerweise mit ihrem gewöhnlichen Benutzerkonto unter X und benutzen Befehle wie *su* (S. 717) oder *sudo* (S. 718) um die Benutzeridentität des Administrators anzunehmen, wenn dessen Rechte benötigt werden. Dies ist die allgemein empfohlene Arbeitsweise. Sollen nun jedoch X-Programme mit den Rechten des Administrators ausgeführt werden, ergibt sich das Problem, dass der Administrator nicht im Besitz Schlüssels für den X-Server ist und seine Programme den Server nicht benutzen können. Er würde dann etwa die folgende Fehlermeldung erhalten:

```
Xlib: connection to ":0.0" refused by server
Xlib: Client is not authorized to connect to Server
Error: Can't open display: :0
```

Der Schlüssel muss dem Administrator also übertragen werden, bevor dieser den X-Server benutzten kann. Bei Verwendung von *su* zur Erlangung der Privilegien, kann dies automatisch durch die folgenden Zeilen in der Datei *.bashrc* im Heimatverzeichnis des Administrators geschehen:

```
if [ $DISPLAY ] ; then
    su $USER -c dqxauth extract - $DISPLAY" | xauth merge -
fi;
```

In der ersten Zeile wird zunächst getestet, ob die Variable *DISPLAY* überhaupt gesetzt ist. Falls dies der Fall ist, wird mit dem Befehl *su* zurück zur Identität des Benutzers gewechselt, der den Befehl *su* benutzt hat (sein Name ist weiterhin in der Variablen *USER* gespeichert), dann wird der Schlüssel extrahiert, der danach (wieder mit der Identität des Administrators) in die Schlüsselsammlung des Administrators aufgenommen wird.

9.4.13 Window-Manager

Die Wahl des Window-Managers hängt stark von dem persönlichen Bedürfnissen und vor allem vom Geschmack ab. Hier kann deswegen prinzipiell nur empfohlen werden, einige Window-Manager zu installieren und mit Ihnen „herumzuspielen", bis man den passenden gefunden hat. Einige Einschränkungen gibt es allerding: Wenn

Sie die Arbeitsplatzumgebung GNOME verwenden wollen, sollten Sie einen GNOME-kompatiblen Window-Manager verwenden. Falls Sie KDE benutzen wollen, brauchen Sie keinen extra Window-Manager, weil KDE einen eigenen Window-Manager hat. Dies bedeutet natürlich nicht, dass Sie KDE Programme nicht auch mit einem anderen Window-Manager verwenden können. Im folgenden finden Sie eine Auswahl an Paketen wichtiger Window-Manager.

afterstep Dieser Window-Managers empfindet das „Look and Feel" des Betriebssystems NeXTStep nach. Es handelt sich um einen besonders hübschen Window-Manager, der jedoch viele Farben verbraucht und deswegen bei einer Farbtiefe von 8 Bit nicht zu empfehlen ist.

asclassic Dies ist ältere Version von *afterstep*.

blackbox Ein einfacher Window-Manager, der sich gut für den Einsatz auf Systemen mit niedrigen Ressourcen eignet.

enlightenment Ein hochkonfigurierbarer Window-Manager mit aufwendiger Graphik und vielen interessanten Eigenschaften. GNOME und KDE-kompatibel.

fvwm Der Klassiker unter den Window-Managern für Linux.

fvwm95 Eine Abart des FVWM, im Look and Feel von Windows 95.

icewm Ein einfacher, funktionaler Window-Manager, der wahlweise im Look and Feel von Windows, OS/2 oder Motif betrieben werden kann. Das Programm hat eine Taskbar, Uhr, Mailboxanzeige u. a.

icewm-gnome Dieses Paket enthält den Window-Manager *icewm* mit integrierter GNOME-Unterstützung.

wmaker Auch dieser Window-Manager (Window-Maker) orientiert sich am NeXTStep-Design. Er lässt sich bequem konfigurieren, zeichnet sich durch hohe Geschwindigkeit aus und bietet einige interessante neue Konzepte.

Festlegen des standardmäßigen Window-Managers Normalerweise wird während des Starts einer Arbeitssitzung das Programm *x-window-manager* aufgerufen. Hierbei handelt es sich um einen symbolischen Link auf den tatsächlich zu startenden Window-Manager. Dieser Link wird mit Hilfe des Alternativen-Systems (siehe Kapitel 8.6.1, S. 224) verwaltet. Um aus den installierten Window-Managern einen als Standard festzulegen, kann folgender Befehl eingegeben werden:

```
debian:~# update-alternatives --config x-window-manager
```

Es erscheint dann ein Menü, aus dem durch Eingabe einer Zahl der gewünschte Window-Manager festgelegt werden kann. Beachten Sie, dass einige Display-Manager (z. B. der zu KDE gehörende *kdm*) die Auswahl des zu startenden Window-Managers ermöglichen, wodurch die hier vorgenommene Voreinstellung überschrieben werden kann.

Der systemweite Standard kann von jedem Benutzer überschrieben werden, in dem eine Datei mit dem Namen *.xsession* im eigenen Heimatverzeichnis angelegt wird. Diese Datei kann alle möglichen Shell-Befehle enthalten, sie kann also auch benutzt werden, um bestimmte Programme zu starten oder Umgebungsvariablen zu setzen, bevor der Window-Manager gestartet wird. Der Window-Manager sollte in der Regel das letzte Programm sein, dass aus dieser Datei heraus gestartet wird, weil die Sitzung beendet wird, sobald die Abarbeitung der Datei *.xsession* beendet ist (was normalerweise der Fall sein soll, wenn der Window-Manager beendet wird).

Angenommen ein Benutzer möchte ausschließlich mit dem Window-Manager *afterstep* arbeiten, unabhängig davon, welcher Window-Manager als Systemstandard eingestellt ist. Außerdem möchte dieser Benutzer, dass die Programme *xbiff* (Paket *xcontrib*) und *xdaliclock* (aus dem gleichnamigen Paket) automatisch gestartet werden, sobald die X-Sitzung gestartet wird. Dieser Benutzer könnte die folgende Datei *.xsession* in seinem Arbeitsverzeichnis anlegen:

```
# .xsession Beispiel
xbiff &
xdaliclock &
afterstep
```

Beachten Sie, dass die Programme *xbiff* und *xdaliclock* im Hintergrund ausgeführt werden müssen (&-Operator). Ansonsten würde die Ausführung der Datei *.xsession* so lange angehalten werden, bis die Programme beendet wären und der Window-Manager würde erst danach gestartet.

Das Debian-Menü Die meisten Window-Manager weisen einen Mechanismus auf, mit dem sich Programme starten lassen, ohne dass der Name des zu startenden Programms in einer Shell eingegeben werden muss. Hierbei handelt es sich in der Regel um Menüs, die beispielsweise mit dem Startmenü unter Windows oder dem Finder bei Macintosh-Systemen vergleichbar sind.

Leider sind die Methoden zur Konfiguration solcher Menüs von einem Window-Manager zum nächsten völlig unterschiedlich, so dass es normalerweise eine sehr lästige Aufgabe ist, die Menüs aller installierten Window-Manager konsistent zu halten, also Menüeinträge hinzuzufügen, wenn eine Anwendung installiert wurde, bzw. zu entfernen, wenn ein Programm gelöscht wurde. Um die automatisierte Pflege der Menüs beinahe aller *Window-Manager* kümmern sich die in dem Paket *menu* enthaltenen Programme. Sie sollten dieses Paket unbedingt installieren, um die installierten Anwendungen bequem über Menüs Ihres Window-Managers erreichen zu können.

Jedes Paket, welches ein oder mehrere Programm(e) enthält, die über Menüs aufrufbar sein sollen, legt dazu im Verzeichnis */usr/lib/menu* eine Datei ab, in der beschrieben ist, welcher Einträge den Menüs hinzugefügt werden sollen. Jeder Window-Manager (und jedes andere Programm, das einen Auswahlmechanismus über Menüs bereitstellt) enthält darüberhinaus ein Programm, welches aus den einzelnen Menüinformationen Konfigurationsdateien für den entsprechenden Window-Manager oder das entsprechende Programm erzeugt, durch welche die richtige Menüstruktur erzeugt wird. Diese Konfigurationsdateien müssen immer dann neu erzeugt werden, wenn ein Paket mit Programmen, die im Menüsystem berücksichtigt werden sollen, installiert oder deinstalliert wird. Aus diesem Grund rufen die Installationsskripte solcher Pakete nach der Installation oder Deinstallation das Programm *update-menus* auf, welches die Menüaktualisierung durchführt.

Gelegentlich ist es erwünscht, dem Menüsystem eigene Einträge hinzuzufügen oder standardmäßig vorgesehene Einträge zu überschreiben. Systemadministratoren können deshalb im Verzeichnis */etc/menu* eigene Menüdefinitionen ablegen, durch die entweder neue Menüs erzeugt werden oder bestehende Definitionen überschrieben werden. Darüberhinaus können Benutzer ein Unterverzeichnis *.menu* in ihrem Heimatverzeichnis anlegen und dort ebenfalls Menüdefinitionsdateien ablegen. Dadurch werden dann die Menüdefinitionen des betreffenden Benutzers geändert.

Aufbau der Menüdefinitionsdateien Jede Definition eines Menüeintrags in einer Menüdefinitionsdatei beginnt mit einem Fragezeichen und der Zeichenkette *package* hinter der sich in Klammern der Name des Pakets befindet, zu dem der Menüeintrag gehört. Der Menüeintrag wird nur dann generiert, wenn das betreffende Paket auch tatsächlich installiert ist. Für Menüeinträge, die keinem Paket zugeordnet sind, ist ein beliebiger Paketname zu verwenden, welcher mit der Zeichenfolge *local.* beginnt. Nach dem Paketname folgt ein Doppelpunkt und daraufhin können verschiedenen vorgegebenen Variablen Werte zugewiesen werden.

Wenn mehr als eine Zeile für einen Eintrag benötigt wird, dann sind alle Zeilen, in denen der betreffende Eintrag nicht endet, mit einem Backslash (\) abzuschließen, um festzulegen, dass der Eintrag in der nächsten Zeile fortgesetzt wird. Im folgenden finden Sie als Beispiel eine Menüdefinition, mit der ein Eintrag für das Programm *wine* erzeugt wird.

```
?package(local.wine):needs="x11" section="Apps/Editors" \
    title="MS Winword" \
    command="wine --language de --managed \
    /dosC/Programme/MSOffice/Winword/winword.exe"
```

Mit *local.wine* als Paketbezeichnung wird hier festgelegt, dass es sich um eine lokale Menüdefinition handelt und der Menüeintrag unabhängig von dem Vorhandensein irgendwelcher Pakete erzeugt werden soll. Die einzelnen Variablenbezeichner haben die folgende Bedeutung:

`needs=Voraussetzung` Hiermit wird angegeben, welche Voraussetzung erfüllt sein muss, damit das Programm benutzt werden kann. Programme für das X Window System können beispielsweise nicht ausgeführt werden, wenn kein X Server zur Verfügung steht, ebenso können Programme für die Konsole unter X nicht direkt, sondern nur in einem Terminalfenster ausgeführt werden. Für *Voraussetzung* kann u. a. folgendes angegeben werden: *x11* – das Programm kann nur unter X ausgeführt werden; *text* – das Programm muss in einem Terminalfenster oder an der Konsole ausgeführt werden; *vc* – das Programm kann nur an einer virtuellen Konsole, nicht aber in einem Terminalfenster ausgeführt werden.

`section="Menüname[/Untermenü ...]"` Die Menüs zum Starten von Anwendungen weisen normalerweise eine baumartige Struktur auf, in der zunächst alle Programme einer Kategorie (z. B. Spiele) in einem Menü zusammengefasst werden und sich verschiedene Unterkategorien in Untermenüs befinden (z. B. Denkspiele, Actionspiele). Hiermit kann der Platz in der Menüstruktur für den betreffenden Menübefehl angegeben werden. Menüs und Untermenüs sind durch einen Schrägstrich voneinander zu trennen. Beispiel: *Games/Action*. Informationen zur Menüstruktur finden Sie in der Manualseite *menufile* (Abschnitt 5).

`icon="Bilddatei"` Diese Variable definiert, welches Bild (Icon) neben dem betreffenden Menüeintrag angezeigt werden soll. Die Angabe ist optional. Bedenken Sie, dass nicht in allen Menüs Bilder angezeigt werden können, für solche Menüs hat diese Variable keine Bedeutung. Icondateien sollten im XPM-Format vorliegen.

`title="Titel"` Gibt mit *Titel* die Bezeichnung des Menüeintrags an.

`longtitle="Beschreibung"` Gibt eine Beschreibung des Menüeintrags an. Abhängig vom Menüanzeigenden Programm (Window-Manager) werden diese Beschreibungen beispielsweise mit Hilfe der so genannten *Bubble Help* angezeigt.

`command="Befehl"` Gibt mit *Befehl* den Namen des Programms an, welches bei Auswahl des entsprechenden Menüpunkts aufgerufen werden soll. Programmnamen sollten mit vollem Pfad- und Dateinamen angegeben werden. Optionen können durch Leerzeichen getrennt hinter dem Programmnamen angegeben werden.

Um einen Menüeintrag zu löschen, welcher durch ein Paket erzeugt wurde, kann in */etc/menu* oder im Verzeichnis *.menu* im Heimatverzeichnis des betreffenden Benutzers eine leere Menüdatei angelegt werden. Die Datei muss den gleichen Namen haben, wie die Datei im Verzeichnis */usr/lib/menu* durch welche der Eintrag definiert wird. Nachdem eine Menüdefinition hinzugefügt, verändert oder entfernt wurde, muss der Befehl *update-menus* aufgerufen werden:

```
debian:~# update-menus
```

Beachten Sie, dass es darüberhinaus normalerweise notwendig ist, den Window-Manager neu zu starten, weil er Menüdefinitionen nur bei seinem Start einliest. Wenn Sie die Arbeitsplatzumgebungen KDE oder GNOME verwenden reicht es aus, das Panel neu zu starten.

Wenn eine Menüdefinition im Verzeichnis *.menu* eines Benutzers verändert wurde, ist *update-menus* von dem betreffenden Benutzer aufzurufen. Auch in diesem Fall ist der Windowmanager normalerweise neu zu starten. Mehr Informationen zu Menüdefinitionen finden Sie in der Manualseite *menufile*, zu dem Programm *update-menus* in der dazugehörigen Manualseite sowie allgemein zum Menüsystem in der Programmdokumentation unterhalb des Verzeichnisses */usr/share/doc/menu*.

9.4.14 Display-Manager

Ein Display-Manager stellt einen Server-Prozess zur Verfügung, mit dem sich X-Server verbinden können, um sich von diesem steuern zu lassen. Der Display-Manager ist dann für alles verantwortlich, was auf dem betreffenden Server dargestellt wird. Normalerweise ist dies zunächst ein Fenster welches die Anmeldung an dem System erlaubt.

Nach erfolgter Anmeldung wird dann die X-Sitzung gestartet, es werden also beispielsweise ein Window-Manager und andere Programme gestartet. Display-Manager und X-Server kommunizieren miteinander über das Netzwerk, sie können deswegen auf unterschiedlichen Computern ausgeführt werden. Die Authentifizierung sowie die X-Sitzungen werden auf dem Rechner ausgeführt, auf dem der Display-Manager ausgeführt wird.

Ein Spezialfall und gleichzeitig die am meisten genutzte Anwendung von Display-Managern besteht in der Verwaltung eines X-Servers durch einen Display-Manager, welcher auf dem selben Rechner ausgeführt wird, wie der X-Server. In diesem Fall übernimmt der Display-Manager eine weitere Aufgabe. Er startet den X-Server und überwacht ihn. Wenn der X-Server aus irgendeinem Grund beendet wird, startet der Display-Manager ihn neu. Nach der Installation sind alle Displaymanager zunächst so konfiguriert, dass sie lediglich einen lokalen X-Server verwalten und aus Sicherheitsgründen keine Anfragen von X-Servern auf anderen Rechnern beantworten.

Display-Manager werden, wie andere Systemdienste, über Startskripte im Verzeichnis */etc/init.d* gestartet. Prinzipiell sollte nur ein Display-Manager zur Zeit auf dem System installiert sein. Allerdings ist es möglich, mehrere Displaymanager zu installieren. In solchen Fällen müssen die Links in den Verzeichnissen *rc2.d* bis *rc5.d* manuell angepasst werden, damit in einem Runlevel nicht zwei Display-Manager gleichzeitig ausgeführt werden. Dies könnte zu Konflikten führen (siehe Seite 381).

Ein Problem ergibt sich, wenn während des Systemstarts ein Display-Manager gestartet wird, aber der X-Server noch nicht richtig konfiguriert ist. In diesem Fall startet der Display-Manager den X-Server, welcher sich sofort auf Grund einer ungültigen Konfiguration beendet, woraufhin der Display-Manager den Server erneut startet usw. Das System kann dadurch im schlimmsten Fall unbenutzbar werden, weil es ständig zwischen graphischem und Textmodus hin- und herschaltet. Ein Ausweg in einer solchen Situation besteht darin, den Rechner im Single-User-Modus zu starten und den Link auf das Startskript des Display-Managers zu entfernen (siehe Seite 378).

In der folgenden Liste finden Sie die wichtigsten Display-Manager, die Sie unter Debian GNU/Linux installieren können:

xdm Dies ist der klassische Display-Manager unter Linux. Das Programm kann mehrere X-Server auf mehreren Rechnern gleichzeitig verwalten und kommt mit einem Programm zur Auswahl des Rechners, auf dem eine X-Sitzung gestartet werden soll (*Chooser*). Informationen zur Konfiguration von *xdm* liefert die zugehörige Manualseite. Um den Hintergrund des *xdm*-Anmeldebildschirms anzupassen, können Sie das Paket *xbanner* verwenden.

wdm Dieses Paket beinhaltet einen Ersatz für *xdm*, welcher sich im Look and Feel des Window-Managers Window-Maker präsentiert.

kdm Dies ist der KDE-Display-Manager. Dieser Display-Manager wird zum Teil über Dateien im Verzeichnis */etc/X11/kdm* konfiguriert, welche die gleiche Bedeutung und den gleichen Aufbau haben, wie die entsprechenden Dateien für *xdm*. Erscheinungsbild und eine andere Eigenschaften werden daneben über das Programm *kdmconfig* vorgenommen, welches vom Administrator unter X auszuführen ist.

gdm Der GNOME-Display-Manager. Wenn Sie GNOME verwenden, ist es zu empfehlen, diesen Display-Manager einzusetzen, weil dadurch zum einen vom Anfang bis zum Ende der Arbeitssitzung ein einheitliches Erscheinungsbild des Desktops geboten wird, zum anderen weil dieser Display-Manager in der Lage ist, GNOME-Sitzungen automatisch richtig zu starten. Auch dieser Display-Manager enthält ein Programm zur Auswahl des Rechners, auf dem eine X-Sitzung gestartet werden soll.

Konfiguration von *gdm*. Die Konfiguration dieses Display-Managers geschieht über Dateien im Verzeichnis */etc/X11/gdm*. Die wichtigste Datei in diesem Verzeichnis ist die Datei *gdm.conf*, in der u. a. die Zugriffsrechte auf den Display-Manager konfiguriert werden. Die Datei besteht aus verschiedenen Abschnitten, wobei jeder Abschnitt mit einer Zeile beginnt, in welcher sich die Abschnittsbezeichnung in eckigen Klammern befindet. Unter der Abschnittsbezeichnung befinden sich die Namen verschiedener Konfigurationsvariablen, denen nach einem Gleichheitszeichen Werte zugewiesen werden. Die Datei kann leere Zeilen und Kommentare enthalten. Kommentare sind mit einem Doppelkreuz (#) einzuleiten.

Im Abschnitt *[daemon]* werden die allgemeinen Einstellungen des Display-Managers vorgenommen. Das sind im wesentlichen Datei- und Verzeichnisnamen, die normalerweise nicht geändert werden müssen. Im Abschnitt *[xdmcp]* wird bestimmt, ob von anderen Rechnern aus auf den Display-Manager zugegriffen werden darf. Hierzu ist die Variable *Enable* auf den Wert 1 zu setzen. Der Abschnitt *[Greeter]* bestimmt das Erscheinungsbild des Anmeldefensters. Wenn der Wert der Variablen *Browser* auf 1 gesetzt wird, zeigt *gdm* in diesem Fenster die Namen aller bekannten Benutzer mit zugehörigen Bildchen[5]. Mit der Variable *Exclude* kann bestimmt werden, welche Benutzer in diesem Dialog nicht angezeigt werden sollen. Hier sollten die Namen aller Systembenutzerkonten aufgeführt sein. Im Abschnitt *[servers]* wird schließlich bestimmt, wieviele und welche lokalen X-Server von *gdm* gestartet und kontrolliert werden sollen.

Achtung: Wenn Sie den Zugriff auf den Display-Manager per *xdmcp* gestatten, sollten Sie diesen über die Dateien */etc/hosts.allow* und */etc/hosts.deny* aus Sicherheitsgründen auf solche Rechner einschränken, denen Sie den Zugriff tatsächlich gestatten wollen. (siehe Kapitel 17.7.2, S. 556)!

Mehr Informationen zu *gdm* finden Sie in der Online-Hilfe zu dem Programm. Diese Hilfe können Sie mit einem Webbrowser oder dem GNOME-Hilfeprogramm *gnome-help-browser* lesen. Das Inhaltsverzeichnis der *gdm*-Hilfe befindet sich in der Datei */usr/share/gnome/help/gdm/C/index.html*.

Umgebungsvariablen und Display-Manager Wenn Sie X nicht mit dem Befehl *startx* sondern mit einem Display-Manager starten, dann erfolgt die Benutzeranmeldung nicht wie üblich an der Konsole mit dem Programm *login* sondern über den Display-Manager. Dieses Programm startet nun keine Shell, sondern eine X-Sitzung, so dass Umgebungsvariablen (siehe Seite 451), die normalerweise durch die Shell gesetzt werden, nun nicht gesetzt werden. Die Folge ist, dass über Umgebungsvariablen vorgenommene Einstellungen nicht mehr zur Verfügung stehen.

Allerdings steht hier ein ähnlicher Mechanismus wie bei der Shell zur Verfügung. Während des Starts eine X-Sitzung werden die Anweisungen ausgeführt, welche sich in Datei */etc/environment* befinden, sofern diese Datei existiert. In dieser Datei dürfen sich alle üblichen Shell-Anweisungen befinden. Wenn Sie also beispielsweise deutsche Spracheinstellungen auch unter X verwenden möchten, dann sollen Sie die folgende Anweisung in die Datei schreiben:

```
export LANG=de_DE
```

9.4.15 Weitere Informationen zum X Window System

Wie üblich, gibt es auch zum X Window System jede Menge frei verfügbarer Information. Im Paket *xserver-common* befinden sich Dateien mit ausführlichen Informationen zu bestimmten Graphik-Chipsätzen und den unterschiedlichen X-Servern. Diese Dateien werden im Verzeichnis */usr/share/doc/xserver-common* abgelegt. Dort befindet sich auch die Datei *README.Config*, in der Sie weitere Informationen zur Konfiguration des X-Window-Systems finden.

Grundlegende Informationen zu X und zur Bedienung der Server finden Sie in den Manualseiten *X*, *Xfree86*, *Xserver*, *startx* sowie *xinit*. Dort finden Sie auch Verweise auf weitere lesenswerte Manualseiten.

Desweiteren stehen im Paket *doc-linux-text* drei HOWTOs zum X-Window-System zur Verfügung. Das XFree86-HOWTO (*/usr/share/doc/HOWTO/en-txt/XFreee86-HOWTO.txt.gz*) befasst sich insbesondere mit der Installation des X Window Systems. Auf die Aspekte der Arbeit mit diesem System geht das XWindow-User-HOWTO ein und im XFree86-Video-Timings-HOWTO finden Sie Informationen zur manuellen Berechnung von Modelines für die Datei */etc/X11/XF86Config*.

---

[5] Das Programm lässt sich sogar so konfigurieren, dass für jeden Benutzer ein individuelles Bild angezeigt wird. Dies ist in der Online-Hilfe zu dem Programm beschrieben, die am einfachsten mit dem Programm *gnome-help-browser* zu lesen ist.

Wer sich für die Hintergründe, Protokolle und Funktionsweise von X interessiert, sollte das Paket *xbooks* installieren. Dort befinden sich PostScriptdokumente zu diesen Themen. Weitere Informationen finden Sie im Internet, beispielsweise auf der Startseite des XFree86-Projektes (`http://www.xfree86.org`) oder auf der XFree86-Seite von Branden Robinson, dem Entwickler, der die X-Pakete für Debian erstellt (`http://www.debian.org/~branden/`).

9.5 Arbeitsplatzumgebungen

Arbeitsplatzumgebungen (engl.: *Desktop environments* oder kurz *Desktops*) bestehen aus einer Reihe von Bibliotheken, durch die Programmen eine Anzahl von Funktionen zur Verfügung gestellt wird sowie verschiedenen Programmen, die diese Funktionen benutzten. Weil alle Programme einer Arbeitsplatzumgebung die gleichen Funktionen benutzen, lassen sie sich in vielerlei Hinsicht ähnlich bedienen und bieten ein ähnliches Erscheinungsbild. Außerdem können verschiedene Anwendungen einer Umgebung in bestimmten Situationen miteinander kommunizieren. Teil von Arbeitsplatzumgebungen ist in der Regel ein Dateimanager, also ein Programm mit dem die Dateien und Verzeichnisse des Systems visualisiert werden und sich mit der Maus und über Menüs manipulieren lassen. Dazu kommt meist ein Programm mit dem Anwendungen einfach gestartet werden können. Innerhalb einer Arbeitsplatzumgebung ist es oft möglich eine Datei etwa aus dem Dateimanager mit der Maus auf eine Anwendung zu ziehen und die Datei so mit der Anwendung zu öffnen. Dies ist in der Regel einfacher als der Weg über verschiedene Menüs und einen Dialog zur Dateiauswahl.

Die beiden wichtigsten Arbeitsplatzumgebungen für Linux sind KDE und GNOME. Kommerziell erhältlich ist die nicht freie, Motif-basierte Arbeitsplatzumgebung CDE, die auf vielen kommerziellen UNIX-Systemen eingesetzt wird. Beachten Sie, dass es durchaus möglich ist, mit Programmen für eine bestimmte Arbeitsplatzumgebung zu arbeiten, während eine andere Umgebung benutzt wird. Es ist dann lediglich erforderlich, dass die notwendigen Bibliotheken für beide Umgebungen installiert sind.

9.5.1 K Desktop Environment (KDE)

Die aktuelle Version der Arbeitsplatzumgebung KDE (Version 1.1.2) basiert auf einer Bibliothek (Qt), bei der es sich nicht um freie Software handelt. Bei KDE selbst handelt es sich allerdings um ein Open-Source-Projekt, dass im wesentlichen unter den Bedingungen der GPL veröffentlicht ist. Es ist allerdings umstritten, ob es erlaubt ist GPL-lizensierten Programmcode mit nicht freiem Programmcode zu verbinden, weswegen KDE zur Zeit kein Bestandteil der Debian-Distribution ist.

In Zukunft wird sich diese Situation hoffentlich verbessern. Dafür spricht u. a., dass die nachfolgende Version der Bibliothek Qt unter einer Lizenz veröffentlicht ist, die mit den Open-Source-Richtlinien übereinstimmt und die nächste geplante KDE-Version (2.x) diese Bibliothek verwenden wird.

Das KDE-Projekt stellt neben dem Quellcode auch Pakete im Debian-Format zur Verfügung, die Sie verwenden können, um KDE zu installieren. Mehr Informationen hierüber finden Sie auf der Homepage des KDE-Projektes unter der URL `http://www.kde.org`. Bedenken Sie jedoch, dass es sich bei diesen Paketen um keine offiziellen Debian-Pakete handelt, die deswegen nicht der strengen Qualitätskontrolle des Debian-Projekts unterliegen. Sie können KDE mit APT installieren, wenn Sie der Datei */etc/apt/sources.list* die folgende Zeile hinzufügen (siehe Kapitel 8.4.1, S. 202):

```
deb ftp://ftp.kde.org/pub/kde/stable/1.1.2/distribution/deb/potato i386/
```

Alternativ oder zusätzlich können Sie auch diesen Eintrag benutzen.

```
deb http://kde.tdyc.com/ potato kde kde2 contrib rkrusty
```

Aktualisieren Sie danach APTs Datenbank verfügbarer Pakete. Wenn Sie eine andere Version von KDE oder andere Server verwenden, müssen Sie die Einträge natürlich entsprechend anpassen. KDE besteht aus mehreren Paketen, die wichtigsten sind:

kdebase Basisdateien und -anwendungen für KDE. Hier befindet sich u. a. der Window-Manager *kwm* sowie der Dateimanager *kfm*.
kdebase-doc Dokumentation für die Basisanwendungen von KDE.
kdebase-i18n Unterstützung für nicht-englische Sprachen.
kdelibs2g Basisbibliotheken.
kdelibs2g-dev Entwicklerdateien für die Basisbibliotheken. Installieren Sie dieses Paket, wenn Sie den Quellcode für KDE-Programme übersetzen möchten.
kdesupport0g Zusätzliche Bibliotheken, die von KDE benötigt werden.
kdeadmin Werkzeuge zur Systemadministration für KDE. In dem Paket befindet sich ein Programm zum Bearbeiten von Runlevels sowie ein Programm zur Benutzerverwaltung.
kdegames Eine Sammlung von Spielen für KDE.
kdegraphics Einige Programme zum Betrachten und Bearbeiten von Graphikdateien.
kdemultimedia Multimedia-Anwendungen für KDE (CD-Player etc.).
kdenetwork Netzwerkanwendungen für KDE. Das Paket enthält im wesentlichen ein E-Mail- und ein Internet-News-Programm.
kdetoys Einige „Spielzeuge".
kdeutils Einige Werkzeuge, wie Taschenrechner, Editor, Hexadezimaleditor usw.
kdewallpapers Hintergrundbilder für KDE.
kdm KDE-Display-Manager

Um KDE benutzen zu können, müssen Sie die Pakete *kdelibs2g*, *kdebase* und *kdesupport* installieren. Wenn Sie KDE in deutscher Sprache verwenden wollen, sollten Sie zusätzlich das Paket *kdebase-i18n* installieren. Falls Sie genügend Festplattenplatz (ca. 70 MB) zur Verfügung haben, sollten Sie jedoch ruhig das gesamte Paket installieren. Dazu können Sie das folgende Kommando verwenden:

```
debian:~# apt-get install kdebase kdebase-doc kdebase-i18n kdelibs2g-dev
    kdeadmin kdegraphics kdemultimedia kdenetwork kdesupport0g kdetoys
    kdeutils kdewallpapers kdegames kdm
```

Wenn Sie die Installation von der Konsole aus durchführen und kein anderer Display-Manager aktiv ist, sollte der KDE-Display-Manager während der Installation automatisch gestartet werden. Falls dies nicht der Fall ist, können Sie ihn manuell durch die Eingabe des folgenden Befehls starten (während dessen sollte kein anderer X-Server ausgeführt werden):

```
debian:~# /etc/init.d/kdm start
```

Wenn alles gut geht erscheint daraufhin ein Fenster, in dem Sie Ihren Benutzernamen und Ihr Passwort eingeben können. Im Menü *Session Type* sollten Sie KDE auswählen. Die beiden wichtigsten Programme in KDE sind das Panel sowie der Dateimanager.

Der Dateimanager (*kfm*) stellt die Icons auf dem Bildschirmhintergrund dar und ist für alle Fenster verantwortlich, in denen Verzeichnisinhalte dargestellt werden. In Abbildung 34 sehen Sie beispielsweise das Heimatverzeichnis des Benutzers *meier* in einem solchen Fenster. Das Panel ist u. a. für die Aufnahme des K-Menüs zuständig. Hinter diesem Menü verbergen sich alle KDE-Anwendungen sowie das Debian-Menü. Die Einstellungen von KDE werden mit dem KDE-Kontrollzentrum verändert, welches sich ebenfalls aus dem K-Menü heraus starten lässt. Um die Sitzung zu beenden, ist im K-Menü der Befehl *Abmelden*, bzw. *Logout* auszuwählen.

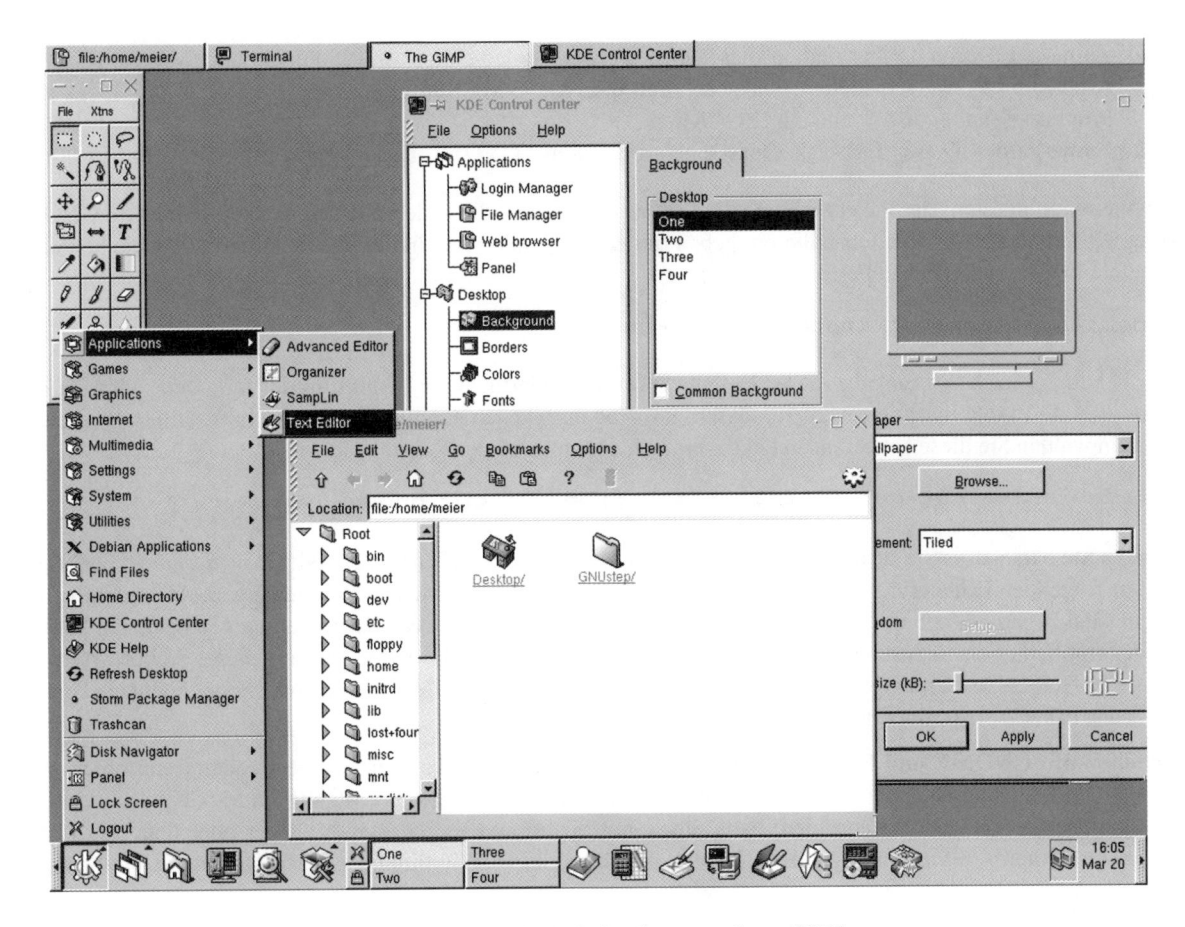

Abbildung 34: Die Arbeitsplatzumgebung KDE.

9.5.2 GNU Network Object Model Environment (GNOME)

Installation GNOME besteht aus einer großen Anzahl von Programmen und Bibliotheken, die sich in unterschiedlichen Paketen befinden. Zu trennen sind dabei die eigentlichen „Herz"-Anwendungen und Bibliotheken, welche GNOME selbst ausmachen von solchen Programmen, welche die Bibliotheken und Dienste des GNOME-Systems benutzen und es in seiner Funktionalität erweitern. Um die Installation von GNOME zu erleichtern, wurden die einzelnen GNOME-Pakete in den folgenden vier Task-Paketen zusammengefasst:

task-gnome-desktop Dieses Task-Paket installiert alle Pakete, die den Kern von GNOME beinhalten, dazu gehören u. a. das Panel, das Kontrollzentrum, das Terminal-Emulationsprogramm sowie der Dateimanager.

task-gnome-apps Mit diesem Paket wird eine große Anzahl an Werkzeugen, wie ein Programm zur Arbeit mit Archiven, ein Bildbetrachtungsprogramm, ein Programm zur Prozessverwaltung oder Multimedia-Programme installiert. Dazu kommen einige „richtige" Anwendungen, wie Editoren und eine Tabellenkalkulation.

task-gnome-net Durch die Installation dieses Task-Pakets werden einige Anwendungen und Werkzeuge für die Arbeit im Netzwerk installiert. Dazu gehören u. a. das E-Mail-Programm *balsa* (siehe S. 544), ein ICQ-Programm (*gnomeICU*)[6] und ein IRC[7]-Klient.

task-gnome-games Dieses Task-Paket fasst eine große Menge GNOME-basierter Spiele zusammen.

Sie müssen mindestens das Paket *task-gnome-desktop* installieren, die anderen Pakete sind optional. Um GNOME komplett mit allen Paketen zu installieren, geben Sie den folgenden Befehl ein (die installierten Pakete benötigen ungefähr 70 MB zusätzlichen Festplattenplatz):

```
debian:~# apt-get install "task-gnome-*"
```

⟹Falls es nach der Eingabe dieses Befehls zu einer Fehlermeldung kommt, in der mitgeteilt wird, dass bestimmte Pakete installiert werden müssen, um Abhängigkeiten aufzulösen, aber nicht installiert werden, dann wählen Sie diese betreffenden Pakete einfach ebenfalls an der Kommandozeile mit aus:

```
debian:~# apt-get install "task-gnome-*" gmc gnome-faq
```

Denken Sie daran, dass Sie zusätzlich einen Window-Manager (z. B. *enlightenment* oder *icewm-gnome*) benötigen. In den folgenden Erläuterungen wird von *enlightenment* als Window-Manager ausgegangen. Außerdem sollten Sie das Paket *gnome-help* installieren, damit Sie die Online-Hilfe von GNOME-Anwendungen benutzen können. Weiter empfiehlt sich die Installation von Netscape (siehe S. 540), weil das Vorhandensein dieses Webbrowsers von einigen GNOME-Anwendungen vorausgesetzt wird. Damit Sie mit GNOME Bildschirmschoner benutzen können, muss das Paket *xscreensaver* installiert sein.

Arbeiten mit GNOME und Enlightenment Wenn Sie den Display-Manager *gdm* verwenden (empfohlen) wird die GNOME-Sitzung nach der Anmeldung automatisch gestartet, falls Sie als Sitzung im Menü *Session* des Anmeldebildschirms *GNOME* auswählen. Falls Sie X mit einem anderen Display-Manager oder über den Befehl *startx* starten, müssen Sie den folgenden Befehl in die Datei *.xsession* in Ihrem Heimatverzeichnis schreiben.

```
gnome-session
```

Dieses sollte der letzte Befehl in der Datei sein. Falls sich dort vorher der Aufruf eines Window-Managers befunden hat, ist dieser aus der Datei zu löschen, bzw. auszukommentieren.

Enlightenment ist standardmäßig so eingestellt, dass Tastatureingaben an das Fenster geschickt werden, über dem sich der Mauszeiger befindet. Wenn Sie dieses Verhalten stört, können Sie es ändern, in dem Sie mit der rechten Maustaste auf eine freie Stelle des Bildschirms klicken und dort den Menüpunkt *Focus Settings* auswählen. Aktivieren Sie in dem daraufhin erscheinenden Dialog *Focus follows mouse clicks* sowie *Clicking in a window always raises it* und danach die Schaltfläche *OK*, um das unter Windows übliche Verhalten zu erreichen, bei dem ein Fenster nur dann aktiviert wird, wenn man es mit der Maus anklickt.

Wenn Sie mit der mittleren Maustaste auf einen freien Bereich des Bildschirms klicken erscheint ein Menü, in welches das Debian-Menü integriert ist. Von hier aus können Sie also alle Anwendungen aufrufen. In dem selben Menü befindet sich auch der Menüpunkt *Help*, mit dem die Online-Hilfe des Window-Managers aktiviert werden kann. Fenster können verschoben werden, indem diese entweder an der Kontrollleiste (Balken am oberen Rand eines Fensters) mit der linken Maustaste festgehalten werden oder indem die Taste ALT gedrückt wird und das Fenster gleichzeitig an einer beliebigen Stelle mit der linken Maustaste festgehalten und dann verschoben werden. An der Kontrollleiste jedes Fensters befinden sich rechts drei Knöpfe, mit denen das Fenster minimiert, vergrößert und geschlossen werden kann. Minimierte Fenster landen in der so genannten Iconbox (in Abbildung 35 relativ

---

[6] Der Internetdienst ICQ ermöglicht es u. a. zu sehen, wann andere Teilnehmer Online sind und mit diesen zu kommunizieren. Mehr Informationen dazu finden Sie unter http://www.icq.com.

[7] IRC steht für Internet Relay Chat. Ein Dienst zur Online-Kommunikation zwischen den Benutzern (Chat).

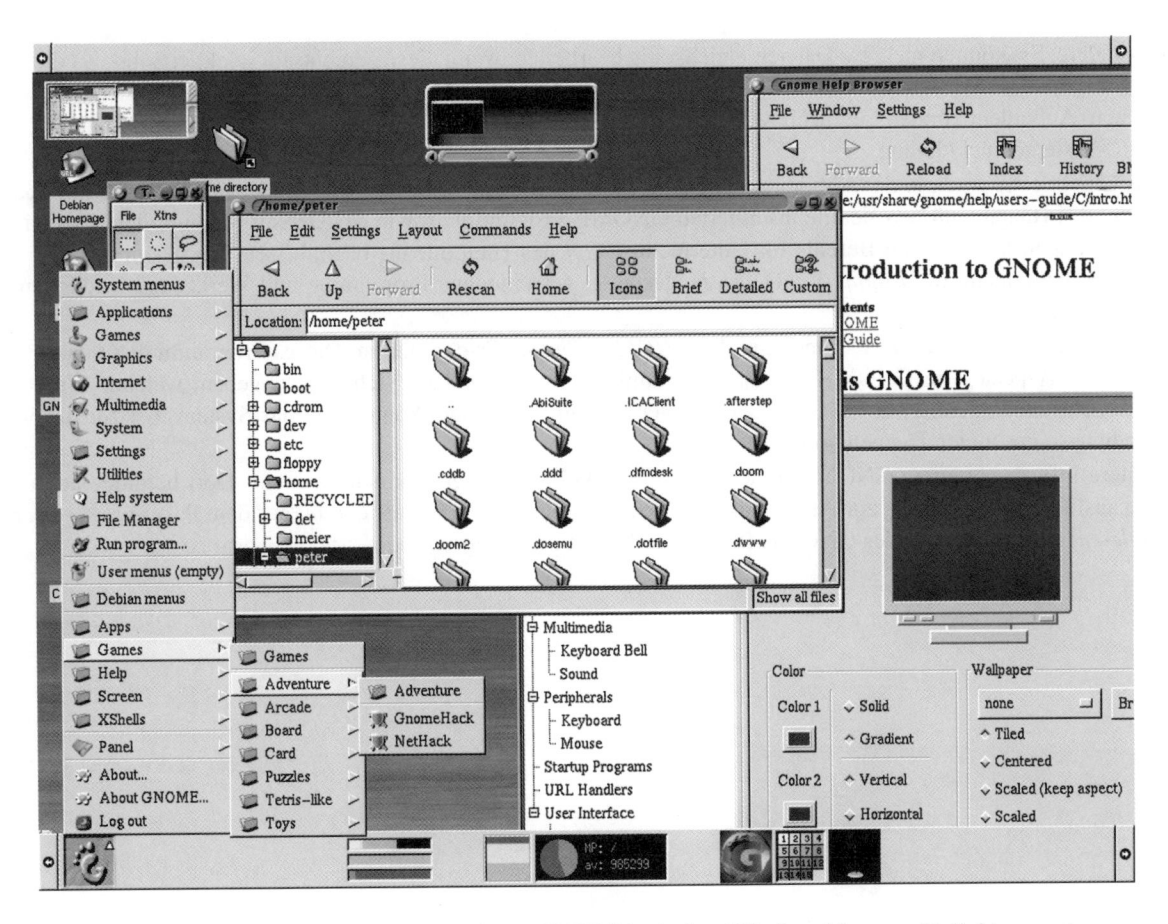

Abbildung 35: Die Arbeitsplatzumgebung GNOME mit dem Window-Manager Enlightenment.

weit oben in der Mitte). Sie müssen dort angeklickt werden, um wieder hergestellt zu werden. In der Abbildung oben links ist der so genannten Pager zu sehen. Seine Aufgabe besteht darin, den Inhalt der virtuellen Bildschirmfläche darzustellen. Um auf einen anderen Bereich der virtuellen Fläche zu wechseln ist mit der linken Maustaste in den entsprechenden Bereich des Pagers zu klicken. Sie können mit mehreren virtuellen Oberflächen arbeiten, für jede dieser virtuellen Bildschirme existiert dann ein Pager.

Die Icons auf dem Bildschirm gehören zu GNOMEs Dateimanager *gmc*. Jedem Icon ist eine bestimmte Aktion zugeordnet. Diese Aktion kann ausgelöst werden, wenn mit der linken Maustaste doppelt auf das entsprechende Icon geklickt wird. Wenn Sie mit der rechten Maustaste auf ein Icon klicken erscheint ein Kontextmenü aus dem unterschiedliche Befehle aufgerufen werden können, durch die das Object, welches durch das Icon repräsentiert wird, manipuliert werden kann. Über das Kontextmenü eines CDROM-Icons ist es beispielsweise möglich, die CDROM in das Dateisystem einzubinden und sie wieder zu entfernen oder sie aus dem Laufwerk auszuwerfen.

Durch Doppelklick auf das Icon *Home Directory* öffnet sich ein Fenster des Dateimanagers, in dem sich auf der linken Seite eine baumartige Struktur befindet, welche das Dateisystem repräsentiert und auf der rechten Seite die Dateien und Verzeichnisse im Heimatverzeichnis zu sehen sind. Mit diesem Fenster kann auf unterschiedliche Weise im Dateisystem navigiert werden. Um Dateien zu kopieren oder zu verschieben, öffnet man am besten zwei Fenster des Dateimanagers und zieht die zu kopierenden Dateien mit der linken Maustaste von einem Fenster in das andere. Sie können mehrere Dateien gleichzeitig bearbeiten, wenn diese gemeinsam selektiert sind. Zu diesem Zweck dient das so genannte Gummiband, welches Sie mit der linken Maustaste um eine Gruppe von Dateien legen können. Außerdem können Sie mehrere Dateien durch einfaches Anklicken auswählen, wenn Sie gleichzeitig die STRG-Taste gedrückt halten.

Das Objekt ganz unten in der Abbildung 35 ist das so genannte Panel. In diesem befindet sich (unter dem Fußabdruck) das Hauptmenü, wo sie alle installierten GNOME-Programme sowie das Debian-Menü finden. Das Panel selbst können Sie über die Befehle im Untermenü *Panel* des Hauptmenüs beeinflussen. Dort befindet sich ein weiteres Untermenü (*add applet*), welches es gestattet, verschiedene Programme und Werkzeuge in das Panel aufzunehmen.

Über das Untermenü *Settings* können Sie das *GNOME Control Center* starten. Dieses Programm dient dazu verschiedene Aspekte von GNOME interaktiv zu konfigurieren. Hier lässt sich z. B. angeben, welcher Window-Manager standardmäßig mit GNOME benutzt werden soll. Außerdem können Sie das System hier für die Verwendung so genannter Themen konfigurieren.

Weitere Informationen zu GNOME finden Sie in der Online-Hilfe *gnome-help-browser*. Dort befindet sich u. a. eine ausführliche Anleitung zur Arbeit mit dem System, unter *GNOME User Guide* (aus dem Paket *gnome-users-guide-en*). Die Homepage des GNOME-Projekts erreichen Sie unter http://www.gnome.org.

10. Starten von Linux – Bootloader und Bootmanager

10.1 Der Bootprozess eines PCs

Nach dem Einschalten eines PC wird ein fest in den Rechner eingebautes Programm, das so genannte BIOS, ausgeführt. Dieses Programm führt zunächst einige Selbsttests durch und bietet dem Benutzer in der Regel die Möglichkeit, durch Betätigung einer bestimmten Taste (oft ENTF) oder Tastenkombination in ein Setup-Menü zu gelangen, mit dem Einstellungen des BIOS verändert werden können.

Nachdem die Initialisierung abgeschlossen ist, lädt das BIOS die ersten 446 Byte des Masterbootrecords (MBR) der ersten Festplatte in den Speicher und führt diese als Programm aus. Der MBR liegt auf dem ersten Sektor der Festplatte. Insgesamt ist er 512 Byte groß und umfasst neben dem vom BIOS zu ladenden Startprogramm noch die Partitionstabelle der Festplatte.

Das BIOS enthält einige Routinen, mit denen auf die Hardware des Rechners zugegriffen werden kann. Sie sind gegenüber den Funktionen moderner Betriebssysteme allerdings sehr eingeschränkt. So lassen sich mit dem BIOS normalerweise nur die ersten 1024 Zylinder jeder Festplatte ansprechen, weiter kann nur eine begrenzte Zahl von Platten überhaupt angesprochen werden.

Zum Zeitpunkt, zu dem das Startprogramm im MBR ausgeführt wird, steht allerdings noch kein Betriebssystem zur Verfügung. Das Startprogramm muss also seine eigenen Routinen zur Hardwareansteuerung mitbringen oder die des BIOS benutzen und kann dann Betriebssysteme nur von Festplattenbereichen laden, die durch das BIOS angesprochen werden können.

Ein solches Startprogramm wird von den meisten Betriebssystemen während ihrer Installation in den MBR geschrieben. Es ist Voraussetzung dafür, dass überhaupt ein Betriebssystem gestartet werden kann.

Neben dem MBR einer Festplatte hat jede Partition einen eigenen Bootsektor, der ebenfalls 512 Byte groß ist und am Anfang der jeweiligen Partition liegt. Per Konvention überprüft das Startprogramm im MBR zunächst, welche Partition in der Partitionstabelle als „aktiv" markiert ist und lädt dann den Inhalt des Bootsektors der aktiven Partition in den Arbeitsspeicher, um diesen ebenfalls als Programm auszuführen.

Der Programmcode im Bootsektor der aktiven Partition ist dann in der Regel für das Laden des Betriebssystems verantwortlich. Er lädt die entsprechenden Daten in den Speicher und führt Sie aus.

Dieses, von den meisten Betriebssystemen unterstützte Startkonzept ermöglicht es, dass auf einfache Weise das zu startende Betriebssystem festgelegt werden kann. Es muss einfach die aktive Partition festgelegt werden. Unter Debian kann dies mit dem Befehl *activate* (S. 632) aus dem Paket *util-linux* geschehen. Unter DOS-basierten Betriebssystemen wie Windows 95/98 ist das Programm *fdisk* zu verwenden, um die aktive Partition einzustellen.

Während der Installation von Debian GNU/Linux kann der Bootloader LILO in den Bootsektor einer Partition installiert werden. Dies geschieht jedoch nicht automatisch. Hierfür gibt es verschiedene Gründe. Im Gegensatz zu vielen anderen Betriebssystemen kann Debian auch in eine logische Partition installiert werden oder auf eine Festplatte, die durch das BIOS nicht angesprochen werden kann. In solchen Fällen wäre der Code im Bootsektor ohnehin in den meisten Fällen nicht nutzbar.

Um Linux automatisch starten zu können, ist es also erforderlich, ein Programm zu installieren, mit dem der Kernel nach dem Einschalten des Rechners gestartet werden kann. Dieses Programm kann – wie bei anderen

Betriebssystemen – in den Bootsektor einer von Linux benutzten Partition installiert werden, es kann jedoch auch in den MBR installiert werden und dann den kompletten Bootprozess des Rechners steuern. Eine andere Möglichkeit ist es, ein DOS-Programm zu verwenden, mit dem Linux nach dem Start eines DOS-basierten Betriebssystems gestartet werden kann.

10.1.1 Mögliche Situationen nach der Basisinstallation

Installation von LILO Das Installationsprogramm des Basissystems bietet die Möglichkeit, LILO, den Standard-Bootloader für Linux, in den Bootsektor der primären Partition zu schreiben, in die Sie Debian installiert haben. Falls Sie Debian in eine logische Partition installiert haben, besteht die Möglichkeit, den Bootloader in den Bootsektor der erweiterten Partition zu schreiben, in der die betreffende logische Partition liegt. Hierdurch wird es ermöglicht, Linux automatisch zu starten, falls die entsprechende Partition in der Partitionstabelle als aktive Partition markiert ist, ein MBR vorhanden ist, der den Bootsektor der aktiven Partition startet und sich die betreffende Partition unterhalb der ersten 1024 Zylinder auf der ersten Festplatte befindet. Ist eine dieser Voraussetzungen nicht erfüllt, kann es zu Problemen beim automatischen Start von Linux kommen und die Bootkonfiguration muss entsprechend angepasst werden.

Alternativ dazu besteht während der Installation des Basissystems die Möglichkeit, LILO direkt in den MBR zu installieren. Damit lässt sich Linux auch von anderen Festplatten als der ersten starten, sofern diese vom BIOS angesprochen werden können. Eine solche Konfiguration muss angepasst werden, wenn alternativ zu Linux noch andere Betriebssysteme gestartet werden sollen.

Installation des MBR Das Installationsprogramm des Basissystems bietet außerdem die Möglichkeit, einen neuen MBR auf die erste Festplatte zu schreiben. Dieser MBR entspricht der oben beschriebenen Konvention, den Programmcode im Bootsektor der aktiven Partition zu laden, mit dem dann ein Betriebssystem geladen werden kann. Gegenüber den, von DOS-basierten Betriebssystemen installierten, MBRs bietet der MBR des Debian-Systems eine Reihe von Vorteilen. Beispielsweise kann dieser MBR so konfiguriert werden, dass die zu startende Partition vom Benutzer ausgewählt werden kann.

Der Debian-MBR ist in dem Paket *mbr* enthalten. In diesem Paket befindet sich auch das Programm *install-mbr*, mit dem der MBR neu installiert werden kann. Dabei wird ein eventuell bereits vorhandener MBR überschrieben. Die Partitionstabelle ist davon allerdings nicht betroffen. Zur Installation des MBRs ist folgender Befehl einzugeben:

```
debian:~# install-mbr /dev/hda
```

Der Parameter */dev/hda* bezeichnet hierbei die erste Festplatte. Bei SCSI-Systemen wird die erste Festplatte durch die Gerätedatei */dev/sda* repräsentiert. Anstelle von */dev/hda* ist bei solchen Systemen also */dev/sda* zu verwenden. Weitere Hinweise zu *install-mbr* entnehmen Sie bitte der Manual-Seite des Programms. Die Bedienung des MBRs ist in der Datei */usr/share/doc/mbr/README* beschrieben.

Aktive Partition Zusätzlich kann während der Basisinstallation die Partition, in deren Bootsektor der Bootloader LILO installiert wurde, als aktive Partition markiert werden. Um die aktive Partition später zu verändern, kann der Befehl *activate* (aus dem Pakete *lilo*) werden. Diesem Befehl müssen zwei Parameter übergeben werden. Zum einen der Name der Gerätedatei, welche die zu verändernde Festplatte repräsentiert und zum anderen die Nummer der Partition, die aktiviert werden soll. Es ist hierbei nur möglich, primäre Partition (inklusive erweiterter Partitionen) zu aktivieren. Beachten Sie, dass Sie zwar Partitionen auf allen Festplatten aktivieren können, jedoch normalerweise nur die aktive Partition der ersten Festplatte von Bedeutung ist.

Um beispielsweise die zweite Partition der ersten IDE-Festplatte zu aktivieren, wäre also folgender Befehl einzugeben:

```
debian:~# activate /dev/hda 1
```

Bei SCSI-Systemen ist für die erste Festplatte der Name */dev/sda* zu verwenden. Wenn das Programm ohne Angabe einer Partitionsnummer aufgerufen wird, zeigt es den Namen der aktiven Partition an.

10.2 Bootverfahren

Die beschriebene Einrichtung von Bootsektor, MBR und aktiver Partition während der Basisinstallation ist in der Regel gut geeignet für Rechner, auf denen Debian als einziges Betriebssystem installiert wird. Bei Verwendung mehrerer Betriebssysteme empfiehlt es sich jedoch, ein modifiziertes Verfahren zu verwenden, um zur Zeit des Systemstarts die Möglichkeit zu haben, das zu startende Betriebssystem zu wählen oder um Linux von einer anderen Festplatte als der ersten zu starten.

10.2.1 Verwendung von Bootdisketten

Die simpelste Methode ist die Verwendung einer Bootdiskette, wie sie bei der Installation des Basissystems erzeugt werden kann. Dabei muss die bestehende Bootkonfiguration des Rechners nicht verändert werden, außerdem gibt es keine Probleme mit der 1024 Zylinder-Grenze. Allerdings ist dieses Verfahren auch das unkomfortabelste.
Eine Bootdiskette kann mit dem Befehl *mkboot* (S. 682) erzeugt werden. Um eine Bootdiskette mit dem aktuell installierten Kernel zu erzeugen, ist der folgende Befehl einzugeben:

```
debian:~# mkboot /vmlinuz
```

Voraussetzung hierfür ist, dass die Datei */vmlinuz* den zu bootenden Kernel enthält oder einen Link auf die Kerneldatei darstellt. Dies ist die Standardeinstellung nach der Installation des Kernels.
Als Alternative zur Verwendung von Bootdisketten bietet sich außerdem die Verwendung von bootfähigen CDROMs an, sofern dies vom BIOS des Rechners unterstützt wird.

10.2.2 Starten von Linux unter DOS mit Loadlin

Wenn Sie neben Linux ein DOS-basiertes Betriebssystem verwenden, können Sie das Programm *loadlin.exe* verwenden, um Linux von DOS aus zu starten. Die funktioniert mit MS-DOS sowie Windows 95 und Windows 98, wahrscheinlich auch mit dem in Kürze erscheinenden Windows Millenium. Loadlin funktioniert nicht mit den Betriebssystemen Windows NT, Windows 2000 und OS/2. Der wesentliche Vorteil bei der Verwendung von Loadlin besteht darin, dass Linux komfortabel gestartet werden kann, ohne die Bootkonfiguration des Rechners zu verändern.
Um Loadlin zu verwenden, benötigen Sie neben dem eigentlichen Programm *loadlin.exe* (aus dem Paket *loadlin*) die Abbilddatei des zu startenden Kernels auf der DOS-Partition. Diese Abbilddatei wird während der Basisinstallation auf die Festplatte kopiert, sie befindet sich im Verzeichnis */boot* und trägt den Namen *vmlinuz*, gefolgt von der Versionsnummer des Kernels, also beispielsweise *vmlinuz-2.2.14*. Üblicherweise befindet sich zusätzlich im Rootverzeichnis des Dateisystems ein symbolischer Link mit dem Namen */vmlinuz*, der auf die aktuelle Kernelversion zeigt.

Installation von Loadlin Um die benötigten Dateien auf die DOS-Partition zu kopieren, muss diese Partition in das Dateisystem eingebunden werden. Dies geschieht mit dem Befehl *mount* (S. 688). Weil DOS normalerweise von der ersten primären Partition der ersten Festplatte gestartet wird, hat diese Partition gewöhnlich den Namen */dev/hda1* oder */dev/sda1* bei Verwendung von SCSI-Systemen. Legen Sie zunächst ein Verzeichnis an, in das die Partition gemountet werden soll:

```
debian:~# mkdir /dosC
```

Nun können Sie die Partition einbinden:

```
debian:~# mount -t msdos /dev/hda1 /dosC
```

Die Partitionsbezeichnung */dev/hda1* ist bei diesem Befehl an den tatsächlichen Namen der DOS-Partition anzupassen. Im nächsten Schritt wird auf der DOS-Partition ein Verzeichnis erzeugt, in das die Dateien kopiert werden:

```
debian:~# mkdir /dosC/loadlin
```

Die Dateien können jetzt in dieses Verzeichnis kopiert werden:

```
debian:~# cp /boot/vmlinuz-2.2.14 /dosC/loadlin/vmlinuz
```

Hierbei muss die Bezeichnung der Abbilddatei des Kernels (*vmlinuz-2.2.14*) an den Namen der tatsächlich zu verwendenden Datei angepasst werden. Beachten Sie, dass Sie diesen Schritt immer dann wiederholen müssen, wenn Sie einen neuen Kernel installiert haben, damit dieser ebenfalls unter DOS zur Verfügung steht. Mit

```
debian:~# cp /usr/lib/loadlin/loadlin.exe.gz /dosC/loadlin
```

kopieren Sie *loadlin.exe.gz* in das angelegte Verzeichnis. Weil das Programm in komprimierter Form vorliegt, muss es nun dekomprimiert werden:

```
debian:~# gunzip /dosC/loadlin/loadlin.exe.gz
```

Zu Schluss kann die DOS-Partition wieder aus dem Dateisystem entfernt werden:

```
debian:~# umount /dosC
```

Verwendung von Loadlin Um *loadlin.exe* zu verwenden, muss der Name der mit Linux verwendeten Rootpartition bekannt sein. Benutzen Sie den Befehl *mount* ohne Parameter, um die eingebundenen Partitionen anzuzeigen. Es erscheint eine Ausgabe, die der folgenden entspricht:

```
/dev/sda7 on / type ext2 (rw)
proc on /proc type proc (rw)
/dev/sda6 on /home type vfat (rw)
```

Dieser Ausgabe ist zu entnehmen, dass die Rootpartition in diesem Fall */dev/sda7* ist. Dies ist die Partition, die in das Wurzelverzeichnis des Dateisystems, also /, eingebunden ist. Notieren Sie sich den Namen der Partition. Wenn der Rechner nun mit einem DOS-basierten Betriebssystem gestartet wird, kann Linux über *loadlin.exe* gestartet werden. Dies funktioniert allerdings nicht, wenn Windows ausgeführt wird. Bei Verwendung von Windows 95/98 ist Windows deswegen zunächst zu beenden und der Computer im MS-DOS-Modus zu starten (Startmenü -> Beenden -> Computer im MS-DOS-Modus starten). Daraufhin ist in das Verzeichnis zu wechseln, in das *loadlin.exe* und der Kernel kopiert wurden:

```
C:\> cd \loadlin
```

Falls Sie sich nicht auf dem Laufwerk *C:* befinden, müssen Sie zunächst auf dieses Laufwerk wechseln, um den gezeigten Befehl verwenden zu können.
Nun können Sie Linux starten, indem Sie den folgenden Befehl eingeben:

    C:\LOADLIN\> **loadlin vmlinuz root=/dev/sda7**

Hierbei muss der Name des Rootverzeichnisses (*/dev/sda7*) an das tatsächlich zu verwendende Rootverzeichnis angepasst werden. Die Angabe des Rootverzeichnisses ist unbedingt notwendig, damit der zu startende Kernel weiß, welches Verzeichnis er als Rootverzeichnis einbinden soll. Ohne die Angabe dieses Verzeichnisses können Sie Ihr Linux System wahrscheinlich nicht starten. Mit *vmlinuz* wurde in diesem Beispiel der Name der Datei des zu startenden Kernels angegeben. Wenn Sie den Kernel in einer anderen Datei haben, ist auch dieser Teil des Befehls entsprechend anzupassen. Falls Sie den Standardkernel des Installationssystems verwenden, fordert *loadlin.exe* u. U. dazu auf, eine die Diskette mit dem Rootdateisystem einzulegen, nachdem der Kernel geladen ist. Sie können dann einfach EINGABE drücken, ohne eine Diskette einzulegen. Um diese Aufforderung dauerhaft zu umgehen, ist die zusätzliche Kommandozeilenoption *ramdisk=none* zu verwenden.

Loadlin Parameter Neben dem Namen des zu startenden Kernels und dem zu verwendenden Rootverzeichnis können *loadlin* eine Reihe weiterer Parameter übergeben werden. Dazu gehören alle Bootparameter für den Linux-Kernel (siehe Kapitel 12.2) sowie einige weitere Parameter, die nicht dem Kernel übergeben, sondern direkt von *loadlin.exe* interpretiert werden. Diese hier möglichen Parameter können angezeigt werden, in dem an der DOS-Kommandozeile folgender Befehl eingegeben wird:

    C:\LOADLIN\> **loadlin | more**

Die wichtigsten Optionen sind:

-v Das Programm zeigt an, welches Aktionen es ausführt.
-t Das Programm testet lediglich die Konfiguration, aber startet Linux nicht.
-txmode Der Bildschirm wird auf 80 Spalten und 25 Zeilen zurückgesetzt, bevor Linux gestartet wird.
-dskreset Festplatten werden zurückgesetzt, bevor Linux gestartet wird. Dadurch können Einstellungen, die durch DOS-Treiber vorgenommen worden sind und mit Linux nicht kompatibel sind, rückgängig gemacht werden.

Weil die DOS-Kommandozeile nicht länger als 127 Zeichen sein darf, ermöglicht es Loadlin alle Parameter und Optionen in eine Parameterdatei zu schreiben. Dazu sind alle benötigten Parameter untereinander mit einem Texteditor (unter DOS z. B. mit dem Editor *edit.com*) in eine Datei zu schreiben. Zusätzlich darf eine solche Datei leere Zeilen und Kommentare enthalten, die mit dem Zeichen # eingeleitet werden müssen. Ein Beispiel für eine Parameterdatei wäre:

```
# Angabe des zu startenden Kernels
C:\LOADLIN\VMLINUZ

# Loadlin soll ausgeführte Aktionen anzeigen
-v

# Angabe der Rootpartition
root=/dev/hda3
ramdisk=none

# Die Rootpartition soll vom Kernel nur zum Lesen eingebunden werden
ro

# Kernelparameter für den Treiber von AHA152x basierten SCSI-Adaptern
aha152x=0x340,10
```

Der Parameter in diesem Beispiel gezeigte *ramdisk=none* wird benötigt, wenn Sie den Standardkernel des Installationssystems verwenden und *loadlin.exe* nach dem Laden des Kernels zum Einlegen einer Diskette mit dem Inhalt der Ramdisk auffordert. Der Kernelparameter *aha152x=0x340,10* wird natürlich nur in besonderen Fällen benötigt. Er dient als Beispiel dafür, wie Kernelparameter in einer Parameterdatei für *loadlin.exe* anzugeben sind.

Um Loadlin nun anzuweisen, die Parameter aus einer Datei zu verwenden, ist das Programm folgendermaßen aufzurufen:

```
C:\LOADLIN\> loadlin @params.txt
```

Mit *params.txt* wird hier die Datei bezeichnet, in der sich die Parameter befinden. Diesem Dateinamen muss das @-Zeichen vorangestellt werden.

Einrichtung eines Bootmenüs mit DOS/Windows Mit MS-DOS ist es seit Version 6.0 möglich, ein Bootmenü zu erzeugen, dass den Start mit unterschiedlichen Konfigurationen ermöglicht. Hierzu sind die Dateien *CONFIG.SYS* und *AUTOEXEC.BAT*, die sich im Wurzelverzeichnis des Startlaufwerks von DOS befinden (*C:*), zu bearbeiten.

Änderungen an der Datei CONFIG.SYS Das folgende Beispiel zeigt, wie die Datei *CONFIG.SYS* aufgebaut sein muss, um ein Startmenü zu realisieren. Im ersten Abschnitt unter *[menu]* werden die einzelnen Einträge des Menüs definiert. Der Eintrag *menudefault* legt fest, welche Konfiguration standardmäßig gestartet werden soll und wie lange auf eine Auswahl gewartet werden soll (hier 10 Sekunden). Er ist optional. Kommentare in den Dateien *CONFIG.SYS* und *AUTOEXEC.BAT* werden mit dem Schlüsselwort *rem* eingeleitet. Die Datei kann unter DOS z. B. mit dem Editor *edit.com* bearbeitet werden. Dazu ist folgender Befehl einzugeben:

```
C:\> edit c:\config.sys
```

```
[menu]
menuitem=WIN, Boot Windows
menuitem=LINUX, Boot Linux
menuitem=DOS, Boot DOS
menudefault=WIN, 10

[WIN]
rem hier gehören alle Einträge hin, die nur beim Start von Windows benötigt werden

[LINUX]
rem dieser Eintrag bewirkt, dass nach der Auswahl von LINUX Loadlin gestartet wird
shell=c:\loadlin\loadlin.exe @c:\loadlin\params.txt

[DOS]
rem hier gehören alle Einträge hin, die nur beim Start von DOS benötigt werden
device=C:\WINDOWS\COMMAND\display.sys con=(ega,,1)
Country=049,850,C:\WINDOWS\COMMAND\country.sys

[COMMON]
rem hier gehören alle Einträge hin, die beim Start von jedem System benötigt
rem werden. Dieser Bereich braucht i.d.R. keine Einträge enthalten
```

Die Abschnitte (*[WIN]*, *[LINUX]* und *[DOS]*) bestimmen die Einstellungen, die nach Auswahl der entsprechenden Konfiguration vorgenommen werden sollen. Eine besondere Stellung nimmt der Abschnitt *[COMMON]* ein, hier können Einträge stehen, die für jede Konfiguration gelten sollen. Um Loadlin zu verwenden, empfiehlt es sich jedoch, hier keine Einstellungen vorzunehmen, damit nicht irgendwelche DOS-Treiber oder -Programme geladen werden, bevor Linux gestartet wird.

Alle Anweisungen, die sich vor dem Einfügen der Menübefehle in der Datei *CONFIG.SYS* befunden haben, sollten nun sowohl im Abschnitt unter *DOS* als auch im Abschnitt unter *WIN* stehen, damit sie berücksichtigt werden, wenn DOS oder Windows gestartet wird. Anweisungen, die nur für DOS oder nur für Windows benötigt werden, brauchen natürlich nur in den entsprechenden Abschnitten vorzukommen.

Die Anweisung *shell=...* im Abschnitt *[LINUX]* bewirkt, dass *loadlin.exe* unmittelbar nach dem Start von DOS aufgerufen wird. Im Beispiel wird Loadlin mit einer Parameterdatei benutzt.

Änderungen in der Datei MSDOS.SYS (nur Windows 95 und Windows 98) Bei Verwendung von Windows 95 oder Windows 98 empfiehlt es sich, zusätzlich zwei Änderungen in der Datei *MSDOS.SYS* vorzunehmen, die bewirken, dass Windows nicht automatisch gestartet wird und dass das Windows-Logo nicht gezeigt wird. Der automatische Start von Windows kann dann in der Datei *AUTOEXEC.BAT* „nachgeholt" werden. Das Windows-Logo kann bei einigen Graphikkarten zu Problemen führen, wenn Linux gestartet wird. Die Datei *MSDOS.SYS* ist normalerweise „versteckt" und schreibgeschützt. Dies kann mit folgendem DOS-Befehl geändert werden:

```
C:\> attrib -h -r -s C:\MSDOS.SYS
```

Danach kann die Datei mit einem Editor (z. B. dem Programm *edit.com*) bearbeitet werden. In der Datei befindet sich ein Abschnitt, der mit *[Options]* eingeleitet wird. In diesem Abschnitt sind die beiden Optionen *Bootgui* und *Logo* auf den Wert *0* zu setzen. Falls die Optionen noch nicht vorhanden sind, sind sie einzufügen. Nach Vornahme der Änderungen könnten der entsprechende Abschnitt folgendermaßen aussehen:

```
[Options]
Bootgui=0
Logo=0
BootMulti=1
Network=1
```

Achtung: Wenn Sie MS-DOS 6.22 oder eine ältere Version von MS-DOS verwenden, dürfen Sie die Datei *boot.sys* nicht verändern.

Nach abgeschlossener Bearbeitung der Datei können die Attribute wieder auf ihren ursprünglichen Wert gesetzt werden:

```
C:\> attrib +h +r +s C:\MSDOS.SYS
```

Änderungen an der Datei AUTOEXEC.BAT Die im vorhergehenden Abschnitt beschriebenen Änderungen der Datei *MSDOS.SYS* bewirken, dass sich Windows 95 und Windows 98 wie frühere Versionen von DOS verhalten. Windows wird nicht automatisch gestartet, sondern nach Eingabe des Befehls *win*.

Um diesen Vorgang in Abhängigkeit von der Auswahl im Bootmenü zu steuern, können die folgenden Änderungen in der Datei *AUTOEXEC.BAT* vorgenommen werden. Falls Linux durch die Auswahl im Bootmenü nämlich nicht gestartet wird, führt DOS die Anweisungen in dieser Datei aus.

Im folgenden Beispiel wird die Umgebungsvariable *config* ausgewertet, deren Wert der Auswahl im Startmenü entspricht. Abhängig von der zu startenden Konfiguration wird dann zu verschiedenen Blöcken von Befehlen gesprungen.

```
@echo off

rem config ist eine Umgebungsvariable, die das Ergebnis der Auswahl im Startmenü enthält.
rem Mit dem folgenden Befehl können Aktionen abhängig von der Auswahl im Startmenü ausgeführt
rem werden
goto %config%

:LINUX
rem hier wird kein Eintrag benötigt, weil Linux aus der Datei config.sys gestartet wird

:WIN
rem hier gehören alle Befehle hin, die ausgeführt werden sollen, bevor Windows gestartet wird
rem mit dem Befehl "win" wird Windows gestartet
win
goto end

:DOS
rem hier kommen alle AUTOEXEC.BAT Befehle hin, die beim Start von DOS ausgeführt
rem werden sollen.
mode con codepage prepare=((850) C:\WINDOWS\COMMAND\ega.cpi)
mode con codepage select=850
keyb gr,,C:\WINDOWS\COMMAND\keyboard.sys
doskey

:end
```

Der Abschnitt unter *:LINUX* ist hier nur der Vollständigkeit halber aufgeführt. Die Anweisungen in diesem Abschnitt werden nie ausgeführt, weil DOS nach Auswahl von Linux direkt *loadlin* startet. Im Abschnitt unter *:WIN* wird Windows aufgerufen, so dass sich Windows auch trotz der Änderungen in der Datei *MSDOS.SYS* automatisch starten lässt. Im letzten Abschnitt befinden sich einige Anweisungen die üblicherweise ausgeführt werden, wenn DOS alleine benutzt werden soll.

Alle Anweisungen, die sich bisher in dieser Datei befunden haben, sollten Sie in den Abschnitt unter *:WIN* nehmen. Sie sollten dort vor der Zeile stehen, mit der Windows aufgerufen wird. Anweisungen, die nur benötigt werden, wenn mit DOS (ohne Windows) gearbeitet werden soll, gehören in den Abschnitt unter *:DOS*. Anweisungen, die in beiden Fällen benötigt werden sollten sich vor dem Befehl *goto* befinden.

Problemlösungen bei der Verwendung von Loadlin

Das Rootdateisystem kann nicht eingebunden werden Wenn Sie nach dem Start von Linux mit Loadlin die Fehlermeldung

```
VFS: Unable to mount root fs on 0807
```

erhalten, so ist die wahrscheinlichste Erklärung hierfür, die, dass Sie beim Aufruf von Loadlin das Rootdateisystem nicht richtig angegeben haben. Überprüfen Sie den Parameter *root=* bzw. die Einstellung in der Parameterdatei.

Kommandointerpreter kann nicht gestartet werden Wenn Sie sich ein DOS-Bootmenü eingerichtet haben, und nach Auswahl von Linux die folgende Fehlermeldung erscheint,

```
Die folgende Datei ist beschädigt oder fehlt: command.com
```

dann bedeutet dies in der Regel, dass DOS das Programm *loadlin.exe* nicht finden und laden konnte. Überprüfen Sie in diesem Fall die mit *shell=* beginnende Anweisung im Linux-Abschnitt der Datei *CONFIG.SYS*.

Kernelparameter werden nicht richtig interpretiert Wenn Sie Loadlin über eine *shell=*-Anweisung in der Datei *CONFIG.SYS* starten und dort angegebene Parameter vom Kernel nicht richtig interpretiert werden, dann liegt das wahrscheinlich daran, dass die *shell=*-Zeile von DOS in Großbuchstaben an Loadlin übergeben wird. Verwenden Sie in solchen Fällen eine Parameterdatei.

CPU ist im V86-Modus Loadlin kann Linux nicht starten, wenn es unter Windows ausgeführt wird. Beenden Sie Windows und starten Sie den Computer im MS-DOS-Modus. Sie können Loadlin nicht mit Windows NT oder OS/2 verwenden. Ursache hierfür ist, dass diese Programme den Prozessor des Computers im geschützten Modus betreiben, dadurch wird es für Linux unmöglich, ebenfalls in diesen Modus zu schalten.

Es gibt auch einige DOS-Programme, die den Prozessor in den geschützten Modus schalten. Wenn diese Programme aktiv sind, können Sie Loadlin ebenfalls nicht verwenden. Beenden Sie dann diese Programme oder verwenden Sie ein Bootmenü, aus dem Loadlin gestartet werden kann, bevor solche Programme gestartet werden.

DOS oder Windows lassen sich nicht mehr starten Wenn Sie bei der Bearbeitung der Datei *CONFIG.SYS* Fehler gemacht haben, kann es im ungünstigsten Fall vorkommen, dass sich DOS (oder Windows) nicht mehr starten lässt. Sie sollten das System dann mit einer DOS-Bootdiskette starten und den Fehler korrigieren. Alternativ dazu können Sie unmittelbar nach dem Start von DOS die Taste F8 drücken und im dann erscheinenden Menü *Einzelbestätigung* auswählen. Sie werden dann gefragt, ob die Gerätetreiber aus der Datei *CONFIG.SYS* geladen werden sollen. Beantworten Sie diese Frage mit *N*.

Weitere Informationen zu Loadlin Wenn Sie das Paket *loadlin* installiert haben, befindet sich die Dokumentation des Programms im Verzeichnis */usr/share/doc/loadlin/*[1] Besonders lesenswert sind in diesem Verzeichnis die Dateien *manual.txt.gz* sowie *examples/test.par*, letztere enthält ein Beispiel für eine Paramterdatei.

10.2.3 Verwendung von Bootmanagern

Auf dem Markt sind eine Reihe freier und kommerzieller Bootmanager erhältlich. Hierbei handelt es sich um Programme, die nach dem Start des Rechners die Auswahl des zu ladenden Betriebssystems ermöglichen und das ausgewählte dann startet. Solche Bootmanager werden in der Regel aus dem MBR heraus gestartet. In einigen Fällen benötigen Sie ein eigene kleine Partition, in der ihr Programmcode untergebracht wird.

Die meisten Bootmanager verfahren nach der Auswahl des Betriebssystems ähnlich wie ein Standard-MBR. Sie laden den Programmcode im Bootsektor der Partition, auf der sich das ausgewählte Betriebssystem befindet. Wenn Sie Linux mit einem solchen Bootmanager starten wollen, ist es also erforderlich, ebenfalls entsprechenden Code im Bootsektor der Linux-Partition zu installieren. Dazu empfiehlt sich die Verwendung von LILO.

LILO ist aber auch selbst ein Bootmanager. Das Programm kann neben Linux andere Betriebssystem laden und ermöglicht, nach entsprechender Konfiguration, die Auswahl zwischen den verfügbaren Systemen.

10.3 LILO – Der LInux LOader

Einleitung

Das Programm LILO ist der standardmäßige Bootloader für Linux auf PCs, also Intel-386-kompatiblen Systemen. Der primäre Zweck von LILO besteht darin, Programmcode in den Bootsektor einer Linux-Partition zu installieren, mit dem der Linux-Kernel geladen und gestartet werden kann.

Neben seiner Fähigkeit, den Linux-Kernel zu laden, kann LILO auch andere Betriebssysteme Laden. Dazu gehören MS-DOS, Windows 95/98, Windows NT, OS/2 und SCO UNIX. Er lässt sich so konfigurieren, dass er wie ein Bootmanager die verschiedenen Systeme zur Auswahl stellt und das gewünschte System nach erfolgter Auswahl startet. Dabei kann LILO auch so eingestellt werden, dass er je nach Auswahl unterschiedliche Linux-Systeme oder unterschiedliche Linux-Kernels startet. LILO ist wie Loadlin in der Lage, dem Kernel alle notwendigen Parameter

---

[1] Ältere Versionen des Pakets legen die Dokumentation des Pakets im Verzeichnis */usr/doc/loadlin* ab.

zu übergeben und kann durch bestimmte Einstellungen auch Betriebssysteme von Partitionen booten, von denen sie normalerweise nicht gestartet werden können.

Um ein Betriebssystem zu laden, benutzt LILO die vom BIOS zur Verfügung gestellten Routinen. Die Folge ist, dass er keine Betriebssysteme von Festplatten oder Partitionen laden kann, auf die nicht direkt vom BIOS aus zugegriffen werden kann. So lässt sich mit dem BIOS nicht auf Daten oberhalb der ersten 1024 Zylinder einer Festplatte zugreifen, weshalb LILO von dort keine Betriebssysteme laden kann. Diese Grenze entspricht bei EIDE-Festplatten, die im LBA-Modus betrieben werden knapp 8 MB[2] (siehe auch Kap. 2.5).

Auswahl eines Installationsortes für LILO

Wenn LILO in den MBR der ersten Festplatte installiert wird, dient er als Master-Bootmanager. Er ist dann für das Laden aller vorhandenen Betriebssysteme verantwortlich. Im allgemeinen ist jedoch zu empfehlen, LILO in den Bootsektor einer Linux-Partition zu installieren. Dies bietet den Vorteil, dass man ein zweistufiges Bootverfahren hat, bei dem zunächst durch die aktive Partition oder einen anderen Bootmanager bestimmt wird, von welchem Bootsektor weiter gebootet wird. Auch wenn LILO nicht im MBR installiert ist, kann er andere Betriebssystem laden. Es ist also auch bei einer solchen Konfiguration nicht notwendig, durch Aktivierung der zu startenden Partition das Betriebssystem festzulegen, sondern es reicht aus, die Partition zu aktivieren, in die LILO installiert wurde und dann das zu startende Betriebssystem auszuwählen. Auf der anderen Seite kann eine alte Bootkonfiguration schnell wieder hergestellt werden, in dem eine Partition mit einem anderen Betriebssystem aktiviert wird.

Prinzipiell kann LILO in jede Linux-Partition installiert werden. Normalerweise verwendet es die von Linux benutzte Root- oder Bootpartition. Wenn Linux in eine logische Partition installiert wurde, sollte LILO allerdings in dem Bootsektor der erweiterten Partition installiert werden, in dem sich die betreffende logische Partition befindet. Der Grund hierfür ist, dass mit den meisten MBRs nur Bootsektoren von primären Partitionen geladen werden können und erweiterte Partitionen ja auch zugleich primäre Partitionen sind[3].

Es gibt eine Ausnahme von der Regel, LILO in den Bootsektor der Linux-Partition zu installieren. Der Code im MBR ist in der Regel nur dazu in der Lage, Bootsektoren von der ersten Festplatte zu laden. Dies gilt für die MBRs, die von DOS oder Windows installiert werden, sowie für den Debian-MBR aus dem Paket *mbr*. Wird durch den MBR jedoch ein Bootmanager gestartet, kann dieser durchaus in der Lage sein, Betriebssysteme von anderen Festplatten zu laden.

Wenn also – neben LILO – kein Bootmanager benutzt wird und Linux sich nicht auf der ersten Festplatte befindet, kann LILO in den MBR installiert werden, um Linux von einer anderen Festplatte zu laden. Hierbei gilt allerdings weiterhin die Einschränkung, dass das BIOS in der Lage sein muss, die zusätzliche Platte, auf der sich Linux befindet, anzusprechen. Ältere BIOS können nur die ersten zwei Festplatten ansprechen, Bei Mischsystemen (SCSI- und IDE-Festplatten) können in der Regel nur die IDE-Festplatten angesprochen werden. Neuere BIOS können hingegen meist die ersten vier Festplatten ansprechen und auch bei Mischsystemen von SCSI-Festplatten booten.

10.3.1 LILOs Bestandteile

Neben dem Code im Bootsektor einer Partition benötigt LILO einige weitere Dateien, die sich normalerweise im Verzeichnis */boot* befinden. Weil im Bootsektor selbst nämlich nur relativ wenig Platz (446 Byte) vorhanden ist, befindet sich dort im wesentlichen nur Code, der andere Teile LILOs von der Festplatte lädt und diese dann ausführt. Der eigentliche LInux LOader befindet sich in der Datei */boot/boot.b*[4]. Zusätzlich braucht LILO die

---

[2] LILO unterstützt ab Version 22 eine neuere BIOS-Erweiterung, mit der auch Daten oberhalb von 1024 Zylindern gelesen werden können.
[3] Dies kann zu Problemen führen, falls dort bereits ein anderes Betriebssystem seinen Bootsektor installiert hat, also etwa eine andere Linux-Installation, die sich ebenfalls auf einer der logischen Partitionen innerhalb der erweiterten Partition befindet. Bei Verwendung von DOS oder Windows ist das jedoch nicht zu befürchten.
[4] Er wird auch als „second stage loader" bezeichnet.

Datei */boot/map*, in die er während seiner Installation einträgt, wo sich die zu ladenden Daten physikalisch auf der Festplatte befinden. Weiter wird natürlich die eigentliche Kerneldatei benötigt, die ebenfalls im Verzeichnis */boot* liegen sollte und normalerweise den Namen *vmlinuz-(Kernel-Version)*, also beispielsweise *vmlinuz-2.2.14* trägt. Wenn LILO bei seinem Start Meldungen anzeigen soll, müssen diese in einer eigenen Datei stehen, welche sich auch im Verzeichnis */boot* befinden sollte. Darüberhinaus befinden sich im Verzeichnis */boot* nach der Installation von LILO die beiden Dateien *chain.b* und *os2_d.b*. Die erste Datei dient zum Laden anderer Betriebssysteme und die Zweite zum Laden von OS/2, wenn es auf der zweiten Festplatte installiert wurde.

Achtung: Auf alle genannten Bestandteile LILOs muss während des Bootens mit Hilfe des BIOS zugegriffen werden. Das Verzeichnis */boot* muss sich deswegen auf einer Festplatte befinden, die über das BIOS angesprochen werden kann. Es muss unterhalb der ersten 1024 Zylinder auf der Festplatte liegen.

Neben diesen Teilen von LILO gehört zu dem System das Programm */sbin/lilo* mit dem LILO in den Bootsektor einer Partition oder in den MBR installiert werden kann. Dieses Programm erzeugt auch die Datei */boot/map*. Es wird deswegen auch als Map-Installer bezeichnet. Das Programm */sbin/lilo* wird über die Datei */etc/lilo.conf* konfiguriert. In dieser Datei sind alle Angaben darüber zu machen, wie LILO installiert werden soll.

Achtung: Immer, wenn eine der zu LILO gehörenden Dateien verändert, verschoben oder neu geschrieben wird, stimmen die Informationen in der Datei */boot/map* nicht mehr mit der tatsächlichen Lage der Dateien auf der Festplatte überein. In diesen Fällen, also beispielsweise nach der Installation eines neuen Kernels muss LILO mit */sbin/lilo* neu installiert werden!

Ein weiterer (dem Autor gut bekannter) Fehler besteht darin, die Datei */etc/lilo.conf* zu verändern, aber zu vergessen, */sbin/lilo* auszuführen. Die Anweisungen in dieser Datei werden natürlich erst dann wirksam, wenn */sbin/lilo* ausgeführt wurde.

10.3.2 Basiseinrichtung von LILO

Installation des Pakets *lilo* Die Bestandteile von LILO sind in dem Paket *lilo* enthalten. Dieses Paket ist Bestandteil des Basissystems und sollte deswegen nach der Installation von Debian bereits installiert sein. Wenn das Paket neu installiert oder aktualisiert wird, wird das Skript */usr/sbin/liloconfig* aufgerufen. Dieses Skript überprüft zunächst, ob die Konfigurationsdatei für LILO (*/etc/lilo.conf*) bereits vorhanden ist und führt */sbin/lilo* nach einer Sicherheitsabfrage aus, sofern dies der Fall ist. Dies ist notwendig, weil sich die Bestandteile von LILO im Verzeichnis */boot* durch eine Aktualisierung verändern und die Datei */etc/map* deswegen neu erzeugt werden muss. Falls */usr/sbin/liloconfig* keine Konfigurationsdatei findet, versucht es, nach einer entsprechenden Abfrage selbst eine solche Datei zu erstellen und LILO mit dieser Datei zu installieren. Die dabei erstellte Datei kann als Ausgangsbasis für die zu verwendende LILO-Konfiguration benutzt werden, sie sollte jedoch auf jeden Fall überprüft und gegebenenfalls überarbeitet werden.

Dokumentation Das Paket *lilo* enthält die Datei */usr/share/doc/lilo/Manual.txt.gz*, welche die ausführliche Dokumentation zu LILO beinhaltet. Am Ende dieser Datei befinden sich auch Erläuterungen zu Fehlern und Problemen, die bei der Verwendung von LILO auftreten können. Eine zum Ausdrucken geeignete PostScript-Version des Manuals ist in dem Paket *lilo-doc* vorhanden. Sie befindet sich nach Installation dieses Pakets im Verzeichnis */usr/share/doc/lilo-doc/user.ps.gz*. Ausserdem gibt es ein Mini-HOWTO, welches sich LILO widmet, es befindet sich nach Installation des Pakets *doc-linux-text* in der Datei */usr/share/doc/HOWTO/en-txt/mini/LILO.txt.gz*. In diesem Paket befinden sich weitere Dokumente, die sich mit speziellen Konfigurationen befassen, so beispielsweise das *Linux+DOS+Win95+OS2-mini-HOWTO*, welches eine Schritt-für-Schritt Anleitung zur Installation dieser Betriebssysteme auf einer Festplatte enthält.

Aufbau der Datei */etc/lilo.conf* In LILOs Konfigurationsdatei gibt es drei Arten von Einträgen:
- globale Einstellungen, welche die allgemeine Arbeitsweise und Installation von LILO beeinflussen,
- Anweisungen zum Laden eines bestimmten Kernels oder eines anderen Betriebssystems und
- Anweisungen, die nur beim Laden eines bestimmten Kernels oder Betriebssystems ausgeführt werden sollen.

Jede dieser Anweisungen muss sich in einer eigenen Zeile befinden. Anweisungen, die nur einen bestimmten Kernel oder ein Betriebssystem betreffen, müssen sich unter der Anweisung zum Laden dieses Betriebssystems befinden. Die Datei */etc/lilo.conf* darf darüberhinaus Leerzeilen und Kommentare enthalten. Kommentare werden mit dem Doppelkreuz # eingeleitet.

Das folgende Beispiel zeigt eine einfache Konfigurationsdatei, die zum alternativen Laden von Linux und einem anderen Betriebssystem benutzt werden kann.

```
boot=/dev/hda2
install=/boot/boot.b
compact
delay=20
map=/boot/map
vga=normal
image=/vmlinuz
    label=Debian
    root=/dev/hda5
    read-only
other=/dev/hda1
    label=Dos
```

In der ersten Anweisung (beginnend mit *boot=* wird festgelegt, wohin LILO installiert werden soll. Im Beispiel wäre dies der Bootsektor der zweiten primären Partition auf der ersten IDE-Festplatte (*/dev/hda2*). Wenn LILO nicht in den Bootsektor einer Partition sondern in den MBR installiert werden soll, ist hier nicht der Name einer Partition, sondern der Name der Festplatte anzugeben, in deren MBR installiert werden soll. Um LILO also in den MBR der ersten IDE-Festplatte zu installieren, müsste die Anweisung folgendermaßen aussehen:

```
boot=/dev/hda
```

Für die erste SCSI-Platte wäre entsprechend */dev/sda* zu verwenden.

Die Anweisung *install=/boot/boot.b* gibt an, welcher Programmteil vom Code im Bootsektor, bzw. im MBR geladen werden soll. Diese Anweisung ist optional. Wenn Sie fehlt, wird die Voreinstellung */boot/boot.b* benutzt.

Die nächste Anweisung, *compact*, weist LILO an, den Lesezugriff auf den Datenträger zu optimieren. Sie führt zu besseren Ladezeiten, kann allerdings mit einigen Systemen zu Problemen führen. Wenn Sie Probleme mit LILO haben, sollten Sie es ohne diese Anweisung versuchen.

Mit *delay=20* wird angegeben, dass LILO zwei Sekunden warten soll, bis ein Betriebssystem gestartet wird, falls keine Auswahl vom Benutzer getroffen wird. Die Zahl gibt die Wartezeit in Zehntelsekunden an. Wenn diese Anweisung fehlt, startet LILO sofort ein System.

Die letzte Anweisung des allgemeinen Teils (*vga=normal*) bestimmt, den Bildschirm in der Standardeinstellung (80 Spalten, 25 Zeilen) zu belassen. Diese Anweisung ist optional. Bei dieser Anweisung ist es möglich zwei andere Schlüsselwörter zu verwenden. Mit *vga=extended* wird der Bildschirm im Modus 80 Spalten, 50 Zeilen betrieben und mit *vga=ask* wird ein Menü mit möglichen Bildschirmauflösungen erzeugt, aus denen dann ausgewählt werden kann. Außerdem ist es möglich, hier eine hexadezimale Zahl anzugeben (z. B. *vga=0xf01*), mit der ein bestimmter Bildschirmmodus voreingestellt werden kann. Die hier möglichen Zahlen erscheinen auch im Menü, das mit *vga=ask* erzeugt wird. Eine sinnvolle Vorgehensweise ist es deswegen, zunächst *vga=ask* zu verwenden und, nachdem man den gewünschten Modus gefunden hat, hier den richtigen Wert einzusetzen[5].

---
[5] Wenn Linux mit dem VESA-Framebuffer-Treiber betrieben wird, muss der gewünschte Framebuffer-Modus mit diesem Parameter übergeben werden. Hierzu ist der Kernel neu zu übersetzen (siehe Kapitel 11, S. 311).

Mit der Anweisung *image=/vmlinuz* wird LILO angewiesen, die Kerneldatei */vmlinuz* zu laden. Die Datei */vmlinuz* ist normalerweise ein symbolischer Link auf die Abbilddatei des zu verwendenden Kernels im Verzeichnis */boot*. Weil diese Anweisung im Beispiel die erste Anweisung zum Laden eines Kernels oder eines Betriebssystems darstellt, wird der hier bezeichnete Kernel von LILO standardmäßig geladen, wenn während des Bootens keine andere Auswahl getroffen wird. Alle dieser Anweisung folgenden Anweisungen beziehen sich nur auf den hier genannten Kernel. Sie haben also keinerlei Auswirkung, wenn ein anderer Kernel oder ein anderes Betriebssystem geladen werden soll. Dies gilt, bis eine neue Anweisung zum Laden eines Kernels oder eines Betriebssystems folgt.

Die drei folgenden Anweisungen, bezeichnen also Optionen, die beim Laden des Kernels */vmlinuz* gelten sollen. Mit *label=Debian* wird bestimmt, dass dieser Kernel beim Booten mit der Bezeichnung *Debian* ausgewählt werden kann. Die Zeile *root=/dev/hda5* weist den zu ladenden Kernel an, die Partition */dev/hda5* als Rootpartition einzubinden. Diese Anweisung ist in der Regel notwendig, damit der Kernel seine Rootpartition finden kann. Mit *read-only* wird festgelegt, die Rootpartition nur zum Lesen einzubinden. Dies ist eine sinnvolle Voreinstellung, damit das Rootdateisystem gegebenenfalls auf Fehler überprüft werden kann. Es wird im weiteren Verlauf des Bootprozesses dann in der Regel zum Schreiben und zum Lesen eingebunden.

Die nächste Anweisung *other=/dev/hda1* gibt LILO an, das Betriebssystem zu starten, dass es seinen eigenen Bootloader im Bootsektor der Partition */dev/hda1*, also der ersten primären Partition auf der ersten IDE-Festplatte hat. Eine solche Anweisung ist beispielsweise geeignet, um Betriebssysteme wie DOS oder Windows 95/98 zu laden. Die letzte Anweisung bezieht sich wieder nur auf das zuvor genannte Betriebssystem. Mit der Anweisung *label=Dos* wird bestimmt, dass das Betriebssystem mit dem Bootsektor in */dev/hda1* beim Booten über die Bezeichnung *Dos* ausgewählt werden kann. Die beiden Anweisungen sind natürlich optional und werden nur benötigt, wenn mit LILO tatsächlich außer Linux ein anderes Betriebssystem gestartet werden soll.

Sichern und Wiederherstellen eines alten Bootsektors Wenn LILO installiert wird, legt der Map-Installer eine Sicherungskopie des alten Bootsektors in einer Datei im Verzeichnis */boot* ab. Der Name dieser Datei beginnt mit *boot.* und endet mit vier Zahlen, die der Gerätenummer der Partition oder Festplatte entsprechen, in deren Bootsektor oder MBR LILO installiert wurde.

Die Gerätenummern können mit dem Befehl *ls* (S. 677) mit der Option *-l* angezeigt werden. Um beispielsweise die Gerätenummer der Partition */dev/hda2* einzusehen, ist folgender Befehl einzugeben:

```
joe@debian:~$ ls -l /dev/hda2
```

Die Ausgabe sollte ungefähr folgendermaßen aussehen:

```
brw-rw----   1 root     disk       3,   2 Aug  1  1997 /dev/hda2
```

Die Gerätenummer wird mit den beiden Zahlen hinter der Gruppenbezeichnung (hier: *disk*) angegeben. Sie lautet für */dev/hda2* also *0302* (führende Nullen werden von *ls* nicht ausgegeben, aber von */sbin/lilo* benutzt, um die Backup-Dateien eindeutig zu benennen)[6]. Das Programm */sbin/lilo* würde also ein Backup in der Datei */boot/boot.0302* anlegen, wenn es mit der Beispielkonfigurationsdatei aus dem vorhergehenden Abschnitt aufgerufen werden würde. In dieser Datei befand sich ja die Anweisung, LILO in den Bootsektor der Partition */dev/hda2* zu installieren (*/boot=/dev/hda2*).

Achtung: Die Backup-Datei wird allerdings nur dann angelegt, wenn Sie nicht schon existiert. Der Grund dafür ist, dass ein Bootsektor, der vor der ersten Installation von LILO vorhanden war, erhalten bleiben soll, auch wenn */sbin/lilo* mehrmals aufgerufen wird.

Sie können die Erzeugung eines Backups erzwingen, in dem Sie das alte Backup umbenennen oder mit der Anweisung *backup=Dateiname* eine andere Datei festlegen.

---

[6] In Wirklichkeit unterscheidet man zwei Klassen von Gerätenummern: Major- und Minor-Nummern. Die erste Zahl in der Ausgabe von *ls* ist die Major-Nummer, die zweite die Minor-Nummer.

Sicherung eines MBRs auf Diskette Im allgemeinen ist es ratsam, eine Sicherungskopie der MBRs aller Festplatten auf einem externen Datenträger zu haben. Wenn nämlich die Partitionstabelle im MBR zerstört ist, kann auf die Daten der betreffenden Festplatte nicht mehr zugegriffen werden und deswegen auch kein Backup mehr von der gleichen Festplatte zurückgespielt werden.

Um den MBR der ersten IDE-Festplatte auf einer DOS-formatierten Diskette zu sichern, ist diese zunächst in das Laufwerk einzulegen und mit dem folgenden Befehl einzubinden:

```
debian:~# mount -t msdos /dev/fd0 /floppy
```

Der Bootsektor kann nun mit dem Befehl *dd* (S. 649) auf die Diskette gesichert werden:

```
debian:~# dd if=/dev/hda bs=512 count=1 of=/floppy/mbr_hda
```

Dieser Schritt solle für eventuell vorhandene weitere Festplatten wiederholt werden. Dabei sind dann für */dev/hda* und für *mbr_hda* entsprechend andere Angaben zu machen. Zu Schluss muss die Diskette wieder aus dem Dateisystem entfernt werden:

```
debian:~# umount /floppy
```

Achtung: Diese Sicherungskopien werden ungültig, wenn sich die Partitionierung der entsprechenden Festplatte ändert oder ein anderer MBR installiert wird. Wiederholen Sie in solchen Fällen die Sicherung!

Wiederherstellung eines gesicherten Bootsektors Ein auf Diskette gesicherter MBR kann mit der folgenden Prozedur wieder zurückgeschrieben werden. Das System ist vorher eventuell mit einer Rettungsdiskette zu starten.[7] Zunächst ist die Diskette, auf der sich die Sicherungskopien befinden, in das Laufwerk einzulegen und mit dem oben gezeigten *mount*-Befehl einzubinden. Dann kann der MBR von der Diskette auf die Festplatte geschrieben werden:

```
debian:~# dd if=/floppy/mbr_hda bs=512 count=1 of=/dev/hda
```

Soll der Bootsektor einer anderen Festplatte als */dev/hda* zurückgeschrieben werden, ist der Befehl entsprechend anzupassen. Wenn nur der Bootcode im MBR, nicht aber die Partitionstabelle zurückgeschrieben werden soll, ist der Befehl wie folgt zu ändern:

```
debian:~# dd if=/floppy/mbr_hda bs=446 count=1 of=/dev/hda
```

Wenn nur die Partitionstabelle, nicht aber der Programmcode im Bootsektor zurückgeschrieben werden soll, ist folgender Befehl zu verwenden:

```
debian:~# dd if=/floppy/mbr_hda bs=1 count=64 skip=446 seek=446 of=/dev/hda
```

Nach dem Zurückschreiben kann die Diskette wieder aus dem Dateisystem entfernt werden. Das System sollte danach sofort neu gestartet werden.

Die von */sbin/lilo* angelegten Bootsektoren können prinzipiell auf die gleiche Art zurückgeschrieben werden. Allerdings empfiehlt sich zu diesem Zweck eher die Verwendung von *sbin/lilo* selbst. Das Programm schreibt Sicherungskopien zurück, wenn es mit der Option *-u* aufgerufen wird.

Installation eines neuen MBRs unter DOS Unter DOS kann ein neuer DOS-MBR mit folgendem Befehl installiert werden:

```
C:\> fdisk /mbr
```

Damit wird der alte MBR gelöscht. Ein Backup wird hierbei nicht erstellt.

---

[7] Beispielsweise mit der Rescue-Diskette des Installationssystems.

Wiederherstellen einer Partitionstabelle mit gpart Wenn – trotz aller Sicherheitsmaßnahmen – die Partitionstabelle im MBR kaputt gegangen ist und diese nicht wieder hergestellt werden kann, kann auf die Daten der betreffenden Festplatte nicht mehr zugegriffen werden. Sie sind aber trotzdem noch vorhanden. Die Lösung eines solchen Problems besteht darin, die Partitionstabelle neu zu erzeugen. Hierbei kann Sie das Programm *gpart* (aus dem Paket *gpart*) unterstützen. Das Programm untersucht die gesamte Festplatte und versucht dabei herauszufinden, wo sich Partitionsgrenzen befinden könnten. Weil dies nicht immer eindeutig ist, kann es dabei zu Fehlern kommen. Allerdings kann man *gpart* so verwenden, dass es nachfragt, ob vorgeschlagenen Partitionsgrenzen stimmen. Wer die Partitionierung seiner Festplatte noch halbwegs im Kopf hat, sollte dann in der Lage sein, die richtige Partitionierung wieder herzustellen.

gpart ist ausführlich durch eine Manual-Seite dokumentiert. Das Programm befindet sich nach der Installation im Verzeichnis */sbin*, es sollte rechtzeitig auf eine Diskette kopiert werden, damit es im Falle des Falles zur Verfügung steht.

10.3.3 Installation von LILO

Nachdem die Datei */etc/lilo.conf* fertig editiert ist, kann LILO installiert werden. Hierzu ist mit Rootrechten folgendes einzugeben:

```
debian:~# /sbin/lilo
```

Wenn LILO mit einer Konfiguration wie im Beispiel benutzt wird, erscheint daraufhin die folgende Ausgabe:

```
Added Debian *
Added Dos
```

Hiermit teilt das Programm mit, dass es LILO installiert hat und Bootoptionen für die mit *Debian* und *Dos* bezeichneten Kernels bzw. Betriebssysteme eingerichtet hat. Der Stern hinter *Debian* zeigt an, dass Debian als Standardbetriebssystem geladen wird, also dann, wenn vom Benutzer während des Bootvorgangs keine andere Auswahl getroffen wurde.

Wenn Sie LILO – wie empfohlen – nicht in den MBR installiert haben, sollten Sie nach seiner Installation sicherstellen, dass die Partition, in deren Bootsektor sich LILO nun befindet, aktiv ist (siehe Seite 286).

10.3.4 Bedienung von LILO

Wenn LILO nach dem Start des Rechners geladen wird, überprüft das Programm, ob eine der Tasten SHIFT, ALT oder STRG gedrückt ist oder ob die Tasten SHIFT-LOCK oder ROLLEN aktiviert wurden. Wenn dies der Fall ist, zeigt LILO seinen Bootprompt an, mit dem das zu ladende Betriebssystem ausgewählt werden kann.

Anderenfalls (wenn keine dieser Tasten gedrückt ist) wartet LILO so lange wie in der Konfigurationsdatei mit der Anweisung *delay=* angegeben ist und startet danach das Standardbetriebssystem. Dies ist der Kernel oder das Betriebssystem, welches in der Datei */etc/lilo.conf* als erstes angegeben wurde oder mit der Anweisung *default=* festgelegt wurde.

Der Bootprompt sieht folgendermaßen aus:

```
boot:
```

Am Bootprompt kann nun des Name des Betriebssystems eingegeben werden, welches gestartet werden soll. Dies ist der Name, der in der Konfigurationsdatei mit *label=* festgelegt wurde. Nach Betätigung einer der Tasten TAB oder ? werden die konfigurierten Betriebssysteme angezeigt. Schreibfehler können mit den Tasten ZURÜCK und

ENTF sowie mit den Tastaturkombination STRG-U und STRG-X korrigiert werden. Die Auswahl muss mit EIN-GABE bestätigt werden. Wenn die Taste EINGABE ohne eine Auswahl gedrückt wird, wird das Standardsystem gestartet.

Beachten Sie, dass zu dem Zeitpunkt, zu dem LILO ausgeführt wird, noch keine Tastaturtreiber geladen sind. Die Tastatur wird deswegen in der Regel wie eine US-amerikanische Tastatur behandelt (zum Ändern der von LILO benutzten Tastaturtabelle siehe S. 302).

Wenn am Bootprompt ein Linux-Kernel zum Start ausgewählt wird (im Beispiel also *Debian*), können hinter dem Namen zusätzliche Bootoptionen für den ausgewählten Kernel angegeben werden. Beispielsweise kann es vorkommen, dass in der Datei */etc/lilo.conf* die falsche Partition als Rootpartition angegeben wurde und LILO Linux deswegen nicht richtig starten kann. In diesem Fall kann das Rootdateisystem am Bootprompt angegeben werden, um das System wieder starten zu können:

```
boot: Debian root=/dev/hda6
```

10.3.5 Erstellen eines Bootmenüs mit LILO

Zur Erstellung eines Bootmenüs sind drei Dinge notwendig:

1. Der Bootprompt muss in jedem Fall erscheinen. Dies kann durch die Anweisung *prompt* in der Datei */etc/lilo.conf* erreicht werden.
2. Das eigentliche Menü muss ausgegeben werden. Dazu ist eine Textdatei mit dem Menütext zu erstellen. Durch die Anweisung *message=(Dateiname)* wird der Inhalt der Datei vor dem Bootprompt auf dem Bildschirm ausgegeben.
3. Mit der Anweisung *single-key=(Buchstabe)* hinter einer *image=* oder *other=* Anweisung wird erreicht, dass der betreffende Kernel oder das betreffende Betriebssystem durch Betätigung einer einzelnen Taste gestartet wird.

Zusätzlich kann mit der Anweisung *timeout=(Anzahl)* die Zeit in Zehntel-Teilen einer Sekunde festgelegt werden, die auf eine Eingabe am Bootprompt gewartet werden soll. Somit ist der automatische Start des voreingestellten Betriebssystems auch mit einem Bootmenü möglich.

Die Textdatei für das Bootmenü könnte beispielsweise wie folgt aussehen:

```
LILO Bootmenue

Willkommen zum Bootmenue von LILO. Bitte druecken Sie eine der in eckigen
Klammern angegebenen Zahlen, um das betreffende Betriebssystem zu starten.
Oder geben Sie den Namen des zu startenden Systems zusammen mit eventuell
benoetigten Optionen ein. Mit der Taste <TAB> koennen die Namen der verfuegbaren
Systeme angezeigt werden.

     [1] Debian GNU/Linux (2.2) Kernel 2.2.14 (normaler Bildschirm)
     [2] Debian GNU/Linux (2.2) Kernel 2.2.14 (80 Spalten, 50 Zeilen)
     [3] Debian GNU/Linux (2.2) Kernel 2.2.14 (Single-User Modus)
     [4] Windows 98

Bitte waehlen Sie 1-4 aus!
```

Weil diese Datei während des Systemstarts benötigt wird, sollte Sie sich im Verzeichnis */boot* befinden. Sie könnte z. B. als */boot/lilo.msg* gespeichert werden. Eine zu diesem Menü passende Konfigurationsdatei für LILO würde dann z. B. so aussehen:

```
# LILO wird in den Bootsektor der zweiten primären Partition auf der ersten
# SCSI-Platte installiert
boot=/dev/sda2
# Der Bootprompt soll immer angezeigt werden.
prompt
# Wenn nach 5 Sekunden keine Auswahl erfolgt, soll das Standardsystem gestartet werden
timount = 50
# Schnelle Zugriffe auf den Datenträger
compact
# Standardmäßig werden normale Bildschirmeinstellungen benutzt
vga=normal
# Betriebssysteme sollen durch einen einzigen Tastendruck gestartet werden
single-key
# Der erste zu bootende Kernel
image=/vmlinuz
    label=Debian
# Mit alias wird ein zweiter Name für diesen Kernel festgelegt
    alias=1
# Das Rootdateisystem für diesen Kernel befindet sich auf der Partition /dev/sda5
    root=/dev/sda5
    read-only
image=/vmlinuz
    label=DebianExt
    alias=2
    root=/dev/sda5
    read-only
# Bei dieser Auswahl soll der Bildschirm im Modus 80 Zeilen 50 Spalten betrieben werden
    vga=extended
image=/vmlinuz
    label=DebianSingle
    alias=3
    root=/dev/sda5
    read-only
# Bei dieser Auswahl soll das System im Single-User-Modus gestartet werden
    single
# Eintrag für Windows 98
other=/dev/sda1
    label=Win98
    alias=4
```

Beachten Sie, dass in dieser Konfigurationsdatei dreimal hintereinander die selbe Abbilddatei des Kernels (*/vmlinuz*) angegeben worden ist, die Optionen sich jedoch in jedem Fall unterscheiden. Natürlich wäre es auch möglich, hier unterschiedliche Kernels zu verwenden oder den gleichen Kernel mit unterschiedlichen Root-Dateisystemen zu starten, wenn mehrere Linux-Installationen zur Verfügung stehen.

Die Anweisung *single-key* erfordert es, dass jeder Kernel und jedes Betriebssystem einen Namen hat, der nur aus einem einzigen Buchstaben oder einer einzigen Zahl besteht. Dies wird hier mit den *alias*--Anweisungen erreicht. Weiter dürfen die Ein-Buchstaben-Bezeichnungen bei Verwendung der Option *single-key* nicht mit dem Anfangsbuchstaben einer anderen Kernel- oder Betriebssystemsbezeichnung übereinstimmen. Dieses Problem lässt sich leicht durch die Verwendung von Zahlen für die *single-key*-Variante und Buchstaben für die vollen Namen lösen.

Neu ist in dieser Datei das Schlüsselwort *single*. Es wird vom Kernel nach dem Start an das Programm *init* übergeben. Dieses Programm ist für den Bootprozess nach dem Start des Kernels verantwortlich. Wenn es vom Kernel mit dem Parameter *single* aufgerufen wird, bootet es in den Single-User-Modus. In diesem Modus wird lediglich das Programm *sulogin* aufgerufen, mit dem der Administrator sich anmelden kann. Dieser Modus eignet sich für Reparaturen und Wartungsarbeiten am System, wenn das System nicht im normalen Modus gestartet werden kann oder wenn keine weiteren Benutzer angemeldet sein sollen (siehe auch Kap. 13).

Denken Sie daran, das Programm */sbin/lilo* auszuführen, nachdem Sie die Textdatei mit dem Menütext oder die Datei */etc/lilo.conf* verändert haben.

10.3.6 Referenz zu LILO

In diesem Abschnitt finden Sie die wichtigsten Anweisungen für LILOs Konfigurationsdatei */etc/lilo.conf* sowie einige Optionen, die das Verhalten des Map-Installers */sbin/lilo* verändern. Die Anweisungen für die Konfigurationsdatei sind in drei Klassen zu unterteilen, nämlich solche für den allgemeinen Teil, die das Verhalten sowie Installationsort und -Art im Allgemeinen beeinflussen und Anweisungen, die nur einen Kernel oder ein Betriebssystem betreffen. Die dritte Klasse umfasst Anweisungen, die sowohl im allgemeinen Teil vorkommen dürfen als auch im Teil für einen bestimmten Kernel oder ein bestimmtes Betriebssystem. Wenn diese Anweisungen im allgemeinen Teil stehen, gelten sie für alle Kernels und Betriebssysteme, ansonsten gelten Sie nur für den betreffenden Kernel oder das betreffende Betriebssystem.

Allgemeine Anweisungen in der Datei */etc/lilo.conf*

`backup=Datei` Weist */sbin/lilo* an, ein Backup des Bootsektors in der mit *Datei* angegebenen Datei zu erstellen.

`boot=Gerätedatei` LILO wird in den Bootsektor der durch *Gerätedatei* spezifizierten Festplattenpartition, Festplatte oder Diskette installiert. Wenn eine ganze Festplatte angegeben wird (z. B. */dev/hda*) erfolgt die Installation in den MBR. Es ist auch möglich, den Namen einer existierenden Datei anzugeben. LILO wird dann in diese Datei installiert. Sie kann u. U. von einem anderen Bootmanager zum Starten von LILO benutzt werden.

`compact` Bewirkt, dass LILO benachbarte Sektoren gleichzeitig liest. Die Option beschleunigt den Ladevorgang, ist aber mit einigen BIOS nicht kompatibel.

`default=Name` Standardmäßig wird der Kernel oder das Betriebssystem geladen, das in der Datei */etc/lilo.conf* als erstes eingerichtet ist. Mit dieser Option wird das mit *Name* bezeichnete System standardmäßig gestartet.

`delay=Zahl` *Zahl* bezeichnet die Anzahl von Zehntelsekunden, die auf die Betätigung der Tasten SHIFT, ALT oder STRG gewartet werden soll, um den Bootprompt anzuzeigen. Wenn diese Anweisung nicht gegeben wird, wird das Standardsystem sofort gestartet, falls nicht die Tasten SHIFT-LOCK oder ROLLEN aktiviert sind. Sobald der Bootprompt angezeigt wird, wird normalerweise unbegrenzt lange auf eine Eingabe gewartet.

`disk=Gerätedatei` Mit dieser Anweisung können spezielle Einstellungen wie die Festplattengeometrie für eine Festplatte festgelegt werden. Dies ist notwendig, wenn das BIOS eine andere Vorstellung von der Geometrie einer Platte hat als der Kernel. Dieser Anweisung folgen weitere Anweisungen, mit denen angegeben wird, welche Einstellungen wie zu treffen sind. Beispiel:

```
disk=/dev/sda bios=0x80 sectors=63 heads=255 cylinders=1111
```

Mit der Zeile *bios=0x80* wird die Nummer der Festplatte, wie sie das BIOS Verwendet, angegeben. Standardmäßig hat die erste Festplatte die BIOS-Nummer *0x80*, die zweite die Nummer *0x81* usw. Diese Angabe ist optional. Mit den drei weiteren Zeilen wird die Geometrie der Platte spezifiziert. Diese Daten sind in der Regel dem BIOS-Setup-Programm zu entnehmen. Zusätzlich ist unter der *disk=*-Anweisung das Schlüsselwort *inaccessible* möglich. Hiermit wird */sbin/lilo* mitgeteilt, dass die betreffende Platte nicht vom BIOS angesprochen werden kann. Das Programm kann dann warnen, falls versucht wird, Bestandteile von LILO auf einer solchen Festplatte zu installieren.

`force-backup=Datei` Bewirkt das gleiche wie die Option *backup*, mit dem Unterschied, dass ein Backup auch dann erzeugt wird, falls die mit *Datei* angegebene Datei schon existiert. Ein altes Backup wird mit dieser Anweisung also überschrieben.

`keytable=Datei` LILO „sieht" die Tastatur normalerweise so, wie es das BIOS tut. Die Folge dessen ist in der Regel, dass von einem US-amerikanischem Tastaturlayout ausgegangen wird und Sonderzeichen deswegen mit einer deutschen Tastatur nur eingegeben werden können, wenn man die Lage dieser Zeichen auf einer US-Tastatur kennt. Mit dieser Anweisung kann eine andere Tastaturtabelle benutzt werden. Dazu muss der Name einer Datei angegeben werden, welche eine Beschreibung enthält, wie sich das Tastaturlayout des BIOS von dem tatsächlichen Tastaturlayout unterscheidet. Eine solche Datei kann mit dem Programm *keytab-lilo* erzeugt werden. Das Programm ist im Paket *lilo* enthalten. Diesem Programm muss mit dem ersten Argument der Name einer Datei übergeben werden, welche eine Tastaturtabelle enthält, die der des BIOS entspricht. Mit dem zweiten Argument wird dem Programm der Name der Tastaturtabelle übergeben, die dem tatsächlichen Layout entspricht. Hierzu können die Tastaturtabellen benutzt werden, die in dem Paket *console-data* enthalten sind. Das Programm gibt die von LILO benötigten Informationen dann auf die Standardausgabe aus.

Um beispielsweise die von LILO benötigten Tastaturinformationen zu erzeugen, wenn eine deutsche Tastatur benutzt wird und das BIOS von einem US-amerikanischem Layout ausgeht, ist der folgende Befehl zu verwenden (Das Beispiel geht von einer standardmäßigen deutschen 102-Tasten Tastatur aus:)

```
debian:~# keytab-lilo
    /usr/share/keymaps/i386/qwerty/us-latin1.kmap.gz
    /usr/share/keymaps/i386/qwertz/de-latin1-nodeadkeys.kmap.gz >
    /boot/keymap
```

Damit werden die Tastaturinformationen in die Datei */boot/keymap* geschrieben. Der Datei */etc/lilo.conf* ist dann die Zeile *keytable=/boot/keymap* hinzuzufügen, damit LILO diese Datei verwendet.

`linear` LILO verwendet mit dieser Option an Stelle physikalischer, logische Adressen, um auf die Festplatte zuzugreifen. Diese Anweisung kann Probleme lösen, die auftreten, wenn das BIOS von einer anderen Festplattengeometrie ausgeht als der Linux-Kernel. *linear* ist in einigen Fällen nicht mit der Anweisung *compact* kompatibel und sollte normalerweise nicht benutzt werden.

`message=Datei` Bewirkt, dass der Inhalt der mit *Datei* angegebenen Datei auf dem Bildschirm ausgegeben wird, bevor LILO den Bootprompt zeigt.

`prompt` Mit dieser Anweisung bringt LILO den Bootprompt in jedem Fall und nicht erst, wenn eine der Tasten SHIFT, ALT oder STRG betätigt wurde oder die Tasten SHIFT-LOCK oder ROLLEN aktiviert sind. Beachten Sie, dass mit dieser Anweisung das zu startende System ausgewählt werden muss, falls nicht zusätzlich die Anweisung *timeout* benutzt wird.

`timeout=Zahl` Weist LILO an, die mit *Zahl* angegebene Anzahl von Zehntelsekunden auf Eingaben zu warten, nachdem der Bootprompt angezeigt wurde. Falls während dieser Zeit keine Eingabe erfolgt, wird das Standardsystem gestartet.

Betriebssystem- oder Kernelspezifische Anweisungen Die im folgenden aufgeführten Anweisungen beziehen jeweils auf ein Betriebssystem oder einen Kernel, wenn sie in der Datei */etc/lilo.conf* unter einem Kerneleintrag (*image=*) oder einem Betriebssystemseintrag (*other=*) stehen. Die Anweisungen *password* und *single-key* dürfen auch im allgemeinen Teil stehen. Sie gelten dann für alle Betriebssysteme und Kernels.

`alias=Name` Weist dem betreffenden Betriebssystem oder Kernel einen zweiten Namen für die Auswahl am Bootprompt zu.

`label=Name` Weist dem betreffenden Betriebssystem oder Kernel den mit *Name* angegebenen Namen für die Auswahl am Bootprompt zu.

`optional` Das betreffende Betriebssystem oder der betreffende Kernel werden nur für die Auswahl mit LILO konfiguriert, wenn diese während der Installation von LILO tatsächlich vorhanden sind. Diese Anweisung ist sinnvoll, wenn in der Datei */etc/lilo.conf* dauerhaft Einträge für Kernels vorhanden sein sollen, die nicht immer tatsächlich existieren, also beispielsweise experimentelle oder Backup-Kernels.

`password=Passwort` Nach Auswahl des betreffenden Systems oder Kernels muss das mit *Passwort* angegebene Passwort eingegeben werden, um die Auswahl tatsächlich starten zu können. Wird zusätzlich die

Anweisung *restricted* gegeben, muss das Passwort nur dann angegeben werden, wenn am Bootprompt zusätzliche Parameter zum Start des Kernels oder des Betriebssystems angegeben wurden. Beachten Sie, dass das Passwort in der Datei */etc/lilo.conf* sowie in der Datei */boot/map* unverschlüsselt gespeichert wird. Bei Verwendung eines Passworts sollten diese Datei deswegen nur für den Administrator lesbar sein.

single-key Kernels oder Betriebssysteme, für die diese Anweisung gegeben wurde, können am Bootprompt durch Drücken einer einzelnen Taste ausgewählt werden, die Bestätigung mit EINGABE ist nicht erforderlich. Voraussetzung hierfür ist, dass den betreffenden Systemen mit *label=* oder *alias=* ein Name gegeben wurde, der aus einem Buchstaben oder einer Zahl besteht. Dieser Buchstabe, bzw. diese Zahl darf nicht Anfangsbuchstaben eines anderen Namens sein.

Anweisungen zum Start von Linux-Kernels Die folgenden Anweisungen können sowohl für einzelne Kernels (also unter einer *image=*-Anweisung), als auch im allgemeinen Teil vorkommen. Im allgemeinen Teil (vor dem ersten *image-* oder *other-* Eintrag) gelten Sie für alle Kernels, ansonsten nur für den Kernel unter dessen Eintrag sie stehen. Es ist möglich, Einträge im allgemeinen Teil durch Einträge in einem Kernelspezifischen Teil zu überschreiben.

append=Zeichenkette Dem betreffenden Kernel wird die mit *Zeichenkette* angegebene Zeichenkette als Bootparameter übergeben. Hierdurch lassen sich z. B. Parameter für fest in den Kernel einkompilierte Treiber spezifizieren. Wenn *Zeichenkette* Leer-, Gleichheitszeichen oder andere Sonderzeichen enthält, muss sie in Anführungszeichen gesetzt werden. Um Fehler zu vermeiden, sollte man dies prinzipiell tun. Beispiel:

```
append= "aha152x=0x340,10 mcd=0x300,10,5"
```

In diesem Beispiel werden dem Treiber für Adaptec-AHA152x-basierte SCSI-Adapter sowie dem Treiber für Mitsumi CDROM-Laufwerke Parameter übergeben. Mehr über Bootparameter finden Sie in Kapitel 12.5

read-only Das Rootdateisystem soll vom Kernel lediglich zum Lesen eingebunden werden. Dies ist in den meisten Fällen erforderlich, damit dieses Dateisystem während des Systemstarts auf Fehler überprüft werden kann. Es wird dann normalerweise im weiteren Verlauf des Bootprozesses neu zum Lesen und zum Schreiben eingebunden.

read-write Bewirkt, dass das Rootdateisystem vom Kernel zum Lesen und zum Schreiben eingebunden wird.

root=Gerätedatei Hiermit wird dem betreffenden Kernel mitgeteilt, welche Partition er als Rootdateisystem verwenden soll. Obwohl dies auch mit dem Befehl *rdev* (S. 702) festgelegt werden kann, sollte diese Information in der Datei */etc/lilo.conf* angegeben werden. Wenn der Kernel versucht, einen falschen Datenträger als Rootdateisystem zu verwenden, kann dies dazu führen, dass das System nicht gestartet werden kann. Beispiel: *root=/dev/hdb6*. Hiermit wird der Kernel angewiesen, die zweite logische Partition auf der zweiten IDE-Festplatte als Rootdateisystem einzubinden.

vga=Modus Beim Systemstart soll der mit *Modus* bezeichnete Modus verwendet werden. Für Modus sind die Schlüsselwörter *normal* (80 ∗ 25), *extended* (80 ∗ 50) und *ask* (Auswahlmenü) erlaubt. Daneben können bestimmter Modi durch eine hexadezimale Zahlen angegeben werden. Diese Zahlen können dem mit *vga=ask* erzeugbaren Bootmenü entnommen werden. Bei Verwendung eines Framebuffertreibers (siehe Seite 336) sind spezielle Zahlen zu verwenden. Beispiel: *vga=0x318*.

Kommandozeilen Optionen für */sbin/lilo* Der Map-Installer versteht eine große Anzahl von Optionen. Die meisten dieser Optionen bewirken das gleiche, wie entsprechende Angaben in der Datei */etc/lilo.conf*. So lässt sich beispielsweise mit der Option *-d* die Zeit angeben, die auf einen Tastendruck gewartet werden soll, bis das Standardbetriebssystem geladen wird. Dies entspricht der Anweisung *delay=* in der Konfigurationsdatei. Die meisten dieser Optionen sind im folgenden nicht aufgeführt, sie finden Sie z. B. in der Manualseite zu dem Programm (*man 8 lilo*).

-C Datei Das Programm verwendet an Stelle der Datei */etc/lilo.conf* die mit *Datei* angegebene Datei als Konfigurationsdatei.

-v Das Programm zeigt an, welche Schritte es ausführt. Diese Option kann mehrmals angegeben werden, wodurch die Anzahl der ausgegebenen Informationen erhöht wird.

-r Verzeichnis Bevor es LILO installiert, wechselt das Programm mit dieser Option in das angegebene Verzeichnis und verwendet dieses als Wurzelverzeichnis. Das ist hilfreich, um ein System wieder startbar zu machen, dass mit einer Rettungsdiskette gestartet wurde. Das Rootdateisystem des Diskettensystems entspricht dann u. U. nämlich nicht dem Dateisystem, welches von dem zu reparierenden System als Rootdateisystem benutzt wird und */sbin/lilo* würde ohne diese Option in falschen Verzeichnissen nach seinen Dateien suchen. Beispiel: Angenommen, das Rootdateisystem des zu reparierenden Systems befindet sich auf der Partition */dev/hdb5* und der Rechner wurde mit Debians Rescue-Diskette gestartet, so dass sich das Rootdateisystem des gestarteten Notfallsystems in einer Ramdisk befindet. Die Partition */dev/hdb5* kann nun vom Notfallsystem aus mit dem folgendem Kommando eingebunden werden:

```
debian:~# mount -t ext2 /dev/hdb5 /mnt
```

Danach befinden sich die von LILO benötigten Dateien im Verzeichnis */mnt/boot* und nicht im Verzeichnis */boot*. Und die Konfigurationsdatei heißt jetzt */mnt/etc/lilo.conf*. Damit */sbin/lilo* diese Dateien trotzdem finden kann, muss die Option *-r* benutzt werden. Das Programm wäre dann folgendermassen aufzurufen:

```
debian:~# /sbin/lilo -r /mnt
```

-s Datei Bewirkt, dass eine Backupdatei mit dem alten Bootsektor unter dem mit *Datei* angegebenen Namen erzeugt wird. Die Datei wird nicht überschrieben, falls Sie bereits existiert.

-S Datei Wie die Option *-s* mit dem Unterschied, dass die Datei überschrieben wird, falls sie schon existiert.

-t Testmodus. Mit dieser Option führt */sbin/lilo* alle normalerweise notwendigen Schritte durch, verändert das System jedoch nicht.

-u [Gerätedatei] Hiermit wird der Bootsektor der mit *Gerätedatei* angegebenen Partition, bzw. der MBR der mit *Gerätedatei* angegebenen Festplatte aus einem Backup wieder zurück geschrieben. Um eine andere Backupdatei als die standardmäßig im Verzeichnis */boot* angelegten Datei zu verwenden, kann mit der Option *-s* eine Datei angegeben werden. Das Programm überprüft die Gültigkeit der Backupdatei anhand eines Zeitstempels. Wenn diese Überprüfung nicht gewünscht ist, kann alternativ die Option *-U* benutzt werden.

-V Die Option bewirkt, dass die Versionsnummer von LILO ausgegeben wird und keine weiteren Aktionen stattfinden.

10.3.7 Probleme bei der Verwendung von LILO

Der Map-Installer (*/sbin/lilo*) führt während der Installation von LILO eine Reihe von Tests durch, die gewährleisten sollen, dass LILO nach der Installation richtig funktioniert. In einigen Fällen werden dabei Warnungen ausgegeben und LILO wird trotzdem installiert. Bei schwerwiegenden Fehlern wird eine Fehlermeldung ausgegeben und LILO wird nicht installiert. Sie sollten Warnungen und Fehlermeldungen in jedem Fall ernstnehmen und versuchen, die Ursache zu beseitigen. Alle Fehler und Warnungen sind ausführlich in der Datei */usr/share/doc/lilo/Manual.txt.gz* beschrieben.

Trotz dieser Überprüfung kann nicht vollständig ausgeschlossen werden, dass es auch nach der fehlerfreien Installation von LILO zu Problemen kommt.

Allgemeine Ratschläge Im Falle einer Fehlfunktion sollten Sie zunächst die folgenden Punkte überprüfen:

– Haben sich Bestandteile von LILO verändert? Dies ist z. B. der Fall, wenn das Paket *lilo* neu installiert oder aktualisiert wurde oder wenn Sie einen neuen Kernel installiert haben. Führen Sie */sbin/lilo* dann erneut aus.

- Ist die Partition als aktive Partition markiert, in deren Bootsektor LILO installiert wurde? Überprüfen Sie dies mit dem Programm *activate* (S. 632). Beachten Sie, dass es einige Festplattenpartitionierungsprogramme erlauben, mehrere Partitionen als aktiv zu markieren. Dies ist jedoch inkompatibel mit den meisten MBRs. Bedenken Sie, dass die meisten MBRs nur Bootsektoren von primären (also auch erweiterten aber nicht logischen) Partitionen laden können.
- Ist LILO auf einen Bootsektor der ersten Festplatte installiert? Im Normalfall kann vom MBR nur ein Bootsektor von der ersten Platte geladen werden.
- Befinden sich alle Teile von LILO auf einer Festplatte, auf die das BIOS zugreifen kann? Befinden Sie sich unterhalb der ersten 1024 Zylinder? U. U. müssen Sie das Verzeichnis */boot* auf eine andere Partition legen, damit LILO korrekt funktioniert.
- Stimmen die Angaben in der Konfigurationsdatei */etc/lilo.conf*? Insbesondere sollten Sie prüfen, ob das Rootdateisystem richtig angegeben wurde.
- Probieren Sie die Anweisung *linear*, wenn alles richtig ist, aber LILO dennoch nicht funktioniert.
- Wenn Sie das Verzeichnis */boot* auf einer DOS-Partition haben, dürfen Sie die Partition nicht defragmentieren, ohne LILO hinterher neu auszuführen. Durch die Defragmentierung werden die Dateien nämlich physikalisch auf der Festplatte verschoben und LILOs Informationen über die Lage der benötigten Daten auf der Festplatte sind hinterher nicht mehr korrekt.
- Unter Umständen gibt es Probleme mit Ihrem BIOS, auf Grund derer LILO nicht richtig funktioniert. Versuchen Sie dann, einen kleineren Kernel zu verwenden. Dazu müssen Sie das Programm *make-kpkg* mit der Option *--zimage* aufrufen. U. U. müssen Sie dann einige Bestandteile des Kernels als Modul kompilieren, die Sie bisher fest in den Kernel integriert hatten (siehe Kap. 11).

Fehlerdiagnose: Bedeutung der Buchstaben *LILO* Wenn LILO während des Systemstarts geladen wird, gibt er nacheinander die Buchstaben *LILO* aus. Jeder Buchstabe entspricht dabei einem Schritt, der zum Laden des Programms notwendig ist. Im Fall eines Fehlers lässt sich deswegen an den ausgegebenen Buchstaben erkennen, bei welchem Schritt LILO gescheitert ist. Die Buchstaben bedeuten im einzelnen:

(kein Buchstabe) Kein Teil von LILO wurde geladen. Mögliche Ursachen sind, dass LILO nicht installiert wurde oder nicht die richtige Partition aktiv ist.

L *Fehlercode* Der Code im Bootsektor wurde geladen, allerdings konnte der zweite Teil (*/boot/boot.b*) nicht von der Festplatte geladen werden. Ursache hierfür ist oft, dass das BIOS mit einer anderen Festplattengeometrie arbeitet, als es der Linux-Kernel tut. Versuchen Sie, LILO mit der *disk=*-Anweisung die richtige Geometrie mitzuteilen.

LI LILO konnte den zweiten Teil von der Festplatte laden, ihn aber nicht ausführen. Mögliche Ursachen sind Geometriefehler oder eine Veränderung der Datei */boot/boot.b*, ohne dass */sbin/lilo* neu ausgeführt wurde.

LIL Die Map-Datei */boot/map* konnte nicht geladen werden. Mögliche Ursachen sind Geometriefehler oder eine Veränderung der Datei */boot/map*.

LIL- Der zweite Teil von LILO wurde an eine falsche Speicheradresse geladen. Mögliche Ursachen sind Geometriefehler oder ein Verschieben der Datei */boot/boot.b*.

LIL? Die Daten in der Map-Datei sind inkonsistent. Mögliche Ursachen sind Geometriefehler oder ein Verschieben der Datei */boot/map* ohne Neuinstallation von LILO.

10.3.8 Besondere Konfigurationen und LILO

Linux auf einer anderen Festplatte als der ersten Wenn sich auf der ersten Festplatte keine Linuxpartition befindet, kann LILO nicht in den Bootsektor einer Linuxpartition installiert werden, solange ein Standard-MBR verwendet wird, weil dieser nur Bootsektoren von primären Partitionen der ersten Festplatte verwenden kann[8].

---
[8] Verschiedene Bootmanager können allerdings auch die Bootsektoren von weiteren Festplatten benutzen.

Die folgenden Möglichkeiten kommen in Betracht, um Linux von einer anderen Festplatte als der ersten zu starten:

- Wenn auf der ersten Festplatte eine erweiterte Partition vorhanden ist, kann LILO in den Bootsektor dieser Partition installiert werden und Linux dann von einer anderen Festplatte laden, wenn auf diese mit BIOS-Routinen zugegriffen werden kann. Beispiel: Die erweiterte Partition auf der ersten Festplatte ist */dev/hda3*, Linux befindet sich auf der Partition */dev/hdb2*. LILO könnte dann mit folgender Konfigurationsdatei installiert werden:

```
boot=/dev/hda3
image=/vmlinuz
    root=/dev/hdb2
    label=Debian
```

- LILO kann in den MBR der ersten Festplatte installiert werden und als Bootmanager für alle Betriebssysteme dienen. Voraussetzung ist hierfür ebenfalls, dass sich LILOs Dateien (im Verzeichnis */boot*) auf einer Partition befinden, auf die mit BIOS-Routinen zugegriffen werden kann. Das gleiche muss für die Bootsektoren der anderen Betriebssysteme gelten.
- Wenn ein DOS basiertes Betriebssystem zur Verfügung steht, kann Linux mit Loadlin geladen werden.

Linux und Windows NT In den meisten Fällen können Sie Windows NT mit LILO ebenso starten, wie Windows 95/98 oder DOS. Dazu muss LILO im MBR installiert sein und die NT-Partition wie eine DOS-Partition behandelt werden:

Angenommen, die Startpartition von Windows NT ist die erste primäre Partition auf der ersten SCSI-Festplatte und das Rootdateisystem von Linux befindet sich auf der zweiten primären Partition der gleichen Platte, so sollte LILO mit folgender Datei */etc/lilo.conf* eingerichtet werden, um zwischen den beiden Systemen wählen zu können:

```
# Installation von LILO in den MBR
root=/dev/sda
image=/vmlinuz
    root=/dev/sda2
    label=Linux
other=/dev/sda1
    label=eNTe
```

In einigen Fällen weigert sich Windows NT jedoch zu starten, wenn sich LILO im MBR befindet. Hier hilft folgender Trick: LILO wird nicht in den Bootsektor einer Partition oder Festplatte installiert, sondern in eine Datei. Diese Datei wird auf die NT-Partition kopiert und dort vom NT-Bootloader ausgeführt. Dazu ist zunächst eine einfache Konfigurationsdatei für LILO zu erstellen, mit der Linux gestartet werden kann[9]. Falls das Rootdateisystem von Linux auf der Partition */dev/sda2* liegt, könnte diese folgendermassen aussehen:

```
# LILO soll in eine Datei installiert werden
root=/boot/bootsec
image=/vmlinuz
    root=/dev/sda2
    label=Linux
```

Die Anweisung *root=/boot/bootsec* bewirkt, dass */sbin/lilo* den Code für den Bootsektor in die Datei */boot/bootsec* schreibt. Diese Datei muss mindestens die Größe eines Bootsektors (512 Byte) haben und kann mit folgendem Befehl erzeugt werden:

---

[9] Natürlich kann auch hier eine komplexere Konfiguration benutzt werden, mit der mehrere Systeme gestartet werden können.

```
debian:~# dd if=/dev/zero bs=512 count=1 of=/boot/bootsec
```

Hiermit wird eine 512 Byte große Datei voller Nullen mit dem Namen /boot/bootsec erzeugt. Nun ist /sbin/lilo auszuführen, um den Startcode in diese Datei zu schreiben:

```
debian:~# /sbin/lilo
```

Die Datei /boot/bootsec muss nun auf die Startpartition von Windows NT installiert werden. Wenn Sie die Unterstützung für schreibenden und lesenden Zugriff auf NTFS-Partitionen im Kernel haben, reicht es aus, die betreffende Partition mit *mount* (S. 688) in das Dateisystem einzubinden. Gleiches gilt, wenn Sie NT auf einer FAT-Partition haben. Sonst können Sie eine Diskette verwenden. Legen Sie dazu eine FAT- (DOS-) formatierte Diskette in das Laufwerk und binden Sie diese ein:

```
debian:~# mount -t msdos /dev/fd0 /floppy
```

Nun kopieren Sie die eben erzeugte Bootsektor-Datei auf die Diskette:

```
debian:~# cp /boot/bootsec /floppy
```

Danach entfernen Sie die Diskette wieder aus dem Dateisystem:

```
debian:~# umount /floppy
```

Starten Sie den Rechner nun mit Windows NT neu und kopieren Sie dann unter Windows NT die Datei *bootsec* in das Wurzelverzeichnis des Startlaufwerks von Windows NT (das ist in der Regel das Laufwerk *C:*):

```
C:\> copy a:\bootsec c:\bootsec
```

Nun müssen Sie die Datei *boot.ini* im Wurzelverzeichnis des Startlaufwerks von Windows NT editieren. Diese Datei ist u. U. schreibgeschützt und versteckt. Dies können Sie mit folgendem Befehl ändern:

```
C:\> attrib -r -h -s c:\boot.ini
```

Wenn das Startlaufwerk Ihrer NT-Installation nicht *C:* ist, müssen Sie den Befehl entsprechend anpassen. Fügen Sie der Datei dann mit einem Texteditor (z. B. *notepad.exe*) folgenden Eintrag am Ende hinzu:

```
C:\bootsec="Debian GNU/Linux"
```

Setzen Sie nun die Attribute der Datei *boot.ini* wieder auf den Ausgangswert:

```
C:\> attrib +r +h +s c:\boot.ini
```

Nun sollten Sie beim Start von Windows NT die Möglichkeit haben, Linux auszuwählen.

Achtung: Die Bootsektor-Datei muss jedesmal erneut auf die NT-Partition transferiert werden, nachdem /sbin/lilo ausgeführt wurde, also z. B. wenn ein neuer Kernel installiert wurde.

Wenn Sie die NT-Partition sowieso ständig mit Schreib-Lese-Zugriff eingebunden haben, können Sie den Map-Installer natürlich auch so konfigurieren, dass er den Bootsektor gleich in die Datei auf der NT-Partition schreibt. Ist die NT-Startpartition beispielsweise in das Verzeichnis /winntC gemountet, so ließe sich dieses mit folgender Anweisung in der Datei /etc/lilo.conf bewirken:

```
root=/winntC/bootsec
```

Keine freie Partition unterhalb der ersten 1024 Zylinder Wenn keine Linux-Partition verfügbar ist, die unterhalb der 1024-Zylinder-Grenze liegt (siehe Kap. 2.5) und durch das BIOS ansprechbar ist, müssen die von LILO benötigten Dateien auf die Partition eines fremden Betriebssystems kopiert werden, die unterhalb der Grenze liegt. Die Gefahr bei diesem Verfahren besteht darin, dass andere Betriebssysteme die Dateien dann u. U. verschieben und LILO hinterher nicht mehr funktioniert. Eine DOS-Partition darf beispielsweise nicht defragmentiert werden, wenn sich auf dieser von LILO benötigte Dateien befinden, es sei denn, unmittelbar nach der Defragmentierung wird LILO mit */sbin/lilo* neu installiert. Bedenken Sie, dass Sie Linux nach der Defragmentierung dann mit einer Bootdiskette, einer CDROM oder mit Loadlin starten müssen, um LILO neu zu installieren.

Angenommen, in einem Rechner befindet sich eine IDE-Festplatte mit einer primären FAT-Partition, auf der Windows 95 installiert ist, und einer weiteren primären Partition, auf der Linux installiert ist, die oberhalb der 1024-Zylinder-Grenze liegt, deren Anfang sich jedoch unterhalb dieser Grenze befindet. Um die von LILO benötigten Dateien dauerhaft auf der DOS-Partition zu speichern, ist diese Partition zunächst in das Dateisystem von Linux einzubinden. Soll die Partition beispielsweise in das Verzeichnis */dosC* gemountet werden, so ist dieses Verzeichnis zunächst anzulegen, falls es noch nicht existiert:

```
debian:~# mkdir /dosC
```

Nun ist der Datei */etc/fstab* ein Eintrag zuzufügen, mit der die DOS-Partition beim Systemstart automatisch eingebunden wird:

```
/dev/hda1 /dosC vfat defaults
```

Nachdem dieser Eintrag hinzugefügt und */etc/fstab* gesichert worden ist, kann die Partition mit folgendem Befehl eingebunden werden, ohne das System neu zu starten:

```
debian:~# mount /dosC
```

Jetzt muss auf der DOS-Partition ein Verzeichnis angelegt werden, in das die zum Booten mit LILO benötigten Dateien kommen:

```
debian:~# mkdir /dosC/lin_boot
```

Die Dateien können dann in das neu angelegt Verzeichnis kopiert werden:

```
debian:~# cp /boot/* /dosC/lin_boot
```

Das alte Verzeichnis */boot* erhält nun einen neuen Namen und dient als Sicherungskopie. Wenn alles funktioniert, kann es später gelöscht werden:

```
debian:~# mv /boot /boot_old
```

Nun wird ein symbolischer Link von dem Verzeichnis */dosC/lin_boot* auf */boot* gesetzt. Programme, die danach auf */boot* zugreifen, benutzen in Wirklichkeit das Verzeichnis */dosC/lin_boot*:

```
debian:~# ln -s /dosC/lin_boot /boot
```

Die Konfigurationsdatei für LILO (*/etc/lilo.conf*) unterscheidet sich bei dieser Konfiguration nicht von anderen. LILO wird weiterhin in den Bootsektor der Linux-Partition installiert, der sich ja unterhalb der 1024-Zylinder-Grenze befindet. Wäre dies nicht der Fall, müsste LILO allerdings in den MBR installiert werden[10].

---

[10] Ein weiteres Problem wäre dann, dass die DOS-Partition über die 1024-Zylinder-Grenze hinausreichen würde und man sich deswegen nicht sicher sein könnte, ob die von LILO benötigten Dateien unter dieser Grenze abgelegt werden.

```
root=/dev/hda2
delay=50
image=/vmlinuz
    label=Linux
    root=/dev/hda2
other=/dev/hda1
    label=Win95
```

Nun kann LILO durch Aufruf des Map-Installers installiert werden:

debian:~# **sbin/lilo**

10.4 Alternative Bootloader

Neben LILO gibt es natürlich noch weitere Bootloader und -manager. So steht mit dem Paket *chos* ein Bootmanager zur Verfügung, der LILO in vielerlei Hinsicht ähnelt, bei dessen Design jedoch mehr Wert auf ansprechende Bootmenüs gelegt wurde.

Ein weiterer in der Debian-Distribution enthaltener Bootmanager ist GRUB (GRand Unified Bootloader). Dieses Programm wurde ursprünglich entwickelt, um den HURD-Kernel booten zu können, es ist jedoch auch in der Lage, Linux, DOS und Windows sowie eine Reihe weiterer Betriebssysteme zu starten. GRUB bietet gegenüber LILO eine Reihe von Vorteilen. Der wichtigste ist, dass dieser Bootmanager eine Reihe von Dateisystemen kennt und Kernels deswegen direkt aus dem Dateisystem laden kann. Dadurch entfällt der Zwang zur Neuinstallation dieses Bootmanagers, wenn sich Kerneldateien geändert haben. Außerdem können Kernels und Betriebssysteme mit GRUB während des Systemstarts ausgewählt werden, ohne dass der Bootmanager zuvor dafür eingerichtet wurde. GRUB befindet sich im Paket *grub* und ist ausführlich mit dem Info-System dokumentiert.

Ein besonders für Bootdisketten geeigneter Bootloader und -manager ist *syslinux*, der in dem gleichnamigen Paket enthalten ist. Dieser Bootloader wird auf den Rescue-Disketten benutzt. Er ist einfach zu installieren und bietet eine Reihe von Möglichkeiten zur Konfiguration. Syslinux verwendet zum Laden des Kernels das FAT-Dateisystem von DOS. Um einen anderen Kernel mit Bootdisketten zu starten, auf denen Syslinux benutzt wird, reicht es deswegen aus, die Abbilddatei des benötigten Kernels einfach auf die Diskette zu kopieren. Eine Anleitung zu *syslinux* befindet sich nach der Installation des Pakets in der Datei */usr/share/doc/syslinux/syslinux.txt.gz*.

OS/2-Benutzer können den OS/2-Bootmanager benutzen. Dieser muss in eine eigene, ca. 1 MB große primäre Partition installiert werden und kann dann Betriebssysteme von primären und logische Partitionen laden. Wenn auf einem System OS/2 und Linux parallel installiert und der OS/2-Bootmanager benutzt werden soll, muss die Festplattenpartitionierung mit dem *fdisk*-Programm von OS/2 geschehen. Mit diesem Programm ist die Linux-Partition in den Bootmanager einzutragen. Hinterher muss LILO in den Bootsektor der entsprechenden Partition installiert werden.

11. Anpassung und Erstellung des Betriebssystemkerns (Kernel)

11.1 Einleitung

Der Linux-Kernel stellt das Herz von Debian GNU/Linux dar. Er bietet allen anderen Programmen, die auf dem System ausgeführt werden, eine definierte Schnittstelle beispielsweise zum Lesen von Daten oder zur Kommunikation über das Netzwerk. Wenn er eine solche Anforderung erhält, ist es seine Aufgabe die entsprechende Hardware direkt anzusprechen, also z.B. die Festplatte zu steuern oder Daten über die Netzwerkkarte zu senden. Der Kernel nimmt darüber hinaus eine Reihe weiterer Aufgaben war, die nicht direkt etwas mit der Hardware zu tun haben, wie die Verwaltung von Prozessen oder das Aufräumen nach Beendigung eines Prozesses.
Ein Programm kann also zum Öffnen einer Datei immer den selben Aufruf einer Funktion im Linux Kernel verwenden, unabhängig davon, auf welcher Festplatte sich die Datei befindet, über welchen Typ von Adapter die Festplatte mit dem Rechner verbunden ist, oder mit welchem Dateisystem die Festplatte formatiert ist. Der Kernel muss hingegen die genannten Umstände kennen, um die entsprechenden Daten dann an das Programm liefern zu können. Er muss also entweder in der Lage sein, eine große Zahl unterschiedlicher Hardwarekomponenten anzusteuern, damit er auf möglichst vielen verschiedenen Systemen funktioniert oder an die Hardware eines bestimmten Systems angepasst sein.
Die standardisierte Schnittstelle des Kernels ermöglicht es, Programme unverändert auf Rechnern mit unterschiedlichen Hardwarekomponenten auszuführen, solange es sich um die gleiche Prozessorfamilie handelt und die Schnittstellen der von diesen Programmen benötigten Bibliotheken die selben sind. Sie stehen deshalb in Form von Binärpaketen zur Verfügung.
Der Kernel steht ebenfalls in Form von steht ebenfalls als Binärpaket zur Verfügung. Hier stehen unterschiedliche Varianten bereit, die zum einen aus verschieden Versionen des Kernelquellcodes und zum anderen für die Unterstützung unterschiedlicher Rechner erstellt worden sind. Welche Kernel-Binärpakete zur Verfügung stehen, können Sie sich – bei Verwendung von APT – durch die Eingabe des folgenden Befehls anzeigen lassen:

```
joe@debian:~$ apt-cache search kernel-image --names-only
```

Die Binärpakete des Kernels tragen die Bezeichnung *kernel-image*, gefolgt von der Versionsnummer des Linux Kernels, aus denen sie erstellt wurden und – wie üblich – einer Revisionsnummer des Paketes.
Einen eigenen Kernel zu erzeugen, der an spezielle Aufgaben oder eine bestimmte Hardwareausstattung angepasst ist, ist immer dann notwendig, wenn Hardwarekomponenten des Systems vom Standardkernel nicht unterstützt werden, obwohl bekannt ist, dass sie prinzipiell von Linux unterstützt werden oder wenn der Kernel für bestimmte Aufgaben benötigt wird, für welche die Unterstützung im Standardkernel fehlt. In sehr seltenen Fällen kann es sogar erwünscht sein, Veränderungen am Kernel selbst vorzunehmen. Auch dann ist die Erstellung eines eigenen Kernels natürlich notwendig.

Module

Während zur Anfangszeit von Linux die Erstellung eines angepassten Kernels zu den Standardaufgaben bei der Installation gehörte, ist dies durch die Einführung von Modulen immer seltener notwendig geworden.

Module sind dynamisch ladbare Bestandteile des Kernels, die ihn um bestimmte Eigenschaften erweitern. Ein Modul kann also den Treiber für eine Hardwarekomponente beinhalten oder eine Funktionalität, wie beispielsweise die Fähigkeit, Datenpakete über ein Modem zu verschicken. Mit der Verwendung von Modulen ist es einerseits möglich, die Unterstützung für eine Vielzahl von Eigenschaften bereitzustellen, ohne sie tatsächlich in den Kernel zu integrieren und andererseits brauchen diese Eigenschaften nur dann im Kernel vorhanden zu sein, wenn sie tatsächlich benötigt werden. Beispielsweise kann ein Modul, welches einen Treiber für ISDN-Karten enthält, vor dem Aufbau einer ISDN Verbindung in den Kernel geladen werden und hinterher wieder entfernt werden. Im Gegensatz zu vielen anderen Betriebssystemen entfällt mit der Verwendung von Modulen die Notwendigkeit zum Neustart des Systems, wenn ein neuer Treiber eingebunden oder ein bereits benutzter gegen eine andere Version ausgetauscht werden soll.

Achtung: Hierbei gibt es allerdings eine wichtige Ausnahme: Weil der Kernel während seines eigenen Starts keine Module laden kann, müssen sich alle Treiber und sonstigen Bestandteile des Kernels, die zum Start des Systems benötigt werden, direkt im Kernel befinden und dürfen nicht in Form von Modulen vorliegen. Zu diesen wichtigen Bestandteilen gehören alle Treiber, die benötigt werden, um auf die Rootpartition (siehe Kapitel 2.6) zuzugreifen.

Wenn Debian also beispielsweise auf eine Partition installiert wurde, die mit dem Ext2-Dateisystem formatiert ist und sich auf einer SCSI-Festplatte befindet, welche über einen SCSI-Adapter der Firma Adaptec vom Typ AHA2940 mit dem Rechner verbunden ist, so müssen sich die Treiber für diesen SCSI-Adapter und für das Ext2-Dateisystem im Kernel befinden. Sollten sich in dem betreffenden Rechner jedoch noch weitere Festplatten befinden, die über einen anderen Adapter mit dem Rechner verbunden sind und die mit anderen Dateisystemen formatiert sind, so sind hierfür keine Treiber im Kernel erforderlich. Weil diese Festplatten nicht zum Systemstart benötigt werden, reicht es aus, die Treiber hierfür nach dem Start des Kernels aus Modulen zu laden. Dies kann während der Initialisierung des Systems geschehen, bevor die Dateisysteme auf diesen Festplatten eingebunden werden. Gleiches gilt beispielsweise für Sound- oder ISDN-Karten.

Die Standardkernel aus den *kernel-image*-Paketen enthalten aus diesem Grund eine Vielzahl von besonders wichtigen Treibern, die fest in den Kernel integriert sind, damit der Start des Kernels auf vielen System möglich ist. Darüber hinaus enthalten sie eine große Anzahl von Modulen beispielsweise für Netzwerkkarten oder Dateisysteme. Um eine bestimmte Funktionalität zu erhalten ist die Erstellung eines eigenen Kernels oftmals also gar nicht notwendig, sondern es reicht aus, einfach das entsprechende Module zu laden. Mit Debian lässt sich dies am einfachsten mit dem Programm *modconf* machen.

Erstellung angepasster Kernels

Neben den Binärpaketen (*kernel-image*) stehen Pakete zur Verfügung, die den Quellcode des Linux Kernels enthalten, sie tragen den Namen (*kernel-source*), gefolgt von der Versionsnummer des Kernels aus dem sie erstellt wurden. Im Gegensatz zu den meisten anderen Paketen handelt es sich hierbei um gewöhnliche Debian-Pakete, die den Quellcode zu einem Programm, nämlich zum Linux Kernel enthalten.

Der in diesen Paketen enthaltene Quellcode kann mit einem Compiler in die binäre, also ausführbare Form übersetzt werden. Dabei können eine Reihe von Vorgaben gemacht werden, etwa für welchen Prozessortyp der Kernel optimiert werden soll, oder welche Treiber in ihn integriert, als Modul oder gar nicht übersetzt werden sollen.

Der gesamte Vorgang der Übersetzung wird durch eine Anzahl so genannter Makefiles gesteuert, aus denen beispielsweise hervorgeht, wie der Compiler aufzurufen ist. Außerdem wird der Preprozessor[1] durch verschiedene Definitionen dazu angewiesen, bestimmte Teile des Quellcodes einzuschließen und andere auszuschließen.

---

[1] Der C-Preprozessor ist ein Programm, das den Quellcode vor seiner eigentlichen Übersetzung so aufbereitet, dass er vom Compiler bearbeitet werden kann.

Glücklicherweise sind im Linux Quellcode verschiedene Werkzeuge enthalten, die es auf einfache Weise ermöglichen, die Kernelquellen so zu konfigurieren, wie es gewünscht wird. Debian stellt darüber hinaus mit dem Paket *kernel-package* ein System bereit, mit dem sich nach erfolgter Konfiguration neue Kernel-Pakete erzeugen lassen, die wie gewohnt mit *dpkg* installiert werden können. Dadurch wird gewährleistet, dass auch speziell angepasste Kernel, die nicht Teil der Distribution sind, durch das Paket-Management-System verwaltet werden.

Welche Gründe sprechen für die Erstellung eines angepassten Kernels?

Grundsätzlich ist die Erstellung eines eigenen Kernels in vielen Fällen nicht unbedingt notwendig: Wenn nach der Installation des Systems alle Hardwarekomponenten funktionieren und auch jede ansonsten benötigte Funktionalität des Kernels in ihm selbst oder mit den Modulen des Standardkernels zur Verfügung steht, kann hierauf verzichtet werden.

Die Tatsache, dass der Standardkernel eine breite Palette von Hardware unterstützt, bedeutet aber auch, dass er relativ groß ist und deswegen unnötig viele Ressourcen verbraucht. Auch wenn der Standardkernel als ausreichend erscheint, macht es also durchaus Sinn, einen eigenen Kernel zu erstellen, weil in diesem nur die Unterstützung für die tatsächlich vorhandene Hardware sowie die benötigten Eigenschaften vorhanden sein muss. Auf diese Art lässt sich also Speicherplatz sparen. Außerdem wird der Startprozess des Kernels beschleunigt, wenn dieser nicht nach Hardware suchen muss, die gar nicht vorhanden ist.

Unter bestimmten Bedingungen sollte die Erstellung eines angepassten Kernels jedoch auf jeden Fall durchgeführt werden. Beispielsweise unterstützen die Standardkernel nur Ein-Prozessor-Systeme, was bedeutet, dass alle weiteren Prozessoren eines Mehr-Prozessor-Systems nicht benutzt werden. In vielen Fällen ist darüber hinaus die Optimierung für eine bestimmte Hardwareausstattung oder bestimmte Aufgaben (z. B. als Router) lohnenswert.

Wenn Sie Hardwarekomponenten in einem Rechner haben, für die Sie keine Unterstützung im Standardkernel finden, sollten Sie ebenfalls nachsehen, ob die Unterstützung hierfür nicht im Kernel-Quellcode vorhanden ist.

Stabile Kernel und Entwicklerkernel (Kernelversionen)

Auch der Linux Kernel wird ständig weiterentwickelt. Ebenso wie bei Debian ist deswegen zwischen solchen Versionen zu unterscheiden, in denen die neuesten Entwicklungen enthalten sind, die aber auch Fehler aufweisen können und auf der anderen Seite Versionen, die in Hinblick auf fehlerfreie Funktion für Arbeitsrechner konzipiert sind. Diese beiden Arten von Versionen lassen sich einfach durch ihre Versionsnummern voneinander unterscheiden.

Stabile Kernel tragen eine gerade Zahl als Versionsnummer hinter dem ersten Punkt (also beispielsweise 2.0.38, 2.2.14 oder 2.4.3), während unstabile Entwicklerversionen hier eine ungerade Zahl tragen (also z. B. 2.3.36 oder 2.5.2).

> **Achtung:** Entwicklerversionen sollten Sie nur dann einsetzen, wenn Sie mit dem Rechner, auf dem diese installiert werden sollen, experimentieren wollen. Sie müssen sich beim Einsatz der unstabilen Kernel immer darüber im klaren sein, dass hier eine erhöhte Wahrscheinlichkeit für Fehler vorhanden ist, die im schlimmsten Fall zum völligen Datenverlust führen können.

Gründe, die gelegentlich für den Einsatz eines unstabilen Kernels sprechen sind u. a. Eigenschaften in diesen Versionen, die in den stabilen Varianten nicht enthalten sind (z. B. bestimmte Treiber), Entwicklung von Kernelbestandteilen oder der Wunsch, die neueste Software auszuprobieren.

Allerdings wird auch die jeweils stabile Variante des Kernels ständig gepflegt, um wichtige Eigenschaften ergänzt oder von Fehlern befreit, so dass ein wirklicher Grund für den Einsatz eines Entwicklerkernels auf Produktionsrechnern nur selten besteht.

Aus Kompatibilitätsgründen wird neben der aktuellen stabilen Version und der Entwicklerversion auch die vorletzte stabile Version noch eine Zeit lang gepflegt. Wenn also die aktuelle stabile Version beispielsweise 2.4.5 wäre, so kann damit gerechnet werden, dass auch für die Kernel der 2.2.x Familie während eines Übergangszeitraums Updates erhältlich sind. Solche Updates betreffen in der Regel allerdings nur Sicherheitslücken und andere wichtige Fehler. Neue Eigenschaften werden diesen Kernels in der Regel nicht mehr hinzugefügt.

Auswahl eines Kernels

Zwischen Versionsfamilien (also z. B. 2.0.x und 2.2.x) bestehen oft grundsätzliche Unterschiede in der Funktionsweise verschiedener Bereiche. Die Folge ist, dass beim Umstieg von einer Versionsfamilie auf eine aktuellere oft auch eine Reihe von weiteren Programmen ausgetauscht werden müssen, etwa weil einzelne Schnittstellen des Kernels geändert wurden.

Häufige Veränderungen hat es in der Vergangenheit beispielsweise bei der Schnittstelle zur Kontrolle und Konfiguration von Routing, IP-Masquerade und Firewalls gegeben. Während diese Funktionsgruppe bei 2.0.x Kernels durch das Programm *ipfwadm* gesteuert wurde, wird mit den neueren 2.2.x Kernels hierzu das Programm *ipchains* eingesetzt. Und auch für die nächste stabile Kernelfamilie ist eine Änderung geplant, hier werden die beiden Programme *ipnatctl* und *iptables* diese Aufgaben übernehmen.

Bevor man sich für einen Kernel entscheidet, sollte also geprüft werden, ob die kritischen Bestandteile der eingesetzten Distribution mit der Kernelversion in Frage problemlos zusammenarbeiten. Informationen über die verfügbaren Kernels erhalten Sie u. a. auf den Webseiten unter http://www.kernelnotes.org. Dort finden Sie zu jeder Versionsfamilie auch eine Seite, auf der die Softwarevoraussetzungen zum Einsatz dieser Familie beschrieben sind. Diese Informationen befinden sich auch im Dokumentationsverzeichnis der einzelnen Kernels.

⟹Debian GNU/Linux 2.2 (potato) wurde für die Kernels der Versionsfamilie 2.2.x konzipiert. Sie sollten also problemlos die jeweils neueste Version dieser Familie verwenden können. Wenn Sie eine neuere Versionsfamilie (2.4.x) verwenden wollen, sollten Sie vorher sicherstellen, dass ihr System mit diesen Kernels kompatibel ist.

11.2 Installation der Software

Benötigter Festplattenplatz

Die Menge des benötigten Festplattenplatzes zum Übersetzen des Quellcodes und zur Erstellung von Debian-Paketen aus dem Quellcode ist abhängig von den während der Konfiguration ausgewählten Optionen sowie der Art der zu erstellenden Debian-Pakete. Im Normalfall (Erstellung eines Kernels mit Treibern für eine gegebene Hardwarekonfiguration sowie Erstellung eines Debian-Pakets mit der Kernel-Datei und Modulen) sollten 80 MB Festplattenplatz ausreichend sein. Nach Erstellung des Kernels kann dieser Platz wieder freigegeben werden.

Benötigte Pakete

Neben dem Quellcode des Kernels benötigen Sie einen C-Compiler, um den Quellcode zu übersetzen. Verwenden Sie hierzu den Compiler *gcc*. Dazu benötigen Sie die Entwicklerdateien der C-Bibliothek aus dem Paket *libc6-dev*. Weiter brauchen Sie das Programm *make* sowie eine Reihe von Werkzeugen, die in den Paketen *bin86* und *binutils* enthalten sind. Darüber hinaus wird empfohlen, das Paket *kernel-package* zu installieren. Dieses Paket ermöglicht die automatische Erstellung von Debian-Paketen aus dem Kernelquellcode. Dann sollten Sie noch das Paket *fakeroot* verwenden. Mit dem darin enthaltenen Programm *fakeroot* können Sie Debian-Pakete erstellen, ohne als Systemverwalter angemeldet sein zu müssen.

Weitere benötigte Pakete, die normalerweise auf Ihrem System vorhanden sein sollten sind: *mawk* oder *gawk*, *gzip*, *shellutils* und *grep*.

Zur Konfiguration des Kernels stehen drei verschiedene Möglichkeiten bereit:

1. Ein etwas umständliches Programm, welches nacheinander Fragen zu den verschiedenen Konfigurationsbereichen des Kernels stellt. Wenn Sie den Kernel auf diese Weise konfigurieren möchten, brauchen Sie keine zusätzliche Software zu installieren.
2. Ein menügesteuertes Programm für die Konsole. Sie müssen die Entwicklerdateien für die *curses*-Bibliothek installieren, wenn Sie dieses Verfahren verwenden wollen (Paket: *libncurses5-dev*).
3. Ein Programm zur Konfiguration des Kernels unter X. Wenn Sie das X Window System verwenden, sollten Sie dieses Verfahren wählen. Hierzu müssen Sie die Entwicklerdateien für *tk* installieren (Paket: *tk8.2-dev* oder *tk8.0-dev*).

Bei Verwendung von *apt* können Sie den folgenden Befehl eingeben, um die benötigte Software (inklusive der Pakete für die Konfiguration unter X) zu installieren:

```
debian:~# apt-get install gcc binutils bin86 make kernel-package
   tk8.2-dev fakeroot
```

Konfiguration des Pakets *kernel-package*

Die in dem Paket *kernel-package* enthaltenen Skripte steuern die Erstellung von Debian-Paketen aus dem Kernelquellcode. Es ist zwar auch möglich, einen fertig erzeugten Kernel direkt zu installieren, allerdings hätte dies zur Folge, dass der Paketmanager hinterher nicht mehr richtig über die installierten Dateien sowie die benutzte Kernelversion informiert wäre. Die Erstellung von Debian-Kernel-Paketen bietet außerdem den Vorteil, dass sich unterschiedliche Kernelversionen mit den erzeugten Paketen leicht speichern lassen, ohne dass es erforderlich ist, den gesamten Quellcode der entsprechenden Version zu sichern. Darüber hinaus lassen sich mit *kernel-package* leicht unterschiedlich konfigurierte Kernels aus der gleichen Version des Quellcodes erzeugen. Dies ist von Vorteil, wenn auf einem Computer Kernels für andere Rechner erzeugt werden sollen oder mit verschiedenen Kernelkonfigurationen experimentiert werden soll.

Weil *kernel-package* Debian-Pakete erzeugt, sind bei der Konfiguration dieses Pakets einige Angaben zu machen, die sich darauf auswirken, welche Informationen in die zu erzeugenden Pakete aufgenommen werden und wie sich diese bei ihrer Installation verhalten.

Während der Installation von *kernel-package* wird das Skript */usr/sbin/kernel-packageconfig* aufgerufen. Dieses Skript fragt Sie nach dem Namen und der E-Mail-Adresse desjenigen, der für die Erstellung des Kernels auf Ihrem System verantwortlich ist. Diese Information wird einerseits dazu benutzt, die erstellten Pakete zu signieren, was allerdings nur dann notwendig ist, wenn Sie offizielle Debian-Pakete erstellen möchten. Andererseits erscheinen Name und E-Mail-Adresse in den Kontrollinformationen der zu erzeugenden Pakete. Sie sollten hier sinnvolle Angaben machen, damit Sie und andere später Ihre Kernel-Pakete von den offiziellen Paketen unterscheiden können. Diese Informationen werden in der Datei */etc/kernel-pkg.conf* abgelegt. Dort lassen sich einige weitere Angaben vornehmen, wie es in der Manualseite zu der Datei (*kernel-pkg.conf(5)*) beschrieben ist.

Installation des Quellcodes

Wie bereits beschrieben, werden die Kernelquellen in Form von Debian Paketen bereit gestellt. In der Regel besteht die Möglichkeit zwischen verschiedenen Versionen zu wählen. Die zur Verfügung stehenden Versionen der

Kernelquellen können Sie mit *dselect* (Seite 7.5) suchen oder – sofern Sie *apt* verwenden – durch die Eingabe des folgenden Befehls angezeigt bekommen.

```
joe@debian:~$ apt-cache search --names-only kernel-source
```

Nach der Auswahl des in Frage kommenden Quellcodes können Sie das entsprechende Paket installieren. Um beispielsweise den Quellcode für den Kernel *2.2.14* zu installieren, wäre der folgende Befehl einzugeben:

```
joe@debian:~$ apt-get install kernel-source-2.2.14
```

Natürlich müssen Sie den Quellcode des Kernels nicht aus einem Debian Paket installieren, sondern können diesen auch direkt aus dem Internet beziehen. Der zentrale Server im Internet zum Bezug des Kernelquellcodes ist unter http://www.kernel.org erreichbar. Dort finden Sie auch eine Liste von weiteren Servern, von denen einer für Sie u. U. besser zu erreichen ist. Sie sollten jedoch in jedem Fall einen vertrauenswürdigen Server verwenden und den heruntergeladenen Quellcode verifizieren. Dazu müssen Sie *gnupg* installiert haben. Weitere Hinweise finden Sie auf der Webseite unter http://www.kernel.org/signature.html.

Einen besonderen Vorteil bietet der Bezug des Quellcodes aus dem Internet: Wenn Sie von einer Version auf eine neuere updaten möchten, können Sie eine so genannte Patchdatei herunterladen, die nur die Änderungen zwischen den beiden Versionen enthält. Auf diese Weise lässt sich die Menge der herunter zu ladenden Daten auf einen Bruchteil reduzieren. Auf Seite 343 finden Sie Hinweise, wie Sie diese Patchdateien in den vorhandenen Quellcode integrieren.

Der Kernelquellcode, welcher mit Debian-Paketen zur Verfügung gestellt wird, kann sich von dem offiziellen Quellcode unterscheiden. So können hier wichtige Veränderungen vorgenommen sein, die beispielsweise zusätzliche Eigenschaften zur Verfügung stellen oder Fehler entfernen. Die Verwendung der Debian-Pakete hat also den Vorteil, u. U. einen besseren Kernel als den offiziellen einzusetzen, allerdings kann es zu Problemen kommen, wenn Patchdateien in den Quellcode aus Debian-Paketen integriert werden sollen, weil dieser nicht dem offiziellen Code entspricht.

Wenn Sie den Kernelquellcode aus dem Internet herunterladen, können Sie in der Regel zwischen zwei verschiedenen Formaten wählen, nämlich zwischen einem Tar-Archiv, welches mit GNU-Zip komprimiert wurde und einem weiteren, das mit dem Kompressionsprogramm *bzip2* komprimiert wurde. Sie sollten die zweite Variante wählen, da *bzip2* normalerweise höhere Kompressionsraten erreicht als *gzip*. Diese Archive haben normalerweise die Endung *.bz2*.

Entpacken des Quellcodes

Wenn Sie den Kernelquellcode mit einem Debian-Paket installiert haben, finden Sie im Verzeichnis */usr/src* das komprimierte Archiv des Quellcodes, also beispielsweise eine Datei mit dem Namen *kernel-source-2.2.14.tar.bz2*, wenn Sie die Quellen des Kernels 2.2.14 installiert haben.

Dieses Archiv können Sie nun mit dem Programm *tar* (S. 720) entpacken. Vorher sollten Sie jedoch sicherstellen, dass Sie die Quellen in ein leeres Verzeichnis entpacken. Lassen Sie sich deswegen zunächst mit dem folgenden Befehl den Inhalt des Archivs anzeigen:

```
joe@debian:~$ tar -tIf /usr/src/kernel-source-2.2.14.tar.bz2 | less
```

Den Dateinamen */usr/src/kernel-source-2.2.14.tar.bz2* müssen Sie dabei natürlich durch den tatsächlichen Dateinamen ersetzen. Wenn Sie ein mit GNU-Zip komprimiertes Archiv besitzen, verwenden Sie den folgenden Befehl:

```
joe@debian:~$ tar -tzf /usr/src/kernel-source-2.2.14.tar.gz | less
```

Nach der Eingabe des entsprechenden Befehls wird Ihnen der Inhalt des Archivs mit allen Verzeichnisbestandteilen angezeigt, wobei der gesamte Quellcode in einem Verzeichnis mit verschiedenen Unterverzeichnissen liegt. Diese Verzeichnisse werden beim Entpacken des Archivs unterhalb des aktuellen Arbeitsverzeichnisses erzeugt, sofern sie noch nicht existieren. Das Programm *less* (S. 672) können Sie mit der Taste Q wieder verlassen.

Die im Internet erhältlichen Archive legen den Quellcode in der Regel unterhalb des Verzeichnisses *linux* ab, während die Archive aus den Debian-Paketen den Code in ein Verzeichnis ablegen, dessen Namen aus *kernel-source* und der entsprechenden Versionsnummer besteht. Letzteres Verfahren bietet den Vorteil, dass beim Entpacken einer neueren Version die Alte nicht überschrieben wird. Falls im Verzeichnis, in dem sie den Quellcode entpacken wollen, bereits ein Verzeichnis *linux* bzw. das entsprechende *kernel-source* Verzeichnis existiert, sollten Sie dieses zunächst verschieben oder löschen, bevor Sie den Quellcode entpacken.

Zum Entpacken des Quellcodes geben Sie den folgenden Befehl ein:

```
joe@debian:~$ tar -xvIf /usr/src/kernel-source-2.2.14.tar.bz2
```

Auch hier müssen Sie den Dateinamen natürlich durch den wirklichen Namen ersetzen. Wenn Sie ein mit GNU-Zip komprimiertes Archiv verwenden, müssen Sie an Stelle der Option *I* die Option *z* benutzen, um es zu entpacken. Wenn Sie den Quellcode aus dem Internet verwenden, sollten Sie das Verzeichnis *linux*, welches beim Entpacken erzeugt wurde in ein etwas aussagekräftigeres Verzeichnis umbenennen, also beispielsweise *linux-2.2.14*.

Das Verzeichnis */usr/src/linux*

Sofern Sie selbst Quellcode anderer Programme übersetzen, kann es passieren, dass hierzu Informationen direkt aus dem Kernelquellcode benötigt werden. In solchen Fällen wird der Kernelquellcode unterhalb des Verzeichnisses */usr/src/linux* erwartet. Sie sollten deswegen einen symbolischen Link vom Basisverzeichnis der Kernelquellen hierhin setzen. Wenn das Basisverzeichnis des Quellcodes also beispielsweise */home/jakob/linux-2.2.14* ist, können Sie dazu folgenden Befehl eingeben:

```
debian:~# ln -s /home/jakob/linux-2.2.14 /usr/src/linux
```

Die Header-Dateien in den Verzeichnissen */usr/include/asm*, */usr/include/scsi* sowie */usr/include/linux* sind unter Debian Bestandteil der Entwicklerdateien für die C-Bibliothek (Paket: *libc6-dev*) und unabhängig vom installierten Kernel.

11.3 Konfiguration des Kernels

Um den Kernelquellcode zu konfigurieren, wechseln Sie zunächst in das Basisverzeichnis des installierten Kernels, beispielsweise durch Eingabe des folgenden Befehls:

```
joe@debian:~$ cd kernel-source-2.2.14
```

Wenn Sie mit dem Quellcode in diesem Verzeichnis bereits einen Kernel erzeugt haben, sollten Sie alle hierbei entstandenen temporären Dateien löschen, bevor Sie damit beginnen, einen Kernel zu erstellen, der sich hinsichtlich seiner Konfiguration von dem vorher erstellten unterscheidet. Geben Sie dazu den folgenden Befehl ein:

```
joe@debian:~$ make-kpkg clean
```

Die alte Konfiguration selbst wird dabei nicht gelöscht. Sie können diesen Befehl auch direkt nach der Erzeugung eines neuen Kernels benutzen, um den durch die temporären Dateien belegten Speicherplatz freizugeben.

318   11. Anpassung und Erstellung des Betriebssystemkerns (Kernel)

11.3.1 Methoden der Kernelkonfiguration

Konfiguration unter X Wie erwähnt stehen zur Konfiguration des Kernels verschiedene Programme zur Verfügung, die im Kernelquellcode enthalten sind. Wenn Sie ohnehin unter X arbeiten, geben Sie folgenden Befehl ein, um das Konfigurationswerkzeug für das X Window System zu starten:

```
joe@debian:~$ make xconfig
```

Das Werkzeug wird daraufhin übersetzt und gestartet. Es sollte der in Abbildung 36 dargestellte Bildschirm erscheinen.

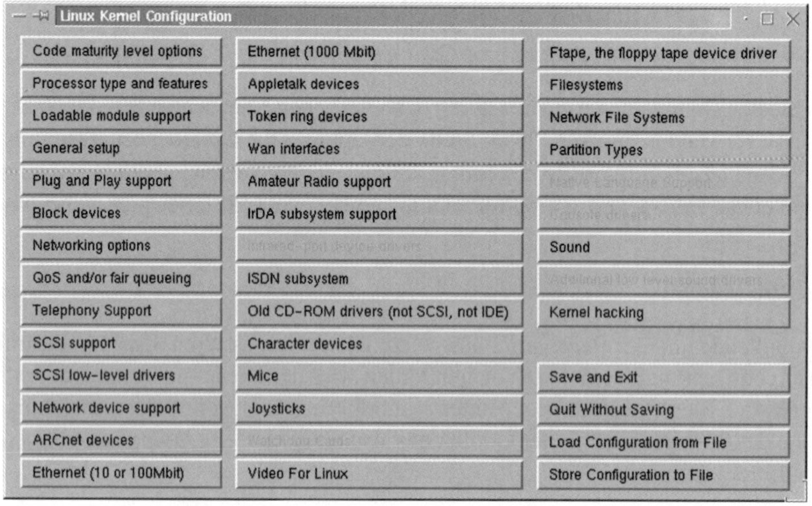

Abbildung 36: Kernelkonfiguration unter X

Das Programm ist einfach zu bedienen: Im Hauptfenster finden Sie eine Anzahl von Knöpfen, welche die verschiedenen Gruppen von Optionen repräsentieren. Durch Mausklick auf einen dieser Knöpfe öffnet sich ein weiteres Fenster, in dem die Optionen der entsprechenden Gruppe untereinander aufgelistet sind. Neben jeder Option befindet sich ein Hilfeknopf, mit dem Sie Informationen zu den Optionen abrufen können. Im unteren Bereich des Fenster können Sie mit den Knöpfen *Next* und *Prev* zur jeweils nächsten bzw. vorhergehenden Optionsgruppe schalten. Über den Knopf *Main Menu* gelangen Sie zum Hauptmenü.

Links neben jeder Option befinden sich in der Regel drei Auswahlknöpfe, mit denen Sie bestimmen, ob der jeweilige Bestandteil fest in den Kernel integriert werden soll (*y*), ob er als Modul übersetzt werden soll (*m*) oder ob er nicht übersetzt werden soll. In einigen Fällen ist die Angabe von Zahlen notwendig, hier befinden sich Texteingabefelder neben den Optionen.

Einige Optionen und Optionsgruppen erscheinen in etwas hellerer Farbe und können nicht verändert werden. Der Grund hierfür besteht darin, dass diese Optionen durch andere ausgeschlossen worden sind. Beispielsweise ist es nicht möglich, Treiber für bestimmte SCSI-Adapter in den Kernel zu integrieren, so lange nicht die generelle Unterstützung für SCSI aktiviert wurde.

Das Programm wird durch Auswahl der Schaltfläche (des Knopfes) *Save and Exit* verlassen, wobei die u. U. vorgenommene Änderungen der Konfiguration gesichert werden. Wenn Sie das Programm verlassen wollen, ohne Ihre Änderungen zu sichern, wählen Sie *Quit Without Saving*. Mit den beiden Knöpfen *Load Configuration from File* sowie *Save Configuration to File* können Sie die Kernelkonfiguration in einer Datei Ihrer Wahl unabhängig vom Quellcode des Kernels speichern.

Konfiguration an der Konsole Um den Kernel an der Konsole oder in einem Terminalfenster mit einem menüorientierten Werkzeug zu konfigurieren, ist der folgende Befehl einzugeben:

```
joe@debian:~$ make menuconfig
```

Es sollte der in Abbildung 37 gezeigte Bildschirm erscheinen.

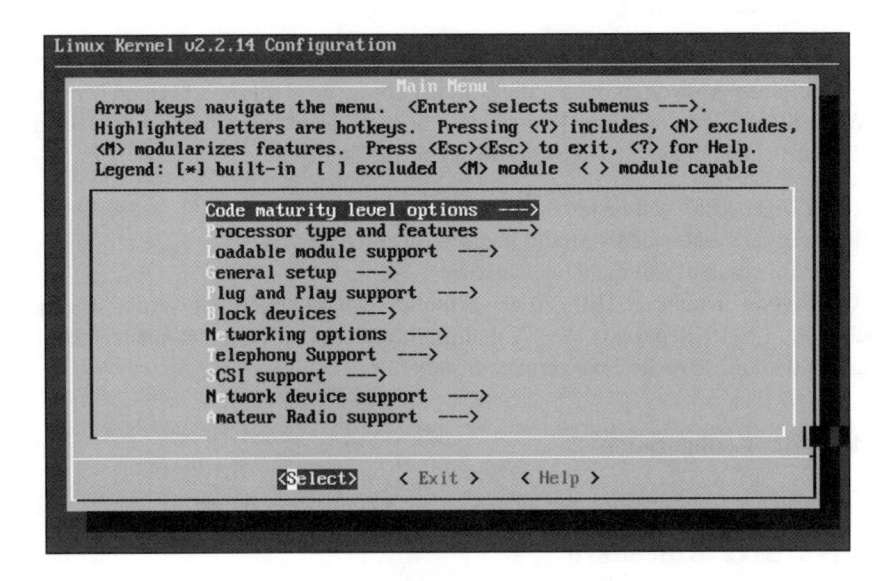

Abbildung 37: Kernelkonfiguration mit *make menuconfig*

Das Programm ist ähnlich zu bedienen, wie das Installationsprogramm. Nach dem Start des Programms sehen Sie die Liste aller Optionsgruppen. Mit den beiden Pfeiltasten PFEILRAUF und PFEILRUNTER können Sie sich in dieser Liste bewegen und mit EINGABE eine Optionsgruppe auswählen. Daraufhin erscheinen die Optionen der betreffenden Gruppe untereinander. Auch hier dienen die Pfeiltasten zum Auswahl einer Option. Der Status einer Option lässt sich mit der Taste LEER umschalten und wechselt nach Betätigung dieser Taste zwischen diesen Zuständen:

– Die ausgewählte Option / der ausgewählte Treiber wird als Modul erstellt (*M*).
– Die ausgewählte Option / der ausgewählte Treiber wird fest in den Kernel integriert (*).
– Die ausgewählte Option / der ausgewählte Treiber wird nicht übersetzt.

Einige Optionen lassen sich nur fest oder als Modul übersetzen. Die entsprechenden übrigen Optionen können dann mit LEER nicht aktiviert werden.
Durch Betätigung der Taste M bestimmten Sie direkt, die ausgewählte Option als Modul zu erzeugen. In Fällen, wo dies nicht möglich ist, bewirkt die Taste M das selbe wie die Taste LEER. In einigen Fällen müssen zur Konfiguration bestimmter Kernelbestandteile Zahlen eingegeben werden. Solche Optionen sind mit EINGABE auszuwählen. Es erscheint dann eine Texteingabebox, in der die entsprechende Angabe vorgenommen werden kann.

Mit den beiden Pfeiltasten PFEILLINKS und PFEILRECHTS können sie zwischen den Aktionen *Select*, *Exit* und *Help* im unteren Teil des Bildschirms wählen. Nach der Auswahl von *Exit* erfolgt die Abfrage, ob die Sicherung der Konfiguration gewünscht wird. Durch *Help* erhalten Sie Informationen zu der gerade ausgewählten Option.

Im unteren Teil des Hauptmenüs (also der Liste aller Optionsgruppen) befinden sich zwei Menüpunkte, mit denen Sie eine bestehende Konfiguration unabhängig von den Kernelquellen speichern können, bzw. eine solche laden können.

Frage-Antwort Konfiguration Der Befehl

```
joe@debian:~$ make config
```

ruft ein Skript auf, welches nacheinander die einzelnen Optionen abfragt. Hinter jeder Frage befinden sich dann in Klammern die möglichen Antworten, wobei die Voreinstellung groß und die übrigen Möglichkeiten klein geschrieben sind. Wenn Sie die Voreinstellung auswählen möchten, reicht es aus einfach EINGABE zu drücken. Als Antwortmöglichkeiten stehen bei den meisten Optionen zur Verfügung:

– Die betreffende Eigenschaft soll fest in den Kernel integriert werden (*y*).
– Die betreffende Eigenschaft soll als Modul übersetzt werden (*m*).
– Die betreffende Eigenschaft soll nicht übersetzt werden (*n*).
– Durch Auswahl von (*?*) kann die Hilfe zu der aktuellen Option abgerufen werden. Es wird dann der Standardtextbetrachter (in der Regel *less* (S. 672)) aufgerufen, um den Hilfetext anzuzeigen. Nach Beendigung des Betrachters wird die aktuelle Frage erneut gestellt.

11.3.2 Aktualisieren der Konfiguration

Eine abgewandelte Form der Konfiguration mit *make config* steht mit dem Befehl

```
joe@debian:~$ make oldconfig
```

zur Verfügung. Hierbei wird überprüft, welche Optionen bei der bestehenden Kernelkonfiguration noch nicht vorhanden waren und es werden nur solche Fragen gestellt, die neu hinzu gekommen sind. Dies ist besonders hilfreich, wenn der Kernel mit einer Patchdatei auf eine neuere Version aktualisiert wurde und es nicht erwünscht ist, alle bereits beantworteten Fragen neu zu beantworten. Dadurch, dass nur nach neuen Optionen gefragt wird, verschafft der Befehl *make oldconfig* außerdem einen gewissen Überblick über neu hinzugekommene Kerneleigenschaften. Die Bedienung ist die selbe wie bei *make config*.

11.3.3 Manuelles Sichern und Anpassen der Konfiguration

Die aktuelle Konfiguration wird in der Datei *.config* im Basisverzeichnis des Kernelquellcodes abgelegt. Sie können (und sollten) diese Datei sichern, bevor Sie das Quellcodeverzeichnis löschen oder auch bevor Sie beginnen, eine neue Konfiguration zu erstellen. Natürlich können Sie auch eine andere Konfigurationsdatei nehmen und diese nach *.config* kopieren. Sie erhalten dann bei der Konfiguration des Kernels die Einstellungen aus einer solchen Datei als Vorgabewerte.

Nach der Installation aus einem Debian-Paket befindet sich die Konfigurationsdatei dieses Kernels im Verzeichnis */boot* und trägt den Namen *config-(Kernelversion)*. Dadurch lässt sich nachvollziehen, mit welchen Optionen ein installierter Kernel übersetzt wurde.

In verschiedenen Dokumentationstexten finden sich oft Hinweise darauf, welche Eigenschaften im Kernel vorhanden sein müssen, damit der Kernel eine bestimmte Aufgabe wahrnehmen kann. So findet sich beispielsweise im IP-Masquerade-HOWTO der Hinweis, dass u. a. die Eigenschaften

```
CONFIG_EXPERIMENTAL
CONFIG_MODULES
CONFIG_NET
CONFIG_FIREWALL
```

aktiviert sein müssen, um Masquerading zu nutzen. Diese Angaben entsprechen dem Format, in dem die Konfiguration in der Datei *.config* abgespeichert ist. Sie können diese Datei natürlich auch mit einem Texteditor bearbeiten und dann beispielsweise den Eintrag

```
# CONFIG_EXPERIMENTAL is not set
```

in den folgenden Eintrag ändern:

```
CONFIG_EXPERIMENTAL=y
```

11.3.4 Kernelbestandteil oder Modul?

Bei der Überlegung, ob ein bestimmter Bestandteil fest in den Kernel integriert oder als Modul kompiliert (übersetzt) werden soll, sind die folgenden Punkte zu bedenken:

- Alle Treiber, die benötigt werden, um auf die Rootpartition und das darauf befindliche Dateisystem zuzugreifen, **müssen** fest in den Kernel integriert werden.
- Treiber für Tastatur und Bildschirmausgabe sollten sich ebenfalls fest im Kernel befinden.
- Bestandteile, die ständig benötigt werden (z. B. Treiber für Dateisysteme, die ständig benutzt werden) können bedenkenlos fest integriert werden.
- Alle Bestandteile, die nur gelegentlich benötigt werden, sollten als Modul kompiliert werden, um den Kernel nicht unnötig groß werden zu lassen.
- Module bieten den Vorteil, dass sie oftmals mit Parametern geladen werden können, die ihr Verhalten beeinflussen. Bei Verwendung von Modulen kann also mit Parametern leicht experimentiert werden, ohne dass das System dazu neu gestartet werden muss. Fest integrierten Bestandteilen können Parameter jedoch nur zur Startzeit des Systems übergeben werden. Das Experimentieren mit Parametern ist bei fest integrierten Eigenschaften oder Treibern also immer mit dem Herunterfahren und Neustarten des Systems verbunden.
- Beim Laden eines Moduls, welches einen Hardwaretreiber beinhaltet, wird die entsprechende Hardwarekomponente oft neu initialisiert. Hardwarekomponenten, die sich „aufgehängt" haben oder in einen inkonsistenten Zustand geraten sind, können durch das Ent- und Neuladen eines Moduls oft wieder zur Mitarbeit bewegt werden, wohingegen das System bei fest in den Kernel integrierten Bestandteilen in solchen Fällen normalerweise neu gestartet werden muss.

11.3.5 Erstellen der Konfiguration

Der folgende Abschnitt gibt Hinweise zu ausgewählten Optionen bei der Konfiguration des Kernels. Weitere Hinweise finden Sie u. a. in den Hilfetexten zu den einzelnen Optionen, im Kernel-HOWTO (das Kernel-HOWTO ist z. B. im Paket *doc-linux-text* enthalten und befindet sich nach dessen Installation im Verzeichnis */usr/share/doc/en-txt/Kernel-HOWTO.txt.gz*) sowie in den Dokumentationsdateien des Kernels, die Sie im Unterverzeichnis *Documentation* des Basisverzeichnisses der Kernelquellen finden.

Die Optionen werden hier in der Reihenfolge vorgestellt, wie sie von den Konfigurationsprogrammen abgefragt, bzw. zur Auswahl angeboten werden. Die Angaben beziehen sich auf Version 2.2.14 des Linux-Kernels, andere Kernel-Versionen können hiervon abweichende Optionen anbieten. Die hier gegebenen Empfehlungen beziehen sich auf die Verwendung des zu erstellenden Linux Kernels als „Allround"-Arbeitsplatzsystem. Im Fall von Hardwaretreibern können natürlich keine allgemeinen Empfehlungen ausgesprochen werden, da die Entscheidung einen solchen Treiber zu integrieren hier ausschließlich von der vorhandenen Hardware abhängt.

Code maturity level options Diese erste Optionsgruppe beinhaltet nur eine einzige Option, die nicht den Kernel selbst sondern die Konfigurationsskripte beeinflusst. Durch die Option *prompt for development and/or incomplete code/drivers* wird festgelegt, ob die Konfigurationsskripte auch solche Kernelbestandteile zur Auswahl anbieten sollen, die von den Entwicklern als noch nicht ausgereift angesehen werden.

Wenn Sie einen Kernel erzeugen, der für ein Produktionssystem bestimmt ist, sollten Sie diese Option nicht wählen. Falls Sie allerdings neue oder experimentelle Bestandteile testen möchten oder Hardware besitzen, für die noch keine stabilen Treiber zur Verfügung stehen, können Sie diese Option wählen.

Processor type and features

Processor family Hier können Sie auswählen, für welchen Prozessorentyp der Kernel optimiert werden soll. Prinzipiell wird die Arbeitsgeschwindigkeit durch einen Kernel, der für den Prozessor, auf dem er ausgeführt wird, optimiert worden ist, erhöht. Allerdings sind optimierte Kernel u. U. nicht abwärts-kompatibel. Ein Kernel der für einen Pentium-Prozessor optimiert wurde, kann also gegebenenfalls nicht mehr auf einem 486-Prozessor ausgeführt werden. Für Pentium II oder III Prozessoren wählen Sie hier PPro/6x86MX aus.

Maximum physical memory Mit dieser Option bestimmen Sie, wieviel physikalischen Arbeitsspeicher (RAM) der Kernel adressieren kann. Für Rechner mit weniger als 1 GB RAM wählen Sie 1 GB.

Math emulation Ältere Prozessoren der Intel x86-Familie besitzen keinen mathematischen Coprozessor. Dieser kann jedoch von Linux emuliert werden. Falls sie ein solches älteres Modell einsetzen (z. B. 386er-Prozessor oder 486sx-Prozessor) müssen Sie diese Option auswählen. In allen anderen Fällen kann darauf verzichtet werden. Prozessoren der Pentium-Klasse oder höher sind mit einem mathematischen Coprozessor ausgestattet.

MTRR (memory type range register) support Diese Eigenschaft ermöglicht bestimmten Programmen einen beschleunigten Zugriff auf Hardwarebestandteile (insbesondere auf den Videospeicher), vorausgesetzt sie wird vom Kernel unterstützt. Moderne Prozessoren (z. B. Pentium Pro, Pentium II oder Cytrix 6x86) unterstützen diese Eigenschaft. Wenn Sie sich nicht sicher sind, sollten Sie MTRR-Unterstützung aktivieren, weil sie sich nicht negativ auswirkt, wenn sie in der Hardware nicht vorhanden ist.

Symmetric multi-processing support Mit dieser Option wird die Unterstützung mehrerer Prozessoren in einem Rechner aktiviert. Wenn Sie den Kernel für einen Computer mit mehreren Prozessoren erzeugen, sollten Sie diese Option einschalten, weil sonst nur ein Prozessor genutzt wird.

Loadable module support

Enable loadable module support Die Unterstützung für Module ist im allgemeinen zu empfehlen. Nur in besonderen Fällen sollten Sie hier *n* auswählen.

Set version information on all symbols for modules Die Aktivierung dieser Option ermöglicht es, Module in den Kernel zu laden, die nicht explizit für den zu erstellenden Kernel übersetzt wurden. Empfehlung: *y*.

Kernel module loader Mit dieser Option wird der Kernel in die Lage versetzt, Module automatisch zu laden, sobald eine Eigenschaft benötigt wird, die nicht im Kernel, jedoch als Modul vorhanden ist. Empfehlung: *y*.

General setup

Networking support Diese Option muss in fast allen Fällen eingeschaltet sein. Viele Programme benötigen die Netzwerkfähigkeit des Kernels auch dann, wenn der Rechner auf dem sie ausgeführt werden unvernetzt ist.

PCI support Moderne Rechner sind mit einem PCI-Bus ausgestattet. Diese Option sollte deswegen in der Regel ausgewählt werden.

PCI access mode Diese Option bestimmt, wie der Kernel die an den PCI-Bus angeschlossenen Geräte identifiziert. Normalerweise sollten Sie hier *Any* auswählen.

PCI Quirks Hiermit wird dem Kernel ermöglicht, den PCI-Bus besser einzustellen, als es das BIOS u. U. tut. Empfehlung: *Y*.

Backward-compatible /proc/pci Die Datei */proc/pci* stellt eine veraltete Schnittstelle zu den Informationen des Kernels über den PCI-Bus dar. Weil ältere Programme u. U. von der Existenz dieser Datei ausgehen, sollten Sie diese Option aktivieren.

MCA support MCA steht für Microchannel, eine Bus-Architektur, die vor allem in PS/2-Rechnern von IBM Verwendung findet. Wenn Ihr Rechner mit einem solchen Bus ausgestattet ist, müssen Sie hier *Y* wählen. Die meisten Rechner besitzen keinen Microchannel Bus.

SGI Visual Workstation support Bei SGI Visual Workstations handelt es sich um spezielle PCs. Kernel, die mit dieser Option kompiliert worden sind, lassen sich nicht auf anderen Rechnern ausführen, die Option darf deswegen auf normalen PCs nicht benutzt werden.

System V IPC Diese Option ermöglicht eine oft genutzte Möglichkeit zur Kommunikation zwischen verschiedenen Prozessen (IPC = Inter Process Communication). Empfehlung: *y*.

BSD Process Accounting Mit dieser Option wird Programmen ermöglicht, Informationen über die Benutzung des Rechners durch einzelne Benutzer zu ermitteln. Hiervon machen beispielsweise die GNU Accounting utilities (Paket: *acct*) Gebrauch. Empfehlung: *y*.

Sysctl support Hiermit wird es ermöglicht, verschiedene Eigenschaften des Kernels zu seiner Laufzeit zu verändern. Empfehlung: *Y*.

Kernel support for a.out binaries Das a.out-Format ist ein veraltetes Programmformat, das früher mit Linux genutzt wurde. Programme aus Debian-Paketen liegen nicht in diesem Format vor. Empfehlung: Modul (*m*).

Kernel support for ELF binaries Das ELF (Executable and Linkable Format) ist das Standarddateiformat für ausführbare Programme und Programmbibliotheken unter Debian GNU/Linux. Sie müssen die Unterstützung für dieses Format fest in den Kernel kompilieren (*y*).

Kernel support for MISC binaries Diese Option ermöglicht es für verschiedene Dateitypen Programme beim Kernel zu registrieren, mit denen diese Dateien ausgeführt oder geöffnet werden sollen. Auf diese Weise lassen sich beispielsweise Windows-Programme automatisch mit *wine* (S. 735) ausführen, ohne dass *wine* explizit aufgerufen werden muss. Empfehlung: *m*.

Parallel port support Hiermit wird die Unterstützung für parallele Schnittstellen im Kernel aktiviert. Sie benötigen diese Unterstützung normalerweise, wenn Sie z. B. einen Drucker oder ein ZIP-Laufwerk an die parallele Schnittstelle anschließen wollen. Empfehlung: *y*.

PC-style hardware Für IBM-kompatible PCs muss zusätzlich zur Vorherigen diese Option aktiviert werden, um die parallele Schnittstelle verwenden zu können.

Advanced Power Management BIOS Support Advanced Power Management (APM) ist eine Technik, mit welcher der Rechner nach einer Zeit der Inaktivität in einen stromsparenden Schlafzustand versetzt werden kann. Dies ist vor allem bei Laptops sinnvoll. Sie müssen die APM-Unterstützung aktivieren, wenn Sie die APM-Werkzeuge aus dem Paket *apmd* benutzen wollen. Das BIOS Ihres Rechners muss APM ebenfalls unterstützen, damit Sie es verwenden können.
Weil die APM-Unterstützung auf einigen Computern zu Problemen führt, sollten Sie hier im Normalfall *n* wählen. Zu APM gibt es eine Reihe weiterer Optionen, die abhängig vom Typ des betreffenden Laptops aktiviert werden müssen. Einige Hinweise hierzu finden sich in der Hilfe zu den entsprechenden Optionen sowie auf der Linux-Laptop Homepage unter http://www.cs.utexas.edu/users/kharker/linux-laptop/.
Durch die Option *Power off on shutdown* wird es ermöglicht, den Rechner nach dem herunterfahren automatisch abzuschalten. Diese Option ist u. U. auch für normale Rechner interessant.

Plug and Play Support Mit dem Plug-and-Play (PnP) -Protokoll können Hardwarekomponenten durch das Betriebssystem für die Benutzung bestimmter Ressourcen konfiguriert werden. Unter Linux wird diese Aufgabe in der Regel von dem Programm *isapnp* (S. 372) (Paket: *isapnptools*) wahrgenommen. Seit kurzer Zeit wurde damit begonnen, PnP-Unterstützung in den Kernel zu integrieren. Eine umfassende PnP-Unterstützung wird es voraussichtlich erst in den Kernels der Versionsfamilie 2.4.x geben. Empfehlung: y.

Auto probe for parallel devices Wenn diese Option aktiviert ist, kann der Kernel einige an die parallele Schnittstelle angeschlossenen Geräte automatisch identifizieren. Empfehlung: m.

Block Devices Hierbei handelt es sich um eine Klasse von Gerätetypen, die u. a. Festplatten und Diskettenlaufwerke umfasst.

Normal PC floppy disk support Wenn Ihr Rechner mit einem gewöhnlichen Diskettenlaufwerk ausgestattet ist, sollten Sie diese Option aktivieren, um es verwenden zu können.

Enhanced IDE/MFM/RLL disk/cdrom/tape/floppy support Mit dieser Option wird die Unterstützung für (E)IDE-Adapter aktiviert. Sie müssen diese Eigenschaft fest in den Kernel integrieren, wenn die Festplatte, auf der sich das Rootdateisystem befindet, an einen solchen Adapter angeschlossen ist (*y*).
Wenn Sie ein reines SCSI-System verwenden, brauchen Sie diese Option nicht zu aktivieren. Bei „Mischsystemen" empfiehlt es sich u. U. die (E)IDE-Treiber als Modul zu kompilieren, etwa weil lediglich ein CDROM-Laufwerk an den EIDE-Treiber angeschlossen ist, das nur selten benutzt wird.

Old hard disk (MFM/RLL/IDE) driver Hierbei handelt es sich um einen alternativ zu verwendenden Treiber für IDE-Festplatten. Sie sollten diesen Treiber ausprobieren, wenn Sie ein älteres IDE-System besitzen und es mit dem neuen Treiber zu Problemen kommt. Sie können nur einen der beiden Treiber auswählen. Empfehlung: n.

Use old disk only driver on primary interface Mit dieser Option wird der ältere IDE-Treiber nur für die erste IDE-Schnittstelle benutzt. Alle weiteren Schnittstellen werden über den neueren Treiber angesteuert. Dadurch lassen sich die Fähigkeiten des neuen Treibers auch in solchen Systemen verwenden, bei denen es zu Problemen kommt, wenn die Festplatte an der ersten IDE-Schnittstelle durch den neuen Treiber angesteuert wird. Empfehlung: n.

Include IDE/ATA-2 DISK support Hiermit aktivieren Sie den Festplatten-Teil des neuen IDE-Treibers. Sie müssen diese Eigenschaft fest in den Kernel integrieren, wenn Sie von einer IDE-Festplatte booten und nicht den älteren IDE-Treiber für den ersten IDE-Adapter verwenden. Empfehlung: y.

Include IDE/ATAPI CDROM support Aktivieren Sie diese Option, wenn Sie ein CDROM-Laufwerk besitzen, dass an den IDE-Adapter angeschlossen ist. Empfehlung: m.

Include IDE/ATAPI TAPE support Wenn Sie ein Bandlaufwerk besitzen, dass über einen IDE-Adapter mit dem Computer verbunden ist, sollten Sie diese Option aktivieren. Empfehlung: m.

Include IDE/ATAPI FLOPPY support Mit dieser Option aktivieren Sie die Unterstützung für Floppy-Laufwerke, die an den IDE-Adapter angeschlossen sind. Dies trifft nicht für gewöhnliche Diskettenlaufwerke zu, aber beispielsweise für ATAPI-ZIP-Laufwerke der Firma Iomega. Empfehlung: m.

SCSI Emulation support Diese Option erlaubt es, IDE-Geräte, für die kein Treiber existiert, über den SCSI-Treiber anzusprechen. Dies ist u. a. bei IDE-CD-Brennern notwendig. Wenn Sie diese Option benutzen, müssen Sie zusätzlich die SCSI-Unterstützung sowie die Unterstützung für generische SCSI-Geräte aktivieren. Empfehlung: m.

CMD640 chipset bugfix/support Hiermit aktivieren Sie einen Teil des IDE-Treibers, der Probleme mit dem CMD640 IDE-Chip löst. Empfehlung: y.

RZ1000 chipset bugfix/support Diese Option aktiviert einen Teil des IDE-Treibers, der Probleme mit dem RZ1000 IDE-Chip löst. Empfehlung: y.

Generic PCI IDE chipset support Verwenden Sie diese Option, wenn der zu erstellende Kernel für ein System mit IDE-Adapter am PCI-Bus bestimmt ist. Empfehlung: *y*.

Generic PCI busmaster DMA support Sofern die Hardware diese Eigenschaft bereitstellt, lässt sich die Geschwindigkeit des Systems durch Aktivierung dieser Option steigern. Aufgrund von Problemen mit einigen Chipsätzen wird DMA jedoch nicht automatisch aktiviert, sondern muss später mit dem Programm *hdparm* (S. 664) eingeschaltet werden. Empfehlung: *y*.

Use DMA by default when available Hiermit wird die DMA-Unterstützung für IDE-Adapter automatisch aktiviert. Sie sollten die Option nicht verwenden, wenn Sie einen VIA VP2 Chipsatz haben. Empfehlung: *y*.

Unterstützung für spezielle IDE-Adapter Eine Reihe weiterer Optionen betrifft spezielle IDE-Adapter. In der Regel wird durch diese Optionen nicht die grundsätzliche Fähigkeit des Kernels, mit diesen Adaptern zu arbeiten, verändert, sondern er wird in die Lage versetzt, spezielle Eigenschaften solcher Adapter besser ausnutzen zu können. Ein Teil dieser Optionen steht nur zur Verfügung, wenn Sie zuvor die Option *prompt for development and/or incomplete code/drivers* aktiviert haben und ist noch nicht ausreichend getestet. Einen weitere Anzahl solcher Optionen erreichen Sie nur, wenn Sie die Option *Other IDE chipset support* gewählt haben.
Beachten Sie, dass einige dieser Optionen nicht automatisch aktiviert werden, auch wenn Sie in den Kernel integriert wurden, sondern erst durch einen bestimmten Bootparameter eingeschaltet werden. Weitergehende Informationen hierzu finden Sie in der Datei *ide.txt* im Unterverzeichnis *Documentation* des Basisverzeichnisses mit dem Kernelquellcode. Wenn sich Ihr IDE-Adapter unter den aufgelisteten befindet, empfiehlt es sich, die entsprechende Option zu aktivieren.

Loopback device support Mit dieser Optionen lassen sich Dateien wie Festplattenpartitionen oder CDROMs in das Dateisystem einbinden. Dies ist beispielsweise sinnvoll, um eine CDROM-Image-Datei zu testen, bevor diese endgültig auf eine CD gebrannt wird. Diese Option wird für Kernels benötigt, mit denen die Installation von Debian GNU/Linux durchgeführt werden soll. Empfehlung: *m*.

Network block device Dieser Treiber ermöglicht es, Blockgeräte zu verwenden, die im Netzwerk von einem anderen Computer bereit gestellt werden. Nähere Informationen hierzu finden Sie in der Datei *nbd.txt* im Dokumentationsverzeichnis des Kernels. Empfehlung: *n*.

Multiple devices driver support Mit dieser Option wird es ermöglicht, mehrere Blockgeräte (z. B. Festplattenpartitionen) wie eine einzige Partition anzusprechen. Sie müssen diese Option auch dann verwenden, wenn Sie Software-RAID benutzen wollen. Mehr Informationen dazu finden Sie im Software-RAID Mini-HOWTO, welches sich nach Installation des Paketes *doc-linux-text* in der Datei */usr/share/doc/HOWTO/en-txt/mini/Software-RAID.txt.gz* befindet. Empfehlung: *n*.
Wenn Sie diese Option aktivieren, können Sie mit den dann folgenden Optionen bestimmen, welche Formen dieser Unterstützung aktiviert werden sollen.

RAM disk support Dieser Treiber ermöglicht es, einen Teil des Arbeitsspeichers als Blockgerät (also z. B. wie eine Diskette) zu verwenden. Er muss fest in den Kernel integriert werden, wenn Sie ihn für Debian-Installationsdisketten verwenden wollen. Empfehlung: *m*.

Initial RAM disk (initrd) support Mit der initialen RAM-Disk kann der Kernel eine RAM-Disk einbinden und auf ihr befindliche Programme ausführen, noch bevor der eigentliche Boot-Vorgang des Systems gestartet ist. Diese Eigenschaft wird ebenfalls für Debian-Installationsdisketten benötigt. Empfehlung: *n*.

XT Hard disk support Dies ist die Unterstützung für sehr alte Festplattencontroller. Empfehlung: *n*.

Parallel port IDE device support Bei einer Reihe von Geräten (wie CDROM-Laufwerken), die über die parallele Schnittstelle mit dem Computer verbunden sind, handelt es sich um einen speziellen Typ von IDE-Geräten. Wenn Sie solche Geräte verwenden wollen, müssen Sie diese Option aktivieren. Daraufhin erhalten Sie die Möglichkeit anzugeben, für welche Typen von Geräten (Festplatten, Bandlaufwerke etc.) diese Unterstützung eingebaut werden soll. Aktivieren Sie die Unterstützung für die Geräte, die an den Computer angeschlossen werden sollen. Empfehlung: *m*.

Networking Options

Packet socket Einige Programme, wie beispielsweise *tcpdump* aus dem gleichnamigen Paket, greifen direkt auf Netzwerkgeräte zu. Diese Option muss aktiviert sein, damit dies funktioniert. Empfehlung: *m*.

Kernel/User netlink socket Dieser Treiber erlaubt die Kommunikation zwischen dem Netzwerkteil des Kernels und Programmen. Eine Reihe von Programmen setzt diesen Treiber voraus. Empfehlung: *y*.

Routing messages Diese Option erlaubt es dem Kernel, Programmen über eine Gerätedatei Informationen über Routingtabellen zu geben. Empfehlung: *y*.

Network firewalls Ein Firewall ist ein Computer, der Datenpakete zwischen zwei Netzwerken übermittelt und diese nach bestimmten Regel filtert. Diese Option muss auch dann aktiviert sein, wenn Sie den zu erstellenden Kernel zum masquerieren von Datenpaketen im Netz verwenden wollen. Empfehlung: *y*.

Socket Filtering Die Option erlaubt es, Daten, die über ein Socket gehen, zu filtern. Empfehlung: *y*.

Unix Domain Socket Bei Unix Domain Sockets handelt es sich um einen speziellen Typ von Sockets, der von wichtigen Programmen benutzt wird (beispielsweise dem X Window System). Empfehlung: *y*.

TCP/IP networking TCP/IP ist das Netzwerkprotokoll des Internets, welches gleichzeitig auch das standardmäßige Netzwerkprotokoll unter UNIX/Linux ist. Unzählige Programme bauen auf diesem Protokoll auf, sie sollten es deswegen unbedingt fest in den Kernel integrieren.

IP: mulicasting Die Option erlaubt es, ein Linux System so zu konfigurieren, dass es als Teil einer Gruppe mehrere Computer fungiert, die unter einer Netzadresse angesprochen werden. Empfehlung: *n*.

IP: advanced router Ein Router ist ein Rechner, der Pakete aus einem Netzwerk in ein anderes weiterleitet. Wenn Sie den zu erstellenden Kernel in erster Linie als Router einsetzen möchten, sollten Sie diese Option aktivieren. Sie erhalten dann die Möglichkeit, mit einer Reihe weiterer Optionen die Fähigkeiten des Kernels in Bezug auf das Routing einzustellen. Empfehlung: *n*.

IP: kernel level autoconfiguration Rechner ohne eigene Festplatte müssen schon ihre Netzwerkeinstellungen vornehmen, bevor das Rootdateisystem eingebunden wird, weil dieses sich in solchen Fällen auf einem anderen Rechner befindet. Zur automatischen Konfiguration des Netzwerks zur Zeit des Kernelstarts werden zwei Protokolle unterstützt, nämlich BOOTP und RARP. Wenn Sie diese Option aktivieren, können Sie danach auswählen, welche dieser Protokolle Sie verwenden möchten. Empfehlung: *n*.

IP: firewalling Aktivieren Sie diese Option, wenn Sie den betreffenden Computer als Firewall oder Masquerading-Router einsetzen wollen. Empfehlung: *y*.

IP: firewall netlink packet device Diese Option ermöglicht die Inspektion von IP-Paketen durch Programme. Empfehlung: *y*.

IP: transparent proxy support Hiermit können Datenpakete, die ursprünglich für einen anderen Rechner bestimmt waren, auf den eigenen Rechner umgeleitet werden. Dadurch lässt sich beispielsweise ein Web-Proxy-Server so einrichten, er von allen Rechnern benutzt wird, die ihre Datenpakete durch den Router mit dieser Eigenschaft schicken, ohne dass die Konfiguration der Klient-Rechner verändert werden muss. Empfehlung: *n*.

IP: masquerading Unter IP-Masquerade wird das Umschreiben von Adress- und Absenderinformationen in IP-Paketen verstanden. Mit diesem Verfahren können mehrere Rechner in einem lokalen Netzwerk beispielsweise die selbe Einwahlverbindung bei einem Internet-Provider verwenden, obwohl dieser nur eine einzige IP-Adresse zur Verfügung stellt. Diese Option braucht nur auf dem Router, der die Verbindung beispielsweise zum Internet-Provider herstellt, aktiviert zu sein. Empfehlung: *n*.

Wenn sie diese Option aktivieren, erhalten Sie die Möglichkeit, bestimmte Eigenschaften der Masquerade durch zusätzliche Optionen einzustellen. Generell empfiehlt es sich, die Option *IP: ICMP masquerading* sowie *IP: masquerading special modules support* zu aktivieren und die nachfolgenden Eigenschaften als Module zu übersetzen, damit sie bei Bedarf geladen werden können.

IP: optimize as router not host Wenn die primäre Aufgabe des zu erzeugenden Kernels darin besteht, als Router zu arbeiten, sollten Sie diese Option aktivieren. Empfehlung: *n*.

IP: tunneling Empfehlung: *n*.

IP: GRE tunneling Empfehlung: *n*.

IP: aliasing support Mit dieser Option lassen sich mehrere IP-Adressen mit einem Netzwerkinterface (z. B. Netzwerkkarte) assoziieren. Dies ist beispielsweise dann hilfreich, wenn ein Rechner Server für verschiedene Domains sein soll. Empfehlung: *n*.

IP: TCP syncookie support (not enabled by default) Hiermit können Sie eine Sicherheitslücke im Internet-Protokoll schließen. Empfehlung: *y*.

IP: Reverse ARP Mit Reverse ARP (oder RARP) können Rechner im Netzwerk eine IP-Adresse in Abhängigkeit von der Hardwareadresse ihrer Netzwerkkarte erfragen. Damit Ihr Linux-Kernel solche Anfragen beantworten kann, müssen Sie diese Option aktivieren. Empfehlung: *m*.

The IPv6 protocol Das IPv6-Protokoll soll in Zukunft das bisherige Internet-Protokoll (IPv4) ablösen. Mit dieser Option wird die Unterstützung für das neue Protokoll aktiviert. Empfehlung: *n*.

The IPX protocol IPX ist das in Novell-Netzwerken benutzte Netzwerkprotokoll. Wenn der zu erstellende Kernel als Server oder Klient in einem solchen Netzwerk fungieren soll, aktivieren Sie diese Option. Sie erhalten dann die Möglichkeit, durch weitere Optionen die IPX-Unterstützung des Kernels zu konfigurieren. Empfehlung: *n* oder *m*.

Appletalk DDP Das Netzwerkprotokoll Appletalk wird von Apple Macintosh Rechnern benutzt. Wenn Sie einen Rechner als Datei- oder Druckserver für Apple-Netzwerke verwenden wollen, müssen Sie diesen Treiber verwenden. Zusätzlich müssen Sie dann noch das Paket *netatalk* installieren und konfigurieren. Empfehlung: *n* oder *m*.

Bridging Durch das mit Bridging bezeichnete Verfahren können verschiedene Ethernet-Segmente so mit einander verbunden werden, dass sie den Rechnern in diesen Segmenten als ein großes Ethernet erscheinen. Um diesen Dienst zu konfigurieren und zu steuern, verwenden Sie die Programme aus dem Paket *bridge*. Empfehlung: *n*.

Fast switching Diese Option erlaubt Routern die direkte Datenübertragung zwischen Netzwerkkarten. Allerdings wird dies nur von wenigen Treibern für Netzwerkkarten unterstützt und ist inkompatibel mit einer Reihe anderer Optionen. Empfehlung: *n*.

QoS and/or fair queueing Diese Optionsgruppe beinhaltet eine Reihe von Optionen mit denen das Verhalten des Kernels beim Verschicken von Datenpaketen beeinflusst werden kann. Insbesondere lässt sich bei einem Kernel, der mit diesen Optionen übersetzt wurde bestimmen, in welcher Reihenfolge Pakete verschickt werden oder welche Netzwerkinterfaces mit welcher Priorität behandelt werden sollen. Im allgemeinen wird empfohlen, es bei den Standardeinstellungen zu belassen und diese Option nicht zu aktivieren.

SCSI support Diese Optionsgruppe umfasst die allgemeinen Einstellungen für die SCSI-Unterstützung im Linux Kernel. Die einzelnen Treiber für SCSI-Adapter finden Sie in der nächsten Optionsgruppe. Wenn Ihr Rechner mit einem SCSI-Controller ausgestattet ist, sollten Sie die SCSI-Unterstützung zumindest als Modul übersetzen. Das selbe gilt, wenn Sie die SCSI-Emulation im IDE-Abschnitt ausgewählt haben. Wenn Ihr Rechner von einer SCSI-Festplatte bootet, müssen Sie die SCSI-Unterstützung fest in den Kernel integrieren. Alle anderen Systeme (z. B. reine IDE-Systeme) benötigen keine SCSI-Unterstützung.

SCSI disk support Integrieren Sie die Unterstützung für SCSI-Festplatten fest in den Kernel, wenn sich das Rootdateisystem auf einer SCSI-Festplatte befindet. Empfehlung: *y*.

SCSI tape support Die Unterstützung für SCSI-Bandlaufwerke (z. B. DAT-Tapes) braucht in der Regel nicht fest in den Kernel integriert werden. Empfehlung: *m*.

SCSI CDROM support Wenn Sie ein CDROM-Laufwerk besitzen, dass über einen SCSI-Adapter mit dem Rechner verbunden ist, sollten Sie diese Option wählen. Empfehlung: *m*.

SCSI generic support Diese Option ermöglicht es Programmen, direkt mit SCSI-Geräten zu kommunizieren. Hiervon machen eine Reihe von Programmen zur Steuerung von Scannern oder CD-Brennern Gebrauch. Wenn Sie solche Geräte besitzen oder SCSI-Emulation im IDE-Abschnitt ausgewählt haben, müssen Sie diese Option aktivieren. Empfehlung: *m*.

Probe all LUNs on each SCSI device Mit dieser Option werden die SCSI-Treiber angewiesen, solche SCSI-Adapter, die mehrere „logische" Adapter zur Verfügung stellen, nach allen logischen Adaptern zu untersuchen. Die meisten SCSI-Adapter stellen nur einen logischen Adapter zur Verfügung, weshalb diese Option in der Regel nicht gewählt zu werden braucht.

Verbose SCSI error reporting Wenn es zu Problemen mit SCSI-Adaptern oder -Endgeräten kommt, sollten Sie diese Option wählen, um aussagekräftigere Fehlermeldungen zu erhalten. Empfehlung: *n*.

SCSI logging facility Diese Option lässt sich nutzen, um Probleme mit dem SCSI-Subsystem zu untersuchen. Empfehlung: *n*.

SCSI low level drivers In dieser Optionsgruppe finden Sie die eigentlichen Treiber für SCSI-Adapter. Sie sollten nur die Unterstützung für die SCSI-Adapter auswählen, die sich tatsächlich in Ihrem Rechner befinden. Denken Sie auch hier daran, dass die Unterstützung für den Adapter, an den die Festplatte angeschlossen ist, auf der sich die Rootpartition befindet, fest in den Kernel integriert werden muss, also nicht als Modul übersetzt werden darf. Zu einigen Adaptern lassen sich eine Reihe von zusätzlichen Spezifikationen vornehmen. Lesen Sie hier die Hilfetexte zu den einzelnen Optionen. Wenn Sie sich nicht sicher sind, sollten Sie es bei den Vorgabewerten belassen.

Network Device Support Mit der ersten Option dieser Gruppe (*Network Device Support*) kontrollieren Sie, ob der zu erstellende Kernel prinzipiell Netzwerkgeräte unterstützen soll. Unter einem Netzwerkgerät werden hier physikalische Geräte wie Netzwerkkarten oder Kabelmodems, aber auch virtuelle Netzwerkgeräte, die durch einige Treiber zur Verfügung gestellt werden, verstanden.

Die Unterstützung für Netzwerkgeräte sollte in jedem Fall fest in den Kernel eingebaut werden, auch wenn der betreffende Rechner keine Netzwerkkarte besitzt und auch keine Einwahlverbindungen geplant sind.

Nach Aktivierung der Unterstützung für Netzwerkgeräte können mit den folgenden Optionen in diesem Abschnitt Treiber für verschiedene besondere Netzwerkgeräte ausgewählt werden. Treiber für z. B. Ethernet- oder Token-Ring-Karten finden Sie in den nächsten sechs Abschnitten, wenn Sie den Kernel mit *make xconfig* konfigurieren. Bei Verwendung von *make menuconfig* befinden sich diese Treiber in Untergruppen der Gruppe *Network Device Support*.

Dummy net driver support Wie der Name sagt, handelt es sich hierbei um einen Treiber, der ein datenverschluckendes, physikalisch nicht existentes Netzwerkinterface implementiert. Dieses Interface lässt sich zum Experimentieren und als „Platzhalter" für eine nicht aufgebaute Einwahlverbindung verwenden. Empfehlung: *m*.

EQL (serial line load balancing) support Mit dieser Option können zwei Netzwerkverbindungen über serielle Leitung wie PPP-Einwahlverbindungen über Modem zu einer mit höherer Kapazität verbunden werden. Das Verfahren muss von der Gegenseite unterstützt werden. Empfehlung: *n*.

PLIP (parallel port support) Mit PLIP (Parallel Line Internet Protocol) lassen sich zwei Computer über ein spezielles Kabel über die parallelen Schnittstellen verbinden, sie können dann über das Internet-Protokoll miteinander kommunizieren. Informationen hierzu finden Sie im PLIP-Mini-HOWTO (*/usr/share/doc/en-txt/mini/PLIP.txt.gz*, Paket *doc-linux-text*). Empfehlung: *m*.

PPP (point-to-point) support Das PPP (Point-to-Point-Protocol) ist das heute am meisten verbreitete Protokoll zur Herstellung einer Internet-Verbindung über Modems. Es kann jedoch auch in anderen Zusammenhängen benutzt werden. Wenn Sie planen, eine Modemverbindung zu einem Internetprovider zu benutzen, müssen Sie dieses Protokoll in der Regel verwenden. Empfehlung: *m*.

SLIP (serial line) support SLIP (Serial Line Internet Protocol) ist die ältere und mit einigen Nachteilen verbundene Methode zur Erstellung von Internetverbindungen über Modems und andere serielle Leitungen. Es wird heute von immer weniger Providern unterstützt. Wenn Sie *slip* wählen, sollten Sie zusätzlich die Option *CSLIP compressed headers* aktivieren. Empfehlung: *m*.

Ethernet (10 or 100MBit) Hier finden Sie die Treiber für gängige Ethernet-Netzwerkkarten. Die Karten sind zum Teil Kategorien wie Herstellern (z. B. 3Com oder Western Digital) oder Bussystemen (z. B. ISA, PCI) zugeordnet. Sie müssen dann zunächst die richtige Kategorie aktivieren, bevor Sie den Treiber für Ihre Karte auswählen können. Normalerweise wird das Netzwerk während der Startphase des Rechners konfiguriert und bleibt solange geladen, bis der Rechner heruntergefahren wird. Der Netzwerktreiber muss dann also während der gesamten Laufzeit des Systems geladen sein. Aus diesem Grund macht es Sinn, Netzwerktreiber, die dauernd benötigt werden, nicht als Modul sondern direkt in den Kernel zu kompilieren. Rechner ohne eigene Festplatte, die das Rootdateisystem von einem anderen Rechner im Netz beziehen, sind selbstverständlich auf die Unterstützung der Netzwerkkarte im Kernel angewiesen.
Wenn Sie dem Treiber für Ihre Netzwerkkarte Parameter beim Laden übergeben wollen, empfiehlt sich jedoch, diesen als Modul zu übersetzen. Beachten Sie bitte den Hilfetext zu Ihrem Netzwerkkartentreiber.

Amateur Radio Support Mit den Treibern und Optionen in dieser Gruppe kann Linux in die Lage versetzt werden, über Amateurfunk mit anderen Rechnern zu kommunizieren. Informationen hierzu finden sich im AX25-HOWTO (*/usr/share/doc/en-txt/AX25-HOWTO.txt.gz*), Informationen zu Programmen, die diese Fähigkeiten benutzen, im HAM-HOWTO (*/usr/share/doc/en-txt/HAM-HOWTO.txt.gz*), beide HOWTOs sind im Paket *doc-linux-text* enthalten. Eine große Anzahl weiterer Informationen befindet sich auf der Webseite unter `http://www.tapr.org/tapr/html/pktf.html`.
Wenn Sie kein Amateurfunker sind (wie der Autor dieses Buches), brauchen Sie die Option *Amateur Radio Support* nicht zu aktivieren.

IrDA subsystem support IrDA (Infrared Digital Association) ist der Industriestandard für die Kommunikation zwischen Computern und Peripheriegeräten über Infrarot Schnittstellen. IrDA-kompatible Hardware befindet sich in den meisten modernen Laptops, sie kann beispielsweise zur Kommunikation von Laptop und Drucker benutzt werden.
Um IrDA zu verwenden benötigen Sie neben den Protokoll- und Hardwaretreibern aus dieser Optionsgruppe noch einige Programme, die in den Paketen *irda-common* und *irda-tools* enthalten sind. Hintergrundwissen und Hinweise zur Benutzung von IrDA liefert das IR-HOWTO (Datei: */usr/share/doc/HOWTO/en-txt/IR-HOWTO.txt.gz*) aus dem Paket *doc-linux-text*. Es wird empfohlen, die Unterstützung für IrDA als Modul zu erstellen.

IrLAN protocol Mit diesem Treiber kann die Infrarot-Schnittstelle wie ein Netzwerkinterface benutzt werden. Empfehlung: *m*.

IrCOMM protocol Mit diesem Treiber kann die Infrarot-Schnittstelle wie eine serielle Schnittstelle genutzt werden. Empfehlung: *m*.

IrLPT protocol Dieses Protokoll gestattet es, über die Infrarot-Schnittstelle zu drucken, bzw. Druckaufträge von IrDA-Klienten anzunehmen. Zum Drucken mit IrDA benötigen Sie einen IrDA-kompatiblen Drucker oder einen IrDA-Server. Wenn Sie IrLPT benutzen wollen, müssen Sie mit den nächsten beiden Optionen angeben, ob ihr Rechner als IrDA-Klient oder IrDA-Server fungieren soll (beides ist auch möglich) Empfehlung: *m*.

IrDA protocol options Wenn Sie diese Option aktivieren, können Sie mit weiteren Optionen das Verhalten des IrDA-Treibers feineinstellen. Es empfiehlt sich dann die Option *Cache last LSAP* zu aktivieren.

IrLAP compression Die Datenübertragungsrate mit IrDA kann erhöht werden, wenn die Datenpakete vor der Übertragung komprimiert und hinterher dekomprimiert werden. Dieses Verfahren wird zur Zeit nur von Linux unterstützt und sollte deswegen nur benutzt werden, wenn Sie mit IrDA ausschließlich Linux zu Linux Verbindungen benutzen wollen.

Infrared-port device drivers Wenn Sie im vorhergehenden Abschnitt die Unterstützung für IrDA ausgewählt haben, sollten Sie hier den Hardwaretreiber für Ihre Infrarot-Hardware aktivieren. Grundsätzlich lassen sich drei verschiedene Typen von Hardwaretreibern voneinander unterscheiden:

1. Die meisten IrDA Chips können eine serielle Schnittstelle emulieren. Diese Chips können mit den Treibern *IrTTY* oder *IrPORT* betrieben werden.
2. Für einige IrDA-Chips und -Karten stehen spezielle Treiber zur Verfügung.
3. „Dongles" sind kleine Geräte, die an die serielle (oder parallele) Schnittstelle angeschlossen werden und ebenfalls IrDA-Hardware beinhalten können. Diese Geräte werden in der Regel mit dem *IrTTY*-Treiber betrieben, aber benötigen ein zusätzliches Modul, das angewählt werden kann, nachdem die Option *Serial dongle support* ausgewählt wurde.

ISDN subsystem Hier befindet sich die ISDN-Unterstützung für Linux. Sie können in dieser Optionsgruppe die benötigten Hardware- und Protokolltreiber auswählen. Viele der heute verwendeten passiven ISDN-Karten sind mit einem Chip vom Typ HiSax der Firma Siemens ausgestattet. Sie können deswegen die Unterstützung für solche Karten erst aktivieren, wenn Sie die Option *HiSax Siemens ChipSet driver support* eingeschaltet haben. Zur Benutzung von ISDN-Karten sind darüber hinaus einige Programme notwendig, die mit dem Paket *isdnutils* zur Verfügung gestellt werden. Wenn Sie Ihre ISDN-Karte für Verbindungen zu einem Internet-Provider nutzen wollen, empfiehlt es sich, das Paket *task-dialup-isdn* zu installieren. Das ISDN Subsystem sollte in der Regel in Form von Modulen übersetzt werden.

Die Konfiguration von ISDN-basierten Einwahlverbindungen zu einem Internetprovider ist in Kapitel 17.5, Seite 527 beschrieben.

ISDN support Empfehlung: *m*.

Support synchronous PPP Dies ist eine abgewandelte Form des PPP-Protokolls, welches von vielen Internet-Providern mit ISDN benutzt wird. Empfehlung: *y*.

Use VJ compression with synchronous PPP Van-Jacobsen-Kompression ist ein übliches Verfahren, um PPP-Verbindungen effektiver zu nutzen. Empfehlung: *y*.

Support Generic MP (RFC 1717) Mit dieser Option können mehrere ISDN-Leitungen gebündelt werden, um eine Verbindung mit höherer Kapazität zu erhalten, sofern das Verfahren von der Gegenstelle unterstützt wird. Empfehlung: *y*.

Support Audio via ISDN Hiermit kann ein Software-Anrufbeantworter aufgebaut werden. Diese Option funktioniert zur Zeit nur mit dem Hardware-Treiber für ISDN-Karten, die auf dem Siemens HiSax-Chip beruhen. Empfehlung: *y*.

Support AT-Fax Class 2 commands Der Empfang und Versand von Faxen funktioniert zur Zeit unter Linux nur mit einigen aktiven ISDN-Karten. Empfehlung: *n*.

Support isdn diversion services Wenn Sie eine HiSax-ISDN-Karte besitzen, können Sie mit dieser Option einige ISDN-Leistungen, wie z.B. Rufumleitung, konfigurieren und nutzen. Empfehlung: *y*

isdnloop support Dieser Treiber stellt eine „virtuelle" ISDN-Karte zur Verfügung, die sich zum Testen von Konfigurationen eignet, ohne Telefongebühren bezahlen zu müssen. Empfehlung: *n*.

HiSax Siemens ChipSet driver support Der HiSax-Chip ist der heute bei passiven ISDN-Karten am weitesten verbreitete Chip. Durch diese Option aktivieren Sie den allgemeinen Teil des Treibers. Mit weiteren Optionen können Sie dann bestimmen, welche Karten und Protokolle der Treiber unterstützen soll. Empfehlung: *m*.

HiSax support for EURO/DSS1 EURO-ISDN ist das heute auch in Deutschland gängige Protokoll für ISDN-Verbindungen. Empfehlung: *y*.

Support for german chargeinfo Mit dieser Option wird es ermöglicht, Gebührenmitteilungen des Telekommunikationsanbieters auszuwerten. Beachten Sie, dass Ihr Telekommunikationsanbieter diese Informationen auch tatsächlich senden muss, damit Sie diese benutzen können. Empfehlung: *y*

Disable sending complete Diese Option sollte nicht benötigt werden. Empfehlung: *n*.

Disable sending low layer compatibility Diese Option sollte nicht benötigt werden. Empfehlung: *n*.

HiSax support for german 1TR6 Wenn Sie an eine sehr alte ISDN-Vermittlungsstelle angeschlossen sind, die noch dieses ältere und aussterbende Protokoll benutzt, müssen Sie diese Option aktivieren. Empfehlung: *y*.

Old CD-ROM Drivers (not SCSI, not IDE) Wie der Name schon sagt, befinden sich hier Treiber für eine Reihe von CDROM-Laufwerken älterer Bauart. Diese Laufwerke zeichnen sich oft dadurch aus, dass sie über eine spezielle Karte, oft auch über die Soundkarte mit dem Rechner verbunden sind. Moderne Rechner sind heute mit CDROM-Laufwerken ausgestattet, die über einen IDE- oder SCSI-Adapter angeschlossen werden und brauchen deswegen keinen Treiber aus dieser Kategorie.

Besitzen Sie ein solches älteres Laufwerk, dann müssen Sie zunächst die Option *Support non-SCSI/IDE/ATAPI CDROM Drives* auswählen und dann den richtigen Treiber für Ihr Laufwerk aktivieren. Normalerweise empfiehlt es sich, den Treiber als Modul zu übersetzen.

Character devices Diese Geräte, auch zeichenorientierte Geräte genannt, umfassen eine Klasse von Geräten, wie serielle Schnittstellen, Drucker oder Terminals.

Virtual Terminal Obgleich ein PC in der Regel nur ein Terminal (Ein- Ausgabeeinheit, also Tastatur und Bildschirm) zur Verfügung stellt, kann mit virtuellen Terminals wie an mehreren Arbeitsplätzen gleichzeitig gearbeitet werden, zwischen denen mit den Tastaturkombinationen ALT-F1 bis ALT-F12 umgeschaltet werden kann. Diese Option muss in jedem Fall aktiviert sein, wenn Sie Ihren Rechner über Tastatur und Bildschirm bedienen wollen.

Support for console on virtual terminal Meldungen des Kernels werden auf die so genannte Konsole geschrieben. Diese kann beispielsweise an eine serielle Schnittstelle angeschlossen sein oder mit einem Terminal verbunden sein. Diese Option bewirkt standardmäßig, dass Kernel-Meldungen auf die gerade aktive virtuelle Konsole geschrieben werden, sie ermöglicht außerdem die Anmeldung am System im Single-User-Modus. Empfehlung: *y*.

Support for console on serial port Mit dieser Eigenschaft wird es ermöglicht, Kernelmeldungen über eine serielle Schnittstelle auszugeben, an die beispielsweise ein Drucker angeschlossen sein kann. Empfehlung: *n*.

Extended dumb serial driver options Aktivieren Sie diese Option, wenn Sie besondere Einstellungen für den Treiber für serielle Schnittstellen verwenden wollen. Dies ist beispielsweise notwendig, um mehr als vier serielle Schnittstellen benutzen zu können. Nach Auswahl des entsprechenden Menüpunkts können Sie die gewünschten Einstellungen mit einer Reihe von weiteren Optionen vornehmen. Empfehlung: *n*.

Non-staandard serial port support Wenn Sie diese Option aktivieren, können Sie aus einer Anzahl von Treibern für besondere serielle Schnittstellen auswählen, die normalerweise in PCs nicht vorhanden sind. Dabei handelt es sich in den meisten Fällen um Treiber für Karten, die eine große Anzahl serieller Schnittstellen zur Verfügung stellen, wie sie beispielsweise bei einem Internet Service Provider benutzt werden, um viele Modems mit einem Rechner zu verbinden. Empfehlung: *n*.

Unix98 PTY support Aktiviert die Unterstützung für Unix98 Pseudo-Terminals. Die maximale Anzahl von 256 gleichzeitig genutzten Pseudo-Terminals sollte im allgemeinen ausreichend sein. Empfehlung: *y*.

Parallel printer support Dies ist der Treiber für Drucker, die über die parallele Schnittstelle mit dem Rechner verbunden sind. Dies ist bei den meisten heute gebräuchlichen Druckern der Fall. Wenn an Ihren Rechner ein Drucker angeschlossen ist, sollten Sie neben dieser Unterstützung im Kernel noch einen Spooler sowie Software zur Filterung und Konvertierung von zu druckenden Daten installieren. Solche Software wird beispielsweise durch die Pakete *lprng* und *magicfilter* zur Verfügung gestellt. Empfehlung: *m*.

Support for IEEE 1284 status readback Empfehlung: *y*.

Mouse support (not serial mice) Mäuse, die nicht über die serielle Schnittstelle mit dem Rechner verbunden sind (z. B. PS/2-Mäuse), benötigen einen eigenen, speziellen Treiber. Wenn Sie eine nicht-serielle Maus besitzen, aktivieren Sie diese Option und wählen den gewünschten Treiber in der Optionsgruppe *Mice* aus.

Watchdog Timer Support Unter einem Watchdog wird eine Einheit verstanden, die das System neu startet, wenn eine bestimmte, erwartete Aktion eines Programms ausbleibt. Dadurch kann die Verfügbarkeit eines unbeaufsichtigen Systems erhöht werden. Linux stellt sowohl eine softwaremäßige Watchdog-Unterstützung zur Verfügung als auch eine Reihe von Treibern für Hardware-Watchdogs, die in der Regel zuverlässiger sind. Mit dieser Option aktivieren Sie die grundsätzliche Unterstützung für Watchdogs. Treiber für Hard- oder Software-Watchdogs können Sie in der Optionsgruppe *Watchdogs Cards* auswählen. Empfehlung: *y*.

/dev/nvram support Diese Eigenschaft ermöglicht es, direkt auf den CMOS-Speicher des Rechners, also den Speicher des BIOS zuzugreifen. Empfehlung: *n*.

Enhanced Real Time Clock Support Hiermit wird Programmen ermöglicht, direkt auf die Echtzeituhr des Rechners zuzugreifen. Dies ermöglicht u. a. manchen Spielen oder Datenaufnahmeprogrammen eine genauere Arbeitsweise. Diese Option sollte bei Kernels mit Multiprozessor-Unterstützung unbedingt aktiviert werden. Empfehlung: *y*.

Mice Die am meisten verbreiteten Maustypen sind serielle Mäuse, für die sie keinen speziellen Treiber benötigen, sowie PS/2-Mäuse, die über einen kleinen runden Stecker mit dem Rechner verbunden werden. Der Treiber für PS/2-Mäuse befindet sich – neben anderen – in dieser Optionsgruppe. Beachten Sie, dass diese Optionsgruppe nur dann zur Verfügung steht, wenn Sie in der Gruppe *Character devices* die Option *Mouse support (not serial mice)* ausgewählt haben.
Zur Nutzung der Maus benötigen Sie weitere Programme, wie das X Window System oder das Mauskontrollprogramm *gpm* für die Konsole, welche Sie für die Verwendung Ihrer Maus konfigurieren müssen

Joysticks Hier befindet sich der Treiber für eine große Anzahl an „Spaßstöcken" und artverwandten Geräten, wie GamePads, Feedback Wheels u. a. Eine ausgezeichnete Liste der unterstützen Hardware befindet sich in der Datei *joystick.txt* im Dokumentationsverzeichnis des Kernels. Dort befinden sich auch Hinweise zur Kalibrierung dieser Geräte sowie Antworten auf häufig gestellte Fragen. Werkzeuge zum Testen und Kalibrieren von Joysticks befinden sich im Paket *joystick*.

Die Unterstützung für Joysticks aktivieren Sie, in dem Sie zunächst die Option *Joystick support* (Empfehlung: *m*) aktivieren und dann den gerätespezifischen Treiber für Ihren Joystick auswählen.

Watchdog Cards In dieser Optionsgruppe können Sie Treiber für Hardware-Watchdogs sowie für einen Software-Watchdog auswählen. Zum Betrieb eines Watchdogs benötigen Sie ein Kontrollprogramm, welches mit dem Paket *watchdog* zur Verfügung gestellt wird.

Disable watchdog shutdown on close Sobald das Kontrollprogramm beendet wird, wird der Watchdog normalerweise deaktiviert. Diese Option führt zum Neustart des Systems nach Beendigung des Kontrollprogramms. Empfehlung: *n*.

Software Watchdog Hiermit bestimmen Sie, den Software-Watchdog zu kompilieren. Empfehlung: *m*.

Video for Linux Video für Linux stellt ein Sammlung von Treibern für Video- und Radio-Karten sowie eine einheitliche Schnittstelle zur Erstellung von Programmen, die mit solchen Karten arbeiten, dar. Damit Sie Ihre Video- oder Radiokarte unter Linux nutzen können, benötigen Sie neben dem eigentlichen Treiber natürlich noch Programme zur Steuerung der Karten und zur Ausgabe von Radio- oder Videodaten. Solche Programme stehen unter Debian beispielsweise mit den Paketen *xawtv* oder *gradio* zur Verfügung.

Der Treiber sollte generell als Modul übersetzt werden. Dazu ist die Option *Video for Linux* mit *m* zu aktivieren sowie der richtige gerätespezifische Treiber auszuwählen. Eine größere Anzahl von Videokarten wird durch den *bttv*-Treiber unterstützt, der sich mit der Option *bt848 Video for Linux* aktivieren lässt. Informationen zu diesem Treiber finden sich im Unterverzeichnis *Documentation/video4linux/bttv*. Dort befindet sich auch die Datei *CARDS*, die Auskunft über die unterstützen Chips und Karten gibt.

Ftape, the floppy tape device driver In dieser Optionsgruppe können Sie bestimmen, ob und mit welchen Eigenschaften der Treiber für Floppy-Bandlaufwerke kompiliert werden soll. Floppy-Bandlaufwerke sind Bandlaufwerke, die über den Disketten-Controller oder einen vergleichbaren Controller mit dem Rechner verbunden sind. Sie benötigen diesen Treiber nicht, wenn Sie ein Bandlaufwerk verwenden, dass über einen SCSI- oder IDE-Adapter angeschlossen ist (z. B. DAT-Laufwerke).

Weitere Informationen zu diesem Treiber befinden sich im Ftape-HOWTO (Datei */usr/share/doc/HOWTO/en-txt/Ftape-HOWTO.txt.gz*, Paket *doc-linux-text*) sowie in der Datei *ftape.txt* im Dokumentationsverzeichnis des Kernels. Beachten Sie, dass mit den Paketen *ftape-util, ftape-doc, ftape-source* und *ftape-module-(Kernelversion)* ein alternativer Treiber für Floppy-Bandlaufwerke bereitgestellt wird, der zusätzliche Eigenschaften, wie die Unterstützung für mehr Laufwerke, enthält.

Wenn Sie den im Kernelquellcode enthaltenen Treiber benutzen wollen, sollten Sie ihn in der Regel als Modul übersetzen. Aktivieren Sie dazu die Optionen *Ftape (QIC-80/Travan) support* sowie *ZFtape, the VFS interface*. Für einige Laufwerke, die nicht über den Floppy-Controller, sondern mit einem speziellen Adapter verbunden sind, müssen Sie die Einstellung *Floppy tape controllers* von *Standard* auf den Typ Ihres Laufwerks ändern. Sie können noch einige zusätzliche Angaben zur Konfiguration des Treibers vornehmen, normalerweise sollten Sie es jedoch bei den Vorgabewerten belassen. Die Option *Enable procfs status report* sollten Sie nicht aktivieren, wenn Sie den Treiber als Modul übersetzen.

Filesystems Dateisysteme sind Formate, in denen Datenträger formatiert werden. In der Regel wird für jedes Dateisystem ein eigener Treiber benötigt, weil unterschiedliche Dateisysteme Daten auf unterschiedliche Art und Weise auf den Datenträgern ablegen. Das standardmäßig mit Linux verwendete Dateisystem ist das Ext2-Dateisystem. Sie sollten dieses Dateisystem auf allen Datenträgern benutzen, die Sie in erster Linie mit Linux verwenden wollen.

Allerdings ist es oft nicht sinnvoll, Datenträger, die zum Austausch von Daten dienen (wie beispielsweise Disketten) mit dem Ext2-Dateisystem zu formatieren, weil sie dann u. U. von anderen Betriebssystemen nicht gelesen werden können. Hier empfiehlt sich die Verwendung des von DOS und Windows benutzten FAT-Dateisystems, das auch von einer Reihe anderer Betriebssysteme gelesen und geschrieben werden kann. Eine andere Möglichkeit ist die Verwendung des Programms *tar* (S. 720). Tar-Archive können auf den meisten UNIX-Systemen problemlos gelesen werden und für viele andere Betriebssysteme stehen ebenfalls Tar-Portierungen zur Verfügung.

Auch wenn Sie Datenträger benutzen wollen oder Festplattenpartitionen in Ihrem Rechner haben, die von einem anderen Betriebssystem formatiert worden sind, sollten Sie die Unterstützung für die darauf benutzten Dateisysteme aktivieren, damit Sie solche Datenträger unter Debian GNU/Linux einbinden können.

Quota support Diskquotas stellen die Möglichkeit dar, den pro Benutzer oder Gruppe verfügbaren Speicherplatz auf Datenträgern einzuschränken und zu kontrollieren. Ohne Diskquotas kann jeder Benutzer so lange Daten auf einen Datenträger schreiben, bis dieser voll ist, sofern er prinzipiell auf den betreffenden Datenträger schreibend zugreifen darf. Dies ist bei Datenträgern, die von mehreren Benutzern benutzt werden, oft unerwünscht. Wenn Sie auf Ihrem System Diskquotas verwenden wollen, müssen Sie die Unterstützung hierfür aktivieren. Die Programme zur Kontrolle und Administration von Quotas finden Sie im Paket *quota*. Diskquotas werden nur mit dem Ext2-Dateisystem unterstützt. Empfehlung: *y*.

Kernel automounter support Der Kernel-Automounter stellt eine bequeme Möglichkeit dar, Datenträger einzubinden, sobald auf sie zugegriffen wird. Dies erspart beispielsweise das „händische" einbinden von Disketten. Um den Kernel-Automounter zu verwenden müssen Sie außerdem das Paket *autofs* installieren (siehe auch Seite 401). Empfehlung: *m*.

Amiga FFS support Mit diesem Dateisystem können Sie Festplattenpartitionen einbinden, die mit dem AmigaOS (ab Version 1.3) erzeugt worden sind. Empfehlung: *m*

DOS fat support Diese Option aktiviert die Basisunterstützung für DOS (und Windows) basierte Dateisysteme, wie FAT und VFAT. Um solche Dateisysteme tatsächlich einzubinden, müssen Sie im folgenden zusätzlich einen der Treiber für FAT-basierte Dateisystem anwählen. Die Verwendung dieser Option alleine macht keinen Sinn. Wenn Sie nur mit den *mtools* (S. 692) auf FAT-formatierte Disketten oder Partitionen zugreifen wollen, brauchen Sie hierfür keine Unterstützung durch den Kernel. *DOS fat support* ist für Kernel, die mit dem Debian-Installationssystem benutzt werden sollen, zwingend erforderlich. Empfehlung: *m*.

MSDOS fs support Dies ist der Treiber für das „klassische" DOS-Dateisystem FAT, wie es beispielsweise von MS-DOS 6.22 erzeugt wird. Er ist ebenfalls für das Installationssystem erforderlich. Empfehlung: *m*.

UMSDOS: Unix-like filesystem on top of standard MSDOS filesystems Dieser Treiber erlaubt es, Eigenschaften von Dateien, die unter UNIX/Linux im Dateisystem gespeichert werden, auch auf DOS-Dateisystemen zu speichern. Dadurch ist es theoretisch möglich, Linux in eine DOS-Partition zu installieren. Dieser Weg ist jedoch mit einer Reihe von Problemen verbunden. Empfehlung: *n*.

VFAT (Windows-95) fs support Mit dieser Option aktivieren Sie die Unterstützung für die neueren Formen des FAT-Dateisystems, wie Sie von Windows 95/98 und Windows NT/2000 erzeugt werden. Sie benötigen diese Eigenschaft u. a. um lange Dateinamen mit FAT-Datenträgern verwenden zu können. Empfehlung: *m*.

ISO 9660 CDROM filesystem support ISO 9660 ist das Dateisystem, welches sich normalerweise auf Daten-CDROMs befindet. Aktivieren Sie diese Option, wenn an Ihren Rechner ein CDROM-Laufwerk angeschlossen ist. Empfehlung: *m*.

Microsoft Joliet CDROM extensions Hiermit aktivieren Sie die Unterstützung für eine von Microsoft vorgenommene Erweiterung des ISO 9660 Standards. Empfehlung: *y*.

Minix fs support Minix ist ein UNIX-ähnliches Betriebssystem, das gelegentlich als der Vorläufer von Linux bezeichnet wird. Linux hat das Minix-Dateisystem zu Beginn als Standarddateisystem benutzt. Dieses Dateisystem besitzt eine Reihe von Schwächen, weswegen es durch das Ext2-Dateisystem abgelöst wurde. Es sollte heute nicht mehr benutzt werden. Empfehlung: *n*.

NTFS filesystem support (read only) NTFS ist das Standarddateisystem von Windows NT/2000. Wählen Sie diese Option, wenn sich in dem betreffenden Rechner Partitionen befinden, die mit diesem Dateisystem formatiert sind. Beachten Sie jedoch, dass Windows NT auch auf ein FAT-Dateisystem installiert werden kann. Wenn dies der Fall ist, benötigen Sie die Unterstützung für NTFS nicht. Empfehlung: *m*.
Optional können Sie die Möglichkeit aktivieren, auf NTFS-formatierte Datenträger auch schreibend zuzugreifen. Dieser Teil des Treibers ist jedoch noch experimentell und sollte nicht mit wichtigen Daten ausprobiert werden.

OS/2 HPFS filesystem support (read-only) Mit diesem Treiber können Sie Partitionen, die mit dem Betriebssystem OS/2 im HPFS-Format formatiert worden sind, einbinden und Daten von ihnen lesen. Empfehlung: *m*.

/proc filesystem support Das */proc*-Dateisystem ist ein virtuelles Dateisystem, das eine bequeme Schnittstelle zum Zugriff auf Informationen des Kernels und zur Veränderung von Kerneleinstellungen darstellt. Viele Standardprogramme setzen die Existenz des */proc*-Dateisystems voraus. Es sollte deswegen unbedingt vorhanden sein.

/dev/pts filesystem for UNIX98 PTYs Dieses ebenfalls virtuelle Dateisystem stellt eine Schnittstelle zu so genannten Pseudo-Terminals dar. Empfehlung: *y*.

Second extended fs support Wie beschrieben, ist das Ext2-Dateisystem, dessen Unterstützung mit dieser Option aktiviert wird, das Standarddateisystem unter Linux. Die Unterstützung für dieses Dateisystem muss in nahezu allen Fällen fest in den Kernel integriert werden.

System V and coherent filesystem support Mit dieser Option aktivieren Sie die Unterstützung für ein Dateisystem, dass von einer Reihe kommerzieller UNIXe benutzt wird. Empfehlung: *m*.

UFS filesystem support Das Dateisystem UFS wird von einigen Betriebsystemen, wie SunOS, FreeBSD oder NeXTstep benutzt. Wenn Sie die Unterstützung für dieses Dateisystem aktivieren, können Sie wählen, ob experimenteller Code zum Schreiben auf dieses Dateisystem integriert werden soll. Empfehlung: *m*.

Network File Systems In dieser Gruppe finden Sie die Treiber für verschiedene Netzwerkdateisysteme. Netzwerkdateisysteme sind Dateisysteme, bei denen sich der physikalische Speicherplatz nicht auf dem Rechner (Klient) befindet, der auf ihn zugreift, sondern auf einem anderen Computer (Server). Wenn Sie nur einen Computer verwenden, benötigen Sie prinzipiell keine Unterstützung für Netzwerkdateisysteme, allerdings kann es auch hier einmal passieren, dass Sie ein Dateisystem über eine Einwahlverbindung einbinden möchten oder das Dateisystem eines virtuellen Computers (z. B. mit VMWare) nutzen wollen.

Coda filesystem support Das Coda-Dateisystem ist ein (gegenüber dem weit-verbreiteten NFS) verbessertes Netzwerkdateisystem. Empfehlung: *n*.

NFS filesystem support Das Network File System (NFS) ist das unter UNIX/Linux standardmäßig eingesetzte Netzwerkdateisystem. Empfehlung: *m*.

Root filesystem on NFS Diese Option müssen Sie aktivieren, wenn der Computer, für den Sie einen Kernel erstellen, keine eigene Festplatte besitzt, sondern auch das Rootdateisystem von einem Server bezieht. Sie ist nur dann verfügbar, wenn Sie NFS direkt in den Kernel einbinden. Empfehlung: *n*.

NFS server support Mit dieser Option aktivieren Sie den in den Kernel integrierten NFS-Server. Alternativ hierzu kann man den normalen Kernel-unabhängigen NFS-Server verwenden, den Debian mit dem Paket *nfs-server* zur Verfügung stellt. Dieser Server ist zwar etwas langsamer als der Kernel-Server, gilt aber als gut erprobt. Wenn Sie den Kernel-Server verwenden möchten, müssen Sie diese Option aktivieren und das Paket *nfs-kernel-server* installieren, welches die hierzu benötigten Steuerprogramme enthält. Empfehlung: *m*.

SMB filesystem support (to mount WfW shares etc.) Mit dieser Eigenschaft und den Werkzeugen aus dem Paket *smbfs* können Sie Dateisysteme einbinden, die von Windows, OS/2 oder auch Linux-Rechnern als „Netzlaufwerke" freigegeben worden sind. Sie brauchen diese Option nicht zu aktivieren, wenn Ihr Rechner mit SAMBA selbst als Server für Windows-Netzwerke fungieren soll. Empfehlung: *m*.

NCP filesystem support (to mount NetWare volumes) Wenn in Ihrem Netzwerk NetWare-Server vorhanden sind und Sie Dateisysteme von diesen Servern einbinden möchten, müssen Sie diese Option aktivieren. Zusätzlich müssen Sie das Paket *ncpfs* installieren, das u. a. Programme zum Einbinden von NetWare-Volumes und zum Drucken auf NetWare-Drucker enthält. Weitere Informationen hierzu finden Sie u. a. im IPX-HOWTO (*/usr/share/doc/HOWTO/en-txt/IPX-HOWTO.txt.gz*, Paket *doc-linux-txt*).
Nach Auswahl dieser Option können Sie diesen Treiber mit einer Reihe weiterer Einstellungen konfigurieren. Empfehlung: *m*.

Partition types Unterschiedliche Betriebssysteme verwenden unterschiedliche Verfahren, Festplatten in Partitionen aufzuteilen. Linux unterstützt alle von DOS, Windows, Windows NT/2000 und OS/2 erzeugten Partitionstypen, ohne dass eine der Optionen aus dieser Gruppe aktiviert werden muss. Wenn Sie jedoch Partitionen, die z. B. unter den Betriebssystemen FreeBSD oder Solaris erzeugt worden sind, einbinden möchten, sollten Sie hier die entsprechende Option aktivieren.

Native language support Eine Reihe von Microsoft-Dateisystemen (z. B. VFAT und FAT32) benutzen zum Speichern von Dateinamen mit Sonderzeichen besondere, von der eingestellten Sprache abhängige Zeichensatztabellen. Damit Linux solche Dateinamen richtig wiedergeben und schreiben kann muss die Unterstützung für bestimmte Zeichensatztabellen aktiviert sein.
Wenn Sie Partitionen einbinden möchten, die von Microsoft-Betriebssystemen erzeugt worden sind, sollten Sie die entsprechende Unterstützung als Modul übersetzen. Im europäischen Raum sollte es ausreichend sein, die Zeichensatzinformationen für *Codepage 850*, *Codepage 437* und *NLS ISO 8859-1* in Form von Modulen bereitzustellen.

Console drivers Wie beschrieben, stellt die Console das Gerät dar, auf das der Kernel Meldungen ausgeben kann und von dem er (im Ein-Benutzer-Modus) Eingaben entgegen nimmt. Virtuelle Terminals, mit denen normalerweise gearbeitet wird, setzen auf dem Konsole-Treiber auf, deswegen wird ein Konsoletreiber unbedingt benötigt, wenn mit dem Rechner direkt (und nicht ausschließlich z. B. über Netzverbindungen) gearbeitet werden soll.

VGA Text Console Dies ist der klassische Consoletreiber, der mit allen PCs funktioniert. Er sollte unbedingt fest in den Kernel integriert werden, auch wenn beabsichtigt ist, in der Regel einen anderen Konsoletreiber zu verwenden. Empfehlung: *y*.

Video mode selection support Diese Option ermöglicht es, Linux zur Startzeit mitzuteilen, welcher Videomodus benutzt werden soll. Mit dem Paramter *vga=ask* kann sogar ein Menü zur Auswahl des Videomodus angezeigt werden. Empfehlung: *y*.

Support for frame buffer devices Ein Framebuffergerät stellt eine standardisierte Schnittstelle dar, über die Programme die Videohardware des Rechners ansprechen können. Zur Zeit existieren einige Programme, die Framebuffer benutzen, darunter ein X-Server, dessen Einsatz sich empfiehlt, wenn kein anderer X-Server die vorhandene Hardware direkt unterstützt.

Die Verwendung des Framebuffertreibers ist bei einigen (nicht-PC) Rechnerarchitekturen zwingend notwendig, bei PCs ist sie mit Vor- und Nachteilen verbunden. Auf der einen Seite lässt sich die Konsole mit dem Framebuffertreiber in verschiedenen Auflösungen betreiben, die mit dem Standard-VGA-Treiber nicht möglich sind. Auf der anderen Seite kann es zu Problemen kommen, wenn andere Programme (z. B. ein X-Xserver) direkt auf die Videohardware zugreifen.

Wenn Sie den Framebuffertreiber verwenden wollen, benötigen Sie zusätzlich einen Hardwaretreiber für die im Rechner vorhandene Videokarte, den Sie auswählen können, nachdem Sie diese Option aktiviert haben. Zur Verfügung stehen ein Treiber für VESA-2.0 kompatible Graphikkarten sowie einige Treiber für spezielle Karten. Viele moderne Video-Karten sind heute VESA-2.0 kompatibel. Der Framebuffer lässt sich mit dem Programm *fbset* aus dem gleichnamigen Paket kontrollieren. Eine Reihe von Hardwaretreibern für Framebuffergeräte kann nur zur Startzeit des Systems initialisiert werden. Dem Kernel muss deswegen über einen entsprechenden Bootparameter zur Startzeit mitgeteilt werden, ob der normale VGA-Modus oder der Framebuffertreiber (und in welcher Auflösung) benutzt werden soll. Hierzu ist es erforderlich, die Option *Video mode selection support* ausgewählt zu haben. Die Auswahl kann dann mit dem Bootparameter *vga=* geschehen.

Im Unterverzeichnis *fb* des Dokumentationsverzeichnisses vom Kernelquellcode befinden sich Textdokumente, die Videomodi der einzelnen Hardwaretreiber beschreiben. Weitere Informationen zur Verwendung des Framebuffertreibers finden Sie im Framebuffer-HOWTO (Datei */usr/share/doc/en-txt/Framebuffer-HOWTO.txt.gz*, Paket *doc-linux-text*). Empfehlung: *n*.

Sound In dieser Gruppe befinden sich die Treiber für Soundkarten sowie weitere Optionen, mit denen das Verhalten dieser Geräte beeinflusst werden kann. Wenn Sie eine vom Kernel unterstützte Soundkarte besitzen, sollten Sie zunächst die allgemeine Option *Sound Card Support* aktivieren. In den allermeisten Fällen ist zu empfehlen, diese Unterstützung in Form von Modulen zu übersetzen. Auf diese Weise lassen sich leicht unterschiedliche Treiber mit unterschiedlichen Parametern ausprobieren. Wenn Sie eine Plug-and-Play-Karte verwenden, **müssen** Sie die Soundunterstützung als Modul erstellen. Solche Karten können nämlich erst angesprochen werden, nachdem Sie durch die Plug-and-Play-Software (aus dem Paket *isapnptools*) initialisiert worden sind.

Es gibt zwei weitere Familien von Soundtreibern für Linux, die nicht im Kernelquellcode vorhanden sind, nämlich zum einen die kommerziellen Treiber des Open-Sound-Systems der Firma 4Front Technologies, die unter der Web-Adresse http://www.opensound.com bezogen werden können und zum anderen die Soundtreiber des ALSA-Projekts, die mit den Debian-Paketen *alsa-modules-(Kernel-Version)* zur Verfügung gestellt werden. Wenn Sie die ALSA-Treiber verwenden wollen, sollten Sie zusätzlich zu dem Modul-Paket die Pakete *alsautils* und *alsaconf* installieren, um die Treiber verwenden und konfigurieren zu können. Weitere Informationen zum ALSA-Projekt sind unter der Adresse http://www.alsa-project.org verfügbar.

Nachdem Sie die Soundunterstützung aktiviert haben, können Sie aus einer Reihe von Treibern für verschiedene Soundkarten wählen. In einigen Fällen kann es vorkommen, dass für Ihre Karte mehrere Treiber in Frage kommen. Sie sollten dann beide möglichen Treiber als Module kompilieren und später ausprobieren, mit welchem Modul Sie die besten Ergebnisse erzielen. Beachten Sie, dass Sie die freien Treiber des Open-Sound-Systems (OSS) erst auswählen können, wenn Sie die Option *OSS sound modules* ausgewählt haben.

Bei manchen Soundkarten ist es erforderlich, dass Sie die Namen von Dateien mit der Firmware für die entsprechende Karte angeben. Bei der Firmware handelt es sich um Programmcode, der während der Initialisierung der Karte auf die Karte übertragen wird und sie dann steuert. Dieser Code untersteht oft besonderen Copyright-Bestimmungen und ist deswegen nicht im Kernel enthalten. In der Hilfe zu den entsprechenden Optionen sollten sich Hinweise befinden, wie die Firmware-Dateien bezogen werden können.

Sofern Sie die Soundunterstützung fest in den Kernel integrieren, müssen Sie bei vielen Karten angeben, welche Hardwareressourcen von diesen Karten benutzt werden sollen. Diese Angaben müssen mit den tatsächlichen Einstellungen der entsprechenden Karten übereinstimmten, die u. U. durch Jumper auf der Karte oder durch das Programm *isapnp* vorgenommen werden müssen. Bei Verwendung von Modulen müssen diese Angaben zum Zeitpunkt des Ladens der Module in Form von Modulparametern übergeben werden.

In der Optionsgruppe *Additional low level sound drivers* finden Sie einige weitere Treiber für Soundkarten. In einigen Fällen müssen Sie zunächst die Basisunterstützung für eine Karte wählen und können danach Treiber für spezielle Eigenschaften Ihrer Karte auswählen. So muss beispielsweise bei Soundkarten vom Typ Soundblaster AWE32 zunächst die Unterstützung für Soundblaster-kompatible Karten in der Gruppe *Sound* aktiviert werden, um die Basisfunktionalität zu erhalten. Zusätzliche Eigenschaften dieses Kartentyps können dann in der Gruppe *Additional low level sound drivers* mit der Option *AWE32 synth* angewählt werden.

Kernel Hacking In dieser Optionsgruppe befindet sich lediglich die Option *Magic SysRq key*. Mit einem Kernel, der mit dieser Option übersetzt wurde, lassen sich durch verschiedene, jeweils mit den Tasten ALT-DRUCK begonnene, Tastenkombinationen unterschiedliche Aktionen auslösen. Dies ist auch dann oft noch möglich, wenn das System ansonsten nicht mehr auf Benutzereingaben reagiert. Mit dieser Option besteht beispielsweise die Möglichkeit, den Festplattencache sofort zurückzuschreiben, Prozesse zu beenden oder das System neu zu starten. Näheres hierzu finden Sie in der Datei *sysrq.txt* im Dokumentationsverzeichnis des Kernelquellcodes. Für Kernel, die in Produktionsumgebungen eingesetzt werden sollen, wird diese Option nicht empfohlen.

11.4 Übersetzen des Kernels

Nachdem Sie den Kernel konfiguriert und die Konfiguration abgespeichert haben, können Sie ihn übersetzen. Dieser Schritt lässt sich am einfachsten durchführen, wenn Sie die Pakete *kernel-package* und *fakeroot* installiert haben. Geben Sie dann folgenden Befehl ein:

```
joe@debian:~$ fakeroot make-kpkg kernel_image --revision=angepasst.1
```

Das Programm *fakeroot* ruft das mit dem ersten Argument angegebene Programm (hier also *make-kpkg*) auf, wobei das aufgerufene Programm einige Aktionen so ausführen kann, als würde es mit den Rechten des Administrators ausgeführt werden. Dies ist bei der Erstellung von Debian-Paketen notwendig. Über die Angabe des Arguments *kernel_image* wird *make-kpkg* mitgeteilt, alle Schritte durchzuführen, die notwendig sind, ein Debian-Paket zu erstellen, das die Abbilddatei des neuen Kernels sowie die ausgewählten Module enthält.

Die Übersetzung des Kernels kann auf langsamen Rechnern durchaus eine gewisse Zeit in Anspruch nehmen und beansprucht einige Komponenten des Rechners sehr. Bei fehlerhafter Hardware kommt es gelegentlich zu Fehlermeldungen der folgenden Art:

```
gcc: Internal compiler error: program cc1 got fatal signal 11
```

Ursachen für diesen Fehler sind in der Regel ein übertakteter Prozessor, fehlerhafter Cache-Speicher oder fehlerhafter RAM-Speicher. Mehr Informationen hierzu finden Sie unter der Web-Adresse http://www.BitWizard.nl/sig11/.

11.4.1 Revisionsnummern für Kernelpakete

Die Option *--revision=angepasst.1* bewirkt, dass die Revisionsnummer des zu erstellenden Debian-Pakets *angepasst.1* lautet. Die Verwendung dieser Option ist aus zwei Gründen sinnvoll:

1. Ohne die Angabe einer Revisionsnummer verwendet *make-kpkg* die Versionsnummer *1.0*. Wenn das System regelmäßig aktualisiert wird, kann es allerdings passieren, dass auf einer Installationsquelle (also etwa einem Server mit Debian-Paketen) das gleiche Paket mit einer höheren Versionsnummer zur Verfügung steht. Dies würde dazu führen, dass Paketmanagementprogramme wie *apt-get* oder *dselect* den eigenen, angepassten

Kernel u. U. überschreiben würden, weil sie davon ausgehen, es handle sich bei den Paketen um eine aktualisierte Fassung des installierten Pakets. Weil mit Buchstaben beginnende Revisionsnummern vom Paketmanager höher als solche eingestuft werden, die mit Zahlen beginnen und die offiziellen Kernel-Image-Pakete in der Regel nur Zahlen als Revisionsnummer verwenden, stellen Sie so sicher, dass der angepasste Kernel nicht überschrieben wird.
2. Wenn Sie Kernel für verschiedene Rechner erstellen, werden diese u. U. unterschiedlich konfiguriert sein. Mit Revisionsnummern wie *printserver1.0* oder *arbeitsplatz2.0* können Sie die erstellten Debian Pakete leicht voneinander unterscheiden.

Bei der Auswahl von Revisionsnummern ist zu beachten, dass diese nur aus Buchstaben, Zahlen sowie den Zeichen +, -, und . bestehen dürfen. Revisionsnummern sollten einen Punkt enthalten.

Weitere Verwendungen für *make-kpkg*

Das Programm *make-kpkg* stellt eine Anzahl weiterer Optionen bereit, mit denen sich – neben dem Kernel-Image – andere Debian-Pakete erzeugen lassen, dies sind u. a.:

kernel_source Erstellt ein Debian-Paket mit dem Kernelquellcode.
kernel_headers Erstellt ein Debian-Paket mit den Header-Dateien des Kernels. Diese Dateien werden während der Übersetzung von einigen Kernel-nah programmierten Programmen benötigt.
kernel_doc Erstellt ein Debian-Paket mit den Dokumentationsdateien des Kernels.

Weitere Optionen und Anwendungen von *make-kpkg* sind in der Manual-Seite zu dem Programm beschrieben. Die mit den oben genannten Optionen erzeugbaren Debian-Pakete sind auch in der Standarddistribution vorhanden. Wenn Sie diese Pakete selbst erstellen, sollten Sie immer die gleiche Revisionsnummer verwenden, die Sie auch bei Erstellung des Kernel-Image benutzt haben.

11.4.2 Übersetzen der Kernelquellen ohne *make-kpkg*

Der Vollständigkeit halber wird hier kurz beschrieben, wie sich der Kernel ohne Verwendung von *make-kpkg* übersetzen lässt. Dazu sind die folgenden Befehle nacheinander aufzurufen:

```
joe@debian:~$ make dep
```

Der Befehl erzeugt oder aktualisiert die Abhängigkeiten der Quellcodedateien untereinander. Das Programm *make* kann anhand dieser Abhängigkeiten entscheiden, welche Quellcodedateien neu übersetzt werden müssen.

```
joe@debian:~$ make clean
```

Hiermit werden alle Überbleibsel einer vorhergehenden Kernelerzeugung gelöscht.

```
joe@debian:~$ make bzImage
```

Erzeugt die Abbilddatei des Kernels (*bzImage* steht für big compressed Image). Sie befindet sich hinterher im Unterverzeichnis *arch/i386/boot*. Alternativ kann der Befehl *make bzdisk* benutzt werden, um die Kerneldatei zu erzeugen und Sie auf eine Diskette zu schreiben, mit welcher der Rechner dann gebootet werden kann, um den neuen Kernel auszuprobieren.

```
joe@debian:~$ make modules
```

Erzeugt die benötigten Kernelmodule.

```
debian:~# make install
```

Installiert den Kernel direkt und unter Umgehung des Paketmanagers. Dies wird für ein Debian-System nicht empfohlen.

```
debian:~# make modules_install
```

Installiert die Kernelmodule direkt und unter Umgehung des Paketmanagers. Dies wird ebenfalls nicht empfohlen.

11.5 Installation eines neuen Kernels

11.5.1 Vorbereitung der Installation

Erstellung einer Bootdiskette Bevor Sie den neuen Kernel installieren, sollten Sie sicherstellen, dass Sie das System im Notfall weiterhin mit dem alten Kernel starten können. Hierzu sollten Sie eine Bootdiskette mit dem alten Kernel erstellen. Legen Sie dazu eine Diskette in das erste Diskettenlaufwerk (*/dev/fd0*) ein und geben Sie dann folgenden Befehl ein:

```
debian:~# mkboot /vmlinuz
```

Achtung: Durch diesen Befehl werden alle Daten auf der Diskette gelöscht.

Der Befehl muss mit Root-Rechten ausgeführt werden. Der Parameter */vmlinuz* spezifiziert die Kerneldatei, die für die Bootdiskette benutzt werden soll. Standardmäßig ist */vmlinuz* ein symbolischer Link auf den aktuell benutzten Kernel. Wenn Sie Ihren Kernel an einer anderen Stelle haben, müssen Sie den Befehl entsprechend anpassen. Entfernen Sie die Diskette aus dem Laufwerk, nachdem der Befehl abgeschlossen ist.

Bei Verwendung von LILO Wenn Sie den Bootloader LILO verwenden, können Sie ihn so konfigurieren, dass Sie beim Systemstart zwischen altem und neuem Kernel auswählen können. Öffnen Sie dazu die Datei */etc/lilo.conf* mit Rootrechten in einem Editor.
In der Datei sollte sich ein Abschnitt befinden, der ungefähr folgendermaßen aussieht:

```
image=/vmlinuz
   label=Linux
   read-only
```

Der Dateiname hinter *image=* bezeichnet dabei den Namen der zu startenden Kerneldatei und der Wert hinter *label=* den Namen, mit dem dieser Kernel beim Systemstart ausgewählt werden kann. Nach der Installation eines neuen Kernelpakets ist die Datei */vmlinuz* ein symbolischer Link auf den installierten Kernel und */vmlinuz.old* ein symbolischer Link auf den vorher benutzten Kernel. Reproduzieren Sie den oben gezeigten Abschnitt für den alten Kernel folgendermaßen:

```
image=/vmlinuz
   label=Linux
   read-only
image=/vmlinuz.old
   label=LinuxAlt
   read-only
```

Beachten Sie, dass der zuerst genannte Eintrag den Kernel bezeichnet, der standardmäßig gestartet wird. Wenn Sie nun beim Systemstart den alten Kernel verwenden möchten, drücken Sie die Taste TAB, während die Buchstaben LILO erscheinen und geben dann *LinuxAlt* ein.

Achtung: Dieses Verfahren funktioniert nicht, wenn Sie einen neuen Kernel der *gleichen* Kernelversion installieren, also z. B. einen 2.2.14-Kernel, der mit anderen Optionen übersetzt wurde als der bisher installierte 2.2.14-Kernel. Kopieren Sie in diesem Fall den alten Kernel manuell an einen sicheren Ort und legen Sie einen entsprechenden Eintrag in der Datei */etc/lilo.conf* an oder verwenden Sie eine Bootdiskette.

Bei Verwendung anderer Bootloader Wenn Sie Linux nicht mit LILO starten, sollten Sie ebenfalls die Konfiguration Ihres Bootloaders so anpassen, dass Sie zwischen alten und neuem Kernel wählen können. Benutzer von *loadlin* müssen den neu installierten Kernel in den meisten Fällen nach der Installation auf eine DOS-Partition kopieren.

11.5.2 Durchführung der Installation

Die Datei des von *make-kpkg* erzeugten Debian-Paket wird in dem Verzeichnis abgelegt, in dem sich auch das Basisverzeichnis des Kernelquellcodes befindet. Wechseln Sie also zunächst in dieses Verzeichnis.

```
joe@debian:~$ cd ..
```

Unabhängig davon, ob Sie einen eigenen Kernel als Debian-Paket erzeugt haben oder einen Standardkernel der Distribution verwenden, kann dieser Kernel – wie jedes andere Debian-Paket – mit dem folgenden Befehl installiert werden:

```
debian:~# dpkg --install kernel-image-2.2.14_angepasst.1_i386.deb
```

Für diesen Befehl benötigen Sie Rootrechte. Wenn Sie eine andere Quellcodeversion als 2.2.14 oder eine andere Revisionsnummer als *angepasst.1* benutzt haben, heißt das erzeugte Debian-Paket entsprechend anders und Sie müssen den Dateinamen in dem Befehl anpassen.

Installation eines neuen Kernels der gleichen Version Bevor der Kernel tatsächlich installiert wird, überprüft das *preinst*-Skript des Pakets, ob bereits ein Kernel der gleichen Version installiert ist. Falls dies der Fall ist, erfolgt ein Hinweis, dass es hierdurch zu Problemen kommen kann, wenn sich die Module des bereits installierten Kernels von denen im zu installierenden Paket unterscheiden. In einer solchen Situation sollten Sie dem Vorschlag des Skripts folgen und die Installation abbrechen. Verschieben Sie dann dass Modulverzeichnis des alten Kernels an einen anderen Ort, indem Sie folgenden Befehl eingeben:

```
debian:~# mv /lib/modules/2.2.14 /lib/modules/2.2.14.old
```

2.2.14 entspricht hierbei der Versionsnummer des betreffenden Kernels. Installieren Sie den neuen Kernel danach erneut. Weil in diesem Fall nach der Installation des neuen Kernels die Eigenschaften des laufenden Kernels u. U. nicht mehr mit den Modulen im Modulverzeichnis übereinstimmen, sollten Sie nach Abschluss der Installation sobald wie möglich einen Neustart des Systems durchführen. Das Sicherungsverzeichnis können Sie löschen, sobald gewährleistet ist, dass der neue Kernel richtig funktioniert.

Erstellung einer Bootdiskette Während der Konfigurationsphase des Kernelpakets erhalten Sie die Möglichkeit, eine Bootdiskette mit neu installiertem Kernel anzulegen. Dies ist im allgemeinen zu empfehlen. Zu diesem Zweck ist die entsprechende Frage mit *yes* zu beantworten und anzugeben, welches Diskettenlaufwerk benutzt werden soll (normalerweise 0 für */dev/fd0*).

Wenn Sie das Paket *fdutils* installiert haben, erfolgt die Frage, ob die Diskette formatiert werden soll. Auch diese Frage sollte mit *Yes* beantwortet werden. Dadurch werden alle Daten auf der Diskette gelöscht! Dann ist die Diskette in das Laufwerk zu legen und EINGABE zu drücken. Die Diskette sollte nach Beendigung der Installation aus dem Laufwerk entfernt werden.

Installation von LILO Wenn LILO auf dem System installiert ist, überprüft das Skript, ob bereits eine Konfigurationsdatei für LILO existiert und fragt in diesem Fall, ob ein neuer Bootblock mit den bestehenden Konfigurationseinstellungen installiert werden soll.

> **Achtung:** Dieser Schritt ist notwendig, damit LILO den neu installierten Kernel bei Start des Systems booten kann.

Beachten Sie, dass sich in der Datei */etc/lilo.conf* dazu ein Eintrag für den neuen Kernel befinden muss. Der normalerweise benutzte Eintrag *image=/vmlinuz* ist ausreichend.

Sofern LILO installiert ist, aber noch keine Konfigurationsdatei vorhanden ist, erfragt das Skript, ob eine Standardkonfigurationsdatei erstellt werden soll und der Bootblock dann mit der neu erstellten Datei erzeugt werden soll. In diesem Fall spricht die Tatsache, dass keine Datei */etc/lilo.conf* existiert, dafür, dass LILO nicht zum Starten des Systems benutzt werden soll. Es wird deswegen hier empfohlen, den Bootloader **nicht** während der Installation des Kernels zu konfigurieren und zu installieren. Weitere Hinweise zur Konfiguration von LILO finden Sie in Kapitel 10.3 auf Seite 293. Sie müssen den neuen Kernel dann zunächst mit einer Bootdiskette oder anderweitig (z. B. mit *loadlin*) starten.

11.6 Starten des neuen Kernels

Nach erfolgreicher Installation eines neuen Kernels muss das System neu gestartet werden, um den neuen Kernel zu laden. Bevor Sie diesen Schritt durchführen, sollte nochmals geprüft werden, ob die Voraussetzungen erfüllt sind, sowohl den alten als auch den neuen Kernel starten zu können. Wenn dies nämlich nicht möglich ist, kann es passieren, dass das System nicht mehr startbar ist und deswegen auch keine Möglichkeit besteht, einen korrigierten Kernel zu erstellen.

- Wenn LILO zum Starten des Systems benutzt wird, sollte sich in der Datei */etc/lilo.conf* jeweils ein Eintrag für den alten und für den neuen Kernel befinden. Nach manueller Änderung dieser Datei **muss** das Programm */sbin/lilo* aufgerufen werden!
- Wenn Loadlin zum Starten des Systems benutzt wird, sollten sich die Abbilddateien des alten und des neuen Kernels im Loadlin-Verzeichnis auf der richtigen DOS-Partition befinden.
- In jedem Fall sollten Bootdisketten mit dem alten und dem neuen Kernel zur Verfügung stehen.

Wenn Sie den neuen Kernel zunächst von einer Diskette booten wollen, legen Sie die entsprechende Diskette in das Laufwerk. Beachten Sie, dass das BIOS des Rechners dann so eingestellt sein muss, dass es zunächst versucht, den Rechner vom Diskettenlaufwerk aus zu starten. Um einen Neustart des Rechners durchzuführen, schließen Sie zunächst alle Programme und geben dann den folgenden Befehl ein:

    debian:~# **reboot**

Nach erfolgtem Neustart des Kernels, können Sie überprüfen, ob der richtige Kernel gestartet wurde, in dem Sie den folgenden Befehl verwenden:

    joe@debian:~$ **dmesg | head -1**

Die Ausgabe dieses Befehls sieht ungefähr folgendermaßen aus:

    Linux version 2.2.14 (root@beethoven) (gcc version 2.95.2) #3 SMP Sun Jan
         16 14:32:35 CET 2000

Anhand des angezeigten Datums sowie der E-Mail-Adresse lässt sich schnell feststellen, ob es sich um den richtigen Kernel handelt.

11.6.1 Mögliche Probleme

Es erfolgt keine Ausgabe auf dem Bildschirm Die wahrscheinlichste Erklärung für diesen Fehler ist, dass sich der Treiber für die Konsole nicht im Kernel befindet. Booten Sie den alten Kernel und stellen Sie sicher, dass in der Optionsgruppe *Character Devices* die Option *Virtual Terminal* ausgewählt ist sowie in der Optionsgruppe *Console Drivers* die Option *VGA text console* aktiviert ist. Übersetzen und Installieren Sie den Kernel dann erneut.

Kein Zugriff auf das Rootdateisystem Wenn der neu erzeugte Kernel normal startet, jedoch mit einer Meldung der Art:

```
VFS: Unable to mount root fs on 0807
```

stehen bleibt und diese Meldung mit dem alten Kernel nicht aufgetreten ist, dann haben Sie wahrscheinlich vergessen, die Treiber für den Zugriff auf das Rootdateisystem fest in den Kernel zu integrieren.
Starten Sie das System mit dem alten Kernel und überprüfen Sie, ob sich die Unterstützung für IDE- bzw. SCSI-Adapter im Kernel befindet, ob der richtige Hardwaretreiber für den im Rechner vorhandenen Adapter im Kernel ist und ob der Treiber für das Ext2-Dateisystem einkompiliert wurde.

Module können beim Systemstart nicht geladen werden Wenn Sie bestimmte Treiber bisher automatisch während des Systemstarts aus Modulen geladen haben und diese Treiber beim neuen Kernel entweder nicht mehr vorhanden sind oder fest in den Kernel integriert worden sind, treten beim Systemstart u. U. Fehlermeldungen der folgenden Art auf:

```
Loading modules: foobar modprobe: Can't locate module foobar
```

Wobei *foobar* durch den Namen eines Moduls zu ersetzen ist, das nicht geladen werden kann. Bei diesen Fehlermeldungen handelt es sich um reine „Schönheitsfehler". Module, die beim Systemstart geladen werden sollen, sind in der Datei */etc/modules* eingetragen. Um diese Fehlermeldungen in Zukunft zu vermeiden, können Sie die Datei mit einem Texteditor (als Administrator) öffnen und die Einträge entweder löschen oder auskommentieren, in dem Sie ihnen ein Doppelkreuz (#) voranstellen.

Treiber werden nicht geladen In einigen Fällen ist es notwendig, Treibern Parameter zu übergeben, damit diese die von ihnen kontrollierte Hardware richtig erkennen können. Wenn solche Treiber mit dem alten Kernel in Form von Modulen geladen wurden, so haben Sie die entsprechenden Parameter wahrscheinlich mit dem Programm *modconf* angegeben. Die entsprechenden Parameter sollten sich dann in der Datei */etc/modutils/modconf* befinden. Dieses Verfahren funktioniert nicht mit Treibern, die sich fest im Kernel befinden. Die Parameter müssen solchen Treibern am Bootprompt übergeben werden. Bei Verwendung von LILO können Parameter durch eine *append*=-Zeile übergeben werden. Mehr Informationen hierzu finden Sie in Kapitel 12.2, ab Seite 346.

11.7 Aktualisieren des Kernels mit Patchdateien

Neben komprimierten Tar-Archiven mit dem Kernelquellcode werden im Internet (z. B. unter http://www.kernel.org) so genannte Patchdateien bereitgestellt, mit denen der vorhandene Quellcode von einer älteren Version auf eine neuere aktualisiert werden kann. Diese Patchdateien liegen ebenfalls in komprimierter Form vor und sind in der Regel deutlich kleiner als die kompletten Archive. Durch die Verwendung dieser Dateien lässt sich also unnötige Online-Zeit einsparen.
Es ist allerdings nicht empfehlenswert, den durch die *kernel-source*-Pakete bereitgestellten Quellcode mit Patchdateien zu aktualisieren. Der von Debian bereitgestellte Quellcode enthält nämlich bereits Änderungen gegenüber

der offiziellen Version des Quellcodes. Die in den Patchdateien beschriebenen Änderungen lassen sich deswegen u. U. nicht auf diesen Quellcode anwenden.

Patchdateien werden immer zur Aktualisierung von einer Kernelversion auf die Nächste angeboten. Wenn also von einem Kernel der Version 2.2.13 auf die Version 2.2.15 aktualisiert werden soll, dann wird ein Patch zur Aktualisierung von 2.2.13 auf 2.2.14 und ein weiterer zur Aktualisierung von 2.2.14 auf 2.2.15 benötigt.

Die Patchdateien liegen auf dem Server www.kernel.org im gleichen Verzeichnis wie die kompletten Archive. Sie tragen in der Regel Dateinamen wie *patch-2.2.14.bz2*, wenn sie mit dem Programm *bzip2* komprimiert wurden oder *patch-2.2.14.gz*, wenn Sie mit *gzip* komprimiert wurden. Die Versionsnummer bezeichnet die Version des Kernels, auf die mit dem Patch aktualisiert werden kann. Es wird empfohlen, die *bzip2*-Variante zu verwenden, weil mit diesem Programm höhere Kompressionsraten erzielt werden und die Dateien deswegen kleiner sind.

Zur Anwendung eines Patches sind folgende Schritte durchzuführen. Zunächst ist die Patchdatei zu dekomprimieren.

    joe@debian:~$ **bunzip2 patch-2.2.14.bz2**

Die Verwendung dieses Befehls setzt voraus, dass sich die Patchdatei im aktuellen Arbeitsverzeichnis befindet. Der Dateiname *patch-2.2.14.bz2* ist natürlich an die tatsächlich benutzte Patchdatei anzupassen. Im Falle einer mit *gzip* (S. 663) komprimierten Patchdatei ist anstelle von *bunzip2* das Programm *gunzip* zu verwenden.

Im nächsten Schritt muss in das Basisverzeichnis des Kernelquellcodes gewechselt werden. Vorausgesetzt, der Name dieses Verzeichnisses lautet *linux-2.2.13* und es befindet sich unterhalb des aktuellen Arbeitsverzeichnisses, kann dazu folgender Befehl eingegeben werden:

    joe@debian:~$ **cd linux-2.2.13**

Der Patch kann dann durch die Eingabe des folgenden Befehls angewandt werden:

    joe@debian:~$ **patch -p1 < ../patch-2.2.14**

Dies setzt voraus, dass sich der Patch eine Verzeichnisebene unter dem Basisverzeichnis des Kernelquellcodes befindet. Der Dateiname *patch-2.2.14* ist auch hier entsprechend anzupassen. Wenn mit mehreren Patchdateien, über mehrere Versionen hinweg aktualisiert werden soll, so sind die einzelnen Patches in der Reihenfolge ihrer Versionsnummern anzuwenden, wobei der Patch mit der niedrigsten Versionsnummer zuerst benutzt werden muss. Nach Anwendung des Patches sollte der Name des Quellcodeverzeichnisses der neuen Version angepasst werden. Bedenken Sie, dass dann auch u.Ü. der symbolische Link */usr/src/linux* aktualisiert werden muss. Im Fall der Aktualisierung von Version 2.2.13 auf 2.2.14 kann dies mit folgenden Befehlen geschehen:

```
cd ..
mv linux-2.2.13 linux-2.2.14
rm /usr/src/linux
ln -s 'pwd'/linux-2.2.14 /usr/src/linux
cd linux-2.2.14
```

Die Befehle sind bei Verwendung anderer Verzeichnisnamen entsprechend anzupassen. Nach Anwendung des Patches empfiehlt es sich, den Quellcodebaum von alten temporären Dateien zu bereinigen:

    joe@debian:~$ **make clean**

Zum Schluss muss die Konfiguration des Quellcodes an die neue Version angepasst werden. Dies kann – wie gewohnt – beispielsweise mit *make menuconfig* oder durch den Befehl

    joe@debian:~$ **make oldconfig**

geschehen. Nach Eingabe dieses Befehls werden nur solche Fragen gestellt, die bei der alten Version noch nicht vorhanden waren und deswegen noch nicht beantwortet wurden.

12. Konfiguration von Kernel und Modulen

12.1 Einleitung

Wie vielen gewöhnlichen Programmen auch, können dem Kernel zum Zeitpunkt, zu dem er gestartet wird, Parameter übergeben werden, mit dem sein Verhalten beeinflusst werden kann. Die meisten dieser Parameter dienen dazu, bestimmten Hardwaretreibern, die sich im Kernel befinden, mitzuteilen, wo sich die von ihnen gesteuerte Hardware befindet, wie sie zu initialisieren oder wie sie im weiteren zu betreiben ist. Eine Reihe anderer Parameter beeinflusst allerdings direkt das Verhalten des Kernels.

Eng verwandt mit den Kernelparametern sind Parameter, die beim Laden eines Kernelmoduls übergeben werden. Ein Kernelmodul ist ein dynamisch ladbarer Teil des Kernels, das diesen um bestimmte Eigenschaften ergänzt. Die meisten Treiber und eine Reihe anderer Kernelkomponenten können wahlweise fest in den Kernel integriert sein oder als Modul vorliegen (siehe Kapitel 11). Kernelteile, die in Form von Modulen vorliegen, stehen zur Startzeit des Kernels noch nicht zur Verfügung und können erst nach seinem Start bei Bedarf ge- und entladen werden.

Wenn nun beispielsweise ein bestimmter Hardwaretreiber einen Hinweis benötigt, welche Ein- und Ausgabeadresse die von ihm gesteuerte Hardwarekomponente verwendet um diese richtig zu initialisieren, dann muss dem Treiber diese Information in Form eines Kernelparameters übergeben werden, wenn er sich fest im Kernel befindet. Liegt der Treiber jedoch in Form eines Moduls vor, dann wird die entsprechende Komponente nicht während des Systemstarts initialisiert und diese Information deswegen dann nicht benötigt. Der betreffende Parameter für den Treiber kann dann später beim Laden des Moduls angegeben werden.

Die Art, wie Parameter für Kernelbestandteile angegeben werden, unterscheidet sich abhängig davon, ob der betreffende Bestandteil fest im Kernel vorhanden ist oder als Modul vorliegt. Beim Laden eines Moduls werden die Parameter an der Kommandozeile des Modulladeprogramms übergeben. Ein Kernelparameter muss hingegen vom Bootloader (z. B. LILO oder Loadlin) übergeben werden. In vielen Fällen unterscheidet sich auch die Syntax der Parameterübergabe zwischen den beiden Fällen. Darüberhinaus können einer Reihe von Modulen Optionen übergeben werden, die nicht zur Verfügung stehen, wenn sich der betreffende Bestandteil fest im Kernel befindet.

In diesem Kapitel soll zunächst dargestellt werden, wie Kernel- und Modulparameter übergeben und fest eingestellt werden können. Im weiteren werden dann die wichtigsten allgemeinen und Hardwarespezifische Parameter beschrieben. Grundsätzlich sollte beachtet werden, dass die meisten Treiber über so genanntes „Autoprobing" verfügen, d. h. sie können selber erkennen, welche Ressourcen sie zu verwenden haben und wie die betreffende Hardware zu initialisieren ist. Durch die explizite Angabe zu verwendender Ressourcen mittels Parametern wird das Autoprobing normalerweise abgeschaltet. Die Parameter müssen also stimmen, damit die Initialisierung des betreffenden Treibers funktioniert.

Im Zweifelsfall empfiehlt es sich immer, einen Treiber ohne die Angabe von Parametern zu laden und auf das Autoprobing zu vertrauen. Erst, wenn hiermit nicht die gewünschten Ergebnisse erzielt werden, sollte man versuchen, die betreffende Kernelkomponente auf die zu verwendenden Ressourcen hinzuweisen.

12.2 Der Bootprompt – Übergabe von Parametern an den Kernel

Wie beschrieben, müssen die Kernelparameter zur Verfügung stehen, bevor der Kernel gestartet ist. Es stellt sich die Frage, wie das geschehen kann, weil zu diesem Zeitpunkt ja noch kein Betriebssystem zur Verfügung steht und somit auch keine gewöhnliche Shell (also z. B. ein Kommandozeileninterface), an der Parameter eingegeben werden können, vorhanden ist.

Bootloader wie LILO oder Syslinux stellen deswegen eine eigene einfache Kommandozeile zur Verfügung, die nur der Auswahl des zu startenden Kernels und vor allem der Übergabe von Parametern an den Kernel dient. Bei Verwendung von Loadlin ist die Situation etwas anders. Weil es sich bei Loadlin um ein DOS-Programm handelt, steht eine Shell (der DOS-Kommandointerpreter *command.com*) zur Verfügung und Kernelparameter können an der Loadlin-Kommandozeile (oder durch eine Parameterdatei) übergeben werden. Mehr über die Einrichtung von Bootloadern finden Sie in Kapitel 10.

Neben einer Schnittstelle, mit der Kernelparameter beim Systemstart angegeben werden können, können die drei genannten Bootloader alle so konfiguriert werden, dass regelmäßig benötigte Parameter automatisch übergeben werden. Dies ist dann hilfreich, wenn bestimmte Parameter erforderlich sind, um das System überhaupt starten zu können und der Systemstart automatisch erfolgen soll.

Im allgemeinen ist es zu empfehlen, Parameter zunächst manuell zu übergeben und auszuprobieren, ob sie die gewünschte Wirkung zeigen. Wenn dies der Fall ist, kann der Bootloader der Wahl dann so konfiguriert werden, dass er die benötigten Parameter automatisch übergibt.

12.2.1 Syntaktischer Aufbau von Kernelparametern

Prinzipiell gibt es zwei Gruppen von Kernelparametern:

- Die eine Gruppe umfasst Parameter, die nur aus einem einzigen Wort bestehen, etwa *no387* oder *debug*. Mit diesen Parametern wird in der Regel eine bestimmte Eigenschaft ein- oder ausgeschaltet.
- Die zweite Gruppe umfasst solche Parameter, die sich aus einem Schlüsselwort, gefolgt von einem Gleichheitszeichen, gefolgt von parameterspezifischen Angaben zusammensetzen. Beispiele hierfür sind *aha152x=0x340,10* oder *video=vesa:ywrap,mtrr*. Diese Parameter dienen meist dazu, bestimmten Treibern Angaben über zu verwendende Hardwareressourcen oder die gewünschte Bedienung der Hardware zu übergeben.

Wenn mehr als ein Parameter übergeben werden soll, sind die einzelnen Parameter durch Leerzeichen voneinander zu trennen. Damit der Kernel die einzelnen Parameter voneinander unterscheiden kann, ist es wichtig, darauf zu achten, dass kein Parameter selbst Leerzeichen enthält. Falsch wäre also folgende Parameterangabe:

```
no387 video=vesa: ywrap,mtrr
```

Der Kernel würde hier von drei Parametern ausgehen und die Angabe *ywrap,mtrr* nicht dem mit *video=* beginnenden Parameter zuordnen. Damit die Parameter richtig interpretiert werden, müsste die Angabe also folgendermaßen aussehen:

```
no387 video=vesa:ywrap,mtrr
```

Der Kernel speichert alle beim Start übergebenen Parameter in der Datei */proc/cmdline*. Anhand dieser Datei lässt sich überprüfen, ob alle Parameter syntaktisch richtig übergeben wurden. Dies kann z. B. mit dem folgenden Befehl geschehen:

```
joe@debian:~$ cat /proc/cmdline
```

Der Ausgabe dieses Befehls ist zu entnehmen, dass dem Kernel, neben den von Ihnen explizit benutzten Parametern, noch weiterer Parameter übergeben worden sind. Hierbei handelt es sich um Parameter, die vom Bootloader automatisch übergeben werden. Beispielsweise übergibt LILO automatisch den Parameter *BOOT_IMAGE=Datei*, wobei für *Datei* der Name der gestarteten Kernelabbilddatei eingesetzt wird.

12.2.2 Kernelparameter und LILO

Der Standardbootloader LILO (siehe Kap. 10.3) implementiert einen Bootprompt, an dem vorkonfigurierte Kernels ausgewählt und diesen Parameter übergeben werden können. Im Normalfall muss LILOs Bootprompt durch Betätigung einer der Tasten SHIFT, STRG oder ALT aktiviert werden. Standardmäßig erscheint der Bootprompt nicht, sondern LILO lädt automatisch einen Kernel mit vorkonfigurierten Parametern.

Manuelle Übergabe von Parametern Angenommen, LILO wurde mit der folgenden Konfigurationsdatei (normalerweise */etc/lilo.conf*) konfiguriert und installiert:

```
boot=/dev/hda2
delay=20
image=/vmlinuz
    root=/dev/hda2
    label=linux
image=/vmlinuz.old
    root=/dev/hda2
    label=linuxAlt
```

Bei dieser Konfiguration stehen zwei Kernels zur Auswahl: */vmlinuz* und */vmlinuz.old*, die sich am Bootprompt mit den Namen *linux* und *linuxAlt* auswählen lassen. Aufgrund der Anweisung *delay=20* wartet LILO zwei Sekunden lang darauf, dass der Bootprompt aktiviert wird und bootet den mit *linux* bezeichneten Kernel automatisch, falls dies nicht geschieht. (LILO wählt diesen Kernel aus, weil er in der Konfigurationsdatei als erstes genannt wurde.) Wenn nun der zweite konfigurierte Kernel *linuxAlt* mit den beiden Parametern *root=/dev/hda6* und *single* gestartet werden soll, so ist der Bootprompt zu aktivieren und folgendes einzugeben:

```
linuxAlt root=/dev/hda6 single
```

Bootparameter sind also hinter den Namen eines vorkonfigurierten Kernels zu schreiben. Beachten Sie, dass zur Entgegennahme von Eingaben an LILOs Bootprompt BIOS-Routinen verwendet werden, die in der Regel von einem US-amerikanischem Tastaturlayout ausgehen. LILO lässt sich allerdings auch für die Verwendung mit anderen Tastaturen konfigurieren (siehe S. 10.3.6).

Automatische Übergabe von Parametern Eine Reihe von Parametern übergibt LILO dem zu startenden Kernel in Abhängigkeit von seiner Konfiguration automatisch. So bewirkt die Anweisung *read-only* in der Konfigurationsdatei */etc/lilo.conf* beispielsweise, dass dem Kernel der Parameter *ro* übergeben wird. Die Anweisung *root=Partitionsname* (also z. B. *root=/dev/hda2*), mit der das vom Kernel einzubindende Rootdateisystem ausgewählt wird, wird ebenfalls als Parameter an den Kernel übergeben.

Darüber hinaus lassen sich alle Parameter durch die *append=*-Anweisung in LILOs Konfigurationsdatei spezifizieren. Um Syntaxfehler zu vermeiden, sollten die mit *append=* übergebenen Parameter durch Anführungszeichen von den übrigen Anweisungen in der Konfigurationsdatei abgegrenzt werden. Wenn es notwendig sein sollte, besonders viele oder lange Parameter zu übergeben, können diese auf mehrere Zeilen der Konfigurationsdatei verteilt werden. Dazu ist an das Ende jeder Zeile, die in der nächsten Zeile fortgesetzt wird ein Backslash zu setzen. Beispiel:

```
boot=/dev/hda2
delay=20
   image=/vmlinuz
   root=/dev/hda2
   append= "aha152x=0x340,10 \
      debug ether=10,0x280"
```

12.2.3 Kernelparameter und Loadlin

Wenn Sie Loadlin (siehe Kap. 10.2.2) verwenden, können die benötigten Kernelparameter direkt an der DOS-Kommandozeile, hinter dem Dateinamen des zu startenden Linux-Kernels angegeben werden. Beispiel:

```
C:\> loadlin vmlinuz root=/dev/hda2 ro ether=10,0x280
```

Leider darf eine Kommandozeile unter DOS nicht länger als 128 Zeichen sein. Bei Verwendung vieler oder langer Parameter reicht dies gelegentlich nicht aus. Die benötigten Parameter sind dann in eine Parameterdatei zu schreiben. Der Name der Parameterdatei wird Loadlin folgendermassen übergeben:

```
C:\> loadlin @params.txt
```

Mehr dazu finden Sie in Kapitel 10.2.2.

12.2.4 Kernelparameter und Syslinux

Syslinux ist der auf den Installations- und Rettungsdisketten (rescue-disk) verwendete Bootloader. Das Programm stellt – wie LILO – einen Bootprompt zur Verfügung, mit welchem der zu startende Kernel ausgewählt werden kann und diesem Parameter übergeben werden können. Syslinux ist auf der Debian-Rettungsdiskette so konfiguriert, dass der Bootprompt in jedem Fall erscheint. Bei anderen Konfigurationen muss er u. U. durch Drücken einer der Tasten SHIFT oder ALT oder durch Aktivierung von SHIFT-LOCK oder ROLLEN explizit angefordert werden.

Am Bootprompt von Syslinux muss zunächst der zu startende Kernel (das ist der Name der Kernelabbilddatei auf der Diskette) gefolgt von eventuell benötigten Optionen angegeben werden. Beispiel:

```
linux root=/dev/hdb2 ro
```

Das Programm ist über eine Datei konfigurierbar. Sie muss den Namen *syslinux.cfg* tragen und sich im Wurzelverzeichnis der Diskette befinden. In dieser Datei lassen sich – ebenfalls wie bei LILO – durch eine *append*-Anweisung standardmäßig zu verwendende Kernelparameter angeben. Ein Beispiel für eine solche Konfigurationsdatei befindet sich auf der Debian-Rettungsdiskette.

12.2.5 Kernelparameter mit *rdev* setzen

Für die Voreinstellungswerte einiger Kernelparameter gibt es genau definierte Positionen in den Kernelabbilddateien. Sie lassen sich deswegen mit einem Werkzeug, dem Programm *rdev* (S. 702), ändern. Zu diesen mit *rdev* einstellbaren Parametern gehört die für das Rootdateisystem zu verwendende Partition oder der standardmäßig zu verwendende Videomodus. Das Programm *rdev* ist nützlich, wenn Linux direkt aus dem Bootsektor einer Diskette gestartet wird und kein Bootloader Verwendung findet, mit dem Parameter übergeben werden können.

12.3 Verarbeitung von Parametern durch den Kernel

Während seiner Startphase untersucht der Kernel jeden Parameter daraufhin, ob er ihn kennt. Wenn dies der Fall ist, wird er an den Teil des Kernels übergeben, der für diesen Parameter „zuständig" ist, dies ist meist ein im Kernel vorhandener Hardwaretreiber. Der betreffende Parameter wird danach als „erledigt" angesehen.
Alle Parameter, die während dieser Phase nicht verarbeitet wurden, werden folgendermaßen behandelt:

- Parameter, die ein Gleichheitszeichen enthalten, werden als Umgebungsvariablen gesetzt. Wenn dem Kernel also beispielsweise der Parameter *doit=yes* übergeben wird, bewirkt dies, dass eine Umgebungsvariable mit dem Namen *doit* erzeugt wird, die den Wert *yes* erhält. Umgebungsvariablen können von Programmen ausgewertet werden (siehe auch Kap. 16.8.4).
- Parameter, die kein Gleichheitszeichen enthalten, werden dem Programm als Argument übergeben, dass vom Kernel als erstes aufgerufen wird. Dies ist in der Regel das Programm *init* (S. 667), welches den Start des Systems organisiert, nachdem die Startphase des Kernels abgeschlossen ist. Ein gutes Beispiel für einen solchen Parameter ist *single*. Dieser Parameter wird nicht direkt von Kernel ausgewertet, sondern an *init* übergeben, dass den Rechner mit diesem Parameters im Single-User-Modus startet (siehe auch Kap. 13).

Parameter für Kernelbestandteile, die nicht in den Kernel integriert wurden, werden vom Kernel nicht erkannt und deswegen wie oben beschrieben behandelt. Achten Sie deswegen darauf, dem Kernel nur solche Parameter zu übergeben, für die sich auch die entsprechenden Bestandteile im Kernel befinden. Wenn Sie einen neuen Kernel erstellen und einen Treiber als Modul übersetzen, der bisher fest im Kernel vorhanden war, müssen Sie die Parameter für diesen Treiber (falls vorhanden) aus der Parameterliste für den Kernel entfernen und diese Parameter nun beim Laden des entsprechenden Moduls übergeben.

12.4 Module

Kernelbestandteile, die in Form von Modulen vorliegen, können zur Laufzeit des Systems manuell ge- und entladen werden. Dabei ist es möglich, über Kommandozeilenargumente Parameter anzugeben, die von den betreffenden Modulen während ihrer Initialisierung ausgewertet werden. In vielen Fällen sind hierbei die gleichen Parameter verwendbar, die als Kernelparameter angegeben werden können, wenn der entsprechende Kernelbestandteil fest integriert ist. In einer Reihe von anderen Fällen unterscheidet sich die zu verwendende Syntax allerding.
Ein großer Vorteil bei der Verwendung von Modulen besteht darin, dass Parameter leichter ausprobiert werden können. Während die Parameter für einen fest integrierten Treiber nur beim Systemstart übergeben werden können, kann ein Modul schnell entladen und mit neuen Parametern wieder geladen werden.

12.4.1 Manuelles Laden und Entfernen von Modulen

Laden von Modulen Zum Laden von Modulen dienen die Programme *insmod* (S. 667) und *modprobe* (S. 687). Sie unterscheiden sich folgendermaßen:

- Das Programm *insmod* lädt ein Modul in den Kernel und übergibt ihm dabei optional an der Kommandozeile übergebene Parameter. Dabei kann es passieren, dass das geladene Modul die Funktionalität eines anderen Moduls benötigt und nicht erfolgreich initialisiert werden kann, weil das andere Modul nicht geladen ist.
- Dieses Problem wird von *modprobe* gelöst. Das Programm greift auf eine Datenbank von Modulabhängigkeiten zu, aus der es entnehmen kann, welche Module vor dem angeforderten Modul zu laden sind. Diese

Datenbank wird während des Systemstarts automatisch durch Aufruf des Programms *depmod* (S. 650) erzeugt. Zusätzlich kann in einer Konfigurationsdatei u. a. angegeben werden, wo Module zu suchen sind, mit welchen Parametern diese zu laden sind oder dass bestimmte Programme vor oder nach dem Laden eines bestimmten Moduls auszuführen sind. Letztere Möglichkeit vereinfacht die Initialisierung von manchen Hardwarekomponenten sehr. So ist es z. B. bei manchen Soundkarten notwendig, so genannte Soundfonts auf die Karte zu laden, bevor bestimmte Eigenschaften genutzt werden können. Der Aufruf des entsprechenden Programms kann dann mit *modprobe* automatisiert werden.

Im allgemeinen sollte also *modprobe* zum Laden von Modulen benutzt werden. Die Programme *insmod* und *modprobe* gehören zum Paket *modutils* und sind Bestandteil jeder Debian GNU/Linux Installation.

Um beispielsweise das Modul zur Unterstützung des CDROM-Dateisystems zu laden, ist folgender Befehl einzugeben:

```
debian:~# modprobe isofs
```

Wenn einem Modul Parameter übergeben werden sollen, sind diese hinter den Modulnamen zu schreiben. Beispiel:

```
debian:~# modprobe aha152x aha152x=0x340,10
```

Das erste Wort *aha152x* bezeichnet hierbei den Modulnamen und das zweite Wort *aha152x=0x340,10* den bereits erwähnten Parameter für diesen Treiber.

Anzeigen geladener Module Zum Anzeigen der bereits geladenen Module dient das Programm *lsmod* (S. 678). Nach Eingabe des Befehls

```
debian:~# lsmod
```

werden die im Kernel befindlichen Module untereinander aufgelistet. Es wird außerdem angezeigt, ob die betreffenden Module zur Zeit benutzt werden. Für Module, die von anderen Modulen benutzt werden, wird weiter ausgegeben, welche Module es sind.

Entfernen geladener Module Zum Entfernen von Modulen können die Programme *rmmod* (S. 708) und *modprobe* (mit dem Parameter -r) benutzt werden. Auch hier empfiehlt sich die Verwendung von *modprobe*, weil dann u. a. auch weitere Module entfernt werden, die nur benötigt wurden, damit das zu entfernende Modul geladen werden konnte.

Um beispielsweise das Modul *isofs* wieder zu entfernen, wäre folgender Befehl einzugeben:

```
debian:~# modprobe -r isofs
```

Hierbei kommt es immer dann zu einem Fehler, wenn das zu entfernende Modul von einem Programm oder einem anderen Modul benötigt wird. Haben Sie beispielsweise eine CDROM in das Dateisystem eingebunden, können Sie den Treiber für das CDROM-Dateisystem nicht entfernen, weil dieser benötigt wird. Sie müssen die CDROM dann zuerst aus dem Dateisystem entfernen und können danach das Modul entfernen.

Modulverwaltung mit *modconf* Eine besonders bequeme Methode zum Laden von Modulen wird mit dem Programm *modconf* bereitgestellt. Das Programm kennen Sie bereits von der Basisinstallation. Es wird auf Seite 72 ff. beschrieben. Mit *modconf* ausgewählte Module werden während des Systemstarts geladen und bleiben normalerweise so lange geladen, bis sie manuell entfernt werden oder das System heruntergefahren wird. Die Liste der zu ladenden Module wird von *modconf* in der Datei */etc/modules* gespeichert. Modulparameter, die bei Verwendung von *modconf* angegeben wurden, finden Sie in der Datei */etc/modutils/modconf*. Das Programm *modconf* ist in dem gleichnamigen Paket enthalten.

12.4.2 Automatisches Laden und Entfernen von Modulen

Linux Kernels der 2.2.x-Serie besitzen die Fähigkeit, Module automatisch zu laden, sobald auf eine bestimmte Eigenschaft des Kernels zugegriffen wird, die in einem Modul vorhanden ist. Dieser Modulloader des Kernels heißt *kmod*. Bei der Konfiguration selbst erstellter Kernel muss die Option *Kernel module loader* aktiviert werden, um *kmod* verwenden zu können. Die Standardkernels sind mit dieser Option übersetzt worden[1].

Wenn der Kernel feststellt, dass ein bestimmtes Modul geladen werden muss, ruft er über *kmod* das Programm *modprobe* auf. Dadurch werden die von dem zu ladenden Modul benötigten Module ebenfalls automatisch geladen und externe Programme zur Initialisierung der betreffenden Hardware oder anderen Zwecken ausgeführt, falls *modprobe* entsprechend konfiguriert ist.

Die Verwendung von *kmod* ist unbedingt zu empfehlen. Bei richtiger Konfiguration von *modprobe* ist es dann überhaupt nicht mehr notwendig, Module manuell zu laden.

Der Kernel speichert zu jedem Modul, ob es automatisch entfernt werden darf, wenn es eine Zeitlang nicht benötigt worden ist. Dies gilt standardmäßig für alle Module, die automatisch mittels *kmod* geladen worden sind, nicht aber für Module, die manuell geladen wurden. Durch die Option *-k*, die von den Programmen *modprobe* und *insmod* verstanden wird, lassen sich jedoch auch manuell Module mit dieser Eigenschaft laden. Diese automatisch entfernbaren Module werden bei der Ausgabe von *lsmod* mit dem Attribut *autoclean* versehen.

Obwohl der Kernel dieses Attribut speichert, entlädt er Module jedoch nie selbst. Hierzu dient ebenfalls das Programm *modprobe*, welches alle unbenutzten und als *autoclean* markierten Module entlädt, wenn es auf die folgende Weise aufgerufen wird:

```
debian:~# modprobe -r
```

Dieser Vorgang lässt sich durch den folgenden Eintrag in der Datei */etc/crontab* automatisieren (siehe Kap. 9.3):

```
*/5 * * * * root /sbin/modprobe -rs
```

Die Option *-s* bewirkt, dass Meldungen von *modprobe* nicht auf die Konsole geschrieben werden, sondern an den Syslog-Daemon weitergereicht werden.

Konfiguration von *modprobe* Die zentrale Konfigurationsdatei für *modprobe* ist die Datei */etc/modules.conf*. Diese Datei wird automatisch durch das Programm *update-modules* erstellt. Aus diesem Grund sollte */etc/modules.conf* nicht von Hand bearbeitet werden. Änderungen würden dann nämlich beim nächsten Aufruf von *update-modules* verloren gehen.

Das Programm *update-modules* erstellt die Datei */etc/modules.conf* aus einer Anzahl einzelner Dateien, die sich unterhalb des Verzeichnisses */etc/modutils* befinden. Soll der Konfiguration von *modprobe* nun etwas hinzugefügt werden, so ist in diesem Verzeichnis eine Datei abzulegen, welche die benötigten Konfigurationsanweisungen enthält[2] und danach *update-modules* auszuführen. Debian-Pakete, welche Kernel-Module für die eine besondere Konfiguration notwendig ist enthalten, legen ebenfalls in diesem Verzeichnis Konfigurationsdateien ab und rufen während ihrer Installation *update-modules* auf.

Zur Konfiguration der ISDN-Treiber könnte beispielsweise die Datei */etc/modutils/isdn* mit allen ISDN-bezogenen Einstellungen angelegt werden.

---

[1] Ältere Kernels der 2.0-Serie benutzten zum automatischen Laden von Modulen ein externes Programm (*kerneld*). Es wird bei 2.2.x-Kernels nicht mehr benötigt, steht aber weiterhin zur Verfügung und wird automatisch beim Systemstart gestartet, wenn ein 2.0.x-Kernel benutzt wird.

[2] Alternativ dazu empfiehlt es sich oft, eine in diesem Verzeichnis bestehende Datei anzupassen.

Konfigurationssyntax Zur Konfiguration von Modulen dient eine spezielle Konfigurationssyntax, die in der Manualseite zur Datei *modules.conf* beschrieben ist. Neben einfachen Schlüsselwörtern sind hier sogar bedingte Anweisungen möglich, die in den meisten Fällen jedoch nicht benötigt werden. Die wichtigsten Konstrukte sind:

`insmod_opt=Optionen` Zum eigentlichen Laden von Modulen ruft *modprobe* das Programm *insmod* auf. Wenn dieses Programm in allen Fällen mit bestimmten Optionen aufgerufen werden soll, können diese hier mit *Optionen* angegeben werden.

`path=Pfad` Die Anweisung gibt *modprobe* einen Pfad an, in dem nach Modulen gesucht werden soll. Beachten Sie, dass die Standardverzeichnisse für Module bereits fest in *modprobe* „eingebaut" sind und deswegen nicht angegeben werden müssen. Zusätzliche *path*-Anweisungen werden nur benötigt, wenn Sie Module in nicht-standardmäßigen Verzeichnissen speichern und von dort automatisch laden wollen. Die *path=*-Anweisung bewirkt zusätzlich, dass die eingebaute Pfadkonfiguration nicht mehr beachtet wird, was bedeutet, dass alle Modulverzeichnisse mit einer entsprechenden *path*-Anweisung neu angegeben werden müssen. Dieses Verhalten lässt sich durch die Anweisung *keep* überschreiben.

path-Anweisungen können mit einer Marke (*tag*) versehen werden, mit denen die Module in dem angegebenen Verzeichnis einer Gruppe zugeordnet werden. Die Marke ist in eckige Klammern hinter das Schlüsselwort *path* zu setzen. Beispiel: *path[net]=/lib/modules/extra/net*.

`alias Bezeichnung Modulname` Die Anweisung bewirkt, dass *modprobe* das mit *Modulname* spezifizierte Modul lädt, wenn ein Modul angefordert wird, welches den mit *Bezeichnung* genannten Namen trägt. Beispielsweise kann mit der Anweisung *alias iso9660 isofs* bewirkt werden, dass das Modul *isofs* durch den Befehl *modprobe iso9660* geladen werden kann.

In einigen Fällen fordert der Kernel über *kmod* Module an, deren Funktionalität von mehreren Modulen implementiert sein kann. Ein Beispiel hierfür ist der Treiber für parallele Schnittstellen, der vom Kernel mit dem Namen *parport_lowlevel* angefordert wird, dessen Modul bei PCs jedoch den Namen *parport_pc* trägt. Die Anweisung

```
alias parport_lowlevel parport_pc
```

in der Datei */etc/modules.conf* bewirkt in diesem Fall, dass *modprobe* automatisch das richtige Modul lädt. Es gibt zwei Spezialfälle der Alias-Anweisung. Mit *alias Name off*, wird erzwungen, dass *modprobe* das mit *Name* angegebene Modul nie lädt. Mit *alias Name null* wird bewirkt, dass *modprobe* so tut, als hätte es das mit *Name* genannte Modul erfolgreich geladen, obwohl es in Wirklichkeit kein Modul lädt.

`options Name Optionen` Das mit *Name* bezeichnete Modul wird standardmäßig mit den mit *Optionen* genannten Optionen geladen. Die Anweisung ermöglicht, Module die bestimmte Optionen benötigen, um geladen zu werden, automatisch zu laden.

`pre-install Name Kommando` Bevor das mit *Name* bezeichnete Modul geladen wird, wird der mit *Kommando* bezeichnete Befehl ausgeführt.

`install Name Kommando` An Stelle des normalen *insmod*-Befehls ruft *modprobe* den mit *Kommando* bezeichneten Befehl auf, um das mit *Name* spezifizierte Modul zu laden.

`post-install Name Kommando` Der mit *Kommando* bezeichnete Befehl wird ausgeführt, nachdem das mit *Name* genannte Modul geladen wurde.

`pre-remove Name Kommando` Bevor das mit *Name* bezeichnete Modul entfernt wird, wird der mit *Kommando* bezeichnete Befehl ausgeführt.

`remove Name Kommando` An Stelle des normalen *rmmod*-Befehls ruft *modprobe* den mit *Kommando* bezeichneten Befehl auf, um das mit *name* spezifizierte Modul zu entfernen.

`post-remove Name Kommando` Der mit *Kommando* bezeichnete Befehl wird ausgeführt, nachdem das mit *Name* genannte Modul geladen wurde.

Beispiele für Modulkonfigurationen finden Sie im Verzeichnis */etc/modutils*.

Denken Sie daran, immer *update-modules* aufzurufen, wenn Sie neue Modulkonfigurationsdateien angelegt oder bestehende verändert haben.

12.5 Allgemeine Kernelparameter

`root=Gerätedatei` Über diesen Parameter wird dem Kernel mitgeteilt, auf welchem Datenträger sich das Rootdateisystem befindet. Dies ist normalerweise eine Festplattenpartition, es kann aber auch z. B. eine Ramdisk sein. Der Parameter ist für den Start des Kernels unbedingt erforderlich. Er muss entweder durch den Bootloader, manuell am Bootprompt oder mit dem Programm *rdev* (S. 702) festgelegt werden. Beispiel: *root=/dev/hda2*.

`ro` Der Kernel wird angewiesen, dass Rootdateisystem nur zum Lesen einzubinden. Dies ist normalerweise erforderlich, damit das Rootdateisystem während des Systemstarts auf Fehler überprüft werden kann. Nach der Überprüfung wird das betreffenden Dateisystem dann normalerweise im weiteren Verlauf des Systemstarts zum Lesen und zum Schreiben eingebunden. Mit LILO wird dieser Parameter über den Eintrag *read-only* in LILOs Konfigurationsdatei (*/etc/lilo.conf*) festgelegt.

Alternativ wird mit *rw* bewirkt, dass der Kernel das Rootdateisystem zum Lesen und zum Schreiben einbindet (LILO: *read-write*). Diese Einstellung ist normalerweise nicht zu empfehlen.

`mem=Speichergröße` In einigen Fällen kann es vorkommen, dass der Kernel die Menge des im Rechner vorhandenen Arbeitsspeichers (RAM) nicht richtig feststellen kann. In solchen Fällen kann er mit diesem Parameter auf die tatsächliche Größe hingewiesen werden. Die mit *Speichergröße* anzugebende Zahl kann von den Buchstaben *k* (Kilobyte) oder *m* (Megabyte) gefolgt werden. Die Angabe ist dann in der entsprechenden Einheit vorzunehmen. Beispiel: *mem=256m*. Mit neueren Kernels (2.2.x) ist die Angabe des vorhandenen Speichers normalerweise nicht notwendig. Falsche (zu hohe) Angaben führen in der Regel zu Systemabstürzen.

`init=Programm` Nach seiner eigenen Startphase ruft der Kernel das Programm *init* auf, welches den weiteren Verlauf des Systemstarts kontrolliert. Mit diesem Parameter wird dem Kernel angegeben, an Stelle von *init* ein anderes Programm aufzurufen. Dadurch kann u. U. nach dem Start des Kernels eine Shell aufgerufen werden, wenn das System ansonsten nicht mehr startfähig ist. Beispiel: *init=/bin/bash*. Beachten Sie, dass es dadurch möglich ist, ohne Passwort mit den Rechten des Administrators auf den Rechner zuzugreifen.

`kbd-reset` Der Tastaturcontroller soll normalerweise vom BIOS während des Systemstarts zurückgesetzt werden. Bei einigen fehlerhaften BIOS funktioniert dies jedoch nicht richtig. Mit diesem Parameter setzt der Kernel den Tastaturcontroller beim Start zurück.

`no387` Moderne Intel-386-kompatible Prozessoren sind mir einem mathematischen Coprozessor ausgestattet (80387). Wenn dieser defekt ist, kann Linux mit diesem Parameter dazu gebracht werden, ihn nicht zu benutzen, obwohl er erkannt worden ist. Der Kernel muss dann mit der Option *Math emulation* übersetzt worden sein.

`maxcpus=Anzahl` Legt bei Multiprozessorsystemen fest, wieviele Prozessoren initialisiert und benutzt werden sollen. Standardmäßig verwendet Linux alle CPUs.

`panic=Sekunden` Im Falle einer sogenannten Kernel-Panik, einem internen Fehler im Kernel, der so schwerwiegend ist, dass alle Prozesse angehalten werden, gibt Linux eine Fehlermeldung aus und wartet, bis das System manuell neu gestartet wird. Dieser Parameter bewirkt, dass das System nach der mit *Sekunden* angegebenen Anzahl von Sekunden in solchen Fällen automatisch neu gestartet wird. Der Wert *0* bewirkt, dass das System nicht neu gestartet wird (Standardeinstellung). Beispiel: *panic=30*.

`no-hlt` Wenn das System nichts zu tun hat, führt Linux normalerweise die sogenannte „hlt"-Instruktion aus, die den Prozessor in eine Art stromsparenden Schlafmodus versetzt. Einige Prozessoren (frühe Modelle der

Intel 486DX100-Reihe) haben mit dieser Instruktion Probleme. Mit dem Parameter *no-hlt* führt Linux diese Instruktion nicht aus, sondern wartet stattdessen durch Abarbeitung einer Endlosschleife.

`reboot=w` Wenn der Kernel den Computer neu startet, führt er normalerweise einen „Kaltstart" durch, bei dem das BIOS erneut einen Speichertest macht und alle Hardwarekomponenten zurücksetzt. Mit *reboot=w* wird beim Neustart ein „Warmstart" durchgeführt, bei dem die Hardware nicht zurückgesetzt wird und kein Speichertest stattfindet. Neustarts benötigen somit weniger Zeit. Bestimmte Hardwarekomponenten benötigen allerdings einen Kaltstart, um richtig zu funktionieren.

`no-scroll` Schaltet die Möglichkeit ab, auf der Textkonsole mit der Tastenkombination SHIFT-SEITE-RAUF zurückzublättern.

`mca-pentium` Dieser Parameter ist bei IBM-Microchannel-Computern vom Typ Modell 95 notwendig, um einen Systemstillstand beim Start des Kernels zu vermeiden.

`reserve=Speicheradresse,Größe[,Speicheradresse,Größe ...]` Eine Reihe von Hardwaretreibern versucht beim Systemstart automatisch festzustellen, welche Ein- / Ausgabeadressen (IO-Ports) die von ihnen gesteuerte Hardware benutzt. Dabei wird eine Anzahl in Betracht kommender Adressen getestet. Dieser Vorgang wird *Autoprobing* genannt. Er ermöglicht die automatische Initialisierung von Treibern ohne Angabe zu verwendender Ressourcen über Parameter.

Es kann dabei jedoch vorkommen, dass ein Treiber beim Autoprobing auf eine Adresse zugreift, die von einer anderen Hardwarekomponente benutzt wird, für die noch kein Treiber installiert wurde. In besonders ungünstigen Fällen und bei Verwendung schlechter Hardware interpretiert die betreffende Hardwarekomponente dann die zum Aufspüren einer anderen Komponenten an sie geschickten Befehle falsch und fängt an „verrückt" zu spielen, was im schlimmsten Fall zum Stillstand des Rechners führen kann.

Mit dem *reserve*-Parameter können bestimmte Adressen vom Probing ausgeschlossen werden. Der Treiber, der die reservierte Adresse benutzt, muss dann mit einem anderen Parameter explizit auf die zu verwendende Adresse hingewiesen werden (er kann sie ja ebenfalls nicht per Autoprobing herausbekommen).

Dem Parameter muss mit *Speicheradresse* die Basisadresse des auszuschließenden Bereichs und mit *Größe* seine Größe übergeben werden. Die beiden Angaben dürfen sich mehrmals wiederholen, um mehrere Adressbereiche vom Probing auszuschließen. Beispiel:

```
reserve=0x340,32 aha152x=0x340,10
```

Mit dem ersten Parameter wird verhindert, dass irgendein Treiber im Adressbereich von *0x340* bis *0x35f* nach Hardwarekomponenten sucht. Mit dem zweiten Parameter wird dem Treiber *aha152x* explizit mitgeteilt, die Hardware an dieser Stelle zu suchen.

`single` Bei diesem Parameter handelt es sich nicht um einen Kernelparameter, er wird also nach dem Start des Kernels an das Programm *init* übergeben. Dieses Programm startet den Computer im Single-User-Modus, wenn es mit dem Parameter *single* aufgerufen wird (siehe auch Kapitel 13).

12.6 Parameter für Treiber

In diesem Kapitel werden wichtige Parameter für Treiber aufgelistet und beschrieben. Treiberoptionen, die zusammen mit einem Parameter in eckigen Klammern angegeben werden sind optional.

Die folgenden Optionen können sehr vielen Treibern übergeben werden. Sie werden deshalb hier und nicht für jeden Treiber einzeln erklärt.

Adresse Mit diesem Parameter wird angegeben, welche Speicheradresse ein Gerät für die Ein- und Ausgabe benutzt (IO-Port oder IO-Adresse).

IRQ Hiermit wird der von einem Gerät verwendete Interrupt spezifiziert.

DMA Gibt den von einem Gerät zu verwendenden DMA-Kanal an.
par Gibt bei SCSI-Adaptern an, ob zur Kommunikation mit SCSI-Geräten Paritätswerte benutzt werden sollen. Der Wert *1* für *par* bedeutet, dass Parität benutzt werden soll, *0* bedeutet, dass keine Parität verwendet werden soll.
SCSI-ID Gibt bei SCSI-Adaptern an, welche SCSI-ID der Adapter hat. Normalerweise ist dies die ID 7.

Weiterführende ausführliche Hinweise zu vielen Parametern finden Sie zum einen im Bootprompt-HOWTO (*/usr/share/doc/HOWTO/en-txt/BootPrompt-HOWTO.txt.gz*, Paket *doc-linux-txt*) sowie im Dokumentationsverzeichnis des Kernelquellcodes. Im Zweifelsfall lohnt es sich auch, einmal direkt in die Quellcodedatei eines Treibers zu sehen. Dort finden sich oft Erklärungen zu Parametern in Form von Kommentaren.

12.6.1 (E)IDE-Festplatten und -CDROMs

Der (E)IDE-Treiber unterstützt eine Anzahl von Optionen, mit denen einerseits die (E)IDE-Adapter selbst, als auch die angeschlossenen Geräte konfiguriert werden können. In der Regel ist die Angabe von Parametern allerdings nicht erforderlich.

Die meisten Rechner sind heute mit zwei IDE-Adaptern ausgestattet, an die sich jeweils zwei Geräte anschließen lassen, wobei eines als Master und eines als Slave betrieben wird. Beachten Sie, dass sich viele Parameter des IDE-Treibers zur Laufzeit mit dem Programm *hdparm* (S. 664) einstellen lassen. Der Treiber ist in der Datei *Documentation/ide.txt* im Quellcodeverzeichnis des Kernels dokumentiert.

`idebus=Geschwindigkeit` Weist den IDE-Treiber darauf hin, mit welcher Geschwindigkeit der VL- oder PCI-Bus betrieben werden soll. Mögliche Werte sind 20, 25, 33 und 66 MHz. Im Zweifelsfall sollten 33 MHz benutzt werden.

Adapter-Parameter Parameter für den oder die IDE-Adapter werden durch ein Schlüsselwort bestehend aus den Buchstaben *ide* und der Adapternummer eingeleitet (z. B. *ide0=* oder *ide1=*). Es können mehrere Parameter benutzt werden, die verschiedene Einstellungen des gleichen Adapters spezifizieren. Im folgenden wird *idex=* verwendet. Der Buchstabe *x* ist durch die Nummer des Adapters auszutauschen, für den die Einstellung gelten soll.

`idex=noprobe` Verhindert, dass der Treiber den mit *x* bezeichneten Adapter benutzt.
`idex=Adresse[,Kontrollregister[,Interrupt]]` Gibt IO-Adresse, Adresse des Kontrollregister und Interrupt des mit *x* bezeichneten Adapters an. Übliche Werte für die Basisadresse sind *0x1f0* und *0x170*, für Kontrollregister *0x3f6* und *0x376* sowie die Interruptnummern *14, 15, 11* und *10*.
`idex=autotune` Weist den Treiber an, die Geschwindigkeit für Datentransfers auf den höchsten, von allen angeschlossenen Geräten unterstützten, Wert zu setzten. Diese Option kann mit älteren IDE-Adaptern zu Problemen führen.
`idex=noautotune` Der Treiber versucht nicht, die Geschwindigkeit selbst festzulegen. Dies ist die Voreinstellung für alle Adapter, mit Ausnahme von CMD640 basierten IDE-Adaptern.
`idex=reset` Der Adapter wird während der Initialisierung zurückgesetzt.
`idex=serialize` Es werden keine zeitgleichen Operationen auf dem mit *x* bezeichneten und dem nächsten Adapter durchgeführt.
`idex=dma` Der Treiber versucht die Benutzung von DMA automatisch zu konfigurieren.

Die folgenden Parameter können nur für den ersten Adapter angegeben werden. Sie dienen dazu, den Treiber auf einen bestimmten fehlerhaften Chipsatz hinzuweisen. Wenn einer dieser Parameter benutzt wird, dürfen die Einstellungen für IO-Adresse und Kontrollregister nicht verändert werden.

`ide0=dtc2278` Unterstützung für DTC2278 basierte Adapter.
`ide0=ht6560b` Unterstützung für HT6560B basierte Adapter.
`ide0=cmd640_vlb` Unterstützung für CMD640 basierte Adapter, die über den Vesa-Local-Bus (VLB) angeschlossen sind. Dieser Parameter muss bei solchen Adaptern angegeben werden, damit sie erkannt werden.
`ide0=qd6580` Unterstützung für QD6580 basierte Adapter.
`ide0=ali14xx` Unterstützung für ALI14xx basierte Adapter.

Geräte-Parameter Parameter, mit denen Einstellungen für bestimmte Geräte, die an einen IDE-Adapter angeschlossen sind, verändert werden, werden mit einem Schlüsselwort bestehend aus den Buchstaben *hd* und einem weiteren Buchstaben, welcher das gemeinte Gerät spezifiziert, angegeben. Beispiele sind *hda=* um eine Einstellung für das erste Gerät zu treffen oder *hdd=*, für Einstellungen am vierten Gerät (dem zweiten Gerät am zweiten Adapter). Im folgenden wird *hdx* verwendet. Der Buchstabe *x* ist durch den Buchstaben, der das gewünschte Gerät repräsentiert, auszutauschen.

`hdx=none` Das durch *x* repräsentierte Gerät ist nicht vorhanden. Der Parameter kann benutzt werden, um zu verhindern, dass Fehler bei der Suche nach nicht existenten Geräten auftauchen.
`hdx=noprobe` Das durch *x* repräsentierte Gerät ist u. U. vorhanden, der Treiber soll jedoch nicht danach suchen.
`hdx=nowerr` Das WRERR_STAT-Bit soll bei diesem Gerät ignoriert werden.
`hdx=cdrom` Bei dem mit *x* bezeichneten Gerät handelt es sich um ein CDROM-Laufwerk. Der Parameter ist zu verwenden, wenn das CDROM-Laufwerk nicht automatisch erkannt wird.
`hdx=Zylinder,Köpfe,Sektoren` Gibt die Geometrie der mit *x* genannten Festplatte an. Notwendig, wenn der Treiber die Festplattengeometrie selbst falsch erkennt.
`hdx=autotune` Weist den Treiber an, das Gerät mit der höchsten möglichen Geschwindigkeit zu betreiben. Der Parameter kann Probleme mit einigen älteren, fehlerhaften IDE-Adaptern verursachen.
`hdx=slow` Nach jedem Zugriff auf das spezifizierte Gerät werden längere Pausen eingelegt. Nur verwenden, wenn das betreffende Gerät anderweitig nicht zu betreiben ist.

Beispiel:

```
ide0=autotune ide1=autotune ide1=reset hda=1111,255,63 hdc=cdrom
```

Diese Parameter geben dem Kernel an, die Geschwindigkeit des ersten und des zweiten IDE-Adapters automatisch zu optimieren. Der zweite Adapter soll nach der Initialisierung zurückgesetzt werden. Das erste Gerät am ersten Adapter ist eine Festplatte mit der Geometrie 1111 Zylinder, 255 Schreib- Leseköpfe und 63 Sektoren. Das erste Gerät am zweiten Adapter ist ein CDROM-Laufwerk.

Wenn der Treiber als Modul geladen wird, muss den Parametern das Schlüsselwort *options=* vorangestellt werden. Alle Parameter müssen dann in einer Zeichenkette übergeben werden. Kommata sind durch Semikolons zu ersetzen. Beispiel:

```
debian:~# modprobe ide options="ide0=autotune hda=1111;255;63"
```

12.6.2 Diskettenlaufwerke

Der Treiber für Standard-Diskettenlaufwerke wird über den Parameter *floppy=* konfiguriert. Diesem Schlüsselwort ist eine von verschiedenen möglichen Optionen nachzustellen. Wenn mehrere Optionen benötigt werden, muss der *floppy=*-Parameter mehrmals angegeben werden. Die Parameter sind in der Datei */drivers/block/README.fd* im Quellcodeverzeichnis des Kernels dokumentiert.

`floppy=0,daring` Das Diskettenlaufwerk wird besonders „vorsichtig" benutzt. Der Parameter kann Probleme bei fehlerhaften Laufwerken vermeiden.

`floppy=[Adresse,]two_fdc` Teilt dem Treiber mit, dass es im Rechner zwei Diskettenlaufwerkcontroller gibt. Optional kann mit *Adresse* die IO-Adresse des zweiten Controllers übergeben werden.

`floppy=thinkpad` IBM-Laptops vom Typ Thinkpad müssen mit diesem Parameter benutzt werden, weil die Diskettenlaufwerke in diesen Rechnern anders geschaltet sind.

`floppy=nodma` Es soll kein DMA für Datentransfers benutzt werden. Der Parameter ist beispielsweise bei Laptops vom Typ HP Omnibook erforderlich.

`floppy=broken_dcl` Weist den Treiber an, die Disk-Change-Line (dcl) nicht zu verwenden. Es wird dann bei jedem Zugriff auf eine Diskette davon ausgegangen, dass die Diskette gewechselt wurde.

`floppy=nofifo` Schaltet den FIFO-Baustein des Controllers ab.

`floppy=IRQ,irq` Gibt mit *IRQ* den vom Controller benutzten Interrupt an.

`floppy=DMA,dma` Gibt mit *DMA* den vom Controller benutzten DMA-Kanal an.

Beispiel:

`floppy=0,daring floppy=thinkpad`

Wenn der Treiber als Modul geladen wird, ist das Schlüsselwort *floppy=* nur einmal aufzuführen. Alle Parameter müssen dann in einer Zeichenkette übergeben werden. Beispiel:

`debian:~# `**`modprobe floppy "floppy=0,daring thinkpad"`**

12.6.3 SCSI-Subsystem

Allgemeine Parameter

`max_scsi_luns=Anzahl` Einige SCSI-Geräte können mehrere logische Geräte beinhalten (z. B. CD-Wechsler). Dies wird normalerweise für jedes SCSI-Gerät bei der Initialisierung geprüft. Das Problem dabei ist jedoch, dass einige fehlerhafte Geräte bei dieser Prüfung falsch reagieren und das System damit durcheinander bringen können. Mit *Anzahl* wird angegeben, nach wievielen logischen SCSI-Geräten bei jedem Gerät gesucht wird. Beispiel: *max_scsi_luns=1*.

`st=Puffergröße,Schwellenwert[,Maximale Pufferanzahl]` Dieser Parameter gibt dem Treiber für SCSI-Bandlaufwerke die Größe des zu verwendenden Datenpuffers (*Puffergröße*) in Kilobyte, den Schwellenwert, bei dessen Überschreiten der Inhalt des Puffers auf Band geschrieben wird (*Schwellenwert*) in Kilobyte und die maximale Anzahl von Datenpuffern (*Maximale Pufferanzahl*) an. Beispiel: *st=64,60,2*.

Parameter für spezielle SCSI-Adapter

Adaptec AHA151x, AHA152x, AIC6260, AIC6360, Soundblaster 16 SCSI u. a.

`aha152x=Adresse[,IRQ[,SCSI-ID[,rec[,par]]]]` Dieser SCSI-Chip befindet sich in vielen billigen SCSI-Adaptern und oft auf Soundkarten mit SCSI-Interface. Einige der SCSI-Karten mit diesem Chip besitzen ein eigenes SCSI-BIOS und werden automatisch erkannt. Bei den anderen ist es notwendig, zumindest mit *Adresse* die verwendete Speicheradresse und mit *IRQ* den verwendeten Interrupt des Adapters anzugeben. Für *rec* können die Werte *1* oder *0* übergeben werden. Damit wird gesteuert, ob der Adapter Disconnect/Reconnect unterstützen soll.

Wenn dieser Treiber als Modul geladen wird, ist der Parameter in der selben Form zu übergeben. Hier ist es allerdings möglich, auch einen Parameter für einen zweiten Adapter des selben Typs zu übergeben. Dazu ist dann das Schlüsselwort *aha152x1=* an Stelle von *aha152x=* zu verwenden. Beispiel:

`debian:~# `**`modprobe aha152x aha152x=0x340,10 aha152x1=0x300,11`**

Der Befehl lädt das Treibermodul und weist es an, zwei SCSI-Adapter dieses Typs zu steuern, welche die angegebenen Ressourcen benutzen.

358   12. Konfiguration von Kernel und Modulen

Adaptec AHA1540 und AHA1542

`aha154x=Adresse[,buson,busoff[,DMA Geschwindigkeit]]` Mit den Parametern *buson* und *busoff* kann festgelegt werden, wie lange der ISA-Bus durch diesen Adapter belegt wird. Die voreingestellten Werte sind 11 µs (*buson*) und 4 µs (*busoff*). Mit *DMA Geschwindigkeit* wird festgelegt, wie schnell Daten über den DMA-Kanal geschickt werden. Voreinstellung ist hier 5 MB/s.

Adaptec AHA274x, AHA284x, AHA294x, AIC7xxx u. a.

`aic7xxx=option[,option ...]` Dies ist ein Treiber für einen weitverbreiteten SCSI-Chip, der auch auf vielen Mainboards mit eingebauter SCSI-Unterstützung vorhanden ist. Er wird automatisch erkannt, die Angabe von Optionen ist in den meisten Fällen nicht notwendig.

Optionen können in beliebiger Reihenfolge angegeben werden. Ihnen kann ein Wert folgen, der vom Optionsnamen durch einen Doppelpunkt zu trennen ist.

- extended   Aktiviert die Übersetzung der Festplattengeometrie (*extended:1* oder *extended*) oder schaltet sie ab (*extended:0*).
- no_reset   Verhindert, dass der SCSI-Bus während der Initialisierung des Treibers zurückgesetzt wird (*no_reset* oder *no_reset:1*). Diese Option kann bei manchen Systemen einen „Hänger" während des Starts vermeiden.
- verbose   Erzeugt zusätzliche Status- und Fehlerausgaben des Treibers.
- reverse_scan   Wenn mehr als ein SCSI-Adapters dieses Typs in den Rechner eingebaut ist, wird die Reihenfolge, in der die Adapter gefunden werden, mit dieser Option umgekehrt. Adapter mit ausgeschaltetem BIOS werden immer als letztes erkannt.
- pci_parity   Aus dem Kernelquellcode: PCI-Paritätsprüfung löst keine Probleme, kann aber bei fehlerhaften PCI-Chipsätzen eine Menge falsche Fehlermeldungen generieren. Die Paritätsprüfung wird mit *pci_parity* eingeschaltet. Mit *pci_parity:1* wird Paritätsprüfung mit umgekehrter Polarität benutzt.

Beispiel: *aic7xxx=extended:1,verbose,no_reset:1*.

AdvanSys SCSI-Adapter

`advansys=Adresse1[,Adresse2[,Adresse3[,Adresse4]]]` Dem Treiber können bis zu vier IO-Adressen übergeben werden, an denen nach einem AdvanSys-Adapter gesucht werden soll, der über den ISA-Bus mit dem Rechner verbunden ist.

Wenn der Treiber als Modul geladen wird, kann mit dem Parameter *asc_ioflag=* angegeben werden, ob automatisch nach dem Adapter gesucht werden soll (*1*) oder nicht (*0*). Die Liste der zu durchsuchenden Adressen wird mit dem Parameter *asc_ioport=* übergeben. Beispiel:

    debian:~# **modprobe advansys asc_ioflag=0 asc_ioport=0x110,0x330**

Always IN2000 SCSI-Adapter

`in2000=Option1[,Option2 ...]` Dem Treiber können in beliebiger Reihenfolge verschieden Optionen übergeben werden. Den meisten kann ein Wert folgen, der von dem Optionsnamen durch einen Doppelpunkt zu trennen ist.

- ioport:Adresse   Teilt dem Treiber mit *Adresse* die zu verwendende IO-Adresse mit.
- noreset   Verhindert das Zurücksetzen des SCSI-Bus während der Initialisierung des Treibers.
- nosync:Bitmaske   Mit *Bitmaske* wird ein Wert übergeben, der eine Bitmaske repräsentiert, bei der die ersten sieben Bit, den sieben SCSI-Geräten entsprechen. Ist eines dieser Bits auf 1 gesetzt, findet die Synchronisationsverhandlung mit dem entsprechenden Gerät nicht statt.

disconnect:*Wert* Mit *Wert* wird angegeben, ob Trennungen erlaubt werden. *disconnect:0* – Trennungen werden nicht erlaubt. *disconnect:1* – Trennungen werden in bestimmten Fällen erlaubt (Voreinstellung). *disconnect:2* – Trennungen werden immer erlaubt.

Beispiel: *in2000=ioport:0x220,noreset*

AMD AM53C974 SCSI-Adapter

`AM53C974=Adapter-ID,Gerät-ID,Transferrate,Transfermodus` Dem Treiber kann über die Parameter mitgeteilt werden, welche Transferrate und welcher Transfermodus zur Kommunikation mit einem bestimmten Gerät zu verwenden ist. Dazu ist mit *Adapter-ID* die SCSI-ID des Adapters (normalerweise 7), mit *Gerät-ID* die SCSI-ID des betreffenden Geräts, mit *Transferrate* die Transferrate in Megahertz (3 - 10 MHz, Voreinstellung ist 5 MHz) und mit *Transfermodus* der maximale Offset anzugeben (Der Wert 0 stellt asynchrone Kommunikation ein). Der Parameter *AM53C974=* ist mehrmals zu wiederholen, um Einstellungen für mehrere angeschlossene Geräte vorzunehmen.

Beispiel: *AM53C974=7,2,8,15* (das Gerät mit der SCSI-ID 2 soll mit einer Transferrate von 8 MHz und einem Offset von 15 Bit betrieben werden.

BusLogic SCSI-Adapter

`BusLogic=Option1[,Option2 ...]` Dem Treiber kann eine Anzahl von Optionen in beliebiger Reihenfolge übergeben werden. Zu einigen Optionen muss ein Wert angegeben werden, der von dem Optionsnamen durch einen Doppelpunkt zu trennen ist. Wenn mehrere Adapter in dem Rechner vorhanden sind, kann der Parameter *BusLogic* mehrmals wiederholt werden, um mehrere Adapter zu konfigurieren.

IO:*Adresse* Gibt die zu verwendende IO-Adresse an (Nur für ISA-Karten).
NoProbeISA Auf dem ISA-Bus wird nicht nach Adaptern dieses Typs gesucht.
NoProbePCI Auf dem PCI-Bus wird nicht nach Adaptern dieses Typs gesucht.

Eine Anzahl weiterer Parameter finden Sie am Ende der Datei *drivers/scsi/BusLogic.c* im Quellcodeverzeichnis des Kernels.

Beispiel: *BusLogic=IO:0x230,NoProbePCI.*

EATA SCSI-Adapter

`eata=Adresse1[,Adresse2[,Adresse3[,Adresse4]]]` Dem Treiber können bis zu vier IO-Adressen übergeben werden, an denen nach dem Adapter gesucht werden soll.

Future Domain TMC-8xx und TMC-950 SCSI-Adapter

`tmc8xx=Adresse,IRQ` Der Treiber sucht während der Initialisierung nach dem SCSI-BIOS auf diesen Karten. Wenn die betreffenden Karte kein eigenes BIOS hat oder das BIOS nicht erkannt wird, müssen die zu verwendende IO-Adresse mit *Adresse* und der Interrupt mit *IRQ* angegeben werden.

Future Domain TMC-16xx, TMC-3260 und Adaptec AHA-2920 SCSI-Adapter

`fdomain=Adresse,IRQ,SCSI-ID` Der Treiber erkennt die betreffenden SCSI-Adapter normalerweise anhand des SCSI-BIOS auf den Karten.

Wenn der Treiber als Modul geladen wird, kann die Basisadresse mit dem Parameter *port_base* übergeben werden. Beispiel:

```
debian:~# modprobe fdomain port_base=0x300
```

IOMEGA ZIP-Laufwerke für die parallele Schnittstelle

`ppa=Adresse` Diese Laufwerke sind mit einem internen SCSI-Adapter ausgestattet und werden deswegen über einen SCSI-Treiber betrieben.

Liegt der Treiber als Modul vor, wird die Basisadresse mit dem Parameter *ppa_base* übergeben. Beispiel:

```
debian:~# modprobe ppa ppa_base=0x378
```

NCR5380 basierte SCSI-Adapter

`ncr5380=Adresse,IRQ,DMA` Für Karten, die keinen Interrupt benutzen, kann der *IRQ*-Wert 255 benutzt werden. Der *IRQ*-Wert 254 bewirkt, dass der Treiber versucht, selbst den richtigen Interrupt zu finden.

NCR53c400 basierte SCSI-Adapter

`ncr53c400=Adresse,IRQ` Auch bei diesem Treiber können für *IRQ* die Werte 255 (kein Interrupt) und *254* (automatische Interrupterkennung) benutzt werden.

NCR53c406A basierte SCSI-Adapter

`ncr53c406a=Adresse[,IRQ[,fastpio]]` Für *IRQ* kann der Wert 0 benutzt werden, wenn der Adapter keinen Interrupt benutzt. Wenn für *fastpio* der Wert 0 eingesetzt wird, verwendet der Adapter keinen schnellen PIO-Modus.

Pro Audio Spectrum (16) SCSI-Adapter

`pas16=Adresse,IRQ` Dieser Treiber bedient die SCSI-Adapter auf Pro-Audio-Spectrum Soundkarten. Es handelt sich dabei um einen NCR5380 SCSI-Chip. Wird für *IRQ* der Wert 255 benutzt, verwendet der Treiber keinen Interrupt. Die IO-Adresse ist normalerweise *0x388*.

Seagate ST-0x SCSI-Adapter

`st0x=Adresse,IRQ`

Trantor T128 basierte SCSI-Adapter

`t128=Adresse,IRQ` Achtung: Trantor 130B SCSI-Adapter werden nicht mit diesem Treiber, sondern mit dem Treiber *ncr53c400* betrieben.

Ultrastor 14F und 34F SCSI-Adapter

`uf14-34f=Adresse1[,Adresse2 ...]` Dem Treiber kann eine Liste von IO-Adressen übergeben werden, an denen nach dem Adapter gesucht werden soll.

Western Digital WD7000 SCSI-Adapter

`wd7000=IRQ,DMA,Adresse`

12.6.4 Ethernet-Adapter

Abhängig davon, ob ein Treiber für eine Ethernetkarte als Modul oder als fester Kernelbestandteil vorliegt, unterscheidet sich die Form der Parameterübergabe vollständig. Beachten Sie, dass die Treiber für Ethernetkarten beim Standardkernel in Form von Modulen vorliegen.

Parameter für Ethernetkarten-Treiber im Kernel Für fest in den Kernel einkompilierte Treiber gibt es einen einzigen Parameter *ether=*, der für alle Treiber gilt. Wenn sich mehrere Karten im Rechner befinden und für diese Karten Treiber im Kernel vorhanden sind, so ist der Parameter *ether=* mehrfach zu verwenden.

ether=IRQ,Adresse[,Option1[,Option2 ...],Name Alle Ethernetkarten benutzen eine IO-Adresse und einen Interrupt. Außerdem wird ihnen vom Kernel ein Name zugeteilt. Die ersten beiden Angaben können mit *IRQ* und *Adresse* vorgenommen werden. Die Namen lauten *eth0* für die ersten Karte, *eth1* für die zweite usw.
Wenn für *IRQ* oder *Adresse* der Wert 0 angegeben wird, bedeutet dies, dass diese Werte automatisch festgestellt werden sollen (was nicht bei allen Karten funktioniert).
Mit *Option1*, *Option2* usw. lassen sich kartenspezifische Angaben machen. Diese Felder des *ether=*-Parameters sind optional.

Standardmäßig sucht der Kernel beim Start nur nach einer Netzwerkkarte. Wenn beispielsweise auch die zweite Karte während des Kernelstarts gefunden werden soll, ist folgender Parameter zu verwenden:

ether=0,0,eth1

Weil nach der ersten Karte (*eth0*) automatisch gesucht wurde, wird dem Kernel hiermit mitgeteilt, die zweite Karte (*eth1*) zu suchen (die Angaben für *Adresse* und *IRQ* sind in diesem Beispiel 0, die Karte soll also automatisch erkannt werden).
Wenn für die erste Ethernetkarte Angaben über IO-Adresse und IRQ vorgenommen werden sollen und nach der zweiten Karte automatisch gesucht werden soll, wären beispielsweise folgende Parameter denkbar:

ether=15,0x280,eth0 ether=0,0,eth1

Parameter für Ethernetkarten-Treibermodule Wenn Treibermodule für Ethernetkarten eingebunden werden sollen, kann den Modulen in der Regel die IO-Basisadresse (eingeleitet mit dem Schlüsselwort *io=*) sowie der benutzte Interrupt (*irq=*) übergeben werden. Zusätzlich gibt es einige kartenspezifische Angaben. Zum Laden des Treibers für SMC-Ultra-Karten kann z. B. folgender Befehl dienen:

debian:~# **modprobe smc-ultra io=0x300 irq=10**

Der interne Name der Karte wird dann vom Kernel automatisch festgelegt (*eth0* für die erste Karte, *eth1* für die Zweite usw.).
Im folgenden finden Sie eine Liste wichtiger Netzwerkkarten mit den Namen der Treiber, die diese Karten unterstützen und wichtigen von den entsprechenden Modulen verstandenen Optionen. Weitere Informationen hierzu finden Sie im Ethernet-HOWTO (*/usr/share/doc/HOWTO/en-txt/Ethernet-HOWTO.txt.gz*, Paket *doc-linux-text*). Wenn Sie das Programm *modconf* zum Laden von Modulen verwenden, finden Sie dort nach Auswahl eines Moduls in den meisten Fällen Beschreibungen der verfügbaren Optionen.
Eine (etwas veraltete) Liste von Parametern für Treibermodule von Ethernetkarten befindet sich in der Datei *Documentation/networking/net-modules.txt* im Quellcodeverzeichnis des Kernels.

Kartentyp	Treiber	Optionen
3Com 3c501	3c501	io=Adresse irq=IRQ
3Com Etherlink II 3Com 3c503 3Com 3c503/16	3c503	io=Adresse irq=IRQ

Fortsetzung auf der nächsten Seite

12. Konfiguration von Kernel und Modulen

Fortsetzung der vorherigen Seite

Kartentyp	Treiber	Optionen
3Com Etherlink Plus 3c505	3c505	io=Adresse irq=IRQ
3Com Etherlink-16 3c507	3c507	io=Adresse irq=IRQ
3Com Etherlink III 3Com 3c509 / 3c509B 3Com 3c529 / 3c579	3c509	io=Adresse irq=IRQ
3Com 3c515	3c515	siehe 3c59x
3Com 3c59x / 3c90x 3Com Etherlink III XL „Vortex" „Boomerang"	3c59x	options=Medientyp full_duplex=0|1 (siehe http://cesdis.gsfc.nasa.gov/linux/drivers/vortex.html)
NE2000 (ISA), NE1000 Accton MPX Cabletron E10xx, E20xx DE-100, DE-200, DE-220-T, DE-250 DFINET-300/400 versch. Linksys Karten Proteon P1370-EA Realtek 8009, 8019 u. a.	ne	io=Adresse irq=IRQ
NE2000 (PCI-Version) D-Link DE-528 Realtek 8029 VIA 86C926 Amazon Winbond 89c940 u. a.	ne2k-pci	
NE3210	ne3210	io=Adresse irq=IRQ
Digital DE425, DE434, DE435, DE450, DE500 Cogent eMASTER+ EM400, EM960, EM964	de4x5	io=0x(bus)(nummer) *bus* entspricht der Nummer des PCI-Bus, *nummer* der Nummer des PCI-Geräts (z. B. *0x0b*). irq=IRQ is_not_dec=1 Die Option *is_not_dec* erlaubt, den Treiber mit Karten dieses Typs, die nicht von der Firma DEC sind, zu verwenden.
AMD LANCE (7990, 79C960/ 961/ 961A/ 790/ 790A, PCnet-ISA) AT1500 Boca BEN (ISA) Cabletron E22xx HP J2405A, HP-Vectra Onboard NE1500, NE2100 u. a.	lance	io=Adresse irq=IRQ dma=DMA
AT1700	at1700	io=Adresse irq=IRQ
AMD 79C965 (PCnet-32), AMD 79C970/ 970A/ 971/ 972/ 974 AT2450 Boca BEN (PCI) Compaq Deskpro / XL NE5500 D-Link DE-520 u. a.	pcnet32	options=Optionen full_duplex=0|1
Realtek 8129/8139 AT2500	rtl8139	options=Optionen, full_duplex=0|1
AC32000 EISA	ac3200	io=Adresse irq=IRQ
Apricot Xen-II	apricot	io=Adresse irq=IRQ
Cabletron E2100	e2100	io=Adresse irq=IRQ mem=Adresse xcvr=0|1 Mit *mem=Adresse* wird der Anfang des Shared-Memory-Bereichs festgelegt.

Fortsetzung auf der nächsten Seite

Fortsetzung der vorherigen Seite

Kartentyp	Treiber	Optionen
DEC 21040, 21041, 2114x, Tulip Cogent EM100-PCI Danpex EN9400 D-Link DE-530 Digital DE425 EISA, DE434, DE435, DE500 Linksys Etherfast 10/100 Mylex LNP101 Proteon P1670-EA SMC EtherPower PCI Znyx ZX342 u. a.	tulip	`options=Optionen, full_dupplex=0|1`
TI ThunderLAN Compaq Netteligent / NetFlex Olicom 2183, 2185, 2325, 2326	tlan	
D-Link DE-600	de600	
D-Link DE-620 Linksys Pocket Plus	de620	
DEPCA DE100/1, DE100/1/2, DE210, DE422	depca	`io=Adresse, irq=IRQ`
Digital Etherworks 3 (DE203, DE204, DE205)	ewrk	`io=Adresse, irq=IRQ`
Fujitsu FMV-181/182/183/184	fmv18x	`io=Adresse irq=IRQ`
HP 27245A	hp	`io=Adresse irq=IRQ`
HP EtherTwist, PC LAN+ (27247, 27252A)	hp-plus	`io=Adresse, irq=IRQ`
HP 10/100 VP Any LAN (27248B, J2573, J2577, J2585, J970, J973)	hp100	`hp100_port=Adresse`
Intel Ether Express PRO 10/100B HP NetServer 10/100TX PCI (D5013A) AT2540FX	eepro100	`options=Optionen full_dupplex=0|1`
ICL EtherTeam 16i/32	eth16i	`ioaddr=Adresse mediatype=Typ`
Intel Ether Express	eexpress	`io=Adresse irq=IRQ`
Intel Ether Express PRO	eepro	`io=Adresse irq=IRQ`
Mylex LNE390A/B	lne390	`io=Adresse irq=IRQ`
WD8003, WD8013 SMC Elite/Elite16 PDUC8028, PDI8023	wd	`io=Adresse irq=IRQ mem=Adresse mem_end=Adresse` Mit *mem* und *mem_end* können Anfangs- und Endadresse des Shared-Memory-Bereiches festgelegt werden.
SMC Elite Ultra, SMC EtherEZ	smc-ultra	`io=Adresse irq=IRQ`
SMC Elite Ultra32	smc-ultra32	
SMC EtherPowerII PCI	epic100	`options=Optionen full_dupplex=0|1`
SMC-9000 SMC 91c92/4	smc9194	`io=Adresse irq=IRQ`
VIA 86C100A Rhine II / 3043 Rhine I	via-rhine	`options=Optionen full_dupplex=0|1`
Zenith Z-Note	znet	

Tabelle 11: Netzwerkkarten mit zugehörigen Treibermodulen und wichtigen Optionen beim Laden mit *modprobe* oder *modconf*.

12.6.5 Mäuse

Für serielle oder PS/2-Mäuse werden keine Parameter benötigt. Den Treibern für Busmäuse und MS-Busmäuse muss u. U. der verwendete IRQ mitgeteilt werden:

Busmäuse

`bmouse=IRQ` Mit *IRQ* wird der Interrupt übergeben.

Microsoft-Busmäuse

`msmouse=IRQ` Mit *IRQ* wird der Interrupt übergeben. Verwenden Sie diesen Parameter nicht für normale (serielle) Microsoft-kompatible Mäuse.

12.6.6 Parallele Schnittstellen

Die parallelen Schnittstellen werden zum einen von einem Lowlevel-Treiber angesteuert (bei PCs wird dieser mit dem Modul *parport_pc* zur Verfügung gestellt). Zum anderen stehen neben Lowlevel-Treiber verschiedene Treiber für Geräte zur Verfügung, die sich an parallele Schnittstellen anschließen lassen (z. B. das Modul *lp* für Drucker).

Lowlevel-Treiber (*parport_pc*)

`parport=Adresse,IRQ` Gibt mit *Adresse* und *IRQ*, IO-Adresse und IRQ einer parallelen Schnittstelle an. Der Parameter kann mehrmals wiederholt werden, um Angaben für mehrere parallele Schnittstellen vorzunehmen. Der Parameter *parport=0*, bewirkt, dass die Unterstützung für parallele Schnittstellen abgeschaltet wird. Mit *parport=auto* erkennt der Kernel die verwendeten Ressourcen selbstständig. Das Schlüsselwort *auto* kann auch für den zu verwendenden Interrupt angegeben werden. Mit dem Wort *none* für *IRQ* kann eine parallele Schnittstelle so konfiguriert werden, dass kein Interrupt benutzt wird. Beispiel: *parport=0x378,7 parport=0x278,auto*.

Wenn der Treiber als Modul geladen wird, werden die Optionen folgendermaßen übergeben: Hinter dem Schlüsselwort *io=* werden alle zu verwendenden IO-Adressen in ihrer Reihenfolge aufgeführt und hinter dem Schlüsselwort *irq=* die zu verwendenden Interrupts. Beispiel:

```
debian:~# modprobe parport_pc io=0x378,0x278 irq=7,auto
```

Druckertreiber (*lp*)

`lp=Schnittstelle` Dem Treiber kann mit *Schnittstelle* der Name der zu verwendenden Schnittstelle übergeben werden. Die Namen lauten *parport0* für die erste Schnittstelle, *parport1* für die zweite usw. Der Parameter kann mehrmals wiederholt werden, um mehrere Schnittstellen explizit für die Verwendung mit dem *lp*-Treiber zu konfigurieren. Beispiel: *lp=parport0 lp=parport1*.

Wenn der Treiber als Modul geladen wird, ist ihm hinter dem Schlüsselwort *parport* eine Liste der zu verwendenden Schnittstellennummern zu übergeben. Beispiel:

```
debian:~# modprobe lp parport=0,1
```

12.6.7 Ältere (proprietäre) CDROM-Laufwerke

CDROM-Laufwerke in neueren Rechnern sind in der Regel über die IDE- oder SCSI-Schnittstelle mit dem Rechner verbunden. Alte CDROM-Laufwerke benutzen hingegen oft eigene Interface-Karten oder eine Schnittstelle auf der Soundkarte. Für diese Laufwerke werden eigene Treiber benötigt. Sie werden auch durch eigene Gerätedateien repräsentiert. Mehr Informationen hierzu finden Sie im CDROM-HOWTO (*/usr/share/doc/HOWTO/en-txt/CDROM-HOWTO.txt.gz*, Paket *doc-linux-text*) sowie im Verzeichnis *Documentation/cdrom* im Quellcodeverzeichnis des Kernels.

Unabhängig davon, ob diese Treiber sich fest im Kernel befinden oder als Modul vorliegen, sind CDROM-Parameter in den meisten Fällen mit der selben Syntax anzugeben.

CDROM-Typ	Treiber	Gerätedatei	Optionen
Aztech	aztcd	/dev/aztcd	`aztcd=Adresse[,0x79]` Der Wert `0x79` muss bei unbekannter Firmware angegeben werden.
Goldstar	gscd	/dev/gscd	`gscd=Adresse`
Mitsumi	mcd	/dev/mcd	`mcd=Adresse,IRQ[,Wartezeit]` Mit Wartezeit können Werte zwischen 0 und 10 angegeben werden.
Mitsumi (Multisession)	mcdx	/dev/mcdx1 – /dev/mcdx7	`mcdx=Adresse,IRQ [,Adresse,IRQ ...]` Für jedes Laufwerk kann ein IO-Adressen-Interrupt-Paar angegeben werden.
Soundblaster PRO 16	sbpcd	/dev/sbpcd – /dev/sbpcd3	`sbpcd=Adresse,Typ` Für *Typ* können die Werte `Soundblaster`, `Lasermate` und `TEAC` angegeben werden.
Sony CDU535	sonycd535	/dev/cdu535	`sonycd535=Adresse`
Sony CDU31/31A	cdu31a	/dev/sonycd	`cdu31a=Adresse,IRQ[,PAS]` Das Wort *PAS* muss angegeben werden, wenn das Laufwerk an eine Pro-Audio-Spectrum Soundkarte angeschlossen ist. Wird der Treiber als Modul geladen, sind IO-Adresse und Interrupt in der Form `cdu31a_port=Adresse` und `cdu31a_irq=IRQ` anzugeben.
Phillips/LMS CM206	cm206	/dev/cm206cd	`cm206=Adresse,IRQ`. Wenn der Treiber als Modul geladen wird, sind die Parameter in der Form `cm206_base=Adresse` und `cm206_irq=IRQ` anzugeben.
Optics Storage	optcd	/dev/optcd	`optcd=Adresse`
Sanyo	sjcd	/dev/sjcd	`sjcd=Adresse,IRQ,DMA`
CDROMs an Mozart / MAD16 -Soundkarte	isp16		`isp16=[Adresse,IRQ, DMA][,][Typ]` Für *Typ* können die Werte `Sanyo`, `Panasonic`, `Sony` und `Mitsumi` benutzt werden. Wenn der Treiber als Modul geladen wird, sind die Parameter in der Form `isp16_cdrom_base=Adr.`, `isp16_cdrom_irq=IRQ`, `isp16_cdrom_dma=DMA`, und `isp16_cdrom_type=Typ` anzugeben.

Tabelle 12: Treiber für proprietäre CDROM-Laufwerke mit zugehörigen Gerätedateien und wichtigen Parametern.

12.6.8 Soundkarten

Es ist zwar möglich, Treiber für Soundkarten fest in den Kernel zu kompilieren, hiervon wird jedoch dringend abgeraten. Die Syntax, mit der den Soundkartentreibern Parameter übergeben werden, ist recht komplex und außerdem gehören Soundkarten nicht zu den Geräten, die zwingend zum Starten des Systems benötigt werden.

Aus diesem Grund werden im folgenden nur wichtige Parameter für verbreitete Soundkarten beschrieben, die beim Laden der entsprechenden Treiber in Form von Modulen benutzt werden können. Wer sich für die Parametersyntax für Soundtreiber am Bootprompt interessiert, sei auf das Bootprompt-HOWTO verwiesen.

Die modulare Soundunterstützung besteht aus einigen Modulen, welche die allgemeine Infrastruktur im Kernel bereitstellen. Diese müssen geladen werden, bevor der Karten- oder Chipspezifische Treiber geladen wird. Bei der Verwendung von *modprobe* geschieht dies automatisch. Die Namen dieser allgemeinen Module sind *soundcore*, *soundlow* und *sound*.

In vielen Fällen muss daraufhin die Unterstützung für bestimmte Funktionen/Chips geladen werden, die sich auf vielen Soundkarten befinden. So befindet sich auf Soundblaster-kompatiblen Karten normalerweise ein UART401-Chip, weswegen das Modul *uart401* geladen sein muss, bevor der Soundblaster-Treiber geladen werden kann. Der kartenspezifische Treiber wird dann im nächsten Schritt geladen. Dabei ist es zumeist erforderlich, die von der Karte verwendeten Hardwareressourcen anzugeben, also IO-Adresse, Interrupt und verwendete DMA-Kanäle. Bei vielen Modulen ist es allerdings nicht notwendig, alle verfügbaren Parameter tatsächlich zu verwenden.

Manche Karten besitzen besondere Eigenschaften, sind aber ansonsten baugleich mit einem anderen Typ. Für solche besonderen Eigenschaften steht dann u. U. noch ein zusätzliches Modul zur Verfügung, welches geladen werden kann, nachdem der eigentliche Treiber geladen wurde. So werden Karten vom Typ Soundblaster AWE(32) wie die meisten Soundblaster Karten vom Treiber im Modul *sb* angesteuert. Für den Sequencer auf diesen Karten steht jedoch ein zusätzliches Modul *awe_wave* zur Verfügung.

Bedenken Sie, dass Plug-and-Play-Soundkarten zunächst mit dem Programm *isapnp* (S. 372) konfiguriert werden müssen, bevor die Soundtreiber geladen werden können. Weitere Hinweise zu Treibern für Soundkarten finden Sie in Kapitel 11.3.5 auf Seite 337.

Kartentyp	Treiber	Optionen
AD1816, z. B. Terratec Base 1, Terratec Base 64, HP Kayak, Acer FX-3D, Highscreen Sound-Boostar 16/32 Wave 3D, SY1816, AVM Apex PRO	ad1816	`io=Adresse irq=IRQ dma=DMA dma2=DMA ad1816_clockfreq=Frequenz` Für *Frequenz* ist normalerweise der Wert 33000 zu verwenden.
AD1848/CS4248, z. B. Microsoft Sound System	ad1848	`io=Adresse irq=IRQ dma=DMA dma2=DMA deskpro_xl=Wert deskpro_m=Wert soundpro=Wert` Den Parametern *despro_xl*, *deskpro_m* oder *soundpro* ist der Wert *1* zu übergeben, falls der Treiber mit einem dieser Rechner / Chips benutzt werden soll, anderenfalls sind sie nicht zu verwenden.
		Fortsetzung auf der nächsten Seite

Fortsetzung der vorherigen Seite

Kartentyp	Treiber	Optionen
OPLx (generisch)	adlib_card	`io=Adresse`
Crystal 423x	cs4232	`io=Adresse irq=IRQ dma=DMA dma2=DMA mpuio=Adresse mpuirq=IRQ synthio=Adresse synthirq=IRQ`
Ensoniq 1370	es1370	`joystick=Wert lineout=Wert micb=Wert` Durch *joystick=1* wird der Joystickanschluss auf der Karte aktiviert. Durch *lineout=1* wird der Line-IN Anschluss in Line-Out umfunktioniert.
Creative Ensoniq 1371	es1371	`joystick=Adresse` Gültige Werte für *Adresse* sind 0x200, 0x208, 0x210 und 0x218.
Gravis Ultrasound	gus	`io=Adresse irq=IRQ dma=DMA dma16=DMA type=Wert gus16=Wert`
MAD16, z.B. OPTi 82C928 MAD16, OAK OTI-601D Mozart, OPTi 82C929 MAD16 Pro, OPTi 82C930, OPTi 82C924	mad16	`io=Adresse irq=IRQ dma=DMA dma16=DMA mpu_io=IO mpu_irq=IRQ cdtype=Typ cdirq=IRQ cdport=Adresse cdma=DMA opl4=Adresse joystick=Wert` Mehr Informationen zur Konfiguration eines angeschlossenen CDROM-Laufwerks finden Sie in der Datei */drivers/sound/mad16.c* im Quellcodeverzeichnis des Kernels.
Turtle Beach Maui und Tropez	maui	`io=Adresse irq=IRQ`
MPU401	mpu401	`io=Adresse irq=IRQ`
Turtle Beach MultiSound	msnd	—
Turtle Beach MultiSound Classic/ Monterey/ Tahiti	msnd_classic	`io=Adresse irq=IRQ mem=Shared_Memory fifo fifosize=Größe calibrate_signal` Üblicher Wert für *Shared Memory* ist 0xd0000. *fifosize* und *calibrate_signal* brauchen normalerweise nicht angegeben zu werden.

Fortsetzung auf der nächsten Seite

Fortsetzung der vorherigen Seite

Kartentyp	Treiber	Optionen
Turtle Beach Pinnacle/Fiji	msnd_pinnacle	Zusätzlich zu den Parametern für das Modul *msnd_classic* (s. o.) können diesem Modul die folgenden Parameter übergeben werden: `digital=Wert cfg=Adresse mpu_io=Adresse mpu_irq=Adresse ide_io0=Adresse ide_io1=Adresse ide_irq=IRQ joystick_io=Adresse` Dem Parameter *digital* können die Werte *0* oder *1* übergeben werden. Dem Parameter *cfg* ist die Konfigurationsadresse zu übergeben, wenn die Karte nicht im Plug-and-Play-Modus betrieben wird (typischer Weise 0x250, 0x260 oder 0x270).
OPL3 und YM3812	opl3	`io=Adresse`
OPL3-SA (YMF701B)	opl3sa	`io=Adresse irq=IRQ dma=DMA dma2=DMA mpu_io=Adresse mpu_irq=IRQ`
OPL3-SA2/SA3/SAx YMF711 YMF715 YMF719	opl3sa2	`io=Adresse irq=IRQ dma=DMA dma2=DMA mss_io=Adresse mpu_io=Adresse`
Pro Audio Spectrum	pas2	`io=Adresse irq=IRQ dma=DMA dma2=DMA sb_io=Adresse sb_irq=IRQ sb_dma=DMA sb_dma16=DMA joystick= symphony= broken_bus_clock=`
Personal Sound System	pss.o	`pss_io=Adresse mss_io=Adresse mss_irq=IRQ mss_dma=DMA mpu_io=Adresse mpu_irq=IRQ pss_mixer=Wert` Der Mixer ist nicht auf allen Karten mit diesem Chipsatz vorhanden, er wird mit *pss_mixer=1* aktiviert.

Fortsetzung auf der nächsten Seite

Fortsetzung der vorherigen Seite

Kartentyp	Treiber	Optionen
Soundblaster und kompatible	sb	`io=Adresse irq=IRQ dma=DMA dma16=DMA mpu_io=Adresse mad16=Wert trix=Wert pas2=Wert sm_games=Wert acer=Wert mwave_bug=Wert` Die Parameter *mad16, trix, pas2* sind mit dem Wert *1* zu verwenden, wenn der Treiber für eine solche Karte benutzt wird. Der Parameter *acer=1* wird mit einigen ACER-Laptops benötigt. Mit *mwave_bug=1* kann der Treiber u. U. zusammen mit Mwave Chips benutzt werden, vorausgesetzt, diese Chips wurden unter DOS/Windows initialisiert.
Soundblaster AWE	awe_wave	`io=Adresse memsize=Größe` Mit *Größe* wird die Menge des auf der Karte vorhandenen DRAMs in Kilobyte angegeben.
Aztech Sound Galaxy	sgalaxy	`io=Adresse irq=IRQ dma=DMA dma2=DMA sgbase=Adresse`
S3 Sonic Vibes	sonicvibes	—
Ensoniq Sound Scape	sscape	`io=Adresse irq=IRQ dma=DMA mpu_io=Adresse mpu_irq=IRQ spea=Wert mss=Wert` Der Parameter *spea=1* ist bei einigen Karten zu verwenden. Mit *mss=1* wird die Karte zusammen mit dem Microsoft Sound System verwendet.
MediaTrix AudioTrix Pro	trix	`io=Adresse irq=IRQ dma=DMA dma2=DMA sb_io=Adresse sb_dma=DMA sb_irq=IRQ mpu_io=Adresse mpu_irq=IRQ joystick=Wert`
UART401	uart401	`io=Adresse irq=IRQ`
UART6850	uart6850	`io=Adresse irq=IRQ`
Soundblaster DS	v_midi	—
Turtle Beach Maui, Tropez, Tropez Plus	wavefront	`io=Adresse irq=IRQ`

Tabelle 13: Soundkarten mit zugehörigen Treibermodulen und wichtigen Optionen beim Laden mit *modprobe* oder *modconf*

12.7 Konfiguration von ISA-PNP-Karten

Plug-and-Play (PnP-) Karten, die über den ISA-Bus mit dem Rechner verbunden sind, müssen mit dem Programm *isapnp* initialisiert werden, bevor Sie mit Linux benutzt werden können.

> Das PnP-Protokoll wurde entwickelt, um eine automatische Konfiguration von ISA-Karten zu ermöglichen. Solche Karten können in den meisten Fällen nämlich nicht sicher vom Betriebssystem erkannt und konfiguriert werden. Vielmehr sind sie in der Regel durch Jumper (kleine Stecker auf der Karte) für die Verwendung bestimmte Systemressourcen (IO-Adressen, Interrupts, DMA-Kanäle usw.) zu konfigurieren. Dem Betriebssystem muss danach beim Laden des Treibers für die entsprechende Karte mitgeteilt werden, welche Ressourcen das Gerät benutzt.
>
> Mit dem PnP-Protokoll ist es nun möglich, die entsprechenden Geräte zu befragen, welche Hardwareressourcen diese verwenden können. Das Betriebssystem kann dann, nachdem diese Information für alle PnP-Geräte vorliegt, entscheiden, wie es die verfügbaren Ressourcen auf die einzelnen Karten verteilt und diesen dann mitteilen, welche Ressourcen sie zu verwenden haben. Eine ISA-PnP-Karte kann erst benutzt werden, wenn Sie diese Information erhalten hat.
>
> Eine Reihe von ISA-Karten lässt sich durch Jumper (manchmal auch mit einem DOS-Programm) allerdings als PnP- oder Nicht-PnP-Gerät konfigurieren. Wenn Sie mit der PnP-Konfiguration Schwierigkeiten haben, sollten Sie untersuchen, ob dies bei dem betreffenden Gerät möglich ist und es dann als gewöhnliches (nicht-PnP-) Gerät betreiben.
>
> Grundsätzlich gibt es zwei Möglichkeiten zur Konfiguration von PnP-Geräten. Zum einen sind moderne BIOSe in der Lage diese Konfiguration durchzuführen. Die Geräte sind dann bereits fertig konfiguriert, wenn das Betriebssystem gestartet wird und die Treiber können sofort geladen werden. Allerdings gibt es einige BIOSe, welche die automatische Konfiguration von PnP-Geräten zwar anbieten, diese jedoch nicht korrekt ausführen. Zum anderen kann die PnP-Konfiguration direkt vom Betriebssystem vorgenommen werden. Sie muss dann stattfinden, bevor die Treiber für PnP-Geräte geladen werden. Diese Möglichkeit kann auch zur Neukonfiguration von PnP-Geräten benutzt werden, nachdem das BIOS bereits Einstellungen vorgenommen hat.
>
> Der Menüpunkt im BIOS-Setup lautet meist *Plug and Play aware OS?*. Wenn hier *N(o)* ausgewählt wird, versucht das BIOS selbst die PnP-Konfiguration vorzunehmen. Bei alleiniger Verwendung von Linux ist dies meist die beste Einstellung. Bei Verwendung von Windows ist es jedoch besser, die PnP-Konfiguration dem Betriebssystem zu überlassen. Wenn sich beide Betriebssysteme auf dem Rechner befinden, ergibt sich hieraus ein gewisser Konflikt. Es wird dann empfohlen, die PnP-Konfiguration nicht vom BIOS ausführen zu lassen.

Die Konfiguration von ISA-PnP-Geräten wird unter Linux nicht direkt vom Betriebssystem (dem Kernel) ausgeführt, sondern durch spezielle Programme, die nach dem Start des Kernels aufgerufen werden können. Zur Einrichtung dieser Programme sind die folgenden drei Schritte notwendig:

1. Mit dem Programm *pnpdump* werden PnP-Geräte befragt, welche Hardwareressource sie verwenden können. Das Programm kann gleichzeitig versuchen, sinnvolle Vorschläge zur Konfiguration der Geräte zu machen. Die daraus resultierende Information wird in eine Datei geschrieben.
2. Die Datei sollte dann daraufhin überprüft werden, ob tatsächlich alle PnP-Geräte erkannt wurden und ob die Vorschläge zur Konfiguration nicht zu Konflikten mit anderen Geräten führen.
3. Schließlich wird das Programm *isapnp* aufgerufen, welches die Angaben aus der Konfigurationsdatei einliest und die PnP-Geräte entsprechend konfiguriert.

Die ersten beiden Schritte müssen natürlich nur ein einziges Mal ausgeführt werden, während der letzte Schritt nach jedem Systemstart wiederholt werden muss. Die Programme *pnpdump* und *isapnp* sowie die dazu gehörende Dokumentation sind in dem Paket *isapnptools* enthalten. Während der Installation dieses Pakets wird auch ein Startskript (*/etc/init.d/isapnp*) installiert, welches die Konfiguration von PnP-Karten während des Systemstarts automatisch durchführt. Voraussetzung hierfür ist allerdings, dass sich die gültigen Konfigurationsdaten (wie sie mit *pnpdump* erzeugt werden können) in der Datei */etc/isapnp.conf* befinden.

Achtung: Treiber für PnP-Karten, die mit *isapnp* konfiguriert werden, dürfen nicht fest in den Kernel integriert sein, weil das dazu führen würde, dass die entsprechende Hardware gesucht wird, bevor sie mit *isapnp* initialisiert worden ist. Solche Treiber müssen also immer in Form von Modulen vorliegen. Die entsprechenden Module dürfen erst geladen werden, wenn *isapnp* ausgeführt worden ist und die entsprechende Hardware initialisiert hat (siehe Seite 311).

Erzeugen einer Konfigurationsdatei für *isapnp*

Das Programm *pnpdump* gibt die möglichen Konfigurationsdaten gefundener PnP-Hardware standardmäßig in einem Format aus, in dem alle möglichen Konfigurationen auskommentiert sind. Wenn die Ausgabe des Programms also unverändert mit *isapnp* benutzt werden würde, dann würden keine Karten konfiguriert werden. Wird *pnpdump* jedoch mit der Option -c aufgerufen, versucht *pnpdump* selbst, eine funktionierende Konfiguration zu erstellen. Dabei werden alle Systemressourcen berücksichtigt, die bereits von anderen Treibern benötigt werden. Falls Sie Geräte benutzen, für die Sie die Treiber nur gelegentlich laden, sollten diese deswegen geladen werden, bevor *pnpdump* aufgerufen wird. Ansonsten würde *pnpdump* davon ausgehen, dass die Ressourcen für die entsprechenden Geräte frei zur Verfügung stehen und sie evtl. PnP-Geräten zuweisen. Dies würde später zu Konflikten führen, wenn die Treiber für die Hardware geladen werden, welche die gleichen Ressourcen ebenfalls benutzt. Auf der anderen Seite dürfen während der PnP-Konfiguration keine Treibermodule für PnP-Geräte geladen sein.
Eine Ausgangskonfiguration wird erstellt, in dem *pnpdump* folgendermassen aufgerufen wird:

```
debian:~# pnpdump -c > isapnp.conf
```

Dadurch werden die Konfigurationsdaten in die Datei *isapnp.conf* im aktuellen Arbeitsverzeichnis geschrieben. Die Datei kann nun mit einem Texteditor (z. B. *vi*) geöffnet und bearbeitet werden.

Aufbau der Konfigurationsdatei für *isapnp*

Alle Zeilen, die nicht leer sind oder an deren Beginn kein Doppelkreuz steht (Kommentare), haben für *isapnp* eine bestimmte Bedeutung. Am Anfang der Datei befindet sich eine so genannte Präambel, mit der allgemeine Einstellungen für das Programm vorgenommen werden. Die Präambel kann beispielsweise so aussehen:

```
# (DEBUG)
  (READPORT 0x0203)
  (ISOLATE)
  (IDENTIFY *)
```

Hier wird mit der Anweisung *(READPORT 0x0203)* bestimmt, welche IO-Adresse zur Kommunikation mit PnP-Geräten benutzt werden soll. Normalerweise sollte diese Angabe nicht geändert werden. Das Schlüsselwort *(ISOLATE)* bewirkt, dass alle PnP-Karten zurückgesetzt werden, bevor *pnpdump* sie konfiguriert und durch *(IDENTIFY *)* wird bestimmt, dass alle PnP-Geräte erkannt werden sollen. Das Schlüsselwort *(DEBUG)* ist hier auskommentiert. Wäre dies nicht der Fall, würde das Programm eine Reihe zusätzlicher Informationen ausgeben.
Nach der Präambel folgen Einträge für die gefundenen Geräte. Dabei kann es durchaus vorkommen, dass mehrere Geräte aufgelistet werden, obwohl in dem Rechner nur eine einzige PnP-Karte vorhanden ist. Die Ursache dafür ist, dass sich auf der Karte dann mehrere logische Geräte befinden. So kann sich auf einer Soundkarte beispielsweise zusätzlich ein Sequencer und ein Joystick-Anschluss befinden. Jeder Eintrag für ein Gerät beginnt mit einer Zeile, die folgendermassen aussieht:

```
(CONFIGURE CTL0043/54664 (LD 0
```

Entscheidend ist hier nur das Schlüsselwort *CONFIGURE*, die darauffolgenden Ziffern sind gerätespezifisch. Die Einträge für ein Gerät enden mit diesen beiden Zeilen:

```
  (ACT Y)
))
```

Die Zeile mit *(ACT Y)* darf nicht auskommentiert sein. Das entsprechende Gerät wird sonst nicht konfiguriert. Zwischen den Start- und Endzeilen für ein Gerät befinden sich mehrere Blöcke, die durch Leerzeilen getrennt sind. Jeder dieser Blöcke enthält eine mögliche Konfiguration für das betreffende Gerät. Sie können also einen Block auswählen und diesen entsprechend anpassen. Alle anderen Blöcke müssen dann auskommentiert sein. In der Regel befinden sich über jedem Eintrag Kommentare, die beschreiben, welche Werte für eine bestimmte Einstellung möglich sind:

```
#         Start dependent functions: priority acceptable
#         IRQ 5, 7 or 10.
#              High true, edge sensitive interrupt (by default)
(INT 0 (IRQ 5 (MODE +E)))
```

In diesem Beispiel wird also angegeben, dass für die Einstellung *IRQ 5* auch die Werte 7 oder 10 möglich sind. Diese Information bezieht sich allerdings nur darauf, welche Werte von dem entsprechenden Gerät unterstützt werden. Wenn Sie die Datei manuell bearbeiten, sind Sie selbst dafür verantwortlich, dass es keine Konflikte mit anderen Geräten gibt.

Ähnliche Einträge wie oben gezeigt finden sich in der Regel auch für IO-Adressen und DMA-Kanäle. Das Menü zur Auswahl eines DMA-Kanals würde also so aussehen:

```
#         Next DMA channel 5, 6 or 7.
#         16 bit DMA only
#              Logical device is not a bus master
#              DMA may not execute in count by byte mode
#              DMA may execute in count by word mode
#              DMA channel speed in compatible mode
(DMA 1 (CHANNEL 5))
```

Dieser Angabe wäre zu entnehmen, dass für die Einstellung *CHANNEL 5* auch die Werte 6 oder 7 erlaubt sind. Ein vollständiger Eintrag für ein bestimmtes Gerät könnte dann beispielsweise folgendermassen aussehen. Der Eintrag dient zur Konfiguration einer Soundblaster AWE32-PnP-Karte, er ist um die Kommentare gekürzt:

```
(CONFIGURE CTL0043/54664 (LD 0
  (INT 0 (IRQ 5 (MODE +E)))
  (DMA 0 (CHANNEL 1))
  (DMA 1 (CHANNEL 5))
  (IO 0 (BASE 0x0220))
  (IO 1 (BASE 0x0330))
  (IO 2 (BASE 0x0388))
  (ACT Y)
))
```

Testen der Konfiguration

Wenn Sie sich sicher sind, dass die Konfigurationsdatei korrekt ist (oder die automatisch erstellte Datei ausprobieren wollen) geben Sie diesen Befehl ein, um die PnP-Geräte zu initialisieren:

debian:~# **isapnp isapnp.conf**

Dadurch werden die PnP-Geräte anhand der Informationen in der Datei *isapnp.conf* im aktuellen Arbeitsverzeichnis konfiguriert. Wenn alles gut geht, sollte für jedes konfigurierte Gerät sinngemäß die folgende Ausgabe erscheinen:

```
Board 1 has Identity e5 ff ff ff ff 70 00 8c 0e: CTL0043 Serial No -1 [checksum e5]
CTL0070/-1[0]Audio
    Ports 0x220 0x330 0x388; IRQ5 DMA1 DMA5 --- Enabled OK
```

Wenn jedoch eine Meldung erscheint, die wie die folgende aussieht, dann konnte ein Gerät nicht konfiguriert werden:

```
Fatal - ressource conflict allocating 16 bytes
```

Ursache hierfür ist wahrscheinlich, dass eine Ressource, die Sie in der Konfigurationsdatei eingestellt haben, bereits anderweitig im System benutzt wird.
Sollten die Geräte erfolgreich initialisiert worden sein, können nun die Treibermodule für die entsprechenden Geräte geladen werden. Dabei ist es normalerweise erforderlich, mit den entsprechenden Treiberparametern die selben Ressourcen anzugeben, die mit *isapnp* konfiguriert wurden. Um beispielsweise jetzt das Treibermodul *sb.o* mit den im Beispiel vorgenommenen Einstellungen zu laden, könnten Sie diesen Befehl benutzen:

```
debian:~# modprobe sb irq=5 dma=1 dma16=5 io=0x220 mpu_io=0x330
```

Wenn das Gerät mit den entsprechenden Einstellungen funktioniert, sollten Sie die erzeugte Datei *isapnp.conf* in das Verzeichnis */etc* kopieren. Dadurch wird sichergestellt, dass die PnP-Geräte bei zukünftigen Systemstarts automatisch, mit den vorgenommenen Einstellungen, initialisiert werden (vorher sollten Sie eine alte Version der Datei gegebenenfalls sichern):

```
debian:~# cp isapnp.conf /etc/isapnp.conf
```

Bedenken Sie, dass durch diesen Schritt nur die PnP-Konfiguration automatisiert wird. Um die benötigten Treibermodule ebenfalls automatisch mit den richtigen Parametern zu laden, müssen Sie das Programm *modprobe* entsprechend konfigurieren. Dies ist unabhängig von PnP und wird in Abschnitt 12.4.2, Seite 351 beschrieben.

Weiterführende Informationen

Das Paket *isapnptools* kommt mit einer ausführlichen Dokumentation, die sich nach der Installation des Pakets – wie üblich – im Verzeichnis */usr/share/doc/isapnptools* befindet. Darin enthalten ist auch eine Sammlung von Antworten auf häufig gestellte Fragen (Datei *isapnpfaq.txt.gz*), die besonders lesenswert ist.
Im Paket *doc-linux-text* ist das Plug-and-Play-HOWTO enthalten, welches sich in der Datei */usr/share/doc/HOWTO/en-txt/Plug-and-Play-HOWTO.txt.gz* befindet. Dieses Dokument liefert vor allem Hintergrundinformationen zu PnP. Die Homepage der *isapnptools* ist unter der WWW-Adresse http://www.roestock.demon.co.uk/isapnptools/ zu erreichen. Dort befinden sich aktualisierte Fassungen der zugehörigen Programme sowie zusätzliche Informationen.

13. Der Startvorgang von Debian GNU/Linux

Nachdem die Startphase des Kernels abgeschlossen ist, bindet dieser das Rootdateisystem ein und ruft danach das Programm *ced /sbin/init* auf, welches zunächst den weiteren Verlauf des Systemstarts kontrolliert und dann aktiv bleibt, bis das System heruntergefahren ist. *Init* trägt deswegen die Prozess-ID 1 und ist quasi die Mutter aller Prozesse auf dem System.

13.1 Runlevel

Debian verwendet das System V Konzept verschiedener so genannter Runlevel. Unter einem Runlevel wird ein Zustand des Systems verstanden, in dem bestimmte Prozesse ausgeführt werden. Während der Laufzeit des Systems kann zwischen den Runlevel gewechselt werden, ohne das System neu starten zu müssen. Mit Hilfe von Runlevel lassen sich verschiedene Systemzustände definieren, zwischen denen einfach gewechselt werden kann. So könnte ein Rechner beispielsweise regelmäßig für zwei verschiedene Aufgaben genutzt werden, nämlich zum einen als HTTP- (Web-) und FTP-Server und zum anderen als Arbeitsplatzrechner. Im ersten Fall müssen die genannten Serverdienste ausgeführt werden, eine graphische Benutzeroberfläche wird jedoch nicht benötigt. Im zweiten Fall wird normalerweise eine graphische Benutzeroberfläche gewünscht, jedoch sollen die Serverdienste nicht ausgeführt werden. Für diesen Rechner lassen sich nun zwei Runlevel definieren, in denen die unterschiedlichen Dienste oder Prozesse ausgeführt werden sollen.

Neben diesen „normalen" Runlevel gibt es drei besondere, nämlich einen, in dem das System heruntergefahren wird, einen, in dem es neu gestartet wird und den so genannten Single-User-Modus, in dem sich nur der Administrator anmelden kann und keine weiteren Prozesse (wie Serverdienste) ausgeführt werden. Normalerweise gibt es insgesamt sieben Runlevel, welche die Nummern 0-6 tragen. 0 entspricht dabei dem Anhalten des Systems, 1 dem Single-User-Modus und 6 dem Neustart des Systems. Die Runlevel 2-5 sind die gewöhnlichen Runlevel. Per Voreinstellung wird nach dem Systemstart in den Runlevel 2 geschaltet.

Bei einer unangepassten Debian GNU/Linux Installation unterscheiden sich die Runlevel 2 und 3 nicht. Es werden die gleichen Prozesse ausgeführt und deswegen macht es keinen Unterschied, in welchem dieser beiden Runlevel sich das System befindet. Die beiden Runlevel 4 und 5 unterscheiden sich ebenfalls nicht voneinander. Allerdings gibt es einen Unterschied zwischen den Runlevel 2 und 3 auf der einen und den Runlevel 3 und 4 auf der anderen Seite. In den Runlevel 2 und 3 stehen die sechs virtuellen Konsolen zur Verfügung, außerdem kann über andere Schnittstellen wie serielle Terminals oder Faxmodems auf den Rechner zugegriffen werden. In den Runlevel 4 und 5 steht nur eine Konsole zur Verfügung, die Programme zur Kommunikation über andere Schnittstellen sind in diesen Runlevel nicht aktiv. Weiterhin aktiv sind in den Runlevel 4 und 5 allerdings die Netzverbindungen, so dass der Zugriff auf den Rechner über das Netzwerk möglich ist. Diese Runlevel eignen sich also eher für Rechner, mit denen nicht direkt, sondern nur über das Netz gearbeitet wird.

13.2 Die Datei */etc/inittab*

Das Programm */sbin/init*, welches nach dem Systemstart vom Kernel aufgerufen wird, wird über die Datei */etc/inittab* konfiguriert. Dort befinden sich Einträge, mit denen konfiguriert wird, welche Programme in welchem Runlevel auszuführen sind. Außerdem lassen sich hier Programme angeben, die bei besonderen Ereignissen, wie beispielsweise dem Systemstart, einem Stromausfall oder wenn die Tastenkombination STRG-ALT-ENTF betätigt wurde, ausgeführt werden sollen.

Die Datei ist folgendermaßen aufgebaut: Leerzeilen und Zeilen, die mit einem Kommentarzeichen (#) beginnen, haben keine Bedeutung. Jede andere Zeile spezifiziert Prozesse, die beim Wechsel in einen neuen Runlevel oder einem anderen Ereignis gestartet werden sollen. Solche Zeilen bestehen aus vier Feldern, die durch Doppelpunkte voneinander getrennt werden (keine Leerzeichen!). Die einzelnen Felder haben die folgende Bedeutung:

1. Im ersten Feld wird dem Eintrag eine Kennung (ID) gegeben. Kennungen können aus maximal vier Buchstaben bestehen. Einträge, mit denen ein *getty*-Prozess gestartet wird, sollten als Kennung die Nummer der virtuellen Konsole tragen, auf welcher der entsprechende Prozess gestartet werden soll.
2. Im zweiten Feld wird bestimmt, in welchen Runlevel der entsprechende Prozess laufen soll. Es können auch mehrere Runlevel angegeben werden, so bedeutet die Zeichenkette *23* beispielsweise, dass der entsprechende Prozess in den Runlevel *2* und *3* laufen soll.
3. Im dritten Feld wird durch ein Schlüsselwort angegeben, wie der entsprechende Prozess ausgeführt werden soll. Die wichtigsten der verfügbaren Schlüsselwörter sind:

    wait Der angegebene Prozess wird einmal gestartet, wenn in den betreffenden Runlevel gewechselt wird. *init* wartet, bis der Prozess beendet ist.
    once Der angegebene Prozess wird einmal ausgeführt, wenn in den betreffenden Runlevel gewechselt wird. Es wird nicht auf das Ende des Prozesses gewartet.
    sysinit Der angegebene Prozess wird zum Systemstart ausgeführt. *init* wartet, bis der Prozess beendet wurde, bevor es weitere Programme aufruft.
    boot Der angegebene Prozess wird zum Systemstart ausgeführt, nachdem ein mit *sysinit* angegebener Prozess beendet wurde. Auf die Beendigung dieses Prozesses wird nicht gewartet.
    bootwait Wie *boot*, mit dem Unterschied, dass auf die Beendigung dieses Prozesses gewartet wird.
    ctrlaltdel Der angegebene Prozess wird ausgeführt, sobald *init* das Signal SIGINT empfängt. Dies passiert u. a. dann, wenn die Tastenkombination STRG-ALT-ENTF betätigt wird. Gewöhnlich wird durch diesen Eintrag das Programm *shutdown* (S. 714) aufgerufen.
    respawn Der angegebene Prozess wird neu gestartet, sobald er aus irgendeinem Grund beendet wird.

4. Im vierten Feld wird der Name des zu startenden Programms angegeben. Argumente, die diesem Programm beim Aufruf übergeben werden sollen, können (durch Leerzeichen getrennt) hinter dem Namen des Programms stehen.

Festlegen des Standardrunlevels

Der Runlevel, in den standardmäßig nach dem Systemstart gewechselt wird, wird durch die folgende Zeile festgelegt:

```
id:2:initdefault:
```

Die Zeile ist ähnlich aufgebaut wie alle anderen. Allerdings wird hier mit dem Runlevel-Feld festgelegt, welcher Runlevel als Standard benutzt werden soll (im Beispiel 2). Die Angabe eines Programms ist hier nicht notwendig.

Systeminitialisierung

Während des Systemstarts wird standardmäßig von *init* ein Skript oder Programm aufgerufen, welches das System initialisiert und für die normale Benutzung vorbereitet. Dies wird durch den folgenden Eintrag festgelegt:

```
si::sysinit:/etc/init.d/rcS
```

Die Angabe eines Runlevel ist hier nicht notwendig, das zweite Feld ist deswegen leer.

Dauerhaft auszuführende Programme

Zur Laufzeit des Systems muss es möglich sein, sich an den virtuellen Konsolen anzumelden. Deswegen wird nach Eintritt in die „normalen" Runlevel 1-5 das Programm */sbin/getty* einmal oder mehrfach gestartet:

```
1:2345:respawn:/sbin/getty 38400 tty1
2:23:respawn:/sbin/getty 38400 tty2
...
6:23:respawn:/sbin/getty 38400 tty6
```

Dieses Programm (*getty*) hat die Aufgabe, ein Terminal (also z. B. eine virtuelle Konsole) zu initialisieren und dann in diesem Terminal auf eine Benutzeranmeldung zu warten. Nachdem ein Benutzer seinen Namen eingegeben hat, startet *getty* das Programm *login*, welches das Passwort des Benutzers erfragt und überprüft. Wenn die Überprüfung des Passworts erfolgreich ist, startet *login* daraufhin die Standardshell des Benutzers. Das zu verwendende Terminal sowie die Bitrate, mit der mit dem Terminal kommuniziert werden soll, werden dem Programm *getty* als Argumente übergeben. Das Programm versteht einige Optionen, die in der Manualseite beschrieben sind.

Beim Start der Programme *login* sowie der Standardshell wird der jeweilige *getty*- bzw. *login*-Prozess durch den zu startenden Prozess ersetzt, d. h. nach dem Start eines Programms besteht der Prozess weiterhin, allerdings wird in ihm jetzt ein anderes Programm ausgeführt (siehe auch *exec* (S. 481)). Wenn die Standardshell beendet wird, also beispielsweise, weil sich der angemeldete Benutzer durch Eingabe des Befehls *exit* abmeldet, wird der Prozess beendet.

Damit dies nicht dazu führt, dass an dem betreffenden Terminal keine erneute Anmeldung möglich ist, überwacht *init* die mit dem Schlüsselwort *respawn* gestarteten Prozesse und startet sie erneut, falls sie beendet wurden. Die Folge ist, dass nach Beendigung der Shell des angemeldeten Benutzers ein neuer *getty*-Prozess gestartet wird und eine erneute Anmeldung möglich ist.

Neben dem normalen *getty*-Programm, welches im wesentlichen für die Verwendung an der Konsole geeignet ist, stehen einige weitere *getty*-ähnliche Programme zur Verfügung, die beispielsweise serielle Schnittstellen überwachen und somit die Anmeldung über ein Modem ermöglichen. Aber auch Aufgaben wie Anrufbeantworterfunktion (Paket: *mgetty-voice*) oder Faxempfang (Pakete *mgetty-fax* oder *hylafax-server*) werden durch *getty*-ähnliche Prozesse gesteuert. Auch hier ist es notwendig, eine spezifische Schnittstelle des Rechners zu initialisieren, sie zu überwachen und bestimmte Aktionen auszulösen, sobald ein Zugriff auf den Rechner über diese Schnittstellen erfolgt.

Debian-Pakete, die zusätzliche *getty*-Programme beinhalten, fügen der Datei */etc/inittab* normalerweise Beispieleinträge zu, die jedoch auskommentiert sind. Um die Programme zu verwenden, ist die Datei also in den meisten Fällen zu editieren.

Aktionen beim Wechsel von Runlevel

Beim Wechsel von einem Runlevel in einen anderen wird jeweils das Skript */etc/init.d/rc* aufgerufen. Diesem Skript wird als Argument dann die Nummer des Runlevels übergeben, in den gewechselt werden soll. Dies wird durch die folgenden Zeilen festgelegt. In */etc/inittab* sieht das folgendermaßen aus:

```
l0:0:wait:/etc/init.d/rc 0
...
l6:6:wait:/etc/init.d/rc 6
```

Programme, die während eines Runlevels dauerhaft ausgeführt werden sollen, also mit dem Schlüsselwort *respawn* versehen sind, werden beim Wechsel von einem Runlevel in den nächsten beendet, sofern Sie für den alten Runlevel definiert sind und für den neuen nicht. Wenn die Programme für beide Runlevel definiert sind, werden sie nicht unterbrochen.

Single-User-Modus

Für den Single-User-Modus befindet sich standardmäßig folgender Eintrag in der Datei */etc/inittab*:

```
~~:S:wait:/sbin/sulogin
```

Der Eintrag bewirkt, dass nach Eintritt in diesen Runlevel das Programm */sbin/sulogin* aufgerufen wird. Dieses Programm erfragt das Passwort des Administrators und ruft eine Shell auf, wenn dieses richtig eingegeben wird. Wenn der entsprechende Prozess beendet wird (also z. B. weil die Shell beendet wurde), wird wieder zurück in den Standardrunlevel geschaltet.

Im Single-User-Modus werden (fast) keine Programme im Hintergrund ausgeführt, alle Serverdienste sind gestoppt und es besteht keine Möglichkeit, dass außer dem Administrator irgendjemand mit dem Rechner arbeiten kann. Diese Modus ist deswegen geeignet, kritische Arbeiten am System auszuführen. Wenn beispielsweise die Festplattenpartition, auf der sich die Heimatverzeichnisse der Benutzer befinden, überprüft werden muss, sollte das System zunächst in den Single-User-Modus gebracht werden. Die Partition kann dann sicher aus dem Dateisystem ausgehängt und überprüft werden.

Gelegentlich ist es notwendig, das System so zu starten, dass es in den Single-User-Modus und nicht in einen gewöhnlichen Runlevel bootet. Hierzu dient der Bootparameter *single*. Dieser Parameter wird vom Kernel an *init* übergeben und weist das Programm an, direkt in den Single-User-Modus zu starten.

13.3 Bedienung von *init*

Zur Kommunikation mit dem Prozess 1, also mit *init*, steht der Befehl *telinit* zur Verfügung. Mit *telinit* kann *init* veranlasst werden, z. B. den Runlevel zu wechseln oder die Konfigurationsdatei */etc/inittab* neu einzulesen. Die Datei */sbin/telinit* ist ein symbolischer Link auf das Programm *init* selbst. Es ist auch möglich, das Programm *init* direkt zur Kommunikation mit dem eigentlichen *init*-Prozess zu verwenden.

Wechseln des Runlevels

Um in einen anderen Runlevel zu wechseln, sind *telinit* oder *init* mit der Bezeichnung des Runlevels, in den gewechselt werden soll, aufzurufen. Beispielsweise wird mit dem folgenden Befehl in den Runlevel 4 geschaltet:

```
debian:~# init 4
```

Auf diese Weise kann auch ein Systemabschluss (Runlevel 0) oder ein Neustart (Runlevel 6) durchgeführt werden. Um das System neu zu starten, kann also folgender Befehl benutzt werden:

```
debian:~# init 6
```

Der Single-User-Modus (Runlevel 1) kann alternativ mit der Bezeichnung S angegeben werden. Es wird dann direkt in den Single-User-Modus geschaltet. Dienste und Programme, die in dem vorherigen Runlevel ausgeführt wurden, werden dann nicht beendet:

```
debian:~# init S
```

Normalerweise sollte in den Single-User-Modus mit dem Befehl *init 1* gewechselt werden.

Erneutes Einlesen der Konfiguration

Die meisten Programme lesen ihre Konfigurationsdatei nur einmal beim Start. Um solche Programme mit einer neuen Konfiguration zu verwenden, beendet man sie einfach und startet sie dann erneut. Dies ist bei *init* natürlich nur möglich, wenn das System neu gestartet wird. Um dies im Falle einer Veränderung der Datei */etc/inittab* zu vermeiden kann *init* durch den folgenden Befehl dazu gebracht werden, die Konfigurationsdatei neu zu lesen:

```
debian:~# init Q
```

Programme, die nach der Veränderung dieser Datei als im aktuellen Runlevel dauerhaft ausführbar eingetragen sind, also mit dem Schlüsselwort *respawn* versehen sind, werden durch diesen Befehl automatisch gestartet, wenn sie nicht schon aufgrund der alten Konfiguration gestartet waren. Programme, welche in der alten Konfiguration als dauerhaft ausführbar eingetragen waren, in der neuen jedoch fehlen, werden durch diesen Befehl beendet.

Ersetzen des Programms *init*

Während der Software-Aktualisierung kann es passieren, dass auch für *init* eine neue Programmversion installiert wird. Damit diese nicht erst beim nächsten Systemstart ausgeführt wird, sondern sofort nach der Installation, muss folgender Befehl benutzt werden.

```
debian:~# init U
```

Die Folge ist, dass das laufende *init*-Programm sich selbst durch das neu installierte ersetzt. Dieser Schritt wird bei der Aktualisierung des entsprechenden Debian-Pakets (*sysvinit*) automatisch vollzogen.

Fehler

Wie beschrieben, versucht *Init* dauerhaft auszuführende Programme sofort neu zu starten, wenn sie beendet wurden. Wenn jedoch ein Programm nicht gestartet werden kann, etwa weil eine von diesem Programm benötigte Bibliothek auf dem System nicht vorhanden ist, ist die Folge, dass *init* ständig versucht, das betreffende Programm zu starten. Hierdurch wird unnötiger Weise (das Programm kann ja nicht gestartet werden) eine hohe Systemlast erzeugt werden.
Aus diesem Grund beobachtet *init*, wie oft es Programme neu starten muss und gibt gegebenenfalls die folgende Fehlermeldung aus:

```
init: Id "xx" respawning too fast: disabled for 5 minutes
```

Dabei wird für *xx* die ID aus dem entsprechenden Eintrag in der Datei */etc/inittab* ausgegeben. Daraufhin versucht *init* für fünf Minuten nicht mehr, dass entsprechende Programm zu starten. Der Administrator hat dann die Möglichkeit, dass Problem zu beheben, indem er entweder den Eintrag aus der Konfigurationsdatei entfernt oder sicherstellt, dass das angegebene Programm ausführbar ist.

13.4 Start- und Stopskripte

Wie erwähnt, führt *init* beim Systemstart das Programm */etc/init.d/rcS* aus. Hierbei handelt es sich um ein Shellskript, welches im wesentlichen die Aufgabe hat, alle Skripte/Programme im Verzeichnis */etc/rcS.d* aufzurufen[1].
In diesem Verzeichnis befindet sich nun eine Reihe von Skripten, von denen jeweils eines für einen bestimmten Teilbereich des Systemstarts zuständig ist. Die Skripte werden in alpha-numerischer Reihenfolge ausgeführt, es lässt sich also durch die Namen dieser Skripte festlegen, welches Skript zu welchem Zeitpunkt ausgeführt werden soll. Die Namen dieser Skriptdateien müssen jedoch alle mit dem Buchstaben *S* beginnen, damit sie von *rcS* aufgerufen werden. Dem Buchstaben *S* folgt dann normalerweise eine zweistellige Zahl, damit leicht erkennbar ist, in welcher Reihenfolge die Skripte aufgerufen werden.

Debian-Pakete, die Software für eine bestimmte Systemkomponente beinhalten, welche beim Systemstart initialisiert werden muss, können diesem Verzeichnis ein Skript hinzufügen, das dann durch den beschriebenen Mechanismus beim Systemstart automatisch ausgeführt wird. Eine Veränderung der Datei */etc/inittab* ist also normalerweise nicht notwendig.

Alle Startskripte befinden sich in Wirklichkeit im Verzeichnis */etc/init.d*. Im Verzeichnis */etc/rcS.d* sind lediglich symbolische Links auf diese Skripte vorhanden. Wenn ein bestimmtes Skript nicht mehr während des Systemstarts ausgeführt werden soll, reicht es aus, den entsprechenden symbolischen Link im Verzeichnis */etc/rcS.d* zu löschen. Auf keinen Fall sollte das Skript selbst aus dem Verzeichnis */etc/init.d* gelöscht werden.

Die meisten Skripte im Verzeichnis */etc/init.d* müssen mit einem der Parameter *start*, *stop* oder *restart* aufgerufen werden. Wie die Bezeichnungen der Parameter schon sagen, wird eine bestimmte Systemeigenschaft mit dem Parameter *start* initialisiert oder gestartet, mit *stop* wird sie beendet, bzw. abgeschaltet und mit *restart* wird sie zunächst beendet und dann erneut gestartet. Dies dient beispielsweise zum Starten von Server-Programmen mit veränderten Konfigurationsprogrammen.

Skripte, die beim Systemstart von *rcS* ausgeführt werden, werden mit dem Parameter *start* aufgerufen.

Startskripte für den Systemstart

Die folgenden symbolischen Links auf die entsprechenden Skripte im Verzeichnis */etc/init.d* sind im Verzeichnis */etc/rcS.d* u. a. vorhanden. Welche Skripte von hier aus zusätzlich ausgeführt werden ist abhängig davon, welche Pakete auf dem System installiert sind.

S10checkroot.sh Das Skript bindet die Swappartition(en) ein und überprüft das Rootdateisystem. Nach der erfolgreicher Überprüfung wird dieses Dateisystem zu Lesen und zum Schreiben eingebunden.
S20modutils Ruft *depmod* (S. 650) auf, um Modulabhängigkeiten zu berechnen und lädt Module, die in der Datei */etc/modules* eingetragen sind.
S30checkfs.sh Prüft alle Dateisysteme, außer dem Rootdateisystem.
S35mountall.sh Bindet alle Dateisysteme, die sich auf dem lokalen Computer befinden, mit Ausnahme des Rootdateisystems, ein.
S40hostname.sh Setzt den Rechnernamen entsprechend dem Eintrag in der Datei */etc/hostname*.
S40network Initialisiert das Netzwerk. Zur Zeit stehen zwei Methoden zur Verfügung, das Netzwerk zu initialisieren. Zum einen dieses (relativ simple) Skript und zum anderen das Skript *S40networking* aus dem Paket *netbase*, welches die Netzwerkkonfiguration entsprechend den Angaben in der Konfigurationsdatei */etc/network/interfaces* vornimmt. Wenn Sie das zweite Verfahren verwenden (empfohlen), sollten alle Einträge in *S40network* auskommentiert sein.

---
[1] Aus Gründen der Kompatibilität zu älteren Versionen von Debian GNU/Linux werden ebenfalls die Skripte im Verzeichnis */etc/rc.boot* aufgerufen.

S45mountnfs.sh Bindet über NFS Dateisysteme ein, die sich physikalisch auf anderen Rechnern befinden.

S55bootmisc.sh Führt einige Aufräumarbeiten durch und speichert beim Booten erzeugte Kernelmeldungen in der Datei */var/log/dmesg*.

S55urandom Initialisiert den Zufallzahlengenerator des Kernels.

Viele Startskripte können über die Datei */etc/default/rcS* konfiguriert werden. Dort kann beispielsweise eingestellt werden, ob die Startskripte während ihrer Ausführung anzeigen sollen, was sie gerade tun.

Start- und Stopskripte für einzelne Runlevel

Neben dem Verzeichnis */etc/rcS.d* existieren im Verzeichnis */etc* sieben weitere Verzeichnisse, die eine ähnliche Aufgabe haben. Ihre Namen lauten *rc0.d*, *rc1.d* bis *rc6.d*. In diesen Verzeichnissen befinden sich ebenfalls symbolische Links auf Skripte im Verzeichnis */etc/init.d*, welche beim Wechsel in den betreffenden Runlevel ausgeführt werden. Beim Wechsel in den Runlevel 5 werden also alle Skripte im Verzeichnis *rc5.d* ausgeführt.
Beim Wechsel von einen Runlevel in einen anderen wird durch *init* nämlich das Skript */etc/init.d/rc* ausgeführt. Dieses Skript verhält sich ähnlich wie das beim Systemstart ausgeführte Skript */etc/init.d/rcS*. Es ruft die Skripte in dem richtigen *rc?.d*-Verzeichnis auf.
Allerdings gibt es einen Unterschied zwischen dem Systemstart und dem Wechsel zwischen Runlevel. Während beim Systemstart nur Programme gestartet oder Teile des Systems initialisiert werden müssen, ist es beim Wechsel zwischen Runlevel gelegentlich erforderlich, bestimmte Programme wieder zu beenden. In den Verzeichnissen *rc0.d* bis *rc6.d* befinden sich deswegen zum einen symbolische Links, deren Namen mit *K* beginnen und zum anderen solche, deren Namen mit *S* beginnen. Beim Wechsel in einen neuen Runlevel werden zunächst alle Skripte, deren Link-Namen mit *K* beginnen, mit dem Parameter *stop* aufgerufen und danach die *S*-Skripte mit dem Parameter *start*. Beide Typen von Links zeigen in der Regel auf die selben Skripte im Verzeichnis */etc/init.d*.
Wenn beispielsweise das Paket *gpm* zur Mausunterstützung an der Konsole installiert ist, befindet sich im Verzeichnis */etc/init.d* ein Skript mit dem Namen *gpm*. Dieses Skript kann – wie üblich – u. a. mit den Parametern *start* und *stop* aufgerufen werden, wodurch die Mausunterstützung aktiviert, bzw. wieder deaktiviert wird. In den Verzeichnissen */etc/rc2.d* bis */etc/rc5.d* befinden sich nun symbolische Links auf dieses Skript, die den Namen *S20gpm* starten. Diese Skripte werden also beim Wechsel in die entsprechenden Runlevel mit dem Parameter *start* aufgerufen, so dass die Mausunterstützung in diesen Runlevel zur Verfügung steht. In den Verzeichnissen *rc0.d*, *rc1.d* und *rc6.d* befinden sich hingegen Links auf das gleiche Skript, die den Namen *K20gpm* tragen. Beim Wechsel in diese Runlevel wird das Skript mit dem Parameter *stop* aufgerufen, der entsprechende Dienst also beendet.
Wichtige Startskripte, die beispielsweise beim Wechsel in den Standardrunlevel (2) ausgeführt werden, sind u. a.:

S10sysklogd Startet den Systemlog-Daemon und den Kernellog-Daemon. Die beiden Programme ermöglichen die Protokollierung von Systemereignissen und Kernelmeldungen.

S11pcmcia Startet und initialisiert Programme für PCMCIA-Hardware (PC-Cards).

S18portmap Startet den Portmap-Daemon.

S19nfs-common Startet allgemeine Programme, die für die Verwendung von NFS benötigt werden.

S19nis Startet – je nach Konfiguration – NIS-Server- und/oder NIS-Klientprogramme.

S20acct Startet die Protokollierung der Systembenutzung durch den Kernel.

S20exim Startet das Mail-Transport-Programm *exim*.

S20gpm Startet die Mausunterstützung für die Konsole.

S20hylafax Startet das Hylafaxsystem zum Senden und Empfangen von Faxen.

S20inetd Startet den Internet-Daemon *inetd*.

S20isdnutils Initialisiert ISDN-Karten und startet ISDN-bezogene Programme.

S20logoutd Startet das Programm zum automatischen Abmelden von Benutzern.

S20lprng Startet das Druck- und Spoolsystem *lprng*.

S20ppp Startet den PPP- (Einwahl-) Dienst, falls dieser für den automatischen Start konfiguriert ist.

S20quota Startet Programme zur Überwachung von Speicherplatzbeschränkungen für Benutzer.

S20samba Startet den SMB-Server, welcher u. a. Drucker und Verzeichnisse für Windows-Rechner zur Verfügung stellen kann.

S20xfs Startet den X-Font-Server.

S25nfs-server Startet den NFS-Server, wodurch andere Rechner (nach entsprechender Konfiguration) auf Verzeichnisse dieses Rechners zugreifen können.

S89atd Startet den *at*-Daemon, der mit *at* (S. 635) oder *batch* (S. 637) in Auftrag gegebene Prozesse zu gegebener Zeit ausführt.

S89cron Startet den *cron*-Daemon, welcher Prozesse startet, die regelmäßig ausgeführt werden sollen.

S91apache Startet den HTTP- (WWW-) Server *apache*.

S99rmnologin Ermöglicht die Anmeldung an der Konsole oder virtuellen Terminals.

Welche Skripte auf Ihrem System vorhanden sind, ist natürlich abhängig davon, welche Pakete installiert sind. Wenn ein Dienst in zwei Runlevel gestartet werden soll und in beiden nicht beendet werden soll, es also in den entsprechenden Verzeichnissen S-Skripte, aber keine K-Skripte gibt, dann wird dieser Dienst nicht erneut gestartet, wenn zwischen den beiden Runlevel gewechselt wird.

Manuelles Verwenden von Startskripten

Wenn Sie einen bestimmten Dienst neu konfiguriert haben, ist es in der Regel notwendig, die Programme, die diesen Dienst zur Verfügung stellen, neu zu starten. Dies lässt sich auf verschiedene Arten durchführen. Die aufwendigste besteht darin, dass System einmal neu zu starten (so wie es von einem bekannten anderen Betriebssystem gemacht wird). Viel einfacher ist es jedoch, das Startskript dieses Dienstes aus dem Verzeichnis */etc/init.d* zu verwenden und es mit dem Parameter *restart* aufzurufen. Angenommen, Sie haben die Pakete *lprng* und *magicfilter* installiert, um Ihren Drucker zu betreiben. Nun haben Sie eine Änderung an der Datei */etc/printcap* vorgenommen, in der die verfügbaren Drucker aufgelistet sind (siehe Kap. 9.2, S. 233). Sie können das Drucksystem danach neu starten, in dem Sie folgenden Befehl eingeben:

```
debian:~# /etc/init.d/lprng restart
```

Selbstverständlich können Sie auch die Parameter *stop* und *start* verwenden, um während des Betriebs einen bestimmten Dienst zu beenden oder einen Dienst zu starten, der normalerweise nicht ausgeführt wird. Einige Startskripte stellen zusätzlich den Parameter *reload* zur Verfügung. Der Parameter bewirkt dann, dass die durch solche Skripte gestarteten Programme ihre Konfigurationsdateien neu einlesen, ohne gestoppt und neu gestartet zu werden.

13.5 Verwalten der Runlevel

Die Verzeichnisse */etc/rc0.d* bis *rc6.d* dienen dazu, zu konfigurieren, welche Dienste beim Wechsel in einen Runlevel gestartet oder beendet werden sollen. Standardmäßig werden alle Startskripte so installiert, dass die entsprechenden Dienste in den Runlevel *2* bis *5* gestartet und in den Runlevel *0*, *1* und *6* beendet werden. Dass heißt, die Dienste stehen zur Laufzeit des Systems zur Verfügung und werden beendet, wenn das System angehalten, neu gestartet oder in den Single-User-Modus gebracht wird.

Um einen Dienst in einem Runlevel nicht mehr auszuführen, reicht es aus, den Start-Link aus dem entsprechenden *rc?.d* Verzeichnis zu entfernen. Außerdem sollte dann in diesem Verzeichnis ein Stop-Link angelegt werden, damit der Dienst beendet wird, wenn in den Runlevel gewechselt wird.

Ein Beispiel: Angenommen, Sie möchten in Runlevel 3 den X Display Manager *xdm* (aus dem Paket *xdm*, er stellt u. a. ein graphische Login zur Verfügung) benutzen, der allerdings im Standardrunlevel (2) nicht aktiv sein soll. Außerdem gibt es eine Inkompatibilität zwischen dem Paket *gpm* (Mausunterstützung für die Konsole) und dem X-Server. Der Dienst *gpm* darf also nicht ausgeführt werden, wenn *xdm* läuft.

Um zu verhindern, dass *xdm* in Runlevel 2 ausgeführt wird, ist folgender Befehl einzugeben:

```
debian:~# rm /etc/rc2.d/S99xdm
```

Analog dazu kann mit dem nächsten Befehl verhindert werden, dass *gpm* in Runlevel 3 gestartet wird:

```
debian:~# rm /etc/rc3.d/S20gpm
```

Nun muss ein Stop-Link für Runlevel 2 erzeugt werden, damit *xdm* beendet wird, wenn in diesen Runlevel gewechselt wird. Dies geschieht mit dem Befehl *ln* (S. 673):

```
debian:~# ln -s /etc/init.d/xdm /etc/rc2.d/K01xdm
```

Und es muss ein weiterer Stop-Link eingerichtet werden, damit *gpm* beendet wird, wenn in den Runlevel 3 gewechselt wird:

```
debian:~# ln -s /etc/init.d/gpm /etc/rc3.d/K20gpm
```

Wie die zu löschenden Links und zu verknüpfenden Skripte heißen, können Sie leicht herausfinden, indem Sie sich den Inhalt der betreffenden Verzeichnisse mit *ls* (S. 677) anzeigen lassen. Wenn Sie sich nicht sicher sind, in welcher Reihenfolge Dienste beendet werden sollen, empfiehlt es sich, den Inhalt des Verzeichnisses */etc/rc0.d* zu untersuchen. Aus den Namen der hier befindlichen Links lässt sich auf die Reihenfolge schließen, mit der alle Dienste ordnungsgemäß beendet werden, wenn das System angehalten wird.

KDE-Benutzer können zum Editieren von Runlevel den SysV Runlevel Editor benutzen. Das Programm ist in dem KDE-Paket *kdeadmin* enthalten (Programmname: *ksysv*). Eine angenehme Eigenschaft dieses Programms ist, dass es schnell einen relativ guten Überblick über die einzelnen Runlevel bietet.

Alle Start- und Stop-Skripte im Verzeichnis */etc/init.d* sind Konfigurationsdateien. Es ist also möglich, sie zu verändern, ohne dass sie bei einer Aktualisierung des Systems automatisch überschrieben werden. Grundsätzlich ist dies jedoch in den meisten Fällen nicht zu empfehlen. Wenn Programme gestartet werden sollen, die normalerweise nicht gestartet werden und für die keine Startskripte zur Verfügung stehen, ist vielmehr in Erwägung zu ziehen, ein eigenes Startskript zu schreiben und zu installieren. Ein Beispiel hierfür ist in Kapitel 16.10.5, S. 473 dargestellt.

Installation von Start- Stopskripten

Wenn Sie ein eigenes Startskript erstellt haben, muss dieses dorthin kopiert werden, wo sich auch alle anderen Skripte dieser Art befinden, also in das Verzeichnis */etc/init.d*. Daraufhin müssen die symbolischen Links in die verschiedenen */etc/rc?.d*-Verzeichnisse erzeugt werden. Dies kann manuell geschehen oder mit dem Programm *update-rc.d*, welches auch bei der Installation von Debian-Paketen verwendet wird. Das Programm *update-rc.d* kann auf die folgenden Arten aufgerufen werden:

```
update-rc.d Skriptname defaults [Zahl | Zahl-start Zahl-stop]
```

In diesem Fall werden Startlinks in den Verzeichnissen *rc2.d* bis *rc5.d* sowie Stoplinks in den Verzeichnissen *rc0.d*, *rc1.d* und *rc6.d* auf das mit *Skriptname* bezeichnete Startskript gelegt. *Skriptname* ist ohne Verzeichnisnamen anzugeben. Optional kann mit *Zahl* angegeben werden, welche Zahl die Namen der Links nach den Buchstaben *S* bzw. *K* erhalten. *Zahl* muss als zweistellige Dezimalzahl angegeben werden. Damit kann festgelegt werden, an welcher Stelle das Skript beim Wechsel in einen Runlevel aufgerufen wird. Wenn unterschiedliche Stellen in der Reihenfolge des Aufrufs beim Starten und beim Beenden des Dienstes benötigt werden, ist die Form *Zahl-start* und *Zahl-stop* zu verwenden. Wenn *Zahl* nicht angegeben wird, dann wird der Standardwert *20* benutzt.

Wenn beispielsweise das selbsterstellte Skript *midid* in das Verzeichnis */etc/init.d* kopiert worden ist, können die notwendigen Links mit diesem Befehl erzeugt werden:

```
debian:~# update-rc.d midid defaults
```

Wenn Start- oder Stoplinks nur für einige Runlevel angelegt werden sollen, kann *update-rc.d* in dieser Form aufgerufen werden:

```
update-rc.d Skriptname start|stop Zahl Runlevel ... start|stop
Zahl Runlevel ...
```

Dabei ist mit *start* oder *stop* anzugeben, ob Start- oder Stoplinks erzeugt werden sollen, mit *Zahl* die Stelle in der Reihenfolge des Aufrufs und mit *Runlevel* die oder der Runlevel für den der Link erzeugt werden soll. Wenn das Skript *midid* in den Runlevel 0-3 und 6 als erstes gestoppt und in den Runlevel 4 und 5 als letztes gestartet werden soll, wäre der Befehl also folgendermaßen zu verwenden:

```
debian:~# update-rc.d midid start 99 4 5 stop 01 0 1 2 3 6
```

Der Skriptname *midid* ist dabei natürlich durch den tatsächlichen Skriptnamen zu ersetzen.

Achtung: Wenn sich bereits ein Link auf das betreffende Startskript in den *rc?.d*-Verzeichnissen befindet, bleibt der Aufruf von *update-rc.d* wirkungslos. Es wird dann davon ausgegangen, dass bereits manuell lokale Einstellungen vorgenommen wurden, die nicht überschrieben werden sollen. In diesem Fall müssen Sie weitere Links ebenfalls manuell erzeugen.

Um ein Startskript vollständig zu entfernen, muss es zunächst aus dem Verzeichnis */etc/init.d* gelöscht werden. Die Verweise können dann mit dem folgenden Befehl entfernt werden:

```
debian:~# update-rc.d remove midid
```

Auch hier muss *midid* natürlich durch den tatsächlichen Skriptnamen ersetzt werden.

14. Die Verzeichnisstruktur und Dateisysteme

Viele Anwender, die zum ersten Mal mit einem UNIX-ähnlichen Betriebssystem arbeiten, sind zunächst von der Vielzahl unterschiedlicher Dateien und Verzeichnisse auf dem System verwirrt. Während sich die Dateien der Betriebssysteme DOS oder Windows im wesentlichen in einem Verzeichnis (und Unterverzeichnissen davon) auf der Festplatte befinden, wird bei der Installation eines UNIX-Systems eine Reihe von Verzeichnissen angelegt, die alle mehr oder weniger Teile des Betriebssystems bzw. der Distribution beinhalten.

Wer einfach nur ein konfiguriertes System benutzen möchte, braucht prinzipiell nur zu wissen, dass sich seine eigenen Dateien in seinem Heimatverzeichnis befinden. Dieses Verzeichnis ist in der Regel ein Unterverzeichnis des Verzeichnisses */home* und trägt den Namen des betreffenden Benutzers. In Ihrem Heimatverzeichnis dürfen Sie normalerweise eigene Unterverzeichnisse und Dateien anlegen oder sie wieder löschen. Darüberhinaus legen viele Programme in Ihrem Heimatverzeichnis Konfigurationsdateien ab, in denen Ihre persönlichen Einstellungen für diese Programme gespeichert sind. In den meisten Fällen beginnen die Namen von Konfigurationsdateien mit einem Punkt. Sie werden standardmäßig von dem Befehl *ls* (S. 677) nicht angezeigt. Dieses Verhalten von *ls* lässt sich jedoch durch die Option *-a* überschreiben.

Für den Zugriff auf spezielle Datenträger – wie Disketten oder CDROMs – muss auch normalen Benutzern bekannt sein, in welches Verzeichnis diese eingebunden werden. Üblich ist es, Disketten in das Verzeichnis */floppy* und CDROMs in das Verzeichnis */cdrom* einzubinden. Wie dies geschieht, ist in Kapitel 5.18.1 auf Seite 116 beschrieben. Ein weiteres Verzeichnis, mit dem auch gewöhnliche Benutzer gelegentlich arbeiten werden, ist das Verzeichnis */usr/share/doc*. In Unterverzeichnissen dieses Verzeichnisses befindet sich Dokumentation zu allen installierten Debian-Paketen. Diese Unterverzeichnisse tragen normalerweise die gleichen Namen wie die Pakete, deren Dokumentation sie beinhalten.

Zur Administration des Systems sind jedoch weitere Kenntnisse der Verzeichnisstruktur erforderlich. Insbesondere sollte bekannt sein, dass sich alle Konfigurationsdateien im Verzeichnis */etc* oder in Unterverzeichnissen dieses Verzeichnisses befinden. Im Unterschied zu den Konfigurationsdateien in den Heimatverzeichnissen der Benutzer werden hier die systemweit gültigen Einstellungen vorgenommen. Viele Programme untersuchen nach ihrem Start zunächst eine Konfigurationsdatei im Verzeichnis */etc* und danach die spezifische Konfigurationsdatei des aufrufenden Benutzers. Dadurch ist es Benutzern in vielen Fällen möglich, systemweit geltende Voreinstellungen zu überschreiben. Normalerweise handelt es sich bei Konfigurationsdateien um gewöhnliche Textdateien, die mit einem Texteditor (wie *vi* siehe S. 103) bearbeitet werden können. Außerdem sind die Verzeichnisse unterhalb des Verzeichnisses */usr/local* für den Administrator wichtig. Hier sollten Programme installiert werden, die nicht Bestandteil der Distribution sind.

14.1 Der File Hierarchie Standard (FHS)

Die Namen der wichtigsten Verzeichnisse sowie ihre Lage stimmen zwischen den meisten Linux-Distributionen und UNIX-Systemen überein. Sowohl die Namen als auch die Aufgaben dieser Verzeichnisse sind zum Teil historisch gewachsen. Im wesentlichen richten sie sich jedoch nach Kriterien wie einfacher Administrierbarkeit,

Trennung von Verzeichnissen, in die geschrieben werden muss, von solchen, auf die nur lesend zugegriffen werden muss oder der Möglichkeit, Teile der Verzeichnisstruktur von anderen Rechnern mitbenutzen zu können, um Festplattenplatz zu sparen.

Trotz der oberflächlichen Übereinstimmung zwischen vielen Linux- und UNIX-Systemen gibt es im Detail leider immer wieder erhebliche Unterschiede. Hierunter leiden vor allem solche Administratoren, die mit Systemen verschiedener Hersteller arbeiten müssen. Aber auch die Erstellung von Software und von Installationsskripten wird durch Unterschiede im Verzeichnisbaum erheblich erschwert. Aus diesem Grund hat es einige Bemühungen zur Standardisierung gegeben, deren Resultat der File Hierarchy Standard (FHS) ist, welcher zur Zeit in der Version 2.0 vorliegt. Der Standard ist in dem Paket *debian-policy* enthalten und befindet sich nach dessen Installation im Verzeichnis */usr/share/doc/debian-policy/fhs*. In dem Paket ist auch der Vorläufer zu diesem Standard, der als FSSTND (Filesystem Standard) bezeichnet wird[1].

Die Verzeichnisstruktur unter Debian GNU/Linux 2.2 sowie die Lage der einzelnen Dateien richtet sich nach dem FHS. Vorherige Versionen richteten sich nach dem FSSTND. Zwischen beiden Standards gibt es ein paar Unterschiede, weswegen die vorliegende Version von Debian an ein paar Stellen vom Umbau gekennzeichnet ist und es in Einzelfällen passieren kann, dass sich Dateien noch an ihrem alten Ort befinden.

14.2 Namen und Aufgaben der wichtigsten Verzeichnisse

Das Wurzelverzeichnis (/) Das Verzeichnis / ist das Wurzel- (Root-) Verzeichnis unter UNIX-ähnlichen Systemen. Es wird vom Kernel während seines Starts eingebunden und muss während der gesamten Laufzeit des Systems zur Verfügung stehen. Im Gegensatz zu anderen Betriebssystemen verwenden Linux und UNIX für Datenträger keine Laufwerksbuchstaben. Vielmehr werden alle zu verwendenden Datenträger entweder während des Systemstarts automatisch oder manuell mit dem Befehl *mount* (S. 688) Verzeichnissen zugeordnet, die Unterverzeichnisse des Wurzelverzeichnisses sind oder sich in Unterverzeichnissen dieser Verzeichnisse befinden. Alle eingebundenen Datenträger lassen sich also bequem durch den Zugriff auf die entsprechenden Verzeichnisse verwenden. Durch diese Eigenschaft und die Verwendung symbolischer Links kann das Dateisystem sehr flexibel verwaltet werden. Die Größe des Datenträgers, welcher für das Wurzeldateisystem verwendet werden soll, ist abhängig davon zu wählen, welche übrigen Teile des Dateisystem sich auf anderen Datenträgern befinden.

/bin Dieses Verzeichnis enthält ausführbare Programme, die benötigt werden, wenn außer dem Wurzelverzeichnis noch keine anderen Dateisysteme eingebunden sind. Es muss sich aus diesem Grund auf dem selben Datenträger befinden wie das Wurzelverzeichnis. Die Programme in diesem Verzeichnis werden zum einen benötigt, um das System zu starten, zum anderen sollten sich hier alle Programme befinden, die im Single-User-Modus gebraucht werden könnten. Natürlich werden die Programme in diesem Verzeichnis auch während der normalen Laufzeit des Systems benötigt. Im Gegensatz zu den Programmen in */sbin* handelt es sich bei den Programmen in */bin* um solche, die sowohl vom Administrator als auch von gewöhnlichen Benutzern verwendet werden.

/boot Hier befinden sich die Dateien, auf die während der Startphase des Systems zugegriffen wird, bevor das Wurzelverzeichnis eingebunden ist, also beispielsweise Teile des Bootloaders und der Kernel selbst. Bei Verwendung von LILO muss auf die Dateien im Verzeichnis *boot* über Routinen des BIOS zugegriffen werden, das Verzeichnis sollte sich deswegen auf einer Partition befinden, die über das BIOS erreicht werden kann.

/dev In diesem Verzeichnis befinden sich die Gerätedateien, über die beispielsweise auf die Hardware des Rechners zugegriffen wird. Beispiele für Gerätedateien sind *fd0* für das ersten Diskettenlaufwerk, *hda* für die erste

---

[1] FSSTND und FHS in der neuesten Fassung sind unter der WWW-Adresse http://www.pathname.com abrufbar.

(E)IDE-Festplatte oder *sda5* für die erste logische Partition auf der ersten SCSI-Festplatte. Eine Beschreibung aller von Linux unterstützten Gerätedateien befindet sich in der Datei *devices.txt* im Dokumentationsverzeichnis des Kernelquellcodes. Das Verzeichnis */dev* muss sich auf dem gleichen Datenträger befinden wie das Wurzeldateisystem.

/cdrom Dieses Verzeichnis ist nach der Basisinstallation leer und dient zum Einbinden von CDROMs.

/etc Hier liegen die systemweit gültigen Konfigurationsdateien für das System selbst und für alle Programme. Aus Gründen der Übersichtlichkeit liegen eine Reihe von Konfigurationsdateien in Unterverzeichnissen von */etc*. So befinden sich die Konfigurationsdateien für das X Window System beispielsweise im Verzeichnis */etc/X11* oder die für den WWW-Browser *netscape* (Versionsfamilie 4) im Verzeichnis */etc/netscape4*. Weil auf das Konfigurationsverzeichnis während des Systemstarts zugegriffen wird bevor andere Datenträger eingebunden werden, muss es sich auf dem gleichen Datenträger wie das Rootdateisystem befinden.

/floppy Das Verzeichnis wird normalerweise zum Einbinden von Disketten genutzt.

/home Unterhalb dieses Verzeichnisses liegen die Benutzerverzeichnisse gewöhnlicher Benutzer. Sie tragen normalerweise die Namen der Benutzer, zu denen sie gehören. Auf Systemen, mit besonders vielen Benutzerkonten ist es üblich, im Verzeichnis */home* Unterverzeichnisse anzulegen, welche die Anfangsbuchstaben der Benutzerkonten tragen und die Konten mit den entsprechenden Anfangsbuchstaben dann in diese Unterverzeichnisse zu verlegen. Das Heimatverzeichnis der Benutzerin *Silke* würde dann also im Verzeichnis */home/s/silke* liegen.

Das Verzeichnis */home* eignet sich gut dazu, auf eine andere Partition als das Wurzelverzeichnis gelegt zu werden. In vernetzten Umgebungen wird */home* anderen Rechnern oft über NFS zur Verfügung gestellt. Benutzer können dann von allen Rechnern aus das Verzeichnis einbinden und auf ihre Daten zugreifen. Wenn ein System wächst, ist es gelegentlich erforderlich, zusätzliche Partitionen für die Heimatverzeichnisse zu verwenden. Üblich ist es in solchen Fällen unterschiedliche Verzeichnisse wie */home1*, */home2* usw. anzulegen, welche jeweils einen Teil der Benutzerkonten aufnehmen.

Achtung: Wenn der Name des Heimatverzeichnisses eines Benutzers geändert wird, muss der entsprechende Eintrag in der Datei */etc/passwd* angepasst werden.

/lib In diesem Verzeichnis befinden sich Bibliotheken, die u. a. von den Programmen in den Verzeichnissen */bin* und */sbin* benötigt werden. Das Verzeichnis muss sich auf der gleichen Partition wie das Wurzeldateisystem befinden.

/lib/modules In Unterverzeichnissen von diesem Verzeichnis befinden sich die vom Kernel ladbaren Module. Standardmäßig gibt es hier für jede installierte Kernelversion ein eigenes Unterverzeichnis, welches den Namen der entsprechenden Kernelversion trägt. Diese Verzeichnisse sind wiederum in Unterverzeichnisse aufgeteilt, die Module für bestimmte Aufgabengruppen beinhalten.

lost+found Ein Verzeichnis mit diesem Namen befindet sich im Wurzelverzeichnis von allen Datenträgern, die im ext2-Format formatiert sind. Es ist normalerweise leer. Seine Aufgabe besteht darin, Dateien oder Dateireste aufzunehmen, deren Platz im Dateisystem während einer Überprüfung nicht mehr festgestellt werden konnte. Wenn Sie in diesem Verzeichnis Dateien finden, ist das ein Zeichen dafür, dass es mit dem betreffenden Datenträger Probleme gegeben hat. Sie sollten die Dateien mit einem Texteditor auf Ihren Inhalt hin untersuchen und gegebenenfalls zurück in das Verzeichnis verschieben, in das sie gehören.

/mnt Das Verzeichnis */mnt* ist gewöhnlich leer. Es ist dazu gedacht, Dateisysteme einzubinden, auf die nur temporär zugegriffen werden soll (wie eine normalerweise unbenutzte Festplattenpartition).

/opt Das Verzeichnis */opt* wird während der Installation von Debian nicht angelegt, es ist jedoch im FHS vorgesehen. Das Verzeichnis ist dazu bestimmt, größere Softwarepakete aufzunehmen, die nicht Teil der Distribution sind und von eigenen Installationsprogrammen installiert werden. Es sollte bei Bedarf angelegt werden. In dem Verzeichnis werden normalerweise Unterverzeichnisse angelegt, die die Namen der installierten zusätzlichen Pakete tragen. Beispielsweise eignet sich das Verzeichnis */opt/StarOffice* gut als Zielverzeichnis für die Installation des Office-Pakets *StarOffice*. Das Verzeichnis */opt* kann sich auf einem anderen Datenträger als das Rootdateisystem befinden. In vernetzten Umgebungen wird */opt* oft von einem Rechner über NFS zur Verfügung gestellt.

/proc In dieses Verzeichnis wird während des Systemstarts das so genannte *proc*-Dateisystem eingebunden. Dabei handelt es sich um ein virtuelles Dateisystem, das den Zugriff auf verschiedene Informationen des Kernels ermöglicht. Es gibt hier u. a. Unterverzeichnisse für jeden aktuell ausgeführten Prozess, in deren Dateien sich Informationen über den betreffenden Prozess befinden.

/root Das Heimatverzeichnis des Administrators ist traditionell das Wurzelverzeichnis des Dateisystems (/). Aus diesem Grund lautet sein Benutzername auch *root*. Um Unordnung im Wurzelverzeichnis zu vermeiden, hat es sich allerdings eingebürgert, dem Administrator ein eigenes Verzeichnis zu geben, welches ebenfalls den Namen *root* trägt. Dieses Verzeichnis sollte sich auf dem gleichen Datenträger wie das Wurzeldateisystem befinden, damit der Administrator seine privaten (Konfigurations-) Dateien verwenden kann, wenn er sich im Single-User-Modus anmeldet und noch keine anderen Datenträger eingebunden sind.

/sbin Hier befinden sich alle die Programme, die – neben den Programmen aus dem Verzeichnis */bin* – während des Systemstarts oder zur Reparatur des Systems benötigt werden. Der Unterschied zwischen */bin* und */sbin* besteht darin, dass die Programme in */sbin* normalerweise nicht von gewöhnlichen Benutzern gebraucht werden. Das Verzeichnis befindet sich deswegen nicht im Suchpfad für Programme gewöhnlicher Benutzer (Umgebungsvariable *PATH*). Das Verzeichnis */sbin* muss sich auf dem gleichen Datenträger wie das Rootdateisystem befinden.

/tmp Programme können in diesem Verzeichnis temporäre Dateien anlegen. Alle Dateien in diesem Verzeichnis werden während des Systemstarts gelöscht. Generell ist es erlaubt, auch während der Laufzeit des Systems in diesem Verzeichnis „aufzuräumen", sofern dabei keine Dateien gelöscht werden, die gerade von einem Programm benutzt werden. Das Verzeichnis kann auf eine eigene Partition gelegt werden.

/usr Dieses Verzeichnis enthält eine Reihe von Unterverzeichnissen, in denen sich alle Teile der installierten Software befinden, auf die nur lesend zugegriffen werden muss und die während des Systemstarts oder zur Reparatur des Systems nicht benötigt wird. Das Verzeichnis enthält in seinen Unterverzeichnissen den größten Teil der durch Debian installierten Software. Die für dieses Verzeichnis benötigte Festplattenkapazität ist deswegen extrem stark davon abhängig, wieviel Software auf dem System installiert ist. Alle Unterverzeichnisse von */usr* eignen sich dafür, auf eigene Partitionen gelegt und von verschiedenen Rechnern gemeinsam benutzt zu werden. Natürlich kann auch das gesamte Verzeichnis */usr* auf eine eigene Partition gelegt werden. Im Verzeichnis */usr* gibt es u. a. die folgenden Unterverzeichnisse:

/usr/bin Hier befinden sich die ausführbaren Dateien der installierten Programme, die von gewöhnlichen Benutzern verwendet werden. Außerdem befindet sich in diesem Verzeichnis ein symbolischer Link auf das Verzeichnis */usr/X11R6/bin* mit dem Namen *X11*, das die ausführbaren Dateien enthält, welche für die Benutzung mit dem X-Window-System bestimmt sind.

/usr/include Enthält die Headerdateien für die Programmiersprachen C und C++. Das Verzeichnis enthält einige Unterverzeichnisse mit Headerdateien für spezifische Anwendungsgebiete. Hier gibt es einen symbolischen Link mit dem Namen *X11* auf das Verzeichnis */usr/X11R6/include*, das die Headerdateien des X Window Systems enthält.

/usr/lib Das Verzeichnis erfüllt zwei Aufgaben. Zum einen befinden sich hier viele Programmbibliotheken, die von den installierten Programmen benötigt werden. Zum anderen verwenden viele Programme eigene Unterverzeichnisse dieses Verzeichnisses, in dem sich statische Daten befinden, die nur von den betreffenden Programmen benötigt werden und spezifisch für eine bestimmte Rechnerarchitektur sind. Programmdaten für X-basierte Anwendungen befinden sich im Verzeichnis */usr/X11R6/lib/X11*, auf das ein symbolischer Link im Verzeichnis */usr/lib* zeigt.

/usr/local Das Verzeichnis enthält prinzipiell die gleiche Struktur wie das Verzeichnis */usr*. Nach Durchführung einer Neuinstallation sind alle Unterverzeichnisse von */usr/local* jedoch leer. Dieses Verzeichnis ist dafür vorgesehen, Software aufzunehmen, die vom Administrator manuell installiert wurde, also beispielsweise Programme und zugehörige Dateien, die lokal aus dem Quellcode kompiliert und hinterher installiert werden. Bei der Installation von Debian-Paketen werden nie Dateien in eines der Unterverzeichnisse von */usr/local* installiert, man kann sich also sicher sein, dass hierhin installierte Programme und Dateien nicht während der Aktualisierung oder Neuinstallation von Paketen überschrieben werden. Allerdings legen einige Pakete hier spezielle Verzeichnisse an, in die der Administrator lokal erstellte Dateien legen kann, welche die betreffenden Pakete in ihrer Funktionalität erweitern (Beispiele hierfür sind Emacs-Lisp-Dateien oder LaTeX-Pakete).

/usr/sbin Hier befinden sich ausführbare Dateien, die gewöhnlich nur vom Administrator benötigt werden, aber weder für den Systemstart noch zur Reparatur des Systems zwingend notwendig sind. Die Dateien in diesem Verzeichnis befinden sich standardmäßig nicht im Suchpfad für ausführbare Programme von normalen Benutzern.

/usr/share Das Verzeichnis nimmt alle Bestandteile von Paketen auf, die von Programmen nicht verändert werden müssen und unabhängig von der Architektur des Rechners sind. Deswegen ist es theoretisch möglich, dieses Verzeichnis gemeinsam von einem Debian i386- (PC-) und einem Alpha-System zu benutzen. Die meisten Dateien in */usr/share* liegen in eigenen Unterverzeichnissen. Diese Unterverzeichnisse gehören entweder zu einem bestimmten Paket (z. B. wird während der Installation des Window-Managers *afterstep* das Verzeichnis */usr/share/afterstep* angelegt) oder es handelt sich um allgemeine Verzeichnisse, die von mehreren Paketen genutzt werden. Wichtige Unterverzeichnisse im Verzeichnis */usr/share* sind:

/usr/share/doc In Unterverzeichnissen dieses Verzeichnisses wird die Dokumentation zu den installierten Debianpaketen abgelegt. Jedes installierte Paket hat hier ein eigenes Verzeichnis. Zusätzlich gibt es einige besondere Verzeichnisse, wie */usr/share/doc/HTML* oder */usr/share/doc/HOWTO*, in denen unterschiedliche Pakete Dokumentation ablegen. Auf ältern Debian GNU/Linux Systemen befindet sich die Dokumentation unterhalb des Verzeichnisses */usr/doc*.

/usr/share/info Hier befinden sich die Dateien des Dokumentationssystems GNU Info.

/usr/share/man Hier liegen die installierten Manualseiten. Sie werden in Unterverzeichnissen *man1*, *man2* usw. abgelegt, die den entsprechende Abschnitten im Manual-System entsprechen. Außerdem befinden sich hier Länder- und Sprachenspezifische Unterverzeichnisse, in welche die Manualseiten in nicht-englischen Sprachen abgelegt werden.

/usr/share/locale Das Verzeichnis enthält Sprachanpassungen für verschiedene Programme.

/usr/src Debian-Pakete, die Quellcode für Programme enthalten, legen diesen im Verzeichnis */usr/src* ab. So legen beispielsweise die *kernel-source*-Pakete ein komprimiertes Tar-Archiv mit dem Kernelquellcode in dieses Verzeichnis. Üblicherweise enthält das Verzeichnis */usr/src/linux* den Quellcode des aktuell verwendeten Kernels, es kann sich dabei auch um einen symbolischen Link auf ein anderes Verzeichnis mit dem Kernelquellcode handeln.

/var In diesem Verzeichnis befinden sich Dateien, auf die von den installierten Programmen lesend und schreibend zugegriffen wird. Das Verzeichnis muss sich also – im Gegensatz zu */usr* – auf einem Datenträger befinden, der zum Lesen und zum Schreiben eingebunden ist. Bei den Dateien in diesem Verzeichnis handelt es sich zum Teil um solche, die Bestandteil von Paketen sind, aber während des Betriebs verändert werden müssen, und zum anderen Teil um solche, die erst zur Laufzeit des Systems erzeugt werden. Oft ist es sinnvoll, */var* auf eine eigene Partition zu legen. Hier werden u. U. große Datenmengen zwischengespeichert (Druckdateien, E-Mails), was zur Folge haben kann, dass das Verzeichnis „überläuft" und auch in Verzeichnisse auf der Rootpartition nicht mehr geschrieben werden kann, falls sich */var* nicht auf einer eigenen Partition befindet. Wie im Verzeichnis */usr* sind die Dateien in diesem Verzeichnis in einzelnen Unterverzeichnissen angeordnet, wobei sich die Aufgaben der einzelnen Unterverzeichnisse voneinander unterscheiden. Die wichtigsten sind:

/var/cache In Unterverzeichnissen dieses Verzeichnisses befinden sich Daten, die von Programmen zwischengespeichert werden. Es handelt sich dabei um Daten, die jederzeit wieder rekonstruiert werden können und aufbewahrt werden, damit die entsprechenden Programme die Daten nicht bei jedem Aufruf neu erzeugen müssen. Dadurch kann Zeit und Rechenleistung gespart werden. So befinden sich beispielsweise in Unterverzeichnissen von */var/cache/man* Manualseiten, die während einer zurückliegenden Benutzung formatiert wurden. Sie können dann bei der nächsten Benutzung schneller angezeigt werden. Die Daten unterhalb von */var/cache* werden in der Regel nach Ablauf einer gewissen Zeit automatisch gelöscht.

/var/lib Hier befinden sich Unterverzeichnisse einzelner Pakete, in denen diese Pakete variable Daten aufbewahren. Der Paketmanager (*dpkg*) bewahrt beispielsweise alle Status- und Kontrollinformationen im Verzeichnis */var/lib/dpkg* sowie in Unterverzeichnissen davon auf.

/var/lock In diesem Verzeichnis können Programme so genannte Lock-Dateien ablegen. Dabei handelt es sich um Dateien, mit deren Existenz anderen Programmen angezeigt wird, dass eine bestimmte Systemressource bereits in Benutzung ist. Wenn beispielsweise über PPP eine Modemverbindung über die erste serielle Schnittstelle */dev/ttyS0* zu einem Internetprovider aufgebaut wird, legt das Programm *pppd* normalerweise in diesem Verzeichnis die (leere) Datei *LCK..ttyS1* an. Andere Programme, die ebenfalls auf das Modem zugreifen wollen (z. B. Faxprogramme), sehen nun nach, ob diese Datei existiert, bevor sie auf das Modem zugreifen und können somit feststellen, ob das Modem „besetzt" ist. Jeder Rechner muss ein eigenes */var/lock*-Verzeichnis haben.

/var/log Hier befinden sich die Log-Dateien des Systems. Diese Dateien werden entweder vom Systemlog-Daemon *syslogd* oder direkt von Programmen angelegt. Einige Pakete legen Ihre Log-Dateien in Unterverzeichnissen von */var/log* ab. Die „Sammeldatei" für alle Systemmeldungen ist die Datei */var/log/syslog*.

/var/mail In dem Verzeichnis befindet sich die wartende E-Mail für die Benutzer des Systems. Es existiert darin für jeden Benutzer eine Datei, in der die für diesen Benutzer wartenden Mails hintereinander stehen. Innerhalb von Netzwerken wird Mail üblicherweise von einem Rechner empfangen. Dieser Rechner exportiert dann sein Verzeichnis */var/mail* an die anderen angeschlossenen Rechner, welches es über NFS einbinden können. Dadurch kann jeder Benutzer von jedem Rechner aus auf seine Mail zugreifen[2]. In älteren Version von Debian GNU/Linux wurde wartende Mail im Verzeichnis */var/spool/mail* aufbewahrt.

/var/run Server-Programme (Daemonen) werden normalerweise nur einmal auf jedem Rechner ausgeführt. Solche Programme können in diesem Verzeichnis eine Datei ablegen, an der erkannt werden kann, dass das betreffende Programm bereits läuft. Die betreffenden Dateien enthalten meist die Prozess-ID des zugehörigen Programms. Wenn ein Daemon beendet werden soll, kann auf Grund dieser Information entschieden werden, welcher Prozess dazu zu beenden ist.

/var/spool In Unterverzeichnissen dieses Verzeichnisses werden Daten abgelegt, die von Programmen noch zu bearbeiten sind. Dazu gehören beispielsweise E-Mails, die noch an den Empfänger zugestellt werden müssen oder Druckdateien, die noch darauf warten, ausgedruckt zu werden.

/var/tmp Hier werden temporäre Dateien abgelegt. Im Gegensatz zu Dateien im Verzeichnis */tmp* werden die Dateien in diesem Verzeichnis während eines Neustarts des System nicht gelöscht.

/usr/X11R6 Enthält alle Dateien des X-Window-Systems sowie vieler Programme die nur mit X ausgeführt werden können, also für die graphische Oberfläche geschrieben sind. Das Verzeichnis ist ähnlich organisiert wie das Verzeichnis */usr*. Im Unterverzeichnis */bin* befinden sich z. B. die ausführbaren Dateien von X-Programmen und im Unterverzeichnis *man* die zugehörigen Manualseiten.

---

[2] Dies Verfahren setzt voraus, dass alle Benutzer auf allen angeschlossenen Rechnern die gleichen Benutzerkonten verwenden.

14.3 Verwaltung des Dateisystems

14.3.1 Anzeigen eingebundender Partitionen

Die Zuordnung zwischen einem Verzeichnis und einem Datenträger geschieht mit dem Programm *mount* (S. 688). Außerdem kann *mount* dazu benutzt werden, anzuzeigen, welcher Datenträger welchem Verzeichnis zugeordnet ist. Dazu ist der Befehl *mount* ohne Angabe von Parametern einzugeben:

    joe@debian:~$ **mount**

Die Ausgabe sieht dann ungefähr folgendermaßen aus:

```
/dev/sda7 on / type ext2 (rw)
proc on /proc type proc (rw)
/dev/hda on /cdrom type iso9660 (ro,noexec,nosuid,nodev)
```

Zu Beginn jeder Zeile befindet sich der Name der Gerätedatei, die einen eingebundenen Datenträger repräsentiert (also z. B. */dev/sda7* für dritte logische Partition auf der ersten SCSI-Festplatte). Hinter dem Wort *on* ist der Name des Verzeichnisses angegeben, in das der betreffende Datenträger eingebunden ist. Im Beispiel ist also zu erkennen, dass die dritte logische Partition auf der ersten SCSI-Festplatte als Rootdateisystem benutzt wird (sie ist mit dem Verzeichnis / verbunden). Darauf folgt nach dem Wort *type* der Name des Dateisystems, in dem die Partition formatiert ist. Die Partition */dev/sda7* ist also eine ext2-Partition (das Standardformat unter Linux). Zu Schluss wird in Klammern angegeben, mit welchen Optionen der Datenträger eingebunden ist (*rw* steht hierbei für *read-write* und *ro* für *read-only*) Auf die ersten beiden Verzeichnisse im Beispiel darf also lesend und schreibend zugegriffen werden, auf das letzte nur lesend. Die wichtigsten *mount*-Optionen finden Sie auf Seite 688. Beachten Sie, dass es sich bei *proc* um ein virtuelles Dateisystem handelt, dem kein physikalischer Datenträger zugeordnet ist.

14.3.2 Anzeigen des freien und belegten Speicherplatzes auf Datenträgern

Das Programm *df* (S. 650) dient dazu, anzuzeigen, wieviel freier Platz auf den eingebundenen Datenträgern zur Verfügung steht und wieviel belegt ist. Der Befehl

    joe@debian:~$ **df**

liefert eine Ausgabe, die sinngemäß der folgenden entspricht:

```
Filesystem           1k-blocks      Used Available Use% Mounted on
/dev/sda7              1981000   1749854    128734  93% /
/dev/hda                272186    272186         0 100% /cdrom
```

Hier ist in der ersten Spalte der Name der Gerätedatei aufgeführt, die einen Datenträger repräsentiert. In der letzten Spalte finden Sie den Namen des Verzeichnisses, in das der Datenträger eingebunden („gemountet") ist.
In der zweiten Spalte steht, wieviel Kilobyte auf dem entsprechenden Datenträger insgesamt zur Verfügung stehen (*1k-blocks*), auf der Partition */dev/sda7* also 1981000 KB, das entspricht etwas weniger als 2 GB. In der nächsten Spalte ist zu sehen, wieviel des insgesamt verfügbaren Platzes bereits belegt ist und in der darauffolgenden, wieviel Platz noch frei ist. Dann folgt eine prozentuale Angabe, die ausdrückt, wieviel vom verfügbaren Speicherplatz noch frei ist.
Wie der Ausgabe des Befehls *mount* im vorhergehenden Abschnitt zu entnehmen war, handelt es sich bei dem Datenträger */dev/hda* um eine CDROM. Da auf CDROMs normalerweise nicht geschrieben werden kann, zeigt *df* für diesen Datenträger an, dass kein freier Speicherplatz mehr zur Verfügung steht.

14.3.3 Anzeigen des von einem Verzeichnis belegten Speicherplatzes

Gelegentlich muss man wissen, wieviel Speicherplatz die Dateien und Verzeichnisse innerhalb eines Verzeichnisses belegen. Hierzu dient das Programm *du* (S. 653). Ohne Parameter aufgerufen, zeigt es den von den Unterverzeichnissen im aktuellen Verzeichnis belegten Festplattenplatz in Kilobyte an. Einen Überblick über den von allen Dateien und Unterverzeichnissen, mit allen darin befindlichen Dateien, belegten Speicherplatz liefert es, wenn es mit den Optionen *-h* und *-s* aufgerufen wird. Möchte man beispielsweise wissen, wieviel Platz vom Verzeichnis */var* mit all seinen Dateien und Unterverzeichnissen benötigt wird, kann *du* folgendermaßen aufgerufen werden:

```
debian:~# du -hs /var
```

Die Ausgabe erfolgt dann in Giga- Mega- oder Kilobyte, je nachdem welche Einheit angemessen ist.

14.3.4 Einbinden und Entfernen von Datenträgern

Wie bereits in Kapitel 5.18.1 erwähnt, ist es erforderlich, Datenträger explizit einzubinden, bevor auf diese über das Dateisystem zugegriffen wird. Hierzu dient der Befehl *mount*. Um beispielsweise die erste Partition auf der zweiten (E)IDE-Festplatte dem Verzeichnis */mnt* zuzuordnen, wäre folgender Befehl einzugeben:

```
debian:~# mount /dev/hdb1 /mnt
```

Dieser Befehl kann nur vom Administrator ausgeführt werden. Unter Umständen müssen Sie beim Einbinden von Datenträgern oder Partitionen den Typ des Dateisystems angeben, das zum Zugriff verwendet werden soll. Hierzu dient die Option *-t* des Befehls *mount*. Welche Dateisysteme unterstützt werden, ist abhängig davon, mit welchen Optionen der benutzte Kernel übersetzt wurde (siehe Kap. 11).

Hier einige wichtige Dateisystemtypen:

ext2 Dies ist das üblicherweise unter Linux benutzte Format. Sie sollten es für alle Datenträger benutzen, welche für die Benutzung mit Linux vorgesehen sind.
msdos Das „klassische" DOS-/Windows- Dateisystemformat, das keine Dateinamen verwenden kann, die länger als 8 Zeichen plus einer drei Zeichen langen Erweiterung sind.
vfat Das „neuere" DOS-/Windows- Dateisystemformat, das auch lange Dateinamen verwenden kann.
ntfs Das Dateisystemformat von Windows NT und Windows 2000.
hpfs Das Dateisystemformat von OS/2.
iso9660 Das Dateisystemformat, welches auf den meisten Daten-CDROMs benutzt wird.
proc Das Format für das virtuelle */proc*-Dateisystem.
devpts Dies ist ein weiteres virtuelles Dateisystem, durch welches Programmen eine verbesserte Methode zum Zugriff auf virtuelle Terminals ermöglicht wird.
nfs Dieses Dateisystem müssen Sie verwenden, wenn Sie Verzeichnisse von fremden Rechnern über NFS einbinden möchten.
minix Das *minix*-Dateisystem wird heute noch gelegentlich zum Formatieren von Disketten benutzt.

Wenn Sie einen Datenträger in ein Verzeichnis mounten, können Sie auf die Dateien und Verzeichnisse, die sich vorher in diesem Verzeichnis befunden haben nicht mehr zugreifen. Sie werden praktisch von dem eingebundenen Datenträger überlagert und stehen erst dann wieder zur Verfügung, wenn der Datenträger wieder aus dem Dateisystem entfernt worden ist. Sinnvollerweise sollten Sie Datenträger deswegen nur in leere Verzeichnisse einbinden.

Einbinden von DOS- und Windows-Partitionen Wenn sich auf Ihrem Rechner eine Windows 95/98 Installation befindet, dann werden Sie Festplattenpartitionen haben, die mit dem DOS-Dateisystem formatiert sind. Sie sollten den Dateisystemtyp *vfat* wählen, um auch lange Dateinamen auf diesen Partitionen verwenden zu können. Um beispielsweise die erste (DOS-formatierte) primäre Partition der ersten (E)IDE-Festplatte in das Verzeichnis */dosC* zu mounten, ist dieser Befehl zu verwenden (Das Verzeichnis */dosC* muss dazu existieren, siehe *mkdir* (S. 682)):

```
debian:~# mount -t vfat /dev/hda1 /dosC
```

Achtung: Bedenken Sie, dass die DOS-Dateisysteme keine Eigentümer und Gruppen von Dateien oder Verzeichnissen und auch keine Rechte speichern können. Standardmäßig werden solche Datenträger deswegen so eingebunden, dass alle Dateien dem Administrator gehören und von diesem gelesen und verändert werden können. Gewöhnliche Benutzer haben lediglich das Recht, lesend auf diese Daten zuzugreifen und können Sie nicht verändern.

Mit speziellen Optionen des *mount*-Befehls ist es jedoch möglich, dieses Verhalten zu verändern. Mehr dazu finden sie auf Seite 688.

Einbinden von Windows NT-Partitionen Partitionen, die unter Windows NT oder Windows 2000 im NTFS-Format formatiert wurden, lassen sich auf eine ähnliche Art einbinden:

```
debian:~# mount -t ntfs -r /dev/hda2 /ntD
```

Mit diesem Befehl wird die zweite primäre Partition auf der ersten (E)IDE-Festplatte dem Verzeichnis */ntD* zugeordnet. Auch dieses Verzeichnis muss natürlich existieren, bevor Sie den Befehl verwenden. Durch den Parameter *-r* wird die Partition so eingebunden, dass auf sie nur lesend zugegriffen werden kann.

Achtung: Die Unterstützung für den schreibenden und lesenden Zugriff auf NTFS-formatierte Datenträger ist zur Zeit noch nicht stabil und ist deswegen in den Standard-Kernels nicht enthalten. Wenn Sie auf einen NTFS-Datenträger schreibend zugreifen möchten, müssen Sie deswegen einen eigenen Kernel erstellen.

Einbinden von OS/2-Partitionen OS/2 verwendet normalerweise das Dateisystem HPFS. Der Zugriff auf dieses Dateisystem ist zur Zeit nur lesend möglich. Um die zweite primäre (und HPFS-formatierte) Partition auf der ersten SCSI-Festplatte einzubinden wäre folgender Befehl einzugeben:

```
debian:~# mount -t hpfs -r /dev/sda2 /os2C
```

Einbinden von CDROMs CDROMs werden ebenfalls über den *mount*-Befehl eingebunden. Üblicherweise werden sie in das Verzeichnis */cdrom* gemountet. CDROMs, die über einen (E)IDE-Adapter mit dem Rechner verbunden sind, werden (wie Festplatten) durch die Gerätedateien */dev/hda*, */dev/hdb* usw. repräsentiert. CDROMs, die über SCSI-Adapter angeschlossen sind, werden durch die Gerätedateien */dev/scd0*, */dev/scd1* usw. repräsentiert. Wenn Sie ein CDROM-Laufwerk verwenden, dass über einen älteren, proprietären Adapter oder eine Soundkarte angeschlossen ist, wird es durch eine andere Gerätedatei repräsentiert. Eine Tabelle mit Treibern für solche Laufwerke und den entsprechenden Gerätedateien finden Sie auf Seite 364.

Üblicherweise wird im Verzeichnis */dev* ein symbolischer Link mit dem Namen *cdrom* auf die Gerätedatei gelegt, welche das CDROM-Laufwerk in dem Rechner repräsentiert. Wenn Sie die Basisinstallation von CDROM durchgeführt haben, sollte dies bereits geschehen sein, ansonsten können Sie den Link manuell mit dem folgenden Befehl anlegen:

```
debian:~# ln -s /dev/hdc /dev/cdrom
```

Natürlich müssen sie den Namen der Gerätedatei */dev/hdc* durch den Namen der Gerätedatei ersetzen, die Ihr CDROM-Laufwerk repräsentiert (siehe auch *ln* (S. 673)). Danach können Sie CDROMs mit diesem Befehl einbinden:

```
debian:~# mount -r -t iso9660 /dev/cdrom /cdrom
```

Microsoft hat das CDROM-Dateisystem (*is966ß*) um die Unterstützung für lange Dateinamen im Unicode-Format erweitert. Diese Erweiterung wird mit *Joliet* bezeichnet, die Unterstützung dafür ist in den Standardkernels vorhanden, wenn sie einen eigenen Kernel erstellen, sollten Sie sie ebenfalls aufnehmen.

Einbinden von Disketten Disketten werden normalerweise in das Verzeichnis */floppy* gemountet, sie werden in der Regel durch die Gerätedateien */dev/fd0* (erstes Diskettenlaufwerk) oder */dev/fd1* (zweites Diskettenlaufwerk) repräsentiert. Die meisten Disketten sind im Dos-/Windows-Format formatiert. Um einen solchen Datenträger einzubinden, könnte man also folgenden Befehl verwenden:

```
debian:~# mount -t vfat /dev/fd0 /floppy
```

Achtung: Disketten müssen normalerweise explizit wieder aus dem Dateisystem entfernt werden, bevor sie aus dem Laufwerk genommen werden. Ansonsten können Daten verloren gehen!

Manuelles Entfernen von Datenträgern Zum Entfernen von Datenträgern wird das Programm *umount* (S. 726) benutzt. Diesem Programm ist entweder der Name der Gerätedatei zu übergeben, die den Datenträger repräsentiert, der entfernt werden soll, oder der Namen des Verzeichnisses, in das er eingebunden ist. Wenn z. B. der Datenträger, welcher in das Verzeichnis */floppy* gemountet ist, wieder entfernt werden soll, kann dieser Befehl benutzt werden.

```
debian:~# umount /floppy
```

Die Datei */etc/fstab* Alle Datenträger, die während des Systemstarts automatisch eingebunden werden sollen, müssen in die Datei */etc/fstab* eingetragen werden. Darüberhinaus können in der Datei Zuordnungen von Datenträgern zu Verzeichnissen vorgenommen werden, mit denen auch gewöhnlichen Benutzern ermöglicht wird, bestimmte Datenträger einzubinden. Oft ist es beispielsweise gewollt, Benutzern zu gestatten, Disketten oder CDROMs einzubinden oder wieder zu entfernen. Das Format dieser Datei ist in Kapitel 5.19.1 auf Seite 119 ausführlich beschrieben. Um Benutzern zu gestatten, CDROMs einzubinden oder zu entfernen, wäre der Datei die folgende Zeile hinzuzufügen:

```
/dev/cdrom /cdrom iso9660 defaults,noauto,user,ro 0 0
```

Jeder gewöhnliche Benutzer kann CDROMs dann durch den Befehl

```
joe@debian:~$ mount /cdrom
```

einbinden und durch den Befehl

```
joe@debian:~$ umount /cdrom
```

wieder aus dem Dateisystem entfernen. Wie bereits in Abschnitt 5.19.1 beschrieben, bewirkt das Schlüsselwort *noauto*, dass der Datenträger nicht während des Systemstarts automatisch eingebunden wird.

14.3.5 Prüfen und Reparieren von Partitionen und Datenträgern

Gelegentlich ist es erforderlich, Datenträger manuell zu überprüfen und gegebenenfalls zu reparieren. Hierzu stehen eine Reihe von Programmen zur Verfügung, die diese Aufgaben für die verschiedenen Dateisysteme übernehmen. Alternativ kann das Programm *fsck* (S. 659) benutzt werden. Bei dem Programm handelt es sich um ein sogenanntes „Front-End" zu den verschiedenen Prüfprogrammen, dem mit der Option *-t* der Dateisystemtyp auf dem betreffenden Datenträger mitgeteilt wird.

Achtung: Auf einen Datenträger, der geprüft und repariert werden soll, darf durch kein Programm, außer durch das Prüfprogramm selbst, schreibend zugegriffen werden. Ein solcher Datenträger darf z. B. nicht mit der Möglichkeit zum Schreiben gemountet sein. Es kann sonst zu unvorhersagbaren Fehlern kommen.

Beispiel: Angenommen, das Verzeichnis */var/* befindet sich auf der Partition */dev/sdb2*, die geprüft und evtl. repariert werden soll. Um dies durchzuführen, muss das System zunächst in den Single-User-Modus gebracht werden, damit gewährleistet ist, dass keine Programme oder Benutzer auf Dateien unterhalb dieses Verzeichnisses zugreifen. Dies geschieht mit dem Befehl *init* (S. 667):

```
debian:~# init 1
```

Dieser Schritt ist nicht erforderlich, wenn feststeht, dass auf den betreffenden Datenträger nicht zugegriffen werden kann. Nun kann die Partition aus dem Dateisystem entfernt werden:

```
debian:~# umount /var
```

Linux- (ext2-) Partitionen werden mit dem Programm *e2fsck* (S. 654) überprüft. Das Programm führt eine Überprüfung nur dann durch, wenn

1. der betreffende Datenträger nicht ordnungsgemäß aus dem Dateisystem entfernt wurde, was z. B. dann der Fall ist, wenn das System einfach abgeschaltet wird, ohne ordnungsgemäß heruntergefahren worden zu sein.
2. Ein Schwellenwert überschritten ist, mit dem angegeben wird, wie oft das Dateisystem eingebunden und wieder entfernt werden darf, ohne geprüft zu werden. Dieser Schwellenwert kann mit dem Programm *tune2fs* (S. 725) festgelegt werden.
3. Das *e2fsck* mit der Option *-f* aufgerufen wird.

Mit dem Parameter *-p* wird erreicht, dass eventuell gefundene Fehler automatisch korrigiert werden, sofern dies möglich ist. Um die Partition zu prüfen und zu reparieren kann also nun der folgende Befehl eingegeben werden:

```
debian:~# e2fsck -f -p /dev/sdb2
```

Unter Umständen werden dabei Fehler gefunden, die nicht automatisch repariert werden können. Das Programm schlägt dann bestimmte Aktionen vor und fragt nach, ob diese ausgeführt werden sollen. Dies sollte in der Regel mit *y* (yes) beantwortet werden. In den meisten Fällen werden dann Dateien oder Dateireste in dem Verzeichnis *lost+found* auf dem entsprechenden Datenträger gesammelt. Untersuchen Sie dann diese Dateien auf ihren Inhalt hin und verschieben Sie sie gegebenenfalls wieder dorthin, wo sie hingehören.

Achtung: Das ext2-Dateisystem ist normalerweise recht zuverlässig. Wenn es bei der Überprüfung von Datenträgern zu Fehlern kommt, die nicht darauf zurückzuführen sind, dass das System nicht ordnungsgemäß heruntergefahren wurde, ist das normalerweise ein Anzeichen dafür, dass die Hardware defekt oder nicht korrekt installiert ist.

Ein besonders schwerwiegender Fehler des ext2-Dateisystems liegt vor, wenn der so genannte Superblock zerstört ist. Dieser Block enthält Informationen, die u. a. während der Überprüfung des Dateisystems benötigt werden. Aus diesem Grund befinden sich in jedem ext2-Dateisystem Backup-Superblöcke, die in solchen Fällen genutzt werden können. Diese entsprechen normalerweise den Blöcken 8193, 16385, 24577 usw. Der zu verwendende Superblock wird mit der Option *-b* angegeben. Um den Datenträger aus dem Beispiel unter Verwendung des zweiten Superblocks zu überprüfen, wäre *e2fsck* folgendermaßen aufzurufen:

```
debian:~# e2fsck -b 8193 -f -p /dev/sdb2
```

Nach der Überprüfung der Partition kann sie wieder eingebunden werden. Wenn der Eintrag in der Datei */etc/fstab* vorhanden ist, reicht dazu der folgende Befehl:

```
debian:~# mount /dev/sdb2
```

Wenn das System zur Überprüfung des Datenträgers in den Single-User-Modus gebracht wurde, kann es nun wieder in einen anderen Runlevel gebracht werden.

Überprüfung anderer Dateisystemtypen Sie können unter Debian GNU/Linux auch DOS-/Windows-Dateisysteme überprüfen. Hierzu dient das Programm *dosfsck* (S. 652). Um beispielsweise eine DOS-formatierte Diskette im ersten Diskettenlaufwerk zu prüfen, kann dieser Befehl benutzt werden:

```
debian:~# dosfsck -a /dev/fd0
```

Der Parameter *-a* bewirkt, dass eventuell gefundene Fehler automatisch repariert werden.

Zur Überprüfung von *minix*-formatierten Datenträgern ist das Programm *fsck.minix* zu verwenden.

14.3.6 Formatieren von Datenträgern

Zum Formatieren von Datenträgern im *ext2*-Format dient das Programm *mke2fs* (S. 683). Dem Programm muss normalerweise lediglich der Name der Gerätedatei übergeben werden, die den zu formatierenden Datenträger repräsentiert. Um also z. B. die dritte Partition auf der ersten (E)IDE-Festplatte im ext2-Format zu formatieren, kann dieser Befehl benutzt werden:

```
debian:~# mke2fs /dev/hda3
```

Achtung: Beim Formatieren gehen sämtliche Daten, die sich bisher auf dem Datenträger oder der Partition befunden haben, verloren!

Um eine Diskette im ersten Diskettenlaufwerk im ext2-Format zu formatieren, ist dieser Befehl zu verwenden:

```
debian:~# mke2fs /dev/fd0
```

Das Programm versteht eine Reihe von Parametern, mit denen das auf dem Datenträger zu erzeugende Dateisystem an unterschiedliche Verwendungszwecke angepasst werden kann. Diese sind auf Seite 683 beschrieben.

Formatieren mit anderen Dateisystemtypen Gerade beim Formatieren von Disketten empfiehlt sich oft die Verwendung des DOS-/Windows-Formats, damit diese auch auf solchen Rechnern gelesen werden können. Zum Formatieren in diesem Format stehen zwei unterschiedliche Programme zur Verfügung. Zum einen das Programm *mkdosfs* (S. 683), dem ebenfalls der Name der Gerätedatei übergeben werden muss, die den zu formatierenden Datenträger repräsentiert. Soll z. B. eine Diskette im ersten Laufwerk im DOS-Format formatiert werden, kann dazu der folgende Befehl dienen:

```
debian:~# mkdosfs /dev/fd0
```

Alternativ zu *mkdosfs* kann der Befehl *mformat* (S. 681) benutzt werden. Der Befehl gehört zu den so genannten *mtools* (S. 692), einer Sammlung von Befehlen zum unkomplizierten Zugriff auf DOS/Windows-Datenträger.

14.3.7 Verlegen von Teilen der Verzeichnisstruktur auf andere Partitionen

Es kommt immer wieder vor, dass der Platz auf einem Datenträger knapp wird und Teile der darauf befindlichen Daten auf einen anderen Datenträger oder eine andere Partition verlegt werden müssen. Hinweise dazu, welche Verzeichnisse sich sinnvollerweise auf eigenen Partition befinden können, finden Sie in Abschnitt 14.2 auf Seite 386.

Beispiel: Verschieben des Verzeichnisses /usr Angenommen, das Verzeichnis /usr soll auf eine neue Partition verlegt werden, um auf der Partition mit dem Wurzeldateisystem Platz zu gewinnen. Die neue Partition ist bereits erstellt und im ext2-Format formatiert. Grundsätzlich gibt es zwei Möglichkeiten, wie dies bewerkstelligt werden kann[3]:

1. Die Unterverzeichnisse des Verzeichnisses /usr werden in das Wurzelverzeichnis der neuen Partition kopiert. Danach wird der Inhalt des Verzeichnisses /usr gelöscht und die neue Partition wird dann in das nun leere Verzeichnis /usr gemountet. Dateien und Verzeichnisse befinden sich dann wieder an dem gleichen Ort in der Verzeichnisstruktur wie vorher.
2. Alternativ dazu kann die Partition in ein neues Verzeichnis gemountet werden und danach das gesamte Verzeichnis /usr mit allen enthaltenen Dateien und Verzeichnissen in dieses Verzeichnis kopiert werden. Dann wird das alte Verzeichnis /usr gelöscht und ein symbolischer Link mit dem Namen /usr auf das neue Verzeichnis gelegt. Auch mit dieser Variante können Benutzer und Programme wie bisher auf /usr zugreifen, weil dies dann aufgrund des symbolischen Links dazu führt, dass in Wirklichkeit auf das neue Verzeichnis (welches sich woanders befindet) zugegriffen wird.

Das zweite Verfahren bietet den Vorteil, dass sich auf der neuen Partition später übersichtlich weitere Verzeichnisse anlegen lassen, weil es dann im Wurzelverzeichnis der Partition zunächst nur das Verzeichnis usr gibt, während bei der anderen Methode alle im Verzeichnis /usr liegenden Unterverzeichnisse in das Wurzelverzeichnis der Partition verschoben werden.

Variante 1: Einbinden einer neuen Partition nach /usr Um die Unterverzeichnisse von /usr auf eine neue Partition zu kopieren, muss diese zunächst in ein temporäres Verzeichnis gemountet werden, damit auf sie zugegriffen werden kann. Die kann beispielsweise so geschehen:

```
debian:~# mount /dev/hdb5 /mnt
```

Der Gerätedateiname /dev/hdb5 muss dabei natürlich durch den richtigen Namen ersetzt werden. Jetzt können die Unterverzeichnisse von /usr rekursiv mit allen Dateien und Unterverzeichnissen auf die neue Partition kopiert werden. Es gibt verschiedene Verfahren, wie dies geschehen kann, am einfachsten geht es mit *cp* (S. 646):

```
debian:~# cp -ax /usr/* /mnt
```

Die Option *-a* bewirkt, dass alle zu kopierenden Dateien und Verzeichnisse im Zielverzeichnis so erstellt werden, wie sie im Quellverzeichnis vorhanden sind und die Option *-x* bewirkt, dass nur die Dateien kopiert werden, die sich auf dem selben Datenträger oder der selben Partition befinden wie das angegebene Quellverzeichnis. Letztere Option ist eigentlich nur dann notwendig, wenn sich Unterverzeichnisse von /usr auf anderen Datenträgern befinden und auch dort bleiben sollen.
Nachdem die Daten kopiert sind, kann die neue Partition wieder aus dem temporären Verzeichnis entfernt werden:

```
debian:~# umount /mnt
```

---

[3] Sie sollten die folgenden Aktionen im Single-User-Modus durchführen, damit sichergestellt ist, dass während dessen nicht auf Verzeichnisse oder Dateien unterhalb des Verzeichnisses /usr zugegriffen wird.

Zur Sicherheit sollte das alte Verzeichnis /usr nun einen anderen Namen erhalten, es kann dann später gelöscht werden, wenn sicher ist, dass das System mit der neuen Konfiguration funktioniert:

```
debian:~# mv /usr /usr_alt
```

Das Verzeichnis /usr existiert nun nicht mehr. Es muss also neu angelegt werden, damit die neue Partition in dieses Verzeichnis eingebunden werden kann:

```
debian:~# mkdir /usr
```

Nun kann die neue Partition in das Verzeichnis gemountet werden:

```
debian:~# mount /dev/hdb5 /usr
```

Auch hier muss /dev/hdb5 natürlich durch den tatsächlichen Namen der Gerätedatei ersetzt werden, welche die neue Partition repräsentiert. Zum Schluss muss der Datei /etc/fstab ein Eintrag zugefügt werden, damit die neue Partition bei zukünftigen Systemstarts in das Verzeichnis /usr gemountet wird. Bei Verwendung der Partition /dev/hdb5 sieht der Eintrag folgendermaßen aus:

```
/dev/hdb5    /usr    ext2    defaults    0    2
```

Wenn Ihr System mit dieser Konfiguration weiterhin normal startet und funktioniert, können sie das alte Verzeichnis mit folgendem Befehl löschen:

```
debian:~# rm -rf /usr_alt
```

2. Variante: Einbinden einer neuen Partition in ein neues Verzeichnis Auch bei diesem Verfahren muss die neue Partition zunächst in ein Verzeichnis gemountet werden. Sie kann jetzt allerdings gleich in das endgültige Verzeichnis eingebunden werden. Dieses ist zunächst anzulegen:

```
debian:~# mkdir -p /disks/2
```

Mit diesem Befehl wird das Verzeichnis /disks angelegt, sofern es noch nicht existiert und darin das Verzeichnis 2 (für zweite benutzte Partition) erzeugt. Sie können natürlich auch ein anderes Verzeichnis anlegen und verwenden. Nun kann die neue Partition in das Verzeichnis gemountet werden:

```
debian:~# mount /dev/hdb5 /disks/2
```

Auch hier sollte ein Eintrag in der Datei /etc/fstab vorgenommen werden, damit die Partition bei zukünftigen Systemstarts automatisch in das Verzeichnis gemountet wird:

```
/dev/hdb5    /disks/2    ext2    defaults    0    2
```

Die Bezeichnung /dev/hdb5 ist dabei an den Namen der richtigen Gerätedatei anzupassen. Im nächsten Schritt wird das Verzeichnis /usr rekursiv mit allen Unterverzeichnissen und Dateien, die sich auf der gleichen Partition wie /usr befinden, auf die neue Festplatte kopiert:

```
debian:~# cp -ax /usr /disks/2
```

Nachdem dies geschehen ist, kann das alte Verzeichnis /usr nun gesichert werden, indem es einen neuen Namen erhält:

```
debian:~# mv /usr /usr_alt
```

Und zum Schluss wird ein symbolischer Link mit dem Namen /usr auf das neue Verzeichnis gelegt:

```
debian:~# ln -s /disks/2/usr /usr
```

Das Sicherungsverzeichnis /usr_alt kann (wie bei der ersten Methode) gelöscht werden, wenn sichergestellt ist, dass das System mit der neuen Konfiguration einwandfrei startet und arbeitet.

Aufteilen der Heimatverzeichnisse auf mehrere Partitionen Wenn der Platz auf der Partition, auf welcher sich die Heimatverzeichnisse befinden, nicht mehr ausreicht, bietet es sich an, einige Heimatverzeichnisse auf eine neue Partition zu verlegen. Angenommen, es steht eine neue, im ext2-Format formatierte Partition zur Verfügung, in welche die Heimatverzeichnisse der Benutzer *ralf*, *michael* und *uta* verlegt werden sollen (alle anderen Heimatverzeichnisse sollen auf der alten Partition verbleiben), dann kommen auch hier prinzipiell die beiden Methoden in Frage, die im vorigen Abschnitt bei der Verlegung des Verzeichnisses */usr* erläutert wurden. Allerdings kann die neue Partition hier nicht einfach in das Verzeichnis */home* gemountet werden, weil sie dann ja die Heimatverzeichnisse überdecken würde, die sich noch auf der alten Partition befinden. Zur Lösung des Problems kann also ein weiteres Verzeichnis mit Heimatverzeichnissen angelegt werden, also z. B. */home1*. Die neue Partition wäre dann in dieses Verzeichnis zu mounten:

```
debian:~# mkdir /home1
```

```
debian:~# mount /dev/hdb5 /home1
```

Auch hier muss die Bezeichnung */dev/hdb5* natürlich angepasst werden. Die neue Partition muss dann in die Datei */etc/fstab* eingetragen werden, damit sie zukünftig während des Systemstarts automatisch eingebunden wird:

```
/dev/hdb5    /home1    ext2    defaults   0  2
```

Nun können die betreffenden Heimatverzeichnisse von */home* nach */home1* verschoben werden. Dies kann von Hand mit dem Befehl *cp* geschehen. Dabei ist zu beachten, dass hinterher die entsprechenden Felder der Datei */etc/passwd* angepasst werden müssen. In dieser Datei ist u. a. zu jedem Benutzerkonto das Heimatverzeichnis gespeichert. Einfacher geht das Verschieben von Heimatverzeichnissen mit dem Programm *usermod* (S. 730). Das Programm kann die Datei */etc/passwd* aktualisieren und gleichzeitig die Verzeichnisse verschieben. Um beispielsweise das Heimatverzeichnis des Benutzers *ralf* von *home* nach */home1* zu verschieben, wäre *usermod* folgendermaßen aufzurufen:

```
debian:~# usermod -d /home1/ralf -m ralf
```

Der Befehl ist für alle zu verschiebenden Heimatverzeichnisse entsprechend zu wiederholen.
Alternativ zu diesem Verfahren kann auch hier mit symbolischen Links gearbeitet werden. Die neue Partition wird dann in ein anderes Verzeichnis eingebunden, also z. B. nach */disks/3*:

```
debian:~# mkdir -p /disks/3
```

```
debian:~# mount /dev/hdb5 /disks/3
```

Die Befehle sind natürlich an den tatsächlichen Partitionsnamen sowie an das tatsächlich benutzte Verzeichnis anzupassen. Außerdem ist auch hier wieder ein entsprechender Eintrag in der Datei */etc/fstab* vorzunehmen. Auf der neuen Partition kann dann ein Verzeichnis zur Aufnahme der zu verschiebenden Heimatverzeichnisse angelegt werden:

```
debian:~# mkdir /disks/3/home1
```

Danach können die betreffenden Verzeichnisse in dieses Verzeichnis kopiert werden:

```
debian:~# cp -a /home/ralf /home/michael /home/uta /disks/3/home1
```

Nun können die alten Heimatverzeichnisse gesichert werden, in dem ihnen ein neuer Name gegeben wird:

```
debian:~# mv /home/ralf /home/ralf_alt
```
Der Befehl ist für alle Heimatverzeichnisse, die verschoben werden sollen, zu wiederholen. Im nächsten Schritt werden dann symbolische Links aus dem Verzeichnis */home* auf die neuen Heimatverzeichnisse gesetzt:

```
debian:~# ln -s /disks/3/home1/ralf /disks/3/home1/michael
    /disks/3/home1/uta /home
```

Eine Veränderung der Datei */etc/passwd* ist bei diesem Verfahren nicht notwendig, weil auf die Heimatverzeichnisse ja weiterhin (über die symbolischen Links) mit den alten Namen zugegriffen werden kann. So führt der Zugriff auf das Verzeichnis */home/ralf* nach dieser Änderung dazu, dass in Wirklichkeit auf das Verzeichnis */disks/3/home1/ralf* zugegriffen wird. Die alten Verzeichnisse (*ralf_alt* usw.) können später gelöscht werden, wenn sichergestellt ist, dass die betreffenden Benutzer wie gewohnt auf ihre Daten zugreifen können:

```
debian:~# rm -rf /home/ralf_alt /home/michael_alt /home/uta_alt
```

14.3.8 Verwaltung von Auslagerungsspeicher (Swap)

Arbeiten mit Swappartitionen Gelegentlich ist es notwendig, nach Durchführung der Basisinstallation die Größe, die Lage oder die Anzahl von Swappartitionen zu verändern. Hierfür können u. a. die folgenden Gründe bestehen:

- Dem System ist eine schnellere Festplatte zugefügt worden. Swappartitionen sollten sich in der Regel auf der schnellsten Festplatte des Systems befinden.
- Das System benötigt mehr virtuellen Speicher, als zur Zeit zur Verfügung steht. Die Menge des verfügbaren sowie des freien Swap-Speichers kann mit den Befehlen *free* (S. 658) und *swapon -s* angezeigt werden.

Analog zu Datenpartitionen müssen Swappartitionen vor ihrer Benutzung einmal initialisiert (formatiert) werden. Dies geschieht mit dem Befehl *mkswap* (S. 686). Dem Befehl ist der Name einer Gerätedatei zu übergeben, welche den Datenträger repräsentiert, der als Swappartition genutzt werden soll. Um beispielsweise die zweite logische Partition auf der zweite SCSI-Festplatte zur Verwendung als Swappartition vorzubereiten, kann der folgende Befehl benutzt werden:

```
debian:~# mkswap /dev/sdb6
```

Achtung: Bei der Initialisierung von Swappartitionen gehen alle Daten, die sich vorher auf der betreffenden Partition befunden haben, verloren!

Danach kann die Partition mit dem Befehl *swapon* (S. 718) eingebunden werden:

```
debian:~# swapon /dev/sdb6
```

Wenn eine Swappartition nicht mehr benutzt werden soll, muss dies dem System mit dem Befehl *swapoff* (S. 718) mitgeteilt werden. Dem Befehl ist der Name der Gerätedatei zu übergeben, die den Datenträger repräsentiert, der nicht mehr als Swappartition benutzt werden soll. Beispiel:

```
debian:~# swapoff /dev/sdb6
```

Partitionen, die dauerhaft als Swappartitionen eingesetzt werden sollen, sollten – wie Datenpartitionen – in die Datei */etc/fstab* eingetragen werden, damit sie beim Systemstart automatisch eingebunden werden. Um die Partition */dev/sdb6* dauerhaft als Swappartition zu verwenden, wäre folgender Eintrag geeignet:

```
/dev/sdb6    none    swap    sw    0    0
```

Das Schlüsselwort *none* zeigt hier an, dass die betreffende Partition nicht mit einem Verzeichnis verbunden wird.

Verwenden von Swapdateien Die Verwendung von Swapdateien für ausgelagerten Speicher ist generell nicht zu empfehlen. Der Zugriff auf diese Form von Auslagerungsspeicher ist prinzipiell langsamer als bei der Verwendung von Swappartitionen. Wenn allerdings in einer Ausnahmesituation besonders viel virtueller Speicher benötigt wird und keine freie Partition vorhanden ist, kann der Einsatz von Swapdateien als temporäre Lösung durchaus Sinn machen. Vor der Verwendung einer Swapdatei muss diese erzeugt werden. Dies kann beispielsweise mit dem Befehl *dd* (S. 649) geschehen:

```
debian:~# dd if=/dev/zero bs=1024 count=65536 of=swapfile
```

Mit diesem Befehl wird eine 64 MB große Datei erzeugt, deren Inhalt aus Nullen besteht. Die Gerätedatei */dev/zero* repräsentiert nämlich ein virtuelles Gerät, dass ausschließlich Nullen ausgibt, wenn von ihm gelesen wird. Die Datei erhält den Namen *swapfile* und wird im aktuellen Arbeitsverzeichnis angelegt. Vor der ersten Benutzung muss die Swapdatei ebenfalls mit *mkswap* initialisiert werden:

```
debian:~# mkswap swapfile
```

Danach kann die Swapdatei wie eine Swappartition eingebunden werden:

```
debian:~# swapon swapfile
```

Zum Entfernen der Swapdatei wird ebenfalls der Befehl *swapoff* benutzt.

Achtung: Theoretisch ist es möglich, Swapdateien zu löschen, während sie benutzt werden. In Wirklichkeit wird dann zwar nur der entsprechende Eintrag im Verzeichnis gelöscht, aber hinterher besteht keine Möglichkeit mehr, den Kernel anzuweisen, die Swapdatei nicht mehr zu benutzen, weil ihr Name nicht mehr existiert. Das System muss dann neu gestartet werden und die Partition, auf der sich die Swapdatei befunden hat, überprüft werden. Sinnvollerweise sollte das Löschen von Swappartitionen mit *chmod* (S. 644) verhindert werden.

Wenn eine Swapdatei dauerhaft genutzt werden soll, kann sie (wie eine Swappartition) in die Datei */etc/fstab* eingetragen werden. Angenommen, die Datei *swapfile* befindet sich im Verzeichnis */home*, so müsste der entsprechende Eintrag folgendermaßen aussehen:

```
/dev/swapfile   none    swap    sw    0  0
```

14.3.9 Der Kernel Automounter

Der Linux-Kernel verfügt über die Fähigkeit, Datenträger automatisch einzubinden, sobald auf sie zugegriffen wird. Dazu ist es erforderlich, dass der Kernel mit der Option *Kernel automounter support* übersetzt wurde. Dies ist beim Standardkernel der Fall. Außerdem muss das Paket *autofs* installiert sein. Es enthält die Programme und Dateien, die benötigt werden, um diese Eigenschaft nutzen zu können[4]

Das *autofs*-System funktioniert sinngemäß folgendermaßen: Über ein Programm werden dem Kernel Verknüpfungen von Verzeichnissen und Datenträgern mitgeteilt. Sobald dann auf ein solches Verzeichnis zugegriffen wird, mountet der Kernel den entsprechenden Datenträger automatisch, die Notwendigkeit zum manuellen Einbinden entfällt also. Die beiden wichtigsten Anwendungsbereiche des Systems sind:

---
[4] Ein anderes Automounting-System steht mit dem Paket *amd* zur Verfügung.

- Netzwerkumgebungen, in denen von allen Rechnern aus auf eine große Anzahl von Verzeichnissen zugegriffen werden soll, die sich auf anderen Rechnern befinden. Dabei ist es u. U. unerwünscht, dass alle Verzeichnisse ständig gemountet sind, z. B. weil die betreffenden Rechner gelegentlich abgeschaltet sind. Durch den Einsatz eines Automounters wird die Verbindung erst dann aufgebaut, wenn tatsächlich auf das betreffende Verzeichnis zugegriffen wird.
- Beim Zugriff auf auswechselbare Datenträger, wie Disketten, CDROMs oder ZIP-Disketten, wird es oft als lästig empfunden, dass diese erst manuell eingebunden werden müssen, bevor auf sie zugegriffen werden kann. Der Automounter kann dem Benutzer das manuelle Einbinden solcher Medien abnehmen.

Das Paket *autofs* wird über die Datei */etc/auto.master* konfiguriert. Sie sieht nach der erstmaligen Installation des Pakets so aus:

```
# $Id: auto.master,v 1.2 1997/10/06 21:52:03 hpa Exp $
# Sample auto.master file
# Format of this file:
# mountpoint map options
# For details of the format look at autofs(8).
/misc    /etc/auto.misc
```

Leere Zeilen und solche die mit einem Doppelkreuz (#) beginnen, haben keine Bedeutung und können für Kommentare benutzt werden. Alle Zeilen müssen das folgende Format haben:

`Verzeichnis Konfigurationsdatei [Optionen]`

Mit *Verzeichnis* wird ein Verzeichnis angegeben, für das der Automounter zuständig sein soll. Für jedes Verzeichnis gibt es eine eigene Konfigurationsdatei, die beschreibt, welche Datenträger in welches Unterverzeichnis des angegebenen Verzeichnisses bei Bedarf gemountet werden. In der oben gezeigten Datei wird also angegeben, dass der Automounter das Verzeichnis */misc* kontrollieren soll und dass in der Datei */etc/auto.mis* angegeben ist, welcher Datenträger in welches Unterverzeichnis von */misc* eingebunden werden soll, wenn darauf zugegriffen wird. Optional lassen sich hinter der Angabe der Konfigurationsdatei noch einige Optionen angegeben, die wichtigste ist die Option --*timeout*. Mit der Option wird bestimmt, nach Ablauf welcher Zeit ein Datenträger wieder aus dem Dateisystem entfernt wird, wenn er nicht mehr benutzt worden ist. Die Zeit ist hinter der Option in Sekunden anzugeben, der voreingestellte Wert beträgt 5 Minuten. Um zu bewirken, dass alle Datenträger, die in Unterverzeichnisse von */misc* gemountet werden, nach 60 Sekunden Inaktivität wieder aus dem Dateisystem entfernt werden sollen, wäre der Eintrag in */etc/auto.master* in den folgenden zu ändern:

```
/misc /etc/auto.misc --timeout 60
```

Die Konfigurationsdatei für das Verzeichnis */misc* (also */etc/auto.misc*) ist in dem Paket ebenfalls enthalten. Sie sieht nach der erstmaligen Installation so aus:

```
# $Id: auto.misc,v 1.2 1997/10/06 21:52:04 hpa Exp $
# This is an automounter map and it has the following format
# key [ -mount-options-separated-by-comma ] location
# Details may be found in the autofs(5) manpage

kernel          -ro                     ftp.kernel.org:/pub/linux
boot            -fstype=ext2            :/dev/hda1
removable       -fstype=ext2            :/dev/hdd
cd              -fstype=iso9660,ro      :/dev/hdc
floppy          -fstype=auto            :/dev/fd0
```

Auch in dieser Datei haben leere Zeilen und solche, die mit einem Doppelkreuz Beginnen, keine Bedeutung. Alle anderen Zeilen bestehen aus drei Feldern, die durch Leerzeichen voneinander getrennt sind. Die einzelnen Felder haben die folgende Bedeutung:

1. Im ersten Feld befindet sich der Name eines Unterverzeichnisses des Verzeichnisses, für das die Datei zuständig ist. Der erste Eintrag (*kernel*) bezeichnet also in diesem Fall das Verzeichnis */misc/kernel* und der zweite das Verzeichnis */misc/boot*.
2. Im zweiten Feld befinden sich die Optionen, mit denen das Programm *mount* (S. 688) vom Automounter aufgerufen wird, sobald der entsprechende Datenträger eingebunden werden soll.
3. Das dritte Feld beschreibt den einzubindenden Datenträger. Dabei wird zunächst der Name des Rechners angegeben, der den Datenträger bzw. ein Verzeichnis über NFS zur Verfügung stellt. Hinter dem Doppelpunkt wird der Name des Verzeichnisses auf dem entfernten Rechner angegeben. Datenträger, die an den lokalen Rechner angeschlossen sind (wie lokale Disketten oder CDROMs), erhalten keinen Eintrag vor dem Doppelpunkt und dahinter den Namen der Gerätedatei, die den einzubindenden Datenträger repräsentiert.

Die Datei muss unbedingt an die lokalen Gegebenheiten angepasst werden. Wenn der Automounter beispielsweise dazu genutzt werden soll, CDROMs und Disketten automatisch einzubinden, sollte sie nur noch die beiden mit *cd* und */floppy* beginnenden Einträge enthalten. Der Name der Gerätedatei, welche das CDROM-Laufwerk repräsentiert, ist ebenfalls anzupassen. Beispiel:

```
cd         -fstype=iso9660,ro   :/dev/hda
floppy     -fstype=auto         :/dev/fd0
```

Nach jeder Veränderung einer Konfigurationsdatei des Automounters, muss dieser neu gestartet werden. Dies geschieht mit dem Skript */etc/init.d/autofs*, das auch während des Systemstarts aufgerufen wird:

```
debian:~# /etc/init.d/autofs restart
```

Arbeiten mit dem Automounter Nachdem der Automounter richtig konfiguriert und neu gestartet wurde, kann auf die konfigurierten Verzeichnisse zugegriffen werden. Im Gegensatz zum normalen Verfahren existieren die Verzeichnisse allerdings erst dann, wenn die entsprechenden Datenträger tatsächlich eingebunden werden. Wenn Sie das Programm wie oben beschrieben konfiguriert haben, zeigt der folgende Befehl zunächst ein leeres Verzeichnis an:

```
joe@debian:~$ ls /misc
```

Wenn sich jedoch eine Diskette im Laufwerk befindet, führt der nächste Befehl trotzdem dazu, dass die Diskette automatisch eingebunden wird und ihr Inhalt angezeigt wird:

```
joe@debian:~$ ls /misc/floppy
```

Oft wird jedoch gewünscht, dass die Verzeichnisse auch sichtbar sind, wenn der betreffende Datenträger noch nicht eingebunden ist. Hierzu kann man sich mit symbolischen Links behelfen. Beispielsweise könnte das Verzeichnis */floppy* gelöscht werden und stattdessen ein symbolischer Link mit dem Namen */floppy* auf das Verzeichnis */misc/floppy* erzeugt werden:

```
debian:~# rmdir /floppy

debian:~# ln -s /misc/floppy /floppy
```

Danach führt jeder Zugriff auf */flopyy* dazu, dass in Wirklichkeit auf das Verzeichnis */misc/floppy* zugegriffen wird und der Datenträger dadurch automatisch eingebunden wird, falls er dies noch nicht ist.

Achtung: Die Verwendung des Automounters ändert nichts an der Tatsache, dass Datenträger wie Disketten erst dann aus dem Laufwerk genommen werden dürfen, wenn sie nicht mehr in das Dateisystem eingebunden sind. Anderenfalls können Daten verloren gehen!

Es muss also immer abgewartet werden, bis der Automounter den entsprechenden Datenträger aus dem Dateisystem entfernt hat. Dies lässt sich mit den Befehlen *df* (S. 650) oder *mount* (S. 688) überprüfen. Alternativ kann der Automounter mit folgendem Befehl dazu gebracht werden, alle Datenträger, die nicht in Benutzung sind, sofort aus dem Dateisystem zu entfernen:

```
debian:~# killall -USR1 automount
```

Weil dieser Befehl nur vom Administrator benutzt werden darf (der Automount-Prozess gehört dem Administrator), empfiehlt sich die Verwendung des Pakets *sudo*, um auch gewöhnlichen Benutzern zu erlauben, den Befehl auszuführen. Dazu ist der Datei */etc/sudoers* folgende Zeile hinzuzufügen:

```
ALL ALL=NOPASSWD:/usr/bin/killall -USR1 automount
```

Gewöhnliche Benutzer können das sofortige Entfernen unbenutzter Datenträger dann durch diesen Befehl erzwingen:

```
joe@debian:~$ sudo killall -USR1 automount
```

Der Befehl lässt sich leicht mit einem Icon einer graphischen Benutzeroberfläche verbinden, so dass die Benutzung einer Kommandozeile dann nicht mehr notwendig ist, um die Datenträger zu entfernen.

Benutzerschreibrechte Ein weiteres Problem bei der Verwendung des Automounters ergibt sich daraus, dass der eigentliche Mountvorgang durch den Automounter vollzogen wird. Weil beispielsweise DOS-formatierte Datenträger keine Besitzer oder Gruppen zu Dateien speichern können, gehören Dateien auf solchen Datenträgern immer dem Benutzer, der den Datenträger eingebunden hat, es sei denn, beim Mounten wird etwas anderes angegeben. Und weil weiter der Automounter-Prozess dem Administrator gehört, gehören Dateien auf automatisch eingebundenen Disketten, die DOS-formatiert sind, auch dem Administrator und normale Benutzer können sie nicht verändern.

In der Regel wird jedoch ein Verhalten erwünscht, dass es dem Benutzer, der auf eine solche Diskette zugreift, auch gestattet, Dateien auf der Diskette zu verändern oder neue anzulegen. Dies kann auf zweierlei Weise erreicht werden. Eine Möglichkeit ist es, den Automounter so zu konfigurieren, dass er Disketten immer mit Schreib- und Leserechten für einen bestimmten Benutzer konfiguriert. Der entsprechende Eintrag in der Datei */etc/auto.misc* könnte dann so aussehen:

```
floppy -fstype=auto,uid=1000,gid=1000 :/dev/fd0
```

Die Mount-Optionen *uid* und *gid* bewirken, dass der betreffende Datenträger immer mit der angegebenen User- und Gruppen-ID eingebunden wird. Die Benutzer- und Gruppen-ID eines bestimmten Benutzers können sie mit dem Befehl *id* (S. 666) herausbekommen.

Dieses Verfahren ist jedoch zu unflexibel, wenn verschiedene Benutzer auf den Datenträger zugreifen sollen. Dann empfiehlt es sich, den Datenträger mit der Gruppen-ID einer bestimmten Gruppe einzubinden, in die alle Benutzer des Systems aufgenommen werden, denen der schreibende Zugriff erlaubt sein soll:

```
floppy -fstype=auto,gid=25,umask=002,quiet :/dev/fd0
```

Die Gruppen-ID 25 entspricht standardmäßig der Gruppe *floppy* und die Option *umask=002* bewirkt, dass nicht nur Besitzer sondern auch Gruppenmitglieder auf den Datenträger schreiben und Dateien anlegen können. Durch die Option *quiet* wird erreicht, dass Versuche, Besitzer oder Gruppenzugehörigkeit zu verändern, auf dem Datenträger nicht fehlschlagen, obwohl sie nicht wirklich durchgeführt werden können. Sie können den Befehl *adduser* (S. 633) benutzen, um einen Benutzer einer Gruppe hinzuzufügen.

15. Benutzer und Gruppen

15.1 Einleitung

Ein Betriebssystem, welches mehreren Benutzern das gleichzeitige Arbeiten mit dem Computer ermöglicht, muss Mechanismen bereitstellen, mit denen die einzelnen Benutzer voreinander geschützt werden können. Der wichtigste Mechanismus dazu ist dabei das Benutzerkonzept selbst. Im Gegensatz zu einem Taschenrechner oder einem Windows 98-PC werden Programme unter UNIX/Linux nicht „einfach so" ausgeführt, sondern immer von einem bestimmten Benutzer. Das Betriebssystem speichert zu jedem Prozess eine Benutzer-ID und kann anhand dieser ID überprüfen, ob der Prozess berechtigt ist, bestimmte Aktionen auszuführen oder nicht. Aus diesem Grund ist es zwingend erforderlich, sich vor der Benutzung des Computers anzumelden. Hierdurch erfährt das Betriebssystem, mit wessen Benutzer-ID ein bestimmter Prozess oder eine ganze Arbeitssitzung zu starten ist.

Nicht nur zu jedem Prozess sondern auch zu weiteren Ressourcen werden Benutzer-IDs gespeichert, so beispielsweise zu jeder Datei und jedem Verzeichnis. Man sagt deswegen auch, dass eine Datei oder ein Verzeichnis einem bestimmten Benutzer gehört. Wenn nun ein Prozess auf eine Datei zugreift, überprüft das Betriebssystem anhand der Benutzer-ID des Prozesses und der Benutzer-ID der Datei, ob die Datei dem Besitzer des Prozesses gehört und kann daraufhin entscheiden, ob der Zugriff gestattet werden soll.

Oft ist es gewünscht, einige Benutzer stärker voneinander zu trennen und anderen Benutzern den gemeinsamen Zugriff auf bestimmte Ressourcen zu erlauben. So hat man es oft mit Arbeitsgruppen oder Abteilungen zu tun, die gemeinsam bestimmte Daten bearbeiten müssen, wobei Benutzer aus anderen Arbeitsgruppen nicht in der Lage sein sollen die Dateien einer bestimmten Gruppe zu verändern. Deswegen gibt es neben dem Benutzerkonzept das Gruppenkonzept. Ressourcen wie Prozesse oder Dateien sind nicht nur einer Benutzer-ID sondern auch einer Gruppen-ID zugeordnet. Einzelne Benutzer gehören immer mindestens einer Gruppe an, es ist aber auch durchaus möglich, dass Benutzer mehreren Gruppen angehören.

Wenn ein Prozess eine neue Datei erzeugt, ist diese Datei standardmäßig dem Benutzer zugeordnet, mit dessen ID der betreffende Prozess ausgeführt wird. Ebenso ist die Datei einer Gruppe zugeordnet, welcher der Benutzer angehört. Weil ein Benutzer jedoch mehreren Gruppen angehören kann, gibt es für jeden Benutzer immer eine sogenannte aktive Gruppe. Die neu angelegte Datei wird der Gruppen-ID der aktiven Gruppe des jeweiligen Benutzers zugeordnet. Von der aktiven Gruppe ist die sogenannte primäre Gruppe zu unterscheiden. Die primäre Gruppe eines Benutzers ist die Gruppe, die nach der Anmeldung des Benutzers automatisch seine aktive Gruppe ist.

Gruppen und Benutzer werden systemintern durch Zahlen zwischen Null und 65535 repräsentiert, hierbei handelt es sich um die eigentlichen Gruppen- und Benutzer-IDs. Darüber hinaus ist jeder Benutzer- und Gruppen-ID ein Name zugeordnet. Man spricht dabei von Benutzer- und Gruppenname. Die Benutzer-ID Null entspricht immer dem Konto des Systemadministrators; ebenso entspricht die Gruppen-ID Null der Gruppe des Administrators (beide haben den Namen *root*).

⇒Unter Debian GNU/Linux besitzt jeder Benutzer eine eigene Gruppe, die gleichzeitig seine primäre Gruppe ist. Wenn ein neuer Benutzer angelegt wird, wird gleichzeitig eine neue Gruppe angelegt, die den gleichen Namen trägt, wie der neue Benutzer. Diese Gruppe wird dann zur primären Gruppe des betreffenden Benutzers.

Mit Dateien und Verzeichnissen wird für den Besitzer und die assoziierte Gruppe gespeichert, was die betreffenden Benutzer mit der Datei (oder dem Verzeichnis) machen dürfen. Dabei werden drei verschiedene Rechte voneinander unterschieden, nämlich das Recht eine Datei zu lesen, sie zu verändern sowie sie auszuführen. Die gleichen Rechte werden darüber hinaus für alle weiteren Benutzer des System gespeichert, also für solche Benutzer, die weder Besitzer der betreffenden Datei sind, noch der assoziierten Gruppe angehören.

Die Rechte an Dateien können mit dem Befehl *chmod* (S. 644) geändert werden und mit dem Befehl *ls* (S. 677) angezeigt werden. Der Besitzer einer Datei darf nur vom Administrator mit dem Befehl *chown* (S. 645) geändert werden. Zum Ändern der, mit einer Datei assoziierten, Gruppe wird der Befehl *chgrp* (S. 643) benutzt. Diese Befehl kann vom Administrator benutzt werden. Außerdem dürfen die Dateibesiter Dateien neuen Gruppen zuordnen, sofern sie selbst Mitglied der neuen Gruppe sind.

15.2 Die Dateien */etc/passwd* und */etc/group*

Das System speichert die Benutzerinformationen normalerweise in der Datei */etc/passwd* und die Gruppeninformationen in der Datei */etc/group*. Beide Dateien enthalten in jeweils einer Zeile einen Eintrag für eine Gruppe bzw. einen Benutzer. Jeder Eintrag besteht aus mehreren Feldern, die durch Doppelpunkte voneinander getrennt sind. Ein Eintrag in der Datei */etc/passwd* sieht beispielsweise so aus:

```
meier:cMU0GTfPzSlfk:1127:1127:Manfred Meier,111,4483912923,2991923,Mitarbeiter der Woche:/home/meier:/bin/bash
```

Die einzelnen Felder haben die folgende Bedeutung:

1. Benutzername,
2. verschlüsseltes Passwort,
3. numerische Benutzer-ID des Benutzers,
4. numerische Gruppen-ID der primären Gruppe des Benutzers,
5. das sogenannte GECOS-Feld. Dieses Feld enthält Zusatzinformationen über den Benutzer wie seinen realen Namen, Telefonnummer usw. Standardmäßig gibt es in diesem Feld fünf durch Kommata getrennte Unterfelder, welche die folgenden Informationen aufnehmen:
    a) Den echten („real-life") Namen des Benutzers,
    b) Die Raumnummer,
    c) Die Telefonnummer am Arbeitsplatz,
    d) Die private Telefonnummer,
    e) Einen Kommentar zu dem Benutzer,
6. Heimatverzeichnis,
7. und die Shell des Benutzers, also das Programm, welches nach seiner Anmeldung standardmäßig aufgerufen wird.

Die Datei */etc/group* mit den Gruppeninformationen hat weniger Felder. Ein Eintrag in der Datei könnte beispielsweise so aussehen:

```
verkauf:/dSX7lo8RrB2U:2000:meier,schulze
```

Die Bedeutungen der einzelnen Felder in dieser Datei sind:

1. Bezeichnung der Gruppe,
2. Passwort der Gruppe,
3. numerische ID der Gruppe,
4. sowie eine Komma-separierte Liste der Benutzernamen, die in der betreffenden Gruppe Mitglied sind.

Achtung: Während des normalen Betriebs des Systems sollten die Dateien */etc/passwd* und */etc/group* nicht direkt mit einem Texteditor bearbeitet werden. Zur Verwaltung von Benutzern und Gruppen sind entweder die dafür vorgesehenen Werkzeuge (Programme) zu verwenden oder die Befehle *vipw* (S. 732) und *vigr* (S. 732), welche die Dateien vor der Veränderung durch andere Benutzer schützen, so lange sie bearbeitet werden.

15.3 Schattenpasswörter

Wie oben beschrieben, werden die verschlüsselten Passwörter für Benutzerkonten und Gruppen standardmäßig in den beiden Dateien */etc/passwd* und */etc/group* gespeichert. Weil diese Dateien jedoch für alle Benutzer des Systems lesbar sein müssen, ergibt sich hieraus ein gewisses Sicherheitsrisiko, weil es dadurch möglich ist, schlechte Passwörter durch automatisiertes ausprobieren zu erraten. Dieses Problem kann gelöst werden, indem die verschlüsselten Passwörter in eigene Dateien verlagert werden, die nur vom Administrator lesbar sind. Dadurch ist das Erraten von Passwörtern viel schwieriger, weil jeder Rateversuch dann mit einem Versuch zur Anmeldung am System einhergehen müsste, was viel länger dauert und u. U. auffällt.

Man bezeichnet dieses Verfahren auch als die Verwendung von Schattenpasswörtern. Die Passwörter werden dann in den Dateien */etc/shadow* für die Benutzerpasswörter und */etc/gshadow* für die Gruppenpasswörter gespeichert. In den Dateien */etc/passwd* befindet sich dann im Passwort-Feld an Stelle des verschlüsselten Passwortes der Buchstabe x. Unter Debian kann die Verwendung von Schattenpasswörter durch die Eingabe des folgenden Befehls aktiviert werden:

```
debian:~# shadowconfig on
```

Wenn später aus irgendeinem Grund wieder auf das ältere und unsicherere Verfahren gewechselt werden soll, dann ist dazu dieser Befehl einzugeben:

```
debian:~# shadowconfig off
```

15.4 Vordefinierte Benutzerkonten und Gruppen

Direkt nach der Installation eines Debian-Systems sind bereits ein paar Dutzend Benutzerkonten und Gruppen definiert. Man bezeichnet diese Benutzer und Gruppen auch als Systembenutzer bzw. Systemgruppen, weil sie keinem realen Benutzer zugeordnet sind. Sie werden aus Sicherheitsgründen benötigt. Hintergrundprogramme (Daemonen), die eine bestimmte Aufgabe wahrnehmen, werden oft mit der Benutzer-ID eines Systembenutzers und nicht mit der des Administrators ausgeführt. Dies bietet den Vorteil, dass solche Programme nichts tun können, wofür die Rechte des Administrators benötigt werden und deswegen dass System nicht ernsthaft beschädigen können, falls sie einmal „verrückt spielen".

Die Systemgruppen dienen vor allem zur Rechtevergabe. Bekanntlich ist gewöhnlichen Benutzern normalerweise der direkte Zugriff auf die Hardware des Systems verboten. Allerdings sind die verschiedenen Gerätedateien, durch welche die Hardware im System repräsentiert wird, unterschiedlichen Systemgruppen zugeordnet. Beispielsweise sind alle Gerätedateien, die im Zusammenhang mit Soundkarten stehen, der Gruppe *audio* zugeordnet. Gerätedateien, die Festplatten repräsentieren, gehören der Gruppe *disk* und solche Gerätedateien, mit denen Einwahlverbindungen aufgebaut werden können (Modemanschlüsse, ISDN-Geräte), gehören der Gruppe *dialout*. Die Rechte dieser Gerätedateien sind dabei in der Regel so gesetzt, dass Besitzer und Gruppe auf das Gerät schreibend und lesend zugreifen dürfen. Wenn die Systemadministratorin einem Benutzer beispielsweise das Recht zur Benutzung der Soundkarte erteilen möchte, kann sie diesen einfach in die Gruppe *audio* aufnehmen, woraufhin er als Gruppenmitglied Zugriffsrechte auf die entsprechenden Gerätedateien hat.

Konten für gewöhnliche (humanoide) Benutzer und Gruppen werden unter Debian per Konvention mit Benutzer- und Gruppen-IDs ab 1000 erzeugt. Die IDs von 0 – 99 werden vom Debian-Projekt statisch für bestimmte Systembenutzer und -Gruppen belegt und können sich während der Aktualisierung des Systems ändern. Die Ids von 100 – 999 sind für Debian-Pakete reserviert. Jedes Paket, dass während seiner Installation einen neuen Systembenutzer oder eine neue Systemgruppe erzeugen muss, verwendet dafür Benutzer- und Gruppen-IDs in diesem Bereich. Die höchste Gruppen- und Benutzer-ID, die tatsächlich für gewöhnliche Benutzer eingesetzt werden darf ist 29999.

15.5 Arbeiten mit Benutzer- und Gruppenkonten

Standardmäßig können gewöhnliche Benutzer einige Einstellungen ihrer eigenen Benutzerkonten verändern:

- Das eigene Passwort kann mit dem Programm *passwd* (S. 696) geändert werden.
- Die eigene Standardshell kann mit dem Programm *chsh* (S. 645) geändert werden, es darf dabei allerdings nur eine Shell ausgewählt werden, die in der Datei */etc/shells* eingetragen ist. Mit dieser Datei kann der Administrator also bestimmen, zwischen welchen Shells Benutzer selbstständig wählen dürfen.
- Ein Teil der Informationen im GECOS-Feld (Raumnummer und Telefonnummern) können von gewöhnlichen Benutzern mit dem Befehl *chfn* geändert werden.

Der Administrator kann diese Befehle mit zusätzlichen Möglichkeiten verwenden. So hat er das Recht, auch solche Standardshells zu vergeben, die nicht in */etc/shells* eingetragen sind oder den real-life-Namen eines Benutzers zu ändern. Vor allem hat er jedoch die Möglichkeit, diese Einstellungen für andere Benutzer zu verändern. Dabei ist den entsprechenden Befehlen als Argument der Name des Benutzerkontos zu übergeben, für das die Einstellungen geändert werden sollen.

Den eigenen Benutzernamen kann man sich jederzeit mit dem Befehl *whoami* (S. 735) anzeigen lassen. Der Befehl *who* (S. 735) gibt die Namen der zur Zeit an das System angemeldete Benutzer aus. Der Befehl *groups* (S. 662) gibt die Namen aller Gruppen aus, in denen sich der aufrufende Benutzer befindet und mit *id* (S. 666) ist es möglich, sich die eigene Benutzer-ID sowie die IDs aller Gruppen, in denen man Mitglied ist, anzeigen zu lassen. Der Befehl zeigt auch an, welche Gruppe die zur Zeit aktive Gruppe ist.

Mit Hilfe des Befehls *su* (S. 717) kann die Benutzeridentität gewechselt werden. Dies ist z. B. hilfreich, wenn man „mal eben" etwas mit den Rechten des Administrators tun möchte, ohne sich erneut anmelden zu wollen. Als Administrator ist es möglich, mit *su* jede vorhandene Benutzeridentität anzunehmen, gewöhnliche Benutzer werden nach Eingabe des Befehls aufgefordert, das Passwort zu dem Benutzerkonto anzugeben, zu dessen Identität sie wechseln möchten. Der Befehl *newgrp* (S. 694) dient zum Wechseln der aktiven Gruppe. Er kann ohne Passwort benutzt werden, um eine Gruppe als aktive Gruppe zu verwenden, deren Mitglied man bereits ist. Wenn die Gruppe mit einem Passwort versehen ist und der betreffende Benutzer kein Mitglied der Gruppe ist, muss das Passwort angegeben werden. Wenn die Gruppe kein Passwort hat und der Benutzer kein Mitglied der Gruppe ist, kann in die betreffende Gruppe nicht gewechselt werden.

15.5.1 Administration von Benutzern und Gruppen

Zum Anlegen neuer Benutzer dient der Befehl *adduser* (S. 633). Dem Befehl ist der gewünschte Name des anzulegenden Benutzerkontos zu übergeben. Beispiel:

```
debian:~# adduser huber
```

Mit dem Befehl *userdel* (S. 729) können bestehende Benutzerkonten vom System entfernt werden. Dem Befehl ist ebenfalls der Name des zu entfernenden Kontos zu übergeben. Beispiel:

```
debian:~# userdel huber
```

Standardmäßig werden die Dateien des zu löschenden Benutzers dabei nicht gelöscht. Wenn das Programm mit dem Parameter -r aufgerufen wird, dann werden das Heimatverzeichnis, alle darin enthaltenen Daten sowie die Mailspooldatei des betreffenden Benutzers ebenfalls entfernt. Dateien und Verzeichnisse des Benutzers, die sich an einem anderen Ort befinden, müssen manuell gelöscht werden. Dies kann beispielsweise mit dem folgenden Befehl geschehen (siehe auch *find* (S. 656)):

```
debian:~# find / -user huber | xargs rm -i
```

Mit dem Befehl *usermod* (S. 730) lassen sich alle Eigenschaften von Benutzerkonten verändern. Mit dem Befehl lässt sich auch einstellen, wann ein Benutzerkonto abläuft. Eine Reihe weiterer Einstellungen zur Gültigkeitsdauer von Passwörtern und Benutzerkonten lässt sich mit dem Befehl *chage* (S. 641) vornehmen. Der Befehl erlaubt es, zu bestimmen, nach wievielen Tagen ein Passwort frühestens und spätestens geändert werden muss. Außerdem kann angegeben werden, wann ein Konto gesperrt wird, wenn das Passwort nicht rechtzeitig geändert wurde. Beachten Sie, dass es die Sicherheit des Systems in der Regel erhöht, wenn die Benutzer verpflichtet werden, Ihre Passwörter in regelmäßigen Intervallen auszutauschen.

Neue Gruppen können mit dem Befehl *addgroup* (S. 632) erzeugt werden. Administriert werden Gruppen mit dem Programm *gpasswd* (S. 660). Um beispielsweise den Benutzer *huber* der Gruppe *schicht17* zuzuordnen ist das Programm so aufzurufen:

```
debian:~# gpasswd -a huber schicht17
```

Mit der Option -d (an Stelle von -a) kann ein Benutzer wieder aus einer Gruppe entfernt werden. Gruppen können eigene Administratoren haben. Diese Administratoren sind berechtigt, Benutzer in „ihre" Gruppen aufzunehmen und aus diesen zu entfernen sowie Passwörter für die Gruppe zu vergeben. Mit dem folgenden Befehl wird der Benutzer *huber* zum Administrator der Gruppe *schicht17*:

```
debian:~# gpasswd -A huber schicht17
```

Beachten Sie, dass jeder Benutzer in eine Gruppe mit einem Passwort wechseln kann, sofern er das Passwort kennt. In Gruppen ohne Passwort kann nur von Benutzern gewechselt werden, die Mitglied der betreffenden Gruppe sind. Ein Gruppenpasswort kann vergeben oder geändert werden, in dem der Befehl *gpasswd* vom Systemadministrator oder vom Administrator der entsprechenden Gruppe mit dem Namen der Gruppe als Argument aufgerufen wird:

```
joe@debian:~$ gpasswd schicht17
```

Zum Löschen von Gruppen dient der Befehl *groupdel* (S. 662).

15.5.2 Gemeinsames Zugreifen auf Dateien und Verzeichnisse

Wie bereits erwähnt, wird standardmäßig für jeden Benutzer eine eigene Gruppe angelegt, die den Namen des Benutzers trägt und die primäre Gruppe des Benutzers ist. Dateien, die von Benutzern neu erzeugt werden, gehören normalerweise also dem betreffenden Benutzer und sind mit „seiner" Gruppe assoziiert. Mit welchen Berechtigungen eine Datei standardmäßig erzeugt wird, ist hingegeben abhängig von der *umask* des betreffenden Prozesses. Die *umask* kann in der Bash und anderen Shells mit dem Befehl *umask* (S. 492) eingestellt werden. Standardmäßig ist ihr Wert 022, was zur Folge hat, dass Dateien mit der Berechtigung zum Lesen und Schreiben für den Benutzer sowie mit der Berechtigung zum Lesen für die Gruppe und alle anderen Benutzer erzeugt werden.

Damit Gruppenmitglieder Dateien verändern können, sind die Berechtigungen also mit dem Befehl *chmod* (S. 644) für alle bereits existierenden Dateien und Verzeichnisse zu ändern und außerdem ist die *umask* anzupassen, damit neue Dateien gleich mit den richtigen Berechtigungen erzeugt werden. Der Wert 002 bewirkt, dass Dateien mit der Berechtigung zum Lesen und Schreiben sowohl für den Benutzer als auch für die assoziierte Gruppe erzeugt werden und von anderen Benutzern gelesen werden können. Wenn zusätzlich gewünscht ist, dass andere Benutzer die Datei nicht lesen, verändern oder ausführen können, ist der Wert 007 zu verwenden.

Die *umask* kann für Benutzer, welche die Bash oder die Korn-Shell als Standardshell verwenden in der Datei */etc/profile* (siehe S. 427) eingestellt werden. Unglücklicherweise wirkt sich die Datei jedoch nicht auf Sitzungen aus, die nicht mit der Standardshell sondern beispielsweise über einen grafischen Login-Manager (z. B. *xdm*) gestartet wurden. Aus diesem Grund ist es möglich, die initiale *umask* direkt in der Datei */etc/passwd* anzugeben. Sie wird dort als zusätzliches Kommentarfeld wie folgt eingetragen:

```
meier:x:1127:1127:Manfred Meier,111,448391292,299192,Verkauf,umask=002:/home/meier:/bin/bash
```

Beachten Sie, dass eine solche Eintragung durch einen *umask*-Befehl in der Datei */etc/profile* für Shell-Logins wieder überschrieben werden kann. Außerdem kann jeder Benutzer seine eigene *umask* zu jedem Zeitpunkt ändern. Beispiel: Wenn dem Benutzer *karl* gestattet werden soll, Dateien zu verändern und zu bearbeiten, die von der Benutzerin *helga* erzeugt worden sind, ist die *umask* von Helga auf den Wert *002* zu setzen (wodurch von *helga* erzeugte Dateien für die Benutzerin und die Gruppe *helga* les- und veränderbar sind) und *karl* danach in die Gruppe *helga* aufzunehmen. Die Rechte der Dateien, die vor dieser Änderung erzeugt worden sind, müssen eventuell manuell geändert werden.

In der Regel ist es jedoch nicht erwünscht, Benutzern die Berechtigung zum Ändern aller Dateien eines anderen Benutzers zu erteilen. Vielmehr sollen Benutzer einer Gruppe oft nur in einem Teilbereich des Dateisystems gemeinsam zum Lesen und Verändern von Dateien berechtigt sein und weiterhin in der Lage sein, an anderen Stellen (z. B. in Ihrem Heimatverzeichnis) Dateien anzulegen, auf die sie nur selbst zugreifen dürfen.

Zu diesem Zweck sind zunächst zusätzliche Gruppen einzurichten und die betreffenden Benutzer in diese Gruppen aufzunehmen. Die *umask* aller beteiligten Benutzer muss so eingestellt werden, dass Dateien mit der Berechtigung zum lesenden und schreibenden Zugriff für die Gruppe erstellt werden (also z. B. 002). Im nächsten Schritt ist für jede Gruppe ein Verzeichnis anzulegen, in dem die Gruppenmitglieder gemeinsam zum Verändern der darin enthaltenen Daten berechtigt sind. Dieses Verzeichnis muss mit der betreffenden Gruppe assoziiert sein und Schreib-, Lese- und Ausführberechtigung für die Gruppe haben. Zusätzlich ist das Set-Group-ID-Bit (SGID) des entsprechenden Verzeichnisses zu setzen. Dieses Bit bewirkt bei Verzeichnissen, dass Dateien in dem betreffenden Verzeichnis während ihrer Erzeugung nicht der primären Gruppe des Benutzers, sondern der Gruppe zugeordnet werden, die mit dem Verzeichnis assoziiert ist[1]. Dadurch wird bewirkt, dass alle Mitglieder einer solchen Gruppe eine in dem Verzeichnis von einem anderen Gruppenmitglied neu angelegte Datei ebenfalls bearbeiten dürfen,

---

[1] Dieses Verhalten des SGID-Bits bei Verzeichnissen ist eine Erweiterung, die nicht von allen UNIX-basierten Betriebssystemen unterstützt wird.

weil sie ja auch Mitglied der Gruppe sind und die Datei aufgrund der *umask*-Einstellung mit der Berechtigung zum Lesen und Schreiben für die Gruppenmitglieder erzeugt wurde.
Beispiel: Die Mitarbeiter Meier, Schulze und Kunze der Abteilung „Verkauf" sollen gemeinsam das Recht erhalten, im Verzeichnis */abt/verkauf* Dateien zu lesen, zu erzeugen, zu verändern oder zu löschen. Zu diesem Zweck wird zunächst die Gruppe *verkauf* angelegt:

```
debian:~# addgroup verkauf
```

Danach werden die *umask*-Einstellungen in der Datei */etc/passwd* (mit *vipw* (S. 732)) und */etc/profile* angepasst und die Benutzer werden in die Gruppe aufgenommen:

```
debian:~# gpasswd -a meier verkauf
```

(Der Befehl ist für die anderen Benutzer zu wiederholen.) Schließlich wird das gemeinsame Verzeichnis für die Gruppe angelegt:

```
debian:~# mkdir -p /abt/verkauf
```

Und mit den entsprechenden Rechten ausgestattet:

```
debian:~# chgrp verkauf /abt/verkauf

debian:~# chmod g+rwxs /abt/verkauf
```

15.5.3 Benutzern Administratoraufgaben übertragen

Das SUID-Bit Gelegentlich ist es erwünscht oder sogar notwendig, Benutzern das Recht einzuräumen, bestimmte Programme mit den Rechten des Systemadministrators auszuführen. Ein Beispiel hierfür ist das Programm *passwd* (S. 696). Es kann von normalen Benutzern eingesetzt werden, um das eigene Passwort zu ändern, wobei die Datei */etc/passwd*, bzw. */etc/shadow* geändert werden muss, um die neuen Passwörter zu speichern. Weil diese Dateien aus Sicherheitsgründen dem Administrator gehören und nur von diesem geändert werden können, muss das Programm *passwd* mit den Rechten des Administrators ausgeführt werden, um die Änderung durchführen zu können. Hierzu dient ein besonderes Bit, dass mit den Dateirechten zu jeder Datei gespeichert wird. Es ist das sogenannte Set-User-ID-Bit (SUID). Programme, bei denen dieses Bit gesetzt ist, werden nicht mit der ID desjenigen Benutzers ausgeführt, welcher das Programm aufruft, sondern mit der Benutzer-ID des Besitzers von dem Programm. Weil (fast) alle Programmdateien dem Systemadministrator gehören, bedeutet das in der Regel, dass ein Programm, bei dem das SUID-Bit gesetzt ist mit den Rechten des Administrators ausgeführt wird. Dieses Bit lässt sich mit dem Befehl *chmod* (S. 644) setzen und entfernen, sie erkennen es in der Ausgabe von *ls -l* an dem Buchstaben *s* an der Stelle, wo normalerweise das Recht zur Ausführung für den Benutzer ausgegeben wird. Bei dem Programm *passwd* sieht das beispielsweise so aus:

```
-rwsr-xr-x 1 root root 25552 Feb 29 21:23 /usr/bin/passwd
```

Falsch gesetzte SUID-Bits stellen eine große Gefahr für das System dar. Würde dieses Bit beispielsweise für das Programm */bin/rm* gesetzt, dann hätte das zur Folge, dass jeder Benutzer jede Datei auf dem System löschen könnte, weil das Programm dann von jedem Benutzer mit Administratorrechten ausgeführt werden würde, der ja bekanntlich das Recht zum Löschen aller Dateien hat.
Zur Verwaltung von SUID-Programmen wird das Paket *suidmanager* empfohlen. Es verwaltet Information darüber, welche Dateien und Verzeichnisse mit besonderen Rechten ausgestattet sein sollen, in einer eigenen Konfigurationsdatei (*/etc/suid.conf*). Durch einen Cron-Job wird regelmäßig geprüft, ob die tatsächlichen Rechte der betreffenden Dateien mit der Konfiguration übereinstimmen. Wenn dies nicht der Fall sein sollte, werden die Rechte an die Konfiguration angepasst. Um ein Programm als SUID-Programm anzumelden ist der Befehl *suidregister* zu verwenden. Er wird folgendermaßen aufgerufen:

```
suidregister Datei Benutzer Gruppe Rechte
```

Mit *Datei* ist der absolute Dateiname des Programms, der Datei oder des Verzeichnisses anzugeben, für das die besonderen Rechte gelten sollen, mit *Benutzer* und *Gruppe* werden Besitzer und assoziierte Gruppe der Datei festgelegt und mit *Rechte* die für die Datei zu verwendenden Rechte angegeben. Die Rechte werden dabei in oktaler Schreibweise angeben, wie es für den Befehl *chmod* auf Seite 644 beschrieben ist. In vielen Fällen wird hier 4755 benutzt, was dem Setzen des SUID-Bits (4), der Berechtigung zum Lesen, Schreiben und Ausführen für den Administrator (7) sowie der Berechtigung zum Lesen und Ausführen für die Mitglieder der assoziierten Gruppe (5) und anderer Benutzer (5) entspricht. Um beispielsweise die Datei */usr/local/bin/program* mit diesen Rechten zu versehen und dem Eigentümer sowie der Gruppe *root* zuzuordnen, wäre das Programm folgendermaßen aufzurufen:

```
debian:~# suidregister /usr/local/bin/program root root 4755
```

Mit dem Befehl *suidunregister* wird eine Datei wieder aus der Datenbank in */etc/suid.conf* entfernt. Diesem Programm ist lediglich der absolute Name der betreffenden Datei zu übergeben:

```
debian:~# suidunregister /usr/local/bin/program
```

Beachten Sie, dass durch diesen Befehl lediglich die Information des *suidmanager*-Systems über die Datei gelöscht wird. Die eigentlichen Rechte der Datei werden nicht geändert. Dies muss zusätzlich manuell geschehen. Um etwa das SUID-Bit für die Datei */usr/local/bin/program* manuell zu entfernen, kann der Befehl *chmod* so aufgerufen werden:

```
debian:~# chmod u-s /usr/local/bin/program
```

Übertragen von Administratorrechten auf einzelne Benutzer Neben dem mit dem SUID-Bit bei vielen Programmen verbundenen Sicherheitsrisiko hat das Verfahren den in vielen Situationen unerwünschten Nebeneffekt, dass mit ihm allen Benutzern das Recht zum Ausführen eines Programms mit Administratorrechten gestattet wird. Gelegentlich möchte man jedoch nur einzelnen Benutzern die Ausführung bestimmter Aufgaben erlauben. So könnte ein Benutzer beispielsweise das Recht erhalten, Benutzerkonten zu erzeugen und zu löschen oder bestimmte Dienste zu starten und anzuhalten. Dieser Abschnitt stellt das Programmpaket *sudo* vor, mit dem dieses Problem gelöst werden kann. Das Paket funktioniert prinzipiell so, dass in einer Konfigurationsdatei festgelegt wird, welche Benutzer welche Programme mit wessen Rechten ausführen dürfen. Der betreffende Benutzer ruft dann ein spezielles Programm auf, welches mit den Rechten des Administrators ausgeführt wird und in der Konfigurationsdatei nachsieht, ob der aufrufende Benutzer das Recht hat, das Programm zu benutzen. Falls dem so ist, wird dann das eigentlich auszuführende Programm mit den Rechten des Administrators oder anderen besonderen Rechten aufgerufen.

Das Paket sudo Das Paket wird über die Datei */etc/sudoers* konfiguriert. In der Datei befinden sich im wesentlichen drei verschiedene Typen von Anweisungen:

Alias-Direktiven Hiermit können u. a. Benutzer und Programme zu Gruppen zusammengefasst werden.
Einstellungen Diese Direktiven beginnen jeweils mit *Defaults* und dienen dazu, Voreinstellungen des Programms zu verändern.
Rechtezuteilungen Mit diesen Anweisungen wird es Benutzern gestattet, bestimmte Programme mit besonderen Rechten auszuführen.

Außerdem darf die Datei (durch das #-Zeichen eingeleitete) Kommentare und leere Zeilen enthalten. Rechtezuteilungen haben das folgende Format:

```
Wer Wo = [(Als wer)] [NOPASSWD:] Was
```

In einer solchen Anweisung wird mit *Wer* angegeben, welche Benutzer das Recht haben, die spezifizierte Aktion auszuführen. Mit *Wo* werden Rechner bestimmt, auf denen die Aktion ausgeführt werden kann[2] und mit *Was* wird hinter dem Gleichheitszeichen angegeben, welche Programme ausgeführt werden dürfen. Standardmäßig erlaubt *sudo* den mit *Wer* angegebenen Benutzern das Ausführen der mit *Was* angegebenen Programme mit den Rechten des Administrators. Optional ist es jedoch möglich, hinter dem Gleichheitszeichen in runden Klammern anzugeben, mit wessen Rechten die betreffenden Programme ausgeführt werden dürfen.
Der folgende Eintrag erlaubt beispielsweise dem Benutzer *arthur* auf dem Rechner *printserver* den Befehl *lprm* (S. 676) mit den Rechten des Administrators auszuführen:

```
arthur debian = lprm
```

Achtung: Die Rechte der Datei */etc/sudoers* dürfen standardmäßig nur das Lesen für den Besitzer und die assoziierte Gruppe erlauben. Aus Sicherheitsgründen darf kein Benutzer (auch nicht der Besitzer) berechtigt sein, in die Datei zu schreiben. Aus diesem Grund muss dieses Recht (mit *chmod*) addiert werden, bevor die Datei geändert wird und hinterher wieder entfernt werden, damit *sudo* funktioniert.

Mit der beispielhaften Zeile wird es dem Benutzer *arthur* erlaubt, auf dem Rechner *debian* den folgenden Befehl zu verwenden:

```
joe@debian:~$ sudo lprm
```

Danach wird der Benutzer aufgefordert, sein eigenes Passwort nochmals anzugeben (und **nicht** das des Administrators). Wenn das Passwort richtig angegeben wurde, wird der Befehl *lprm* mit den Rechten des Administrators ausgeführt. Der Benutzer kann danach eine Zeitlang mit *sudo* arbeiten, ohne sein Passwort erneut angeben zu müssen (standardmäßig fünf Minuten lang), danach muss es erneut eingegeben werden. Wenn die Angabe des Passwortes durch den Benutzer nicht erzwungen werden soll, kann in der entsprechenden Rechtezuteilung in der Datei */etc/sudoers* das optionale Schlüsselwort *NOPASSWD:* benutzt werden.

Normalerweise ist es dem oder den betreffenden Benutzern gestattet, dass angegebene Programm mit beliebigen Parametern aufzurufen. Im Beispiel könnte der Benutzer also auch folgenden Befehl verwenden:

```
joe@debian:~$ sudo lprm ALL
```

Oder:

```
joe@debian:~$ sudo lprm -Phplj meier
```

Wenn in der Datei */etc/sudoers* allerdings Parameter angegeben werden wie in diesem Beispiel:

```
arthur debian = lprm ALL
```

darf der Befehl nur mit den angegebenen Parametern benutzt werden. In einer Befehlsangabe können auch Metazeichen benutzt werden, der Befehl kann dann von den betreffenden Benutzern mit Parametern aufgerufen werden, die im Rahmen der Definition durch die Metazeichen variieren dürfen.
Die Alias-Definitionen dienen im wesentlichen zum einfacheren Aufbau der Datei. Es gibt folgenden Typen von Alias-Definitionen:

User_Alias Hiermit werden Namen von Benutzern zu Gruppen zusammengefasst.

---
[2] Dies ist nur dann von Bedeutung, wenn die gleiche Datei */etc/sudoers* auf mehreren Rechnern benutzt wird.

Runas_Alias Hiermit werden Namen von Benutzern zu Gruppen zusammengefasst, die später dazu benutzt werden können, anzugeben, mit wessen Rechten bestimmte Programme ausgeführt werden dürfen.

Host_Alias Hiermit lassen sich einzelne Computer zu Gruppen zusammenfassen.

Cmnd_Alias Mit diesem Alias werden Befehle zu Gruppen zusammengefasst.

Alias-Definitionen erfolgen in der Form:

```
Alias-Typ Bezeichnung = Teil1, Teil2 ...
```

Mit *Alias-Typ* ist einer der vier oben beschriebenen Alias-Typen anzugeben, mit Bezeichnung wird ein Name für den Alias angegeben und hinter dem Gleichheitszeichen werden die einzelnen Mitglieder des Alias – durch Kommata separiert – angegeben. Beispiel:

```
User_Alias VERKAUF = meier, schulze, huber
```

Diese Anweisung ermöglicht es, später beispielsweise die folgende Rechtezuteilung vorzunehmen:

```
VERKAUF debian = pon
```

Durch beide Direktiven zusammen wird es den Benutzern *meier*, *schulze* und *huber* erlaubt, den Befehl *pon* (mit beliebigen Parametern) auf dem Rechner *debian* über *sudo* aufzurufen.

Mehr Hinweise zur Bedienung des Kommandos *sudo* finden Sie in der Kommandoreferenz auf Seite 718. In der Datei */usr/share/doc/sudo/examples/sudoers* befindet sich ein gut kommentiertes Beispiel für eine recht komplexe Konfigurationsdatei des Programms. Die komplette Syntax für */etc/sudoers* finden Sie in der Manualseite *sudoers*.

15.6 Diskquotas – Beschränkung von Speicherplatz

In vielen Fällen ist es erforderlich, den Speicherplatz auf der Festplatte, der von bestimmten Benutzern oder Gruppen verwendet werden darf, zu beschränken. Standardmäßig kann nämlich jeder Benutzer in einem Verzeichnis, in dem er die Berechtigung zum Schreiben hat, so viele Daten ablegen, wie auf den betreffenden Datenträger passen. Im schlimmsten Fall kann das dazu führen, dass das System ganz oder in Teilen unbenutzbar wird oder dass Benutzer, deren Daten sich auf dem selben Datenträger befinden, ihre Daten nicht mehr speichern können, weil kein Speicherplatz mehr zur Verfügung steht.

Speicherplatzbeschränkungen können nicht nur für Benutzer sondern auch für Gruppen erteilt werden. Eine Schreiboperation wird trotz Speicherplatzbeschränkungen nur dann erlaubt, wenn die Beschränkung für den Besitzer der Datei und die zugeordnete Gruppe durch die Operation nicht überschritten wird. Es kann also durchaus passieren, dass ein Benutzer nicht mehr in eine bestimmte Datei schreiben kann, weil die Beschränkung für die Gruppe, die der Datei zugeordnet ist, überschritten ist, obwohl die Beschränkung für den Benutzer noch nicht überschritten ist. Weiter gibt es zwei Stufen der Beschränkung, nämlich eine harte und eine weiche Beschränkung. Beim Überschreiten der weichen Beschränkung (*soft limit*) wird lediglich eine Warnung ausgegeben und der betreffende Benutzer muss innerhalb einer gewissen Zeit (üblicherweise innerhalb von sieben Tagen) dafür sorgen, dass er das weiche Limit wieder unterschreitet (in dem er Dateien löscht). Nach Ablauf dieser Frist darf er nicht mehr auf den entsprechenden Datenträger schreiben. Die harte Beschränkung (*hard limit*) kann unter keinen Umständen, überschritten werden, jede Schreiboperation, die eine Überschreiten des harten Limits zur Folge hätte, wird mit einem Fehler abgebrochen.

Beschränkungen werden in Blöcken auf dem Datenträger angegeben. Auf Ext2-Dateisystemen entspricht ein Block standardmäßig einem Kilobyte. Neben der Einschränkung verfügbarer Blöcke können die verfügbaren Inodes eingeschränkt werden. Inodes werden benötigt, um Verwaltungsinformationen zu Dateien abzulegen, sie werden während der Erzeugung des Dateisystems angelegt. Weil für jede Datei ein Inode benötigt wird und die Anzahl der

Inodes auf jedem Dateisystem begrenzt ist, kann es durchaus passieren, dass auf einem Dateisystem zwar noch freie Blöcke zur Verfügung stehen, aber keine freien Inodes mehr und deswegen keine neuen Dateien mehr erzeugt werden können (siehe auch die Erläuterungen zum Befehl *mke2fs* (S. 683)).

Speicherplatzbeschränkungen beziehen sich immer auf einen bestimmten Datenträger. Wenn Benutzer Dateien auf unterschiedlichen Datenträgern besitzen, kann es also passieren, dass sie in bestimmten Verzeichnissen weiterhin Dateien ablegen dürfen, obwohl ihre Speicherplatzbeschränkungen in anderen Verzeichnissen, die sich auf anderen Datenträgern befinden, bereits erreicht sind. Wenn sich beispielsweise die Heimatverzeichnisse und das Verzeichnis mit den Mailspool-Dateien (*/var/mail*) auf unterschiedlichen Datenträgern befinden, ist sichergestellt, dass für Benutzer, welche die Quota in ihrem Heimatverzeichnis überschritten haben, weiterhin Mail empfangen werden kann.

Die Arbeit mit Speicherplatzbeschränkungen muss vom Kernel unterstützt werden. Weil diese Unterstützung in den Standardkernels nicht vorhanden ist, ist es erforderlich, hierzu einen eigenen Kernel zu erstellen. Bei der Konfiguration des Kernels ist dabei die Option *Quota Support* zu aktivieren. Neben dem Kernel mit Quota-Unterstützung ist das Paket *quota* zu installieren. In diesem Paket befinden sich die notwendigen Programme zur Benutzung und Administration des Quota-Systems sowie die Dokumentation. Eine Einführung in das System und seine Einrichtung befindet sich dort in der Datei */usr/share/doc/quota/html/quota.html*. Ein weiteres lesenswertes Dokument ist das Quota-Mini-HOWTO, welches sich in der Datei */usr/share/doc/HOWTO/en-text/mini/Quota.txt.gz* befindet, wenn das Paket *doc-linux-text* installiert ist.

Achtung: Beachten Sie, dass Speicherplatzbeschränkungen zur Zeit nur auf solchen Datenträgern eingesetzt werden können, die im Ext2-Format formatiert sind.

15.6.1 Einrichtung des Quotasystems

Datenträger, die mit Speicherplatzbeschränkungen benutzt werden sollen, müssen mit der Option *usrquota* eingebunden werden, wenn Beschränkungen für Benutzer verwendet werden sollen und mit der Option *grpquota*, wenn Sie mit Beschränkungen für Gruppen eingesetzt werden sollen. Natürlich können auch beide Optionen gleichzeitig benutzt werden. Wenn beispielsweise die Partition */dev/sda7* während des Systemstarts automatisch in das Verzeichnis */home* gemountet werden soll und auf diesem Datenträger Speicherplatzbeschränkungen für Gruppen und Benutzer verwendet werden sollen, so könnte der entsprechende Eintrag in der Datei */etc/fstab* folgendermaßen aussehen:

```
/dev/sda7 /home ext2 defaults,usrquota,grpquota 0 2
```

Bevor die Speicherplatzbeschränkungen benutzt werden können, müssen die betreffenden Datenträger mit diesen Optionen eingebunden werden. Im Beispiel könnte dies nach der gezeigten Änderung der Datei */etc/fstab* wie folgt geschehen:

```
debian:~# umount /home
```

```
debian:~# mount /home
```

Beachten Sie, dass das Entfernen und Einbinden von Heimatverzeichnissen gewöhnlich nur im Single-User-Modus geschehen sollte. Nachdem der Datenträger mit den Quota-Optionen eingebunden ist, muss das Quotasystem neu gestartet werden:

```
debian:~# /etc/init.d/quota restart
```

Alternativ zum manuellen Entfernen und Einbinden der Dateisysteme sowie zum Neustarten des Quotasystems kann das System natürlich auch komplett neu gestartet werden. Das Quotasystem kann jederzeit mit dem folgenden Befehl deaktiviert werden:

```
debian:~# /etc/init.d/quota stop
```

Danach sind alle Speicherplatzbeschränkungen aufgehoben. Durch den nächsten Befehl wird das System wieder aktiviert:

```
debian:~# /etc/init.d/quota start
```

Nach dieser Initialisierung des Quotasystems werden im Wurzelverzeichnis des entsprechenden Datenträgers zwei Dateien angelegt, in denen die einzelnen Beschränkungen für Benutzer und Gruppen gespeichert werden.
Nach Installation und Start des Systems können die Speicherplatzbeschränkungen für Benutzer und Gruppen vergeben werden. Hierzu dient der Befehl *edquota*. Er ist vom Systemadministrator mit dem Namen eines oder mehrerer Benutzer aufzurufen. Wenn Beschränkungen für Gruppen eingestellt werden sollen, ist das Programm mit dem Parameter *-g* und den Namen der betreffenden Gruppen aufzurufen. Um beispielsweise die Beschränkungen für die Benutzerin *stefanie* einzustellen, wäre das Programm folgendermaßen aufzurufen:

```
debian:~# edquota stefanie
```

Daraufhin wird der Standardeditor (üblicherweise *vi*) bzw. der mit der Umgebungsvariablen *EDITOR* eingestellte Editor gestartet. In dem Editor wird sinngemäß folgendes angezeigt:

```
Quotas for user stefanie:
/dev/sda7: blocks in use: 681813, limits (soft = 0, hard = 0)
        inodes in use: 17110, limits (soft = 0, hard = 0)
```

In der ersten Zeile wird also ausgegeben, für welchen Benutzer die dargestellten Quotas gelten. Darunter befindet sich der Name des Dateisystems, welches mit Speicherplatzbeschränkungen betrieben wird und dahinter ist angegeben, wieviele Blocks (normalerweise Kilobytes) von der betreffenden Benutzerin zur Zeit belegt sind. Dahinter befinden sich (in den Klammern) die Werte für die weiche (*soft*) und die harte (*hard*) Beschränkung. Der Wert Null bedeutet dabei jeweils, dass keine Beschränkung gilt. In der darunter befindlichen Zeile sind die von der Benutzerin auf dem entsprechenden Dateisystem verwendeten Inodes angegeben. Dahinter befinden sich die Inode-Beschränkungen für die Benutzerin. Auch hier bedeutet der Wert Null, dass keine Beschränkung gilt.
Wenn Diskquotas auf mehr als einem Datenträger eingesetzt werden, befinden sich entsprechende Einträge für die übrigen Datenträger unterhalb des hier gezeigten Beispiels.
Um Beschränkungen einzuführen, sind einfach die Zahlen in den Klammern zu verändern. Falls für die Benutzerin in Zukunft die Beschränkung gelten soll, auf dem Datenträger maximal 750.000 Blocks verwenden zu dürfen, kurzzeitig jedoch auch 800.000 Blocks, so wäre der Text folgendermaßen zu ändern:

```
Quotas for user stefanie:
/dev/sda7: blocks in use: 681814, limits (soft = 750000, hard = 800000)
        inodes in use: 17110, limits (soft = 0, hard = 0)
```

Danach kann die Datei gesichert und der Editor verlassen werden. Das Programm *edquota* wertet die Änderungen in der Datei dann automatisch aus und setzt die Speicherplatzbeschränkungen entsprechend. Beachten Sie, dass die harte Beschränkung immer größer sein sollte als die weiche.
Bei sehr vielen Benutzern ist das manuelle Bearbeiten der Beschränkungen recht mühselig. Aus diesem Grund ist es möglich, die Beschränkungen, welche für einen Benutzer gelten, auf andere Benutzer zu übertragen ohne

dass manuell Änderungen vorgenommen werden müssen. Hierzu ist das Programm *edquota* mit der Option *-p* aufzurufen. Hinter der Option ist der Name des Benutzers anzugeben, dessen Beschränkungen auf andere Benutzer übertragen werden sollen und dahinter können beliebig viele Benutzer angegeben werden, für welche die Beschränkungen ebenfalls gelten sollen. Um also beispielsweise die Beschränkung für die Benutzerin *stefanie* auf die Benutzer *jochen* und *felix* zu übertragen, wäre das Programm so aufzurufen:

```
debian:~# edquota -p stefanie jochen felix
```

Mit der Option *-t* ist es möglich, die Länge des Zeitraums einzustellen, während dessen weiche Beschränkungen überschritten sein dürfen (*grace*). Auch hier wird ein Editor aufgerufen, in dem die entsprechenden Werte zu ändern sind. Standardmäßig werden dabei die Einstellungen für Benutzer verändert. Wenn zusätzlich die Option *-g* spezifiziert wird, dann kann dieser Zeitraum für Gruppen geändert werden.

15.6.2 Anzeigen und Auswerten von Beschränkungen

Geltende Speicherplatzbeschränkungen werden mit dem Befehl *quota* angezeigt. Standardmäßig werden dabei die Beschränkungen für den Benutzer ausgegeben, der den Befehl ausführt. Der Systemadministrator darf dem Befehl den oder die Namen eines oder mehrerer Benutzer übergeben. Es werden dann die Quotas für die entsprechenden Benutzer angezeigt. Um die Beschränkungen für Gruppen anzuzeigen, ist der Befehl mit der Option *-g* und den gewünschten Gruppennamen zu verwenden. Beispiel:

```
debian:~# quota -g verkauf
```

Die Ausgabe des Befehls sieht sinngemäß folgendermaßen aus:

```
Disk quotas for group verkauf (gid 2000):
    Filesystem  blocks   quota   limit   grace   files   quota   limit   grace
    /dev/sda7   681815  750000  800000           17110       0       0
```

Im Beispiel wird für den Datenträger */dev/sda7* angegeben, dass von der Gruppe 681.815 Blöcke belegt sind, die Quota 750.000 Blöcke beträgt und die harte Grenze bei 800.000 Blöcken liegt. Unter *grace* wird die verbleibende Zeit zum Freigeben von Speicherplatz angezeigt, falls die weiche Beschränkung überschritten ist. Unter *files* ist die Anzahl benutzter Inodes zu finden. Die Werte dahinter geben die Beschränkungen hierfür an, wobei der Wert Null bedeutet, dass keine Beschränkungen gelten. Falls auf mehreren Datenträgern Quotas benutzt werden, werden die entsprechenden Angaben untereinander für die einzelnen Datenträger ausgegeben.

Dem Systemadministrator steht außerdem das Programm *repquota* zur Verfügung. Dieses Programm gibt Berichte über die Auslastung von Datenträgern und Speicherplatzbeschränkungen aus. Näheres hierzu finden Sie in der Manualseite zu dem Programm. Mit *warnquota* steht weiter ein Werkzeug zur Verfügung, welches prüft, ob Benutzer ihre Beschränkungen überschritten haben und solchen Benutzern, bei denen dies der Fall ist, eine E-Mail schickt, in der diese auf das Problem aufmerksam gemacht werden. Es empfiehlt sich, dieses Programm einmal täglich mit Hilfe eines Cron-Jobs auszuführen.

Teil IV

Anwendung

16. Der Kommandointerpreter Bash

Wie in Kapitel 5 bereits beschrieben, ist die Bash der Standardbefehlsinterpreter unter Debian GNU/Linux. Seine Aufgabe besteht zum einen darin, als Schnittstelle zwischen Benutzer und Betriebssystem zu agieren. Die Bash nimmt Befehle entgegen und lässt sie durch das Betriebssystem ausführen. Zum anderen implementiert die Bash auch eine eigene Programmiersprache, mit der es möglich ist, Vorgänge zu automatisieren und sich viel Schreibarbeit zu sparen. Von dieser Eigenschaft wird an vielen Stellen im System Gebrauch gemacht, beispielsweise handelt es sich bei allen Startskripten um normale Shellskripte. Man kann dort also einfach die gleichen Befehle einfügen, die man auch an der Kommandozeile eingeben würde, wenn z. B. ein zusätzliches Programm beim Systemstart ausgeführt werden soll.

Der Name *Bash* steht für Bourne-Again-Shell, eine Anspielung auf die Bourne-Shell und ihren Erfinder Steve Bourne. Diese Shell wurde 1977 erstmals von AT&T mit AT&T-Unix V7 ausgeliefert und ist heute auf vielen UNIX-Systemen zu finden. Die Bash orientiert sich zwar prinzipiell an der Bourne-Shell und ist mit dieser kompatibel, hat aber viele Eigenschaften aus anderen Shells (hauptsächlich der C-Shell und der Korn-Shell) übernommen, so dass mit ihr heute eine mächtige und sehr komfortabel zu bedienende Shell zur Verfügung steht.

Das Konzept des Kommandointerpreters ist nichts UNIX-spezifisches. Von der Arbeit mit MS-DOS, OS/2 oder Windows NT kennen Sie vielleicht deren Kommandointerpreter *command.com* bzw. *cmd.exe*. Auch die Aufgabe dieser Interpreter ist es, Befehle entgegenzunehmen und diese entweder selbst auszuführen oder die entsprechenden Programme aufzurufen. Auch hier ist es möglich, einfache Aufgaben mittels Batchdateien zu automatisieren. Es bestehen jedoch große Unterschiede bezüglich des gebotenen Komforts und den Möglichkeiten zwischen diesen – eher primitiven Interpretern – und der Bash.

So ist es wohl auch durch diese Leistungsfähigkeit zu erklären, dass der Kommandointerpreter unter GNU/Linux eine weitaus bedeutendere Rolle spielt als unter anderen Betriebssystemen. Viele Dinge lassen sich eben schneller und einfacher durch einige Befehle lösen. Man muss dann nicht warten, bis aufwendige graphische Oberflächen gestartet sind und kann sich die Hangelei von einem Menü zum anderen mit der Maus sparen. Wenn man bedenkt, dass man diese Befehle ebenso gut mit einem Texteditor in eine Datei schreiben kann und dann schon ein fertiges „Programm" hat, mit dem man die betreffende Aufgabe in Zukunft durch einen einzigen Befehl lösen kann, wird klar, welche Vorteile ein guter Kommandointerpreter gegenüber graphischen Anwendungen bietet.

16.1 Ein Beispiel am Anfang

Stellen Sie sich folgende Aufgabe vor: Sie erhalten immer wieder Bilddateien in einem speziellen Format – sagen wir JPEG –, die Sie drucken möchten und hinterher in einem anderen Format – beispielsweise GIF – speichern möchten. Jede Datei soll zusätzlich auf eine Diskette geschrieben werden, damit Sie sie einem Kollegen übergeben können. Die normale Vorgehensweise mit typischen Programmen für grafische Oberflächen wäre die folgende:

1. Sie öffnen ein Bildbearbeitungsprogramm aus der Startleiste.
2. Dann wählen Sie das Menü *Datei* und dort den Menüpunkt *Öffnen* (Wenn das Programm gut programmiert ist, können Sie dies auch mit der Tastatur tun).

3. Sie warten, bis die Datei geladen ist.
4. Jetzt wählen Sie wieder das Menü *Datei* und den Menüpunkt *Speichern unter*.
5. Es erscheint eine Dateiauswahlbox, in der Sie einen neuen Dateinamen eingeben (Tastatur) und den Dateityp (GIF) auswählen (Maus).
6. Danach drücken Sie *ok* und warten, bis die Datei konvertiert und gespeichert ist.
7. Nun wählen Sie *Datei* und *Drucken*, um die Datei zu drucken. Unter Umständen müssen Sie noch den Drucker auswählen und einige Einstellungen vornehmen.
8. Um die Datei auf eine Diskette zu schreiben, wählen Sie entweder wieder *Datei* und *Speichern unter* und wählen diesmal das Diskettenlaufwerk aus. Oder Sie kopieren die Datei mit dem Explorer auf eine Diskette.

Wenn Sie (und Ihre Programme) schnell sind, brauchen Sie dafür drei Minuten. Bedenken Sie aber, dass Sie die gleiche Zeit morgen und übermorgen wieder brauchen werden, wenn Sie den gleichen Vorgang mit anderen Dateien wiederholen möchten. Und bedenken Sie auch, dass Sie sich bei einigen dieser Operationen immer sehr konzentrieren müssen, damit Sie nicht einen falschen Dateinamen, einen falschen Ordner, den falschen Drucker oder das falsche Dateiformat auswählen.

Nun, über die Kommandozeile dauert es am Anfang vielleicht genauso lange, und Sie müssen sich auch konzentrieren. Hier würden Sie gegebenenfalls folgendermaßen vorgehen.

1. Zunächst müssen Sie u. U. in das Verzeichnis wechseln, in dem Ihre Dateien liegen:

    joe@debian:~$ **cd graphiken**

2. Dann konvertieren Sie die Datei beispielsweise mit dem Programm *convert*[1]:

    joe@debian:~/graphiken$ **convert bild.jpg bild.gif**

3. Nun wollen Sie die Datei (auf Ihren Farbdrucker mit dem Namen *color*) drucken:

    joe@debian:~/graphiken$ **lpr -P color bild.gif**

4. Und auf eine (DOS-formatierte) Diskette schreiben (siehe *mtools* (S. 692)):

    joe@debian:~/graphiken$ **mcopy bild.gif a:**

Das waren vier Befehle. Weil Sie wissen, dass Sie die gleiche Aufgabe morgen wieder erledigen müssen, schreiben Sie diese Befehle nun in eine Datei, die dann den folgenden Inhalt hätte:

```
#!/bin/bash
cd graphiken
convert bild.jpg bild.gif
lpr -P color bild.gif
mcopy bild.gif a:
```

Das sind die gleichen vier Befehle wie oben. In der ersten Zeile befindet sich allerdings eine Besonderheit. Das Betriebssystem wird mit dieser Zeile angewiesen, das Programm */bin/bash* (also die Bash) zu verwenden, um das Programm auszuführen. Sie können sich die Zeile merken, denn so muss in jedem Skript für die Bash die erste Zeile aussehen.

Sagen wir, Sie haben dieses Skript in der Datei *convert_print_save* gespeichert. Um es ausführen zu können, müssen Sie noch die entsprechenden Rechte setzen:

joe@debian:~$ **chmod a+x convert_print_save**

---

[1] aus dem Paket *imagemagick*.

Damit haben Sie allen Benutzern das Recht gegeben, die Datei auszuführen. Ein Problem besteht allerdings noch. Sie wollen ja nicht jeden Tag die gleiche Datei konvertieren und drucken. Der Name *bild.gif* ist aber nun fest in das Skript eingebaut. Hier kommen jetzt so genannte Variablen ins Spiel. Die Bash speichert in der Variable mit dem Namen *1* immer das erste Argument, das Ihr beim Aufruf übergeben wurde. In der Variable mit dem Namen *2* wird das zweite Argument gespeichert usw. Variablen können an Stelle normaler Zeichenketten benutzt werden. Während das Skript ausgeführt wird, werden sie dann durch Ihren Wert ersetzt. Variablen wird ein Dollarzeichen vorangestellt, wenn sie durch ihren Wert ersetzt werden sollen. Sie können das Skript also folgendermaßen ändern:

```
#!/bin/bash
cd graphiken
convert $1 $2
lpr -P color $2
mcopy $2 a:
```

Jetzt können Sie Ihr Skript folgendermaßen aufrufen:

```
./convert_print_save Eingangsdatei Ausgangsdatei
```

Hierbei geben Sie für *Eingangsdatei* den Namen der zu konvertierenden und zu druckenden Datei an und für *Ausgangsdatei* den Namen, den die Datei nach der Konvertierung tragen soll. Wenn Sie also am nächsten Tag die gleiche Aufgabe mit der Datei *baum.jpg* wieder durchführen, geben Sie einfach nur noch den folgenden Befehl ein:

```
joe@debian:~$ ./convert_print_save baum.jpg baum.gif
```

Dies geht dann viel schneller und erfordert viel weniger Konzentration als die Durchführung verschiedener Menüoperation mit der Maus oder das Eingeben vieler Befehle hintereinander.

Auch wenn Sie hauptsächlich mit graphischen Benutzeroberflächen arbeiten, lohnt es sich, sich mit den wichtigsten Funktionen der Bash vertraut zu machen. Viele Aufgaben lassen sich mit ihr am einfachsten erledigen und bei der Systemadministration hat man es des öfteren mit Befehlen und Shellskripten zu tun, für deren Verständnis Bash-Kenntnisse erforderlich sind. Grundlegende Kenntnisse in der Kommandosprache der Bash sind bei einer über normale Anwendungen hinausgehenden Anpassung und Administration eines Debian GNU-Systems unbedingt erforderlich, weil große Teile des Systems von Shell--Skripten konfiguriert und gesteuert werden. Dieses Kapitel erläutert im ersten Teil die Eigenschaften, Konfigurations– und Bedienmöglichkeiten der Bash und gibt im zweiten Teil eine Einführung in die Erstellung von eigenen Shellskripten. Abgeschlossen wird das Kapitel von einer Kurzreferenz der in die Shell eingebauten und bis dahin nicht erläuterten Befehle.

16.2 Starten und Beenden der Bash

Nach der Anmeldung an einem Terminal, (z. B. also an einer virtuellen Konsole) wird die so genannte Standardshell des betreffenden Benutzers gestartet. Das ist normalerweise die Bash. Die Standardshell lässt sich mit dem Befehl *chsh* (S. 645) ändern. Wenn Sie sich „normal" an einer virtuellen Konsole anmelden, steht Ihnen die Bash also sofort zur Verfügung. Etwas anders sieht es aus, wenn Sie mit dem X-Window-System arbeiten. Hier gibt es zunächst kein Terminal, in dem kommandozeilenorientierte Programme ausgeführt und bedient werden könnten. Dafür gibt es aber eine Reihe von so genannten Terminal-Emulationsprogrammen, die die Funktionalität eines Terminals in einem X-Fenster zur Verfügung stellen. Diese Programme starten in der Regel die Standardshell[2],

---

[2] Genau gesagt, das mit der Umgebungsvariablen *SHELL* eingestellte Programm.

so dass nach dem Aufruf eines Terminalprogramms in einem X-Fenster prinzipiell genauso wie an der Konsole gearbeitet werden kann. Das bekannteste Terminalemulationsprogramm für X ist sicherlich das Programm *xterm*. Es stehen jedoch einige Alternativen, wie das Programm *Rxvt* oder die von den Arbeitsplatzumgebungen KDE und GNOME bereitgestellten Programme *konsole* (KDE) und *gnome-terminal* (GNOME) zur Verfügung. Die beiden letzten Programme bieten den Vorteil, dass sie sich besonders gut an die jeweiligen Arbeitsplatzumgebungen anpassen.

Ein *xterm* rufen Sie über das Menü des von Ihnen benutzten Window-Managers oder über das Debian-Menü (XShells – Xterm) auf. Das Programm *konsole* erreichen Sie unter KDE aus dem Panel unter Werkzeuge – Konsole und unter GNOME können Sie das Programm *gnome-terminal* im dem Panel ebenfalls unter Werkzeuge – GNOME Terminal finden. Daraufhin sollte ein Fenster erscheinen, wie es in Abbildung 38 zu sehen ist (Hier wird das KDE-Programm *konsole* gezeigt.).

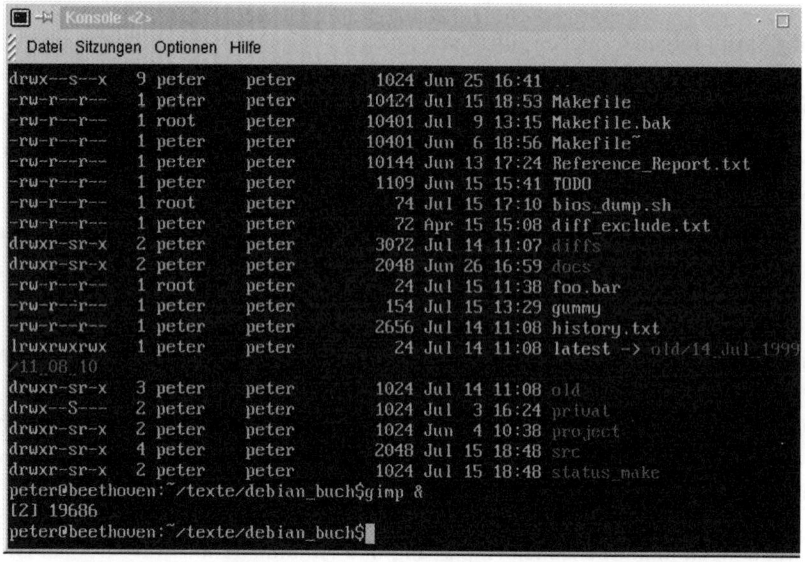

Abbildung 38: Das KDE-Terminalprogramm *konsole*

Die Bash wird durch den Befehl *exit* beendet. Sie beendet sich selbst, wenn der Datenstrom, aus dem sie liest (bei einer interaktiven Shell ist das die Standardeingabe) zu Ende ist. Dies ist vor allem dann von Bedeutung, wenn die Shell nicht im interaktiven Modus betrieben wird, sondern die auszuführenden Kommandos aus einer Datei liest.

Interaktive vs. nicht-interaktive Shell

Wenn die Bash nach dem Login oder später direkt aufgerufen wird, startet sie als so genannte interaktive Shell. Sie nimmt ihre Befehle dann in der Regel direkt von der Tastatur entgegen und schreibt Mitteilungen oder Ausgaben von Befehlen auf das Terminal. Wird sie jedoch indirekt gestartet um beispielsweise ein Skript auszuführen, liest sie ihre Befehle aus der entsprechenden Skriptdatei. Prinzipiell haben alle Befehle unter beiden Bedingungen die gleiche Wirkung. Im interaktiven Modus verhält sich die Bash in einigen Situationen jedoch anders. So beendet sich beispielsweise eine nicht-interaktive Bash bei einem falsch eingegebenen Befehl nach Ausgabe einer Fehlermeldung sofort. Dies ist im interaktiven Modus natürlich nicht erwünscht. Hier wird ebenfalls eine Fehlermeldung ausgegeben, die Bash jedoch nicht beendet.

16.3 Konfiguration und Startdateien

Die Bash wird über verschiedene Dateien konfiguriert. Dabei sind zwei unterschiedliche Fälle zu unterscheiden. Im ersten Fall wird die Shell wie ein ganz normales Programm aufgerufen. Das ist z. B. dann der Fall, wenn Sie an der Eingabeaufforderung den Befehl *bash* eingeben oder – wie oben beschrieben – ein Terminalprogramm starten. In diesem Fall liest die Bash während ihres Starts die Befehle, die sich in der Datei *.bashrc* im Heimatverzeichnis des aufrufenden Benutzers befinden, und führt diese aus. Sie wird also über diese Datei konfiguriert.

Im zweiten Fall wird die Bash als erstes Programm nach der Anmeldung am System gestartet. Jetzt hat Sie u. U. einige zusätzliche Aufgaben zu erfüllen, durch welche die gestartete Arbeitsumgebung konfiguriert wird. Zu diesen Aufgaben gehört beispielsweise die Festlegung des Suchpfades für Programme (s. u.). Eine solche Shell wird deswegen auch Login-Shell genannt. Sie führt zunächst die Befehle in der Datei */etc/profile* aus. Dies ist eine Systemkonfigurationsdatei, mit welcher der Systemverwalter Einstellungen festlegen kann, die für alle Sitzungen aller Benutzer mit der Bash gelten. Damit jedoch auch die Benutzer persönliche Anpassungen vornehmen können, werden danach die Befehle in der Datei *.bash_profile* im Heimatverzeichnis des betreffenden Benutzers ausgeführt. Die dritte Konfigurationsdatei betrifft die Bash eigentlich nur indirekt. Es ist die Datei *.inputrc* im Heimatverzeichnis des betreffenden Benutzers, bzw. die Datei */etc/inputrc*. Sie bestimmt die Eigenschaften der Bibliothek *readline*, die von der Bash – aber auch von anderen Programmen – benutzt wird, um Kommandozeilen entgegenzunehmen. Durch diese Datei lässt sich bestimmen, welche Tasten was bewirken und wie beispielsweise mit Sonderzeichen und Umlauten umgegangen wird.

Darüber hinaus erkennt die Bash einige Optionen, mit denen ihr Verhalten zu beeinflussen ist. Diese Optionen lassen sich auch dann noch verändern, wenn die Bash schon gestartet ist. Sie werden mit dem Befehl *set* (S. 487) erläutert.

16.3.1 Die Dateien *.inputrc* und */etc/inputrc*.

Mit der Datei *.inputrc* wird zum einen die Bibliothek *readline* an die eigene Bedürfnisse angepasst und zum anderen können Tastaturkommandos mit Funktionen verbunden werden.

Wie unter UNIX üblich, wird beim Start der *bash* zunächst die Datei */etc/inputrc* gelesen, in der sich systemweit gültige Einstellungen für alle Benutzer befinden, und danach die Datei *.inputrc* im Heimatverzeichnis des aufrufenden Benutzers, mit der jeder Benutzer eigene Einstellungen vornehmen und damit auch die systemweiten Einstellungen überschreiben kann.

Die Datei wird beim Start der Bash gelesen. Durch den Tastaturbefehl STRG-X-STRG-R kann allerdings auch während die Bash läuft ein Neulesen dieser Datei veranlaßt werden. Um Änderungen an dieser Datei wirksam werden zu lassen, muss die Bash also einmal beendet und wieder neu gestartet werden oder obiges Tastaturkommando benutzt werden.

Allgemeines Verhalten von *readline* Prinzipiell gibt es zwei Formen von Anweisungen in dieser Datei. Änderungen des Verhaltens von *readline* werden durch das Schlüsselwort *set* eingeleitet, dem eine Eigenschaftsbezeichnung folgt. Dann kommt ein Wert, den diese Eigenschaft annehmen soll. Ein Beispiel für solch eine Anweisung ist:

```
set visible-stats on
```

Mit dieser Anweisung wird die Eigenschaft *visible-stats* auf den Wert *on* gesetzt.
Die Anweisung bewirkt, dass bei der Ausgabe von Dateinamen – ähnlich wie bei der Option *-F* des Befehls *ls* – durch an den Dateinamen angehängte Zeichen angezeigt wird, ob es sich um spezielle Dateien handelt (Verzeichnisse, symbolische Links etc.). Die komplette Liste der einstellbaren Eigenschaften befindet sich in der Info-Dokumentation (siehe 6.2, S. 136) zu der Bash. Zu den wichtigsten einstellbaren Eigenschaften gehören die folgenden:

completion-query-items Legt fest, wieviele mögliche Vervollständigungen es geben muss, bevor nachgefragt wird, ob diese angezeigt werden sollen. Voreinstellungswert ist 100. Die Anweisung

```
set completion-query-items 250
```

bewirkt also, dass nach der Betätigung der Tastaturkombination TAB-TAB alle möglichen Vervollständigungen sofort angezeigt werden, wenn es nicht mehr als 250 davon gibt.

show-all-if-ambiguous Die Darstellung der möglichen Vervollständigungen erfolgt normalerweise erst dann, wenn die TAB-Taste ein zweites mal gedrückt wird. Wird diese Einstellung auf *on* gesetzt, erfolgt die Darstellung sofort. Standardwert ist *off*.

disable-completion Schaltet die Vervollständigungsfunktion aus, wenn der Wert auf *on* gestellt ist. Standardwert ist *off*.

convert-meta Bewirkt, dass Zeichen, die nicht im ASCII-Zeichensatz vorkommen, in eine Zeichenkombination bestehend aus ESC und dem Ausgangszeichen – mit dem höchsten Bit auf Null gesetzt – umgewandelt werden. Diese Einstellung ist standardmäßig auf *on* gestellt und sollte abgeschaltet (*off*) werden, um deutsche Umlaute eingeben zu können.

expand-tilde Wenn auf *on* gestellt, wird die Tilde (~), die Abkürzung für das Heimatverzeichnis, bei der Vervollständigung in das Heimatverzeichnis umgewandelt. Standardwert ist *off*. Die Bedeutung der Tilde als Abkürzung für das Heimatverzeichnis bleibt davon unbeeinflusst.

horizontal-scroll-mode Wenn eine eingegebene Zeile länger ist als eine Zeile des Terminals, wird die Eingabe nicht automatisch in einer neuen Zeile fortgesetzt, sondern der Text nach links verschoben. Standardwert ist *off*.

input-meta Erlaubt es, Zeichen einzugeben, die nicht im ASCII-Zeichensatz vorkommen, auch wenn dies „offiziell" vom Terminal nicht unterstützt wird. Der Standardwert ist *off*.

output-meta Bewirkt, dass Zeichen, die nicht im ASCII-Zeichensatz vorkommen, ausgegeben werden und nicht durch eine Escape-Sequenz ersetzt werden, wie es standardmäßig geschieht.

Tastaturkommandos Die zweite Form von Anweisungen betrifft das Verbinden von Tastaturkommandos mit Aktionen. Angenommen, Sie wollen einstellen, dass immer, wenn Sie den Buchstaben Groß-R eingeben, der Text *Das war ein großes R* erscheint, würden Sie die folgende Zeile in die Datei *.inputrc* eintragen:

```
"R": "Das war ein großes R"
```

Natürlich wollen Sie das nicht wirklich, weil Sie dann keine Möglichkeit mehr hätten, ein großes R einzugeben, es sei denn, Sie würden es mit einer anderen Taste verbinden, aber dann... Sinnvoll lässt sich diese Eigenschaft jedoch einsetzen, wenn Sie die Funktionstasten oder Tastaturkombinationen mit STRG oder ALT mit häufig eingegebenen Befehlen verbinden. Zur Definition von Tastaturkombinationen mit STRG sind dem entsprechenden Buchstaben die Zeichen \C- voranzustellen und, um eine Definition mit der ALT-Taste zu erzeugen, ist die Zeichenkette \M- zu verwenden[3]. Die gleiche Definition mit STRG-R würde also folgendermaßen aussehen:

```
"\C-r": "Das war ein Control-R"
```

Es ist zu beachten, dass durch *readline* eine Reihe von Funktionen zur Verfügung gestellt werden, die beispielsweise der Bearbeitung von Kommandozeile oder Kommandogeschichte dienen und dass diese Funktionen per Voreinstellung bei vielen Tastaturkombinationen mit STRG und bei einigen mit der ALT-Taste verbunden sind. Diese Voreinstellungen werden durch Anweisungen wie die oben erwähnten überschrieben. Die Liste der verfügbaren Funktionen von *readline* befindet sich ebenfalls in der Info-Dokumentation zur Bash. Deshalb sollen in der folgenden Tabelle nur einige wichtige Funktionen erläutert werden.

---

[3] Das M steht hier für Meta. Tastaturkommandos mit Meta werden gewöhnlich eingegeben, in dem die linke ALT-Taste zusammen mit einer anderen Taste gedrückt wird oder zunächst die ESC-Taste betätigt wird.

Funktion	Erläuterung	Standardbelegung
Bewegen der Einfügemarke:		
beginning-of-line	Bewegt die Einfügemarke an den Anfang der Zeile.	STRG-A
end-of-line	Bewegt die Einfügemarke an das Ende der Zeile.	STRG-E
forward-char	Bewegt die Einfügemarke ein Zeichen vorwärts.	STRG-F, PFEILRECHTS
backward-char	Bewegt die Einfügemarke ein Zeichen zurück.	STRG-B, PFEILLINKS
forward-word	Bewegt die Einfügemarke ein Wort vorwärts.	ALT-F
backward-word	Bewegt die Einfügemarke ein Wort zurück.	ALT-B
accept-line	„Abschicken" der Kommandozeile.	EINGABE
Arbeiten mit Text:		
delete-char	Löscht das Zeichen unter der Einfügemarke.	STRG-D, ENTF
backward-delete-char	Löscht das Zeichen vor der Einfügemarke.	ZURÜCK
kill-line	Löscht den Text zwischen der Einfügemarke und dem Ende der Zeile.	STRG-K
backward-kill-line	Löscht den Text zwischen der Einfügemarke und dem Anfang der Zeile.	STRG-X, ZURÜCK
kill-word	Löscht die Zeichen zwischen der Einfügemarke und dem Wortende.	ALT-D
undo	Macht die zuletzt durchgeführte Veränderung rückgängig.	STRG-_
yank	Fügt die zuletzt gelöschten Zeichen wieder ein.	STRG-Y
tab-insert	Fügt ein Tabulatorzeichen ein.	ALT-TAB
transpose-words	Verschiebt das Wort unter der Einfügemarke hinter das nächste Wort.	ALT-T
Arbeiten mit der Kommandogeschichte:		
previous-history	Geht in der Kommandogeschichte ein Kommando zurück und zeigt das entsprechende Kommando an.	STRG-P, PFEILRAUF
next-history	Geht in der Kommandogeschichte ein Kommando vorwärts und zeigt das entsprechende Kommando an.	STRG-N, PFEILRUNTER
backward-search-history	Erlaubt die Eingabe einer Suchzeichenkette, nach der die Kommandogeschichte durchsucht wird.	STRG-R
Arbeiten mit Vervollständigung:		
complete	Vervollständigt den eingegebenen Begriff.	TAB
insert-completions	Fügt alle möglichen Vervollständigungen ein.	ALT-*
clear-screen	Löschen des Bildschirminhalts.	STRG-L

Tabelle 14: Wichtige Tastaturkommandos für die *bash* und *readline*. Diese Kommandos entsprechen der Bedienung des Editors Emacs.

Prinzipiell ist es sinnvoll, diese Funktionen nicht anderen Tastaturkommandos zuzuordnen, weil dies die gleichen Zuordnungen sind, die auch in vielen anderen Programmen, beispielsweise dem Editor Emacs, standardmäßig eingestellt sind.

Deswegen eignen sich die Funktionstasten zur Definition eigener Kommandos und Makros besonders gut. Leider sind diese Tasten nicht so einfach anzusprechen wie die übrigen. Dies liegt daran, dass unterschiedliche Terminaltypen unterschiedliche Zeichenfolgen bei Betätigung dieser Tasten erzeugen. Die meisten Terminaltypen erzeugen in solchen Fällen ein Escape-Zeichen (\e) und dann eine Zeichenfolge, die auf die Nummer der betätigten Funktionstaste zurückschließen lässt. Deswegen wird hier eine Beispielkonfiguration angegeben, die Funktionstastenbelegungen für die Terminaltypen *linux* (Konsole) und eine generische Belegung enthält:

```
# Durch diese drei Einstellungen sollten deutsche  Sonderzeichen in den meisten Fällen
# funktionieren.
set input-meta on
set convert-meta off
set output-meta on

# Wir möchten nicht gefragt werden, wenn es weniger als 200 mögliche Vervollständigungen gibt,
# ob diese angezeigt werden sollen
set completion-query-items 200
# Außerdem möchten wir sofort alle Vervollständigungen sehen und  nicht ein zweites Mal
# TAB drücken müssen.
set show-all-if-ambiguous on

# Wir hätten gerne einen Hinweis, um was für Dateitypen es sich bei
# Vervollständigungen handelt
set visible-stats on
# und wir möchten, dass die Tilde in das entsprechende Heimatverzeichnis übersetzt wird.
set expand-tilde on

# Belegung für die Tastaturkombination CTRL-r: Ein etwas komplizierteres
# Tastaturmakro, das uns einen Suchbefehl schreibt, und den Cursor gleich
# an die Stelle bewegt, wo wir etwas einsetzen müssen.
#
# Achtung: Die beiden folgenden Zeilen _müssen_ in eine Zeile geschrieben werden!
"\C-r": "find /usr/share/doc -name \"*gz\" |  xargs zgrep -i
        \"\" | less \M-b\M-b\C-f\C-f\C-f"

# Belegungen für die Funktionstasten an der Konsole (linux)
$if term=linux
"\e[[A": reverse-search-history #Funktion F1
"\e[[B": clear-screen #Funktion F2
"\e[[C": "Funktion F3 "
"\e[[D": "Funktion F4 "
"\e[[E": "Funktion F5 "
# und zum Schluß eine Definition für alle anderen Terminaltypen (xterm)
$else
"\e[11~": reverse-search-history #Funktion F1
"\e[12~": clear-screen #Funktion F2
"\e[13~": "Funktion F3 "
"\e[14~": "Funktion F4 "
"\e[15~": "Funktion F5 "
$endif
# Diese Funktionstasten waren bei den getesteten Terminals gleich und brauchen deswegen nur
# einmal angegeben zu werden.
"\e[17~": "Funktion F6 "
"\e[18~": "Funktion F7 "
"\e[19~": "Funktion F8 "
```

```
"\e[20~":  "Funktion F9 "
"\e[21~":  "Funktion F10 "
"\e[23~":  "Funktion F11 "
"\e[24~":  "Funktion F12 "
```

Zeilen, die mit dem Doppelkreuz (#) beginnen und leere Zeilen, werden nicht interpretiert und dienen als Kommentarzeilen. Makrodefinitionen müssen in Anführungszeichen stehen. In der Beispieldatei *.inputrc* sind folgende Einstellungen vorgenommen worden:

- Ganz oben befinden sich die drei besprochenen Einstellungen für *readline*, mit denen deutsche Sonderzeichen mit vielen Terminaltypen funktionieren sollten.
- Darunter befinden sich zwei Einstellungen für die Vervollständigungsfunktion. Zunächst wird festgelegt, dass bei weniger als 200 möglichen Vervollständigungen keine Nachfrage durchgeführt werden soll, außerdem wird bestimmt, dass die möglichen Vervollständigungen sofort angezeigt werden sollen.
- Dann wird festgelegt, dass beim Anzeigen von Vervollständigungen der Typ von Dateien kenntlich gemacht werden soll und dass die Tilde während der Vervollständigung in den Namen des Heimatverzeichnisses umgewandelt werden soll.
- Darauf folgt die Definition eines Tastaturmakros. Der Tastenkombination STRG-R wird ein Makro zugeordnet, das einen Befehl zum Durchsuchen komprimierter Dateien im Dokumentationsverzeichnis */usr/share/doc* erzeugt (siehe *find* (S. 656), *xargs* (S. 736) und *zgrep* (S. 738)). Weil der Text, nach dem gesucht werden soll, natürlich bei jeder Benutzung des Makros ein anderer ist, ist er nicht enthalten. Vielmehr wird die Einfügemarke gleich an die Stelle bewegt, an der der Text einzusetzen ist (zweimal ein Wort zurück (\M-b) und drei Buchstaben vor mit dreimal \C-f). Man sieht also, dass in Makros neben Zeichenketten auch alle Tastaturbefehle vorkommen dürfen. Zu beachten ist bei diesem Makro, dass es Anführungszeichen enthält. Weil Anführungszeichen in der Datei *.inputrc* selbst eine besondere Bedeutung haben, muss Ihnen ein umgekehrter Schrägstrich vorangestellt werden (\).
- In dem darunterliegenden Block befinden sich die Definitionen für die Funktionstasten. Hier wird von der Möglichkeit Gebrauch gemacht, mit der Anweisung *$if* eine Bedingung – hier: den Terminaltyp – abzufragen und abhängig davon unterschiedliche Definitionen vorzunehmen. Welche weiteren Bedingungen abgefragt werden können, ist in der Info-Dokumentation zur Bash erläutert. Weil sich bei den drei verschiedenen Terminaltypen nur die erzeugten Zeichenfolgen der ersten fünf Funktionstasten unterscheiden, sind nur diese innerhalb der *$if*, *$else* und *$endif* Anweisungen eingeschlossen. Die darunterliegenden Definitionen gelten wieder für alle Terminaltypen.
Sinnvoll belegt sind hier nur die Funktionstasten F1 und F2. Auf der ersten befindet sich jetzt das Kommando zum Durchsuchen der Kommandogeschichte (*reverse-search-history*) und auf der zweiten die Funktion zum Löschen des Bildschirms. Alle anderen Funktionstasten sind mit Makros belegt, die lediglich den angegebenen Text ausgeben. Es bleibt dem Leser überlassen, hier für ihn sinnvolle Makros einzusetzen. Zu beachten ist an den beiden Definitionen für diese Funktionstasten, dass sie nicht von Anführungszeichen umschlossen sind. Der Grund dafür besteht darin, dass es sich hier um die Namen von Funktionen und nicht um auszugebende Zeichen handelt.

Zusammenfassung

- Über die Datei *.inputrc* im Heimatverzeichnis wird das Verhalten der Bash und anderer *readline*-basierter Programme in bezug auf Eingaben mit der Tastatur definiert.
- In dieser Datei gibt es zwei Formen von Definitionen, nämlich zum einen *set*-Anweisungen, mit denen bestimmte Eigenschaften eingestellt bzw. ein- oder abgeschaltet werden können. Und zum anderen befinden sich hier Definitionen von Tastenbelegungen.
- Tastenbelegungen können entweder Makros sein, die dann durch Anführungszeichen umschlossen sind oder Namen von Funktionen der Bibliothek *readline*, die ohne Anführungszeichen angegeben werden.

– Solche Funktionen stehen in einem großen Umfang zur Verfügung und ermöglichen das bequeme Arbeiten mit der Kommandozeile. Die meisten Funktionen sind bereits per Voreinstellung mit Tastenkombinationen verbunden, die standardmäßig weitgehend mit denen des Editors Emacs übereinstimmen.

Während des Betriebs der Bash lässt sich die *readline*-Konfiguration darüber hinaus mit dem Befehl *bind* (S. 478) ausgeben und beeinflussen.

16.3.2 Die Startdateien */etc/profile*, *~/.bash_profile* und *~/.bashrc*

Die Datei */etc/profile*

Über diese Datei werden Einstellungen vorgenommen, die für alle Benutzer gelten, deren Standardshell die Bash oder die Korn-Shell ist. In Ihr befinden sich gewöhnliche Shell-Befehle, die während des Starts dieser beiden Shells ausgeführt werden. Um beispielsweise das Programm *news* (S. 695) jedesmal dann aufzurufen, wenn die Bash als Login-Shell gestartet wird, ist in diese Datei der Befehl *news* einzufügen.

Die wichtigste Aufgabe der Datei besteht jedoch darin, sinnvolle Voreinstellungen festzulegen, mit denen Benutzer auch dann arbeiten können, wenn sie keine eigenen Konfigurationsdateien haben. Dazu gehört beispielsweise das Festlegen der Verzeichnisse, in denen von der Bash nach Programmen gesucht werden soll.

Die Datei *~/.bash_profile*

Nachdem die Bash als Login-Shell die Befehle in der Datei */etc/profile* abgearbeitet hat, führt Sie die Befehle in der Datei *.bash_profile* im Heimatverzeichnis des aufrufenden Benutzers aus. Hier hat jeder Benutzer die Möglichkeit, Einstellungen vorzunehmen, die auch die Standardeinstellungen aus */etc/profile* wieder überschreiben können.
Wenn der Systemadministrator den Befehl *news* also nicht in die Datei */etc/profile* geschrieben hat, aber man dennoch möchte, dass dieses Programm nach der Anmeldung aufgerufen wird, ist der Befehl einfach in die eigene Konfigurationsdatei *.bash_profile* zu schreiben. Auch möchte man eventuell einen anderen Suchpfad für Programme verwenden, als er vom Systemverwalter vorgesehen worden ist. Hier ist der Platz, um diese Einstellungen zu ändern.

Die Datei *~/.bashrc*

Wenn die *bash* nicht als Login-Shell gestartet wurde, führt sie lediglich die Befehle in dieser Datei aus. Es wird dann nämlich davon ausgegangen, dass alle wichtigen Einstellungen und Umgebungsvariablen für die Arbeitssitzung bereits gesetzt worden sind und lediglich Einstellungen des Benutzers an der Shell selbst vorgenommen werden müssen.
In der Praxis möchte man allerdings oft die gleichen Einstellungen für Login-Shell und normale Shell benutzen. Durch die folgende Zeile in der Datei *.bash_profile* wird erreicht, dass die Shell als Login-Shell auch alle Befehle in der Datei *.bashrc* ausführt:

```
. ~/.bash_profile
```

Der Punkt am Anfang ist ein Bash-Befehl, der die Bash veranlaßt, die in der angegebenen Datei befindlichen Anweisungen auszuführen. Wenn Sie diesen Befehl in Ihre Datei *.bash_profile* aufnehmen, brauchen Sie alle weiteren Einstellungen nur noch in der Datei *.bashrc* vorzunehmen. Sie gelten dann automatisch für Login-Shell und normale Shell. Trotzdem ist es natürlich weiterhin möglich, Befehle, die nur für die Login-Shell gelten sollen, in die Datei *.bash_profile* zu schreiben.

Die Datei ~/.bash_logout Ebenso, wie beim Start der Bash Programme und Kommandos automatisch ausgeführt werden können, ist es möglich bestimmte Kommandos automatisch während der Beendigung der Bash auszuführen. Hierzu dient die Datei *.bash_logout* im Heimatverzeichnis des jeweiligen Benutzers. Sie wird allerdings nur während der Beendigung einer Login-Shell abgearbeitet.

16.4 Grundlagen

16.4.1 Externe und Interne Kommandos

Die wichtigste Aufgabe der Shell besteht darin, Kommandos vom Benutzer entgegenzunehmen und diese auszuführen. Man unterscheidet dabei zwischen externen Programmen und internen – oder eingebauten – Kommandos. Externe Programme sind Programme, die von der Shell aufgerufen werden, nachdem der Benutzer einen Befehl eingegeben hat. Diese haben normalerweise den gleichen Namen wie der Befehl, der eingegeben wurde. Beispiele für solche Programme sind die Befehle *ls* (S. 677) oder *rm* (S. 707). Im Gegensatz zu anderen Kommandointerpretern lässt die Bash fast alles, was sie nicht unbedingt selbst machen muss, von externen Programmen erledigen. „Befehle" lassen sich dadurch leicht austauschen und die Bash bleibt ein relativ „schlankes" Programm, das nicht allzuviel Speicher benötigt. Die Bash sucht nach externen Programmen in den Verzeichnissen, die in der Variablen *PATH* aufgeführt sind (siehe Abschnitt 16.8.2, S. 447).

Interne Befehle werden von der Bash selbst ausgeführt. Nachdem ein Befehl eingegeben wurde, wird zunächst überprüft, ob es sich bei dem betreffenden Befehl um einen eingebauten handelt. Wenn dies so ist, führt sie ihn selbst aus. Wenn nicht, sieht sie nach, ob es ein Programm mit dem Namen des betreffenden Befehls gibt und führt dieses aus. Interne Befehle werden dort benötigt, wo die Eigenschaften des Prozesses der Bash selbst verändert werden sollen, beispielsweise beim Verändern des Arbeitsverzeichnisses (Befehl *cd*) oder beim Verändern von Umgebungsvariablen (Befehl *export*). Viele interne Befehle dienen auch der Ablaufsteuerung von Shellskripten oder wurden eingebaut, weil sie schneller auszuführen sind als externe Programme, die ja zunächst vom Betriebssystem geladen werden müssen.

Ein weiteres Beispiel für einen internen Befehl ist der Befehl *alias*. Er dient der Definition neuer Befehle auf der Basis bereits bekannter Befehle. Angenommen, Sie wollten den Befehl *ls* immer mit der Option *- -color=auto* aufrufen, so könnten Sie folgenden Befehl eingeben, damit *ls* immer mit diesem Parameter aufgerufen wird:

```
joe@debian:~$ alias ls="ls --color=auto"
```

Dieser Befehl weist die Bash an, immer dann wenn der Befehl *ls* eingegeben wird, den Befehl *ls - -color=auto* zu verwenden. Ein weiterer, oft benutzter Alias ist folgender:

```
joe@debian:~$ alias ll="ls -l"
```

Natürlich bleibt ein Alias nur so lange gültig, wie die Bash läuft, in der er eingegeben wurde. Alias-Anweisungen, die immer gültig sein sollen, müssen deswegen in eine der Startdateien der Bash (gewöhnlich also in die Datei *.bashrc*) geschrieben werden, damit sie jedesmal beim Start der Bash ausgeführt werden und zur Verfügung stehen.

16.4.2 Bedienung

Im einfachsten Fall wird einfach der Name eines Programms eingegeben und die EINGABE-Taste gedrückt, woraufhin die Bash das betreffende Programm startet. Weil vielen Programmen eine Reihe von Parametern übergeben werden können und teilweise müssen, ist es in der Bash natürlich möglich, solche Parameter anzugeben. Sie werden normalerweise durch ein oder mehrere Leerzeichen von dem Programmnamen und von anderen Parametern getrennt.

Die Bedienung der Bash ist – wie gesagt – hauptsächlich abhängig von der Konfiguration der Bibliothek *readline*, die auch die beiden folgenden Eigenschaften zur Verfügung stellt.

Vervollständigung Weil man sich leider gelegentlich auch vertippt, bietet die Bash verschiedene Mechanismen zum Editieren der Kommandozeile. Die wichtigsten Tastaturkommandos finden Sie in Tabelle 16.3.1, S. 429. Eine wichtige Funktion dieser Bibliothek ist die Kommandovervollständigung. Sie spart zum einen Tipparbeit und schützt zum anderen vor Schreibfehlern. Mit der Kommandovervollständigung reicht es aus, nur einige Anfangsbuchstaben eines Befehls oder eines Dateinamens einzugeben. Wenn danach die Taste TAB gedrückt wird, wird nachgeschaut, welche Befehle oder Dateinamen mit diesen Buchstaben anfangen. Es kann dann drei Möglichkeiten geben:

1. Es gibt nur noch einen Befehl oder Dateiname, der mit diesen Buchstaben anfängt. In diesem Fall wird der Befehl automatisch vervollständigt, so dass Sie nicht mehr weiterschreiben müssen.
2. Es gibt mehrere Befehle oder Dateien die mit den eingegebenen Zeichen anfangen. Je nach Einstellung durch die Datei *.inputrc* werden dann entweder sofort oder nach einer zweiten Betätigung der TAB-Taste die zur Verfügung stehenden Befehle angezeigt. Gewöhnlich reicht es in einem solchen Fall aus, noch einen oder zwei weitere Buchstaben einzugeben, bis der Befehl oder Dateiname eindeutig ist und dann wieder TAB zu drücken, um ihn ganz zu vervollständigen.
3. Es gibt keinen Befehl oder Dateinamen, der mit den eingegebenen Zeichen beginnt. In diesem Fall haben Sie sich verschrieben und es ertönt ein Warnton.

Die Bash weiß, wann sie nach einem Programm- und wann nach einem Dateinamen suchen muss. Am Anfang einer Zeile muss schließlich immer ein Befehl stehen. Als Argument werden Befehle nur sehr selten, Dateinamen aber sehr oft übergeben. Neben Programm- und Dateinamen können auch Rechnernamen (nach einem @-Zeichen), Benutzernamen (nach einem ~-Zeichen) und Variablennamen (nach einem $-Zeichen) vervollständigt werden.

Es ist sehr zu empfehlen, von dieser Funktion häufig Gebrauch zu machen. Wenn Sie nur die Anfangsbuchstaben einer Datei kennen, können Sie diese einfach eingeben, ein oder zweimal TAB drücken, die möglichen Vervollständigungen betrachten und dann einige weitere Buchstaben eingeben und wieder TAB drücken. Wenn Sie die Eingabe eines Befehls oder eines Dateinamens immer mit der TAB-Taste überprüfen, kann es auch nicht mehr passieren, dass Sie eine Fehlermeldung aufgrund eines nicht gefundenen Befehls oder einer nicht gefundenen Datei bekommen. Außerdem lässt sich mit Hilfe dieser Funktion natürlich viel Zeit sparen.

Kommandogeschichte Die Bash speichert alle zuletzt eingegebenen Befehle in der Datei *.bash_history* im Heimatverzeichnis des jeweiligen Benutzers. Dies bietet gegenüber anderen Kommandointerpretern, die eine ähnliche Funktion besitzen, den Vorteil, dass die zuletzt eingegebenen Befehle auch dann noch zur Verfügung stehen, wenn Sie sich zwischendurch abgemeldet oder den Computer ausgeschaltet haben.

Die wichtigsten Befehle zur Bedienung der Kommandogeschichte sind die Tasten PFEILRAUF und PFEILRUNTER. Wenn Sie PFEILRAUF einmal drücken, erscheint der zuletzt eingegebene Befehl. Wenn Sie die Taste nochmals drücken, der davor eingegebene usw. Mit der Taste PFEILRUNTER können Sie wieder zurückgehen. Wenn Sie sich also gerade bei dem 14. Befehl vor dem letzten befinden (weil Sie 14 Mal PFEILRAUF gedrückt haben) erreichen Sie durch die Taste PFEILRUNTER wieder den 13. Befehl. Eine wichtige Funktion im Umgang mit der Kommandogeschichte besteht in der Möglichkeit, sie zu durchsuchen. Das funktioniert folgendermaßen: Angenommen, Sie haben irgendwann folgenden Befehl eingegeben (siehe *find* (S. 656)):

```
joe@debian:~$ find / -xdev -nouser -print | less
```

Jetzt (200 Befehle später) wollen Sie den Befehl wieder eingeben. Dazu benutzen Sie die Funktion *backward-search-history* der Bibliothek *readline*. Diese Funktion ist normalerweise mit dem Tastaturkommando STRG-R verbunden (in der Beispielkonfigurationsdatei oben wurde sie auf die Funktionstaste F1 gelegt). Sie drücken also die entsprechende Taste und es erscheint folgende Eingabeaufforderung:

```
(reverse-i-search)`':
```

Nun fangen Sie an, Ihren Befehl wieder einzugeben. Mit jedem Buchstaben, den Sie schreiben, erscheint der letzte eingegebene Befehl, der mit den bereits eingegebenen Buchstaben angefangen hat, bis dann (meist nach wenigen Buchstaben) der richtige Befehl gefunden ist:

```
(reverse-i-search)`find /': find / -xdev -nouser -print | less
```

Dann brauchen Sie nur noch EINGABE zu drücken und schon wird der Befehl wieder ausgeführt.

Hilfe und Dokumentation Die Bash ist mit einer Hilfefunktion ausgestattet, die eine Schnellreferenz zu allen eingebauten Kommandos liefert. Der Befehl *help* gibt eine Liste aller eingebauten Kommandos aus. Wenn dem *help*-Befehl der Name eines eingebauten Kommandos als Argument übergeben wird, dann wird eine Beschreibung dieses Kommandos ausgegeben. Beispielsweise gibt der folgende Befehl eine Beschreibung des Befehls *alias* aus.

```
joe@debian:~$ help alias
```

Darüber hinaus gibt es eine ungefähr 70-seitige Manual-Seite zu der Bash, die mit folgendem Befehl ausgedruckt werden kann:

```
joe@debian:~$ man bash -T ps | lpr
```

Zu den eingebauten Kommandos existiert eine eigene Manual-Seite, die den Namen *builtin* trägt. Schließlich ist die Bash mit dem GNU-Info-System (siehe Kap.: 6.2, S. 136) dokumentiert. Ein weiteres lesenswertes Dokument ist die Liste häufig gestellter Fragen und Antworten, die sich im Verzeichnis */usr/share/doc/bash/* in der Datei *FAQ* befindet.

16.5 Ein- und Ausgabeumleitung

Während ein Befehl oder Programm ausgeführt wird (z. B. *ls -l*), erscheint dessen Ausgabe in der Regel auf dem Terminal, von dem aus es gestartet wurde. Unter Umständen möchte man das Ergebnis eines Befehls aber gar nicht am Bildschirm angezeigt bekommen sondern in eine Datei geschrieben haben. Stellen Sie sich vor, Sie schreiben an einem größeren Text. Um den Fortschritt Ihrer Arbeit kontrollieren zu können, möchten Sie für jeden Tag festhalten, wie groß die Datei ist. Sagen wir, die Datei mit dem Text heißt *diplomarbeit*. Sie könnten nun jeden Abend den Befehl

```
joe@debian:~$ ls -l diplomarbeit
```

eingeben, um zu sehen, wie groß die Datei gerade ist und das Ergebnis dann mit einem Editor in Ihre Protokolldatei schreiben (nennen wir diese Datei *fortschritt*). Etwas Ähnliches können Sie auch automatisch erreichen, wenn Sie den Befehl auf die folgende Weise eingeben:

```
joe@debian:~$ ls -l diplomarbeit > fortschritt
```

Das Zeichen > bewirkt, dass die Ausgabe des vorangestellten Befehls in die dahinter bezeichnete Datei umgeleitet wird. Wenn die Datei *fortschritt* noch nicht existiert, wird sie durch diesen Befehl erzeugt. Wenn Sie allerdings schon existiert, wird sie mit der Ausgabe des Befehls überschrieben. Der vorher vorhandene Inhalt der Datei geht also verloren. Wenn nach der Eingabe des letzten Befehls der Befehl

```
joe@debian:~$ cat fortschritt
```

eingegeben wird, erscheint die gleiche Ausgabe wie vorher mit dem Befehl *ls -l*. Der Befehl *cat* (S. 640) kopiert den Inhalt der Datei *fortschritt* – in der sich ja die Ausgabe von *ls -l* befindet – wieder auf die Standardausgabe. Weil das Überschreiben der Datei natürlich nicht erwünscht ist wenn Sie die Größe der Datei *diplomarbeit* für jeden Tag speichern wollen, können Sie einen geringfügig andersartigen Befehl verwenden:

```
joe@debian:~$ ls -l diplomarbeit >> fortschritt
```

Die beiden Zeichen >> bewirken, dass die Ausgabe des vorangestellten Befehls an die dahinter bezeichnete Datei angehängt wird. Sie wird also nicht überschrieben, sondern um die Ausgabe ergänzt. Wenn die Datei vorher noch nicht vorhanden war, wird sie auch mit diesem Befehl erzeugt.

Standardein- und -ausgabe, Standardfehlerausgabe

Programme für graphische Benutzeroberflächen müssen den Benutzer oft fragen, mit welcher Datei gearbeitet werden soll und in welche Datei die Arbeitsergebnisse geschrieben werden sollen. Dies können Programme für die Kommandozeile natürlich auch tun. Unter Linux (und den meisten anderen Betriebssystemen) stehen Programmen aber von Anfang an drei „Dateien" zur Verfügung, aus denen Sie lesen, bzw. in die Sie schreiben können, ohne Sie überhaupt zu öffnen. Diese Dateien bezeichnet man als Standardeingabe, Standardausgabe und Standardfehlerausgabe.

Die Standardausgabe ist der Kanal, auf den Programme normalerweise schreiben. Er ist standardmäßig mit dem Terminal verbunden, in dem das Programm ausgeführt wird. Das bedeutet, wenn ein Programm auf die Standardausgabe schreibt, dass dann das Geschriebene auf dem Terminal erscheint. Dasselbe gilt für die Standardfehlerausgabe. Auch sie ist normalerweise mit dem Terminal, in dem das Programm läuft, verbunden und alles was ein Programm auf die Standardfehlerausgabe schreibt, erscheint im Terminal. Zwischen diesen beiden Kanälen wird unterschieden, damit es möglich ist, normale Ausgaben von Programmen und Fehlermeldungen voneinander zu trennen.

Die Standardeingabe ist ebenfalls mit dem Terminal verbunden, in dem das Programm läuft. Auf sie wird aber nicht geschrieben, sondern von ihr wird gelesen. Wenn ein Programm Daten liest oder Benutzerabfragen entgegennimmt, dann macht es das meist über die Standardeingabe. Alles, was Sie in ein Terminal eingeben, kann von dem Programm gelesen werden, das dort läuft. Nach dem Start der Bash ist dies die Bash. Sie liest ebenfalls alle Eingaben von der Standardeingabe. Wie jede Datei kann auch die Standardeingabe ein Ende haben. Solange sie mit einem Terminal verbunden ist, beenden Sie die Standardeingabe, indem Sie die Tastenkombination STRG-D drücken.

Geöffnete Dateien werden in der Regel nicht mehr über Ihren Namen, sondern über einen Deskriptor (einen Index) angesprochen. Da es sich bei Standardein- und -ausgabe sowie bei der Standardfehlerausgabe um geöffnete Dateien handelt, ist dies auch hier der Fall. Der Deskriptor für die Standardeingabe hat die Nummer 0, der Deskriptor für die Standardausgabe die Nummer 1 und der für die Standardfehlerausgabe die Nummer 2.

Umleitung

Diese Deskriptoren lassen sich nun mit den Operatoren > und < mit anderen Dateien als dem Terminal, das auch durch eine Datei repräsentiert wird, verbinden. Der obige Befehl

```
joe@debian:~$ ls -l diplomarbeit > fortschritt
```

ist insofern eine Abkürzung für den Befehl

```
joe@debian:~$ ls -l diplomarbeit 1> fortschritt
```

weil hier der Deskriptor 1 (Standardausgabe) mit der Datei *fortschritt* verbunden worden ist.

Ebenso funktioniert es mit der Standardfehlerausgabe. Das Programm *ls* erzeugt eine Fehlermeldung, wenn es Daten einer Datei anzeigen soll, die es nicht gibt. Diese Fehlermeldung wird jedoch nicht auf die Standardausgabe, sondern auf die Standardfehlerausgabe geschrieben. Vorausgesetzt die Datei *titelblatt* existiert nicht, dann gibt der folgende Befehl nur eine Fehlermeldung aus.

```
joe@debian:~$ ls -l diplomarbeit titelblatt 1> fortschritt
```
Die reguläre Ausgabe von *ls* wird wieder in die Datei Fortschritt geschrieben und die Fehlermeldung erscheint auf dem Terminal. Wenn auch Fehlermeldungen in eine Datei umgeleitet werden sollen, wäre beispielsweise der folgende Befehl einzugeben:

```
joe@debian:~$ ls -l diplomarbeit titelblatt 1> fortschritt 2> fehler
```
Mit diesem Befehl werden die Fehlermeldungen (Deskriptor 2, Standardfehlerausgabe) in die Datei *fehler* geschrieben.

Die Trennung zwischen Standardausgabe und Standardfehlerausgabe ist vor allem dann wichtig, wenn die Ausgabe eines Programmes von anderen Programmen weiterverarbeitet werden soll. Die Ausgabe des obigen Befehls könnte z. B. folgendermaßen aussehen:

```
-rw-r--r--  1 joerg    joerg       431559 Jul 16 23:20 diplomarbeit
```

Weil Sie nur die Größe der Datei und nicht die anderen Daten protokollieren wollen, schneiden Sie diese mit dem Befehl *cut* (S. 648) aus:

```
joe@debian:~$ cut -c 34-41 protokoll
```

Dann leiten Sie die Ausgabe dieses Befehls wieder in eine neue Datei um.

```
joe@debian:~$ cut -c 34-41 protokoll > groesse
```

Stellen Sie sich vor, was passieren würde, wenn in der Datei *protokoll* auch etwaige Fehlermeldungen enthalten wären! Der *cut*-Befehle würde nicht die Dateigröße, sondern irgendeine Zeichenkette aus der Fehlermeldung herausschneiden, die später nicht mehr zu interpretieren wäre.

Durch die Trennung der beiden Kanäle ist es auch möglich, nur die Fehler eines Programms zu beachten. Ein Programm könnte beispielsweise jede Nacht prüfen, ob die Größen und Rechte wichtiger Dateien noch stimmen oder – vielleicht von einem Eindringling – geändert worden sind. Diese Daten würde es dann in Protokolldateien schreiben, die normalerweise niemanden interessieren. Nur wenn es wirklich eine Abweichung findet, würde es eine Mitteilung auf die Standardfehlerausgabe geben, die man in eine Datei umleiten und sie sofort an den Administrator schicken würde.

Zusammenführung von Standardausgabe und Standardfehlerausgabe Falls Standardausgabe und Standardfehlerausgabe doch zusammen in eine Datei umgeleitet werden sollen, dient hierzu der Operator &. Er verbindet zwei Deskriptoren miteinander. So führt der Befehl

```
joe@debian:~$ ls -l diplomarbeit titelblatt 1 > protokoll 2>&1
```

dazu, dass sowohl die Ausgabe des Befehls *ls* als auch die Fehlermeldungen dieses Befehls in der Datei *protokoll* gespeichert werden (Der Deskriptor 2 wird mit dem Deskriptor 1 verbunden). Der Befehl lässt sich folgendermaßen abkürzen:

```
joe@debian:~$ ls -l diplomarbeit titelblatt &> protokoll
```

Umleitung ins „Nichts" Eine besondere Datei, die sich gelegentlich zur Ausgabeumleitung anbietet, ist die Datei */dev/null*. Diese Gerätedatei stellt quasi den Mülleimer des Systems dar. Alle Daten, die nach */dev/null* geschrieben werden, gehen sofort verloren. Wenn man beispielsweise die Fehlerausgabe eines Programms komplett unterdrücken möchte, bietet es sich an, einfach die Standardfehlerausgabe auf diese Datei umzuleiten. Dies kann in unserem Beispiel mit folgendem Befehl geschehen:

```
joe@debian:~$ ls -l diplomarbeit titelblatt > protokoll 2 /dev/null
```

Umleitung der Standardeingabe Etwas anders funktioniert die Umleitung der Standardeingabe. Hier wird der Operator < benutzt. Das Programm *cut*, welches wir eben schon benutzt haben, liest normalerweise von der Standardeingabe, wenn es nicht den Namen einer Datei aus der gelesen werden soll übergeben bekommt. So hätte man an Stelle von

```
joe@debian:~$ cut -c 34-41 protokoll > groesse
```

auch folgendes schreiben können:

```
joe@debian:~$ cut -c 34-41 < protokoll > groesse
```

Hierdurch wird die Standardeingabe aus der Datei *protokoll* gelesen und nicht vom Terminal. Die zu bearbeitenden Daten werden also aus dieser Datei gelesen.

Wird der Befehl ohne die Umleitung der Standardeingabe eingegeben, so wird darauf gewartet, dass Eingaben vom Benutzer am Terminal vorgenommen werden. Diese könnten dann mit der Tastenkombination STRG-D beendet werden. Wenn der letzte Teil (> *groesse*) weggelassen wird, erscheint das Ergebnis wieder auf der Standardausgabe.

Gelegentlich (im wesentlichen in Shellskripten) möchte man Text oder Daten, die von einem Programm gelesen werden sollen, nicht aus einer Datei lesen lassen, sondern direkt im Skript oder an der Kommandozeile angeben. Hierzu dient der Operator << *Zeichenkette*. Es werden dann alle nachfolgenden Zeilen als Standardeingabe benutzt, bis die mit *Zeichenkette* angegebene Zeichenkette als einzige Zeichenkette in einer Zeile vorkommt. Beispiel:

```
#!/bin/bash
cat << EOF
Dieses Skript gibt den hier angegebenen Text aus, bis die Zeichenkette "EOF"
alleine in einer Zeile steht. Es hätte auch jede andere Zeichenkette
verwendet werden können. "EOF" wird aber oft benutzt, weil das für
End-Of-File steht und die Zeichenkette das Ende der Standardeingabe
signalisiert.
EOF
```

Hier liest das Programm *cat* den Text zwischen der zweiten Zeile und der *EOF*-Zeile und gibt ihn auf die Standardausgabe aus. Dieses Verfahren wird in Skripten oft benutzt, um längere Ausgaben, beispielsweise Erläuterungen oder Hilfetexte, einfach zu formulieren.

16.5.1 Befehlsverkettung

Im obigen Beispiel ist es natürlich ziemlich unkomfortabel, dass zwei Befehle hintereinander eingegeben werden müssen, um das gewünschte Ergebnis zu erhalten. Außerdem stört es, dass zwischendurch eine Datei angelegt wird, die keine interessierenden Daten enthält. Mit dem Operator | ist es möglich, die Standardausgabe eines Programms mit der Standardeingabe eines anderen Programms direkt zu verbinden, ohne irgendwelche Dateien zu benutzen. Das sieht dann beispielsweise so aus:

```
joe@debian:~$ ls -l diplomarbeit | cut -c 34-41 >> groesse
```

Hier wird die Ausgabe des Befehls *ls -l* mit der Eingabe des Befehls *cut* verbunden und die Ausgabe von *cut* wird an die Datei *groesse* angehängt. Eine solche Konstruktion bezeichnet man als Pipe (Röhre). Pipes können von Programmen ähnlich wie Dateien benutzt werden. Es können auf der einen Seite Daten in sie hineingeschrieben werden und auf der anderen Seite aus ihnen gelesen werden. Mit dem Befehl *mkfifo* (S. 684) ist es sogar möglich, im Dateisystem repräsentierte Pipes zu erzeugen, in die man wie in Dateien schreiben und mit einem anderen Programm aus ihnen lesen kann.

Die Verkettung von Befehlen ist ein ziemlich wichtiges Instrument. So gibt es eine ganze Reihe kleiner und hochspezialisierter Programme, die erst dann richtig sinnvoll genutzt werden können, wenn sie durch Pipes mit anderen Programmen verkettet verwendet werden. Wenn man solche Programme durch Pipes miteinander verbindet, erhält man schnell Befehle, die auf die betreffende Aufgabenstellung genau zugeschnitten sind.

Ein Beispiel dafür ist die Konvertierung von DOS-Textdateien für die Benutzung unter Linux. Unter DOS (und Windows oder OS/2) werden Zeilenenden in Textdateien durch ein Wagenrücklaufzeichen (CR) und ein Neue-Zeile-Zeichen (LF) kodiert, wohingegen unter UNIX das Neue-Zeile-Zeichen (LF) allein ein Zeilenende markiert. Um eine unter DOS erstellte Textdatei unter Linux lesen zu können, müssen die CR-LF-Paare also in der Regel in LF-Zeichen umgewandelt werden. Dies kann beispielsweise mit dem Programm *fromdos* (S. 659) geschehen. Weiter wird unter DOS oft eine andere Zeichensatztabelle benutzt als unter Linux. Die Zeichensatztabelle beschreibt, welches Zeichen durch welche Zahl repräsentiert wird. Das führt dazu, dass beispielsweise deutsche Umlaute in solchen Dateien unter Linux nicht zu lesen sind, wenn diese nicht auch an die richtige Zeichensatztabelle angepaßt werden. Dies kann mit dem Programm *recode* (S. 705) geschehen. Angenommen, Sie haben die Textdatei *diplomarbeit* unter DOS erstellt und wollen Sie nun unter Linux weiterbearbeiten. Dann können Sie folgenden Befehl eingeben, um gleichzeitig die Konvertierung der Zeilenenden und die Konvertierung von einer Zeichensatztabelle in eine andere durchzuführen:

```
joe@debian:~$ cat diplomarbeit | fromdos | recode cp850/..latin1 >
   diplomarbeit_linux
```

Der Befehl *cat* (S. 640) gibt zunächst den Inhalt der Datei *diplomarbeit* auf die Standardausgabe, die mit der Standardeingabe des Befehls *fromdos* verbunden wird. Dieses Programm konvertiert die Zeilenende-Kodierung und gibt das Ergebnis wiederum auf die Standardausgabe, die von *recode* als Standardeingabe gelesen wird. Das Programm *recode* konvertiert nun die Zeichen in der Datei ausgehend von der DOS-Zeichensatztabelle *cp850* in die unter Linux üblicherweise benutzte Zeichensatztabelle *latin1*. Die Standardausgabe von *recode* wird zum Schluß in die Datei *diplomarbeit_linux* umgeleitet, die hinterher die Linux-Version des Textes enthält.

Wenn Sie die Datei später wieder unter DOS bearbeiten möchten, können Sie den Befehl einfach umdrehen:

```
joe@debian:~$ cat diplomarbeit_linux | recode latin1..cp850/ | todos >
   diplomarbeit_dos
```

Hier wird jetzt der Befehl *todos* (S. 723) benutzt, um die Zeilenende-Kodierung wieder in das DOS-Format zu bringen[4].

16.6 Auftragsverwaltung (Jobverwaltung) und Prozessverwaltung

Unter UNIX und Linux ist es möglich, zeitgleich mehrere Prozesse auszuführen (Multitasking). Diese Betriebssystemseigenschaft wird von der Bash auf vielfältige Weise unterstützt.

Nach dem Start der Bash sind Standardein- und -ausgabe der Bash zunächst mit dem Terminal verbunden, in dem sie gestartet wurde. Alles, was Sie eingeben, geht also an die Bash und alles, was die Bash ausgibt, geht auf das betreffende Terminal. Wenn Sie nun in der Bash ein anderes Programm aufrufen, dann werden Standardein- und -ausgabe mit diesem Programm verbunden. Stellen Sie sich vor, Sie rufen von der Bash aus den Editor *vi* auf. Jeder Tastenanschlag dient nun der Bedienung von *vi* und nicht mehr der Bash. Erst wenn der Editor beendet ist, gehen die Eingaben wieder an die Bash.

---

[4] Diese Dateikonvertierungen können auch von dem Programm *recode* alleine ausgeführt werden. Sie dienen hier nur der Beschreibung von Pipes.

Der &-Operator

Ein Beispiel: Sie möchten eine Datei anlegen, in der die Namen aller Dateien auf dem System stehen, die Ihnen gehören. Dies können Sie mit dem Befehl *find* (S. 656) erledigen. Der Befehl

```
joe@debian:~$ find / -user kurt
```

gibt die Namen aller Dateien auf dem System aus, die dem Benutzer *kurt* gehören. Und der Befehl

```
joe@debian:~$ find / -user kurt &> kurts_dateien
```

schreibt die normale Ausgabe sowie die Fehlerausgabe dieses Befehls in die Datei *kurts_dateien*. Wenn Sie diesen Befehl ausprobieren, werden Sie sehen, dass es durchaus eine Zeit dauert, bis das gesamte Dateisystem durchsucht worden ist. Währenddessen können Sie in dem Terminal, in dem dieser Befehl läuft nichts tun, weil die Bash so lange wartet, bis der Befehl beendet ist. Man sagt auch: Der Prozess läuft im Vordergrund ab.
Durch den Operator & ist es nun möglich, Prozesse in den Hintergrund zu stellen. Wenn Sie den obigen Befehl folgendermaßen eingeben, können Sie sofort mit der Bash weiterarbeiten:

```
joe@debian:~$ find / -user kurt &> kurts_dateien &
```

Nach der Eingabe dieses Befehls liefert Ihnen die Bash zwei Zahlen zurück:

```
[1] 3642
```

Die erste Zahl in eckigen Klammern ist die Auftragsnummer (oder Jobnummer) des Prozesses, den Sie in den Hintergrund gestellt haben. Die zweite Zahl ist die Prozessnummer des dazugehörigen Prozesses. Dazu muss man wissen, dass jeder Prozess (also jedes Programm, das auf dem System ausgeführt wird) vom System eine eindeutige Prozessnummer erhält, über die der entsprechende Prozess angesprochen werden kann. Die Prozessnummer wird auch PID für Process-ID genannt.
Wenn ein im Hintergrund ablaufender Prozess beendet wird, teilt die Bash Ihnen dies ebenfalls mit. Sie erhalten dann eine der folgenden Ausgaben:

```
[1]- Done       find / -user kurt >&kurts_dateien

[1]  Exit 1    find / -user kurt >&kurts_dateien

[1]- Terminated find / -user kurt >&kurts_dateien

[1]- Killed    find / -user kurt >&kurts_dateien
```

Im ersten Fall wird Ihnen mitgeteilt, dass der betreffende Prozess normal beendet wurde (*Done*). Im zweiten Fall wird mitgeteilt, dass der Prozess beendet wurde und einen Rückkehrwert (s. u.) geliefert hat, der nicht 0 (sondern 1) ist. Damit zeigen Programme in der Regel an, dass während ihrer Ausführung Fehler aufgetreten sind. Im Fall des *find* Befehls kann dies z. B. daran liegen, dass *find* versucht hat, Verzeichnisse zu durchsuchen, für die es keine Leseberechtigung hat. Die letzten beiden Ausgaben erscheinen, wenn der Prozess von außen beendet wurde. *Terminated* bedeutet, dass ein anderer Prozess diesen Prozess aufgefordert hat, sich zu beenden und *Killed* bedeutet, dass ein anderer Prozess diesen Prozess „gewaltsam" beendet hat, ohne ihm die Chance zu geben, sich selbst zu beenden (siehe auch Befehl *kill* (S. 484)).
Zu beachten ist, dass solche Meldungen erst dann erscheinen, wenn die Eingabe einer Befehlszeile abgeschlossen ist. Der Grund hierfür besteht darin, dass man in der Regel beim Eingeben von Befehlen nicht möchte, dass irgendwelche Ausgaben dazwischen schreiben. Wenn Sie wissen möchten, ob es irgendwelche Meldungen gab, können Sie einfach eine leere Befehlszeile abschicken, in dem Sie die Taste EINGABE drücken.

Umschalten zwischen Prozessen

Gelegentlich möchte man einen Prozess zunächst im Vordergrund starten und dann für eine Zeit in den Hintergrund stellen, um etwas anderes zu erledigen, ohne den Prozess zu beenden. Ein Beispiel dafür ist die Arbeit mit Editoren. Wenn Sie mit *vi* eine Datei bearbeiten und zwischendurch kurz etwas nachsehen müssen, dann müßten Sie normalerweise Ihre Datei speichern, den Editor beenden, dann nachsehen, was Sie nachsehen wollten und hinterher den Editor wieder starten und Ihre Datei laden.

Mit der Tastenkombination STRG-Z können Sie einen Prozess, der im Vordergrund ausgeführt wird, anhalten und in den Hintergrund stellen. Sie erhalten dann wieder die Eingabeaufforderung der Bash und können andere Dinge tun, bis Sie den Prozess wieder in den Vordergrund stellen. Dieser Vorgang unterscheidet sich vom Starten eines Prozesses im Hintergrund dadurch, dass der betreffende Prozess durch STRG-Z angehalten wird. Wenn Sie den oben aufgeführten Befehl nochmals ohne &-Operator aufrufen

```
joe@debian:~$ find / -user kurt &> kurts_dateien
```

und danach STRG-Z drücken, erhalten Sie folgende Meldung:

```
[1]+ Stopped find / -user kurt >&k
```

Die Bash teilt Ihnen mit, dass der Prozess angehalten ist. An der ausbleibenden Festplattenaktivität merken Sie auch, dass der Befehl nicht mehr weiter ausgeführt wird. Es besteht nun die Möglichkeit, diesen Prozess entweder im Hintergrund (wie mit &) weiter auszuführen oder ihn wieder in den Vordergrund zu holen. Natürlich kann er auch erstmal im Hintergrund gelassen werden.

Um einen Auftrag in den Hintergrund zu stellen, ist folgender Befehl einzugeben:

bg [Jobnummer]

Das Wort *bg* ist eine Abkürzung für Background. Die optional anzugebende *Jobnummer* bezeichnet die Auftragsnummer des Prozesses, der in den Hintergrund gestellt werden soll. Wird sie nicht angegeben, dann wird der zuletzt angehaltene Prozess in den Hintergrund gestellt. Im Beispiel wäre also folgender Befehl einzugeben:

```
joe@debian:~$ bg 1
```

Es erscheint eine Meldung, die Ihnen bestätigt, dass der Prozess im Hintergrund weiter ausgeführt wird:

```
[1]+ find / -user kurt >&kurts_dateien &
```

Und an der wieder einsetzenden Festplattenaktivität ist zu hören, dass der Prozess das Dateisystem wieder durchsucht.

Mit dem Befehl *fg* (foreground) kann ein Prozess wieder in den Vordergrund gestellt werden. Die Syntax lautet hier:

fg [Jobnummer]

Auch hier ist die Angabe der Auftragsnummer mit *Jobnummer* optional. Wird sie nicht angegeben, dann wird der zuletzt angehaltene oder in den Hintergrund gestellte Prozess in den Vordergrund gebracht. Um also den *find*-Prozess wieder in den Vordergrund zu bringen, ist folgender Befehl einzugeben:

```
joe@debian:~$ fg 1
```

Die Bash bestätigt diesen Befehl dadurch, dass sie den Befehl anzeigt, der nun wieder im Vordergrund ausgeführt wird:

```
find / -user kurt >&kurts_dateien
```

Wird nun eine Datei beispielsweise mit dem Editor *vi* bearbeitet und soll der Editor kurzzeitig in den Hintergrund gestellt werden, um etwas anderes zu tun, so ist während der Arbeit mit *vi* einfach nur STRG-Z zu drücken und es erscheint wieder die Eingabeaufforderung. Dann können andere Tätigkeiten durchgeführt werden, also z. B. mit *less* der Inhalt einer anderen Datei betrachtet werden. Wenn man damit fertig ist, ist der Befehl *fg* einzugeben und schon kann die Arbeit mit *vi* fortgesetzt werden.

Der Befehl *jobs* zeigt an, welche Aufträge in dem betreffenden Terminal gerade ausgeführt werden und welche Jobnummern sie haben. Wenn Sie also viele Aufträge im Hintergrund laufen haben und die Jobnummer eines Prozesses, den Sie in den Vordergrund schalten wollen, nicht mehr wissen, können Sie diesen Befehl benutzen, um die Jobnummer herauszubekommen.

Beenden von Prozessen

Manchmal kommt es vor, dass ein Prozess von außen beendet werden soll. Dafür kann es ganz verschiedene Gründe geben. Entweder man hat einen Befehl falsch geschrieben und möchte nicht abwarten, bis er vollständig ausgeführt ist, ein Programm tut etwas, was es nicht soll und muss beendet werden, oder ein Programm soll neu gestartet werden, damit es seine Konfigurationsdateien neu liest usw.

In der Regel können Prozesse, die im Vordergrund eines Terminals ausgeführt werden, durch die Tastenkombination STRG-C gestoppt werden. Ob das betreffende Programm dann auch wirklich beendet wird ist allerdings abhängig davon, wie es programmiert wurde. Das Beenden von Prozessen funktioniert durch das Senden eines Signals an den betreffenden Prozess. Programme können Signale abfangen und selbst entscheiden, was zu tun ist, wenn sie ein bestimmtes Signal erhalten. Das ist auch gut so, denn über diesen Mechanismus kann ein Programm, das ein Signal zu seiner Beendigung erhalten hat, noch aufräumen (also beispielsweise ungesicherte Daten sichern oder temporäre Dateien löschen) bevor es sich beendet.

Eine Ausnahme hiervon stellt das Signal 9 (SIGKILL) dar, welches von keinem Prozess abgefangen werden kann und sofort zur Beendigung des Prozesses führt, der dieses Signal erhält. Sie sollten dieses Signal nur dann verwenden, wenn Sie einen Prozess beenden müssen, der sich auf keine andere Weise beenden lässt.

Um ein Signal an einen Prozess zu senden, wird der Befehl *kill* (S. 484) benutzt. Dieser Befehl sendet standardmäßig das Signal 15 (SIGTERM) an Prozesse. Dieses Signal führt – ähnlich wie das durch die Tastenkombination STRG-C erzeugte Signal 2 (SIGINT) – zur Beendigung eines Prozesses. Die Syntax von *kill* lautet:

```
kill [-Signal] Prozess-ID | %Jobnummer [Prozess-ID | %Jobnummer ...]
```

Dem Befehl kann optional mit *Signal* die Nummer oder der Name eines Signals übergeben werden. Eine solche Angabe muss mit einem Minuszeichen eingeleitet werden. Daraufhin muss ihm mit *Prozess-ID* oder *Jobnummer* die Prozess-ID oder Jobnummer des Prozesses angegeben werden, an den das Signal gesendet werden soll. Wenn eine Jobnummer angegeben wird, muss sich vor dieser ein Prozentzeichen befinden, damit sie von Prozess-IDs unterschieden werden kann. Es können auch die Prozess-IDs oder Jobnummern mehrerer Prozesse angegeben werden. Sie erhalten dann alle das gleiche Signal.

Um also beispielsweise den Job mit der Nummer 1 zur Beendigung zu bringen, ist folgender Befehl einzugeben:

```
joe@debian:~$ kill %1
```

Um den Prozess mit der ID 2467 zu beenden, ist folgendes einzugeben:

```
joe@debian:~$ kill 2467
```

Und um den gleichen Prozess sofort zu beenden, ohne ihm irgendwelche Chancen zum Abfangen des Signals zu geben, wäre folgendes einzugeben:

```
joe@debian:~$ kill -9 2467
```

Alternativ könnte man auch schreiben:

```
joe@debian:~$ kill -SIGKILL 2467
```

Vorteilhaft bei der Benutzung von Prozess-IDs gegenüber der Benutzung von Jobnummern ist der Umstand, dass mit ihnen auch Signale an Prozesse geschickt werden können, die nicht von der Bash kontrolliert werden, mit der gerade gearbeitet wird. Natürlich ist dabei zu beachten, dass nur solche Prozesse „gekillt" werden dürfen, die einem auch gehören, also in der Regel solche, die man selber gestartet hat. Dem Systemadministrator ist es mit *kill* theoretisch möglich, jeden Prozess auf dem System sofort zu beenden. Welche Prozesse auf dem System laufen und wie die zugehörigen Prozess-IDs lauten, lässt sich mit dem Programm *ps* (S. 700) herausfinden.

16.7 Aneinanderreihung von Befehlen

Der Operator ;

Neben der Verkettung von Befehlen mit dem Pipe-Operator (|) ist es möglich, auch mehrere Befehle in eine Befehlszeile zu schreiben. So ist es z. B. sinnvoll, Befehle, die immer nacheinander ausgeführt werden sollen, in eine Zeile zu schreiben. Sie stehen dann über die Kommandogeschichte sofort alle zusammen wieder zur Verfügung und müssen nicht einzeln herausgesucht werden.
In einer Zeile hintereinander stehende Befehle müssen mit dem Zeichen ; voneinander getrennt werden. Sie werden dann sequentiell nacheinander abgearbeitet. Das heißt, erst wenn der erste Befehl beendet ist, wird der zweite ausgeführt usw.
Dies lässt sich an folgendem Beispiel erklären. Weiter oben sollte mit dem Befehl

```
joe@debian:~$ ls -l diplomarbeit | cut -c 34-41 >> groesse
```

der Datei *groesse* die Größe der Datei *diplomarbeit* nach jedem Aufruf des Befehls angehängt werden. Nun wäre es nett, nach jedem Aufruf einen Kommentar in die betreffende Datei zu schreiben. Es kann also nach dem Aufruf des obigen Befehls der Editor *vi* aufgerufen werden, um den Kommentar gleich einzutragen:

```
joe@debian:~$ ls -l diplomarbeit | cut -c 34-41 >> groesse; vi groesse
```

Diese Formulierung stellt sicher, dass der Editor erst dann aufgerufen wird, nachdem die neue Ausgabe der vorhergehenden Befehle an die Datei *groesse* angehängt wurde. Würde man stattdessen schreiben

```
joe@debian:~$ ls -l diplomarbeit | cut -c 34-41 >> groesse & vi groesse
```

dann würde der Editor zeitgleich[5] mit dem vorhergehenden Befehl aufgerufen werden und das Ergebnis der Größenbestimmung würde u. U. noch gar nicht in der Datei zu finden sein.

Bedingte Ausführung mit den Operatoren && und ||

Manchmal ist es auch erwünscht, einen Befehl nur dann auszuführen, wenn ein vorhergehender Befehl ein bestimmtes Ergebnis geliefert hat.

---
[5] Natürlich können Prozesse auf einem Computer mit nur einem Prozessor nicht wirklich zeitgleich ausgeführt werden.

Dazu ist es wichtig zu wissen, dass jedes Programm einen so genannten Rückkehrwert an die Shell (oder einen anderen aufrufenden Prozess) liefert, wenn es beendet wird. Dieser Rückkehrwert ist eine ganze Zahl zwischen 0 und 256. Per Konvention berichtet ein Programm mit dem Rückkehrwert 0, dass alles gut gegangen ist und keine Fehler aufgetreten sind. Mit einem von Null abweichenden Wert wird berichtet, dass irgendwelche Fehler aufgetreten sind. Weil es 255 verschiedene Rückkehrwerte gibt, die auf einen Fehler hinweisen, besteht die Möglichkeit, über verschiedene Rückkehrwerte auf unterschiedliche Fehler hinzuweisen. So könnte beispielsweise der Rückkehrwert 1 „Datei nicht gefunden" und der Rückkehrwert 2 „unbekannte Option angegeben" bedeuten. Es gibt hierfür allerdings keine eindeutige Konvention, die Bedeutung eines von 0 abweichenden Rückkehrwertes ist also immer davon abhängig, von welchem Programm dieser Wert stammt.

Der Operator && bewirkt, dass der hinter diesem Operator stehende Befehl nur dann ausgeführt wird, wenn der davor stehende Befehl den Rückkehrwert 0 geliefert hat. Beispielsweise führt der folgende Befehl dazu, dass der Editor *vi* nur dann aufgerufen wird, wenn das Programm *ls* am Anfang der Zeile die Datei *diplomarbeit* anzeigen konnte:

```
joe@debian:~$ ls -l diplomarbeit >> protokoll && vi protokoll
```

Im Gegensatz dazu bewirkt der Operator ||, dass der folgende Befehl nur ausgeführt wird, wenn der vorstehende Befehl einen von Null abweichenden Rückkehrwert geliefert hat. So führt das folgende Beispiel dazu, dass der Editor **nur** dann aufgerufen wird, wenn der Befehl *ls* die Datei *diplomarbeit* **nicht** anzeigen konnte.

```
joe@debian:~$ ls -l diplomarbeit >> protokoll || vi protokoll
```

Auch diese Operatoren führen dazu, dass die spezifizierten Befehle sequentiell abgearbeitet werden. Schließlich muss der Rückkehrwert der Befehle vor den Operatoren ja feststehen, bevor entschieden werden kann, ob die folgenden Befehle ausgeführt werden sollen oder nicht. Zu beachten ist ferner, dass bei einer Kette von Befehlen vor dem Operator immer der Rückkehrwert des zuletzt ausgeführten Befehls ausgewertet wird. Der folgende Befehl würde den Editor immer aufrufen, auch wenn die Datei *diplomarbeit* gar nicht angezeigt werden konnte, weil zwar *ls* einen von 0 abweichenden Rückkehrwert liefert, aber das Programm *cut* auch dann den Wert 0 zurückgibt, wenn es eine leere Datei bearbeitet.

```
joe@debian:~$ ls -l diplomarbeit | cut -c 34-41 >> groesse && vi groesse
```

Gruppierung von Befehlen

Gelegentlich möchte man eine Gruppe von Befehlen und Programmen zusammenfassen, um sie beispielsweise gemeinsam aus der gleichen Datei lesen zu lassen oder sie zusammen in den Hintergrund zu stellen. Hierzu dienen die Operatoren *{}* und *()*. Beispielsweise bewirkt der Befehl

```
joe@debian:~$ ( ls; pwd; whoami ) &
```

dass die Befehle *ls pwd* und *whoami* (S. 735) nacheinander im Hintergrund ausgeführt werden. Das ist wichtig, wenn die Ausgabe dieser Befehle in eine Datei umgeleitet werden sollen. Würde man den Befehl

```
joe@debian:~$ ls >> datei & pwd >> datei & whoami >> datei &
```

eingeben, dann würden die drei Programme unabhängig voneinander nahezu zeitgleich gestartet werden und asynchron ausgeführt werden. Es wäre also eine Frage des Zufalls, bzw. des schnellsten Programms, welches Programm zuerst in die Ausgabedatei *datei* schreiben würde und man könnte den Aufbau dieser Datei schlecht voraussagen. Auf der anderen Seite bewirkt der folgende Befehl, dass die drei Programme hintereinander ausgeführt werden und deswegen ihre Ausgaben auch hintereinander in die Ausgabedatei schreiben. Hier steht also genau fest, dass zunächst die Ausgabe von *ls*, dann die von *pwd* und zum Schluß die von *whoami* in der Ausgabedatei landet. Das Ergebnis kann also hinterher gut interpretiert werden. Es ist zu beachten, dass hier nicht der Operator >> benötigt wird, um die Ausgaben aller Prozesse zu speichern, weil die Bash die in Klammern angegebenen Befehle als einen Prozess betrachtet.

```
joe@debian:~$ ( ls; pwd; whoami ) > datei &
```

Der *()*-Operator bewirkt, dass eine weitere Shell gestartet wird, in der die angegebenen Kommandos ausgeführt werden. Diese weitere Shell lässt sich genauso wie jeder andere Prozess durch die Shell verwalten, also beispielsweise wieder in den Vordergrund schalten. Letztlich ist es auch die Ausgabe dieser Shell (in der die angegebenen Befehle ausgeführt werden), die mit dem >-Operator in die Datei *datei* umgeleitet wird.

Das Verfahren hat den Nachteil, dass alle Variablen (siehe nächster Abschnitt), die durch die geklammerten Befehle verändert werden, verloren gehen, weil sie in der neu gestarteten Shell verändert und gespeichert werden und diese beendet wird, sobald alle darin auszuführenden Befehle beendet sind. Wenn anstatt der normalen (runden) Klammern geschweifte Klammern benutzt werden, führt dies dazu, dass die geklammerten Befehle von der gleichen Shell ausgeführt werden.

```
joe@debian:~$ { ls; pwd; whoami; a=17; } > datei
```

Der Wert der Variablen *a* ist also auch nach Abarbeitung dieses Befehls verfügbar. Bei der Verwendung geschweifter Klammern müssen zwischen Klammern und Befehlen Leerzeichen stehen und jeder Befehl muss mit einem Semikolon abgeschlossen sein. Der &-Operator führt auch bei dieser Konstruktion dazu, dass die angegebenen Befehle im Hintergrund ausgeführt werden, wodurch Variablen verloren gehen.

16.8 Variablen

Unter einer Variable wird ein benannter Speicherplatz verstanden, in dem unterschiedliche Inhalte gespeichert werden können. In der Regel handelt es sich bei den zu speichernden Inhalte um Zahlen oder Zeichenketten. Grundsätzlich sind zwei Typen von Variablen zu unterscheiden, nämlich einfache Shell-Variablen und so genannte Umgebungsvariablen.

16.8.1 Einfache Variablen

Das Zuweisen von Variablen ist denkbar einfach. Will man beispielsweise der Variablen *a* den Wert *17* zuweisen, so ist einfach der Befehl

```
joe@debian:~$ a=17
```

einzugeben. Es ist dabei unerheblich, ob die Variable *a* bereits existiert oder nicht. Wenn nicht, wird sie durch diesen Befehl geschaffen. Wichtig ist jedoch, dass zwischen der Variablenbezeichnung, dem Gleichheitszeichen und dem zugewiesenen Wert keine Leerzeichen stehen dürfen. Wenn einer Variablen eine Zeichenkette zugewiesen werden soll, die Leerzeichen enthält, so ist diese in Anführungszeichen zu setzen. Beispiel:

```
joe@debian:~$ b="Meine zweite Variable"
```

Bei Variablennamen wird genauso wie bei Dateinamen zwischen Groß- und Kleinschreibung unterschieden. Die Variable *a* und die Variable *A* sind also nicht identisch.

Um den Wert einer Variablen zu benutzen, ist ihr ein Dollarzeichen voranzustellen. Beispielsweise könnte man der Variablen *dir* die folgende Zeichenkette zuweisen:

```
joe@debian:~$ dir="ls --color=auto -l"
```

Der folgende Befehl ist jetzt gleichbedeutend mit dem Befehl *ls --color=auto -l*:

```
joe@debian:~$ $dir
```

Das Dollarzeichen bewirkt, dass nicht mehr die Zeichenkette *dir* als Befehl interpretiert wird, sondern dass *dir* als eine Variable verstanden wird und ihr Inhalt interpretiert wird, also der *ls* Befehl ausgeführt wird. Das Dollarzeichen ist also vergleichbar mit den Metazeichen, die ebenfalls eine besondere Bedeutung haben und von der Shell interpretiert werden.

Will man jetzt einer Variablen den Wert einer anderen Variablen zuweisen, so geschieht die auf ähnliche Weise:

```
joe@debian:~$ d=$dir
```

Die Variable *d* hat jetzt den gleichen Inhalt wie die Variable *dir*. Nun kann alternativ der Befehl *$d* eingegeben werden, um das gleiche Ergebnis zu erhalten.

Den Wert einer Variablen schaut man sich am besten mit dem Befehl *echo* (S. 480) an. Dieser Befehl gibt die Zeichenkette(n) aus, die ihm als Argument(e) übergeben worden sind. Im folgenden Befehl wird die Variable *$d* wieder zuerst durch ihren Wert ersetzt und dann der Befehl *echo* mit diesem Wert als Argument übergeben.

```
joe@debian:~$ echo $d
```

Der Befehl

```
joe@debian:~$ echo d
```

würde hingegen einfach nur ein *d* ausgeben, weil *d* hier wegen des fehlenden Dollarzeichens nicht als Variable interpretiert wird.

Um zu der in einer Variablen gespeicherten Zeichenkette weitere Zeichen hinzuzufügen, sind diese einfach an die bestehende Zeichenkette anzufügen bzw. ihr voranzustellen. Beispiel:

```
joe@debian:~$ gruss=Morgen
```

```
joe@debian:~$ gruss="Guten "$gruss
```

```
joe@debian:~$ echo $gruss
```

Der zweite Befehl hat nämlich die gleiche Wirkung wie der Befehl

```
joe@debian:~$ gruss="Guten Morgen"
```

weil der Inhalt der Variable *gruss* zuerst für *$gruss* eingesetzt wird und das Ergebnis dann wieder der selben Variablen zugewiesen wird.

Mit dem eingebauten Befehl *unset* (S. 493) lassen sich Variablen löschen. So bewirkt der Befehl

```
joe@debian:~$ unset $a
```

dass sowohl der Wert der Variablen *a* als auch die Variable selbst gelöscht werden.

16.8.2 Eingebaute Shell-Variablen

Die Bash hat eine Reihe eingebauter Variablen, die zum Teil dazu dienen, die Bash zu konfigurieren und zum anderen Teil von Skripten oder an der Kommandozeile dazu benutzt werden können, um bestimmte Informationen abzufragen. Ein Beispiel hierfür ist die Variable _COMMAND. Jedesmal, bevor die Bash eine neue Eingabeaufforderung (Prompt) anzeigt, wertet sie den Wert dieser Variablen aus und versucht, ihn als Befehl auszuführen. Die Eingabe des Befehls

```
joe@debian:~$ PROMPT_COMMAND=ls
```

führt also dazu, dass die Bash immer den Befehl *ls* ausführt, bevor sie eine neue Eingabeaufforderung zeigt. Die folgende Liste zeigt die wichtigsten eingebauten Bash-Variablen:

Informationen über die laufende Shell

$ Prozess-ID der Shell
PPID Prozess-ID des Prozesses, der diese Shell gestartet hat.
0 Name des Kommandos, mit dem die Shell aufgerufen wurde. Das ist bei interaktiven Shells gewöhnlich */bin/bash* und bei nicht-interaktiven Shells der Name des Shellskripts, das von der Shell ausgeführt wird.
BASH Dateiname der Bash. Gewöhnlich */bin/bash*.
BASH_VERSION Versionsbezeichnung der laufenden Bash.
PWD Name des aktuellen Arbeitsverzeichnisses.
OLDPWD Name des aktuellen Arbeitsverzeichnisses, bevor es das letzte Mal gewechselt wurde. Der Befehl *cd -* entspricht also dem Befehl *cd $OLDPWD*.
LINENO Zeilennummer des gerade ausgeführten Befehls. Der Wert dieser Variablen entspricht bei interaktiven Shells der Nummer der ausgeführten Eingabezeile und bei Skripten der Zeilennummer im Skript, in der der gerade ausgeführte Befehl steht.

Informationen über Parameter

Anzahl der Parameter (oder Argumente), die der Shell bei ihrem Start übergegeben wurden oder die durch den *set*-Befehl festgelegt wurden.
* Alle Parameter der Shell in einer einzigen Zeichenkette.
@ Alle Parameter der Shell. Jeder Parameter ist dabei in einer einzelnen Zeichenkette gespeichert.
1 Der erste Parameter.
2 Der zweite Parameter.
9 Der neunte Parameter. Alle weiteren Parameter sind nicht direkt ansprechbar. Sie können jedoch mit dem *shift*-Befehl zugänglich gemacht werden.

Informationen über Prozesse

! Prozess-ID des zuletzt in den Hintergrund gestellten Prozesses.
? Rückkehrwert des zuletzt ausgeführten Befehls. Im Hintergrund ausgeführte Prozesse werden dabei nicht berücksichtigt.

Benutzerinformationen

UID Die (reale) Benutzer-ID des Prozesses der Shell.
EUID Die effektive Benutzer-ID des Prozesses der Shell. Die effektive Benutzer-ID kann von der realen abweichen. Bei der Überprüfung von Dateizugriffsrechten ist die effektive Benutzer-ID entscheidend.
GROUPS Die Gruppen-ID der primären Gruppe des Benutzers.
HOME Der Name des Heimatverzeichnisses des Benutzers.

Informationen über den Computer

HOSTNAME Name des Rechners, auf dem die Shell ausgeführt wird.
HOSTTYPE Computertyp.
OSTYPE Typ des Betriebssystems.
MACHTYPE GNU Maschinentyp Bezeichnung.

Spracheinstellungen

LANG Allgemeine Spracheinstellung. (Siehe auch Kap. 16.8.4, S. 451)
LC_COLLATE Spracheinstellung für das Sortieren von Dateinamen.
LC_MESSAGES Die Sprache, in der Fehlermeldungen und Nachrichten ausgegeben werden sollen.
LC_ALL Allgemeine Spracheinstellung. Durch *LC_ALL* werden die Einstellungen aus der *LANG*-Variablen und den anderen *LC*-Variablen überschrieben.

Einstellungen zur Kommandogeschichte

HISTCONTROL Über diese Variable kann beeinflusst werden, welche Befehle in der Kommandogeschichte gespeichert werden. Wenn der Variablen der Wert *ignorespace* zugeordnet ist, werden keine Kommandos gespeichert, die mit Leerzeichen oder Tabulatoren beginnen. Der Wert *ignoredups* bewirkt, dass mehrfach hintereinander eingegebene gleiche Befehle nur einmal gespeichert werden. Der Wert *ignoreboth* vereint die Wirkungen der beiden anderen Werte miteinander.
HISTIGNORE In dieser Variablen können Kommandozeilen gespeichert werden, die nicht in der Kommandogeschichte gespeichert werden sollen. Dies ist u. U. sinnvoll bei oft benutzten sehr kurzen Kommandos wie *pwd* oder *ls*. Die einzelnen Kommandos werden durch Doppelpunkte voneinander getrennt. Sie dürfen die gleichen Meta-Zeichen beinhalten wie Dateinamen (*, ?, []), diese Zeichen werden dann wie bei Dateinamen interpretiert. Beispiel:

```
joe@debian:~$ HISTCONTROL=ls:"ls -l":pwd:"cp *"
```

Die Befehle *ls*, *ls -l*, *pwd* und alle Befehle, die mit *cp* und einem Leerzeichen beginnen, werden nicht in der Kommandogeschichte gespeichert.

HISTFILE Der Wert dieser Variablen bestimmt, in welcher Datei die Kommandogeschichte gespeichert wird. Standardwert ist *~/.bash_history*.
HISTSIZE Bestimmt, wieviele Kommandos in der Kommandogeschichte maximal gespeichert werden. Danach werden die zuerst eingegebenen Kommandos gelöscht. Standardwert ist 500.
HISTCMD Die fortlaufende Nummer des aktuellen Kommandos in der Kommandogeschichte.

Einstellungen der Eingabeaufforderungen

PS1 Bestimmt das Erscheinungsbild der normalen Eingabeaufforderung (s. u.).
PS2 Bestimmt das Erscheinungsbild der sekundären Eingabeaufforderung. Die sekundäre Eingabeaufforderung erscheint, wenn ein unvollständiger Befehl eingegeben wurde, um diesen zu vervollständigen. Ein solcher Fall tritt beispielsweise dann auf, wenn in einem Befehl Anführungsstriche geöffnet, aber nicht geschlossen wurden.
PS3 Bestimmt das Aussehen der Eingabeaufforderung nach Aufruf des Befehls *select* (S. 464).
PROMPT_COMMAND Wie oben beschrieben, wird das in dieser Variable gespeicherte Kommando ausgeführt, bevor eine neue Eingabeaufforderung angezeigt wird.

Mail-Einstellungen Die Bash überprüft regelmäßig, ob für den betreffenden Benutzer neue E-Mail eingetroffen ist. Wenn neue Mail eingetroffen ist, wird dies normalerweise angezeigt, bevor eine neue Eingabeaufforderung angezeigt wird.

MAILCHECK Legt fest, wie oft (in Sekunden) nach neuer Mail geschaut werden soll. Standardwert ist 60.

MAILPATH Legt die Namen der Dateien fest, die regelmäßig nach neuer Mail überprüft werden sollen. Standardmäßig wird in der normalen Spool-Datei des Benutzers im Verzeichnis */var/spool/mail* nachgesehen. Wenn mehrere Mail-Dateien überprüft werden sollen, müssen diese durch Doppelpunkte voneinander getrennt sein. Zusätzlich kann mit der Variablen festgelegt werden, welche Nachricht ausgegeben werden soll, wenn neue Mail eingetroffen ist. Die Nachricht muss dann von den Dateinamen mit einem Fragezeichen getrennt werden. Enthält die Nachricht die Zeichenkette *$_*, dann wird diese Zeichenkette durch den Namen der Maildatei ersetzt, in der gerade neue Mail eingetroffen ist. Beispiel

```
joe@debian:~$ MAILPATH='/var/spool/mail/debian:/var/spool/mail/peter:
/var/spool/mail/privat?Neue Mail in der Datei $_'
```

Es wird festgelegt, dass in den angegebenen Dateien nach neuer Mail gesehen werden soll und die Meldung *Neue Mail in der Datei Dateiname* ausgegeben wird, wenn neue Mail eingetroffen ist. *Dateiname* wird durch den Namen der Datei ersetzt, in der sich neue Mail befindet. Die einfachen Anführungszeichen sind notwendig, damit die Bash die Leerzeichen sowie das Dollarzeichen nicht als Parametertrennzeichen interpretiert.

Verschiede Einstellungen

IGNOREEOF Wie bereits beschrieben, beendet die Bash sich, sobald die Datei, aus der sie liest, zu Ende ist. Am Terminal wird das Dateiende durch die Tastaturkombination STRG-D erzeugt. Bei einer interaktiven Shell ist es unter Umständen irritierend, wenn diese sich durch versehentliches Betätigen obiger Tasten „verabschiedet". Wenn diese Variable einer Zahl entspricht, gibt die Bash so oft wie mit der Zahl angegeben eine Warnung aus, falls sie im interaktiven Modus ein Dateiende bemerkt.

INPUTRC Legt den Pfad- und Dateinamen zu der zu verwendenden *readline*-Konfigurationsdatei fest.

FIGNORE Eine durch Doppelpunkte getrennte Liste von Dateiendungen. Dateinamen mit diesen Endungen werden bei der Vervollständigung mit der TAB-Taste nicht angezeigt. Beispiel:

```
joe@debian:~$ FIGNORE='~':.bak
```

Bewirkt, dass bei der Vervollständigung mit der Tabulator-Taste keine Dateien angezeigt werden, die die Endung ~ oder *.bak* haben.

IFS Diese Variable enthält eine Zeichenkette, die bestimmt, wodurch Parameter voneinander getrennt werden. Standardmäßig sind dies Leerzeichen und Tabulatorzeichen.

SHELLOPTS Enthält, durch Doppelpunkte voneinander getrennt, alle durch den Befehl *set -o* gesetzten Optionen. Der Wert dieser Variablen kann nicht verändert werden.

PATH Enthält – ebenfalls durch Doppelpunkte voneinander getrennt – die Namen der Verzeichnisse, in denen die Bash nach ausführbaren Dateien sucht, wenn diese nicht mit Pfadnamen angegeben werden.
Alle Programme, die oft aufgerufen werden (*cp*, *rm* usw.) sollten sich in Verzeichnissen befinden, die in dieser Variablen gespeichert sind. Ein gebräuchlicher Wert ist */usr/local/bin:/usr/bin:/bin:/usr/bin/X11:/usr/games*. Man sollte vorsichtig bei der Veränderung dieser Variablen sein. Falsche Werte können dazu führen, dass keine Programme mehr gefunden werden. In der Regel werden der Variablen *PATH* von Benutzern lediglich Werte hinzugefügt. Beispiel:

```
joe@debian:~$ PATH='~/bin:$PATH
```

Die Einstellung fügt das Unterverzeichnis *bin* des eigenen Heimatverzeichnisses der Variablen *PATH* hinzu. Ausführbare Dateien in diesem Verzeichnis können danach ohne Angabe des Verzeichnisses aufgerufen werden.

Es ist zu beachten, dass die Reihenfolge der Verzeichnisse in diese Variablen unter Umständen entscheidend ist. Hat im oben genannten Beispiel ein Benutzer beispielsweise ebenfalls ein Programm mit dem Namen *ls* in dem Unterverzeichnis *bin* seines Heimatverzeichnisses, so wird nach der Eingabe des Befehls *ls* dieses Programm und nicht das normale Programm */bin/ls* ausgeführt. Hätte er sein eigenes Verzeichnis an das Ende des Wertes der *PATH*-Variablen gehängt, so würde weiterhin das Programm */bin/ls* ausgeführt werden.

Wie alle Einstellungen müssen diese Variablen nicht bei jeder Benutzung der Bash neu gesetzt werden, sondern sollten in einer der Startdateien der Bash (gewöhnlich in der Datei *~/.bashrc*) gesetzt werden.

16.8.3 Konfiguration der Eingabeaufforderung über die Variable *PS1*

Durch die Variable *PS1* wird eingestellt, welche Zeichenkette als Eingabeaufforderung benutzt werden soll. Nach der Eingabe des Befehls

```
joe@debian:~$ PS1='sag was, bitte!'
```

erscheint beispielsweise immer die Zeichenkette *sag was, bitte!* als Eingabeaufforderung. Das ist auf Dauer allerdings nicht informativer als der voreingestellte Wert. (Die einfachen Anführungszeichen wurden hier benutzt, um das Ausrufungszeichen vor der Shell zu schützen.)

Durch spezielle Zeichenketten im Wert der Variablen *PS1* lassen sich jedoch Informationen wie die Uhrzeit, das Arbeitsverzeichnis, der Benutzername usw. anzeigen. Wichtige dieser Zeichenketten sind:

\d Fügt das aktuelle Datum ein.
\h Fügt den Rechnernamen (ohne Domainnamen) ein.
\H Fügt den vollen Rechnernamen ein.
\n Fügt einen Zeilenumbruch ein.
\s Fügt den Namen ein, mit dem die Shell aufgerufen wurde.
\t Fügt die Uhrzeit im 24 Stunden Format ein.
\v Fügt die Version der Bash ein.
\w Fügt den Namen des Arbeitsverzeichnisses ein.
\W Fügt den Namen des letzten Unterverzeichnisses im Arbeitsverzeichnis ein.
\# Fügt die Nummer des einzugebenden Kommandos ein.
\$ Fügt ein Dollarzeichen ein, wenn die Shell von einem gewöhnlichen Benutzer verwendet wird und ein Doppelkreuz (#), wenn die Shell vom Administrator benutzt wird.
\u Fügt den Namen des Benutzers ein.

Über die Eingabeaufforderung lässt sich also eine Menge Information anzeigen, die natürlich gut ausgewählt sein will, damit die Eingabeaufforderung nicht so lang wird, dass sie wieder unübersichtlich wird. Wer oft zwischen verschiedenen Benutzer-IDs wechselt, wird es sinnvoll finden, sich immer den Namen des Benutzers, dessen Konto er gerade verwendet, anzeigen zu lassen. Ebenso ist es in Netzwerkumgebungen, wo man mit vielen verschiedenen Rechnern arbeitet, oft sinnvoll, sich den Namen des Rechners anzeigen zu lassen, auf dem man gerade arbeitet. Üblich ist die Anzeige des aktuellen Arbeitsverzeichnisses. So sieht man immer, wo man sich gerade im Verzeichnisbaum befindet. Hier zwei Beispiele

```
joe@debian:~$ PS1="\u@\h:\w\$"
```

Dieser Prompt zeigt den aktuellen Benutzernamen vor einem @-Zeichen, hinter dem sich der Rechnername befindet. Darauf folgt hinter einem Doppelpunkt der Name des Arbeitsverzeichnisses und ein Dollarzeichen, wenn die Shell von einem gewöhnlichen Benutzer verwendet wird. Damit man sofort erkennt, wenn man als Systemadministrator arbeitet, wird in dem Fall ein Doppelkreuz gezeigt.

```
joe@debian:~$ PS1="Hallo \u auf \H, es ist \t, Verzeichnis: \w \nEingabe
   Nr.: \#\$"
```

Hier wird vor jeder Eingabeaufforderung eine ganze Zeile mit Informationen über den Benutzernamen, den Rechnernamen, die Uhrzeit und das Arbeitsverzeichnis ausgegeben. Darunter wird angezeigt, welche Nummer das einzugebende Kommando hat und danach wieder Dollarzeichen oder Doppelkreuz, je nach dem, ob gerade als gewöhnlicher Benutzer oder als Systemadministrator arbeitet wird.

Neben der Variablen *PS1* existieren noch die Variablen *PS2* bis *PS4*. Die Variable *PS2* bestimmt, wie die so genannte sekundäre Eingabeaufforderung aussehen soll. Diese zweite Eingabeaufforderung wird gezeigt, wenn ein Befehl noch nicht vollständig eingegeben wurde, aber die EINGABE-Taste gedrückt wurde. Ein Beispiel für einen unvollständigen Befehl ist ein Befehl, in dem Anführungszeichen vorkommen, die nicht wieder geschlossen werden. Beispiel:

```
joe@debian:~$ a="Hallo"
```

Die Variable *PS3* bestimmt das Aussehen der Eingabeaufforderung bei Verwendung des *select* (S. 464)-Befehls und die Variable *PS4* beschreibt die Zeile, die ausgegeben wird, bevor auszuführende Befehle angezeigt werden. (Normalerweise werden diese gar nicht angezeigt. Dies lässt sich jedoch mit dem Befehl *set* (S. 487) verändern.)

16.8.4 Umgebungsvariablen

Shellvariablen werden von der Shell selbst gespeichert und haben nur für sie selbst eine Bedeutung. Die Speicherung von Umgebungsvariablen funktioniert anders. Das Betriebssystem reserviert für jeden Prozess Speicherplatz, in dem Umgebungsvariablen gespeichert werden können. Wenn nun von einem Prozess ein anderer Prozess aufgerufen wird, erhält der neue Prozess eine Kopie dieses Speicherplatzes. Ihm stehen also genau die gleichen Umgebungsvariablen mit den gleichen Werten zur Verfügung. Daraus folgen zwei Dinge:

1. Umgebungsvariablen sind geeignet, um neuen Prozessen etwas mitzuteilen. Diese Eigenschaft wird von vielen Programmen benutzt. Es gibt verschiedene Parameter, die für alle Programme, die ein Benutzer aufruft, immer wieder gelten sollen. Dazu kann beispielsweise die Sprache gehören, mit der ein Programm arbeitet. Anstatt nun jedem Programm über einen Parameter mitzuteilen, dass es beispielsweise spanisch sprechen soll, wird einfach eine Umgebungsvariable auf einen entsprechenden Wert gesetzt. Der Wert dieser Umgebungsvariablen kann dann von allen danach aufgerufenen Programmen ausgewertet werden.
2. Jeder Prozess kann nur seine eigenen Umgebungsvariablen ändern. Wenn sie geändert sind, vererben sie sich auf alle Prozesse, die von diesem Prozess gestartet worden sind. Es besteht allerdings keine Möglichkeit, Umgebungsvariablen von bereits laufenden *anderen* Prozessen zu verändern.

Einfache Shellvariablen werden durch den Befehl *export* (S. 482) zu Umgebungsvariablen. Die Befehlsfolge

```
joe@debian:~$ export a
```

macht die Variable *a* also zur Umgebungsvariablen. Diesen Vorgang nennt man auch das Exportieren von Variablen, weil sie aus der Shell in die Prozessumgebung exportiert werden. Es ist auch möglich, einer Variablen während des Exportierens einen Wert zuzuweisen:

```
joe@debian:~$ export a=hallo
```

Umgebungsvariablen, die beim Start der Bash bereits existieren, die also von dem Prozess, aus dem die Bash aufgerufen wurde oder noch weiter vorher, gesetzt worden sind, stehen in der Bash auch als einfache Variablen zur Verfügung. Nachdem eine Variable exportiert worden ist, kann sie weiterhin wie eine gewöhnliche Variable benutzt werden. Die Befehlsfolge

```
joe@debian:~$ a=hallo
```

```
joe@debian:~$ export a
```

```
joe@debian:~$ a="Guten Morgen"
```

bewirkt also, dass die Umgebungsvariable *a* den Wert *Guten Morgen* hat, obwohl sie nach der zweiten Änderung nicht erneut explizit exportiert worden ist. Durch die *export*-Anweisung wird praktisch bestimmt, die Variable woanders (nämlich in der Prozessumgebung) zu speichern.

Mit dem Befehl *printenv* (S. 700) lassen sich die augenblicklich existierenden Umgebungsvariablen der Shell mit ihren Werten anzeigen. Der Befehl

```
joe@debian:~$ printenv a
```

gibt nur den Wert der Umgebungsvariablen *a* aus, wohingegen der Befehl

```
joe@debian:~$ printenv
```

die Namen und Werte aller Umgebungsvariablen ausgibt.

Ein Beispiel für eine von vielen Programmen abgefragte Umgebungsvariable ist die Variable *PAGER*. Programme wie das Hilfeprogramm *man* (S. 679) entnehmen dieser Variablen den Namen des Programms, mit dem sie Text am Bildschirm anzeigen sollen. Übliche Programme hierfür sind die Programme *more* (S. 688) und *less* (S. 672). Wenn die Variable nicht gesetzt ist, wird ein Standardprogramm benutzt. Wenn Sie beide Programme installiert haben, können Sie mit dem Befehl

```
joe@debian:~$ export PAGER=more
```

explizit bestimmen, dass Text mit dem Programm *more* angezeigt werden soll und mit dem Befehl

```
joe@debian:~$ export PAGER=less
```

wird bestimmt, dass Text mit dem Programm *less* angezeigt werden soll. Wenn Sie das X Window System benutzen, können Sie auch das Programm *xless* verwenden.

Weil die Umgebungsvariablen eines Prozesses mit dessen Beendigung verloren gehen, müssen diese in einer der Startdateien der Bash (üblicherweise in der Datei *.bashrc*) gesetzt werden, damit sie für alle Sitzungen mit dieser Shell gelten.

Umgebungsvariablen werden ebenfalls mit dem Befehl *unset* wieder entfernt. So bewirkt der Befehl

```
joe@debian:~$ unset PAGER
```

dass die Umgebungsvariable *PAGER* entfernt wird und Programme wie *man* wieder das Standardprogramm verwenden.

Wichtige Umgebungsvariablen

DICTIONARY Legt das von dem Rechtschreibprüfprogramm *ispell* (S. 668) zu benutzende Standardwörterbuch fest. Diese Variable sollte nur von solchen Benutzern gesetzt werden, die ein anderes Wörterbuch als das Systemstandardwörterbuch verwenden wollen.

DISPLAY Programme für das X Window System entnehmen dieser Variablen, mit welchem X-Server sie Verbindung aufnehmen sollen, um Fenster und Ähnliches darzustellen. Die in dieser Variablen gespeicherte Zeichenkette setzt sich aus dem Namen des Rechners, auf dem der zu kontaktierende X-Server läuft, der Nummer des Displays (der Anzeigeeinheit) auf diesem Rechner, und der Nummer des mit dieser Anzeigeeinheit verbundenen Bildschirms zusammen. Rechnername und Nummer des Displays werden durch einen Doppelpunkt voneinander getrennt. Nummer des Displays und Nummer des Bildschirms werden durch einen einfachen Punkt voneinander getrennt. Der Rechnername und die Nummer des Bildschirms sind optional. Wenn der Rechnernahme fehlt, wird der lokale Rechner benutzt. Wenn die Nummer des Bildschirms fehlt, wird der erste Bildschirm benutzt. Die Variable muss jedoch auf jeden Fall den Doppelpunkt und die Nummer des Displays beinhalten, damit sie von X-Anwendungen richtig interpretiert werden kann. Beispiele: *DISPLAY=:0* – wählt das erste Display des lokalen Rechners aus. *DISPLAY=bigscreen:1* – wählt die zweite Anzeigeeinheit auf dem Rechner mit dem Namen *bigscreen* aus.

EDITOR Legt das Programm fest, mit dem Textdateien bearbeitet werden sollen. Beispiel: *EDITOR=vi*.

LANG Programme, die unterschiedliche Anpassungen an Sprachen und andere kulturelle Gegebenheiten unterstützen, beziehen die Information, welche Sprach- und Kultureinstellungen sie verwenden sollen, aus dieser Umgebungsvariablen. Ihr Wert setzt sich zusammen aus

- einer Abkürzung für den Namen der Sprache, die benutzt werden soll,
- einer Abkürzung für den Namen des Landes, dessen kulturellen Gepflogenheiten benutzt werden sollen (Beispiel: Zeitangaben im 24-Stunden-Format oder im englischsprachigen AM/PM-Format),
- und der Bezeichnung des Zeichensatzes, der benutzt wird.

Der zweite und der dritte Teil sind optional. Sprache und Land werden durch einen Unterstrich (_) voneinander getrennt und die Bezeichnung des Landes wird vom Zeichensatz durch einen Punkt getrennt. Für deutsche Einstellungen ist folgender Wert sinnvoll: *LANG=de_DE.ISO-8859-1*. Für Österreich bzw. die Schweiz ist das zweite (großgeschriebene) *DE* durch *AT* bzw. durch *CH* zu ersetzen.

Die *LANG*-Variable legt die Sprach- und Kultureinstellungen für alle verfügbaren Bereiche fest. Wenn für einzelne Bereiche (z. B. das Zahlen- oder Währungsformat) andere Einstellungen gelten sollen, können diese mit den unten aufgeführten *LC_*-Variablen eingestellt werden.

LC_CTYPE Legt den von Applikationen zu verwendenden Zeichensatz fest. Die Variable überschreibt den mit *LANG* angegebenen Wert.

LC_MESSAGES Legt die Sprache fest, in der Ausgaben und Fehlermeldungen von Programmen erfolgen sollen.

LC_TIME Legt das Format fest, in dem Uhrzeiten und Daten angegeben werden.

LC_MONETARY Legt das Format fest, in dem Währungsangaben vorgenommen werden.

LC_NUMERIC Legt das Format fest, in dem numerische Ausdrücke angegeben werden.

LC_COLLATE Legt das Format fest, wie Zeichenketten miteinander verglichen werden.

LC_ALL Diese Variable überschreibt, wenn sie gesetzt ist, alle Einstellungen, die mit der *LANG*-Variablen und den anderen *LC_*-Variablen vorgenommen wurden.

LD_LIBRARY_PATH Enthält – durch Doppelpunkte voneinander getrennt – die Namen der Verzeichnisse, in denen der Linker nach Bibliotheken suchen soll, die zur Ausführung eines Programms benötigt werden. Die angegebenen Verzeichnisse werden zusätzlich zu und vor den systemweit benutzten Verzeichnissen durchsucht. Siehe auch *ldconfig* (S. 671).

MANOPT Mit dieser Variablen können Optionen für das Programm *man* (S. 679) angegeben werden, die gelten sollen, ohne an der Kommandozeile explizit angegeben werden zu müssen. Sie werden von *man* ausgewertet, bevor die eigentliche Kommandozeile ausgewertet wird. Beispiel: *MANOPT=--all* bewirkt, dass *man* immer alle Manual-Seiten zu einem Begriff anzeigt und nicht nur die erste gefundene.

MANPATH Legt fest, in welchen Verzeichnissen *man* nach Manual-Seiten suchen soll. Wenn diese Umgebungsvariable gesetzt ist, werden die Standardverzeichnisse nicht mehr durchsucht.

PAGER Legt das Programm fest, mit dem Textdateien betrachtet werden sollen. Beispiel: *PAGER=less*.

PATH Enthält – durch Doppelpunkte voneinander getrennt – die Namen der Verzeichnisse, in denen nach ausführbaren Dateien gesucht werden soll, die ohne Pfadangabe aufgerufen werden.

SHELL Enthält den Namen des Programms, das benutzt werden soll, wenn ein Programm eine Shell ausführen will. Beispielwert: *SHELL=/bin/bash*.

TAPE Enthält den Namen der Gerätedatei, die das zu verwendende Bandlaufwerk repräsentiert. Diese Variable wird von Programmen wie *tar* (S. 720) und *mt* (S. 692) abgefragt. Beispielwert: *TAPE=/dev/st0* (Erstes SCSI-Bandlaufwerk).

TERM Enthält die Typenbezeichnung des Terminals. Programme entnehmen daraus, welche Steuercodesequenzen sie benutzen müssen, um beispielsweise den Bildschirm zu löschen oder die Einfügemarke zu bewegen.

USER Enthält den Namen des Benutzers.

WORDLIST Legt die Datei fest, in der *ispell* (S. 668) das persönliche Wörterbuch des betreffenden Benutzers speichert.

16.9 Substitution (Ersetzung) und Expansion (Erweiterung oder Auflösung)

Die Begriffe Substitution und Expansion bezeichnen beide ähnliche Vorgänge. In beiden Fällen wird ein Ausdruck durch einen anderen ersetzt. Ein einfacher Fall wurde bereits bei der Benutzung von Variaben vorgestellt:

```
joe@debian:~$ a=$b
```

Die Anweisung bewirkt, dass der Ausdruck *$b* durch die Zeichenkette, die in der Variablen *b* gespeichert ist, ersetzt wird.

Die Shell bietet nun verschiedene Substitutions- und Expansionsmechanismen, mit denen sich u. a. – in einem begrenzten Rahmen – arithmetische Berechnungen durchführen lassen, oder die Ausgabe eines Programms in den Wert einer Variablen umgeleitet werden kann.

16.9.1 Dateinamenerweiterung

In Kapitel 5 wurde bereits auf die Verwendung der Meta-Zeichen *, ? und [] sowie auf die Bedeutung der Tilde hingewiesen. Sobald die Shell auf eine Zeichenkette trifft, die diese Zeichen enthält, versucht sie, diese Zeichenkette durch alle Namen existierender Dateien zu ersetzen, auf die folgendes zutrifft:

- Jedes Zeichen, das keine besondere Bedeutung hat, muss bei den in Frage kommenden Dateinamen an genau der gleichen Stelle stehen wie in der Zeichenkette.
- Das Fragezeichen bezeichnet genau ein beliebiges Zeichen.
- Der Stern bezeichnet eine beliebige Anzahl von Zeichen (auch keines).
- In eckigen Klammern angegebene Zeichen bezeichnen genau ein Zeichen, das eines der in den eckigen Klammern angegebenen ist. Von besonderer Bedeutung ist dabei das Minuszeichen, mit dem ein Bereich von Zeichen angegeben werden kann. Wenn einer Zeichenkette in eckigen Klammern ein Ausrufungszeichen oder das ^-Zeichen vorangestellt ist, sind alle nicht angegebenen Zeichen gemeint.

Die Wirkung der Meta-Zeichen lässt sich ebenfalls gut mit dem Befehl *echo* demonstrieren:

16.9 Substitution (Ersetzung) und Expansion (Erweiterung oder Auflösung)

```
joe@debian:~$ echo *
```

Gibt die Namen aller Dateien im Arbeitsverzeichnis aus.

```
joe@debian:~$ echo /usr/share/doc/*/*.txt
```

Gibt die Namen aller Dateien in allen Unterverzeichnissen des Verzeichnisses */usr/share/doc* aus, die die Endung *.txt* haben.

```
joe@debian:~$ echo a????.txt
```

Gibt die Namen aller Dateien im Arbeitsverzeichnis aus, die mit einem a beginnen, dann aus vier beliebigen Zeichen bestehen und zu Schluß die Endung *.txt* haben.

```
joe@debian:~$ echo [a-z][!0-9][mn]??.*
```

Gibt die Namen aller Dateien im Arbeitsverzeichnis aus, die zunächst mit einem (kleingeschriebenen) Buchstaben beginnen, als zweites Zeichen keine Zahl haben, deren drittes Zeichen entweder m oder n ist, die dann aus zwei weiteren Zeichen und einem Punkt bestehen und dahinter eine beliebige Zeichenfolge aufweisen.

Es ist wichtig zu verstehen, dass diese Zeichen von der Shell selbst und nicht von den Programmen interpretiert werden, die u. U. aufgerufen werden. Wenn es also im Arbeitsverzeichnis beispielsweise die Dateien *bild1.gif*, *bild2.gif* und *bild3.gif* gibt und in diesem Verzeichnis folgender Befehl eingegeben wird

```
joe@debian:~$ ls -l *gif
```

dann führt das nicht dazu, dass dem Programm *ls* (S. 677) das Argument **gif* übergeben wird. Vielmehr sieht die Shell nach, welche Dateinamen auf die angegebene Zeichenkette passen und setzt diese dafür ein. Der Befehl ist also gleichbedeutend mit folgendem Befehl:

```
joe@debian:~$ ls -l bild1.gif bild2.gif bild3.gif
```

Nur dann, wenn die Shell keinen Dateinamen findet, auf den der angegebene Begriff zutrifft, wird er so wie eingegeben an das aufgerufene Programm übergeben.

16.9.2 Interpretation von Sonderzeichen unterdrücken

In bestimmten Situationen ist es erwünscht, dass Metazeichen nicht von der Shell interpretiert werden. Außerdem gibt es noch eine Reihe weiterer Sonderzeichen (wie z. B. das Dollarzeichen), deren Interpretation gelegentlich unterdrückt werden muss. Es gibt verschiedene Möglichkeiten, dies zu erzwingen:

- Wird einem Zeichen ein Rückwärts-Schrägstrich (\) vorangestellt, so wird dieses Zeichen nicht interpretiert. Wenn man das Zeichen \ selbst meint, muss man ihm ebenfalls das Zeichen \ voranstellen.
- Wenn eine Zeichenkette in doppelten Anführungszeichen (" ") steht, werden die in ihr enthaltenen Zeichen mit besonderer Bedeutung nicht interpretiert. Hier gibt es allerdings einige Ausnahmen. So werden Dollarzeichen zwischen Anführungszeichen (die Variablenbezeichnungen einleiten) weiterhin interpretiert.
- Zeichen mit besonderer Bedeutung zwischen einfachen Anführungszeichen (' ') werden nie interpretiert. Durch einfache Anführungszeichen lässt sich also die Bedeutung aller Zeichen mit besonderer Bedeutung komplett abschalten.

Wenn ein Ausdruck ein Anführungszeichen enthalten soll, so muss diesem ebenfalls ein Rückwärts-Schrägstrich vorangestellt werden, damit es nicht als Anführungszeichen interpretiert wird.

Das bedeutet, dass der Befehl

```
joe@debian:~$ ls "*gif"
```

im Gegensatz zum obigen Befehl das Programm *ls* direkt mit dem Argument *gif aufruft. Wenn eine Datei mit diesem Namen im Verzeichnis nicht existiert, wird man daraufhin eine Fehlermeldung von *ls* erhalten.
Eine Reihe von Programmen interpretieren Meta-Zeichen jedoch ebenfalls. Dazu gehören die Programme *find* (S. 656) oder *zip* (S. 739). Wenn für die Shell bedeutsame Zeichen in Argumenten vorkommen, die Programmen übergeben werden sollen, müssen diese also immer durch Anführungszeichen oder den Rückwärts-Schrägstrich vor der Interpretation durch die Shell geschützt werden. Wenn Sie sich bei einem bestimmten Ausdruck nicht sicher sind, welche Zeichen geschützt sind und welche interpretiert werden, können Sie dies mit dem *echo*-Befehl überprüfen. Beispiel: Der Befehl

```
joe@debian:~$ echo "$hallo Welt"' '\$hallo Welt
```

gibt – vorausgesetzt, die Variable *hallo* ist undefiniert – folgendes aus:

```
 Welt $hallo Welt
```

Das erste *$hallo* steht zwar in doppelten Anführungszeichen, in denen die Shell dennoch versucht, den Wert der Variablen *hallo* einzusetzen. Weil diese Variable undefiniert ist, wird für *$hallo* kein Wert eingesetzt und die ausgegebene Zeichenkette beginnt mit dem Leerzeichen vor *Welt*. Die Leerzeichen zwischen den einfachen Anführungsstrichen werden unverändert ausgegeben (sie hätten auch in doppelten Anführungsstrichen stehen können) und die darauffolgende Zeichenkette *$hallo* wird ebenfalls unverändert ausgegeben, weil dem Dollarzeichen hier ein Schrägstrich vorangestellt ist. Das letzte Wort *Welt* ist das zweite Argument für den *echo*-Befehl, weil es durch ein Leerzeichen von den vorherigen Zeichen getrennt steht. Es wird ebenfalls unverändert ausgegeben, weil es keine Zeichen mit besonderer Bedeutung enthält.

16.9.3 Kommandosubstitution

Immer dann, wenn ein Ausdruck in rückwärtsgerichteten, einfachen Anführungsstrichen (` `) steht, interpretiert die Shell einen solchen Ausdruck als einen Befehl und führt ihn aus. Danach ersetzt sie den Ausdruck durch das, was durch diesen Befehl auf die Standardausgabe geschrieben wurde.
Die Anweisung

```
joe@debian:~$ a=`ls`
```

bewirkt, dass die Standardausgabe des Befehls *ls* der Variablen *a* zugewiesen wird. Das Ergebnis kann mit folgendem Befehl betrachtet werden:

```
joe@debian:~$ echo $a
```

Sinnvoll lässt sich diese Eigenschaft u. a. dann einsetzen, wenn die Ausgabe eines Befehls als Parameter für einen anderen Befehl dienen soll. Beispiel: Mit der Option -S des Befehls *dpkg* kann man sich anzeigen lassen, welche Datei zu welchem Debian-Paket gehört (siehe Kap. 8.3, S. 189). Möchte man beispielsweise wissen, zu welchem Paket das Programm *ls* gehört, so könnte man folgenden Befehl eingeben:

```
joe@debian:~$ dpkg -S ls
```

Es werden dann die Namen aller zu installierten Debian-Paketen gehörenden Dateien ausgegeben, in denen die Zeichenkette *ls* vorkommt. Zu jeder Datei wird angegeben, aus welchem Paket sie stammt. Weil diese Zeichenkette in vielen Dateinamen vorkommt, erhält man eine lange und unübersichtliche Ausgabe. Man müßte also den Dateinamen genauer angeben, um eine bessere Ausgabe zu bekommen. Das Programm *which* (S. 734) gibt den absoluten Dateinamen eines Programms aus. Der Befehl

```
joe@debian:~$ which ls
```

führt beispielsweise zu der Ausgabe

```
/bin/ls
```

Jetzt könnte man mit dem Befehl

```
joe@debian:~$ dpkg -S /bin/ls
```

genauer nach dem Paket suchen, aus dem das Programm stammt. Die Zwischeninformation des Dateinamens von *ls* interessiert jedoch eigentlich gar nicht. Und außerdem macht es keinen Spaß, Ausgaben von Programmen abzutippen, um sie anderen Programmen als Eingabe zu übergeben. Mit Hilfe der Kommandosubstitution kann man es sich einfacher machen:

```
joe@debian:~$ dpkg -S `which ls`
```

Die Kommandosubstitution führt dazu, dass zunächst *which ls* ausgeführt wird und die Ausgabe davon an der Stelle eingesetzt wird, wo sich der Ausdruck '*which ls*' befindet, bevor der Befehl *dpkg* aufgerufen wird. *dpkg* wird also sofort mit den Parametern *-S* und */bin/ls* aufgerufen und liefert das gewünschte Ergebnis.

16.9.4 Arithmetische Berechnungen

Mit der Bash ist es in eingeschränktem Umfang möglich, arithmetische Berechnungen durchzuführen. Solche Berechnungen werden mit einem Dollarzeichen eingeleitet und in eckige Klammern gesetzt. Beispielsweise gibt der Befehl

```
joe@debian:~$ echo $[2+2]
```

die Zahl vier aus. Teil von Berechnungen können auch zu substituierende Ausdrücke sein. So führt die folgende Befehlskette zum gleichen Ergebnis:

```
joe@debian:~$ a=2; b=2; echo $[ $a + $b ]
```

Alternativ kann der eingebaute Befehl *let* (S. 485) zum Ausführen von Berechnungen benutzt werden. Ein Beispiel für Kommandosubstitution innerhalb von Berechnungen wäre folgende Anweisung:

```
joe@debian:~$ echo $[ `cat diplomarbeit | wc --lines` / 60 ]" Seiten"
```

Hier wird zunächst der Ausdruck '*cat diplomarbeit | wc --lines*' aufgelöst, in dem dieser Befehl ausgeführt wird. Das Programm *wc* (S. 734) gibt mit der Option *--lines* die Anzahl der gelesenen Zeilen aus. Das Ergebnis (also die Anzahl der Zeilen in der Datei *diplomarbeit*) wird danach durch die Zahl 60 geteilt und an die daraus resultierende Zeichenkette wird nach einem Leerzeichen das Wort *Seiten* angehängt.
Berechnungen mit der Bash sind insofern eingeschränkt möglich, als dass nur ganzzahlige Werte zwischen -2147483648 und 2147483647 ausgegeben werden. Eine Rundung findet nicht statt. Die Ursache hierfür ist, dass die Bash Zahlen intern nur als 32-Bit-Integerwerte speichert. Wenn bei Benutzung der Shell genauere Berechnungen nötig sind, ist die Verwendung das Programm *bc* zu empfehlen, auf das hier jedoch nicht weiter eingegangen werden soll.
Die Bash kennt die üblichen mathematischen Operatoren * (Multiplikation), / (Division), + (Addition) und - (Substraktion). Darüber hinaus sind weitere Funktionen wie logisches und bitweises NICHT, UND und ODER sowie Wertevergleiche (größer als, kleiner als usw.) möglich. Diese Funktionen sind in der Info-Dokumentation zu der Bash dokumentiert.

16.9.5 Feldvariablen

Die Bash erlaubt es, eindimensionale Feldvariablen zu definieren. Feldvariablen sind Variablen, in denen mehrere Werte hintereinander gespeichert sind. Um einen Wert an einer bestimmten Stelle einer Feldvariablen zu speichern oder ihn von dort zu beziehen, ist die Stelle durch einen Index anzugeben. Der Index wird in eckigen Klammern hinter der Variablen angegeben.

Feldvariablen werden – wie gewöhnliche Variablen – in dem Moment erzeugt, in dem sie das erste Mal benutzt werden. Wenn eine Variable, die bisher keine Feldvariable war, als Feldvariable angesprochen wird, wird ihr ursprünglicher Wert dem ersten Element zugewiesen. Das erste Element hat den Index 0.

Um Feldern von Feldvariablen Werte zuzuweisen, ist also folgende Syntax zu verwenden:

```
Name[Index]=Wert
```

Dadurch wird der Feldvariablen *Name* an der mit *Index* bezeichneten Stelle der Wert *Wert* zugewiesen. Beispiel:

```
joe@debian:~$ a[100]="Feld 100 der Variablen a"
```

Die Belegung aller Felder einer Variablen gleichzeitig kann geschehen, indem die einzelnen Werte in runden Klammern und durch Leerzeichen getrennt angegeben werden. Dadurch werden alle vorherigen Felder der Variablen gelöscht. Beispielsweise definiert der Befehl

```
joe@debian:~$ Dinge=(Auto Buch Pflanze Feuerzeugbenzin)
```

die Feldvariable *Dinge* und weist den ersten vier Feldern die angegebenen Werte zu. Durch eine Anweisung in dieser Form werden alle bisherigen Felder dieser Variablen gelöscht.

Eine etwas andere Syntax als normalerweise ist notwendig, um die Werte aus Feldvariablen zu verwenden. Das folgende Beispiel gibt den Wert des Elements mit dem Index 100 der Feldvariablen *a* aus:

```
joe@debian:~$ echo ${a[100]}
```

Feldvariablen müssen hier also nach dem Dollarzeichen in geschweifte Klammern gesetzt werden. Der Index kann auch in Form einer Variablen oder eines arithmetischen Ausdrucks angegeben werden, dessen Ergebnis jedoch auf jeden Fall größer oder gleich Null sein muss. Beispiel:

```
joe@debian:~$ i=100; echo ${a[$i]}
```

Um beispielsweise der Feldvariablen *menschen*, an der durch die Variablen *i* bezeichneten Stelle abzüglich zwei, den Wert der Feldvariablen *namen*, an der durch die Variablen *i* bezeichneten Stelle, zuzuweisen, wäre der folgende Befehl einzugeben:

```
joe@debian:~$ menschen[$i-2]=${namen[$i]}
```

16.9.6 Klammererweiterung

Der Mechanismus der Klammererweiterung (Brace Expansion) erlaubt es, eine Reihe von ähnlichen Zeichenfolgen relativ schnell zu erzeugen. Dazu ist in geschweiften Klammern eine Anzahl von Zeichenketten zu spezifizieren, die durch Kommata voneinander getrennt werden. Im Unterschied zu der Expansion von Dateinamen mit Meta-Zeichen wird hierbei nicht überprüft, ob die aus dem betreffenden Ausdruck erzeugbaren Zeichenketten als Dateinamen existieren. Der Befehl

```
joe@debian:~$ echo /usr/share/doc/{aa,bb}
```

kombiniert die Zeichenketten *aa* und *bb* mit der vorangestellten Zeichenkette und gibt beide daraus erzeugbaren Zeichenketten aus. Möchte man beispielsweise im Verzeichnis */usr/local/doc* die Verzeichnisse *machine*, *projects* und *history* anlegen, so kann dies mit dem folgenden Befehl geschehen.

joe@debian:~$ **mkdir /usr/local/doc/{machine,projects,history}**

Wenn mehrere Klammererweiterungen in einem Ausdruck vorkommen, werden die darin enthaltenen Ausdrücke miteinander kombiniert. Dies kann mit dem folgenden Befehl demonstriert werden.

joe@debian:~$ **echo /usr/share/doc/{1,2}/{a,b,c}**

Auf diese Art lässt sich eine große Zahl möglicher Kombinationen von Zeichenketten schnell angeben. Besonders vorteilhaft ist, dass die Ausdrücke in den geschweiften Klammern auch Meta-Zeichen enthalten dürfen. Diese werden wie üblich expandiert, nachdem die möglichen Kombinationen aus den angegebenen Zeichenketten gebildet worden sind. So gibt der Befehl

joe@debian:~$ **echo /usr/share/doc/{a*,b*}**

die Namen aller Dateien im Verzeichnis */usr/share/doc*, deren Namen mit einem kleinen a oder einem kleinen b beginnen, aus. Wollte man aus den Unterverzeichnissen von */usr/share/doc*, deren Namen mit a oder b beginnen, alle Dateien, deren Namen mit *README* oder *NEWS* beginnen, in das Verzeichnis *docs* kopieren, so könnte man dies mit dem folgenden Befehl tun.

joe@debian:~$ **cp /usr/share/doc/{a*,b*}/{README*,NEWS*} docs**

Bei der Expansion dieses Befehls werden zunächst vier Zeichenketten gebildet, nämlich:

1. */usr/share/doc/a*/README**
2. */usr/share/doc/a*/NEWS**
3. */usr/share/doc/b*/README**
4. */usr/share/doc/b*/NEWS**

Daraufhin werden die Meta-Zeichen expandiert. Dies geschieht für jede der vier Zeichenketten einzeln und nacheinander. Zu beachten ist dabei, dass die Expansion wie üblich nur dann geschieht, wenn es tatsächlich Dateinamen gibt, die passen. Wenn also beispielsweise aus der Zeichenkette */usr/share/doc/b*/NEWS** keine Dateinamen gebildet werden können, findet für diese Zeichenkette keine Expansion statt. Sie bleibt dann unverändert.

16.9.7 Bedingte Variablenexpansion

Die Bash bietet eine Reihe von Mechanismen, die es erlauben, Variablen nur unter bestimmten Bedingungen zu expandieren. Dadurch ist es möglich, Werte beispielsweise nur dann zu interpretieren, wenn diese auch gesetzt sind. Diese Konstruktionen werden mit einem Dollarzeichen eingeleitet und dann in geschweifte Klammern gesetzt. Es stehen u. a die im folgenden genannten Konstrukte zur Verfügung. Darin angegebene Zeichenketten können in der Regel u. a. normale Zeichenketten oder Variablen sein, die dann vor der Auswertung des jeweiligen Ausdrucks ausgewertet werden.

**${Variable}** Entspricht dem Wert von *Variable*, ist also gleichbedeutend mit *$Variable*. Diese Schreibweise ist jedoch geeignet, nachfolgende Zeichen von dem Namen der betreffenden Variablen abzugrenzen. Beispiel: während die Zeichenkette *$ab* durch den Inhalt der Variablen *ab* ersetzt werden würde, ist die Zeichenkette *${a}b* gleichbedeutend mit dem Inhalt der Variablen *a* und dem angehängten Zeichen *b*.

${Variable:-Zeichenkette} Wenn die Variable *Variable* existiert und einen Wert hat, ist der Ausdruck gleich dem Wert von *Variable*, sonst gleich dem Wert von *Zeichenkette*.

${Variable:=Zeichenkette} Wenn die Variable *Variable* existiert und einen Wert hat, ist der Ausdruck gleich dem Wert von *Variable*. Wenn nicht, wird der Wert von *Zeichenkette* *Variable* zugeordnet und der Ausdruck ist gleich *Zeichenkette*.

${Variable:?Zeichenkette} Wenn die Variable *Variable* existiert und einen Wert hat, ist der Ausdruck gleich dem Wert von *Variable*. Wenn nicht, wird die mit *Zeichenkette* angegebene Zeichenkette auf die Standardfehlerausgabe gegeben und die Ausführung weiterer Kommandos abgebrochen. Wenn die Shell nicht interakitv ist, wird sie beendet. Mit dieser Konstruktion lässt sich schnell und effektiv prüfen, ob alle notwendigen Parameter für die Ausführung eines Shellskriptes vorliegen.

${Variable:+Zeichenkette} Wenn die Variable *Variable* existiert und einen Wert hat, ist der Ausdruck gleich der mit *Zeichenkette* angegebenen Zeichenkette. Wenn *Variable* nicht existiert oder keinen Wert hat, ist der Ausdruck gleich einer leeren Zeichenkette.

${Variable:Anfangspunkt[:Endpunkt]} Der Ausdruck ist gleich der Teilzeichenkette der in *Variable* gespeicherten Zeichenkette, die mit dem mit *Anfangspunkt* angegebenen Zeichen anfängt und mit dem optional mit *Endpunkt* (ohne eckige Klammern) angegebenen Zeichen aufhört. Bei *Anfangs-* und *Endpunkt* muss es sich um Ausdrücke handeln, die Zahlen entsprechen. Wenn *Endpunkt* nicht angegeben ist, ist der Ausdruck gleich der Zeichenkette aus *Variable* von *Anfangspunkt* bis zum Ende. Wenn *Anfangspunkt* einer negativen Zahl entspricht, wird der Anfangspunkt vom Ende der Zeichenkette aus *Variable* an rückwärts ermittelt. Wenn Variable @ ist, entspricht das Ergebnis den Shell-Argumenten vom *Anfangspunkt*en Argument bis zum *Endpunkt*en Argument. Wenn *Variable* eine Feldvariable mit dem Index @ oder * ist, entspricht der Ausdruck dem Inhalt von dem *Anfangspunkt*en Feld bis zum *Endpunkt*en.

${#Variable} Der Ausdruck entspricht der Anzahl der Zeichen, aus denen die in *Variable* gespeicherte Zeichenkette besteht. Wenn *Variable* gleich @ oder * ist, entspricht der Ausdruck der Anzahl der Argumente der Shell. Wenn *Variable* eine Feldvariable mit dem Index @ oder * ist, entspricht der Ausdruck der Anzahl der Elemente dieser Feldvariablen.

16.10 Automatisierung von Vorgängen mit der Bash

Am Anfang dieses Kapitels wurde bereits gezeigt, wie sich gewöhnliche Shell-Befehle in eine Textdatei schreiben lassen und eine solche Textdatei dann wie ein Programm ausgeführt werden kann. Prinzipiell sind dabei nur zwei Dinge zu bedenken:

– In der ersten Zeile sollte sich folgender Eintrag befinden:

```
#! /bin/bash
```

Durch diese Zeile wird das Betriebssystem angewiesen, das entsprechende Skript durch die Bash auszuführen. In vielen Shell-Skripten findet man in der ersten Zeile auch den folgenden Eintrag:

```
#! /bin/sh
```

Dies bedeutet, dass das Skript von der Standard-Bourne-Shell ausgeführt werden soll. Unter Debian ist */bin/sh* ein symbolischer Link nach */bin/bash*. Es wird also mit beiden Zeilen das gleiche Programm aufgerufen, allerdings verhält sich die Bash etwas anders, wenn Sie über den Namen */bin/sh* aufgerufen wird. Hierdurch wird die Kompatibilität zur Standard-Bourne-Shell gewährleistet.

– Die Datei muss für denjenigen, der sie benutzen will, ausführbar sein. Dies kann mit dem Befehl *chmod* (S. 644) eingestellt werden.

Weiter ist zu bedenken, dass das aktuelle Arbeitsverzeichnis normalerweise nicht im Suchpfad für ausführbare Dateien enthalten ist. Das bedeutet, dass ein Shell-Skript, welches sich beispielsweise im Heimatverzeichnis eines Benutzers befindet, nicht gefunden wird, auch wenn es von dort aus aufgerufen wird. Dies lässt sich ändern, in dem das aktuelle Verzeichnis mit in die Variable *PATH* aufgenommen wird oder das Skript mit seinem Verzeichnisnamen aufgerufen wird. Der Befehl

```
joe@debian:~$ PATH="."/$PATH
```

fügt das aktuelle Verzeichnis (.) vor allen anderen Verzeichnissen in den Suchpfad für ausführbare Dateien ein[6]. Um ein Programm im Arbeitsverzeichnis mit Verzeichnisangabe aufzurufen, ist es am einfachsten, dem Namen der Programmdatei die Zeichenkette *./* voranzustellen (Der Punkt bezeichnet das aktuelle Arbeitsverzeichnis)

16.10.1 Allgemeine Bemerkungen zur Skripterstellung

Kommentare Jede leere Zeile und alle Zeilen, die mit einem Doppelkreuz (#) beginnen, werden von der Bash nicht interpretiert. Dadurch ist es möglich, Kommentare in Skripte zu schreiben und einzelne Kommandos in sinnvoll zusammenhängenden Gruppen anzuordnen. Grundsätzlich kann empfohlen werden, hiervon ausgiebig Gebrauch zu machen. Am Tag, an dem ein Skript erstellt wird, ist meistens noch klar, wozu die einzelnen Anweisungen gut sind. Zwei Wochen später oder etwa zwei Jahre später kann das aber schon ganz anders aussehen.

Variablen Zur weiteren Steigerung der Übersichtlichkeit ist zu empfehlen, Variablennamen zu wählen, die aussagekräftig sind. Der Name *z* lässt nicht unbedingt erkennen, was in dieser Variablen gespeichert wird, wohingegen der Name *eingabedateien* dies schon eher ermöglicht. Der Autor empfindet es weiter als sinnvoll, Variablen in umfangreichen Skripten zu Beginn des Skriptes zu deklarieren und ihnen Voreinstellungswerte zuzuweisen. Dadurch kann auf einen Blick geprüft werden, ob ein bestimmter Name schon vergeben ist. Weiter ist zu bedenken, dass auch bei Variablennamen zwischen Groß- und Kleinschreibung unterschieden wird.

16.10.2 Die Parametervariablen

In den meisten Fällen möchte man mit einem Programm verschiedene ähnliche Aufgaben bearbeiten können. So wie im Beispiel am Anfang dieses Kapitels möchte man einem Shellskript u. U. erst bei seinem Aufruf mitteilen, welche Dateien bearbeitet werden sollen oder man möchte durch die Angabe von Optionen das Verhalten von Programmen oder Skripten verändern. Hierzu dienen die eingebauten Shellvariablen *1*, *2*, *3* usw. Sie enthalten den ersten, zweiten, dritten usw. Parameter, welche der Shell oder dem betreffenden Skript an der Kommandozeile übergeben worden sind. Das folgende Skript veranschaulicht den Gebrauch dieser Variablen:

```
#! /bin/bash
echo $1 $2 $3 $4 $5 $6 $7 $8 $9
```

Wenn dieses Skript unter dem Namen *parameter.sh* gespeichert wird und dann beispielsweise mit

```
joe@debian:~$ ./parameter.sh hallo moin nabend
```

aufgerufen wird, dann erfolgt die folgende Ausgabe:

```
hallo moin nabend
```

---

[6] Als Administrator können Sie Ihre Skripte natürlich auch in ein Verzeichnis kopieren, dass im standardmäßigen Suchpfad für Programme enthalten ist. Normalerweise verwendet man hierzu das Verzeichnis */usr/local/bin*.

Dem Skript wurden hier nur drei Parameter übergeben, weswegen die Variablen *4* bis *9* in diesem Fall leer sind und für diese bei der Bearbeitung des *echo*-Befehls keine Werte eingesetzt wurden.

Über diesen Mechanismus lassen sich jedoch nur die ersten neun Parameter benutzen. Weitere können entweder mit dem Befehl *shift* (S. 489) verfügbar gemacht werden, oder über die Variablen * oder @ angesprochen werden. Die Variablen * und @ enthalten sämtliche Parameter. Der Unterschied zwischen beiden besteht darin, dass * alle Parameter in einzelnen Zeichenketten und @ alle Parameter in einer Zeichenkette enthält.

Eine besondere Stellung nimmt in diesem Zusammenhang die Variable *0* ein. Sie enthält den Namen, mit dem das Programm, welches gerade ausgeführt wird, aufgerufen wurde. Das ist in der Regel der Name der Bash selbst, wenn sie direkt aufgerufen wurde (*/bin/bash*), oder der Name des Skripts, welches sie gerade ausführt. Über diese Variable kann also geprüft werden, mit welchem Namen ein Skript aufgerufen wurde.

Den Parametervariablen lassen sich nicht wie gewöhnlichen Variablen neue Werte zuweisen. Allerdings ist es möglich, sie über den eingebauten Befehl *set* (S. 487) neu zu setzen:

Die allgemeine Syntax zu diesem Befehl lautet:

```
set Argument1 [Argument2 ...]
```

Danach ist das mit *Argument1* angegebene Argument in der Variablen *1* gespeichert, das mit *Argument2* angegebene in der Variablen *2* usw. Wird *set* ohne Werte oder Optionen aufgerufen, gibt es die Namen aller definierten Variablen zusammen mit ihren Werten aus. Zusammen mit dem Befehl *set* können auch die Ersetzungsmechanismen benutzt werden. So weist der Befehl

```
joe@debian:~$ set *
```

die Namen aller Dateien im Arbeitsverzeichnis (die durch die Dateinamenerweiterung für den Stern eingesetzt werden) den Parametervariablen zu. Und der Befehl

```
joe@debian:~$ set `ls -l diplomarbeit`
```

führt dazu, dass die Ausgabe des Befehls *ls -l diplomarbeit* in den Parametervariablen gespeichert wird. In der Variablen *1* sind dann die Rechte der Datei gespeichert, in der Variablen *2* die Anzahl der Verzeichniseinträge, in der Variablen *3* der Besitzer usw. Wenn nicht jedes (durch Leerzeichen getrennte) Wort einer einzelnen Variablen zugeordnet werden soll, sondern die Zerlegung nach einem anderen Muster geschehen soll, ist dazu die Variable *IFS* entsprechend zu ändern.

16.10.3 Ablaufsteuerung

Jedes Skript, das mehr tut, als nur eine Reihe von Befehlen auszuführen, benötigt eine bestimmte Form der Ablaufsteuerung. Darunter werden Befehle verstanden, die beispielsweise kontrollieren, ob eine bestimmte Aktion tatsächlich ausgeführt werden soll, die angeben, wie im Falle eines Fehlers verfahren werden soll oder die definieren, wie oft eine Aktion ausgeführt wird. Die Bash bietet dazu eine Reihe eingebauter Befehle, die in ähnlicher Form auch in anderen Programmiersprachen zur Verfügung stehen.

Alle Befehle zur Ablaufsteuerung werden wie normale Befehle gehandhabt. Das heißt, sie können sowohl direkt an der Kommandozeile als auch in Skripten benutzt werden. Darüber hinaus können sie beliebig ineinander „verschachtelt" werden. Die folgende Referenz ist ähnlich aufgebaut wie die allgemeine Kommandoreferenz (Seite 629). Auch hier gilt, dass Ausdrücke, die in eckigen Klammern aufgeführt sind, optional (und ohne die eckigen Klammern) benutzt werden können. Die meisten Konstrukte zur Ablaufsteuerung setzen sich aus mehreren einzelnen Schlüsselwörtern zusammen. Diese können – wie üblich – entweder untereinander in einzelnen Eingabezeilen angegeben werden oder hintereinander, durch Semikolons getrennt, spezifiziert werden.

for – Wiederholen von Befehlen für eine Anzahl von Zeichenketten

```
for Variable [in Zeichenkette [Zeichenkette ...]]; do Kommando; [Kommando;
...] done;
```

Der Befehl führt das oder die mit *Kommando* angegebene(n) Kommando(s) für jede mit *Zeichenkette* angegebene Zeichenkette einmal aus. Dabei wird der mit *Variable* angegebenen Variablen jeweils die Zeichenkette zugewiesen, für welche die Kommandos gerade ausgeführt werden. Beispielsweise gibt der folgende Befehl

    joe@debian:~$ **for i in aepfel birnen kirschen; do echo $i; done;**

hintereinander die Wörter *aepfel birnen* und *kirschen* aus.

Wenn mit *Zeichenkette* keine Zeichenkette angegeben ist, werden stattdessen die Parametervariablen verwendet. Die beiden folgenden Anweisungen sind also gleichbedeutend.

```
for i; do echo $i; done
```

```
for i in $*; do echo $i; done
```

Beide Anweisungen bewirken, dass alle Shellparameter hintereinander ausgegeben werden.

```
#! /bin/bash
for verzeichnis in briefe texte musik graphik
do cd $verzeichnis
   mkdir -p backup
   mv *~ *.bak *.old backup
   cd ..
done;
```

Das Skript wechselt nacheinander in die Verzeichnisse *briefe*, *texte*, *musik* und *graphik*, legt dort jeweils ein Unterverzeichnis mit dem Namen *backup* an (sofern es noch nicht existiert) und verschiebt dann alle Dateien mit den Endungen ~, *.bak* und *.old* in dieses Unterverzeichnis. Am Ende jedes Durchlaufs wird wieder zurück in das Ausgangsverzeichnis gewechselt.

while – Wiederholen einer Aktion, solange Kommandos erfolgreich ausgeführt werden

```
while Testkommando; [Testkommando; ...]; do Kommando; [Kommando; ...]
done;
```

Zunächst werden die mit *Testkommando* angegebenen Kommandos ausgeführt. Wenn das Letzte dieser Kommandos einen Rückkehrwert von 0 hat, werden die mit *Kommando* spezifizierten Kommandos ausgeführt. Danach werden wieder die mit *Testkommando* angegebenen Kommandos ausgeführt. Die Schleife wird solange wiederholt, bis das letzte der Testkommandos einen von Null abweichenden Rückkehrwert hat.

```
#! /bin/bash
while ls diplomarbeit &> /dev/null
do sleep 5
done
echo "Die Diplomarbeit ist gelöscht."
```

Das Skript prüft, ob die Datei *diplomarbeit* existiert, indem es den *ls*-Befehl aufruft. Weil hier nur der Rückkehrwert von *ls* interessiert, werden die Standardausgabe und die Fehlerausgabe mit dem Operator &> auf den „Müllschlucker" */dev/null* umgeleitet (Solche Tests werden normalerweise mit dem Kommando *test* (S. 468) durchgeführt). Wenn *ls* den Rückgabewert 0 liefert, was der Fall ist, wenn die Datei existiert, wartet das Skript fünf Sekunden (siehe *sleep* (S. 714)) und führt die Schleife dann erneut aus, in dem es wieder testet, ob die Datei existiert. Die Schleife wird nur dann beendet, wenn *ls* einen von 0 abweichenden Rückkehrwert liefert, was in der Regel der Fall ist, wenn die Datei nicht existiert. Nach Beendigung der Schleife wird ausgegeben, dass die Datei nicht mehr existiert.

until – Wiederholen einer Aktion, solange Kommandos nicht erfolgreich ausgeführt werden

```
until Testkommando; [Testkommando; ...]; do Kommando; [Kommando; ...]
done;
```

Dieser Befehl gleicht dem *while*-Befehl mit dem Unterschied, dass die mit *Kommando* angegebenen Kommandos solange ausgeführt werden, wie das letzte Testkommando einen von Null abweichenden Rückkehrwert liefert, also fehlgeschlagen ist.

```
#! /bin/bash
until ping -c 1 buchhaltung &> /dev/null
do echo "kann Rechner buchhaltung nicht erreichen"
   sleep 5
done
telnet buchhaltung
```

Das Skript untersucht mit dem Befehl *ping* (S. 698), ob der Rechner *buchhaltung* zu erreichen ist. Auch hier interessiert die Ausgabe des *ping*-Befehls nicht, weswegen sie wieder nach */dev/null* umgeleitet wird. Wenn der Test fehlschlägt, weil der Rechner nicht zu erreichen ist, wird eine Meldung ausgegeben und fünf Sekunden gewartet. Danach wird der Test erneut durchgeführt. Sobald der Rechner *buchhaltung* zu erreichen ist und *ping* den Rückkehrwert Null liefert, wird eine *telnet*-Verbindung mit dem Programm *telnet* (S. 722) zu diesem Rechner aufgebaut.

select – Menügesteuertes Ausführen von Aktionen

```
select Variable [in Zeichenkette [Zeichenkette ...]]; do Kommando;
[Kommando; ...] done;
```

Dieser Befehl ist syntaktisch ähnlich aufgebaut, wie der *for*-Befehl. Es wird ein Menü dargestellt, in dem alle mit *Zeichenkette* angegebenen Zeichenketten aufgeführt sind. Jeder Zeichenkette wird dabei eine Zahl zugeordnet. Zusätzlich erscheint eine Aufforderung zur Eingabe einer Zahl. Das Erscheinungsbild dieser Eingabeaufforderung kann durch die eingebaute Variable *PS3* festgelegt werden.
Wenn mit *Zeichenkette* keine Zeichenkette angegeben ist, werden – wie beim Befehl *for* – stattdessen die Parametervariablen (*1, 2* usw.) verwendet.
Nachdem der Benutzer eine Zahl ausgewählt hat, werden die mit *Kommando* angegebenen Kommandos ausgeführt. Der Wert der mit *Variable* bezeichneten Variablen ist dabei gleich der Zeichenkette, die der Zahl entspricht, welche vom Benutzer ausgewählt wurde. Nach Ausführung aller Kommandos wird das Menü erneut dargestellt und es kann wieder eine Auswahl getroffen werden.
Wenn eine ungültige Zahl eingegeben wurde, ist *Variable* leer. Skripte, die diesen Befehl verwenden, sollten dies testen und für eine ungültige Auswahl eine spezielle Aktion vorsehen. Die Schleife kann mit dem Befehl *break* (S. 465) verlassen werden.

```
#! /bin/bash
PS3="Bitte wählen Sie, was angezeigt werden soll: "
select auswahl in Arbeitsspeicher Festplatten Benutzer Zeit Ende
echo
do echo
    case $auswahl in
        Arbeitsspeicher )   free ;;
        Festplatten )       df ;;
        Benutzer )          who ;;
        Zeit )              uptime ;;
        Ende )              break ;;
        * )                 echo "ungültige Auswahl!"
    esac
done
echo "Bis bald..."
```

Dieses Skript stellt eine interaktive Schnittstelle zu wichtigen Werkzeugen zur Systeminformation dar. In der zweiten Zeile wird zunächst der Variablen *PS3* eine Zeichenkette zugewiesen, die als Eingabeaufforderung für eine Auswahl dienen soll. Dann wird *select* aufgerufen, wodurch ein Menü dargestellt wird, in dem der Benutzer zwischen den Menüpunkten *Arbeitsspeicher*, *Festplatten* usw. auswählen kann. Nach erfolgter Auswahl wird mit *echo* eine leere Zeile ausgegeben. Danach wird mit dem Befehl *case* (S. 470) für jede Auswahl eine bestimmtes Programm aufgerufen. Bei der Auswahl von *Ende* wird die Schleife mit dem Befehl *break* verlassen. Die letzte Zeile in der *case*-Gruppe bewirkt, dass eine Fehlermeldung ausgegeben wird, falls eine ungültige Auswahl eingegeben wurde. Nach Beendigung der Schleife verabschiedet sich das Skript höflich.

```
#! /bin/bash
PS3="Welche Datei löschen? "
select datei in *
do rm $datei; break; done;
```

Diese Befehlskette zeigt die Dateien im Arbeitsverzeichnis an, die dem Meta-Zeichen * entsprechen (in der Regel sind das alle Dateien) und bietet die Möglichkeit, eine dieser Dateien auszuwählen. Die ausgewählte Datei wird dann gelöscht und die Schleife wird danach verlassen.

break – Sofortiges Verlassen von Schleifen

```
break [Tiefe]
```

Mit *for*, *while*, *until* oder *select* aufgebaute Schleifen werden sofort verlassen, wenn in Ihnen der Befehl *break* ausgeführt wird. Optional kann dem Befehl die Tiefe von ineinander verschachtelten Schleifen übergeben werden, es werden dann so viele Schleifen gleichzeitig verlassen, wie mit *Tiefe* angegeben ist. Standardwert für *Tiefe* ist 1.

```
#! /bin/bash
for verzeichnis in texte graphiken
do cd $verzeichnis || break
    for datei in liste daten index
        rm $datei || break 2
    done
    cd ..
done
```

Das Beispiel zeigt zwei ineinander geschachtelte *for*-Schleifen. In der äußeren Schleife wird eine Anzahl von Verzeichnissen durchlaufen und versucht, in diese Verzeichnisse zu wechseln (*cd $verzeichnis*). Wenn dieser Befehl fehlschlägt, wird die Schleife sofort mit *break* verlassen. Anderenfalls wird die innere Schleife gestartet, in der versucht wird, eine Anzahl von Dateien zu löschen. Sobald dies für eine Datei fehlschlägt, werden beide Schleifen verlassen.

continue – Zum Ende einer Schleife springen

```
continue [Tiefe]
```

Der Befehl *continue* führt dazu, das alle weiteren Befehle innerhalb einer Schleife nicht mehr ausgeführt werden, sondern sofort an das Ende der Schleife gesprungen wird. Danach wird sie dann in der Regel erneut ausgeführt. Auch hier lässt sich optional die Tiefe spezifizieren, wodurch an das Ende der Schleife der entsprechenden Schachtelungstiefe gesprungen wird. Standardwert für *Tiefe* ist 1.

```
#! /bin/bash
for verzeichnis in texte graphiken
do cd $verzeichnis || continue
   for datei in liste daten index
      rm $datei || break 2
   done
   cd ..
done
```

Diese Abwandlung des vorherigen Beispiels bewirkt im Falle einer nicht erfolgreichen Ausführung des *cd*-Befehls, dass die Schleife nicht ganz abgebrochen wird, sondern lediglich an ihr Ende gesprungen wird und es daraufhin mit dem nächsten Verzeichnis versucht wird.

Bedingte Ausführung Ein Mittel zur bedingten Ausführung von Kommandos wurde bereits vorgestellt. Es handelt sich dabei um die beiden Operatoren || und &&. Diese beiden Operatoren erlauben es, Kommandos nur dann auszuführen, wenn der vorstehende Befehl erfolgreich (&&) oder nicht erfolgreich (||) ausgeführt wurde. Die Befehle *if* und *case* bieten jedoch weitaus mächtigere Möglichkeiten, in Abhängigkeit von Zuständen bestimmte Befehle und Befehlsketten auszuführen. Im Zusammenhang hiermit kommt dem eingebauten Befehl *test* eine besondere Bedeutung zu. Er wird deswegen in diesem Abschnitt beschrieben.

if – Bedingtes Ausführen von Kommandos

```
if Testkommando1; [Testkommando1; ...]; then Kommando1; [Kommando1; ...];
[elif Testkommando2; [Testkommando2; ...]]; then Kommando2; [Kommando2;
...] [elif ...] [else Kommando3; [Kommando3; ...]] fi;
```

Der Befehl *if* führt zunächst die mit *Testkommando1* angegebenen Kommandos aus. Wenn der Rückkehrwert des letzten dieser Kommandos 0 ist, werden die mit *Kommando1* aufgeführten Befehle ausgeführt.
Optional kann hinter den Kommandos, die ausgeführt werden, wenn die erste Testbedingung zutrifft, das Schlüsselwort *elif* stehen. Dann werden, wenn die erste Testbedingung nicht zutrifft, die hinter *elif* angegebenen Testkommandos ausgeführt. Wenn das letzte dieser Kommandos nun den Rückkehrwert Null liefert, werden die Kommandos ausgeführt, die hinter dem nächsten *then* stehen. Es können mehrere *elif ... then* Paare hintereinander vorkommen. Dann werden solange die verschiedenen, hinter den einzelnen *elif*-Wörtern stehenden, Testkommandos ausgeführt, bis das letzte Kommando einer dieser Testkommandos den Rückkehrwert 0 liefert.
Am Ende der Konstruktion kann das Schlüsselwort *else* stehen. Es bewirkt, dass die hinter *else* stehenden Befehle ausgeführt werden, wenn keines der hinter *if* oder *elif* aufgeführten letzten Testkommandos einen Rückkehrwert von 0 hat. Die Kette muss mit dem Wort *fi* beendet werden.
Der Ablauf diese Anweisung wird in Abbildung 39 graphisch dargestellt.

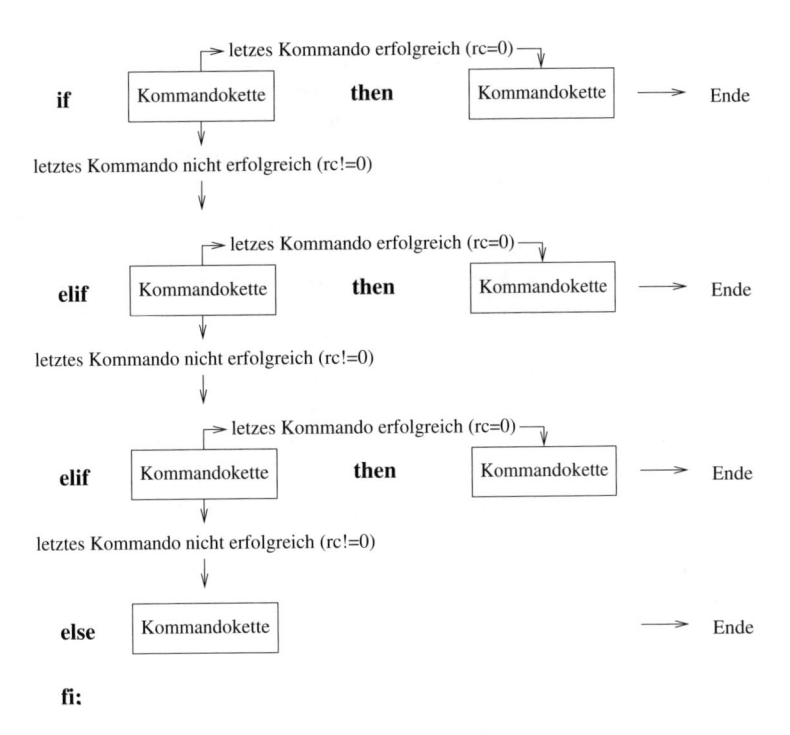

16.10 Automatisierung von Vorgängen mit der Bash

```
                    ┌─→ letztes Kommando erfolgreich (rc=0) ─┐
                    │                                         ↓
         if    [Kommandokette]    then    [Kommandokette]    ──→ Ende
                    │
                    ↓
         letztes Kommando nicht erfolgreich (rc!=0)
                    │
                    ↓
                    ┌─→ letztes Kommando erfolgreich (rc=0) ─┐
                    │                                         ↓
         elif  [Kommandokette]    then    [Kommandokette]    ──→ Ende
                    │
                    ↓
         letztes Kommando nicht erfolgreich (rc!=0)
                    │
                    ↓
                    ┌─→ letztes Kommando erfolgreich (rc=0) ─┐
                    │                                         ↓
         elif  [Kommandokette]    then    [Kommandokette]    ──→ Ende
                    │
                    ↓
         letztes Kommando nicht erfolgreich (rc!=0)
                    │
                    ↓
         else  [Kommandokette]                                 ──→ Ende

         fi:
```

Abbildung 39: Schematische Darstellung des Skriptablaufs bei Verwendung des *if*-Befehls. Die Abkürzung *rc* steht für Returncode (Rückkehrwert).

```bash
# /bin/bash
rechner="verwaltung abrechnung personalwesen edv"
tot=0
totnamen=""
mailserver="mail.provider.de"
email="admin@admin.org.de"
faxnummer="0049111222333"
log=logfile

# Wir versuchen, alle Rechner nacheinander zu erreichen
for i in $rechner
do if ping -c 1 $i &> /dev/null
   then echo "Rechner $i ok." >> $log
   else tot=$[$tot+1]
        totnamen=$totnamen" "$i
        echo "Rechner $i nicht ok." >> $log
   fi
done

# Wenn es Rechner gibt, die unerreichbar sind, versuchen
# wir, auf verschiedene Art den Administrator zu erreichen.
if [ $tot -ne 0 ]
   then if ping -c 1 $mailserver &> /dev/null
        then echo $totnamen |
             mail -s "ausgefallene Rechner!" $email
             echo "E-Mail gesendet" >> $log
        elif echo "ausgefallene Rechner: "$totnamen |
             sendfax -P 0 -n -d $faxnummer &> /dev/null
        then echo "Fax gesendet" >> $log
        else echo "Keine Möglichkeit zur \
             Benachrichtigung" >> $log
        fi
fi
```

Dieses Skript dient zur Überwachung der Erreichbarkeit einiger Rechner, die in der Variablen *rechner* aufgeführt werden. Im ersten Teil werden die Variablen deklariert und mit Werten versehen. Im zweiten Teil wird mit einer *for*-Schleife versucht, die Rechner mit dem Befehl *ping* zu erreichen. Dem *for*-Befehl werden dazu die Namen der zu überprüfenden Rechner mit der Variablen *rechner* übergeben. Der darunterstehende *if*-Befehl ruft das Programm *ping* (S. 698) auf, welches den Rückkehrwert 0 liefert, wenn der gerade überprüfte Rechner zu erreichen ist. In diesem Fall wird in die Datei, deren Namen in der Variablen *log* gespeichert ist, eine Erfolgsmeldung geschrieben. Wenn *ping* allerdings einen von Null abweichenden Rückkehrwert liefert, der betreffende Rechner also nicht zu erreichen ist, wird zu der Variablen *tot* der Wert 1 hinzuaddiert. Weil diese Variable zu Beginn des Skriptes mit dem Wert 0 initialisiert war, enthält sie also nach Beendigung der Schleife die Anzahl der Rechner, die nicht zu erreichen waren. Außerdem wird der Variablen *totnamen* der Name des betreffenden, nicht erreichbaren Rechners angehängt und es wird ein entsprechender Eintrag in der Logdatei vorgenommen.

Im dritten Teil wird anhand der Variablen *tot* geprüft, ob es nicht erreichbare Rechner gegeben hat. (Die eckigen Klammern sind eine vereinfachte Schreibweise für den Befehl *test* (S. 468)). Falls es unerreichbare Rechner gab, soll der Administrator benachrichtigt werden. Zu diesem Zweck wird zunächst mit dem gleichen Verfahren geprüft, ob wenigstens der Mailserver zu erreichen ist. Wenn dieser Test erfolgreich ist, wird mit dem Befehl *mail* (S. 678) eine E-Mail an die in der Variablen *email* gespeicherte Adresse gesendet, welche die angegebene Betreff-Zeile enthält. Das Programm *mail* liest den Inhalt der zu sendenden E-Mail von der Standardeingabe. Es wird also die Liste der Namen nicht erreichbarer Rechner gesendet. Nachdem die E-Mail abgeschickt ist, wird ein entsprechender Eintrag in der Logdatei vorgenommen.

Wenn der Mailserver jedoch nicht erreicht werden konnte (Rückkehrwert ungleich 0), wird versucht ein Fax an die in der Variablen *faxnummer* gespeicherte Faxnummer zu senden. Hierzu wird das Programm *sendfax* aus dem Debian-Paket *hylafax-client* benutzt. Wenn der Rückkehrwert von *sendfax* 0 ist, wird die erfolgreiche Absendung des Faxes in der Logdatei vermerkt. Sollte jedoch auch der Versuch, ein Fax zu senden, fehlgeschlagen sein, wird in der Logdatei vermerkt, dass es nicht möglich war, den Administrator zu benachrichtigen.

test – Testen von Bedingungen

```
test Ausdruck
```

```
[ Ausdruck ]
```

test überprüft, ob die mit *Ausdruck* bezeichnete Bedingung wahr oder falsch ist und liefert den Wert 0 zurück, wenn die Bedingung zutrifft. Anderenfalls wird der Wert 1 zurückgeliefert. Der Befehl kann immer dann eingesetzt werden, wenn bei der bedingten Ausführung von Befehlen nicht der Rückkehrwert eines Programms beurteilt werden soll, sondern geprüft werden soll, ob bestimmte Dateien existieren oder ob Variablen bestimmte Werte haben. Die Entscheidung ist dann abhängig vom Rückkehrwert von *test*, der seinerseits abhängig vom Zutreffen oder Nicht-Zutreffen bestimmter Bedingungen ist.

Es gibt zwei unterschiedliche Schreibweisen für diesen Befehl. In der ersten Form wird *test* wie jeder andere Befehl aufgerufen. Als Parameter werden ihm dann, wie unten beschrieben, die zu testenden Ausdrücke übergeben. In der zweiten Form wird an Stelle des Wortes *test* einfach eine geöffnete eckige Klammer geschrieben, die – gefolgt von dem zu testenden Ausdruck – von einer weiteren eckigen Klammer geschlossen wird. Die zweite Schreibweise erhöht die Lesbarkeit des Befehls in Skripten. Die beiden Befehle

```
joe@debian:~$ test -e diplomarbeit || echo "Die Diplomarbeit ist weg."
```

```
joe@debian:~$ [ -e diplomarbeit ] || echo "Die Diplomarbeit ist weg."
```

sind also identisch. Bei der Verwendung eckiger Klammern ist darauf zu achten, dass zwischen den eckigen Klammern und dem zu testenden Ausdruck Leerzeichen stehen müssen.

`-e Datei` Trifft zu, wenn *Datei* existiert.
`-x Datei` Trifft zu, wenn *Datei* existiert und ausführbar ist.
`-d Datei` Trifft zu, wenn *Datei* existiert und ein Verzeichnis ist.
`-r Datei` Trifft zu, wenn *Datei* existiert und gelesen werden kann.
`-w Datei` Trifft zu, wenn *Datei* existiert und beschreibbar ist.
`Zeichenkette1 = Zeichenkette2` Die beiden angegebenen Zeichenketten sind gleich.
`Ausdruck1 -eq Ausdruck2` Die beiden Ausdrücke haben den gleichen numerischen Wert.
`Ausdruck1 -lt Ausdruck2` *Ausdruck1* ist numerisch kleiner als *Ausdruck2*.
`Ausdruck1 -gt Ausdruck2` *Ausdruck1* ist numerisch größer als *Ausdruck2*.
`Ausdruck1 -ne Ausdruck2` *Ausdruck1* ist numerisch ungleich *Ausdruck2*.
`-z Zeichenkette` Trifft zu, wenn die mit *Zeichenkette* bezeichnete Zeichenkette leer ist. Dadurch lässt sich prüfen, ob eine Variable tatsächlich einen Wert hat.
`-n Zeichenkette` Trifft zu, wenn die mit *Zeichenkette* bezeichnete Zeichenkette nicht leer ist.
`! Ausdruck` Trifft zu, wenn *Ausdruck* nicht zutrifft und umgekehrt (not).
`Ausdruck1 -o Ausdruck2` Trifft zu, wenn *Ausdruck1* oder *Ausdruck2* oder beide zutreffen (or).
`Ausdruck1 -a Ausdruck2` Trifft zu, wenn *Ausdruck1* und *Ausdruck2* zutreffen (and).

Die komplette Liste der von *test* unterstützten Tests lässt sich mit dem Befehl *help test* abrufen.
Im obigen Shellskript zur Überprüfung der Erreichbarkeit von Rechnern wurde mit dem Befehl *test* in der Zeile
    `if [ $tot -ne 0 ]` getestet, ob die Variable *tot* einen von 0 abweichenden Wert hat. Dies ist in dem Skript genau dann der Fall, wenn einer oder mehrere Rechner nicht zu erreichen gewesen sind. Nun möchte man das Skript vielleicht dahingehend ändern, dass eine Benachrichtigung des Administrators erst dann ausgelöst wird, wenn mehr als ein Rechner nicht zu erreichen ist. Die Zeile wäre dann einfach folgendermaßen abzuändern:
    `if [ $tot -gt 1 ]`. Nun liefert *test* nur dann den Rückkehrwert 0, wenn die Variable *tot* einem Wert größer als 1 entspricht.
Mit *test* und *while* lassen sich nun auch Schleifen realisieren, die nur einige Male durchlaufen werden sollen.

```
#! /bin/bash
durchlauf=0
anzahl=10
while [ $anzahl -ne $durchlauf ]
do echo $durchlauf
   durchlauf=$[$durchlauf+1]
done
```

Hier wird als Test-Kommando für die *while*-Schleife der Befehl *test* benutzt, welcher prüft, ob die Variablen *anzahl* und *durchlauf* einen unterschiedlichen numerischen Wert haben. Wenn dies so ist, liefert *test* den Rückkehrwert 0 und die Schleife wird durchlaufen. Innerhalb der Schleife wird zunächst der Wert der Variablen *durchlauf* ausgegeben und ihr Wert dann um die Zahl 1 erhöht. Die Folge dessen ist, dass nach zehn Durchläufen ihr Wert gleich 10 ist und dann die Test-Bedingung (*anzahl* und *durchlauf* unterscheiden sich) nicht mehr zutrifft, woraufhin *test* einen von 0 abweichenden Rückkehrwert liefert und die Schleife beendet wird.
Ein weiterer wichtiger Anwendungsbereich von *test* liegt darin, zu überprüfen, ob Dateien existieren und bestimmte Eigenschaften haben. So führt es beispielsweise zu Fehlern, wenn Programme aufgerufen werden, die nicht vorhanden sind oder aus Dateien gelesen werden soll, für die keine Leseberechtigung besteht. Solche Fehler können durch geeignet Test-Anweisungen vor Aufruf des eigentlichen Programms vermieden werden.
Das folgende Skript ruft das (in Wirklichkeit nicht vorhandene) Programm */usr/local/bin/shuffle* auf. Dieses Programm liest Daten von der Standardeingabe und schreibt seine Ergebnisse auf die Standardausgabe. Weil das

Programm im Falle eines Fehlers allerdings keine Meldungen ausgibt, die auf die Ursache des Fehlers schliessen lassen, wurde dieses Skript geschrieben. Es testet zunächst die notwendigen Bedingungen zur erfolgreichen Ausführung von */usr/local/bin/shuffle*, gibt dann entsprechende Fehlermeldungen aus, falls diese Bedingungen nicht erfüllt sind und ruft das Programm nur dann auf, wenn alle Bedingungen erfüllt sind.

```
#! /bin/bash
programm=/usr/local/bin/shuffle
eingabe=/tmp/shuffledata
ausgabe=/tmp/shuffle.out

if [ ! -x $programm ]; then
    echo "Fehler: Programm nicht ausführbar."
    exit 1;
fi;
if [ ! -r $eingabe ]; then
    echo "Fehler: Kann Daten nicht lesen."
    exit 1;
fi;
if [ ! -w $ausgabe ]; then
    echo "Fehler: Ausgabe nicht vorhanden oder nicht beschreibbar."
    exit 1;
fi;

# Alles stimmt, wir können das Programm aufrufen.
cat $eingabe | $programm >> $ausgabe
```

In dem Skript werden zunächst Variablen definiert, die den Namen der Programmdatei sowie die Namen von Ein- und Ausgabedatei enthalten. Danach wird getestet, ob die Programmdatei vorhanden und ausführbar ist (*-x*), ob die Eingabedatei vorhanden und lesbar ist (*-r*) und ob die Ausgabedatei vorhanden und beschreibbar ist (*-w*). Wenn eine der Bedingungen nicht erfüllt ist, wird das Skript mit *exit* abgebrochen. Dem Befehl *exit* wird dabei die Zahl 1 als Parameter übergeben. Dadurch wird bewirkt, dass der Rückkehrwert des Skriptes 1 ist. Ein anderer Prozess oder ein anderes Skript könnte dann anhand des Rückkehrwertes dieses Skriptes prüfen, ob es erfolgreich ausgeführt wurde.

case – Bedingtes Ausführen von Kommandos in Abhängigkeit vom Wert einer Variablen

```
case Variable in Zeichenkette1 [ | Zeichenkette1 ... ] ) Kommando1
[; Kommando1 ...] ;; [ Zeichenkette2 [ | Zeichenkette2 .. ] ) Kommando2
[; Kommando2 ]] ;; [...] esac
```

Der Befehl *case* ermöglicht es, in Abhängigkeit vom Wert einer Variablen verschiedene Aktionen auszuführen. Ein Beispiel dafür wurde bereits zusammen mit dem Befehl *select* (S. 464) vorgestellt.
Zuächst wird der in der mit *Variable* bezeichneten Variable gespeicherte Wert mit der Zeichenkette *Zeichenkette1* verglichen. Hier kann an Stelle einer einfachen Zeichenkette auch eine Variable oder ein Kommando in einfachen rückwärtsgerichteten Anführungsstrichen stehen (Kommandosubstitution). Dann wird statt der Zeichenkette mit der Ausgabe dieses Kommandos oder dem Wert der Variablen verglichen. Die Zeichenkette darf auch Meta-Zeichen (*, ?, [ ]) enthalten, die beim Vergleich wie bekannt benutzt werden.
Hinter der Zeichenkette dürfen sich – durch Längsstriche (|) getrennt – weitere Zeichenketten befinden. Dann wird mit allen vorhandenen Zeichenketten verglichen.
Wenn der Vergleich ergibt, dass der Wert von *Variable* mit der oder den Zeichenketten übereinstimmt, werden die nach einer runden, geschlossenen Klammer stehenden Befehle ausgeführt. Diese Befehle müssen mit *zwei* Semikolons abgeschlossen werden. Danach wird der *case*-Befehl verlassen.

Wenn der Vergleich ergibt, dass der Wert von *Variable* nicht mit der oder den Zeichenketten übereinstimmt, dann wird nach der nächsten Zeichenkette (*Zeichenkette2*) gesucht und dort der gleiche Vergleich durchgeführt. Wenn dieser Vergleich zutrifft, werden die hinter diesen Zeichenketten stehenden Kommandos (*Kommandos2*) ausgeführt. Wenn nicht, wird weiter zur nächsten angegebenen Zeichenkette gesprungen.

Der *case*-Befehl wird oft zur Auswertung von Parametern benutzt. Das folgende Beispiel zeigt, wie dies mit Berücksichtigung langer und kurzer Optionen geschehen kann.

```
#! /bin/bash
# Voreinstellungen festlegen
verbose=0
force=0
version="0.99982p21"
files=""

for i;
do case $i in
      -h | --h*      ) cat <<EOF
$0 -- Skript mit Optionen
-f | --force    : gefährliche Aktionen werden ohne Rückfrage durchgeführt.
-v | --verbose  : Es wird erklärt, was getan wird.
-h | --help     : Zeigt diese Hilfe an.
-V | --version  : Gibt die Versionsnummer dieses Programms aus.
EOF
                       exit ;;
      -v | --verb*   ) verbose=1 ;;
      -V | --vers*   ) echo $version; exit ;;
      -f | --f*      ) force=1 ;;
      *              ) if [ -r $i ]
                       then files=$files" "$i
                       else echo $i" ist nicht lesbar!"; exit 1;
                       fi ;;
   esac;
done;

if [ $verbose -ne 0 ]; then echo "Bearbeite "$files; fi
# Hier können die eigentlichen Aktionen folgen.
```

Dieses Beispiel stellt lediglich den Beginn eines Skriptes dar, die eigentlichen Aktionen fehlen. Wichtig ist jedoch die Methode, mit der hier die Kommandozeile auf Optionen untersucht wird. Nach der Deklaration von Variablen im oberen Teil wird eine *for*-Schleife über alle Parametervariablen gestartet. Die Variable *i* enthält also für jeden Durchlauf dieser Schleife einen Parameter, der dem Skript an der Kommandozeile übergeben wurde.

Innerhalb der Schleife befindet sich lediglich die *case*-Anweisung. In dieser wird der Wert, der sich gerade in der Variablen *i* befindet, mit jeweils zwei Zeichenketten verglichen, die durch den Längsstrich voneinander getrennt sind. Die erste der beiden Zeichenketten repräsentiert dabei immer die entsprechende Option in Kurzschreibweise (mit einem Minuszeichen) und die zweite Zeichenkette die Option in langer Schreibweise (mit zwei Minuszeichen). Um die Bedienung des Skriptes einfach zu gestalten, wird bei der langen Schreibweise nur mit den Zeichen am Anfang von Optionen verglichen, die notwendig sind, um eine Option von anderen zu unterscheiden. Hinter den Anfangszeichen befindet sich das Meta-Zeichen *.

Sobald eine Zeichenkette mit der Variablen *i* übereinstimmt, werden die Befehle hinter der runden Klammer nach der entsprechenden Zeichenkette ausgeführt. Wenn also beispielsweise die Option *-h* oder *--help* benutzt wurde, führt das dazu, dass der Hilfetext hinter dem *cat*-Befehl ausgegeben wird und das Programm dann sofort verlassen wird. Eine ähnliche Wirkung hat die Option *-V* bzw. *--version*, nur dass hier nicht der *cat*-Befehl sondern der Befehl *echo* benutzt wird, um eine Ausgabe durchzuführen.

Die Optionen *-f* bzw. *--force* und *-v* bzw. *--verbose* führen nur dazu, dass den Variablen *force* bzw. *verbose* neue Werte zugewiesen werden. Hier befindet sich kein *exit*-Befehl, weshalb die *for*-Schleife danach erneut durchlaufen wird. Für die weitere Ausführung des Skriptes ist es u. U. wichtig, dass diesen beiden Variablen am Anfang bereits Werte zugewiesen wurden. Wenn diese Optionen nämlich nicht benutzt werden, werden den Variablen in der Schleife auch keine Werte zugewiesen und die Auswertung dieser Variablen in späteren Teilen des Skripts würde u. U. zu Fehlern führen.

Als letzte zu prüfende Zeichenkette befindet sich in der *case*-Anweisung das Meta-Zeichen *. Dieses Zeichen trifft auf alle Zeichenketten zu. Deshalb werden die Anweisungen hinter dieser Zeichenkette immer ausgeführt, wenn nicht vorher der Vergleich mit einer anderen Zeichenkette erfolgreich gewesen ist. Die Anweisungen hinter dem Stern haben den folgenden Sinn: Immer wenn sie ausgeführt werden, wird ein Parameter bearbeitet, der keine (gültige) Option darstellt. Das Skript muss nun entscheiden, ob es mit solchen Parametern überhaupt etwas anfangen kann. Angenommen, dieses Skript würde irgendwelche Aktionen mit Dateien ausführen, so könnte hier geprüft werden, ob es sich bei den hier bearbeiteten Parametern um Dateinamen handelt. Genau dies wird hier getan. Mit einer *test*-Anweisung (*[-r $i]*) wird geprüft, ob der gerade bearbeitete Parameter dem Namen einer Datei entspricht, die lesbar ist. Falls dies so ist, wird der Parameter an die in der Variablen *files* gespeicherte Zeichenkette angehängt. Ansonsten wird eine Fehlermeldung ausgegeben und das Skript mit dem Rückkehrwert 1 beendet. Die Folge dessen ist, dass alle Parameter, die keine Optionen, aber Namen von Dateien, die gelesen werden können sind, nach Beendigung dieses Skriptteils in der Variablen *files* gespeichert sind. Diese Variable kann im weiteren Verlauf des Skripts steuern, welche Dateien bearbeitet werden.

Die letzte Anweisung in diesem Beispiel prüft, ob der Wert der Variablen *verbose* von 0 abweicht, was der Fall sein sollte, wenn die Option *-v* bzw. *--verbose* benutzt wurde. Es wird dann der Inhalt der Variablen *files* ausgegeben. Angenommen, dieses Skript wird unter dem Namen *case_esac.sh* als ausführbare Datei im Arbeitsverzeichnis gespeichert, dann führt der Aufruf des Skriptes in der Form

```
joe@debian:~$ ./case_esac.sh -v *
```

dazu, dass die Namen aller Dateien im Arbeitsverzeichnis ausgegeben werden, sofern sie für den aufrufenden Benutzer lesbar sind. Es wird nämlich zunächst durch den Parameter *-v* die Variable *verbose* auf 1 gesetzt. Der Stern wird von der Shell schon vor dem eigentlichen Aufruf des Skriptes durch die Namen der Dateien im Arbeitsverzeichnis ersetzt. Diese werden dann von dem Skript nacheinander als Parameter erkannt, die keine Optionen sind und deswegen daraufhin untersucht, ob sie Namen lesbarer Dateien sind. Wenn dies so ist, werden sie – wie beschrieben – dem Wert der Variablen *files* angehängt, die am Ende des Skriptes aufgrund des Wertes der Variablen *verbose* ausgegeben wird.

16.10.4 Funktionen

Wie in anderen Programmiersprachen auch, ist es mit der Bash möglich, Funktionen zu definieren. Darunter werden Gruppen von Befehlen verstanden, die nicht sofort ausgeführt werden, sondern denen ein Name zugeordnet wird und die später mit diesem Namen wieder aufgerufen werden können. Die Benutzung von Funktionen bietet sich immer dann an, wenn eine bestimmte Gruppe von Befehlen mehrmals ausgeführt werden soll. Die allgemeine Syntax für Funktionen ist folgende:

```
Name () { Kommando; [ Kommando; ... ] }
```

Hierdurch wird eine Funktion mit dem Namen *Name* definiert. Diese Funktion kann danach wie ein gewöhnlicher Befehl benutzt werden. Sobald sie aufgerufen wird, werden die mit *Kommando* angegebenen Befehle zwischen den geschweiften Klammern der Funktionsdefinition ausgeführt. Bei der Definition von Funktionen gibt es zwei Dinge zu beachten:

– Die Funktionsdefinition muss in einem Skript vor ihrem ersten Aufruf angegeben sein.

– Die Parametervariablen *1*, *2* usw. werden beim Aufruf einer Funktion durch die Parameter ersetzt, mit denen die Funktion aufgerufen wurde. Nach Beendigung der Funktion bekommen wieder die alten Parametervariablen ihre Gültigkeit.

Funktionen können vorzeitig durch den Befehl *return* (S. 487) beendet werden.

```
#! /bin/bash
hallo () {
   if [ -z $1 ] then echo "hallo "$USER
   else echo "hallo "$1
   fi;
}

hallo
hallo Silke
```

In diesem Skript wird zunächst eine Funktion mit dem Namen *hallo* definiert. In der Funktion wird geprüft, ob die Parametervariable *1* leer ist und – wenn dies so ist – die Zeichenkette *hallo* und der in der Variablen *USER* gespeicherte Wert ausgegeben. Wenn die Parametervariable nicht leer ist, wird an Stelle dessen ebenfalls die Zeichenkette *hallo*, aber danach die in der Parametervariablen *1* gespeicherte Zeichenkette ausgegeben. Im unteren Teil des Skriptes wird die Funktion zweimal aufgerufen. Einmal ohne Parameter, was also zur Ausgabe von *hallo* und dem Benutzernamen des Aufrufers führt und einmal mit dem Parameter *Silke*, was zur Ausgabe der Zeichenkette *hallo Silke* führt.

16.10.5 Beispiel: Ein System-V Startskript

In Kapitel 13, S. 375 ist beschrieben, wie vom Programm *init* während des Systemstarts und beim Wechseln von einem Runlevel in einen anderen bestimmte Skripte ausgeführt werden. Jedes dieser Skripte ist für das Starten oder Anhalten bestimmter Dienste oder für das zur Verfügung stellen, bzw. das Entfernen bestimmter Systemeigenschaften zuständig. Diese Skripte akzeptieren in der Regel mindestens zwei Parameter, nämlich *start* und *stop*. Beim Starten eines Dienstes wird das entsprechende Skript dann von *init* mit dem Parameter *start* aufgerufen und beim Anhalten mit dem Parameter *stop*.

Möchte man weitere Aktionen beim Systemstart oder beim Wechseln von Runleveln durchführen lassen oder eigene Dienste starten, dann empfiehlt es sich, eigene Skripte zu diesem Zweck zu schreiben, welche als ausführbare Dateien im Verzeichnis */etc/init.d* abgelegt werden. Danach muss ein symbolischer Link in das */etc/rc*.d*-Verzeichnis des Runlevels, in dem der Dienst zur Verfügung stehen soll (Standardrunlevel ist 2), gesetzt werden und schon wird der Dienst automatisch bei jedem Wechsel in den entsprechenden Runlevel gestartet. (Zur Benennung der Links siehe ebenfalls Kapitel 13.)

Das folgende Beispielskript definiert den Dienst Soundunterstützung am Beispiel einer AWE32-Soundkarte. Um die Unterstützung dieser Karte zur Verfügung zu stellen, sollen eine Reihe von Kernel-Modulen mit konfigurierbaren Parametern geladen werden. Darüber hinaus soll ein spezielles Programm aufgerufen werden, mit dem Soundfonts auf der Karte installiert werden. Das hierbei verwendete Programm und die Soundfont-Datei soll ebenfalls konfigurierbar sein.

Aus diesen Gründen wurde das folgende Skript zweigeteilt. Nämlich zum einen in das eigentliche Startskript, welches von *init* aufgerufen werden kann und zum anderen in eine Konfigurationsdatei, in der angegeben wird, welche Module geladen bzw. entfernt werden sollen, welche Parameter dabei zu verwenden sind und mit welchem Programm welche Soundfont-Datei geladen werden soll. Die Datei mit dem Startskript soll den Namen */etc/init.d/sound* und die Konfigurationsdatei den Namen */etc/sound.config* bekommen.

Ein zusätzliches Problem ergibt sich dadurch, dass die zu ladenden Module voneinander abhängig sind. Sie müssen also in einer ganz bestimmten Reihenfolge geladen werden und beim Anhalten dieses Dienstes in umgekehrter Reihenfolge wieder entladen werden. Das Skript soll sich um diesen Sachverhalt jedoch automatisch kümmern[7].

Das Startskript

```bash
#! /bin/bash
# Starten des Sound-Subsystems
do_sfx=0
rmodules=""

if [ -r /etc/sound.config ]; then . /etc/sound.config;
else exit 0; fi;
test -z "$modules" && exit 0:
test -x "$sfxload" && test -r "$sfxdatei" && do_sfx=1;

case "$1" in
  start)
    echo -n "Lade Sound-Treiber... "
    for i in $modules
    do opts=`eval echo '$'$i`
       modprobe $i $opts
    done;
    [ $do_sfx -eq 1 ] && $sfxload $sfxdatei
    echo "fertig."
    ;;
  stop)
    echo -n "Entferne Sound-Treiber... "
    for i in $modules;
    do rmodules=$i" "$rmodules; done;
    for i in $rmodules;
    do rmmod $i; done;
    echo "fertig."
    ;;
  restart)
    $0 stop
    $0 start
    ;;
  force-reload)
    $0 restart
    ;;
  *)
    echo "Verwendung: $0 start|stop|restart|force-reload"
    exit 1
esac

exit 0
```

Im Kopfteil des Skripts befindet sich neben der üblichen Kommentarzeile die Initialisierung für zwei Variablen: *do_sfx* und *rmodules*. In der Variablen *do_sfx* soll festgehalten werden, ob Soundfonts auf die Karte zu laden sind und in der Variablen *rmodules* sollen die Namen der Module in umgekehrter Reihenfolge gespeichert werden. Diese Reihenfolge wird zum geordneten Entladen der Module benötigt.

Darunter befinden sich drei Anweisungen, mit denen geprüft wird, ob genügend Informationen vorliegen, um alle Aktionen auszuführen. Die erste dieser Anweisungen testet, ob die Konfigurationsdatei */etc/sound.config* vorhanden ist und gelesen werden kann. Wenn dies so ist, werden die Anweisungen in der Konfigurationsdatei ausgeführt (der Punkt ist eine Abkürzung für den Befehl *source* (S. 490)). Wenn die Konfigurationsdatei nicht vorhanden oder

---

[7] Alternativ zu dem hier gezeigten Verfahren lässt sich das Laden von Modulen auch mit dem Programm *modprobe* automatisieren (Siehe Abschnitt 12.4.2, S. 351).

nicht lesbar ist, wird das Skript sofort und ohne einen von 0 abweichenden Rückkehrwert verlassen. Der Grund hierfür besteht darin, dass dieses Startskript auf Systemen, auf denen keine Soundkarte vorhanden ist oder diese noch nicht konfiguriert wurde, nicht zu Fehlern beim Starten führen soll. Die Datei */etc/sound.config* könnte dann beispielsweise folgendermaßen aussehen:

Die Konfigurationsdatei

```
# /etc/sound.config
# Konfigurationsdatei für /etc/init.d/sound
# Namen der zu ladenden Module in der Reihenfolge, in
# der sie geladen werden sollen.
modules="soundcore soundlow sound uart401 sb opl3 awe_wave"

# Optionen zum Laden der Module
# Syntax: Modulname="Optionen"
sb="irq=5 dma=0 dma16=5 mpu_io=0x330 io=0x220"
opl3="io=0x388"

# Pfad und Name des Programms sfxload
sfxload="/usr/bin/sfxload"
# Pfad und Name der zu ladenden Sounddatei
sfxdatei="/usr/lib/awe/sfbank/synthgm.sbk"
```

Die Datei enthält gewöhnliche Bash-Befehle, unterscheidet sich jedoch von einem Shell-Skript dadurch, dass sie nicht ausführbar zu sein braucht, weswegen ihr auch die sonst übliche Kommentarzeile mit Angabe des Interpreters (*#! /bin/bash*) fehlt. Dies liegt daran, dass sie vom Startskript nicht als ein eigener Prozess aufgerufen wird, sondern lediglich die in ihr angegebenen Befehle gelesen und ausgeführt werden. Obwohl hier auch andere Befehle möglich wären, befinden sich in dieser Datei nur Variablendefinitionen mit Wertzuweisungen. Für den Benutzer, der nur diese Datei zu verändern braucht, reicht es also völlig aus, hinter die Gleichheitszeichen Werte entsprechend seiner Konfiguration zu schreiben.

Die erste (Nicht-Kommentar-) Zeile definiert die Variable *modules*, in der die Namen der zu ladenden Module gespeichert werden. Darunter befinden sich Optionsdefinitionen für einige Module, welche in Variablen gespeichert werden, die die gleichen Namen tragen wie die Module, für die sie gelten. Schließlich folgen die Definitionen von zwei Variablen, die den Namen des Programms zur Installation von Soundfonts und den Namen der zu installierenden Soundfont-Datei beinhalten.

Im Startskript wird nach der Bearbeitung dieser Konfigurationsdatei geprüft, ob die Variable *modules* leer ist. Wenn dies so ist, wird das Skript verlassen. Danach wird geprüft, ob eine ausführbare Datei zum Laden von Soundfonts angegeben wurde und ob die Soundfont-Datei lesbar ist.

Aktionen im Startskript Nach dieser Initialisierungsphase wird in einer *case*-Anweisung der erste diesem Skript übergebene Parameter (Variable *1*) ausgewertet. Abhängig vom Wert dieses Parameters werden durch die *case*-Anweisung fünf verschiedene Blöcke des Skripts ausgeführt:

start Hier befinden sich alle Anweisungen, die zum Starten des Dienstes ausgeführt werden müssen.
stop Hier stehen die Anweisungen, die zum Anhalten des Dienstes nötig sind.
restart Diese Option wird von vielen Startskripten aus Bequemlichkeitsgründen zur Verfügung gestellt. Der Dienst wird angehalten und danach sofort erneut gestartet. Dies wird erreicht, in dem sich das Skript selbst einmal mit dem Parameter *stop* und dann mit dem Parameter *start* aufruft. Dazu wird nicht direkt der Name des Skripts, sondern die Variable *0* benutzt, in der sich ebenfalls der Name des Skriptes befindet. Dies bietet den Vorteil, dass diese Funktion auch dann noch funktioniert, wenn das Skript umbenannt wurde.
force-reload Einige Programme, die als Systemdienste benutzt werden, können ihre Konfigurationsdaten neu lesen, ohne angehalten und neu gestartet werden zu müssen. Deswegen implementieren viele Startskripte die

Option *force-reload*, die solchen Programmen dann meist ein bestimmtes Signal schickt, woraufhin die Konfigurationsdaten neu gelesen werden. In unserem Fall ist dies nicht möglich, weswegen die Option hier dazu führt, dass das Skript nochmals mit dem Parameter *restart* aufgerufen wird.

* Der Stern zum Schluß fängt den Fall ab, dass mit dem ersten Parameter eine nicht unterstützte Option ausgewählt wurde. In diesem Fall wird eine kurze Hilfezeile mit den gültigen Optionen ausgegeben.

Die Start-Aktion Der *start*-Teil beinhaltet im wesentlichen eine Schleife über die in der Variablen *modules* befindlichen Werte, also über die Namen der Module. In der ersten Anweisung dieser Schleife wird ausgewertet, mit welchen Optionen das entsprechende Modul zu laden ist. Die Konvention ist, dass die Optionen für jedes Modul in einer Variablen mit dem Namen des betreffenden Moduls gespeichert sind. Also wird zunächst vor den Namen des Moduls (in *i*) das Dollarzeichen gesetzt, um diesen Namen als Variable zu deklarieren. Weil diese – neu entstandene – Variablenbezeichnung nicht automatisch durch ihren Wert ersetzt wird, wird sie dem Befehl *eval* (S. 481) übergeben, der eine weitere Ersetzung durchführt. Weil *eval* die Zeichenkette auflöst und als Befehl interpretiert, ist der Anweisung das Kommando *echo* vorangestellt, welches – zusammen mit *eval* – die Optionen für das zu ladende Modul ausgibt. Diese Ausgabe wird mittels Kommandosubstitution der Variablen *opts* zugewiesen. Dann wird das betreffende Modul mit diesen Optionen über das Programm *modprobe* geladen.

Wenn die Schleife beendet und alle Module geladen sind, wird die Soundfont-Datei installiert (Programmname in *sfxload*[8], Datei in *sfxdatei*), falls die Bedingungen hierzu erfüllt sind. In diesem Fall wäre die Variable *do_sfx* im Initialisierungsteil auf den Wert *1* gesetzt worden.

Die Stop-Aktion Der *stop*-Teil beinhaltet zwei Schleifen. In der ersten werden die Namen der Module aus der Variablen *modules* in umgekehrter Reihenfolge in der Variablen *rmodules* gespeichert, indem der jeweils aktuelle Modulname vor die dort bereits vorhandenen gesetzt wird. In der zweiten Schleife werden diese Module mit dem Befehl *rmmod* (S. 708) entfernt.

Bemerkungen zu dem Beispielskript In den meisten Fällen ist ein Startskript zum Laden von Modulen nicht notwendig. Vielmehr können Module durch das Kernelprogramm *kmod* automatisch entsprechend der Konfiguration in */etc/modules.conf* geladen werden. Siehe hierzu Kap.: 12.4, S. 349. Gelegentlich ist es allerdings wünschenswert, bestimmte Module nur explizit zur Verfügung zu stellen. Dadurch kann beispielsweise global verhindert werden, dass Programme die Soundkarte benutzen, wenn dies nicht erwünscht ist.

16.11 Referenz eingebauter Bash-Befehle

Die folgende Referenz führt alphabetisch die meisten eingebauten Bash-Befehle auf, die bisher noch nicht besprochen wurden. Intime Bash-Kenner werden einige Befehle vermissen, insbesondere wurde auf die Erläuterungen zu den Befehlen *getopts* und *fc* verzichtet. *getopts* ermöglicht eine etwas vereinfachte Bearbeitung von Argumenten in Shellskripten und *fc* erlaubt die Bearbeitung der Kommandogeschichte mit einem Editor.

Wie bei der Kommandoreferenz (Kapitel 19) werden auch hier bei einigen Befehlen nicht alle Optionen erläutert, so dass sich das Nachlesen in der Info-Dokumentation durchaus lohnt, falls eine bestimmte Funktion vermißt wird.

. – Ausführen von Befehlen aus einer anderen Datei

```
. Dateiname
```

---
[8] Das Programm *sfxload* ist Bestandteil des Pakets *awe-drv*, es wird zum Aufladen von Soundfonts auf Soundkarten der Soundblaster AWE-Familie benutzt.

Der Befehl führt die in der mit *Dateiname* spezifizierten Datei befindlichen Befehle aus. Wenn *Dateiname* ohne Pfad angegeben wird, wird in den Verzeichnissen, die in der Variablen *PATH* gespeichert sind, nach der betreffenden Datei gesucht. Die Datei muss lesbar, brauchst aber nicht ausführbar zu sein. Es wird kein neuer Prozess gestartet, um die Befehle auszuführen.

: – Keine Aktion ausführen

```
:
```

Der Befehl hat keinen Effekt. Er kann dort eingesetzt werden, wo ein Befehl notwendig ist, aber keine Aktion ausgeführt werden soll. Beispiel:

```
trap ":" 2
```

Die Anweisung bewirkt, dass keine Aktion ausgeführt wird, wenn die Shell das Signal 2 (SIGINT) erhält. Normalerweise werden Shellskripte durch dieses Signal, das am Terminal durch die Tastenkombination STRG-C erzeugt wird, abgebrochen. Siehe auch die Befehle *true* (S. 724) und *false* (S. 655).

alias – Definieren von alternativen Kommandobezeichnungen

```
alias [-p] [Name[=Wert]]
```

Der Befehl definiert durch die Angabe gültiger anderer Befehle einen neuen Befehl. Der Name des neuen Befehls wird mit *Name* und die Befehle, die auszuführen sind, wenn dieser Befehl benutzt wird, mit *Wert* angegeben. *Wert* ist in der Regel in Anführungszeichen zu setzen, damit er als eine Zeichenkette interpretiert wird. Wenn *alias* ohne weitere Parameter oder mit dem Parameter *-p* aufgerufen wird, werden die definierten Aliase ausgegeben.

```
alias "ls=ls --color=auto"
```

Definiert den Befehl *ls* so um, dass er das Programm *ls* mit dem Parameter *--color=auto* aufruft. Wird der Alias mit zusätzlichen Parametern aufgerufen, dann werden diese an die Alias-Definition angehängt. Der Befehl

```
joe@debian:~$ ls -l
```

bewirkt dann also, dass das Programm *ls* mit den Optionen *--color=auto* und *-l* aufgerufen wird.

```
alias skriptgrep="find /bin /sbin/ /usr/bin/ /usr/sbin/ -type f | xargs
file | grep shell | sed -e 's/^\(.*\):.*$/\1/' | xargs grep"
```

Dieser Befehl definiert den Alias *skriptgrep*, mit dem die Shellskripte in den Verzeichnissen */bin*, */sbin*, */usr/bin* und */usr/sbin* mit dem Befehl *grep* durchsucht werden können. Der Alias bewirkt, dass zunächst mit dem Befehl *find* die Dateien in den entsprechenden Verzeichnissen gesucht werden. Diese werden dann dem Programm *file* (S. 656) übergeben, welches ausgibt, um was für Dateien es sich bei den gefundenen handelt. Diese Ausgabe enthält die Zeichenkette *shell*, wenn es sich um Shell-Skripte handelt. Der nachfolgende Befehl *grep* filtert alle Zeilen aus, die diese Zeichenkette nicht enthalten, also für Dateien ausgegeben worden sind, die keine Shellskripte sind. Der nächste Befehl *sed* (S. 710) bereitet die verbleibende Ausgabe von *file* so auf, dass nur die Dateinamen erhalten bleiben. Diese werden dann über den Befehl *xargs* dem Programm *grep* übergeben. Der Alias kann dann genauso wie *grep* selbst benutzt werden, weil alle Parameter an das Ende des Alias angehängt werden und deswegen von *grep* interpretiert werden. Beispielsweise würde der folgende Aufruf dieses Alias dazu führen, dass die Namen aller Shellskripte in den angegebenen Verzeichnissen ausgegeben werden, die die Zeichenkette *whoami* enthalten.

```
joe@debian:~$ skriptgrep -l whoami
```

```
alias -p >> ~/.bashrc
```

Gibt alle definierten Aliase aus und hängt sie der Datei *.bashrc* im Heimatverzeichnis des aufrufenden Benutzers an. Siehe auch: unalias.

bg – Prozesse in den Hintergrund stellen

```
bg [Jobnummer]
```

Der Befehl bewirkt, dass der mit *Jobnummer* angegebene Prozess im Hintergrund weiter ausgeführt wird. Siehe auch: fg, jobs, Seite 441.

bind – Verändern und Ausgeben der *readline*-Konfiguration

```
bind Tastenfolge:Funktionsname
```

Verbindet die mit *Tastenfolge* bezeichnete Tastenfolge mit der durch *Funktionsname* angegebenen Funktion der Readline-Bibliothek. Die hierbei zu verwendende Syntax ist die gleiche wie die in der Datei *~/.inputrc* zu benutzende (siehe Kap.: 16.3.1, S. 427) Der gesamte Ausdruck muss als ein Argument übergeben werden.

```
bind -f Dateiname
```

Liest die *readline*-Konfigurationsanweisungen aus der mit *Datei* bezeichneten Datei.

```
bind Optionen
```

Führt – abhängig von den angegebenen Optionen – die im folgenden beschriebenen Aktionen aus.

- `-l` Gibt die Namen aller *readline*-Funktionen aus.
- `-p` Gibt die gegenwärtige Konfiguration von Verbindungen zwischen Funktionen und Tastaturkombinationen aus. Die Ausgabe entspricht der Syntax einer *readline*-Konfigurationsdatei. Alle gegenwärtig nicht benutzten Funktionen sind dabei auskommentiert, so dass sie sich einfach Tastaturkommandos zuordnen lassen.
- `-v` Gibt die gegenwärtige Konfiguration von *readline*-Variablen in der Syntax der Konfigurationsdatei aus.
- `-s` Gibt die gegenwärtige Konfiguration von Verbindungen zwischen Tastaturkombinationen und Makros in der Syntax der Konfigurationsdatei aus.
- `-r Tastenfolge` Entfernt die mit der durch *Tastenfolge* angegebene Tastaturkombination verbundene Funktion.

```
bind '"\M-a": "hallo Welt"'
```

Definiert das Tastaturmakro *hallo Welt* und verbindet es mit der Tastenkombination ALT-A.

```
bind -pvs > ~/inputrc_new
```

Schreibt die gegenwärtige Konfiguration der Readline-Bibliothek in die Datei *.inputrc_new* im Heimatverzeichnis des aufrufenden Benutzers.

builtin – Ausführen eingebauter Shell-Befehle

```
builtin Befehl [Optionen]
```

builtin führt den mit *Befehl* angegebenen, in die Shell eingebauten Befehl so aus, als wäre er direkt angegeben worden. Dadurch ist es möglich, eingebaute Befehle auch dann noch zu verwenden, wenn ihr Name durch einen Alias oder eine Funktionsdefinition anders belegt wurde.

command – Direktes Ausführen von Befehlen

```
command [Optionen] Kommando [Kommandooptionen]
```

command führt das mit *Kommando* angegebene Kommando aus, ohne dabei Aliase oder Funktionsdefinitionen zu berücksichtigen. Ist also beispielsweise der Befehl *ls* ein Alias, der das Programm *ls* mit der Option *--color=auto* aufruft, so führt der Befehl *command ls* dazu, dass *ls* ohne diese Option aufgerufen wird.

-p   Setzt den Wert der Variablen *PATH* so, dass die wichtigsten Programme gefunden werden. (Er enthält dann die Verzeichnisse */bin* und */usr/bin*.)
-v   Führt *Kommando* nicht aus, sondern gibt an, welcher Befehl oder welches Programm bei Eingabe von *Kommando* ausgeführt werden würde.

declare – Eigenschaften von Variablen festlegen

```
declare [Optionen] [Variable[=Wert]] [Variable[=Wert] ...]
```

Der Befehl erlaubt es, bestimmte Eigenschaften von Variablen festzulegen. Wenn *declare* ohne Angabe von Parametern oder nur mit der Option *-p* aufgerufen wird, gibt der Befehl die Namen und Werte aller augenblicklich bekannten Variablen aus.

-a   Legt fest, dass es sich bei der angegebenen Variable um eine Feldvariable handelt.
-i   Legt fest, dass es sich bei der angegebenen Variablen um eine Integer-Variable handelt. Danach können in der Variablen nur noch ganze Zahlen gespeichert werden. Wenn der Variablen eine davon abweichende Zeichenkette zugewiesen wird, wird sie auf den Wert 0 gesetzt.
-r   Legt fest, dass der Wert der angegebenen Variablen nicht mehr verändert werden darf. Jeder darauf folgende Versuch, den Wert der Variablen zu ändern, wird mit einer Fehlermeldung quittiert.
-x   Macht die angegebenen Variable zu einer Umgebungsvariablen. Der Befehl hat mit dieser Option die gleiche Bedeutung wie der Befehl *export*.
-p   Gibt die Eigenschaften der angegebenen Variablen aus.

```
declare -rx PATH
```

Die Variable *PATH* wird zur Umgebungsvariablen erklärt und darf nicht mehr geändert werden.

```
declare -p a b
```

Gibt die Eigenschaften der Variablen *a* und *b* aus.

dirs – Anzeigen gespeicherter Verzeichnisse

```
dirs [Optionen]
```

Der Befehl zeigt die mit *pushd* (S. 486) gespeicherten Verzeichnisse an. Darüber hinaus kann er sie aus dem Speicher löschen.

-c Löscht alle gespeicherten Verzeichnisse aus dem Speicher.

-v Zeigt jedes gespeicherte Verzeichnis in einer eigenen Zeile an. Dabei wird angegeben, an welcher Stelle sich das betreffende Verzeichnis im Speicher befindet.

Siehe auch: pushd, popd.

disown – Kontrolle über Prozesse aufgeben

```
disown [Prozess-ID | %Jobnummer]
```

disown bewirkt, dass Prozesse, die von der Bash gestartet wurden und von ihr kontrolliert werden, aus der Liste der kontrollierten Prozesse entfernt werden. Sie laufen dann unabhängig von der Bash weiter und können nicht mehr mit Befehlen wie *fg* oder *bg* beeinflusst werden. Wenn weder eine Prozess-ID noch eine Jobnummer angegeben wird, wird der zuletzt angehaltene oder in den Hintergrund gestellte Prozess aus der Liste entfernt.

echo – Ausgeben von Text

```
echo [Optionen] Text [Text...]
```

Der Befehl gibt den mit *Text* angegebenen Text auf die Standardausgabe. Es stehen zwei Versionen von *echo* zur Verfügung: Eine in die Shell eingebaute Version und das Programm */bin/echo* aus dem Paket *shellutils*. Im interaktiven Modus eignet sich *echo* beispielsweise zum Anzeigen von Variablenwerten.

-n Nach Ausgabe des Textes, wird keine neue Zeile begonnen. Diese Option ist hilfreich, wenn mit verschiedenen *echo*-Befehlen Text in ein und die selbe Zeile ausgegeben werden soll.

-e Erlaubt die Angabe spezieller Zeichen. Das sind u. a.:

\a: Erzeugt einen Signalton.

\b: Erzeugt ein Rückwärts-Zeichen (ZURÜCK).

\n: Erzeugt eine neue Zeile.

\t: Erzeugt einen Tabulator.

```
echo $USER
```

Gibt den aktuellen Wert der Variable *USER* aus.

```
echo $[5*13]
```

Gibt die Zahl 65 aus ($5 * 13 = 65$).

```
echo *
```

Gibt die Namen aller Dateien und Verzeichnisse im aktuellen Verzeichnis aus.

```
echo -n \\a Achtung
```

Lässt ein Signal erklingen und gibt das Wort *Achtung* aus.

enable – Ein- und Ausschalten von eingebauten Befehlen

```
enable [Optionen] [Befehl]
```

Der Befehl ermöglicht es, eingebaute Befehle ein- und auszuschalten. Dies ist z. B. dann nützlich, wenn ein externes Programm an Stelle eines eingebauten Befehls benutzt werden soll. Wenn *enable* ohne Parameter aufgerufen wird, werden die Namen aller eingeschalteten Befehle ausgegeben. Wenn dem Befehl der Name eines eingebauten Befehls übergeben wird, wird er eingeschaltet. Die Option *-n* bewirkt, dass der angegebene Befehl ausgeschaltet wird. Ausgeschaltete Befehle stehen nicht mehr zur Verfügung und können auch nicht durch den Befehl *builtin* ausgeführt werden.

-n Schaltet den angegebenen Befehl aus oder gibt die Namen ausgeschalteter Befehle aus, wenn kein Befehl angegeben wurde.
-p Gibt alle eingeschalteten Befehle aus.
-a Gibt alle ein- und ausgeschalteten Befehle aus.

```
enable -n test
```

Schaltet den eingebauten Befehl *test* aus. Wird danach der Befehl *test* eingegeben, sucht die Shell nach einem Programm mit diesem Namen und führt es aus. In diesem Fall würde dann also */bin/test* ausgeführt werden.

```
enable test
```

Stellt den eingebauten Befehl *test* wieder zur Verfügung. Er wird dann an Stelle eines Programms mit diesem Namen ausgeführt.

eval – Interpretieren von Zeichenketten

```
eval [Zeichenkette ...]
```

Der Befehl interpretiert die angegebene(n) Zeichenkette(n) so, als wären sie direkt als Befehl eingegeben worden, d. h. es werden zunächst die üblichen Substitutionsmechanismen angewendet, bevor versucht wird, die Zeichenkette(n) als Befehl auszuführen. Dadurch lässt sich das Durchlaufen eines zusätzlichen Substitutionsprozesses erreichen. Wenn beispielsweise die Variable *a* die Zeichenkette *$b* enthält und die Variable *b* die Zahl *10*, dann führt der Befehl *echo $a* dazu, dass *$b* ausgegeben wird, wohingegen der Befehl *eval echo $a* zur Ausgabe der Zahl *10* führen würde. Bei der Ausführung des zweiten Befehls ersetzt die Shell nämlich wie üblich die Variable *a* durch die Zeichenkette *$b*. Der Befehl *eval* führt dann dazu, dass die Ersetzung ein weiteres Mal stattfindet und die durch *$b* bezeichnete Variable *b* durch ihren Wert *10* ersetzt wird.

exec – Ersetzen des Prozesses der Shell

```
exec [Optionen] [Programm]
```

Der Befehl ersetzt den Prozess der laufenden Shell durch das mit *Programm* angegebene Programm. Normalerweise läuft die Shell weiter, wenn sie ein Programm ausführt. Deswegen lässt sich ein ausgeführtes Programm von ihr kontrollieren. Ein mit *exec* ausgeführtes Programm kann hingegen nicht mehr von der Shell kontrolliert werden, weil diese dann nicht mehr existiert. Der Befehl *exec* lässt sich sinnvoll beispielsweise dort einsetzen, wo ein Shellskript nur einige Voreinstellungen trifft (Wechsel in das richtige Arbeitsverzeichnis, Setzen von Umgebungsvariablen o. ä.) und dann ein Programm ausführt. In solchen Fällen ist es nicht notwendig, die Shell selbst als Programm weiter auszuführen.
Wenn von einer Login-Shell ein Programm mit *exec* ausgeführt wird, wird die Sitzung beendet, sobald das ausgeführte Programm beendet wird.

-l In der Argumentliste des auszuführenden Programms wird dem Namen dieses Programms ein Minuszeichen vorangestellt. Dadurch wird Programmen signalisiert, dass sie als Login-Prozess gestartet worden sind. Gewöhnlich befindet sich der Name eines Programms im nullten Argument.

-a Name Das nullte Argument (der Programmname) wird mit dem durch *Name* angegebenen Namen belegt.

exit – Beenden der Shell

```
exit [Rückkehrwert]
```

Der Befehl beendet die Shell und liefert den mit *Rückkehrwert* angegebenen Wert an den aufrufenden Prozess zurück. Wenn *Rückkehrwert* nicht angegeben wird, wird der Rückkehrwert des zuletzt von der Shell ausgeführten Kommandos zurückgeliefert.

export – Shell Variablen in Umgebungsvariablen wandeln

```
export [Optionen] [Name[=Wert] ... ]
```

export erklärt eine oder mehrere Variablen zu Umgebungsvariablen. Den Variablen darf dabei ein Wert zugewiesen werden. Umgebungsvariablen werden in der Prozessumgebung der Shell gespeichert und stehen Prozessen, die von der Shell aus aufgerufen werden, zur Verfügung.

-n Hebt die Umgebungsvariablen-Eigenschaft der angegebenen Variablen auf.
-p Gibt die Namen aller Umgebungsvariablen mit ihren Werten aus.
-f Die angegebenen Namen werden nicht als Variablen-, sondern als Funktionsnamen interpretiert.

```
export PATH=:/home/edwin/bin:$PATH
```

Erzeugt einen neuen Wert für die Variable *PATH*, der sich aus der Zeichenkette */home/edwin/bin:* und dem alten Wert dieser Variablen zusammensetzt und bewirkt, dass die Variable als Umgebungsvariable gespeichert wird.

```
d () { echo Debian GNU/Linux; }; export -f d;
```

Definiert die Funktion *d* (die die Zeichenfolge *Debian GNU/Linux* ausgibt) und exportiert diese Funktion in die Prozessumgebung der Shell. Siehe auch: declare.

fg – Prozesse in den Vordergrund stellen

```
fg [Jobnummer]
```

Der Befehl stellt den durch *Jobnummer* spezifizierten Prozess in den Vordergrund. Wenn keine Jobnummer angegeben wird, wird der zuletzt angehaltene oder mit *fg* in den Hintergrund gestellte noch ausgeführte Prozess in den Vordergrund gebracht. Siehe auch: bg, jobs, Seite 441.

hash – Bearbeiten des Zwischenspeichers für Namen von externen Programmen

```
hash [Optionen] [Programmname]
```

Wenn ein externes Programm aufgerufen wird, durchsucht die Bash gewöhnlich die in der Variablen *PATH* aufgeführten Verzeichnisse nach dem betreffenden Programm. Damit dieser Vorgang nicht immer wiederholt werden muss, werden die Pfadnamen der zuletzt ausgeführten Programme zwischengespeichert. Wenn eine Programmdatei gelöscht oder durch eine andere in einem anderen Verzeichnis ersetzt worden ist, kann dies dazu führen, dass die Bash weiterhin versucht, die alte, nicht mehr existente Datei auszuführen. Der Befehl *hash* dient dazu, diesen Zwischenspeicher anzuzeigen und zu bearbeiten. Wenn *hash* ohne Angabe von Parametern aufgerufen wird, wird der gegenwärtige Inhalt des Zwischenspeichers angezeigt. Die Angabe eines Programmnamens führt dazu, dass dieses Programm neu gesucht und gespeichert wird.

- `-r` Löscht alle zwischengespeicherten Programmnamen.
- `-p Pfadname` Bewirkt, dass der mit *Pfadname* angegebene Pfad für das angegebene Programm benutzt wird. Dadurch kann die Verwendung von bestimmten Pfadnamen für einzelne Programme erzwungen werden.

help – Anzeigen der Hilfe

```
help [Zeichenkette ...]
```

Der Befehl gibt einen Hilfetext zu einem oder mehreren mit *Zeichenkette* bezeichneten Themen aus. Als Themen stehen im wesentlichen die Namen der eingebauten Befehle zur Verfügung. Wird *help* ohne Angabe einer Zeichenkette aufgerufen, wird die Kurzsyntax aller eingebauten Befehle ausgegeben.

history – Anzeigen und Bearbeiten der Kommandogeschichte

```
history [Optionen]
```

Der Befehl bietet verschiedene Optionen zur Bearbeitung der Kommandogeschichte. Wenn *history* ohne Optionen aufgerufen wird, wird die gesamte gespeicherte Kommandogeschichte ausgegeben. Eine Zahl als Parameter bewirkt, dass so viele der letzten Befehle, wie mit *Zahl* angegeben, ausgegeben werden. Die Kommandogeschichte wird standardmäßig in der Datei *.bash_history* im Heimatverzeichnis des jeweiligen Benutzers oder in der durch die Variable *HISTFILE* angegebenen Datei gespeichert.

- `-c` Löscht die Kommandogeschichte
- `-w [Datei]` Schreibt die Kommandogeschichte in die mit *Datei* angegebenen Datei oder in die normalerweise Standard-Datei für die Kommandogeschichte, wenn *Datei* nicht angegeben wurde.
- `-r [Datei]` Liest die Befehle aus *Datei* (oder der Standarddatei) und hängt sie an die Kommandogeschichte an.
- `-n [Datei]` Hängt alle Befehle aus *Datei* (oder der Standarddatei), die noch nicht gelesen wurden, an die Kommandogeschichte an.
- `-a [Datei]` Speichert die noch nicht gespeicherten Befehle in *Datei* oder in der Standarddatei.
- `-s Zeichenfolge` Hängt die mit *Zeichenfolge* spezifizierte Zeichenfolge an die Kommandogeschichte an.

`history 15`

Gibt die letzten 15 Kommandos aus.

`history -a`

Speichert alle neuen, noch nicht gesicherten Befehle in der Standarddatei für die Kommandogeschichte. Sie stehen dann anderen Instanzen der Bash zur Verfügung.

`history -n`

Liest alle Befehle, die noch nicht aus der Standarddatei für die Kommandogeschichte gelesen wurden, und hängt sie an die Kommandogeschichte an. Damit können Befehle benutzt werden, die in einer anderen Instanz der Bash eingegeben wurden und dort mit der Option *-a* oder durch das Verlassen der Bash gespeichert wurden.

jobs – Anzeigen der von der Bash kontrollierten Prozesse

```
jobs [Optionen] [Jobnummer ...]
```

Der Befehl zeigt die gegenwärtig von der Bash kontrollierten und entweder im Hintergrund ausgeführten oder angehaltenen Prozesse an und gibt für jeden Prozess die Jobnummer, den Status sowie den Namen des zugehörigen Programms aus. Wenn dem Befehl mit *Jobnummer* Nummern kontrollierter Prozesse übergeben werden, werden die Informationen nur für die mit diesen Jobs verbundenen Prozesse ausgegeben.

- `-l` Gibt zusätzlich die Prozess-IDs der Prozesse aus.
- `-p` Gibt nur die Prozess-IDs aus.
- `-r` Gibt nur Informationen für (im Hintergrund) laufende Prozesse aus.
- `-s` Gibt nur Informationen für angehaltene Prozesse aus.

Siehe auch: ps.

kill – Beenden von Prozessen

```
kill [-Signal] PID | %Jobnummer [PID | %Jobnummer ...]
```

kill sendet das mit *Signal* bezeichnete Signal an den oder die Prozess(e) mit der oder den durch *PID* bezeichneten Prozess-ID(s). Prozess-IDs von ausgeführten Programmen können u. a. mit dem Kommando *ps* angezeigt werden. Wenn kein Signal angegeben ist, sendet *kill* das Signal SIGTERM (15), was in der Regel dazu führt, dass der Prozess, der das Signal erhält, sich beendet. Signale können mit ihrem Namen oder mit ihrer Nummer angegeben werden.

Neben dem Programm */bin/kill* steht ein in die *bash* eingebauter Befehl gleichen Namens zur Verfügung, der normalerweise nach Eingabe dieses Befehls aufgerufen wird und mit dem es auch möglich ist, Job-Nummern anstatt von Prozess-IDs anzugeben. Job-Nummern muss ein Prozentzeichen vorangestellt sein, damit sie von Prozess-IDs unterschieden werden können. Die wichtigsten Signale sind:

SIGHUP (1): Auflegen. Führt bei vielen Programmen dazu, dass sie ihrer Konfiguration neu lesen. Andere beenden sich.
SIGINT (2): Unterbrechung. Hat die gleiche Wirkung wie die Betätigung des Tastaturkommandos STRG-C.
SIGKILL (9): Unbedingtes sofortiges Beenden des Programms. Dem Programm wird keine Gelegenheit mehr gegeben, aufzuräumen oder Daten zu sichern.
SIGTERM (15): Beenden. Das Programm wird aufgefordert, sich zu beenden.

SIGCONT (18): Der angegebene Prozess, der dieses Signal erhält wird wieder ausgeführt, wenn er zuvor angehalten war.

SIGSTOP (20): Der angegebene Prozess wird angehalten.

-l Gibt die dem Programm bekannten Signale und ihre Namen aus.

```
kill 257 269
```

Bringt die Prozesse mit den Prozess-IDs *257* und *269* zur Beendigung.

```
kill -9 230
```

Beendet den Prozess mit der Prozess-ID *230* „unsanft" und sofort.

```
kill %1
```

Beendet den Prozess mit der Jobnummer 1. Siehe auch: killall, ps, top.

let – Ausführen arithmetischer Berechnungen

```
let Ausdruck [Ausdruck ...]
```

Der Befehl stellt neben der in Kapitel 16.9.4, S. 457 beschriebenen Methode eine weitere Möglichkeit zur Durchführung ganzzahliger arithmetischer Berechnungen dar. Allerdings gelten hier dieselben Beschränkungen. Der Vorteil liegt im wesentlichen in einer leichter lesbaren Schreibweise. Die verfügbaren Operatoren sind mit dem Befehl *help let* oder in der Info-Dokumentation zur Bash abrufbar.

```
let a=2+2
```

Weist der Variablen *a* den Wert 4 zu.

```
let a=(2+2)*30
```

Weist der Variablen *a* den Wert 120 zu.

```
let a=$b*$b+$c*$c
```

Weist der Variablen *a* die Summe der Quadrate der Variablen *b* und *c* zu.

local – Deklarieren lokaler Variablen

```
local Name[=Wert] [Name=[Wert] ... ]
```

Innerhalb von Funktionsdefinitionen bewirkt dieser Befehl, dass die mit *Name* bezeichnete(n) Variable(n) nur innerhalb der betreffenden Funktion gültig sind. Es können dann Variablen gleichen Namens außerhalb von Funktionen oder in anderen Funktionen benutzt werden, ohne dass sich deren Wert durch die Zuweisung von Werten an die als lokal deklarierte Variable innerhalb der betreffenden Funktion ändert. Außerhalb von Funktionsdefinitionen führt der Befehl zu einer Fehlermeldung.

```
a () { i=1; }; i=10; a; echo $i;
```

Gibt die Zahl 1 aus, weil die Variable *i* durch den Aufruf der Funktion *a* mit diesem Wert belegt wird.

```
a () { local i=1; }; i=10; a; echo $i
```

Gibt die Zahl 10 aus. Die globale Variable *i* wird durch den Aufruf der Funktion *a* nicht verändert, weil die Variable *i* dort als lokal deklariert ist.

logout – Beenden einer Login-Shell

```
logout
```

Der Befehl beendet eine Login-Shell. In einer gewöhnlichen Shell wird eine Fehlermeldung ausgegeben. Siehe auch: exit.

popd – Wechseln in ein gespeichertes Verzeichnis

```
popd [-n]
```

Der Befehl wechselt das aktuelle Arbeitsverzeichnis in das zuletzt mit *pushd* (S. 486) gespeicherte Verzeichnis. Dabei wird das Verzeichnis aus dem Speicher gelöscht und das davor mit *pushd* gespeicherte Verzeichnis als das zuletzt besuchte Verzeichnis markiert. Die wiederholte Eingabe von *popd* führt also dazu, dass durch alle Verzeichnisse gewechselt wird, die zuvor mit *pushd* gespeichert wurden, bis keine gespeicherten Verzeichnisnamen mehr vorhanden sind. Die Option *-n* bewirkt, dass das zuletzt gespcicherte Verzeichnis zwar gelöscht, jedoch nicht in dieses gewechselt wird. Siehe auch: pushd, dirs.

pushd – Speichern eines Verzeichnisses

```
pushd [Verzeichnis] [-n]
```

Die Bash verfügt über einen besonderen Speicherplatz für die zuletzt benutzten Arbeitsverzeichnisse, der mit den Befehlen *pushd*, *popd* und *dirs* benutzt und bearbeitet werden kann. Diese Befehle stellen eine Alternative zum Befehl *cd* dar.
Wenn *pushd* mit dem Namen eines Verzeichnisses als Argument aufgerufen wird, wird das Arbeitsverzeichnis in das angegebene Verzeichnis gewechselt und das alte Arbeitsverzeichnis als das zuletzt besuchte Verzeichnis gespeichert. Wenn *pushd* danach wieder mit der Angabe eines Verzeichnisses aufgerufen wird, passiert das gleiche. Allerdings wird dann das alte gespeicherte Verzeichnis als das vorletzte besuchte Arbeitsverzeichnis markiert und das jetzt vorherige Verzeichnis als das letzte Arbeitsverzeichnis gespeichert. Mit dem Befehl *popd* kann danach bequem in die gespeicherten Verzeichnisse gewechselt werden, ohne dass man sich deren Namen merken muss. Die Option *-n* bewirkt, dass das angegebene Verzeichnis gespeichert wird, aber nicht in dieses Verzeichnis gewechselt wird.
Wird *pushd* ohne Angabe eines Verzeichnisses aufgerufen, wird in das zuletzt mit *pushd* gespeicherte Verzeichnis gewechselt und das vorher aktuelle Arbeitsverzeichnis gespeichert. Siehe auch: popd, dirs.

read – Zeilen von der Standardeingabe lesen

```
read [Optionen] [Variablenname ...]
```

read liest Zeilen von der Standardeingabe und weist die darin befindlichen Zeichen der oder den mit *Variablenname* angegebenen Variablen zu. Dabei wird das erste Wort der ersten Variable, das zweite Wort der zweiten Variable usw. zugewiesen. Wörter werden durch die in der Variablen *IFS* gespeicherten Zeichen getrennt (normalerweise Leerzeichen und Tabulatoren). Wenn weniger Variablennamen angegeben sind, als Wörter gelesen werden, werden alle Wörter, die sich keiner Variablen zuweisen lassen in der letzten angegebenen Variable gespeichert. Falls kein Variablenname angegeben ist, wird die gelesene Zeile in der Variablen *REPLY* gespeichert. Der Befehl liefert den Rückgabewert 0, wenn beim Lesen nicht ein Dateiende festgestellt wurde.

-p Zeichenkette Stellt die mit *Zeichenkette* spezifizierte Zeichenkette als Eingabeaufforderung dar, bevor gelesen wird.

-e Zum Einlesen der Zeile wird *readline* benutzt. D. h., bei der Eingabe stehen alle Funktionen zur Verfügung, die auch normalerweise zur Eingabe von Befehlen mit der Bash vorhanden sind.

-a Feldvariable Die gelesenen Wörter werden den Elementen der mit *Feldvariable* spezifizierten Feldvariable zugeordnet. Dabei wird das erste Wort dem ersten Element (Index 0) zugeordnet.

```
read -p "Daten löschen? " antwort
```

Liefert die Eingabeaufforderung *Daten löschen?* und speichert die Antwort in der Variablen *antwort*.

```
while true; do read -e -p "Eingabe: " kommando; eval $kommando; done
```

Diese Schleife stellt eine Shell in der Shell dar. Es werden Kommandos gelesen und dann mit dem Befehl *eval* wie direkt eingegebene Kommandos ausgeführt. Die Schleife kann durch STRG-C abgebrochen werden.

```
{ while read zeile; do echo $zeile; done; } < liste.txt
```

Liest zeilenweise Daten aus der Datei *liste.txt* und gibt sie mit dem Befehl *echo* aus. Die Schleife wird unterbrochen, sobald keine Zeichen mehr gelesen werden können, weil *read* dann einen von Null abweichenden Rückkehrwert liefert. Sie ist geklammert, weil die zu lesende Datei nicht bei jedem *read*-Befehl neu geöffnet werden soll.

readonly – Variablen als Schreibgeschützt markieren

```
readonly [Optionen] [Variablenname ...]
```

Der Befehl markiert die mit *Variablenname* bezeichnete(n) Variable(n) als nicht veränderbar. Er hat damit die gleiche Wirkung wie der Befehl *declare* mit der Option -r. Wenn *readonly* mit der Option -p oder ohne Parameter aufgerufen wird, werden die Namen aller nicht veränderbaren Variablen mit ihren Werten ausgegeben. Siehe auch: declare.

return – Beenden von Funktionen

```
return [Rückkehrwert]
```

Der Befehl bricht die Ausführung einer Funktion ab und springt an die Stelle, von der die Funktion aufgerufen wurde. Als Rückgabewert der Funktion wird dabei entweder der Rückkehrwert des zuletzt ausgeführten Befehls oder der mit *Rückkehrwert* angegebene Wert übergeben. Siehe auch: exit.

set – Optionen und Parameter der Shell setzen

```
set [Optionen] [Parameter ...]
```

Mit dem Befehl *set* lassen sich zur Laufzeit der Bash alle Optionen und Parameter setzen und verändern, die auch beim Aufruf der Bash angegeben werden können. Der Befehl *set -x* versetzt die Bash also beispielsweise in den Zustand, den sie hätte, wenn sie mit der Option *-x* aufgerufen worden wäre. Optionen können mit *set* an- und ausgeschaltet werden. Optionen, die wie üblich mit einem vorangestellten Minuszeichen angegeben werden, schalten die betreffende Option ein. Optionen die mit einem Pluszeichen angegeben werden, schalten die betreffende Option ab. Die aktuell eingeschalteten Optionen sind in der Variablen – gespeichert und können mit folgendem Befehl eingesehen werden:

```
joe@debian:~$ echo $-
```

Alle mit dem Befehl *set* angegebenen Zeichenketten, die keine Option sind (also nicht mit einem Minus- oder Pluszeichen beginnen), führen dazu, dass die Parametervariablen der Shell (Variablen *1, 2, 3* usw.) neu gesetzt werden.

-a | -o allexport Alle neu erzeugten oder veränderten Variablen werden automatisch exportiert (siehe *export* (S. 482)).

-b | -o notify Bewirkt, dass Meldungen über Statusänderungen von Prozessen, die im Hintergrund ausgeführt werden, sofort ausgegeben werden. Normalerweise geschieht dies erst, bevor eine neue primäre Eingabeaufforderung ausgegeben wird, um laufende Ein- oder Ausgaben nicht zu stören.

-e | -o errexit Die Shell wird beendet, sobald ein Kommando einen von Null abweichenden Rückkehrwert liefert.

-h | -o hashall Schaltet die Zwischenspeicherung von Dateinamen ein (siehe auch *hash* (S. 482)).

-k | -o keyword Alle Zuweisungen von Werten zu Variablen führen dazu, dass die entsprechende Variable exportiert wird.

-m | -o monitor Schaltet die Prozesskontrolle ein.

-n | -o noexec Befehle werden gelesen, aber nicht ausgeführt. Dadurch kann die syntaktische Richtigkeit von Shellskripten geprüft werden, ohne dass sie ausgeführt werden müssen. Eine Reihe von Fehlern lässt sich allerdings erst dann feststellen, wenn die Befehle tatsächlich ausgeführt werden.

-o [Option] Über diese Option lassen sich eine Reihe von zusätzlichen mit *Option* anzugebenden Einstellungen vornehmen. Wenn *-o* keine weitere Option nachgestellt ist, wird ausgegeben, welche Optionen ein- bzw. ausgeschaltet sind.

> history Schaltet die Kommandogeschichte ein.
> emacs Schaltet die Funktionen zur Bearbeitung der Kommandozeile in den *emacs*-Modus.
> ignoreeof Bewirkt, dass die Shell nicht beendet wird, wenn sie das Ende ihrer Eingabedatei bemerkt (nur im interaktiven Modus von Bedeutung).
> posix Alle Eigenschaften der Bash, die normalerweise vom POSIX-Standard abweichen, werden an diesen angepaßt.
> vi Schaltet die Funktionen zur Bearbeitung der Kommandozeile in den *vi*-Modus (Siehe dazu die Info-Dokumentation zur Bash.)

-u | -o nounset Wenn auf den Wert einer Variablen zugegriffen wird, die noch nicht definiert wurde, wird ein Fehler ausgegeben. Normalerweise wird die Variable in einem solchen Fall wie eine existierende leere Variable behandelt.

-v | -o verbose Die Befehlszeilen werden ausgegeben, bevor sie ausgeführt werden.

-x Auszuführende Befehle werden ausgegeben, bevor sie ausgeführt werden und nachdem alle Ersetzungen durchgeführt worden sind. Diese Option ist ein wichtiges Mittel zum Auffinden von Fehlern in Shellskripten. Sie ermöglicht es, zu überprüfen, welche Werte tatsächlich für Variablen und in Folge anderer Substitutionen eingesetzt werden.

-C Mit dieser Option kann die Ausgabe von Befehlen nicht in existierende Dateien umgeleitet werden. Dadurch kann man sich vor dem versehentlichen Überschreiben von Dateien schützen.

```
set hund katze hamster
```

Weist den Parametervariablen die Zeichenketten *hund* (Variable *1*), *katze* (Variable *2*) und *hamster* (Variable *3*) zu. Die übrigen Parametervariablen (*4,5* usw.) werden gelöscht.

```
a=1; set -x; echo $a; set +x;
```

Der Variablen *a* wird der Wert 1 zugewiesen. Danach wird durch *set -x* festgelegt, dass Befehle ausgegeben werden sollen, bevor sie ausgeführt werden. Deswegen wird die Zeile *echo 1* ausgegeben, bevor der *echo*-Befehl ausgeführt wird. Siehe auch: shopt.

shift – Verschieben der Parametervariablen

```
shift [Anzahl]
```

Der Befehl verschiebt die Parametervariablen um *Anzahl* nach links. Wenn *Anzahl* nicht angegeben ist, wird um eine Variable verschoben. Das bedeutet, dass die Variable *1* nach der Ausführung von *shift* den Wert hat, den vorher die Variable *2* hatte und die Variable *2* den Wert der Variablen *3* bekommt usw. Der ursprüngliche Wert der Variablen *1* geht dabei verloren. Dadurch lassen sich auch Parameter ansprechen, die sich normalerweise durch die neun Parametervariablen nicht direkt benutzen lassen. Das folgende Beispiel soll dies verdeutlichen:

```
#! /bin/bash
while [ -n "$1" ]
   do echo $1
   shift;
done;
```

Die Schleife wird so lange ausgeführt, wie die Variable *1* nicht leer ist. In der Schleife wird zunächst der Inhalt der Variablen *1* ausgegeben, bevor alle Parametervariablen um eine Stelle nach links verschoben werden. Der alte Wert der Variablen *1* geht dabei verloren und sie hat danach den Wert, den vorher die Variable *2* hatte. Dies wird so lange wiederholt, bis die Variable *1* keinen Wert mehr hat. Auf diese Weise können innerhalb der Schleife Aktionen mit allen Parametern durchgeführt werden.

shopt – Zusätzliche Optionen der Bash setzen

```
shopt [Option] [Optionsname ...]
```

Durch den Befehl *shopt* lassen sich eine Reihe zusätzlicher Einstellungen vornehmen, die über die Möglichkeiten des *set*-Befehls hinausgehen. Wenn *shopt* ohne die Angabe von Parametern aufgerufen wird, gibt der Befehl die Namen der ein- und ausgeschalteten Optionen sowie ihren Status aus.

-s Schaltet die mit *Optionsname* bezeichnete(n) Optione(n) ein oder gibt die Namen der eingeschalteten Optionen aus, wenn kein Optionsname angegeben wurde.

-u Schaltet die mit *Optionsname* bezeichnete(n) Optione(n) aus oder gibt die Namen der ausgeschalteten Optionen aus, wenn kein Optionsname angegeben wurde.

Als *Optionsnamen* stehen die folgenden Bezeichner zur Verfügung:

cdable_vars Wenn diese Option eingeschaltet ist, interpretiert die Bash Argumente für den Befehl *cd*, die nicht den Namen von Verzeichnissen entsprechen, als Variablennamen und versucht, in das in der betreffenden Variable gespeicherte Verzeichnis zu wechseln. Beispiel:

```
joe@debian:~$ docs=/usr/share/doc; shopt -s cdable_vars; cd docs
```

Hier wird durch den *cd*-Befehl in das Verzeichnis */usr/share/doc* gewechselt, weil der Name dieses Verzeichnisses in der Variablen *docs* gespeichert wurde. Auf diese Art lassen sich Abkürzungen für häufig besuchte Verzeichnisse definieren. (Falls das Verzeichnis *docs* jedoch im Arbeitsverzeichnis existiert, würde durch diesen Befehl in dieses Verzeichnis gewechselt werden.)

cdspell Bewirkt, dass Tippfehler beim *cd*-Befehl automatisch korrigiert werden, sofern dies möglich ist.

checkhash Bevor ein Programm ausgeführt wird, dessen Name zwischengespeichert wurde (siehe *hash* (S. 482)), überprüft die Shell, ob die entsprechende Programmdatei noch existiert und ignoriert den Zwischenspeicher, falls dies nicht so ist.

cmdhist Mit dieser Option werden Kommandos, die aus mehreren Eingabezeilen bestehen, in der Kommandogeschichte in einer Zeile gespeichert. Dadurch lassen sie sich einfacher in der richtigen Reihenfolge wiederholen.

dotglob Bewirkt, dass bei der Dateinamenerweiterung auch solche Dateinamen berücksichtigt werden, die mit einem Punkt beginnen.

Siehe auch: set.

source – Ausführen von Befehlen aus einer anderen Datei

Der Befehl hat die gleiche Bedeutung wie der Befehl . (S. 476)

suspend – Anhalten der Shell

```
suspend [-f]
```

Der Befehl hält die Shell so lange an, bis sie das Signal SIGCONT (Nummer 18) erhält. Die Option *-f* erzwingt das Anhalten einer Login-Shell, was normalerweise nicht möglich ist.

trap – Abfangen und Behandeln von Signalen

```
trap [Optionen] "Kommandos" [Signal ...]
```

Mit *trap* wird bestimmt, wie die Shell sich verhalten soll, wenn sie bestimmte Signale erhält. So kann es beispielsweise sinnvoll sein, die Unterbrechung von Skripten durch den Benutzer während kritischer Phasen zu verhindern oder vor einer nicht-regulären Beendigung noch Aufräumarbeiten durchzuführen, also z. B. temporäre Dateien zu löschen.

Der Befehl bewirkt, dass die mit *Kommandos* angegebenen Kommandos ausgeführt werden, sobald das oder eines der mit *Signal* angegebenen Signal(e) empfangen werden. Das Argument *Kommandos* muss dabei als ein Argument übergeben werden, d. h., es muss in Anführungszeichen stehen, wenn es aus mehr als einem Wort besteht. Signale können durch ihren Namen oder durch ihre Nummer angegeben werden. Die Namen und Nummern einiger wichtiger Signale sind mit dem Befehl *kill* (S. 484) beschrieben. Wenn *trap* ohne Argumente oder mit der Option *-p* aufgerufen wird, wird ausgegeben, welche Kommandos bereits mit welchen Signalen assoziiert wurden.

-l Es werden die bekannten Signalnamen und ihre Nummern ausgegeben.

```
trap : 2
```

Bewirkt, dass beim Auftreten des Signals 2 (SIGINT) keine Aktion (Befehl :) ausgeführt wird. Ein Shellskript wird nach diesem Befehl durch die Tastenkombination STRG-C nicht abgebrochen.

```
trap "rm $tmpfiles; echo Ende; exit 1" SIGTERM
```

Sobald die Shell das Signal SIGTERM erhält, werden alle Dateien gelöscht, deren Namen in der Variablen *tmpfiles* gespeichert sind. Danach wird die Meldung *Ende* ausgegeben und die Shell mit dem Rückkehrwert 1 beendet.
Siehe auch: kill.

type – Anzeigen des Typs eines Befehls

```
type [Optionen] Befehl [Befehl ...]
```

Der Befehl kann benutzt werden, um herauszufinden, um was für einen Typ von Kommando es sich bei einem bestimmten Befehl handelt. Unterschieden werden die folgenden Typen:

file Externe Befehle, die als ausführbare Dateien vorliegen.
function In vorhergehenden Befehlen definierte oder über Umgebungsvariablen importierte Shell-Funktionen.
alias Befehle, die durch den Befehl *alias* (S. 477) definiert wurden.
builtin In die Shell eingebaute Befehle.
keyword Schlüsselwörter, die zur Ablaufsteuerung benutzt werden, wie beispielsweise *for* (S. 462) oder *while* (S. 463).

`-t | -type` Es wird nur ein Wort zur Beschreibung des Typs ausgegeben.
`-p | -path` Gibt nur den Namen der auszuführenden Datei aus, falls der angegebene Befehl zum Aufruf eines externen Programms führt.
`-a | -all` Gibt alle möglichen Typen des betreffenden Befehls aus. Der tatsächlich benutzte Typ wird dabei zuerst ausgegeben.

```
type alias for
```

Gibt die Information aus, dass *alias* ein eingebauter Shell-Befehl ist und *for* ein Schlüsselwort.

```
alias ls="ls -la"; type -a ls
```

Gibt die Information aus, dass der Befehl *ls* ein Alias für *ls -la* ist und dass *ls* als ausführbare Datei */bin/ls* existiert.

ulimit – Einschränken von Systemressourcen

```
ulimit [Optionen]
```

Der Befehl *ulimit* stellt die Schnittstelle der Shell zu der Möglichkeit des Betriebssystems dar, Systemressourcen für bestimmte Benutzer oder Prozesse zu beschränken. Dabei wird zwischen harten und weichen Beschränkungen unterschieden. Harte Beschränkungen können von gewöhnlichen Benutzern nicht aufgehoben werden. Weiche Beschränkungen können verändert werden, solange sie danach den Wert der entsprechenden harten Beschränkung nicht überschreiten. Entscheidend ist für Programme die weiche Beschränkung. Wird beispielsweise die Anzahl der Dateien, die gleichzeitig von einem Prozess geöffnet sein dürfen, auf den Wert 20 (weich) und den Wert 50 (hart) beschränkt, so kann kein Programm mehr als 20 Dateien gleichzeitig öffnen. Der Wert lässt sich in diesem Fall jedoch wieder bis auf den Wert von 50 vom Benutzer erhöhen.
Die durch *ulimit* gesetzten Einschränkungen gehören ebenso wie Umgebungsvariablen zur Prozessumgebung, sie vererben sich also auf alle Kindprozesse, sobald sie gesetzt sind. Durch diesen Mechanismus ist es möglich, mit diesem Befehl z. B. in der Konfigurationsdatei */etc/profile* globale Beschränkungen einzurichten, die für alle Benutzer gelten und von diesen nicht wieder aufgehoben werden können.
ulimit kann zum Anzeigen und zum Verändern von Beschränkungen benutzt werden. Wenn keine Ressource durch eine entsprechende Option ausgewählt wurde, bezieht sich der Befehl auf die maximale Größe von Dateien. Wird keine Größe angegeben, wird der momentane Wert der weichen Beschränkung für die ausgewählte Ressource angezeigt. Wenn ein Wert angegeben wird, werden standardmäßig harte und weiche Beschränkungen auf diesen Wert gesetzt. Zulässige Werte für Beschränkungen sind Zahlen, wobei die Einheiten abhängig von der betreffenden Ressource sind oder das Wort *unlimited* wodurch eine Beschränkung aufgehoben wird, sofern dies nicht durch eine harte Begrenzung verboten ist.

-H Setzt oder zeigt die harte Beschränkung für die ausgewählte Ressource an.
-S Setzt oder zeigt die weiche Beschränkung für die ausgewählte Ressource an.
-a Gibt alle geltenden Beschränkungen aus.
-c [Größe] Legt die maximale Größe von *core*-Dateien[9] in mit *Größe* angegebenen Blöcken fest. Ein Block entspricht i. d. R. 1024 Byte. Wenn *Blöcke* nicht angegeben ist, wird die gegenwärtige Beschränkung angezeigt.
-d [Größe] Legt die maximale Größe von ausführbaren Programmen fest, den diese im Hauptspeicher belegen dürfen. Die Einheit für *Größe* ist Kilobyte.
-f [Größe] Legt die Größe von Dateien fest, die nicht überschritten werden darf. *Größe* wird in Blöcken angegeben (entspricht i. d. R. 1024 Byte).
-n [Anzahl] Legt die maximale Anzahl von Dateien, die gleichzeitig von einem Prozess geöffnet sein dürfen, fest.
-p [Größe] Legt die maximale Größe des Zwischenspeichers von Pipes in Blöcken mit einer Größe von 512 Byte fest.
-t [Zeit] Legt die maximale Menge an Prozessorzeit, die ein Programm verbrauchen darf, fest. *Zeit* wird in Sekunden angegeben.
-u [Anzahl] Legt die maximale Anzahl von Prozessen, die ein Benutzer gleichzeitig ausführen darf, fest.
-v [Größe] Legt die Menge des pro Prozess verfügbaren (virtuellen) Speichers fest.

umask – Setzen von Standard-Dateiberechtigungen

```
umask [-S] [Berechtigung]
```

Über den Befehl *umask* wird dem Betriebssystem mitgeteilt, mit welchen Rechten Dateien neu angelegt werden. Wenn *Berechtigung* nicht angegeben wird, dann wird die gegenwärtige Einstellung ausgegeben. Dies erfolgt in symbolischer Form, wenn die Option *-S* benutzt wurde. Wie bei dem Befehl *chmod* (S. 644) können Berechtigungen bei *umask* in numerischer oder in symbolischer Form angegeben werden. Es sind dabei die gleichen Spezifikationen erlaubt wie bei *chmod*.

Diese Einstellung gehört ebenso wie die mit *ulimit* vorgenommenen Einstellungen oder Umgebungsvariablen zur Prozessumgebung, die auf neu erzeugte Prozesse „vererbt" wird. Eine *umask*-Anweisung in der Datei */etc/profile* hat also zur Folge, dass die damit festgelegte Einstellung als Voreinstellung für alle Prozesse gilt, die von Benutzern gestartet werden, welche eine Login-Shell verwenden, die diese Datei verwendet. Benutzer können die mit *umask* vorgenommenen Einstellungen allerdings verändern.

Wenn die Berechtigungen in numerischer Form angegeben werden sollen, ist zu beachten, dass der spezifizierte Wert vom Wert 777 abgezogen wird. 777 entspricht der Berechtigung zum Lesen, Schreiben und Ausführen von Dateien für Besitzer, assoziierte Gruppe und andere Benutzer. Bei der Erzeugung von Dateien wird das Recht zum Ausführen standardmäßig nicht gesetzt, auch wenn dies mit *umask* eingestellt worden ist. Diese Einstellung hat aber bei der Erzeugung von Verzeichnissen Bedeutung, weil hier das Recht zum Ausführen notwendig ist, um in dem Verzeichnis zu arbeiten.

```
umask 022
```

Bewirkt, dass Dateien standardmäßig mit den Rechten zum Lesen, Schreiben und Ausführen für den Besitzer, und mit den Rechten zum Lesen und Ausführen für Mitglieder der assoziierten Gruppe und andere Benutzer erzeugt

---

[9] Diese Dateien werden in der Regel erzeugt, wenn ein Programm „abstürzt". Sie dienen dazu, den Grund für den Absturz herauszufinden und können gelegentlich ziemlich groß werden.

werden. Erklärung: Die erste Zahl entspricht den Rechten des Besitzers und wird von dem Wert sieben abgezogen. Weil sie Null ist, bleibt es bei dem Wert sieben. Dieser Wert entspricht den Rechten Lesen (4), Schreiben (2) und Ausführen (1). Für die Gruppe und andere Benutzer wird von dem Wert sieben der Wert zwei abgezogen. Der effektive Wert ist also fünf. Dies entspricht den Rechten zum Lesen (4) und zum Ausführen (1).

```
umask u=rwx,g=rwx,o=
```

Dateien werden mit den Rechten zum Ausführen, Lesen und Schreiben für den Besitzer und die Mitglieder der assoziierten Gruppe erzeugt. Andere Benutzer bekommen keine Rechte an neu erzeugten Dateien.

```
umask g-w
```

Die Einstellung, dass Mitglieder der assoziierten Gruppe neu erzeugte Dateien lesen dürfen, wird aufgehoben. Alle anderen Einstellungen bleiben unverändert.

unalias – Aufheben von Alias-Definitionen

```
unalias [-a] [Name ...]
```

Der Befehl hebt die mit *Name* angegebene(n) Alias-Definition(en) auf. Sie stehen danach nicht mehr zur Verfügung. Die Option *-a* bewirkt, dass alle Alias-Definitionen aufgehoben werden. Siehe auch: alias.

unset – Aufheben von Variablen- oder Funktionsdefinitionen

```
unset [Option] [Name ...]
```

Der Befehl hebt die mit *Name* angegebene(n) Variable(n) auf. Die Option *-f* bewirkt, dass *Name* als Funktionsname interpretiert wird. Es wird dann die entsprechende Funktionsdefinition aufgehoben.

wait – Auf die Beendigung eines Prozesses warten

```
wait Prozess-ID | %Jobnummer
```

Es wird so lange gewartet, bis der durch *Prozess-ID* oder *Jobnummer* angegebene Prozess beendet ist. Bei der Verwendung von Jobnummern muss diesen ein Prozentzeichen vorangestellt sein. Der Prozess, auf den gewartet werden soll, muss von der Shell gestartet worden sein, in welcher der *wait*-Befehl benutzt wird. Der Rückkehrwert von *wait* entspricht dem Rückkehrwert des Prozesses, auf den gewartet wurde.

17. Debian GNU/Linux im Netzwerk

17.1 Einleitung und Grundlagen

Was ist ein Netzwerk? Zunächst nicht mehr als ein Wirrwarr von Kabeln und Rechnern, die alle irgendwie miteinander verbunden sind. Im Falle des Internets handelt es sich sogar um ein ziemlich großes Wirrwarr. Es ist klar, dass es innerhalb eines Netzwerkes eine gewisse Ordnung geben muss, damit die Kommunikation zwischen den angeschlossenen Rechnern überhaupt funktionieren kann.

Hierzu werden so genannte Protokolle benutzt, die bestimmen, wie beispielsweise Absender und Empfänger von Daten adressiert werden oder wie Rechner auf bestimmte Anfragen zu reagieren haben. Es gibt unterschiedliche Netzwerkprotokolle, die miteinander nicht kompatibel sind. Unter anderem aufgrund der Verbreitung des Internets hat sich jedoch das Internet-Protokoll in vielen Bereichen durchgesetzt. Dieses Protokoll wird unter UNIX/Linux standardmäßig als Netzwerkprotokoll eingesetzt, weswegen sich diese Betriebssysteme besonders für verschiedene Aufgaben im Internet eignen. In diesem Kapitel werden einige Grundlagen des Internet-Protokolls beschrieben.

17.1.1 Interfaces und Adressen

Jeder Rechner muss irgendwie an ein Netzwerk angeschlossen werden. Hierzu dient beispielsweise eine Ethernetkarte, ein Modem oder eine ISDN-Karte. Eine solchen Anschluss bezeichnet man gemeinhin als Netzwerkinterface oder einfach nur als Interface. Damit das Betriebssystem mit dem Gerät umgehen kann, das den Anschluss zur Verfügung stellt, bedarf es meist eines Treibers, also beispielsweise eines Hardwaretreibers für eine bestimmte Ethernetkarte. Das Betriebssystem kann dann Datenpakete über das Interface empfangen oder versenden.

Beim Versenden der Daten muss natürlich feststehen, an welchen Rechner die Daten gesendet werden sollen, ebenso sollte ein Rechner wissen, ob Daten, die er empfängt, tatsächlich für ihn selbst bestimmt sind. Hierzu verwendet man so genannte Adressen. Im Internet hat beispielsweise jeder Rechner eine eindeutige Adresse, die es ermöglicht, Daten an diesen Rechner zu senden. Wenn Sie sich mit Ihrem Rechner zu hause in das Internet einwählen bekommen Sie die Adresse Ihres Rechners in der Regel von Ihrem Internet-Provider zugewiesen. Genaugenommen ist es allerdings nicht der Rechner, sondern das Interface, dem eine Adresse zugeordnet ist. Es ist z. B. durchaus möglich, dass ein Rechner sowohl über ein Ethernetanbindung als auch eine ISDN-Verbindung verfügt. Er hat dann zwei Interfaces und jedes dieser Interfaces hat eine eigene Adresse.

Die Methode, wie Daten von einem Rechner zu einem anderen übertragen werden, ist abhängig von der Art der Verbindung, die zwischen den Rechnern besteht. In einem Ethernet werden Daten beispielsweise anders übertragen als über eine Telefonleitung oder eine Satellitenverbindung. Große Netzwerke, wie das Internet, benutzen viele unterschiedliche Verfahren, Daten zu übertragen. Stellen Sie sich vor, Sie haben von zu hause eine Einwahlverbindung über einen Internetprovider aufgebaut und laden eine Datei von einem Rechner in einer US-amerikanischen Universität herunter. Dabei könnte es sein, dass die Daten u. a. zunächst über das Ethernet im Fachbereich der Universität, zu dem der Rechner gehört, dann über das FDDI-Netz der Universität, weiter über ein ATM-Netz, danach über ein Überseekabel, wieder über ein ATM-Netz in Europa zu Ihrem Provider und schließlich über ein Telefonkabel zu Ihnen geschickt werden. Trotz der vielen unterschiedlichen Verfahren, die dabei zum Einsatz kommen, werden immer die selben Daten mit den selben Adressen verschickt. Alle beteiligten Stationen müssen diese Adressen interpretieren können, um die Daten an die richtige nächste Station weiterzuschicken. Das zu diesem Zweck eingesetzte Protokoll ist das so genannte *Internet Protocol* (IP). Demzufolge spricht man bei Rechneradressen auch von IP-Adressen im Gegensatz beispielsweise zu Ethernetadressen, die lediglich für den Datentransport im Ethernet von Bedeutung sind.

Internet-Adressen bestehen aus vier Zahlen zwischen 0 und 255. Üblicherweise werden Sie mit drei Punkten zwischen den einzelnen Zahlen notiert, also beispielsweise *18.181.0.31*[1], man nennt diese Notation *Dotted Quad Notation*. Es gibt eine Reihe von IP-Adressen, an die im Internet keine Daten weitergeleitet werden. Solche Adressen eignen sich deswegen gut dafür, in privaten Netzwerken eingesetzt zu werden, weil ihre Verwendung nicht zu Konflikten führt, wenn Sie an einer anderen Stelle des Internets ebenfalls eingesetzt werden.

Die Verwendung dieser Adressen muss – im Gegensatz zu allen anderen Adressen – nicht registriert werden. Die folgenden IP-Adressen sind für diesen Zweck bestimmt:

- 10.0.0.0 – 10.255.255.255
- 172.16.0.0 – 172.31.255.255
- 192.168.0.0 – 192.168.255.255

17.1.2 Netzwerke und Subnetzwerke

Wenn bisher von Netzwerk die Rede war, war damit der gesamte Verbund aller Rechner, die irgendwie miteinander in Verbindung stehen, gemeint. Vielfach bezeichnet der Begriff jedoch lediglich eine Gruppe von Rechnern, die direkt physikalisch miteinander verbunden sind. Man spricht hier oft auch von einem Subnetz[2]. In einem Ethernet beispielsweise können Rechner Daten direkt an alle anderen Rechner schicken, die an das gleiche Ethernet angeschlossen sind. Daten, die an Rechner geschickt werden sollen, welche sich in anderen (Sub-)Netzwerken befinden, müssen hingegen von einem speziellen Rechner von dem einen Netzwerk in ein anderes weitergeleitet werden. Diese weiterleitenden Rechner werden als Router bezeichnet.

Abbildung 40 verdeutlicht dies. Die Rechner im unteren Teil der Abbildung sind durch ein Ethernet miteinander verbunden. Der Rechner mit der IP-Adresse *210.21.4.1* kann beispielsweise den Rechner mit der IP-Adresse *210.21.4.3* direkt erreichen. Das gleiche gilt für die Rechner im oberen Teil der Abbildung, die ebenfalls durch eine Ethernet miteinander verbunden sind. Der Rechner in der Mitte ist mit beiden Netzwerken verbunden. Er hat also zwei Interfaces (hier Netzwerkkarten) und demzufolge zwei IP-Adressen (*210.21.4.250* und *210.21.3.250*). Wenn nun der Rechner mit der IP-Adresse *210.21.4.2* Daten an den Rechner mit der Adresse *210.21.3.2* senden will, dann kann er dies nicht direkt tun, sondern er sendet die entsprechenden Daten an den Router *210.21.4.250*, welcher sie über sein anderes Interface *210.21.3.250* in das obere Ethernet gibt, von wo sie direkt an den Zielrechner geschickt werden können. Hierzu benötigt der Rechner *210.21.4.2* die Information, wohin er Pakete schicken soll, die er nicht selbst (über das Netzwerk, an das er angeschlossen ist) zustellen kann. Diese Information bezeichnet man als den Standard-Gateway (oder auch Default-Route), es müsste bei den Rechnern im unteren Teil der Abbildung also auf die Adresse *210.21.4.250* zeigen. Wenn die Rechner im oberen Teil der Abbildung in der Lage sein sollen, Daten zu Rechnern im unteren Teil der Abbildung zu schicken, benötigen Sie diese Information ebenfalls. Allerdings müssten diese das Standard-Gateway *210.21.3.250* benutzen, weil das Interface *210.21.4.250* ja nicht mit dem Ethernet verbunden ist, an das diese Rechner angeschlossen sind und deswegen von ihnen nicht erreichbar wäre.

---

[1] Daraus ergibt sich, dass theoretisch etwas weniger als 4,3 Milliarden Internetadressen zur Verfügung stehen. In Wirklichkeit sind es aber viel weniger, weil eine große Zahl von Adressen für besondere Zwecke reserviert ist oder aus technischen Gründen nicht zur Verfügung steht. Aufgrund des Wachstums des Internets führt das dazu, dass Internetadressen langsam knapp geworden sind. Dies ist einer der Gründe dafür, dass ein neues Internet-Protokoll (IPv6) entworfen wurde, welches eine größere Zahl von Adressen bereitstellt. Zur Zeit wird IPv6 allerdings noch kaum benutzt.

[2] Tatsächlich können auch mehrer Subnetze in einem physikalischen Netzwerk vorhanden sein. Außerdem ist es möglich, mehrere physikalische Netzwerke durch so genannte Bridges (Brücken) miteinander zu verbinden, so dass sie wie ein Subnetz behandelt werden können.

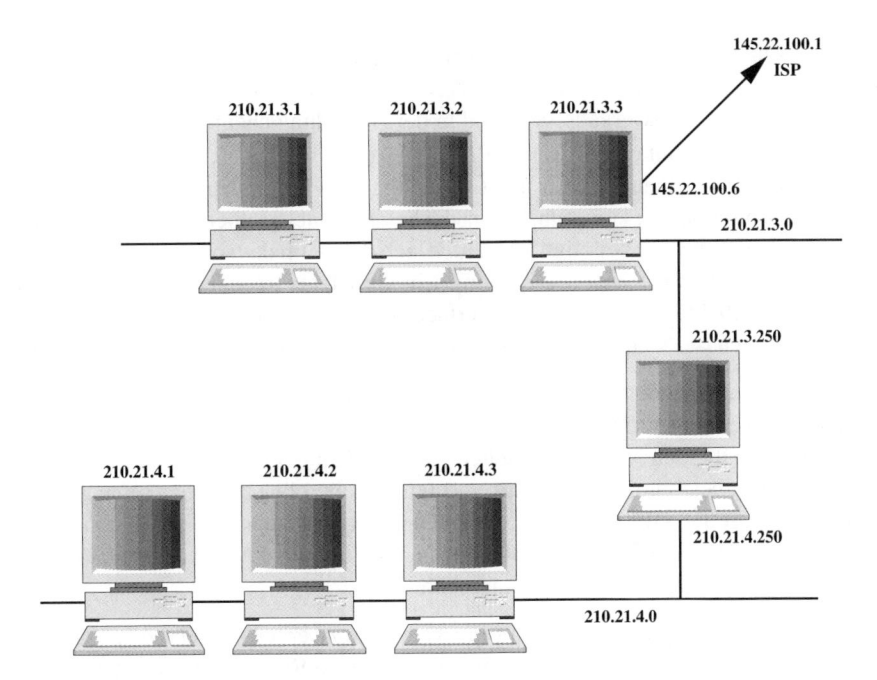

Abbildung 40: Netzwerk mit zwei Subnetzen und Zugang zu einem Internet Service Provider (ISP).

Netzwerkmasken Alle Rechner müssen außerdem wissen, welche anderen Rechner sich in ihrem Netzwerk befinden und direkt erreicht werden können und welche Rechner sich in anderen Netzwerken befinden und deswegen nur über Router erreicht werden können. Hierzu dient die so genannte Netzwerkmaske. Eine IP-Adresse besteht, wie gesagt, aus vier Zahlen zwischen 0 und 255. Sie lässt sich also durch vier Byte darstellen. Mit der Netzwerkmaske wird angegeben, welche Bits in diesen vier Bytes Rechner repräsentieren, die sich im lokalen Netz befinden und durch welche Bits Rechner in anderen Netzwerken repräsentiert werden. Ein häufig gebrauchter Wert für die Netzwerkmaske ist *255.255.255.0*. Dieser Wert entspricht vier Bytes, in denen alle Bits der ersten drei Bytes gesetzt (gleich 1) sind und die acht Bits in dem letzten Byte nicht gesetzt (gleich 0) sind. Ein Rechner, der die Information bekommen hat, dass in einem Netzwerk diese Netzwerkmaske verwendet wird, kann daraus schließen, dass sich alle IP-Adressen, bei denen sich nur die Bits im letzten Byte von denen im letzten Byte der eigenen IP-Adresse unterscheiden, im gleichen Netzwerk befinden wie er selbst, während sich solche IP-Adressen, bei denen sich Bits der ersten drei Bytes von denen in den ersten drei Byte der eigenen IP-Adresse unterscheiden, in anderen Netzwerken befinden. Daten an diese Rechner müssen also über einen Router versendet werden.

Im Beispiel der Abbildung 40 müsste die Netzwerkmaske für alle Rechner also *255.255.255.0* sein. Wenn vom Rechner *210.21.4.2* ein Paket an den Rechner *210.21.3.2* geschickt werden soll, erkennt der Absender dann nämlich, dass sich Bits im dritten Byte voneinander unterscheiden (4 ist ungleich 3) und weiß aufgrund der Netzwerkmaske, dass sich der Zielrechner in einem anderen Netzwerk befindet. Er schickt die Pakete deswegen an den Router. Möchte der Rechner *210.21.4.2* jedoch ein Paket an den Rechner mit dem Interface *210.21.4.250* schicken, so würde er erkennen, dass sich die Bits der ersten drei Byte nicht unterscheiden und würde die Pakete dann direkt zustellen.

Netzwerkadressen Neben den einzelnen Rechnern (bzw. Interfaces) haben auch die Netzwerke selbst eine IP-Adresse und zwar standardmäßig die erste verfügbare IP-Adresse des Netzwerkes. Die in einem Netzwerk verfügbaren Adressen ergeben sich aus der IP-Adresse eines Rechners in diesem Netzwerk sowie aus der Netzwerkmaske. Aufgrund der Information, dass ein Rechner die IP-Adresse *210.21.4.3* hat und dass in dem Netzwerk, an das er angeschlossen ist, die Netzwerkmaske *255.255.255.0* gilt, kann darauf geschlossen werden, dass in diesem Netzwerk die IP-Adressen *210.21.4.0 – 210.21.4.255* zur Verfügung stehen. Die Adresse des Netzwerkes wäre also normalerweise *210.21.4.0*. Die Netzwerkadressen sind in der Abbildung ebenfalls dargestellt.

Ein besonderes Netzwerk ist das mit der IP-Adresse *127.0.0.0* (Netzwerkmaske *255.0.0.0*). Es ist für den Verkehr von Datenpaketen bestimmt, die einen Rechner nicht verlassen. Dies kommt vor, wenn zwei Programme mit Hilfe von Netzwerkprotokollen miteinander kommunizieren, die beide auf dem selben Rechner ausgeführt werden. Auch für dieses Netzwerk wird ein Interface benötigt. Es handelt sich dabei um das so genannte Loopback-Interface, dem gewöhnlich die IP-Adresse *127.0.0.1* zugewiesen wird. Ein vernetzter Rechner hat also immer mindestens zwei IP-Adressen, nämlich *127.0.0.1* für das Loopback-Interface und die IP-Adresse des Interfaces, über das er mit dem externen Netzwerk verbunden ist. Nicht-vernetzte Rechner haben gewöhnlich zumindest die IP-Adresse *127.0.0.1*.

Broadcast-Adressen Die letzte freie Adresse in einem Netzwerk ist normalerweise ebenfalls reserviert. Hierbei handelt es sich um die so genannten Broadcast-Adresse. Pakete, die an diese Adresse geschickt werden, werden an alle Rechner in dem betreffenden Netzwerk geleitet. Dadurch kann beispielsweise festgestellt werden, welcher Rechner in einem Netz einen bestimmten Dienst zur Verfügung stellt, ohne dass man seine genaue Adresse kennen muss. In einem Netzwerk mit der Adresse *210.21.4.0* und der Netzwerkmaske *255.255.255.0* wäre die Broadcast-Adresse üblicherweise *210.21.4.255*. Es bleibt festzuhalten, dass in jedem Netzwerk zwei Adressen bereits belegt sind, nämlich die Netzwerkadresse und die Broadcast-Adresse.

Point-To-Point-Verbindungen Eine spezielle Form von „Netzwerken" sind so genannte Point-To-Point-Verbindungen. Darunter werden direkte Verbindungen zwischen zwei Rechnern verstanden, wie sie beispielsweise bei Einwahlverbindungen zu einem Internet-Provider vorkommen. Die Netzwerkmaske bei solchen Verbindungen ist immer *255.255.255.255*, d. h. dass (außer den beiden miteinander verbundenen Computern) kein weiterer Rechner in diesem „Netzwerk" befindet.

Mehr über Routing In Abbildung 40 ist eine Point-To-Point-Verbindung zwischen den Rechnern mit den IP-Adressen *210.21.3.3* und *145.22.100.6* auf der einen Seite und einem Internet-Service-Provider (ISP) mit der IP-Adresse *145.22.100.1* auf der anderen Seite eingetragen. Damit diese Verbindung von allen anderen Rechnern genutzt werden kann, müssen sie über weiter Routing-Informationen verfügen. Rechner im oberen Teil der Abbildung (also im Netzwerk *210.21.3.0*) müssen wissen, dass Pakete an Rechner im Netzwerk *210.21.4.0* über den Router mit der Adresse *210.21.3.250* versendet werden müssen, während Pakete, die an den Internetprovider geschickt werden sollen, über den Router mit dem Interface *210.21.3.3* versendet werden müssen. Man braucht hier also zwei Routing-Informationen. Das Betriebssystem verwaltet eine so genannte Routing-Tabelle, die beim Versand eines Pakets von oben nach unten durchgesehen wird. Sobald ein Eintrag gefunden wird, der auf den Empfänger des Pakets zutrifft, wird das Paket über die entsprechende Route verschickt. Am Ende der Tabelle befindet sich meist der Standard-Gateway, an den Pakete geschickt werden, für die keine andere Routing-Information vorliegt.

Im Beispiel sollte die Routing-Tabelle der Rechner im Netzwerk *210.21.3.0* also zunächst die Information enthalten, dass Pakete an Rechner im Netzwerk *210.21.4.0* über den Router mit dem Interface *21.21.3.250* verschickt werden sollen. Die Default-Route könnte dann auf den Rechner mit dem Interface *210.21.3.3* zeigen, damit alle Pakete, die für eines der beiden Netzwerke *210.21.3.0* und *210.21.4.0* bestimmt sind, über den ISP verschickt werden.

Die Routing-Tabelle der Rechner im unteren Teil der Abbildung (also im Netzwerk *210.21.4.0*) müsste hingegen nicht geändert werden. Für diese Rechner reicht weiterhin die Information aus, dass alle Pakete, die im lokalen Netzwerk nicht zugestellt werden können, an den Router mit dem Interface *210.21.4.250* geschickt werden müssten. Der Router hat ja dann (wie alle Rechner im Netzwerk *210.21.3.0*) die Information, dass Datenpakete, die in den lokalen Netzwerken nicht zugestellt werden können, an den Router mit dem Interface *210.21.3.3* geschickt werden müssen, der sie dann an den ISP weiterleitet.

17.1.3 Namensauflösung und DNS

Die Verwendung von numerischen IP-Adressen ist nicht besonders menschenfreundlich. Den meisten fällt es einfacher, sich Namen wie *www.sparkasse.de* oder *www.linux.de* zu merken als Nummern wie *212.162.48.210* oder *195.254.37.153*. Deswegen ist es möglich, (fast) überall dort, wo eine IP-Adressen benötigt wird, einen Namen anzugeben. Weil die eigentliche Kommunikation aber nach wie vor mit IP-Adressen durchgeführt wird, müssen die Namen in Adressen übersetzt werden, bevor die Kommunikation gestartet werden kann. Hierzu gibt es verschiedene Möglichkeiten. Die einfachste besteht darin, auf dem Rechner eine Datei (*/etc/hosts*) zu haben, in der die Zuordnungen von Adressen und Namen gespeichert sind.

Dieses Verfahren ist jedoch bei der Größe des Internets schon lange nicht mehr aufrecht zu halten, weswegen es ein spezielles Server-Programm (*named*) gibt, welches Rechnernamen entgegennimmt und IP-Adressen zurückliefert. Rechner, auf denen dieses Programm ausgeführt wird, werden auch als Domain-Name-Server (DNS) bezeichnet. Wenn ein Rechner für die Benutzung von DNS konfiguriert ist, befragt er vor dem Aufbau einer angeforderten Verbindung zunächst den DNS nach der benötigten IP-Adresse. Er muss dazu natürlich die IP-Adresse des DNS kennen.

DNS-Rechnernamen bestehen aus verschiedenen Zeichenketten, die durch Punkte voneinander getrennt werden. Dies hängt mit der Struktur der Verwaltung des Internets zusammen. Den letzten Teil eines Namens (z. B. *.de* oder *.com*) bezeichnet man als Toplevel-Domain. Sie ist einer Institution zugeordnet, die berechtigt ist, Namen zu vergeben, die mit dieser Zeichenkette enden, also z. B. *linux.de*. Für die Toplevel-Domain *.de* ist dies die DE-NIC (`http://www.de-nic.de`). Namen wie *linux.de* oder *brauerei.de* werden als gewöhnliche Domains (deutsch Domänen) bezeichnet. Der Besitzer einer Domäne kann dann weitere Namen vergeben, die mit dem Domänennamen enden. So könnte eine Firma die Domäne *.firma.de* besitzen und Ihre Rechner dann *verwaltung.firma.de* oder *rechnungswesen.firma.de* nennen. Sie hat aber auch die Möglichkeit, Ihre Domäne weiter (beispielsweise nach Abteilungen) zu splitten und die einzelnen Rechner dann z. B. *ws1.verwaltung.firma.de*, *ws2.verwaltung.firma.de* oder *server.rechnungswesen.firma.de* zu nennen. Dabei ist es unerheblich, welche IP-Adressen welchen Namen zugeordnet sind. Der Besitzer eine Domäne ist verpflichtet, DNS-Server zu betreiben, mit denen die Rechnernamen der betreffenden Domäne in IP-Adressen aufgelöst werden können. Die kompletten Rechnernamen (Rechnername und Domänenname wie *ws2.verwaltung.firma.de*) werden als voll qualifizierte Rechnernamen bezeichnet. Sie ermöglichen es, einen Rechner von jeder Position im Internet aus zu adressieren. Im Gegensatz dazu gibt es die einfachen Rechnernamen (*ws1*, *ws2* usw.), welche normalerweise nur innerhalb einer Domäne gültig sind. Wenn beispielsweise vom Rechner *ws1.verwaltung.firma.de* der Rechner *ws2.verwaltung.firma.de* angesprochen werden soll, reicht es meistens aus, einfach den Namen *ws2* zu verwenden. Der Rechner weiß dann, dass er sich in der Domäne *verwaltung.firma.de* befindet und kann diesen Teil des Namens automatisch anhängen.

Achtung: Es ist zu beachten, dass Internetdomänen nichts mit dem Domänenkonzept zu tun haben, welches in Windows- und OS/2-Netzwerken benutzt wird. Sie sind ferner von NIS-Domänennamen zu trennen.

17.1.4 Ports und Protokolle

Nachdem prinzipiell geklärt ist, wie ein (IP-) Datenpaket von einem Computer zu einem anderen kommt, stellt sich die Frage, wie ein Computer weiß, was er mit einem Datenpaket anfangen soll, wenn er es einmal erhalten hat.

Hierzu gibt es die so genannten Ports. Man kann sich Ports wie Unteradressen vorstellen, die einen bestimmten Absender oder Empfänger auf einem Rechner bezeichnen. Ein Programm, dass Daten empfangen oder versenden will, muss sich vom Betriebssystem zunächst einen Port zuweisen lassen. Es hat dabei die Möglichkeit, einen ganz bestimmten Port zu verlangen (der dann allerdings schon besetzt sein kann). Ports werden intern durch Nummern repräsentiert. Außerdem ist auf dem System (in */etc/services*) eine Tabelle vorhanden, die vielen Ports einen Namen zuweist. Per Konvention lässt sich beispielsweise ein Web-Server-Programm standardmäßig den Port mit der

Nummer 80 zuweisen (er trägt den Namen *WWW*) und beobachtet diesen Port. Ein Web-Browser (z. B. *netscape*) kennt diese Konvention. Wenn der Browser Daten von einem bestimmten Rechner anfordert, sendet er dazu Datenpakete an den entsprechenden Rechner, welche an den Port 80 auf diesem Rechner adressiert werden. Dort angekommen, werden Sie an das Web-Server-Programm weitergeleitet, weil das Betriebssystem ja weiß, dass Port 80 dem Web-Server gehört. Der Server kann dann entscheiden, was er mit dem Paket tut und gegebenenfalls eine Antwort zurückschicken. Dazu nutzt er den Umstand, dass in jedem Paket eine Absender-(IP-)Adresse sowie ein Absender-Port enthalten ist. Aus dem Anfrage-Paket kann der Server also ablesen, von welchem Rechner und von welchem Port auf diesem Rechner die Anfrage kam und seine Antwort dorthin zurücksenden.

Programme, die bestimmte Dienste zur Verfügung stellen, werden als Server-Programme bezeichnet. Sie unterscheiden sich von anderen Programmen, die das Netzwerk benutzen dadurch, dass Sie zwar einen Port öffnen, aber von sich aus keine Daten über diesen Port versenden. Vielmehr warten sie darauf, dass auf dem entsprechenden Port Datenpakete eintreffen, die sie dann beantworten können. Es ist deshalb wichtig, dass solche Programme immer den selben Port benutzen und dass die Nummer dieses Ports den Programmen bekannt ist, die auf das Server-Programm zugreifen wollen. Server-Programme werden auch als Daemonen bezeichnet, weil Sie quasi unsichtbar im Hintergrund einen Port beobachten. Klientprogramme, also solche Programme, welche die Dienste eine Servers nutzen, benötigen hingegen keine feste Portnummer. Sie lassen sich einfach irgendeine freie Nummer vom Betriebssystem zuweisen und senden dann über den zugewiesenen Port Datenpakete an den Server. Da Absenderadresse und -Port in den IP-Paketen enthalten sind, braucht das Serverprogramm die Portnummer des Klienten nicht von voneherein zu kennen, sondern kann sie aus den eingehenden Anfragen entnehmen.

Aus diesem Grund kann auf einem Rechner immer nur ein Server-Programm ausgeführt werden, das einen bestimmten Port benutzt, also beispielsweise nur ein Web-Server, der den Port 80 verwendet. Im Gegensatz dazu können beliebig viele Klientprogramme vom gleichen Typ benutzt werden, weil diese unterschiedliche Ports verwenden können. So könnten auf einem Debian-Rechner beispielsweise gleichzeitig die Benutzerinnen *eva* und *heike* mit dem Programm *netscape* arbeiten, wobei das Programm von *eva* vielleicht den Port 4470 benutzen würde und Heikes *netscape* mit dem Port 4786 arbeiten würde. Beide Programme würden jedoch den Port 80 benutzen, um andere Rechner anzusprechen.

Mit dem Konzept der Ports eng verbunden sind die unterschiedlichen Protokolle. Ein Web-Browser, der einen Web-Server anspricht, erwartet, dass dieser seine Anfragen auf eine ganz bestimmte Weise beantwortet. Ein E-Mail Programm, welches E-Mails von einem Server abholt, kommuniziert hingegen auf eine andere Art mit dem Mail-Server. Einige wichtige im Internet benutzte Protokolle sind das Hypertext-Transfer-Protocol (HTTP), welches von Web-Browsern und -Servern benutzt wird, das File-Transfer-Protocol (FTP), welches zum Übertragen von Dateien benutzt wird, oder das Simple-Mail-Transport-Protocol (SMTP), das beim Versand von E-Mail eingesetzt wird. Per Konvention werden diese Protokolle bestimmten Ports zugeordnet. Ein Mail-Programm, welches Mail an einen anderen Rechner versendet, benutzt beispielsweise gewöhnlich den Port 25 und erwartet, dass auf der anderen Seite ein Server-Programm vorhanden ist, welches an diesem Port „lauscht" und SMTP „spricht". Und ein Web-Browser benutzt – wie gesagt – normalerweise den Port 80. Es ist dabei unerheblich, welches Programm als Server-Programm eingesetzt wird, erforderlich ist lediglich, dass es den richtigen Port benutzt und das richtige Protokoll verwendet. Die Zuordnungen von Protokollen und Ports befinden sich unter UNIX/Linux in der Datei */etc/services*.

Die hier angesprochenen Protokolle basieren alle auf dem Internet-Protokoll (IP). IP stellt praktisch die Transportmöglichkeit für Daten zur Verfügung, welche von Protokollen wie HTTP oder FTP genutzt werden. Dabei gibt es unterschiedliche Protokollfamilien, bei denen (auf IP-basierend) bestimmte Formen des Datentransfers benutzt werden. Die wichtigsten dieser beiden Protokollfamilien sind TCP (Transmission Control Protocol) und UDP (User Datagram Protocol). Die verbreitetsten Dienste des Internets bauen auf TCP auf. Dieses Protokoll verwendet IP, um eine zuverlässige Verbindung zwischen zwei Rechnern aufzubauen. Man spricht deswegen bei dem Internet-Protokoll oft auch von TCP/IP. Ein Dienst, der in der Regel UDP benutzt, ist das Network File System (NFS). Wichtig ist noch zu wissen, dass TCP und UDP zwar beide das Port-Konzept verwenden, TCP-Ports und

UDP-Ports allerdings voneinander unabhängig sind. Beispielsweise kann der TCP-Port 514 gleichzeitig von einem anderen Programm benutzt werden wie der UDP-Port mit der selben Nummer.

17.2 Basiskonfiguration

Der erste Schritt zur Konfiguration des Netzwerkes besteht darin, die Unterstützung für ein Gerät, über welches die Verbindung zum Netzwerk aufgebaut werden soll, bereitzustellen. Man spricht bei dem Netzwerkgerät auch von dem Interface, also der Schnittstelle, über welche die Verbindung zum Netz aufgebaut wird. Dieser Schritt besteht in der Regel darin, das Treibermodul für die Netzwerkkarte zu laden, wobei u. U. auf die Verwendung der richtigen Parameter geachtet werden muss. Das Laden von Treibermodulen kann mit dem Befehl *modprobe* geschehen (siehe Kap. 12.4, S. 349).

Beispiel: Eine Reihe weit verbreiteter Ethernetkarten sind die so genannten NE2000-kompatiblen Karten. Hierbei handelt es sich um recht günstige (und nicht besonders hochwertige) Netzwerkkarten, die über den ISA-Bus mit dem Rechner verbunden werden. Das Treibermodul zur Unterstützung dieser Karten heißt *ne.o*. Es kann normalerweise nur dann erfolgreich geladen werden, wenn ihm die IO-Adresse der Karte als Parameter übergeben wird. Außerdem sollte dem Treiber der von der Karte benutzte Interrupt mitgeteilt werden. Bei Benutzung des Befehls *modprobe* geschieht dies über die Parameter *io=* und *irq=*. Um das Treibermodul zu laden, wenn die Karte die IO-Adresse *0x300* und den Interrupt *10* verwendet, wäre also folgender Befehl zu benutzen:

```
debian:~# modprobe ne io=0x300 irq=10
```

Achtung: Verwenden Sie dieses Treibermodul nicht für NE2000-kompatible PCI-Karten. Die Unterstützung für solche Karten wird mit dem Modul *ne2k-pci.o* zur Verfügung gestellt. Das Modul kann ohne Angabe von Parametern geladen werden. Eine Liste wichtiger Treiber für Netzwerkkarten mit Parametern finden Sie in Tabelle 11 auf Seite 361.

Wenn der *modprobe*-Befehl keine Fehlermeldung ausgibt, ist dies ein Zeichen dafür, dass das Modul erfolgreich geladen wurde. Falls Sie den Treiber für Ihre Netzwerkkarte fest in den Kernel integriert haben, kann er natürlich nicht mit *modprobe* geladen werden. Die Karte wird dann entweder automatisch erkannt, oder Sie müssen dem Kernel die entsprechenden Parameter übergeben (siehe Kapitel 12).

Nachdem der Treiber geladen ist, „weiß" der Kernel von der Existenz des entsprechenden Netzinterfaces und es kann nun benutzt werden. Allerdings müssen noch eine Reihe weiterer Einstellungen vorgenommen werden. Die wichtigste ist dabei zunächst, dem Interface eine IP-Adresse zuzuweisen. Der Kernel verwaltet für jedes Netzwerkinterface einen internen Namen, der benutzt werden muss, um das entsprechende Interface anzusprechen oder um es zu konfigurieren. Einige dieser Namen sind:

lo für das „lokale" Loopback-Interface, mit dem nur Verbindungen zum eigenen Rechner aufgebaut werden können,
eth0 für die erste Ethernet-Netzwerkkarte,
eth1 für die zweite Ethernet-Netzwerkkarte,
eth9 für die zehnte Ethernet-Netzwerkkarte,
tr0 für die erste Token-Ring-Netzwerkkarte,
ppp0 für das erste PPP-Interface,
ippp0 und für das erste ISDN-PPP-Interface.

Nachdem der Treiber für die erste (und evtl. einzige) Ethernetkarte geladen worden ist, lässt sich diese also mit dem Namen *eth0* ansprechen. Dem Interface kann nun eine IP-Adresse zugewiesen werden, wozu der Befehl *ifconfig*

(Interface Configuration) benutzt wird. Mit *ifconfig* lassen sich eine Reihe von Einstellungen für Netzwerkinterfaces vornehmen. Für den Anfang reicht es jedoch aus, die IP-Adresse sowie die Netzwerkmaske festzulegen. Die IP-Adresse kann dem Befehl direkt übergeben werden, während die Netzwerkmaske nach dem Schlüsselwort *netmask* angegeben werden muss. Um dem Interface *eth0* also beispielsweise die IP-Adresse *192.168.0.1* und die Netzwerkmaske *255.255.255.0* zuzuweisen, wäre der Befehl folgendermaßen zu benutzen:

```
debian:~# ifconfig eth0 192.168.0.1 netmask 255.255.255.0 up
```

Das Schlüsselwort *up* bewirkt dabei, dass das Interface aktiviert wird. Es ist optional. Um ein Netzwerkinterface zu deaktivieren, ist das Schlüsselwort *down* zu benutzen. Dabei muss keine IP-Adresse angegeben werden:

```
debian:~# ifconfig eth0 down
```

Nach Eingabe des letzten Befehls werden über das Interface *eth0* keine Daten mehr verschickt. Wenn dies das einzige Netzwerkinterface des Rechners ist, bedeutet das zwangsläufig, dass der Rechner vom Netzwerk abgeschlossen ist. Es könnte nun mit einer anderen IP-Adresse wieder aktiviert werden:

```
debian:~# ifconfig eth0 192.168.0.2 netmask 255.255.255.0 up
```

Normalerweise sollte die IP-Adresse eines Interfaces jedoch nicht geändert werden, weil das zu Folge hat, dass andere Rechner den entsprechenden Rechner dann nicht mehr unter der alten Adresse ansprechen können. Außerdem ist natürlich zu beachten, dass IP-Adressen eindeutig sein müssen. Wenn Sie Ihr Netzwerk nicht selbst administrieren, müssen Sie sich die zu verwendende IP-Adresse vom Administrator Ihres Netzwerkes mitteilen lassen.

Der Befehl *ifconfig* kann auch benutzt werden um anzuzeigen, welche Interfaces aktuell konfiguriert sind. Hierzu ist er ohne Angabe von Parametern zu benutzten:

```
debian:~# ifconfig
```

Es erscheint dann eine Ausgabe, die ungefähr der folgenden entspricht:

```
lo        Link encap:Local Loopback
          inet addr:127.0.0.1  Mask:255.0.0.0
          UP LOOPBACK RUNNING  MTU:3924  Metric:1
          RX packets:59148 errors:0 dropped:0 overruns:0 frame:0
          TX packets:59148 errors:0 dropped:0 overruns:0 carrier:0
          collisions:0 txqueuelen:0

eth0      Link encap:Ethernet  HWaddr 00:00:E8:6A:C7:5A
          inet addr:192.168.0.1  Bcast:192.168.0.255  Mask:255.255.255.0
          UP BROADCAST RUNNING MULTICAST  MTU:1500  Metric:1
          RX packets:1105305 errors:0 dropped:0 overruns:0 frame:0
          TX packets:579947 errors:0 dropped:0 overruns:2 carrier:0
          collisions:0 txqueuelen:100
          Interrupt:10 Base address:0x0300
```

Dieser Ausgabe ist beispielsweise zu entnehmen, dass in dem Rechner zwei Netzwerkinterfaces konfiguriert sind (*lo* und *eth0*). Für jedes Interface werden dahinter Informationen ausgegeben, die spezifisch für das entsprechende Gerät sind. Hinter der Angabe *inet addr:* finden sich z. B. die IP-Adressen der Interfaces (hier *127.0.0.1* für das Loopback-Interface und *192.168.0.1* für das Ethernet-Interface), hinter *Bcast:* befindet sich die Broadcastadresse und hinter *Mask:* die Netzwerkmaske des Netzwerkes, mit dem das entsprechende Interface verbunden ist.

Die mir *RX packets:* und *TX packets:* beginnenden Zeilen zeigen an, wieviele Paket mit dem jeweiligen Interface bisher empfangen (*RX*) und gesendet (*TX*) worden sind. Für das Ethernet-Interface wird zusätzlich ausgegeben, welchen Interrupt und welche IO-Adresse es verwendet.

Weitere wichtige Einstellungen, die mit *ifconfig* vorgenommen werden können, sind die folgenden:

mtu Zahl Legt mit *Zahl* die MTU (Maximal Transfer Unit) des Interfaces fest. Standardwert ist *1500*. Das ist die Datenmenge in Byte, die maximal gleichzeitig mit einem Paket übertragen wird.
broadcast Adresse Legt mit *Adresse* die Broadcastadresse des Netzwerkes fest. Der Standardwert ist die letzte in dem Netzwerk verfügbare IP-Adresse, also beispielsweise *192.168.0.255* bei einer Netzwerkadresse *192.168.0.0* und einer Netzwerkmaske *255.255.255.0*. Dies ist in den allermeisten Fällen die richtige Einstellung.
pointopoint Adresse Legt bei Point-To-Point Interfaces die Netzwerkadresse der Gegenstelle fest.
metric Zahl Legt mit *Zahl* die Metric des Interfaces fest. Wenn der Parameter nicht angegeben wird, wird der Metric-Wert *1* benutzt. Der Metric-Wert wird vom Kernel nicht benutzt.

Nachdem das Netzwerkinterface eine IP-Adresse hat, kann nun getestet werden, ob es möglich ist, Datenpakete an diese Adresse zu schicken und von dort zu beziehen. Hierzu dient der Befehl *ping* (S. 698). Das Programm *ping* sendet in regelmäßigen Abständen Datenpakete an eine angegeben Adresse, die von dem Rechner mit dieser Adresse zurückgeschickt werden sollen. Sobald ein abgeschicktes Paket wieder eintrifft, zeigt *ping* dies an. Um den eigenen Rechner mit der IP-Adresse *192.168.0.1* „anzupingen", ist dieser Befehl einzugeben.

```
joe@debian:~$ ping 192.168.0.1
```

Weil *ping* so lange Datenpakete abschickt und empfängt, bis es manuell abgebrochen wird, sollte es nach einiger Zeit durch die Tastenkombination STRG-C abgebrochen werden. Die Ausgabe sieht dann sinngemäß so aus:

```
PING 192.168.0.1 (192.168.0.1): 56 data bytes
64 bytes from 192.168.0.1: icmp_seq=0 ttl=255 time=0.4 ms
64 bytes from 192.168.0.1: icmp_seq=1 ttl=255 time=0.4 ms
64 bytes from 192.168.0.1: icmp_seq=2 ttl=255 time=0.3 ms

--- 192.168.0.2 ping statistics ---
3 packets transmitted, 3 packets received, 0% packet loss
round-trip min/avg/max = 0.3/0.3/0.4 ms
```

Die Zeilen in der Ausgabe, welche mit *64 bytes from* beginnen, zeigen an, dass Datenpakete von der angegebenen Adresse zurückgeschickt und empfangen wurden. Zum Schluss wird eine Statistik ausgegeben, die anzeigt, wieviele Pakete abgeschickt, empfangen und verloren wurden. Außerdem wird die Zeit angezeigt, die minimal, durchschnittlich und maximal zwischen dem Abschicken und dem Empfangen eines Paketes gelegen hat.

Beachten Sie, dass mit diesem Befehl kein fremder Rechner im Netzwerk, sondern das eigene Interface getestet wurde (wir haben diesem ja die Adresse *192.168.0.1* zugewiesen). Wenn Sie keine Pakete von dem Interface zurück geschickt bekommen, deutet dies auf einen Fehler der Hardware, bei der Konfiguration des Treibers oder bei der Konfiguration des Interfaces (mit *ifconfig*) hin.

Sollte das eigene Interface jedoch funktionstüchtig sein, dann kann nun getestet werden, ob andere Rechner im Netzwerk erreichbar sind. Hierzu können IP-Adressen angepingt werden, die in dem lokalen Netzwerk vorhanden sind und von anderen Rechnern benutzt werden. Sie sollten für diesen Test IP-Adressen von Rechnern auswählen, von denen Sie wissen, dass diese funktionieren und von anderen Rechnern erreicht werden können. Um beispielsweise den Rechner mit der IP-Adresse *192.168.0.10* anzupingen, können Sie den folgenden Befehl benutzen:

```
joe@debian:~$ ping 192.168.0.10
```

Es sollte nun die gleiche Ausgabe erscheinen, wie sie weiter oben bereits gezeigt wurde. Die Zeiten zur Übermittlung der Pakete können hier allerdings länger sein, weil nun ja tatsächlich Datenpakete über das Netzwerk geschickt werden. Falls es an dieser Stelle hapert und sie keine Pakete von dem anderen Rechner zurückbekommen, sollten Sie folgendes überprüfen:

- Ist Ihr Rechner richtig mit dem Netzwerk verbunden? Stimmen beispielsweise alle Steckverbindungen?
- Befindet sich der „angepingte" Rechner tatsächlich in dem gleichen physikalischen Netzwerk? Falls nicht, können Sie ihn (noch) nicht erreichen.
- Lässt sich der Zielrechner von anderen Rechnern aus (mit *ping*) erreichen? Auch andere Betriebssysteme, wie Windows oder OS/2, sind mit *ping*-Programmen ausgestattet, mit denen Sie dies testen können, falls Sie in Ihrem Netzwerk solche Rechner verwenden.

Nachdem sichergestellt ist, dass Sie die Rechner im lokalen Netzwerk erreichen können, kann nun gegebenenfalls das Standard-Gateway konfiguriert werden. Dabei handelt es sich um einen Rechner (im lokalen Netzwerk), an den alle Pakete geschickt werden sollen, von denen Ihr Rechner nicht weiß, wie sie zugestellt werden können. Die IP-Adresse des Gateways sollte Ihnen von Ihrem Netzwerkadministrator mitgeteilt worden sein.

Die Konfiguration von Gateways geschieht mit dem Befehl *route*. Dieses Programm fügt der Routing-Tabelle des Kernels Informationen zu oder entfernt sie. Um eine Routing-Information zu addieren, ist das Programm mit dem Schlüsselwort *add* aufzurufen. Zusätzlich kann das Schlüsselwort *default* benutzt werden, um die Default-Route (also das Standard-Gateway) festzulegen, also die Information, wohin IP-Pakete geschickt werden sollen, die nicht aufgrund anderer Informationen zugestellt werden können. Ein Gateway wird mit *route* angegeben, in dem der Adresse des Gateways das Schlüsselwort *gw* vorangestellt wird. Soll nun unserer Rechner die Adresse *192.168.0.250* als Standard-Gateway verwenden, so ist der Befehl folgendermaßen aufzurufen:

```
debian:~# route add default gw 192.168.0.250
```

Sie können diese Einstellung wieder rückgängig machen, in dem Sie die Standard-Route (mit dem Schlüsselwort *del*) entfernen:

```
debian:~# route del default
```

Wenn der Befehl *route* ohne Angabe von Parametern eingegeben wird, zeigt er die aktuellen Routing-Informationen des Kernels an. Die Ausgabe sieht dann beispielsweise so aus:

```
Kernel IP routing table
Destination     Gateway          Genmask         Flags Metric Ref    Use Iface
192.168.0.0     *                255.255.255.0   U     0      0        0 eth0
default         192.168.0.250    0.0.0.0         UG    0      0        0 eth0
```

In der hier gezeigten Tabelle befinden sich zwei Einträge. Der erste Eintrag wurde der Routing-Tabelle automatisch hinzugefügt, als das Interface *eth0* (mit *ifconfig*) konfiguriert wurde. Die erste Spalte (*Destination*) zeigt Netzwerke oder Rechner, für die der entsprechende Eintrag gelten soll. Der erste Eintrag im Beispiel gilt für das lokale Netzwerk (*192.168.0.0*). In der nächsten Spalte wird die Adresse eines Gateways ausgegeben, falls ein solches benutzt werden muss, um das Netz bzw. den Rechner zu erreichen. Für das lokale Netzwerk wird kein Gateway benötigt, weil der Rechner ja direkt mit diesem Netzwerk verbunden ist. In der nächsten Spalte *Genmask* ist die Netzwerkmaske des Zielnetzes angegeben. Wenn der Eintrag nur für einen einzelnen Rechner gilt, befindet sich hier der Wert *255.255.255.255*. Die letzte Spalte bezeichnet das Interface, über das Datenpakete zu dem entsprechenden Rechner bzw. dem jeweiligen Netz geschickt werden sollen.

Der zweite Eintrag des Beispiels bezeichnet den Standardgateway. Hier wird bei *Destination* kein Netz oder Rechner, sondern das Schlüsselwort *default* ausgegeben. Es ist zu sehen, dass alle Datenpakete, für die keine Route bekannt ist, an den Rechner mit der Adresse *192.168.0.250* geschickt werden sollen. In der Spalte *Genmask* befindet sich hier der Wert *0.0.0.0*, was bedeutet, dass der Eintrag tatsächlich für alle Pakete gelten soll.

Der Kernel arbeitet die Routing-Tabelle von oben nach unten ab. Wenn ein Paket also beispielsweise an die Adresse *192.168.1.12* geschickt werden soll, wird im Beispiel zunächst geprüft, ob der erste Eintrag für diese Adresse zutrifft. Das ist nicht der Fall, weil der erste Eintrag lediglich die Adressen *192.168.0.1* bis *192.168.0.255* abdeckt. Also wird der nächste Eintrag getestet. Hierbei handelt es sich im Beispiel um den Standardeintrag, der für alle Pakete gilt. Das Paket wird also an den Rechner mit der Adresse *192.168.0.250* geschickt. Wenn kein Eintrag vorhanden ist, der für das betreffende Paket geeignet ist, kann das Paket nicht auf den Weg geschickt werden und es wird eine Fehlermeldung (*Network unreachable*) zurückgegeben. Die komplette Syntax sowie einige Beispiele zum Befehl *route* finden Sie in der Manualseite zu dem Programm.

Wenn der Standardgateway gesetzt ist, sollten Sie in der Lage sein, mit allen Rechnern und Netzwerken zu kommunizieren, die mit Ihrem Netzwerk verbunden sind. Falls Ihr Netzwerk mit dem Internet verbunden ist, bedeutet dies, dass Sie nun alle Rechner im Internet erreichen können. Sie können dies ebenfalls mit dem Programm *ping* testen.

Der Debian-Spiegel-Server *ftp.de.debian.org* hat zur Zeit beispielsweise die IP-Adresse *141.76.2.4*. Versuchen Sie einmal, diesen Rechner anzupingen:

```
joe@debian:~$ ping 141.76.2.4
```

Achtung: In vielen Netzwerken besteht nur eine indirekte Internetanbindung über Proxy-Server und/oder Firewalls. Bei einer solchen Konfiguration ist es sehr wahrscheinlich, dass die von *ping* verschickten Pakete nicht in das Internet weitergeleitet werden und deswegen auch nicht zurückkommen.

17.2.1 Konfiguration der Namensauflösung

Um einen bestimmten Rechner im Netzwerk anzusprechen, werden in der Regel keine IP-Nummern benutzt, sondern Rechnernamen. Tatsächlich muss der Kernel jedoch die IP-Nummern eines Rechners kennen, um eine Verbindung mit ihm aufzubauen. Es muss also ein Verfahren geben, mit dem DNS-Namen in IP-Adressen aufgelöst werden können, damit die Verwendung von Namen funktioniert.

Die beiden Standardverfahren zur Namensauflösung sind die folgenden:

- Auf jedem Rechner im Netzwerk wird eine Datei gepflegt, welche die Zuordnungen von Namen zu IP-Nummern enthält.
- Ein Rechner im Netzwerk wird als so genannter DNS-Server (oder Nameserver) eingerichtet. Alle anderen Rechner können Netzwerkadressen dann bei diesem Rechner erfragen.

Das erste Verfahren ist bei sehr kleinen Netzwerken sinnvoll, weil es die Einrichtung eines DNS-Servers erspart. Je größer ein Netzwerk ist, desto aufwendiger wird es jedoch, die Informationen über Namen und IP-Adressen auf allen Rechnern zu pflegen und zu synchronisieren.

Welches Verfahren ein Rechner benutzen soll, wird in der Datei */etc/nsswitch* festgelegt. Dort befindet sich ein Eintrag, der standardmäßig wie folgt aussieht:

```
hosts:          files dns
```

Mit diesem Eintrag wird bestimmt, mit welchen Verfahren Rechnernamen aufgelöst werden sollen. Das Schlüsselwort *files* steht für die Verwendung einer lokalen Datei mit Zuordnungen und das Schlüsselwort *dns* bewirkt, dass ein DNS-Server benutzt werden soll. In dem Beispiel sind beide Verfahren ausgewählt. Dies bewirkt, dass zunächst in der lokalen Datei nachgesehen wird und – wenn ein Rechner dort nicht eingetragen ist – der DNS-Server nach der gesuchten Adresse befragt wird. Dies ist eine sinnvolle Voreinstellung, weil sie gewährleistet, dass Rechnernamen, die lokal bekannt sind, auch dann noch aufgelöst werden können, wenn die Verbindung zum Nameserver aus irgendeinem Grund nicht mehr funktioniert[3].

---
[3] Programme, die nicht die moderne C-Bibliothek *glibc2*, sondern die ältere Bibliothek *libc5* verwenden, beziehen die Information zur Namensauflösung aus der Datei */etc/host.conf*. Um für diese Programme ebenfalls die beschriebene Konfiguration zu verwenden, sollte sie die beiden folgenden Zeilen enthalten: *order: hosts,bind* und *multi on*.

Lokale Namenszuordnungen Die lokale Datenbank von Rechnernamen und zugehörigen IP-Adressen befindet sich in der Datei */etc/hosts*. Jede Zeile dieser Datei enthält zunächst eine IP-Adresse und dann (durch Leerzeichen getrennt) einen oder mehrere Namen, die an Stelle der betreffenden IP-Adresse benutzt werden können. Außerdem darf die Datei Leerzeilen und Kommentare enthalten, welche mit einem Doppelkreuz (#) eingeleitet werden müssen. Beispiel:

```
# Eintrag für das lokale Interface
127.0.0.1       localhost
# Eintrag für fremde Rechner
# (inklusive dem eigenen)
192.168.0.1     chef.firma.de           chef
192.168.0.2     buchhaltung.firma.de    buchhaltung
```

U. U. finden Sie in der Datei zusätzlich Einträge für IPv6-Adressen. Diese Einträge wurden während der Installation des Debian-Pakets *netbase* angelegt. IPv6 wird der zukünftige Internet-Standard sein, der zur Zeit jedoch so gut wie keine Verwendung findet. Sie können diese Einträge deswegen wahrscheinlich ignorieren.

Der erste Eintrag (*127.0.0.1*) bezeichnet die Adresse des Loopback-Interfaces, wie bereits der Ausgabe des Befehls *ifconfig* entnommen werden konnte. Es ist allgemeiner Standard, diese Adresse als *localhost* zu bezeichnen. Ein solcher Eintrag sollte sich in der Datei */etc/hosts* jedes Rechners befinden.

Darunter befinden sich zwei Einträge für die Rechner mit den IP-Adressen *192.168.0.1* und *192.168.0.2*. Diesen beiden Adressen sind jeweils zwei Namen zugeordnet, nämlich zum einen ein so genannter voll qualifizierter Domain-Name (FQDN) und ein einfacher Rechnername. Der volle Name identifiziert Rechner, die mit dem Internet verbunden sind im gesamten Internet (was natürlich voraussetzt, dass dieser Name auch auf allen anderen Rechnern bekannt ist). Der einfache Rechnername ist hingegen nur im lokalen Netzwerk gültig.

Welcher Eintrag dem lokalen Rechner entspricht ist gleichgültig. Sie können diese Datei also theoretisch auf einem Rechner erstellen und dann unverändert auf alle anderen Computer Ihres Netzwerkes kopieren.

Nach dem die benötigten Einträge in der Datei vorhanden sind, können Sie nun versuchen, die entsprechenden Rechner über ihre Namen zu erreichen. Auch hierzu können Sie das Programm *ping* verwenden:

```
joe@debian:~$ ping buchhaltung
```

Wie erwähnt, können Netzwerke ebenso Namen tragen wie Rechner. Zur Festlegung von Netzwerknamen dient die Datei */etc/networks*. Im Gegensatz zur Datei */etc/hosts* werden in dieser Datei zunächst die Namen und dann die IP-Nummern genannt. Sie könnte beispielsweise folgendermaßen aussehen:

```
firma.de         192.168.0.0
konkurrenz.de    192.168.10.0
```

Hiermit wird dem Netzwerk *192.168.0.0* der Name *firma.de* und dem Netzwerk *192.168.10.0* der Name *konkurrenz.de* zugeordnet.

Verwenden eines DNS-Servers Neben dem entsprechenden Eintrag in der Datei */etc/nsswitch.conf* ist es natürlich erforderlich, dem System mitzuteilen, welche IP-Adresse der zu verwendende DNS-Server hat. Diese Angabe wird in der Datei */etc/resolv.conf* vorgenommen. Dort muss sich ein Eintrag befinden, der folgendermaßen aussehen kann:

```
nameserver 192.168.0.100
```

Dieser Eintrag würde also bewirken, dass der DNS-Server mit der IP-Adresse *192.168.0.1* befragt werden würde, um Rechnernamen in IP-Adressen aufzulösen. Sie müssen die Adresse des Nameserver in Form einer IP-Adresse angeben und dürfen keinen Namen verwenden. Wenn Ihnen mehrere DNS-Server zur Verfügung stehen, dann können Sie mehrere Einträge dieser Art untereinander angeben. Es wird dann zunächst versucht, eine Adresse beim ersten Nameserver aufzulösen, dann beim zweiten usw. Der schnellste Nameserver sollte deswegen den ersten Eintrag bekommen.

In der Datei können Sie auch Ihre Domain (also etwa *firma.de*) angeben. Die Folge eines solchen Eintrags ist, dass zukünftig Namen von Rechnern in Ihrer Domain auch aufgelöst werden, wenn sie die einfachen Rechnernamen verwenden (also z. B. *chef* oder *buchhaltung*). Ohne einen Domain-Eintrag in dieser Datei müssen Sie immer die voll qualifizierten Namen verwenden, damit Sie vom DNS-Server aufgelöst werden können. Außerdem ist es möglich, dass neben der eigenen Domain auch Rechnernamen in anderen Domains durchsucht werden können. Dazu dient das Schlüsselwort *search*.

Wenn in der Datei angegeben werden soll, dass der Name der eigenen Domain *firma.de* ist und die Rechner der Domain *konkurrenz.de* ebenfalls mit ihrem einfachen Namen gefunden werden sollen, müssten die entsprechenden Einträge so aussehen:

```
domain firma.de
search konkurenz.de
```

Danach ließe sich auch der Rechner *raptor.konkurrenz.de* über den Namen *raptor* erreichen. Wenn es allerdings in Ihrer Domain (*firma.de*) ebenfalls einen Rechner mit dem Namen *raptor* geben sollte, so wird dieser mit dem einfachen Namen angesprochen. Es können auch mehrere Domains durchsucht werden, sie sind dann alle (durch Leerzeichen voneinander getrennt) hinter dem Schlüsselwort *serach* aufzulisten.

Konfiguration des eigenen Rechnernamens Der letzte Teil der Namenskonfiguration betrifft Ihren eigenen Rechner. Dieser sollte ebenfalls wissen, wie er heißt. Die entsprechende Information wird ihm mit dem Programm *hostname* mitgeteilt. Dazu ist dem Programm mit dem Parameter --*file* der Name einer Datei zu übergeben, in die der Rechnername eingetragen ist. Per Konvention wird dazu die Datei */etc/hostname* benutzt.

In dieser Datei sollte sich lediglich der einfache Name Ihres Rechners (also z. B. *buchhaltung*) befinden. Der Name kann dann so gesetzt werden:

```
debian:~# hostname --file /etc/hostname
```

Während des Systemstarts wird dieser Befehl automatisch ausgeführt. Er steht im Skript */etc/init.d/hostname.sh*.

17.2.2 Automatische Netzwerkkonfiguration während des Systemstarts

Wenn Sie die Netzwerkkonfiguration so ausgeführt haben, wie es im letzten Kapitel beschrieben ist, werden Sie sich vielleicht fragen, ob Sie diese Schritte nun immer wiederholen müssen, nachdem der Rechner neu gestartet wurde. Das ist natürlich nicht notwendig. Vielmehr werden alle benötigten Einstellungen während des Systemstarts durch das Skript */etc/init.d/networking* automatisch vorgenommen.

Damit dies funktioniert, muss jedoch sichergestellt sein, dass der oder die Treiber für die Netzwerkkarten sich entweder im Kernel befinden oder automatisch geladen werden können. Im Fall von Treibermodulen ist dies sichergestellt, wenn Sie die entsprechenden Module mit *modconf* eingerichtet haben. Ansonsten müssen Sie die entsprechenden Einstellungen eventuell selbst vornehmen (siehe Seite 351).

Dann müssen alle netzwerksspezifischen Informationen in die Datei */etc/network/interfaces* eingetragen werden. Einträge in dieser Datei beginnen jeweils mit dem Schlüsselwort *iface* und der Bezeichnung des betreffenden Interfaces (z. B. *eth0*). Darauf folgt für Interfaces, die mit dem Internet-Protokoll benutzt werden, das Wort *inet* und schließlich ein Schlüsselwort, durch das bestimmt wird, wie das entsprechende Interface konfiguriert wird. Für Ethernetkarten mit fest zugewiesenen IP-Adressen ist dort das Schlüsselwort *static* anzugeben. Wenn Sie die Netzwerkkonfiguration bereits während der Basisinstallation durchgeführt haben, befindet sich in der Datei bereits ein Eintrag für das entsprechende Interface. Beispiel:

```
iface eth0 inet static
```

Unter einer solchen Interfacebeschreibung wird mit verschiedenen Schlüsselwörtern und Werten angegeben, mit welchen Werten das Interface zu konfigurieren ist. Die Datei darf außerdem Kommentare (mit einem Doppelkreuz eingeleitet) und leere Zeilen enthalten. Beispiel:

```
# Konfiguration einer Ethernetkarte
iface eth0 inet static
   address 192.168.10.20
   netmask 255.255.255.0
   network 192.168.10.0
   broadcast 192.168.0.255
   gateway 192.168.10.250
```

Zur Konfiguration von Ethernetkarten mit statischen Adressen stehen insgesamt die folgenden Optionen zur Verfügung:

address Hinter diesem Schlüsselwort wird die IP-Adresse angegcbcn, die dem Interface zugewiesen werden soll. Die Angabe der IP-Adresse ist zwingend erforderlich.
netmask Hier wird die Netzwerkmaske des Netzes angegeben, an welches das Interface (die Netzwerkkarte) angeschlossen ist. Diese Angabe ist ebenfalls zwingend erforderlich.
network Nach diesem Schlüsselwort wird die Netzwerkadresse des Netzwerkes angegeben. Standardmäßig errechnet sich diese Adresse aus IP-Adresse und Netzwerkmaske.
broadcast Hiermit wird die Broadcastadresse angegeben, die in dem Netzwerk benutzt wird. Standardmäßig ist dies die letzte in dem Netzwerk verfügbare Adresse, also z. B. *192.168.10.255*, wenn die Netzwerkadresse *192.168.10.0* und die Netzwerkmaske *255.255.255.0* ist.
gateway Wenn ein Standard-Gateway benutzt werden soll, muss die Adresse des Gateways hinter diesem Schlüsselwort angegeben werden, damit die Routingtabelle automatisch zu dessen Benutzung konfiguriert wird.
noauto Das Interface wird beim Systemstart nicht automatisch konfiguriert.
up Hinter diesem Schlüsselwort können Befehle angegeben werden, die ausgeführt werden, wenn das Interface konfiguriert ist. Dadurch lassen sich beispielsweise spezielle Routen setzen. Es dürfen mehrere *up*-Zeilen hintereinander angegeben werden. Die entsprechenden Befehle werden dann in der angegebenen Reihenfolge ausgeführt.
down Hier können Befehle angegeben werden, die ausgeführt werden sollen, wenn das Interface deaktiviert wird. Wie bei *up* dürfen auch hier mehrere solcher Zeilen angegeben werden.

An Stelle von IP-Adressen können in der Datei auch Namen angegeben werden. Diese müssen dann allerdings in den Dateien */etc/hosts* und */etc/networks* definiert worden sein. Beispiel:

```
iface eth1 inet static
   address vw-router
   network verwaltung
   netmask 255.255.255.0
   up   echo "1" > /proc/sys/net/ipv4/ip_forward
   down echo "0" > /proc/sys/net/ipv4/ip_forward
```

Sobald sich die entsprechenden Informationen in der Datei befinden, können die Interfaces bequem mit dem Befehl *ifup* eingerichtet und mit dem Befehl *ifdown* deaktiviert werden. Den Befehlen ist entweder der Name des zu (de-)konfigurierenden Interfaces zu übergeben oder der Parameter *-a*, dann werden alle definierten Interfaces eingerichtet, bzw. deaktiviert. Beispiel:

```
debian:~# ifup eth0
```

Mit diesem Befehl wird das erste Ethernet-Interface konfiguriert und eingerichtet. Überprüfen Sie mit den Befehlen *ifconfig* und *route*, ob dabei alle notwendigen Einstellungen vorgenommen wurden.

```
debian:~# ifdown -a
```

Dieser Befehl deaktiviert alle in der Datei definierten Interfaces. Sie können hinterher mit *ifup -a* wieder aktiviert werden.

Andere Konfigurationsmethoden Nicht in allen Fällen ist es notwendig oder erwünscht, die IP-Adresse und andere Einstellungen eines Netzwerkinterfaces festzulegen. Ein simples Beispiel hierfür ist das Loopback-Interface. Es wird immer mit den gleichen Einstellungen benutzt, die Angabe bestimmter Optionen zur Konfiguration ist deswegen nicht notwendig. Das Interface kann in der Datei */etc/network/interfaces* folgendermaßen eingerichtet werden:

```
iface lo inet loopback
```

Mit dem Schlüsselwort *loopback* (im Gegensatz zu *static* in den vorherigen Beispielen) wird hier festgelegt, dass die (bekannten) Einstellungen für das Loopback-Interface zu verwenden sind.

Konfiguration über DHCP Wenn in Ihrem Netzwerk ein DHCP-Server (Dynamic Host Configuration Protocol) vorhanden ist, der den angeschlossenen Rechnern IP-Adressen und andere Netzwerkeinstellungen automatisch zuweist, können Sie dies in der Datei */etc/network/interfaces* ebenfalls angeben. Es ist dann allerdings notwendig, zusätzlich DHCP-Klientprogramme zu installieren. Diese Programm sind u. a. in den Paketen *pump* und *dhcp-client* enthalten. Im Allgemeinen ist die Verwendung des Pakets *pump* zu empfehlen.

Achtung: Während der Installation des Pakets *pump* werden Sie aufgefordert, anzugeben, welche Interfaces per DHCP konfiguriert werden sollen. Geben Sie hier kein Interface an, wenn Sie die Konfiguration über die Datei */etc/network/interfaces* vornehmen wollen, was empfohlen wird.

Nach der Installation eines DHCP-Klient-Pakets können Sie das Interface durch die folgende Anweisung in */etc/network/interfaces* automatisch per DHCP konfigurieren lassen:

```
iface eth0 inet dhcp
```

Wie bei der Konfigurationsmethode *static* ist es auch hier möglich, einige zusätzliche Angaben zu machen:

hostname Name Gibt mit *Name* den für diesen Rechner gewünschten Namen an.
leasehours Zeit Gibt mit *Zeit* die gewünschte Leasetime an.

Wenn Sie ein anderes DHCP-Klientpaket als *pump* verwenden, finden Sie in der Manualseite *ifup* Hinweise, welche Optionen dann benutzt werden können.

Achtung: Beim Einsatz von *pump* wird die Datei */etc/resolv.conf* überschrieben, um das System für den Einsatz des richtigen DNS-Servers zu konfigurieren. Beachten Sie, dass dabei eigene Einstellungen verlorengehen können.

Nachdem sich der entsprechende Eintrag in der Datei */etc/network/interfaces* befindet, kann das Interface ebenfalls mit *ifup -a* eingerichtet werden.

Arbeiten mit unterschiedlichen Konfigurationen Wenn Sie mit Ihrem Rechner gelegentlich von einem Netzwerk zu einem anderen umziehen, wie es z. B. mit Laptops häufiger der Fall ist, benötigen Sie u. U. unterschiedliche Einstellungen für unterschiedliche Standorte. Es wäre nun ärgerlich, wenn Sie die Einstellungen jedesmal von Hand neu vornehmen müssten, sobald Sie das Netzwerk gewechselt haben. Aus diesem Grund ist es möglich, in der Datei */etc/network/interfaces* so genannte Schemata anzugeben, die jeweils einer Konfiguration oder einem Standort entsprechen. Diese Schemata sind jeweils mit dem Schlüsselwort *scheme* und einem Namen einzuleiten. Beispiel:

```
# /etc/network/interfaces für zwei unterschiedliche Konfigurationen
# (z.B. zu Hause und am Arbeitsplatz)

# Das Loopback-Interface wird in jeder Konfiguration benötigt
iface lo inet loopback

# Nun folgt die Konfiguration für zu Hause
scheme heim
iface eth0 inet static
    address 192.168.10.15
    netmask 255.255.255.0
    gateway 192.168.10.250

# Und die Konfiguration für den Arbeitsplatz
scheme arbeit
iface eth0 inet dhcp
```

Hier wird also in dem Schema *heim* eine statische Konfiguration mit den angegebenen Adressen benutzt, während in dem Schema *arbeit* die Konfiguration über DHCP ausgeführt wird. Das Loopback-Interface wird in jeder Konfiguration benutzt.

Achtung: Konfigurationen, die Schemata zugeordnet sind, werden während des Systemstarts nicht automatisch konfiguriert. Im Beispiel oben würde also während des Systemstarts nur das Loopback-Interface automatisch konfiguriert werden.

Nun ist es möglich mit dem Befehl *ifup* und dem Parameter *-s* die gewünschte Konfiguration auszuwählen. Im Beispiel wäre am Arbeitsplatz also folgender Befehl einzugeben:

```
debian:~# ifup -a -s arbeit
```

Und zu Hause angekommen (der Rechner braucht zwischendurch nicht heruntergefahren zu werden) wäre dieser Befehl einzugeben, um die Einstellungen für das heimische Netz wirksam werden zu lassen:

```
debian:~# ifup -a -s heim
```

17.3 Einwahl über Internet Service Provider

Der Aufbau von Einwahlverbindungen über einen Internet-Service-Provider ins Internet funktioniert prinzipiell genauso wie die Einrichtung einer Netzwerkverbindung mit einer Ethernetkarte. Auch hier müssen bestimmte Treiber im Kernel vorhanden sein, ein Netzwerkinterface eingerichtet werden und Routen sowie die Namensauflösung konfiguriert werden.
Praktisch sieht das allerdings etwas anders aus. Der wesentliche Grund dafür ist, dass es bei einer Einwahlverbindung nicht ausreicht, einem Netzwerkinterface einfach eine IP-Adresse zuzuweisen. Vielmehr muss zunächst eine

Telefonnummer gewählt werden, es muss darauf gewartet werden, dass die Gegenstelle „abhebt" und schließlich ist es in den meisten Fällen erforderlich, dem Internetprovider einen Benutzernamen und ein Passwort zu schicken, bevor dieser einen „rein" lässt.

Einwahlverbindungen werden heute zumeist über das so genannte Point-To-Point-Protokoll (PPP) betrieben. Die Steuerung von Verbindungen über dieses Protokoll wird unter Linux von einem speziellen Programm, dem PPP-Daemon (*pppd*) übernommen. Das Programm kann die Anmeldung (Authentifizierung) an der Gegenstelle vornehmen und mit dieser alle Details des Verbindungsaufbaus sowie der Durchführung aushandeln. Das Programm *pppd* stellt auch das Netzwerkinterface für eine Verbindung zur Verfügung und konfiguriert dieses automatisch, weswegen es nach erfolgtem Verbindungsaufbau nicht mehr manuell mit *ifconfig* eingerichtet werden muss. Außerdem kann *pppd* die Standard-Route selbstständig einrichten, so dass auch der Aufruf des Befehls *route* bei PPP-gesteuerten Verbindungen nicht notwendig ist. Trotzdem lassen sich beide Befehle auch mit Einwahlverbindungen verwenden.

Bezüglich der Namensauflösung gibt es zwischen PPP-Verbindungen und Ethernet-Vernetzung keinen Unterschied. In beiden Fällen wird anhand der Einträge in den Dateien */etc/nsswitch.conf* und */etc/resolv.conf* entschieden, wie Namen aufzulösen sind und welcher Nameserver gegebenenfalls zu befragen ist. Ein gewisses Problem ergibt sich allerdings, wenn abwechselnd verschiedene Internet-Provider benutzt werden, wie dies häufig praktiziert wird, um die jeweils günstigsten Tarife auszunutzen. In der Regel ist es nämlich am besten, immer den DNS-Server zu verwenden, den der aktuell benutzte Provider zur Verfügung stellt, weil zu diesem Server die schnellste Verbindung aufgebaut werden kann. Aus diesem Grund besteht die Möglichkeit, die mit einem Provider zu verwendenden DNS-Server während der Konfiguration anzugeben oder sich ihre Adressen während des Verbindungsaufbaus vom Provider automatisch mitteilen zu lassen. Wenn Sie eine solche Konfiguration wählen, wird die Datei */etc/resolv.conf* während des Verbindungsaufbaus gegen eine andere ausgetauscht, welche die entsprechenden Einstellungen für den Provider enthält, mit dem Sie sich gerade verbunden haben. Nach Beendigung der Verbindung wird die alte Version der Datei wieder an ihren Platz gebracht. Die Konsequenz aus dieser Vorgehensweise ist allerdings, dass Eintragungen, die Sie in der Datei vorgenommen haben, nicht wirksam sind, so lange die Verbindung zu einem Provider aktiv ist.

Im Gegensatz zu festen Verbindungen, die gewöhnlich beim Systemstart eingerichtet werden, werden Einwahlverbindungen gewöhnlich manuell gestartet, wenn sie benötigt werden und beendet, sobald sie nicht benötigt werden. Schließlich sollen Kosten gespart werden und Telefonleitungen nicht dauernd besetzt sein. Ein alternatives Verfahren hierzu ist das so genannte Dial-On-Demand (Wählen auf Verlangen). Hierbei werden das Netzwerkinterface und die Route eingerichtet, bevor die Einwahlverbindung aufgebaut ist. Für Anwendungen sieht es dann so aus, als wären sie bereits mit dem Netzwerk (Internet) verbunden, obwohl dies gar nicht der Fall ist. Sobald dann eine Anwendung (z. B. *netscape*) tatsächlich Daten über das Interface schickt, wird die Verbindung aufgebaut. Eine manueller Verbindungsaufbau ist also nicht mehr notwendig. Sinnvoll ist es, zusammen mit diesem Verfahren einen Timeout-Wert zu konfigurieren, nachdem die Verbindung automatisch wieder abgebaut wird, wenn sie eine Zeitlang nicht mehr benutzt wurde.

Achtung: Wenn Sie Dial-On-Demand verwenden, sollten Sie das Verhalten Ihre Konfiguration eine Zeitlang genau beobachten. Oft kommt es vor, dass Programme versuchen, Datenpakete in das Netzwerk zu schicken, um beispielsweise eine DNS-Anfrage auszuführen, obwohl dies vom Benutzer nicht gewünscht ist, und dadurch einen Verbindungsaufbau auslösen. Eine schlechte Dial-On-Demand-Konfiguration hat schon bei manchem Benutzer zu Kopfschmerzen nach Erhalt der Telefonrechnung geführt. Einige weitere Hinweise hierzu finden Sie auf Seite 616.

Die Art, wie eine Einwahlverbindung konfiguriert wird, ist abhängig davon, ob Sie eine herkömmliche analoge Telefonleitung mit einem Modem verwenden oder eine ISDN-Leitung und eine ISDN-Karte zur Verfügung haben. Beide Verfahren sind zwar eng miteinander verwandt, erfordern aber trotzdem unterschiedliche Treiber und Software. Außerdem unterscheidet sich die Konfiguration in vielerlei Hinsicht. Der Standardkernel enthält bereits alles, was Sie zur Benutzung von Verbindungen mit einem Modem benötigen, außerdem ist dort auch die Unterstützung für viele ISDN-Karten enthalten. Wenn Sie einen selbst erstellten Kernel verwenden, dann lesen Sie bitte in Kapitel 11 nach, welche Optionen Sie aktivieren müssen, um die benötigte Unterstützung zu erhalten.

17.4 Konfiguration von PPP-Einwahlverbindungen mit einem Modem

Damit Sie PPP benutzen können, müssen Sie zunächst das Paket *ppp* installieren, welches das Programm *pppd* sowie eine Reihe von zusätzlich benötigter Programme und Dateien enthält. Außerdem müssen Sie einen Kernel verwenden, in dem die Unterstützung für PPP und serielle Schnittstellen vorhanden ist oder für den sie in Form eines Moduls zur Verfügung steht (siehe Kapitel 11).
Zur Konfiguration von Einwahlverbindungen über PPP steht unter Debian GNU/Linux ein komfortables Programm zur Verfügung, welches in dem Paket *pppconfig* enthalten ist und den gleichen Namen trägt.

17.4.1 Konfiguration der seriellen Schnittstellen

Bevor Sie mit der Konfiguration beginnen, sollten Sie wissen, an welche serielle Schnittstelle Ihr Modem angeschlossen ist. Serielle Schnittstellen werden durch Gerätedateien im Verzeichnis */dev/* repräsentiert. Ihre Namen lauten *ttyS0* für die erste serielle Schnittstelle, *ttyS1* für die zweite und so weiter. Die Schnittstelle, die unter DOS oder Windows über die Bezeichnung *COM1* angesprochen werden würde, heißt unter Linux also *ttyS0*. Der Treiber für serielle Schnittstellen kann entweder fest in den Kernel integriert werden oder als Modul kompiliert sein. Die Standardkernels verwenden ein Modul, das automatisch geladen wird, sobald auf die serielle Schnittstelle(n) zugegriffen wird.
Beim Start des Kernels bzw. beim Laden des Moduls wird versucht, die seriellen Schnittstellen automatisch zu erkennen. Dies gelingt allerdings nicht in jedem Fall, weswegen die Schnittstelle, an der sich das Modem befindet, u. U. manuell konfiguriert werden muss. Hierzu dient das Programm *setserial* (S. 711). Welche seriellen Schnittstellen konfiguriert sind, wird während des Systemstarts ausgegeben, Sie können dies Ausgabe wiederholen, indem Sie den folgenden Befehl ausführen:

```
debian:~# setserial -gb /dev/ttyS*
```

Die Ausgabe sollte sinngemäß folgendermaßen aussehen:

```
/dev/ttyS0 at 0x03f8 (irq = 4) is a 16550A
/dev/ttyS1 at 0x02f8 (irq = 3) is a 16550A
```

Hier wird also angezeigt, dass die seriellen Schnittstellen */dev/ttyS0* sowie */dev/ttyS1* erfolgreich konfiguriert wurden. Weiter wird ausgegeben, welche IO-Adressen und welche Interrupts durch diese Schnittstellen belegt sind. Schließlich wird des Typ des UART-Chips der Schnittstellen angezeigt (16550A).
Wenn sich die Schnittstelle, an die das Modem angeschlossen ist, nicht in der Liste befindet, müssen Sie diese manuell mit *setserial* konfigurieren. In der Regel reicht es dazu aus, dem Programm die IO-Adresse und den Interrupt der Schnittstelle zu übergeben. Gelegentlich ist jedoch auch die Angabe des UART-Typen erforderlich. Um die dritte serielle Schnittstelle mit der Basisadresse 0x3e8 und dem Interrupt 6 zu konfigurieren, wäre das Programm so aufzurufen:

```
debian:~# setserial /dev/ttyS2 port 0x3e8 irq 6 autoconfigure
```

17.4 Konfiguration von PPP-Einwahlverbindungen mit einem Modem

Um zu überprüfen, ob die Konfiguration funktioniert hat, können Sie den oben genannten Befehl (*setserial -gb ...*) wiederholen. Die Schnittstelle sollte dann mit ausgegeben werden. Mehr Informationen zu *setserial* finden Sie auf Seite 711 sowie in der Manualseite zu dem Programm.

Achtung: Die Einstellungen der seriellen Schnittstellen werden während des Systemabschlusses automatisch gesichert und bei einem erneuten Systemstart wieder geladen. Sie brauchen also keine Konfigurationsdateien zu verändern, um Ihre Einstellungen zu sichern!

Nur, wenn das automatische Laden der Einstellungen aus irgendeinem Grund nicht klappt, das Gerät aber per Hand (mit *setserial*) zu konfigurieren ist, müssen Sie die Optionen, mit denen *setserial* aufgerufen wurde, in die Datei */etc/serial.conf* eintragen und dort die Zeile löschen, in der *AUTOSAFE* steht.

Falls Sie ein so genanntes Winmodem besitzen, können Sie dies wahrscheinlich nicht unter Linux verwenden. Es handelt sich dabei nämlich um Geräte, die quasi ihrer Intelligenz beraubt sind und einen sehr aufwendigen Treiber benötigen, welcher unter Linux zur Zeit noch nicht zur Verfügung steht.

17.4.2 PPP-Konfiguration mit *pppconfig*

Um die Konfiguration des PPP-Systems zu starten, geben Sie an der Kommandozeile den folgenden Befehl ein (Das Paket *pppconfig* muss dazu installiert sein):

```
debian:~# pppconfig
```

Es erscheint dann der in Abbildung 41 dargestellte Bildschirm:

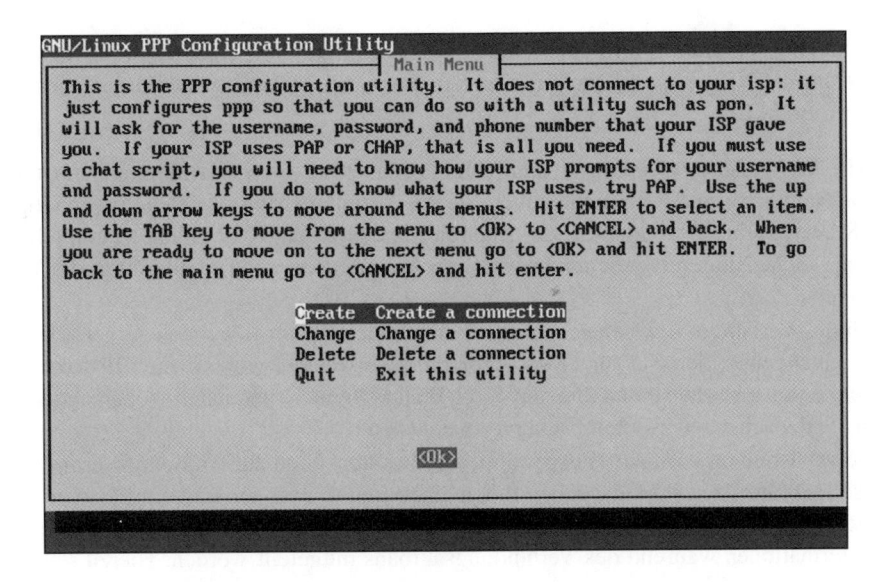

Abbildung 41: Hauptmenü des Programms *pppconfig*

Das Programm führt Sie mit einer Reihe von Fragen durch die Konfiguration des Zugangs. Es wird ähnlich bedient wie das Installationsprogramm des Basissystems: Mit den Pfeiltasten wird in Listen zwischen verschiedenen Punkten gewechselt, mit der TAB-Taste kann zwischen Feldern auf dem Bildschirm (beispielsweise einem Eingabefeld und der Option *OK*) gewechselt werden und mit EINGABE wird eine Angabe oder Auswahl bestätigt. Nachdem alle Fragen beantwortet sind, können die einzelnen Angaben nochmals eingesehen und korrigiert werden, so dass ein eventueller Fehler leicht nach der Beantwortung aller Fragen behoben werden kann (vorher allerdings nicht).

Das Programm bietet in seinem Hauptmenü die folgenden Befehle zur Auswahl:

Create Mit diesem Befehl können neue Verbindungen konfiguriert werden.
Change Mit diesem Befehl lassen sich bereits konfigurierte Verbindungen verändern.
Delete Hiermit lassen sich bereits konfigurierte Verbindungen wieder löschen.
Finished Dieser Befehl sichert alle vorgenommenen Veränderungen. Nach der Sicherung wird in das Hauptmenü zurückgekehrt.
Quit Mit diesem Befehl wird das Programm verlassen. Falls Änderungen an der Konfiguration vorgenommen worden sind, die noch nicht gesichert wurden, erfolgt eine Sicherheitsabfrage, ob diese Änderungen tatsächlich verworfen werden sollen.

Konfigurieren einer neuen Verbindung Nach Auswahl des Befehls *Create* muss der neuen Verbindung zunächst ein Name zugewiesen werden. Dabei ist zu beachten, dass die Verbindung, die Sie standardmäßig benutzen wollen, den Namen *provider* tragen sollte. Alle anderen Verbindungen müssen eindeutige Namen haben, über die später die zu benutzende Verbindung ausgewählt werden kann.

Im nächsten Schritt müssen Sie ein Verfahren zur Nameserver- (DNS-Server-) Konfiguration für die zu konfigurierende Verbindung auswählen. Es stehen drei mögliche Verfahren zur Verfügung:

Static Sie geben einen oder mehrere DNS-Server an, die benutzt werden sollen, wenn die Verbindung zu dem entsprechenden Provider aufgebaut worden ist.
Dynamic Die zu verwendenden Nameserver werden nach dem Verbindungsaufbau automatisch vom Provider erfragt.
None Beim Verbindungsaufbau erfolgt keine automatische Konfiguration eines Nameservers. Sie müssen sich dann selbst um die Nameserver-Konfiguration kümmern, beispielsweise durch geeignete Angaben in der Datei */etc/resolv.conf*.

Im Allgemeinen ist das Verfahren *Dynamic* zu empfehlen, vorausgesetzt, Ihr Provider unterstützt die automatische Konfiguration von Nameservern. Wenn nicht sollten Sie das Verfahren *Static* wählen, Sie benötigen dann die IP-Adresse des DNS-Servers Ihres Providers. Das Verfahren *None* ist in der Regel nicht zu empfehlen, weil hier für jeden Provider der gleiche Nameserver benutzt wird. Eine Ausnahme hiervon ist allerdings die Verwendung eines eigenen DNS-Servers.

Wenn Sie sich für das Verfahren *Static* entschieden haben, werden Sie im folgenden aufgefordert, die IP-Adresse des Nameservers einzugeben, den Sie für diese Verbindung verwenden wollen. Eine IP-Adresse besteht – wie erwähnt – aus vier Zahlen zwischen 0 und 255, die durch Punkte (ohne Leerzeichen) voneinander getrennt werden. Optional können Sie danach einen zweiten Nameserver angeben.

Nach der Nameserver-Konfiguration wird ausgewählt, welches Verfahren zur Authentifizierung mit dem Provider benutzt werden soll. Die meisten Provider teilen Ihnen einen Benutzernamen und ein Passwort mit, die während des Verbindungsaufbaus benötigt werden. Das Authentifizierungsverfahren ist das Verfahren, mit welchem dem Provider diese Informationen während des Verbindungsaufbaus mitgeteilt werden. Hierzu stehen drei mögliche Verfahren zur Verfügung:

PAP: Password Authentication Protocol. Dies ist das Standardprotokoll unter Windows, es wird von den meisten Providern unterstützt.
CHAP: Challenge Handshake Authentication Protocol. Ein gegenüber PAP sichereres Protokoll, das ebenfalls von vielen Providern unterstützt wird.

Chat: Skriptgesteuerte Anmeldung. Es findet eine Unterhaltung („Chat") mit der Gegenstelle statt, bei der diese beispielsweise die Aufforderung sendet, den Benutzernamen anzugeben, woraufhin Ihr Computer diesen sendet. Unter Umständen müssen bei diesem Verfahren auch noch spezielle Befehle an den Computer auf der anderen Seite gesendet werden, beispielsweise damit dieser PPP startet. Diese Form der Anmeldung nennt man auch skriptgesteuerte Anmeldung, da die Kommunikation zwischen den beteiligten Computern hier in der Regel über ein Skript gesteuert wird, daß von dem Programm *chat* ausgeführt wird.

Ihr Internet-Provider sollte Sie informiert haben, welches Authentifizierungsprotokoll Sie verwenden können. Wenn Sie *CHAP* verwenden können, sollten Sie dieses Protokoll wählen. Wenn Sie sich nicht sicher sind, wählen Sie bitte *PAP*. Die skriptgesteuerte Anmeldung ist heute bei so gut wie keinem Provider mehr notwendig.

Falls bei ihrem Provider nur eine skriptgesteuerte Authentifizierung möglich ist und Sie diese ausgewählt haben, folgt nach dieser Auswahl die Konfiguration des Skripts zur Authentifizierung.

Ein solches Skript besteht im Wesentlichen aus einer Folge von Ausdrücken, die angeben, welche Zeichenkette von der Gegenseite erwartet wird und welche Zeichenkette der einwählende Rechner zu senden hat, sobald die erwartete Zeichenkette eingetroffen ist. Beispielsweise kann die Gegenseite mit der Zeichenkette *Login:* zum Senden des Benutzernamens auffordern, woraufhin Ihr Rechner den Namen dann senden müsste. Wäre das Passwort bei einem Provider beispielsweise *karl.meier*, so würde in der Skriptsteuerdatei dann die Zeile

```
ogin: karl.meier
```

stehen. Das „L" wurde absichtlich weggelassen, weil wir uns nicht sicher sind, ob der Provider *Login* mit großem oder mit kleinem „L" sendet und die Zeichenkette *ogin* auch ausreicht, um die Aufforderung zum Senden des Benutzernamens zu erkennen.

Unter Umständen muß ein relativ aufwendiges Skript zum Aufbau der Verbindung sowie zur Athentifizierung verwandt werden, beispielsweise weil nach der Anmeldung beim Provider noch spezielle Befehle ausgeführt werden müssen. Die Konfigurationsmöglichkeiten für solche Skripte durch *pppconfig* sind diesbezüglich begrenzt. Deswegen sollte in einem solchen Fall ein einfaches (nicht funktionsfähiges) Skript im Rahmen der Möglichkeiten des Programms erzeugt werden, daß später „von Hand" verbessert werden kann. Dieses Vorgehen hat den Vorteil, daß das Grundgerüst dann bereits vorhanden ist und man nicht alles von Hand konfigurieren muss.

Der erste Schritt zur Konfiguration eines Chatskripts mit *pppconfig* besteht darin, dass Sie angeben müssen, welche Zeichenkette Ihr Provider sendet, um Ihren Rechner zum Senden des Benutzernamens aufzufordern. Gewöhnlich ist diese Zeichenkette *Login:* oder *Username:*. Löschen Sie den Vorgabewert *ogin:* gegebenenfalls und ersetzen Sie ihn durch die richtige Zeichenkette. Danach ist die Zeichenkette anzugeben, die der Provider sendet, wenn er das Passwort anfordert. Standardmäßig ist dies die Zeichenkette *Password:*, so dass Sie den voreingestellten Wert dann übernehmen können.

Zusätzliche Einstellungen zur skriptgesteuerten Anmeldung lassen sich nach Abschluss der Basiskonfiguration der entsprechenden Verbindung im Menü *Advanced Options* vornehmen.

Egal, welches Authentifizierungsverfahren Sie gewählt haben, müssen Sie nun Ihren Benutzernamen bei dem Provider angeben. Löschen Sie den vorgegebenen Text *replace_with_your_login_name* mit der ZURÜCK-Taste und geben Sie den Benutzernamen ein, den Sie von Ihrem Provider bekommen haben (nicht Ihren Benutzernamen auf Ihrem System!). Danach erfolgt die Aufforderung zur Angabe des Passworts. Auch hier müssen Sie den vorgegebenen Text *replace_with_your_password* zunächst mit der ZURÜCK-Taste Löschen und dann das Passwort eingeben, welches Sie von Ihrem Provider bekommen haben. Das Passwort wird während der Eingabe angezeigt.

Danach ist einzustellen, mit welcher Geschwindigkeit die serielle Schnittstelle betrieben werden soll, an die Ihr Modem angeschlossen ist. Die hier einzustellende Geschwindigkeit ist von der Geschwindigkeit des Modems zu unterscheiden. Weil Modems Daten komprimieren können, wird nämlich für die Strecke vom Rechner zum Modem in der Regel eine höhere Geschwindigkeit benötigt, als sie das Modem selbst zum Datentransfer benutzt. Der Vorgabewert (115200) sollte in der Regel beibehalten werden. Nur bei älteren Rechnern mit langsamen Modems (14.400 bps oder weniger) empfiehlt sich die Verwendung des Wertes 57600.

Danach wird angegeben, welches Wahlverfahren Sie benutzen wollen. Das Mehrfrequenzwahlverfahren (MWV) wird (nach Kenntnis des Autors) heute von allen Vermittlungsstellen der Telekom unterstützt, so dass Sie hier *Tone* auswählen sollten. Nur wenn dies nicht funktioniert (etwa, weil Sie eine alte Nebenstellenanlage benutzen) sollten Sie es mit *Pulse* versuchen. Der Verbindungsaufbau dauert bei dem *Pulse*-Verfahren spürbar länger.

Nun folgt die Angabe der Telefonnummer zur Einwahl bei Ihrem Provider. Löschen Sie den Vorgabewert *replace_with_number* mit Hilfe der ZURÜCK-Taste und trage Sie die entsprechende Telefonnummer ein.

Schließlich muss das Programm wissen, an welche serielle Schnittstelle das Modem angeschlossen ist. Hierzu besteht die Möglichkeit der automatischen Erkennung sowie zur manuelle Auswahl. Falls Sie sich nicht sicher sind, sollten Sie die automatische Erkennung auswählen. Der Erkennungsvorgang kann durchaus bis zu einer Minute Zeit in Anspruch nehmen. Nachdem die Erkennung abgeschlossen ist, erscheint ein Menü, in dem alle gefundenen Schnittstellen zur Auswahl stehen. Die Schnittstelle, an der das Programm ein Modem gefunden hat, ist bereits ausgewählt, so dass Sie im günstigsten Fall lediglich *OK* auswählen müssen, um die Konfiguration zu übernehmen. Wenn das Modem nicht gefunden wurde, ist der Menüpunkt *Manual* ausgewählt, welcher es ermöglicht, den Namen der seriellen Schnittstelle von Hand einzugeben. Zur manuellen Auswahl geben Sie den Namen der Gerätedatei, durch welche die Schnittstelle repräsentiert Wird, in das Textfeld ein (z. B. */dev/ttyS1*).

Die Konfiguration ist nun abgeschlossen und es erscheint ein Bildschirm (Abbildung 42), in dem die vorgenommen Einstellungen im Überblick dargestellt werden. Durch Auswahl mit den Pfeiltasten lassen sich nun einzelne Einstellungen auswählen und korrigieren. Nach Auswahl des Punktes *Advanced* ist es möglich, die folgenden speziellen Einstellungen vorzunehmen (einige der hier möglichen Einstellungen stehen nur dann zur Verfügung, wenn Sie vorher die Skriptgesteuerte Anmeldung ausgewählt haben):

⟹Wenn Sie während der Bearbeitung dieser Einstellungen den Menüpunkt *CANCEL* auswählen, springt das Programm wieder an den Anfang der Konfiguration. Sie muss dann vollständig neu durchlaufen werden. Durch Auswahl des Menüpunktes *Previous* gelangen Sie von den *Advanced*-Einstellungen wieder in dieses Menü. Wenn alle Einstellungen richtig sind, sollten Sie hier den Menüpunkt *Finished* wählen, mit dem die Einstellungen gesichert werden.

Modeminit Hiermit wird die Zeichenkette eingestellt, die zur Initialisierung an das Modem geschickt wird. Der Standardwert *ATZ* ist in den meisten Fällen richtig.

ISPConnect Bei der skriptgesteuerten Anmeldung ist es gelegentlich erforderlich, eine bestimmtet Zeichenkette an die Gegenstelle zu senden, um diese dazu aufzufordern, mit der Authentifizierung zu beginnen. In der Regel ist dies nicht erforderlich. In seltenen Fällen ist jedoch das Senden eines Wagenrücklaufzeichens (Carriage Return) erforderlich. Dieses Zeichen können Sie senden, in dem Sie nach Auswahl des Menüpunkts *ISPConnect* die Zeichenkette \r eingeben. Weitere solcher *Escape-Sequenzen* sind in der Manual-Seite zu dem Programm *chat* aufgeführt.

Pre-Login Wenn bei der skriptgesteuerten Anmeldung vor der Authentifizierung eine Kommunikation zwischen Ihrem Rechner und der Gegenstelle notwendig ist, können Sie hier angeben, welche Zeichenketten von der Gegenstelle erwartet werden und was zu senden ist, wenn die entsprechenden Zeichenketten eingetroffen sind. Es muss immer ein Paar von Zeichenketten angegeben werden, wobei zunächst die erwartete Zeichenkette und danach die zu sendende eingegeben werden muss. Wenn Ihr Provider beispielsweise zunächst die Zeichenkette *Abteilung:* sendet und Sie daraufhin mit *verkauf* antworten müssten, so wäre hier *bteilung: verkauf* einzugeben. Es können mehrere Paare von Zeichenketten hintereinander eingegeben werden.

Defaultroute Normalerweise wird gewünscht, dass alle IP-Pakete, die im lokalen Netzwerk nicht zugestellt werden können, an den Internetprovider geschickt werden, damit dieser sie an die Zielrechner weiterleiten kann. Wenn Sie dies nicht wünschen sollten, können Sie hier den Wert *nodefaultroute* auswählen. Dies bewirkt normalerweise, dass die Verbindung nicht mehr wie erwartet funktioniert.

Ipdefault Üblicherweise wird ihrem Rechner (bzw. dem PPP-Interface Ihres Rechners) nach dem Verbindungsaufbau vom Provider eine IP-Nummer zugewiesen, über die Ihr Rechner dann im Internet erreicht werden kann. Man spricht hier deswegen auch von dynamischen IP-Adressen. Im Gegensatz dazu ist es möglich, statische IP-Adressen zu verwenden, wobei die eigene Adresse sowie die Adresse des Providers schon vor dem Verbindungsaufbau feststehen. Dieses Verfahren wird von den meisten Providern jedoch ohne Aufpreis nicht unterstützt.

Wenn Sie die zu verwendende IP-Nummer selbst festlegen wollen, können Sie diese hier angeben. Dabei ist es auch möglich, die IP-Nummer der Gegenstelle festzulegen. Die Angabe muss in folgendem Format vorgenommen werden: *lokale-IP:ferne-IP*, wobei *lokale-IP* der von Ihnen zu verwendenden IP-Nummer und *ferne-IP* der IP-Nummer des Providers entspricht. Wenn Sie nur die lokale IP angeben wollen, lassen Sie den Wert hinter dem Doppelpunkt aus.

Debug Standardmäßig werden beim Verbindungsauf- und Abbau Meldungen ausgegeben, mit Hilfe derer auf Fehler zurückgeschlossen werden kann. Wenn Sie die Option *Debug* auswählen, können Sie dieses Verhalten abschalten.

Demand Nach Auswahl dieser Option können Sie angeben, ob die betreffende Verbindung im Dial-On-Demand-Modus betrieben werden soll. Sie sollten diese Option erst dann aktivieren, wenn Sie wissen, dass die Verbindung im „konventionellen" Modus funktioniert.

Nameservers Über den Menüpunkt erreichen Sie das Menü zur Konfiguration von DNS-Servern, welches Sie bereits von der Basiskonfiguration der Verbindung her kennen.

Add-User Nach Auswahl dieser Option können Sie Namen von Benutzern angeben, die berechtigt sein sollen, Einwahlverbindung auf- und abzubauen. Hier angegebene Benutzernamen müssen auf dem System bereits bekannt sein.

Post-Login Entsprechend der Option *Pre-Login* ist es hier bei Verwendung des skriptgesteuerten Authentifizierungsverfahrens möglich, zu konfigurieren, welche Kommunikation nach der eigentlichen Anmeldung zwischen Gegenstelle und Ihrem Computer stattfinden soll. Wenn die Gegenstelle beispielsweise nach erfolgter Anmeldung die Zeichenkette *Auswahl:* sendet und Sie daraufhin das Zeichen *1* senden müssen, damit die Gegenstelle das PPP-Protokoll startet, dann wäre hier *uswahl: 1* einzugeben.

Idle-Timeout Hiermit bestimmen Sie, nach wieviel Sekunden Inaktivität die Verbindung automatisch abgebaut werden soll. Geben Sie die entsprechende Zeitdauer in Sekunden an. Wenn Sie nicht wünschen, dass die Verbindung automatisch abgebaut wird, lassen Sie das entsprechende Feld leer. In Verbindung mit Dial-On-Demand sollte hier ein Timeout-Wert angegeben werden (beispielsweise 120, um die Verbindung nach jeweils 2 Minuten Inaktivität abzubauen).

Ändern der Konfiguration einer Verbindung Um die Konfiguration einer bereits erstellten Verbindung zu verändern, wählen Sie im Hauptmenü von *pppconfig* den Menüpunkt *Change* aus. Sie können dann die zu verändernde Verbindung auswählen. Danach springt das Programm direkt in das Einstellungsmenü, wie es in Abbildung 42 dargestellt ist. Wählen Sie dort die zu ändernde Einstellung aus oder wählen Sie die Option *Advanced*, wodurch Sie die im vorhergehenden Abschnitt beschriebenen Einstellungen verändern können. Danken Sie daran, die Einstellungen zu sichern, nachdem sie verändert worden sind.

17.4.3 Testen und Benutzen von PPP-Verbindungen

Sobald eine Verbindung fertig konfiguriert ist, können Sie diese mit dem folgenden Befehl aktivieren:

```
pon [Providername]
```

Wenn Sie die Standardverbindung (also die, deren Name *provider* ist) benutzen wollen, reicht es aus, den Befehl ohne Parameter einzugeben, also:

```
debian:~# pon
```

Um die Verbindung zu einem anderen Provider aufzubauen, übergeben Sie dem Befehl den Namen des Providers, den Sie benutzen möchten, also beispielsweise:

```
debian:~# pon t-offline
```

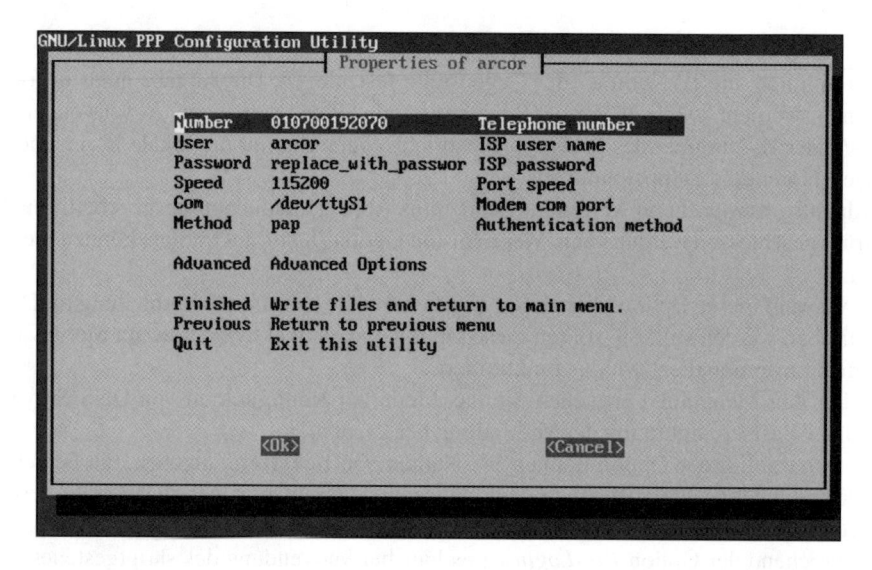

```
GNU/Linux PPP Configuration Utility
                    Properties of arcor
      Number    010700192070           Telephone number
      User      arcor                  ISP user name
      Password  replace_with_passwor   ISP password
      Speed     115200                 Port speed
      Com       /dev/ttyS1             Modem com port
      Method    pap                    Authentication method

      Advanced  Advanced Options

      Finished  Write files and return to main menu.
      Previous  Return to previous menu
      Quit      Exit this utility


                 <Ok>                          <Cancel>
```

Abbildung 42: Ändern von Verbindungseinstellungen mit *pppconfig*

Bei Verwendung eines externen Modems sollten Sie dann bemerken, wie das Modem die Verbindung zu dem Provider aufbaut und nach kurzer Zeit ist die Verbindung aufgebaut. Sie können die Verbindung dann testen. Hierzu sollten Sie ebenso vorgehen wie beim Testen einer Netzwerkverbindung über Ethernet. Zunächst wäre also zu überprüfen, ob das Netzwerkinterface erfolgreich konfiguriert wurde. Dazu dient bekanntlich der Befehl *ifconfig*:

```
debian:~# ifconfig
```

In der Ausgabe sollte sich nun ein Eintrag für das Netzwerkinterface *ppp0* befinden, der sinngemäß folgendermaßen aussieht:

```
ppp0      Link encap:Point-to-Point Protocol
          inet addr:145.253.71.145  P-t-P:145.253.1.165  Mask:255.255.255.255
          UP POINTOPOINT RUNNING NOARP MULTICAST  MTU:1500  Metric:1
          RX packets:12 errors:1 dropped:0 overruns:0 frame:1
          TX packets:14 errors:0 dropped:0 overruns:0 carrier:0
          collisions:0 txqueuelen:10
```

Diesem Eintrag können Sie auch die IP-Adresse entnehmen, die dem Interface zugewiesen wurde. Im Beispiel ist dies die Adresse *145.253.71.145*. Die Adresse der Gegenstelle befindet sich hinter dem Eintrag *P-t-P:* (Point-To-Point), hier also *145.253.1.165*. Wenn das Interface *ppp0* bei der Ausgabe von *ifconfig* fehlt, dann ist dies ein Zeichen dafür, dass der Verbindungsaufbau oder die Authentifizierung nicht funktioniert haben.
Im nächsten Schritt können Sie mit dem Befehl *route* prüfen, ob die Verbindung in die Routingtabelle des Rechners aufgenommen worden ist:

```
debian:~# route
```

Es sollte dann folgende Ausgabe erscheinen:

```
Destination     Gateway         Genmask         Flags Metric Ref    Use Iface
134.102.6.11    *               255.255.255.255 UH    0      0        0 ppp0
default         134.102.6.11    0.0.0.0         UG    0      0        0 ppp0
```

Die IP-Nummern sind natürlich abhängig vom Provider. Dieser beispielhaften Ausgabe wäre also zu entnehmen, dass es einen Routing-Eintrag zur Adresse *134.102.6.11* gibt. Pakete zu dieser Adresse werden über das Interface *ppp0* geleitet. Darüber hinaus wurde die Standard-Route so gelegt, dass alle Pakete, die Ihr Rechner nicht verschicken kann, an die Adresse *134.102.6.11* geleitet werden. Dies bedeutet also, dass Ihr Rechner die Einwahlverbindung nun als Standard-Verbindung für alle (nicht lokalen) IP-Pakete benutzt. Wenn Sie neben der PPP-Verbindung noch über einen Anschluss über ein lokales Netzwerk verfügen, befinden sich in der Ausgabe zusätzlich Routing-Einträge für dieses Netzwerk. Falls die Standardroute (*default*) nicht über das Interface *ppp0* geht, dann handelt es sich dabei wahrscheinlich um einen alten Eintrag für die Standardroute, der gelöscht werden muss, bevor die Verbindung aufgebaut wird.

Im nächsten Schritt wäre zu überprüfen, ob sie tatsächlich andere Rechner über die Verbindung erreichen können. Hierzu dient das Programm *ping*. Der FTP-Server *ftp.debian.org* hat gegenwärtig die IP-Adresse *207.69.194.216*. Um ihn anzupingen, wäre folgender Befehl einzugeben:

    joe@debian:~$ **ping 207.69.194.216**

Denken Sie daran, das Programm nach einiger Zeit mit der Tastenkombination STRG-C abzubrechen. Der letzte Schritt der Überprüfung besteht darin, zu testen, ob Sie den konfigurierten Nameserver benutzen können. Hierzu ist ein Rechner nicht mit seiner IP-Adresse, sondern mit seinem Namen anzupingen:

    joe@debian:~$ **ping ftp.debian.org**

Wenn auch dies funktioniert, spricht alles dafür, dass die Verbindung ordnungsgemäß funktioniert. Sie können nun beispielsweise mit *netscape* WWW-Seiten ansehen oder E-Mail empfangen und versenden[4].
Falls bei dem letzten Test keine IP-Pakete zurückkommen, sollten Sie den Inhalt der Datei */etc/resolv.conf* untersuchen. Prüfen Sie, ob diese Datei Einträge enthält, die mit dem Schlüsselwort *nameserver* beginnen. Wenn dies nicht der Fall ist, ist eine mögliche Ursache, dass Ihr Provider die Verwendung dynamisch zugewiesener DNS-Server-Adressen nicht unterstützt. Sie müssen die Konfiguration der Verbindung dann dahingehend ändern, dass Sie statische Adressen verwenden.

⇒ Wenn Sie das statische oder dynamische DNS-Verfahren benutzen, wird die Datei */etc/resolv.conf* nach der Einwahl gegen eine Version ausgetauscht, die der Konfiguration des entsprechenden Providers entspricht. Die alte Version der Datei wird unter dem Namen */etc/resolv.conf.ppp.bak* gesichert. Nach Abbau der Verbindung wird die alte Version wieder in */etc/resolv.conf* umbenannt.

Wenn sich in der Originalversion der Datei *domain-* oder *search*-Einträge befinden, sind diese so lange wirkungslos, wie die Verbindung aufgebaut ist. Falls Sie dieses Verhalten stört, müssen Sie die Verbindung so umkonfigurieren, dass keine automatische DNS-Serverkonfiguration stattfindet. Einträge für DNS-Server Ihres Providers müssen Sie dann u. U. manuell in der Datei */etc/resolv.conf* vornehmen.

Zum Beenden bestehender Verbindungen dient der Befehl *poff*. Er wird folgendermaßen aufgerufen:

    poff [Provider]

Falls nur eine einzige Verbindung besteht, reicht es aus, den Befehl ohne Angabe eines Providers aufzurufen:

    debian:~# **poff**

Wenn jedoch mehrere Verbindungen gleichzeitig aktiv sind, müssen Sie den Namen des Providers angeben, zu dem eine Verbindung besteht, welche abgebaut werden soll:

    debian:~# **poff t-offline**

---

[4] Dies setzt allerdings voraus, dass Ihr E-Mail-Programm bereits richtig konfiguriert ist.

17.4.4 Hintergrundinformationen und Fehlersuche

Wie wird die Verbindung aufgebaut? Nach Eingabe des Befehls *pon* wird das Programm *pppd* gestartet. Dieses Programm ist das eigentliche Kontrollprogramm für PPP-Verbindungen. Es bezieht seine Konfiguration aus einer Datei im Verzeichnis */etc/ppp/peers*, welche den Namen des benutzten Providers enthält, also z. B. */etc/ppp/peers/provider*.

Bei der Datei handelt es sich um eine Textdatei, in die auch zusätzliche Konfigurationsangaben aufgenommen werden können. Für den Verbindungsaufbau wichtig ist die Zeile in der Datei, die mit dem Schlüsselwort *connect* beginnt. Durch diese Zeile wird festgelegt, welches Programm den physikalische Verbindungsaufbau übernehmen soll, bevor *pppd* die Leitung kontrolliert. Hierzu dient normalerweise das Programm *chat*, welches mit dem Namen einer Datei als Parameter aufgerufen wird. In dieser Datei befindet sich das so genannte Chatskript, also die Anweisungen, welche Befehle an das Modem zu schicken sind und welche Antworten vom Modem erwartet werden. Die Chatscripte befinden sich im Verzeichnis */etc/chatscripts* und tragen den gleichen Namen wie die Provider, zu denen mit ihrer Hilfe eine Verbindung aufgebaut werden soll, also z. B. */etc/chatscripts/provider* für den Standard-Provider.

Je nachdem, welche Authentifizierungsmethode benutzt wird, ist *chat* entweder nur für den Aufbau der Verbindung (also Modem initialisieren und wählen) zuständig oder – bei der skriptbasierten Anmeldung – zusätzlich für die Authentifizierung bei der Gegenstelle.

Wenn *chat* die Verbindung erfolgreich aufgebaut hat, übernimmt *pppd* wieder die Kontrolle. Eventuell muss dieses Programm nun die Authentifizierung durchführen oder es kann gleich damit beginnen, die Verbindung zu konfigurieren. Dazu gehört die Einrichtung des Netzwerkinterfaces (normalerweise *ppp0*) sowie die Konfiguration der Routing-Tabelle. Erst wenn alle diese Schritte erfolgreich durchgeführt sind, kann die Verbindung als IP-Verbindung genutzt werden.

Meldungen in */var/log/syslog* Während des Auf- und Abbaus von Verbindungen werden die Ausgaben der Programme *chat* und *pppd* in die Datei */var/log/syslog* geschrieben. Falls es zu einem Problem kommt, das nicht auf falsche Angaben bei der Benutzung von *pppconfig* zurückzuführen ist, sollte zunächst der Inhalt dieser Datei untersucht werden. Ein erfolgreicher Verbindungsaufbau wird hier so dargestellt (gekürzt):

```
pppd[15105]: pppd 2.3.11 started by root, uid 0
chat[15106]: send (ATZ^M)
chat[15106]: expect (OK)
chat[15106]: ^M
chat[15106]: OK
chat[15106]:  -- got it
chat[15106]: send (ATDT21806^M)
chat[15106]: expect (CONNECT)
chat[15106]: ^M
chat[15106]: ATDT21806^M^M
chat[15106]: CONNECT
chat[15106]:  -- got it
chat[15106]: send (\d)
pppd[15105]: Serial connection established.
pppd[15105]: Using interface ppp0
pppd[15105]: Connect: ppp0 <--> /dev/ttyS1
pppd[15105]: sent [PAP AuthReq id=0x1 user="foo" password=<hidden>]
pppd[15348]: rcvd [LCP EchoRep id=0x0 magic=0x0]
pppd[15348]: rcvd [PAP AuthAck id=0x1 ""]
pppd[15105]: local  IP address 145.253.71.145
pppd[15105]: remote IP address 145.253.1.165
```

In jeder Zeile sind zunächst Datum und Uhrzeit des Eintrags sowie der Name des lokalen Rechners eingetragen. Diese Information wurde aus dem gezeigten Beispiel gekürzt. Dahinter befindet sich die Angabe des Programms, von dem die Ausgabe stammt sowie (in eckigen Klammern) die Prozess-ID des Programms.

In der ersten Zeile teilt das Programm *pppd* mit, dass es gestartet wurde. Danach folgt die Ausgabe von *chat*. Dieses Programm gibt aus, welche Zeichenketten es an das Modem sendet (*send*) und welche Zeichenketten es als Antwort erwartet (*expect*). Sobald die erwartete Zeichenkette empfangen wurde, erscheint die Meldung *-- got it*. Dazwischen werden alle gesendeten und empfangenen Zeichenketten ausgegeben. Diese Information ist sehr hilfreich, um zu überprüfen, ob das Chatskript wie erwartet funktioniert. Falls beispielsweise eine erwartete Zeichenkette nach Ablauf der Timeout-Zeit nicht eintrifft, wird folgendes ausgegeben:

```
chat[15260]: alarm
chat[15260]: Failed
pppd[15259]: Connect script failed
```

In der letzten Zeile teilt *pppd* hier mit, dass der Verbindungsaufbau (mit *chat*) gescheitert ist. Bei einer solchen Fehlermeldung müssen also die Bestandteile des Verbindungsaufbaus überprüft werden, für die das Chatskript verantwortlich ist. Dazu gehören die Zeichenkette zur Initialisierung des Modems, die Telefonnummer und bei skriptgesteuerter Authentifizierung Benutzername und Passwort, außerdem die mit *Pre-Login* und *Post-Login* definierten Zeichenketten.
Im oben gezeigten Beispiel ist der Teil des Verbindungsaufbaus gut gegangen, für den *chat* verantwortlich ist. Es meldet dann den erfolgreichen Verbindungsaufbau an *pppd* weiter und dieses Programm gibt dann die Meldung *serial connection established* aus. Nun erscheinen eine Reihe von Meldungen, mit denen die Kommunikation zwischen lokalem *pppd*-Programm und der Gegenstelle protokolliert werden. Im Beispiel gezeigt ist z. B. der Versand von Benutzernamen und Passwort. Zum Schluss teilt *pppd* die lokale sowie die entfernte IP-Adresse mit. Die Verbindung ist damit aufgebaut.
Sie sollten die Ausgaben von *pppd* auf Fehlermeldungen oder besondere Mitteilungen untersuchen. So wird beispielsweise die folgende Meldung ausgegeben, wenn die Authentifizierung über PAP fehlgeschlagen ist:

```
pppd[15438]: PAP authentication failed
```

Wenn die Standard-Route bereits gesetzt ist (etwa weil der Rechner zusätzlich über Ethernet vernetzt ist), wird diese Meldung ausgegeben:

```
pppd[14753]: not replacing existing default route to eth0 [192.168.0.1]
```

17.4.5 Weiterführende Informationen

Neben den einzelnen Konfigurationsdateien für jeden Provider verwendet *pppd* eine zentrale Konfigurationsdatei, namens */etc/ppp/options*. Diese Datei wird von dem Programm gelesen, bevor die Konfigurationsdatei für eine Verbindung untersucht wird (also z. B. */etc/ppp/peers/provider*). Die Einstellungen in beiden Dateien sollten normalerweise für Einwahlverbindungen über einen Internetprovider geeignet sein. In seltenen Fällen kann es jedoch vorkommen, dass Sie Optionen ändern, entfernen oder hinzufügen müssen. Je nach Konfiguration mit *pppconfig*, sieht beispielsweise die Datei */etc/ppp/peers/provider* folgendermaßen aus:

```
# This optionfile was generated by pppconfig 2.0.3.
#
#
hide-password
noauth
connect "/usr/sbin/chat -v -f /etc/chatscripts/provider"
debug
/dev/ttyS1
115200
defaultroute
noipdefault
user karl
remotename provider
ipparam provider
demand
usepeerdns
idle 120
```

Die einzelnen Einträge haben die folgenden Bedeutungen:

hide-password Die Option unterdrückt die Ausgabe von Passwörtern beispielsweise in der Datei */var/log/syslog*.
noauth Hierdurch wird die Gegenstelle davon freigestellt, sich an Ihrem Rechner zu authentifizieren. Die meisten Internet-Provider erwarten zwar, dass Sie sich ausweisen, tun dies jedoch selber nicht.
connect Die Option gibt an, mit welchem Programm die Verbindung aufgebaut wird, bevor sie von *pppd* kontrolliert wird. Im Beispiel wird hier das Programm *chat* benutzt.
debug Bewirkt, dass *pppd* Meldungen über Verbindungsauf- und abbau sowie Status der Verbindung ausgibt.
/dev/ttyS1 Der Eintrag bestimmt die Gerätedatei, welche die serielle Schnittstelle repräsentiert, die zur Verbindung genutzt werden soll.
115200 Bestimmt die Datengeschwindigkeit der seriellen Schnittstelle.
defaultroute Legt fest, dass die Verbindung als Standard-Route genutzt werden soll.
noipdefault Bestimmt, dass IP-Adressen dynamisch zugewiesen werden.
user Benutzer Gibt den Namen an, der zur Authentifizierung verwendet wird.
remotename provider Gibt den Namen des entfernten Computers an. Dieser Name wird zum Heraussuchen der richtigen Authentifizierungsinformation benötigt.
ipparam provider Die hinter *ipparam* angegebene Zeichenkette wird Skripten übergeben, die nach dem Aufbau der Verbindung ausgeführt werden (können).
demand Hiermit wird Dial-On-Demand konfiguriert.
usepeerdns Die Option bewirkt, dass DNS-Server-Informationen von der Gegenstelle erfragt werden.
idle 120 Gibt die Zeitdauer in Sekunden an, nach der die Verbindung automatisch abgebaut werden soll, wenn Sie inaktiv ist (hier also nach 2 Minuten).

Wichtige weitere Optionen sind:

connect-delay Zeit Gibt mit *Zeit* in Millisekunden an, wie lange gewartet werden soll, dass die Gegenstelle die Verbindung initiiert, nachdem die physikalische Verbindung (mit der *connect*-Anweisung) aufgebaut worden ist.
holdoff Zeit Gibt mit *Zeit* in Sekunden an, wie lange eine Verbindung nicht wieder aufgebaut werden darf, nachdem sie wegen Inaktivität beendet wurde. Der Parameter ist nur sinnvoll bei Dial-On-Demand.
logfile Dateiname Zusätzlich zu der Ausgabe nach */var/log/syslog* werden die Ausgaben des Programms an die mit *Dateiname* bezeichnete Datei angehängt. Wenn die Datei noch nicht existiert, wird sie erzeugt.
mru Zahl Legt mit *Zahl* die maximale Größe zu empfangender Pakete in Byte fest (Maximum Receive Unit).
mtu Zahl Legt mit *Zahl* die maximale Größe zu sendender Pakete in Byte fest (Maximum Transfer Unit).

noaccomp Schaltet die Kompression von Adress- und Kontrollinformationen ab.
nopccomp Schaltet die Kompression von Protokollinformationen ab.
novj Schaltet Van-Jacobsen-Kompression ab.

Die vollständige Liste der von *pppd* unterstützten Optionen finden Sie in der Manualseite zu dem Programm. Lesenswert ist in diesem Zusammenhang auch das PPP-HOWTO, es ist im Paket *doc-linux-text* enthalten und befindet sich nach dessen Installation in der Datei */usr/share/doc/HOWTO/en-txt/PPP-HOWTO.txt.gz*. Im Paket *ppp* selbst ist die Datei */usr/share/doc/ppp/FAQ.gz* enthalten, welche Antworten auf häufig gestellte Fragen enthält. Benutzernamen und Passwörter für die Authentifizierung werden in der Datei */etc/ppp/pap-secrets* für das PAP-basierte Verfahren sowie in der Datei */etc/ppp/chap-secrets* für das CHAP-basierte Anmeldeverfahren gespeichert. Die beiden Dateien sind gleich aufgebaut. Die Einträge in diesen Dateien haben das folgende Format:

```
Klient Server Passwort [IP-Adresse ...]
```

Mit *Klient* wird der Name des lokalen Rechners angegeben. Dies ist (aus Sicht des Providers) nicht der Name Ihres Computers, sondern der Benutzername, den Sie bei Ihrem Provider haben. Mit *Server* wird der Name des Servers (also des Providers) festgelegt. Wenn Sie nur einen Provider verwenden, können Sie hier einen Stern (*) eingeben. Ansonsten muss hier der Name angegeben werden, der in der *pppd*-Optionsdatei (z. B. */etc/ppp/peers/options*) hinter dem Schlüsselnamen *remotehost* angegeben wurde. Der Name kann frei gewählt werden, er dient hier lediglich dazu, den richtigen Eintrag in der Authentifizierungsdatei zu finden. Mit *Passwort* wird schließlich das mit diesem Provider zu verwendende Passwort angegeben.

Optional lassen sich dahinter IP-Adressen angeben, die von dem betreffenden Provider akzeptiert werden dürfen. Bei den meisten Providern haben Sie jedoch keinen Einfluss auf die zugewiesenen Adressen, so dass diese Einträge hier nur störend wären. Mehr Informationen zu den beiden Authentifizierungsdateien finden Sie ebenfalls in der Manualseite zu *pppd* sowie im PPP-HOWTO.

Wenn Sie die skriptgesteuerte Anmeldung verwenden, befinden sich Benutzername und Passwort in dem, für die Verbindung benutzten, Chatskript (also z. B. */etc/chatscripts/provider*). Informationen zur Erstellung und manuellen Anpassung von Chatskripten befinden sich in der Manualseite zu dem Programm *chat*.

Automatischer Start von Verbindungen beim Systemstart Wenn Sie Dial-On-Demand verwenden oder für Ihre Verbindung keine zeitabhängigen Gebühren zahlen, kann es wünschenswert sein, die Verbindung während der Startphase des Rechners aufzubauen und Sie erst wieder abzubauen, wenn der Rechner heruntergefahren wird. Dies lässt sich einrichten, in dem die Datei */etc/ppp/no_ppp_on_boot* in */etc/ppp/ppp_on_boot* umbenannt wird, beispielsweise durch den folgenden Befehl:

```
debian:~# mv /etc/ppp/no_ppp_on_boot /etc/ppp/ppp_on_boot
```

Standardmäßig wird dann während des Systemstarts die Verbindung zum Provider mit dem Namen *provider* aufgebaut. Wenn Sie beim Systemstart einen anderen Provider anwählen möchten, müssen Sie die Zeile

```
$PPPD call provider
```

in der Datei */etc/ppp/ppp_on_boot* ändern, also beispielsweise folgendes eintragen:

```
$PPPD call t-offline
```

Die Verbindung wird während des Systemstarts durch das Skript */etc/init.d/ppp* gestartet. Sie können sie dann durch den folgenden Befehl wieder beenden:

```
debian:~# /etc/init.d/ppp stop
```

Und danach durch diesen Befehl wieder starten:

```
debian:~# /etc/init.d/ppp start
```

Benutzern die Einwahl ermöglichen Normalerweise ist es nur dem Systemadministrator gestattet, Einwahlverbindungen aufzubauen oder Sie zu beenden. Mitglieder der Benutzergruppe *dip* sind hierzu allerdings auch berechtigt. Um einen Benutzer dieser Gruppe hinzuzufügen können Sie das Programm *adduser* (S. 633) verwenden.

Automatisches Ausführen von Programmen nach Verbindungsauf- und abbau Oft ist es gewünscht, Programme automatisch auszuführen, sobald eine Verbindung aufgebaut ist. Mögliche Anwendungen hierfür sind beispielsweise das automatische Abholen von E-Mail oder das Versenden ausgehender Mail. Aus diesem Grund existieren im Verzeichnis */etc/ppp* die beiden Unterverzeichnisse *ip-up.d* und *ip-down.d*. Alle Programme und Skripte, die sich im Verzeichnis */etc/ppp/ip-up.d* befinden, werden automatisch aufgerufen, nachdem eine Verbindung aufgebaut ist. Nach Beendigung der Verbindung werden die Programme und Skripte im Verzeichnis */etc/ppp/ip-down.d* aufgerufen. Die Reihenfolge der Ausführung wird durch die Namen der entsprechenden Programme und Skripte bestimmt.

Programme und Skripte in diesen Verzeichnissen können die folgenden Umgebungsvariablen auswerten, um abhängig von den zugewiesenen IP-Adressen oder dem benutzten Provider unterschiedliche Aktionen auszulösen:

PPP_IFACE Die Variable enthält den Namen des Netzwerkinterfaces, mit dem die Verbindung aufgebaut wurde. Für PPP-Verbindungen mit einem Modem ist dies normalerweise *ppp0* und für ISDN-Verbindungen *ippp0*.

PPP_TTY Enthält den Namen der Schnittstelle (des Terminals), über das die Verbindung aufgebaut wurde, also z. B. */dev/ttyS1* für die zweite serielle Schnittstelle oder */dev/ippp0* für die erste ISDN-PPP-Schnittstelle.

PPP_SPEED Enthält die Geschwindigkeit, die zur Kommunikation mit der Schnittstelle benutzt wird (z. B. 115200), bei ISDN-Verbindungen ist der Wert dieser Variablen Null.

PPP_LOCAL Enthält die lokale IP-Adresse des Netzwerkinterfaces, also in der Regel die IP-Adresse, welche vom Provider zugewiesen wurde.

PPP_REMOTE Enthält die IP-Adresse der Gegenstelle, also normalerweise die IP-Adresse des Providers.

PPP_IPPARAM Enthält die Zeichenkette, die in der PPP-Konfigurationsdatei (in */etc/ppp/peers*) für diese Verbindung mit dem Schlüsselwort *ipparam* angegeben wurde.

Ein Skript, dass den Wert dieser Variablen ausliest und in die Datei */var/state/misc/ppp* schreibt, könnte beispielsweise so aussehen:

```
#! /bin/sh
echo "CONNECT if:" $PPP_IFACE "tty:" $PPP_TTY  "speed:" $PPP_SPEED "local:" $PPP_LOCAL \
  "remote:" $PPP_REMOTE $PPP_IPPARAM > /var/state/misc/ppp
```

Dieses Skript könnte im Verzeichnis */etc/ppp/ip-up.d* unter dem Namen *connect* gespeichert werden. Beachten Sie, dass das Skript ausführbar sein muss, damit es tatsächlich ausgeführt wird:

```
debian:~# chmod a+x /etc/ppp/ip-up.d/connect
```

17.4.6 Alternative Konfigurationsprogramme

Neben dem Programm *pppconfig* stehen eine Reihe weiterer Programme zur einfachen Konfiguration von PPP-Verbindungen mit einem Modem zur Verfügung.

KDE und GNOME Wenn Sie KDE benutzen, werden Sie sich vielleicht für das Programm *kppp* interessieren, dass sich vor allem durch eine einfache Verbindungskonfiguration sowie eine komfortable Funktion zur Protokollierung von Verbindung und Verbindungsgebühren auszeichnet. Dieses Programm ist im KDE-Paket *kdenetwork* enthalten.

Zur Arbeitsplatzumgebung GNOME gehört das Programm *gnome-ppp*, das eine ähnliche einfache Konfiguration wie *kppp* ermöglicht. Dieses Programm befindet sich im Paket *gnome-network*. Das Programm wird konfiguriert, in dem zunächst unter *Account* der Menüpunkt *New* ausgewählt wird. Daraufhin erscheint das in Abbildung 43 gezeigte Fenster.

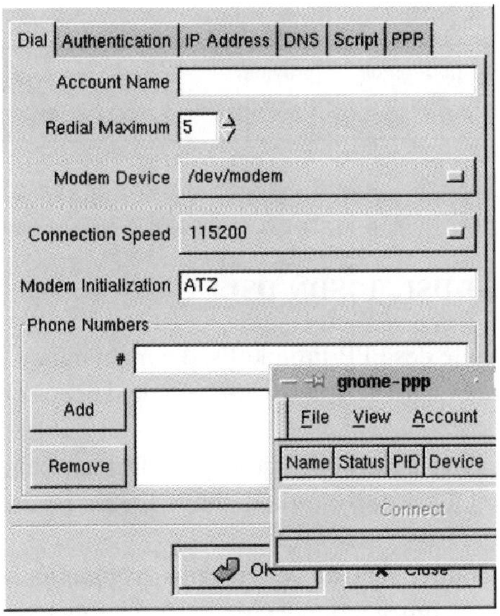

17.4 Konfiguration von PPP-Einwahlverbindungen mit einem Modem

Abbildung 43: Konfiguration von PPP-Verbindungen mit *gnome-ppp*.

Xisp Ein weiteres weit verbreitetes Programm zur Konfiguration von PPP-Einwahlverbindungen ist das Programm *xisp* aus dem gleichnamigen Paket. Dieses Programm zeichnet sich durch sehr viele Möglichkeiten für Einstellungen zur Verbindung sowie zur Verbindungsprotokollierung aus. Es nimmt die Einträge von Benutzernamen und Passwörtern allerdings nicht selbst in der Dateien */etc/ppp/pap-secrets*, bzw. */etc/ppp/chap-secrets* vor, so dass Sie dies selbst tun müssen, nachdem Sie eine Verbindung mit dem Programm konfiguriert haben.

Wvdial Ein halb-automatisches Programm für den skriptgesteuerten Verbindungsaufbau ist das Programm *wvdial*, welches mit dem Paket *wvdial* zur Verfügung steht. Während der Installation dieses Pakets wird erfragt, ob die Konfiguration des Programms sofort vorgenommen werden soll. Dies ist in der Regel zu empfehlen, weil das zu dem Paket gehörenden Konfigurationsskript lediglich das Modem automatisch konfiguriert, aber keine Benutzerdaten erfragt. Sie werden dann nach der Telefonnummer des Providers sowie nach Ihrem Benutzernamen und dem Passwort bei Ihrem Provider gefragt. Danach wird das Skript *wvdialconf* aufgerufen, welches festzustellen versucht, an welchen Anschluss das Modem angeschlossen ist und wie es initialisiert werden muss.

Diese Angaben sollten *wvdial* genügen und Sie können die Verbindung nun durch Eingabe des Befehls *wvdial* aufbauen. Um die Verbindung wieder zu beenden, wird in dem Terminal, in dem der Befehl eingegeben wurde, die Tastenkombination STRG-C betätigt. Seine Einstellungen speichert das Programm in der Datei */etc/wvdial.conf*. Es handelt sich dabei wie üblich um eine Textdatei, die Sie später bearbeiten können, um die Einstellungen zu verändern. Beachten Sie, dass *wvdial* die Einträge in den Dateien */etc/ppp/pap-secrets*, bzw. */etc/ppp/chap-secrets* nicht verändert und Sie diese deswegen selbst vornehmen müssen, wenn Sie das Programm mit den Anmeldeverfahren PAP oder CHAP verwenden wollen.

Achtung: Viele PPP-Konfigurationsprogramme funktionieren nur dann, wenn in der Datei */etc/ppp/options* der Eintrag *auth* auskommentiert wird, in dem diesem ein Doppelkreuz (#) vorangestellt wird. Dies gilt nicht für *pppconfig*.

Für Benutzer, die nur ungerne Kommandozeilen verwenden, gibt es das Programm *gpppon*, mit dem die Befehle *pon* und *poff* per Mausklick ausgeführt werden können. Das Programm ist in dem Paket *gpppon* enthalten.

```
         File                              Help
        ppp-on/off  | provider           | √
              ppp-on        |        ppp-off
```

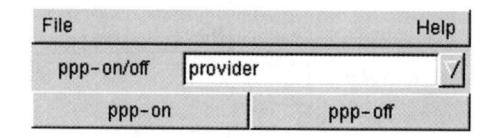

Abbildung 44: Ein- und Ausschalten von Verbindungen mit *gpppon*.

17.4.7 PPP over Ethernet (ADSL, T-DSL, T-ISDN-DSL)

Hierbei handelt es sich um eine Variante des PPP-Protokolls, die nicht mit einem Modem sondern mit einer Ethernetkarte benutzt wird. Dieses Verfahren wird beispielsweise von dem neuen Dienst T-DSL der deutschen Telekom genutzt.

Wenn Sie einen solchen Internetzugang haben und diesen mit Debian benutzen wollen, müssen Sie dazu das Paket *pppoe* (PPP over Ethernet) installieren. Kernstück dieses Pakets ist das Programm *pppoe*, mit dem solche Verbindungen aufgebaut werden.

Nach der Installation des Pakets befindet sich im Verzeichnis */etc/ppp/peers* eine Datei mit dem Namen *dsl-provider*. Dieser Datei muss ein Eintrag hinzugefügt werden, der die folgende Form hat:

```
user Benutzername@Provider
```

Wobei Sie *Benutzername* durch Ihren Benutzernamen beim Provider und *Provider* durch den Namen Ihres Providers ersetzen müssen. Außerdem müssen Sie einen Eintrag in die Datei */etc/ppp/pap-secrets* bzw. */etc/ppp/chap-secrets* (je nachdem, welches Authentifizierungsverfahren Sie mit Ihrem Provider benutzen können) vornehmen. Der Eintrag muss die folgende Form haben:

```
Benutzername@Provider Provider Passwort
```

Auch hier müssen Sie *Benutzername*, *Provider* und *Passwort* natürlich durch die richtigen Werte ersetzen. Wenn Sie sich nicht sicher sind, welches Anmeldeverfahren Ihr Provider unterstützt, sollten Sie den Eintrag in beiden Dateien hinzufügen.

Danach müssen Sie die zu dem Anschluss gehörende Ethernetkarte konfigurieren. Dies funktioniert so, wie am Anfang dieses Kapitels beschrieben. Es muss also zunächst der Treiber für die Karte geladen werden und das Interface danach konfiguriert werden. Beispiel:

```
debian:~# modprobe ne2k-pci

debian:~# ifconfig eth0 up
```

Eine IP-Adresse oder Netzwerkmaske ist in diesem Fall mit dem Befehl *ifconfig* nicht anzugeben. Danach können Sie *pppoe* starten, in dem Sie den folgenden Befehl eingeben:

```
debian:~# pon dsl-provider
```

Natürlich können Sie einen Provider, den Sie mit diesem Verfahren benutzen, auch als Standardprovider verwenden. Kopieren Sie die Datei */etc/ppp/peers/dsl-provider* dazu einfach nach */etc/ppp/peers/provider*. Vorher sollten Sie allerdings (falls vorhanden) eine Sicherheitskopie der alten Version anlegen. Danach dürfen Sie den Standardprovider nicht mit dem Programm *pppconfig* bearbeiten.

Wenn die Verbindung nicht wie gewünscht funktioniert, sollten Sie die folgenden Einträge in die Datei */etc/ppp/peers/dsl-provider* aufnehmen:

```
nocrtscts
mru 1492
mtu 1492
noaccomp
nopcomp
```

Damit Sie mit dem Provider dynamisch zugewiesene DNS-Server verwenden können, müssen Sie diesen Eintrag benutzen:

```
usepeerdns
```

(Alternativ können Sie die zu verwendenden DNS-Server natürlich auch manuell in die Datei */etc/resolv.conf* eintragen.)
Sie können das Verfahren auch im Dial-On-Demand-Modus benutzen. Dazu sind der Datei */etc/ppp/peers/dsl-provider* diese beiden Einträge hinzuzufügen:

```
demand
idle 120
```

Die Zahl hinter dem Schlüsselwort *idle* bestimmt, nach welcher Zeitdauer von Inaktivität die Verbindung automatisch abgebaut werden soll. Im Beispiel wären dies 120 Sekunden.
Weitere Informationen zu *pppoe* finden Sie in der Manual-Seite zu dem Programm sowie in der Datei */usr/share/doc/pppoe/README.Debian*.

17.5 Konfiguration des ISDN-Subsystems für Einwahlverbindungen

Die Konfiguration von Einwahlverbindungen über ISDN ist leider nicht ganz so einfach, wie die Konfiguration von Verbindungen über ein Modem. Hierfür gibt es im Wesentlichen drei Gründe: (1) ISDN ist weltweit gesehen lange nicht so verbreitet, wie herkömmliche Telefonleitungen, (2) ISDN bietet deutlich mehr Möglichkeiten, die konfiguriert werden können und (3) für ISDN-Karten wird ein Treibermodul benötigt, dies ist bei Modems nicht der Fall.
Die Konfiguration und Einrichtung einer ISDN-Verbindung vollzieht sich in den folgenden Schritten:

- Zunächst muss der Treiber für die ISDN-Karte geladen werden.
- Danach wird ein ISDN-Netzwerkgerät eingerichtet.
- Dann wird das Programm *ipppd* gestartet, welches die Verbindungen kontrolliert. Hierbei handelt es sich um eine abgewandelte Form des Programms *pppd*, das speziell für ISDN-Verbindungen geeignet ist.
- Wie auch bei Modemverbindungen, konfiguriert das PPP-Programm dann das Netzwerkinterface und richtet die Routing-Tabelle für die Verwendung der Verbindung ein.

Auch bei ISDN-Verbindungen ist es möglich, mit Dial-On-Demand zu arbeiten. Dies ist hier sogar besonders reizvoll, weil ISDN-Verbindungen sehr schnell auf- und abgebaut werden können und das Verfahren den Benutzern des Systems deswegen das Gefühl vermitteln kann, Sie seien dauerhaft mit dem Netz verbunden.
Um das ISDN-System zu verwenden, benötigen Sie zum einen eine von Linux unterstützte ISDN-Karte und den entsprechenden Treiber. Zusätzlich müssen Sie das Paket *isdnutils* installieren, welches alle Programme zur Konfiguration, Verbindungsdurchführung und Überwachung enthält. Außerdem ist es dringend zu empfehlen, das Paket *ppp* zu installieren. Für ISDN wird zwar ein eigenes PPP-Programm benutzt, welches im Paket *isdnutils* vorhanden

ist, allerdings enthält dies nicht die Infrastruktur, die gewöhnlich zusätzlich für PPP benötigt wird, sie befindet sich in dem Paket *ppp*.

Bevor Sie Ihre ISDN-Verbindung konfigurieren, müssen Sie wissen, mit welchem Protokoll Ihr ISDN-Anschluss betrieben wird. Neuere ISDN-Anschlüsse verwenden das Protokoll EURO-ISDN (EDSS1), wohingegen bei sehr alten Anschlüssen und mit einigen Telefonanlagen noch dessen Vorläufer, das Protokoll 1TR6 benutzt wird. Diese Protokolle werden als D-Kanal-Protokoll bezeichnet. Außerdem müssen Sie für Ihre ISDN-Karte eine MSN (Multiple Subscriber Number) festlegen. Verwenden Sie dazu eine der Telefonnummern, die Sie von Ihrem Telefon-Anbieter mit dem ISDN-Anschluss erhalten haben. Am besten ist es, eine Nummer zu nehmen, die Sie bisher noch keinem anderen Telekommunikationsgerät zugewiesen haben. Bei Verwendung des Protokolls 1TR6 werden die einzelnen Endgerätenummern nicht durch MSNs unterschieden, sondern durch EAZs. Während eine MSN die gesamte Telefonnummer eines Gerätes bezeichnet, handelt es sich bei der EAZ nur um die letzte Ziffer.

Die meisten heute gebräuchlichen ISDN-Karten basieren auf einem Chipsatz der Firma Siemens (HSCX). Diese Karten werden durch den so genannten *hisax*-Treiber unterstützt, der auch den Standardkernels als Modul beiliegt. Aufgrund der Verbreitung dieses Kartentyps wird die Treiberkonfiguration im folgenden exemplarisch für diesen Chipsatz beschrieben. Wenn Sie eine andere ISDN-Karte besitzen, sollten Sie im Unterverzeichnis *isdn* des Kerneldokumentationsverzeichnisses nachsehen, wie die betreffenden Treiber zu laden sind.

Eine vereinfachte ISDN-Konfiguration und -Administration ermöglicht das Programm *kisdn*. Hierbei handelt es sich um ein kommerzielles Programm für die Arbeitsplatzumgebung KDE, welches unter der WWW-Adresse http://www.millenniumx.de/ bezogen werden kann. Roland Bauerschmidt hat das freie Programm *configisdn* geschrieben. Dieses Programm bietet eine teilweise automatische Hardwareerkennung und Treiberkonfiguration, es kann unter der WWW-Adresse http://www.copyleft.de/pub/author/roland/ heruntergeladen werden.

17.5.1 Konfiguration der Treiber

Wenn Sie einen Standardkernel verwenden, liegen die notwendigen Treiber für das ISDN-System bereits in Form von Modulen vor. Sollten Sie jedoch einen selbst erstellten Kernel verwenden, vergleichen Sie bitte mit Abschnitt 11.3.5, S. 330. Dort ist beschrieben, welche Angaben bei der Kernelkonfiguration für das ISDN-Subsystem vorzunehmen sind. Grundsätzlich wird empfohlen, ISDN-Treiber in Form von Modulen zu erstellen.

Eine Reihe von ISDN-Karten sind so genannte Plug-and-Play-Karten. Diese Karten müssen mit dem Programm *isapnp* initialisiert werden, bevor die entsprechenden Treiber-Module geladen werden können. Die Konfiguration von PnP-Karten ist in Kapitel 12.7, Seite 370 beschrieben.

Damit das ISDN-System genutzt werden kann, müssen zwei unterschiedliche Module geladen werden. Zum einen das Modul *isdn.o*, welches die eigentliche ISDN-Unterstützung enthält und zusätzlich ein Modul, das den Treiber für die ISDN-Karte im Rechner enthält. Für HiSax-basierte Karten ist dies das Modul *hisax.o*. Das Modul *isdn.o* kann ohne Angaben von Parametern geladen werden:

```
debian:~# modprobe isdn
```

Daraufhin kann das Treiber-Modul für die ISDN-Hardware geladen werden. Diesem Modul müssen einige Parameter übergeben werden, damit die Hardware richtig erkannt und initialisiert wird. Das *hisax*-Modul wird mit der folgenden Syntax geladen:

```
modprobe hisax io=IO-Adresse irq=IRQ mem=Adresse type=Kartentyp
protocol=D-Kanal-Protokoll id=ID
```

Dabei ist es vom Typ der verwendeten Karte abhängig, welche Parameter tatsächlich benutzt werden müssen. Einige Karten verwenden mehrere IO-Adressen. Bei diesen Karten müssen an Stelle des Parameters *io=* die Parameter

17.5 Konfiguration des ISDN-Subsystems für Einwahlverbindungen

io0= und *io1=* benutzt werden. Die folgende Tabelle zeigt die vom *hisax*-Treiber unterstützten Kartentypen mit den für die entsprechenden Typen benötigten Parameter.

Das für den D-Kanal zu verwendende Protokoll ist grundsätzlich bei jeder Karte anzugeben. Hier ist der Wert 1 zur Verwendung des alten Protokolls 1TR6, der Wert 2 für EURO-ISDN (EDSS1) und der Wert 3 anzugeben, wenn kein D-Kanal Protokoll benutzt werden soll. Mit dem Parameter *id=* kann optional eine Zeichenkette angegeben werden, über welche die betreffende ISDN-Karte später angesprochen werden kann.

Typ	Beschreibung	Optionen
1	Teles 16.0	irq= mem= io=
2	Teles 8.0	irq= mem=
3	Teles 16.3 (nicht PnP)	irq= io=
4	Creatix/Teles PnP	irq= io0= io1=
5	AVM A1 (Fritz) auch Fritz! ISA-Classic	irq= io=
6	ELSA PCC/PCF cards	wird automatisch erkannt, bei mehreren Karten: io=
7	ELSA Quickstep 1000	irq= io= (PNP)
8	Teles 16.3 PCMCIA	irq= io=
9	ITK ix1-micro Rev.2	irq= io=
10	ELSA PCMCIA	irq= io=
11	Eicon.Diehl Diva ISA PnP	irq= io=
11	Eicon.Diehl Diva PCI	wird automatisch erkannt
12	ASUS COM ISDNLink	irq= io= (PNP)
13	HFC-2BS0 based cards	irq= io=
14	Teles 16.3c PnP	irq= io=
15	Sedlbauer Speed Card	irq= io=
15	Sedlbauer PC/104	irq= io=
15	Sedlbauer Speed PCI	wird automatisch erkannt
16	USR Sportster internal	irq= io=
17	MIC card	irq= io=
18	ELSA Quickstep 1000PCI	wird automatisch erkannt
19	Compaq ISDN S0 ISA card	irq= io0= io1= io= (PNP)
20	NETjet PCI card	wird automatisch erkannt
21	Teles PCI	wird automatisch erkannt
22	Sedlbauer Speed Star (PCMCIA)	irq= io=
24	Dr. Neuhaus Niccy PnP	irq= io0= io1= (PNP)
24	Dr. Neuhaus Niccy PCI	wird automatisch erkannt
25	Teles S0Box	irq= io=
26	AVM A1 PCMCIA (Fritz!)	irq= io=
27	AVM PnP (Fritz!PnP)	irq= io= (PNP)
27	AVM PCI (Fritz!PCI)	wird automatisch erkannt
28	Sedlbauer Speed Fax+	irq= io= (PNP)
29	Siemens I-Surf 1.0	irq= io= mem= (PNP)
30	ACER P10	irq= io= (PNP)

Fortsetzung auf der nächsten Seite

Fortsetzung der vorherigen Seite

Typ	Beschreibung	Optionen
31	HST Saphir	`irq= io=`
32	Telekom A4T	wird automatisch erkannt
33	Scitel Quadro	subcontroller (4*S0, subctrl 1...4)
34	Gazel ISDN Karten (ISA)	`irq= io=`
34	Gazel ISDN Karten (PCI)	wird automatisch erkannt
35	HFC 2BDS0 PCI	wird automatisch erkannt
36	W6692 basierte PCI Karte	wird automatisch erkannt

Tabelle 15: ISDN-Karten mit Unterstützung durch den *hisax*-Treiber und notwendigen Parametern zum Laden des Moduls.

Um den *hisax*-Treiber zu laden und für die Verwendung mit einer ISDN-Karte vom Typ Fritz!-PCI (Typ 27) mit Verwendung des D-Kanal-Protokolls EURO-ISDN zu konfigurieren, wäre folgende Kommandozeile zu verwenden:

```
debian:~# modprobe hisax type=27 protocol=2
```

Der Treiber für eine Karte vom Typ Fritz! ISA-Classic (Typ 5), welche den Interrupt 3 und die IO-Adresse 0x300 verwendet und ebenfalls mit dem D-Kanal-Protokoll EURO-ISDN benutzt werden soll, wäre mit diesem Befehl zu laden:

```
debian:~# modprobe hisax type=5 irq=3 io=0x300 protocol=2
```

Wenn der Treiber ohne Fehlermeldung geladen wird, ist das ein Zeichen dafür, dass Sie die richtigen Parameter verwendet haben, ansonsten sollten Sie prüfen, ob die angegebenen Ressourcen und der Kartentyp stimmen. Bedenken Sie, dass bei Plug-and-Play Karten zum Laden des Treibers immer die Ressourcen benutzt werden müssen, für deren Verwendung die Karte mit *isapnp* konfiguriert wurde.

Wenn der Treiber erfolgreich geladen wurde, sollten Sie im Verzeichnis */etc/modutils* eine Datei (beispielsweise mit dem Namen *isdn*) mit den benötigten Parametern anlegen, damit es in Zukunft möglich ist, das entsprechende Modul ohne Angabe von Parametern zu laden. In diese Datei sollten auch die folgenden Alias-Definitionen aufgenommen werden, damit der Kernel das Modul *isdn* und das Treibermodul für die ISDN-Karte automatisch laden kann. Bei Verwendung einer ISDN-Karte vom Typ Fritz! ISA-Classic, müsste die Datei so aussehen:

```
option hisax type=5 irq=3 io=0x300 protocol=2
alias ippp0 isdn
alias char-major-43 hisax
alias char-major-44 hisax
alias char-major-45 hisax
```

Wenn Sie eine andere Karte oder das D-Kanal-Protokoll *1TR6* verwenden, müssen Sie die *options*-Zeile der Datei natürlich entsprechend anpassen. Denken Sie daran, den Befehl *update-modules* auszuführen, nachdem Sie die Datei erzeugt haben (siehe auch Seite 351).

17.5.2 Basiskonfiguration einer ISDN-Einwahlverbindung

Wie bereits angesprochen, sind alle Programme, die zum Betrieb von ISDN-Karten benötigt werden, in dem Paket *isdnutils* enthalten. Mit diesem Paket wird auch ein Skript konfiguriert, mit dem Beispiele für die benötigten Konfigurationsdateien erzeugt werden können. Die mit diesem Skript erzeugten Dateien müssen aber in jedem Fall noch manuell nachbearbeitet werden! Das Skript wird folgendermaßen aufgerufen:

```
debian:~# isdnconfig
```

Danach erscheint ein Menü, aus dem Konfigurationsdateien für verschiedene Zwecke ausgewählt werden können. Zur Konfiguration einer Netzwerk-Einwahlverbindung wählen Sie zuerst den Menüpunkt 1 (*network devices*). Sie werden dann nach dem Namen des Netzwerkinterfaces gefragt, für das Sie die Konfigurationsdatei erstellen wollen. Geben Sie hier *ippp0* ein. Die Datei wird dann erstellt und Sie werden aufgefordert, die Taste EINGABE zu betätigen. Wählen Sie danach den Menüpunkt 2 (*synchronous ppp daemon*) aus. Es erfolgt die Frage nach dem Namen der zu erstellenden Konfiguration. Geben Sie auch hier *ippp0* ein. Es erfolgt dann wieder die Aufforderung, die Taste EINGABE zu betätigen. Verlassen Sie nun das Programm durch Auswahl von Q (*Quitt*).

Es sind nun zwei zusätzliche Konfigurationsdateien im Verzeichnis */etc/isdn* angelegt worden. Die beiden Dateien tragen die Namen */etc/isdn/device.ippp0* und */etc/isdn/ipppd.ippp0*. Mit der ersten Datei wird das Netzwerkinterface *ippp0* konfiguriert und mit der zweiten Datei wird das PPP-Programm *ipppd* konfiguriert, welches das Netzwerkinterface *ippp0* kontrollieren soll. Beide Dateien müssen nun von Hand an Ihre Bedürfnisse angepasst werden.

Die Datei */etc/isdn/device.ippp0* Wie die meisten Konfigurationsdateien, kann diese Datei Kommentare enthalten, die mit einem Doppelkreuz (#) eingeleitet werden müssen, und leere Zeilen. Beide haben keine Auswirkung auf die tatsächliche Konfiguration. Bei der Datei handelt es sich um Shellskript, in dem einer Reihe von Variablen Werte zugewiesen werden und einige Befehle zur Konfiguration des Interfaces ausgeführt werden.

Die von *isdnconfig* erzeugte Version dieser Datei enthält bereits alle notwendigen Variablen und Befehle, so dass lediglich die zugewiesenen Werte angepasst werden müssen. Sie ist außerdem gut dokumentiert. Vor allen anzupassenden Zeilen befindet sich eine Beschreibung, wie die betreffenden Anpassungen vorzunehmen sind. Ganz oben befindet sich in der Datei (zwischen zwei Kommentaren) die folgende Zeile:

```
echo "Warning! ... not configured yet! Aborting..."; exit 1
```

Diese Zeile müssen Sie löschen, sobald Sie die Konfigurationsdatei fertig bearbeitet haben. Ansonsten bleiben alle Einstellungen nämlich wirkungslos und es wird die angegebene Fehlermeldung ausgegeben, wenn Sie versuchen das ISDN-System zu starten.

Gehen Sie dann weiter zu den folgenden beiden Zeilen:

```
LOCALIP=10.0.0.1          # XXX_
REMOTEIP=10.0.0.2         # XXX_
```

Wie im Kommentar über diesen Zeilen beschrieben, können Sie diese Einträge lassen, wie sie sind, wenn Sie die IP-Adressen für die Einwahlverbindung dynamisch vom Provider zugewiesen bekommen. Dies ist heute bei fast allen Providern der Fall. Wenn Sie jedoch feste (statische) IP-Adressen verwenden, tragen Sie hier hinter *LOCALIP=* die IP-Adresse, die Sie von Ihrem Provider bekommen haben, und hinter *REMOTEIP=* die IP-Adresse Ihres Providers ein.

Darunter werden die Telefonnummern konfiguriert. Es ist notwendig, dass Sie hier sowohl Ihre lokale MSN sowie die MSN (Telefonnummer) Ihres Providers angeben. Die Telefonnummer des Providers ist mit der Vorwahl anzugeben, wobei die „0" zu Beginn der Vorwahl wegzulassen ist. Wenn Ihr Provider also die Vorwahl *089* hat und die Telefonnummer *11223344*, so wäre der Wert *8911223344* zu verwenden. Die lokale MSN, also Ihre eigene Nummer ist ohne Vorwahl anzugeben. Falls in Ihrem Telefonnetz keine „0" am Anfang der Vorwahl benutzt wird, darf der Variablen *LEADINGZERO* kein Wert zugewiesen werden, ansonsten muss hier der Wert 0 benutzt werden.

```
LOCALMSN=203123456        # XXX_
REMOTEMSN=221345789       # XXX_
LEADINGZERO=0             # XXX_  use LEADINGZERO='' if you have no areacodes.
```

Wenn Sie das ältere 1TR6-Protokoll verwenden, müssen Sie bei *LOCALMSN* die EAZ-Nummer angeben, die Sie für die Einwahl verwenden wollen. Der Variablen *REMOTEMSN* können auch mehrere Telefonnummern zugewiesen werden. Wenn die erste Nummer beim Einwahlversuch besetzt sein sollte, wird dann die zweite probiert usw. Wenn Sie mehrere Telefonnummern konfigurieren wollen, müssen Sie die einzelnen Telefonnummern durch Leerzeichen voneinander trennen und die ganze Liste der Nummern mit Anführungsstrichen umschließen. Beispiel:

```
REMOTEMSN="221234291 29128374 42121806"
```

Mit der Variablen *DIALMODE* wird festgelegt, ob die Verbindung manuell aufgebaut werden soll (*DIALMODE=manual*), ob sie bei Bedarf aufgebaut werden soll (Dial-on-Demand, *DIALMODE=auto*) oder ob sie standardmäßig nicht aktiviert sein soll (*DIALMODE=off*). Wenn Sie Dial-On-Demand benutzen wollen, muss hier also folgendes stehen:

```
DIALMODE=auto
```

Gegebenenfalls können Sie nun die Zeit einstellen, nach der die Verbindung automatisch beendet werden soll, wenn sich nicht mehr benutzt wird ist. Hierzu dient die folgende Zeile:

```
isdnctrl huptimeout $device 60
```

Der hier anzugebende Wert bezeichnet den Timeout in Sekunden. Eine Wartezeit von einer Minute ist in den meisten Fällen angemessen. Die Verbindung wird auch dann nach der angegebenen Zeitdauer beendet, wenn sie manuell aufgebaut wurde (*DIALMODE=manual*).

Die Datei */etc/isdn/ipppd.ippp0* Bei dieser Datei handelt es sich um die Konfigurationsdatei für das ISDN-PPP-Kontrollprogramm *ipppd*. Sie hat das gleiche Format wie die Konfigurationsdateien für das „normale" PPP-Kontrollprogramm *pppd*. Im Unterschied zur Konfiguration einer Einwahlverbindung über ein Modem gibt es hier allerdings nur eine einzige Konfigurationsdatei, in der alle notwendigen Einstellungen vorzunehmen sind. Am Anfang der Datei befindet sich (wieder zwischen zwei Kommentaren) die folgende Zeile:

```
# Warning! not configured yet!
```

Sie müssen diese Zeile löschen, wenn Sie mit der Anpassung der Datei fertig sind. Sie bleibt sonst wirkungslos! Die einzige weitere Anpassung, die Sie in dieser Datei unbedingt vornehmen sollten, besteht darin, die folgende Zeile zu ändern:

```
name X # set local name for auth
```

Setzen Sie hier für das *X* den Benutzernamen ein, den Ihnen Ihr Provider gegeben hat. Diese Information wird benötigt, damit *ipppd* während der Authentifizierung den richtigen Eintrag aus den Passwortdateien auswählen kann.

Wenn Sie statische IP-Adressen verwenden (unwahrscheinlich), dann sollten Sie den Eintrag *noipdefault* in dieser Datei auskommentieren und an Stelle dessen das Kommentarzeichen vor *useifip* verwenden. Dadurch wird bewirkt, dass die IP-Adressen benutzt werden, die Sie dem Netzwerkinterface in der Datei */etc/isdn/device.ippp0* zugewiesen haben.

Einrichtung der Authentifizierung Das Programm *ipppd* verwendet zur Authentifizierung die selben Dateien wie das Programm *pppd* für Modem-Verbindungen, also die Dateien */etc/ppp/pap-secrets* und */etc/ppp/chap-secrets*. Der Aufbau dieser Dateien ist auf Seite 523 beschrieben. Angenommen, Sie verwenden zur Authentifizierung das Verfahren PAP, Ihr Benutzername beim Provider sei *hans* und das Passwort für den Zugang sei *seisdrum*, so müssten Sie der Datei */etc/ppp/pap-secrets* jetzt die folgende Zeile hinzufügen:

```
hans * seisdrum
```

Konfiguration der Namensauflösung Wie beim Einwahlverfahren per Modem ist es grundsätzlich empfehlenswert, immer den DNS-Server des Providers zu verwenden, weil dieser in der Regel am besten zu erreichen ist. Leider unterstützt *ipppd* zur Zeit nicht das selbe Verfahren zur Abfrage der DNS-Server des Providers beim Verbindungsaufbau wie das normale PPP-Programm *pppd*.
Aus diesem Grund müssen Sie den oder die DNS-Server des Providers direkt in die Datei */etc/resolv.conf* schreiben. Wenn der DNS-Server Ihres Providers beispielsweise die IP-Adresse *145.253.2.11* hat, dann müsste der Eintrag so aussehen:

```
nameserver 145.253.2.11
```

Alternativ können Sie jedoch auch eine providerabhängige Nameserver-Konfiguration benutzen. Hierzu ist im Verzeichnis */etc/ppp/resolv* die Version der Datei anzulegen, welche benutzt werden soll, wenn die Verbindung zum Provider aktiv ist. Die Datei sollte einen eindeutigen Namen (wie beispielsweise *t-offline*) erhalten. Danach muss der Datei */etc/isdn/ipppd.ippp0* folgende Zeile hinzugefügt werden:

```
ipparam Name
```

Hierbei ist für *Name* der Name der Datei im Verzeichnis */etc/ppp/resolv* (ohne Verzeichnisname) einzusetzen (also z. B. wieder *t-offline*). Die Datei wird dann, nach Aufbau der Verbindung, an den Platz */etc/resolv.conf* kopiert. Wenn die Verbindung wieder abgebaut ist, wird die ursprüngliche Datei wieder an diesen Platz verschoben.

⟹Um die dynamische DNS-Konfiguration einzurichten, ist in der Datei */etc/isdn/ipppd.ippp0* das Schlüsselwort *ms-get-dns* zu verwenden. Außerdem muss das Paket *pppconfig* installiert sein. Danach ist die Datei */etc/ppp/ip-up.d/0dns-up* manuell anzupassen. Das Programm *ipppd* übergibt diesem Script nicht die Variablen *DNS1* und *DNS2*, sonder *MS_DNS1* und *MS_DNS2*. Außerdem wird die Variable *USEPEERDNS* von *ipppd* nicht gesetzt. Näheres dazu befindet sich in der Manualseite *ipppd*. Der entsprechende Abschnitt in der Datei müsste also folgendermaßen aussehen:

```
if [ "$MS_DNS1" ] ; then
    echo -e "\nnameserver $MS_DNS1" >> $TEMPRESOLV
    if [ "$MS_DNS2" ] ; then
        echo -e "\nnameserver $MS_DNS2" >> $TEMPRESOLV
    fi
fi
```

17.5.3 Starten und Testen der Verbindung

Nach Abschluss der Bearbeitung der Konfigurationsdateien können Sie das ISDN-System nun starten. Geben den folgenden Befehl ein:

```
debian:~# /etc/init.d/isdnutils restart
```

Danach sollten Sie der Ausgabe des Befehls *ifconfig* entnehmen können, dass das Netzwerkinterface *ippp0* konfiguriert ist und zur Verfügung steht. Der Befehl *route* sollte nun eine Route zur IP-Adresse der Gegenstelle anzeigen, außerdem sollte die Standard-Route auf das Interface *ippp0* zeigen.

Achtung: Wenn Sie dynamische IP-Adressen verwenden, sehen Sie in der Ausgabe der Befehle *ifconfig* und *route* temporäre IP-Adressen. Diese werden geändert, sobald die Verbindung tatsächlich aufgebaut ist und die Adressen vom Provider bezogen worden sind.

Fall Sie kein Dial-on-Demand verwenden, muss die Verbindung nun manuell aufgebaut werden. Geben Sie dazu den folgenden Befehl ein:

```
debian:~# isdnctrl dial ippp0
```

Jetzt können Sie testen, ob Sie andere Rechner erreichen können. Versuchen Sie zunächst einen Rechner über seine IP-Nummer „anzupingen" und ihn dann mit seinem Namen zu erreichen. Wenn beides funktioniert, dann hat alles geklappt und Sie können die Verbindung nun benutzen.

Die Verbindung wird entweder nach dem in der Datei */etc/isdn/device.ippp0* konfigurierten Timeout automatisch beendet oder manuell durch Eingabe des folgenden Befehls:

```
debian:~# isdnctrl hangup ippp0
```

Um das gesamte ISDN-System zu stoppen, können Sie diesen Befehl verwenden:

```
debian:~# /etc/init.d/isdnutils stop
```

Wenn Sie es danach wieder starten wollen, verwenden Sie den gleichen Befehl, mit dem Parameter *start* an Stelle von *stop*. Beachten Sie, dass Sie diesen Befehl auch dann verwenden müssen, wenn Sie eine Konfigurationsdatei des ISDN-Systems geändert haben. In solchen Fällen benutzen Sie den Befehl mit dem Parameter *restart*.

Falls die Konfiguration nicht beim ersten Mal funktioniert hat, sollten Sie die folgenden Fragen überprüfen:

- Sind beim Laden des Moduls irgendwelche Fehler aufgetreten? Stimmen alle Parameter? Gibt es u. U. Konflikte zwischen Hardwareressourcen?
- Haben Sie beim Laden des Treibermoduls das richtige D-Kanal-Protokoll ausgewählt?
- Hat die Konfigurationsdatei für das Netzwerkinterface tatsächlich den Namen *device.ippp0* und hat die Konfigurationsdatei für das PPP-Programm den Namen *ipppd.ippp0*. Falls nicht, verschieben Sie die Dateien oder erzeugen Sie mit *isdnconfig* neue Dateien.
- Stimmen die angegebenen Telefonnummern?
- Stimmen *name*-Eintrag in der Datei *ipppd.ippp0* mit dem Benutzernamen in der Datei */etc/ppp/pap-secrets* bzw. */etc/init.d/chap-secrets* überein?
- Stimmen Benutzername und Passwort?
- Haben Sie Benutzername und Passwort in die Datei eingetragen, die für das Authentifizierungsverfahren zuständig ist, welches Ihr Provider verwendet?
- Haben Sie die DNS-Server-Daten Ihres Provider in die Datei */etc/resolv.conf* eingetragen?
- Steht eine freie Leitung zur Verfügung? Ein Standard-ISDN-Anschluss stellt nur zwei Kanäle zur Verfügung.
- Und schließlich: Stimmen die physikalischen Verbindungen?

Im Fehlerfall ist auch bei ISDN-Verbindungen zu empfehlen, die Ausgaben in der Datei */var/log/syslog* zu untersuchen. Fehler werden dort oft mit einem so genannten *cause* (Grund) und einer darauffolgenden vierstelligen Zahl ausgegeben. Die Bedeutung dieser Zahlen ist in der Manualseite mit dem Titel *isdn_cause* aufgelistet.

Gewöhnlichen Benutzern die Einwahl erlauben Das Programm *isdnctrl*, mit welchem manuell die Einwahl angefordert oder eine bestehende Verbindung beendet werden kann, darf von allen Benutzern in der Gruppe *dialout* benutzt werden. Verwenden Sie das Programm *adduser* (S. 633), um Benutzer dieser Gruppe hinzuzufügen.

Weil *isdnctrl* sich im Verzeichnis */usr/sbin* befindet, ist es nicht im Suchpfad für ausführbare Programme gewöhnlicher Benutzer enthalten, es muss deswegen von normalen Benutzern mit seinem vollen Pfadnamen aufgerufen werden. Beispiel:

```
joe@debian:~$ /usr/sbin/isdnctrl dial ippp0
```

Überwachung der Verbindung Die Verwendung eines Modems hat den großen Vorteil, dass man hört und sieht, wann eine Verbindung auf- und wieder abgebaut wird. Bei ISDN ist das anders: Der Verbindungsaufbau ist hier geräuschlos und sehr schnell. Gerade bei Verwendung des Dial-on-Demand-Verfahrens kommt deswegen schnell Unsicherheit auf, ob man eigentlich gerade „drin" ist und Gebühren zahlen muss oder nicht.

An der Kommandozeile können Sie sich den Status der Verbindung anzeigen lassen, in dem Sie folgendes Kommando eingeben:

```
debian:~# isdnctrl status all
```

Es erfolgt dann für jedes konfigurierte ISDN-Interface eine Statusausgabe. Im Paket *isdnutils* sind außerdem zwei kleine Programme für das X-Window-System enthalten, mit dem der Status der Verbindung in einem Fenster angezeigt werden kann:

xisdnload Das Programm zeigt in einem Fenster den Status der Verbindung (grün=offline, rot=online) an. Über die Konfigurationsdateien */etc/isdn/xisdnload-netup* und */etc/isdn/xisdnload-netdown* lässt sich bestimmen, welche Aktionen nach einem Mausklick auf das Fenster ausgeführt werden sollen. Per Voreinstellung werden den bestehende Verbindungen beendet.

xmonisdn Hierbei handelt sich um ein Programm, dass sich gut dafür eignet, in irgendwelche Kontroll-Panels (wie bei KDE oder GNOME) eingebettet zu werden. Es zeigt den Status der Verbindung platzsparend mit einem veränderlichen Icon an. Auch bei diesem Programm lassen sich über die Konfigurationsdateien */etc/isdn/xmonisdn-netup* und */etc/isdn/xmonisdn-netdown* bestimmen, welche Aktionen per Mausklick auf das Icon ausgeführt werden sollen.

17.5.4 Mehr über ISDN

Neben der Möglichkeit, mit ISDN eine Einwahlverbindung in das Internet aufzubauen, bietet das Paket *isdnutils* viele weitere Programme und Möglichkeiten. Dazu gehören eine Anrufbeantworterfunktion, die Möglichkeit, ISDN-Karten als virtuelle Modems zu benutzen, ein Programm zur Ablaufverfolgung aller ISDN-Verbindungen, Gebührenberechnung oder die Möglichkeit, die Namen von Anrufern auf dem Bildschirm auszugeben.

Modememulation Das ISDN-Subsystem stellt eine Reihe von Gerätedateien zur Verfügung, die sich wie serielle Schnittstellen verhalten, an die ein Modem angeschlossen ist. Dadurch können Kommunikationsprogramme, welche ursprünglich für die Verwendung mit einem Modem geschrieben waren, auch mit ISDN benutzt werden. Diese Emulation erlaubt allerdings nicht die Kommunikation mit echten Modems, sie stellt lediglich die von Modems bekannten AT-Befehle zur Verfügung, bei der Gegenstelle muss es sich ebenfalls um einen ISDN-Anschluss handeln. Die Gerätedateien heißen */dev/ttyI0* für das erste virtuelle Modem, */dev/ttyI1* für das zweite usw.

Um die Modememulation nutzen zu können, rufen Sie das Programm *isdnconfig* auf und wählen den Menüpunkt 3 (Modem emulation). Daraufhin wird die Datei */etc/isdn/iprofd.data* erstellt, die notwendig ist, um Einstellungen der virtuellen Modems zu sichern. Danach werden Sie aufgefordert die Taste EINGABE zu betätigen und können das Programm dann mit dem Befehl Q (Quit) verlassen.

Geben Sie danach den folgenden Befehl ein, um das ISDN-System neu zu starten:

```
debian:~# /etc/init.d/isdnutils restart
```

Nun können Sie die Modememulation beispielsweise mit dem Kommunikationsprogramm *minicom* (Paket *minicom*) nutzen. Bevor über ein virtuelles Modem gewählt werden kann, muss diesem eine MSN oder EAZ zugewiesen werden. Dies geschieht mit dem folgenden AT-Befehl:

```
AT&E1234567
```

Dieser Befehl muss aus dem Kommunikationsprogramm an das Modem geschickt werden, die Ziffernfolge *1234567* ist dabei natürlich durch die gewünschte MSN zu ersetzen. Eine Liste der, von den virtuellen Modems unterstützten, AT-Befehle befindet sich in der Manualseite *ttyI*.

isdnlog – **Verfolgung von ISDN-Aktivitäten** Aufgabe des Programms *isdnlog* ist es, Aktivitäten wie ein- oder ausgehende Verbindungen auf der ISDN-Karte zu überwachen, zu protokollieren und – nach entsprechender Konfiguration – bei bestimmtem Ereignissen definierte Aktionen auszulösen, also beispielsweise andere Programme aufzurufen. Das Programm *isdnlog* funktioniert nur mit dem *hisax*-Treiber. In der Datei */usr/share/doc/isdnutils/isdnlog/README.de.gz* befindet sich die ausführliche deutschsprachige Dokumentation zu dem Programm.

Um das Programm benutzen zu können, sind die folgenden Schritte durchzuführen: Starten Sie zunächst das Programm *isdnconfig* und wählen Sie den Menüpunkt 4 (isdnlog configuration). Daraufhin werden einige Konfigurationsdateien erzeugt und dann erfolgt die Aufforderung, den Namen einer Konfigurationsdatei einzugeben. Geben Sie hier *isdnctrl0* ein. Drücken Sie danach die EINGABE-Taste und verlassen Sie das Programm über den Menüpunkt Q.

Damit wurden die folgenden drei Dateien erzeugt:

/etc/isdn/isdn.conf Dies ist die Hauptkonfigurationsdatei für das Programm *isdnlog*, darin wird u. a. Ihr Standort festgelegt.

/etc/isdn/isdnlog.isdnctrl0 Diese Datei enthält Optionen, mit denen das Verhalten von *isdnlog* beeinflusst werden kann.

/etc/isdn/callerid.conf Diese Datei enthält Informationen zu einzelnen Telefonnummern.

Anpassung der Datei /etc/isdn/isdn.conf In der Datei müssen die folgenden beiden Einstellungen geändert werden:

```
COUNTRYCODE=31   # the Netherlands
AREACODE=546     # Almelo
```

Geben Sie hier für *COUNTRYCODE* die Vorwahl Ihres Landes (z. B. 49 für Deutschland) und für *AREACODE* die Vorwahl Ihres Ortsnetzes (z. B. 421 für Bremen) ein.

```
[ISDNLOG]
CHARGEMAX = 9999.99
# CURRENCY = 0.08,NLG
```

Geben Sie hier für *CHARGEMAX* den Betrag (in Ihrer Währung ein), den Sie maximal pro Tag für Telefonverbindungen ausgeben wollen. Das ISDN-System kann weitere ausgehende Verbindungen nach Überschreiten dieses Betrages verhindern. Für *CURRENCY* geben Sie bitten den Betrag an, den eine Einheit bei Ihrem Telekommunikationsanbieter kostet. Hinter dem Betrag ist die Bezeichnung der Währung anzugeben. Betrag und Währung sind durch ein Komma voneinander zu trennen. Beispiel: *CURRENCY = 0.12,DM*.

Ausführliche Informationen zu dem Format dieser Datei sowie den darin möglichen Angaben finden Sie in der Manualseite *isdn.conf*.

Anpassung der Datei /etc/isdn/isdnlog.isdnctrl0 In dieser Datei müssen Sie die folgende Zeile löschen, damit *isdnlog* beim Neustart des ISDN-Starts tatsächlich gestartet wird.

```
# Warning! not configured yet!
```

Mit der Anweisung *stdout=0x3f7* wird bestimmt, welche Ereignisse tatsächlich protokolliert werden sollen. Die hexadezimale Zahl *0x3f7* ist die Summe einzelner Kennziffern, die jeweils für bestimmte zu protokollierende Ereignisse stehen. Eine Liste dieser Kennziffern befindet sich in der Manualseite *isdnlog*. Mit *syslog=0x1bf7* wird nach der gleichen Methode festgelegt, welche Meldungen in der Systemlogdatei festgehalten werden sollen.

Wenn Sie die Programme *imon* oder *imontty* benutzen wollen, sollten Sie das Kommentarzeichen (#) vor der Zeile *monitor=yes* entfernen und wenn Sie es erlauben wollen, dass bei bestimmten Ereignissen Programme gestartet werden, entfernen Sie den Kommentar vor *start=yes*.

Anpassung der Datei /etc/isdn/callerid.conf Die Datei enthält zwei unterschiedliche Typen von Einträgen, nämlich solche, die für die eigenen Telefonnummern gelten und solche, die für fremde Telefonnummern gelten. Der erste Typ wird mit dem Schlüsselwort *[MSN]* eingeleitet und der zweite mit *[NUMBER]*.
Für jede Telefonnummer kann angegeben werden, in welcher Gebührenzone Sie sich befindet, von welcher Art das Gerät ist, das über die Nummer erreicht wird (Telefon, Fax, Daten usw.), es kann ihr ein Name zugewiesen werden und es kann angegeben werden, unter welchen Bedingungen Programme gestartet werden sollen, falls Kommunikation mit der betreffenden Telefonnummer stattfindet.
Hier zwei Beispiele für lokale Telefonnummern (MSNs):

```
[MSN]
NUMBER = 1234567
ALIAS = Telefon
SI = 1

[MSN]
NUMBER = 1234568
ALIAS = ISDN-Karte
SI = 7
```

Mit dem Schlüsselwort *NUMBER* wird angegeben, auf welche MSN sich der Eintrag bezieht, mit *ALIAS* wird der entsprechenden MSN ein Name zugewiesen, der bei der Protokollierung benutzt werden soll und mit *SI* wird angegeben, welchen Dienst die MSN repräsentiert. *SI* steht dabei für Service-Indikator. Mögliche Werte sind 1 (Sprache, Telefon, Modem, Fax), 2 (eingeschränkte digitale Information), 3 (uneingeschränkte digitale Information und Töne), 4 (Video) und 7 (uneingeschränkte digitale Information).
Hier ein Beispiel, bei dem ein Programm aufgerufen wird, wenn von einer bestimmten fremden Telefonnummer aus angerufen wird:

```
[NUMBER]
NUMBER = 40/21212121
ALIAS = Freundin
SI = 1
ZONE = 1
START = {
   [FLAGS]
   FLAGS = I|C
   USER = karl
   GROUP = karl
   PROGRAM = /home/karl/scripts/display_bild_of_freundin.sh
}
```

Der obere Teil des Eintrags hat das gleiche Format, wie die vorher gezeigten *[MSN]*-Einträge. Mit dem Schlüsselwort *START* werden Angaben über zu startende Programme eingeleitet. Dabei muss mit *FLAGS* angegeben werden, unter welchen Bedingungen das Programm gestartet werden soll. Dabei steht I für Incoming, also eingehend (Alternativ könnte O (Outgoing) benutzt werden). Mit *USER* und *GROUP* wird angegeben, mit welcher Benutzer- und Gruppen-ID das Programm gestartet werden soll und mit *PROGRAM* wird das zu startende Programm angegeben. Hinter dem eigentlichen Programmnamen können sich Parameter für das Programm befinden. Im Beispiel würde der Anruf der Freundin also dazu führen, dass Skript */home/karl/scripts/display_bild_of_freundin.sh* ausgeführt werden würde.
Beachten Sie, dass Programme nur dann ausgeführt werden, wenn sich in der Datei */etc/isdn/isdnlog.isdnctrl0* die Zeile *start=yes* befindet und diese nicht auskommentiert ist. Die vollständigen Möglichkeiten, welche sich durch die Datei */etc/isdn/callerid.conf* einrichten lassen, sind in der Manual-Seite *callerid.conf* beschrieben.

Benutzung der ISDN-Ablaufverfolgung Standardmäßig werden die ISDN-Aktivitäten von *isdnlog* in der Datei */var/log/isdn/isdnlog* protokolliert. Sie können sich diese Datei beispielsweise mit dem Programm *less* ansehen. Das Programm *imon* kann den Status der ISDN-Leitungen an der Konsole oder in einem Terminalfenster anzeigen. Schließlich steht mit dem Programm *isdnrep* ein Werkzeug zur Verfügung, welches aus der Protokolldatei Berichte über Verbindungen und Gebühren erstellen kann. Um einen Bericht für den aktuellen Tag mit dem Programm *less* zu betrachten, können Sie diesen Befehl verwenden:

```
joe@debian:~$ isdnrep | less
```

Die Optionen und Möglichkeiten dieses Programms sind ebenfalls in einer Manualseite (*isdnrep*) beschrieben.

ISDN-Anrufbeantworter Bevor Sie einen ISDN-Anrufbeantworter konfigurieren, sollten Sie unbedingt die (deutschsprachige) HTML-Dokumentation im */usr/share/doc/isdnutils/vbox* lesen. Das System ist dort ausführlich beschrieben, die Konfiguration wird deswegen hier nur schematisch dargestellt. Bedenken Sie, dass Sie neben dem eigentlichen Anrufbeantworter eine Soundkarte benötigen, um eingegangene Nachrichten abzuhören und ausgehende Nachrichten aufzunehmen.

Zur Konfiguration eines ISDN-Anrufbeantworters muss zunächst mit *isdnconfig* ein Satz Konfigurationsdateien erzeugt werden. Dabei muss angegeben werden, welchem Benutzer der Anrufbeantworter „gehören" soll. Hierbei muss es sich um einen gewöhnlichen Benutzer (also nicht *root*) handeln. Im nächsten Schritt sind die Dateien */etc/isdn/vboxd.conf* und */etc/isdn/vboxgetty.conf* anzupassen. Die Syntax sowie die zu treffenden Einstellungen sind in den Manualseiten *vboxd.conf* und *vboxgetty.conf* beschrieben.

Hier ein Beispiel für */etc/isdn/vboxd.conf* (alle anderen Zeilen sollten auskommentiert sein):

```
L:localhost:Y
A:localhost:RW:karl:passwort:/var/spool/vbox/karl:incoming
```

Für *karl* ist hier der Name des Benutzers einzusetzen, der zuvor mit *isdnconfig* angegeben wurde und für *passwort* ist ein geeignetes Passwort zu wählen (nicht das normale Passwort dieses Benutzers).

Beispiel für */etc/isdn/vboxgetty.conf* (gezeigt ist nur der gerätespezifische Teil, die Einträge im oberen Teil der Datei können belassen werden, wie sie sind):

```
port /dev/ttyI0
  modeminit      ATZ&B512&E1234567
  user           karl
  group          karl
  spooldir       /var/spool/vbox/karl
```

Auch hier ist für *karl* der richtige Benutzername einzusetzen. Außerdem muss in der ersten Zeile für *1234567* die MSN angegeben werden, für die der Anrufbeantworter arbeiten soll.

Im nächsten Schritt ist die Datei */var/spool/vbox/benutzer/vbox.conf* anzupassen. Das Format dieser Datei ist in der Manualseite *vbox.conf* beschrieben. Beispiel:

```
[CALLERIDS]
*       -       *** Unknown ***
[RINGS]
*       *       2
[STANDARD]
*       *       standard.msg    90    RINGS=6 TOLLRINGS=4
[STANDARD-OWNER]
*       *       standard.msg    120   RINGS=99
```

Zum Schluss ist in der Datei */etc/inittab* das Kommentarzeichen vor der folgenden Zeile zu entfernen:

```
I0:2345:respawn:/usr/sbin/vboxgetty -d /dev/ttyI0
```

Nun kann der Anrufbeantworter gestartet werden. Dazu ist zunächst die Datei */etc/inittab* neu einzulesen:

```
debian:~# init Q
```

Und dann das ISDN-System neu zu starten:

```
debian:~# /etc/init.d/isdnutils restart
```

Eingehende Nachrichten werden nun im Verzeichnis */var/spool/vbox/Benutzer/incoming* gespeichert, wobei *Benutzer* durch den Namen des Besitzers des Anrufbeantworters zu ersetzen ist. Sobald eine Nachricht eingegangen ist wird der Besitzer des Anrufbeantworters mit einer E-Mail benachrichtigt. Als ausgehende Nachricht wird die Datei */var/spool/vbox/Benutzer/messages/standard.msg* benutzt. Hierbei handelt es sich standardmäßig um eine leere Datei, es wird also keine Nachricht abgespielt. Sie können Nachrichten mit jedem Sound- (Wave-) Aufnahmeprogramm aufnehmen oder erstellen und im SUN-Audio-Format speichern. Mit dem Programm *autovbox* können diese Dateien dann in ein Format konvertiert werden, das für ausgehende Nachrichten benutzt werden kann. Noch einfacher ist es, einfach den eigenen Anschluss anzurufen, einen Ansagetext aufzusprechen und die dadurch entstandene Datei dann im *messages*-Verzeichnis unter dem Namen *standard.msg* zu speichern.

Zur Bedienung des Anrufbeantworters kann das Programm *vbox* benutzt werden. Nach dem Start dieses Programms wird zunächst ein Benutzername und ein Passwort erfragt. Hier sind die Benutzerinformationen einzugeben, die in der Datei */etc/isdn/vboxd.conf* konfiguriert wurden. Weil das System zur Abfrage von Nachrichten auf einer Klient-Server-Architektur beruht, kann *vbox* auch auf einem anderen Rechner im Netzwerk gestartet werden, vorausgesetzt, der Zugriff von diesem Rechner wird in der Datei */etc/isdn/vboxd.conf* gestattet.

17.5.5 Weiterführende Informationen

Die hier beschriebenen Verfahren decken nur einen Teil der Möglichkeiten dessen ab, was mit dem ISDN-System gemacht werden kann. Wenn Sie mehr über ISDN unter Linux wissen möchten, sollten Sie zunächst die Dokumentation im Verzeichnis */usr/share/isdnutils* studieren. Die Homepage des ISDN für Linux-Projekts ist unter der WWW-Adresse `http://www.isdn4linux.de/` zu erreichen. Dort befindet sich auch die aktualisierte Sammlung von Antworten auf häufig gestellte Fragen (`http://www.isdn4linux.de/faq/`). Ein deutschsprachiges ISDN-HOWTO ist unter der WWW-Adresse `http://www.franken.de/users/klaus/DE-ISDN-HOWTO/html/DE-ISDN-HOWTO.html` verfügbar.

17.6 Klientprogramme für das Internet

Die am meisten genutzten Dienste im Internet sind das World-Wide-Web (WWW) sowie E-Mail. Außerdem wird das File-Transfer-Protokoll (FTP) häufig zum Übertragen von Dateien benutzt. Mit Internet-News steht ein Dienst zur Verfügung, der den Austausch von Nachrichten zwischen einer großen Anzahl von Benutzern erlaubt.

Mit der Verbreitung des Internets ist jedoch auch die Zahl der Dienste und Protokolle gewachsen, die mit dem Internet benutzt werden. Für die meisten Dienste stehen unter Debian wiederum mehrere Klient- und Serverprogramme zur Verfügung, so dass es unmöglich ist, diese Programme alle zu erwähnen oder gar vollständig zu beschreiben. Wenn Sie einen bestimmten Dienst, wie z. B. IRC (Internet Relay Chat) verwenden wollen und nicht wissen, welches Programm dabei am besten Ihren Bedürfnissen entspricht, kann im Prinzip nur empfohlen werden, die entsprechenden Pakete nacheinander zu installieren, die dazugehörende Dokumentation zu lesen und sie auszuprobieren.

17.6.1 WWW-Klientprogramme (Webbrowser)

Netscape Der Standard-Browser unter Linux ist Netscape. Weil er auch für andere Betriebssysteme zur Verfügung steht, werden Sie diesen Browser wahrscheinlich schon kennen. Für Debian gibt es eine Reihe unterschiedlicher Netscape-Pakete. Diese Pakete enthalten unterschiedliche Versionen des Programms. Außerdem kann zwischen dem vollen Netscape-Paket (Browser, News-Klient, E-Mail-Programm, Programm zur Erstellung eigener WWW-Seiten usw.) und einer „abgespeckten" Version gewählt werden, die lediglich den Browser enthält. Das komplette Paket wird *communicator* genannt. Die Namen von Paketen, die nur den Browser zur Verfügung stellen, beginnen mit *navigator*. Neben dem eigentlichen Programm gibt es eine Reihe weiterer Pakete, welche die Java-Unterstützung, Hilfe-Dateien, ein Programm zur Überprüfung der Rechtschreibung in selbst erstellten Web-Seiten sowie Skripte zur Integration des Browsers enthalten.

Installation In der Regel empfiehlt es sich, die jeweils neueste Version des Programms zu installieren. Mit Netscape (einem nicht-freien Programm) hat es in der Vergangenheit allerdings immer mal wieder Stabilitätsprobleme mit bestimmten Versionen gegeben, so dass Sie u. U. auf eine ältere Version zurückgreifen sollten, falls Sie solche Probleme bemerken.

Um die Installation des Browsers zu vereinfachen, stehen zwei Pakete zur Verfügung, die durch Abhängigkeiten die Installation der richtigen Pakete gewährleisten. Durch Installation des Pakets *navigator* wird die neueste Version des Web-Browsers mit Java-Unterstützung installiert und durch Installation des Pakets *communicator* wird die jeweils neueste Version des vollen Pakets ebenfalls mit Java-Unterstützung installiert. Wenn Sie Netscape noch nicht installiert haben und das komplette Paket haben möchten, können Sie also den folgenden Befehl eingeben, um es zu installieren:

```
debian:~# apt-get install communicator
```

Danach können Sie Netscape aus dem Debian-Menü oder von der Kommandozeile aus (mit dem Befehl *netscape*) aufrufen. Dabei müssen Sie beachten, dass es dem Systemadministrator aus Sicherheitsgründen nicht gestattet ist, das Programm auszuführen. Melden Sie sich nach der Installation des Programms also als gewöhnlicher Benutzer an, bevor Sie *netscape* starten.

Konfiguration Wie unter UNIX üblich verwaltet Netscape für jeden Benutzer eine eigene Konfiguration. Wenn Sie das Programm zum ersten Mal aufrufen, erscheint zunächst ein Begrüßungsbildschirm, in dem die Lizenz zur Benutzung des Programms dargestellt wird. Wenn Sie die Lizenz akzeptieren, erscheint das Hauptfenster des Programms. Sie sollten dann zunächst im Menü *Edit* den Menüpunkt *Preferences* auswählen, um Ihre persönlichen Einstellungen zu überprüfen und gegebenenfalls anzupassen.

Es erscheint dann das in Abbilung 45 dargestellte Fenster. Wählen Sie zunächst auf der linken Seite des Fensters die Gruppe von Einstellungen (Category) aus, die Sie prüfen oder verändern wollen. Alle Kategorien der Konfiguration sind Gruppen zugeordnet. Sie müssen auf die Pfeile klicken, damit die Unterkategorien erscheinen. Wählen Sie dann eine Unterkategorie aus und nehmen Sie die Einstellungen auf der rechten Seite des Fensters vor.

Wenn Sie Netscape verwenden wollen, um E-Mails zu empfangen oder zu versenden, müssen Sie Ihre E-Mail-Adresse im Konfigurationsteil *Identify* (Kategorie *Mail & Newsgroups*) einstellen. Außerdem sollten Sie im Konfigurationsteil *Formatting* angeben, dass E-Mail nicht im HTML-Format gesendet wird (*Convert the message into plain text*). Falls Sie einen Proxy-Server verwenden wollen oder müssen, können Sie die entsprechenden Einstellungen im Konfigurationsteil *Proxies* (Kategorie *Advanced*) vornehmen.

Ändern der Schlüsselstärke Aufgrund der Exportbestimmungen in den USA darf das Debian-Projekt nur die „internationale" Version des Netscape-Browsers zur Verfügung stellen. Diese Version verfügt über eine geringe Schlüsselstärke, die keinen sicheren Datenaustausch ermöglicht. Für einige WWW-Anwendungen (wie beispielsweise Homebanking) wird jedoch eine stärkere Schlüsselstärke benötigt.

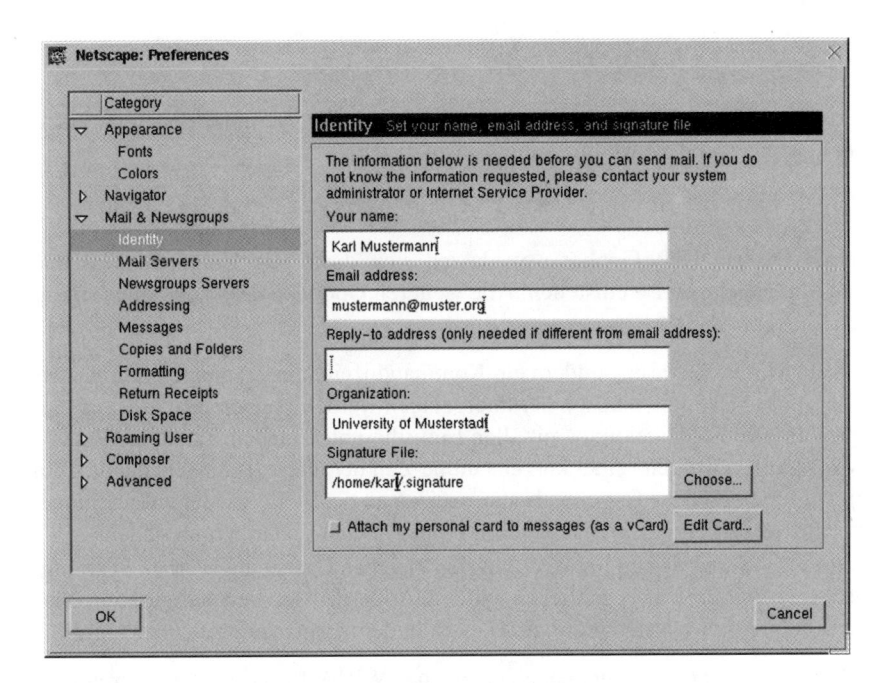

Abbildung 45: Konfiguration des Web-Browsers Netscape.

Das Programm *fortify* (aus dem Paket *fortify-linux-x86*) kann die, auf Ihrem Rechner installierten, Netscape-Programme so verändern, dass sie hinterher die volle Schlüsselstärke benutzen können. Nach der Installation des Pakets werden die installierten Netscape-Programmdateien gesucht und es erfolgt die Frage, ob diese Dateien verändert werden sollen. Während dieses Prozesses darf Netscape von keinem Benutzer ausgeführt werden. Wenn Sie die entsprechenden Fragen mit *yes* beantworten und Netscape hinterher neu starten, können Sie das Programm mit voller Schlüsselstärke benutzen.

Sie können überprüfen, welche Schlüsselstärke Netscape benutzt, in dem Sie im Menü *Help* den Menüpunkt *About Communicator / Navigator* auswählen. In der linken Hälfte der daraufhin angezeigten Seite befindet sich ein fett gedruckter Text. Wenn dort *This version supports U.S. security ...* zu lesen ist, benutzt das Programm die volle Schlüsselstärke und wenn sich dort der Satz *This version supports international security ...* befindet, dann wird lediglich die schwache Schlüsselstärke benutzt.

Andere WWW-Klientprogramme

Mozilla Im Paket *mozilla* befindet sich der zukünftige Nachfolger des Browsers Netscape. Im Gegensatz zu der gegenwärtig aktuellen Version von Netscape handelt es sich hierbei um freie Software. Das Programm ist noch nicht fertig und weist deswegen einige Schwächen und Fehler auf. Wenn Sie sich dafür interessieren, wie Netscape in Zukunft aussehen wird, sollten Sie das Paket einmal installieren. Es enthält ebenso wie die *communicator*-Pakete u. a. einen WWW-Browser, ein E-Mail-Programm, einen Newsreader und andere nützliche Bestandteile. Der in dem Paket enthaltene Browser wird durch den Befehl *mozilla* aufgerufen.

Lynx Das Programm *lynx* (aus dem gleichnamigen Paket) ist ein WWW-Browser für die Konsole oder ein Terminalfenster. Dieses Programm hat zwar gegenüber Netscape einige Beschränkungen (es kann z. B. keine Bilder anzeigen), allerdings benutzt es weniger Systemressourcen und benötigt keine graphische Oberfläche, um ausgeführt zu werden. Das Programm eignet sich gut dafür, Dokumentation zu lesen, die im HTML-Format vorliegt.

Sie können *lynx* auch mit einem Proxy-Server verwenden, dazu ist die Umgebungsvariable *http_proxy* folgendermaßen zu setzen:

```
http_proxy=http://server:port/
```

Hierbei ist für *server* der Name des Proxy-Servers und für *port* die Nummer der Ports auf dem Proxy-Server anzugeben, über den er angesprochen werden kann. Beispiel:

```
joe@debian:~$ export http_proxy=http://proxy.firma.de:8080/
```

Proxy-Server für die Dienste FTP, Gopher usw. lassen sich durch die Umgebungsvariablen *ftp_proxy*, *gopher_proxy* usw. auf die gleiche Weise einstellen. Alle weiteren Optionen des Programms sind in der Manualseite *lynx* beschrieben.

Wget wget ist ein kein WWW-Browser, sondern ein Kommandozeilenprogramm mit dem Daten über das WWW-Protokoll (HTTP) und über FTP automatisch heruntergeladen werden können. Dabei ist es auch möglich, ganze Web-Server zu spiegeln oder Seiten rekursiv mit allen Links herunterzuladen. Dadurch lässt es sich insbesondere dazu einsetzen, WWW-Seiten während einer kurzen Online-Zeit herunterzuladen und dann Offline zu lesen. Durch eine Funktion, mit der unterbrochene Downloads automatisch an der Stelle wieder aufgenommen werden können, an der sie unterbrochen wurden, lassen sich außerdem große Dateien sicher herunterladen.

Die Benutzung von Proxy-Servern kann bei *wget* mit den gleichen Umgebungsvariablen konfiguriert werden, die im vorhergehenden Abschnitt für *lynx* beschrieben wurden. Außerdem ist die Konfiguration über systemweite und benutzerbezogene Konfigurationsdateien möglich. Dies ist in der Manualseite zu dem Programm beschrieben.

KFM Der KDE-Dateimanager *kfm* verfügt über einen eigenen WWW-Browser. Dieser Browser hat zwar nicht alle Fähigkeiten, die Netscape besitzt, er eignet sich jedoch gut, um die meisten WWW-Seiten zu betrachten oder um HTML-Dateien (z. B. Dokumentation) zu lesen, die auf dem lokalen Rechner vorhanden ist.

Der KFM-Browser kann über das Menü *Einstellungen*, Menüpunkt *Browser einstellen* konfiguriert werden. Dort ist auch die Angabe von Proxy-Servern möglich.

17.6.2 E-Mail (Klient-)Programme

E-Mail ist einer der ältesten und wichtigsten Dienste im Internet. Der Dienst ermöglicht einen sehr preiswerten und relativ schnellen Austausch von Nachrichten unabhängig vom Standort des jeweiligen Empfängers und Senders. Unter UNIX/Linux wird E-Mail darüber hinaus oft verwendet, um Ausgaben von Programmen an den Administrator zu senden.

Vereinfacht gesagt wird bei Internet-Mail davon ausgegangen, dass jeder Benutzer einem bestimmten Rechner zugeordnet ist. Die Mail wird dann an den betreffenden Rechner geschickt und der Benutzer kann sie lesen, sobald er sich an dem Rechner angemeldet hat. Aus diesem Grund bestehen E-Mail-Adressen zum einen aus einem Benutzernamen (vor dem „@") und zum anderen aus einem Rechner- oder Domänennamen (nach dem „@"). Das Protokoll zum Empfangen und Versenden von E-Mail wird *Simple Mail Transfer Protokoll* (SMTP) genannt. Aus dieser Konzeption ergibt sich ein Problem für Rechner, die nicht dauerhaft mit dem Internet verbunden sind. Mail kann an solche Rechner nicht automatisch zugestellt werden, weil u. U. zur Zeit der Zustellung keine Verbindung besteht. Deswegen bieten Internet-Provider und andere Service-Provider Mail-Server an, welche Mails für einen Benutzer empfangen und zwischenlagern. Sobald der Rechner, von dem aus die Mail gelesen werden soll, dann mit dem Netz verbunden ist, kann sie vom Server des Providers abgeholt werden oder direkt auf dem Server gelesen werden. Die E-Mail-Adresse besteht dann aus dem Benutzernamen beim Provider sowie aus dem Namen des Mail-Servers des Providers, damit sie nicht an den (unerreichbaren) Rechner des Empfängers sondern an den Provider geschickt wird.

Weil das Zwischenlagern und Abholen von Mail in dieser Form im ursprünglichen Mail-Protokoll nicht vorgesehen ist, müssen zum Abholen von Mails andere Protokolle benutzt werden. Die heute dafür normalerweise benutzten

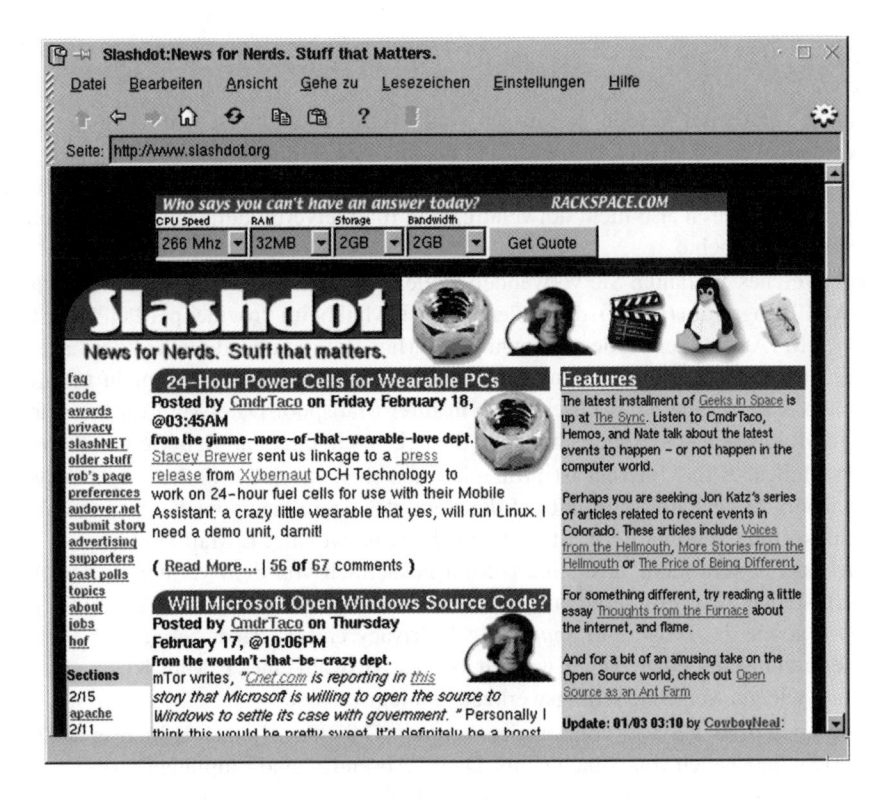

Abbildung 46: Der KDE-Webbrowser in Aktion.

Protokolle sind das *Post Office Protocol* (POP) sowie das *Internet Message Access Protocol* (IMAP). Das Versenden von Mail kann grundsätzlich auch von einem, nur temporär angebundenen, Rechner per SMTP geschehen, weil während des Mail-Versands ja eine Verbindung zum Internet bestehen kann.

Ein Programm zum Lesen und Schreiben von E-Mail wird als *Mail User Agent* (MUA) bezeichnet. Viele dieser Programme sind in der Lage via POP oder IMAP Mail von einem Provider abzuholen und ausgehende Mails via SMTP an den Provider zu schicken, der dann die weitere Zustellung an den Empfänger übernimmt.

Daneben existiert auf den meisten Debian-Systemen ein Mail-Server-Programm, also ein Programm, dass eingehende E-Mails per SMTP von anderen Rechnern oder von lokalen Benutzern in Empfang nehmen kann und diese dann für die Benutzer des Systems so lange aufbewahrt, bis sie gelesen wurden. Bei einem solchen Programm spricht man von einem *Mail Transport Agent* (MTA). Aufgabe eines MTAs ist es, Mail von anderen Rechnern und lokalen Benutzern zu empfangen, Mail für lokale Benutzer aufzubewahren und Mail für fremde Rechner an diese zu schicken. Der standardmäßig unter Debian installierte MTA ist das Programm *exim*. Auf Benutzer wartende Mails befinden sich normalerweise in Dateien im Verzeichnis */var/mail*. Dort wird für jeden Benutzer bei Bedarf eine Datei angelegt in der sich alle seine Mails hintereinander befinden. Man nennt diese Dateien Mailspool-Dateien, sie sollten nicht direkt, sondern mit einem dafür geeigneten E-Mail-Programm bearbeitet werden.

„Klassische" E-Mail-Programme für UNIX/Linux arbeiten ausschließlich mit Mailspool-Dateien. Hier wird der Weg über den eigenen MTA also zwingend vorausgesetzt. Wenn solche Programme auf einem Rechner eingesetzt werden sollen, der nicht selbst E-Mail empfangen kann, weil er nicht dauerhaft mit dem Netz verbunden ist, muss die Mail also von einem anderen Programm beim Provider abgeholt werden und an den MTA auf dem eigenen Rechner übergeben werden, der sie dann an die Benutzer ausliefert. Hierzu dient das Programm *fetchmail*, welches E-Mail per POP oder IMAP beim Provider abholt und dem lokalen MTA übergibt.

Die Verwendung eines MTAs und des Programms *fetchmail* ist zwar anfangs mit etwas mehr Aufwand bei der Konfiguration verbunden, allerdings bringt dieses Verfahren eine Reihe von Vorteilen mit sich. Eingehende E-Mail kann dann einheitlich verarbeitet werden, es müssen vom MUA keine unterschiedlichen Server nach wartender Mail abgesucht werden. Weiter kann *fetchmail* Mail in bestimmten Zeitintervallen automatisch abholen und auch der MTA kann so konfiguriert werden, dass ausgehende Mail ebenfalls nur nach bestimmten Intervallen versendet wird. Es ist bei diesem Verfahren also nicht notwendig, eine Internetverbindung aufzubauen, sobald ein Benutzer Mail lesen oder versenden möchte.

Sie müssen wissen, welches Verfahren Sie verwenden wollen! Wenn Sie den eigenen MTA nicht verwenden, benötigen Sie ein E-Mail-Programm (MUA), das in der Lage ist, Mail beim Provider per POP oder IMAP abzuholen. Falls Sie den eigenen MTA benutzen wollen, braucht Ihr E-Mail-Programm lediglich in der Lage zu sein, die lokal vorhandenen Mails zu verarbeiten. Auch wenn Sie ein Programm verwenden, das nicht mit dem lokalen MTA kommuniziert, sollten Sie gelegentlich nachsehen, ob in Ihrer Mailspool-Datei Mail für Sie wartet. Hierbei kann es sich um wichtige Meldungen des Systems handeln, die u. U. nicht dauerhaft ignoriert werden sollten.

Der Transport von Mail über das Internet ist prinzipiell unsicher. In vielen Fällen ist es deswegen erwünscht, Mail vor dem Transport zu verschlüsseln und auf der Seite des Empfängers wieder zu entschlüsseln. Und auch wenn keine Verschlüsselung benötigt wird, ist es dennoch oft notwendig, E-Mail eindeutig zu signieren, so dass der Empfänger sich sicher sein kann, dass eine E-Mail tatsächlich von dem vermeintlichen Absender stammt. Zu beiden Zwecken stehen zwei Programmpakete, nämlich einmal das nicht-freie Programm *pgp* (Pretty Good Privacy, Paket *pgp-i*) sowie das Programm *gnupg* (GNU Privacy Guard, Paket *gnupg*) zur Verfügung. Auf diese Programme soll hier nicht weiter eingegangen werden, bei der Auswahl eines E-Mail-Klienten kann es jedoch eine Rolle spielen, ob und wie gut Verschlüsselungswerkzeuge integriert sind.

E-Mail wird häufig auch zum Versand von Dateien benutzt. Dabei wird einer E-Mail eine Datei verschlüsselt angehängt, man spricht dabei auch von Attachments. Damit Absender- und Empfängerprogramm die angehängten Dateien auf die gleiche Weise ver- und entschlüsseln, bedarf es eines einheitlichen Standards. Hier haben sich die so genannten *Multipurpose Internet Mail Extensions* (MIME) durchgesetzt. Alle im folgenden aufgezählten E-Mail-Programme sind in der Lage, mit dieser Erweiterung umzugehen.

Netscape Mail Der Web-Browser Netscape ist (in der Ausführung *communicator*) mit einem kombinierten Internet-News und E-Mail-Programm ausgestattet. Das Programm bietet die Möglichkeit zur automatischen Filterung von Mail (automatisches Verschieben von Mail in bestimmte Ordner nach definierten Regeln) und zeichnet sich durch ein gut gelungenes Adressbuch aus, welches auch die Suche nach E-Mail-Adressen auf speziellen Servern erlaubt.

Der Mail-Teil kann alternativ mit einem POP-Server, lokalen Mailspool-Dateien oder verschiedenen IMAP-Servern benutzt werden. Leider ist es nicht möglich, gleichzeitig mehrere POP-Server oder lokale Mailspools sowie POP oder IMAP-Server zu verwenden. Die Konfiguration der Mail-Server finden Sie im Konfigurationsbildschirm in der Kategorie *Mail & Newsgroups* unter *Mail-Servers*. Zum Versand von ausgehender Mail benutzt Netscape SMTP. Geben Sie bei *Outgoing Mail* den Namen des SMTP-Servers Ihres Providers an, wenn Mail direkt an diesen versendet werden soll oder *localhost*, wenn Sie Ihren eigenen MTA zum Mailversand benutzen wollen.

Balsa Das E-Mail-Programm *balsa* (Paket *balsa*) gehört zur Arbeitsplatzumgebung *GNOME*. Es unterstützt die Verwendung lokaler Mailspool-Dateien sowie beliebig viele IMAP-Server. Der Versand ausgehender Mail kann über den lokalen MTA sowie über den SMTP-Server eines anderen Rechners (Provider) geschehen. Das Programm ist mit einem Adressbuch ausgestattet und vereint bei ansprechendem Design die wichtigsten Mailfunktionen.

Wenn ein Benutzer das Programm zum ersten Mal startet, bittet es diesen, einige Einstellungen vorzunehmen. Dabei können Name, E-Mail-Adresse, Verzeichnis, in dem Mail aufbewahrt werden soll und SMTP-Server angegeben werden. Im nächsten Schritt werden Verzeichnisse für bestimmte Ordner erfragt. Für *Inbox* sollte dabei die Mailspool-Datei des betreffenden Benutzers angegeben werden, also beispielsweise */var/mail/karl* für den Benutzer Karl.

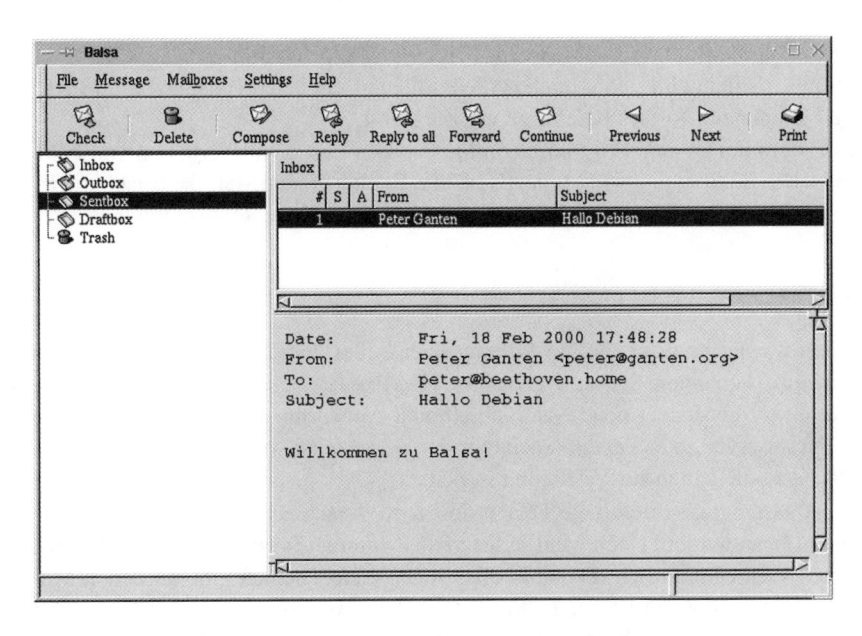

Abbildung 47: GNOMEs E-Mail Klient-Programm Balsa.

Zusätzliche (IMAP-) Mail-Server lassen sich später angeben, in dem der Konfigurationsbildschirm des Programms aufgerufen wird (Menü *Settings*, Menüpunkt *Preferences*) und dort die Indexzunge *Mail-Servers* ausgewählt wird.

KMail Wie GNOME, ist auch die Arbeitsplatzumgebung KDE mit einem eigenen E-Mail-Klientprogramm ausgestattet. Das Programm unterstützt lokale Mailspool-Dateien sowie POP- und IMAP-Server. Der Versand kann über SMTP sowie den lokalen MTA erfolgen. Weiter besteht die Möglichkeit, Filterregeln zu definieren und es gibt eine Schnittstelle zu den Chiffre-Programmen *pgp* und *gnupg*. Das Programm heißt *kmail*, es ist Bestandteil des KDE-Pakets *kdenetwork*.

Der Konfigurationsteil des Programm kann über das Menü *Datei*, Menüpunkt *Einstellungen* erreicht werden. Es erscheint dann ein Fenster mit verschiedenen Indexzungen, in denen die Einstellungen unter *Identität* (persönliche Einstellungen Name, E-Mail-Adresse usw.) und *Netzwerk* (Mail-Empfang und -Versand) auf jeden Fall geprüft und angepasst werden sollten.

Weitere E-Mail-Programme Wer viel mit E-Mail arbeitet, wird wissen, dass es schon eine gewisse Zeit und mehrere Versuche braucht, bis man „sein" E-Mail-Programm gefunden hat. Dies ist sicherlich auch ein Grund dafür, weshalb so viele unterschiedliche E-Mail-Klienten für GNU/Linux zur Verfügung stehen. Wenn Sie mit den drei oben beschriebenen Standard-Programmen nicht zufrieden sind, sollten Sie die folgenden Programme ausprobieren:

mutt Ein sehr mächtiges E-Mail-Programm für die Konsole oder das Terminalfenster, welches im Wesentlichen zur Benutzung mit Mailspool-Dateien und einem lokalen MTA konzipiert ist. Nach der Installation des Pakets *mutt* befindet sich in der Datei */usr/share/mutt/manual.txt.gz* eine ausführliche Anleitung zu dem Programm.

xfmail Dieses Programm für das X-Window-System bietet eine große Zahl von Eigenschaften, wie die Möglichkeit zum Umgang mit Spool-Dateien sowie POP- und IMAP-Server. Es kann Mail automatisch filtern und integriert *pgp*.

(X)Emacs Die Editoren *emacs* und *xemacs* sind mit eigenen Mailprogrammen ausgestattet. Wer sowieso viel mit diesen Editoren arbeitet, wird sich schnell in die Bedienung der entsprechenden Mail-Programme einarbeiten können, weil kaum neue Tastaturbefehle zu erlernen sind.

procmail Dieses Programm ist kein Programm zum manuellen Lesen und Verfassen von E-Mails, sondern dient zur automatischen Bearbeitung von Mails. Es kann z. B. eingehende Mails selbstständig in bestimmte Ordner sortieren oder definierte Aktionen auslösen, wenn Mails bestimmte Texte enthalten.

17.6.3 Internet-News

Internet-News (auch *Usenet* genannt) ist ein Internet-Dienst, bei dem Nachrichten mit Klient-Programmen (so genannten *Newsreadern*) von einem Server (*Newsserver*) bei Bedarf abgerufen und angezeigt werden. Gleichzeitig ist es möglich, mit dem Newsreader neue Nachrichten oder Antworten auf vorhandene Nachrichten zu erstellen und diese an den Newsserver zu schicken. Nachdem der Server eine solche Nachricht erhalten hat, kann er sie ebenfalls anderen (News-)Klienten zur Verfügung stellen.

Auf diese Weise ist es möglich öffentliche Diskussionen zu verschiedenen Themen zu führen oder Fragen zu stellen bzw. diese zu beantworten. Nach Mailinglisten sind Internet-News das wichtigste Medium zur Kommunikation im Internet. Weil es natürlich (beinahe) unendliche viele Themen gibt, an denen Menschen interessiert sein können, sind Internet-News in so genannte Gruppen (*Newsgroups*) unterteilt. Diese Unterteilung hat eine baumartige Struktur, so beginnen die Namen aller Newsgroups in denen über Computer-bezogene Themen geredet wird mit der Zeichenkette *comp.*, die Namen aller wissenschaftlichen Newsgroups beginnen mit *sci.* (science). Darunter gibt es dann weitere Unterteilungen: Die Namen von Newsgroups, die sich mit Programmiersprachen beschäftigen, beginnen mit *comp.lang.* (Languages) und solche die sich mit Betriebssystemen beschäftigen mit *comp.os* (Operating-Systems). Im Betriebssystembereich gibt es dann wieder Unterteilungen wie *comp.os.linux.* oder *comp.os.os2.* Und auch diese Gruppen sind meist noch unterteilt, so gibt es beispielsweise die Newsgroup *conp.os.linux.setup*, die sich mit Fragen zur Installation und Einrichtung von Linux-Systemen beschäftigt, oder die Gruppe *comp.os.linux.networking*, welche sich mit Netzwerkfragen im Zusammenhang mit Linux beschäftigt.

Die Sprache in den meisten Newsgroups ist englisch. Es gibt aber auch News-Hierarchien, in denen in anderen Sprachen diskutiert wird, beispielsweise beginnen die Namen deutschsprachiger Newsgroups mit der Zeichenkette *de..* Solche Hierarchien sind dann in der Regel ähnlich unterteilt wie die englischen. Allerdings kann es durchaus Unterschiede geben. So gibt es z. B. die Newsgroup *de.comp.os.unix.linux.newusers*, in welche Linux-Anfänger Ihre Fragen auf deutsch stellen können oder *de.comp.os.unix.linux.hardware*, wo in deutscher Sprache Fragen rund um Hardware und Linux diskutiert werden.

Ihr Internet-Provider sollte Ihnen einen Newsserver zur Verfügung stellen, den Sie benutzen können, um Newsgroups zu beziehen und eigene News zu versenden. Falls dies nicht der Fall ist, können Sie auch versuchen, einen freien Newsserver zu finden. Um einen solchen Server benutzen zu können ist oft die Anmeldung bei den Administratoren des entsprechenden Servers erforderlich. Dazu reicht es in der Regel, ein WWW-Formular auszufüllen.

Die wichtigsten Funktionen von Newsreadern bestehen darin, festzulegen, welche Newsgroups gelesen werden sollen. Diesen Vorgang nennt man abonnieren (eng.: subscribe). Ebenso ist es möglich, das Abonnement einer Newsgroup wieder aufzuheben (engl: unsubscribe). Aus den ausgewählten (abonnierten) Gruppen kann dann eine zum Lesen ausgewählt werden, woraufhin alle (oder ein Teil) der darin enthaltenen Artikel angezeigt werden. Eine wichtige Funktion ist dabei das so genannte Threading. Das ist die Fähigkeit des Newsreaders, Artikel zu einem bestimmten Thema (Thread) so untereinander anzuordnen, dass man sieht, wer mit einem Thema begonnen hat und wer welche Antworten („Follow-Ups") geschickt hat. Darüber hinaus erlauben Newsreader natürlich das Anzeigen von Artikeln sowie das Verfassen von neuen Artikeln oder von Antworten. Hierzu rufen manche Newsreader einen externen Editor auf, was den Vorteil mit sich bringt, dass man beim Schreiben von Artikeln ein gewohntes Programm verwenden kann. Fortgeschrittene Funktionen, die nur einige Newsreader besitzen, sind der Umgang mit einem so genannten „Killfile" und das „Scoring". Beides sind Verfahren, mit denen nach Regeln, die vom

Benutzer festgelegt werden, Artikel entweder gar nicht oder nur mit geringer Priorität angezeigt werden. Dadurch können Artikel von unbeliebten Verfassern ausgeblendet werden oder Artikel zu besonders interessanten Themen hervorgehoben werden.

Bevor Sie das erste Mal eigene Artikel in eine Newsgroup schicken, sollten Sie eine Zeitlang in der betreffenden Gruppe mitlesen, um sicherzustellen, dass Sie mit Ihrer Frage oder Mitteilung in der richtigen Gruppe sind. Bedenken Sie, dass Ihre Nachricht für alle Internet-Nutzer zugänglich sein wird, von verschiedenen Rechnern archiviert wird und von einer großen Anzahl von Menschen gelesen wird. Wenn Sie technische Fragen haben, sollten Sie Ihr Problem genau beschreiben und darstellen, was Sie bereits versucht haben um es zu lösen. In vielen Newsgroups gibt es so genannte FAQs (Frequently Asked Questions), das sind Dokumente, die häufig gestellte Fragen und Antworten darauf enthalten. Diese Dokumente werden regelmäßig in die betreffende Gruppe gesendet. Sie machen sich unbeliebt, wenn Sie solche Fragen stellen und vorher nicht selbst in dem entsprechenden Dokument nachgesehen haben. Denken Sie daran, dass Sie Ihre Fragen an Freiwillige stellen, niemand ist also verpflichtet, Ihre Fragen zu beantworten, obwohl die Wahrscheinlichkeit hoch ist, dass es jemand tut, wenn die Frage in die Gruppe passt und mit allen notwendigen Informationen abgeschickt wurde. Vermeiden Sie es, zu große Mitteilungen zu versenden, viele News-Benutzer verfügen nur über einen langsamen Internet-Zugang, für den sie bezahlen müssen und ärgern sich dann über den Aufwand, Ihre Nachricht herunterladen zu müssen. Wenn Sie Ihre Meinung zu einem Thema mitteilen, dann müssen Sie sich an allgemeine Grundsätze im Umgang mit Anderen, wie Respekt und Höflichkeit, halten. Die Regeln über den Umgang mit Anderen im Netz bezeichnet man auch als „Netiquette". Fragen und Antworten zu Netiquette findet man u. a. in der Newsgroup *de.newusers.question* und auf verschiedenen WWW-Seiten, wie z. B.:

- http://www.chemie.fu-berlin.de/outerspace/netnews/netiquette.html
- http://www.ping.at/guides/netmayer/netmayer.html
- http://www.in-berlin.de/user/flinux/nkt.html

Netscape News Die *communicator*-Variante von Netscape ist auch mit einem Newsreader ausgestattet. Dieser Teil des Programms wird ebenfalls über das zentrale Fenster zur Konfiguration des Programms konfiguriert (*Edit – Preferences*). In der Kategorie *Mail & Newsgroups* befindet sich unter *Newsgroup Servers* ein Dialog, in den Sie den oder die Newsserver eintragen können, von denen Nachrichten bezogen werden und an die ausgehende Nachrichten geschickt werden. Den Newsreader selbst erreichen Sie, in dem Sie im Menü *Communicator* den Menüpunkt *Messenger* aufrufen.

Es erscheint dann das gleiche Fenster, in dem auch Ihre E-Mail dargestellt wird. Wenn Sie dann im Menü *File* den Menüpunkt *Subscribe* auswählen, können Sie Newsgroups angeben, deren Inhalt Sie angezeigt bekommen möchten. Dabei ist es auch möglich, alle, auf dem Server vorhandenen, Newsgroups anzeigen zu lassen und zu durchsuchen.

Gnus Das Programm *gnus* ist Teil der Editoren *emacs* und *xemacs*. Es handelt sich dabei um einen sehr bequem zu bedienenden Newsreader, mit (fast) allen Eigenschaften, die man sich wünschen kann. Dazu gehört u. a. übersichtliches Threading, gute Integration von E-Mail-Funktionen und ein ausgeklügeltes Scoring-Konzept. Um Gnus mitzuteilen, welchen Newsserver Sie benutzen wollen, müssen Sie die folgende Zeile in die Datei *.emacs* in Ihrem Heimatverzeichnis schreiben:

```
(setq gnus-select-method '(nntp "news.provider.com"))
```

Hierbei müssen Sie *news.provider.com* natürlich durch den Namen des betreffenden Newsservers ersetzen. Für die Absenderadresse in, von Ihnen verfassten, Artikeln verwendet (X)Emacs normalerweise Ihre lokale E-Mail-Adresse, also die Adresse, welche sich aus dem Namen Ihres Rechners und Ihrem Benutzernamen auf Ihrem Rechner zusammensetzt. Wenn Sie eine andere Absenderadresse verwenden müssen, etwa weil Sie unter dieser Adresse kein E-Mail von außen empfangen können, müssen Sie (X)Emacs die zu verwendende Adresse mit der folgenden Zeile in der Datei *.emacs* bekannt machen:

```
(setq user-mail-address "karl@provider.com")
```

Dabei ist *karl@provider.com* natürlich durch die richtige Adresse zu ersetzen.

Gnus lässt sich aus dem Menü (z. B. Menü *Apps*, Menüpunkt *Usenet News* in *xemacs*) heraus starten oder durch den Emacs-Befehl ALT-X*gnus*. Um eine Gruppe zu abonnieren, ist aus dem Menü *Groups*, Untermenü *Subscribe* der Menüpunkt *Subscribe to a group* auszuwählen oder die Taste SHIFT-U zu betätigen. Danach ist der Name der gewünschten Gruppe einzugeben. Eine Liste aller verfügbaren Newsgroups wird angezeigt, wenn aus dem Menü *Groups*, Untermenü *Listing* der Menüpunkt *Describe all groups* ausgewählt wird oder die Tastenkombination ALT-D betätigt wird. In die Anzeige der abonnierten Gruppen gelangen Sie durch Betätigung der Taste L.

In der Liste der abonnierten Newsgruppen kann eine zu lesende Gruppe mit der mittleren Maustaste oder den Pfeiltasten ausgewählt werden. Das Programm zeigt dann die in der Gruppe verfügbaren Artikel im oberen Teil des Fensters an. Einzelne Artikel lassen sich ebenfalls mit der mittleren Maustaste oder den Pfeiltasten selektieren, sie werden dann im unteren Teil des Fensters angezeigt. Um alle Artikel einer Gruppe als gelesen zu markieren, ist die Taste C zu betätigen. Einen neuen Artikel können Sie verfassen, wenn Sie die Taste A drücken und eine Antwort auf den markierten Artikel kann nach Betätigung der Taste SHIFT-F erstellt werden. Selbst erstellte Nachrichten können mit dem Befehl STRG-C-STRG-C abgeschickt werden. Das Programm kann durch Betätigung der Taste Q verlassen werden.

Zu Gnus gibt es eine ausführliche Dokumentation im Info-Format. Weil Gnus Teil von *emacs* bzw. *xemacs* ist, befindet sich diese Dokumentation in den Abschnitten des Info-Systems zu diesen Editoren.

Knews Bei diesem Programm handelt es sich um einen schlanken Newsreader für das X-Window-System mit allen notwendigen Funktionen. Das Programm bezieht die Information, welcher Newsserver benutzt werden soll, aus der Datei */etc/news/server*. In dieser Datei sollte sich lediglich eine Zeile befinden, welche den Namen des Newsservers enthält. Wenn das Programm mit einem anderen Server benutzt werden soll, ist ihm der Name des Servers an der Kommandozeile nach der Option *-nntpServer* zu übergeben. Beispiel:

```
joe@debian:~$ knews -nntpServer news.provider.com
```

Die E-Mail-Adresse für das Absenderfeld selbst erstellter Artikel konstruiert das Programm aus dem Rechnernamen sowie dem Namen des Benutzers, der gerade mit dem Programm arbeitet. Konfiguriert wird das Programm durch X-Ressourcen (siehe Kap 9.4.11, S. 269) sowie über Newsserver-spezifische Konfigurationsdateien, die sich im Verzeichnis *.knews* im Heimatverzeichnis des aufrufenden Benutzers befinden und Namen tragen, die sich aus der Zeichenkette *.config-* sowie dem Namen des betreffenden Newsservers zusammensetzen, also z. B. *config-news.provider.com*. Um den Benutzerteil der E-Mail-Adresse des Absenders zu überschreiben (erster Teil der E-Mail-Adresse), ist die X-Ressource *Knews.mailName* zu setzen. Dazu kann der Datei *.Xresources* im Heimatverzeichnis die folgende Zeile zugefügt werden:

```
Knews.mailName: karl.mustermann
```

Hierbei ist *karl.mustermann* natürlich durch den tatsächlichen Benutzerteil in der E-Mail-Adresse zu ersetzen. Wenn die Datei *.Xresources* noch nicht existiert, muss sie neu angelegt werden.

Der Rechnerteil der E-Mail-Adresse lässt sich mit dem Programm nur durch Änderung der Datei */etc/mailname* verändern. Aufgabe dieser Datei ist es, den Rechnernamenteil der E-Mail-Adressen lokaler Benutzer global zu überschreiben, falls dieser nicht mit dem Rechnernamen übereinstimmt. Die Information wird auch von einer Reihe anderer Programme benutzt. Überprüfen Sie deswegen nach eine Änderung dieser Datei, ob der Mail-Versand auf dem System hinterher noch wie erwartet funktioniert.

Weitere Informationen zu *knews* finden Sie in der Manualseite zu dem Programm.

Krn *Krn* ist der Newsreader des KDE-Projekts. Das Programm beherrscht die wichtigsten Funktionen für die Arbeit mit Internet-News und lässt sich komplett über Menüs konfigurieren. Besonders angenehm ist, dass das Programm keine dauerhafte Verbindung zu einem Newsserver benötigt und deswegen gut für Rechner geeignet ist, die nur über eine temporäre Internetanbindung verfügen. Wenn Sie mit dem Programm das erste Mal arbeiten, sollten Sie zunächst im Menü *Einstellungen* den Menüpunkt *Identität* aufrufen, um zu überprüfen, ob Ihr Name und die Absenderadresse richtig eingestellt sind. Hinter dem Menüpunkt *NNTP Optionen* im gleichen Menü verbirgt sich dann ein Dialog, mit dem festgelegt werden kann, welcher Newsserver benutzt werden soll. Das Programm ist im KDE-Paket *kdenetwork* enthalten.

17.6.4 Fernbedienung von Rechnern (Telnet)

Telnet ist ein Protokoll, mit dem ein Rechner von einem anderen Computer im Netzwerk aus gesteuert und bedient werden kann. Dabei muss auf dem zu steuernden Rechnern ein Server Programm (der Telnet-Daemon) ausgeführt werden. Das Klientprogramm kann dann Verbindung zu dem Server-Rechner aufnehmen und sich dort anmelden (wobei der Benutzer des Telnet-Klienten in der Regel nach Benutzernamen und Passwort auf dem fernen Rechner gefragt wird). Der Telnet-Server startet dann ein Programm, dessen Ausgaben an den Klientrechner geschickt und dort ausgegeben werden. Ebenso werden nach dem Aufbau der Verbindung alle am Klientrechner vorgenommenen Eingaben an den fernen Rechner geschickt. Standardmäßig wird auf dem fernen Rechner eine Shell gestartet, mit der sich dann genauso arbeiten lässt, wie es der Fall ist, wenn man direkt vor dem fernen Rechner sitzt.

Der standardmäßige Telnet-Klient unter Debian ist das Programm *telnet* (S. 722). Das Programm wird normalerweise mit dem Namen eines Rechners, zu dem die Verbindung aufgebaut werden soll, als Parameter aufgerufen. Um also beispielsweise eine Telnet-Verbindung zu dem Rechner *verwaltung.firma.de* aufzubauen, wäre der folgende Befehl einzugeben:

```
joe@debian:~$ telnet verwaltung.firma.de
```

Sobald die Verbindung steht, meldet sich auf der anderen Seite der Telnet-Server und fragt in der Regel nach Benutzernamen und Passwort. Nach der erfolgreichen Authentifizierung startet er eine Shell, es können dann Befehl eingegeben werden, die auf dem fernen Rechner ausgeführt werden.

Normalerweise versucht Telnet, eine Verbindung mit Port 23 des Zielrechners aufzubauen. Dies ist der Port, den ein Telnet-Server standardmäßig beobachtet. Sie können Telnet allerdings auch verwenden, um eine Verbindung zu einem anderen Server-Programm aufzubauen, in dem Sie hinter dem Rechnernamen die Nummer des Ports angeben, mit dem die Verbindung aufgebaut werden soll. Wenn Sie sich beispielsweise dafür interessieren, wie Ihr SMTP- (Mail-) Server auf Verbindungen reagiert, können Sie den folgenden Befehl eingeben:

```
joe@debian:~$ telnet localhost 25
```

Damit wird eine Verbindung zum eigenen Rechner (*localhost*) auf den Port 25 aufgebaut. Dies ist der Port, den ein SMTP-Server normalerweise auf eingehende Verbindungen hin beobachtet.

Der Nachteil des Telnet-Protokolls besteht darin, dass der gesamte Datenaustausch zwischen Klientprogramm und Telnet-Server unverschlüsselt geschieht. Es werden also auch Benutzernamen und Passwörter im Klartext verschickt, so dass man das Programm in unsicheren Netzwerken, wie dem Internet, nur mit äußerster Vorsicht benutzen sollte. Eine bewährte Alternative zu Telnet ist die Secure-Shell (*ssh* S. 716)), die verschlüsselte Verbindungen benutzt und „abhörsicher" ist. Die Verwendung von *ssh* setzt natürlich voraus, dass auf der Gegenseite ein SSH-Serverprogramm ausgeführt wird.

17.6.5 File Transfer Protokoll (FTP)

Das *File Transfer Protocol* (ftp) dient zum Übertragen von Dateien im Netz. Es handelt sich dabei um ein Klient-Server-Protokoll. Mit einem Klient-Programm ist es möglich, Dateien von einem Rechner zu beziehen, auf dem ein FTP-Server ausgeführt wird. Außerdem können Dateien mit dem Klienten auf den Server kopiert werden oder dort gelöscht werden.

Natürlich ist es auch beim Zugriff auf die Dateien eines fremden Rechners per FTP erforderlich, dass eine Authentifizierung stattfindet, bevor mit dem Übertragen von Dateien begonnen werden kann. Allerdings gibt es eine Reihe von Servern, deren Zweck darin besteht, bestimmte Dateien öffentlich zugänglich zu machen. Zur Kommunikation mit solchen Rechnern wird meistens das so genannte Anonymous-FTP benutzt. Dabei ist während der Authentifizierung der Benutzername *anonymous* zu verwenden. Als Passwort sollte dann die eigene E-Mail-Adresse eingegeben werden. Die Richtigkeit dieser Angabe wird in der Regel nicht überprüft.

FTP ist – ebenso wie Telnet – ein unsicheres Protokoll. Benutzernamen, Passwörter und Daten werden unverschlüsselt übertragen. Es sollte deswegen nicht benutzt werden, um vertrauliche Informationen über unsichere Strecken zu transportieren. Weil dieser Aspekt beim anonymen-FTP jedoch keine Rolle spielt (die Daten sind ja öffentlich), ist das Protokoll weit verbreitet.

Es gibt eine Reihe unterschiedlicher FTP-Klientprogramme. Beispielsweise kann auch Netscape benutzt werden, um Dateien von einem FTP-Server zu beziehen. Dazu ist in Netscape eine URL einzugeben, die nicht – wie üblich – das Hypertext Tranfer Protocol (http), sondern das File Transfer Protocol bezeichnet, also etwa `ftp://ftp.de.debian/org`. Das gleiche Verfahren ist mit einigen Dateimanagern, wie beispielsweise dem KDE-Dateimanager *kfm* möglich. Standardmäßig verwenden diese Programme dann Anonymous-FTP.

Das klassische FTP-Klientprogramm ist das Kommandozeilenprogramm *ftp*. Diesem Programm wird normalerweise der Name des Rechners, mit dem eine Verbindung hergestellt werden soll, als Argument angegeben. Um beispielsweise eine FTP-Verbindung zu dem Rechner *ftp.debian.org* aufzubauen, wäre der folgende Befehl einzugeben:

```
joe@debian:~$ ftp ftp.debian.org
```

Das Programm *ftp* baut dann die Verbindung auf. Sobald diese steht, wird in der Regel eine Begrüßungsmeldung des fernen Rechners ausgegeben:

```
Connected to ftp.debian.org.
220-        Welcome to the Debian Project Public Archive Server
220-
220-Access from hmbdi6-212-144-144-104.arcor-ip.net is being logged.
220-There are currently 89 users on this system, out of a possible 180.
220-Please contact ftpmaster@ftp.debian.org if you have any problems
220-with this server. Available access methods are:
220-    http://ftp.debian.org/debian/   (prefered)
220-    ftp://ftp.debian.org/debian/
220-
220-This server is hosted by MindSpring Enterprises, Inc
220-(http://www.mindspring.net) and was donated by Linux Hardware
220-Solutions (http://www.linux-hw.com).
220-
220--- Mirrors: PLEASE do not use ls -lR but use the provided listing file
220-    instead!
220 ProFTPD 1.2.0pre9 Server ready.
Name (ftp.debian.org:joe):
```

Mit *Name* (in der letzten Zeile) wird dann zur Eingabe des Benutzernamens aufgefordert. In den Klammern dahinter ist angegeben, welcher Name benutzt wird, wenn kein Benutzername eingebeben wird und einfach nur EINGABE gedrückt werden würde. Um Anonymous-FTP, wie es von dem Server *ftp.debian.org* angeboten wird, zu benutzen, wäre also jetzt *anonymous* einzugeben.

Danach erscheint eine Meldung, in der mitgeteilt wird, dass der anonyme Zugriff akzeptiert wird und zur Eingabe der eigenen E-Mail-Adresse als Passwort auffordert:

```
331 Anonymous login ok, send your complete e-mail address as password.
```
Nach der Eingabe der E-Mail-Adresse (oder des Passwortes) erscheint in der Regel eine Meldung von der Gegenseite, mit welcher der erfolgreiche Zugriff bestätigt wird:

```
230 Anonymous access granted, restrictions apply.
Remote system type is UNIX.
Using binary mode to transfer files.
```

Die Authentifizierung ist nun abgeschlossen und es kann mit dem fremden Rechner gearbeitet werden. Dazu erscheint nun die Eingabeaufforderung des Programms *ftp*. An dieser Eingabeaufforderung lassen sich verschiedene Befehl eingeben, mit denen die Dateien auf dem fremden Rechner angezeigt werden können, Dateien übertragen werden oder Einstellungen verändert werden können. Die drei wichtigsten Befehle sind: *ls*, *cd* und *get*. Die Befehle *ls* und *cd* haben die gleiche Bedeutung, wie die bereits bekannten UNIX/Linux-Kommandos *ls* und *cd*. Mit *ls* werden die Dateien auf dem fremden Rechner angezeigt und mit *cd* lässt sich das aktuelle Verzeichnis auf dem fremden Rechner wechseln. Der Befehl *get* dient dazu, Dateien von dem fremden Rechner herunterzuladen. Diesem Befehl ist der Name der gewünschten Datei zu übergeben. Dahinter kann ein zweiter Dateiname angegeben werden, die Datei wird dann unter dem zweiten Namen auf dem lokalen Rechner gespeichert. Wenn der zweite Name nicht angegeben wird, wird die Datei lokal unter dem Namen gespeichert, den sie auch auf dem fernen Rechner hat.

Nachdem im Beispiel jetzt die Verbindung mit dem Server *ftp.debian.org* aufgebaut und die Authentifizierung abgeschlossen ist, könnte nun mit *cd* beispielsweise in das Verzeichnis */debian/dists* gewechselt werden:

```
ftp>cd /debian/dists
```

Auch dieser Befehl wird mit einer Erfolgs- oder Fehlermeldung quittiert. Außerdem besteht die Möglichkeit, dass der entfernte Rechner weitere Mitteilungen von sich gibt:

```
250-CWD command successful.
250-Please read the file README
250     it was last modified on Sat Mar 20 12:54:12 1999 - 336 days ago
```

Im nächsten Schritt könnte untersucht werden, welche Dateien in dem Verzeichnis auf dem fernen Rechner vorhanden sind:

```
ftp>ls
```

Es wird nun wieder eine Erfolgs- oder Fehlermeldung ausgegeben und der Inhalt des Verzeichnisses angezeigt:

```
200 PORT command successful.
150 Opening ASCII mode data connection for file list.
lrw-rw-r--   1 ftp      ftp             6 Dec 14 21:34 Debian2.1r4 -> stable
-rw-rw-r--   1 ftp      ftp           485 Mar 20  1999 README
lrw-rw-r--   1 ftp      ftp             6 Jan 17 00:04 frozen -> potato
drwxrwxr-x   5 ftp      ftp          1024 Feb 18 23:28 potato
lrw-rw-r--   1 ftp      ftp            22 Jul 17  1999 proposed-updates -> slink-proposed-
updates
drwxrwxr-x   5 ftp      ftp          1024 Jul 23  1998 sid
drwxrwxr-x   5 ftp      ftp          1024 Dec 14 17:25 slink
drwxrwxr-x   2 ftp      ftp         18432 Feb 18 22:49 slink-proposed-updates
lrw-rw-r--   1 ftp      ftp             5 Jul 17  1999 stable -> slink
lrw-rw-r--   1 ftp      ftp             5 Jan 17 00:10 unstable -> woody
drwxrwxr-x   5 ftp      ftp          1024 Jan 16 12:31 woody
226 Transfer complete.
```

Wenn nun die Datei *README* von den fremden Rechner auf den eigenen transferiert werden soll, ist dazu der nächste Befehl zu benutzen:

```
ftp>get README
```

Das Programm gibt wieder aus, was geschieht, transferiert die Datei und meldet sich wieder, wenn die Übertragung abgeschlossen ist.

```
local: README remote: README
200 PORT command successful.
150 Opening BINARY mode data connection for README (485 bytes).
226 Transfer complete.
485 bytes received in 0.07 secs (7.2 kB/s)
```

Zum Beenden der Verbindung und um das Programm gleichzeitig zu verlassen, kann wahlweise einer der Befehle *quit* oder *bye* benutzt werden:

```
ftp>bye
```

Die Gegenseite verabschiedet sich dann ebenso höflich:

```
221 Goodbye.
```

Eine Übersicht über die verfügbaren FTP-Befehle gibt der Befehl *help* aus. Wenn hinter den Befehl *help* der Name eines anderen Befehls gestellt wird, gibt das Programm eine Kurzbeschreibung des entsprechenden Befehls aus. Eine ausführliche Beschreibung aller FTP-Befehle befindet sich in der Manualseite zu dem Programm. Hier eine Übersicht über wichtige FTP-Befehle:

ascii Schaltet den Übertragungsmodus für ASCII-Dateien ein. Bei diesem Modus werden von jedem Byte nur die ersten sieben Bit transportiert, so dass sich eine etwas kürzere Übertragungszeit ergibt. Für alle Dateien, die außer ASCII-Zeichen noch andere Zeichen enthalten, darf dieser Modus nicht benutzt werden. Die in den Dateien enthaltenen Daten sind sonst hinterher nicht mehr zu verwenden.

binary Schaltet den binären Übertragungsmodus ein. Dies ist die Voreinstellung. Dieser Modus gewährleistet, dass Dateien wirklich unbeschädigt transportiert werden.

cd Verzeichnis Wechselt auf dem fernen Rechner in das mit *Verzeichnis* angegeben Verzeichnis.

close Beendet die Verbindung zu dem fernen Rechner, aber nicht das Programm *ftp*.

delete Dateiname Löscht die mit *Dateiname* bezeichnete Datei auf dem fernen Rechner.

get fern [lokal] Überträgt die mit *fern* bezeichnete Datei auf den lokalen Rechner und speichert sie dort unter dem Namen *lokal*. Wenn *lokal* nicht angegeben wird, wird die Datei lokal unter dem Namen gespeichert, die sie auf dem fernen Rechner hat.

hash Nach der Übertragung von jeweils einem Kilobyte wird das Zeichen # ausgegeben. Dadurch lässt sich sehen, wie schnell der Datentransfer abläuft.

help [Kommando] Gibt eine Beschreibung des mit *Kommando* bezeichneten Kommandos aus. Wenn *Kommando* nicht angegeben ist, wird die Liste der verfügbaren Kommandos ausgegeben.

lcd [Verzeichnis] Durch dieses Kommando wird das Arbeitsverzeichnis auf dem lokalen (eigenen) Rechner gewechselt.

ls [Verzeichnis] Zeigt die Namen der Dateien in dem mit *Verzeichnis* bezeichneten Verzeichnis auf dem fernen Rechner an. Wenn *Verzeichnis* nicht angegeben ist, werden die Namen der Dateien im aktuellen Verzeichnis des fernen Rechners angezeigt.

mget Datei [Datei ...] Überträgt mehrere Dateien hintereinander von dem fernen auf den lokalen Rechner. Mit *mget* ist es auch möglich, Metazeichen, wie den Stern (*) zu verwenden, um mehrere Dateien gleichzeitig anzugeben.

mkdir Verzeichnis Erzeugt das mit *Verzeichnis* angegebene Verzeichnis auf dem fernen Rechner.

mput Datei [Datei ..] Überträgt mehrere Dateien gleichzeitig von dem lokalen auf den fernen Rechner. Wie bei *mget* können auch bei *mput* Metazeichen benutzt werden, um mehrere Dateien gleichzeitig zu spezifizieren.

open Rechnername Stellt eine Verbindung zu dem mit *Rechnername* angegebenen Rechner her.

prompt Stellt ein, ob bei den Kommandos *mget* und *mput* für jede Datei nachgefragt werden soll, ob diese tatsächlich transferiert werden soll. Standardmäßig findet diese Nachfrage statt. Durch Benutzung von *prompt* wird sie abgeschaltet und durch nochmalige Benutzung von *prompt* wieder eingeschaltet.

put lokal [fern] Überträgt die mit *lokal* bezeichnete Datei von dem lokalen Rechner auf den fernen Rechner. Wenn mit *fern* ein zweiter Dateiname angegeben wird, wird sie dort unter dem angegebenen Namen gespeichert.

pwd Gibt den Namen des aktuellen Verzeichnisses auf dem fernen Rechner aus.

reget fern lokal Überträgt die mit *fern* bezeichnete Datei auf den lokalen Rechner und speichert sie dort unter dem mit *lokal* bezeichneten Namen ab. Falls die mit *lokal* bezeichnete Datei schon existiert, bevor mit der Übertragung begonnen wird, wird davon ausgegangen, dass es sich bei der Datei um eine bereits teilweise übertragene Version der betreffenden Datei handelt. Es wird dann nur der noch fehlende Teil heruntergeladen und an die vorhandene lokale Datei angehängt.

rmdir Verzeichnis Löscht das mit Verzeichnis angegebene Verzeichnis auf dem fernen Rechner.

user Benutzername [Passwort] [Konto] Führt die Anmeldung an dem fremden Rechner unter dem mit *Benutzername* angegebenen Namen durch. Optional kann das zu verwendende Passwort und ein auf dem fernen Rechner zu benutzendes Konto mit angegeben werden.

FTP unter X – *gftp* Komfortables Arbeiten mit FTP unter X ermöglicht das Programm *gftp*, welches in dem gleichnamigen Paket enthalten ist.

Um eine anonyme Verbindung zu einem Rechner aufzubauen, reicht es aus, im Menü *Remote* den Menüpunkt *Open URL* auszuwählen und dann den Namen des gewünschten fernen Rechners einzugeben. Wenn Sie sich mit Benutzername und Passwort an einem Rechner anmelden wollen, können Sie die entsprechenden Werte in die Felder im oberen Bereich des Fensters eingeben. Wenn Sie das Feld *Port:* leerlassen, wird der Standard-Port für FTP (21) benutzt. Unter dem Menü *Bookmarks* finden Sie eine Reihe wichtiger FTP-Server. Die Verbindung zu diesen Servern können Sie einfach per Auswahl aus dem Menü aufbauen. Über *Add Bookmark* und *Edit Bookmarks* können Sie die Liste der vorgefertigten Verbindungen bearbeiten.

Die Bedienung des Programms ist recht simpel: Auf der linken Seite des Fensters sehen Sie die Dateien auf Ihrem (lokalen) Computer und auf der rechten Seite die Programme auf dem fernen Rechner. Sie können sich nun wie in einem Dateimanager auf beiden Seiten im Verzeichnisbaum bewegen. Dateien können mit der Maus markiert werden und dann mit den beiden Pfeiltasten vom lokalen Rechner auf den fernen oder umgekehrt transferiert werden.

In der Datei */usr/share/doc/gftp/USERS-GUIDE.gz* finden Sie eine ausführliche Anleitung zu dem Programm.

17.7 Konfiguration von Netzwerkdiensten

17.7.1 Der Internet-Daemon *inetd*

Theoretisch ist es möglich, auf einem einzigen Rechner gleichzeitig eine große Zahl unterschiedlicher Server-Programme auszuführen, also beispielsweise einen FTP-Server, einen Telnet-Server, einen WWW-Server usw. Wenn auf die entsprechenden Server-Dienste jedoch nur sehr selten zugegriffen wird, bedeutet dies, dass die

554   17. Debian GNU/Linux im Netzwerk

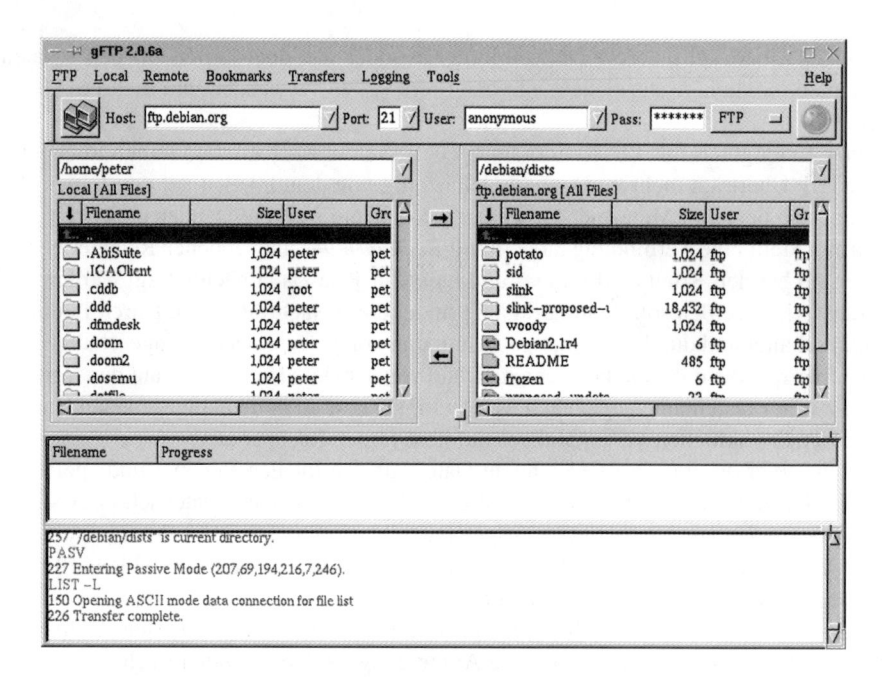

Abbildung 48: Hauptfenster von *gftp*.

Server-Programme normalerweise mehr oder weniger unnütz Speicher belegen und keine sinnvolle Funktion wahrnehmen, außer einen bestimmten Port zu überwachen.

Aus diesem Grund gibt es ein spezielles Programm, den so genannten Internet-Daemon, welcher gleichzeitig alle Ports überwachen kann, die sonst von den einzelnen Server-Programmen überwacht werden würden und erst beim Zugriff auf einen bestimmten Port das entsprechende Server-Programm ausführt. Der Internet-Daemon (Programmname *inetd*) wird über die Datei */etc/inetd.conf* konfiguriert. In dieser Datei befindet sich die Information, welche Ports zu überwachen sind und welches Programm beim Zugriff auf einen bestimmten Port zu starten ist. Jeder Eintrag in der Datei besteht aus sechs durch Leerzeichen voneinander getrennten Elementen:

Service Das erste Element beizeichnet den Name eines Services. Daraus ergibt sich für *inetd* die Information, welcher Port beobachtet werden soll.

Socket Typ Dieser Eintrag beschreibt den Typ von Sockets, die für den entsprechenden Dienst benutzt werden. TCP-basierte Dienste benutzen in der Regel den Typ *stream* und UDP-basierte Dienste den Typ *dgram*.

Protokoll Hiermit wird der Typ des Protokolls benannt, das für den entsprechenden Dienst genutzt wird. Für TCP-basierte Dienste ist hier *tcp* und für UDP-basierte Dienste *udp* anzugeben. Für Dienste, die Sun-RPC (Remote Procedure Call) verwenden, ist *rpc/tcp* bzw. *rpc/udp* anzugeben.

Flags Hiermit wird bestimmt, was passieren soll, wenn ein Zugriff auf einen Port passiert ist, das entsprechende Server-Programm gestartet ist und ein neuer Zugriff auf den gleichen Port stattfindet, bevor das gestartete Server-Programm sich wieder beendet hat. Wenn keine neuen Prozesse gestartet werden sollen, so lange einer ausgeführt wird, ist hier *nowait* anzugeben. Dies sollte für alle Dienste der Fall sein, die keine Datagramm-Sockets verwenden. Für Dienste mit dem Socket-Typ *dgram* muss in vielen Fällen *wait* angegeben werden. Zusammen mit *nowait* ist es möglich anzugeben, wieviele Server-Prozesse maximal pro Minute gestartet werden dürfen. Diese Zahl ist von dem Schlüsselwort *nowait* durch einen Punkt zu trennen. Beispiel *nowait.60*. Standardwert ist 40.

Benutzer Hier ist der Name des Benutzers anzugeben, mit dessen Identität der entsprechende Server-Dienst ausgeführt werden soll. Die meisten Dienste müssen mit den Rechten des Administrators ausgeführt werden, damit sie später die Möglichkeit haben, die Benutzer-ID zu wechseln. In diesen Fällen ist hier *root* anzugeben. Hinter den Benutzernamen kann (durch einen Punkt getrennt) optional ein Gruppenname angegeben werden.

Programmname In diesem Feld wird der Name des Programms angegeben, das beim Zugriff auf den betreffenden Port gestartet werden soll. Der Programmname ist mit vollem Pfadnamen anzugeben (Beispiel: */usr/sbin/in.telnetd*). Alle Zeichenketten, die hinter dem Programmnamen angegeben werden, werden dem betreffenden Server-Programm bei seinem Aufruf als Argumente übergeben.

Einige Dienste kann das Programm *inetd* selbst zur Verfügung stellen, es braucht dann kein externes Programm gestartet zu werden. Für diese Dienste ist hier das Schlüsselwort *internal* anzugeben.

Hier zwei Beispiele für Einträge in der Datei */etc/inetd.conf*:

```
telnet    stream   tcp   nowait   root        /usr/sbin/in.telnetd
talk      dgram    udp   wait     nobody.tty  /usr/sbin/in.talkd
```

Die erste Zeile gibt an, dass beim Zugriff auf den TCP-Port *telnet* (Die Portnummer wird in der Datei */etc/services* nachgesehen) das Programm */usr/sbin/in.telnetd* mit den Rechten des Administrators gestartet werden soll. Sobald das Programm gestartet ist, werden neue *in.telnetd*-Prozesse gestartet, wenn neue Zugriffe auf den Port erfolgen. Im zweiten Beispiel wird das Programm */usr/sbin/in.talkd* mit den Rechten des Benutzers *nobody* und der Gruppe *tty* gestartet, sobald ein Zugriff auf den UDP-Port *talk* erfolgt. Neue *in.talkd* Prozesse werden erst gestartet, wenn ein bereits gestarteter beendet ist.

Die Datei */etc/inetd.conf* zeigt also, über welche Dienste, von fremden Computern aus, auf Ihren Rechner zugegriffen werden kann, auch wenn die entsprechenden Programme gar nicht ausgeführt werden. Sie sollten alle Dienste, die Sie nicht wirklich benötigen, in dieser Datei auskommentieren, in dem sie den entsprechenden Einträgen ein Doppelkreuz (#) voranstellen.

Das Programm *inetd* wird, wie alle anderen Dienste während des Systemstarts über ein Skript im Verzeichnis */etc/init.d/* gestartet. Der Name dieses Skriptes lautet sinnigerweise *inetd*. Wenn Sie die Datei */etc/inetd.conf* verändert haben, müssen Sie *inetd* dies mitteilen, damit die Konfigurationsdatei neu eingelesen wird. Hierzu kann der folgende Befehl benutzt werden:

```
debian:~# /etc/init.d/inetd reload
```

Anpassen der *inetd*-Konfiguration mit *update-inetd* Besonders einfach lassen sich von *inetd* kontrollierte Dienste ein- oder ausschalten, wenn man das Programm *update-inetd* verwendet. Um beispielsweise den FTP-Dienst abzuschalten, ist es folgendermaßen aufzurufen:

```
debian:~# update-inetd --disable ftp
```

Wenn der Dienst später wieder verfügbar gemacht werden soll, kann dieser Befehl benutzt werden:

```
debian:~# update-inetd --enable ftp
```

Das Programm veranlasst auch, dass *inetd* die veränderte Konfigurationsdatei neu einliest, so dass die Verwendung weiterer Befehle nicht notwendig ist. Außerdem kann *update-inetd* dazu benutzt werden, Einträge ganz zu löschen oder neue hinzuzufügen. Näheres hierzu finden Sie in der Manualseite zu dem Programm.

17.7.2 Zugangskontrolle mit *tcpd*

Das Programm *tcpd* überprüft, ob ein Rechner, der auf einen bestimmten Port zugreift und dadurch signalisiert, dass er einen bestimmten Dienst benutzen will, überhaupt berechtigt ist, diesen Dienst zu benutzen. Das entsprechende Server-Programm wird erst aufgerufen, wenn die Berechtigung für den fremden Rechner hierzu festgestellt ist. Stellen Sie sich vor, jemand versucht per Telnet auf Ihren Rechner zuzugreifen. Die Strategie dieses Einbrechers besteht dabei darin, immer wieder neue Kombinationen aus Benutzernamen und Passwörtern auszuprobieren, bis er (vielleicht erst nach Wochen) Zugriff auf Ihren Rechner hat. Wenn Sie gute Passwörter verwenden, kann es sogar sein, dass der Angreifer die Passwörter überhaupt nicht rät und scheitert. Allerdings verbraucht er während der gesamten Zeit seines Angriffs Ressourcen Ihres Rechners, weil ständig neue *in.telnetd*-Prozesse gestartet werden, um auf die Zugriffe zu reagieren und die Authentifizierung durchzuführen. Durch den Einsatz des *tcpd* kann nun verhindert werden, dass überhaupt *in.telnetd*-Prozesse gestartet werden, wenn von bestimmten Rechnern aus, denen Sie nicht vertrauen, auf den Telnet-Port zugegriffen wird.

Die Berechtigungen werden in den Datei *hosts.allow* und *hosts.deny* festgelegt. Das Programm *tcpd* untersucht zunächst die Datei *hosts.allow* und erlaubt den Zugriff, wenn der zugreifende Rechner in der Datei aufgeführt ist. Danach wird die Datei *hosts.deny* untersucht und der Zugriff wird abgeblockt, wenn der Rechner in dieser Datei aufgeführt ist. Wenn der Rechner in keiner der beiden Dateien aufgeführt ist, wird der Zugriff gestattet.

Damit der *tcpd* überhaupt benutzt wird, muss er in der Datei *inetd.conf* eingetragen sein. Damit beispielsweise der Service *telnet* durch das Programm *tcpd* gesichert wird, muss der entsprechende Eintrag folgendermaßen aussehen:

```
telnet stream tcp nowait root /usr/sbin/tcpd /usr/sbin/in.telnetd
```

Dies bedeutet also folgendes: Wenn ein Zugriff auf den Telnet-Port geschieht, wird nicht das Programm */usr/sbin/in.telnetd* gestartet, sondern das Programm */usr/sbin/tcpd*. Dieses Programm überprüft dann, wie beschrieben, die Zugangsberechtigung anhand der Dateien */etc/hosts.allow* und */etc/hosts.deny* und startet das Programm */usr/sbin/in.telnetd* nur, wenn es die Berechtigung festgestellt hat.

Standardmäßig werden bei Debian fast alle Dienste durch den *tcpd* gesichert, allerdings befinden sich in den Dateien */etc/hosts.allow* und */etc/hosts.deny* nach der Erstinstallation keine Zugangsbeschränkungen.

Format der Dateien */etc/hosts.allow* und */etc/hosts.deny* Die beiden Dateien haben beide das gleiche Format:

```
Server-Name [Server-Name ...] : Rechner-Name [Rechner-Name ...] [ : Shell-Kommando ]
```

Zeilen, die mit einem Doppelkreuz (#) beginnen, und leere Zeilen dienen zur Strukturierung und Kommentierung der Datei und haben sonst keine Bedeutung. Mit *Server-Name* werden ein oder mehrere Name(n) von Programme(n) angegeben, die von dem zugreifenden Rechner aus benutzt werden sollen. Dies sind die Namen der Programme, die auch in der Datei */etc/inetd.conf* angegeben sind. Mit *Rechner-Name* werden die Namen der Rechner angegeben, denen der Zugriff erlaubt bzw. verwehrt werden soll. Optional kann dahinter der Name eines Kommandos angegeben werden, dass ausgeführt wird, wenn die Regel passt, also wenn einer der angegeben Rechner eines der angegebenen Server-Programme benutzen will.

Um nicht jeden Rechner einzeln angeben zu müssen, ist für *Rechner-Name* die folgende Syntax erlaubt:

- Rechnernamen, die mit einem Punkt beginnen, treffen auf alle Rechner zu deren Namen mit der angegeben Zeichenkette enden. So bewirkt die Angabe *.firma.de* in der Datei *hosts.deny*, dass kein Rechner, dessen Name mit *firma.de* endet (also z. B. *verwaltung.firma.de* oder *chef.firma.de*) einen bestimmten Dienst benutzen darf.
- An Stelle von Rechnernamen können auch IP-Adressen benutzt werden. Hier hat der Punkt am Ende einer IP-Adresse eine ähnliche Bedeutung. Die Angabe *134.102.* in der Datei */etc/hosts.allow* würde beispielsweise bewirken, dass alle Rechner, deren IP-Adresse mit *134.102* beginnt (also beispielsweise *134.102.20.20* oder *134.102.100.160*) einen bestimmten Dienst benutzen dürfen.

- Es lassen sich Kombinationen aus IP-Adressen und Netzwerkmasken angeben. Beide Angaben müssen durch einen Schrägstrich voneinander getrennt sein. Die Angabe *192.168.0.32/255.255.255.224* würde beispielsweise die IP-Adressen *192.168.0.32* bis *192.168.0.63* bezeichnen.
- Mit dem Schlüsselwort *ALL* werden alle Rechner bezeichnet.
- Mit dem Schlüsselwort *PARANOID* werden Rechner bezeichnet, bei denen der Name nicht mit ihrer IP-Adresse übereinstimmt.
- Mit dem Schlüsselwort *LOCAL* werden Rechner bezeichnet, in deren Namen sich kein Punkt befindet.
- Mit dem Schlüsselwort *EXCEPT* können einzelne Rechner oder Gruppen von Rechnern aus einer zuvor definierten Gruppe ausgeschlossen werden.

Weiter Möglichkeiten und Hinweise finden sich in den Manualseiten *hosts_access* und *hosts_options*. Hier einige Beispiele:
Der Eintrag *ALL: ALL* in der Datei */etc/hosts.deny* bewirkt, dass kein Rechner irgendeinen Dienst benutzen kann, der mit *tcpd* gesichert ist, es sein denn, es gibt in der Datei */etc/hosts.allow* einen Eintrag, der den Zugriff erlaubt.
Der gleiche Eintrag (*All: ALL*) in der Datei */etc/hosts.allow* würde hingegen bewirken, dass jedem Rechner der Zugriff erlaubt wird. Einträge in */etc/hosts.deny* wären dann wirkungslos.
Angenommen, Sie möchten allen Rechner bis auf solche, die die Domäne *winzigweich.com* verwenden, den Zugriff auf Ihren FTP-Server gestatten und außerdem Rechnern, welche die Domäne *linux.com* verwenden, den Zugriff auf Ihren Telnet-Server erlauben. Alle anderen Dienste sollten nur von Rechnern mit IP-Adressen, welche mit *192.168.0* beginnen, benutzt werden dürfen. Dann sollten Sie in die Datei */etc/hosts.allow* die folgenden Einträge schreiben:

```
in.ftpd: ALL EXCEPT winzigweich.com
in.telnetd: .linux.com
ALL: 192.168.0.
```

Und in der Datei */etc/hosts.deny* sollten sich diese Einträge befinden:

```
ALL: ALL
```

TCP-basierte Dienste können zusätzlich durch das so genannte IDENT-Protokoll abgesichert werden. Dabei sendet der *tcpd* bei der Überprüfung eine Anfrage an den zugreifenden Rechner, ob der Zugriff tatsächlich von diesem Rechner aus durchgeführt wurde und welcher Benutzer den Zugriff gestartet hat. Wenn der vermeintlich zugreifende Rechner dann antwortet, dass er den Zugriff nicht durchgeführt hat, ist dies ein Indiz dafür, dass der Angreifer die Absenderadresse der IP-Pakete gefälscht hat („Spoofing"), mit denen der Zugriff durchgeführt wurde. Eine positive Antwort des zugreifenden Rechners ist allerdings kein Beweis dafür, dass die Absenderadresse nicht gefälscht worden ist, weil ein Angreifer auch IDENT-Anfragen abfangen und falsch beantworten kann, dies ist allerdings mit einem relativ hohen Aufwand verbunden. Die Überprüfung funktioniert nur dann, wenn auf den zugreifenden Rechnern der IDENT-Dienst zur Verfügung steht. Dies sollte bei UNIX-Rechnern der Fall sein (Serverprogramm *identd*).
Um die Überprüfung per IDENT zu aktivieren ist den Rechnernamen in den Dateien */etc/hosts.allow* bzw. */etc/hosts.deny* der Name eines Benutzers voranzustellen. Rechnernamen und Benutzernamen sind durch das @-Zeichen voneinander zu trennen. Sinnvolle Schlüsselwörter für Benutzernamen sind *KNOWN* und *UNKNOWN*. *KNOWN* bezeichnet alle Zugriffe, für die vom zugreifenden Rechner per IDENT eine Benutzer-ID geliefert werden kann. *UNKNOWN* bezeichnet alle Zugriffe, für die vom zugreifenden Rechner keine Benutzer-ID angegeben werden kann. Um beispielsweise den FTP-Dienst nur dann freizugeben, wenn der zugreifenden Rechner den Zugriff bestätigen kann und deswegen per IDENT eine Benutzer-ID zurückgibt, wäre in der Datei */etc/hosts.allow* der folgende Eintrag vorzunehmen:

```
in.ftpd: KNOWN@ALL
```

Natürlich muss in der Datei */etc/hosts.deny* dann noch ein Eintrag vorhanden sein, der den Zugriff in allen anderen Fällen verbietet. Bedenken Sie bitte, dass Betriebssysteme wie Windows u. U. nicht über den IDENT-Dienst verfügen und diesen Rechnern mit solchen Definitionen der Zugriff auf die entsprechenden Dienste verwehrt wird.

Achtung: Es ist unbedingt zu empfehlen, Dienste, die Sie auf Ihrem Rechner ausführen, durch die Dateien */etc/hosts.allow* und */etc/hosts.deny* vor unbefugtem Zugriff zu schützen. Absolut sicher ist dieses Verfahren jedoch nicht. Um sich noch wirkungsvoller vor Angriffen zu schützen, sollten Sie einen Paketfilter oder einen Firewall einsetzen.

17.7.3 Vereinfachter Zugriff mit den R-Kommandos

Gelegentlich ist es wünschenswert, den Zugriff auf Rechner zu vereinfachen. Wenn beispielsweise in einem kleinen Netzwerk eine Reihe von Benutzern gleichzeitig mit verschiedenen Rechnern arbeitet, dann kann es als ausreichend angesehen werden, wenn die entsprechenden Benutzer sich einmal an einem der Rechner anmelden und sich danach nicht mehr an jedem weiteren Rechner authentifizieren müssen.

Zu diesem Zweck stehen die so genannten R-Kommandos zur Verfügung. Dabei handelt es sich um eine Reihe von Server- und Klientprogrammen, mit denen, nach geeigneter Konfiguration, unkompliziert auf andere Rechner zugegriffen werden kann, ohne dass eine Anmeldung erforderlich ist. Der Einsatz dieser Programme ist im Wesentlichen nur dann sinnvoll, wenn auf allen beteiligten Rechnern die selben Benutzernamen und Passwörter eingesetzt werden.

rsh/in.rshd Die beiden Programme erlauben es, ein bestimmtes Programm auf einem fremden Rechner aufzurufen. Dabei stellt das Programm *rsh* die Verbindung zu einem, durch einen Parameter angegebenen, Rechner her. Auf dem Zielrechner überprüft dann das Programm *in.rshd*, ob der Zugriff erfolgen darf und führt dann ein Programm aus, welches an der *rsh*-Kommandozeile mit einem weiteren Parameter angegeben wurde. Die Standardein- und Ausgabe dieses Programms wird mit der Standardein- und Ausgabe von *rsh* verbunden, so dass das Programm wie ein lokal ausgeführtes Programm benutzt werden kann. Wenn kein Programm angegeben ist, wird die Standardshell des aufrufenden Benutzers ausgeführt. Mehr Informationen zur Bedienung von *rsh* finden Sie auf Seite 708.

rlogin/in.rlogind Diese beiden Programme ermöglichen, ähnlich wie das Telnet-Protokoll, Arbeitssitzungen an einem fremden Rechner zu starten. Wie üblich dient das Programm *rlogin* dazu, von einem Klientrechner aus eine Verbindung zu initiieren, während das Programm *in.rlogind* das entsprechende Server-Programm darstellt und *rlogin*-Zugriffe beantwortet.

rcp Dieses Programm erlaubt es, auf einfache Weise Dateien von einem Rechner zu einem anderen zu kopieren. Zu diesem Programm gibt es kein spezielles Server-Programm. Vielmehr benutzt es den *rsh*-Dienst, um auf fremde Rechner zuzugreifen. Informationen zur Bedienung von *rcp* finden Sie auf Seite 702.

Die Zugriffssteuerung für die R-Kommandos geschieht über die Datei */etc/hosts.equiv*.
Einträge in der Datei haben das folgende Format:

```
[+ | -] [Rechnername] [Benutzername]
```

Zusätzlich darf die Datei leere Zeilen und Kommentarzeilen enthalten. Kommentare werden – wie üblich – mit einem Doppelkreuz (#) eingeleitet. Um Benutzern von bestimmten Rechnern den Zugriff auf den eigenen Rechner zu gestatten, sind die Namen der Rechner in der Datei mit *Rechnername* anzugeben. Angenommen, in der Datei befindet sich die folgende Zeile:

```
verwaltung.firma.de
```

Dadurch können alle Benutzer, die am Rechner *verwaltung.firma.de* angemeldet sind, auf den eigenen Rechner zugreifen. Dabei wird auf beiden Rechnern das gleiche Benutzerkonto verwendet. Wenn sich also beispielsweise der Benutzer *karl* an dem Rechner *buchhaltung.firma.de* angemeldet hat und dann per *rsh* auf *verwaltung.firma.de* zugreift, dann wird er dort automatisch mit dem Namen *karl* angemeldet. Falls es auf *verwaltung.firma.de* allerdings kein Benutzerkonto mit dem Namen *karl* geben sollte, schlägt die automatische Anmeldung fehl.

Wenn in der Datei */etc/hosts.equiv* hinter einem Rechnernamen ein Benutzername angegeben wird, dann wird dem betreffenden Benutzer dadurch erlaubt, ohne ein Passwort **jedes** Benutzerkonto zu verwenden, dass auf dem lokalen Rechner vorhanden ist (mit Ausnahme des Administrator-Kontos). Mit dieser Einstellung sollte also vorsichtig umgegangen werden.

Aus Sicherheitsgründen empfiehlt es sich, in der Datei */etc/hosts.equiv* nur voll qualifizierte Rechnernamen zu verwenden, also z. B. *verwaltung.firma.de* an Stelle von *verwaltung*. Außerdem sollten die entsprechenden Dienste mit dem Programm *tcpd* vor unbefugtem Zugriff geschützt werden.

Neben den systemweit gültigen Einstellungen in der Datei */etc/hosts.equiv* kann jeder Benutzer in seinem Heimatverzeichnis eine Datei mit dem Namen *.rhosts* anlegen, welche ein ähnliche Wirkung hat. Das Format dieser Datei ist wie folgt:

```
Rechnername [Benutzername]
```

Der Benutzer, dem die Datei gehört, erlaubt damit, dass von dem mit *Rechnername* spezifizierten Rechner aus auf sein Konto auf diesem Rechner zugegriffen werden darf. Auch hierbei ist es erforderlich, dass die Benutzernamen auf beiden Rechnern die Gleichen sind. Wenn optional hinter dem Rechnernamen ein Benutzername angegeben ist, kann auf das Konto von dem mit *Rechnername* angegebenen Rechner aus auf diesen Rechner zugegriffen werden, wenn dort das Konto mit dem mit *Benutzername* angegebenen Namen benutzt wird. Beispiel:

```
verwaltung.firma.de
buchhaltung.firma.de meier
```

Hiermit erlaubt der Besitzer der Datei *.rhosts*, dass auf sein Konto auf diesem Rechner von dem Rechner *verwaltung.firma.de* zugegriffen werden kann, wenn dort das Benutzerkonto mit dem gleichen Namen benutzt wird, den sein Benutzerkonto auf diesem Rechner hat. Außerdem gestattet er den Zugriff vom Rechner *buchhaltung.firma.de* aus, wenn von dort mit dem Benutzerkonto des Benutzers *meier* zugegriffen wird.

Wenn der Systemadministrator eine Datei *.rhosts* in seinem Heimatverzeichnis anlegt, wird diese aus Sicherheitsgründen standardmäßig nicht beachtet. Das Programm *checkrhosts* sollte gelegentlich vom Systemadministrator aufgerufen werden. Es gibt Hinweise zu Sicherheitsproblemen aus, die durch die *.rhosts*-Dateien der Benutzer verursacht werden können.

Auch die R-Protokolle sind unsicher. Daten, Benutzernamen und evtl. Passwörter werden bei Benutzung dieser Protokolle unverschlüsselt im Netz übertragen. Sie sollten deswegen nicht auf unsicheren Strecken (Internet) benutzt werden. Eine sichere Alternative für diese Protokolle wird mit den Paket *ssh* zur Verfügung gestellt. Die Programme dieses Pakets können so konfiguriert werden, dass sie ebenfalls die Dateien */etc/hosts.equiv* bzw. *.rhosts* benutzen, sie lassen sich deswegen direkt als Ersatz für die R-Pakete verwenden.

17.7.4 FTP- und Telnet-Server

Die Einrichtung eines FTP- und Telnet-Servers beschränkt sich im Wesentlichen auf die Installation der entsprechenden Pakete. Der Telnet-Server ist in dem Paket *telnetd* enthalten. Der Zugriff per Telnet auf Ihren Rechner ist nach der Installation des Pakets sofort möglich. Der Telnet-Server wird standardmäßig über den Internet-Daemon (*inetd*) gestartet und ist durch den *tcpd* gesichert.

Zur Durchführung der Authentifizierung benutzt der Telnet-Daemon das Programm *login*, also das gleiche Programm, welches auch benutzt wird, wenn Sie sich an der Konsole anmelden. Dieses Programm erlaubt die Anmeldung des Systemadministrators nur von den (virtuellen) Terminals aus, die in der Datei */etc/securetty* eingetragen sind. Standardmäßig kann sich der Administrator deswegen über Telnet nicht am System anmelden. Es besteht allerdings die Möglichkeit, sich mit einem normalen Benutzerkonto über Telnet anzumelden und dann, etwa mit *su* (S. 717) die Benutzeridentität zu wechseln.

Die grundlegende Einrichtung des FTP-Servers ist ebenso einfach. Hierzu ist lediglich das Paket *ftpd* zu installieren. Danach können prinzipiell alle Benutzer per FTP auf das System zugreifen. Eine Ausnahme stellen die Benutzer dar, deren Namen in der Datei */etc/ftpusers* eingetragen sind. Diese Benutzer können **nicht** per FTP zugreifen. Standardmäßig ist aus Sicherheitsgründen u. a. der Administrator in dieser Datei eingetragen.

Einrichtung eines Anonymous-FTP-Servers Damit auf Ihren Rechner per Anonymous-FTP zugegriffen werden kann, ist etwas zusätzlicher Konfigurationsaufwand notwendig. Zunächst muss ein Benutzerkonto mit dem Namen *ftp* eingerichtet werden. Das Heimatverzeichnis dieses Benutzers ist das Verzeichnis, welches beim Zugriff mit anonymen FTP als Wurzelverzeichnis gesehen wird. Der Benutzer kann mit dem Befehl *adduser* (S. 633) angelegt werden:

```
debian:~# adduser --home /var/ftpd --disabled-password --gecos "ftp
    account" ftp
```

Wenn jemand nun mit dem Benutzernamen *anonymous* auf den FTP-Dienst zugreift, wird der FTP-Server in das Verzeichnis */var/ftpd* wechseln und dieses Verzeichnis zu seinem Wurzelverzeichnis machen (siehe auch die Manualseite *chroot* in der Sektion 2). Danach kann der FTP-Server auf keine Dateien und Verzeichnisse mehr zugreifen, die sich nicht unterhalb dieses Verzeichnisses befinden. Es muss allerdings gelegentlich das Programm *ls* aufrufen, weswegen es erforderlich ist, dieses Programm unterhalb von */var/ftpd* zur Verfügung zu stellen. Hierzu sind die folgenden Befehle einzugeben:

```
debian:~# cd /var/ftpd

debian:/var/ftpd# mkdir bin etc lib pub

debian:/var/ftpd# cp /bin/ls bin/

debian:/var/ftpd# cp
    /lib/{libc.so.6,ld-linux.so.2,libnsl.so.1,libnss_compat.so.2} lib/
```

Durch den letzten Befehl werden alle Bibliotheken, die von dem Befehl *ls* benötigt werden, in das Verzeichnis *lib* kopiert. Damit *ls* die Namen von Benutzer- und Gruppenzugehörigkeit von Dateien anzeigen kann, liest es die entsprechenden Informationen aus der Datei */etc/passwd* bzw. aus */etc/group*. Diese beiden Dateien müssen nun auch im Verzeichnis */var/ftpd/etc* vorhanden sein, damit sie nach dem Wechsel des Wurzelverzeichnisses gelesen werden können. Allerdings sollten hier keine verschlüsselten Passwörter oder Benutzerinformationen mehr enthalten sein. Es reicht aus, wenn die Dateien lediglich die Namen von Benutzern bzw. Gruppen sowie die Benutzer-IDs bzw. die Gruppen-IDs beinhalten. Angenommen die Dateien, die Sie über anonymes FTP zur Verfügung stellen wollen, sollen ausschließlich den Benutzern *root*, *ftp* oder *meier* gehören, dann reicht die folgende Information in */var/ftpd/etc/passwd*:

```
root::0:0:::
meier::1002:1002:::
ftp::1004:1004:::
```

Die Benutzer- und Gruppen-IDs sind natürlich an die tatsächlichen Werte anzupassen. Für die Datei */var/ftpd/etc/group* sollten die folgenden Informationen ausreichen:

```
root::0:
meier::1002:
ftp::1004:
```

Auch hier sind natürlich die Gruppen-IDs anzupassen. Nun können Sie eine Datei verfassen, welche einen Begrüßungstext enthält, der den Benutzern Ihres Servers nach der Anmeldung angezeigt wird. Dieser Text ist in der Datei *etc/motd* (im Beispiel also in */var/ftpd/etc/motd*) zu speichern:

```
Welcome anonymous user,

this ftp server is experimental.
All public files are under /pub.

Have fun!
```

Aus Sicherheitsgründen müssen Sie nun die Zugriffsrechte aller Dateien und Verzeichnisse unterhalb von */var/ftpd* prüfen. Dazu wird folgendes empfohlen: Alle Dateien und Verzeichnisse sollten dem Benutzer und der Gruppe *root* zugeordnet sein. Geben Sie dazu diesen Befehl ein, wenn Sie sich im Verzeichnis */var/ftpd* befinden:

debian:/var/ftpd# **chown root.root -R ./**

Die Verzeichnisse *bin*, *lib* und *etc* müssen lesbar für *root* und ausführbar für alle anderen Benutzer sein:

debian:/var/ftpd# **chmod u=rx,g=x,o=x bin lib etc**

Das Programm *bin/ls* muss nur ausführbar sein:

debian:/var/ftpd# **chmod a=x bin/ls**

Die Dateien in *etc* sollten lesbar für Alle sein:

debian:/var/ftpd# **chmod a=r etc/***

Die Dateien in *lib* sollten ebenfalls lesbar für alle Benutzer sein, die Dateien *lib/libc.so.6* und *lib/ld-linux.so.2* müssen darüber hinaus ausführbar für Alle sein:

debian:/var/ftpd# **chmod a=r lib/***

debian:/var/ftpd# **chmod a+x lib/{libc.so.6,ld-linux.so.2}**

Das Verzeichnis *pub* sowie das Wurzelverzeichnis des FTP-Servers (im Beispiel also */var/ftpd*) sollten les- und ausführbar für alle Benutzer sein:

debian:/var/ftpd# **chmod a=rx pub .**

Löschen Sie nun noch die Dotfiles (wie *.bashrc*), die während der Erzeugung des Benutzers *ftp* in das Verzeichnis kopiert wurden:

```
debian:/var/ftpd# rm .[a-zA-Z]*
```

Nun sollte der FTP-Server fertig eingerichtet sein und Sie können ihn freigeben, in dem Sie in der Datei */etc/ftpusers* die Einträge *ftp* und *anonymous* auskommentieren (mit einem #-Zeichen).
Versuchen Sie nun auf den Server zuzugreifen, wie es in Abschnitt 17.6.5 beschrieben ist. Dateien, die Sie anderen mit dem Server zugänglich machen wollen, sollten Sie unterhalb des Verzeichnisses *pub* ablegen. Sie können dort auch Unterverzeichnisse anlegen, um die Dateien zu ordnen. Denken Sie immer daran, dass alle Verzeichnisse unterhalb von *pub* les- und ausführbar für alle Benutzer sein sollten. Dateien sollten lesbar für alle Benutzer sein. Wenn Sie ein Verzeichnis einrichten möchten, in das Benutzer Ihres Server Dateien hochladen können (z. B. *pub/incoming*, dann sollte dieses Verzeichnis mit Schreibrechten für alle Benutzer ausgestattet sein.
Der FTP-Server kann alle Zugriffe über den Syslog-Daemon protokollieren. Dazu ist er mit der Option *-l* aufzurufen. Wenn die Option zweimal angegeben wird, werden zusätzlich alle Datentransfers und Dateimanipulationen mitprotokolliert. Wenn Sie diese Eigenschaft nutzen wollen, müssen Sie die Zeile in der Datei */etc/inetd.conf*, durch welche der FTP-Server aufgerufen wird, folgendermaßen ändern:

```
ftp stream tcp nowait root /usr/sbin/tcpd /usr/sbin/in.ftpd -l -l
```

Vergessen Sie nicht, dass *inetd* die Konfigurationsdatei nach der Änderung neu einlesen muss. Zugriffe, Dateitransfers und -manipulationen werden dann in der Datei */var/log/syslog* protokolliert.
Damit Benutzer Ihnen Probleme mit Ihrem FTP-Server berichten können, sollten Sie eine E-Mail-Adresse *ftp-bugs@ihr.server.de* einrichten.

Alternative FTP-Serverprogramme Der standardmäßige FTP-Server ist zwar für die meisten Zwecke ausreichend, gelegentlich werden jedoch zusätzliche Eigenschaften benötigt. Dazu gehören u. a. die Fähigkeit, die Anzahl gleichzeitig zugreifender Benutzer zu begrenzen, bestimmten Benutzern besondere Rechte einzuräumen oder Dateien und Verzeichnisse vor dem Transport automatisch zu komprimieren. Wenn Sie solche Eigenschaften benötigen, sollten Sie sich die Pakete *wu-ftpd* und *proftpd* ansehen.

17.7.5 Einrichtung des Mail-Transport-Agents *exim*

Im Allgemeinen gehört zu einem UNIX System ein so genannter Mail-Transport-Agent (MTA). Ein solches Programmpaket nimmt elektronische Post (E-Mail) von den Benutzern des Systems entgegen und leitet Sie an andere Benutzer weiter. Darüber hinaus kann es E-Mail über ein Netzwerk an andere Systeme weiterleiten und Mail von anderen Systemen empfangen, diese an lokale Benutzer zustellen oder wiederum an andere Systeme weitergeben. Der Standard-MTA unter Debian GNU/Linux ist *exim*. Dieses von dem MTA *smail* inspirierte Programm zeichnet sich durch einfache Konfigurierbarkeit, hohe Flexibilität, hohe Sicherheit, große Performance und geringe Systembelastung aus. Besondere Merkmale von *exim* sind die Fähigkeit zur automatischen Filterung von Mails (ohne Verwendung externer Programme wie *procmail*) und die Fähigkeit zur automatischen Behandlung unerwünschter Werbe-Mail.
Eine Basiskonfiguration des Programms lässt sich mit dem Skript *eximconfig* erstellen. Dieses Skript wird auch nach der Installation des Pakets *exim* aufgerufen, falls noch keine Konfiguration vorhanden ist.

Basiskonfiguration mit *eximconfig* Das Skript kann manuell durch den folgenden Befehl aufgerufen werden:

```
debian:~# eximconfig
```

Danach erscheint entweder eine Begrüßung, in der Ihnen mitgeteilt wird, dass dieses Skript eine einfache Konfiguration erstellen kann. Oder es erscheint eine Meldung, die Ihnen mitteilt, dass bereits eine Konfiguration gefunden wurde und diese durch die Fortsetzung des Skriptes überschrieben wird. In jedem Fall haben Sie die Möglichkeit, das Skript durch Betätigung der Tastaturkombination STRG-C abzubrechen oder mit EINGABE fortzusetzen.
Danach erscheint ein Menü, aus dem eine der folgenden Grundkonfigurationen ausgewählt werden muss:

Internet Site: Eine Ausgangskonfigurationen für Rechner, die dauerhaft mit dem Internet verbunden sind und E-Mail direkt empfangen und versenden können.

Internet Site using Smarthost: Unter einem Smarthost wird ein System verstanden, an das jede Mail geliefert wird, die lokal (also auf dem eigenen Rechner) nicht zugestellt werden kann. Im Gegensatz zu der gewöhnlichen Methode der direkten Auslieferung (wie bei *Internet Site*) bietet die Verwendung eines Smarthosts den Vorteil, dass das lokale System nicht „wissen" muss, auf welchem Weg Mail an andere Rechner ausgeliefert werden kann. Selbstverständlich muss der Administrator des Systems, das als Smarthost verwandt wird, hiermit einverstanden sein und sein System so konfiguriert haben, dass es diese Aufgabe wahrnimmt.

Dieses Setup eignet sich u. a. für Rechner, die über eine Einwahlverbindung ins Internet verfügen und ausgehende E-Mail nach der Einwahl an den Smarthost des Internet-Providers abgeben. Hierbei müssen allerdings unter Umständen manuell Regeln zum Umschreiben der Absenderadressen eingegeben werden. Solange eine Verbindung zu anderen Rechnern besteht, ermöglicht diese Konfiguration auch den Empfang von E-Mail. Eine weitere Anwendungsmöglichkeit für diese Konfiguration ist deswegen der Einsatz auf Rechnern in Netzwerken, wo ein zentraler „E-Mail-Rechner" den Versand ausgehender Mails durchführt.

Satellite System: Bei dieser Konfiguration wird keine E-Mail empfangen (Das „Abholen" von Mail mit anderen Programmen ist natürlich weiterhin möglich). Ausgehende Mail wird ebenfalls an einen Smarthost gesendet. Diese Konfiguration eignet sich besonders für Rechner, die das Verzeichnis mit den Mailspool-Dateien (normalerweise */var/mail*) von einem Server über NFS mounten.

Local delivery only: Konfiguration für unvernetzte Rechner. Mail von und an lokale Benutzer wird empfangen und ausgeliefert. Es wird keine E-Mail von anderen Systemen empfangen oder an diese weitergeleitet. Diese Option wird für solche Rechner empfohlen, die im Prinzip unvernetzt sind, unter Umständen aber über eine Einwahlverbindung zu einem Internetprovider verfügen. Der MTA wird dann nur zur Auslieferung lokaler Mail benutzt, für den Empfang eingehender E-Mail sind die Benutzer selbst verantwortlich und können dies – wie unter anderen Betriebssystemen oft üblich – mit einem Mail-User-Agent, also beispielsweise *netscape* oder *balsa* erledigen.

No configuration: Das Mailsystem wird nicht konfiguriert und ist nicht funktionsfähig. Es sollte später von Hand oder durch erneuten Aufruf von *eximconfig* konfiguriert werden.

Wenn Sie sich nicht sicher sind, welches die richtige Konfiguration für Ihr System ist, sollten Sie *Local delivery only* wählen. Ihr Rechner verhält sich dann aus der Sicht fremder Systeme wie ein Rechner ohne eigenen MTA. Abhängig davon, welche Option Sie ausgewählt haben, müssen Sie nun einige der folgenden Fragen beantworten. Dabei wird Ihnen in der Regel ein Vorgabewert (*default*=...) vorgeschlagen, den Sie durch Betätigung der EINGABE-Taste bestätigen können. Korrekturen sind während der Eingabe mit der ZURÜCK-Taste möglich. Darüber hinaus kann durch Eingabe von *x* bewirkt werden, dass alle Fragen erneut gestellt werden. Diese Möglichkeit können Sie nutzen, falls Sie eine falsche Eingabe oder Auswahl zu spät bemerken (also nachdem Sie sie bereits mit EINGABE bestätigt haben).

What is the 'visible' Mail Name? Hier ist der volle Internetname des Systems anzugeben, das als Absender in ausgehenden Mails eingetragen werden soll. Falls in Ihrem Netzwerk beispielsweise der Rechner *mailbox.firma.de* für den Empfang von Mail verantwortlich ist, so sollten Sie diesen Rechnernamen hier eintragen, damit die *From:*-Zeile ausgehender Mail diesen Namen enthält und Antworten auf Mails von Ihrem System an diese Adresse gesendet werden. Wenn Ihr System Mail selbst empfängt, können Sie den Vorgabewert, nämlich den Namen Ihres Rechners übernehmen. Achten Sie jedoch darauf, dass hier der volle Internetname eingetragen ist: Also beispielsweise nicht *pe2*, sondern *pe2.firma.de*.

Does this System have any other names ... ? Gelegentlich werden für E-Mail andere oder zusätzliche Rechnernamen benutzt, die von dem normalen Internetnamen des Rechners, auf dem die Mail empfangen und versendet wird, abweichen.

Dies setzt natürlich voraus, dass alle anderen am Mailtransport zu diesen Adressen beteiligten Systeme diese „virtuellen" Adressen kennen. Wenn Ihr System Mail an zusätzliche Adressen empfangen soll, können Sie diese hier – getrennt durch Leerzeichen oder Kommata, falls es mehrere sind – angeben.

Are there any domains you want to relay mail for? Falls Ihr Rechner die Aufgabe übernehmen soll, Mail zu empfangen, die nicht für lokale Benutzer bestimmt ist, sondern an andere Systeme weitergeleitet werden muss und auch nicht von lokalen Rechnern stammt, beispielsweise weil andere Rechner so konfiguriert sind, dass sie Ihren Rechner als Standardweg zum Versand von Mail verwenden, können Sie hier die Domainnamen angeben, für die Sie Mail zur Weiterleitung akzeptieren wollen. Ihr Rechner dient dann praktisch für andere Systeme als Relaisstation (Relay) bei der Versendung von E-Mail. Darüber hinaus ist es möglich, grundsätzlich jede Mail von allen Systemen zu akzeptieren und weiterzuleiten, die Sie als Relay angeben. In diesem Fall geben Sie hier *mx* (für Mailexchange) an.

Are there any networks of local machines, you want to relay mail for? Bei dieser Abfrage können Sie angeben, welche Netzwerke Sie als Smarthost einsetzen dürfen. Die Angabe erfolgt in der Adresse/Länge-Schreibweise, bei der zunächst die IP-Nummer des Netzwerkes und dann die Netzwerkmaske in Form einer Dezimalzahl, die die Anzahl der auf „1" gesetzten Bits in der Netzwerkmaske bestimmt, angegeben wird. Möchten Sie beispielsweise als Smarthost für das Netzwerk mit der IP-Nummer *192.168.16.0* dienen und würde die Netzwerkmaske dieses Netzwerkes *255.255.255.0* sein, so wäre hier die Angabe *192.168.16.0/24* zu machen. Falls der betreffende Rechner als Smarthost für ein größeres Netz mit der Netzwerkadresse *192.168.0.0* eingesetzt werden soll, das die Netzwerkmaske *255.255.0.0* hat, so wäre entsprechend *192.168.0.0/16* anzugeben. Natürlich können Sie auch einzelne Rechner spezifizieren, beispielsweise *192.168.30.31/32*, hier wären alle Bits der Netzwerkmaske auf „1" gesetzt, so dass nur eine einzelne Adresse gemeint ist. Wenn Sie mehrere Netzwerke spezifizieren wollen, müssen Sie die Adresse/Länge-Angaben für die einzelnen Netze hintereinander durch Leerzeichen oder Kommata getrennt angeben.

Would you like to use the RBL? Leider versenden heute immer mehr schmierige Geschäftemacher unaufgefordert E-Mail mit teilweise unseriösem Inhalt („Spam"). Um sich hiergegen zu wehren, kann *exim* die Absender eingehender E-Mail auf Übereinstimmung mit einer „schwarzen Liste" überprüfen und Mail von unerwünschten Absendern zurückweisen oder mit einer zusätzlichen Header-Zeile versehen, die es den Mailempfängern erlaubt, Ihre eingehende Mail automatisch zu filtern (d. h. Mail mit dieser Header-Zeile zu löschen oder anderweitig zu behandeln). Durch manuelle Konfiguration von *exim* ist auch das Durchsuchen ein- und ausgehender Mail nach bestimmten Ausdrücken oder jede weitere Behandlung (oft werden eingehende Mails zunächst durch einen Virenscanner geschickt, bevor sie an den Empfänger ausgeliefert werden) möglich. *eximconfig* gibt Ihnen die Möglichkeit, das System so zu konfigurieren, dass die IP-Adressen, die E-Mail an Ihr System schicken, mit einer regelmäßig aktualisierten schwarzen Liste (der Realtime Blackhole List (RBL), siehe auch http://maps.vix.com/rbl/) verglichen werden und bei Übereinstimmung entweder zurückgewiesen oder mit einer zusätzlichen Header-Zeile versehen werden. Bedenken Sie, dass es gelegentlich passieren kann, dass Sie durch die automatische Zurückweisung theoretisch auch einmal Mail verlieren könnten, bei der es sich nicht um „Spam" handelt. Geben Sie *r* an, wenn Sie unerwünschte Mail automatisch zurückweisen wollen, *f*, falls Sie eine zusätzliche Header-Zeile bei Spam-Mail addieren möchten oder *n*, wenn Sie diese Möglichkeiten nicht nutzen wollen.

What domain(s) would you like to use for the RBL? Die RBL wird von einem Internetserver bezogen, dessen Name Sie hier angeben können. Falls Sie keinen besonderen Server verwenden wollen, benutzen Sie einfach den Vorgabewert (*rbl.maps.vix.com*).

Which user account(s) should system administrator mail go to? In der Regel wird Mail für den Systemadministrator und den Mailverantwortlichen (*postmaster*) an einen anderen „echten" Benutzer weitergeleitet. Auf der einen Seite sollte es nämlich auf jedem am Empfang und der Versendung von E-Mail beteiligten System eine Mailadresse, beginnend mit *postmaster*, also beispielsweise *postmaster@firma.de*, geben. Dies bietet den Vorteil, dass man immer weiß, an wen Mail bezüglich Problemen mit dem Mailversand geschickt werden muss. Mail an den Administrator sollte an einen gewöhnliche Benutzer geschickt werden, weil die Auslieferung von Mail an *root* potentiell mit Sicherheitsproblemen belastet ist. Außerdem sollte es nicht notwendig sein, sich als Administrator anzumelden, um Systemmitteilungen zu überprüfen. Sie sollten hier den Benutzernamen angeben, unter dem Sie normalerweise arbeiten, also wenn Sie sich nicht zur Pflege des Systems als *root* angemeldet haben. Es ist auch möglich, mehrere (durch Leerzeichen getrennte) Benutzernamen anzugeben, was zur Folge hat, dass jeder der angegebenen Benutzer E-Mail für *root* und *postmaster* erhält.

You already have an /etc/aliases file: Zur Weiterleitung von Mail an bestimmte Benutzer wie beispielsweise *root* oder *postmaster*, die in der Regel keine echten Benutzer sind, an reale Benutzer (also beispielsweise an Sie) wird die Datei */etc/aliases* verwendet, in der angegeben wird, an wen Mail, die an solche „virtuellen" Benutzer gesendet wurde, umgeleitet werden soll. Wenn Sie auf dem System nicht zum ersten Mal einen MTA konfigurieren, haben Sie eine solche Datei unter Umständen schon. *eximconfig* fragt hier, ob es diese Datei ersetzen darf, wobei die alte Version dann als */etc/aliases.0* gesichert wird. Prinzipiell sollten Sie hier mit *y* antworten, wodurch die Datei ersetzt wird und, falls Sie vorher Änderungen an der vorherigen Version durchgeführt haben, diese dann später in der neuen Datei einfügen.

Which machine will act as the smarthost and handle outgoing mail? Hier geben Sie den Namen des Rechners an, an den ausgehende Mail (von ihrem System) gesendet werden soll. In der Regel wird dies der Mailserver Ihres Internet-Providers sein. Die Mail wird an diesen Server über SMTP gesendet. Auf dem angegeben Rechner muss also ebenfalls ein MTA laufen, der E-Mail zur Weiterleitung an andere Systeme von Ihnen akzeptiert.

What is this systems name? Geben Sie hier den vollen Namen des Rechners an, für den Sie *exim* konfigurieren. Die Frage gehört zur Konfiguration von Satellitensystemen, bei denen dieser Name nicht in der Absenderadresse erscheint, da er umgeschrieben wird (s. u.).

Where will your users read their mail? Bei Satellitensystemen, die selbst keine E-Mail empfangen, ist es in der Regel notwendig, die Absenderadresse von Mails, die auf diesen Systemen erstellt wird, umzuschreiben. Im Absender erscheint dann nicht mehr der Name des Rechners, auf dem die Mail erstellt wurde, sondern der Name des Rechners, der Mail für das Satellitensystem empfängt und von dem diese gelesen wird (beispielsweise, indem Sie von dort abgeholt wird, oder das Mail-Verzeichnis dieses Servers über NFS vom Satellitensystem gemounted wird). In der Regel ist hier also die Adresse des benutzten Mailservers anzugeben.

> **Achtung:** Bedenken Sie, dass diese Konfiguration nur dann richtig funktioniert, wenn die Benutzer auf dem Mailserver die gleichen Benutzernamen haben, wie auf dem lokalen System. Andernfalls wird der Rechner- (oder Domain-) Teil der Adresse zwar richtig umgeschrieben (also der Teil hinter dem „@"), der Benutzerteil der Adressen (vor dem „@") wird jedoch nicht geändert, was zur Folge haben kann, dass Antworten an die so erzeugten Adressen verlorengehen oder an andere Benutzer des Mailservers gesendet wird. Dies ist sicherlich nicht erwünscht.

Am Ende der Konfiguration wird eine Zusammenfassung der Einstellungen am Bildschirm ausgegeben und die Frage *Is this OK?* gestellt. Wenn alles richtig ist, antworten Sie mit *y*, ansonsten mit *n*, woraufhin die Konfiguration neu durchlaufen wird.

Testen der Basiskonfiguration Nachdem Sie die Basiskonfiguration erstellt haben, sollten Sie die wichtigsten Funktionen testen. Dazu können Sie jedes E-Mail-Programm (MUA) verwenden, das mit Mailspool-Dateien umgehen kann. Richten Sie das Programm so ein, dass zum Empfang eingegangener Mail die lokale Mailspool-Datei benutzt wird und Mail über den lokalen MTA (nicht über SMTP) versendet wird.

Abbildung 49 zeigt die entsprechende Einstellung für das Programm *balsa*. Führen Sie die Tests als gewöhnlicher Benutzer und nicht als Administrator durch!

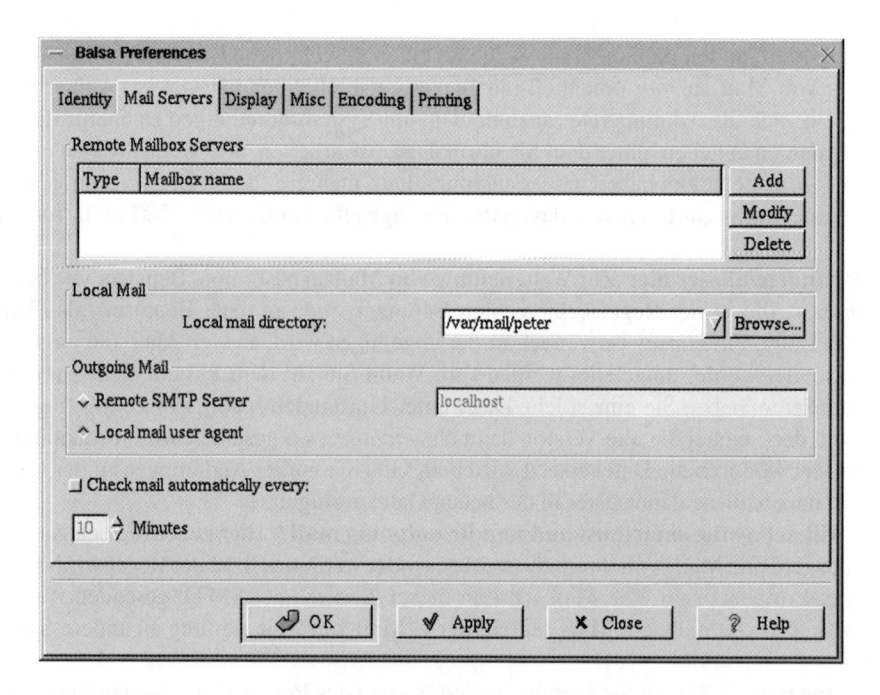

Abbildung 49: Konfiguration des E-Mail Programms *balsa* zur Verwendung des lokalen Mailspools für eingehende Mail und des lokalen SMTP-Servers für ausgehende Mail.

- Schicken Sie eine Mail an sich selbst. Geben Sie dazu als E-Mail-Adresse nur Ihren Benutzernamen an (ohne „@" und ohne Rechnernamen).
- Prüfen Sie, ob Sie die Mail erhalten haben. Falls dies nicht der Fall ist, sollten Sie in der Datei */var/log/exim/mainlog* nachsehen, ob die Mail von *exim* überhaupt bearbeitet wurde. In dem Verzeichnis */var/log/exim* befinden sich zwei weitere Log-Dateien, nämlich *paniclog* und *rejectlog*. In der ersten Datei werden Zustände protokolliert, mit denen *exim* aus irgendeinem Grund (in der Regel aufgrund fehlerhafter Konfiguration) nicht umgehen konnte. In der zweite Datei (*rejectlog*) wird protokolliert, wenn eine Mail von *exim* abgewiesen wurde.
- Danach können Sie sich als Administrator eine Mail schicken. Diese Mail sollten Sie dann mit dem Benutzerkonto empfangen können, welches Sie bei der Frage, an welchen Benutzer Mail an *root* gehen soll, angegeben haben.
- Wenn Sie *exim* so konfiguriert haben, dass es ausgehende Mail via Smarthost oder direkt versenden soll, können Sie danach eine Mail an einen Benutzer außerhalb Ihres Rechners schicken, also beispielsweise an Ihr Benutzerkonto bei Ihrem Provider. Voraussetzung dafür ist natürlich, dass Sie über eine aktive Internet-Anbindung verfügen. Prüfen Sie danach, ob die Mail angekommen ist. Wenn dies nicht der Fall sein sollte, überprüfen Sie zunächst wieder die Log-Dateien. Wenn Sie *exim* für die Benutzung eines Smarthosts konfiguriert haben, sollten Sie prüfen, ob Sie tatsächlich berechtigt sind, den angegebenen Smarthost zu verwenden. Viele Mail-Provider verwenden aus Sicherheitsgründen so genanntes SMTP after POP, das bedeutet, dass der Smarthost erst dann benutzt werden darf, wenn vorher per POP nachgesehen wurde, ob Mail vorhanden ist. Testen Sie dies, in dem Sie zunächst per POP (z. B. mit Netscape oder *fetchmail*, siehe Seite 569) eine Verbindung zum Mail-Provider aufbauen und danach erneut versuchen, ausgehende Mail zu versenden.

- Falls *exim* auch eingehende Mail empfangen können soll, können Sie Ihr Mail-Programm nun so umkonfigurieren, dass es zum Mailversand SMTP benutzt. Geben Sie dabei als Mailserver den Rechnernamen *localhost* an. Danach sollten Sie sich eine weitere Testmail senden.
- Schließlich können Sie sich von einem anderen Rechner aus eine Mail an Ihren Rechner senden. Bedenken Sie, dass dies nur funktioniert, wenn Ihr Rechner einen gültigen Namen hat, der im DNS-Server des anderen Rechners eingetragen ist, bzw. dessen Smarthost bekannt ist. Ihr Rechner muss natürlich ebenfalls über eine aktive Netzwerk-Anbindung verfügen, damit er empfangsbereit ist.

Wenn diese Tests die gewünschten Resultate hervorgebracht haben, können Sie sich an die Feinkonfiguration machen. Die Konfigurationsdatei für *exim* ist die Datei */etc/exim.conf*. Die Datei enthält eine Reihe von Kommentaren, die jeweils mit einem Doppelkreuz (#) eingeleitet werden. Außerdem darf Sie leere Zeilen enthalten, welche der Strukturierung dienen. In der Datei befinden sich verschiedene Abschnitte, mit denen einzelne Teilaspekte von *exim* konfiguriert werden.

Dokumentation zu *exim* Im Verzeichnis */usr/share/doc/exim* liegen eine Reihe von Dokumenten zu *exim*. Eine ausführliche Einführung und Erläuterung der Möglichkeiten zur Konfiguration befindet sich in der Datei */usr/share/doc/exim/spec.txt.gz*. Mit dem Paket *exim-doc* steht außerdem Dokumentation im GNU Info-Format zur Verfügung. Die Kommandozeilen-Optionen von *exim* sind in der Manual-Seite zu dem Programm beschrieben. Weitere Informationen befinden sich auf den Web-Seiten zu dem Programm, die unter der Adresse `http://www.exim.org` erreichbar ist. Dort befinden sich u. a. eine Liste mit Antworten auf häufig gestellte Fragen sowie Adressen von Mailinglisten zu dem Programm und Archive dieser Mailinglisten.
Allgemeine Erläuterungen zum Thema E-Mail unter Linux finden Sie in drei verschiedenen HOWTOs, nämlich dem *Mail-Administrator-HOWTO*, dem *Mail-HOWTO* und dem *Mail-User-HOWTO*. Diese Dokumente befinden sich im Verzeichnis */usr/doc/share/HOWTO/ent-txt*, wenn das Paket *doc-linux-text* installiert ist.

Weitere Hinweise

Die Datei /etc/aliases Diese Datei dient zur systemweiten Umleitung von E-Mail. In jeder Zeile dieser Datei, die nicht leer ist oder einen Kommentar beinhaltet, befindet sich eine Anweisung zur Umleitung. Diese Anweisungen bestehen aus einem Empfängernamen, einem Doppelpunkt und dahinter einer Liste von Empfängernamen oder sonstigen Anweisungen, mit denen spezifiziert wird, was mit Mails, die an den angegebenen Empfänger adressiert sind, geschehen soll. Ein einfaches Beispiel für einen Eintrag in der Datei wäre folgendes:

```
root: karl
```

Die Anweisung bewirkt, dass jede Mail, die an das lokale System geschickt wird und dort an den Empfänger *root* gehen soll, an den Empfänger *karl* weitergeleitet wird. Beachten Sie, dass der als erstes angegebene Empfänger (hier also *root*) nicht tatsächlich als Benutzer auf dem System vorhanden sein muss. Mit diesem Verfahren lassen sich also leicht zusätzliche E-Mail-Adressen erzeugen.
Es ist auch möglich, mehrere Empfänger anzugeben:

```
important-persons: karl, susanne, marc
```

Diese Anweisung würde zur Folge haben, dass jede Mail, die an den Empfänger *important-persons* auf Ihrem System geschickt wird, gleichzeitig an die Empfänger *karl*, *susanne* und *marc* ausgeliefert wird.
Wenn Sie sich die standardmäßig erstellte Datei */etc/aliases* ansehen, werden Sie feststellen, dass dort von Mehrfach-Umleitungen Gebrauch gemacht wird. Mail an eine ganze Reihe von Benutzern wird zunächst an *root* umgeleitet und dann mit einer einzigen Anweisung an einen bestimmten Benutzer weitergeleitet.
Sie können Mail auch an Programme weiterleiten. Dazu ist das Pipe-Zeichen zu verwenden. Beispiel:

```
auto-answer: "| /usr/local/bin/some_script argument"
```

Diese Anweisung bewirkt, dass Mail an den Empfänger *auto-answer* in die Standardeingabe des Programms oder Skripts */usr/local/bin/some_script* gegeben wird. Im Beispiel wird dieses Programm mit dem Parameter *argument* aufgerufen. Ein solches Skript könnte die Mail automatisch verarbeiten und evtl. Antworten generieren, die es ebenfalls automatisch verschickt.

Mehr Hinweise zu den Möglichkeiten der Datei */etc/aliases* finden sich in der Datei */usr/share/doc/exim/spec.txt.gz*

Einstellungen für Rechner mit Einwahlverbindung Wenn Sie nur über eine temporäre Internetverbindung verfügen, ist es sinnvoll, einige Anpassungen an der Datei */etc/exim.conf* vorzunehmen. Insbesondere dann, wenn Sie Dial-On-Demand benutzen, ist es nämlich u. U. unerwünscht, dass *exim* für jede auszuliefernde Mail eine Internetverbindung aufbaut. Mit der folgenden Anweisung in der Datei */etc/exim.conf* wird erreicht, dass ausgehende Mails (also solche Mail, die nicht lokal zugestellt werden kann) nicht sofort ausgeliefert werden:

```
queue_remote_domains *
```

Ausgehende Mails werden mit dieser Einstellung erst dann ausgeliefert, wenn *exim* versucht, bisher nicht erfolgreich ausgelieferte Mails zuzustellen. Dies passiert, wenn *exim* mit dem Parameter *-q* aufgerufen wird. Standardmäßig geschieht dies alle 30 Minuten. Dafür ist die Datei */etc/cron.d/exim* verantwortlich, die einen entsprechenden Crontab-Eintrag enthält:

```
08,38 * * * * mail if [ -x /usr/sbin/exim -a -f /etc/exim.conf ]; then
    /usr/sbin/exim -q >/dev/null 2>&1; fi
```

Wenn Sie wünschen, dass überhaupt keine automatische Zustellung erfolgt, können Sie den Eintrag in der Datei auskommentieren. Falls Sie die automatische Zustellung in größeren Zeitabständen durchführen möchten, müssen Sie den Eintrag entsprechend anpassen. Folgender Eintrag bewirkt beispielsweise, dass die Mail alle zwei Stunden zugestellt wird:

```
08 0-23/2 * * * mail if [ -x /usr/sbin/exim -a -f /etc/exim.conf ]; then
    /usr/sbin/exim -q >/dev/null 2>&1; fi
```

Wenn Sie die Einwahlverbindung per Modem-PPP oder per ISDN-PPP aufbauen, wird die Zustellung nach dem Verbindungaufbau automatisch ausgeführt. Hierfür ist das Skript */etc/ppp/ip-up.d/exim* zuständig, in dem sich der Befehl *exim -qf* verbirgt. Die zusätzliche Option *-f* bewirkt, dass auch solche Mail ausgeliefert wird, die normalerweise noch nicht ausgeliefert werden würde. Falls Sie keine automatische Mail-Auslieferung nach einem Verbindungsaufbau wünschen, müssen Sie die entsprechende Zeile auskommentieren.

Bei eingehenden SMTP-Verbindungen führt *exim* normalerweise eine DNS-Abfrage aus, um den echten Rechnernamen des Rechners zu erfragen, der die Verbindung initiiert hat. Bei Verwendung von Dial-On-Demand führt das u. U. zum Aufbau einer Verbindung. Sie können dieses Verhalten abschalten, in dem Sie die folgende Zeile in der Datei */etc/exim.conf* auskommentieren:

```
host_lookup = *
```

Wenn Sie *fetchmail* (siehe Seite 569) verwenden, um Mail von Ihrem Provider abzuholen, kann es vorkommen, dass *fetchmail* hintereinander eine große Zahl von Mails übergibt. Standardmäßig liefert *exim* in solchen Fällen nur die ersten zehn Mails sofort aus. Um alle weiteren Mails sofort auszuliefern müssen Sie den Wert für *smtp_accept_queue_per_connection* in der Datei */etc/exim.conf* entsprechend anpassen. Beispiel:

```
smtp_accept_queue_per_connection = 100
```

Automatisches Umschreiben von E-Mail-Adressen Ein System mit temporärer Internet-Verbindung hat normalerweise keinen Namen, der den DNS-Servern offiziell bekannt ist. Das bedeutet, dass keine Mail an solche Systeme geschickt werden kann. Viele E-Mail-Programme benutzen den eigenen Rechnernamen jedoch, um automatisch die Absenderadresse für ausgehende Mail zu generieren. Wenn der (inoffizielle) Name Ihres Systems also beispielsweise *knorkator* lauten würde und Ihr Benutzername auf diesem System *ralf* wäre, dann würde Ihre lokale E-Mail-Adresse *ralf@knorkator* lauten. Damit diese E-Mail-Adresse nicht als Absenderadresse auf Mails erscheint, die Ihren Rechner (oder Ihr Netzwerk) verlassen, ist es also notwendig, sie umzuschreiben. Hierzu benutzt *exim* standardmäßig die Datei */etc/email-adresses*.

Die Datei kann für jeden lokalen Benutzer einen Eintrag in einer Zeile enthalten. Dabei wird zunächst der lokale Name des Benutzers, dann ein Doppelpunkt und dahinter nach einem Leerzeichen die E-Mail-Adresse angegeben, die auf ausgehenden Mails von diesem Benutzer als Absender-Adresse erscheinen soll. Beispiel:

```
ralf: ralf.meier@t-offline.com
marc: marcz7@coldmail.com
susanne: scg@slowmail.net
```

Steuerung und Überwachung mit eximon Das Programm *eximon* (aus dem gleichnamigen Paket) erlaubt die bequeme Überwachung vom *exim* sowie die Manipulation noch nicht ausgelieferter Mails. Standardmäßig zeigt das Programm im oberen Teil seines Fensters Statistiken zum Mailverkehr. Im mittleren Teil werden die selben Meldungen dargestellt, die auch in der Datei */var/log/exim/mainlog* protokolliert werden und im unteren Teil werden alle Nachrichten angezeigt, die noch nicht ausgeliefert wurden, bzw. auf Grund eines Fehlers nicht ausgeliefert werden können. Nach gleichzeitigem Betätigen der Taste SHIFT und Anklicken einer dort angezeigten Mail wird ein Menü angezeigt, mit dem sich die betreffende Mail u. a. manipulieren, sofort ausliefern oder löschen lässt.

Andere MTAs Neben *exim* steht unter Debian eine große Zahl weiterer MTA-Programme zur Verfügung. Die Frage, welcher MTA *der* richtige ist, hat schon manch sonst friedliches Gemüt erhitzt, sie kann grundsätzlich ohnehin nicht beantwortet werden. Hier eine Liste der wichtigsten unter Debian verfügbaren MTAs:

Sendmail Dieses Programm ist der Klassiker unter den MTAs. Das Programm hat Internet-Geschichte geschrieben. Es ist relativ schwierig zu konfigurieren und weist ein paar Schwächen auf, die u. a. dazu geführt haben, dass alternative MTAs entwickelt wurden. Das System ist im Paket *sendmail* enthalten.

Qmail Dieser MTA zeichnet sich durch einen sehr modularen Aufbau und besondere Sicherheitseigenschaften aus. Das Programm darf nur im Quellcode verteilt werden und befindet sich unter Debian deswegen in der Abteilung *non-free* im Paket *qmail-src*. Das Paket erlaubt die automatische Übersetzung des Quellcodes.

Postfix Ein Mailer, bei dessen Programmierung einige Qmail-Ansätze aufgegriffen wurden und der sich durch besonders einfache Konfiguration auszeichnet. Das Programm erfreut sich zusehend größerer Beliebtheit.

Smail Dieser MTA war über einen gewissen Zeitraum der Standard-Mailer unter Debian.

MasqMail Dieser Mailer ist als Ersatz für die „Großen" gedacht und speziell an die Bedürfnisse angepasst, die auf Systemen mit temporärer Internet-Anbindung vorhanden sind.

Ssmtp Hierbei handelt es sich um einen besonders simplen MTA, der lediglich Mail von Benutzern entgegennimmt und diese an einen Smarthost weiterleitet. Das Programm kann keine Mail empfangen und auch keine Mailspool-Dateien pflegen. Es eignet sich gut für den Einsatz in Netzwerken, wo ein Rechner für den Mailversand und -Empfang verantwortlich ist und alle anderen Rechner das Mailspool-Verzeichnis dieses Rechners (über NFS) einbinden.

17.7.6 Abholen von Mail mit *fetchmail*

Nach der Installation und Konfiguration eines MTAs kann Ihr System Mail versenden, empfangen und weiterleiten. Auf einem Einwahlrechner ist man jedoch weiterhin auf einen Mail-Provider angewiesen, damit die Mail zwischengelagert werden kann, so lange keine Netzverbindung besteht. Von dort kann sie – wie beschrieben – mit einem geeigneten MUA (E-Mail-Programm) per POP oder IMAP abgeholt werden.

Eine Alternative dazu ist es, die Mail automatisch mit dem Programm *fetchmail* abholen zu lassen. Dieses Programm übergibt die abgeholte Mail dann in der Regel dem lokalen MTA, welcher sie wie üblich ausliefert. Der große Vorteil bei diesem Verfahren ist, dass dann ein- und ausgehende Mail über den lokalen MTA läuft, also immer nach den selben Regeln behandelt werden kann, egal von welchem Provider sie abgeholt wurde, für welchen Benutzer sie bestimmt ist oder mit welchem Programm sie gelesen oder weiterverarbeitet wird. Außerdem kann nach einer einmal erfolgten Einwahl gleich die Mail für alle Benutzer abgeholt werden, so dass nicht jeder Benutzer einzeln eine Netzverbindung aufbauen muss, um nach neuer Mail zu sehen.

Das Programm *fetchmail* ist in dem gleichnamigen Paket enthalten. Zusätzlich empfiehlt es sich, das Paket *fetchmailconf* zu installieren, welches ein einfach zu bedienendes Konfigurationsprogramm für die graphische Oberfläche enthält. Sie können *fetchmail* als gewöhnlicher Benutzer konfigurieren und benutzen. Das Programm macht ja nichts anderes als E-Mail von einem Server abzuholen und lokal weiter zu versenden. Geben Sie den folgenden Befehl ein, um *fetchmail* zu konfigurieren:

```
joe@debian:~$ fetchmailconf
```

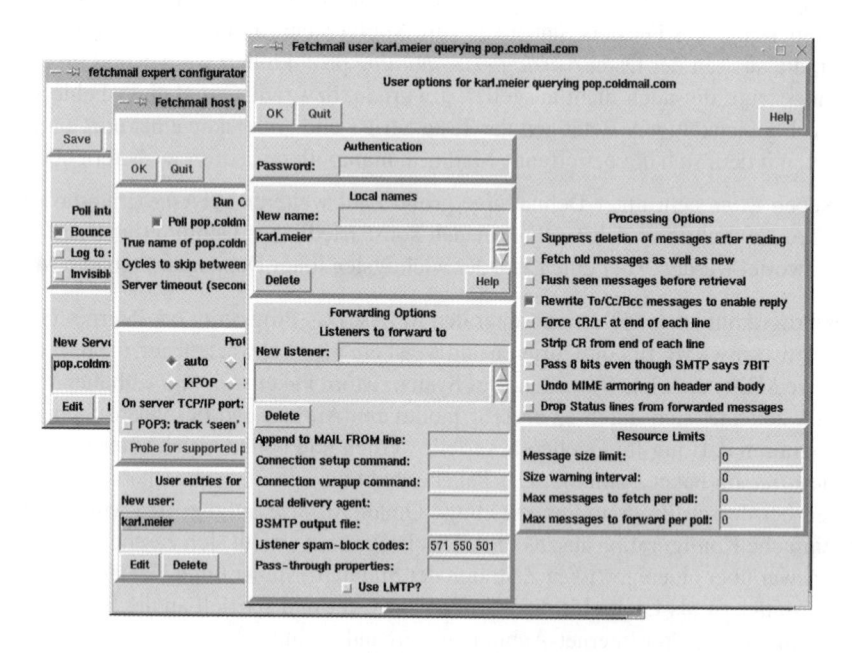

Abbildung 50: Konfiguration von *fetchmail* mit *fetchmailconf* im Expertenmodus.

Es erscheint ein Fenster in dem Sie auswählen können, ob *fetchmail* konfiguriert, getestet, benutzt oder das Programm verlassen werden soll. Wählen Sie *Configure fetchmail* um das Programm zu konfigurieren. In einem weiteren Fenster können Sie dann auswählen, ob Sie den Anfänger- (*Novice-*) oder den Expertenmodus benutzen wollen. Die Optionen im Anfängermodus reichen in der Regel aus, um alle notwendigen Einstellungen vorzunehmen. Nach Auswahl dieses Modus erscheint ein Fenster, in dem Sie zwei Einstellungen vornehmen müssen. Hinter *Poll interval* geben Sie an, nach jeweils wievielen Minuten *fetchmail* erneut versuchen soll, Mail herunterzuladen. Wenn Sie den Vorgabewert 0 benutzen, wird dies nur einmal versucht und das Programm beendet sich danach.

Hinter *News Server* müssen Sie den Namen des Servers angeben, von dem Sie die Mail abholen wollen. Dies ist in der Regel der Rechnername, der Ihnen von Ihrem Provider als POP- oder IMAP-Server mitgeteilt worden ist. Geben Sie den Servernamen ein und drücken Sie danach EINGABE. Der Name erscheint dann in der Liste unter dem Eingabefeld. Klicken Sie den Namen nun mit der Maus an und wählen Sie danach die Schaltfläche *Edit*. Es erscheint nun ein weiteres Fenster, in dessen oberen Teil Sie angeben können, welches Protokoll zum Abholen der Mail benutzt wird. Wenn Sie sich nicht sicher sind, können Sie die Schaltfläche *Probe for supported protocols* anklicken. Das Programm wird dann versuchen, selbstständig das beste, vom Provider unterstützte, Protokoll auszuwählen. Im unteren Teil des Fensters geben Sie hinter *New user* Ihren Benutzernamen ein, den Sie von Ihrem Provider erhalten haben (nicht den lokalen) und drücken danach EINGABE.

Nun müssen Sie den Benutzernamen ebenfalls mit der Maus auswählen und dann die Schaltfläche *Edit* betätigen. Es erscheint ein weiteres Fenster, in dessen oberen Teil Sie das Passwort bei Ihrem Provider eingeben können. Wenn Sie es nicht eingeben, wird *fetchmail* sie zukünftig nach diesem Passwort fragen. Im mittleren Teil des Fensters geben Sie hinter *New Name:* Ihren Namen auf dem lokalen System (also auf Ihrem Computer ein). Den Vorgabewert (den Benutzernamen beim Provider) müssen Sie löschen, in dem Sie ihn mit der Maus auswählen und die Schaltfläche *Delete* auswählen.

Achtung: Wenn sich Ihr lokaler Benutzername und Ihr Benutzername beim Provider voneinander unterscheiden, dann muss unter *Local Names* Ihr lokaler Name eingetragen sein. Wenn dort der Benutzername beim Provider eingetragen ist, wird jede mit *fetchmail* abgeholte Mail wieder an den Absender zurückgeschickt, weil sie lokal nicht zustellbar ist.

Im unteren Teil des Fenster können Sie bestimmen, dass Nachrichten auf dem Server des Providers nicht gelöscht werden sollen, nachdem sie abgeholt worden sind (*Supress deletion of messages after reading*) und dass auch solche Nachrichten abgeholt werden sollen, die bereits gelesen wurden, sich aber noch auf dem Server des Providers befinden (*Fetch old messages as well as new*).

Dann können Sie die beiden zuletzt geöffneten Fenster mit der Schaltfläche *OK* schließen und die Einstellung dann in dem Fenster *Configurator novice controls* mit *save* sichern. Danach können Sie das Programm im Hauptfenster mit *Quit* verlassen.

Das Programm hat nun die Datei *.fetchmailrc* in Ihrem Heimatverzeichnis erzeugt, die sinngemäß folgendermaßen aussehen sollte:

```
# Configuration created Mon Feb 21 19:01:44 2000 by fetchmailconf
set postmaster "karl"
set bouncemail
set properties ""
poll pop.coldmail.com with proto POP3
     user "karl.meier" there with password "seisdrum" is karl here
```

Nun können Sie das Programm testen, in dem Sie den folgenden Befehl eingeben:

```
joe@debian:~$ fetchmail -v
```

Der Parameter *-v* bewirkt, dass *fetchmail* ausgibt, welche Schritte es gerade ausführt. Diese Ausgabe ist hilfreich, um Fehlern auf die Spur zu kommen. Wenn alles funktioniert, können Sie den Parameter in Zukunft weglassen. Überprüfen Sie zunächst mit Ihrem E-Mail-Programm, ob die abgeholte Mail tatsächlich an Sie zugestellt wurde, nachdem *fetchmail* sich beendet hat. Beachten Sie dabei, dass Ihr E-Mail-Programm so eingestellt sein muss, dass es die Mail aus Ihrer Mailspool-Datei empfängt (und nicht per POP oder IMAP).

Falls Sie Ihre Mail dann nicht erhalten haben, obwohl *fetchmail* sie abgeholt hat, sollten Sie zunächst die Ausgabe des Programms prüfen. Sie sollte sinngemäß folgendermaßen aussehen:

```
fetchmail: 5.2.3 querying pop.coldmail.com (protocol POP3) at Tue, 22 Feb 2000
          14:22:46 +0100(CET)
fetchmail: POP3< +OK QPOP (version 2.53) at pop.coldmail.com starting.
fetchmail: POP3> USER karl.meier
fetchmail: POP3< +OK Password required for karl.meier.
fetchmail: POP3> PASS *
fetchmail: POP3< +OK karl.meier has 2 messages (3063 octets).
fetchmail: POP3> STAT
fetchmail: POP3< +OK 2 3063
2 messages for karl.meier at pop.coldmail.com (3063 octets).
fetchmail: POP3> LIST
fetchmail: POP3< +OK 2 messages (3063 octets)
fetchmail: POP3< 1 2077
fetchmail: POP3< 2 986
fetchmail: POP3< .
fetchmail: POP3> RETR 1
fetchmail: POP3< +OK 2077 octets
reading message 1 of 2 (2077 octets)
fetchmail: SMTP< 220 knorkator.home ESMTP Exim 3.12 #1 Tue, 22 Feb 2000 14:22:53 +0100
fetchmail: SMTP> EHLO localhost
fetchmail: SMTP< 250-knorkator.home Hello mail at localhost [127.0.0.1]
fetchmail: SMTP< 250-SIZE
fetchmail: SMTP< 250-PIPELINING
fetchmail: SMTP< 250 HELP
fetchmail: SMTP> MAIL FROM:<owner-debian-user-de@lehmanns.de> SIZE=2077
fetchmail: SMTP< 250 <owner-debian-user-de@lehmanns.de> is syntactically correct
fetchmail: SMTP> RCPT TO:<karl@knorkator.home>
fetchmail: SMTP< 250 <karl@knorkator.home> is syntactically correct
fetchmail: SMTP> DATA
fetchmail: SMTP< 354 Enter message, ending with "." on a line by itself
#***************************fetchmail: SMTP>. (EOM)
fetchmail: SMTP< 250 OK id=12NFHB-00051d-00
 flushed
fetchmail: POP3> DELE 1
fetchmail: POP3< +OK Message 1 has been deleted.
```

Im oberen Teil dieser Ausgabe wird angezeigt, dass *fetchmail* Kontakt mit dem Server *pop.coldmail.com* aufnimmt und sich dort mit dem Benutzernamen *karl.meier* anmeldet. Danach fragt es den Server, wieviele Nachrichten für diesen Benutzer dort vorliegen. Im Beispiel sind dies zwei Nachrichten. Nun wird die erste Mail abgeholt (*reading message 1 of 2*) und dann eine SMTP-Verbindung zum lokalen MTA (*knorkator.home*) aufgebaut. Dem MTA wird die Mail übergeben. Als Absender wird dabei die Original-Absenderadresse und als Empfänger die lokale E-Mail-Adresse des Benutzers (*karl@knorkator.home*) angegeben. Nachdem der MTA bestätigt hat, dass er die Mail entgegengenommen hat, wird sie auf dem POP-Server (also beim Provider) gelöscht. Dieser Vorgang wird für alle Mails wiederholt, die beim Provider für Sie lagern.

Wenn die Ausgabe von *fetchmail* nicht auf Fehler schließen lässt, ist als nächstes die Log-Datei des MTAs zu überprüfen, im Fall von *exim* also */var/log/exim/mainlog*. Am Ende der Datei befindet sich nach der Zustellung sinngemäß folgender Eintrag:

```
2000-02-22 14:22:53 12NFHB-00051d-00 <= owner-debian-user-de@lehmanns.de H=localhost
    [127.0.0.1] U=mail P=esmtp S=2360 id=00022211024700.00913@localhost.localdomain
2000-02-22 14:22:53 12NFHB-00051d-00 => karl <karl@knorkator.home> D=localuser
    T=local_delivery
2000-02-22 14:22:53 12NFHB-00051d-00 Completed
```

Es wird also angezeigt, dass *exim* eine Mail von *owner-debian-user-de@lehmanns.de* entgegengenommen und diese an *karl@knorkator.home* ausgeliefert hat. Falls der entsprechende Eintrag in dieser Datei nicht vorhanden ist, ist in den Dateien */var/log/exim/rejectlog* bzw. */var/log/exim/paniclog* nach dem Fehler zu suchen.

Automatisches Abholen der Mail Mit dem oben gezeigten Verfahren kann jeder Benutzer seine Mail von einem oder mehreren Providern abholen, dem lokalen MTA übergeben und diese dann mit dem E-Mail-Programm seiner Wahl lesen.

Bequemer und einfacher ist es jedoch, die Mail für alle Benutzer automatisch von allen Mail-Providern abzuholen, sobald eine Internet-Verbindung aufgebaut ist. Dazu sollte eine globale Konfigurationsdatei für *fetchmail* angelegt werden, in der sich die Konfiguration für alle Benutzer befindet. Diese Datei kann beispielsweise unter dem Namen */etc/fetchmailrc* gespeichert werden, sie ist prinzipiell genauso aufgebaut wie die Datei *.fetchmailrc* im Heimatverzeichnis eines Benutzers. Beispiel:

```
set syslog
set postmaster "postmaster"
set daemon 300

poll pop.coldmail.com with proto POP3
    user "karl.meier" there with password "seisdrum" is karl here
    user "suse254" there with password "sagnich" is susanne here
    user "ralf.schulze" there with password "foobar" is ralf here

poll imap.slowmail.de with proto IMAP
    user "juergenZ" there with password "bart" is joe here

poll pop.mymail.com with proto POP3
    user "meier25" there with password "hmmpf" is karl here
```

Mit dieser Konfigurationsdatei wird Mail für die drei Benutzer *karl*, *susanne* und *ralf* vom Provider *pop.coldmail.com* abgeholt. Die Mail für den Benutzer *joe* wird vom Server *imap@slowail.de* bezogen. Der Benutzer *karl* hat einen zweiten Mail-Provider (*pop.mymail.com*), von dem ebenfalls Mail für diesen Benutzer abgeholt wird.

Die Option *set syslog* bewirkt, dass die Ausgaben von *fetchmail* an den Syslog-Daemon weitergeleitet werden und deswegen standardmäßig in der Datei */var/log/messages* erscheinen. Mit *set daemon 300* wird erreicht, dass *fetchmail* sich nicht beendet, nachdem es einmal Mail von dem angegebenen Server abgeholt hat, sondern im Hintergrund weiterläuft und alle 300 Sekunden, also alle 5 Minuten erneut versucht Mail abzuholen.

Aus Sicherheitsgründen darf die Datei */etc/fetchmailrc* nur für ihren Besitzer lesbar sein (immerhin befinden sich in der Datei die Benutzernamen und Passwörter der einzelnen Benutzer bei ihren Mail-Providern).

```
debian:~# chmod a-rwx,u=rw /etc/fetchmailrc
```

Nun müssen zwei kleine Skripte erstellt werden, mit denen *fetchmail* gestartet wird, wenn ein Verbindungsaufbau stattgefunden hat bzw. beendet wird, wenn die Verbindung wieder abgebaut wurde. Das Startskript muss im Verzeichnis */etc/ppp/ip-up.d* abgelegt werden, es könnte z. B. den Namen *W20fetchmail* tragen:

```
#!/bin/sh
# Skript zum automatischen Starten von fetchmail
# nach einem Verbindungauf über PPP (Modem oder ISDN)
test -r /etc/fetchmailrc && \
  fetchmail --fetchmailrc /etc/fetchmailrc
```

Mit der *test*-Anweisung wird zunächst überprüft, ob die Datei */etc/fetchmailrc* existiert. Falls dies so ist, wird *fetchmail* danach aufgerufen. Die Option *--fetchmailrc* gibt dem Programm an, welche Konfigurationsdatei zu verwenden ist.

Aufgrund der oben gezeigten Konfigurationsdatei würde *fetchmail* nun alle fünf Minuten versuchen Mail abzuholen, weswegen bei einer Dial-On-Demand-Konfiguration alle fünf Minuten eine Netzverbindung aufgebaut werden würde. Wenn dies nicht gewünscht ist, muss *fetchmail* nach Beendigung der Verbindung ebenfalls beendet werden. Dies kann mit dem folgenden Skript geschehen. Es muss im Verzeichnis */etc/ppp/ip-down.d* gespeichert werden und könnte z. B. den Namen *B20fetchmail* bekommen:

```
#!/bin/sh
# Skript zur automatischen Beendigung von fetchmail
# Nach Abbau der Internetverbindung
test -x /usr/bin/fetchmail && \
   fetchmail -q
```

Dieses Skript ist genauso aufgebaut wie das Startskript. Mit dem Parameter *-q* wird ein laufender *fetchmail*-Prozess des aufrufenden Benutzers beendet. Beide Skripte müssen natürlich ausführbar sein, damit sie tatsächlich aufgerufen werden:

```
debian:~# chmod a+x /etc/ppp/ip-up.d/W20fetchmail
   /etc/ppp/ip-down.d/B20fetchmail
```

Weitere Informationen zu *fetchmail* Das Paket kommt mit einer sehr ausführlichen Manualseite. Zusätzlich befindet sich unter */usr/share/doc/fetchmail/FAQ.gz* eine Sammlung von Antworten auf häufig gestellte Fragen. Einige weitere Hinweise sind im Mail-Administrator-HOWTO sowie im Mail-HOWTO enthalten.

17.7.7 Das Network Filesystem (NFS)

NFS erlaubt es, Datenträger oder Verzeichnisse, die sich auf einem anderen Computer als dem lokalen befinden, so zu benutzen, als würde es sich dabei um ganz normale lokale Datenträger oder Verzeichnisse handeln. Ressourcen wie Heimatverzeichnisse, Mailspool-Verzeichnisse oder Software müssen sich dann nur auf einem Rechner im Netzwerk befinden und können von allen anderen Rechnern genutzt werden. Durch dieses Verfahren lässt sich u. a. Speicherplatz sparen und die Datensicherung vereinfachen. Außerdem werden Benutzer unabhängig von „ihren" Rechnern, wenn Sie von überall auf die selben Daten zugreifen können.

Man unterscheidet bei NFS zwischen Klient und Server, also zwischen Rechnern, die Datenträger anderer Rechner mitnutzen und solchen Rechnern, die anderen Rechnern Datenträger zur Verfügung stellen. Voraussetzung für die Nutzung von NFS als Klient ist ein Kernel, der NFS unterstützt (siehe Kapitel 11). Die NFS-Unterstützung ist im Standardkernel in Form eines Moduls enthalten, das bei Bedarf automatisch geladen wird. Die für einen NFS-Klienten benötigten Programme sind im Paket *nfs-common* enthalten.

Zum Aufbau eines NFS-Servers stehen zwei unterschiedliche Verfahren zur Auswahl. Im Paket *nfs-server* sind eine Reihe von Programmen enthalten, mit denen ein NFS-Server eingerichtet werden kann, der ausschließlich durch normale Benutzer-Programme implementiert wird und deswegen keine besonderen Fähigkeiten des Kernels voraussetzt. Dieser Server ist relativ langsam, bietet jedoch ein hohes Maß an Flexibilität. Sein größter Nachteil besteht allerdings darin, dass er kein so genanntes File-Locking unterstützt. Darunter wird das Sperren einer Datei durch ein Programm für den Zugriff durch andere Programme verstanden. Diese Fähigkeit wird von vielen Programmen benötigt, wenn diese mit Dateien arbeiten, die sich auf einem NFS-Server befinden.

Alternativ zum Paket *nfs-server* kann das Paket *nfs-kernel-server* benutzt werden. Dazu wird ein Kernel benötigt, der mit die Option *NFS Kernel Server* erstellt wurde, wie es bei den Standardkernels der Fall ist. Der eigentliche NFS-Server ist dann Teil des Kernels, im Paket *nfs-kernel-server* sind lediglich die Programme sowie die Infrastruktur enthalten, die benötigt wird, um diesen Server zu betreiben. Der Kernel-Server ist schneller als der normale NFS-Server und unterstützt File-Locking. Es handelt sich bei dem Kernel-Server um eine relativ neue Entwicklung, die noch nicht so flexibel ist wie der Standard-Server. Aktuelle Informationen zum Kernel-Server finden Sie unter http://nfs.sourceforge.net/.

Die im Folgenden beschriebenen Prozeduren zur Einrichtung des NFS-Servers gelten sowohl für den Kernel-Server als auch für den Standard-Server.

Dateibesitzer, Rechte und NFS Dateien und Verzeichnisse stehen mit NFS auf einem Klientrechner mit den gleichen Attributen zur Verfügung wie auf dem Server. Das betrifft zum einen die eigentlichen Rechte (Lesen, Schreiben, Ausführen usw.) als auch den zugeordneten Besitzer und die zugeordnete Gruppe. Dabei kommt es nicht auf den Namen des Besitzers oder der Gruppe, dem oder der eine Datei gehört, sondern auf die numerische Benutzer- oder Gruppen-ID, durch die diese intern repräsentiert werden, an. Wenn eine Datei auf dem NFS-Server also beispielsweise dem Benutzer *karl* gehört und dessen Benutzer-ID 1003 ist und die Datei sich in einem Verzeichnis befindet, auf das über NFS von einem anderen Rechner aus zugegriffen wird, dann gehört diese Datei dort dem Benutzer mit der ID 1003. Dies kann auf dem Klientsystem allerdings eine andere Benutzerin sein (z. B. *ute*). Die Folge wäre, dass *ute* auf dem Klientsystem die gleichen Möglichkeit zum Zugriff auf Dateien hat, die *karl* auf dem Serversystem hat.

Es ist deswegen nur dann sinnvoll, Verzeichnisse über NFS freizugeben, wenn sichergestellt ist, dass Benutzer und Benutzer-IDs sich zwischen Klient- und Serversystemen nicht unterscheiden. Etwas anders sieht dies bei solchen Verzeichnissen aus, in denen sich nur Dateien befinden, die dem Administrator gehören, also etwas Verzeichnissen mit Programmdateien, wie */usr* oder */opt*. Die Benutzer-ID des Administrators ist auf allen UNIX-Systemen Null, so dass gewährleistet ist, dass solche Verzeichnisse und Dateien auch auf dem Klientsystem dem Administrator gehören.

Einrichtung des NFS-Servers Der NFS-Server wird über die Datei */etc/exports* konfiguriert. Sie ist relativ einfach aufgebaut. In jeder Zeile wird zunächst ein Verzeichnis angegeben, welches anderen Rechnern per NFS zur Verfügung gestellt werden soll. Dahinter werden die Namen oder IP-Adressen der Rechner angegeben, die berechtigt sind, das entsprechende Verzeichnis einzubinden. Die Datei darf außerdem leere Zeilen und Kommentare enthalten. Kommentare sind – wie üblich – durch ein Doppelkreuz einzuleiten. Hier ein Beispiel für eine einfache Datei */etc/exports*:

```
# /etc/exports
# Exportiert die Heimatverzeichnisse unter /home
# sowie das Verzeichnis /opt
/home verwaltung rechnungswesen1 buchhaltung
/opt ws1 ws2 ws3 ws4
```

Durch die beiden Anweisungen in der Datei wird das Verzeichnis */home* für die Rechner *verwaltung*, *rechnungswesen1* und *buchhaltung* freigegeben und das Verzeichnis */opt* kann von den Rechnern *ws1* bis *ws4* eingebunden werden. Um mehrere Rechner gleichzeitig zu spezifizieren, können u. a. die Metazeichen * und ? benutzt werden, außerdem ist es möglich IP-Netzwerkadressen und Netzwerkmasken anzugeben. Beispiel:

```
/home *.firma.de
/opt 192.168.10.0/255.255.255.0
```

Mit der ersten Zeile in diesem Beispiel wird es allen Rechnern, deren voll qualifizierter Name mit *firma.de* endet, erlaubt, das Verzeichnis */home* einzubinden. Und die zweite Zeile gibt das Verzeichnis */opt* für alle Rechner frei, die sich im Netz mit der IP-Adresse *192.168.10.0* befinden.

Optionen Es gibt eine Reihe von Optionen, mit denen das Verhalten des NFS-Server beeinflusst werden kann. Diese Optionen beziehen sich immer auf eine bestimmte Verzeichnis-Rechner(gruppen)-Paarung, sie sind in Klammern und durch Kommata voneinander getrennt hinter dem Namen des Rechners anzugeben, für den Sie gelten sollen. Beispiel:

```
/home rechner1(option1,option2) rechner2(option3)
```

Die wichtigsten Optionen sind:

rw Der angegebene Rechner darf das entsprechende Verzeichnis zum Lesen und zum Schreiben einbinden. Dies ist die Voreinstellung bei dem Standard-NFS-Server.

ro Der angegebene Rechner darf das entsprechende Verzeichnis nur zum Lesen einbinden. Dies ist die Voreinstellung beim Kernel-NFS-Server.

no_root_squash Die Eigentümer- und Gruppenattribute von Dateien sind normalerweise auf dem NFS-Server die selben wie auf dem NFS-Klienten. Allerdings ist es oft nicht erwünscht, dass der Administrator eines NFS-Klientsystems auch Eigentümer von solchen Dateien ist, die dem Administrator des NFS-Serversystems gehören. Aus diesem Grund erhalten Dateien, die auf dem Server dem Administrator gehören, auf den Klientsystemen eine „unmögliche" Benutzer-ID, so dass Sie dort nicht geändert werden können. Mit der Option *no_root_squash* lässt sich dieses Verhalten abschalten.

nohide Diese Option gilt nur für den Kernel-NFS-Server. Wenn von einem Klienten ein Verzeichnis eingebunden wird, in dessen Unterverzeichnisse auf dem Server weitere Datenträger eingebunden sind, dann steht der Inhalt dieser (weiteren) Datenträger standardmäßig auf den Klienten nicht zur Verfügung. Diese Option schaltet auch die weiteren Datenträger frei. Bei dem Standardserver werden die weiteren Datenträger automatisch freigeschaltet.

Um also beispielsweise das Verzeichnis */home* für alle Rechner in der Domäne *firma.de* mit Schreib- und Leserechten freizugeben und gleichzeitig die automatische Veränderung der Benutzer-ID des Systemadministrators abzuschalten, wäre der folgende Eintrag in der Datei */etc/fstab* zu verwenden:

    /home *.firma.de(rw,no_root_squash)

Weitere Hinweise zur Datei */etc/exports* finden Sie in der Manualseite *exports* im Abschnitt 5 des Manualsystems. Nach einer Veränderung der Datei ist der NFS-Server davon zu benachrichtigen, damit er sie neu einliest. Dazu kann bei Verwendung des Standard-Servers dieser Befehl benutzt werden:

    debian:~# /etc/init.d/nfs-server reload

Und bei Verwendung des Kernel-Servers entsprechend:

    debian:~# /etc/init.d/nfs-kernel-server reload

Einbinden von freigegebenen Verzeichnissen über NFS Nach dem der NFS-Server eingerichtet ist, können die freigegebenen Verzeichnisse wie lokale Datenträger mit dem Befehl *mount* (S. 688) eingebunden werden. Im Unterschied zu lokalen Datenträgern ist dabei allerdings keine Gerätedatei anzugeben, die das einzubindende Speichergerät repräsentiert, sondern der Name des NFS-Servers, gefolgt von einem Doppelpunkt und dem Namen des freigegebenen Verzeichnisses auf dem Server. Für den Dateisystemtyp muss u. U *nfs* angegeben werden. Beispiel:

    debian:~# mount -t nfs fileserver:/home /mnt

Mit diesem Befehl wird das Verzeichnis */home*, welches sich auf dem Rechner *fileserver* befindet, in das lokale Verzeichnis */mnt* eingebunden. Bei Server und Klient darf es sich theoretisch auch um den selben Rechner handeln, Sie können den Vorgang also auch testen, wenn Sie nur einen Rechner zur Verfügung haben.

Wenn das Einbinden nicht gelingt, sollte überprüft werden, ob das entsprechende Verzeichnis auf dem Server tatsächlich für den Rechner freigegeben ist, der es einbinden soll und ob auf dem Klientrechner die Unterstützung für NFS-Dateisysteme im Kernel vorhanden ist.

Zum Einbinden von NFS-Dateisystemen stehen eine Reihe von speziellen *mount*-Optionen zur Verfügung, mit denen sich u. a. die Geschwindigkeit des Datenaustausches zwischen Klient und Server optimieren lässt:

nolock Es wird kein File-Locking benutzt. Sie sollten diese Option benutzen, wenn der Server kein File-Locking unterstützt, wie dies bei dem Standard-Server der Fall ist.

hard Wenn ein Prozess auf eine Datei zugreift, die sich auf dem Server befindet und der Server nicht verfügbar ist, wird so lange gewartet, bis der Server wieder zur Verfügung steht. Dies kann dazu führen, dass die entsprechende Anwendung so lange „hängt", bis der Server wieder da ist.

intr Ermöglicht es, Programme zu unterbrechen oder zu beenden, die auf einen NFS-Server warten.

soft Wenn der Server nicht zur Verfügung steht, wird nach einer Zeit ein Timeout generiert und Anwendungen, die auf Dateien zugreifen, welche sich auf einem NFS-Server befinden, mitgeteilt, dass die Dateien nicht mehr verfügbar sind. Die meisten Anwendungen können mit dieser Situation nicht richtig umgehen, weshalb es in der Regel besser ist, die Option *hard* zu verwenden. Die Zeitspanne bis zum Timeout wird mit *timeo=Zeit*. angegeben.

rsize=Bytes Gibt mit *Bytes* die Blockgröße beim Lesen an. Voreinstellung ist 1024 Bytes.

wsize=Bytes Gibt mit *Bytes* die Blockgröße beim Schreiben an. Voreinstellung ist ebenfalls 1024 Bytes.

Die Optionen *rsize=* und *wsize=* sollten in den meisten Fällen angepasst werden, um die Geschwindigkeit zu erhöhen. Sinnvoll ist der Wert 4096 für beide Optionen. Mountoptionen werden dem *mount*-Befehl mit dem Parameter *-o* übergeben. Zum Einbinden eines Verzeichnisses, das von dem standardmäßigen Linux NFS-Server zur Verfügung gestellt wird, empfiehlt es sich normalerweise, folgende Kommandozeile zu verwenden:

```
debian:~# mount -t nfs -o nolock,rsize=4096,wsize=4096
   fileserver:/home /mnt
```

Damit das Dateisystem beim Hochfahren des Rechners automatisch eingebunden wird, ist es – wie üblich – in die Datei */etc/fstab* einzutragen:

```
fileserver:/home /home nfs defaults,rsize=4096,wsize=4096,intr 0 0
```

In diesem Beispiel wird das Verzeichnis */home* des Rechners *fileserver* in das lokale Verzeichnis */home* eingebunden.

Sicherheitsaspekte Bedenken Sie, dass das NFS-Konzept davon ausgeht, dass Server und Klient sich gegenseitig vertrauen. Von einem Rechner, der ein Verzeichnis über NFS einbindet, können alle Dateien in dem entsprechenden Verzeichnis verändert und gelöscht werden. Eine gewisse Sicherheitsvorkehrung gibt es zwar für solche Dateien, die dem Systemadministrator gehören, allerdings kann der Administrator des Klient-Systems die Benutzer-IDs aller anderen Benutzer annehmen und dann die Dateien aller anderen Benutzer auf dem Server verändern. Die Authentifizierung findet schließlich nicht auf dem Server sondern auf dem Klienten statt. NFS ist also ungeeignet, solchen Rechnern Daten zur Verfügung zu stellen, denen man nicht vertraut. Hier bietet es sich eher an, ein anderes Protokoll, wie FTP oder HTTP, zu verwenden.

Wenn ein Klientrechner ein Verzeichnis über NFS mounten will, spricht er das Serverprogramm *portmap* auf dem Serverrechner an. Dieses Programm lässt sich ebenso wie die durch das Programm *tcpd* gesicherten Server mit Hilfe der Dateien */etc/hosts.allow* und */etc/hosts.deny* absichern. Es wird allerdings nicht nur für NFS, sondern auch für andere Serverdienste (z. B. NIS) gebraucht. Trotzdem sollten Sie den Zugriff auf dieses Programm mit Hilfe der beiden Dateien so weit wie möglich einschränken. Beispielsweise könnten Sie den Zugriff in der Datei */etc/hosts.deny* mit der folgenden Zeile grundsätzlich verbieten:

```
portmap: ALL
```

Und ihn dann in der Datei */etc/hosts.allow* für die Rechner in Ihrem Netzwerk wieder erlauben (Netzwerkadresse und -maske sind natürlich entsprechend anzupassen):

```
portmap: 192.168.10.0/255.255.255.0
```

So wie ein NFS-Server auf die Authentifizierung durch die Klientrechner vertraut, vertrauen die Klientrechner dem Server. Auf einem über NFS eingebundenen Verzeichnis können sich z. B. Programme befinden, die mit Rootrechten ausgeführt werden (Set-User-ID-Bit gesetzt). Wenn diese Programme auf dem Klientrechner ausgeführt werden, können sie dort alles tun, was sonst nur der Administrator darf. Mit der *mount*-Option *nosuid* kann erreicht werden, dass das Set-User-ID-Bit von Dateien auf dem entsprechenden Datenträger nicht beachtet wird. In jedem Fall sollten Dateisysteme nur von solchen Servern eingebunden werden, denen vertraut wird.

17.7.8 Network Information System (NIS)

In Netzwerken ist es oft notwendig, auf den angeschlossenen Rechnern die gleichen Informationen, etwa über Benutzer, Gruppen oder Heimatverzeichnisse, verfügbar zu haben. Ab einer bestimmten Größe des Netzwerk wird es dabei sehr aufwendig, diese Informationen manuell zu synchronisieren, also z. B. neue Benutzerkonten auf jedem Rechner einzeln anzulegen.

Dieses Problem lässt sich durch NIS lösen. Das System ist auch unter dem Namen „Yellow Pages" (*yp*) bekannt, der Name wird allerdings offiziell nicht mehr benutzt, weil es sich dabei um ein Markenzeichen der British Telecom handelt. NIS stellt einen Mechanismus zur Verfügung, mit dem Informationen aller Art in ein datenbankähnliches Format gebracht werden und dann von den Rechnern im Netzwerk abgefragt werden können. In der Praxis wird es meist für die Informationen benutzt, die sich in den Dateien */etc/passwd* und */etc/group* befinden, also für Benutzer- und Gruppeninformationen. NIS ist fester Bestandteil der C-Laufzeitbibliothek, es kann deswegen von allen Programmen, welche auf diese Informationen zugreifen, automatisch genutzt werden[5].

Auch bei NIS handelt es sich um ein Klient-/Serversystem. Ein Rechner, der anderen Rechnern Informationen zur Verfügung stellt, wird als NIS-Server bezeichnet und ein Rechner, der Informationen von einem NIS-Server bezieht, wird als NIS-Klient bezeichnet. Dabei gibt es zwei Typen von NIS-Servern, nämlich so genannte Master-Server sowie Slave-Server. Der Master-Server besitzt das Original der zur Verfügung gestellten Informationen und Slave-Server replizieren die Informationen des Master-Servers. Für einen Klientrechner ist es hingegen gleichgültig, ob er einen Master- oder einen Slave-Server benutzt, um Informationen zu beziehen. Der Einsatz von Slave-Servern stellt zum einen sicher, dass Informationen auch dann noch verfügbar sind, wenn der Master ausgefallen ist, zum anderen lässt sich dadurch die durch NIS entstehende Last auf mehrere Rechner verteilen.

Der Einsatz von NIS ist insbesondere dort sinnvoll, wo Verzeichnisse mit Benutzerdaten (z. B. Heimatverzeichnisse) einer Anzahl von Rechnern per NFS zur Verfügung gestellt werden. Es wurde bereits darauf hingewiesen, dass es dabei in der Regel erforderlich ist, sowohl auf NFS-Servern als auch auf NFS-Klienten die gleichen Benutzerdaten zu verwenden. Dies kann mit NIS einfach und bequem sichergestellt werden.

Um NIS benutzen zu können, muss auf Master-, Slave- und Klientrechnern das Paket *nis* installiert werden. In dem Paket ist die Datei */usr/share/doc/nis.debian.howto.gz* enthalten, in der die Einrichtung von NIS-Servern und -Klienten in Stichworten beschrieben ist. Weitere Informationen über NIS unter Linux finden Sie unter der WWW-Adresse http://www.suse.de/~kukuk/

Nach der Installation des NIS-Pakets werden Sie nach dem Namen Ihrer NIS-Domäne gefragt. Dabei handelt es sich um einen Namen, über den NIS-Klienten sicherstellen, dass sie mit dem richtigen NIS-Server kommunizieren. NIS-Domänennamen sind von DNS-Domänennamen zu trennen. Es ist möglich, innerhalb einer DNS-Domäne mehrere NIS-Domänen einzurichten oder NIS-Domänen aufzubauen, in denen sich Rechner aus unterschiedlichen DNS-Domänen befinden.

Wenn Sie *nis* installieren, um Ihr System als NIS-Klienten einzurichten, dann müssen Sie hier den Namen der NIS-Domäne angeben, mit deren Servern Ihr NIS-Klient kommunizieren soll. Fall Sie einen NIS-Server einrichten wollen, können Sie sich einen NIS-Domänennamen ausdenken (z. B. *verwaltung*). Sie dürfen allerdings kei-

---
[5] NIS hat ein paar Schwächen, die zum Teil sicherheitsrelevant sind. Deswegen wurde ein Nachfolger mit dem Namen NIS+ entwickelt, der diese Schwächen überwindet. NIS3 steht für Linux leider zur Zeit noch nicht zur Verfügung.

nen Namen verwenden, der in Ihrem Netzwerk bereits benutzt wird. Der NIS-Domänenname wird in der Datei */etc/defaultdomain* gespeichert und kann dort später bei Bedarf geändert werden.

Einrichtung eines NIS-Master-Servers Nach der Installation des Pakets ist etwas Handarbeit notwendig, um den Rechner als NIS-Server zu konfigurieren.

- In der Datei */etc/init.d/nis* wird angegeben, ob der Rechner als Master, Slave oder Klient arbeiten soll. Lokalisieren Sie dort die Zeile, in der die Variable *NISSERVER* gesetzt wird und setzen Sie diese auf *master*:

    ```
    NISSERVER=master
    ```

- In der Datei */etc/ypserv.securenets* wird festgelegt, aus welchen (IP-) Netzwerken heraus auf Ihren NIS-Server zugegriffen werden kann. Aus Sicherheitsgründen sollten hier ausschließlich die Netzwerke und Rechner eingetragen sein, denen der Zugriff wirklich gestattet werden soll. Angaben in dieser Datei werden in der Form *Netzwerkmaske Rechner* vorgenommen. Um beispielsweise den Rechnern mit den IP-Adressen *192.168.10.1* bis *192.168.10.254* den Zugriff zu ermöglichen, wäre die folgenden Zeile in der Datei erforderlich:

    ```
    255.255.255.0 192.168.10.0
    ```

    Standardmäßig befindet sich in der Datei diese Zeile:

    ```
    0.0.0.0 0.0.0.0
    ```

    Damit wird allen Rechnern Zugriff auf Ihren NIS-Server gestattet. Diese Zeile sollten Sie unbedingt auskommentieren!

- Wenn Sie Schattenpasswörter verwenden, müssen Sie die Datei */var/yp/Makefile* ändern. Lokalisieren Sie in dieser Datei den folgenden Abschnitt:

    ```
    all:    passwd group hosts rpc services netid protocols netgrp
            networks # shadow publickey mail ethers bootparams printcap
            amd.home auto.master auto.home passwd.adjunct
    ```

    Löschen Sie dort das Kommentarzeichen (#) hinter *networks* und fügen Sie es hinter *shadow* wieder ein.

- Wenn Sie neben dem Master-Server noch Slave-Server einsetzen, ist nun in der gleichen Datei (*/var/yp/Makefile*) die folgende Zeile zu lokalisieren:

    ```
    NOPUSH=true
    ```

    Das Wort *true* ist dann durch *false* zu ersetzen. Dadurch wird erreicht, dass der Master den Slave-Servern neue Versionen seiner Datenbanken zur Verfügung stellt, wenn diese sich geändert haben.

- Im nächsten Schritt muss die NIS-Datenbank erzeugt werden. Dazu ist der folgende Befehl einzugeben:

    ```
    debian:~# /usr/lib/yp/ypinit -m
    ```

    Daraufhin werden Sie nach dem Rechnernamen des NIS-Servers gefragt. Als Vorgabewert sollte dabei der Rechnername Ihres Rechners angezeigt werden. Bestätigen Sie diesen Wert mit EINGABE. Danach müssen Sie die Namen von Slave-Servern angeben, falls sie welche verwenden. Wenn Sie damit fertig sind, beenden Sie die Eingabe mit der Tastenkombination STRG-D. Danach werden die oder der Servername(n) nochmals angezeigt und es erscheint eine Abfrage, ob Sie mit der Angabe zufrieden sind. Bestätigen Sie dies mit EINGABE. Nun werden die Datenbanken erzeugt.

Der NIS-Server sollte nun einsatzbereit sein und kann mit dem folgenden Befehl neu gestartet werden.

```
debian:~# /etc/init.d/nis restart
```

Beachten Sie, dass sich die Informationen, welche der NIS-Server anderen Rechnern zur Verfügung stellt, in den Datenbanken unterhalb des Verzeichnisses */var/yp* befinden. Sie werden nicht automatisch mit den Dateien synchronisiert, aus denen Sie erstellt wurden (also */etc/passwd*, */etc/group* usw.). Wenn sich die Information in den Ursprungsdateien ändert, müssen Sie die Datenbanken neu erzeugen, um beide miteinander zu synchronisieren. Dies ist beispielsweise der Fall, wenn Sie dem System auf dem Server einen neuen Benutzer hinzugefügt haben. Hierzu ist der Befehl *make* im Verzeichnis */var/yp* auszuführen:

```
debian:~# cd /var/yp; make; cd -
```

Dieser Vorgang lässt sich natürlich auch automatisieren. Legen Sie dazu die Datei */etc/cron.d/nis* mit folgendem Inhalt an:

```
# Synchronisation der NIS-Datenbank
0 3 * * *    root   cd /var/yp; make 1>/dev/null
```

Der Eintrag bewirkt, dass die Informationen in jeder Nacht um 3.00 Uhr synchronosiert werden.

Einrichtung eines NIS-Klienten Wenn Sie bei der Installation des NIS-Paketes den richtigen NIS-Domänennamen angegeben haben, sollte der Klient sofort funktionsfähig sein. Ansonsten müssen Sie diese Einstellung in der Datei */etc/defaultdomain* anpassen. Standardmäßig wird bei NIS versucht, den jeweils schnellsten NIS-Server im lokalen Netzwerk zu verwenden, der für die entsprechende NIS-Domäne zuständig ist (dies ist in der Manualseite zu *ypbind* beschrieben). Sollte sich der NIS-Server nicht in Ihrem lokalen Netzwerk befinden, dann wird er nicht automatisch erkannt. Sie müssen ihn dann in der Datei */etc/yp.conf* eintragen. Durch die explizite Angabe eines Servers in dieser Datei wird auch eine Sicherheitslücke gestopft. Ihr Rechner verwendet dann nicht mehr den schnellsten NIS-Server, sondern den explizit angegebenen. Immerhin kann es sich bei dem schnellsten Server ja theoretisch um einen Einbrecher handeln. Beispiel:

```
ypserver nis.firma.de
```

Danach müssen Sie NIS neu starten:

```
debian:~# /etc/init.d/nis restart
```

Nun können Sie testen, ob der NIS-Server gefunden wurde. Geben Sie dazu den folgenden Befehl ein:

```
debian:~# ypwhich
```

Es sollte dann der Name des NIS-Servers ausgegeben werden. Wenn dies nicht der Fall ist, überprüfen Sie bitte, ob die NIS-Domänennamen bei Klient und Server übereinstimmen, ob der Klient auf den NIS-Server zugreifen darf (Datei */etc/ypserv.securenets* auf dem Server) und ob sich Server und Klient im gleichen Netzwerk befinden (ansonsten muss die Datei */etc/yp.conf* auf dem Klienten angepasst werden). Natürlich muss auch die Netzwerkverbindung zwischen beiden Rechnern funktionieren (dies kann mit *ping* (S. 698) geprüft werden). Nachdem sichergestellt ist, dass die Kommunikation zwischen Klient und Server funktioniert, kann konfiguriert werden, welche Informationen der Klientrechner von dem Server beziehen soll. Dies geschieht in der bereits bekannten Datei */etc/nsswitch.conf*. Hier wird angegeben, mit welchem Verfahren bestimmte Informationen bezogen werden. Die Einstellungen für Benutzer- und Gruppeninformationen sowie für Schattenpasswörter befinden sich in den Zeilen, die mit *passwd:*, *group:* und *shadow:* beginnen. Standardmäßig befindet sich dort die folgende Einstellung:

```
passwd:    compat
group:     compat
shadow:    compat
```

Das Schlüsselwort *compat*[6] bewirkt, dass diese Informationen aus den Dateien */etc/passwd*, */etc/group* und */etc/shadow* bezogen werden. Durch spezielle Einträge in diesen Dateien, kann außerdem erreicht werden, dass NIS benutzt wird. Diese Einträge bestehen jeweils aus dem Plus-Zeichen und leeren Feldern. Beispielsweise ließe sich die Benutzung von NIS für Benutzerinformationen durch die folgende Zeile erreichen:

```
+::::::
```

Der Datei */etc/group* wäre diese Zeile hinzuzufügen:

```
+:::
```

Und – bei Verwendung von Schattenpasswörtern – wäre diese Zeile in die Datei */etc/shadow* aufzunehmen:

```
+::::::::
```

Die unterschiedliche Anzahl der Doppelpunkt-Zeichen ergibt sich aus der unterschiedlichen Zahl der Felder in diesen Dateien. Beachten Sie, dass Sie diese Dateien ausschließlich mit den Befehlen *vipw* (S. 732) und *vigr* (S. 732) bearbeiten sollten. Die betreffenden Einträge sollten sich jeweils am Ende der Dateien befinden. Dadurch wird erreicht, dass zunächst die lokal (in den Dateien) vorhandene Information benutzt wird und erst danach NIS. Es ist auch möglich, einzelne Felder zu überschreiben oder bestimmte Informationen explizit nicht mit NIS zu beziehen. Wenn beispielsweise die Informationen über alle Benutzer mit Ausnahme des Benutzers *karl* per NIS bezogen werden sollen und der Benutzer *egon* die Shell */bin/ksh* erhalten soll, obwohl in der NIS-Datenbank etwas anderes eingetragen ist, ließe sich das durch diese Einträge in der Datei */etc/passwd* erreichen:

```
-karl::::::
+egon::::::/bin/ksh
+::::::
```

Alternativ zu dem *compat*-Verfahren können Sie die folgenden Einstellungen in der Datei */etc/nsswitch* verwenden:

```
passwd:    files nis
group:     files nis
shadow:    files nis
```

Dadurch wird erreicht, dass zur Erlangung der entsprechenden Informationen immer zunächst die lokalen Dateien benutzt werden und – wenn eine Information dort nicht vorhanden ist – dann versucht wird, die entsprechende Information über NIS abzufragen. Die Dateien */etc/passwd*, */etc/group* und */etc/shadow* müssen dann nicht mehr geändert werden.

Sie können dieses Setup jetzt testen, in dem Sie sich am NIS-Server mit einem Benutzernamen anmelden, der auf dem Server definiert ist und in der lokalen Datei */etc/passwd* nicht definiert ist. Beachten Sie dabei, dass dann standardmäßig alle Informationen zu dem Benutzerkonto vom NIS-Server bezogen werden. Also auch das Heimatverzeichnis des Benutzers oder die Shell. Das Verzeichnis muss also auf dem Klienten vorhanden sein. Dies wird in der Regel dadurch erreicht, dass die Heimatverzeichnisse per NFS eingebunden werden.

---

[6] Mit *compat* ist die Kompatibilität zu einer älteren Version der C-Bibliothek gemeint.

Arbeiten mit NIS Prinzipiell ist NIS für Benutzer transparent. Wenn NIS-Server und -Klienten entsprechend konfiguriert sind und die Heimatverzeichnisse sich dort befinden, wo sie erwartet werden, können sich alle Benutzer, deren Konto auf dem NIS-Server erstellt wurde, an allen NIS-Servern mit dem gleichen Benutzernamen und Passwort anmelden. Eine Besonderheit bleibt jedoch zu beachten:

- Benutzerkonten sollten grundsätzlich nur auf dem NIS-Server zugefügt, gelöscht oder manipuliert werden. Wenn eine Datei geändert wurde, deren Inhalt anderen Rechnern via NIS zur Verfügung gestellt wird, ist der Befehl *make* im Verzeichnis */var/yp* auf dem Server erneut auszuführen.

Eine Ausnahme von diesem Grundsatz gilt für die Manipulation von Benutzerkonten mit den Programmen *passwd* (S. 696), *chfn* (S. 643) und *chsh* (S. 645). Im NIS-Paket sind Ersatzprogramme für diese Programme erhalten, welche auch auf NIS-Klienten benutzt werden können und die entsprechenden Informationen automatisch auf dem Server aktualisieren. Diese Programme heißen *yppasswd*, *ypchsh* und *ypchfn*. Es empfiehlt sich die Originalprogramme durch die entsprechenden NIS-Ersatzprogramme zu ersetzen, so dass Benutzer beispielsweise durch Eingabe des Befehls *passwd* automatisch das Programm *yppasswd* aufrufen. Dies kann z. B. für *passwd* mit den folgenden Befehlen geschehen:

```
debian:~# dpkg-divert --add --rename /usr/bin/passwd

debian:~# ln -s /usr/bin/yppasswd /usr/bin/passwd
```

Die beiden Befehle sind für die anderen Programme entsprechend zu wiederholen.

17.7.9 Drucken im Netzwerk

Weil unter Debian ohnehin ein Server-Programm benutzt wird, welches die Verwaltung und Ansteuerung von Druckern übernimmt, ist es relativ einfach, im Netzwerk von anderen UNIX/Linux-Rechnern aus auf einen Drucker zu drucken, der an einen Debian-Rechner angeschlossen ist.

Der Programmname des Druckservers lautet in der Regel *lpd* (für Line Printer Daemon), dazu gehört ein Klientprogramm, dass normalerweise den Namen *lpr* (Line Printer Remote) trägt und mit welchem dem Druckserver Druckjobs übergeben werden. Zur Zeit stehen mit Debian drei unterschiedliche *lpr/lpd*-Systeme zur Verfügung, nämlich das klassische BSD-System (im Paket *lpr*), eine verbesserte und erweiterte Version (im Paket *lprng*) sowie ein neuartiges Drucksystem im Paket *cupsys*. Zum Standard hat sich dabei das Paket *lprng* entwickelt, weswegen hier nur auf dieses Paket eingegangen wird.

Nach der Installation des Pakets und der Konfiguration eines Drucker (z. B. mit *magicfilterconfig*) können alle Rechner im Netz Druckaufträge an den entsprechenden Rechner senden. Dies ist vielleicht zuviel des Guten, weswegen man die Zugriffsmöglichkeiten u. U. einschränken sollte. In der Datei */etc/lpd.perms* kann sehr genau konfiguriert werden, von welchen Rechnern aus welche Aktionen mit dem Druckserver ausgeführt werden dürfen. Dies ist in der Manualseite *lpd.perms* beschrieben. Um den Zugriff nur von dem eigenen Rechner und solchen Rechnern zu erlauben, die sich im eigenen Netzwerk befinden, können die folgenden Zeilen in die Datei aufgenommen werden:

```
ACCEPT SERVICE=X IP=127.0.0.1
REJECT SERVICE=X NOT REMOTEIP=192.168.10.0/255.255.255.0
```

Die IP-Adresse für das eigene Netzwerk (hier *192.168.10.0*) und die Netzwerkmaske (hier *255.255.255.0*) sind dabei natürlich entsprechend anzupassen. Nachdem eine Konfigurationsdatei des Drucker-Daemons (*lpd*) geändert wurde, muss dieser davon benachrichtigt werden, damit er alle Konfigurationsdateien neu einliest. Dies kann u. a. mit diesem Befehl geschehen:

```
debian:~# /etc/init.d/lprng reload
```

Konfiguration eines Klientrechners In der Datei */etc/printcap* wird festgelegt, welche Drucker dem System zur Verfügung stehen. Dabei kann es sich um lokal angeschlossene Drucker oder um solche Drucker handeln, die an einen anderen Rechner angeschlossen sind. In der Version der Datei, die standardmäßig mit dem Paket *lprng* installiert wird, befindet sich bereits ein (auskommentierter) Beispieleintrag zum Drucken auf einen Druckserver. In der Regel reicht es aus, die Kommentarzeichen vor dem Eintrag zu entfernen und die entsprechenden Werte anzupassen. Beispiel:

```
rlp|hp1100|HP Laserjet 1100:\
        :lp=:\
        :rm=printserver:\
        :rp=lp:\
        :sd=/var/spool/lpd/remote:\
        :mx#0:\
        :sh:
```

In der ersten Zeile befinden sich – durch |-Zeichen getrennt – die Namen, unter denen der Drucker lokal angesprochen werden kann, hier also *rlp*, *hp1100* und *HP Laserjet 1100*. Mit *lp=* wird normalerweise die Gerätedatei angegeben, die den lokalen Anschluss repräsentiert, an dem sich der Drucker befindet (also etwa */dev/lp0* für die erste parallele Schnittstelle). Weil dieser Eintrag für einen Drucker bestimmt ist, der nicht an den lokalen Rechner angeschlossen ist, ist hier kein Wert eingetragen. Durch *rm=printserver* wird der Name des Rechners angegeben, an den der Drucker angeschlossen ist (hier also *printserver*). Dieser Eintrag ist entsprechend anzupassen.
Mit *rp=lp* wird der Name des Druckers angegeben, den dieser auf dem Server hat. Wenn also beispielsweise auf den Druckserver *sekretariat.firma.de* gedruckt werden soll und zwar auf den Drucker, der dort den Namen (*highcolor*) hat, dann wären die Werte *rm=sekretariat.firma.de* und *rp=highcolor* zu verwenden. Durch den Eintrag *mx#0* wird bewirkt, dass unbegrenzt große Druckjobs in Auftrag gegeben werden dürfen. Zum Schluss wird mit *sh* bewirkt, dass keine „Banner-Seiten" produziert werden. Mit *sd=* wird das Spooler-Verzeichnis angegeben, in dem *lprng* u. a. Druckerdateien und Statusinformationen für diesen Eintrag aufbewahrt. Das Verzeichnis wird automatisch angelegt, wenn *lprng* neu gestartet wird.
Ein Wort zum Format der Datei */etc/printcap*: Die Doppelpunkte zu Beginn jeder Zeile werden benötigt, weil die Zeile sonst als Eintrag für einen neuen Drucker interpretiert werden würde. Die Doppelpunkte sowie die \-Zeichen am Ende der einzelnen Zeilen sind nicht unbedingt erforderlich, allerdings gibt es einige Programme, die diese Zeichen benötigen, um die Datei richtig interpretieren zu können. Die Datei darf leere Zeilen und Kommentare enthalten, die mit einem Doppelkreuz eingeleitet werden. Eine ausführliche Beschreibung der Datei steht mit der Manualseite *printcap* zur Verfügung.
Wenn die Datei */etc/printcap* fertig editiert ist, muss das Drucksystem neu gestartet werden:

```
debian:~# /etc/init.d/lprng restart
```

Nun kann versucht werden, mit *lpr* (S. 676) auf den entfernten Drucker zu drucken. Wenn es sich bei dem Drucker um den einzigen lokal eingerichteten Drucker handelt, reicht dazu dieser Befehl:

```
joe@debian:~$ lpr datei.ps
```

Hierbei ist *datei.ps* natürlich durch den Namen der Datei zu ersetzen, die ausgedruckt werden soll. Falls auf dem lokalen System mehrere Drucker in der Datei */etc/printcap* konfiguriert sind, ist der gewünschte Drucker mit der Option *-P* auszuwählen:

```
joe@debian:~$ lpr -P hp1100 datei.ps
```

Wobei *hp1100* durch den Namen des Druckers, den er in der Datei */etc/printcap* auf dem lokalen System hat, zu ersetzen ist. Wenn es bei diesem Test zu Problemen kommt, ist zunächst zu prüfen, ob die Verbindung zu dem

Druckserver überhaupt aufgebaut werden konnte (Fehlermeldung: *no connect permissions*). Wenn nicht, müssen die Berechtigungen auf dem Serversystem in der Datei */etc/lpd.perms* u. U. angepasst werden. Danach sollte geprüft werden, ob die selbe Datei direkt auf dem Server ausgedruckt werden kann. Wenn dies der Fall ist, dann sollte die Datei */etc/printcap* auf dem lokalen System überprüft werden und das Drucksystem danach neu gestartet werden.

Drucken über einen Windows- oder OS/2-Rechner Vielleicht haben Sie das Problem, dass in Ihrem Netzwerk alle Drucker an Windows-Rechner angeschlossen und dort freigegeben sind. Dieses Betriebssystem verwendet zum Drucken über das Netzwerk ein anderes Protokoll (SMB) und kann deswegen nicht direkt mit *lprng* benutzt werden.

Das Problem lässt sich jedoch mit dem Paket *smbclient* und einem kleinen Skript lösen. Nach der Installation des Pakets sollten Sie zunächst testen, ob Sie den Windows-Rechner, an den der Drucker angeschlossen ist, „sehen" können. Geben Sie dazu den folgenden Befehl ein:

```
joe@debian:~$ smbclient -L Win-Rechner
```

Dabei muss *Win-Rechner* durch den Namen des entsprechenden Windows-Rechners ersetzt werden[7]. Es sollte eine Ausgabe erscheinen, die ungefähr der folgenden entspricht.

```
Got a positive name query response from 192.168.0.10 ( 192.168.0.10 )
Password:

        Sharename       Type      Comment
        ---------       ----      -------
        PRINTER$        Disk
        HP1100          Printer   Winkistendrucker
        WINROOT         Disk
        IPC$            IPC       Remote-IPC
```

Je nachdem, wie der Windows-Rechner eingerichtet ist, muss u. U. ein Passwort angegeben werden, um auf den Rechner zugreifen zu können. Wenn Sie die Meldung *connection to ... failed* erhalten, dann müssen Sie *smbclient* u. U. mit zusätzlichen Optionen aufrufen oder die Datei */etc/samba/smb.conf* anpassen. Beides ist in den entsprechenden Manual-Seiten beschrieben.

Wenn der Test das gewünschte Ergebnis hervorbringt, können Sie ein Skript anlegen, mit dem über *smbclient* auf den Windowsrechner gedruckt werden kann. Dieses Skript kann beispielsweise unter dem Namen */usr/local/bin/winprint* gespeichert werden. Die Werte für *server*, *service* (Druckername) und *password* sind in dem Skript an die Gegebenheiten anzupassen. Wenn *smbclient* mit zusätzlichen Optionen aufgerufen werden muss, dann sind diese in das Skript aufzunehmen.

```
#!/bin/sh
server=win-rechner
service=hp1100
password="weissnich" # Wenn kein Passwort benötigt wird,
# sollte hier password="" stehen.

(
        echo "print -"
        cat
) | /usr/bin/smbclient "\\\\$server\\$service" $password -U $server -N -P
```

---

[7] Mit Name ist hier der NetBIOS-Name und nicht der TCP/IP-Name gemeint. In der Praxis stimmen beide Namen allerdings oft überein.

Denken Sie daran, dass das Skript ausführbar sein muss, bevor es aufgerufen werden kann (*chmod*)! Nun können Sie den Drucker (z. B. mit *magicfilterconfig*, siehe S. 9.2.3) so konfigurieren, als würde es sich um einen lokal angeschlossenen Drucker handeln. Geben Sie dabei für die Gerätedatei, welche den Druckeranschluss repräsentiert, irgendeinen Namen an. Öffnen Sie danach die Datei */etc/printcap* mit einem Texteditor und ändern Sie die Zeile, in der definiert wird, an welchem Anschluss sich der Drucker befindet. Sie sieht sinngemäß so aus:

```
:lp=/dev/lp0:\
```

Ändern Sie die Zeile folgendermaßen:

```
:lp=|/usr/local/bin/winprint
```

Danach muss das Drucksystem neu gestartet werden:

```
debian:~# /etc/init.d/lprng restart
```

Nun sollten Sie in der Lage sein, mit *lpr* auf dem Windows-Drucker zu drucken. Beachten Sie, dass dem Befehl mit dem Parameter *-P* der (lokale) Name des Druckers mitgeteilt werden muss, wenn es sich nicht um den Standarddrucker handelt. Falls es nicht funktioniert, prüfen Sie bitte zunächst, ob von anderen (Windows-Rechnern) aus auf den Windows-Rechner gedruckt werden kann. Wenn dies der Fall ist, sind als nächstes die Angaben in dem Skript */usr/local/bin/winprint* zu überprüfen. Danach sollte die Ausgabe von *lpq* (S. 675) überprüft werden und *smbclient* manuell aufgerufen werden, um alle Fehlermeldungen analysieren zu können.

17.8 Ausgewählte weitere Netzwerkdienste

17.8.1 Installation und Einrichtung des WWW-Servers *apache*

Mit dem WWW-Serverprogramm *apache* steht unter Debian der beliebteste und zur Zeit am häufigsten eingesetzte WWW-Server überhaupt zur Verfügung. Das Programm ist in dem Paket *apache*[8] enthalten und kann – wie üblich – mit dem folgenden Befehl installiert werden:

```
debian:~# apt-get install apache
```

Nach der erstmaligen Installation des Paketes müssen einige Fragen beantwortet werden. Zunächst ist die E-Mail-Adresse der Person anzugeben, die für den Server verantwortlich ist und die Benutzer des Servers ansprechen können, falls es zu irgendwelchen Problemen kommt. Üblicherweise ist der Administrator eines WWW-Servers unter dem Namen *webmaster* zu erreichen. Wenn Ihr Server also beispielsweise den Namen *www.firma.de* trägt, dann sollte die E-Mail-Adresse des WWW-Verantwortlichen *webmaster@firma.de* lauten. Natürlich muss sichergestellt werden, dass unter der angegebenen Adresse auch Mail empfangen werden kann.

```
Enter the email address of your server administrator.  This address
will be used in error messages allowing users to submit reports of
faulty links or misconfigured cgi-programs to you. It should be an email
address that corresponds to a human.

Who should the ServerAdmin be? [you@your.address] webmaster@firma.de
```

Der Server besteht aus einem Hauptprogramm und mehreren Modulen. Durch die Module werden (ähnlich wie beim Kernel) verschiedene Eigenschaften zur Verfügung gestellt, die nur für bestimmte Anwendungen benötigt werden. Das Programm kann nun automatisch so konfiguriert werden, dass die benötigten Module geladen werden. Alternativ können die zu ladenden Module manuell ausgewählt werden. Deswegen ist nun anzugeben, welches der beiden Verfahren benutzt werden soll:

```
This release of the Apache server can be configured to load only certain
modules into memory.  This program can automagically configure Apache
so only modules that are actually needed are loaded.

Do you want to manually choose which modules to load? [y/N] y
```

Wenn Sie die manuelle Auswahl der Module gewählt haben, wird danach für jedes verfügbare Modul gefragt, ob dieses geladen werden soll oder nicht. Im allgemeinen ist jedoch die automatische Modulkonfiguration zu empfehlen. Das Skript erstellt danach die notwendigen Konfigurationsdateien und fragt dann nach, ob diese gesichert werden sollen. Diese Frage sollte unbedingt mit *Y* beantwortet werden. Zum Schluss wird gefragt, ob *apache* mit der neuen Konfiguration neu gestartet werden soll. Auch diese Frage sollte mit *Y* beantwortet werden. Der WWW-Server ist dann einsatzbereit.

Sie können diesen Teil der Konfiguration später wiederholen, in dem Sie den folgenden Befehl eingeben:

```
debian:~# apacheconfig
```

Falls Ihr Rechner mehrere DNS Namen hat (z. B. *server1.firma.de* und *www.firma.de*) und der primäre Rechnername (z. B. *server1.firma.de*) sich von dem Namen unterscheidet, den der WWW-Server verwenden soll (z. B. *www.firma.de*), müssen Sie eine manuelle Anpassung der Datei */etc/apache/httpd.conf* vornehmen. Lokalisieren Sie in der Datei die folgende Zeile:

---

[8] Zusätzlich stehen zwei modifizierte Versionen des Pakets zur Verfügung. Das Paket *apache-perl* enthält den Server mit fest eingebundener Perl-Unterstützung und im Paket *apache-ssl* befindet sich eine Variante mit fest eingebundener SSL-Unterstützung. Beide Eigenschaften lassen sich jedoch auch durch Module zur Verfügung stellen, die sich in eigenen Paketen befinden.

```
#ServerName new.host.name
```

Entfernen Sie dort das Kommentarzeichen (#) zu Beginn der Zeile und setzen Sie für *new.host.name* den DNS-Namen ein, den der Server verwenden soll. Beachten Sie, dass es sich bei dem Namen um einen gültigen DNS-Namen Ihres Rechners handeln muss.

Nach dieser Anpassung müssen Sie dem Server mitteilen, dass sich die Konfigurationsdateien geändert haben. Verwenden Sie dazu den folgenden Befehl:

```
debian:~# /etc/init.d/apache reload
```

Testen und Benutzen des Servers Nach der Installation und Konfiguration des Pakets sollten Sie in der Lage sein, auf den Server zuzugreifen. Testen Sie dies, in dem Sie einen WWW-Browser starten und mit diesem per HTTP auf Ihren eigenen Rechner zugreifen (Die entsprechende URL würde also beispielsweise `http://beethoven` lauten, wenn der Name Ihres Rechners *beethoven* ist). Daraufhin sollte die in Abbildung 51 gezeigte Seite erscheinen.

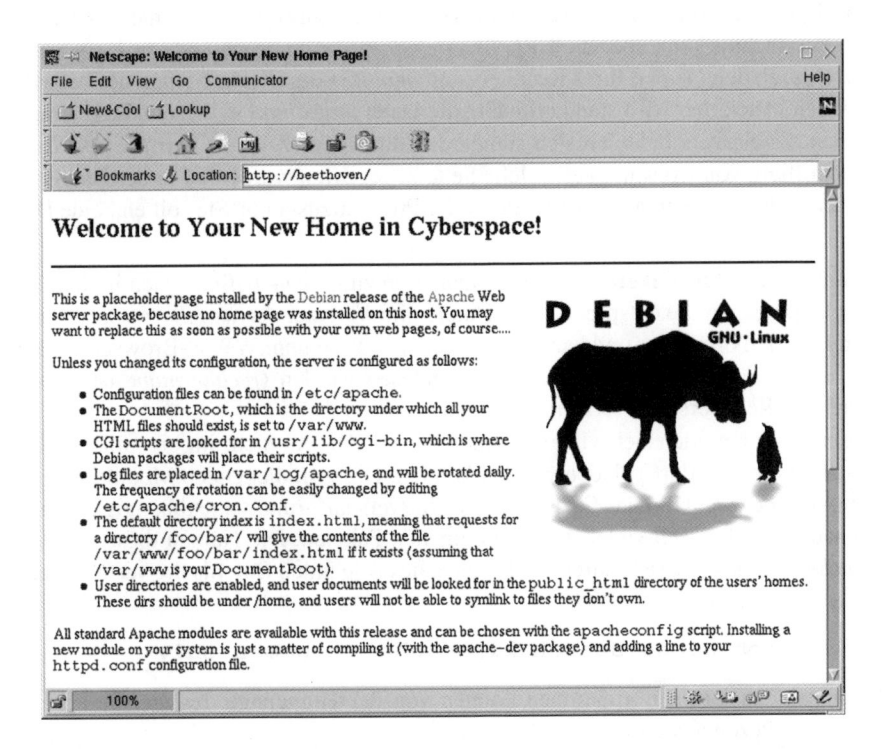

Abbildung 51: Standardstartseite nach der Installation des WWW-Servers *apache*.

Wenn die Seite nicht geladen werden kann, ist zu überprüfen, ob der angegebene Rechnername stimmt und dem System entweder über einen DNS-Server oder auf Grund eines Eintrags in der Datei */etc/hosts* bekannt ist. Außerdem sollte die Basiskonfiguration des Netzwerks überprüft werden.

Im nächsten Schritt können Sie prüfen, ob es möglich ist, von anderen Rechner aus auf Ihren WWW-Server zuzugreifen. Wenn es hierbei Probleme geben sollte, ist zu überprüfen, ob die Netzwerkverbindung zwischen beiden Rechnern funktioniert (Testen Sie dies mit *ping* (S. 698)) und ob der Name Ihres Rechners auf dem anderen Rechner bekannt ist.

Wenn beide Tests erfolgreich absolviert wurden, können Sie den WWW-Server nun mit Inhalt füllen. Standardmäßig ist das Wurzelverzeichnis für HTML-Dokumente, die über den Server zur Verfügung gestellt werden sollen, */var/www*. Das *cgi-bin*-Verzeichnis (für Programme und Skripte, welche auf dem Server zur Verfügung stehen) ist */usr/lib/cgi-bin*. Im Verzeichnis */var/www* befindet sich auch die Datei *index.html*, deren Inhalt bei den Tests angezeigt wurde. Diese Datei sollte durch die Startseite Ihres Servers ersetzt werden. Sie können im Verzeichnis */var/www* nach Bedarf Unterverzeichnisse anlegen, um den Inhalt Ihres Servers zu strukturieren. Damit der Server beispielsweise eine bestimmte Seite anzeigen soll, wenn die URL `http://rechnername/news` von einem Browser aus aufgerufen wird, ist das Verzeichnis */var/www/news* anzulegen und die betreffende Seite dort unter dem Namen *index.html* zu speichern. Dateien und Verzeichnisse unterhalb von *var/www* sollten dem Benutzer und der Gruppe *root* zugeordnet sein, sie müssen lesbar für alle Benutzer sein und sollten nur für den Besitzer veränderbar sein. Verzeichnisse müssen – wie üblich – ausführbar sein.

Neben dem WWW-Wurzelverzeichnis */var/www* sind standardmäßig einige weitere Verzeichnisse definiert, auf die über den WWW-Server zugegriffen werden kann. Unter der URL `http://rechnername/doc/` finden Sie die Online-Dokumentation des Systems, also alle Verzeichnisse, die sich unterhalb von */usr/share/doc* befinden. Benutzer des Systems können in Ihrem Heimatverzeichnis ein Verzeichnis mit dem Namen *public_html* anlegen. Auf Dateien in diesem Verzeichnis kann über die URL `http://rechnername/~benutzer` zugegriffen werden, wobei *rechnername* durch den Namen Ihres Rechners und *benutzer* durch den Namen des betreffenden Benutzers ersetzt werden müssen. Auch hier wird standardmäßig die Datei *index.html* in diesem Verzeichnis angezeigt.

Die Protokolldateien des Servers befinden sich standardmäßig im Verzeichnis */var/log/apache*. In der Datei *access.log* wird protokolliert, von wo wann auf welche Seite zugegriffen wurde und in der Datei *error.log* in diesem Verzeichnis befinden sich Informationen über Fehler- oder Problemzustände. Sie sollten beide Dateien regelmäßig prüfen.

Dokumentations- und Add-On-Pakete. Die Dokumentation zu *apache* befindet sich in dem Paket *apache-doc*. Nach dessen Installation liegen die entsprechenden Dateien im Verzeichnis */usr/share/apache/manual*. Die Dokumentation liegt im HTML-Format vor und kann am einfachsten mit einem WWW-Browser durch Öffnen der URL `http://rechnername/doc/apache/manual/` gelesen werden (*rechnername* ist dabei natürlich durch den Namen des eigenen Rechners zu ersetzen).

Wie bereits angesprochen befinden sich viele Bestandteile des Servers nicht im eigentlichen Programm *apache* sondern in Modulen, die bei Bedarf geladen werden können. Die grundlegenden Module sind im Paket *apache-common* enthalten, welches während der Installation des Servers aufgrund von Abhängigkeiten installiert werden muss. Darüber hinaus befinden sich viele Module in eigenen Paketen. Die Namen diese Pakete beginnen i. d. R. jeweils mit *libapache-*, so dass Sie sich durch die Eingabe des folgenden Befehls die verfügbaren Apache-Modul-Pakete anzeigen lassen können:

```
joe@debian:~$ apt-cache search libapache- --names-only
```

Weiterführende und aktualisierte Informationen können von der Homepage des *apache*-Projekts unter `http://www.apache.org` bezogen werden.

Anpassung der Konfigurationsdateien Die Konfigurationsdateien für den WWW-Server liegen im Verzeichnis */etc/apache*. Die wichtigsten drei Dateien in diesem Verzeichnis sind die Dateien *httpd.conf*, *srm.conf* und *access.conf*. In allen drei Dateien ist die gleiche Konfigurationssyntax zu verwenden. Tatsächlich ist es sogar so, dass es gleichgültig ist, in welcher dieser Dateien sich eine bestimmte Konfigurationsanweisung befindet, weil die Anweisungen in allen drei Dateien gleichermaßen eingelesen und interpretiert werden. Die Aufteilung in drei Dateien hat zum einen historische Gründe und dient zum anderen der Gruppierung der einzelnen Anweisungen nach Aufgabenbereichen:

httpd.conf In dieser Datei befinden sich Anweisungen, durch die das allgemeine Verhalten von *apache* beeinflusst wird.

access.conf Hier befinden sich Anweisungen, durch die der Zugriff von bestimmten Rechnern und Benutzern auf bestimmte Dokumente eingeschränkt oder erlaubt wird.

srm.conf Anweisungen in dieser Datei spezifizieren, wie die Dokumente auf dem Server organisiert sind, also z. B. welches Verzeichnis das Wurzelverzeichnis für Dokumente ist und welche anderen Verzeichnisse zur Verfügung gestellt werden.

In allen drei Dateien dürfen sich leere Zeilen zur Strukturierung befinden sowie Kommentare, die durch ein Doppelkreuz (#) eingeleitet werden müssen.

Die Datei httpd.conf Die für einfache Server wichtigen Optionen in dieser Datei sind:

`ServerType standalone | inetd` Durch *ServerType inetd* wird dem Server mitgeteilt, dass er durch den *inetd* gestartet wird. Die Folge ist, dass sich das Programm beendet, sobald eine Verbindung beendet ist. *ServerType standalone* konfiguriert das Programm so, dass es sich wie ein selbstständiger Serverprozess verhält und auf neue Verbindungen wartet, wenn eine bestehende Verbindung beendet wurde. Wenn Sie den Server über den *inetd* starten wollen, müssen Sie der Datei */etc/inetd.conf* eine entsprechende Zeile hinzufügen. Im allgemeinen ist jedoch aus Performance-Gründen das *standalone*-Verfahren zu empfehlen.

`HostnameLookups on | off` Hiermit wird festgelegt, ob in den Logdateien des Servers die IP-Nummern von zugreifenden Klientrechnern (*off*) oder Ihre DNS-Namen (*on*) protokolliert werden sollen.

`ServerAdmin E-Mail-Adresse` Gibt mit *E-Mail-Adresse* die E-Mail-Adresse des Administrators dieses Servers an. Die Adresse wird u. a. in Fehlermeldungen ausgegeben.

`Loadmodule Modulname` Gibt mit *Modulname* ein Modul an, das von Apache geladen werden soll.

`ErrorLog Dateiname` Gibt mit *Dateiname* den Namen der Datei an, in die Fehler protokolliert werden.

`LogLevel Stufe` Gibt mit *Stufe* an, welche (Fehler-)Meldungen protokolliert werden sollen. Mögliche Werte für *Stufe* sind: *debug, info, notice, warn, error, crit, alert* und *emerg*.

`LogFormat Format [Bezeichnung]` Definiert ein Format, in dem Zugriffe protokolliert werden. Wenn *Bezeichnung* angegeben wird, kann das Format später durch die betreffenden Bezeichnung benutzt werden. Hinweise zum Aufbau eines Logdatei-Formats finden Sie unter `http://rechnername/doc/apache/manual/mod/mod_log_config.html\#formats`, wenn das Paket *apache-doc* installiert ist (*rechnername* ist durch den Namen des eigenen Rechners zu ersetzen).

`CustomLog Dateiname Format` Bestimmt mit *Dateiname* eine Datei, in welcher Zugriffe protokolliert werden. Mit *Format* kann der Name eines mit *LogFormat* definierten Formats oder ein neues Format angegeben werden.

`ServerName Rechnername` Gibt an, welchen Namen der Server als seinen eigenen Namen verwenden soll. Die Einstellung wird dann benötigt, wenn der Rechner mehr als einen DNS-Namen hat und der primäre Rechnername nicht dem gewünschten Namen des WWW-Servers entspricht.

`Timeout Zeit` Gibt mit *Zeit* die Zeit in Sekunden an, die auf eine Antwort von Klienten gewartet werden soll.

`KeepAlive On|Off` Bestimmt, ob die *Keep-Alive*-Erweiterung von HTTP unterstützt werden soll. Durch diese Erweiterung lässt sich in manchen Fällen eine schnellere Datenübertragung erreichen, sie führt allerdings mit einigen Browsern zu Problemen.

`MaxKeepAliveRequests Anzahl` Gibt mit *Anzahl* an, wieviele Transfers während einer *Keep-Alive*-Verbindung durchgeführt werden dürfen. Der Wert 0 entspricht unendlich vielen Zugriffen.

`KeepAliveTimeout Zeit` Gibt mit *Zeit* die Zeit in Sekunden an, die bei *KeepAlive*-Verbindungen auf den nächsten Zugriff gewartet werden soll.

`MinSpareServers Anzahl` Gibt an, wieviele Server-Prozesse zusätzlich zu denen, die gerade einen Zugriff bearbeiten, mindestens ausgeführt werden sollen. Durch zusätzliche, wartende, Server lassen sich neue Zugriffe schneller beantworten, allerdings werden für diese Prozesse zusätzliche Systemressourcen gebraucht. Für Arbeitsplatzrechner, die nicht in erster Linie als WWW-Server eingesetzt werden, ist der Wert 3 hier ausreichend.

`MaxSpareServers Zahl` Gibt mit *Zahl* an, wieviele zusätzliche wartende Server-Prozesse maximal laufen sollen. Für Arbeitsplatzrechner ist hier der Wert *6* ausreichend.

`StartServers Zahl` Gibt mit *Zahl* an, wieviele Server-Prozesse beim Start von *apache* gestartet werden sollen. Für Arbeitsplatzrechner ist hier der Wert *3* ausreichend.

`MaxClients Zahl` Gibt mit *Zahl* an, wieviele Klienten gleichzeitig auf den Server zugreifen können. Der Server ist für alle weiteren Klienten nicht erreichbar. Für Arbeitsplatzrechner reicht der Wert 20 aus.

`MaxRequestPerChild Zahl` Unter manchen Betriebssystemen gibt es sogenannte „Speicher-Lecks" in Bibliotheken, die von *apache* benutzt werden. Um zu vermeiden, dass diese Lecks nach langer Laufzeit des Servers zu einem sehr hohen Speicherbedarf führen, können die Server-Prozesse nach einer mit *Zahl* zu konfigurierenden Anzahl von Zugriffen neu gestartet werden. Unter Linux ist dies kein großes Problem, so dass der Wert 100 oder ein höherer Wert hier durchaus angemessen ist.

Die Datei srm.conf In dieser Datei wird definiert, welche Dateien der Server wie zur Verfügung stellt, wie er sie anzeigt und wie er im Falle eines Fehlers reagiert.

`DocumentRoot Verzeichnis` Gibt mit *Verzeichnis* das Verzeichnis an, welches das Wurzelverzeichnis auf diesem Server aus Sicht der Klienten ist. Wenn von einem Browser auf den Server mit einer URL ohne Verzeichnis- oder Dateiteil (etwa `http://rechnername`) zugegriffen wird, dann wird der Inhalt dieses Verzeichnisses angezeigt.

`UserDir Verzeichnis` Gibt mit *Verzeichnis* an, in welches Unterverzeichnis ihrer Heimatverzeichnisse Benutzer Dateien legen können, die über den Server verfügbar sein sollen. Auf die Benutzerverzeichnisse kann über URLs zugegriffen werden, die hinter dem Rechnernamen das ~-Zeichen und den betreffenden Benutzernamen tragen. Beispiel: Wenn auf dem Server *www.foo.com* mit der Direktive *UserDir public_html* angegeben wäre und die Benutzerin *eva* ein Verzeichnis mit diesem Namen in ihrem Heimatverzeichnis angelegt hätte, so könnte man mit der URL `http://www.foo.com/~eva` auf dieses Verzeichnis zugreifen.

`DirectoryIndex Dateiname [Dateiname ...]` Wenn auf ein Verzeichnis zugegriffen wird, dann wird auf diesem standardmäßig ein automatisch generiertes Inhaltsverzeichnis des betreffenden Verzeichnisses ausgegeben. Falls sich in dem Verzeichnis jedoch eine mit *Dateiname* bezeichnete Datei befindet, dann wird diese an Stelle dessen ausgegeben. Es lassen sich auch mehrere Dateinamen angeben, die dann nacheinander probiert werden. Beispiel: Wenn mit *DirectoryIndex* der Name *index.html* eingestellt wird und auf die URL `http://rechnername/neues/` zugegriffen wird, dann wird versucht im Verzeichnis *neues* (also */var/www/neues*, wenn *DocumentRoot /var/www* ist) die Datei *index.html* auszugeben. Wenn die Datei dort nicht vorhanden ist, wird ein automatisch generiertes Inhaltsverzeichnis ausgegeben.

`FancyIndexing on|off` Schaltet zwischen einer aufwendigeren und hübscheren Methode (*on*) und einer weniger aufwendigen Methode (*off*) bei der Erzeugung automatisch generierter Verzeichnisindices um.

`AddIcon* (Kommentar,URL)|URL Typ|Endung` Die Anweisungen *AddIcon*, *AddIconByEncoding* und *AddIconbyType* erlauben es, Dateitypen entweder auf Grund Ihres MIME-Typs oder auf Grund Ihrer Namensendung bestimmten Icons zuzuordnen, welche im automatisch generierten Verzeichnisindex mit den entsprechenden Dateien angezeigt werden, falls *FancyIndexing* auf *On* gestellt ist. Die Zuordnung erfolgt entweder in der Form *(Kommentar,URL)* oder in der Form *URL*, bei der ersten Form besteht die Möglichkeit, mit *Kommentar* einen Text anzugeben, der von solchen Browsern an Stelle des Icons angezeigt werden kann, die keine Bilder anzeigen können. Beachten Sie, dass die Icons nicht durch Ihren Dateinamen sondern durch Ihre URL angegeben werden müssen. Das bedeutet, dass sie sich in einem Verzeichnis befinden müssen, auf das auch direkt über den Server zugegriffen werden kann. URLs können hier auch ohne Rechnernamen (z. B.: */Verzeichnis/Dateiname*) angegeben werden, sie beziehen sich dann auf den lokalen Server. Es sind auch relative URLs möglich.

Hinter der URL ist bei *AddIcon* die Namensendung (z. B. *.txt*) anzugeben, bei *AddIconByType* der MIME-Typ (z. B. *audio/**) und bei *AddIconByEncoding* die Form der Kodierung (z. B. *x-compress*). Kodierungen können mit *AddEncoding* definiert werden.

`DefaultIcon URL` Legt fest, welches Icon zusammen mit solchen Dateien im automatisch generierten Index angezeigt werden soll, für die kein Icon definiert wurde.

`ReadmeName Name` Gibt mit *Name* den Namen einer Datei an, die bei der automatischen Indexerstellung unter dem Datei- und Verzeichnisindex ausgegeben wird.

`HeaderName Name` Gibt mit *Name* den Namen einer Datei an, die bei der automatischen Indexerstellung über dem Datei- und Verzeichnisindex ausgegeben wird.

`IndexIgnore Name [Name ...]` Gibt mit *Name* Dateinamen an, die im automatischen Index nicht mit ausgegeben werden. Hierbei lassen sich auch Meta-Zeichen verwenden.

`AccessFileName Name` Gibt mit *Name* den Dateinamen an, mit der sich die Zugriffsbestimmungen für das Verzeichnis, in dem die Datei liegt, überschreiben lassen.

`AddEncoding Name Dateiendung [Dateiendung ...]` Ordnet Dateien, deren Endung *Dateiendung* entspricht der mit *Name* angegebenen Kodierung zu.

`AddLanguage Sprache Endung` Ein Browser kann dem Server mitteilen, dass er eine Seite gerne in einer bestimmten Sprache hätte. Durch die *AddLanguage*-Direktive wird die mit *Endung* angegebene Dateinamensendung der mit *Sprache* angegebenen Sprache zugeordnet. Wenn beispielsweise *AddLanguage de .de* benutzt wird und ein Browser die Datei *index.html* in deutscher Sprache anfordert, so wir die Datei *index.html.de* ausgegeben, wenn Sie existiert.

`Redirect name URL` Wenn auf *name* zugegriffen wird, dann sendet der Server an den Klienten die mit *URL* bezeichnete URL, die dieser dann versucht zu laden. Dadurch können Klienten beispielsweise auf andere Server umgeleitet werden, wenn Sie versuchen, eine Seite zu laden, die sich nicht mehr auf diesem Server befindet.

`Alias lokale-URL Dateiname|Verzeichnisname` Mit dieser Anweisung lassen sich Dateien oder Verzeichnisse für den Server verfügbar machen, die sich nicht unterhalb des mit *ServerRoot* angegebenen Verzeichnisses befinden. Wird beispielsweise die Anweisung *Alias /news/ /var/news/* benutzt und befindet sich in */var/news* die Datei *WELCOME*, so könnte mit der URL `http://rechnername/news/welcome` auf diese Datei zugegriffen werden.

`ErrorDocument Fehler-Nr. URL` Hiermit lassen sich (ansprechendere) eigene Fehlermeldungen ausgeben, welche die Standardfehlermeldungen ersetzen, die *apache* normalerweise ausgibt, wenn beispielsweise versucht wird, auf ein Dokument zuzugreifen, das auf dem Server nicht existiert.

Die Datei access.conf Die Datei ist – wie bereits erwähnt – für die Zugriffskontrolle zuständig. Die Zugriffskontrolle geschieht durch die Angabe unterschiedlicher Blöcke, die sich jeweils auf einen Bereich (z. B. auf ein Verzeichnis) des Servers beziehen. Innerhalb eines Blocks wird dann angegeben, welche Berechtigungen für wen beim Zugriff auf die Ressourcen gelten, auf die sich der Block bezieht.
Es lassen sich u. a. drei unterschiedliche Typen von Blöcken voneinander unterscheiden:

Nach Verzeichnis Die Zugriffsmöglichkeiten auf ein Verzeichnis und alle darin enthaltenen Dateien und Unterverzeichnisse werden definiert. Solche Blöcke werden mit *<Directory Verzeichnis>* eingeleitet und mit *</Directory>* beendet. Für *Verzeichnis* ist das Verzeichnis anzugeben, für das die innerhalb des Blocks befindlichen Beschränkungen gelten sollen.

Nach URL Die Zugriffsmöglichkeiten auf eine bestimmte URL werden definiert. Diese Zugriffsbeschränkungen sind völlig unabhängig vom Dateisystem, die entsprechenden Blöcke werden mit *<Location URL>* eingeleitet und mit *</Location>* beendet.

Nach Dateinamen Die Zugriffmöglichkeiten werden für Dateien mit bestimmten Namen definiert. Solche Blöcke beginnen mit *<Files Dateiname>* und enden mit *</Files>*.

Die mit *Directory Location* und *Files* angegebenen Namen dürfen Meta-Zeichen (*, ? usw.) enthalten. Innerhalb der Blöcke sind u. a. die folgenden Anweisungen erlaubt:

`allow from Name [Name ...]` Hiermit wird den mit *Name* angegebenen Rechnern der Zugriff auf die Dokumente gestattet, für die der entsprechende Block gilt. Für *Name* lassen sich einzelne (DNS-) Rechnernamen, IP-Adressen, DNS-Domänennamen (wie z. B. *.uni-bremen.de*), Teile von IP-Adressen (z. B. *134.102.* (erlaubt allen Rechnern den Zugriff, deren IP-Adressen mit *134.102* beginnen) oder IP-Netzwerke / Netzmasken-Kombinationen (z. B. *192.168.1.0/255.255.255.240* für die IP-Adressen *192.168.1.0* bis *192.168.1.15*) angeben. Zusätzlich ist es möglich, das Schlüsselwort *all* anzugeben, mit dem der Zugriff von überall erlaubt wird.

`deny from Name [Name ...]` Verbietet den Zugriff auf die Dokumente in dem entsprechenden Block. Für *Name* bestehen die gleichen Möglichkeiten zur Formulierung, wie bei der *allow from*-Anweisung.

`order deny,allow|allow,deny` Mit dieser Anweisung wird festgelegt, wie Zugriffsbeschränkungen interpretiert werden. Wenn *allow,deny* angegeben ist, wird zunächst davon ausgegangen, dass ein Klient nicht zugangsberechtigt ist, dann wird nach einer *allow*-Anweisung gesucht, die für den Klienten gilt (nach dieser Prüfung ist er u. U. zugangsberechtigt) und zum Schluss wird nach einer *deny*-Regel gesucht, die für ihn gilt (nun ist er u. U. nicht mehr zugangsberechtigt, d. h. die *allow*-Regel wurde überschrieben). Bei *deny,allow* läuft es genau umgekehrt: Zunächst wird davon ausgegangen, dass der Klient zugreifen darf, dann wird nach *deny*-Anweisungen gesucht (aufgrund derer er u. U. nicht zugreifen kann) und danach nach *allow*-Regeln geschaut (mit denen die *deny* Regeln u. U. wieder überschrieben werden).

`Options [[+|-]Option ...]` Mit dieser Anweisung werden bestimmte Eigenschaften des Servers in Bezug auf den Bereich für den der entsprechende Block gilt, ein- oder ausgeschaltet. Es stehen die folgenden Optionen zur Verfügung:

ALL Alle Optionen (bis auf *MultiViews*) werden ausgewählt. Dies ist die Standardeinstellung.
ExecCGI Das Ausführen von CGI-Skripten ist erlaubt.
FollowSymLinks In dem Verzeichnis wird symbolischen Links gefolgt.
SymLinksIfOwnerMatch Symbolischen Links wird nur dann gefolgt, wenn der Besitzer von Link und Datei (oder Verzeichnis), auf die der Link zeigt, übereinstimmen.
Includes Es wird erlaubt, durch bestimmte Direktiven in den Dokumenten andere Dokumente einzufügen (*Server Side Includes*).
IncludesNOEXEC Das Einfügen wird mit Ausnahme der Anweisungen *#exec* und *#include* im Fall von Skripten erlaubt.
Indexes Die Erzeugung automatisch generierter Verzeichnisindices wird aktiviert.
MultiViews Wenn ein bestimmter Inhalt in mehreren Formen (z. B. Sprachen) vorliegt, können Browser und Server aushandeln, welche Version benutzt wird.

`AllowOverride Option [Option ...]` Bestimmt, welche Zugriffseinschränkungen und -Optionen durch die mit *AccessFileName* bestimmten Dateien überschrieben werden können. Hier sind u. a. die folgenden Angaben möglich:

All Alle Einstellungen dürfen überschrieben werden.
None Keine Einstellungen dürfen überschrieben werden.
Limit Die Zugriffsbeschränkungen (*deny*, *allow*, *order*) dürfen überschrieben werden.
Indexes Die Einstellungen zur Erzeugung von Indices dürfen überschrieben werden.
FileInfo Einstellungen zu Dokumenttypen dürfen überschrieben werden.

Der Eintrag für das Wurzelverzeichnis des Server (*/var/www*) sieht standardmäßig folgendermaßen aus:

```
<Directory /var/www>
Options Indexes FollowSymLinks
AllowOverride None
order allow,deny
allow from all
</Directory>
```

Damit werden die beiden Optionen *Indexes* und *FollowSymLinks* eingeschaltet und das Überschreiben von Einstellungen durch lokale Dateien wird grundsätzlich verboten. Der Zugriff auf den Server wird von allen Rechnern aus gestattet. Diese Einstellungen gelten *zunächst* für den gesamten Server, sie können jedoch durch weitere Anweisungen in der Datei *access.conf* für Teilbereiche überschrieben werden.

Es ist weiter zu beachten, dass *<Files>*-Blöcke die in *<Directory>*-Blöcken definierten Einstellungen (für die entsprechenden Dateien) überschreiben und dass *<Location>*-Blöcke alle anderen Einstellungen (für die entsprechenden URLs) überschreiben.

Alternative WWW-Server Selbstverständlich ist *apache* nicht der einzige WWW-Server, der mit Debian zur Verfügung steht. Das Programm *apache* hat sich zwar zum Standard etabliert, allerdings kann es in verschiedenen Fällen trotzdem sinnvoll sein, einen der folgenden Server an Stelle von *apache* zu installieren:

cern-httpd Dieser am Genfer CERN, also dort wo das WWW erfunden wurde, entwickelte Server wird nicht mehr weiterentwickelt und ist mittlerweile etwas veraltet.
aolserver Dieses Paket enthält den vom Internet-Giganten AOL eingesetzten Web-Server. Er zeichnet sich dadurch aus, sehr viele Benutzer und viele virtuelle Domänen gleichzeitig bedienen zu können.
boa Ein einfacher WWW-Server, der gut für den Einsatz auf Rechnern mit eingeschränkten Ressourcen geeignet ist.
roxen Die Server zeichnet sich besonders durch einfache Konfiguration und Pflege aus.
dhttpd Ein ganz einfacher WWW-Server, der sich zur Veröffentlichung von Dokumenten, aber nicht zu viel mehr eignet.

17.8.2 SAMBA – Netzwerkdienste für Windows und OS/2

SAMBA ist eine Implementierung des SMB- (Server Message Block-) Protokolls. Dieses Protokoll wird von allen Windows-Betriebssystemen, aber auch von anderen Betriebssystemen, wie z. B. OS/2, dazu benutzt, Ressourcen eines Rechners, wie Verzeichnisse oder Drucker, anderen Rechnern im Netz zur Verfügung zu stellen, bzw. die Ressourcen eines anderen Rechners von dem eigenen Rechner aus zu benutzen. Das Protokoll ist auch als NetBIOS oder NetBEUI bekannt, neuerdings wird es oft mit CIFS bezeichnet.

Um die Kernfunktionalität herum gibt es einige weitere zusätzliche Protokolle und Dienste, wie z. B. zur Benutzerauthentifizierung oder einen Dienst zur Namensauflösung (WINS – Windows Internet Name Service), der mit DNS vergleichbar ist. Die zu SAMBA gehörenden Programme implementieren einen großen Teil der Funktionalität, die von einem Windows NT-Server oder dessen Nachfolger Windows 2000 zur Verfügung gestellt wird. Dazu gehört u. a. die Bereitstellung von Verzeichnissen und Druckern über das SMB-Protokoll, die Authentifizierung von Klientsystemen sowie ein Programm, welches WINS zur Verfügung stellt. SAMBA kann deswegen in vielen Fällen die Aufgaben eines Windows NT-Servers im Netzwerk übernehmen. Außerdem lässt es sich dazu benutzen, die Drucker eines Linux-basierten Printservers oder die Verzeichnisse eines Dateiservers, der unter Linux betrieben wird, auch Windows oder OS/2-Rechnern zur Verfügung zu stellen.

Tatsächlich wird Linux mit SAMBA heute in vielen Unternehmen als die kostengünstigere und stabile Alternative zu Windows NT eingesetzt. Gelegentlich liest oder hört man, dass Server, die dem Management eines Unternehmens als NT-Server bekannt sind, in Wirklichkeit mit Linux betrieben werden. Dies ist sicherlich der Verfügbarkeit von SAMBA zu verdanken.

Einführung Die Konzepte in TCP/IP- und Windows-Netzwerken unterscheiden sich stark voneinander, auch wenn in beiden Welten gelegentlich die gleichen Ausdrücke (mit unterschiedlichen Bedeutungen) benutzt werden. Windows-Netzwerke sind ursprünglich für die Vernetzung weniger Rechner konzipiert. Eine Anbindung des eigenen Netzes an andere Netzwerke (wie etwa an das Internet) war dabei nicht vorgesehen. Außerdem wurde davon ausgegangen, dass sich alle beteiligten Rechner in dem gleichen Netzwerk befinden und SMB-Pakete nicht über Router weitergeleitet werden müssen, um von einem Rechner zum nächsten zu gelangen.

Jeder Rechner in einem Windows-Netzwerk hat einen Namen. Diese Namen sind zu trennen von den (DNS-)Namen, die in TCP/IP-Netzwerken benutzt werden. Beachten Sie, dass ein Rechner gleichzeitig Teil eines Windows- und eines TCP/IP-Netzes sein kann und deswegen einen Windows- und einen TCP/IP-Namen haben kann und beide Namen nicht übereinstimmen müssen. In der Regel ist es jedoch immer sinnvoll, für einen gegebenen Rechner den gleichen TCP/IP- und Windows-Namen zu vergeben.

Arbeitsgruppen und Domänen Innerhalb eines Windows-Netzwerkes werden sogenannte Arbeitsgruppen und Domänen unterschieden. Eine Arbeitsgruppe fasst eine Anzahl von Rechnern zusammen, die sich normalerweise gegenseitig Ressourcen zur Verfügung stellen und diese benutzen. Eine Domäne ist eine Arbeitsgruppe, bei der die Authentifizierung über einen Windows NT-Server oder einen SAMBA-Server abgewickelt wird. Im Unterschied zu einer Arbeitsgruppe gibt es in einer Domäne eine Benutzerdatenbank für den ganzen Verbund von Rechnern und Benutzern. In dieser Datenbank können neben Benutzernamen und Passwörter auch andere Informationen, wie beispielsweise das, für einen Benutzer zu verwendende, Heimatverzeichnis gespeichert werden. Den Rechner, auf dem sich die Benutzerdatenbank befindet, nennt man Primary-Domain-Controller (PDC). Daneben gibt es noch sogenannte Backup-Domain-Controller, welche die Benutzerinformationen vom PDC beziehen und diese ebenfalls Klientrechnern zur Verfügung stellen können. Das Konzept ist also mit NIS unter UNIX vergleichbar. Jeder Rechner, der Teil eines SMB-Netzwerkes ist, ist normalerweise eine Arbeitsgruppe oder einer Domäne zugeordnet.

SMB und TCP/IP Das SMB-Protokoll ist eigentlich ein eigenes Netzwerkprotokoll, ebenso wie (TCP/)IP oder AppleTalk. Um jedoch die oben angesprochenen Schwierigkeiten, wie die fehlende Routing-Möglichkeit, zu überwinden, wurde eine Abwandlung dieses Protokolls erdacht, bei der SMB-Pakete per TCP/IP transportiert werden. Diese Form des Protokolls wird auch als *NetBIOS over TCP/IP* bezeichnet, sie ermöglicht die volle Integration von SMB in TCP/IP-Netzwerke. SAMBA arbeitet ausschließlich mit SMB über TCP/IP und unterstützt nicht die ältere Variante ohne TCP/IP. Bei der Installation einiger Windows-Betriebssysteme wird TCP/IP jedoch standardmäßig nicht installiert, so dass die Unterstützung für dieses Protokoll nachträglich zu installieren ist, wenn der entsprechende Rechner einen SAMBA-Server benutzen soll. Außerdem ist darauf zu achten, dass SMB mit TCP/IP und nicht alleine benutzt wird. Durch die Verbreitung des Internets und das Wachstum von Netzwerken hat sich TCP/IP in jüngster Zeit allerdings auch unter Windows zum Standard etabliert.

Namensauflösung Ähnlich wie mit dem Domain Name Service (DNS) steht in Windows-Netzwerken mit WINS (Windows Internet Name Service) ein Mechanismus zur Verfügung, mit dem Rechnernamen in IP-Adressen aufgelöst werden können. Der Einsatz von WINS macht nur dann Sinn, wenn SMB über TCP/IP benutzt wird. Ob ein WINS-Server benutzt wird und auf welchem Rechner er ausgeführt wird, wird vom Administrator bestimmt. Innerhalb eines (Sub-)Netzes sollte es immer nur einen (primären) WINS-Server geben, daneben können sekundäre WINS-Server eingerichtet werden, welche die Aufgabe des primären Servers übernehmen, falls dieser ausfällt. Im Gegensatz zu DNS, werden Rechner dem WINS-Server nicht vom Administrator bekannt gemacht, sondern sie melden sich bei diesem an, sobald sie verfügbar sind und bestätigen daraufhin in regelmäßigen Intervallen ihre Verfügbarkeit (immerhin ist bei Windows-Rechnern ständig mit deren Ausfall zu rechnen). Ein weiterer Unterschied zu DNS besteht darin, dass bei WINS-Namen keine Hierarchien möglich sind, durch die Rechner auch in sehr großen Netzwerken eindeutig bezeichnet werden können.

Analog zur Datei */etc/hosts*, besteht bei Windowsnetzwerken die Möglichkeit, Zuordnungen von Rechnernamen und IP-Adressen in der Datei */etc/lmhosts* zu vermerken. Das Format dieser Datei gleicht weitgehend dem der Datei */etc/hosts*, es ist in der Manualseite *lmhosts* beschrieben. Auf Windows-Rechnern befindet sich die Datei im

Windows-Verzeichnis. Dort liegt normalerweise auch eine Datei mit dem Namen *lmhosts.sam*, in der das Format dieser Datei unter Windows beschrieben ist. Der Einsatz dieser Dateien ist vor allem dann sinnvoll, wenn kein WINS benutzt wird, und sich Rechner der Arbeitsgruppe außerhalb des eigenen Subnetzes befinden. Rechner innerhalb eines Subnetzes können nämlich über ein drittes Verfahren, dem sogenannten *Broadcasting* ausfindig gemacht werden. Bei diesem Verfahren wird einfach jeder Rechner im Netz gefragt, ob er den gerade gesuchten Namen hat.

Browsing Eine weitere Besonderheit des SMB-Protokolls ist das sogenannte *Browsing*. Darunter wird die Fähigkeit von Klientrechnern verstanden, die im Netzwerk (bzw. in der Arbeitsgruppe) vorhandenen Rechner sowie alle von diesen Rechnern zur Verfügung gestellten Ressourcen anzuzeigen. Unter Windows 95/98 wird die Liste verfügbarer Rechner und Ressourcen beispielsweise durch Doppelklick auf das Icon „Netzwerkumgebung" angezeigt. Das Konzept der Windows-Netzwerke geht davon aus, dass Rechner jederzeit ausfallen oder neu zur Verfügung stehen können. Die Folge dessen ist, dass sich die Liste verfügbarer Rechner jederzeit verändern kann und deswegen ständig aktualisiert werden muss. Aus diesem Grund wird auf einem Rechner eine sogenannte *browse list* gepflegt, mit dem sich andere Rechner verbinden können, um die entsprechende Information abzufragen. Welcher Rechner die *browse list* „besitzt", wird unter den Rechnern im Netz selbstständig ausgehandelt, der entsprechende Rechner wird als *Local Master Browser* bezeichnet. In Windows-Netzwerken, die sich über mehrere Subnetze erstrecken, muss es in jedem Subnetz einen eigenen *local master browser* geben, von denen einer als *domain master browser* fungiert, welcher die übrigen lokalen *master browser* miteinander synchronisiert.

Passwortverschlüsselung Die Schwierigkeit der Konfiguration von SAMBA schwankt von besonders einfach bis hin zu komplex, je nachdem für welchen Zweck das System konfiguriert werden soll. Eine Frage, die vor der Konfiguration auf jeden Fall geklärt werden sollte, ist die, ob bei der Anmeldung verschlüsselte Passwörter benutzt werden sollen oder nicht. Ältere Versionen von Windows (Windows 3.11, Windows 95 und Windows NT 3.51) versenden Passwörter unverschlüsselt, was natürlich relativ unsicher ist, sich allerdings einfacher mit SAMBA vereinbaren lässt. Neuere Windows Versionen (Windows 98, Windows NT 4 (ab Service Pack 3) und Windows 2000) versenden Passwörter verschlüsselt. Dieses Verfahren ist sicherer, allerdings ist es nicht möglich, die verschlüsselten Passwörter anhand der Linux-Passwortdatenbank (in */etc/passwd* oder */etc/shadow*) zu überprüfen, weil Windows und Linux unterschiedliche Verfahren zur Verschlüsselung benutzen und bei beiden Verfahren nicht auf das unverschlüsselte Passwort zurückgeschlossen werden kann. Zur Lösung des Problems gibt es zwei Möglichkeiten: Zum einen können Windows-Systeme durch Veränderung eines bestimmten Schlüssels in der Windows-Registry dazu gebracht werden, unverschlüsselte Passwörter zu verwenden und zum anderen kann SAMBA eine zweite Passwortdatenbank verwalten, in der sich die verschlüsselten Windows-Passwörter befinden. Das zweite Verfahren ist sicherer, aber mit höherem administrativen Aufwand verbunden, weil es u. U. erfordert, dass UNIX- und Windows-Passwörter manuell synchronisiert werden. Dieses Verfahren muss gewählt werden, wenn SAMBA als PDC (Primary Domain Controller) für Windows NT-Klienten eingesetzt werden soll.

Unterschiede zwischen Windows und UNIX Bedenken Sie, dass es eine Reihe von Unterschieden zwischen Windows und UNIX gibt. Beispielsweise wird unter Windows nicht zwischen Groß- und Kleinschreibung bei Datei- und Verzeichnisnamen unterschieden. Das heißt, dass unter Windows beispielsweise die Dateinamen *README.TXT*, *Readme.txt* und *readme.txt* die selbe Datei bezeichnen, während unter UNIX damit drei verschiedene Dateien bezeichnet werden. Der SAMBA-Server muss aus diesem Grund entscheiden, welche Datei er einem Windows-Klienten liefert, wenn es aufgrund des Namens mehrere Möglichkeiten gibt. Noch schwieriger wird es, wenn ein Windows-Rechner zunächst eine Datei mit dem Namen *README.TXT* anlegt und dann die Datei *readme.txt* öffnet. Er erwartet dann nämlich, die Datei zu öffnen, die er zuvor angelegt hat. Weitere Schwierigkeiten ergeben sich daraus, dass einige Windows- und DOS-Versionen nur Dateinamen erlauben, die aus acht Zeichen und einer drei Zeichen langen Erweiterung bestehen.

Unter den DOS-basierten Windows-Versionen gibt es kein richtiges Benutzerkonzept. Alle Dateien und Programme gehören demjenigen, der mit dem System arbeitet, dieser Benutzer (und alle von ihm ausgeführten Programme) hat die volle Gewalt über das System. Dieses Sicherheitsloch wird mit SAMBA natürlich nicht auf UNIX-Rechner ausgedehnt, vielmehr führt SAMBA jeden Zugriff auf freigegebene Ressourcen mit den Berechtigungen eines bestimmten Benutzers durch, wobei es abhängig von der Anmeldung durch den Windows-Rechner ist, welches Benutzerkonto hierzu verwendet wird. Es ist deswegen zu beachten, dass u. U. auf bestimmte Dateien, welche sich in freigegebenen Verzeichnissen befinden, nicht zugegriffen werden kann, weil die Berechtigungen auf dem SAMBA-Server-System dazu nicht ausreichen.

Installation Die einzelnen Teile des SAMBA-Systems sind in den folgenden Debian-Paketen enthalten:

samba-common Enthält die Dateien und Verzeichnisse, die von allen SAMBA-Programmen benötigt werden.
samba Das Paket enthält die Server-Programme, die benötigt werden, wenn der Rechner als Server für Windows-, DOS oder OS/2-Rechner eingesetzt werden soll.
smbclient In diesem Paket sind einige Klientprogramme enthalten, mit denen auf freigegebene Drucker und Verzeichnisse zugegriffen werden kann, die sich auf anderen Windows- oder Linux/SAMBA-Rechnern befinden. Diese Programme werden beispielsweise benötigt, um auf einen Drucker zu drucken, der an einen Windows-Rechner angeschlossen ist oder um Daten von einem Windows-Rechner auf den eigenen Rechner zu kopieren.
samba-doc In diesem Paket befindet sich die Dokumentation zu SAMBA.
smbfs Hier befinden sich Programme mit denen sich von Windows-Rechnern freigegebene Verzeichnisse in das Dateisystem des eigenen Rechners einbinden („mounten") lassen.
swat Dies ist ein Programm, mit dem der SAMBA-Server auf Ihrem Rechner über einen WWW-Browser administriert werden kann.

Wenn Sie nur den Server installieren wollen, reicht es aus, die Pakete *samba* und *samba-common* zu installieren. Um alle Dateien und Programme des Systems zu installieren ist es am einfachsten, das Paket *task-samba* zu installieren. Dadurch werden die oben aufgelisteten Pakete alle zusammen installiert:

```
debian:~# apt-get install task-samba
```

Während der Installation von SAMBA sind einige Fragen zu beantworten. Dabei ist zunächst anzugeben, ob SAMBA als eigenständiger Server-Prozess ausgeführt werden soll, oder ob die entsprechenden Programme bei Bedarf durch den *inetd* gestartet werden sollen. Die erste Möglichkeit (eigenständiger Server) bietet den Vorteil, dass SAMBA bei eingehenden Verbindungen schneller reagieren kann, auf der anderen Seite lassen sich jedoch durch die Verwendung des *inetd* (zweites Verfahren) Systemressourcen einsparen, wenn SAMBA nur selten benutzt wird. Außerdem ist es mit dem *inetd*-Verfahren möglich, den Zugriff auf den SAMBA-Server durch den *tcpd* abzusichern. Wenn der Rechner nicht in erster Linie als Hochleistungsserver für Windows-Rechner eingerichtet werden soll, empfiehlt sich die *inetd*-Methode. Sie können die hier vorgenommene Auswahl später jederzeit mit dem Programm *sambaconfig* ändern.

Danach ist anzugeben, ob eine Passwortdatei für die verschlüsselten Passwörter erzeugt werden soll. Diese Datei wird benötigt, wenn Klientrechner dem Server verschlüsselte Passwörter senden. Wenn Sie die entsprechende Frage mit *Y* beantworten, wird die Datei mit jeweils einem Eintrag für jeden Benutzer, der in der Datei */etc/passwd* eingetragen ist, erzeugt. Die eigentlichen Passwörter sind in der neuen Datei jedoch noch nicht enthalten, weil diese – wie erwähnt – nicht aus der Information in einer der Dateien */etc/passwd* oder */etc/shadow* erzeugt werden können. Im Allgemeinen ist die Verwendung verschlüsselter Passwörter und deswegen auch die Erzeugung der Passwortdatei zu empfehlen. Die SAMBA-Passwörter werden dann in der Datei */etc/samba/smbpassword* gespeichert. Wenn Sie diese Datei später selbst erzeugen möchten, können Sie dies tun, in dem Sie den folgenden Befehl eingeben:

```
debian:~# cat /etc/passwd | /usr/sbin/mksmbpasswd > /etc/samba/smbpasswd
```

Achtung: Eine eventuell bereits vorhandene Version der Datei */etc/samba/smbpaswd* wird dabei überschrieben!

Sollten Sie ausgewählt haben, SAMBA als eigenständigen Server zu verwenden, werden Sie zum Schluss gefragt, ob SAMBA nun gestartet werden soll. Wenn Sie die *inetd*-Methode gewählt haben, brauchen die Programme nicht explizit gestartet werden, sie werden dann bei Bedarf automatisch durch den *inetd* gestartet.

Konfiguration von SAMBA Die zentrale Konfigurationsdatei für SAMBA ist die Datei */etc/samba/smb.conf*. In dieser Datei befinden sich verschiedene Abschnitte, die jeweils mit dem Namen des entsprechenden Abschnittes in eckigen Klammern beginnen und darunter bestimmte Parameterbezeichnungen enthalten, denen hinter einem Gleichheitszeichen Werte zugewiesen werden. Parameter und Wertzuweisung befinden sich immer gemeinsam in einer Zeile. Zeilen, die mit einem Semikolon oder einem Doppelkreuz (#) beginnen, sowie leere Zeilen, dienen zur Kommentierung und Strukturierung der Datei und werden von dem Programm nicht beachtet.

In dem Abschnitt *[global]* werden alle globalen Einstellungen von SAMBA vorgenommen, in den anderen Abschnitten werden Einstellungen, die für einzelne Ressourcen, wie Verzeichnisse oder Drucker gelten, die den Klient-Rechnern zur Verfügung gestellt werden sollen, vorgenommen. Zwei besondere Ressourcen sind *[homes]* und *[printers]*. Mit *[homes]* werden die Heimatverzeichnisse der auf dem Server-System bekannten Benutzer verfügbar gemacht. Diese Ressource entspricht immer dem Heimatverzeichnis, welches dem Benutzer zugeordnet ist, der sich von einem Klientrechner aus anmeldet. Die Ressource *[printers]* entspricht allen auf dem System bekannten Druckern, also den Druckern, die in der Datei */etc/printcap* definiert sind.

In der Konfigurationsdatei ist es an vielen Stellen möglich, bestimmte Platzhalter zu verwenden, die erst zur Laufzeit des Servers durch Werte ersetzt werden. Diese Platzhalter bestehen jeweils aus einem Prozentzeichen und einem Buchstaben. Die wichtigsten sind:

%a Architektur des Klientsystems (z. B. Samba, Win95 oder WinNT).
%I IP-Adresse des Klienten.
%m NetBIOS-Name des Klienten.
%M DNS-Name des Klienten.
%u Benutzername des UNIX-Kontos, mit dem eine Operation (z. B. ein Zugriff) durchgeführt wird.
%U Benutzername, mit dem ein Klientsystem eine Operation durchführt.
%P Wurzelverzeichnis der Ressource, mit der eine Operation durchgeführt wird.
%S Name der Ressource, mit der eine Operation durchgeführt wird.
%h DNS-Name des Servers.
%L NetBIOS-Name des Servers.
%v SAMBA-Version.
%T Uhrzeit und Datum.

Durch Verwendung des Platzhalters %m könnten so beispielsweise unterschiedliche Logdateien für die verschiedenen Klientsysteme benutzt werden:

```
log file = /var/log/samba.%m
```

Wenn SAMBA mit dieser Konfigurationsanweisung ausgeführt wird und ein Ereignis oder eine Aktion protokolliert werden soll, wird zunächst geprüft, wie der NetBIOS-Name des Rechners lautet, der die zu protokollierende Aktion angefordert hat. Die Zeichenkette %m wird dann durch diesen Namen ersetzt, so dass das Ereignis in einer Datei protokolliert werden würde, deren Name beispielsweise */var/log/samba.schulze* lautet, wenn der NetBIOS-Name des zugreifenden Rechners *schulze* sein würde.

Wichtige Einstellungen im Abschnitt [global] Wie erwähnt, wird im Abschnitt *[global]* eingestellt, wie SAMBA sich allgemein verhalten soll. Die wichtigsten Variablen und Optionen hierzu sind im Folgenden aufgeführt.

`printing = Typ` Hiermit wird definiert, wie die Programme zur Kontrolle von Druckern aufgerufen werden. Dies ist abhängig davon, welches Drucksystem installiert ist. Geben Sie für *Typ lprng* an, wenn Sie das Paket *lprng* verwenden oder *bsd*, wenn Sie das Paket *lpr* installiert haben.

`printcap name = Dateiname` Gibt mit *Dateiname* an, wo sich die Datenbank verfügbarer Drucker befindet. Normalerweise ist dies die Datei */etc/printcap*.

`load printers = yes|no` Bestimmt, ob alle vorhandenen Drucker automatisch geladen und Klientsystemen verfügbar gemacht werden sollen.

`guest account = Benutzername` Gibt mit *Benutzername* an, welches Benutzerkonto verwendet wird, wenn eine Anmeldung unter dem Benutzernamen *Guest* erfolgt.

`invalid users = Benutzer [Benutzer ...]` Bestimmt, mit welchen Benutzernamen kein Zugriff auf den Server erfolgen darf. Hier sollte in der Regel *root* angegeben werden, damit von den Klientrechnern aus nicht mit den Rechten des Administrators auf den Server zugegriffen werden kann.

`security = user | share | server | domain` Dies ist eine der wichtigsten Variablen in der Konfigurationsdatei überhaupt. In Windows-Netzwerken wird zwischen zwei Modi zur Authentifizierung beim Zugriff auf eine Ressource unterschieden. Im sogenannten *share*-Modus wird jeder Ressource ein Passwort zugeordnet und jeder Benutzer, bzw. jeder Computer, der dieses Passwort kennt, kann die Ressource benutzen. Im *user*-Modus kann für jede Ressource festgelegt werden, von welchen Benutzern auf die entsprechende Ressource zugegriffen werden darf, wobei jeder Benutzer ein eigenes Passwort hat. Der *share*-Modus wird von SAMBA zwar unterstützt, allerdings passt er schlecht in UNIX-Umgebungen, wo für jeden Zugriff auf eine Ressource und für die Ausführung jedes Programms ein Benutzerkonto benötigt wird. Wenn SAMBA im *share*-Modus betrieben wird, wird ein spezieller Algorithmus benutzt, mit dem ein Zugriff (bei dem ja kein Benutzername angegeben werden muss) einem gültigen Benutzerkonto auf dem SAMBA-Server zugeordnet werden kann. Im allgemeinen ist die Verwendung des *user*-Modus zu empfehlen. Klientrechner müssen in diesem Modus angeben, mit welchem Benutzernamen ein Zugriff stattfinden soll, so dass SAMBA die Möglichkeit hat, das entsprechende Benutzerkonto auf dem UNIX/Linux-Rechner für den Zugriff zu verwenden. Der *user*-Modus wird von allen neueren SMB-Klienten (ab Windows 95 und Windows NT 3.51) ausreichend gut unterstützt.

Bei den Modi *server* und *domain* handelt es sich um zwei besondere Formen des *user*-Modus. Im *server*-Modus wird ein anderer Windows NT oder SAMBA-Rechner benutzt, um die Authentifizierung durchzuführen. Bei einem Zugriff werden Benutzername und Passwort also von dem Klienten entgegengenommen und an einen anderen Server weitergereicht. Wenn dieser zweite Server daraufhin die Auskunft erteilt, dass Benutzername und Passwort zusammenpassen, wird der Zugriff auf die entsprechende Ressource gestattet. Beachten Sie, dass dabei immer noch ein UNIX-Benutzerkonto auf dem SAMBA-Server benötigt wird, dass dem Namen des Benutzers, der den Zugriff durchführt, entspricht. Der Passwort-Server wird mit dem Schlüsselwort *password server = Servername* angegeben, wobei *Servername* durch den SMB-Namen des entsprechenden Rechners zu ersetzen ist.

Im *domain*-Modus verhält sich SAMBA wie ein Mitglied einer Windows-Domäne. Zur Authentifizierung führt es eine Abfrage des Domänen-Controllers durch, der dem SAMBA-Server mitteilen kann, ob Benutzername und Passwort übereinstimmen und der weitere Informationen über das entsprechende Benutzerkonto verfügbar hält. Ein einmal am Domänen-Controller authentifizierter Benutzer kann dann auf alle Ressourcen zugreifen, die für diesen Benutzer innerhalb der Domäne verfügbar sind. Der *domain*-Modus eignet sich für solche SAMBA-Server, die innerhalb von Windows-Domänen eingesetzt werden, welche von NT-Servern aus administriert werden. Damit ein SAMBA-Server Mitglied einer NT-Domäne sein kann, muss er natürlich auf dem NT-Domänen-Controller eingetragen worden sein. Hinweise zur Einrichtung von SAMBA in einer NT-Domäne finden Sie in der Datei */usr/share/doc/samba-doc/textdocs/DOMAIN_MEMBER.txt.gz* aus dem

Paket *samba-doc*. Beachten Sie, dass es auch im Domänen-Modus erforderlich ist, Benutzerkonten auf dem SAMBA-Server zu haben, die den Benutzernamen entsprechen, mit denen Zugriffe durchgeführt werden. Wenn Sie sich nicht sicher sind, welches der richtige Modus ist, sollten Sie *security = user* verwenden.

`workgroup = NAME` Hiermit wird der Name der Arbeitsgruppe bzw. der Domäne angegeben, deren Bestandteil der SAMBA-Server sein soll.

`netbios name = NAME` Hiermit wird der Netbios- (also der Windows-Netzwerk-) Name des SAMBA-Servers festgelegt. Standardmäßig wird für *NAME* der (DNS-)Name des Rechners benutzt, was eine sinnvolle Voreinstellung ist, da unterschiedliche Windows- und TCP/IP-Namen oft zu Verwirrung führen.

`server string = Zeichenkette` Hiermit wird angegeben, welche Beschreibung des SAMBA-Servers auf anderen Rechnern angezeigt werden soll.

`encrypt passwords = yes|no` Bestimmt, ob der SAMBA-Server verschlüsselte Passwörter unterstützen soll. Beachten Sie, dass SAMBA bei der Verwendung verschlüsselter Passwörter eine eigene Passwortdatenbank (in */etc/samba/smbpasswd*) pflegt, die mit dem Programm *smbpasswd* bearbeitet werden kann. Wenn Sie mit verschlüsselten Passwörtern arbeiten, können ältere Klienten, die mit unverschlüsselten Passwörtern arbeiten, weiterhin auf den SAMBA-Server zugreifen.

`update encrypted = yes|no` Wenn die Klientsysteme teilweise verschlüsselte Passwörter und teilweise unverschlüsselte Passwörter verwenden, kann mit dieser Variablen bestimmt werden, dass das verschlüsselte Passwort eines Benutzers automatisch erzeugt werden soll, wenn er sich mit einem unverschlüsselten Passwort (von einem anderen Rechner aus) anmeldet. Bei der Migration von unverschlüsselten zu verschlüsselten Passwörtern kann so vermieden werden, dass für jeden Benutzer manuell ein verschlüsseltes Passwort angelegt werden muss.

`wins support = yes|no` Diese Variable bestimmt, ob der SAMBA-Server auch als WINS- (Namens-) Server fungieren soll. Wenn Sie in Ihrem Windows-Netzwerk bereits einen anderen (WINS-)Server haben, sollten Sie hier *no* angeben.

`wins server = IP-Adresse|Rechnername` Wenn ein anderer WINS-Server benutzt werden soll, ist hier mit *IP-Adresse* die IP-Adresse oder mit *Rechnername* der DNS-Name des Rechners anzugeben, der den WINS-Server zur Verfügung stellt. Wenn der SAMBA-Server selbst den WINS-Server bereitstellt, ist diese Direktive nicht zu verwenden.

`domain master = yes|no` Gibt an, ob der SAMBA-Server als *domain master browser* fungieren soll. Bedenken Sie, dass es innerhalb einer Arbeitsgruppe oder Domäne nur einen *domain master browser* geben darf. Wenn Sie den Server innerhalb einer Domäne einrichten, die von einem NT-PDC kontrolliert wird, sollten Sie den NT-PDC und nicht den SAMBA-Server als *domain master browser* verwenden.

`local master = yes|no` Gibt an, ob der SAMBA-Server als *local master browser*, also als Verwalter der *browse list* innerhalb eines Subnetzes fungieren soll. Der *domain master browser* sollte in der Regel auch als *local master browser* eingesetzt werden.

`preferred master = yes|no` Hiermit wird angegeben, ob dieser Server sich nach seinem Start darum bewerben soll, *local master browser* zu werden. Diese Variable muss auf *yes* gesetzt werden, wenn der Rechner tatsächlich als *local master browser* eingesetzt werden soll. Allerdings sollten sich innerhalb eines Subnetzes nicht allzuviele Rechner darum bewerben, weil sonst eine unnötige Last durch wiederholte Aushandlungsprozesse erzeugt wird.

`os level = Zahl` Gibt mit *Zahl* an, als welche Windows-Version der SAMBA-Server sich ausgeben soll. Diese Windows-Versionsnummer ist bei der Aushandlung, welcher Rechner Verwalter der *browse list* („*browser*")sein soll, bedeutsam. Der Wert *33* entspricht einem Windows NT-Server. Mit dem Wert 65 wird sicher gestellt, dass der Rechner jede Wahl gewinnt.

`name resolve order = Methode [Methode ...]` Hiermit wird die Reihenfolge von Verfahren festgelegt, mit denen Windows- (NetBIOS-) Namen in IP-Adressen aufgelöst werden. Für *Methode* sind die folgenden Schlüsselwörter verwendbar:

lmhosts Bei diesem Verfahren werden die IP-Adressen in der Datei */etc/lmhosts* nachgeschlagen.

host Die Namen werden wie DNS-Namen behandelt und nach dem standardmäßigen Verfahren, wie es durch die Datei */etc/nsswitch.conf* festgelegt ist, aufgelöst. Das heißt in der Regel, dass zunächst in der Datei */etc/hosts* nachgesehen wird und danach eine DNS-Abfrage durchgeführt wird. Beachten Sie, dass der Einsatz dieses Verfahrens nur dann sinnvoll ist, wenn NetBIOS- (SMB-) Namen und DNS-Namen miteinander übereinstimmen.

wins Es wird der mit *wins server* angegebene WINS-Server benutzt.

bcast Um einen Namen aufzulösen wird ein Broadcast durchgeführt. Mit diesem Verfahren können nur Namen im eigenen Subnetz aufgelöst werden.

`lm announce true|false|auto` Mit dieser Variablen wird bestimmt, ob SAMBA sich selbst regelmäßig bei OS/2-Rechnern bekannt macht. Dies ist notwendig, damit SAMBA-Server in der *browse list* von OS/2-Rechnern erscheinen. Der Wert *auto* bestimmt, dass SAMBA beobachtet, ob andere Rechner im Netz dieses Verhalten zeigen und es ebenfalls tut, wenn es solche Rechner gibt.

`dns proxy = yes|no` Wenn der Server als WINS-Server arbeitet, kann er Rechnernamen, die ihm noch nicht bekannt sind, durch DNS-Abfragen auflösen. Dieses Verhalten wird durch *dns proxy = yes* eingeschaltet.

`case sensitive = yes|no` Hiermit wird bestimmt, ob SAMBA zwischen Groß- und Kleinschreibung bei Dateinamen unterscheiden soll. Wenn *case sensitive = no* gesetzt ist, dann kann SAMBA die Datei *dokument1.doc* an einen Klienten liefern, der die Datei *DOKUMENT1.doc* angefordert hat. Dieses Verhalten ist mit allen Windows-Betriebssystemen gewünscht.

`preserve case = yes|no` Hiermit wird bestimmt, ob die Groß- und Kleinschreibung von Dateinamen beibehalten werden soll. Dies führt dazu, dass eine Datei, die von einem Windows-Rechner aus, auf dem SAMBA-Server beispielsweise unter dem Namen *Dokument1.doc* gespeichert wird, tatsächlich nicht als *DOKUMENT1.DOC* gespeichert wird, trotzdem wird jedoch die Datei *Dokument1.doc* geöffnet, falls der Windows-Rechner später auf die Datei unter dem Namen *dOKUMENt1.DOC* zugreift.

`short preserve case = yes|no` Diese Variable entspricht der vorgenannten, mit dem Unterschied, dass sie sich auf kurze Dateinamen (mit nicht mehr als acht Buchstaben und einer drei Buchstaben langen Erweiterung) bezieht.

`unix password sync = true|false` Wenn von einem Klientenrechner aus ein Passwort geändert wird, wird bei Verwendung verschlüsselter Passwörter standardmäßig nur das Passwort in der Datei */etc/samba/smbpassword* geändert. Die Folge ist, dass es danach wahrscheinlich zwei unterschiedliche Passwörter für den gleichen Benutzer gibt, nämlich eines zum Zugriff von Windows-Rechnern aus und eines zur direkten UNIX-Anmeldung an dem Server. Wenn dieser Parameter auf *true* oder *yes* gesetzt wird, wird während der Änderung eines Passworts ein externes Programm aufgerufen, mit dem das UNIX-Passwort zu dem entsprechenden Account ebenfalls geändert wird. Welches Programm zur Änderung des UNIX-Passwortes aufgerufen wird und wie es aufgerufen wird, lässt sich mit den beiden Anweisungen *passwd program* und *passwd chat* spezifizieren. Die Werte hierfür müssen beispielsweise dann angepasst werden, wenn zur UNIX-Benutzerauthentifizierung NIS benutzt wird. Beachten Sie, dass umgekehrt, also bei Veränderung des UNIX-Passworts, das Windows (bzw. SAMBA-) Passwort nicht geändert wird.

`max log size = Zahl` Hiermit wird mit *Zahl* in Kilobyte angegeben, welche Größe die Logdateien (in */var/log/smb* und */var/log/nmb*) maximal erreichen dürfen, bevor sie rotiert, also gesichert und durch eine neue leere Datei ersetzt werden.

`debug level = Zahl` Gibt mit *Zahl* an, welche Meldungen von SAMBA in den Log-Dateien protokolliert werden sollen. Je höher die mit *Zahl* angegebene Zahl ist, desto mehr Meldungen werden ausgegeben. Im allgemeinen wird empfohlen, hier den Wert 0 oder 1 zu verwenden, jedoch einen höheren Wert (z. B. 3 oder 5), wenn ein bestimmtes Problem untersucht werden soll.

`log file = Dateiname` Gibt den Namen der Datei an, in die protokolliert werden soll.

`host allow = IP-Nummer|DNS-Name [IP-Nummer|DNS-Name ...]` Mit dieser Variablen kann einer Gruppe von Rechnern das Recht zum Zugriff auf diesem SAMBA-Server erteilt werden. Beachten Sie, dass standardmäßig alle Rechner auf den Server zugreifen können. Rechner können durch ihre (DNS-)Namen und durch ihre IP-Adressen spezifiziert werden. Außerdem ist es möglich, Gruppen von Rechnern durch die Angabe von Subnetzen (wie *134.102.100.*) oder durch die Angabe von (DNS-)Domänennamen (wie *.springer.de*) anzugeben. Zusätzlich sind die Schlüsselwörter *ALL* und *EXCEPT* erlaubt. Beispiel:

`host allow = ALL EXCEPT 192.168.10.`

Bedenken Sie, dass es möglich sein sollte, von dem lokalen Rechner aus auf den SAMBA-Server zuzugreifen. Unter Umständen ist es also notwendig, *localhost* in die Liste mit aufzunehmen. Beachten Sie ferner, dass sie diese Zugriffskontrolle besser über die Dateien */etc/hosts.allow* und */etc/hosts.deny* kontrollieren können, falls Sie SAMBA über den *inetd* starten (siehe auch S. 556).

`host deny = IP-Nummer|DNS-Name [IP-Nummer|DNS-Name ...]` Mit dieser Variablen kann bestimmten Rechnern der Zugriff auf den Server verwehrt werden. Rechnernamen können auf die gleiche Weise angegeben werden, wie bei der Variablen *host allow*.

`interfaces = IP-Adresse/Netzwerkmaske|interface [...]` Hiermit kann bestimmt werden, welche Netzwerkinterfaces SAMBA zur Kommunikation von *browse lists*, Namensregistrierung u. a. benutzt. Standardmäßig werden alle Interfaces, die im System vorhanden, konfiguriert und broadcastfähig sind, mit Ausnahme des Loopback-Interfaces benutzt. Wenn ein Rechner mit mehreren Subnetzen verbunden ist und der SAMBA-Server nur in einigen dieser Subnetze zur Verfügung stehen soll, ist es sinnvoll, diese Option zu benutzten. Interfaces können durch Ihren Namen (also z. B. *eth0*, *ippp0*) oder durch ein IP-Adresse-Netzwerkmaske-Paar (also z. B. *192.168.10.0/255.255.255.0*) angegeben werden.

`bind interfaces only = yes|no` Wenn diese Variable auf *yes* gesetzt wird, beantwortet SAMBA nur Anfragen, welche über die mit der Variablen *interfaces* spezifizierten Interfaces eingehen. Im Allgemeinen ist dieses Verhalten nicht erwünscht. Falls Sie *bind interfaces only = yes* verwenden, sollten Sie das Interface *lo* der Interfaceliste (Variable *interfaces*) hinzufügen, damit vom lokalen Rechner aus weiterhin auf den Server zugegriffen werden kann.

`domain logons = yes|no` Wenn dieser Parameter mit dem Wert *yes* benutzt wird, kann der SAMBA-Server Netzwerkanmeldungen von Windows-Rechnern verwalten. Er kann dann die Benutzerprofile von solchen Rechnern speichern und Skripte (Batch-Dateien) aufbewahren, die nach der Anmeldung eines Benutzers an einem Windows-Rechner dort ausgeführt werden. Damit stellt SAMBA den Klienten einen wesentlichen Teil der Funktionalität zur Verfügung, die normalerweise ein Primary Domain Controller (PDC) übernehmen würde. Mehr Informationen über die Einrichtung eines Logon-Servers finden Sie in der Datei */usr/share/doc/samba-doc/textdocs/DOMAIN.txt.gz*, wenn Sie das Paket *samba-doc* installiert haben. Wenn Sie SAMBA nur einsetzen, um Dateien oder Drucker zur Verfügung zu stellen, brauchen sie diese Variable nicht zu verwenden.

Freigeben von Ressourcen Ressourcen wie Drucker oder Verzeichnisse, die von anderen (Windows-)Rechnern aus benutzt werden sollen, werden ebenfalls in der Datei */etc/samba/smb.conf* definiert. Für jede Ressource ist hier ein eigener Abschnitt anzulegen, welcher den Namen der betreffenden Ressource trägt, also z. B *[Daten]*.
Wie erwähnt gibt es zwei besondere Formen von Ressourcen, nämlich *[homes]* und *[printers]*. Die Ressource *[homes]* entspricht automatisch dem Heimatverzeichnis des Benutzers auf dem UNIX-System, der auf die Ressource zugreift. Diese Ressource kann entweder unter dem Namen *homes* von Klientsystemen aus angesprochen werden oder unter dem Namen des betreffenden Benutzers, also z. B. *kurt*. Um Verwechslungen zu vermeiden, sollten deswegen keine Ressourcen definiert werden, die Namen tragen, welche Namen von Benutzern des Systems entsprechen.
Für die Definition einer Ressource sind die folgenden Variablen und Optionen von besonderer Bedeutung:

path = Verzeichnis Gibt den Namen des Verzeichnisses an, welches das Wurzelverzeichnis der entsprechenden Ressource ist. Diese Variable muss bei allen Ressourcen, mit Ausnahme der Ressource *[homes]* gesetzt werden. Bei Druckern wird hiermit das Verzeichnis angegeben, in dem Druckdateien zwischengelagert werden.

browsable = yes|no Bestimmt, ob die Ressource auf Klientrechnern als verfügbar angezeigt wird. Wenn *browsable = no* benutzt wird, wird die Ressource nicht angezeigt, sie kann dann nur benutzt werden, wenn Ihr Name explizit angegeben wird (etwa mit einem *net use* -Befehl unter Windows).

comment = Kommentar Gibt mit *Kommentar* eine Beschreibung der Ressource an.

guest ok = yes|no Gibt an, ob die Ressource ohne Passwort benutzt werden kann. Der Zugriff auf die Ressource erfolgt dann mit dem Benutzerkonto, welches mit der Anweisung *guest account* angegeben wurde.

guest account = Benutzername Gibt den Namen des Benutzers an, mit dessen Konto auf die Ressource zugegriffen wird, wenn sie als Gast (ohne Passwort) benutzt wird. Diese Variable überschreibt die allgemeine Einstellung durch *guest account* im globalen Teil der Konfigurationsdatei für die betreffende Ressource.

log level = Zahl Der Parameter hat hier die gleiche Bedeutung wie im Abschnitt *[global]*. Allerdings bezieht er sich hier nur auf zu protokollierende Meldungen bezüglich der betreffenden Ressource. Dadurch ist es einfacher, Probleme im Zusammenhang mit einer Ressource zu untersuchen.

read only = yes|no Bestimmt, ob auf die Ressource auch schreibend zugegriffen werden darf (*read only = no*).

host allow = IP-Nummer|DNS-Name [IP-Nummer|DNS-Name ...] Die Anweisung hat die gleiche Bedeutung wie im globalen Abschnitt, mit dem Unterschied, dass sie nur für die entsprechende Ressource gilt.

host deny = IP-Nummer|DNS-Name [IP-Nummer|DNS-Name ...] Die Anweisung hat die gleiche Bedeutung wie im globalen Abschnitt, mit dem Unterschied, dass sie nur für die entsprechende Ressource gilt.

create mask = Maske Legt mit *Maske* fest, mit welchen Rechten Dateien erzeugt werden. Bei *Maske* handelt es sich um eine vierstellige Oktalzahl, mit welcher die Dateiattribute, die Rechte des Besitzers, der assoziierten Gruppe sowie die Rechte der anderen Benutzer beschrieben wird. Der Aufbau solcher Zahlen ist im Referenzteil im Abschnitt zum Befehl *chmod* (S. 644) beschrieben. Beispiel: *create mask = 0755*.

directory mask = Maske Die Anweisung hat die gleiche Bedeutung, wie *create mask*, mit dem Unterschied, dass sie sich auf zu erzeugende Verzeichnisse bezieht.

available = yes|no Bestimmt, ob die Ressource tatsächlich zur Verfügung steht (Voreinstellung). Mit *available = no* lassen sich Ressourcen einfach sperren, ohne dass sie aus der Konfigurationsdatei gelöscht werden müssen.

volume = Zeichenkette Hiermit kann die, von DOS-/Windows- basierten Betriebssystemen benutzte, Datenträgerbezeichnung emuliert werden. Dies ist beispielsweise dann nützlich, wenn eine CDROM mit SAMBA zur Verfügung gestellt wird und darauf befindliche Programme nur funktionieren, wenn die CDROM eine bestimmte erwartete Datenträgerbezeichnung hat.

printable = yes|no Hiermit wird bestimmt, ob die Ressource zum Drucken benutzt werden kann. Drucker(-ressourcen) sollten *prinatble = yes* und *read only = yes* gesetzt haben.

printer name = Name Gibt den Namen des UNIX-Druckers an, der mit der Ressource zur Verfügung gestellt wird. Der Namen muss in der Datei */etc/printcap* definiert sein. Beachten Sie, dass dieser Eintrag in der Ressource *[printers]* nicht vorhanden sein muss, weil diese Ressource alle in */etc/printcap* definierten Drucker zur Verfügung stellt.

Hier ein Beispiel für die Freigabe eines Verzeichnisses. Das entsprechende Verzeichnis muss natürlich existieren. Wenn Benutzer in diesem Verzeichnis Daten lesen, ablegen oder verändern sollen, muss das Verzeichnis mit den entsprechenden Rechten ausgestattet sein.

```
[DATEN]
path = /home/daten
comment = gemeinsame Dateien für alle Mitarbeiter
browsable = yes
read-only = no
create mask = 0775
directory mask = 0775
```

Und hier ein Beispiel für die Freigabe eines Druckers. Temporäre Dateien werden in diesem Beispiel im Verzeichnis */tmp* zwischengespeichert:

```
[LASERJET]
path = /tmp
comment= Laserjet in Etage II, Raum 70
printable = yes
read-only = yes
browsable = yes
guest ok = yes
create mask = 0700
```

Überprüfen der Konfigurationsdatei Im Paket *samba* ist das Programm *testparm* enthalten, welches die Konfigurationsdatei */etc/samba/smb.conf* auf syntaktische Korrektheit überprüft und die vollständige Konfiguration ausgeben kann. Diese Ausgabe enthält auch solche Konfigurationsanweisungen, die in */etc/samba/smb.conf* nicht enthalten sind. Es kann also die komplette Konfiguration geprüft werden und festgestellt werden, welche Werte SAMBA als Voreinstellung für bestimmte Variablen und Anweisungen verwendet.

Neustart von SAMBA nach Änderung der Konfiguration Wie bei den meisten Serverprogrammen, ist es auch bei SAMBA notwendig, dem Programm mitzuteilen, wenn sich Konfigurationsdateien verändert haben. Wenn Sie SAMBA als eigenständigen Serverprozess ausführen, kann dies durch Eingabe des folgenden Befehls geschehen:

debian:~# **/etc/init.d/samba restart**

Wenn Sie SAMBA über den *inetd* starten, reicht es aus, die gerade ausgeführten SAMBA-Prozesse zu beenden, der *inetd* startet SAMBA hinterher neu, sobald es erforderlich ist. Zum Beenden aller SAMBA-Prozesse geben Sie den folgenden Befehl ein:

debian:~# **killall nmbd smbd**

Arbeiten mit verschlüsselten Passwörtern Wie bereits angesprochen, pflegt SAMBA eine eigene Passwortdatenbank, wenn mit verschlüsselten Passwörter gearbeitet wird, wenn also die Variable *encrypted passwords* auf *yes* gesetzt ist. Während der Installation des Pakets kann eine Passwortdatenbank erzeugt werden, in der Einträge für alle Benutzer des Systems vorhanden sind, die eigentlichen Passwörter jedoch fehlen. Alle Benutzerkonten sind deswegen für den Zugriff über SAMBA gesperrt.

Die Passwörter für Benutzer, die über SAMBA auf den Server zugreifen dürfen, müssen danach vom Administrator von Hand mit dem Befehl *smbpasswd* in die Datei eingetragen werden. Dazu ist dem Programm der Name des Benutzers zu übergeben, für den ein Passwort eingetragen werden soll. Um beispielsweise ein Passwort für den Benutzer *jochen* anzulegen, wäre das Programm folgendermassen aufzurufen:

debian:~# **smbpasswd jochen**

Danach ist das Passwort für den Benutzer zur Sicherheit zweimal einzugeben. Es erscheint während der Eingabe nicht auf dem Bildschirm. Nun sollte es möglich sein, das Heimatverzeichnis des betreffenden Benutzers, von einem anderen Rechner in der Domäne aus, einzubinden.

Wenn dem System neue Benutzer hinzugefügt worden sind und diese Benutzer ebenfalls in die Datei */etc/smbpasswd* aufgenommen werden sollen, kann dies mit der Option *-a* des Programm *smbpasswd* geschehen. Um beispielsweise den Benutzer *felix* in die Datei aufzunehmen und ihm ein neues (SMB-)Passwort zuzuweisen, ist der folgende Befehl zu verwenden (Beachten Sie, dass zuvor das UNIX-Benutzerkonto für diesen Benutzer erzeugt worden sein muss!):

```
debian:~# smbpasswd -a felix
```

Gewöhnliche Benutzer können das Programm *smbpasswd* später verwenden, um Ihr eigenes SAMBA-Passwort zu verändern. Beachten Sie, dass das UNIX-Passwort dabei automatisch ebenfalls geändert werden kann, wenn Sie *unix password sync = true* in der Datei */etc/samba/smb.conf* verwenden. Wenn Sie NIS einsetzen, ist gegebenenfalls zusätzlich dafür zu sorgen, dass die Passwörter mit der Datenbank auf dem NIS-Server synchronisiert werden. Mehr Hinweise zu *smbpasswd* finden Sie in der Manualseite zu dem Programm.

Alternativ zur Verwendung verschlüsselter Passwörter können Sie Windows 95 und Windows 98 sowie Windows NT 4 dazu bringen, unverschlüsselte Passwörter zu benutzen. Im Paket *samba-doc* befinden sich zu diesem Zweck die beiden Dateien */usr/share/doc/samba-doc/NT4_PlainPassword.reg* und */usr/share/doc/samba-doc/Win95_PlainPassword.reg*. Je nachdem, welches der beiden Windows-Betriebssysteme Sie verwenden, reicht es aus, einfach die richtige Datei auf den Windows-Rechner zu kopieren und Sie dort aus dem Explorer heraus per Doppelklick zu öffnen. Dadurch wird die Windows-Registrierung so geändert, dass hinterher wieder unverschlüsselte Passwörter benutzt werden. Sie müssen Windows danach neu starten, um die Änderungen wirksam werden zu lassen.

Problembehebung Wenn der Zugriff auf den SAMBA-Server nicht sofort funktionieren sollte, überprüfen Sie zunächst, ob es möglich ist, den Server vom lokalen Rechner aus anzusprechen. Dazu wird das Programm *smbclient* benötigt, das in dem gleichnamigen Paket enthalten ist. Geben Sie den folgden Befehl ein, um eine Liste der freigegebenen Ressourcen des SAMBA-Servers auf dem lokalen Rechner zu erhalten:

```
debian:~# smbclient -U% -L localhost
```

Daraufhin sollte eine Ausgabe erscheinen, die sinngemäß der folgenden entspricht:

```
Domain=[WINNET] OS=[Unix] Server=[Samba 2.0.6]

        Sharename      Type      Comment
        ---------      ----      -------
        homes          Disk      Home Directories
        IPC$           IPC       IPC Service (beethoven server (Samba 2.0.6))
        hp1100         Printer   HP Laserjet 1100 300dpi

        Server                   Comment
        ---------                -------
        BEETHOVEN                beethoven server (Samba 2.0.6)

        Workgroup                Master
        ---------                -------
        WINNET                   BEETHOVEN
```

Selbstverständlich werden Namen und Anzahl der freigegebenen Ressourcen sowie Rechner- und Arbeitsgruppennamen in Ihrem Fall von dem gezeigten Beispiel abweichen. Wichtig ist lediglich, ob diese Ausgabe überhaupt erscheint. Wenn dies nicht der Fall ist, sollten Sie prüfen, ob SAMBA tatsächlich auf Ihrem Rechner ausgeführt wird. Prüfen Sie dazu, ob Sie SAMBA als eigenständigen Serverprozess ausführen oder über den *inetd* starten. Im ersten Fall können Sie SAMBA durch die Eingabe des folgenden Befehls neu starten:

```
debian:~# /etc/init.d/samba restart
```

Im zweiten Fall (*inetd*) sollten Sie prüfen, ob sich die Einträge zum Start von SAMBA tatsächlich in der Datei */etc/inetd.conf* befinden und sicherstellen, dass sie nicht auskommentiert sind. Außerdem muss der *inetd* natürlich ausgeführt werden. Falls SAMBA ausgeführt wird und Sie die gezeigte Ausgabe trotzdem nicht erhalten, sollten Sie die grundlegende Netzwerkeinrichtung des Rechners sowie die Konfigurationsdatei */etc/samba/smb.conf* überprüfen.

Wenn SAMBA vom lokalen Rechner aus angesprochen werden kann, es jedoch nicht möglich ist, von einem anderen Rechner aus auf den SAMBA-Server zuzugreifen, sollten Sie die Netzwerkeinstellungen des Klientrechners überprüfen. Dabei ist zunächst zu überprüfen, ob der Klientrechner die gleiche Arbeitsgruppe, bzw. Domäne verwendet wie der SAMBA-Server. Bei Windows 95/98 finden Sie die Möglichkeit zur Konfiguration der Arbeitsgruppe, wenn Sie die Systemsteuerung öffnen, dort das Icon *Netzwerk* doppelt anklicken und dann die Registerzunge *Identifikation* auswählen.

Dann müssen Sie prüfen, ob der Windows-Rechner *NetBIOS over TCP/IP* benutzt. Hierzu ist ebenfalls das Icon *Netzwerk* in der Systemsteuerung doppelt anzuklicken und dann unter der Indexzunge *Konfiguration* zu prüfen, ob TCP/IP installiert ist. Wenn der Windows-Rechner mit mehreren Netzwerkadaptern ausgestattet ist, ist ferner zu überprüfen, ob TCP/IP an den richtigen Netzwerkadapter „gebunden" ist. Beachten Sie, dass auch ein Modem („DFÜ-Adapter") als Netzwerkadapter eingeordnet wird und es sein kann, dass Sie TCP/IP zwar installiert haben, dieses jedoch lediglich für die Verwendung mit dem Modem konfiguriert ist.

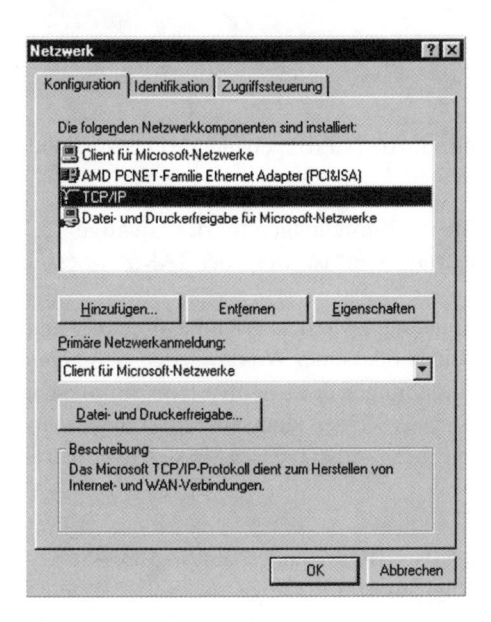

Abbildung 52: Netzwerkeinstellungen unter Windows 95.

Abbildung 52 zeigt die notwendige Konfiguration unter Windows 95 mit einer Ethernetkarte, installiertem TCP/IP sowie dem *Klient für Microsoft-Netzwerke*, der für den Zugriff auf den SAMBA-Server benötigt wird. Die *Datei- und Druckerfreigabe für Microsoftnetzwerke* muss nur dann installiert sein, wenn der Windows-Rechner selbst andereren Rechnern Verzeichnisse oder Drucker zur Verfügung stellen soll.

Wenn auf dem Windows-Rechner mehrere Netzwerkprotokolle installiert sind (z. B. TCP/IP und NetBEUI), dann muss sichergestellt sein, dass der *Klient für Microsoft-Netzwerke* an den TCP/IP „gebunden" ist. Sie können dies überprüfen, indem Sie das Protokoll TCP/IP in dem Dialog auswählen und dann *Eigenschaften* anklicken. In dem daraufhin erscheinenden Dialog ist die Indexzunge *Bindungen* zu wählen, woraufhin ein Fenster erscheinen sollte, welches Abbildung 53 entsprechen sollte.

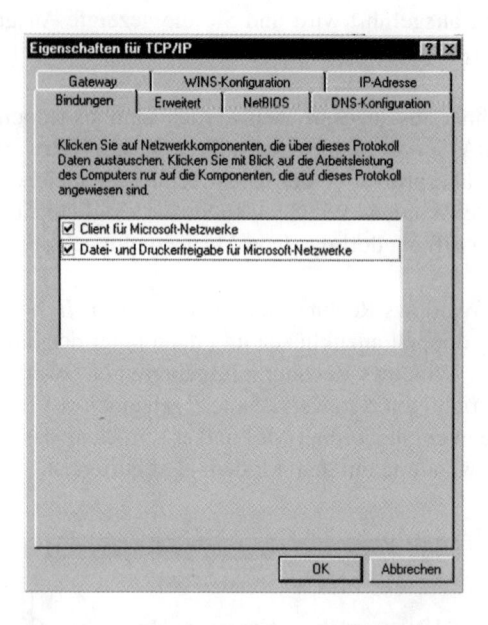

Abbildung 53: An TCP/IP gebundene Dienste (Windows 95).

Achten Sie hier auch darauf, dass Sie die Einstellungen für das „richtige" TCP/IP-bearbeiten, also nicht etwa für das TCP/IP, welches an das Modem „gebunden" ist, wenn der SAMBA-Server über die Ethernetkarte zu erreichen ist.

Testen Sie auch, ob die TCP/IP-Verbindung zwischen Windows-Rechner und SAMBA-Server funktionsfähig ist. Hierzu können Sie, entweder unter Linux oder unter Windows, den Befehl *ping* (S. 698) benutzen.

Wenn feststeht, dass die Netzwerkeinstellungen des Klientsystems stimmen, ist zu prüfen, ob der SAMBA-Server von dem Windows-Rechner aus „gesehen" werden kann. Hierzu ist unter Windows an der „MS-DOS Eingabeaufforderung" der folgende Befehl einzugeben (vorher müssen Sie sich u. U. neu an den Windows-Rechner anmelden):

```
C:\> net view \\server
```

Hierbei müssen Sie *server* durch den (NetBIOS-)Namen des SAMBA-Servers ersetzen. Es sollte dann eine Ausgabe erscheinen, die ungefähr wie folgt aussieht:

```
Freigegebene Ressourcen auf \\SERVER

Freigabename  Typ        Kommentar
-----------------------------------------------------
homes         Platte     Home Directories
hp1100        Druck      HP Laserjet 1100 300dpi
Der Befehl wurde ausgeführt.
```

Die Namen sowie die Anzahl der freigegebenen Ressourcen werden sich natürlich in Ihrem Fall von der hier dargestellten Ausgabe unterscheiden. Wichtig ist nur, dass Sie den Server sowie die freigegebenen Ressourcen überhaupt „sehen" können. Falls das nicht der Fall ist, spricht vieles dafür, dass mit der Namensauflösung etwas nicht richtig funktioniert. Wenn Sie WINS einsetzen und der SAMBA-Server auch als WINS-Server fungiert, ist sicherzustellen, dass der Windows-Rechner den SAMBA-Server auch als WINS-Server benutzt. Wenn Sie einen anderen WINS-Server benutzen, ist zu überprüfen, ob SAMBA diesen Server benutzt. Eventuell müssen Sie auch die Datei *lmhosts* im Windows-Verzeichnis des Klientrechners erzeugen oder anpassen[9].

Schließlich ist zu prüfen, ob Sie eine Ressource vom SAMBA-Server einbinden können. Wenn Ihr SAMBA-Server die Ressource *homes* (wie üblich) zur Verfügung stellt, dann melden Sie sich zunächst mit dem selben Benutzernamen und Passwort an den Windows-Rechner an, das Sie auch auf dem SAMBA-Server verwenden. Versuchen Sie danach, Ihr Heimatverzeichnis unter Windows mit dem folgenden Befehl einzubinden:

```
C:\> net use i: \\server\homes
```

Auch hier muss der Namen des SAMBA-Servers natürlich angepasst werden. Wenn dem Laufwerksbuchstaben *i:* bereits eine Ressource zugeordnet ist, dann ist an Stelle von *i:* ein anderer Laufwerksbuchstabe zu verwenden. U. U. werden Sie nach der Eingabe dieses Befehls nochmals zur Eingabe Ihres Passworts auf dem Server aufgefordert. Danach sollten Sie mit der „DOS-Eingabeaufforderung" auf das „Laufwerk" *i:* wechseln können und sich dort (z. B. mit *dir*) den Inhalt Ihres Heimatverzeichnisses anzeigen lassen. Wenn es hierbei Probleme gibt, sollten Sie überprüfen, ob Sie dem Rechner den Zugriff auf den SAMBA-Server gestattet haben (prüfen Sie die Angaben hinter *hosts allow* und *hosts deny* in der Datei */etc/samba/smb.conf*) und ob sich die Benutzernamen auf dem Windows- und dem Linux-Rechner tatsächlich nicht unterscheiden.

Als letztes ist zu überprüfen, ob Sie das Netzwerk durchsuchen können. Doppelklicken Sie dazu auf das Icon *Netzwerk* auf der Arbeitsoberfläche des Windows-Rechners. Es sollte sich daraufhin ein Fenster öffnen, in dem die Rechner Ihrer Arbeitsgruppe angezeigt werden, der SAMBA-Server sollte sich darunter befinden. Sie können dann auf den SAMBA-Server doppelklicken, woraufhin die verfügbaren Ressourcen des Servers angezeigt werden sollten.

Zusätzliche Hinweise zur Fehlersuche finden Sie in der Datei */usr/share/doc/samba-doc/textdocs/DIAGNOSIS.-txt.gz*, die im Paket *samba-doc* enthalten ist.

Konfiguration von SAMBA mit *swat* Im Paket *swat* ist ein System zur Administration von SAMBA über einen WWW-Browser enthalten. Das Paket stellt einen einfachen WWW-Server zur Verfügung, der über den Port 901 des eigenen Rechners angesprochen werden kann. Von diesem Server können mit einem Browser Formulare bezogen werden, in denen die gewünschten Einstellungen für SAMBA vorgenommen werden. Wenn die Formulare dann an den Server zurückgeschickt werden, aktualisiert dieser automatisch die SAMBA-Konfiguration.

Der *swat*-Server wird normalerweise über den *inetd* gestartet. Aus Sicherheitsgründen ist der Eintrag für das Programm in der Datei */etc/inetd.conf* standardmäßig jedoch auskommentiert. Sie müssen zunächst also den folgenden Befehl eingeben, um *swat* benutzen zu können:

```
debian:~# update-inetd --enable swat
```

Beachten Sie, dass nach Eingabe des Befehls von überall auf den *swat*-Server zugegriffen werden kann. Sie sollten den Eintrag also entweder deaktivieren, wenn Sie ihn nicht mehr benötigen, oder besser Einträge in den Dateien */etc/hosts.allow* und */etc/hosts.deny* vornehmen, mit denen die Zugriffsmöglichkeit auf *swat* beschränkt wird (siehe Seite 556).

Nun können Sie *swat* benutzen, in dem Sie einen WWW-Browser (z. B. *netscape*) starten und die URL `http://localhost:901` öffnen. Es erscheint dann eine Aufforderung zur Anmeldung an den Server. Sie können *swat* eingeschränkt benutzen, wenn Sie hier den Benutzername und das Passwort eines gewöhnlichen Benutzerkontos angeben. Zur Administration des Systems ist es jedoch notwendig, sich als *root* anzumelden.

---

[9] Ein Beispiel für diese Datei sollte sich mit dem Namen *lmhosts.sam* im Windows-Verzeichnis jedes Windows-Rechners befinden.

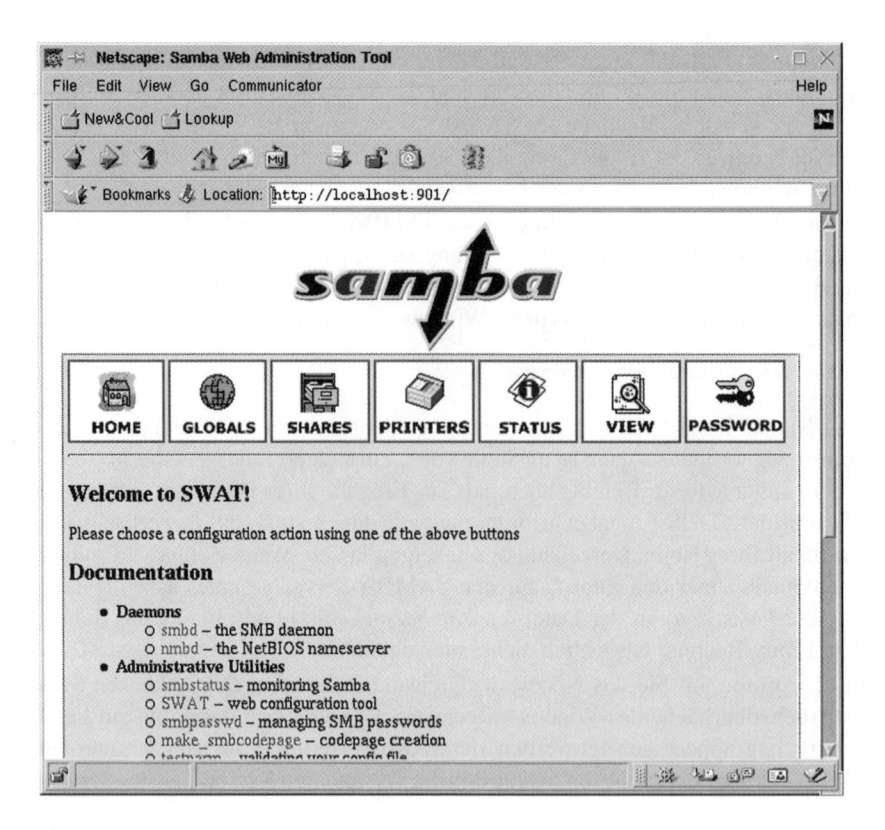

Abbildung 54: Konfiguration von Apache mit *swat*.

Danach erscheint die in Abbildung 54 gezeigte Seite. Im oberen Teil der Seite befindet sich eine Art Werkzeugleiste, mit der einzelne Bereiche der Konfiguration ausgewählt werden können. Um beispielsweise den NetBIOS-Namen Ihres Servers zu verändern, ist in der Werkzeugleiste das Icon *Globals* anzuklicken. Es erscheint dann eine Seite, in der alle wichtigen globalen Einstellungen vorgenommen werden können. Dort kann (hinter *netbios name*) der neue Name eingegeben werden. Beachten Sie, dass Sie zum Schluss die Schaltfläche *Commit Changes* betätigen müssen, damit *swat* Ihre Änderungen tatsächlich in der Datei */etc/samba/smb.conf* vornimmt.

Durch Anklicken der Schaltfläche *Advanced View* ist es zudem möglich, auf fast alle Einstellungen von SAMBA Einfluss zu nehmen. Verzeichnisfreigaben lassen sich erzeugen, ändern und löschen, indem das Icon *Shares* angeklickt wird und Druckerfreigaben erreicht man über das Icon *Printers*. Eine besonders angenehme Eigenschaft dieses Konfigurationssystems besteht darin, dass der Hilfetext zu jeder Einstellung direkt verfügbar ist und nicht erst in der Manualseite *smb.conf* gesucht werden muss.

Linux als SMB-Klientrechner Selbstverständlich ist es auch möglich, von einem Linux-System aus Verzeichnisse oder Drucker einzubinden, die von einem Windows-Rechner oder einem anderen System per SMB freigegeben wurden. Damit Sie solche Dateisysteme einbinden können, müssen Sie das Paket *smbfs* installieren. Außerdem ist es notwendig, die Unterstützung für SMB-Dateisysteme entweder fest in den Kernel integriert zu haben oder über das entsprechende Modul *smbfs* zu verfügen. SMB-Dateisysteme können dann mit dem folgenden Befehl eingebunden werden:

```
smbmount //Rechnername/Ressource Verzeichnis [ -o Option[,Option ...] ]
```

Dabei ist für *Rechnername* der *NetBIOS*-Rechnername des Rechners anzugeben, der das einzubindende Verzeichnis zur Verfügung stellt und mit *Ressource* ist der Name der betreffenden Ressource anzugeben. Beachten Sie, dass Sie sich die verfügbaren Ressourcen eines Rechners mit *smbclient* anzeigen lassen können. Mit Verzeichnis ist schließlich der Name des Verzeichnisses anzugeben, in das die Ressource eingebunden werden soll (siehe auch die Erläuterungen zum Befehl *mount* auf Seite 688).

Die verfügbaren Optionen des Programms sind in der Manualseite *smbmount-2.2.x* beschrieben, die wichtigsten sind:

username=Name   Gibt mit *Name* den Benutzernamen an, unter dem der Zugriff erfolgen soll.
password=Passwort   Gibt mit *Passwort* das Passwort für die Ressource bzw. das zum Benutzerkonto gehörende Passwort an.
ip=IP-Adresse   Hiermit kann die IP-Adresse des Rechners angegeben werden, der die einzubindende Ressource freigibt. Dies ist hilfreich, wenn die NetBIOS-Namensauflösung nicht richtig funktioniert.

Um also beispielsweise das Verzeichnis *daten*, welches sich auf dem Server mit dem NetBIOS-Namen *ntbox* befindet, in das Verzeichnis */home/daten* auf dem lokalen Rechner einzubinden, wäre der folgende Befehl einzugeben, wenn der Zugriff auf den Rechner mit dem Benutzernamen *meier* und dem Passwort *sagnich* geschehen soll:

```
debian:~# smbmount //ntbox/daten /home/daten -o
  username=meier,password=sagnich
```

Wenn es hierbei zu Problemen kommt, ist zunächst zu überprüfen, ob der NetBIOS-Name aufgelöst werden kann (Konfigurationsdatei */etc/lmhosts*, WINS-Konfiguration usw.), dann sollte geprüft werden, ob die TCP/IP-Verbindung zwischen beiden Rechnern funktioniert (*ping* (S. 698)) und außerdem ob die Berechtigung besteht, mit dem angegebenen Benutzernamen und Passwort auf die Ressource zuzugreifen.

Der Vorgang lässt sich – wie jeder andere *mount*-Vorgang – automatisieren, in dem ein entsprechender Eintrag in der Datei */etc/fstab* vorgenommen wird. Für den Fall des oben genannten Beispiels müsste der Eintrag folgendermassen aussehen:

```
//ntbox/daten /home/daten smbfs username=meier,password=sagnich 0 0
```

Ein Beispiel, wie ein Drucker, der an einen Windows-Rechner angeschlossen ist, eingebunden werden kann, ist auf Seite 584 beschrieben.

smbclient   Das Programm *smbclient*, welches bisher lediglich zum Testen von SMB-Servern benutzt wurde, stellt im Wesentlichen ein Programm dar, mit dem es ähnlich wie mit FTP (siehe Seite 549) möglich ist, auf SMB-Server zuzugreifen. Darüber hinaus ermöglicht das Programm u. a. auf freigegebene Drucker zu drucken oder die Dateien einer Ressource mit *tar* (S. 720) zu archivieren. Letztere Eigenschaft macht das Programm besonders interessant zur Sicherung von Daten, die sich auf verschiedenen Windows-Rechnern befinden und zentral auf einem Linux-Rechner archiviert werden sollen. Die genaue Syntax des Programms und die zur Verfügung stehenden Befehle sind in der Manualseite *smbclient* beschrieben.

Weiterführende Dokumentation   SAMBA und Windows-Netzwerke stellen ein Thema dar, dem mehrere eigene Bücher gewidmet worden sind. Wenn Sie mehr Informationen benötigen, dann empfiehlt sich zunächst die Installation des Paketes *samba-doc*, in dem sich eine ganze Reihe ausführlicher Dokumente befindet, in welchen verschiedene Aspekte von Windows-Netzwerken behandelt werden.

Über die WWW-Adresse http://www.samba.org gelangen Sie an einen der zahlreichen SAMBA-Spiegelserver, wo Sie neueste Informationen und Entwicklerversionen des Pakets finden sowie die Möglichkeit zum Einschreiben in Mailinglisten zum Thema SAMBA sowie zum Durchsuchen der Mailinglisten haben.

Unter der URL http://sunsite.auc.dk/samba/oreilly/using_samba/ finden Sie eine Online-Version des Buches *Using Samba* von Robert Eckstein, David Collier-Brown und Peter Kelly.

17.8.3 Netatalk – Netzwerkdienste für Äpfel

Ebenso wie Windows- und OS/2-Rechner verwenden Apple Macintosh Rechner ein eigenes Netzwerkprotokoll, welches *Appletalk* genannt wird. Dieses Protokoll erlaubt ebenfalls u. a. die Freigabe von Dateien und Druckern. Mit dem Paket *netatalk* steht unter Debian eine Software zur Verfügung, mit der ein Appletalk-Server eingerichtet werden kann. Damit können in einem heterogenen Netz also Netzwerkdienste für LINUX/UNIX-Rechner (alle TCP/IP-Dienste), für Windows-Rechner (SAMBA) und auch für Apple-Rechner (*netatalk*) angeboten werden. Wenn über alle Dienste die Heimatverzeichnisse aller Benutzer exportiert werden, kann so sichergestellt werden, dass alle Benutzer von allen Rechnern aus auf ihre persönlichen Daten zugreifen können.
Informationen über *netatalk* finden Sie im Internet unter der Adresse http://thehamptons.com/anders/netatalk/ sowie unter http://www.umich.edu/~rsug/netatalk/.

Installation von *netatalk* Um *netatalk* betreiben zu können, wird die Unterstützung für *appletalk* im Kernel (Option *Appletalk DDP*) benötigt. In den Standard-Kernels ist diese Unterstützung als Modul enthalten. Damit es automatisch geladen werden kann, muss die folgende Zeile in der Datei */etc/modutils/aliases* lokalisiert werden:

```
alias net-pf-5 off # DDP / appletalk
```

Diese Zeile ist folgendermaßen zu ändern:

```
alias net-pf-5 appletalk # DDP / appletalk
```

Danach ist der Befehl *update-modules* auszuführen, um die Konfiguration für *modprobe* zu aktualisieren:

```
debian:~# update-modules
```

Wenn Sie einen eigenen Kernel verwenden, in dem die Appletalk-Unterstützung fest integriert ist, ist diese Anpassung natürlich nicht notwendig, weil das Modul dann nicht geladen werden muss.
Danach können Sie das Paket *netatalk* installieren, die *netatalk*-Dienste werden dabei automatisch gestartet. Die Konfigurationsdateien für *netatalk* befinden sich nach der Installation im Verzeichnis */etc/netatalk*. Dort sollten Sie die folgenden Dateien finden:

AppleVolumes.default In dieser Datei wird festgelegt, welche Verzeichnisse den Apple-Rechnern zur Verfügung gestellt werden. Außerdem ist es hier möglich, unterschiedliche Optionen für die einzelnen Verzeichnisse zu spezifizieren. Eine Beschreibung des Formats dieser Datei befindet sich in der Datei. Standardmäßig wird das Heimatverzeichnis desjenigen Benutzers angeboten, der sich über Appletalk an den Rechner anmeldet.
AppleVolumes.system Hier befinden sich Zuordnungen von Dateinamensendungen zu Apple-Dateitypen. Dadurch wird beispielsweise beeinflusst, welches Programm auf einem Apple-Rechner gestartet wird, wenn dort das Icon einer Datei angeklickt wird. Normalerweise können die Einstellungen in der Datei belassen werden, wie sie sind.
afpd.conf In dieser Konfigurationsdatei wird bestimmt, welche Server auf dem System zur Verfügung stehen sollen, welche Protokolle diese benutzen und welche Ressourcen von diesen Servern zur Verfügung gestellt werden. Standardmäßig wird ein Server ausgeführt, der den Namen des Rechners trägt, auf dem er ausgeführt wird.
atalkd.conf Hier werden die Netzwerkoptionen für Appletalk festgelegt. In der Regel ist es lediglich erforderlich, in der Datei den Namen des Netzwerkinterfaces anzugeben, welches mit Appletalk benutzt werden soll, also z. B. *eth0* für die erste Ethernetkarte. Der Name des Interfaces muss in einer eigenen Zeile stehen. Dahinter können Optionen angegeben werde, die in der Datei beschrieben sind und normalerweise von *atalkd* automatisch konfiguriert werden.
papd.conf Dies ist die Konfigurationsdatei für das Programm *papd*, welches Drucker über Appletalk zur Verfügung stellt.

Wenn während des Starts von *netatalk* die folgenden Fehlermeldung auftritt,

```
Can't register beethoven:Workstation@*
```

dann liegt das wahrscheinlich daran, dass Sie den Namen des Netzwerkinterfaces, das *netatalk* verwenden soll, nicht in der Datei */etc/netatalk/atalkd.conf* eingetragen ist. Fügen Sie der Datei dann eine Zeile zu, in der sich lediglich der Name des zu verwendenden Netzwerkinterfaces befindet (z. B. *eth0*).
Die folgende Fehlermeldung ist ein Zeichen dafür, dass die Appletalk-Unterstützung im Kernel nicht vorhanden ist:

```
socket: Invalid argument
```

Überprüfen Sie in diesem Fall, ob der Kernel mit den richtigen Optionen erstellt wurde und ob das Modul *appletalk* geladen werden kann, falls die Unterstützung in Form eines Moduls vorliegt.
Beachten Sie, dass *netatalk* neu gestartet werden muss, wenn Sie Konfigurationsdateien geändert haben. Dies kann mit dem folgenden Befehl geschehen:

```
debian:~# /etc/init.d/netatalk restart
```

Danach sollten Sie in der Lage sein, von einem Applerechner aus, der über Appletalk mit dem Ethernet verbunden ist, über den „Chooser" und „AppleShare" auf den Linux-Rechner zuzugreifen und mit dem richtigen Passwort und Benutzernamen Ihr Heimatverzeichnis einzubinden. Wenn Ihr Passwort nicht als richtig erkannt wird, überprüfen Sie, ob es länger als acht Zeichen ist und ändern es (*passwd* (S. 696)) gegebenenfalls in ein kürzeres Passwort.

Freigeben von Druckern mit *netatalk* Wenn Sie Ihren Drucker unter Linux so konfiguriert haben, dass Sie über den Befehl *lpr* (S. 676) PostScript-Dateien ausdrucken können, ist es relativ einfach möglich, Apple-Rechnern einen PostScript-Drucker zur Verfügung zu stellen, obwohl es sich bei dem Drucker nicht wirklich um einen PostScriptfähigen Drucker handeln muss (die Konvertierung von PostScript in das Drucker-Format wird ja von einem Druckerfilter wie *magicfilter* oder *apsfilter* durchgeführt).
Zu diesem Zweck benötigen Sie eine PPD-Datei. Solche Dateien beschreiben verschiedene Eigenschaften eines Druckers und werden benötigt, damit die Klientrechner den Drucker richtig ansteuern können. Wenn Sie keinen PostScriptfähigen Drucker besitzen, dann benötigen Sie eine PPD-Datei, welche die Eigenschaften des *ghostscript*-Treibers für Ihren Drucker beschreibt, weil dieses Programm in der Regel zur Umwandlung von PostScript in das Druckerformat benutzt wird. Solche PPD-Dateien können Sie mit dem Paket *ppd-gs* installieren. Wenn Sie dieses Paket verwenden, sollten Sie die Datei */usr/doc/ppd-gs/README* lesen, bevor Sie die darin enthaltenen PPD-Dateien verwenden.
Eine Reihe von PPD-Dateien finden Sie unter der Adresse ftp://ftp.adobe.com/pub/adobe/printerdrivers/win/all/ppdfiles/. In dem Verzeichnis befinden sich selbstauspackende ZIP-Archive, die PPD-Dateien für Drucker verschiedener Hersteller enthalten. Unter Debian können diese Archive mit dem Programm *unzip* (S. 728) entpackt werden. Wenn Sie aus dem Verzeichnis beispielsweise die Datei *hp.exe* heruntergeladen haben, können Sie diese folgendermaßen entpacken:

```
joe@debian:~$ unzip -L hp.exe
```

Danach ist die gewünschte PPD-Datei auszuwählen, sie kann dann in das Verzeichnis */etc/netatalk* kopiert werden:

```
debian:~# cp hp/hp4ml_v1.ppd /etc/netatalk
```

Nun ist die Konfiguration in der Datei */etc/netatalk/papd.conf* anzupassen. Für jeden Drucker, den Sie Apple-Rechnern zur Verfügung stellen wollen, sollte sich dort ein Eintrag in der folgenden Art befinden:

```
laserjet:\
    :pr=|/usr/bin/lpr -Plj:\
    :pd=/etc/netatalk/hp4ml:\
    :op=karl:
```

Wie Sie sehen, ähnelt der Aufbau dieser Datei der Datei */etc/printcap*. Zu Beginn eines Eintrags steht der Name, unter dem der Drucker auf den Apple-Rechner angesprochen werden kann (im Beispiel ist das *laserjet*). In der nächsten Zeile (*:pr=*) wird normalerweise der Name des Druckers auf dem Server (also der Name aus der Datei */etc/printcap*) angegeben. Damit Druckdateien von Apple-Rechnern jedoch durch die Druckfilter des Servers bearbeitet werden können, beispielsweise um sie von PostScript in ein anderes Druckerformat zu übersetzen, müssen die Druckjobs dem Programm *lpr* übergeben werden. Aus diesem Grund kann hier an Stelle eines Druckernamens der Name eines Programms (mit vollem Pfadnamen) genannt werden, dem das Pipe-Zeichen (|) voranzustellen ist. Dem Programm *lpr* wird im Beispiel mit dem Parameter *-P* der Name des Druckers (aus */etc/printcap*), auf den gedruckt werden soll, übergeben. Beachten Sie, dass es dadurch auch möglich ist, die Druckjobs an andere Rechner weiterzuleiten.

In der darauffolgenden Zeile wird mit *pd=* der Name der, für diesen Eintrag zu verwendenden, PPD-Datei angegeben. Zum Schluss kann optional der Name des Druck-Operators (hier *karl*) angegeben werden.

Nach der Änderung der Konfiguration ist *netatalk* neu zu starten:

```
debian:~# /etc/init.d/netatalk restart
```

Nun können Sie den Drucker vom Apple-Rechner aus einbinden. Falls es bei den Ausdrucken zu kleineren Unrichtigkeiten kommt, so ist dies wahrscheinlich auf eine falsche PPD-Datei zurückzuführen.

17.8.4 Network Address Translation (IP-Masquerading)

Network Address Translation (NAT), auch IP-Masquerading genannt, ermöglicht es, mehrere Rechner mit einer einzelnen IP-Adresse zu betreiben. Dies ist beispielsweise dann notwendig, wenn mehrere Rechner eines privaten Netzwerkes gleichzeitig die Internetanbindung über einen Internet-Service-Provider (ISP) benutzen sollen.

Sehen Sie sich noch einmal die Abbildung auf Seite 497 an und stellen Sie sich vor, alle Rechner in der Abbildungen hätten IP-Adressen, die mit *192.168.* beginnen würden. Wie bereits erläutert, werden IP-Pakete, die von solchen Adressen stammen oder an solche Adressen geschickt werden sollen, im Internet nicht weitergeleitet, was bedeuten würde, dass nur der Rechner mit der direkten Verbindung zum ISP auch mit anderen Rechnern im Internet kommunizieren könnte. Denn dieser Rechner hat ja eine weitere, „offizielle" IP-Adresse, die dem Interface zugewiesen ist, über das die Verbindung zum ISP besteht. Alle anderen Rechner könnten zwar (entsprechendes Routing vorausgesetzt) Pakete an den Rechner mit dem Internetzugang schicken und dieser könnte diese Pakete auch weiterleiten, allerdings würden die Pakete spätestens beim Provider nicht mehr weitergeleitet werden, so dass die Rechner nicht mit anderen Rechnern außerhalb des eigenen Netzwerkes kommunizieren können.

Wenn auf dem Rechner mit der Verbindung zum ISP jedoch IP-Masquerading durchgeführt wird, kann dieser Rechner IP-Pakete, die er von den anderen Rechnern des Netzwerkes erhält, so umschreiben, dass sie so aussehen, als würden diese Pakete von ihm selbst stammen, bevor er sie zum ISP schickt. Die Pakete haben dann eine gültige Absenderadresse und können deswegen auch beantwortet werden. Die Antworten gehen nun an den Rechner mit der Verbindung zum ISP, weil die ausgehenden Pakete ja die gültige Adresse dieses Rechners als Absenderadresse tragen. Der Rechner kann Sie dann wieder so umschreiben, dass sie im nicht-offiziellen Netzwerk (mit den *192.168.*er-Adressen) an die Rechner zugestellt werden können, von welchen die ursprünglichen Pakete stammen.

Bei der Einrichtung von Masquerading ist folgendes zu beachten:

- Das Masquerading muss nur auf dem Rechner eingerichtet werden, welches als Router zwischen ISP und „nicht-offiziellem" Netzwerk dient.

- Alle anderen Rechner brauchen nichts über die Masquerade zu wissen. Für die anderen Rechner sieht der masquerierende Rechner wie ein gewöhnlicher Router aus. Masquerade funktioniert also mit allen Rechnern, die TCP/IP benutzen. Sie können deswegen auch ein Debian GNU/Linux System verwenden, um einer Anzahl von Windows- und Macintosh-Rechnern einen günstigen Internetzugang zur Verfügung zu stellen.
- Aus dem Prinzip des Masquerading ergibt sich die Einschränkung, dass über den masquerierenden Rechner hinweg keine Dienste angesprochen werden können. Wenn Sie also in Ihrem „nicht-offiziellen" Netzwerk einen WWW-Server haben, dann kann dieser nicht aus dem Internet heraus angesprochen werden, sofern sich der Server nicht direkt auf dem Rechner befindet, der mit dem Internet verbunden ist. Eine eingehende Anfrage kann ja nicht an einen Rechner in Ihrem Netzwerk weitergeleitet werden, weil dazu keine Absenderadresse innerhalb Ihres Netzes bekannt ist[10].

Hieraus ergibt sich auch eine hohe Sicherheit für den „nicht offiziellen" Bereich des Netzes. Weil der Zugriff auf Serverdienste, die auf Rechnern in diesem Netz ausgeführt werden, nur von solchen Rechnern aus möglich ist, die sich ebenfalls in dem Netz befinden, sind diese relativ gut gegen Angriffe aus dem Internet abgesichert.

Vor der Einrichtung von IP-Masquerade sollte unbedingt das *IP-Masquerade-HOWTO* gelesen werden, welches sich im Paket *doc-linux-text* befindet und nach dessen Installation in der Datei */usr/share/doc/HOWTO/en-txt/IP-Masquerade.txt.gz* zu finden ist.

Einrichtung von IP-Masquerading Die im Folgenden beschriebenen Schritte brauchen nur auf dem Rechner ausgeführt werden, der gleichzeitig mit dem Internet Service Provider und mit dem internen, „nicht-offiziellen" Netzwerk verbunden ist (also auf dem Router).

Erstellung eines geeigneten Kernels Für IP-Masquerade müssen Sie einen eigenen Kernel erstellen, weil die hierfür notwendigen Fähigkeiten nicht in den Standardkernels enthalten sind. Bei der Konfiguration des Kernels müssen Sie neben den üblichen Optionen für die Netzwerkunterstützung die Unterstützung für Kernel-Module sowie die folgenden Optionen aktivieren:

- Packet Socket
- Kernel/User netlink socket
- Network Firewalls
- TCP/IP networking
- IP: Verbose Route Monitoring
- IP: Firewalling
- IP: Masquerading
- IP: ICMP Masquerading
- IP: masquerading special modules support. Nach Auswahl dieser Option stehen einige Module zur Auswahl, die ebenfalls ausgewählt werden sollten. Voraussetzung hierfür ist allerdings, dass ausgewählt wurde, auch experimentelle Teile des Kernels benutzen zu wollen.

Beachten Sie, dass Sie die Unterstützung für das */proc*-Dateisystem benötigen, außerdem dürfen Sie natürlich nicht den Treiber für die Netzwerkkarte sowie die Unterstützung für den Verbindungsaufbau zum Internet-Provider (z. B. PPP oder ISDN und PPP) vergessen. Mehr Hinweise zu den Netzwerkoptionen des Kernels finden Sie auf Seite 326.

---

[10] Es ist allerdings möglich, mit Hilfe des sogenannten *Port forwarding* Zugriffe auf bestimmte Ports an Rechner hinter dem maskierenden Router weiterzuleiten.

Einrichtung des Netzwerks Nach der Erstellung und Installation des Kernels ist das Netzwerk zunächst wie üblich einzurichten. Dabei sollte sichergestellt werden, dass von dem Router aus sowohl die Rechner im nicht-offiziellen Teil des Netzes als auch Rechner im Internet erreicht werden können. Testen Sie dies mit dem Befehl *ping* (S. 698). Die Standard-Route auf dem Router muss auf den ISP zeigen. Wenn Sie auf dem Router Dial-On-Demand verwenden, muss die Standardroute auf das Netzwerkinterface zeigen, über welches die Verbindung bei Bedarf aufgebaut wird (also z. B. *ppp0* oder *ippp0*).

Aktivierung des Routings Zunächst muss der Kernel auf dem Router davon informiert werden, dass er empfangene Pakete, welche nicht für ihn selbst bestimmt sind, weiterleiten soll. Dies geschieht durch den folgenden Befehl:

```
debian:~# echo "1" > /proc/sys/net/ipv4/ip_forward
```

Sie können das Routing später übrigens wieder abschalten, in dem Sie diesen Befehl eingeben:

```
debian:~# echo "0" > /proc/sys/net/ipv4/ip_forward
```

Wenn Sie von Ihrem Internet-Provider dynamische IP-Adressen zugewiesen bekommen, wie es heute allgemein üblich ist, sollten Sie danach den folgenden Befehl eingeben.

```
debian:~# echo "7" > /proc/sys/net/ipv4/ip_dynaddr
```

Dies führt dazu, dass IP-Pakete automatisch neue Absenderadressen bekommen, wenn sich Ihre IP-Adresse ändert, etwa weil Sie nach einer erneuten Einwahl eine neue Adresse zugewiesen bekommen haben. Beachten Sie, dass eine Reihe von Problemen mit dynamischen Adressen und Dial-On-Demand dadurch jedoch nicht gelöst werden kann. Ein oft beobachtetes Problem besteht z. B. darin, dass eine Anwendung auf eine Antwort aus dem Internet wartet, die Verbindung abgebaut wurde und die Verbindung dann immer wieder aufgebaut wird, um der Gegenstelle zu signalisieren, dass weiterhin auf die Antwort gewartet wird. Die Antwort der Gegenstelle kann allerdings nicht mehr eintreffen, weil diese an die alte Adresse gegangen ist. Solche „toten" Verbindungen werden nach einem Timeout automatisch vom Kernel beendet.

Aktivierung der Masquerade Die eigentliche Einrichtung der Masquerade erfolgt mit dem Programm *ipchains*. Dieses Programm dient in erster Linie dazu, Regeln zur Paketfilterung festzulegen und kann dem Kernel „nebenbei" auch Anweisungen zum Masquerading mitteilen. Eine Einführung in die Paketfilterung sowie eine ausführliche Anleitung zu *ipchains* finden Sie in der Datei */usr/share/doc/netbase/ipchains-HOWTO.txt.gz*, die im Paket *netbase* enthalten ist.

Zunächst kann dem Kernel mit *ipchains* mitgeteilt werden, wie lange eine Verbindung maskiert werden soll, d. h. wie lange auf Antworten von der Gegenseite gewartet wird. Dazu ist das Programm folgendermaßen aufzurufen:

```
debian:~# ipchains -M -S 7200 10 160
```

Die drei Werte sind die Timeout-Werte in Sekunden für (1) normale TCP-Verbindungen (hier also zwei Stunden), (2) für beendete TCP-Verbindungen und (3) für UDP-Verbindungen. Danach kann das Masquerading durch die folgenden beiden Befehle aktiviert werden. Mit dem ersten Befehl wird dabei das Routing von Paketen zunächst (aus Sicherheitsgründen) grundsätzlich abgeschaltet und dann für solche Pakete erlaubt und maskiert, die aus dem eigenen Netzwerk stammen:

```
debian:~# ipchains -P forward DENY

debian:~# ipchains -A forward -s 192.168.10.0/255.255.255.0 -i
   ippp0 -j MASQ
```

Hierbei ist die Netzwerkadresse *192.168.10.0* durch die Adresse des eigenen lokalen und nicht-offiziellen Netzwerkes und die Netzwerkmaske *255.255.255.0* durch die Netzwerkmaske in dem Netzwerk auszutauschen sowie *ippp0* durch den Namen des Netzwerkinterfaces zu ersetzen, über welches der Netzwerkverkehr zum Provider läuft[11]. An Stelle der Netzwerkmaske kann auch die Anzahl der auf 1 gesetzten Bits in der Netzwerkmaske angegeben werden (hier also 24). Angenommen das lokale Netzwerk hätte die IP-Adresse *192.168.20.64* und die Netzwerkmaske *255.255.255.240* und die Verbindung zum Provider würde über das Interface *ppp0* hergestellt werden, dann könnte der Befehl also folgendermaßen eingegeben werden:

```
debian:~# ipchains -A forward -s 192.168.20.64/28 -i ppp0 -j MASQ
```

Nach diesem Schritt sollte das Masquerading mit den meisten IP-basierten Netzwerkprotokollen funktionieren. Für einige Protokolle ist es jedoch notwendig, zusätzliche Kernelmodule zu laden, die im Verzeichnis */lib/modules/<KERNELVERSION>/ipv4* zur Verfügung stehen und deren Namen jeweils mit *ip_mask* beginnen. Beispielsweise ist es notwendig, das Modul *ip_masq_ftp* zu laden, damit FTP über die Masquerade funktioniert. Abhängig davon, welche Protokolle Sie benötigen, können Sie nun die entsprechenden Module laden. Beispiel:

```
debian:~# modprobe ip_masq_ftp
```

Testen der Masquerade Nachdem die IP-Masquerade auf dem Router eingerichtet ist, können Sie sie von einem anderen Rechner in Ihrem lokalen, nicht-offiziellen Netzwerk aus testen. Stellen Sie dabei zunächst sicher, dass die grundlegenden Netzwerkeinstellungen dieses Rechners stimmen und dass es möglich ist, den Router unter der IP-Adresse, die er im lokalen Netzwerk hat, zu erreichen (mit *ping*). Weiter muss sichergestellt sein, dass die Default-Route (der Standardleitweg) auf den Router zeigt, der Router muss also auch als das Gateway des betreffenden Rechners konfiguriert sein.
Danach können Sie testen, ob Sie einen Rechner im Internet über den maskierenden Router erreichen können. Versuchen Sie dies zunächst, in dem Sie die IP-Adresse eines Rechners im Internet „anpingen":

```
joe@debian:~$ ping 141.76.2.4
```

Wenn Sie nach Eingabe dieses Befehls keine Antwort erhalten, prüfen Sie bitte die folgenden drei Punkte:

– Existiert der „angepingte" Rechner tatsächlich?
– Funktioniert der *ping*-Befehl, wenn Sie ihn auf dem Router eingeben? Falls dies nicht der Fall ist, überprüfen Sie die Verbindung zwischen dem Router und dem Internet-Provider.
– Haben Sie bei der Konfiguration des Kernels für den Router die Option *IP: ICMP masquerading* ausgewählt? Wenn nicht, lässt der Router nämlich keine *ping*-Pakete durch.

Wenn Sie hier keinen Fehler gefunden haben, sollten Sie die Einrichtung des Routers nochmals durchgehen und danach prüfen, ob die Netzwerkeinstellung des Testrechners stimmen.

Ein Startskript zum Aufbau der Masquerade Selbstverständlich sollen die oben aufgeführten Schritte nicht jedesmal manuell eingegeben werden, wenn der Router gestartet wird. Um Routing und Masquerade während des Systemstarts automatisch einzurichten, kann folgendes Startskript unter dem Namen */etc/init.d/masquerade* gespeichert werden:

---

[11] Die Angabe des Interfaces ist normalerweise nicht zwingend notwendig. Falls der Router jedoch auch IP-Pakete zwischen zwei internen Netzwerken vermittelt, sollte das Interface angegeben werden, damit der Kernel entscheiden kann, welche Pakete zu maskieren sind und welche nicht. Beachten Sie, dass aufgrund des ersten Befehls im Beispiel das Routing zunächst grundsätzlich abgeschaltet wurde, es müsste deswegen auch für zwei private Netzwerke wieder erlaubt werden.

```sh
#! /bin/sh
# Skript zum Starten von IP-Masquerading

# Die Werte der nächsten drei Variablen müssen an das eingene Netzwerk angepasst werden:
NET=192.168.10.0        # Adresse des lokalen, nicht offiziellen Netzwerkes
MASK=255.255.255.0      # Netzwerkmaske dieses Netzes
IFACE=ppp0              # Netzwerkinterface über das die Verbindungzum Provider besteht.

# Falls der Kernel kein Masquerading unterstützt, wird das Skript hier sofort verlassen.
test -f /proc/net/ip_masquerade || exit 0;

IPC=/sbin/ipchains

case "$1" in
   start )
      echo -n "Schalte Masquerading ein ... "
      echo "1" > /proc/sys/net/ipv4/ip_forward    # Aktivierung der Paketweiterleitung
      echo "7" > /proc/sys/net/ipv4/ip_dynaddr    # Bei dynamischen Adressen
      $IPC -M -S 7200 10 160                       # Festlegung der Timeout-Werte
      $IPC -P forward DENY                         # Aktivierung der Masquerade
      $IPC -A forward -s $NET/$MASK -i $IFACE -j MASQ
      modprobe ip_masq_ftp                         # Module laden
      echo "fertig."
      ;;
   stop )
      echo -n "Schalte Masquerade ab ... "
      echo "0" > /proc/sys/net/ipv4/ip_forward    # Deaktivierung der Paketweiterleitung
      echo "0" > /proc/sys/net/ipv4/ip_dynaddr    # Deaktivierung dynamische Adressen
      $IPC -P forward ACCEPT                       # Deaktivierung der Masquerade
      $IPC -D forward -s $NET/$MASK -i $IFACE -j MASQ
      modprobe -r ip_masq_ftp                      # Module entladen
      echo "fertig."
      ;;
   restart )
      $0 stop;
      $0 start;
      ;;
   * )
      echo "Verwendung: $0 {start|stop|restart}"
      ;;
esac

exit 0;
```

Wenn das Skript erstellt und abgespeichert ist, muss es mit Rechten zur Ausführung versehen werden:

   debian:~# **chmod a+x /etc/init.d/masquerade**

Danach müssen die symbolischen Links in den einzelnen Startverzeichnissen für die verschiedenen Runlevels erzeugt werden. Dies kann beispielsweise mit dem folgenden Befehl geschehen:

   debian:~# **update-rc.d masquerade defaults 50 10**

Weitere Hinweise zum Masquerading und Dial-On-Demand Wenn Sie Ihr Netzwerk über einen masquerierenden Router an das Internet angebunden haben, dann bietet es sich an, auf dem Router Dial-On-Demand zu benutzen, um im Netzwerk einen möglichst transparenten Verbindungsaufbau zu haben. Allerdings kann es dann passieren, dass die Verbindung sehr oft aufgebaut wird, nämlich immer dann, wenn irgendein Programm Pakete ins Internet sendet, was vor allem bei DNS-Abfragen relativ oft vorkommen kann.

Wenn Sie ISDN benutzen, können Sie herausfinden, wodurch die Verbindung aufgebaut wurde, indem Sie die Protokolle in der Datei */var/log/syslog* analysieren. Dort sollte sich für jeden Verbindungsaufbau eine Zeile befinden, die ungefähr der folgenden entspricht[12]:

```
OPEN: 10.0.0.1 -> 10.0.0.2 UDP, port: 513 -> 513
```

In diesem Beispiel wird dadurch angegeben, dass die Verbindung aufgebaut wird, weil ein UDP-Paket von der Adresse *10.0.0.1* an die Adresse *10.0.0.2* und zwar von Port 513 nach Port 513 geschickt wurde. Ein Blick in die Datei */etc/services* zeigt, dass der UDP-Port 513 vom Service *who* benutzt wird. Welches Programm diesen Port auf dem lokalen Rechner benutzt, kann beispielsweise mit dem Programm *fuser* (S. 659) herausgefunden werden:

```
debian:~# fuser -v -n udp 513
```

Die Ausgabe sieht dann sinngemäß so aus:

```
           USER       PID ACCESS COMMAND
513/udp               root        286 f.... rwhod
```

Das Programm, welches für den Verbindungsaufbau verantwortlich war, ist also wahrscheinlich das Programm *rwhod*. Um den Verbindungsaufbau durch dieses Programm in Zukunft zu vermeiden, gibt es zwei Möglichkeiten: Entweder das Programm wird nicht mehr ausgeführt oder es wird (mit *ipchains*) eine Regel zur Paketfilterung definiert, mit der verhindert wird, dass UDP-Pakete von Port 513 und an Port 513 über das Interface herausgegeben werden, mit welchem die Verbindung zum Provider aufgebaut wird. Im Fall von ISDN könnte der entsprechende Befehl folgendermassen aussehen:

```
debian:~# ipchains -A output -p udp -s 0.0.0.0/0 513 -d 0.0.0.0/0 513 -i
    ippp0 -j DENY
```

Lesen Sie hierzu auch die Manualseite zu dem Programm *ipchains*.

Etwas komplizierter wird es, wenn Pakete, die zum Verbindungsaufbau führen, nicht auf dem Router sondern irgendwo im eigenen, nicht-offiziellen Netzwerk erzeugt werden. Hier kann der Befehl *netstat* mit dem Parameter *-M* helfen. Er gibt alle augenblicklich maskierten Verbindungen mit Quell- und Zielrechner an:

```
debian:~# netstat -M -n
```

(Der Parameter *-n* bewirkt, dass die IP-Adressen und nicht die DNS-Namen der beteiligten Rechner angezeigt werden.) Darauf erfolgt sinngemäß die folgende Ausgabe:

```
IP masquerading entries
prot   expire source           destination      ports
tcp    1:30.55 192.168.0.2     134.102.20.22    3027 -> 23 (61352)
```

Unter *source* wird die IP-Adresse des Rechners im lokalen, nicht-offiziellen Netzwerk angegeben, von dem aus eine Verbindung aufgebaut wurde (hier: *192.168.0.2*). Mit *destination* wird die Zieladresse im Internet angegeben, zu dem die Verbindung besteht. Anhand der Portnummer auf dem Ausgangsrechner (hier: *3027*) kann dann auf diesem Rechner (wie oben, mit *fuser*) festgestellt werden, welches Programm für den Verbindungsaufbau verantwortlich ist.

---
[12] Eine andere Möglichkeit zur Analyse von Gründen für unerwartete Verbindungsaufbauten ist die Verwendung des Programms *tcpdump* aus dem gleichnamigen Paket.

Eine häufige Ursachen für den Verbindungsaufbau sind DNS-Abfragen. Hier lohnt sich u. U. die Einrichtung eines eigenen DNS-Servers. Hinweise wie dies durchgeführt wird, befinden sich im DNS-HOWTO (*/usr/share/doc/HOWTO/en-txt/DNS-HOWTO.txt.gz*, Paket *doc-linux-text*).

Ein Maßnahme, mit der einerseits Verbindungen eingespart werden können, im Wesentlichen jedoch Bandbreite gespart wird, ist die Einrichtung von Proxy-Servern für HTTP (WWW), FTP und andere Dienste, die im internen Netz häufig genutzt werden. Solche Server können häufig abgefragte Daten zwischenspeichern. Wenn ein Benutzer im internen Netz beispielsweise eine bestimmte Seite heruntergeladen hat und ein anderer Benutzer die gleiche Seite ansehen will, dann braucht diese nicht erneut geladen zu werden, weil sie sich bereits im Zwischenspeicher des Proxy-Servers befindet. Außerdem lässt sich durch Proxy-Server die Sicherheit erhöhen, weil bei deren Benutzung keine direkte Verbindung zwischen Server und Klient mehr hergestellt werden muss. Ein sehr verbreiteter WWW-Proxy-Server ist das Programm *squid*, welches unter Debian in dem gleichnamigen Paket zur Verfügung steht. Nach der Installation des Programms sollte man unbedingt die Liste der Antworten auf häufig gestellte Fragen (*/usr/share/doc/squid/FAQ.html*) lesen. Für Eilige liegt in dem gleichen Verzeichnis die Datei *Quickstart.gz*, in der die wichtigsten Punkte zur Einrichtung des Programms beschrieben werden.

18. Hinweise zu Anwendungen und Paketen

Debian GNU/Linux Version 2.2 (potato) enthält mehrere tausend Pakete. Außerdem ist eine große Anzahl kommerzieller Programme erhältlich, die nicht in Form von Debian-Paketen vorliegen, aber natürlich trotzdem auf einem Debian System installiert werden können. Dieser Abschnitt soll Ihnen einige Hinweise und Empfehlungen geben, welche Pakete oder Programme Sie für bestimmte Anwendungen benutzen können.

18.1 Editoren

Für viele UNIX/Linux-Benutzer ist der Editor neben der Shell das wichtigste Programm überhaupt. Wer schreibt, programmiert, E-Mail oder News liest oder beantwortet, benötigt ein Programm, mit welchem Text bearbeitet werden kann. Solche Programme bezeichnet man als (Text-) Editoren. Gewöhnlich zeigen diese Programme den zu bearbeitenden Text an der Konsole oder in einem Fenster unter X an und erlauben die Navigation im Text durch Betätigung spezieller Tasten oder unter Verwendung der Maus.

Texteditoren gibt es natürlich auch unter anderen Betriebssystemen, viele werden sicherlich das DOS-Programm *edit.com* oder den Windows-Editor *notepad.exe* kennen. Bei diesen beiden Programmen handelt es sich jedoch um recht eingeschränkte Editoren, die keineswegs mit der Funktionalität der wichtigen Editoren unter UNIX/Linux verglichen werden können.

Viele der verfügbaren Editoren lassen sich einer von zwei Familien zuordnen. Dies sind zum einen die *vi*-basierten Editoren und zum anderen die Editoren der (X)Emacs-Familie. Das Programm *vi* ist der Standard-Editor unter UNIX. Er steht unter Linux zwar nicht zur Verfügung, dafür gibt es einige Pakete, die Programme enthalten, welche die Funktionalität des Original-*vi* nachbilden und diese zum Teil um weitere Eigenschaften ergänzen. Eine Einführung in die Bedienung von *vi* finden Sie auf Seite 103.

Im Paket *nvi* befindet sich eine Version des Programms, die in Hinblick auf die beste Übereinstimmung mit dem Original programmiert wurde. Mit den Paketen *elvis* und *vim* stehen weiter zwei verschiedene *vi*-Implementierungen zur Verfügung, die eine Reihe zusätzlicher Eigenschaften, wie Online-Hilfe oder Syntax-Hervorhebung bieten. Wenn Sie sich für einen *vi*-orientierten Editor entscheiden, sollten Sie sich die beiden Pakete ansehen.

Der Editor Emacs wird oft auch als eierlegende Wollmilchsau bezeichnet. Neben der Bearbeitung von Textdateien, können Sie mit Emacs u. a. Mail und News lesen, Shellbefehle eingeben oder Manualseiten und Dokumentation im Info-Format lesen. Die Entwicklung des Programms hat sich irgendwann geteilt, so dass es heute zwei unterschiedliche Emacs-Varianten gibt, nämlich GNU-Emacs und XEmacs. Die Bezeichnung XEmacs ist etwas irreführend, weil beide Editoren sowohl an der Konsole als auch unter X benutzt werden können. Ebenfalls lassen sich beide Varianten unter X über Menüs und Scrollbars bedienen, während Sie an der Konsole nur durch Tastaturbefehle bedient werden können. Grundsätzlich ähneln sich beide Programme in ihrer Bedienung, *xemacs* bietet allerdings einige zusätzliche Funktionen zur Bedienung und Konfiguration über Menüs.

Zur Einarbeitung in diese Editoren benötigen Sie etwas Zeit, die jedoch sinnvoll angelegt ist. Beide Varianten sind mit einem Tutorium ausgestattet, welches Sie starten können, indem Sie die Tastenkombination STRG-H –

T eingeben oder den entsprechend Menüpunkt im Hilfemenü aufrufen. Sie können (X)Emacs jederzeit verlassen, indem Sie den Tastaturbefehl STRG-X – STRG-C eingeben. Ausführliche Dokumentation zu beiden Editoren liegt im Info-Format vor, sie lässt sich am bequemsten mit dem Editor selbst lesen, dazu ist der Befehl STRG-H – I einzugeben.

Die Arbeitsplatzumgebung KDE ist mit zwei unterschiedlichen Editoren ausgestattet, nämlich zum einen mit einem einfachen kleinen Editor, der sich mit dem Windows-Editor *notepad.exe* vergleichen lässt und zum anderen mit einem etwas leistungsfähigeren Modell, das über Eigenschaften wie Syntaxhervorhebung und die Fähigkeit, mehrere Dateien gleichzeitig zu bearbeiten, verfügt. Der einfache KDE-Editor trägt die Bezeichnung *kedit* und die fortgeschrittene Variante heißt *kwrite*. Beide Editoren sind im Paket *kdeutils* enthalten. Zur Arbeitsplatzumgebung GNOME gehören ebenfalls zwei Editoren, nämlich einmal der Editor *gedit* aus dem gleichnamigen Paket und zum anderen der Editor *gnp* (Paket *gnotepad+*). Letztgenannter Editor zeichnet sich besonders durch viele Funktionen zur Arbeit mit HTML-Dateien aus.

18.2 Text- und Tabellenverarbeitung

18.2.1 TeX und LaTeX

Zu den besten Programmen zur Erstellung von Textdokumenten überhaupt, gehört das Textsatzsystem TeX mit dem Makropaket LaTeX, mit welchem auch das vorliegende Buch erstellt wurde. Die Arbeit mit diesem System unterscheidet sich etwas von dem Verfahren, mit dem man mit sogenannten Textverarbeitungsprogrammen Text erstellt. Mit TeX und LaTeX wird in einem beliebigen Texteditor ein Quellcode geschrieben, der neben dem eigentlichen Text Anweisungen enthält, wie das Dokument zu erstellen ist (Satzanweisungen). Sobald man mit der Erstellung des Quellcodes fertig ist, wird dieser einem Programm übergeben, welches es in ein Ausgabeformat übersetzt. Die ausgegebene Datei kann dann beispielsweise am Bildschirm betrachtet oder auf einen Drucker ausgegeben werden. Das Ausgabeformat von TeX heißt DVI (Device Independent).

TeX und LaTeX stehen für alle halbwegs verbreiteten Betriebssysteme zur Verfügung, der Einsatz des Systems macht also unabhängig von Rechnerarchitekturen, Betriebssystemen oder Softwareherstellern. Unter Debian steht die sehr komplette und leicht zu installierende TeX-Distribution teTeX zur Verfügung. Sie besteht aus den Paketen *tetex-base*, *tetex-bin*, *tetex-dev*, *tetex-doc*, *tetex-extra*, *tetex-lib*, *tetex-src* und *tetex-nonfree*. Das letztgenannte Paket enthält Software, die nicht frei ist und befindet sich deswegen in der Abteilung *non-free* der Distribution. Für eine komplette Installation (ohne *tetex-src*) sollten Sie ungefähr 40 MB Speicherplatz einplanen.

Sie können LaTeX testen, indem Sie mit einem Editor Ihrer Wahl die in Abbildung 55 dargestellte Datei erzeugen. Wie Sie sehen, ist diese Datei in zwei Teile geteilt. Der erste Teil ist die so genannte Präambel. Sie enthält allgemeine Anweisungen und Definitionen. Der wichtigste Befehl in diesem Abschnitt ist die Anweisung \documentclass, mit der festgelegt wird, von welcher Art der zu erstellende Text sein soll. Dahinter befinden sich in den eckigen Klammern einige Optionen (hier zur Schrift- und Papiergröße) und zwischen den geschweiften Klammern wird der Name des Dokumententyps angegeben. Die beiden \usepackage Befehle darunter sind notwendig, um das System an die deutsche Sprache anzupassen. Mit der ersten Anweisung wird erreicht, dass Umlaute im Quellcode richtig interpretiert werden und mit der zweite Anweisung werden Textsatzregeln für deutschen Text geladen. Mit den drei folgenden Anweisungen werden Einstellungen für das Inhaltsverzeichnis vorgenommen, die sich selbst erklären sollten. Dann wird die Präambel mit dem Befehl \begin{document} abgeschlossen und mit dem eigentlichen Text begonnen. Dort befinden sich zunächst zwei Befehle, mit denen der Titel und das Inhaltsverzeichnis des Dokuments erzeugt werden. Darunter steht der eigentliche Text. Die Anweisung \section leitet dabei jeweils einen neuen Abschnitt ein. Abgeschlossen wird das Dokument mit \end{document}.

Nachdem Sie den Text eingegeben und gespeichert haben, können Sie nun das Programm *latex* aufrufen, um die Datei in das DVI-Format zu übersetzen. Angenommen, Sie haben den Quellcode unter dem Namen *test.tex* gespeichert, so wäre dazu der folgende Befehl einzugeben:

```
\documentclass[a4paper,12pt]{article}
\usepackage[latin1]{inputenc}
\usepackage{german}

\title{Ein Testdokument}
\author{Joe User}
\date{\today}

\begin{document}
\maketitle
\tableofcontents

\section{Einführung}
Der Grund für die Existenz dieses Dokuments besteht lediglich darin, zu demonstrieren,
wie man mit \LaTeX Text setzt.

\section{Hauptteil}
% Auch Kommentare sind möglich
Einer der großen Vorteile von \LaTeX gegenüber normalen
 Textverarbeitungssystemen ist, dass man sich auf das Schreiben konzentrieren kann
und sich nicht um Formatierungen oder Absätze zu kümmern braucht. Diese Dinge
werden später        automatisch erledigt.

Wenn im Quellcode eine Zeile ausgelassen wird, setzt \LaTeX an der
entsprechenden Stelle einen Absatz.

\section{Schluss}
Ein kurzer Schlusssatz.

\end{document}
```

Abbildung 55: Beispieldokument zur Verarbeitung mit LaTeX.

```
joe@debian:~$ latex test.tex
```

Sie müssen diesen Befehl zweimal hintereinander eingeben. Der Grund dafür ist folgender: Beim ersten Durchlauf schreibt LaTeX jedesmal, wenn es auf eine \section Anweisung stößt einen Eintrag in eine gesonderte Datei, aus der später das Inhaltsverzeichnis erzeugt werden kann. Weil diese Datei während des ersten Durchlaufs noch nicht existiert, enthält die Ausgabedatei nach dem ersten Durchlauf kein Inhaltsverzeichnis. Dieses wird ihr während des zweiten Durchlaufs hinzugefügt. Wenn die Ursprungsdatei Fehler enthalten sollte, wird die Bearbeitung angehalten und eine Fehlermeldung ausgegeben. Es besteht dann die Möglichkeit, anzugeben, wie mit dem Fehler umgegangen werden soll. Alternativ kann das Programm durch Auswahl von X und EINGABE beendet werden und der Fehler im Ausgangsdokument behoben werden. Danach können Sie die so erzeugte Datei mit dem Programm *xdvi* betrachten. Geben Sie dazu (unter X) diesen Befehl ein:

```
joe@debian:~$ xdvi test.dvi
```

Sie sehen: Es wurde ein ansprechend gestaltetes Dokument erzeugt. Um das Dokument auf den Standarddrucker auszugeben, können Sie den folgenden Befehl benutzen:

```
joe@debian:~$ dvips test.dvi
```

Das Programm *dvips* wandelt DVI-Dateien in das PostScript-Format um, die dann – eventuell über die Filterprogramme des Spoolers – ausgedruckt werden. Falls die von *dvips* erzeugt PostScript-Daten nicht auf den Drucker sondern in eine Datei gegeben werden sollen, ist das Programm so aufzurufen:

```
joe@debian:~$ dvips test.dvi -o
```

Das Ergebnis wird dann in die Datei *test.ps* geschrieben. Alternativ kann hinter der Option *-o* der Name einer Datei angegeben werden, das Ergebnis wird dann in die angegebene Datei geschrieben.

LaTeX ist ein sehr mächtiges Instrument zum Setzen und Gestalten von Text, welches sich für fast alle Zwecke einsetzen lässt. Wenn Sie sich intensiver mit dem System auseinandersetzen wollen, sollten Sie sich Literatur zu dem Thema beschaffen. Eine kurze deutschsprachige Einführung ist im Paket *tetex-doc* enthalten. Sie befindet sich in der Datei */usr/share/doc/texmf/latex/general/l2kurz.dvi.gz*. Wenn Sie *magicfilter* verwenden, können Sie die Datei durch Eingabe des folgenden Befehls ausdrucken:

```
joe@debian:~$ lpr /usr/share/doc/texmf/latex/general/l2kurz.dvi.gz
```

Außerdem kann sie durch Eingaben des nächsten Befehls (unter X) betrachtet werden:

```
joe@debian:~$ xdvi /usr/share/doc/texmf/latex/general/l2kurz.dvi.gz
```

Bei vielen LaTeX-Einsteigern erfreut sich das Programm *lyx* (Paket *lyx*) großer Beliebtheit. Dieses Programm wird wie ein normales Textverarbeitungsprogramm bedient, es ist also nicht notwendig, irgendwelche Satzbefehle einzugeben. Im Hintergrund wird aus dem eingegebenen Text jedoch ein LaTeX-Dokument erzeugt, das sich später auch mit einem Editor weiterverarbeiten lässt. Das Programm verbindet auf diese Weise die Annehmlichkeiten eines Textverarbeitungsprogramms mit der hohen Ausgabequalität von TeX und LaTeX.

18.2.2 Office-Programme

Freie Office-Programme (Tabellenkalkulation, Textverarbeitung etc.) haben lange Zeit nahezu keine Rolle gespielt. Ein wichtiger Grund dafür ist sicherlich, dass mit TeX und anderen Programmen schon lange Werkzeuge zur Verfügung stehen, mit denen sich die meisten „Office-Aufgaben" effektiver und besser erledigen lassen als mit den typischen Office-Programmen.

Aufgrund der zunehmenden Verbreitung von Linux im Arbeitsplatz- und Heimbereich sowie der Entwicklung ansprechender graphischer Arbeitsplatzumgebungen hat sich diese Situation jedoch mittlerweile geändert und es gibt einige vielversprechende Projekte, die sich mit der Entwicklung freier Office-Software befassen. Zur Zeit sind diese Projekte jedoch noch nicht abgeschlossen, so dass noch auf kommerzielle Programme verwiesen werden muss, wenn es um den Einsatz fertiger und stabiler Office-Pakete geht. Im folgenden werden zunächst einige freie Programme vorgestellt und danach die wichtigsten kommerziellen Office-Pakete für Linux beschrieben.

Textverarbeitungsprogramme und -konverter Einen vielversprechenden Eindruck erweckt das Programm *abiword* aus dem gleichnamigen Paket. Trotzdem sich das Programm noch mitten in der Entwicklung befindet, weist es bereits alle wichtigen Funktionen eines Textverarbeitungsprogramm auf, kann Dateien im Winword-Format importieren und beherrscht den WYSIWYG- (what you see is what you get) Ausdruck. Mehr Informationen zu dem Programm finden Sie unter der URL http://www.abisource.com/.

In den Paketen *catdoc* und *mswordview* finden Sie Programme, die Dateien im Microsoft-Word-Format in normalen Text, nach LaTeX und nach HTML konvertieren können. Diese Programme sind in der Kommandoreferenz beschrieben.

Viele Dokumente werden heute im Internet im so genannten PDF[1]-Format angeboten. Dieses Format ist eng mit dem PostScript-Format verwandt, weshalb sich diese Dokumente mit den üblichen PostScript-Betrachtern, wie *gv* (Paket *gv*) betrachten und ausdrucken lassen. Darüberhinaus besteht die Möglichkeit, das Programm Acrobat Reader, das Sie vielleicht schon von einem anderen Betriebssystem her kennen, auch unter Debian einzusetzen. Das Programm befindet sich im Paket *acroread* in der *non-free*-Abteilung der Distribution. Mehr Informationen dazu finden Sie unter http://www.adobe.com. Eine schlanke und leistungsfähige Alternative zum Acrobat Reader ist das Programm *xpdf* aus dem gleichnamigen Paket.

---

[1] PDF steht für Portable Document Format.

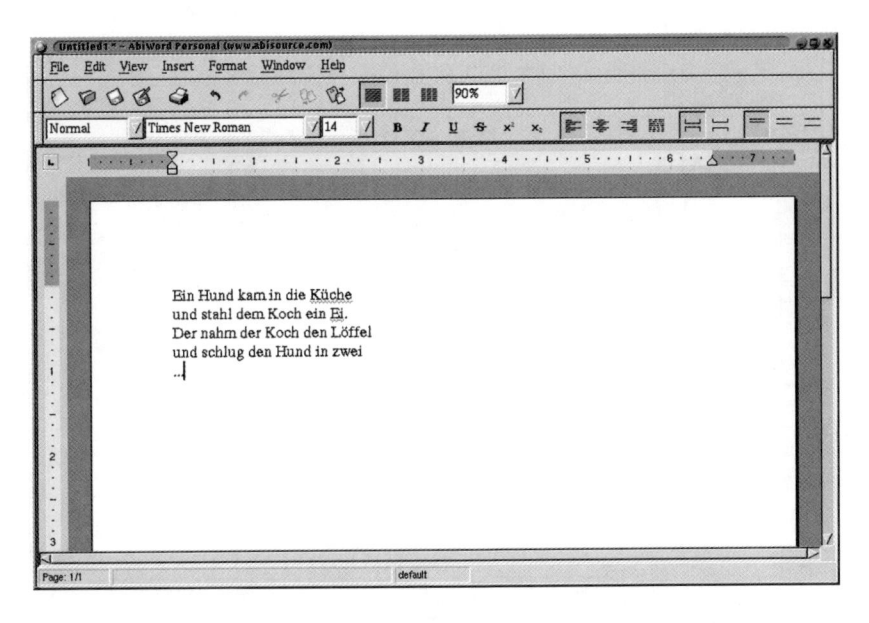

Abbildung 56: Textverarbeitungsprogramm *abiword*.

Tabellenkalkulationen Im Bereich der Tabellenkalkulationsprogramme ist u. a. das Programm *gnumeric* zu nennen. Das Programm ist Bestandteil der Arbeitsplatzumgebung GNOME, es befindet sich ebenfalls noch in der Entwicklung, die in vielen Bereichen auf einen hohen Grad an Kompatibilität zu dem Programm Excel abzielt.
Ein einfaches Tabellenkalkulationsprogramm steht mit dem Paket *xspread* zur Verfügung. Zur Konvertierung von Daten aus Excel-Dateien kann das Programm *xls2csv* aus dem Pakte *catdoc* benutzt werden. Das Programm gibt die in Excel-Dateien enthaltenen Daten im so genannten CSV- (Komma separierte Werte) Format aus.

18.2.3 Kommerzielle Office-Pakete

StarOffice Dieses bekannte Office-Paket gleicht in vielerlei Hinsicht dem Office-Paket der Firma Microsoft. Es beinhaltet u. a. eine Textverarbeitung, eine Tabellenkalkulation, Programme zur Vektor- und Pixelorientierten Graphikbearbeitung, ein Präsentationsprogramm, einen HTML-Editor sowie einen Webbrowser. Weiter steht mit StarOffice die Möglichkeit zum Versenden von E-Mails und zur Verwaltung von Datenbanken zur Verfügung. Das Programm zeichnet sich durch eine gelungene Integration aller Komponenten sowie durch relativ gute Filterfunktionen aus, mit denen es in den meisten Fällen problemlos möglich ist, auch solche Dokumente zu bearbeiten, die mit neuen Microsoft-Office-Versionen erstellt worden sind.
Bei StarOffice handelt es sich zwar nicht um freie Software, dennoch kann es auch im kommerziellen Umfeld kostenlos benutzt werden. Mehr Informationen dazu sowie die Möglichkeit zum Herunterladen finden Sie im Internet unter http://www.sun.com/products/staroffice/. Dort können Sie auch CDROMs bestellen, wenn Ihnen die Menge der herunterzuladenden Daten zu groß ist.
Bei der Installation von StarOffice sollten Sie beachten, dass das Programm in zwei verschiedenen Modi installiert werden kann, nämlich zum einen für einen einzigen Benutzer und zum anderen systemweit („Netzwerkinstallation"). Die systemweite Installation ist auf jeden Fall zu empfehlen, wenn das Programm von mehr als einem Benutzer eingesetzt wird, weil sonst sehr viel Festplattenplatz verschenkt wird. Das Installationsprogramm ist dazu mit dem Parameter */net* aufzurufen. Angenommen, sie hätten die StarOffice-CDROM in das Verzeichnis */cdrom* eingebunden, so wäre dazu (unter X) der folgende Befehl einzugeben:

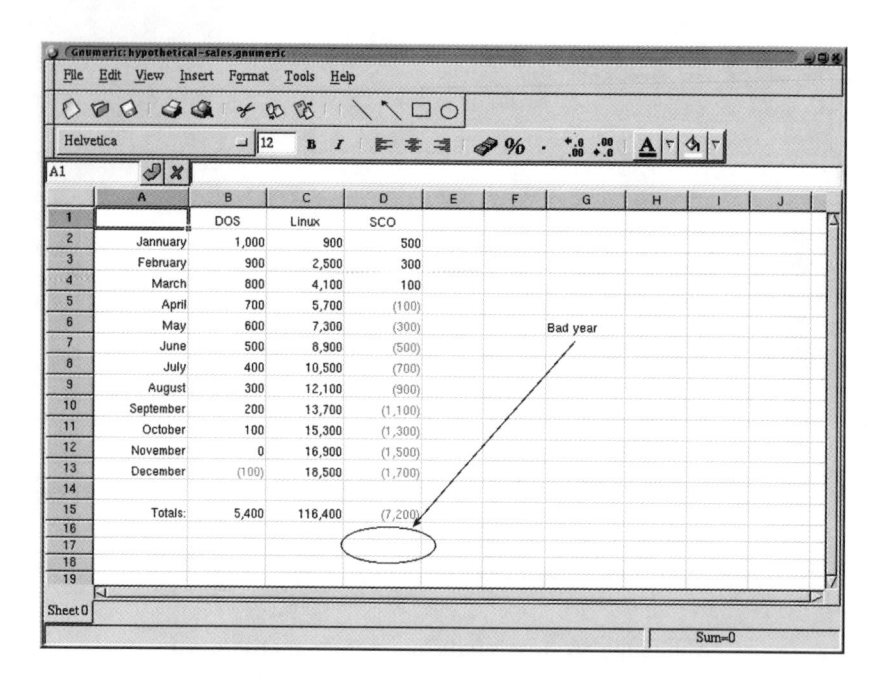

Abbildung 57: Tabellenkalkulation mit *gnumeric*.

```
debian:~# /cdrom/linux/office51/setup /net
```

Das Installationsprogramm leitet Sie dann durch die Installation. Als Zielverzeichnis sollten Sie ein Verzeichnis unterhalb des Verzeichnisses */opt*, beispielsweise */opt/soffice51* wählen (siehe auch S. 385). Wenn Sie die systemweite Installation gewählt haben, muss jeder Benutzer, der mit dem Programm arbeiten will, das Programm *setup* einmal ausführen, bevor er StarOffice benutzen kann. Angenommen Sie haben das Programm in das Verzeichnis */opt/soffice51* installiert, so wäre dann von jedem Benutzer (unter X) dieser Befehl auszuführen:

```
joe@debian:~$ /opt/soffice51/bin/setup
```

Falls Sie mit der Arbeitsplatzumgebung KDE arbeiten erzeugt das Installationsprogramm automatisch Menüeinträge im K-Menü zum Start des Programms. Ansonsten ist StarOffice folgendermaßen aufzurufen:

```
joe@debian:~$ /opt/soffice51/bin/soffice
```

Applixware Die Firma Applix war eine der ersten Unternehmen, die ein Office-Paket für Linux herausbrachte. Diese Office-Suite enthält alle üblichen Bestandteile, wie Textverarbeitungsprogramm, Tabellenkalkulation, Datenbankprogramm, Präsentationsprogramm und ein Programm zur Bearbeitung von Graphiken. Dazu kommt ein E-Mail Programm sowie eine Anzahl von Filtern, mit denen der Datenaustausch zu anderen Programmen, wie denen der Microsoft-Office-Familie, vollzogen werden kann. Applixware ist ein kommerzielles Programm, welches über den Fachhandel zu beziehen ist. Weiter Informationen finden Sie u. a. unter http://www.applix.com/applixware/linux/main.cfm.

Wordperfect Das bekannte Textverarbeitungsprogramm enthält neben den eigentlichen Funktionen zur Textverarbeitung, Funktionen aus dem Bereich der Tabellenkalkulation, Funktionen für HTML-Autoren sowie eine Reihe von Funktionen zur Bearbeitung von Graphiken. Das Programm kann für den privaten

Gebrauch kostenlos eingesetzt werden. Mehr Informationen dazu finden Sie unter der Internetadresse `http://linux.corel.com` Dort finden Sie auch Anweisungen, wie das Programm zu installieren ist.

18.3 Integration von Anwendungen für DOS und Windows

In vielen Fällen besteht die Notwendigkeit, unter Linux bestimmte Programme auszuführen, die für DOS oder Windows entwickelt worden sind. Hier gibt es eine Reihe unterschiedlicher Lösungen:

- Das Paket *dosemu* stellt ein Programm zur Verfügung, in dem DOS wie auf einem eigenen Computer ausgeführt werden kann. Es ist dann möglich, DOS-Programme innerhalb dieses Programms zu benutzen. Der dabei benutzte Mechanismus ist mit den DOS-Fenstern unter Windows und OS/2 vergleichbar. Das Paket enthält eine freie DOS Version (FreeDOS), für eine Reihe von Anwendungen ist es allerdings notwendig ein kommerzielles DOS innerhalb von DOSemu zu installieren. Es lassen sich dann fast alle DOS-Programme ausführen, einschließlich einer großen Anzahl populärer Spiele. Beachten Sie, dass es prinzipiell nicht möglich ist, Windows innerhalb von DOSemu zu benutzen. Mehr Informationen zu DOSemu finden Sie u. a. im Internet unter `http://www.dosemu.org`.
- Das kommerzielle Programm VMWare erlaubt es, während des Betriebs von Linux auf dem selben Computer eine Reihe anderer Betriebssysteme (inklusive aller Windows-Versionen) zu installieren und diese dann parallel zu Linux und Linux-Anwendungen zu benutzen. Das Programm stellt relativ hohe Ressourcenanforderungen an den Rechner. Wenn diese erfüllt sind, bietet es allerdings eine praktikable Möglichkeit zur gleichzeitigen Nutzung von Linux und anderen Betriebssystemen. Mehr Informationen finden Sie im Internet unter `http://www.vmware.org`. Dort erhalten Sie auch eine Demo-Version des Programms. Eine freie Alternative zu VMWare ist zur Zeit in Entwicklung, sie trägt den Namen *plex86*, Informationen hierüber finden Sie unter `http://www.plex86.org`.
- Mit dem Programm *wine* (aus dem gleichnamigen Paket) befindet sich ein Programm in der Entwicklung, mit dem es möglich ist, Windows-Anwendungen direkt unter Linux auszuführen. Das Programm stellt unter Linux die Funktionen zur Verfügung, welche normalerweise von Windows zur Verfügung gestellt werden, so dass es für das betreffende Programm so aussieht, als würde es direkt unter Windows ausgeführt werden. Weil Windows-Programme mit *wine* direkt unter Linux ausgeführt werden, ergeben sich theoretisch gegenüber Windows keinerlei Nachteile bezüglich der Programmgeschwindigkeit oder den benötigten Ressourcen. Der Unterschied zwischen der Ausführung eines Programm unter Linux und *wine* und der Ausführung unter z. B. Windows 98 ist vergleichbar mit dem Unterschied bei der Ausführung des Programms unter Window 98 auf der einen und Windows NT auf der anderen Seite. In allen Fällen werden unterschiedliche Betriebssysteme eingesetzt, die jedoch alle die gleichen, von Windows-Programmen benötigten, Schnittstellen aufweisen. Auch wenn *wine* sich noch in der Entwicklung befindet, ist es schon jetzt möglich, viele Windows-Programme mit *wine* zu benutzen. Dazu gehören Programme aus dem Microsoft-Office-Paket, der Internet-Explorer und viele Spiele. Falls Sie eine Windows-Installation zur Verfügung haben, kann *wine* Programme und Bibliotheken dieser Installation benutzen, wodurch sich die Funktionsfähigkeit in vielen Fällen verbessern lässt.
Weil *wine* relativ zügig entwickelt wird, lohnt es sich u. U. eine Version des Programms zu verwenden, die aktueller als das verfügbare Debian-Paket ist. Mehr Informationen zu *wine* finden Sie auf der Homepage des Projekts, welche unter `http://www.winehq.com` zu erreichen ist. Unter `http://www.westfalen.de/witch/wine/` finden Sie das Wine-HOWTO, in welchem die Installation und Konfiguration von *wine* ausführlich beschrieben ist.
- Eine weitere Möglichkeit, Windows-Anwendungen unter Linux ausführen zu können, besteht darin, auf einem Rechner im Netzwerk die Terminal-Server-Variante von Windows NT oder Windows 2000 zu installieren. Bei den Klient-Programmen für Windows-Terminal-Server handelt es sich um Windows-Programme,

welche unter Linux mit *wine* ausführbar sind. Alternativ dazu können Sie das Programm MetaFrame der Firma Cytrix (http://www.citrix.com/) benutzen.

18.4 Weitere Anwendungen

18.4.1 Brennen von CDROMs

Das Standardprogramm zum Brennen von CDROMs unter Linux ist das Programm *cdrecord* aus dem gleichnamigen Paket. Dieses Programm unterstützt nahezu alle modernen SCSI-Brenner. IDE-Brenner werden über die SCSI-Emulation des Kernels betrieben. Die SCSI-Emulation ist in den Standardkernels nicht enthalten, es ist also erforderlich, einen angepassten Kernel zu erstellen, um mit IDE-Brennern unter Debian CDROMs zu brennen.

Das Programm *cdrecord* steuert im wesentlichen den eigentlichen Brennvorgang. Dazu benötigt es CD-Audio-Dateien oder CD-Image-Dateien, welche auf die CDROM gebrannt werden sollen. Audio-Dateien lassen sich beispielsweise mit dem Programm *cdparanoia* (Paket *cdparanoia*) aus Audio-CDs auslesen. Zum erzeugen von CD-Image-Dateien können die Programme aus den Paketen *mkisofs* oder *mkhybrid* benutzt werden.

Bei den bisher genannten Programmen handelt es sich um Kommandozeilenprogramme. Es gibt eine Reihe weitere Pakete, in denen sich graphische Programme zum interaktiven Erzeugen von CDROMs befinden. Die wichtigsten dieser Pakete sind *xcdroast*, *gcombust* und *gtoaster*. Mit dem Paket *debian-cd* stehen übrigens die Skripte zur Verfügung, welche benutzt werden, um die offiziellen Debian-CDs zu erzeugen. Mit diesen Skripten lassen sich auch angepasste Debian-CDs erstellen.

18.4.2 Graphikbearbeitung

Das bekannteste freie Programm zur pixelorientierten Bildbearbeitung ist das Programm *gimp* (GNU Image Manipulation Program). Das Programm lässt sich u. a. als einfaches Zeichenprogramm, zur skriptgesteuerten Bilderstellung, als professionelles Programm zur Bearbeitung von Photos oder als Programm zur Konvertierung von Dateien zwischen verschiedenen Graphikformaten einsetzen. Die hohe Qualität dieses Programms hat seinen Teil dazu beigetragen, Linux im Arbeitsplatzbereich populär zu machen.

In der aktuellen Version von Debian ist das Programm in zwei Versionen enthalten. Version 1 enthält die aktuelle stabile Version, die mit den Paketen *gimp*, *gimp-data-extras* und *gimp-nonfree* installiert werden kann. Das Paket *gimp-nonfree* enthält optional zu installierende Programmbestandteile, die aufgrund von Patentbestimmungen nicht frei sind. Es befindet sich deswegen im *non-free* Bereich der Distribution.

Die aktuelle Entwicklerversion des Programms (Version 1.1) steht mit den Paketen *gimp1.1* usw. zur Verfügung. Diese Version bietet eine Reihe von Verbesserungen und neuen Eigenschaften, allerdings ist bei einer Entwicklerversion immer auch mit Fehlern zu rechnen.

Eine ausführliche Anleitung zu dem Programm steht mit dem Paket *gimp-manual* im HTML-Format zur Verfügung. Darüberhinaus sind im Buchhandel einige Bücher zu *gimp* erhältlich. Weitere Informationen finden Sie auf der Gimp-Homepage unter http://www.gimp.org.

Ein weiteres bekanntes Programm zur pixelorientierten Bildbearbeitung ist in dem Paket *imagemagick* enthalten. Das Programm zeichnet sich durch Unterstützung einer sehr großen Anzahl von Graphikformaten sowie durch die Eigenschaft aus, dass alle Operationen sowohl interaktiv unter X als auch durch Shell-Befehle durchgeführt werden können. In dem Paket ist u. a. das Programm *convert* enthalten, welches ein mächtiges Werkzeug zur Konvertierung von Bilddateiformaten darstellt.

Zur Erstellung und Bearbeitung von vektorbasierten Graphiken kann u. a. das Programm *xfig* (Paket *xfig*) empfohlen werden. Wenn Sie sich für die Arbeit mit dem Programm interessieren, sollten Sie zusätzlich das Paket *xfig-doc* installieren, in welchem sich die Programmdokumentation zu *xfig* im HTML-Format befindet.

Falls Sie eine digitale Kamera besitzen und diese unter Linux einsetzen wollen, sollten Sie sich das Programm *gphoto* (Paket *gphoto*) ansehen. Es unterstützt eine große Anzahl handelsüblicher Kameras. Sie können *gphoto* u. a. benutzen, um Bilder von der Kamera herunter zu laden, Kameraeinstellungen zu verändern und HTML-Seiten mit Ihren Photos zu erzeugen. Aktuelle Informationen zu *gphoto* finden Sie unter http://www.gphoto.org. Die Ansteuerung der meisten Scanner kann mit dem Paketen *libsane* und *sane* geschehen. Nach der Installation dieser Pakete sollten Sie zunächst die Dokumente im Verzeichnis */usr/share/doc/libsane* lesen. Das System muss manuell konfiguriert werden, die Konfigurationsdateien befinden sich im Verzeichnis */etc/sane.d*. Zu jeder Konfigurationsdatei gibt es eine eigene Manualseite, empfehlenswert ist es, zunächst die Manualseite *sane-dll* zu lesen. Im Paket *sane* sind die Programme *xscanimage* und *scanimage* enthalten, mit denen Bilder unter X bzw. von der Kommandozeile aus eingescannt werden können. Das Paket enthält auch ein Plug-In für das Graphikprogramm *gimp*, mit dem direkt aus dem Programm heraus gescannt werden kann. Wenn Sie die Entwicklerversion von *gimp* verwenden, müssen Sie die Pakete *sane-gimp1.1* und *xsane-gimp1.1* installieren, um von *gimp* aus scannen zu können. Im Internet finden Sie Informationen zu *sane* unter der URL http://www.mostang.com/sane/. Dort finden Sie auch eine Liste der Scanner, die von dem System unterstützt werden.

18.4.3 Faxversand und -empfang

Zum Versenden und Empfangen von Faxen stehen zwei unterschiedliche Lösungen zur Verfügung. Das Programmpaket Hylafax stellt ein umfangreiches Klient-/Server- orientiertes Faxsystem dar. Damit ist es möglich, in einem Netzwerk einen Faxserver aufzubauen, der von allen anderen Rechnern benutzt werden kann. Für das System stehen auch Klientprogramme z. B. für Windows und für Apple Macintosh Rechner zur Verfügung, so dass auch von diesen Rechnern aus gefaxt werden kann. Natürlich ist ein Netzwerk nicht zwingend notwendig, um das System einzusetzen. Hylafax besteht aus drei Paketen, nämlich *hylafax-server* (das Faxserver-Paket), *hylafax-client* (Programme zum Versenden von Faxen über den Hylafax-Server) und *hylafax-doc* (Dokumentation im HTML-Format). Darüberhinaus liegt mit dem Paket *tkhylafax* ein Programm vor, mit dem der Faxversand bequem unter X erfolgen kann. Bevor Sie das System einrichten, sollten Sie unbedingt die Dokumentation aus dem Paket *hylafax-doc* lesen. Öffnen Sie dazu mit einem Webbrowser diese URL: file:/usr/share/doc/hylafax-doc/html/index.html Die Homepage von Hylafax finden Sie im Internet unter http://www.hylafax.org/.
Eine Nummer kleiner fällt eine Faxlösung mit den Paketen *mgetty* und *mgetty-fax* aus. Bei *mgetty* handelt es sich um ein Paket, mit dem Modems im Antwort-Modus betrieben werden können. Mit dem Paket lassen sich also auch Einwahlserver aufbauen. Das Paket *mgetty-fax* addiert die zum Faxen notwendigen Programme zu dem Basispaket. Darüberhinaus ist mit *mgetty-voice* ein Paket verfügbar, mit welchem sich – zusammen mit *mgetty* – eine Anrufbeantworterlösung mit einem Modem einrichten lässt.

18.4.4 Sound- und Videoplayer, MP3

Mittlerweile steht eine große Anzahl von Programmen zum Abspielen und Bearbeiten von Dateien in unterschiedlichen Multimedia-Formaten (Audio- und Video-Dateien) für Linux bereit. Ein universelles Programm zum Abspielen vieler Video-Formate ist in dem Paket *xanim* enthalten. Leider dürfen die Decoder-Programme für viele weitverbreitete Videoformate nicht im Quellcode verteilt werden, so dass sie nicht im Paket *xanim* enthalten sind. Solche Decoder-Module sind jedoch in binärer Form verfügbar. Am einfachsten lassen sich diese Module durch die Installation des Pakets *xanim-modules* integrieren. Während der Installation dieses Pakets werden die betreffenden Module heruntergeladen und installiert. Die Module lassen sich später aktualisieren, in dem der Befehl *update-xanim-modules* aufgerufen wird.
Das Programm *xanim* hat selbst eine etwas spartanische Oberfläche, weswegen es andere Pakete gibt, die Programme enthalten, mit denen *xanim* komfortabler gesteuert werden kann. Solche Pakete sind beispielsweise *tkxanim* und *gxanim*.

Eines der beliebtesten Programm zum Abspielen vom MP3-Dateien ist das Programm *xmms* (X Multimedia System, Paket *xmms*). Das Programm kann neben MP3 einige andere Audio-Formate abspielen und lässt sich durch „Plug-Ins" um weitere Ein- und Ausgabeformate sowie Methoden zur Visualisierung der Audiodaten erweitern. Vorbild bei der Entwicklung von *xmms* war das Windows-Programm *WinAmp*. Die beiden Programme sind in vielerlei Hinsicht kompatibel, so lassen sich beispielsweise für *WinAmp* entwickelte Skins (Dateien, die das Erscheinungsbild des Programms auf dem Bildschirm definieren) auch mit *xmms* einsetzen. Informationen und Plug-Ins zu *xmms* finden Sie unter `http://www.xmms.org/`.

Zur Erstellung von MP3-Dateien stehen unter Linux verschiedene unterschiedliche MP3-Encoder zur Verfügung. Einer der besten ist das Programm *lame*. Dabei handelt es sich eigentlich nur um die Veränderung eines Demo-Encoders des Fraunhofer-Instituts. Aus lizenzrechtlichen Gründen darf dieser Patch nur alleine und nicht mit dem Original Quellcode des Fraunhofer-Instituts gemeinsam verteilt werden. Informationen, wie Sie den Encoder selbst erstellen können, finden Sie unter der Internet-Adresse `http://www.sulaco.org/mp3/`.

Ripper sind Programme, die automatisch Audiodateien von CDROMs herunterlesen, diese in das MP3-Format konvertieren, abspeichern und gegebenenfalls sogar Stücklisten für MP3-Spieler wie *xmms* erzeugen. Wenn Sie auf der Suche nach einem solchen Programm sind, sollten Sie sich das Paket *grip* ansehen. Es lässt sich für die Verwendung unterschiedlicher Encoder konfigurieren und kann die „gerippten" Stücke sogar in einer Datenbank speichern.

Zum Konvertieren von Sounddateien zwischen unterschiedlichen Formaten dient das Programm *sox* (Paket *sox*). Das Programm ermöglicht auch die Anwendung bestimmter Effekte auf Sounddateien.

18.4.5 Spiele

Was wären Computer ohne Spiele? Debian enthält eine große Anzahl von Spielen, die beinahe alle Bereiche abdecken. Ein Basissammlung von Spielen lässt sich durch die Installation des Paketes *task-games* installieren. Hierfür benötigen Sie ungefähr 20 MB Speicherplatz. Mit diesem Task-Paket wird eine Auswahl von Geschicklichkeitsspielen, Kartenspielen, Actionspielen und Denkspielen (wie GNU Schach) installiert.

Die Firma ID-Software, Hersteller der bekannten und ebenso umstrittenen Spiele Doom und Quake unterstützt seit längerer Zeit das Betriebssystem Linux. Aus diesem Grund stehen Pakete mit diesen Programmen auch unter Debian zur Verfügung. Die Pakete enthalten jedoch lediglich die eigentlichen Programme. Damit die Spiele benutzt werden können, werden zusätzlich die Spieldaten benötigt. Diese Daten sind jedoch nicht frei erhältlich, sondern befinden sich auf den zu erwerbenden CDROMs dieser Spiele. Allerdings stehen Demo-Versionen zur Verfügung, die vom Debian-Projekt im *non-free*-Bereich der Distribution angeboten werden.

Um beispielsweise das Spiel Quake mit der Demoversion der Spieldaten zu installieren, sind die beiden Pakete *quake-x11* und *quake-lib* zu installieren. Hierfür werden ungefähr 20 MB Festplattenplatz benötigt. Neben dem Paket *quake-x11* stehen einige weitere Quake-Programme zur Verfügung, mit denen das Programm beispielsweise unter Verwendung von SVGA-Konsolegraphik oder von OpenGL-Bibliotheken benutzt werden kann. Wenn Sie die Vollversion des Spiels besitzen, installieren Sie anstelle von *quake-lib* das Paket *quake-lib-stub*.

19. Kommandoreferenz

19.1 Einleitung

Die folgende Kommandoreferenz beschreibt in alphabetischer Reihenfolge ausgewählte Kommandos aus den folgenden Anwendungsbereichen:

Backup (Datensicherung), Benutzerverwaltung, Dateiverwaltung, Dokumentation (und Hilfe), Drucken, E-Mail, Entwicklung, Information (über das System), Installation, Kommunikation (im Netzwerk), Kompatibilität (mit anderen Betriebssystemen), Netzwerk, Pakteverwaltung, Produktivität, Prozessverwaltung, Shellskripte, Suchen (in und nach Dateien), Systemkonfiguration, Systemverwaltung, Textbearbeitung (manuelle und automatische Bearbeitung von Textdateien) sowie Verschiedenes.

Unter Kommandos werden in diesem Zusammenhang Programme verstanden, die hauptsächlich von der Kommandozeile oder aus Skripten heraus aufgerufen werden. Es ist beinahe unmöglich, eine vollständige Referenz zu allen unter Debian verfügbaren Kommandos zu erstellen. Deshalb verfolgt diese Sammlung das Ziel, grundlegende Werkzeuge vorzustellen, die immer wieder und in vielen Zusammenhängen benötigt werden. Auch ist zu beachten, dass zu den meisten Programmen nur eine Auswahl der unterstützten Optionen und Parameter vorgestellt wird. Der Umfang dieser Referenz hätte sich mindestens verdoppelt, wenn versucht worden wäre, alle Möglichkeiten der einzelnen Programme vorzustellen. Ziel ist es vielmehr, dem Leser eine kurze Beschreibung über den Sinn und Zweck des jeweiligen Programms zu geben, wichtige Optionen und Parameter vorzustellen und einige praktische Beispiele zu geben. Sie sollten in jedem Fall die Dokumentation zu den einzelnen Programmen zu Rate ziehen, wenn Sie bestimmte Funktionen vermissen oder über den genauen Umfang der Möglichkeiten eines Programms informiert sein möchten. Beachten Sie auch, dass eine Reihe von Befehlen direkt in die Standardshell, also in die Bash eingebaut sind. Solche Befehle werden nicht hier, sondern im Kapitel über die Bash (S. 423) beschrieben.

Optionen

Optionen werden in der Regel durch ein Minuszeichen und einen Buchstaben angegeben (z. B. *-a*). Hiervon gibt es Ausnahmen. So gibt es Programme, bei denen Optionen einfach nur durch einen Buchstaben (ohne Minuszeichen) angegeben werden. Sehr verbreitet sind die so genannten „langen" Optionen, die vor allem bei GNU-Programmen Verwendung finden. Sie bestehen aus zwei Minuszeichen hintereinander und einem Wort (z. B. *- -recursive*). Lange Optionen bieten den Vorteil, dass man sie besser behalten kann, und den Nachteil, dass man mehr tippen muss, um sie einzugeben. Deswegen wird von fast allen Programmen, die lange Optionen unterstützen, für die meisten langen Optionen eine alternative kurze Option angeboten (z. B. ist es oft möglich, alternativ *- -recursive* oder *-R* zu spezifizieren). Wenn es alternative Formen der Angabe von Optionen gibt, sind diese, durch einen Querstrich voneinander getrennt, aufgeführt.

Beispiele

Die Beispiele machen in vielen Fällen Gebrauch von Eigenschaften der Shell wie Ein- und Ausgabeumleitung oder Befehlsverkettung durch Pipes. Sie wurden mit der *bash* (siehe Kap.: 16, S. 423) getestet, sollten aber in der Regel auch mit anderen Shells wie der Korn-Shell funktionieren. Einige Befehle sind nur sinnvoll mit anderen Befehlen einzusetzen. Aus diesem Grunde werden Sie hier viele Beispiele finden, die andere Programme benutzen, welche an der entsprechenden Stelle erklärt sind.

Weiterführende Hinweise und Dokumentation Am Ende der Erläuterungen zu jedem Befehl finden Sie meist einige Verweise auf andere Programme, die aus Sicht des Autors in engem Zusammenhang zu dem betreffenden Befehl stehen. Der Leser sollte sich in solchen Fällen angeregt fühlen, selbst nach der Dokumentation dieser Programme zu suchen. Zu jedem Befehl ist weiterhin angegeben, wo er dokumentiert ist. Diese Angaben sind in der Form *Dokumentationsart:Abschnitt* vorgenommen. Die meisten Programme sind entweder mit dem GNU-Info-System oder dem Manual-System dokumentiert. Die Angabe *info:ls* bedeutet also, dass das betreffende Programm mit dem Info-System dokumentiert ist und die Dokumentation dort unter dem Eintrag *ls* zu finden ist. In der Regel ist an der Kommandozeile dann der Befehl

```
joe@debian:~$ info ls
```

einzugeben, um diese Dokumentation nachzulesen. Das gleiche gilt für Programme, die über das Manual-System dokumentiert sind (siehe auch Kap.: 6, S. 131). In einigen Fällen werden Sie auch die Angabe eines Dateinamens (z. B. *file:/usr/share/doc/base-passwd/README*) finden. Dies bedeutet, dass sich in der betreffenden Datei weitere Information zu dem betreffenden Programm befindet.

Fast alle beschriebenen Programme sind mit einer Option ausgestattet, durch die sie eine kurze Hilfe zu ihrer Benutzung ausgegeben. Diese Option lautet meist *-h*, *-?* oder *--help*. Weil sie fast bei jedem Programm vorhanden ist, wurden sie nicht in die Erläuterungen der Optionen einzelner Programme aufgenommen. Sie stellen aber ein wichtiges Hilfsmittel dar, wenn man sich beispielsweise die unterstützen Optionen schnell anzeigen lassen will. Darüber hinaus wird von vielen Programmen eine Option zur Verfügung gestellt, mit der die aktuelle Programmversion angezeigt wird. Diese Option lautet meist *--version*, manchmal auch *-v*. Auch hier wurde auf eine Erläuterung im Einzelfall verzichtet.

19.2 Referenzteil

a2ps — Dateien nach PostScript konvertieren

Paket: a2ps — Textbearbeitung, Drucken

```
a2ps [Optionen] [Datei ..]
```

Das Programm stellt ein komfortables und mächtiges Werkzeug zum Erzeugen von PostScript-Dateien aus Textdateien dar. Es ist jedoch auch in der Lage, andere Dateitypen zu erkennen und die richtigen Programme aufzurufen, um diese Daten in PostScript umzuwandeln. Standardmäßig liest *a2ps* die mit *Datei* angegebene(n) Datei(en) oder von der Standardeingabe, wenn keine Dateien angegeben wurden. Aus den gelesenen Daten wird eine PostScript-Datei erzeugt, die ohne Angabe weiterer Optionen über den Standarddrucker ausgegeben wird. Im Fall von Textdateien werden dabei normalerweise jeweils zwei Seiten nebeneinander auf einem Blatt Papier ausgedruckt.

- `--list=Thema` Führt dazu, dass das Programm Informationen zu seiner Konfiguration ausgibt. Für *Thema* gültige Werte sind u. a.: *defaults* (gibt Informationen über die Voreinstellungen), *features* (gibt Informationen über verfügbare Eigenschaften), *media* (Listet bekannte Papierformate) und *printers* (zeigt die verfügbaren Drucker (s. u.) an).

-M Medium | --medium=Medium Legt das zu verwendende Papierformat fest (Beispiele: A3, A4, B5, letter etc.).
-r | --landscape Formatiert die Seiten im Querformat.
-R | --portrait Formatiert die Seiten im Hochformat.
--columns=Spalten Gibt mit *Spalten* an, wieviele Seiten auf ein Blatt Papier in horizontaler Richtung nebeneinander gedruckt werden sollen.
--rows=Zeilen Gibt mit *Zeilen* an, wieviele Seiten auf ein Blatt Papier in vertikaler Richtung gedruckt werden sollen.
-j | --borders=[1|0] Gibt an, ob um jede Seite ein Rahmen gezeichnet werden soll.
-A | --compact=1|0 Bestimmt, ob der Text aus verschiedenen Dateien auf einem Blatt Papier erscheinen darf.
--line-numbers=Nummer Im Abstand von der durch *Nummer* angegebenen Anzahl von Zeilen werden an die Zeilen Zeilennummern geschrieben.
-f Größe[Einheit] | --font-size=Größe[Einheit] Legt die zu benutzende Schriftgröße fest. *Größe* ist eine beliebige – auch ungerade – Zahl und *Einheit* eines von *cm*, *pt* (PostScript-Punkte) oder *in* (Inch).
-B | --no-header Es wird kein Seitenkopf erzeugt.
-bText | --header=Text Es wird der mit *Text* angegebene Text in den Seitenkopf geschrieben. Wenn *Text* aus mehreren Worten besteht, muss er im allgemeinen durch Anführungszeichen vor der Interpretation durch die Shell geschützt werden.
-uText | --underlay=Text Der mit *Text* angegebene Text wird als Wasserzeichen auf jedes Blatt Papier gedruckt.
--footer=Text Der mit *Text* angegeben Text wird in den Fuß jeder Seite gegeben.
-t Titel | --title=Titel Legt den Titel des zu druckenden Dokumentes fest.
-o Datei | --output=Datei Die erzeugten PostScript-Daten werden nicht gedruckt, sondern in die mit *Datei* bezeichnete Datei geschrieben. Wenn für *Datei* ein Minuszeichen angegeben wird, werden die Daten auf die Standardausgabe gegeben.
-P Drucker | --printer=Drucker Das Ergebnis wird auf den mit *Drucker* bezeichneten Drucker ausgegeben. Das Programm verwendet eigene Druckerdefinitionen. Wird beispielsweise für *Drucker display* angegeben, wird das erzeugte Dokument mit einem PostScript-Betrachter angezeigt. Wenn der angegebene Drucker a2ps nicht bekannt ist, wird das Programm *lpr* mit dem betreffenden Druckernamen aufgerufen. So lassen sich die vorhandenen Drucker direkt ansprechen.
-n Anzahl | --num=Anzahl Legt die Anzahl der zu druckenden Kopien fest.

`a2ps brief.txt`
Druckt die Datei *brief.txt* als PostScriptdatei über den Standarddrucker aus.
`a2ps brief.txt -Pdisplay`
Zeigt die aus der Datei *brief.txt* erzeugten PostScript-Datei am Bildschirm an.
`a2ps --list=defaults`
Gibt die Voreinstellungen des Programms aus.
`cat program.c | a2ps -R --columns=2 --rows=2 -f 0.3cm -u"Streng geheim" --line-numbers=20 -Plaserjet`
Druckt die Datei *program.c* im Hochformat mit 4 Seiten auf einem Blatt Papier. Es wird eine 0,3 cm große Schrift benutzt und auf jede Seite das Wasserzeichen *Streng Geheim* gedruckt. Alle 20 Zeilen erscheint eine Zeilennummer. Siehe auch: mpage, pr, lpr. Dokumentation: info:a2ps.

ac   Benutzungsdauer des Systems ausgeben
Paket: acct   Benutzerverwaltung

```
ac [Optionen]
```
Das Kommando gibt die Summe der Zeit (in Stunden) aus, während der jemand am System angemeldet war. Diese Information wird aus der Datei */var/log/wtmp* bezogen, in der *login* und andere Programme An- und Abmeldungen protokollieren.

Die Datei */var/log/wmtp* enthält nur das Protokoll des laufenden Monats. Das Protokoll des letzten Monats liegt in der Datei */var/log/wtmp.0*. Ältere Versionen liegen mit den komprimierten Dateien */var/log/wtmp.1.gz*, */var/log/wtmp.2.gz* usw. vor.

```
-d | --daily-totals
```
Gibt die Benutzungszeiten für jeden Tag getrennt aus.
```
-p | --print-individuals
```
Gibt die Benutzungszeiten jedes Benutzers aus.
```
-f | --file Dateiname
```
Verwendet anstatt von */var/log/wtmp* die mit *Dateiname* bezeichnete Datei.

```
ac -dp
```
Gibt die Benutzungsdauer des Systems im laufenden Monat für Tage und Benutzer getrennt aus
```
ac -f /var/log/wtmp.0
```
Gibt die gesamte Nutzungsdauer des Systems im vergangenen Monat aus Dokumentation: man:ac.

activate
Anzeigen/Festlegen der aktiven Partition

Paket: lilo   Systemverwaltung

```
activate Gerätedatei [Partitionsnummer]
```
Wird *activate* ohne Partitionsnummer aufgerufen, gibt es die aktive Partition der mit *Gerätedatei* bezeichneten Festplatte (z. B. */dev/sda* oder *dev/hdb*) aus. Wird *Partitionsnummer* angegeben, wird die entsprechende Partition aktiv. Weil nur primäre Partitionen aktiv sein können und es auf IBM-kompatiblen Computern nicht mehr als vier davon auf einer Festplatte geben kann, muss *Partitionsnummer* zwischen 1 und 4 liegen (siehe auch 2.5).

Achtung: Ob durch das Verändern der aktiven Partition das Startverhalten des Rechners beeinflusst wird, ist abhängig von der jeweiligen Bootkonfiguration. Der bei der Installation von Debian GNU/Linux einrichtbare MBR, ebenso wie die von DOS/Windows installierten MBRs, laden das Betriebssystem auf der aktiven Partition. Wird jedoch ein anderer MBR benutzt (z. B. *lilo* im MBR) hat das Aktivieren einer Partition u. U. keine Auswirkung

```
activate /dev/hda
```
Gibt die aktive Partition der ersten (E)IDE-Festplatte aus.
```
activate /dev/sda3
```
Macht die dritte primäre Partition der ersten SCSI-Festplatte zur aktiven Partition Siehe auch: lilo, cfdisk, fdisk. Dokumentation: man:activate.

addgroup
Neue Benutzergruppen anlegen

Paket: adduser   Benutzerverwaltung

```
addgroup [--gid GID] Gruppe
```
Der Befehl erstellt eine neue Gruppendefinition in der Datei */etc/group*. Die neue Gruppe enthält dann noch keine Benutzer. Die neue Gruppe wird als Systemgruppe (Gruppen-ID zwischen 101 und 999) angelegt, wenn nicht mit *--gid* eine andere Gruppen-ID angegeben wird.
Falls die angegebene Gruppen-ID oder der gewünschte Gruppenname bereits existieren, wird eine Fehlermeldung ausgegeben.

```
--gid GID
```
Die anzulegende Gruppe erhält die Gruppen-ID *GID*.

```
addgroup scanner
```
Legt eine Systemgruppe mit dem Namen *scanner* an.
```
addgroup --gid 2000 bwg
```
Legt eine Benutzergruppe mit dem Namen *bwg* an. Siehe auch: adduser, useradd, groupadd, groupdel. Dokumentation: man:addgroup.

adduser   Neue Benutzer einrichten
Paket: adduser   Benutzerverwaltung

```
adduser [--home DIR] [--uid ID] [--ingroup GROUP | --gid ID] [--
disabled-password] [--gecos GECOS] [Benutzername]
```
Fügt dem System ein gewöhnliches Benutzerkonto zu.
```
adduser --system [--home DIR] [--uid ID] [--group | --ingroup GROUP |
--gid ID] [--disabled-password] [--gecos GECOS] Benutzer
```
Fügt dem System ein System-Benutzerkonto zu.
```
adduser --group [--gid ID] Gruppe
```
Fügt dem System eine neue Benutzergruppe zu.
```
adduser Benutzer Gruppe
```
Benutzer wird *Gruppe* hinzugefügt.

Der Befehl *adduser* richtet neue Benutzerkonten und Gruppendefinitionen auf dem System ein. Wenn ihm ein neuer Benutzername übergeben wird, wird ein Benutzerkonto mit dem angegebenen Namen eingerichtet. Wenn kein Benutzername angegeben wird, wird dieser erfragt. Standardmäßig werden dabei ein Heimatverzeichnis für den neuen Benutzer im Verzeichnis */home* mit dem Namen des Benutzers angelegt und die Ausgangskonfigurationsdateien aus */etc/skeleton* in dieses Verzeichnis kopiert. Gleichzeitig wird eine neue Benutzergruppe angelegt, in welcher der neue Benutzer Mitglied ist und die ebenfalls den gleichen Namen wie der Benutzer trägt (dies kann in der Datei */etc/adduser.conf* abgeschaltet werden). Standardmäßig wird ein Passwort für den neuen Benutzer erfragt. Information über den neuen Benutzer (tatsächlicher Name etc.) können interaktiv eingegeben werden oder dem Programm mit dem Parameter *--gecos* übergeben werden.

Wird *adduser* mit einem bereits vorhandenen Benutzernamen als erstem Parameter und einem bereits vorhandenen Gruppennamen als zweitem Parameter aufgerufen, so fügt das Programm den angegebenen Benutzer der angegebenen Gruppe zu.

- `--home DIR` Der neue Benutzer erhält das Heimatverzeichnis *DIR*, anstelle des Standardverzeichnisses.
- `--uid UID` Der Benutzer erhält die numerische Benutzer-ID *UID*, anstelle der ersten freien Benutzer-ID.
- `--ingroup GROUP` Der Benutzer wird Mitglied der Gruppe *GROUP* und erhält keine eigene Gruppe.
- `--gid GID` Wenn eine neue Gruppe angelegt wird, erhält diese die numerische ID *GID*, und nicht die erste freie ID.
- `--disabled-password` Für den neuen Benutzer wird kein Passwort vergeben. Das neue Konto kann erst benutzt werden, wenn es ein Passwort erhalten hat (siehe auch *passwd*).
- `--gecos GECOS` Zusätzliche Benutzerinformationen (Telefonnummer etc.) werden nicht erfragt, sondern es wird der mit *GECOS* angegebene Benutzername übernommen. Dazu wird das Kommando *chfn -f* automatisch aufgerufen.
- `--system` Es wird ein Systembenutzerkonto angelegt. Systembenutzerkonten werden vom System benutzt, um bestimmte Aufgaben mit gesonderten Rechten und nicht mit Administratorrechten auszuführen. Sie haben eine Benutzer-ID kleiner als 1000.
- `--group` Es wird eine neue Gruppe angelegt. Der Befehl hat dann die gleiche Wirkung wie *addgroup*.

```
adduser gustav
```

Dem System wird ein Benutzerkonto mit dem Namen *gustav* hinzugefügt. Es werden ein Passwort sowie einige optionale Daten über den neuen Benutzer erfragt. Gleichzeitig wird für ihn ein Heimatverzeichnis angelegt.

```
adduser --ingroup verkauf --disabled-password --gecos "Gustav Meier" meier
```

Dem System wird ein Benutzerkonto mit dem Namen *meier* hinzugefügt. Dieser Benutzer wird Mitglied der Gruppe *verkauf* und sein wirklicher Name wird im Informationsfeld der Datei */etc/passwd* vermerkt. Es erfolgt keine Passwortabfrage und das Konto kann erst benutzt werden, wenn der Administrator es mit *passwd meier* freigeschaltet hat. Der Vorteil dieser Methode ist, dass das *adduser* so keine Benutzereinwirkung erfordert. Siehe auch: passwd, addgroup, chfn, userdel, groupdel. Dokumentation: man:adduser.

ae
Paket: ae

Texteditor für die Konsole
Textbearbeitung

```
ae [-f Konfigurationsdatei] [Datei]
```

ae ist der auf der Debian-Rescue-Diskette enthaltene Texteditor. Er ist sehr klein und seine Tastaturbelegung lässt sich über eine Konfigurationsdatei komplett konfigurieren. Nach dem Start von *ae* ist der Bildschirm zweigeteilt. In der oberen Hälfte sind die Tastaturkommandos mit den damit verbundenen Funktionen dargestellt und in der unteren Hälfte befindet sich die zu bearbeitende Datei. Die standardmäßige Konfiguration enthält eine *emacs*-ähnliche Tastaturbelegung. Darüber hinaus stehen Konfigurationsdateien für eine *vi*-ähnliche Belegung sowie eine Konfiguration, bei welcher der Editor über die Funktionstasten gesteuert wird, zur Verfügung.

`-f Konfigurationsdatei` Die mit *Konfigurationsdatei* angegebene Datei wird verwendet, um die Tastatur zu konfigurieren. Verschiedene Konfigurationsdateien befinden sich im Verzeichnis */etc/ae*. Ohne diese Option verwendet *ae* die Konfigurationsdatei */etc/ae.rc*, in der standardmäßig einige *emacs*-ähnliche Tastaturkommandos definiert sind.

```
ae -f /etc/ae/fn.rc readme.txt
```

ruft *ae* mit der Konfigurationsdatei */etc/ae/fn.rc* auf und lädt die Datei *readme.txt*. Siehe auch: vi, emacs. Dokumentation: man:ae.

alien
Paket: alien

Installation fremder Pakete
Systemverwaltung, Paketverwaltung

```
alien [Optionen] Paketdatei
```

Mit diesem Programm ist es möglich, Pakete unterschiedlicher Linux-Distributionen zu konvertieren. Unterstützt werden zur Zeit das Slackware- (*.tgz), das Redhat- (*.rpm), das Stampede-Format (*.slp) und natürlich Debians-Format (*.deb). *alien* kann ein Paket im distributionsfremden Format auch gleich installieren. Bei der Konvertierung vom Redhat- in das Debian-Format wird geprüft, ob sich im Verzeichnis */var/lib/alien* eine Datei befindet, die bei der Konvertierung vorzunehmende Anpassungen für das betreffende Paket enthält. Wird eine solche Patch-Datei gefunden, werden die darin beschriebenen Änderungen durchgeführt. Das Originalpaket wird nicht verändert.

> **Achtung:** Das Programm sollte immer nur als letzter Ausweg zur Installation eines Pakets verwendet werden, falls kein Debian-Paket und kein Quellcode zu bekommen ist. Andere Distributionen verwenden teilweise andere Speicherplätze für Konfigurationsdateien, andere Bibliothekenbezeichnungen oder erwarten andere Verzeichnisstrukturen. Dies alles kann zu Problemen führen.

`-d | --to-deb` Die Ausgangsdatei wird in das Debian-Format umgewandelt. Dies ist die Voreinstellung.

`-r | --to-rpm` Die Ausgangsdatei wird in das Redhat-Format umgewandelt. Die Ergebnisdatei wird in dem der jeweiligen Rechnerarchitektur entsprechenden Unterverzeichnis von */usr/src/redhat/RPMS*, also beispielsweise */usr/src/redhat/RPMS/i386*, abgelegt.

`--to-slp` Die Ausgangsdatei wird in das Stampede-Format umgewandelt.

`-i | --install` Nach der Konvertierung wird das Paket installiert. Hinterher wird die konvertierte Fassung gelöscht.

`-g | --generate` Es wird eine Verzeichnisstruktur erzeugt, aus der das Paket im neuen Format erzeugt werden kann. Dies ist nützlich, wenn außer der Konvertierung noch manuelle Anpassungen vorgenommen werden müssen. Ein Debian-Paket kann danach in diesem Verzeichnis durch folgenden Befehl erstellt werden:

> `debian:~# debian/rules binary`

`--patch Patch` Anstatt in */var/lib/alien* nach einer passenden Patch-Datei zu suchen, wird die mit *Patch* bezeichnete Datei benutzt.

`alien -i applix_4.3-2.rpm`
Konvertiert das RPM-Paket *applix_4.3-2.rpm* in das Debian-Format, installiert das Paket dann und löscht daraufhin die konvertierte Fassung

`alien --to-rpm samba_1.9.18p10-7.deb`
Erzeugt aus dem Debian-Paket *samba_1.9.18p10-7.deb* ein RPM-Paket und legt dieses im Verzeichnis */usr/src/redhat/RPMS/<arch>* ab, wobei *<arch>* für die Rechnerarchitektur steht, für welche das Paket bestimmt ist (also z. B. *i386*). Siehe auch: dpkg, dselect, rpm, diff, patch. Dokumentation: man:alien.

apropos

Suchen in Programmkurzbeschreibungen

Paket: man-db

Dokumentation

`apropos [Optionen] Suchbegriff`

Das Programm gibt die Bezeichnungen und Kurzbeschreibungen von Manualseiten aus, die in der Indexdatenbank des Manual-Systems enthalten sind. Standardmäßig werden die Kurzbeschreibungen von Manualseiten ausgegeben, in denen der mit *Suchbegriff* angegebene Suchbegriff vorkommt oder auf die *Suchbegriff* selbst zutrifft.

`-e | --exact` Es werden nur solche Kurzbeschreibungen ausgegeben, bei denen der *Suchbegriff* mit einem ganzen Wort im Namen oder der Kurzbeschreibung übereinstimmt.

`-r | --regex` *Suchbegriff* wird als regulärer Ausdruck interpretiert.

`-w | --wildcard` *Suchbegriff* enthält Meta-Zeichen (*,?,[]).

Beim Einsatz von Meta-Zeichen und regulären Ausdrücken ist darauf zu achten, dass diese durch Anführungsstriche vor der Interpretation durch die Shell geschützt werden müssen.

`apropos ls`
Gibt die Kurzbeschreibungen aller Programme aus, in denen das Wort *ls* vorkommt.

`apropos -w "*ls*"`
Gibt Kurzbeschreibungen aller Befehle, in denen die Zeichenkette *ls* vorkommt, aus. Siehe auch: man, whatis, reguläre Ausdrücke. Dokumentation: man:apropos.

at

Kommandos zu einer bestimmten Zeit ausführen

Paket: at

Prozessverwaltung, Systemverwaltung

`at [Optionen] Uhrzeit`

`at -c Auftragsnummer`

Das Programm liest Befehle von der Standardeingabe. Die Eingabe kann mit der Tastenkombination STRG-D beendet werden. Zu der mit *Uhrzeit* angegebenen Uhrzeit werden die gelesenen Befehle durch */bin/sh* im aktuellen Arbeitsverzeichnis mit der Benutzer-ID des aufrufenden Benutzers ausgeführt. Umgebungsvariablen werden, mit

Ausnahme von *DISPLAY*, *TERM* und _ wieder hergestellt. Die Ausgaben der dann ausgeführten Befehle werden nach ihrer Ausführung per Mail an den aufrufenden Benutzer geschickt.

Es bestehen unterschiedliche Möglichkeiten, die Uhrzeit anzugeben, zu der die Befehle ausgeführt werden sollen. Möglich sind beispielsweise *midnight* (Mitternacht), *noon* (12:00 Uhr mittags) und *teatime* (16:00). Weiter ist die Spezifikation im Format "Stunden:Minuten" (z. B 17:07) möglich. Wird kein Datum angegeben, so wird der Auftrag am Tag der Eingabe ausgeführt. Ist die angegebene Zeit jedoch schon vergangen, wird der Auftrag am nächsten Tag zur angegebenen Zeit ausgeführt. Ein optionales Datum wird – durch Leerzeichen – getrennt nach der Uhrzeit angegeben. Eine mögliche Schreibweise ist u. a. Tag.Monat.Jahr (z. B. 09.09.01 für 9. November 2001). Darüber hinaus lässt sich das Datum relativ zum aktuellen Datum ausdrücken. Hierzu kann folgende Schreibweise benutzt werden: `+ Anzahl Einheit`, wobei *Einheit days*, *weeks*, *months* oder *years* sein kann.

- `-q` `Warteschlange` Es stehen die Warteschlangen a-z und A-Z zur Verfügung. Standard ist a. Aufträge in Warteschlangen mit höheren Buchstaben werden mit geringerer Priorität ausgeführt. Durch diese Option wird der Auftrag in die mit *Warteschlange* bezeichnete Warteschlange eingereiht.
- `-m` Es wird auch dann eine Mail verschickt, wenn der Auftrag keine Ausgaben erzeugt hat.
- `-f` `Datei` Die auszuführenden Befehle des Auftrags werden nicht von der Standardeingabe gelesen, sondern aus der mit *Datei* bezeichneten Datei.
- `-c` `Auftragsnummer` Es werden keine Befehle gelesen, sondern es wird der Inhalt des Auftrags mit der Nummer *Auftragsnummer* ausgegeben. Vorhandene Auftragsnummern können mit *atq* ermittelt werden.

```
at teatime
```
Nach Eingabe dieses Kommandos, können Befehle eingegeben werden, die um 16:00 Uhr am selben Tag oder um 16:00 Uhr am nächsten Tag, falls es bereits später als 16:00 Uhr ist, ausgeführt werden.

```
at -q d -f jobfile midnight + two weeks
```
Um Mitternacht in zwei Wochen werden die in der Datei *jobfile* stehenden Befehle ausgeführt. Der Auftrag hat eine geringere Priorität als Standardaufträge, weil er in die Warteschlange *d* eingereiht wird. Siehe auch: batch, atq, atrm, atrun, atd, crontab. Dokumentation: man:at.

atq   Ausgabe von wartenden Kommandos

Paket: at   Prozessverwaltung, Systemverwaltung

Es werden die mit *at* abgeschickten und noch nicht ausgeführten Aufträge für den aufrufenden Benutzer angezeigt. Wird der Befehl vom Systemadministrator aufgerufen, werden alle Aufträge angezeigt. Für jeden Auftrag werden die Auftragsnummer, Datum und Uhrzeit der Ausführung, die Warteschlange und der Benutzer, der den Auftrag abgeschickt hat, angezeigt.

- `-q` `Warteschlange` Es werden nur die Aufträge in der mit *Warteschlange* bezeichneten Warteschlange ausgegeben.

Siehe auch: at, batch, atrm. Dokumentation: man:atq.

atrm   Widerruf von wartenden Kommandos

Paket: at   Prozessverwaltung, Systemverwaltung

```
atrm Auftragsnummer [Auftragsnummer]
```
Die mit *Auftragsnummer* bezeichneten und mit *at* abgeschickten Aufträge werden wiederrufen und aus der Warteschlange entfernt.

```
atrm 7 28
```
Die mit *at* vorbestellten Aufträge 7 und 28 werden gelöscht. Siehe auch: at, batch, atrm. Dokumentation: man:atrm.

badblocks
Paket: e2fsprogs

Prüfung von Massenspeichern auf physikalische Fehler

Systemverwaltung, Installation

```
badblocks [Optionen] Gerätedatei Blockanzahl
```

Das Programm prüft, ob sich auf Speichermedien (Festplattenpartitionen, Disketten etc.) fehlerhafte Blöcke befinden. Es stehen zwei verschiedene Testmodi zur Verfügung. Standardmäßig wird nur versucht, die angegebenen Blöcke zu lesen. Es ist aber auch möglich, in jeden Block etwas zu schreiben und dann zu testen, ob diese Information gespeichert wurde.

Achtung: Dieses Verfahren darf nicht bei Datenträgern benutzt werden, auf denen Daten gespeichert sind. Sie werden durch den Schreibtest gelöscht.

Die von *badblocks* erzeugte Information kann von den Programmen *mke2fs* und *e2fsck* verwendet werden, um fehlerhafte Blöcke auf der Partition zu vermerken. Sie werden dann nicht mehr benutzt. Viele Formatierungsprogramme können *badblocks* auch selber aufrufen.
Gerätedatei muss ein gültiges Blockgerät wie z. B. eine Festplattenpartition (z. B. */dev/hda1*) repräsentieren. Die Anzahl der auf dem Gerät vorhandenen Blöcke kann u. a. durch folgenden Befehl ermittelt werden:

```
fdisk -s Gerätedatei
```

`-b Blockgröße` Mit *Blockgröße* wird die Größe eines Blocks in Byte angegeben. Standardwert ist 1024.
`-o Datei` Die Ausgabe wird in die Datei *Datei* geschrieben und nicht auf die Standardausgabe.
`-s` Es wird angezeigt, welcher Block gerade untersucht wird.
`-w` Es wird der Schreibtest benutzt. Diese Option löscht die Daten auf der Partition, stellt aber einen besseren Test zur Verfügung.

```
badblocks /dev/sda5 257008
```
Untersucht die erste logische Partition auf der ersten SCSI-Festplatte nach fehlerhaften Blöcken. Die Partition hat 257008 Blöcke (*fdisk -s /dev/sda5*).
```
badblocks -w -o badblocks_hda2 -s /dev/hda1 'fdisk -s /dev/hda1'
```
Führt einen Schreibtest auf der ersten primären Partition der ersten IDE-Festplatte durch. Fehlerhafte Blöcke werden in die Datei *badblocks_hda2* geschrieben. Während des Tests erscheint eine Statusanzeige. Die Anzahl der Blöcke auf dieser Partition wird der Ausgabe von *fdisk -s /dev/hda1* entnommen (Kommandosubstitution). Siehe auch: fdisk, mke2fs, e2fsck. Dokumentation: man:badblocks.

basename
Paket: shellutils

Ausgeben eines Dateinamens ohne Verzeichnisanteil

Shellskripte

```
basename Dateiname [Endung]
```

Das Kommando entfernt den Verzeichnisanteil eines Dateinamens in der Ausgabe. Wenn zusätzlich eine Dateiendung übergeben wird und die angegebene Datei diese Endung hat, wird sie ebenfalls vom Dateinamen entfernt. Das Ergebnis wird auf die Standardausgabe geschrieben.
```
basename /usr/share/common-licenses/GPL
```
Liefert *GPL* als Ergebnis.
```
basename ../grafik/bild1.jpg .jpg
```
Liefert *bild1* als Ergebnis. Siehe auch: dirname. Dokumentation: info:basename.

batch
Paket: at

Kommandos bei niedriger Systemlast ausführen

Prozessverwaltung, Systemverwaltung

batch [Optionen]

Das Programm liest Befehle von der Standardeingabe und erzeugt daraus einen Auftrag, der ausgeführt wird, wenn die Systemlast einen bestimmten Wert unterschreitet. Dieser Wert kann beim Start des zugehörigen Programms *atd* angegeben werden und beträgt standardmäßig 0,8. Die zur Eingabe der Befehle gesetzten Umgebungsvariablen sowie das aktuelle Arbeitsverzeichnis werden bei Ausführung des Auftrags wiederhergestellt. Es stehen verschiedene Warteschlangen zur Verfügung, durch die die Priorität, mit denen die Aufträge ausgeführt werden, festgelegt werden kann. Werden die Befehle manuell über die Standardeingabe eingegeben, kann der Vorgang durch die Tastaturkombination STRG-D beendet werden. Ausgaben, die während der Ausführung der angegebenen Kommandos entstehen, werden dem Auftraggeber per Mail zugesandt.

- -f Datei Die auszuführenden Befehle werden nicht von der Standardeingabe, sondern aus der mit *Datei* bezeichneten Datei gelesen.
- -m Es wird auch dann eine E-Mail an den auftraggebenden Benutzer gesandt, wenn die auszuführenden Befehle keine Ausgabe erzeugt haben.
- -q Warteschlange Der Auftrag wird in die mit *Warteschlange* bezeichnete Warteschlange eingereiht. Es stehen die Warteschlangen a-z und A-Z zur Verfügung. Aufträge in Warteschlangen mit höheren Buchstaben werden mit geringerer Priorität ausgeführt. Vorgabewert für *batch* ist *b*.

batch
Es erscheint die Eingabeaufforderung von *batch*, an der die Befehle des Auftrages eingegeben werden können. Die Eingabe ist mit STRG-D zu beenden. Die Befehle werden ausgeführt, sobald die Systemlast den beim Start von *atd* angegebenen Grenzwert oder den Standardwert von 0,8 unterschritten hat.

batch -f jobdatei -q z
Die in der Datei *Jobdatei* befindlichen Befehle werden ausgeführt, sobald die Systemlast den kritischen Wert unterschritten hat. Die Befehle werden dann mit einer geringeren Priorität als der Standardpriorität ausgeführt, weil der Auftrag in die Warteschlange *z* eingereiht wird. Siehe auch: atd, at, atq. Dokumentation: man:batch.

bunzip2   Dekomprimieren komprimierter Dateien
Paket: bzip2   Dateiverwaltung

bunzip2 [Optionen] [Datei ...]

Das Programm dekomprimiert eine oder mehrere mit *Datei* angegebene Dateien. Wenn keine Dateien angegeben sind, liest das Programm Daten von der Standardeingaben und schreibt sie dekomprimiert auf die Standardausgabe. Die Daten müssen vorher mit dem Programm *bzip2* komprimiert worden sein.

Wenn das Programm Dateien dekomprimiert, werden die ursprünglichen Dateien gelöscht und das Ergebnis der Kompression in neue Dateien geschrieben, welchen den Namen der Ausgangsdatei tragen. Die Namensendung *.bz2* wird dabei entfernt.

- -f | --force Gewöhnlich dekomprimiert das Programm Dateien nicht, wenn bereits andere Dateien existieren, die den Namen tragen, welchen die zu erzeugende Datei bekommen soll. Diese Option erzwingt das Dekomprimieren, auch wenn dabei bereits existierende Dateien überschrieben werden.
- -k | --keep Die Ausgangsdateien werden nicht gelöscht.

bunzip2 patch-2.2.15.bz2
Dekomprimiert die zuvor mit *bzip2* komprimierte Datei *patch-2.2.15.bz2* und schreibt das Ergebnis in eine Datei mit dem Namen *patch-2.2.15*. Die Ursprungsdatei wird nach erfolgreicher Dekompression gelöscht. Siehe auch: bzip2, gunzip, unzip. Dokumentation: man:bunzip2.

bzip2   Komprimieren von Dateien
Paket: bzip2   Dateiverwaltung

```
bzip2 [Optionen] [Datei ...]
```
Das Programm komprimiert eine oder mehrere mit *Datei* angegebene Dateien. Wenn keine Dateien angegeben sind, liest das Programm Daten von der Standardeingabe und schreibt sie komprimiert auf die Standardausgabe. Wenn Dateien komprimiert werden, werden die Ausgangsdateien gelöscht und das Ergebnis der Kompression in Dateien gleichen Namens geschrieben, denen die Namensendung *.bz2* angehängt ist.

Das Programm *bzip2* verwendet ein anderes Kompressionsverfahren als es das Standardprogramm zur Datenkompression, *gzip*, tut. Das von *bzip2* verwendete Verfahren ermöglicht in der Regel eine höhere Kompression, benötigt dafür aber mehr Rechenkapazitäten.

`-f | --force` Gewöhnlich komprimiert das Programm Dateien nicht, wenn bereits andere Dateien existieren, die den Namen tragen, welchen die zu erzeugende Datei bekommen soll. Diese Option erzwingt das Komprimieren, auch wenn dabei bereits existierende Dateien überschrieben werden.

`-k | --keep` Die Ausgangsdateien werden nicht gelöscht.

```
bzip2 archiv.tar
```
Komprimiert die Datei *archiv.tar* und schreibt das Ergebnis in die Datei *archiv.tar.bz2*. Die Datei *archiv.tar* wird nach erfolgreicher Kompression gelöscht. Siehe auch: bunzip2, gzip, zip. Dokumentation: man:bzip2.

cal   Kalender ausgeben
Paket: bsdmainutils   Produktivität

```
cal [Optionen] [[Monat] Jahr]
```
Das Kommando gibt standardmäßig den Kalender für den laufenden Monat aus. Wird ein Parameter angegeben, so wird dieser als Jahreszahl interpretiert. Es wird dann der Kalender für das entsprechende Jahr ausgegeben. Bei Angabe von zwei Parametern wird der erste Parameter als Monatszahl und der zweite Parameter als Jahreszahl interpretiert und es wird der Kalender für den betreffenden Monat des entsprechenden Jahres ausgegeben.

`-y` Gibt den gesamten Kalender für das laufende Jahr aus.

`-j` Gibt die Nummer der Tage durchnummeriert vom 1. Januar des betreffenden Jahres und nicht vom ersten Tag des betreffenden Monats aus.

```
cal -y
```
Gibt den Jahreskalender für das aktuelle Jahr aus.

```
cal 7 2001
```
Gibt den Kalender für den Monat Juli des Jahres 2001 aus. Dokumentation: man:cal.

card   Ausgabe einer Referenzkarte zu einem Programm
Paket: a2ps   Dokumentation

```
card [Optionen] Programm
```
Das Programm druckt eine Referenzkarte zu dem mit *Programm* spezifizierten Programm. Alle Optionen, die nicht von *card* interpretiert werden können, werden *a2ps* übergeben. Dieses Programm führt auch die eigentliche Formatierung der Referenzkarte durch.

`-l Sprache` Die Referenzkarte wird in der mit *Sprache* angegebenen Sprache erzeugt.

`--command=Kommando` Es wird das mit *Kommando* angegebene Kommando ausgeführt und dessen Ausgabe gedruckt.

```
card ls
```
Druckt eine Referenzkarte des Befehls *ls* auf dem Standarddrucker aus.

```
card -l de_DE tar
```
Druckt die Kurzbeschreibung des Befehls *tar* in deutscher Sprache auf dem Standarddrucker aus. Siehe auch: a2ps. Dokumentation: info:card.

cat — Daten auf die Standardausgabe geben
Paket: textutils
Textbearbeitung, Shellskripte

```
cat [Optionen] [Datei ...]
```

Das Programm liest Daten aus einer oder mehreren Datei(en) und gibt diese auf die Standardausgabe aus. Wird kein Dateiname oder *"-"* angegeben, wird von der Standardeingabe gelesen. *cat* eignet sich dazu, den Inhalt kleinerer Dateien am Bildschirm zu betrachten. Die Hauptaufgabe des Programms besteht jedoch darin, den Inhalt von Dateien in eine Pipe zu schreiben, aus der andere Programme dann lesen können. *cat* kann außerdem dazu verwendet werden, verschiedene Dateien zu einer zusammenzufügen.

- `-n | --number` Jeder ausgegebenen Zeile wird eine laufende Nummer vorangestellt.
- `-b | --number-nonblank` Allen nicht-leeren Zeilen wird eine laufende Nummer vorangestellt.
- `-s | --squeeze-blank` Mehrere leere Zeilen, die aufeinander folgen, werden zu einer zusammengefaßt.
- `-v | --show-nonprinting` Nicht-druckbare Zeichen werden in einem druckbaren Format ausgegeben.
- `-E | --show-ends` An das Ende jeder Zeile wird ein $-Zeichen gesetzt.
- `-T | --show-tabs` Für Tabulatoren wird ^I ausgegeben.

```
cat datei1 datei2 datei3 > neu_datei
```
Die Inhalte der Dateien *datei1*, *datei2* und *datei3* werden hintereinander in die Datei *neu_datei* geschrieben.

```
cat - > brief
```
Über die Standardeingabe eingegebener Inhalt wird in die Datei *brief* geschrieben. Bei manueller Eingabe kann der Vorgang durch die Tastenkombination STRG-D beendet werden.

```
cat -n brief
```
Der Inhalt der Datei *brief* wird auf die Standardausgabe gegeben. Die Zeilen werden dabei durchnummeriert. Siehe auch: split, head, tail, tac. Dokumentation: info:cat.

catdoc — Text aus MS-Word-Dokumenten ausgeben
Paket: catdoc
Kompatibilität

```
catdoc [Optionen] Datei
```

Das Programm liest den Text aus der mit *Datei* angegebenen MS-Word-Datei und schreibt diesen auf die Standardausgabe.

- `-d Zeichensatz` Gibt den für die Ausgabe zu verwendenden Zeichensatz an. Das Programm verwendet hierzu vordefinierte Zeichensatztabellen, die sich im Verzeichnis */usr/lib/catdoc* befinden. Für *Zeichensatz* ist der Name einer Zeichensatztabelle ohne Verzeichnisnamen und Endung anzugeben.
- `-s Zeichensatz` Gibt den Zeichensatz des Ausgangsdokuments an. Die Angabe des Zeichensatz hat wie bei der Option *-d* zu erfolgen.
- `-l` Gibt die verfügbaren Zeichensätze aus.
- `-f format` Bestimmt das Ausgabeformat. Verfügbare Formate sind *ascii* (Voreinstellung) und *tex*. Mit dem zweiten Format werden einige Sonderzeichen und Formatierungen des ursprünglichen Dokuments in LaTeX-Formatierungen übersetzt.
- `-u` Gibt an, dass die Ursprungsdatei den Unicode-Zeichensatz verwendet.

```
catdoc /dosC/Eigene\ Dateien/Dokument1.doc | less
```

Zeigt den Inhalt der Datei *Dokument1.doc* im Verzeichnis *dosC/Eigene\ Dateien* mit dem Textbetrachter *less* an.
```
catdoc -s 8859-2 -d 8859-1 -f tex script.doc > script.tex
```
Der Text aus der Winword-Datei *script.doc* wird in die Datei *script.tex* gegeben. Dabei findet eine Rekodierung von der Zeichensatztabelle *ISO-8859-2* nach *ISO-8859-1* statt. Sonderzeichen und bestimmte Formatierungen werden in das LaTeX-Format übertragen. Siehe auch: cat, mswordview, wine. Dokumentation: man:catdoc.

cfdisk
Festplatten partitionieren

Paket: util-linux
Systemverwaltung, Installation

```
cfdisk [Optionen] Gerätedatei]
```
Das Programm ist das Standard-Programm zur Partitionierung von Festplatten unter Debian GNU/Linux. Es erlaubt das interaktive Neu- und Umpartitionieren von Festplatten. Die Bedienung des Programms ist ausführlich in Kapitel 4.2.2, S. 61 beschrieben.

Standardmäßig wird versucht, die erste Festplatte zu öffnen. Das ist normalerweise die durch die Gerätedatei */dev/hda* repräsentierte (erste (E)IDE-Festplatte). Soll eine andere Festplatte bearbeitet werden, so muss die entsprechende Gerätedatei angegeben werden. Falls die Geometrie der Festplatte nicht korrekt vom BIOS ermittelt werden kann, müssen *cfdisk* diese Daten an der Kommandozeile übergeben werden.

- `-c Zylinder` Spezifikation der Anzahl der Zylinder auf der Festplatte.
- `-h Köpfe` Spezifikation der Anzahl von Schreib-Lese-Köpfen auf der Festplatte.
- `-s Sektoren` Spezifikation der Anzahl von Sektoren pro Track auf der Festplatte.
- `-z` Nach Start des Programms werden bereits existierende Partitionen nicht angezeigt und die Festplatte erscheint stattdessen unpartitioniert. Dieser Modus ist sinnvoll, wenn die Festplatte komplett neu partitioniert werden soll, weil das Löschen vorhandener Partitionen entfällt, oder wenn die alte Partitionstabelle nicht korrekt gelesen werden kann (etwa weil sie noch nicht existiert).
- `-P [Optionen]` Die Partitionstabelle wird ausgegeben. Es muss eine der folgenden Optionen angegeben werden:
    - `t` Die Partitionstabelle wird „roh" ausgegeben.
    - `r` Die Partitionstabelle wird „roh" in hexadezimaler Form ausgegeben, d. h. so wie sie auf die Festplatte geschrieben wird.
    - `s` Die Partitionstabelle wird nach Sektoren geordnet ausgegeben.
- `-a` In der Partitionstabelle wird der ausgewählte Bereich nicht invertiert dargestellt, sondern es wird ihm ein Pfeil vorangestellt.

```
cfdisk /dev/sda
```
Ruft das Programm zum Bearbeiten der ersten SCSI-Festplatte auf.
```
cfdisk -Ps /dev/hdb
```
Gibt die Partitionstabelle für die zweite (E)IDE-Festplatte – nach Sektoren sortiert – aus. Siehe auch: fdisk, sfdisk, Kapitel 4.2.2, Kapitel 2.5. Dokumentation: man:cfdisk.

chage
Ändern und Anzeigen der Gültigkeit von Passwörtern

Paket: passwd
Benutzerverwaltung

```
chage [Optionen] Benutzername
```
Ändert die in *Optionen* (s. u.) spezifizierten Einstellungen zur Gültigkeit des Passworts zum Benutzerkonto des mit *Benutzername* angegebenen Benutzers.
```
chage -l Benutzername
```

Gibt die Gültigkeitsinformationen zum Passwort von *Benutzername* aus.

Mit *chage* lässt sich u. a. festlegen, wie lange ein Passwort gültig sein soll, wann der Benutzer vor Ablauf seines Passworts gewarnt werden soll und wann sein Benutzerkonto gesperrt werden soll, wenn er das Passwort nicht rechtzeitig geändert hat. Es lässt sich auch festlegen, wann das Konto unabhängig von Passwortänderungen gesperrt wird. Bei einigen Optionen müssen absolute Zeitangaben gemacht werden. Diese sind entweder in abgelaufener Zeit in Sekunden seit dem 1. Januar 1970 vorzunehmen oder in der Form MM/TT/JJ zu vorzunehmen. Wenn das Programm nur mit dem Namen eines Benutzerkontos und ohne weitere Optionen aufgerufen wird, erfragt es die vorzunehmenden Einstellungen.

- `-m Tage` Gibt die Anzahl von Tagen an, während der das Passwort nach einer Änderung nicht erneut geändert werden darf.
- `-M Tage` Gibt die Anzahl von Tagen an, nach denen das Passwort erneut geändert werden muss.
- `-d Datum` Ändert die Information darüber, wann das Passwort das letzte Mal geändert wurde in *Datum*.
- `-E Datum` Gibt an, wann das Benutzerkonto gesperrt wird.
- `-I Tage` Legt die Anzahl von Tagen fest, nach denen das Benutzerkonto gesperrt wird, wenn das Passwort nicht rechtzeitig geändert wurde.
- `-W Tage` Legt die Anzahl von Tagen vor Ablauf eines Passwortes fest, an denen der betreffende Benutzer aufgefordert wird, sein Passwort zu ändern.

`chage -m 2 -M 30 -I 20 -W 3 kurt`

Das Passwort des Benutzers *kurt* muss spätestens alle 30 Tage geändert werden. Eine Änderung innerhalb von zwei Tagen ist nicht erlaubt. Wenn das Passwort nicht rechtzeitig geändert wird, wird das Benutzerkonto 20 Tage später gesperrt. Drei Tage vor Ablauf des Passworts wird der Benutzer nach der Anmeldung aufgefordert, sein Passwort zu ändern.

`chage -l kurt`

Gibt die Alterungs-Einstellungen des Passworts von Benutzer *kurt* aus. Siehe auch: login, passwd, shadowconfig. Dokumentation: man:chage.

chattr
Ändern von Dateiattributen auf Ext2-Dateisystemen

Paket: Dateiverwaltung

e2fsprogs

```
chattr [Optionen] Modus Datei [Datei ...]
```

Das Ext2-Dateisystem erlaubt es, neben den üblichen UNIX-Dateiattributen noch einige weitere Attribute zu speichern, die das Verhalten des Dateisystems bezüglich dieser Dateien bestimmen. Es stehen die folgenden Attribute zur Verfügung:

Ext2 Attribute:

- A Wenn eine Datei mit diesem Attribut geändert wird, wird der Eintrag der letzten Zugriffszeit nicht geändert.
- a Die Daten in Dateien mit diesem Attribut können nicht geändert werden. Es ist lediglich möglich, Daten an sie anzuhängen. Sinnvoll u. U. bei Log-Dateien, die zwar ergänzt, nicht aber gelöscht werden sollen.
- c Dateien mit diesem Attribut werden komprimiert gespeichert.
- d Dateien mit diesem Attribut werden von dem Programm *dump* nicht mit gesichert.
- i Dateien mit diesem Attribut dürfen nicht verändert werden.
- s Wenn Dateien mit diesem Attribut gelöscht werden, wird der Platz auf der Festplatte, den sie belegt haben, mit Nullen beschrieben, um jede Möglichkeit des späteren Lesens auszuschließen.
- S Die Daten von Dateien mit diesem Attribut werden während einer Schreiboperation sofort geschrieben und nicht im Schreibcache zwischengespeichert.
- u Die Daten aus Dateien mit diesem Attribut werden nicht gelöscht, wenn die Dateien gelöscht werden. Es wird lediglich der Verzeichniseintrag gelöscht und die Dateien können deswegen später wiederhergestellt werden.

Dem Programm *chattr* werden zu verändernde Attribute ähnlich wie bei dem Befehl *chmod* auf die folgende Art mitgeteilt:

- Zunächst wird durch die Zeichen +, - oder = angegeben, ob Attribute hinzugefügt (+), entfernt (-) oder genauso gesetzt werden sollen, wie sie angegeben sind (=).
- Dann wird eine Kombination aus den oben aufgeführten Buchstaben angegeben, die die Attribute bezeichnet, die hinzugefügt, entfernt oder gesetzt werden sollen.

Standardmäßig verändert das Programm die Attribute einer oder mehrerer mit *Datei* angegebener Datei(en) so, wie es durch *Modus* angegeben ist.

`-R` Sind mit *Datei* Verzeichnisse angegeben, werden die Attribute des Verzeichnisses, aller darin enthaltenen Dateien sowie rekursiv aller Unterverzeichnisse und der darin enthaltenen Dateien geändert.
`-V` Es wird ausgegeben, bei welchen Dateien Änderungen vorgenommen wurden.

```
chattr +c *
```
Setzt das Attribut c (Kompression) für alle Dateien im Arbeitsverzeichnis.
```
chattr -R -Sc ./
```
Entfernt die Attribute S (sofort schreiben) und c (Kompression) rekursiv von allen Dateien unterhalb des Arbeitsverzeichnisses. Siehe auch: lsattr. Dokumentation: man:chattr.

chfn   Ändern von Benutzerinformationen
Paket: passwd   Benutzerverwaltung

```
chfn [Option] [Benutzer]
```
Das Programm ändert das so genannte GECOS-Feld in der Benutzerdatenbank. In diesem Feld werden zusätzliche Benutzerinformationen, wie wirklicher Name, Telefonnummer usw. gespeichert. Wenn mit *Benutzer* kein Benutzername angegeben wird, ändert das Programm die Informationen zu dem aufrufenden Benutzer, ansonsten zu dem Angegebenen. Informationen zu anderen Benutzern können nur vom Administrator geändert werden.
Wenn mit *Option* keine Option angegeben wurde, fragt das Programm die einzelnen Informationen nacheinander ab, ansonsten ändert es die mit *Option* spezifizierte Information.

`-f Name` Ändert den wirklichen Namen des Benutzers in den mit *Name* angegebenen.
`-r Raumnummer` Ändert die Raumnummer.
`-w Telefon` Ändert die Telefonnummer am Arbeitsplatz.
`-h Telefon` Ändert die Telefonnummer zu hause.
`-o Anderes` Ändert sonstige Informationen.

```
chfn -h "+49 40 21345218"
```
Ändert die Privattelefonnummer des aufrufenden Benutzers in die angegebene. Siehe auch: passwd, adduser. Dokumentation: man:chfn.

chgrp   Gruppenzugehörigkeit von Dateien ändern
Paket: fileutils   Dateiverwaltung

```
chgrp [Optionen] Gruppe Datei [Datei ...]
```
Ändert die mit der Datei *Datei* assoziierte Gruppe auf die Benutzergruppe *Gruppe*. Für *Gruppe* kann der Name einer Benutzergruppe oder die numerische Gruppen-ID angegeben werden. Bei *Datei* kann es sich auch um einen besonderen Dateityp (Verzeichnis, Gerätedatei o. a.) handeln.
Die zu einer Datei assoziierte Gruppe darf vom Systemadministrator verändert werden und vom Dateibesitzer, wenn er der Gruppe angehört, mit der die Datei assoziiert werden soll. Die Rechte, mit denen Dateien standardmäßig erzeugt werden, lassen sich über den Shell-Befehl *umask* (S. 492) festlegen.

-R | --recursive Im Fall von Verzeichnissen werden alle in dem betreffenden Verzeichnis und in Unterverzeichnissen dieses Verzeichnisses befindliche Dateien geändert.

-c | --changes Gibt die Namen der Dateien aus, bei denen eine Änderung vorgenommen wurde.

`chgrp -R /home/rechnung verwalt`

Ordnet das Verzeichnis */home/rechnung* und alle darin enthaltenen Verzeichnisse und Unterverzeichnisse sowie darin enthaltene Dateien der Benutzergruppe *verwalt* zu.

`chgrp -c brief2 1006`

Ordnet die Datei *brief2* der Benutzergruppe mit der numerischen Gruppen-ID 1006 zu und teilt mit, ob eine Änderung vorgenommen wurde, also ob die Datei nicht schon vorher mit dieser Benutzergruppe assoziiert war. Siehe auch: chown, chmod, ls. Dokumentation: info:chgrp.

chmod — **Verändern der Rechte-Attribute von Dateien**
Paket: fileutils   Dateiverwaltung

`chmod [Optionen] Rechte Datei [Datei ...]`

Der Befehl ändert die Rechte für den Benutzer, die assoziierte Benutzergruppe und/oder andere Benutzer an der oder den mit *Datei* bezeichneten Dateien.

Für die Angabe der zu setzenden Rechte gibt es zwei mögliche Formen:

1. Die Rechte setzen sich zusammen aus:
   - Einer Kombination aus den Buchstaben u (user = Dateibesitzer), g (group = Gruppe), o (others = Andere) und a (all = Alle, entspricht ugo), die bezeichnet, wessen Rechte geändert werden sollen.
   - Einem der Zeichen + (Rechte hinzufügen), - (Rechte entfernen) und = (Rechte setzen), wodurch bestimmt wird, ob Rechte hinzugefügt, entfernt oder gesetzt werden sollen.
   - Einer Kombination aus den Buchstaben r (read = lesen), w (write = schreiben), x (execute = ausführen), X (ausführen, nur wenn der ausführende Benutzer auch Ausführungsrechte im Verzeichnis der Datei hat), s (Setzen der Benutzer- oder Gruppenidentität bei Ausführung der Datei), t (Speichern des Programms im Swap-Speicher bei Ausführung der Datei) und u, g oder o (Setzen der gleichen Rechte, die Benutzer, Gruppe oder Andere zur Zeit an der Datei haben). Hierdurch wird bezeichnet, welche Rechte erteilt, entfernt oder hinzugefügt werden sollen.

   Es können mehrere Angaben dieser Form hintereinander vorgenommen werden.

2. Vier oktale Zahlen (Ziffern 0-7), die sich jeweils aus der Summe der Zahlen 4, 2 und 1 zusammensetzen und folgende Bedeutung haben:

   Erste Ziffer: Setzen der Benutzer-ID bei Ausführung (4), Setzen der Gruppen-ID bei Ausführung (2) und Speicherung des Programms im Swapspeicher bei Ausführung (1).
   Zweite Ziffer: Rechte des Benutzers: lesen (4), schreiben (2) und ausführen (1).
   Dritte Ziffer: Rechte der Gruppe: lesen (4), schreiben (2) und ausführen (1).
   Vierte Ziffer: Rechte anderer Benutzer: lesen (4), schreiben (2) und ausführen (1).

   Es müssen nicht alle Ziffern angegeben werden. Fehlende Ziffern werden von links nach rechts als Null interpretiert.

-R | --recursive Im Fall von Verzeichnissen werden die Rechte aller in dem betreffenden Verzeichnis und in Unterverzeichnissen davon befindlicher Dateien und Verzeichnisse geändert.

-c | --changes Gibt die Namen der Dateien aus, bei denen eine Änderung durchgeführt wurde.

`chmod a=rw logfile`

Erteilt allen Benutzern Schreib- und Leserechte für die Datei *logfile*.
```
chmod 666 logfile
```
Bewirkt dasselbe. (Die erste Zahl fehlt, deswegen werden keine Rechte bezüglich des Setzens von Benutzer- oder Gruppen-ID sowie des Speicherns des Programms bei Ausführung gesetzt. Die Ziffer 6 ergibt sich aus Addition der Ziffern 4 (lesen) und 2 (schreiben). Diese Rechte werden für Besitzer, Gruppe und andere Benutzer gesetzt.)
```
chmod 4755 program
```
Die Datei *program* darf von allen Benutzern gelesen und ausgeführt werden und vom Besitzer außerdem verändert werden. Bei der Ausführung wird sie mit der Benutzer-ID (d. h. mit den Rechten) ihres Besitzers ausgeführt. (Erste Ziffer: 4 = Setzen der Benutzer-ID bei Ausführung. Zweite Ziffer: 7 = 4 (lesen) + 2 (schreiben) + 1 (ausführen) für den Besitzer. Dritte und vierte Ziffer: 5 = 4 (lesen) + 1 (ausführen) für die Gruppe und andere Benutzer.)

> **Achtung:** Ein Programm, bei dem die Rechte wie hier gesetzt sind, wird mit der Benutzeridentität des Besitzers der Programmdatei ausgeführt (SetUID). Das heißt, es kann beispielsweise alle Dateien, die dem Besitzer gehören, löschen.

Siehe auch: chown, chgrp, install, umask. Dokumentation: info:chmod.

chown   Ändern des Besitzers von Dateien
Paket: fileutils   Dateiverwaltung

```
chown [Optionen] [Benutzer][:|.][Gruppe] Datei [Datei...]
```
Ändert den Besitzer und oder die assoziierte Gruppe der mit *Datei* angegebenen Datei(en). Soll nur die Gruppe verändert werden, ist der Gruppenbezeichnung ein Punkt oder ein Doppelpunkt (ohne Leerzeichen) voranzustellen. Für Benutzer- und Gruppenbezeichnung können entweder die Namen oder die numerischen IDs benutzt werden. *Datei* kann auch ein Verzeichnis, eine Gerätedatei o. a. sein.
Der Besitzer einer Datei darf nur vom Systemadministrator verändert werden. Die zu einer Datei assoziierte Gruppe darf vom Systemadministrator verändert werden und vom Dateibesitzer, wenn er der Gruppe angehört, mit der die Datei assoziiert werden soll.

`-R | --recursive` Im Fall von Verzeichnissen werden alle in dem betreffenden Verzeichnis und in Unterverzeichnissen davon befindliche Dateien geändert.
`-c | --changes` Gibt die Namen der Dateien aus, bei denen eine Änderung durchgeführt wurde.

```
chown -R /home/rechnung chef
```
Ordnet das Verzeichnis */home/rechnung* und alle darin enthaltenen Verzeichnisse und Unterverzeichnisse sowie darin enthaltene Dateien und Verzeichnisse dem Benutzer *chef* zu.
```
chown -c brief2 1006
```
Ordnet die Datei *brief2* der Benutzerin mit der numerischen Benutzer-ID 1006 zu und teilt mit, ob eine Änderung vorgenommen wurde, also wenn die Datei nicht schon vorher mit dieser Benutzerin assoziiert war. Siehe auch: chgrp, chmod, ls. Dokumentation: info:chown.

chsh   Ändern der Standardshell eines Benutzers
Paket: passwd   Benutzerverwaltung

```
chsh [-s shell] [Benutzername]
```
Ohne Parameter aufgerufen, fragt das Programm nach dem Namen des Programms, dass für den aufrufenden Benutzer als Standardshell verwendet werden soll. Vorher findet sicherheitshalber eine Passwortabfrage statt. Das als Standardshell zu verwendende Programm muss mit absolutem Pfad- und Dateinamen eingegeben werden. Außerdem muss es in der Datei */etc/shells* eingetragen sein. Die Systemadministratorin hat das Recht, auch eine Shell anzugeben, die nicht in */etc/shells* eingetragen ist, weiter kann sie die Standardshell anderer Benutzer verändern, in dem sie mit *Benutzer* den Namen eines Benutzerkontos angibt.

-s Shell Legt das mit *shell* angegebene Programm als Standardshell für den aufrufenden Benutzer oder den mit *Benutzer* angegebenen Benutzer fest.

chsh -s /usr/bin/ksh
Legt für den aufrufenden Benutzer das Programm */usr/bin/ksh* (Korn-Shell) als Standardshell fest.

chsh olaf
Führt dazu, dass das Programm nach der für den Benutzer *olaf* zu verwendenden Standardshell fragt. Siehe auch: passwd, usermod. Dokumentation: man:chsh.

cmp
Vergleichen von Binärdateien
Paket: diff
Dateiverwaltung

`cmp [Optionen] Datei1 Datei2`

Vergleicht die mit *Datei1* und *Datei2* angegebenen Dateien miteinander. Wenn beide Dateien gleich sind, erfolgt keine Ausgabe und der Rückkehrwert des Programms ist 0. Wenn sich die Dateien unterscheiden, wird u. a. die Nummer des ersten Bytes, in dem sich die Dateien unterscheiden, ausgegeben. Der Rückkehrwert des Programms ist dann 1.

-s Auch bei einem Unterschied wird keine Ausgabe vorgenommen. Unterschiede lassen sich dann nur am Rückkehrwert erkennen.

cmp datei1.o datei2.o
Vergleicht die beiden Dateien *datei1.o* und *datei2.o* miteinander. Siehe auch: diff. Dokumentation: man:cmp.

cp
Kopieren von Dateien
Paket: fileutils
Dateiverwaltung

`cp [Optionen] Quelldatei Zieldatei | Zielverzeichnis`

Das Programm kopiert die mit *Quelldatei* bezeichnete Datei in die mit *Zieldatei* angegebene Datei. Existiert die Datei mit dem Namen von *Zieldatei* bereits, wird diese überschrieben. Wird an Stelle von *Zieldatei* ein Verzeichnis angegeben, wird die mit *Quelldatei* bezeichnete Datei in das mit *Zielverzeichnis* spezifizierte Verzeichnis kopiert und erhält dort den gleichen Namen wie die Ausgangsdatei.

`cp [Optionen] Quelldatei Quelldatei [...] Zielverzeichnis`

Kopiert alle Quelldateien in das Zielverzeichnis. Die Dateien erhalten dort die gleichen Namen wie die jeweiligen Ausgangsdateien. Bereits bestehende Dateien im Zielverzeichnis werden überschrieben.

-b | --backup Bevor Dateien überschrieben werden, wird von diesen eine Sicherungskopie erstellt. Solche Sicherungskopien haben standardmäßig den gleichen Namen wie das Original mit einer angehängten Tilde (~).

-S Endung | --suffix=Endung Zusammen mit der Option *-b* erhalten Sicherungskopien an Stelle der Tilde die Endung *Endung*.

-i | --interactive Bevor Dateien überschrieben werden, wird nachgefragt, ob dies wirklich geschehen soll.

-u | --update Es werden nur solche Dateien kopiert, deren letztes Änderungsdatum jünger ist als das der Zieldateien.

-v | --verbose Der Name jeder kopierten Datei wird ausgegeben.

-p | --preserve Die Dateiattribute der Quelldatei(en) wie Besitzer, Gruppe, Rechte und Datum der letzten Änderung bleiben erhalten. Besitzer und Gruppe können nur erhalten bleiben, wenn der Benutzer, der die Dateien kopiert, das Recht hat, Dateien mit entsprechendem Besitzer und Gruppe zu erstellen.

-R | --recursive Kopiert den Inhalt von Verzeichnissen, deren Unterverzeichnissen usw. in das Zielverzeichnis. Spezielle Dateien wie Gerätedateien oder FIFOs werden dabei an den entsprechenden Stellen im Zielverzeichnis neu erzeugt. Normalerweise werden Verzeichnisse nicht kopiert.

-r Wie -R mit dem Unterschied, dass spezielle Dateien (z. B. Gerätedateien) nicht neu erzeugt werden, sondern aus den Quelldateien gelesen und das Ergebnis in gewöhnliche Zieldateien geschrieben wird. Weil *cp* hierbei u. U. auf Daten wartet, die beispielsweise auf einem Gerät erst zur Verfügung gestellt werden müssen, kann dies zum „Hängen" des Programms führen.

-x | --one-filesystem Es werden nur die Dateien kopiert, die sich auf dem gleichen Datenträger (z. B. der gleichen Partition) befinden, wie die erste zu kopierende Datei.

-l | --link Anstelle von Kopien werden Hardlinks auf die Originaldateien erzeugt.

-s | --symbolic-link Anstelle von Kopien werden Softlinks auf die Originaldateien erzeugt. Alle Quelldateien müssen dabei mit absoluten Pfaden angegeben werden. Alternativ kann eine Quelldatei und eine Zieldatei im gleichen Verzeichnis angegeben werden.

-d | --no-dereference Beim Kopieren von symbolischen Links werden neue symbolische Links erzeugt. Hardlinks zwischen Quelldateien bleiben auch zwischen den Zieldateien erhalten. Ohne diese Option wird der Inhalt der Dateien, auf die harte oder symbolische Links zeigen, in die Zieldateien kopiert.

-a | --archive Gleichbedeutend mit der Kombination der Optionen -R, -d und -p. Es bleibt soviel wie möglich von den Merkmalen der Originaldateien erhalten.

cp /usr/share/common-licenses/GPL ./
Kopiert den Inhalt der Datei */usr/share/doc/common-licenses/GPL* in die Datei *GPL* im aktuellen Verzeichnis.

cp -vi /floppy/* ~/
Kopiert alle Dateien im Verzeichnis */floppy* in das Heimatverzeichnis des Benutzers, der den Befehl aufruft. Dabei werden die Namen der kopierten Dateien ausgegeben. Bevor Dateien im Zielverzeichnis überschrieben werden, wird von *cp* nachgefragt, ob dies gewünscht ist. Das Programm verhält sich mit diesen Parametern ähnlich wie der Befehl *COPY* unter DOS.

cp -ax / /newdisk
Kopiert alle Dateien des Datenträgers, auf dem sich das Wurzeldateisystem (/) befindet, in das Verzeichnis */newdisk*, in das ein anderer Datenträger gemountet sein sollte. Besondere Dateitypen (Gerätedateien etc.) bleiben dabei erhalten. Der in *newdisk* gemountete Datenträger kann nun ebenfalls als Wurzeldateisystem dienen. Gewöhnlich müssen vorher auf dem neuen Datenträger allerdings noch die Verzeichnisse angelegt werden, in die auf dem Quelldatenträger andere Dateisysteme gemountet sind (z. B. */proc*). In dieser Form kann das Programm *cp* zum „Umziehen" der Linux-Installation benutzt werden. Siehe auch: mv, ln, tar, dd. Dokumentation: info:cp.

crontab — Regelmäßiges Ausführen von Kommandos

Paket: cron — Systemverwaltung, Prozessverwaltung

crontab [-u Benutzer] Datei
Installiert die mit *Datei* angegebene Datei als *crontab*-Datei für den mit *Benutzer* spezifizierten Benutzer. Wenn für *Datei* ein Minuszeichen angegeben wird, wird die Datei von der Standardeingabe gelesen. Wenn die Option *-u Benutzer* nicht verwendet wird, wird die Datei für den aufrufenden Benutzer installiert. Das Kommando prüft die syntaktische Richtigkeit der zu installierenden Datei und verweigert die Installation, wenn Fehler vorhanden sind. Die *crontab*-Datei fremder Benutzer darf natürlich nur vom Systemadministrator verändert werden.

crontab [-u Benutzer] Option
Erlaubt eine der folgenden Aktionen mit der *crontab*-Datei des mit *Benutzer* angegebenen Benutzers oder des aufrufenden Benutzers auszuführen.

-l Der Inhalt der *crontab*-Datei wird auf die Standardausgabe geschrieben.

-r Die *crontab*-Datei wird entfernt.

-e Es wird der Standardeditor oder der in der Umgebungsvariable *EDITOR* angegebene Editor mit der *crontab*-Datei geöffnet. Die Datei kann dann verändert werden. Nach Beendigung des Editors wird die Datei neu geprüft und installiert.

```
echo "25 14 * * * ls -l" | crontab -
```
Installiert eine neue *crontab*-Datei für den aufrufenden Benutzer mit dem angegebenen Inhalt (Aufruf des Befehls *ls -l* jeden Tag um 14.25 Uhr).

```
crontab -l
```
Gibt den Inhalt der *crontab*-Datei des aufrufenden Benutzers aus. Siehe auch: Kapitel 9.3, at. Dokumentation: man:crontab.

cut — Ausschneiden von Spalten einer Datei
Paket: textutils — Textbearbeitung, Shellskripte

```
cut [Optionen] [Datei ...]
```
Das Programm liest die mit *Datei* angegebene(n) Datei(en) oder von der Standardeingabe, falls keine Dateien angegeben wurden und entfernt aus jeder Zeile einen durch die Optionen spezifizierten Teilbereich.

-c Liste | --characters=Liste Es werden nur die mit *Liste* angegebenen Zeichen ausgegeben. *Liste* ist eine Komma-separierte Liste von Zahlen. Zusätzlich ist das Minus-Zeichen erlaubt, mit dem sich Bereiche angeben lassen (1-15 bezeichnet die ersten 15 Zeichen, 15- bezeichnet alle Zeichen vom 15ten an).

-f Liste | --fields=Liste Es werden nur die mit *Liste* angegebenen Felder ausgegeben. Felder sind durch Tabulatoren getrennte Zeichenketten in den Ausgangsdaten. *Liste* wird in der gleichen Form wie bei der Option *-c* angegeben.

-d Trennzeichen | --delimiter=Trennzeichen Zusammen mit der Option *-f* werden Felder durch das mit *Trennzeichen* angegebene Zeichen anstatt eines Tabulators getrennt.

```
ls -l | cut -c 16-24,55-
```
Gibt die Besitzer und Namen der Dateien im aktuellen Arbeitsverzeichnis spaltenweise aus.

```
cat tabelle | cut -f 2,3
```
Gibt die Spalten 2 und 3 der Datei *tabelle* aus. Die einzelnen Spalten in *tabelle* müssen durch Tabulatoren getrennt sein. Siehe auch: paste, join. Dokumentation: info:cut.

date — Anzeigen und Setzen der Uhrzeit
Paket: shellutils — Information, Shellskripte

```
date MMTTssmm[[JJ]JJ][ss]
```
Legt die Systemzeit auf das angegebene Datum und die angegebene Uhrzeit fest. Dabei steht *MM* für Monat, *TT* für Tag, *ss* für Stunde, *mm* für Minute, *[CC]JJ* für das Jahr (und Jahrhundert) und das letzte *ss* für Sekunde.

Achtung: Das Programm verändert nicht die Einstellung der Hardwareuhr des Rechners. Nach einem Neustart des Systems geht die Uhr u. U. also wieder falsch. Hierzu dient das Programm *hwclock*.

```
date [Optionen]
```
Ohne Optionen aufgerufen, zeigt *date* die aktuelle lokale Uhrzeit und das Datum an.

+Format Legt das Format fest, in dem die Ausgabe erfolgen soll. *Format* ist eine Zeichenkette, die zum einen aus gewöhnlichen Zeichen bestehen kann, die unverändert ausgegeben werden und zum anderen aus speziellen Anweisungen, in die Komponenten der auszugebenden Zeit und des auszugebenden Datums eingesetzt werden. Diese Anweisungen bestehen alle aus dem Zeichen % und einem Buchstaben. Die wichtigsten Anweisungen sind:

%H Ausgabe der Stunde.
%M Ausgabe der Minute.
%S Ausgabe der Sekunde.
%A Ausgabe des Wochentags.
%B Ausgabe des Monats.
%Y Ausgabe der Jahreszahl.
%d Ausgabe des Tages im Monat (1-31).
%m Ausgabe der Monatszahl (1-12).
%X Ausgabe der kompletten Uhrzeit.
%x Ausgabe des kompletten Datums.

Es ist zu beachten, dass der als *Format* angegebene Ausdruck als ein einziges Argument übergeben werden muss. Leerzeichen sind in der Regel also durch Anführungszeichen vor der Interpretation durch die Shell zu schützen.

`-u | --universal` Die Uhrzeit wird in UTC (Coordinated Universal Time, auch als Greenwich Mean Time bekannt) ausgegeben oder interpretiert.

`-r Datei | --reference=Datei` Es wird das Datum der letzten Änderung der mit *Datei* angegebenen Datei ausgegeben.

`-d Datum | --datestr=Datum` Es wird das mit *Datum* angegebene Datum ausgegeben. *Datum* kann u. a. eine der folgenden Formen haben:

- Die Form *SS:MM:[ss]* legt die anzuzeigende Uhrzeit in Stunden (SS), Minuten (MM) und Sekunden (ss) fest.
- Die Form TT/MM[/JJJJ] legt das anzuzeigende Datum in Tag (TT), Monat (MM) und Jahr (JJJJ) fest.
- Datum und Uhrzeit können miteinander kombiniert werden.
- Die Form + | - *Anzahl Einheit* legt das anzuzeigende Datum ausgehend vom aktuellen Datum fest. Gültige Einheiten sind *days, weeks, months* und *years*. Der Ausdruck + *2 weeks* würde also das Datum in zwei Wochen bezeichnen. Diese Angaben können auch kombiniert werden. Beispiel: + *2 weeks 3 days* meint das Datum in zwei Wochen und drei Tagen.

Auch hier gilt, dass der Ausdruck *Datum* als ein Argument übergeben werden muss.

`--set Datum` Setzt die Systemzeit auf das mit *Datum* angegebene Datum. Es gilt das gleiche Format wie bei der Option *-d*.

`date 06061545`
Legt die Systemzeit auf den 6. Juni des laufenden Jahres 15.45 Uhr fest.
`date "+%A, den %d. %B %Y. %H:%M Uhr"`
Gibt Datum und Uhrzeit in der Form *Mittwoch, den 06. Juni 1999. 8:30 Uhr* aus.
`date -d "+ 3 weeks"`
Gibt das Datum in drei Wochen aus. Siehe auch: hwclock. Dokumentation: info:date.

dd
Kopieren von Daten

Paket: fileutils

Dateiverwaltung

`dd [Optionen]`

Standardmäßig liest *dd* Daten von der Standardeingabe und schreibt diese auf die Standardausgabe. Im Gegensatz zu *cat* kann dabei die Blockgröße, sowie die Menge der zu lesenden und zu schreibenden Daten festgelegt werden. Zusätzlich können die Daten zwischendurch konvertiert werden, wodurch beispielsweise das Übertragen von Daten zwischen verschiedenen Rechnerarchitekturen möglich ist. Optionen werden bei *dd* ohne Minus-Zeichen angegeben.

`if=Datei` Es wird nicht von der Standardeingabe, sondern aus der mit *Datei* bezeichneten Datei gelesen.

`of=Datei` Es wird nicht auf die Standardausgabe, sondern in die mit *Datei* bezeichnete Datei geschrieben.

`bs=Anzahl` Gibt an, wieviel Byte hintereinander gelesen und geschrieben werden. Die Angabe kann ohne Einheit (Byte) und in den Einheiten k (Kilobyte), b (512 Byte) und w (2 Byte) erfolgen. Die Option *bs* überschreibt die Optionen *ibs* und *obs*.

`ibs=Anzahl` Gibt an, wieviel Byte gleichzeitig gelesen werden. (Einheiten wie oben.)

`obs=Anzahl` Gibt an, wieviel Byte gleichzeitig geschrieben werden. (Einheiten wie oben.)

`count=Anzahl` Es wird nur die mit *Anzahl* angegebene Menge von Blöcken, d. h. von *obs*-großen Einheiten kopiert.

`skip=Anzahl` Die mit *Anzahl* angegebene Menge von *ibs*-großen Blöcken wird am Anfang beim Lesen übersprungen.

`seek=Anzahl` Die mit *Anzahl* angegebene Menge von *obs*-großen Blöcken wird am Anfang beim Schreiben übersprungen.

`dd if=/dev/sda of=mbr_backup bs=512 count=1`
Erstellt eine Sicherungskopie des Master-Boot-Records der ersten SCSI-Festplatte in der Datei *mbr_backup*.

`dd if=/dev/fd0 of=floppy.image`
Erstellt eine Abbilddatei der Diskette im ersten Diskettenlaufwerk.

`dd if=floppy.image of=/dev/fd0`
Schreibt die erstellte Abbilddatei auf die Diskette im ersten Laufwerk. Siehe auch: cat, cp. Dokumentation: info:dd.

depmod
Berechnen von Modulabhängigkeiten

Paket: modutils

Systemverwaltung, Installation

`depmod -a`

`depmod Datei [Datei ...]`

Das Laden mancher Kernelmodule setzt voraus, dass bestimmte Kerneleigenschaften bereits vorhanden sind. Weil diese Eigenschaften ebenfalls durch Module zur Verfügung gestellt werden können, ist es u. U. notwendig, bestimmte Module vor anderen zu laden. Das Programm *depmod* untersucht, welche der vorhandenen Module auf andere Module angewiesen sind und hinterlegt diese Information in der Datei *modules.dep* im Modul-Verzeichnis des aktuell benutzten Kernels (dieses befindet sich unter */lib/modules*). Das Programm wird gewöhnlich während des Systemstarts durch das Startskript */etc/init.d/modutils* ausgeführt. Nur wenn dem System während der Laufzeit neue Module hinzugefügt werden, sollte *depmod* erneut ausgeführt werden.

`depmod -a`
Berechnet die Modulabhängigkeiten für alle Module. Siehe auch: update-modules, modprobe, insmod. Dokumentation: man:depmod.

df
Anzeigen freien Festplattenplatzes

Paket: fileutils

Information, Systemverwaltung

`df [Optionen] [Datei ...]`

Das Programm gibt eine Übersicht über die vorhandene, benutzte und freie Festplattenkapazität aus. Darüber hinaus zeigt es an, welches Speichergerät (Festplattenpartition o. ä.) in welches Verzeichnis gemountet ist. Werden mit *Datei* eine oder mehrere Dateien angegeben, zeigt das Programm nur die Ausnutzung der Datenträger, auf dem sich die betreffenden Dateien befinden.

`-h | --human-readable` Die Kapazitäten werden in sinnvolle Einheiten (Megabyte, Gigabyte etc.) umgerechnet und entsprechend angezeigt.

-i | --inodes Anstelle der benutzten Blöcke wird die Anzahl der benutzten Inodes ausgegeben.
-T | --print-type Es werden zusätzlich die Dateisystemtypen (ext2, nfs etc.) aller Datenträger ausgegeben.

`df`
Zeigt die Auslastung aller benutzten (gemounteten) Datenträger an.

`df -h ~`
Zeigt die Ausnutzung des Datenträgers, auf dem sich das Heimatverzeichnis des aufrufenden Benutzers befindet, in einer leicht lesbaren Form an. Siehe auch: du, free, mount. Dokumentation: man:df.

diff
Vergleichen von Textdateien

Paket: diff

Textbearbeitung, Entwicklung

`diff [Optionen] Eingangsdatei Ausgangsdatei`

Das Programm vergleicht die beiden mit *Eingangsdatei* und *Ausgangsdatei* bezeichneten Textdateien und erzeugt eine Ausgabe, die später benutzt werden kann, um *Eingangsdatei* automatisch auf den Stand von *Ausgangsdatei* zu bringen. Die Ausgabe erfolgt auf die Standardausgabe. Weil *diff* auch ganze Verzeichnisstrukturen miteinander vergleichen kann, wird es oft benutzt, um neue Versionen von Programmen und Dokumenten zu verteilen. Die von *diff* erzeugten Daten sind bei kleinen und mittelgroßen Änderungen nämlich in der Regel wesentlich kleiner als das gesamte Paket. Bekanntes Beispiele für die Verwendung von Diffs (von *diff* erzeugte Dateien) sind neue Versionen des Linux-Kernels oder die Diff-Dateien zu Debian-Quellcodepaketen.

-i | --ignore-case Unterschiede in Groß- und Kleinschreibung werden beim Vergleich nicht berücksichtigt.
-b | --ignore-space-change Unterschiede in der Menge an Leerzeichen, Tabulatoren etc. zwischen Textbestandteilen werden nicht berücksichtigt.
-r | --recursive Verzeichnisse werden rekursiv (also mit allen Dateien in Unterverzeichnissen) miteinander verglichen.
-N | --new-file Wenn beim Vergleich von Verzeichnissen eine Datei nur in einem Verzeichnis existiert, wird so getan, als würde sie auch im anderen vorhanden, dort aber leer sein.
-u | --unified Die Ausgabe erfolgt im so genannten *unified-* (vereinten) Format. In diesem Format stehen die veränderten Passagen aus Eingangs- und Ausgangsdatei immer hintereinander, so dass Veränderungen leichter zu erkennen sind.

`diff program_orig.c program.c > program.diff`
Vergleicht die beiden Dateien *program_orig.c* und *program.c* miteinander und schreibt Unterschiede in die Datei *program.diff*.

`diff -rNu src_orig src > src.diff`
Erzeugt eine Diff-Datei (*src.diff*) für die Dateien unterhalb der Verzeichnisse *src_orig* und *src*. Das Diff wird im Unified-Format erzeugt. Im Verzeichnis *src* neu hinzugekommene Dateien werden ebenfalls im Diff berücksichtigt. Siehe auch: cmp, patch. Dokumentation: man:diff.

dirname
Ausgeben des Verzeichnisanteils eines Dateinamens

Paket: shellutils

Shellskripte

`dirname Dateiname`

Gibt den Verzeichnisanteil des mit *Dateiname* angegebenen Dateinamens auf die Standardausgabe.

`dirname /usr/share/common/licenses/GPL`
Liefert */usr/share/common-licenses* als Ergebnis auf die Standardausgabe.

```
dirname ../grafik/bild1.jpg
```
Liefert *../grafik* als Ergebnis. Siehe auch: basename. Dokumentation: info:dirname.

dmesg Anzeigen und Konfigurieren von Kernelmeldungen
Paket: util-linux Information

```
dmesg [Optionen]
```
Das Kommando gibt die letzten – noch zwischengespeicherten – Meldungen des Kernels aus. *dmesg* kann beispielsweise eingesetzt werden, um während des Bootens ausgegebene Meldungen des Kernels anzuzeigen oder in eine Datei zu schreiben.

> **Achtung:** Weil der Zwischenspeicher im Kernel begrenzt ist, sollte das Programm sofort nach dem Starten des Rechners aufgerufen werden, wenn alle Bootmeldungen angezeigt werden sollen.

Dies geschieht nach dem Systemstart einmal automatisch. Alle bis dahin erzeugten Kernelmeldungen werden in der Datei */var/log/dmesg* gespeichert.

-c Löscht den Zwischenspeicher im Kernel nach Ausgabe der Meldungen.
-n Stufe Legt fest, welche Meldungen des Kernels auf der Konsole erscheinen sollen. Stufe 1 schließt alle Meldungen bis auf solche über kritische Systemfehler davon aus.

```
dmesg | tee boot.log | less
```
Schreibt die Kernelmeldungen in die Datei *boot.log* und zeigt sie gleichzeitig mit dem Programm *less* an. Siehe auch: syslog /var/log/messages. Dokumentation: man:dmesg.

dos Starten der DOS-Laufzeitumgebung DOSemu
Paket: dosemu Kompatibilität

```
dos [Optionen]
```
Der Befehl startet DOSemu, eine Art virtuellen PC. Je nach Konfiguration wird dann in diesem PC ein Betriebssystem gestartet. Dabei kann es sich um MS-DOS handeln (siehe auch Kapitel 18.3, S. 625).

-A | -B | -C DOS soll von den Diskettenlaufwerken A oder B bzw. der Festplatte C gestartet werden. Standardwert ist C.
-X Startet *DOSemu* in einem eigenen X-Fenster. Der Befehl ist dann gleichbedeutend mit dem Befehl *xdos*.

```
dos -A
```
Startet DOSemu und versucht darin das Betriebssystem von dem in der Konfigurationsdatei des Programms definierten Laufwerk A: (gewöhnlich erstes Diskettenlaufwerk) zu starten. Dokumentation: man:dos.

dosfsck Prüfen von DOS-formatierten Datenträgern
Paket: dosfstools Systemverwaltung, Kompatibilität

```
dosfsck [Optionen] Gerätedatei
```
Das Programm prüft DOS-formatierte Datenträger (Dateisysteme FAT und VFAT) auf Fehler und beseitigt sie nach Möglichkeit. Es lässt sich mit dem Programm *chkdsk* unter DOS vergleichen. Standardmäßig (ohne eine der Optionen -a oder -r) wird der mit *Gerätedatei* angegebene Datenträger geprüft, und Fehler werden berichtet, aber nicht repariert.

-a Alle Fehler werden ohne Nachfrage repariert.
-l Die Namen der geprüften Dateien und Verzeichnisse werden ausgegeben.

-r Bevor ein Fehler repariert wird, fragt das Programm nach, ob der Fehler behoben werden soll.
-u Datei Es wird versucht, die mit *Datei* angegebene gelöschte Datei wieder herzustellen. *Datei* muss mit absolutem Pfadnamen ausgehend vom Wurzelverzeichnis des betreffenden Datenträgers angegeben werden. Hiermit steht für DOS-formatierte Datenträger die gleicher Funktionalität wie mit dem DOS-Befehl *UNDELETE* zur Verfügung.
-V Nach der Reparatur wird ein weiterer Prüfdurchgang gestartet, um zu testen, ob alles funktioniert hat.

```
dosfsck -a /dev/hda1
```
Prüft das DOS-Dateisystem auf der ersten Partition der ersten (E)IDE-Festplatte auf Fehler und repariert diese ohne nachzufragen.
```
dosfsck -a -u "/dokument.doc" /dev/fd0
```
Stellt die gelöschte Datei *dokument.doc* auf der Diskette im Laufwerk */dev/fd0* wieder her, sofern dies möglich ist.
Siehe auch: mcheck, mkdosfs, e2fsck. Dokumentation: man:dosfsck.

dselect
Paket: dpkg

Interaktives Verwalten der Debian-Installation
Systemverwaltung, Information, Installation

```
dselect [Optionen] [Aktion]
```
Der Befehl ruft das Programm zur Verwaltung der Installation auf. Die Bedienung diese Programms ist in Kapitel 7.5, S. 153 beschrieben. Standardmäßig startet das Programm im Hauptmenü. Durch die Angabe einer der Aktionen *access, update, select, install, config* oder *remove* mit *Aktion* springt das Programm jedoch sofort zu der gewählten Aktion und beendet sich, nachdem die Aktion abgeschlossen ist.

-expert Das automatische Anzeigen eines Hilfebildschirms nach Aufruf des Bildschirms zur Paketauswahl wird unterdrückt.

```
dselect update
```
Führt die Aktualisierung der Liste zur Verfügung stehender Pakete durch.
```
dselect select
```
Springt direkt in den Auswahlbildschirm von *dselect* und verlässt das Programm, wenn die Auswahl beendet ist.
Siehe auch: dpkg. Dokumentation: man:dselect.

du
Paket: fileutils

Verwendeten Speicherplatz anzeigen
Information, Dateiverwaltung

```
du [Optionen] [Datei | Verzeichnis ...]
```
Ohne Parameter aufgerufen, zeigt das Programm den von allen Verzeichnissen und deren Unterverzeichnissen inklusive der darin enthaltenen Dateien benötigten Festplattenplatz in Kilobyte (1024 Byte große Blöcke) an. Alternativ werden diese Angaben für die mit *Datei* oder *Verzeichnis* angegebenen Dateien oder Verzeichnisse ausgegeben.

-a | --all Der benötigte Platz wird auch für einzelne Dateien ausgegeben.
-s | --summarize Es wird lediglich die Summe des benötigten Platzes ausgegeben.
-x | --one-file-system Dateien und Verzeichnisse auf anderen Datenträgern als denjenigen, auf denen die spezifizierten Dateien und Verzeichnisse liegen, werden in die Berechnung nicht mit einbezogen.
-h | --human-readable Die ausgegebenen Werte werden in sinnvollen Einheiten (Kilobyte, Megabyte etc.) ausgegeben.

```
du -hs /*
```

Gibt den benötigten Platz für alle Verzeichnisse im Wurzelverzeichnis des Dateisystems getrennt aus. (Die Berechnung kann u. U. lange dauern.)

`du ~/`

Gibt den von allen Verzeichnissen (und deren Unterverzeichnissen) im Heimatverzeichnis des aufrufenden Benutzers benötigten Festplattenplatz aus. Siehe auch: df, ls. Dokumentation: info:du.

e2fsck — Überprüfen von Ext2-Partitionen

Paket: e2fsprogs — Systemverwaltung

```
e2fsck [Optionen] Gerätedatei
```

Der mit *Gerätedatei* bezeichnete Datenträger oder die Partition wird auf Fehler im Dateisystem geprüft. Der angegebene Datenträger oder die Partition muss bereits im Ext2-Format formatiert sein. Standardmäßig wird dabei zunächst überprüft, ob der Datenträger zuletzt ordnungsgemäß aus dem Dateisystem entfernt (geunmountet) wurde und keine Prüfung vorgenommen, wenn dies der Fall ist. Andernfalls wird das Dateisystem auf Inkonsistenzen geprüft und – falls solche gefunden werden – nachgefragt, ob diese behoben werden sollen.

e2fsck wird beim Systemstart automatisch aufgerufen, um eventuelle Inkonsistenzen zu beheben, die beispielsweise nach einem Stromausfall entstanden sein könnten. Daten, die nicht mehr einem Datei- oder Verzeichnisnamen zugeordnet werden können, werden im Verzeichnis *lost+found* im Wurzelverzeichnis des entsprechenden Datenträgers abgelegt. Zur Prüfung des Dateisystems benötigt *e2fsck* Informationen, die sich im Superblock des Dateisystems befinden. Ist dieser zerstört, kann alternativ ein anderer Superblock angegeben werden.

Achtung: Eine zu prüfende Partition sollte nicht gemountet sein.

- `-c` Vor der Überprüfung des Dateisystems wird *badblocks* aufgerufen, um den Datenträger auf fehlerhafte Blöcke zu prüfen. Eventuell gefundene fehlerhafte Blöcke werden von der weiteren Benutzung ausgeschlossen.
- `-b Superblock` Informationen über das Dateisystem werden nicht aus dem ersten Superblock sondern aus dem mit *Superblock* angegebenen Superblock gelesen. Gewöhnlich sind die Blöcke 8193, 16385 usw. auch Superblöcke.
- `-f` Die Überprüfung wird auch dann durchgeführt, wenn das Dateisystem „sauber" aussieht und normalerweise nicht überprüft werden muss.
- `-l Dateiname` Die in der mit *Dateiname* angegebenen Datei enthaltenen Blöcke werden zu der Liste fehlerhafter Blöcke hinzugefügt. Eine solche Datei kann beispielsweise mit *badblocks* erstellt werden.
- `-L Dateiname` Die Liste fehlerhafter Blöcke wird durch die Liste in der mit *Dateiname* angegebenen Datei überschrieben.
- `-n` Es werden lediglich Informationen über Fehler ausgegeben, der Datenträger wird jedoch nicht verändert.
- `-p` Fehler werden automatisch und ohne Nachfrage repariert, sofern dies möglich ist.
- `-C Dateideskriptor` Während des Prüfvorgangs werden Statusinformationen auf den mit *Dateideskriptor* bezeichneten Deskriptor geschrieben. Die Option *-C 0* zeigt einen Statusindikator auf der Standardausgabe an.
- `-y` Es wird angenommen, dass alle Fragen mit *y* beantwortet werden. Mit dieser Option kann das Programm ohne Benutzereinwirkung ausgeführt werden.

`e2fsck /dev/hda3`

Die dritte primäre Partition auf der ersten (E)IDE-Festplatte wird auf Fehler im Dateisystem überprüft.

`e2fsck -p -c -C 0 -f /dev/sdb1`

Die erste primäre Partition auf der zweiten SCSI-Festplatte wird überprüft, auch wenn die Partition „sauber" ist. Vor der Überprüfung des Dateisystems wird *badblocks* aufgerufen, um nach fehlerhaften Blöcken zu suchen. Eventuelle Fehler im Dateisystem werden automatisch repariert. Während des Prüfvorgangs wird ein Statusindikator angezeigt.

```
e2fsck -b 8193 /dev/hda5
```
Zur Prüfung der ersten logischen Partition auf (E)IDE-Festplatte 1 wird der Superblock in Block 8193 benutzt. Siehe auch: fsck, badblocks, mke2fs, dumpe2fs, dosfsck. Dokumentation: man:e2fsck.

fakeroot — Privilegien vortäuschen
Paket: fakeroot — Entwicklung

```
fakeroot [Optionen] [--][Befehl]
```
fakeroot führt das mit *Befehl* angegebene Programm aus. Wenn kein Programm angegeben ist, wird eine Shell ausgeführt. Dem ausgeführten Programm wird dabei der Eindruck vermittelt, es würde mit den Rechten des Administrators (*root*) ausgeführt. Es kann beispielsweise den Besitzer von Dateien ändern, was normalerweise nur durch den Administrator geschehen kann. Rechte oder Besitzer werden allerdings nicht wirklich geändert. Vielmehr speichert *fakeroot* die neuen Rechte und kann sie dann später anderen Programmen wieder ausgeben. Durch diesen Trick ist es z. B. möglich, Tar-Archive zu erstellen, die Dateien beinhalten, die *root* oder anderen Benutzern gehören. Das Programm wird benötigt, um Debian-Pakete als gewöhnlicher Benutzer zu erstellen.

```
fakeroot whoami
```
Gibt den Benutzernamen *root* aus, obwohl als gewöhnlicher Benutzer gearbeitet wird.

```
fakeroot
```
Ruft eine Shell auf. Programme, die von dieser Shell aus aufgerufen werden, können Operationen durchführen, die normalerweise nur vom Administrator durchgeführt werden können. Wenn in dieser Shell hintereinander die Befehle *ls -l*, *chown root.root ** und *ls -l* eingegeben werden, dann zeigt sich, dass es beim zweiten Aufruf von *ls -l* tatsächlich so aussieht, als würden alle Dateien im Arbeitsverzeichnis jetzt dem Administrator gehören. Wenn die Shell daraufhin mit *exit* verlassen wird und dann wieder *ls -l* eingegeben wird, wird allerdings ersichtlich, dass Besitzer und Gruppe der Dateien nicht wirklich geändert wurden. Siehe auch: su, sudo, super, tar. Dokumentation: man:fakeroot.

false — Erfolgloses Nichts-tun
Paket: shellutils — Shellskripte

```
false
```
Der Befehl bewirkt nichts, außer dass er den Rückkehrwert 1 liefert, wodurch aufrufenden Programmen das Auftreten eines Fehlers angezeigt wird.

```
false; echo $?
```
Ruft das Kommando *false* auf und zeigt den Rückkehrwert an. Siehe auch: true. Dokumentation: info:false.

fdisk — Partitionieren von Festplatten
Paket: util-linux — Systemverwaltung, Installation

```
fdisk [-u] Gerätedatei
```
Erlaubt das interaktive Verändern der Partitionstabelle auf dem mit *Blockgerätedatei* angegebenen Blockgerät (ganze Festplatte, z. B. */dev/hda*).

```
fdisk [-u] -l Gerätedatei
```
Gibt die Partitionstabelle des mit *Gerätedatei* angegeben Blockgeräts aus.

```
fdisk [-u] -s Gerätedatei
```
Gibt die Größe (in 1024 KB großen Blöcken) der mit *Gerätedatei* angegebenen Partition (z. B. */dev/hda2*) aus.
fdisk ist das Standard-Partitionierungsprogramm für Linux. Eine komfortableres Programm steht unter Debian GNU/Linux mit dem Programm *cfdisk* zur Verfügung. Nach dem Aufruf von *fdisk* können eine Reihe von Befehlen eingegeben werden, die durch Eingabe des Befehls *m* aufgelistet werden. Nach der Eingabe eines Befehls werden u. U. zusätzliche Informationen wie die Größe einer anzulegenden Partition erfragt. Weitere wichtige Befehle sind:

p: Die Partitionstabelle der mit *fdisk* bearbeiteten Festplatte wird ausgegeben.
d: Löscht eine Partition.
n: Legt eine neue Partition an.
w: Schreibt die Partitionstabelle zurück auf die Festplatte.
q: Beendet das Programm (ohne die Partitionstabelle zu schreiben).

`-u` Die Größe von Partitionen wird in Sektoren und nicht in Zylindern angegeben.

`fdisk -s /dev/sda5`
Gibt die Blockanzahl der ersten logischen Partition auf der ersten SCSI-Festplatte aus.

`fdisk /dev/hda`
Erlaubt das interaktive Verändern der Partitionstabelle der ersten (E)IDE-Festplatte. Siehe auch: cfdisk, sfdisk, badblocks. Dokumentation: man:fdisk, file:/usr/share/doc/util-linux/README.fdisk.gz.

file — Bestimmen von Dateitypen
Paket: file — Dateiverwaltung

```
file [Optionen] Datei [Datei ...]
```
Das Programm untersucht mit verschiedenen Tests, welchen Typ eine Datei hat und von welcher Art die in ihr enthaltenen Daten sind, wenn es sich um eine gewöhnliche Datei handelt. Dateitypen werden von dem Programm anhand von Datensequenzen in den betreffenden Dateien erkannt.

`-z | --uncompress` Bei komprimierten Dateien wird untersucht, welchen Typ die in ihnen enthaltenen unkomprimierten Daten haben.

`-L | --dereference` Bei symbolischen Links wird untersucht, welchen Typ die Dateien haben, auf die die angegebenen Links zeigen.

`file sol.exe`
Gibt den Typ der Datei *sol.exe* im aktuellen Verzeichnis aus.

`file /dev/sda5`
Gibt den Dateityp der Datei */dev/sda5* aus. (Hierbei handelt es sich um eine Gerätedatei.) Dokumentation: man:file.

find — Suchen und Finden von Dateien
Paket: findutils — Dateiverwaltung, Systemverwaltung

```
find [Verzeichnis] [Optionen] [Test] [Aktion]
```
Das Programm stellt ein mächtiges Werkzeug zum Suchen von Dateien nach unterschiedlichen Kriterien und zum Durchführen verschiedener Aktionen mit den gefundenen Dateien dar. Eine Einführung zu dem Programm ist in Kapitel 5.20, S. 5.20 zu finden.

find durchsucht den Verzeichnisbaum ausgehend von dem mit *Verzeichnis* angegebenen Verzeichnis. Es können auch mehrere Verzeichnisse angegeben werden, die dann alle hintereinander durchsucht werden. Wird kein Verzeichnis angegeben, startet *find* im aktuellen Verzeichnis. Für jede Datei wird ein mit *Test* bezeichneter Test durchgeführt. Es können auch mehrere Tests angegeben werden, die standardmäßig alle erfüllt sein müssen, damit die betreffende Datei als „gefunden" gilt. Wird *Test* nicht angegeben, gilt jede Datei als gefunden. Mit den gefundenen Dateien können unterschiedliche mit *Aktion* angegebene Aktionen ausgeführt werden. Standardmäßig – wenn *Aktion* nicht angegeben ist – werden die Namen der gefundenen Dateien auf die Standardausgabe ausgegeben.

`-follow` Symbolische Links werden wie die Dateien oder Verzeichnisse behandelt, auf die sie zeigen.

`-maxdepth Anzahl` Gibt an, keine Dateien zu untersuchen, die mehr als mit *Anzahl* angegebene Verzeichnisebenen unter dem Startverzeichnis liegen. (*-maxdepth 1* untersucht nur die Dateien im oder in den Startverzeichnis(sen).)

`-xdev` Es werden keine Dateien und Verzeichnisse untersucht, die auf einem anderen Datenträger als das Startverzeichnis liegen.

Tests: Einigen Tests müssen numerische Argumente übergeben werden. Diese haben das folgende Format:

- +Zahl bedeutet „ist größer als Zahl".
- −Zahl bedeutet „ist kleiner als Zahl".
- Zahl bedeutet „ist genau gleich Zahl".

`-amin Zahl` Die Datei wurde vor *Zahl* Minuten das letzte Mal benutzt.
`-mmin Zahl` Die Datei wurde vor *Zahl* Minuten das letzte Mal geändert.
`-cmin Zahl` Der Status der Datei wurde vor *Zahl* Minuten das letzte Mal geändert.
`-atime Zahl` Die Datei wurde vor *Zahl* Tagen das letzte Mal benutzt.
`-mtime Zahl` Die Datei wurde vor *Zahl* Tagen das letzte Mal geändert.
`-ctime Zahl` Der Status der Datei wurde vor *Zahl* Tagen das letzte Mal geändert.
`-anewer Datei` Die Datei wurde später als *Datei* benutzt.
`-newer Datei` Die Datei wurde später als *Datei* geändert.
`-cnewer Datei` Der Status der Datei wurde später als der von *Datei* geändert.
`-empty` Die Datei oder das Verzeichnis ist leer.
`-group Name` Die Datei ist mit der Gruppe *Name* assoziiert.
`-user Name` Die Datei gehört dem Benutzer *Name*.
`-nogroup` Die Datei ist mit einer Gruppe assoziiert, die es auf dem System nicht gibt.
`-nouser` Die Datei gehört einem Benutzer, den es auf dem System nicht gibt.
`-name Name` Die Datei hat einen Namen, der *Name* entspricht. *Name* darf Meta-Zeichen enthalten, die in der Regel durch Anführungszeichen vor der Interpretation durch die Shell geschützt werden müssen.
`-iname Name` Wie *-name*, jedoch ohne Beachtung von Groß- und Kleinschreibung.
`-regex Name` Der reguläre Ausdruck *Name* trifft auf den Dateinamen zu.
`-iregex Name` Der reguläre Ausdruck *Name* trifft ohne Beachtung von Groß- und Kleinschreibung auf die Datei zu.
`-size Größe` Die Datei hat eine Größe von *Größe*. *Größe* wird standardmäßig in 512 Byte großen Blöcken interpretiert. Durch Nachstellen der Buchstaben c (Byte) oder k (Kilobyte) lässt sich dies ändern.
`-perm Rechte` Die Rechte der Datei entsprechen den mit *Rechte* angegebenen Rechten. *Rechte* können auf die beiden vom Befehl *chmod* bekannten Weisen angegeben werden.
`-type Typ` Die Datei ist vom Typ *Typ*. Für *Typ* können die folgenden Buchstaben benutzt werden: b (Blockgerätedatei), c (Zeichengerätedatei), d (Verzeichnis), p (FIFO), f (gewöhnliche Datei), l (symbolischer Link) und s (Socket).

Test kann das Argument *-not* voran gestellt werden, was bedeutet, dass der Test erfüllt ist, wenn die Bedingung nicht zutrifft. Weiter können Tests durch das Argument *-or* verknüpft werden. Die Datei gilt dann als „gefunden", wenn eine der angegebenen Bedingungen erfüllt ist.

Aktionen:

`-print` Die Dateien werden auf die Standardausgabe geschrieben (Voreinstellung).
`-fprint Datei` Die Namen der gefundenen Dateien werden in die mit *Datei* angegebene Datei geschrieben. Wenn *Datei* bereits existiert, wird sie überschrieben.

-ls Die Dateien werden wie mit dem Befehl *ls -dils* angezeigt.

-printf Format Zu jeder gefundenen Datei wird eine Ausgabe gemacht, die durch *Format* beschrieben ist. Mögliche Anweisungen hierzu finden sich in der Manual-Seite zu *find*.

-exec Befehl ; Für jede gefundene Datei wird der mit *Befehl* angegebene Befehl ausgeführt. *Befehl* muss mit einem Semikolon als eigenes Argument enden. Wenn Befehl die Zeichenfolge *{}* enthält, wird diese durch den aktuellen gefundenen Dateinamen ersetzt.

-ok Befehl Wie *-exec*. Es wird jedoch vor der Ausführung jedes Befehls nachgefragt, ob der betreffende Befehl wirklich ausgeführt werden soll.

`find`
Gibt die Namen aller Dateien im und unterhalb des Arbeitsverzeichnisses aus.

`find ~/ -mtime 7 -type f`
Gibt die Namen aller Dateien unterhalb des Heimatverzeichnisses des aufrufenden Benutzer aus, die innerhalb der letzten 7 Tage geändert worden sind und bei denen es sich um gewöhnliche Dateien handelt.

`find / -nogroup -or -nouser | tar -cvzf backup.tgz -T -`
Findet alle Dateien auf dem System, die keiner gültigen Benutzergruppe zugeordnet sind und/oder keinem existierenden Benutzer gehören. Die Namen dieser Dateien werden an *tar* übergeben, welches sie liest und in das komprimierte Archiv *backup.tgz* schreibt. Siehe auch: locate, chmod, xargs, tar. Dokumentation: info:find, man:find.

finger
Informationen über Benutzer anzeigen
Paket: finger
Information, Netzwerk

`finger [Optionen] [Benutzer][@Rechnername]`

Das Programm zeigt Informationen zu dem mit *Benutzer* angegebenen Benutzer an. Die angezeigten Informationen entsprechen denen in der Passwort-Datenbank. Wird hinter *Benutzer* der Ausdruck *@Rechnername* gestellt, so erfragt *finger* diese Informationen von dem mit *Rechnername* angegebenen Rechner. Wird nur *@Rechnername* angegeben, zeigt das Programm die auf dem Rechner zur Zeit angemeldeten Benutzer an.

Benutzer haben die Möglichkeit, in ihrem Heimatverzeichnis eine Datei mit dem Namen *.plan* anzulegen. Der Inhalt dieser Datei wird dann zusammen mit den übrigen Informationen ausgegeben, wenn mit *finger* Informationen über den betreffenden Benutzer abgefragt werden.

Damit Informationen von einem fremden Rechner angezeigt werden können, muss auf diesem Rechner der durch das Programm *fingerd* bereitgestellte Dienst zur Verfügung stehen.

`finger peter`
Zeigt Informationen über den Benutzer *peter* an. Siehe auch: who, w. Dokumentation: man:finger.

free
Anzeigen freien Arbeits- und Auslagerungsspeichers
Paket: procps
Systemverwaltung, Information

`free Optionen`

Das Programm zeigt an, wieviel Arbeitsspeicher (RAM) und Auslagerungsspeicher (Swap) dem System insgesamt zur Verfügung steht. Weiter wird ausgegeben, wieviel Speicher benutzt wird und wieviel Speicher als Dateisystemcache und als Shared-Memory eingesetzt ist.

-t Unter die Ausgabe für RAM- und Swap-Speicher wird eine Zeile mit der Summe beider Speicherarten ausgegeben.

Siehe auch: df, ps, top. Dokumentation: man:free.

from
Anzeigen der Absender wartender Mail
Paket: bsdmainutils
E-Mail

```
from [Optionen]
```
Zeigt die Absenderadressen von E-Mail an, die in der Warteschlange für den aufrufenden Benutzer wartet. Siehe auch: mail, biff. Dokumentation: man:from.

fromdos   Konvertieren von DOS-Textdateien nach UNIX
Paket: sysutils   Textbearbeitung

```
fromdos [Optionen] Dateien
```
Dieses Programm nimmt die umgekehrte Konvertierung wie das Programm *todos* vor, es konvertiert DOS-Textdateien in das UNIX-Format, d. h. es wandelt durch CR/LF-Zeichenpaare kodierte Zeilenenden in einfache CR-Zeilenenden um.

-b Erzeugt Sicherungskopien vor der Konvertierung.

```
fromdos README.1ST
```
Konvertiert die Datei *README.1ST* in das UNIX-Textdateiformat. Siehe auch: todos, recode. Dokumentation: man:fromdos.

fsck   Prüfen von Dateisystemen
Paket: e2fsprogs   Systemverwaltung

```
fsck [Optionen] [Gerätedatei ...]
```
Das Programm prüft einen oder mehrere Datenträger auf Dateisystemfehler. Dazu ruft es die Prüfprogramme für die jeweiligen Dateisysteme, mit denen die entsprechenden Datenträger formatiert sind, auf. Der Vorteil gegenüber dem manuellen Aufruf der Prüfprogramme besteht darin, dass *fsck* Partitionen auf unterschiedlichen Festplatten gleichzeitig prüft, wodurch sich viel Zeit sparen lässt. Das Programm wird während des Systemstarts aus den Skripten in */etc/init.d/checkroot.sh* und */etc/init.d/checkfs.sh* aufgerufen. Alle Optionen, die von *fsck* nicht interpretiert werden können, werden an das oder die aufgerufene(n) Programm(e) weitergegeben.

-A Es werden alle Datenträger geprüft, die in der Datei */etc/fstab* eingetragen sind.
-R Zusammen mit der Option *-A*: Der Datenträger mit dem Wurzeldateisystem wird nicht geprüft.
-t Typ Gibt mit *Typ* den Dateisystemtyp auf dem zu prüfenden Datenträger an.
-N Es werden keine Prüfprogramme aufgerufen, sondern es wird nur ausgegeben, welche Programme wie aufgerufen werden würden, wenn diese Option nicht benutzt worden wäre.

Siehe auch: e2fsck, dosfsck. Dokumentation: man:fsck.

fuser   Anzeigen von Prozessen, die auf bestimmte Ressourcen zugreifen
Paket: psmisc   Prozessverwaltung

```
fuser [Optionen] [Name ...]
```
Das Programm stellt – ähnlich wie das Programm *lsof* – eine Möglichkeit dar, herauszufinden, welcher Prozess, also welches Programm auf bestimmte Ressourcen wie Dateien, Geräte oder Netzwerkverbindungen zugreift. Standardmäßig zeigt *fuser* die Prozess-IDs der Prozesse an, die auf eine oder mehrere mit *Name* bezeichnete Ressource(n) zugreifen. *Name* wird dabei standardmäßig als Dateiname interpretiert, wobei spezielle Dateien wie Verzeichnisse oder Gerätedateien eingeschlossen sind.

Zu jeder Prozess-ID zeigt *fuser* durch einen Buchstaben an, auf welche Art der Prozess die Ressource benutzt. Dabei bedeuten: c – Der Prozess benutzt ein Verzeichnis als Arbeitsverzeichnis, e – Die Datei wird ausgeführt, f – die Datei ist von dem Prozess geöffnet, r – Das Verzeichnis wird von dem Prozess als Wurzelverzeichnis benutzt und m – die Datei ist im Speicher abgebildet oder wird als Bibliothek benutzt.

-k Beendet die zugreifenden Prozesse durch das Signal SIGKILL

-m Zeigt alle Prozesse an, welche auf Dateien zugreifen, die sich auf dem gleichen Datenträger(n) befinden, wie die angegebenen Dateien. Mit dieser Option kann auch eine Gerätedatei angegeben werden, die den Datenträger repräsentiert. Sinnvoll beispielsweise um herauszufinden, welcher Prozess auf eine Diskette zugreift, die geunmountet werden soll.

-u Zu jedem Prozess wird der Name des Benutzers angegeben, dem der Prozess gehört.

-v Die Ausgabe erfolgt mit Prozess-ID, Programmnamen und Art des Zugriffs.

-n Namensraum Wählt einen anderen Namensraum. Zur Verfügung stehen neben dem Standard *file* die Namensräume *udp* (localer UDP-Port) und *tcp* (localer TCP-Port). Ressourcen werden in diesen Namensräumen auf die folgende Weise angegeben: [lokal][,[Rechner][,[fern]]], wobei *lokal* den lokalen Port, *fern* den fernen Port und *Rechner* den fernen Rechner, mit dem eine Verbindung besteht, beschreibt.

`fuser brief.txt`
Zeigt an, welcher oder welche Prozess(e) auf die Datei *brief.txt* im Arbeitsverzeichnis zugreifen.

`fuser -uvm /dev/sda1`
Zeigt an, welche Prozesse auf Dateien, die sich auf dem Datenträger */dev/sda1* (erste primäre Partition der ersten SCSI-Festplatte) befinden, zugreifen. Dabei werden die Prozess-IDs, die Namen der Programme, die Art der Zugriffe und die Besitzer der Prozesse angezeigt.

`fuser -n udp 137`
Gibt die Prozess-ID des Prozesses an, der den UDP-Port 137 benutzt. Siehe auch: lsof, kill. Dokumentation: man:fuser.

gpasswd — Administrieren von Gruppen
Paket: passwd — Benutzerverwaltung

`gpasswd Gruppe`
Fügt der mit *Gruppe* bezeichneten Gruppe ein Passwort zu. Alle Benutzer können dann unter Angabe dieses Passworts in die bezeichnete Gruppe wechseln (Befehl *newgrp*). Mitglieder der Gruppe benötigen weiterhin kein Passwort.

`gpasswd -r Gruppe`
Entfernt das Passwort zu einer Benutzergruppe. Danach können nur noch Mitglieder dieser Gruppe in die bezeichnete Gruppe wechseln.

`gpasswd -a Benutzer Gruppe`
Fügt den mit *Benutzer* bezeichneten Benutzer der mit *Gruppe* spezifizierten Benutzergruppe zu.

`gpasswd -d Benutzer Gruppe`
Entfernt den mit *Benutzer* bezeichneten Benutzer aus der mit *Gruppe* bezeichneten Benutzergruppe.

`gpasswd -A Benutzer [Benutzer ...] Gruppe`
Ernennt den oder die mit *Benutzer* angegebenen Benutzer zu Administratoren der mit *Gruppe* spezifizierten Benutzergruppe. Gruppenadministratoren dürfen die Passwörter von Gruppen verändern und Benutzer den von ihnen administrierten Gruppen hinzufügen und sie wieder entfernen.

`gpasswd -A meier verkauf`
Ernennt den Benutzer *meier* zum Administrator der Benutzergruppe *verkauf*. *meier* kann dann die folgenden Befehle ausführen:

`gpasswd verkauf`
Setzt ein Passwort für die Gruppe *verkauf*.

`gpasswd -a schulze verkauf`

Fügt den Benutzer *schulze* der Gruppe *verkauf* hinzu. Siehe auch: newgrp, addgroup. Dokumentation: man:gpasswd.

grep
Paket: grep

Durchsuchen von (Text-)dateien
Textbearbeitung, Information, Shellskripte

```
grep [Optionen] [Suchbegriff] [Datei ...]
```

Das Programm liest Daten aus einer oder mehreren mit *Datei* angegebenen Datei(en) oder von der Standardeingabe, wenn keine Datei angegeben ist und durchsucht die gelesenen Daten nach der mit *Suchbegriff* angegebenen Zeichenfolge. Standardmäßig werden die Zeilen ausgegeben, in denen der Suchbegriff enthalten ist. Der angegebene Suchbegriff wird ohne Angaben weiterer Optionen als regulärer Ausdruck interpretiert. Dabei ist zu beachten, dass *grep* zwei Formen von regulären Ausdrücken unterstützt: Einfache reguläre Ausdrücke und erweiterte reguläre Ausdrücke. Sie unterscheiden sich im wesentlichen dadurch, dass die Zeichen ?, +, {, |, (und) bei einfachen regulären Ausdrücken keine besondere Bedeutung haben und Ihnen ein Backslash (\) vorangestellt werden muss, um die besondere Funktionalität dieser Zeichen zu verwenden. In erweiterten regulären Ausdrücken werden diese Zeichen als Sonderzeichen regulärer Ausdrücke interpretiert. Voreinstellung ist die Interpretation des angegebenen Suchbegriffs als einfacher regulärer Ausdruck. Bei der Verwendung von Sonderzeichen ist darauf zu achten, dass diese gewöhnlich durch Anführungszeichen vor der Interpretation durch die Shell geschützt werden müssen.
Eine Übersicht über die Verwendung regulärer Ausdrücke finden Sie auf Seite 743.

- `-E | --extended-regexp` Der angegebene Suchbegriff wird als erweiterter regulärer Ausdruck interpretiert (s. o.).
- `-F | --fixed-strings` Sonderzeichen im Suchbegriff werden nicht interpretiert. D. h. es werden keine regulären Ausdrücke benutzt.
- `-Anzahl` Es wird die mit *Anzahl* angegebene Anzahl von Zeilen vor und nach den Zeilen ausgegeben, in denen der Suchbegriff vorkommt.
- `-A Anzahl | --after-context=Anzahl` Es wird die mit *Anzahl* angegebene Anzahl von Zeilen nach den Zeilen, in denen der Suchbegriff vorkommt, ausgegeben.
- `-B Anzahl | --before-context=Anzahl` Es wird die mit *Anzahl* angegebene Anzahl von Zeilen vor den Zeilen, in denen der Suchbegriff vorkommt, ausgegeben.
- `-c | --count` Es wird nur ausgegeben, wie oft der Suchbegriff in den gelesenen Daten vorkommt.
- `-f Datei | --file=Datei` Der Suchbegriff wird aus der mit *Datei* bezeichneten Datei gelesen.
- `-h | --no-filename` Beim Durchsuchen mehrerer Dateien gibt *grep* gewöhnlich die Namen der Dateien mit aus, in denen der Suchbegriff vorkommt. Dieses Verhalten wird hierdurch unterdrückt.
- `-i | --ignore-case` Bei der Suche wird nicht zwischen Groß- und Kleinschreibung unterschieden.
- `-l | --files-with-match` Es werden nur die Namen der Dateien ausgegeben, in denen der Suchbegriff enthalten ist.
- `-n | --line-number` Es werden zusätzlich die Zeilennummern der Zeilen, in denen der Suchbegriff vorkommt, mit ausgegeben.
- `-v | --revert-match` Es werden die Zeilen als zutreffend interpretiert, in denen der Suchbegriff nicht vorkommt.

```
grep hallo brief.txt
```
Gibt alle Zeilen der datei *brief.txt* aus, in denen das Wort *hallo* vorkommt.
```
grep [dD]ebian -c /usr/share/doc/*/*txt
```
Gibt für alle Dateien in Unterverzeichnissen von */usr/share/doc* mit der Endung **txt* aus, wie oft in Ihnen das Wort *debian* vorkommt, wobei dieses Wort am Anfang auch großgeschrieben sein kann.
```
grep -i -l beer ~/* | xargs tar -cvzf beer.tar.gz
```

Durchsucht alle Dateien im Heimatverzeichnis des aufrufenden Benutzers (ohne Unterverzeichnisse) und übergibt die Namen der Dateien, in denen dieser Suchbegriff vorkommt, an das Programm *xargs*, welches damit *tar* aufruft, um diese Dateien in das Tar-Archiv *beer.tar.gz* zu schreiben. Siehe auch: zgrep, sed, xargs, find, Kapitel 20, S. 743. Dokumentation: man:grep.

groupdel
Paket: passwd

Löschen einer Benutzergruppe

Benutzerverwaltung

```
groupdel Gruppe
```

Das Programm löscht die mit *Gruppe* angegebene Benutzergruppe vom System. Siehe auch: userdel, addgroup, gpasswd. Dokumentation: man:groupdel.

groups
Paket: shellutils

Anzeigen der Gruppenmitgliedschaften

Information, Benutzerverwaltung

```
groups [Benutzername]
```

Der Befehl zeigt an, in welchen Benutzergruppen der aufrufende Benutzer Mitglied ist. Wird dem Befehl ein Benutzername als Argument übergeben, zeigt er an, in welchen Benutzergruppen der mit *Benutzername* angegebene Benutzer Mitglied ist.

Siehe auch: gpasswd, newgroup. Dokumentation: info:groups.

gs
Paket: gs, gs-aladdin

Konvertieren von PostScript-Dokumenten

Drucken, Kompatibilität

```
gs [Optionen] [Datei ..]
```

Das Programm liest eine oder mehrere mit *Datei* angegebene PostScript-Datei(en) und führt die darin enthaltenen PostScript-Anweisungen aus. Nach Abarbeitung aller Befehle liest das Programm weiter von der Standardeingabe, bis es dort ein Dateiende (Tastenkombination STRG-D) feststellt. Das Programm kann auch durch den Befehl *quit* beendet werden.

Der Haupteinsatzzweck von *gs* besteht in der Konvertierung von PostScript-Dokumenten in ein Format, das von dem an das System angeschlossenen Drucker unterstützt wird. Hierzu muss ein Gerät ausgewählt werden, für das *gs* die Konvertierung durchführt. Standardmäßig benutzt *gs* das Gerät *x11*, mit dem der Inhalt von PostScript-Dateien am Bildschirm in einem X-Fenster dargestellt wird. Zum Betrachten von PostScript-Dokumenten unter X stehen allerdings komfortablere Programme (z. B. *ghostview* oder *gv*) zur Verfügung, die jedoch *gs* zur eigentlichen Darstellung benutzen. Normalerweise muss *gs* nicht vom Benutzer aufgerufen werden, sondern wird vom Drucksystem während des Druckens von Dokumenten automatisch aufgerufen.

- `-sDEVICE=Gerät` Wählt das mit *Gerät* angezeigte Gerät aus. Eine Liste unterstützter Geräte wird angezeigt, wenn *gs* mit der Option *--help* aufgerufen wird.
- `-r XAuflösungxYAuflösung` Legt die Auflösung fest, in der die Ausgabe erfolgen soll. Die Auflösung wird in dpi angegeben und muss vom Ausgabegerät unterstützt werden. (Beispiel: *-r 600x300* legt eine Auflösung von 600 dpi horizontal und 300 dpi vertikal fest.)
- `-sOutputFile=Datei` Die Ausgabe wird in die mit *Datei* bezeichnete Datei geschrieben. Wenn diese Datei schon existiert, wird sie überschrieben. Wird als Datei ein Minuszeichen angegeben, dann wird die Ausgabe auf die Standardausgabe gegeben. Durch das Pipe-Zeichen (|) wird die Ausgabe an ein dahinter stehendes Programm geleitet.
- `-sPAPERSIZE=Papiergröße` Legt die Papiergröße des Ausgabemediums fest. Standardmäßig wird die mit *paperconfig* festgelegte Papiergröße benutzt. Bekannte Papiergrößen sind in der Manual-Seite zu dem Programm aufgeführt.
- `-dNOPAUSE` Legt fest, dass nach der Bearbeitung einer Seite keine Pause gemacht werden soll.

`-dBATCH` Legt fest, dass *gs* beendet wird, wenn die letzte Datei bearbeitet worden ist.
`-q` Unterdrückt die Meldungen, die normalerweise beim Start von *gs* ausgegeben werden.

`gs -q -sDEVICE=jpeg -dNOPAUSE -dBATCH -sOutputFile=- bild.ps > bild.jpg`
Konvertiert die mit *bild.ps* angegebene PostScript-Datei in die JPEG-Datei *bild.jpg*.

`gs -q -sDEVICE=pdfwrite -dNOPAUSE -dBATCH -sOutputFile=bericht.pdf bericht.ps`
Konvertiert die Datei *bericht.ps* in das PDF-Format und legt das Ergebnis in der Datei *bericht.pdf* ab. Siehe auch: ghostview, gv. Dokumentation: man:gs.

gunzip
Dekomprimieren komprimierter Dateien

Paket: gzip
Dateiverwaltung

`gunzip [Optionen] [Datei ...]`

Das Programm dekomprimiert die mit *Datei* angegebene(n) Datei(en) oder liest von der Standardeingabe, wenn keine Dateien angegeben sind und dekomprimiert die von dort gelesenen Daten. Komprimierte Dateien haben normalerweise die zusätzliche Endung *.gz* oder *.Z*. Beim Dekomprimieren von Dateien prüft *guzip* zunächst, ob die Dateiendungen auf komprimierte Daten schließen lassen. Falls dies nicht so ist, gibt das Programm standardmäßig eine Fehlermeldung aus.

Danach wird – auch bei von der Standardeingabe gelesenen Daten – anhand einer Signatur in den Daten untersucht, ob es sich tatsächlich um komprimierte Daten handelt. Auch hier erfolgt eine Fehlermeldung, wenn diese Signatur nicht gefunden werden konnte. Wenn *gunzip* Dateien dekomprimiert, schreibt es das Ergebnis standardmäßig in Dateien mit dem gleichen Namen, von denen allerdings die Endungen *.gz*, *.Z* usw. entfernt werden. Rechte, Besitzer und assoziierte Gruppe der Dateien bleiben erhalten. Die Ausgangsdateien werden gelöscht. Bei der Dekomprimierung von Daten, die das Programm von der Standardeingabe liest, werden die dekomprimierten Daten auf die Standardausgabe geschrieben.

`-c | --stdout` Die dekomprimierten Daten werden immer auf die Standardausgabe geschrieben.
`-l | --list` Zu jeder komprimierten Datei werden einige Informationen ausgegeben. (Größe vorher, Größe hinterher usw.) Die Daten werden nicht dekomprimiert.
`-r | --recursive` Wenn es sich bei den zu dekomprimierenden Dateien um Verzeichnisse handelt, werden alle komprimierten Dateien in den Verzeichnissen und rekursiv in allen Unterverzeichnissen dekomprimiert.
`-t | --test` Es wird nur getestet, ob die Integrität der komprimierten Dateien gewährleistet ist.
`-f | --force` Dekomprimiert Daten auch dann, wenn normalerweise nicht dekomprimiert werden würde, weil eine Datei mit dem Namen der zu erzeugenden Datei bereits existiert oder die Datei mehrere Verzeichnisseinträge hat.

`gunzip bild1.jpg.gz`
Dekomprimiert die Datei *bild1.jpg.gz* und schreibt das Ergebnis in die Datei *bild1.jpg*. Die Ausgangsdatei wird gelöscht.

`gunzip -lr ~/`
Gibt für jede komprimierte Datei im Heimatverzeichnis des aufrufenden Benutzers und rekursiv in allen Unterverzeichnissen Informationen aus.

`cat archiv.tgz | gunzip | tar -xvf -`
Gibt die Daten der Datei *archiv.tgz* in die Standardeingabe von *gunzip*, welches sie dekomprimiert und dann an *tar* weiterleitet. Dieses Programm packt die in den Daten enthaltenen Dateien aus. Siehe auch: gzip, zcat, zless, zforce, bunzip2. Dokumentation: man:gunzip.

gzip
Komprimieren von Daten

Paket: gzip — Dateiverwaltung

```
gzip [Optionen] [Datei ...]
```

Das Programm komprimiert eine oder mehrere mit *Datei* angegeben Datei(en) und schreibt das Ergebnis in neue Dateien, die den gleichen Namen wie die Ausgangsdateien haben, aber die zusätzliche Endung *.gz* erhalten. Die Ausgangsdateien werden standardmäßig gelöscht. Besitzer, Rechte und Gruppenzuordnung bleiben erhalten. Wenn keine Dateien angegeben sind, liest das Programm von der Standardeingabe und schreibt die Daten komprimiert auf die Standausgabe.

- `-c | --stdout` Die Daten werden in jedem Fall auf die Standardausgabe geschrieben und die Originaldateien werden nicht verändert.
- `-f | --force` Dateien werden auch dann komprimiert, wenn sie mehrere Verzeichniseinträge haben oder eine Datei mit dem Namen der zu erzeugenden Datei bereits existiert.
- `-r | --recursive` Wenn es sich bei einer oder mehreren der angegebenen Dateien um Verzeichnisse handelt, werden alle Dateien darin und rekursiv in allen Unterverzeichnissen komprimiert.
- `-Factor` Gibt die Stärke der Kompression an. Erlaubte Werte für *Factor* sind die Zahlen 1 bis 9, wobei der Wert 1 geringste Kompression (bei höchster Geschwindigkeit) und der Wert 9 höchste Kompression (bei niedrigster Geschwindigkeit) spezifiziert.

```
gzip bild.jpg
```
Komprimiert die Datei *bild.jpg* und schreibt das Ergebnis in die Datei *bild.jpg.gz*. Die Ausgangsdatei wird gelöscht.

```
gzip -r alter_kram/
```
Komprimiert alle Dateien im Verzeichnis *alter_kram* und rekursiv in allen Unterverzeichnissen dieses Verzeichnisses.

```
cat brief.txt | gzip | gunzip | less
```
Übergibt den Inhalt der Datei *brief.txt* an das Programm *gzip*, wo er komprimiert wird. Das Ergebnis geht weiter an *gunzip* wo es wieder dekomprimiert wird und an das Programm *less* weitergeleitet wird, wo es schließlich angezeigt wird. (Einfacher könnte man sich die Datei natürlich mit dem Befehl *less brief.txt* ansehen.) Siehe auch: gunzip, zcat, zip, tar, bzip2. Dokumentation: man:gzip.

halt
Anhalten des Systems

Paket: sysvinit — Systemverwaltung

```
halt [Optionen]
```

Das Kommando fährt das System herunter und hält es dann an. Hinterher kann es ausgeschaltet oder über die Reset-Taste neu gestartet werden. Siehe auch: init, shutdown, reboot, poweroff. Dokumentation: man:halt.

hdparm
Anzeigen und Verändern von (E)IDE-Festplatteneinstellungen

Paket: hdparm — Systemverwaltung

```
hdparm [Optionen] Gerätedatei [Gerätedatei ...]
```

Das Programm zeigt die Einstellungen einer oder mehrerer der durch mit *Gerätedatei* bezeichneten Gerätedateien repräsentierten Festplatten an und kann diese verändern. Die meisten Optionen funktionieren nur mit (E)IDE-Festplatten.

- `-a [Anzahl]` Legt fest, wieviele Sektoren im voraus gelesen werden sollen oder gibt diese Einstellung aus, wenn *Anzahl* nicht angegeben wurde. Voreinstellung ist 8 Sektoren.
- `-c [Zahl]` Schaltet den 32 Bit-Zugriff auf die entsprechende Festplatte an, wenn *Zahl* 1 ist oder aus, wenn *Zahl* 0 ist und auf einen speziellen Kompatibilitätsmodus, der von einigen Chipsätzen benötigt wird, wenn *Zahl* 3 ist. Wenn *Zahl* nicht angegeben wird, wird die momentane Einstellung ausgegeben.

-C Gibt den momentanen Stromverbrauchsmodus des Laufwerks aus.
-f Führt dazu, dass bei der Beendigung des Programms der Festplattencache für die entsprechende Festplatte synchronisiert wird.
-g Gibt die Festplattengeometrie (Zylinder, Köpfe, Sektoren) aus.
-i Zeigt die Identifikationsinformationen des Laufwerkes an.
-m [Zahl] Schaltet den Block-Modus aus, wenn *Zahl* 0 ist oder legt fest, wieviele Sektoren gleichzeitig gelesen werden sollen, wenn *Zahl* größer Null ist. Die maximale Anzahl gleichzeitig lesbarer Sektoren ist von Laufwerk zu Laufwerk unterschiedlich.
-S Zahl Legt die Zeitdauer fest, nach deren Ablauf das Laufwerk auf den Bereitschaftsmodus schaltet. Wenn *Zahl* zwischen 1 und 240 liegt, wird sie als ein Vielfaches von 5 s interpretiert. Wenn Zahl zwischen 241 und 251 liegt, wird von ihr 240 abgezogen und das Ergebnis als ein Vielfaches von 30 Minuten interpretiert. Der Wert 0 bewirkt, dass das Laufwerk nie in den Bereitschaftsmodus schaltet. Der Wert sollte nicht zu niedrig gewählt werden, weil das häufige Anlaufen einer Festplatte den Verschleiß deutlich erhöht.
-u [Zahl] Bestimmt, ob der Kernel andere Interrupts behandeln darf, während ein Festplatteninterrupt bearbeitet wird. Wenn *Zahl* 1 ist, wird diese Eigenschaft eingeschaltet und wenn *Zahl* 0 ist, wird sie ausgeschaltet. Wenn *Zahl* nicht angegeben ist, wird die momentane Einstellung ausgegeben. Die Einstellung 1 kann bei Verwendung einiger IDE-Chipsätze zu Datenverlusten führen, erhöht jedoch im allgemeinen die Gesamtleistung des Systems.
-v Zeigt alle Einstellungen an.

Siehe auch: fdisk, cfdisk, sync. Dokumentation: man:hdparm.

hostname
Anzeigen und Setzen des Rechnernamens

Paket: hostname *Information, Systemverwaltung, Shellskripte*

```
hostname [Optionen] [Rechnername]
```

Das Kommando wird benutzt, um den Rechnernamen des Rechners, auf dem es aufgerufen wird, anzuzeigen oder zu verändern. Wird *hostname* ohne Parameter aufgerufen, zeigt es den Rechnernamen an. Wenn es mit einem Rechnernamen als *Parameter* aufgerufen wird, setzt es den Rechnernamen auf den angegebenen Wert. Dadurch wird nicht die Datei */etc/hostname* verändert, die beim Systemstart benutzt wird, um den Rechnernamen zu setzen. Nach einem Neustart des Systems ist der Rechnername also wieder der alte, wenn er nicht auch in dieser Datei verändert wurde.

-d | --domain Zeigt den Domainnamen der DNS-Domain an, in der sich der Rechner befindet.
-F Datei | --file Datei Liest den zu setzenden Rechnernamen aus der mit *Datei* bezeichneten Datei.
-f | --fqdn Zeigt den vollqualifizierten Domainnamen. Er setzt sich aus dem Rechnernamen und dem Domainnamen zusammen und ist in der Regel der Name, unter dem ein Rechner im Internet zu erreichen ist.
-i | --ip-address Zeigt die Internetadresse ersten Netzinterfaces an.
-y | --yp Gibt den NIS-Domainnamen aus.

```
hostname -F /etc/hostname
```

Setzt den Rechnernamen auf den in der Datei */etc/hostname* angegebenen Wert. Siehe auch: netstat, ifconfig. Dokumentation: man:hostname.

hwclock
Anzeigen und Stellen der Hardware-Uhr des Rechners

Paket: util-linux *Systemverwaltung*

```
hwclock [Optionen]
```

Ohne Optionen aufgerufen zeigt das Programm die aktuelle Uhrzeit und das Datum an, wie es von der Hardwareuhr des Rechners berichtet wird. Diese Uhr wird benötigt, um die Systemzeit nach dem Einschalten des Rechners oder nach einem Neustart richtig einzustellen.

`--systohc` Stellt die Hardwareuhr auf die aktuelle Systemzeit.

`--hctosys` Stellt die Systemzeit auf die von der Hardwareuhr berichtete Zeit.

`--set --date=Datum` Stellt die Uhrzeit auf das mit *Datum* angegebene Datum und Uhrzeit. *Datum* muss wie mit dem Kommando *date* spezifiziert werden.

`--adjust` Das Programm speichert in der Datei */etc/adjtime*, ob die Hardwareuhr vor- oder nachgeht und in welchem Umfang sie dies tut. Diese Information wird bei jeder Neueinstellung der Hardwareuhr durch die Optionen *--systohc* oder *--set* aktualisiert. Durch den Aufruf mit *--adjust* passt das Programm die Hardwareuhr um die Abweichung seit dem letzten Stellen an. Wenn dabei von der Realität abweichende Ergebnisse herauskommen, sollte die Datei */etc/adjtime* einmal gelöscht werden.

```
hwclock --set --date 16:50
```
Stellt die Hardwareuhr des Rechners auf 16.50 Uhr ein. Das Datum wird beibehalten. Siehe auch: date, tzconfig. Dokumentation: man:hwclock.

id — Anzeigen der Benutzer- und Gruppenzugehörigkeit
Paket: shellutils
Information, Shellskripte

```
id [Optionen] [Benutzer]
```

Ohne Parameter aufgerufen, zeigt das Programm die Benutzer-ID des aufrufenden Benutzers sowie die Benutzergruppen-IDs der Gruppen, denen der Benutzer angehört, an. Hinter jeder ID wird in Klammern der Name der betreffenden Gruppe und des Benutzers ausgegeben. Wenn dem Programm ein Benutzername übergeben wurde, gibt es diese Informationen für den mit *Benutzer* angegebenen Benutzer aus. Als erste Gruppen-ID wird immer die ID der Gruppe ausgegeben, welche die aktive Gruppe des Benutzers ist.

`-g | --group` Es wird nur die ID der aktiven Gruppe (für den aufrufenden Benutzer) oder die ID der primären Gruppe (für andere Benutzer) ausgegeben.

`-G | --groups` Es werden nur die IDs der Gruppen ausgegeben, denen der Benutzer angehört.

`-u | --user` Gibt nur die Benutzer-ID aus.

`-n | --names` Gibt zusammen mit einer der Optionen *-g*, *-n* oder *-u* die Namen des Benutzers oder der Gruppen an Stelle der IDs aus.

Siehe auch: newgrp, whoami, gpasswd. Dokumentation: info:id.

info — Anzeigen von Dokumentation im GNU-Info-Format
Paket: info
Dokumentation, Information

```
info [Optionen] [Menüeintrag]
```

Das Programm dient zum Betrachten von Dokumentation im GNU-Info-Format. Dieses Dokumentationsformat und die Bedienung dieses Programms ist in Kapitel 6.2, S. 136 beschrieben. Standardmäßig öffnet das Programm nach seinem Start die Datei */usr/info/dir*, in der sich Verweise auf alle Themen und Programme, die im Info-System dokumentiert sind, finden lassen sollte. Wird mit *Menüeintrag* ein Menüeintrag angegeben, springt das Programm gleich zu dem entsprechenden Menüeintrag. Das Programm wird mit dem Tastaturkommando Q verlassen.

`-f Datei` Weist *info* an, zu Beginn die mit *Datei* angegebene Datei anzuzeigen.

`-n Abschnitt` Zusammen mit der Option *-f* zeigt *info* den mit *Abschnitt* spezifizierten Abschnitt in der entsprechenden Datei an.

`-o Datei` Die Informationen werden nicht angezeigt, sondern in die mit *Datei* angegebene Datei geschrieben. Wenn eine Datei mit diesem Namen bereits existiert, wird sie überschrieben.

```
info ls
```

Startet das Programm *info* und zeigt den Inhalt des Menüeintrags *ls* an.
```
info -f fileutils -n "ls invocation" -n "rm invocation" -o hilfe.txt
```
Gibt den Inhalt der beiden Abschnitte *ls invocation* und *rm invocation* aus der Info-Datei *fileutils* in die Datei *hilfe.txt* aus. Siehe auch: emacs, man. Dokumentation: info:info, man:info.

init   Verändern des Runlevels
Paket: sysvinit   Systemverwaltung

```
init [Runlevel | Option]
```
Das Programm erfüllt zwei Aufgaben. Zum einen ist es das erste Programm, welches nach dem Start des Kernels ausgeführt wird und alle weiteren Programme zur Systeminitialisierung ausführt und dann entsprechend seiner Konfiguration (in der Datei */etc/inittab*) Programme startet, die Benutzern die Anmeldung am System ermöglichen (üblicherweise das Programm *getty*). Der Startprozeß von Debian GNU/Linux ist in Kapitel 13, S. 375 beschrieben. Zum anderen wird *init* dazu benutzt, den Runlevel des Systems zu verändern. Ein Runlevel ist im Prinzip ein definierter Status des Systems, in dem bestimmte Dienste zur Verfügung stehen. Es stehen 7 Runlevel zur Verfügung, die mit den Zahlen 0-6 bezeichnet werden. Runlevel 0 wird zum Anhalten des Systems und Runlevel 6 zum Neustarten des Systems benutzt. Der Standardrunlevel ist 2. Runlevel 1 ist der so genannte Single-User-Modus, in dem sich nur der Systemadministrator an das System anmelden kann und die meisten Dienste nicht ausgeführt werden. Dieser Runlevel kann benutzt werden, um Aufgaben der Systemverwaltung durchzuführen, während derer keine Benutzer das System verwenden dürfen. Ein Beispiel für eine solche Aufgabe wäre das Prüfen von Festplattenpartitionen, auf denen sich Benutzerdaten befinden. Um den Runlevel zu verändern, wird dem Programm die Zahl des gewünschten Runlevels übergeben.

Q   Führt dazu, dass *init* seine Konfiguration neu liest und den Zustand des Systems an die neue Konfiguration anpaßt. Der Runlevel wird dabei nicht geändert.
R   Führt dazu, dass *init* sich selbst neu ausführt ohne den Runlevel zu ändern. Dieser Befehl ist beispielsweise notwendig, um das Programm *init* selbst zu ersetzen, ohne das System neu starten zu müssen.

```
init 1
```
Bringt das System in den Single-User-Modus.
```
init 2
```
Bringt das System wieder in den Standard-Runlevel 2 Siehe auch: shutdown, runlevel, reboot, halt, getty. Dokumentation: man:init.

insmod   Laden von Kernelmodulen
Paket: modutils   Systemverwaltung

```
insmod [Optionen] Modul [Parameter=Wert ...]
```
Das Kommando lädt das mit *Modul* bezeichnete Modul in den Kernel. Optional kann der mit *Parameter* angegebene Modulparameter auf den durch *Wert* spezifizierten Wert gesetzt werden.

-f   Versucht, das Modul auch dann zu laden, wenn Kernelversion und Modulversion nicht übereinstimmen.
-p   Testet, ob der Kernel alle Funktionen bietet, die das Modul benötigt. Der Rückkehrwert des Befehls ist 0, wenn alle Bedingungen erfüllt sind.
-k   Das Modul darf wieder automatisch entfernt werden, wenn es nicht benötigt wird.

```
insmod -f sb irq=5 dma=0 dma16=5 mpu_io=0x330 io=0x220
```
Lädt das Modul *sb* auch dann, wenn Modulversion und Kernelversion nicht übereinstimmen. Die Modulparameter *irq, dma, dma16, mpu_io* und *io* werden auf die angegebenen Werte gesetzt. Siehe auch: modprobe, modconf, rmmod. Dokumentation: man:insmod.

ispell

Rechtschreibprüfung für Textdateien

Paket: ispell

Textbearbeitung

```
ispell [Optionen] Datei [Datei ...]
```

Das Programm ist das Standard-Rechtschreibprüfprogramm unter Debian. Es wird zum einen von vielen Programmen (z. B. Editoren oder E-Mail-Programmen) aufgerufen, um die Rechtschreibprüfung von Texten durchzuführen. Zum anderen kann es aber auch direkt von der Kommandozeile aus eingesetzt werden, um Texte auf richtige Rechtschreibung zu prüfen. *ispell* startet dann in einem interaktiven Modus, in dem es nacheinander die Zeilen anzeigt, in denen es falsch geschriebene Wörter findet, wobei das jeweilige falsch geschriebene Wort invertiert dargestellt wird. Falls vorhanden, werden darunter mögliche Alternativen aufgeführt, die sich durch Auswahl der entsprechenden Zahl oder des entsprechenden Buchstabens vor einer Alternative auswählen lassen. Darüber hinaus stehen u. a. die folgenden Tastaturkommandos zur Verfügung:

A: Das Wort wird als richtig geschrieben akzeptiert. Das heißt, bei jedem weiteren Erscheinen des betreffenden Worts werden keine Alternativen vorgestellt. Das Wort wird jedoch nicht dauerhaft gespeichert, so dass es beim nächsten Aufruf von *ispell* wieder als falsch geschrieben angesehen wird.

I: Das Wort wird als richtig geschrieben akzeptiert. *ispell* schreibt dieses Wort dann in das persönliche Wörterbuch des aufrufenden Benutzers, so dass es in Zukunft immer als richtig geschrieben angesehen wird.

U: Wie I, mit dem Unterschied, dass das Wort komplett kleingeschrieben gespeichert wird. Dieser Befehl sollte benutzt dann werden, wenn ein großgeschriebenes Wort (beispielsweise am Satzanfang) in das Wörterbuch aufgenommen werden soll, dass normalerweise kleingeschrieben wird.

X: Die Datei wird mit allen Änderungen gesichert und das Programm wird verlassen.

Q: Das Programm wird sofort verlassen, ohne Korrekturen zu sichern.

STRG-L: Der Bildschirm wird neu gezeichnet.

?: Die zur Verfügung stehenden Kommandos werden kurz erläutert.

Bei der Bearbeitung deutscher Texte mit *ispell* sind einige Dinge zu beachten. Natürlich muss ein deutsches Wörterbuch installiert und als Standardwörterbuch eingestellt sein. Zusätzlich sind Optionen zu verwenden, die das Programm an die deutsche Sprache anpassen. Standardmäßig versteht *ispell* nämlich keine Umlaute und akzeptiert keine zusammengesetzten Worte, die im Englischen fast nie, im Deutschen jedoch sehr oft vorkommen. Das persönliche Wörterbuch des aufrufenden Benutzers wird in dessen Heimatverzeichnis unter dem Namen *.ispell_default*[1] abgelegt. Es handelt sich dabei um eine normale alphabetisch sortierte Textdatei. Sie kann mit einem Editor bearbeitet werden, um z. B. versehentlich eingefügte, aber falsch geschriebene Wörter zu entfernen.

-L Anzahl Vor Zeilen mit falsch geschriebenen Wörtern wird die mit *Anzahl* angegebene Anzahl von Zeilen angezeigt. Standardmäßig wird nur die Zeile mit dem falsch geschriebenen Wort angezeigt.

-t Die gelesene Datei wird als TeX- oder LaTeX-Text interpretiert. Das führt dazu, dass Anweisungen zum Textsatz nicht als falsch geschriebene Wörter interpretiert werden.

-b Es werden Sicherungskopien der zu prüfenden Dateien angelegt. Diese Dateien erhalten die Endung *.bak*.

-C Zusammengesetzte Wörter (Bsp.: Handbuchseiten) werden akzeptiert.

-P Oft sind die Stammwörter eines Wortes im Wörterbuch enthalten, nicht jedoch die im Text benutzte Form. Normalerweise fragt *ispell* in einem solchen Fall nach, ob die benutzte Form zulässig ist und in das Wörterbuch aufgenommen werden soll. Diese Option bewirkt, dass *ispell* nur bei Worten nachfragt, für die die benutzte Form nicht generiert werden kann.

-S Sortiert die Liste von Korrekturvorschlägen zu einem falschen Wort so, dass die wahrscheinlichsten Alternativen als erstes genannt werden.

---

[1] Bei der expliziten Verwendung anderer Wörterbücher werden zusätzliche Dateien angelegt, wie beispielsweise *ispell_english*.

- `-d` *Wörterbuch* Gibt das zu verwendende Wörterbuch an. Normalerweise muss mit *Wörterbuch* nur der Name des installierten Wörterbuches angegeben werden. Es ist jedoch auch möglich, durch Verwendung eines absoluten Pfad- und Dateinamens eine alternative Datei zu spezifizieren.
- `-p` *Wörterbuch* Gibt mit *Wörterbuch* den Namen der Datei mit dem persönlichen Wörterbuch an. Die Datei muss nicht existieren, sie wird dann erzeugt. Diese Option ist sinnvoll, falls Texte korrigiert werden sollen, die viele Fachbegriffe enthalten, welche nicht in das normale persönliche Wörterbuch übernommen werden sollen.
- `-W` *Anzahl* Legt die Länge der Wörter in Zeichen fest, die *ispell* nicht prüfen soll. Oft handelt es sich bei Wörtern von zwei oder drei Buchstaben Länge um Abkürzungen, die nicht geprüft zu werden brauchen. Allerdings bewirkt die Option *-W 3* auch, dass ein falschgeschriebenes „ob" oder „und" nicht mehr gefunden wird.
- `-T` Legt das Format des Textes fest. Die verfügbaren Formate sind abhängig vom benutzten Wörterbuch. Im deutschen Wörterbuch stehen u. a. die Formate *latin1* (normaler Text mit Umlauten) und *tex* (Text, in dem Umlaute in der Form "a, "o usw. angegeben sind.) zur Verfügung. Für deutschen Text sollte normalerweise die Option *-T latin1* benutzt werden.
- `-l` Führt dazu, dass *ispell* Text von der Standardeingabe liest und falsch geschriebene Wörter auf die Standardausgabe ausgibt.

`ispell -C -P -S -W 3 -T latin1 -t brief.tex`
Prüft die Datei *brief.tex* interaktiv auf richtige Rechtschreibung. Wörter mit 3 oder weniger Buchstaben werden prinzipiell als richtig akzeptiert (*-W 3*), Normale Umlaute werden richtig interpretiert (*-T latin1*), LaTeX-Kommandos werden nicht als falsche Wörter angesehen (*-t*), zusammengesetzte Wörter werden akzeptiert (*-C*), reproduzierbare Formen von Stammwörtern führen zu keiner Nachfrage (*-P*) und Korrekturvorschläge werden nach ihrer Wahrscheinlichkeit sortiert.

`cat letter.txt | ispell -W 2 -d american > wrong_words`
Liest den Inhalt der Datei *letter.txt* und führt eine Rechtschreibprüfung mit dem amerikanischen Wörterbuch durch. Wörter mit einem oder zwei Buchstaben werden immer als richtig geschrieben angesehen. Es wird eine Liste falsch geschriebener Worte in die Datei *wrong_words* geschrieben. Siehe auch: update-ispell-dictionary. Dokumentation: man:ispell, info:ispell (emacs).

join   Zusammenfügen von Dateien
Paket: textutils   Textbearbeitung

`join [Optionen] Datei1 Datei2`

Das Programm liest die mit *Datei1* und *Datei2* bezeichneten Dateien. Für eine der beiden Dateien darf das Minuszeichen angegeben werden, was bewirkt, dass die Daten von der Standardeingabe gelesen werden. Das Programm fügt dann die Zeilen aus beiden Dateien nach dem Inhalt ihrer Felder zusammen. Dabei ist ein Feld standardmäßig eine durch Leerzeichen von anderen Zeichenketten getrennte Zeichenkette. Ohne Optionen werden jeweils die Zeilen zusammengefaßt, bei denen das erste Feld in beiden Dateien übereinstimmt. Es wird dann eine Zeile ausgegeben, bei denen das gemeinsame erste Feld am Anfang steht, gefolgt von den übrigen Feldern aus *Datei1* und danach den übrigen Feldern aus *Datei2*. Zeilen der Ursprungsdateien, bei denen das erste Feld nicht korrespondiert, werden nicht ausgegeben. Wenn mehrere Kombinationen möglich sind, werden alle Kombinationen ausgegeben. Die Ausgangsdateien müssen nach dem Feld, über das sie zusammengefügt werden sollen, sortiert sein. Die Ausgabe wird auf die Standardausgabe gegeben.

- `-a` *Nummer* Zum Schluß werden die Zeilen aus der mit *Nummer* angegebenen Datei (1 oder 2) ausgegeben, für die kein gemeinsames Feld gefunden wurde.
- `-i | --ignore-case` Beim Vergleich der Felder wird nicht auf Groß- und Kleinschreibung geachtet. Die Dateien müssen dann entsprechend sortiert vorliegen.

-1 `Feld` Das mit *Feld* bezeichnete Feld aus *Datei1* wird zum Vergleich herangezogen. Für *Feld* ist die Nummer des Feldes anzugeben.

-2 `Feld` Das mit *Feld* bezeichnete Feld aus *Datei2* wird zum Vergleich herangezogen.

-j `Feld` Das mit *Feld* bezeichnete Feld aus *Datei1* und *Datei2* wird zum Vergleich herangezogen.

-t `Zeichen` In der Ausgabe wird das mit *Zeichen* angegebene Zeichen benutzt, um Felder voneinander zu trennen.

```
join zeit.txt essen.txt > zusammen.txt
```

Verbindet die Dateien *zeit.txt* und *essen.txt* über das erste gemeinsame Feld in den Zeilen beider Dateien miteinander und schreibt das Ergebnis in die Datei *zusammen.txt* . Angenommen, die beiden Dateien hätten den folgenden Inhalt:

```
1 morgen
2 mittag
3 abend
```

```
1 flakes
2 obst
3 steak
```

Dann sähe die Ergebnisdatei *zusammen.txt* folgendermaßen aus:

```
1 morgen flakes
2 mittag obst
3 abend steak
```

Siehe auch: cut, paste, sort. Dokumentation: info:join.

kbdconfig — Einstellung des Tastaturlayouts

Paket: console-tools

Administration, Installation

```
kbdconfig
```

Mit dem Programm wird das Layout der Tastatur neu eingestellt. Das Programm sollte nur direkt an der Konsole und nicht in einem Terminalfenster mit dem X Window System benutzt werden. Nach dem Aufruf wird zunächst erfragt, ob der Kernel das Standardlayout neu laden soll. Dies hat normalerweise zur Folge, dass der Kernel danach von einer US-amerikanischen Tastatur ausgeht. Geben Sie N und EINGABE ein, um zu verhindern, dass die Tabelle neu geladen wird.

Die verfügbaren Tastaturtabellen befinden sich unterhalb des Verzeichnisses */usr/share/keymaps* und liegen dort in verschiedenen Unterverzeichnissen, die sich nach Rechnerarchitektur, Tastaturlayout und Tastaturbelegung richten. Diese Verzeichnisse nun nacheinander von dem Programm abgefragt.

Für ein PC-System mit deutscher Tastatur ist hier für die Rechnerarchitektur *i386*, für das Tastaturlayout *qwertz* und für die Tastaturbelegung üblicherweise *de-latin1-nodeadkeys* anzugeben. Danach besteht die Möglichkeit, die ausgewählte Kombination zu testen. Um den Test zu beenden reicht es aus, eine Zeitlang keine Tasten mehr zu betätigen. Es erfolgt dann die Frage, ob Tabelle als Standard benutzt werden soll und ob die Tabelle sofort geladen werden soll. Dokumentation: .

killall — Beenden von Prozessen

Paket: psmisc

Prozessverwaltung

```
killall [Optionen] Programmname [Programmname ...]
```

Das Programm hat eine ähnliche Aufgabe wie das Programm *kill* mit dem Unterschied, dass ihm nicht die Prozess-IDs der Prozesse, an die Signale geschickt werden sollen, übergeben werden, sondern dass der Name der betreffenden Programme angegeben werden muss. Weil der Name eines Programms nicht eindeutig einen Prozess spezifiziert (es können ja auch mehrere gleichzeitig laufen), sendet das Programm das angegebene Signal an alle

Prozesse mit den mit *Programmname* angegebenen Namen. Genauso wie *kill* benutzt *killall* standardmäßig das Signal *SIGTERM*, das Prozesse in der Regel dazu bringt, sich zu beenden.

-Signal Es wird das mit *Signal* angegebene Signal übermittelt. Signale können mit ihrem Namen (ohne *SIG*) oder mit ihrer Nummer angegeben werden.
-i Bevor ein Signal an einen Prozess übermittelt wird, wird nachgefragt, ob dies tatsächlich geschehen soll.
-l Alle dem Programm bekannten Signalnamen werden ausgegeben.
-q Es wird keine Fehlermeldung ausgegeben, wenn kein passender Prozess gefunden wurde.

`killall wine`
Sendet an alle Prozesse, deren Programmname *wine* lautet, das Signal *SIGTERM* (Beendigung).

`killall -9 gnuchessx`
"Tötet" alle Prozesse, deren Programmname *gnuchessx* lautet sofort und ohne diesen Prozessen Gelegenheit zur selbstständigen Terminierung zu geben. Siehe auch: kill, ps, top. Dokumentation: man:killall.

last   Anzeigen der zuletzt angemeldeten Benutzer
Paket: sysvinit   Information, Systemverwaltung

`last [Optionen]`

Zeigt an, welche Benutzer sich wann, von welchem Rechner und an welches Terminal angemeldet haben. Weiter wird angezeigt, bis wann und wie lange sie angemeldet waren oder ob die Sitzung noch läuft. Hierzu wird die Datei *var/log/wtmp* gelesen, die normalerweise nur die Einträge des laufenden Monats enthält. Im Verzeichnis */var/log* befinden sich jedoch die entsprechenden Dateien für die vorangegangenen Monate, die dort teilweise in komprimierter Form vorliegen.

-Anzahl Gibt mit *Anzahl* an, wieviele Zeilen *last* ausgegeben soll.

`last -20`
Zeigt die letzten 20 Anmeldungen an.

`last /var/log/wtmp.0`
Zeigt die Anmeldungen des letzten Monats an. Siehe auch: ac, gunzip. Dokumentation: man:last.

ldconfig   Aktualisieren der DLL-Konfiguration
Paket: ldso   Systemverwaltung

`ldconfig [Optionen] [Verzeichnis | Datei]`

Das Programm aktualisiert die Information des Systems darüber, welche dynamischen Bibliotheken (DLLs) zur Verfügung stehen. Dazu liest es zum einen die Konfigurationsdatei */etc/ld.so.conf*, in der Verzeichnisse mit systemweit verfügbaren Bibliotheken eingetragen sind und untersucht den Inhalt dieser Verzeichnisse sowie den der Verzeichnisse */lib* und */usr/lib*. Das Programm sollte immer dann ausgeführt werden, wenn allgemein zugängliche DLLs dem System hinzugefügt, entfernt oder aktualisiert worden sind.

Wird dem Programm der Name eines Verzeichnisses als Argument übergeben, dann werden DLLs in diesem Verzeichnis der Konfiguration hinzugefügt. Wenn der Dateiname einer Bibliothek angegeben wird, wird nur diese Bibliothek der Konfiguration hinzugefügt.

-v Zeigt die Namen aller Verzeichnisse sowie alle erzeugten symbolischen Links an.
-q Alle Warnungen werden unterdrückt.
-f Datei Es wird die mit *Datei* bezeichnete Datei an Stelle der normalerweise benutzten Konfigurationsdatei */etc/ld.so.conf* verwendet.

-p Die Konfiguration wird nicht verändert. Es wird die aktuelle Konfiguration ausgegeben.

Siehe auch: ldd. Dokumentation: man:ldconfig.

ldd
Paket: ldso

Ausgeben von DLL-Abhängigkeiten

Information

```
ldd [Optionen] DLL | Programm
```

Das Programm *ldd* zeigt an, welche dynamischen Bibliotheken (DLLs) von dem mit *Programm* angegebenen Programm oder der mit *Bibliothek* angegebenen Bibliothek benötigt werden, um ausgeführt werden zu können bzw. funktionsfähig zu sein.

Wenn die benötigten Bibliotheken auf dem System vorhanden sind, wird zusätzlich ausgegeben, welche Dateien im Falle der Ausführung des angegebenen Programms oder des Ladens der angegebenen Bibliothek benutzt werden würden, um *Programm* oder *Bibliothek* funktionsfähig zu machen. Dadurch lässt sich beispielsweise schnell erkennen, welche Bibliotheken nachinstalliert werden müssen, wenn ein selbstinstalliertes Programm nicht laufen will.

Siehe auch: ldconfig. Dokumentation: man:ldd.

less
Paket: less

Anzeigen von Textdateien

Information, Textbearbeitung

```
less [Optionen] [Datei ...]
```

Das Programm stellt eine beliebte Alternative zu dem Programm *more* dar, das ebenfalls erlaubt, Textdateien auf einem Terminal zu betrachten. *less* bietet gegenüber *more* weitaus mehr Funktionalität und hat gegenüber vielen Texteditoren den Vorteil, dass es Dateien schneller laden kann und schneller startet. Die Bedienung von *less* ist in Kapitel 5.21.1, S. 127 beschrieben. Standardmäßig zeigt das Programm eine oder mehrere mit *Datei* angegebene Dateien an oder liest von der Standardeingabe, wenn keine Dateien angegeben worden sind. *less* wird mit der Taste Q beendet.

-C Der Text wird nicht „gescrollt", sondern der Bildschirm wird beim Anzeigen neuer Zeilen gelöscht und neu gezeichnet.

-E Bewirkt, dass *less* sich automatisch beendet, wenn das Ende einer Datei erreicht wird.

-i Beim Suchen wird nicht zwischen Groß- und Kleinschreibung unterschieden.

-p `Suchbegriff` Weist *less* an, den Teil der Datei zuerst anzuzeigen, in dem der mit *Suchbegriff* angegebene Suchbegriff das erste Mal vorkommt.

-s Mehrere leere Zeilen hintereinander werden wie eine leere Zeile dargestellt.

-X Verhindert, dass das Terminal beim Start und bei der Beendigung von *less* initialisiert und deinitialisiert wird. Dadurch wird in der Regel erreicht, dass der zuletzt im Terminal angezeigte Text auch nach der Beendigung des Programms sichtbar ist.

-z `Anzahl` Legt fest, wieviele Zeilen neuen Textes nach Betätigung der LEER-Taste angezeigt werden sollen. Der Standardwert entspricht der Anzahl Zeilen, die auf den Bildschirm passen.

```
less README
```
Zeigt die Datei *README* an.

```
ls -laR | less -X
```
Zeigt die Ausgabe des Befehls *ls -laR* an und initialisiert das Terminal beim Start und bei der Beendigung des Programms nicht. Siehe auch: more, vi, zless. Dokumentation: man:less.

lesskey
Paket: less

Verändern der Tastaturbelegung von *less*

Verschiedenes

```
lesskey [-o Ausgabe] Eingabe
```
Die Tastaturbelegung des Programms *less* ist vollständig konfigurierbar. Nach dem Start sucht *less* nach einer Datei mit dem Namen *.lesskey* im Heimatverzeichnis des aufrufenden Benutzer und liest aus dieser die Konfiguration der Tastaturbelegung. Wenn die Datei nicht gefunden wird, verwendet *less* die Standardbelegung. Die Konfigurationsdatei wird in einem speziellen binären Format von *less* erwartet. *lesskey* dient dazu, aus einer Textdatei, deren Format in der Manual-Seite zu dem Programm beschrieben ist, eine solche Konfigurationsdatei zu erstellen. Siehe auch: less. Dokumentation: man:lesskey.

ln   **Erzeugen von Verweisen**
Paket: fileutils   Dateiverwaltung

```
ln [Optionen] Quelldatei | Quellverzeichnis Zieldatei | Zielverzeichnis
```
Erzeugt einen Verweis auf die mit *Quelldatei* oder bezeichneten Datei oder das mit *Quellverzeichnis* bezeichnete Verzeichnis mit dem Namen *Zieldatei*. Wird an Stelle von *Zieldatei* ein Verzeichnis angegeben, wird der neue Verzeichniseintrag in dem mit *Zielverzeichnis* bezeichneten Verzeichnis angelegt und erhält den gleichen Namen wie *Quelldatei*. Falls die mit *Zieldatei* bezeichnete Datei bereits existiert, wird sie überschrieben.

```
ln [Optionen] Quelldatei | Quellverzeichnis [ Quelldatei | Quellverzeichnis ... ] Zielverzeichnis
```
Erzeugt Verweise auf alle mit *Quelldatei* oder *Quellverzeichnis* bezeichneten Dateien und Verzeichnisse. Auch hier werden bereits existierende Dateien mit den gleichen Namen überschrieben.

Standardmäßig erzeugt *ln* Hardlinks (zusätzliche Verzeichniseinträge) auf die Quelldateien. Dabei bestehen folgende Einschränkungen:

- Quell- und Zieldatei müssen sich auf dem gleichen Datenträger befinden.
- Unter Linux ist es nicht erlaubt, Hardlinks auf Verzeichnisse anzulegen.

Diese Einschränkungen gelten nicht für symbolische Links.

-s | --symbolic Es werden symbolische Links erzeugt.
-b | --backup Bevor Dateien überschrieben werden, wird von ihnen eine Sicherungskopie erstellt. Diese hat standardmäßig den gleichen Namen wie das Original mit einer angehängten Tilde (~).
-S Endung | --suffix=Endung Zusammen mit der Option *-b* erhalten Sicherungskopien anstatt der Tilde die Endung *Endung*.
-i | --interactive Bevor Dateien überschrieben werden, wird nachgefragt, ob dies wirklich geschehen soll.
-v | --verbose Der Name jeder Datei, auf die ein Verweis erzeugt wird, wird ausgegeben.
-n | --no-dereference Wenn als Zielverzeichnis ein symbolischer Link auf ein Verzeichnis angegeben wird, wird der Link normalerweise in dem Verzeichnis erstellt, auf das der Zielverzeichnis-Link zeigt. Bei Benutzung dieser Option wird der Ziellink zunächst gelöscht und dann ein Link mit dessen Name auf die Quelldatei erzeugt.

```
ln -s /usr/share/common-licenses/GPL ./
```
Erzeugt einen symbolischen Link auf die Datei */usr/share/common-licenses/GPL* im aktuellen Arbeitsverzeichnis.
```
ln *jpg graphics/jpegs
```
Erzeugt zusätzliche Verzeichniseinträge aller Dateien mit der Endung *jpg* im Verzeichnis *graphics/jpegs*. Das Verzeichnis *graphics/jpeg* muss existieren. Siehe auch: cp, mv. Dokumentation: info:ln.

locate   **Suchen von Dateien**
Paket: findutils   Dateiverwaltung

```
locate [Optionen] Suchbegriff
```
Der Befehl *locate* stellt eine Alternative zum Befehl *find* beim Suchen von Dateien dar. *locate* durchsucht nicht tatsächlich das Dateisystem nach Dateinamen, sondern benutzt eine Datenbank mit den auf dem System vorhandenen Dateien. Diese Datenbank wird durch das Programm *updatedb* erstellt und gepflegt. Aus diesem Grund ist *locate* zum einen wesentlich schneller als *find*, zum anderen jedoch eventuell ungenauer, da die Informationen der Datenbank nicht immer richtig sein müssen.

locate durchsucht die Datenbank nach Dateinamen, auf die der mit *Suchbegriff* angegebene Suchbegriff zutrifft und gibt die gefundenen Namen aus. Der Suchbegriff darf Meta-Zeichen ([], ?, *) enthalten, die in der Regel durch Anführungszeichen vor der Interpretation durch die Shell zu schützen sind. Wenn der Suchbegriff Meta-Zeichen enthält, werden nur die Einträge der Datenbank ausgegeben, die exakt mit dem Suchbegriff übereinstimmen. Enthält der Suchbegriff keine Meta-Zeichen, werden alle Einträge ausgegeben, in denen die Zeichenfolge des Suchbegriffs vorkommt.

`-e | --existing` Es werden nur die Namen der Dateien ausgegeben, die tatsächlich existieren.

```
locate GPL
```
Gibt die Namen aller Dateien in der Datenbank aus, die die Zeichenfolge *GPL* enthalten.
```
locate -e /usr/share/doc/*/README.txt
```
Gibt die Namen aller Dateien in der Datenbank aus, die in einem Unterverzeichnis des Verzeichnisses */usr/share/doc* liegen und den Namen *README.txt* tragen. Dabei wird für jeden Eintrag der Datenbank zunächst überprüft, ob die Datei tatsächlich existiert. Siehe auch: find, updatedb, Abschnitt 5.20.3, S. 125. Dokumentation: man:locate.

logger
Erzeugen von Einträgen in der System-Protokolldatei

Paket: bsdutils
Systemverwaltung

```
logger [Optionen] [Meldung ...]
```
Das Programm gibt die mit *Meldung* angegebene Meldung an das System-Protokollprogramm *syslogd* weiter, das diese dann entsprechend seiner Konfiguration in der System-Protokolldatei */var/log/syslog* protokolliert. Wenn keine Meldung angegeben wird, liest das Programm von der Standardeingabe.

`-f Datei` Der Inhalt der mit *Datei* angegebenen Datei wird protokolliert.

`-s Datei` Die Meldung wird sowohl protokolliert, als auch auf die Standardfehlerausgabe gegeben.

`-t Bezeichnung` Die Einträge in der Protokolldatei erhalten die mit *Bezeichnung* angegebene Bezeichnung.

`-p Priorität` Das Protokollsystem kennt verschiedene Prioritätsklassen und kann für Meldungen unterschiedlicher Prioritäten unterschiedliche Aktionen auslösen. Diese Option Bestimmt, die mit *Priorität* angegebene Priorität zu verwenden. Die Prioritätstypen lassen sich in der Manual-Seite zu dem Programm nachlesen.

```
logger -t Mitteilung Nichts los hier
```
Protokolliert die Meldung *Nichts los hier* unter der Bezeichnung *Mitteilung* in der System-Protokolldatei.
```
du -hs /var/log/syslog | logger
```
Protokolliert die Größe der Datei */var/log/syslog* (das ist die allgemeine Protokolldatei). Siehe auch: syslogd, /var/log/syslog. Dokumentation: man:logger.

login
Eröffnen einer neuen Arbeitssitzung

Paket: login
Prozessverwaltung

```
login [Benutzername] [Umgebungsvariable=Wert]
```

Das Programm *login* wird normalerweise während der Anmeldung an das System zu Beginn einer Arbeitssitzung aufgerufen. Es fragt den Benutzer nach der Eingabe seines Benutzernamens nach einem Passwort und bereitet dann die Sitzung vor, indem es Benutzer- und Gruppen-ID richtig einstellt, u. a. die Umgebungsvariablen *HOME*, *SHELL*, *PATH* und *LOGNAME* setzt, den Inhalt der Datei */etc/motd* ausgibt und den Status der Mailwarteschlange des Benutzers anzeigt. Zum Schluß wird geprüft, ob das Passwort des Benutzers erneuert werden muss und dann die Login-Shell des Benutzers gestartet.

Es ist möglich, während der Anmeldung hinter den Benutzernamen die Bezeichnungen von Umgebungsvariablen und ihren Wert zu setzen. Diese werden dann wie angegeben vor dem Start der Login-Shell gesetzt. Die Umgebungsvariablen werden durch Leerzeichen voneinander und vom Benutzernamen getrennt.

`login karl KARL=MUELLER`

Startet eine neue Arbeitssitzung des Benutzers *karl* und setzt den Wert der Umgebungsvariable *KARL* auf *MUELLER*. Nach Eingabe des Befehls ist in der Regel das Passwort zu dem Benutzerkonto des Benutzers *karl* einzugeben. Siehe auch: su. Dokumentation: man:login.

logname — Anzeigen des Benutzernamens
Paket: shellutils — Information, Shellskripte

`logname`

Der Befehl gibt den Namen des aufrufenden Benutzers aus, wie er in der Datei */var/run/utmp* gespeichert ist. Wenn sich in dieser Datei kein Eintrag befindet, wird eine Fehlermeldung ausgegeben.

Siehe auch: whoami. Dokumentation: info:logname.

lp — Drucken (Neue Druckaufträge erzeugen)
Paket: lprng — Drucken

`lp [Optionen] [Datei ...]`

Der Befehl stellt neben dem Befehl *lpr* eine alternative Möglichkeit dar, Dokumente über das Druck- und Spoolsystem *lprng* auszudrucken. Der Befehl *lp* steht aus Kompatibilitätsgründen zur Verfügung, damit Programme, die diesen Befehl zum Drucken verwenden, drucken können. Zum manuellen Drucken von Dokumenten sollte der Befehl *lpr* benutzt werden.

Siehe auch: lpr. Dokumentation: man:lp.

lpq — Anzeigen der Druckwarteschlange
Paket: lprng — Drucken

`lpq [Optionen] [Auftrags-ID]`

Das Kommando gibt den Status einer Druckwarteschlange aus und zeigt standardmäßig alle darin wartenden Aufträge an. Werden mit *Auftrags-ID* eine oder mehrere Auftrags-IDs angegeben, werden nur die Aufträge mit diesen Identifikationsnummern angezeigt. Ohne Optionen wird der Inhalt der Warteschlange des Standarddruckers angezeigt.

`-P Drucker` Zeigt den Inhalt der Warteschlange des mit *Drucker* bezeichneten Druckers an.
`-a` Zeigt den Inhalt der Warteschlangen aller Drucker an.
`-s` Zeigt nur eine kurze Übersicht über den Status der Warteschlange an.
`-l` Erhöht die Menge der ausgegebenen Informationen. Wird die Option mehrmals angegeben, wird die Menge weiterhin erhöht.
`-t Zeit` Wiederholt die Ausgabe immer wieder nach Ablauf der mit *Zeit* angegebenen Anzahl von Sekunden.

`lpq -as -t5`

Zeigt alle 5 Sekunden erneut eine Statuszeile für alle Drucker an.

`lpq -P colorprinter`
Zeigt den Inhalt der Warteschlange des Druckers *colorprinter* an. Siehe auch: lpr, lprm. Dokumentation: man:lpq.

lpr
Paket: lprng

Drucken (Neuen Druckaufträge erzeugen)

Drucken

`lpr [Optionen] [Datei ...]`

Das Kommando reiht neue Druckaufträge in eine Druckwarteschlange ein. Wenn mit *Datei* nicht eine oder mehrere Dateien angegeben sind, werden die zu druckenden Daten von der Standardeingabe gelesen. Das Drucksystem ist in Kapitel 9.2.5, S. 242 beschrieben.

- `-C Priorität` Legt mit *Priorität* die Priorität des Auftrages fest. Mögliche Werte sind die Buchstaben A bis Z, wobei A die niedrigste Priorität repräsentiert. Der Wert A ist der Standardwert.
- `-h` Unterdrückt den Druck einer Startseite mit Jobinformationen (eines Banners).
- `-K Anzahl` Gibt mit *Anzahl* die Anzahl der zu druckenden Kopien an.
- `-m Adresse` Bewirkt, dass nach dem erfolgreichen Ausdruck des Auftrages eine Mail an die mit *Adresse* angegebene Adresse geschickt wird.
- `-P Drucker` Der Auftrag wird an den mit *Drucker* spezifizierten Drucker geschickt.

`ls -la | lpr`
Druckt die Ausgabe des Befehls *ls -la* auf den Standarddrucker.

`lpr bild.jpg -P colorprinter`
Druckt die Datei *bild.jpg* auf dem Drucker mit dem Namen *colorprinter* aus.

`lpr -K 15 preise.ps`
Druckt 15 Kopien der Datei *preise.ps* auf dem Standarddrucker aus. Siehe auch: lpq, lprm. Dokumentation: man:lpr.

lprm
Paket: lprng

Löschen von Druckaufträgen

Drucken

`lprm [Optionen] [Auftrags-ID ... | all]`

lprm löscht bereits abgeschickte Druckaufträge aus der Druckerwarteschlange. Wird das Programm ohne Angabe von Parametern aufgerufen, wird der als nächstes zu druckende Auftrag des aufrufenden Benutzers gelöscht. Alternativ können eine oder mehrere Auftrags-IDs angegeben werden. Diese Auftrag-IDs lassen sich mit dem Befehl *lpq* erhalten. Für *Auftrags-ID* kann auch ein Benutzername angegeben werden, es werden dann alle Aufträge des angegebenen Benutzers gelöscht, vorrausgesetzt der aufrufende Benutzer hat die entsprechenden Rechte dazu. Außerdem ist es möglich, Namen mit oder ohne Meta-Zeichen anzugeben, dann werden die Aufträge mit den entsprechenden Namen gelöscht.

Durch Spezifikation des Parameters *all* werden alle Aufträge des aufrufenden Benutzers gelöscht, wenn der Befehl von einem gewöhnlichen Benutzer eingegeben wurde oder alle Aufträge überhaupt, falls der Befehl vom Administrator aufgerufen wird. Der Befehl bezieht sich standardmäßig nur auf die Warteschlange des Standarddruckers.

- `-P Drucker` Die Aufträge werden von der mit *Drucker* angegebenen Warteschlange entfernt. Ohne diesen Parameter werden die Aufträge aus der Standardwarteschlange entfernt.
- `-a` Die Aufträge werden aus allen Druckerwarteschlangen entfernt.

`lprm 475`
Entfernt den Druckauftrag mit der ID *475* aus der Standardwarteschlange.

`lprm -P laser 475`
Entfernt den Auftrag 475 aus der Warteschlange *laser*.

`lprm -a all`
Entfernt alle Druckaufträge des aufrufenden Benutzer aus allen Warteschlangen. Siehe auch: lpq. Dokumentation: man:lprm.

ls   Auflisten von Dateien
Paket: fileutils   Dateiverwaltung

```
ls [Optionen] [Datei | Verzeichnis ...]
```

Das Programm *ls* dient als universelles Werkzeug zum Anzeigen von Dateinamen und Dateiinformationen. Wenn *ls* ohne Argumente aufgerufen wird, zeigt es die Namen der Dateien im Arbeitsverzeichnis ohne weitere Informationen an. Werden *ls* mit *Datei* oder *Verzeichnis* Datei- oder Verzeichnisnamen übergeben, zeigt es die Namen der angegebenen Dateien und die Namen der Dateien in den angegebenen Verzeichnissen an.

`-a | --all` Zeigt auch Dateien und Verzeichnisse an, deren Namen mit einem Punkt beginnen.
`-A | --almost-all` Zeigt Dateien und Verzeichnisse an, deren Namen mit einem Punkt beginnen, nicht aber die Verzeichnisse . (das betreffende Verzeichnis selbst) und .. (das darüberliegende Verzeichnis).
`-d | --directory` Zeigt nicht die Inhalte von Verzeichnissen, sondern die Verzeichnisse selbst an.
`-R | --recursive` Zeigt die Inhalte von Verzeichnissen und rekursiv den Inhalt aller Unterverzeichnisse an.
`-s | --size` Zeigt die Größe jeder Datei mit an.
`-l | --format=long` Zeigt den Typ der Datei, die gesetzten Rechte, die Anzahl der Verzeichniseinträge (Hardlinks), den Besitzer, die assoziierte Gruppe, die Größe der Dateien, das Datum der letzten Änderung und den Namen der Datei zu jeder Datei an. Die Ausgabe von *ls* mit diesem Parameter ist in Kapitel 5.13, S. 110 beschrieben.
`-o` Zeigt die gleichen Informationen wie mit der Option *-l*, nur ohne die assoziierte Gruppe an.
`-s | --sort=size` Sortiert die Ausgabe nach der Größe der Dateien.
`-t | --sort=time` Sortiert die Ausgabe nach dem Datum der letzten Änderung.
`-X | --sort=extension` Sortiert die Dateien nach ihrer Namenserweiterung (den Zeichen nach dem letzten Punkt im Namen.)
`--color[=auto]` Zeigt Verzeichnisse und andere spezielle Dateien farblich abgehoben an. Wird *--color=auto* angegeben, erfolgt die farbliche Ausgabe nur dann, wenn auf ein Terminal ausgegeben wird.
`-F | --classify` Hinter jede Datei wird ein Buchstabe geschrieben, der angibt, von welchem Typ die entsprechende Datei ist. (Ausführbare Dateien erhalten einen Stern, Verzeichnisse einen Schrägstrich, symbolische Links das @-Zeichen usw.).
`-k | --kilobytes` Dateigrößen werden in Kilobyte angezeigt.

`ls -la`
Zeigt alle Dateien im Arbeitsverzeichnis mit allen Zusatzinformationen an.
`ls -la | less`
Zeigt alle Dateien im Arbeitsverzeichnis mit allen Zusatzinformationen mit dem Textbetrachter *less* an.
`alias ls="ls --color=auto -F"`
Bewirkt, dass *ls* immer mit den Optionen *--color=auto* und *-F* aufgerufen wird.
`ls -ld /usr/src`
Zeigt das Verzeichnis */usr/src* (und nicht seinen Inhalt) mit allen Zusatzinformationen an. Siehe auch: less, dir. Dokumentation: info:ls.

lsattr   Anzeigen von Dateiattributen auf Ext2-Dateisystemen
Paket: e2fsprogs   Dateiverwaltung

```
lsattr [Optionen] [Datei ...]
```

Das Ext2-Dateisystem kann zu jeder Datei ein paar zusätzliche Attribute speichern, die bestimmen, wie mit der betreffenden Datei in bestimmten Situationen umgegangen werden soll. Diese Attribute sind bei dem Befehl *chattr* beschrieben. Der Befehl *lsattr* listet die Attribute der Dateien im Arbeitsverzeichnis auf, wenn mit *Datei* nichts anderes angegeben ist. Ansonsten werden die Attribute der mit *Datei* angegebenen Datei(en) aufgelistet. Wen mit *Datei* der Name eines Verzeichnisses angegeben wurde, werden die Attribute der Dateien in diesem Verzeichnis aufgelistet.

- `-R` Zeigt die Attribute aller Dateien im Arbeitsverzeichnis oder in den mit *Datei* angegebenen Verzeichniss(en) rekursiv mit den Dateien in allen Unterverzeichnissen an.
- `-d` Zeigt die Attribute von Verzeichnissen und nicht den Inhalt der Verzeichnisse an.
- `-a` Zeigt auch die Attribute solcher Dateien an, deren Name mit einem Punkt beginnt.

```
lsattr -R
```
Zeigt die Dateien und ihre Attribute im Arbeitsverzeichnis und in allen Unterverzeichnissen rekursiv an. Siehe auch: ls, chattr. Dokumentation: man:lsattr.

lsdev
Auflisten belegter Hardware-Ressourcen
Paket: sysutils   Information, Installation

```
lsdev
```
Das Programm listet alle Hardwarekomponenten auf, die eine IO-Adresse, einen Interrupt oder einen DMA-Kanal benutzen mit der Angabe, welche der genannten Ressourcen von dem betreffenden Gerät gebraucht wird. *lsdev* bietet so eine schnelle Möglichkeit, sich einen Überblick über die in einem Rechner installierte Hardware zu verschaffen. Es ist allerdings zu beachten, dass nur solche Komponenten aufgelistet werden, die auch tatsächlich von Linux erkannt und in das System eingebunden worden sind. Siehe auch: procinfo. Dokumentation: man:lsdev.

lsmod
Anzeigen geladener Module
Paket: modutils   Information, Systemverwaltung

```
lsmod
```
Das Kommando listet die zur Zeit im Kernel befindlichen Module auf. Neben den Modulnamen werden die Anzahl der Prozesse und die Module, die das betreffende Modul benutzen, ausgegeben. Siehe auch: insmod, modprobe, modconf, rmmod, fuser. Dokumentation: man:lsmod.

mail
Anzeigen, Bearbeiten und Versenden von E-Mail
Paket: mailx   E-Mail, Shellskripte

```
mail [Optionen] [E-Mail-Adresse ...]
```
Das Programm *mail* aus dem Paket *mailx* ist ein vollwertiger Mail-User-Agent (MUA), also ein Programm zum Lesen und Schreiben von E-Mails. Wenn das Programm ohne Angabe von Parametern gestartet wird, zeigt es den Inhalt der Mail-Warteschlange des aufrufenden Benutzers an und bietet dann die Möglichkeit, diese Mails zu lesen, zu beantworten und zu speichern. Die angezeigten Mails werden nach dem Verlassen des Programms standardmäßig in der Datei *mbox* im Heimatverzeichnis des aufrufenden Benutzers gespeichert. Dieser Teil des Programms ist in der Manual-Seite ausführlich beschrieben, bietet jedoch wenig Komfort, so dass sich zum interaktiven Lesen und Bearbeiten von E-Mail oft der Einsatz anderer Programme empfiehlt.

mail eignet sich jedoch gut zum Versenden von E-Mails von der Kommandozeile oder aus Shellskripten. Wenn das Programm mit der Angabe einer E-Mail-Adresse aufgerufen wird, sendet es eine Mail an die angegebene Adresse. Standardmäßig wird dann nach einer Betreff-Zeile (*Subject*) für die zu sendende E-Mail gefragt. Danach kann der Text der Mail eingegeben werden. Dieser Vorgang wird durch das Tastaturkommando STRG-D beendet. Zum Schluß besteht die Möglichkeit, Empfänger von Kopien der erzeugten Mail anzugeben (cc:). Die Angaben

von Betreff-Zeile und Kopien sind optional und können auch leer gelassen werden. Wenn mehrere Mail-Adressen angegeben werden, versendet das Programm die erzeugte E-Mail an alle angegebenen Empfänger.
Ganz ohne Benutzereinwirkung kann *mail* E-Mails versenden, wenn ihm Daten von der Standardeingabe übergeben werden. Es sendet dann die gelesenen Daten an den angegebenen Empfänger und fragt nicht nach Betreff-Zeile oder Kopie-Adressen.

- `-s Betreff` Gibt mit *Betreff* den Inhalt von Betreff-Zeilen für eine zu erzeugende E-Mail an. Wenn *Betreff* Leerzeilen enthält, muss dieses Argument gewöhnlich durch Anführungszeichen vor der Zerlegung in mehrere Argumente durch die Shell geschützt werden.
- `-c Liste` Es werden Kopien an die mit *Liste* angegebenen Empfänger gesandt. *Liste* ist eine Komma-separierte Liste von E-Mail-Adressen, die keine Leerzeichen enthalten darf.

`ls -la /home/dirk | mail -s "Dein Heimatverzeichnis" dirk`
Sendet die Ausgabe des Befehls *ls -la /home/dirk* an die Adresse *dirk* mit der Betreff-Zeile *Dein Heimatverzeichnis*. Siehe auch: elm, mutt. Dokumentation: man:mail.

man   Anzeigen und Drucken von Manual-Seiten
Paket: man-db   Dokumentation, Information

`man [Optionen] [Abschnitt] Manual-Seite`

Das *man*-System stellt eine der drei Säulen des Hilfesystems unter Debian dar. Zu den meisten Programmen, Betriebssystemfunktionen und vielen Dateien oder Bibliotheksfunktionen existieren so genannte Manual-Seiten (Man-Pages), die sich mit dem Kommando *man* anzeigen oder ausdrucken lassen. Diese Seiten tragen in der Regel die gleichen Namen wie das zugehörige Programm, die Datei oder die Funktion selbst. Das Manual-System ist in Kapitel 6.1, S. 131 beschrieben. Standardmäßig werden Manualseiten mit dem Standardtextbetrachter (Pager), gewöhnlich also dem Programm *less* oder dem in der Umgebungsvariable *PAGER* festgelegten Programm angezeigt.

Das Manual-System ist in verschiedene Abschnitte eingeteilt. Teilweise gibt es Manual-Seiten mit dem gleichen Namen in verschiedenen Abschnitten (z. B. weil es ein Programm und einen Systemaufruf mit dem gleichen Namen gibt.) Standardmäßig zeigt *man* nur die erste gefundene Seite an. Durch Angabe des Parameters *Abschnitt* kann bestimmt werden, in welchem Abschnitt gesucht werden soll. Mit dem Parameter *Manual-Seite* wird der Name der Seite angegeben, die angezeigt werden soll.

- `-L Sprache | --locale=Sprache` Wenn Manual-Seiten in verschiedenen Sprachen existieren, wird die Seite in der mit *Sprache* angegebenen Sprache angezeigt. Die Einstellung, welche Sprache für Manualseiten standardmäßig verwendet werden soll, kann über die Umgebungsvariablen *LANG* festgelegt werden.
- `-P Programm | --pager=Programm` Bestimmt, dass *man* das mit *Programm* bezeichnete Programm als Anzeigeprogramm verwenden soll.
- `-a | --all` Bestimmt, dass alle passenden Seiten (aus allen Abschnitten) hintereinander angezeigt werden sollen.
- `-TTyp | --troff-device=Typ` Die Manualseiten werden nicht am Bildschirm angezeigt, sondern in dem mit *Typ* angegebenen Format auf die Standardausgabe ausgegeben. Mögliche Typen sind u. a. *ps* (PostScript), *dvi* (Device-Independent), *X100* (Anzeige in einem X-Fenster), *ascii* (ASCII-Text) und *lj4* (HP Laserjet 4 (PCL) Format). Diese Option kann zum Drucken von Manual-Seiten benutzt werden. Zwischen der Option *-T* und *Typ* dürfen sich keine Leerzeichen befinden.

`man ls`
Zeigt die Manual-Seite des Programms *ls* mit dem Standardtextbetrachter an.
`man -p xless mke2fs`

Zeigt die Manual-Seite des Programms *mke2fs* mit dem Programm *xless* an.

`man 2 open -T ps | lpr`

Die Manual-Seite der Funktion *open* im zweiten Abschnitt des Manual-Systems wird im PostScript-Format an das Programm *lpr* übergegeben, welches die Datei auf dem Standarddrucker ausdruckt.

Siehe auch: apropos, whatis, info, less, groff. Dokumentation: man:man.

mbadblocks   Suchen von Fehlerhaften Blöcken auf DOS-Datenträgern
Paket: mtools   Kompatibilität, Dateiverwaltung

`mbadblocks DOS-Laufwerk`

Das Programm prüft DOS-Datenträger auf fehlerhafte Blöcke. Es sollte nach dem Befehl *mformat* aufgerufen werden.

`mbadblock a:`

Prüft das *mtools*-Laufwerk *a:*. Siehe auch: badblocks, mtools. Dokumentation: info:mtools.

mcd   Wechseln des aktuellen DOS-Laufwerks
Paket: mtools   Kompatibilität, Dateiverwaltung

`mcd [DOS-Laufwerk:][DOS-Pfad]`

Das Programm wechselt das aktuelle *mtools* Verzeichnis auf das mit *DOS-Laufwerk* und *DOS-Pfad* angegebene Laufwerk und Verzeichnis. Wird keiner dieser beiden Parameter angegeben, gibt das Kommando das aktuelle Laufwerk und den aktuellen Pfad aus.

`mcd j:`

Wechselt das *mtools*-Arbeitsverzeichnis auf das *mtools*-Laufwerk *j:*.

`mcd texte`

Wechselt das *mtools*-Arbeitsverzeichnis ausgehend vom vorherigen in das Unterverzeichnis *texte*. Siehe auch: cd, mtools. Dokumentation: info:mtools.

mcopy   Kopieren von Dateien auf oder von DOS-Datenträger
Paket: mtools   Kompatibilität, Dateiverwaltung

`mcopy [Optionen] Quelldatei Zieldatei`

Kopiert die mit *Quelldatei* angegebene Datei an den mit *Zieldatei* angegebenen Ort. Beide Dateinamen können DOS- oder UNIX-Namen sein.

`mcopy [Optionen] Quelldatei [Quelldatei ...] Zielverzeichnis`

Kopiert eine oder mehrere mit *Quelldatei* bezeichnete Dateien in das mit *Zielverzeichnis* angegebene Verzeichnis. *Quelldatei* und *Zielverzeichnis* können sowohl DOS- als auch UNIX-Namen sein.

`mcopy [Optionen] DOS-Dateiname`

Kopiert die mit *DOS-Dateiname* angegebene Datei in das Arbeitsverzeichnis.

Es ist möglich, für einen Dateinamen das Minuszeichen anzugeben, wodurch bewirkt wird, dass diese Datei von der Standardeingabe gelesen wird.

-/ Dateien und Verzeichnisse werden rekursiv (mit allen Unterverzeichnissen und den Dateien darin) kopiert.

-n Bei Angabe dieser Option wird nicht gewarnt, bevor UNIX-Dateien überschrieben werden.

`mcopy -/ a:/texte ./texte`

Kopiert die Dateien in dem Verzeichnis *texte* auf dem *mtools*-Laufwerk *a:* in das Verzeichnis *texte* im Arbeitsverzeichnis. Eventuell vorhandene Unterverzeichnisse werden rekursiv mit kopiert. Siehe auch: cp, mtools. Dokumentation: info:mtools.

mdel
Paket: mtools

Löschen von Dateien auf DOS-Datenträgern

Kompatibilität, Dateiverwaltung

```
mdel DOS-Dateiname [DOS-Dateiname ...]
```
Das Kommando löscht die mit *DOS-Dateiname* angegebene(n) Datei(en). Siehe auch: rm, mtools. Dokumentation: info:mtools.

mdeltree
Paket: mtools

Rekursives Löschen von Verzeichnissen auf DOS-Datenträgern

Kompatibilität, Dateiverwaltung

```
mdeltree DOS-Verzeichnis [DOS-Verzeichnis ...]
```
Das Kommando löscht das oder die mit *DOS-Verzeichnis* angegebene(n) Verzeichnis(se) rekursiv mit allen Unterverzeichnissen und Dateien. Siehe auch: rm, mtools. Dokumentation: info:mtools.

mdir
Paket: mtools

Auflisten von Dateien auf DOS-Datenträgern

Kompatibilität, Dateiverwaltung

```
mdir DOS-Datei | DOS-Verzeichnis [DOS-Datei | DOS-Verzeichnis]
```
Der Befehl gibt Dateinamen und Dateizusatzinformationen in einer ähnlichen Weise aus, wie der Befehl *dir* des MS-DOS-Befehlsinterpreters.

`-/` Die Information werden rekursiv für alle Dateien und Unterverzeichnisse ausgegeben.
`-w` Es werden nur die Dateinamen (ohne Zusatzinformationen) ausgegeben.

```
mdir a:
```
Gibt den Inhalt des *mtools*-Laufwerks a: aus. Siehe auch: ls, mtools. Dokumentation: info:mtools.

memtest
Paket: sysutils

Prüfen des Arbeitsspeichers (RAM)

Systemverwaltung

```
memtest [Speichergröße] [Durchläufe]
```
Das Programm testet den Arbeitsspeicher des Systems. Dabei füllt es einen Bereich des Arbeitsspeichers mit bestimmten Werten und prüft, ob diese Werte beim Lesen die gleichen bleiben. Standardmäßig werden 4 MB Speicher in 5 Durchläufen getestet. Die Größe des zu testenden Speichers kann in 32-Bit großen Einheiten mit dem Parameter *Speichergröße* angegeben werden und die Anzahl der Durchläufe kann mit dem Parameter *Durchläufe* kontrolliert werden.

```
memtest 10000000 10
```
Testet ungefähr 39 MB Speicher in 10 Durchgängen. Siehe auch: free. Dokumentation: man:memtest.

mformat
Paket: mtools

Formatieren von DOS-Datenträgern

Kompatibilität, Systemverwaltung

```
mformat [Optionen] DOS-Laufwerksbuchstabe:
```
Das Kommando erzeugt auf dem mit *DOS-Laufwerksbuchstabe* angegebenen Datenträger (*mtools*-Laufwerk) ein DOS (FAT) Dateisystem.

`-t Anzahl` Gibt die Anzahl der Zylinder an.
`-h Anzahl` Gibt die Anzahl der Schreib-/Leseköpfe an.
`-s Anzahl` Gibt die Anzahl der Sektoren pro Spur an.
`-2` Formatiert im 2M-Format.
`-l Name` Gibt den Datenträgername an.

-X Formatiert im XDF-Format.
-F Formatiert im FAT32-Format (wird von Windows 95b und Windows 98 benutzt).

`mformat a:`
Formatiert das *mtools*-Laufwerk *a:* im DOS-Format. Siehe auch: mkdosfs, mtools, xdfcopy. Dokumentation: info:mtools.

mkboot
Erzeugen einer Bootdiskette
Paket: debianutils
Systemverwaltung, Installation

`mkboot [--installkernel] [Kerneldatei]`

Das Programm *mkboot* erzeugt eine Bootdiskette mit dem durch *Kerneldatei* bezeichneten Linux-Kernel. Wenn keine Kerneldatei angegeben wird, wird die Kerneldatei */boot/vmlinuz* benutzt. *mkboot* formatiert dazu die Diskette im ersten Diskettenlaufwerk */dev/fd0* im Ext2-Dateisystem, kopiert dann den Kernel auf die Diskette und installiert danach LILO auf der Diskette, so dass von der Diskette mit dem darauf befindlichen Kernel gebootet werden kann. Um den Befehl zu verwenden, muss das Paket *lilo* installiert sein.

`--installkernel` Macht das System wieder startbar, nachdem ein neuer Kernel installiert wurde. Wenn auf dem System LILO benutzt wird, wird *lilo* ausgeführt, ansonsten wird eine Bootdiskette mit dem neuen Kernel erstellt. Das Programm wird während der Installation eines neuen Kernels mit diesem Parameter automatisch aufgerufen.

`mkboot /boot/vmlinuz.old`
Erzeugt eine Bootdiskette mit der der Kernel in der Datei */boot/vmlinuz.old* gebootet werden kann. Siehe auch: lilo, mke2fs, rdev. Dokumentation: man:mkboot.

mkdir
Erzeugen von Verzeichnissen
Paket: fileutils
Dateiverwaltung

`mkdir [Optionen] Verzeichnis [Verzeichnis ...]`
Erzeugt die mit *Verzeichnis* spezifizierten Verzeichnisse.

`-m Rechte| --mode=Rechte` Erzeugt Verzeichnisse mit den durch *Rechte* angegebenen Rechten. *Rechte* werden wie beim Befehl *chmod* ausgedrückt. Ausgangspunkt ist standardmäßig *drwxr-xr-x*, also Schreiben, Lesen und Ausführen für den Besitzer, Lesen und Ausführen für die Gruppe und andere Benutzer.
`-p | --parents` Wenn zu erzeugende Verzeichnisse Unterverzeichnisse von Verzeichnissen sind, die noch nicht existieren, werden diese ebenfalls erzeugt.
`-v | --verbose` Es wird ausgegeben, welche Verzeichnisse erzeugt wurden.

`mkdir sound_files`
Im aktuellen Verzeichnis wird das Verzeichnis *sound_files* angelegt.

`mkdir -m 700 ~/privat`
Im Heimatverzeichnis des Benutzers wird das Verzeichnis *privat* erzeugt, für das nur der betreffende Benutzer Schreib-, Lese- und Ausführungsrechte hat. Andere Benutzer können sich den Inhalt dieses Verzeichnisses nicht anzeigen lassen und auf keine Verzeichnisse oder Dateien in diesem Verzeichnis zugreifen.

`mkdir -vp briefe/gesch/finanz`
Erzeugt das Verzeichnis *finanz* im Verzeichnis *gesch* im Verzeichnis *briefe*. Wenn eines dieser Verzeichnisse nicht existiert, wird es ebenfalls erzeugt. Die Namen der erzeugten Verzeichnisse werden ausgegeben. Siehe auch: rmdir, chmod, ls. Dokumentation: info:mkdir.

mkfs
Paket: util-linux

Formatieren von Datenträgern
Systemverwaltung

```
mkfs [Optionen] Gerätedatei [Größe]
```
Das Programm ist ein „Front-End" für die verschiedenen Formatierungsprogramme, mit denen Datenträger in verschiedenen Formaten formatiert werden können. Es formatiert den durch die mit *Gerätedatei* bezeichneten Datenträger standardmäßig im Linux-Dateisystemformat (ext2-Format). Bis auf die Option *-t* werden alle Optionen an das aufgerufene Formatierungsprogramm weitergegeben. Durch den optionalen Parameter *Größe* lässt sich die Größe des zu erzeugenden Dateisystems festlegen.

- `-t Dateisystemtyp` Legt den Dateisystemtyp fest, mit dem der Datenträger formatiert werden soll. Gültige Werte sind z. B.: *msdos*, *ext2* (Voreinstellung) und *minix*.

```
mkfs -t msdos -c -v /dev/fd0
```
Ruft das Programm *mkfs.dos* auf, um den durch die Datei */dev/fd0* repräsentierten Datenträger im MS-DOS-Format zu formatieren. Das Programm *mkdosfs* wird mit den Optionen *-c* und *-v* aufgerufen. Siehe auch: mke2fs, mkdosfs, mkfs.minix. Dokumentation: man:mkfs.

mkdosfs
Paket: dosfstools

Erzeugen eines MS-DOS-Dateisystems
Systemverwaltung, Kompatibilität

```
mkdosfs [Optionen] Gerätedatei [Größe]
```
Das Programm formatiert den durch die mit *Gerätedatei* angegebene Gerätedatei repräsentierten Datenträger im MS-DOS (FAT-) Format. Dieses Format zu verwenden bietet sich bei Wechselmedien wie Disketten an, die von Betriebssystemen gelesen werden sollen, die das Ext2-Dateisystem nicht unterstützen (z. B. Windows- oder Macintosh-Rechner). Standardmäßig erzeugt das Programm ein DOS-Dateisystem, das die Größe des angegebenen Datenträgers voll ausnutzt. Durch die Angabe des optionalen Parameters *Größe* kann die Größe des Dateisystems in 1024 Byte großen Blöcken angegeben werden.

- `-c` Der Datenträger wird auf fehlerhafte Blöcke untersucht, bevor er formatiert wird.
- `-l Datei` Es wird eine Liste fehlerhafter Blöcke aus der mit *Datei* angegebenen Datei gelesen. Eine solche Liste kann mit dem Programm *badblocks* erzeugt werden.
- `-I` Erzwingt die Formatierung ganzer, also unpartitionierter, nicht-wechselbarer Datenträger. Dieser Parameter ist beispielsweise bei der Formatierung unpartitionierter MO-Disks nötig, die von Linux als fest eingebaute Datenträger angesehen werden und ohne diesen Parameter mit dem Programm nicht formatiert werden können.
- `-n Name` Legt mit *Name* den Namen des Dateisystems fest. *Name* darf aus maximal 11 Buchstaben bestehen.

```
mkdosfs -c -n DISK1 /dev/fd0
```
Formatiert den Datenträger in dem durch die Datei */dev/fd0* repräsentierten Diskettenlaufwerk im MS-DOS Dateisystem und führt vorher einen Test auf fehlerhafte Blöcke durch. Der Name des Datenträgers wird als *DISK1* festgelegt.

```
mkdosfs -I /dev/sda
```
Formatiert den gesamten durch */dev/sda* repräsentierten Datenträger (erste SCSI-Festplatte) in dem MS-DOS-Dateiformat.

Achtung: Eine eventuell auf diesem Datenträger vorhandene Partitionierung geht dabei verloren.

Siehe auch: dosfsck, fdisk, mke2fs, mformat. Dokumentation: man:mkdosfs.

mke2fs
Paket: e2fsprogs

Erzeugen eines Ext2-Dateisystems
Systemverwaltung, Installation

```
mke2fs [Optionen] Gerätedatei [Größe]
```
Das Programm erzeugt ein Ext2- Dateisystem auf dem durch *Gerätedatei* repräsentierten Datenträger, d. h. es formatiert ihn. Alle Daten auf dem Datenträger gehen verloren. Das ext2- ist das Standardformat unter Linux. Es können Partitionen oder gesamte Datenträger (beispielsweise Disketten) formatiert werden. Das Programm erlaubt die Angabe einiger Parameter, mit denen für unterschiedliche Anwendungen optimierte Dateisysteme erzeugt werden können. Mit dem optionalen Parameter *Größe* kann die Größe des zu erzeugenden Dateisystems in Blöcken angegeben werden (normalerweise entspricht ein Block 1024 Byte). Standardmäßig wird die Größe so gewählt, dass sie den zu formatierenden Datenträger optimal ausfüllt.

- -b Blockgröße Das Dateisystem erhält eine Blockgröße von *Blockgröße* Byte. Zur Zeit erlaubte Blockgrößen sind 1024, 2048 und 4096 Byte. Die Blockgröße bestimmt den Platz, den eine Datei mindestens auf der Festplatte verbraucht. Sollen auf dem Datenträger also viele kleine Dateien gespeichert werden, sollte man eine kleine Blockgröße wählen. Bei durchschnittlich großen Dateien empfiehlt sich dagegen aus Performanz-Gründen eine höhere Blockgröße. Der Standardwert ist 1024.
- -i Bytes-pro-Inode In Inodes werden die Informationen zu einer Datei gespeichert. Mit diesem Parameter wird festgelegt, nach jeweils wieviel Byte ein Inode eingerichtet wird. Standardwert ist 4096. Damit lassen sich auf jeweils 1 MB Festplattenkapazität 256 Dateien unabhängig von ihrer Größe anlegen. Weil Inodes selbst Platz auf dem Datenträger benötigen, sollte man wenige Inodes anlegen (also einen hohen Wert angeben), wenn auf dem Datenträger besonders große Dateien gespeichert werden sollen. Auf der anderen Seite werden bei vielen kleinen Dateien mehr Inodes als üblich benötigt.
- -c Bevor das Dateisystem erzeugt wird, wird *badblocks* aufgerufen und untersucht den Datenträger im Lesemodus nach fehlerhaften Blöcken. Weil der Datenträger allerdings formatiert werden soll, empfiehlt es sich u. U., *badblocks* manuell einen Schreib-Lese-Test auf dem Datenträger durchführen zu lassen.
- -l Dateiname Die Liste fehlerhafter Blöcke wird aus der mit *Dateiname* angegebenen Datei übernommen. Eine solche Datei kann mit dem Programm *badblocks* erzeugt werden.
- -m Prozentsatz Gibt an, wieviel Prozent des Speicherplatzes auf dem Datenträger für den Administrator reserviert sein sollen. Standard sind 5 %.

`mke2fs /dev/hda7`

Es wird die dritte logische Partition auf der ersten (E)IDE-Festplatte im Ext2-Format formatiert.

`mke2fs -l badblocks.list -i 16384 -b 4096 -m 2 /dev/sdb2`

Die zweite primäre Partition auf der zweiten SCSI-Festplatte wird formatiert. Informationen über fehlerhafte Blöcke werden der Datei *badblocks.list* entnommen. Die Blockgröße wird auf 4096 Byte festgelegt und es wird nur alle 16384 Byte ein Inode eingerichtet. Für den Systemadministrator werden 2 % des verfügbaren Platzes reserviert. Diese Einstellungen sind nur sinnvoll, wenn auf dem Datenträger besonders große Dateien gespeichert werden sollen. Siehe auch: mkfs, badblocks, fdisk, mkdosfs, e2fsck. Dokumentation: man:mke2fs.

mkfifo

Erzeugen von FIFOs

Paket: fileutils

Shellskripte, Dateiverwaltung

```
mkfifo [Option] Name [Name ...]
```
Erzeugt ein FIFO mit dem mit *Name* angegebenen Namen. FIFO steht für First-In-First-Out. Es handelt sich dabei um spezielle Dateien, die eine Form der Kommunikation zwischen verschiedenen Prozessen ermöglicht. FIFOs werden auch als Named-Pipes bezeichnet.

- -m Rechte | --mode=Rechte Das FIFO wird mit den durch *Rechte* spezifizierten Rechten erzeugt. Standard ist *prw-r--r--*, also Lesen und Schreiben für den Besitzer und nur Lesen für allen anderen Benutzer.

`mkfifo test`

Erzeugt ein FIFO mit dem Namen *test* im aktuellen Arbeitsverzeichnis. Um die Funktion des FIFOs *test* zu testen, kann beispielsweise folgendes ausprobiert werden:

- Man meldet sich an zwei virtuellen Konsolen an.
- An der ersten Konsole ist folgender Befehl einzugeben:

    ```
    joe@debian:~$ cat - > test
    ```

- An der zweiten Konsole ist folgender Befehl einzugeben:

    ```
    joe@debian:~$ cat < test
    ```

- An der ersten Konsole wird irgendwelcher Text eingegeben (und mit EINGABE „abgeschickt").
- Der Text erscheint „automatisch" auf der zweiten Konsole.
- Beide Vorgänge können mit STRG-C abgebrochen werden.

Der erste Befehl liest von der Standardeingabe (der virtuellen Konsole) und schreibt auf das FIFO *test*. Der zweite Befehl liest aus dem FIFO *test* und schreibt auf die Standardausgabe (der zweiten virtuellen Konsole). Alles was auf der einen Seite in das FIFO eingegeben wird, kommt auf der anderen Seite wieder heraus. Siehe auch: mknod, chmod, mkdir. Dokumentation: info:mkfifo.

mkfs.minix — Erzeugen eines Minix-Dateisystems
Paket: util-linux — Systemverwaltung

```
mkfs.minix [Optionen] Gerätedatei [Größe]
```

MINIX ist eine ältere, limitierte UNIX-Implementierung für PCs, mit der viele Linux-Entwickler gearbeitet haben, bevor es Linux gab. Das MINIX-Dateisystem bot sich lange Zeit als Alternative zum MS-DOS-Dateisystem beim Formatieren von Disketten an, weil es u. a. längere Dateinamen als das Microsoft-Dateisystem erlaubt.

Das Programm *mkfs.minix* formatiert den durch die mit *Gerätedatei* angegebene Gerätedatei repräsentierten Datenträger mit dem Dateisystem dieses Betriebssystems. Optional kann dem Programm die Größe des zu erzeugenden Dateisystems in Blöcken von 1024 Byte angegeben werden. Wenn die Größe nicht angegeben wird, wird sie automatisch festgestellt.

- `-c` Der Datenträger wird auf fehlerhafte Blöcke untersucht, bevor er formatiert wird.
- `-n Länge` Es wird die erlaubte maximale Länge von Dateinamen auf dem Datenträger festgelegt. Erlaubte Werte sind 14 und 30. 30 ist Voreinstellung.
- `-i Anzahl` Legt mit *Anzahl* die Anzahl zu erzeugender Inodes auf dem Datenträger fest. Dadurch wird festgelegt, wieviele Dateien maximal auf dem Datenträger angelegt werden können.
- `-l Datei` Die Liste fehlerhafter Blöcke wird aus der mit *Datei* angegebenen Datei gelesen. Eine solche Datei kann mit dem Programm *badblocks* erzeugt werden.
- `-v` Es wird ein MINIX Version 2 Dateisystem erstellt.

```
mkfs.minix -vc /dev/fd0
```

Formatiert den Datenträger in dem durch die Gerätedatei */dev/fd0* repräsentierten Diskettenlaufwerk mit dem MINIX-Dateisystem Version 2 und führt vorher eine Prüfung auf fehlerhafte Blöcke durch. Siehe auch: badblocks, fdisk, cfdisk, mke2fs. Dokumentation: man:mkfs.minix.

mknod — Erzeugen von Gerätedateien und anderen speziellen Dateien
Paket: fileutils — Systemverwaltung

```
mknod [Optionen] Name Typ [Hauptnummer] [Unternummer]
```

Das Programm erzeugt eine spezielle Datei mit dem durch *Name* angegebenen Namen. Die Art der zu erzeugenden speziellen Datei wird durch *Typ* spezifiziert. Folgende Typen stehen zur Verfügung:

p: Erzeugung eines FIFOs. Mit dieser Typenbezeichnung hat der Befehl die gleiche Funktion wie *mkfifo*.
b: Erzeugung einer Blockgerätedatei. Blockgerätedateien sind beispielsweise die Gerätedateien im Verzeichnis */dev/*, die Festplatten repräsentieren.
c: Erzeugen einer gepufferten Zeichengerätedatei. Zeichengerätedateien sind solche, die Geräte repräsentieren, auf die nur sequentiell zugegriffen werden kann (z. B. parallele Schnittstellen).
u: Erzeugen einer ungepufferter Zeichengerätedatei.

Bei der Erzeugung von Gerätedateien müssen die Haupt- (Major-) und Unter- (Minor-) Nummer des entsprechenden Geräts angegeben werden. Eine Liste der von Linux unterstützten Geräte findet sich in der Datei *devices.txt*, die im Dokumentationsverzeichnis der Kernel-Quellen liegt.

Achtung: Fehlende Gerätedateien sollten normalerweise durch das Programm */dev/MAKEDEV* erzeugt werden.

`-m Rechte | --mode=Rechte` Die Datei wird mit den durch *Rechte* spezifizierten Rechten erzeugt. Standard ist *rw-r--r--*, also Lesen und Schreiben für den Besitzer und nur Lesen für allen anderen Benutzer.

```
mknod /dev/sda b 8 0
```
Erzeugt die Gerätedatei */dev/sda* neu, wenn diese nicht mehr existiert. Siehe auch: /etc/MAKEDEV, mkfifo. Dokumentation: info:mknod.

mkswap
Einrichten von Auslagerungsspeicher
Paket: util-linux
Systemverwaltung

```
mkswap [Optionen] Datei Größe
```
Bereitet die mit *Datei* bezeichnete Partition oder Datei auf die Benutzung als Auslagerungsspeicher durch den Kernel vor. *Datei* kann hinterher durch den Befehl *swapon* eingebunden werden. Eine Swapdatei kann u. a. mit dem Befehl *dd* erstellt werden. Der folgende Befehl erstellt eine 128 MB große Swapdatei mit dem Namen *swapfile*:

```
dd if=/dev/zero of=swapfile bs=1048576 count=128
```

`-c` Prüft die vorzubereitende Partition auf fehlerhafte Blöcke und gibt deren Nummern aus, falls welche gefunden wurden.

```
mkswap swapfile
```
Initialisiert die Datei *swapfile* für die Verwendung als Auslagerungsdatei

```
mkswap /dev/sda1
```
Initialisiert die erste primäre Partition auf der ersten SCSI-Festplatte zur Verwendung als Auslagerungspartition Siehe auch: swapon, swapoff, cfdisk. Dokumentation: man:swapon.

mktemp
Erzeugen einer temporären Datei
Paket: debianutils
Shellskripte, Dateiverwaltung

```
mktemp [Optionen] Schablone
```
Wenn in Shellskripten Daten in temporäre Dateien geschrieben werden müssen, ist man mit dem Problem konfrontiert, welchen Dateinamen man für diese Dateien wählen soll. Es kann ja passieren, dass eine Datei mit dem gewählten Namen auf dem Rechner, wo das Skript einmal ausgeführt wird bereits existiert und dann überschrieben wird. Das Programm *mktemp* erzeugt eine temporäre Datei, für die sichergestellt ist, dass ihr Name noch nicht

existiert. Dem Programm wird mit *Schablone* eine Namensschablone übergeben, die aus einem gewöhnlichen Dateinamen mit sechs angehängten großen X-Buchstaben besteht. Diese X-Buchstaben werden von *mktmp* durch Zahlen und Buchstaben ersetzt, um einen neuen Namen zu generieren. Das Programm erzeugt die Datei und gibt Ihren Namen auf die Standardausgabe aus.

-q Wenn die Datei nicht erzeugt werden kann, wird keine Fehlermeldung ausgegeben. Es ist dann der Rückkehrwert des Programms auszuwerten (0 – Erfolg, 1 – Fehler).

```
mktemp Scriptfoo.XXXXXX
```
Legt eine temporäre Datei, deren Namen sich aus *Scriptfoo.* und einer von *mktemp* erzeugten Zeichenfolge zusammensetzt, im Arbeitsverzeichnis an.

```
mktemp -q /tmp/zwischenXXXXXX
```
Legt eine temporäre Datei im Verzeichnis */tmp* an. Im Falle eines Fehlers wird keine Fehlermeldung ausgegeben. Siehe auch: tempfile. Dokumentation: man:mktemp.

mmd   Anlegen von Verzeichnissen auf DOS-Datenträgern
Paket: mtools   Kompatibilität, Dateiverwaltung

```
mmd DOS-Verzeichnis [DOS-Verzeichnis ...]
```
Das Kommando legt das oder die mit *DOS-Verzeichnis* angegebenen Verzeichnisse an.

```
mmd a:/files
```
Legt das Verzeichnis *files* auf dem *mtools*-Laufwerk *a:* an.

```
mmd files config
```
Legt die Verzeichnisse *files* und *config* im *mtools*-Arbeitsverzeichnis an. Siehe auch: mkdir, mtools. Dokumentation: info:mtools.

modinfo   Informationen über Kernelmodule ausgegeben
Paket: modutils   Systemverwaltung, Information

```
modinfo [Optionen] Moduldatei
```
Das Programm liest, verschiedene Informationen aus dem mit *Moduldatei* angegebenen Kernelmodul.

-a Gibt den Autor des betreffenden Moduls aus.
-p Gibt aus, welche Parameter das Modul u. U. unterstützt.
-d Gibt eine Beschreibung des Moduls aus.

```
modinfo -d /lib/modules/2.2.12/scsi/st.o
```
Gibt eine Beschreibung des Kernelmoduls in der angegebenen Datei aus. Siehe auch: modprobe, modconf. Dokumentation: man:modinfo.

modprobe   Laden von Kernelmodulen
Paket: modutils   Systemverwaltung

```
modprobe [Optionen] Modul [Parameter=Wert ..]
```
Anhand der durch *depmod* generierten Informationen wird überprüft, welche Module im Kernel vorhanden sein müssen, damit das mit *Modul* bezeichnete Modul geladen werden kann. Dieses Module (und evtl. Module, von denen dieses abhängig ist) werden geladen. Danach wird *Modul* selbst geladen. Der Befehl bietet gegenüber *insmod* den Vorteil, dass vom Benutzer keine Modulabhängigkeiten beachtet werden müssen. Optional kann den mit *Parameter* bezeichneten Modulparametern der mit *Wert* angegebene Wert zugewiesen werden. Das Programm ist hochkonfigurierbar und kann eine Anzahl weiterer Aktionen ausführen (siehe Kap. 12.4.2, S. 351).

```
modprobe [Optionen]
```
Führt unterschiedliche, durch *Optionen* spezifizierte Aktionen aus:

`-l` Listet die verfügbaren Module auf.

`-c` Gibt die Konfiguration des Programms aus.

`-r Modul` Entfernt das mit *Modul* bezeichnete Modul aus dem Kernel und alle weiteren Module, die nicht mehr benötigt werden, nachdem *Modul* entfernt ist.

`-a Name` Lädt alle Module, auf deren Name *Name* zutrifft. Name darf Meta-Zeichen enthalten, die normalerweise durch Anführungszeichen vor der Shell geschützt werden müssen.

`-t Name` Bezieht die auszuführende Aktion nur auf ein mit *Name* bezeichnetes Modul-Unterverzeichnis.

```
modprobe ppp
```
Lädt das Modul *ppp* und alle Module, die von denen dieses abhängt.
```
modprobe aha152x aha152x=0x340,10
```
Lädt das Modul *aha152x* und setzt den Modulparameter *aha152x* auf den Wert *0x340,10*.
```
modprobe -r ppp
```
Entfernt das Modul *ppp* und alle Module, die von diesem Modul benötigt werden aus dem Kernel.
```
modprobe -a -t net \*
```
Lädt alle Module aus dem Modul-Unterverzeichnis *net* und alle dazu benötigten Module in den Kernel. Siehe auch: depmod, update-modules, modconf, insmod, rmmod. Dokumentation: man:modprobe.

more   Seitenweises Ansehen von Dateien
Paket: util-linux   Textbearbeitung, Information

```
more [Optionen] [Datei ...]
```
Das Programm liest Daten von der Standardeingabe oder von einer oder mehreren mit *Datei* bezeichneten Datei(en) und zeigt sie am Terminal an. Der Hauptgrund für den Einsatz von *more* besteht darin, dass es oft gewünscht ist, lange Ausgaben bildschirmweise anzuzeigen, damit sie komplett gelesen werden können. Der Hauptgrund, der gegen den Einsatz von *more* spricht ist, dass mit dem Programm *less* ein Programm für den gleichen Zweck zur Verfügung steht, welches wesentlich mächtiger und komfortabler ist. Die Bedienung von *more* ist in Kapitel 5.21, S. 127 beschrieben. Die wichtigsten Tastaturkommandos für *more* sind die LEER-Taste, mit der die nächste Seite angezeigt wird und die EINGABE-Taste, mit der die nächste Zeile angezeigt wird. Das Programm wird über die Taste Q verlassen.

`-p` Der angezeigte Text wird beim Blättern nicht verschoben, sondern der Bildschirm wird jedesmal gelöscht und neu mit Text gefüllt.

`-s` Mehrere leere Zeilen hintereinander werden durch eine Leerzeile in der Anzeige ersetzt.

```
more brief.txt
```
Zeigt die Datei *brief.txt* seitenweise im Terminal an.
```
ls -la | more
```
Zeigt die Ausgabe des Befehls *ls -la* seitenweise an. Siehe auch: less. Dokumentation: man:more.

mount   Einbinden von Datenträgern
Paket: mount   Systemverwaltung

```
mount -a [Optionen]
```
Bindet alle in der Datei */etc/fstab* angegebenen Datenträger in das Dateisystem ein („mountet" alle Datenträger).
```
mount [Optionen] Datenträger Verzeichnis
```

Mountet den durch *Datenträger* angegebenen Datenträger in das mit *Verzeichnis* angegebene Verzeichnis.

Unter dem Mounten von Datenträgern versteht man das Verbinden eines physikalischen Datenträgers mit einem Verzeichnis im Dateisystem. Zu Beginn des Startprozesses von Debian wird der erste Datenträger (in der Regel eine Festplattenpartition) in das Wurzelverzeichnis des Dateisystems gemountet. Alle Dateien und Verzeichnisse befinden sich dann zunächst auf diesem Datenträger. Hinterher können dann weitere Datenträger in Verzeichnisse gemountet werden. Alle Dateien, die sich dann in einem solchen Verzeichnis oder in Unterverzeichnissen davon befinden, befinden sich somit physikalisch auf dem Datenträger, der in das betreffende Verzeichnis gemountet ist. Die Verzeichnisse, in die Datenträger gemountet werden sollen, müssen leer sein. Der Vorgang lässt sich durch den Befehl *umount* rückgängig machen.

Wird *mount* ohne Parameter angegeben, zeigt es an, welche Datenträger in welches Dateisystem gemountet sind. Wenn *mount* nur mit einer Datenträgerbezeichnung oder nur mit einem Verzeichnis aufgerufen wird, sucht es einen entsprechenden Eintrag für den Datenträger oder das Verzeichnis in der Datei */etc/fstab* und mountet den Datenträger dann entsprechend dem Eintrag in dieser Datei. Datenträgerbezeichnungen sind gewöhnlich Bezeichnungen von Gerätedateien, die physikalische Datenträger wie Festplattenpartitionen repräsentieren. Es gibt allerdings auch Ausnahmen. Soll beispielsweise ein Verzeichnis, das von einem anderen Rechner (z. B. über NFS) zur Verfügung gestellt worden ist, gemountet werden, so muss als Datenträger der Name des Rechners und – nach einem Doppelpunkt – das Verzeichnis auf diesem Rechner angegeben werden.

Datenträger dürfen gewöhnlich nur vom Administrator gemountet werden. Es besteht allerdings die Möglichkeit, in der Datei */etc/fstab* zu definieren, dass bestimmte Datenträger auch von gewöhnlichen Benutzern eingebunden und wieder entfernt werden können.

-a Mountet alle in der Datei */etc/fstab* angegebenen Dateisysteme.
-t Dateisystemtyp Gibt den Typ des Dateisystems (z. B. ext2 oder msdos) mit *Dateisystem* an. Zusammen mit der Option *-a* bewirkt diese Option, dass nur die Datenträger mit dem angegebenen Dateisystemtyp gemountet werden. Die Liste der vom Kernel unterstützten Dateisystemtypen lässt sich durch den folgenden Befehl einsehen:

    joe@debian:~$ **cat /proc/filesystems**

Es ist allerdings zu bedenken, dass dort nur die Dateisystemtypen aufgeführt sind, die der Kernel zum Zeitpunkt der Ausgabe unterstützt. Die Unterstützung für zusätzliche Typen lässt sich eventuell durch das Laden eines entsprechenden Moduls aktivieren.

-r Bestimmt, dass auf den Datenträger nur zum Lesen zugegriffen werden darf und sein Inhalt nicht verändert werden kann.
-w Bestimmt, dass auf den Datenträger lesend und schreibend zugegriffen werden darf (Standardeinstellung).
-o Optionen Gibt zusätzliche – teilweise dateisystemspezifische Optionen – zum Mounten des Datenträgers an. Einzelne Optionen werden durch Kommata voneinander getrennt. Zwischen Ihnen darf kein Leerzeichen vorkommen. Einige wichtige Optionen werden im folgenden erläutert.

Mount-Optionen:

async Daten werden asynchron geschrieben. Das heißt, es wird erst dann auf den Datenträger geschrieben, wenn das Betriebssystem dies für sinnvoll hält und nicht sofort nachdem Daten verändert worden sind.
sync Sobald auf den Datenträger geschrieben wird, werden die Änderungen auch vorgenommen. Dadurch verringert sich die Performanz des Systems u. U. erheblich.
dev Gerätedateien auf dem Datenträger werden als solche interpretiert.
nodev Gerätedateien auf dem Datenträger werden nicht als solche interpretiert.
exec Dateien auf dem Datenträger dürfen als Programme ausgeführt werden.
noexec Dateien auf dem Datenträger dürfen nicht ausgeführt werden.

`suid` Wenn bei einer ausführbaren Datei das SUID-Bit gesetzt ist, zeigt dies Wirkung. Das heißt, ausführbare Dateien können mit einer anderen Benutzer-ID als der des aufrufenden Benutzers ausgeführt werden.

`nosuid` Ausführbare Dateien können nur mit der Benutzer-ID des aufrufenden Benutzers ausgeführt werden.

`defaults` Entspricht den Optionen *suid, dev, exec* und *async*.

`uid=Wert` Legt den Besitzer von Dateien und Verzeichnissen auf solchen Dateisystemtypen fest, die diese Werte nicht speichern können (z. B. msdos, vfat, iso9660). Es muss die numerische Benutzer-ID angegeben werden. Standardmäßig wird die Benutzer-ID des Benutzers verwendet, der den Datenträger mountet.

`gid=Wert` Wie *uid* für die Gruppenzugehörigkeit von Dateien und Verzeichnissen.

`mount -a t ext2`
Mountet alle in der Datei */etc/fstab* aufgeführten Datenträger, die den Dateisystemtyp *ext2* haben.

`mount /floppy`
Mountet den Datenträger in das Verzeichnis */floppy*, der in der Datei */etc/fstab* dafür definiert wurde.

`mount -t vfat -o uid=1000,gid=1000 /dev/hda1 /dosc`
Mountet den Datenträger, der durch die Datei */dev/hda1* repräsentiert wird (erste primäre Partition auf der ersten (E)IDE-Festplatte) in das Verzeichnis */dosc*. Der Datenträger wird als VFAT-Partition (Windows 95 Dateisystem) gemountet. Alle Dateien auf dem Datenträger werden dem Benutzer mit der ID 1000 und der Gruppe mit der gleichen ID zugeordnet.

`mount -t nfs fileserver:/files/new /dateien/neu`
Mountet das Verzeichnis */files/new*, welches sich auf dem Rechner *fileserver* befindet, in das lokale Verzeichnis *dateien/neu*. Siehe auch: umount, Kapitel 5.18.1, S. 116. Dokumentation: man:mount.

mpage — Drucken von mehreren Seiten auf einem Blatt Papier
Paket: mpage
Textbearbeitung

`mpage [Optionen] [Datei ...]`

Das Programm *mpage* ermöglicht es, auf einer Papierseite mehrere Originalseiten eines PostScript-Dokuments oder eines ASCII-Texts auszudrucken. Die Daten werden von der Standardeingabe oder aus den oder der mit *Datei* bezeichneten Datei(en) gelesen. Die resultierende PostScript-Datei wird ohne Angabe spezieller Optionen auf die Standardausgabe geschrieben. Standardmäßig ordnet *mpage* die Daten so an, dass jeweils vier Originalseiten auf einer Seite dargestellt werden.

`-Anzahl` Ordnet jeweils die mit *Anzahl* angegebene Menge von Seiten der Originaldatei(en) auf einer Seite an. Mögliche Werte sind 1, 2, 4 und 8.

`-bFormat` Gibt das Papierformat für das zu erzeugende Dokument an. Standard ist der mit *paperconfig* eingestellte Wert. Eine Liste möglicher Werte lässt sich durch die Option *-b?* anzeigen.

`-c` Werden mehrere Dateien formatiert, dann bewirkt diese Option, dass Seiten verschiedener Eingangsdateien auf einer Seite in der Ausgabe erscheinen.

`-da|p` Erzwingt die Interpretation der Eingangsdaten als ASCII *-da* oder PostScript *-dp*. Damit ist es beispielsweise möglich, den Quellcode von PostScript-Dokumenten zu drucken.

`-f` Bewirkt bei ASCII-Dateien, dass Zeilen, welche die Seitenbreite überschreiten, umgebrochen werden.

`-FFont` Legt mit *Font* den zu verwendenden Font für ASCII-Dateien fest.

`-jAnfang[-Ende][%Intervall]` Gibt nur die angegebenen Seiten aus. *Anfang* bezeichnet die erste Seite, *Ende* die letzte und *Intervall*, wieviele Seiten zwischen den auszugebenden Seiten jeweils ausgelassen werden sollen.

`-k` Bewirkt, dass PostScript-Dateien komplett bearbeitet werden und *mapge* nicht abbricht, wenn es einen entsprechenden PostScript-Befehl liest.

`-P[Drucker]` Die Ausgabe wird direkt ausgedruckt. Wenn mit *Drucker* der Name eines Druckers angegeben ist, wird auf diesen gedruckt, sonst auf den Standarddrucker.

-r Die Seiten werden von hinten nach vorne ausgegeben. Damit kann rückwärts gedruckt werden.

-m[Abstand][lrtb][...] Legt die Ränder der Ausgangsseite auf den mit *Abstand* angegebenen Wert in Punkten fest. Standardwert ist 20. Wird *Abstand* nicht angegeben, wird er auf 10 festgelegt. Ohne die Angabe einer der Buchstaben *l, r, t* oder *b* gilt die Angabe für alle Ränder. Sonst steht *l* für den linken Rand, *r* für den rechten, *t* für den oberen und *b* für den unteren Rand. Es können mehrere Angaben hintereinander vorgenommen und negative Werte angegeben werden. So legt die Angabe *-m5r0t-10lb* den rechten Rand auf 5 Punkte, den oberen Rand auf 0 Punkte fest und den linken und unteren Rand auf -10 Punkte fest.

-M[Abstand][lrtb][...] Die gleiche Option wie *-m*, nur dass hiermit die Ränder der Seiten der Ausgangsdokumente beeinflusst werden.

```
mpage < bericht.ps > bericht4.ps
```
Ordnet die Seiten in der Datei *bericht.ps* so an, dass jeweils vier von ihnen auf einer Seite in der neu erzeugten Datei *bericht4.ps* erscheinen.

```
mpage -2 -j1%2 -P bericht.ps
```
Druckt die Datei *bericht.ps* mit jeweils zwei Seiten auf einem Blatt Papier über den Standarddrucker aus. Dabei wird nur jede zweite Seite, angefangen mit der ersten, gedruckt.

```
mpage -2 -j2%2 -r -P bericht.ps
```
Druckt wie im vorherigen Beispiel jedoch jetzt jede zweite Seite, angefangen mit Seite 2. Zusammen mit dem vorhergehenden Befehl kann so zweiseitig gedruckt werden. Siehe auch: pr, a2ps, psbook, psresize. Dokumentation: man:mpage.

mrd — Löschen von Verzeichnissen auf DOS-Datenträgern

Paket: mtools   Kompatibilität, Dateiverwaltung

```
mrd DOS-Verzeichnis [DOS-Verzeichnis ...]
```
Löscht das oder die mit *DOS-Verzeichnis* angegebene(n) Verzeichnis(se) auf *mtools*-Laufwerken.
Siehe auch: rmdir, mtools, mmd. Dokumentation: info:mtools.

mren — Umbenennen von Dateien auf DOS-Datenträgern

Paket: mtools   Kompatibilität, Dateiverwaltung

```
mren Ausgangsname Zielname
```
Benennt die mit *Ausgangsname* bezeichnete Datei in den mit *Zielname* angegebenen Namen um. Bei *Ausgangsname* und *Zielname* muss es sich um DOS-Namen handeln.

```
mren DOS-Datei [DOS-Datei ...] DOS-Zielverzeichnis
```
Verschiebt die mit *DOS-Datei* bezeichnete(n) Datei(en) in das mit *DOS-Zielverzeichnis* spezifizierte Verzeichnis. Beim Umbenennen und Verschieben von Dateien mit *mren* müssen sich Quelle und Ziel auf dem gleichen *mtools*-Laufwerk befinden.
Siehe auch: mv, mtools. Dokumentation: info:mtools.

mswordview — Konvertieren von MS-Word 8.0 Dateien nach HTML

Paket: mswordview   Kompatibilität

```
mswordview [Optionen] Dateiname
```
Das Programm formatiert Text, Tabellen und Bilder aus MS-Word 8.0-Dokumenten in das HTML-Format um. Die Dokumente, können dann mit einem Web-Browser gelesen werden. Das MS-Word 8.0-Format ist das Standarddateiformat der Textverarbeitungsprogramme MS-Winword 98 und MS-Winword 2000.
Die erzeugten Dateien werden im gleichen Verzeichnis wie die Ausgangsdatei abgelegt. Sie erhalten den gleichen Namen. Das erzeugte zentrale HTML-Dokument erhält die zusätzliche Endung *.html*. Bilder und einige andere Textdokumente werden in eigenen Dateien im selben Verzeichnis abgelegt.

Das Programm versteht eine große Anzahl von Optionen, die normalerweise jedoch nicht benötigt werden. Siehe auch: word2x, catdoc, wine. Dokumentation: man:mswordview.

mt — Steuern von Bandlaufwerken
Paket: cpio — Systemverwaltung, Backup

`mt [Optionen] Operation [Anzahl]`

Das Programm *mt* wird zur Bedienung von Bandlaufwerken benutzt. Mit ihm ist es u. a. möglich, Bänder zu spulen und Einstellungen des Bandlaufwerks zu verändern. Standardmäßig verwendet *mt* das durch die Gerätedatei */dev/tape* repräsentierte Bandlaufwerk oder das mit der Umgebungsvariable *TAPE* definierte. Zu beachten ist, dass nicht jede Operation von jedem Bandlaufwerk unterstützt wird. Insbesondere unterstützen Nicht-SCSI-Geräte viele Operationen nicht.

`-f [[Benutzer@]Rechner:]Gerätedatei` Bestimmt, das durch die mit *Gerätedatei* angegebene Gerätedatei repräsentierte Bandlaufwerk zu verwenden. Ist Gerätedatei der Name eines Rechners vorangestellt, wird die Gerätedatei auf diesem Rechner benutzt. Dem Rechnernamen kann optional der Name eines Benutzers vorangestellt sein. Dadurch wird bewirkt, dass der Zugriff auf den fernen Rechner unter dem mit *Benutzer* angegebenen Benutzernamen erfolgt. *mt* verwendet zum Zugriff auf fremde Rechner *rsh* oder *ssh*.

`--rsh-command=Programm` Bewirkt, dass *mt* beim Zugriff auf fremde Rechner das mit *Programm* angegebene Programm benutzt.

Operationen:

`rewind` Das Band wird zurückgespult.
`eom` Das Band wird an das Ende der darauf bereits vorhandenen Daten gespult.
`fsf Zahl` Das Band wird um die mit *Zahl* angegebene Anzahl Dateimarken vorgespult.
`bsf Zahl` Das Band wird um die mit *Zahl* angegebene Anzahl Dateimarken zurückgespult.
`offline` Das Band wird zurückgespult und ausgegeben, falls dies vom Laufwerk unterstützt wird.
`retension` Das Band wird zurückgespult, dann vorgespult und dann wieder zurückgespult.
`status` Gibt Statusinformationen über das Band und das Laufwerk aus.

`mt -f /dev/st0 status`
Gibt den Status des durch die Gerätedatei */dev/st0* repräsentierten Bandlaufwerks aus.

`mt -f backup@backupserver:/dev/tape3 fsf 2`
Spult das durch die Gerätedatei */dev/tape3* repräsentierte Bandlaufwerk zwei Dateimarken weiter. Das Laufwerk ist an den Rechner *backupserver* angeschlossen, auf den mit dem Benutzername *backup* zugegriffen wird. Siehe auch: tar, cpio. Dokumentation: man:mt.

mtools — Verwalten von Dateien auf DOS-formatierten Datenträgern
Paket: mtools — Dateiverwaltung, Kompatibilität

Bei *mtools* handelt es sich um ein Programm, dass verschiedene Befehle zum Zugriff auf DOS/Windows-formatierte Datenträger zur Verfügung stellt. Der Vorteil bei der Anwendung dieser Befehle besteht gegenüber dem normalen Verfahren darin, dass die Datenträger nicht gemountet werden müssen, sondern direkt auf sie zugegriffen werden kann. Die durch *mtools* verfügbaren Befehle haben in der Regel die gleichen Namen wie die entsprechenden Befehle unter MS-DOS, nur dass ihnen jeweils ein m vorangestellt ist (also *mcopy* anstatt von *copy*). Die *mtools* stellen einen bequemen Weg dar, auf wechselbare Datenträger (Disketten, Zip-Medien etc.) zuzugreifen, die im DOS/Windows-Format formatiert sind, ohne diese Datenträger zu mounten. Es ist sogar möglich, mit *mtools* auf die Festplattenabbilddateien von DOSemu zuzugreifen. Andererseits sollten diese Werkzeuge nicht als Ersatz für die normalen UNIX-Befehle verstanden werden.

Um alles ähnlich wie unter DOS aussehen zu lassen, werden für die Datenträger, auf die mit den *mtools* zugegriffen werden kann, in der Datei */etc/mtools.conf* Laufwerksbuchstaben definiert, über die Dateien auf diesen Datenträgern angesprochen werden. Standardmäßig sind dort bereits Definitionen für Diskettenlaufwerke (A: und B:) vorhanden sowie einige weitere Einträge vorgenommen, vor denen allerdings das Kommentarzeichen entfernt werden muss, bevor sie wirksam werden.

Bei der Verwendung der *mtools* ist zu beachten, dass sie zum einen UNIX-Dateinamen verwenden und zum anderen DOS-Dateinamen. Um z. B. die Datei *readme.txt* von einer (DOS-formatierten) Diskette in das eigene Heimatverzeichnis zu kopieren, ist folgender Befehl einzugeben:

```
joe@debian:~$ mcopy a:\readme.txt ~/
```

Bei dem ersten Parameter *a:\readme.txt* handelt es sich um einen DOS-Dateinamen mit Laufwerksbuchstaben und Rückwärts-Schrägstrich und bei dem zweiten Parameter um einen UNIX-Dateinamen. Generell werden Dateinamen als DOS-Namen interpretiert, wenn ihnen ein Laufwerksbuchstabe vorangestellt ist. Zur Trennung von Verzeichnissen kann – bei DOS-Namen – sowohl der Rückwärts-Schrägstrich (\) als auch der normale Schrägstrich benutzt werden. Dem Rückwärts-Schrägstrich muss ein zweiter vorangestellt werden, weil er normalerweise eine spezielle Bedeutung für die Shell hat. Einige *mtools*-Befehle akzeptieren an bestimmten Stellen nur DOS-Dateinamen. In diesen Fällen reicht auch ein Dateiname ohne Laufwerksbuchstabe, der dann als DOS-Name interpretiert wird. Genauso wie UNIX-Befehle gibt es für die *mtools* ein Arbeitsverzeichnis, das mit dem Befehl *mcd* geändert werden kann. Bei der Angabe relativer DOS-Namen wird dieses Arbeitsverzeichnis zugrunde gelegt. Das *mtools*-Arbeitsverzeichnis wird in der Datei *.mcwd* im Heimatverzeichnis des aktuellen Benutzers gespeichert und verliert seine Gültigkeit nach 6 Stunden. Im Unterschied zu DOS wird nur ein Arbeitsverzeichnis und nicht für jedes Laufwerk ein eigenes gespeichert.

Um die Verwirrung zu erhöhen, hat Microsoft für DOS-Dateisysteme lange und kurze Dateinamen erfunden. Zu jeder Datei auf einem DOS-Datenträger, deren Name länger als 8 Zeichen plus einer 3 Zeichen langen Erweiterung ist, oder der aus einem anderen Grund nicht erlaubt ist, wird zusätzlich ein langer Dateiname gespeichert. Diese werden von den *mtools* als primärer (langer Name) und sekundärer (kurzer) Name angesprochen. Wenn beispielsweise eine Datei auf einen DOS-Datenträger kopiert werden soll, deren kurzer Name dort bereits existiert, aber deren langer Name dort nicht existiert, muss entschieden werden, ob das bedeutet, dass die Datei überschrieben werden soll oder ob die zu kopierende Datei einen anderen sekundären (kurzen) Namen erhalten soll. Standardeinstellung der *mtools* ist es, nachzufragen, wenn der lange Dateiname bereits existiert und den kurzen (sekundären) Dateinamen automatisch zu ersetzen. Dieses Verhalten lässt sich durch allgemeine Optionen überschreiben, die für alle *mtools*-Befehle gelten und in den Info-Seiten zu diesem Programm beschrieben sind.

Meta-Zeichen (?,*, []) können mit den *mtools* genauso benutzt werden wie unter UNIX. Es ist also nicht nötig, bei einem DOS-Namen das Konstrukt (*.*) zu verwenden, wenn * (alle Dateien) gemeint ist. Weiter unterscheiden sich die *mtools* von den Original-DOS-Befehlen dadurch, dass Kommandooptionen – wie unter UNIX üblich – durch ein Minuszeichen und nicht durch einen Schrägstrich eingeleitet werden.

Siehe auch: mattrib, mbadblocks, mcd, mcopy, mdel, mdeltree, mdir, mformat, minfo, mlabel, mmd, mrd, mren, mtype, xcopy. Dokumentation: info:mtools.

mtype   Ausgeben von Dateien auf DOS-Datenträgern
Paket: mtools   Kompatibilität, Dateiverwaltung

```
mtype [Optionen] DOS-Datei [DOS-Datei ...]
```
Der Befehl liest die mit *DOS-Datei* angegebene(n) Datei(en) und schreibt ihren Inhalt auf die Standardausgabe.

- `-t` Die unter DOS üblichen Wagen-Rücklauf- und Neue-Zeile-Zeichen (CR/LF) am Ende der Zeilen in Textdateien werden durch das unter UNIX übliche Neue-Zeile-Zeichen ersetzt.
- `-s` Das höchste Bit in jedem Byte wird gleich Null gesetzt. Dadurch bleiben nur die normalen 127 ASCII-Zeichen erhalten.

```
mtype -t a:/readme.txt | less
```
Zeigt den Inhalt der Datei *readme.txt* auf dem *mtools*-Laufwerk *a:* mit dem Textbetrachter *less* an. Siehe auch: cat, mtools, fromdos. Dokumentation: info:mtools.

mv
Paket: fileutils

Verschieben und Umbenennen von Dateien
Dateiverwaltung

```
mv [Optionen] Quelldatei Zieldatei | Zielverzeichnis
```
Verschiebt die mit *Quelldatei* bezeichnete Datei nach *Zieldatei*. Wird Anstelle von *Zieldatei* ein Verzeichnisname angegeben, wird die Datei in das Verzeichnis verschoben und erhält dort den gleichen Namen wie die Ausgangsdatei. Existiert die *Zieldatei* bereits, wird sie überschrieben.

```
mv [Optionen] Quelldatei Quelldatei [...] Zielverzeichnis
```
Verschiebt alle mit *Quelldatei* angegebenen Dateien und Verzeichnisse in das Zielverzeichnis. Im Zielverzeichnis vorhandene Dateien mit den gleichen Namen wie die der Originaldateien werden auch hier überschrieben. Es ist nur möglich Dateien, nicht aber ganze Verzeichnisse von einem Datenträger auf einen anderen zu verschieben.

- `-b | --backup` Bevor Dateien überschrieben werden, wird von diesen eine Sicherungskopie erstellt. Diese hat standardmäßig den gleichen Namen wie das Original mit einer angehängten Tilde (~).
- `-S Endung | --suffix=Endung` Zusammen mit der Option *-b* erhalten Sicherungskopien anstatt der Tilde die Endung *Endung*.
- `-i | --interactive` Bevor Dateien überschrieben werden, wird nachgefragt, ob dies wirklich geschehen soll.
- `-u | --update` Es werden nur solche Dateien verschoben, deren letztes Änderungsdatum jünger ist als das der Zieldateien.
- `-v | --verbose` Der Name jeder verschobenen Datei wird ausgegeben.

```
mv brief1.tex finanzamt_03_Juli.tex
```
Wenn es sich bei *brief1.tex* nicht um ein Verzeichnis handelt und *finanzamt_03_Juli.tex* nicht existiert oder kein Verzeichnis ist: Benennt die Datei *brief1.tex* in *finanzamt_03_Juli.tex* um.

```
mv briefe texte
```
Wenn es sich bei *briefe* und bei *texte* um Verzeichnisse handelt: Verschiebt das Verzeichnis *briefe* in das Verzeichnis *texte*. D. h. *briefe* ist dann ein Unterverzeichnis von *texte*.

```
mv *jpg graphics/jpegs
```
Verschiebt alle Dateien, welche die Endung *jpg* haben, in das Verzeichnis *graphics/jpegs*. Wenn *graphics/jpegs* kein Verzeichnis ist, gibt es eine Fehlermeldung, falls im aktuellen Verzeichnis mehr als eine Datei mit der Endung *jpg* vorhanden ist. Siehe auch: cp, ln. Dokumentation: info:mv.

newgrp
Paket: login

Wechseln der Gruppenidentität
Prozessverwaltung

```
newgrp [-] [Gruppe]
```
Der Befehl *newgrp* wechselt die Gruppenidentität also die aktive Gruppe. Hierzu wird eine neue Shell mit der Gruppenidentität der mit *Gruppe* bezeichneten Gruppe gestartet. Ist der aufrufende Benutzer Mitglied der Gruppe, in die gewechselt werden soll, muss kein Passwort angegeben werden. Der Wechsel in eine fremde Gruppe erfordert jedoch die Angabe des Passworts dieser Gruppe. Ist die Gruppe nicht mit einem Passwort versehen, wird der Wechsel nicht gestattet. Wenn keine Gruppe angegeben wird, versucht das Programm die Standardgruppe des aufrufenden Benutzers zu verwenden.

- Die Umgebungsvariablen werden neu initialisiert. Die gestartete Shell erhält die gleichen Umgebungsvariablen wie eine Shell nach dem Login.

`newgrp topsecret`
Startet eine neue Shell mit der Gruppenidentität der Gruppe *topsecret*. Siehe auch: groups, id, su. Dokumentation: man:newgrp.

news
Paket: sysnews

Anzeigen von Systemneuigkeiten
Information

`news [Optionen] [Artikel ...]`

Um Benutzer über Systemneuigkeiten oder andere Dinge zu informieren, können der Systemadministrator oder andere Personen mit entsprechender Berechtigung Textdateien in das Verzeichnis */var/news* legen, die alle Benutzer mit dem Programm *news* lesen können. Standardmäßig zeigt *news* nur die Artikel aus */var/news* an, die seit dem letzten Aufruf von *news* durch den aufrufenden Benutzer noch nicht angezeigt wurden. Der Inhalt der Artikel wird auf die Standardausgabe geschrieben.

`-a | --all` Zeigt alle vorhandenen Artikel nacheinander an.
`-n | --names` Gibt nur die Namen der vorhandenen Artikel aus.
`-p | --page` Zeigt die anzuzeigenden Artikel mit dem Programm *more* oder dem in der Umgebungsvariable *PAGER* spezifizierten Programm an.
`-s | --articles` Zeigt die Anzahl der Artikel an.

`news -ap`
Zeigt alle vorhandenen Artikel mit *more* oder dem in der Umgebungsvariable *PAGER* angegebenen Programm an. Siehe auch: mail. Dokumentation: man:news.

nice
Paket: shellutils

Starten von Prozessen mit veränderter Priorität
Prozessverwaltung

`nice [Optionen] [Kommando]`

nice startet das mit *Kommando* angegebene Programm mit einer anderen Priorität als der Standardpriorität. Das System speichert zu jedem Prozess einen so genannten Nice-Wert, der bestimmt, wieviel Rechenzeit der betreffende Prozess zugewiesen bekommt. Der niedrigste Nice-Wert ist -20 (der Prozess bekommt am meisten Rechenzeit) und der höchste ist 19 (der Prozess bekommt am wenigsten Rechenzeit). Standardwert ist 0, also ein mittlerer Wert. Wird *nice* ohne Optionen und auszuführendes Kommando aufgerufen, gibt es den aktuellen *nice*-Wert aus. Wird mit *Kommando* ein auszuführendes Kommando angegeben, startet *nice* dieses Programm mit einem um 10 erhöhten Wert, normalerweise also mit dem Nice-Wert 10. Nur der Administratorin ist es erlaubt, Programme mit einem Nice-Wert unter 0 zu starten.

`-n Wert | --adjustment=Wert` Das auszuführende Kommando wird mit dem durch *Wert* angegebenen Nice-Wert gestartet.

`nice 19 updatedb`
Führt das Programm *updatedb* aus und erzeugt dabei eine sehr geringe Systemlast. Siehe auch: renice, ps. Dokumentation: info:nice.

nohup
Paket: shellutils

Ausführen von Programmen ohne fortlaufende Anmeldung
Prozessverwaltung

`nohup Kommando`

Gewöhnlich werden die Prozesse eines Benutzers beendet, wenn er sich abmeldet oder wenn die Verbindung zu dem Rechner, auf dem sie ausgeführt werden, aus irgendwelchen Gründen unterbrochen wird. Gelegentlich ist es jedoch erwünscht, langlaufende Prozesse weiter auszuführen, ohne weiterhin angemeldet sein zu müssen. Das

Programm *nohup* startet Prozesse so, dass sie nicht unterbrochen werden, falls die laufende Arbeitssitzung beendet wird. Die Ausgaben der von *nohup* gestarteten Prozesse werden in die Datei *nohup.out* im aktuellen Arbeitsverzeichnis oder – wenn dies nicht möglich ist – im Heimatverzeichnis des aufrufenden Benutzers geschrieben. Existiert diese Datei bereits, wird sie nicht überschrieben, sondern die Ausgaben werden an sie angehängt.

`nohup make world &`

Ruft das Programm *make* mit dem Parameter *world* auf und hängt die Ausgaben dieses Programms an die Datei *nohup.out* an. Nach einer Abmeldung läuft *make* weiter. Der Operator & bewirkt, dass die Shell den Prozess im Hintergrund startet, damit die Eingabe neuer Befehle (z. B. zur Abmeldung) möglich ist. Dokumentation: info:nohup.

paperconfig

Ändern der standardmäßigen Papiergröße

Paket: libpaperg

Systemverwaltung

`paperconfig [Optionen]`

Das Programm ändert entweder interaktiv oder über die Kommandozeile die standardmäßig zu verwendende Papiergröße. Bei der interaktiven Auswahl werden die verfügbaren Papierformate angezeigt.

`-p` Paperformat Setzt die Papiergröße auf das mit *Paperformat* angegebene Format fest.
`--force` Erlaubt die Auswahl einer Papiergröße auch dann, wenn sie bereits konfiguriert ist.

`paperconfig --force`

Zeigt die verfügbaren Papierformate an und erlaubt die Auswahl eines neuen Formates.

`paperconfig -p a4`

Setzt die Standard-Papiergröße auf das Format DIN-A4 fest. Dokumentation: man:paperconfig.

passwd

Ändern von Passwörtern

Paket: passwd

Systemverwaltung

`passwd [Optionen] [Benutzername | Gruppenname]`

Der primäre Zweck von *passwd* besteht darin, das zu einem Benutzerkonto gehörende Passwort zu verändern. Das Programm kann von jedem Benutzer aufgerufen werden, um das Passwort des eigenen Kontos zu ändern. Die Änderung von Passwörtern anderer Benutzerkonten ist nur dem Administrator erlaubt. *passwd* kann darüber hinaus genutzt werden, um Einstellungen eines Benutzerkontos anzuzeigen oder zu verändern. Bei der Festlegung eines neuen Passworts überprüft das Programm dieses nach Regeln, die in der Manual-Seite beschrieben sind daraufhin, ob es den Minimalanforderungen an ein sicheres Passwort genügt. Wenn dies nicht so ist, kann allerdings durch erneute Eingabe des unsicheren Passworts dessen Verwendung erzwungen werden. Hiervon ist normalerweise natürlich abzuraten. Passwörter sollten aus mindestens 8 Zeichen, großen und kleinen Buchstaben sowie Zahlen bestehen. Vorsicht ist geboten, wenn das zu verwendende Passwort auch auf anderen Betriebssystemen benutzt werden soll, die damit eine Authentifizierung am Debian-System durchführen. Einige Betriebssysteme unterstützen nämlich nicht die Unterscheidung zwischen groß- und kleingeschriebenen Passwörtern.

`-l` Sperrt das angegebene Benutzerkonto.
`-u` Hebt die Sperre des angegebenen Kontos wieder auf.
`-S` Gibt den Status des angegebenen Kontos aus. Dabei werden der Reihe nach der Name des Kontos, die Information, ob das Konto gesperrt ist (L) oder nicht (P) oder ob es mit keinem Passwort versehen ist (NP), das Datum der letzten Passwortänderung, das maximale Alter, das minimale Alter, die Warnzeit für das Passwort und die Zeit, nach der das Konto gesperrt wird, wenn das Passwort nicht rechtzeitig geändert wurde, in Tagen ausgegeben.
`-x` Tage Legt den Zeitraum in Tagen fest, nach das Passwort spätestens geändert werden muss.

-n `Tage` Legt den Zeitraum in Tagen fest, bevor ein Passwort frühestens erneut geändert werden darf.
-w `Tage` Legt den Zeitraum in Tagen fest, in dem der Besitzer des angegebenen Kontos ob des Ablaufs seines Passworts gewarnt wird.
-i `Tage` Legt den Zeitram in Tagen fest, nachdem das angegebene Konto gesperrt wird, wenn das Passwort nicht rechtzeitig geändert wurde.
-f Erlaubt die Neueingabe der Zusatzinformationen zu dem angegebenen Konto.
-s Erlaubt die Neueingabe der Standardshell für den Benutzer.
-g Erlaubt die Vergabe eines Passworts für die angegebene Benutzergruppe.
-g -r Entfernt das Passwort für eine Benutzergruppe.

`passwd`
Ändert das Passwort des aufrufenden Benutzers.

`passwd -l mueller meier`
Sperrt die Benutzerkonten der Benutzer *mueller* und *meier*.

`passwd -x 30 -n 1 -w 5 -i 5 schulze`
Legt für das Konto des Benutzers *schulze* folgendes fest: Das Passwort muss spätestens alle 30 Tage geändert werden, es darf frühestens einen Tag nach eine Änderung erneut geändert werden. Fünf Tage vor Ablauf der Änderungsfrist erhält der Benutzer nach der Anmeldung eine Warnung, dass er sein Passwort ändern muss. Wenn es fünf Tage nach Ablauf der Frist immer noch nicht geändert wird, wird das Konto gesperrt.

`passwd -g topsecret`
Ändert das Passwort für die Benutzergruppe *topsecret*. Siehe auch: chage. Dokumentation: man:passwd.

paste
Zusammenfügen von Zeilen verschiedener Dateien

Paket: textutils
Textbearbeitung

```
paste [Optionen] [Datei ...]
```

Das Programm liest eine oder mehrere mit *Datei* angegebene Datei(en) oder von der Standardeingabe, wenn keine Dateien angegeben sind. Die Ausgabe erfolgt in der Form, dass die korrespondierenden Zeilen jeder Datei in einer Zeile ausgegeben werden. Die Inhalte der einzelnen Zeilen aus den Originaldateien werden standardmäßig durch Tabulatoren getrennt.

-s | --serial Es wird jeweils der Inhalt einer Datei in einer Zeile ausgegeben. So entspricht dann jede ausgegebene Zeile einer Eingangsdatei.
-d `Zeichenkette` | --delimiters=`Zeichenkette` Die Zeilen der Eingangsdateien werden nicht durch einen Tabulator, sondern durch die mit *Zeichenkette* angegebene Zeichenkette getrennt. Dabei wird das erste angegebene Zeichen benutzt, um die Zeilen der ersten und der zweiten Datei zu trennen, das zweite Zeichen, um die Zeilen der zweiten und dritten Datei zu trennen usw.

`paste spalte1.txt spalte2.txt spalte3.txt > tabelle.txt`
Fügt die Zeilen der Dateien *spalte1.txt*, *spalte2.txt* und *spalte3.txt* zu einer Datei mit dem Namen *tabelle.txt* zusammen. In der ersten Zeile von *tabelle.txt* befindet sich zunächst die erste Zeile von *spalte1.txt*, dann ein Tabulator, dann die erste Zeile von *spalte2.txt*, wieder ein Tabulator und dann die erste Zeile von *spalte3.txt*. In der zweiten Zeile von *tabelle.txt* stehen analog die zweiten Zeilen usw. Siehe auch: cut, join, cat. Dokumentation: info:paste.

patch
Aktualisieren von Textdateien mit Diffs

Paket: patch
Textbearbeitung, Entwicklung

```
patch [Optionen]
```

Das Programm ist das Gegenstück zum Programm *diff*, mit dem Unterschiede zwischen (Text-)Dateien beschrieben werden und in eigenen Dateien gespeichert werden können. Diese „Diffs" (oder „Patch-Dateien") sind in der Regel kleiner und schneller zu transportieren als die Originaldateien und werden deswegen oft bei der Softwareaktualisierung benutzt. Das Programm *patch* wendet die, von *diff* erzeugten, Dateien auf vorhandene Textdateien an und bringt diese damit auf den Stand, den sie dort haben, wo das Diff erzeugt wurde.

- `-b | --backup` Bevor eine Datei verändert wird, wird ein Backup dieser Datei erstellt. Diese Datei hat standardmäßig die zusätzliche Endung *.orig*.
- `-i Datei | --input=Datei` Die Anweisungen werden aus der mit *Datei* bezeichneten Datei gelesen.
- `-p Zahl | --strip=Zahl` In den Diff-Dateien sind normalerweise Informationen darüber enthalten, welche Datei geändert werden soll. Unter Umständen werden die Dateien jedoch auf dem Rechner, wo das Diff erstellt wurde und auf dem Zielrechner in unterschiedlichen Verzeichnissen aufbewahrt, so dass die richtigen Dateien nicht mehr gefunden werden können. Durch diese Option werden den Dateiinformationen soviel Verzeichnisanteile abgezogen, wie mit *Zahl* angegeben ist. (Beispiel: -p 2 bewirkt, dass aus dem Dateinamen *projekte/spiel/src/init.c* der Name *src/init.c* wird.)

`patch < patch.diff`

Führt die in der Datei *patch.diff* beschriebenen Änderungen an den darin bezeichneten Dateien durch. Die Dateien werden ausgehend vom Arbeitsverzeichnis gesucht, wenn sie in *patch.diff* mit relativen Dateinamen spezifiziert sind.

`patch -p1 -b < upgrade.diff`

Führt die in der Datei *upgrade.diff* beschriebenen Änderungen durch. Von jeder zu verändernden Datei wird zunächst ein Backup erzeugt. Dateinamen wird die erste Verzeichniskomponente abgezogen. Siehe auch: diff. Dokumentation: man:patch.

pidof
Ausgeben der Prozess-ID eines Programms

Paket: sysvinit
Prozessverwaltung

`pidof [Optionen] Programmname [Programmname ...]`

Das Programm zeigt die Prozess-IDs des oder der mit *Programmname* bezeichneten Programm(e) an. Wenn ein Programm mehrere Male ausgeführt wird, werden alle PIDs dieses Programms ausgegeben.

- `-s` Gibt nur die erste gefundene Prozess-ID jedes Programms aus.
- `-o PID` Gibt die mit *PID* bezeichnete Prozess-ID nicht mit aus, wenn sie zu den PIDs der angegebenen Programme gehört.

`pidof bash`

Gibt für jede Instanz des Programms *bash* die Prozess-ID aus.

`pidof -s xemacs netscape`

Gibt jeweils die erste gefundene PID der Programme *netscape* und *xemacs* aus. Siehe auch: ps, top, pstree, killall. Dokumentation: man:pidof.

ping
Testen der Verbindung zu einem anderen Rechner

Paket: netbase
Information, Netzwerk

`ping [Optionen] Rechnername`

ping schickt in regelmäßigen Abständen Datenpakete an den mit *Rechner* bezeichneten Rechner, in denen dieser aufgefordert wird, ein Datenpaket zurückzusenden. Das Programm kann dann bestimmen, wieviel Zeit für diesen Vorgang benötigt wurde, wodurch die Geschwindigkeit der Verbindung zu dem Zielrechner beurteilt werden kann. Standardmäßig führt *ping* diesen Vorgang so lange durch, bis es unterbrochen wird (STRG-C). Danach gibt es eine

Statistik aus, wieviele Pakete verloren gegangen sind und wieviel Zeit im schnellsten Fall, im langsamsten Fall und durchschnittlich für den Hin- und Rückweg gebraucht wurde.

- `-c Anzahl` Es wird *Anzahl* Male ein Datenpaket geschickt.
- `-f` Sobald ein Datenpaket vom fernen Rechner zurückgeschickt wurde, wird ein neues abgeschickt. Wenn nach 10 ms keine Beantwortung erfolgt wird ebenfalls ein neues Paket gesendet. Dadurch kann schnell erkannt werden, wieviele Pakete verlorengehen. Diese Option belastet das Netzwerk und den Zielrechner sehr und darf deswegen nur von der Administratorin ausgeführt werden.
- `-i Sekunden` Zwischen dem Senden zweier Pakete wird die mit *Sekunden* angegebene Zeit gewartet.

`ping -c 10 verwaltung`
Schickt 10 Datenpakete an den Rechner *verwaltung* und gibt hinterher eine Statistik aus.

`ping -f chef`
Schickt ständig Datenpakete an den Rechner *chef* und zeigt an, wann Pakete verlorengehen. Siehe auch: traceroute, netstat, ifconfig. Dokumentation: man:ping.

poff
Paket: ppp

Beenden einer PPP-Verbindung
Netzwerk

`poff [Optionen] [Provider]`

Beendet die Verbindung zu dem mit *Provider* angegebenen Provider. Wenn kein Provider angegeben wird und mehr als zwei PPP-Verbindungen bestehen, wird die Verbindung zu dem Provider mit dem Namen *provider* (Standardprovider) beendet.

- `-a` Es werden alle bestehenden Verbindungen beendet.
- `-r` Die Verbindung wird beendet und danach neu aufgebaut.
- `-c` Das Kompressionsverfahren wird zwischen Gegenstelle und lokalem Rechner neu ausgehandelt.

`poff -r uni`
Bricht die bestehende Verbindung zum Provider *uni* ab und baut eine neue auf. Siehe auch: pon, Kapitel 17.4.2, S. 513, pppd. Dokumentation: man:poff.

pon
Paket: ppp

Aufbau einer PPP-Verbindung
Netzwerk

`pon [Provider]`

Stellt die PPP-Verbindung zu dem mit *Provider* bezeichneten Provider her. Wird kein Provider angegeben, wird die Verbindung zu dem Provider mit der Bezeichnung *provider* aufgebaut. Dies ist der Standard-Providername, wie er beispielsweise von pppconfig vergeben wird. Siehe auch: poff, Kapitel 17.4.2, S. 513, pppd. Dokumentation: man:pon.

pppstats
Paket: ppp

Anzeigen von PPP-Statistiken
Systemverwaltung, Information, Netzwerk

`pppstats [Optionen] [Interface]`

Das Kommando gibt Informationen zur Auslastung einer PPP-Verbindung aus. Wird mit *Interface* keine Datei angegeben, die ein Netzinterface repräsentiert, dann benutzt *pppstats* das Interface */dev/ppp0*.

- `-a` Bringt das Programm dazu, absolute Werte seit Aufbau der PPP-Verbindung anzuzeigen. Standardmäßig werden nur die relativen Werte seit der letzten Abfrage ausgegeben.
- `-c Anzahl` Die Anzeige wird so oft wiederholt, wie mit *Anzahl* angegeben.

-w Zeit   Die Anzeige wird nach Ablauf der mit *Zeit* angegebenen Zeit wiederholt. *Zeit* wird als Intervall in Sekunden interpretiert.

```
pppstats -w 2 /dev/ppp1
```
Gibt alle zwei Sekunden Informationen zur PPP-Verbindung, die über das zweite PPP-Interface hergestellt ist, aus. Siehe auch: pppd. Dokumentation: man:pppstats.

printenv   Anzeigen von Umgebungsvariablen
Paket: shellutils   Shellskripte, Information

```
printenv [Variable ...]
```
printenv gibt entweder alle gesetzten Umgebungsvariablen aus oder nur die Werte der mit *Variable* angegebenen Umgebungsvariable(n).

```
printenv HOME
```
Gibt den Wert der Umgebungsvariable *HOME* aus. Siehe auch: export. Dokumentation: info:printenv.

procinfo   Übersicht über den Systemstatus
Paket: sysutils   Systemverwaltung, Information

Das Programm gibt die wichtigsten Informationen über den Status des Systems aus. Dazu gehören Systemstartzeit, Systemauslastung, Speicherauslastung, Festplattenzugriffe, benutzte Interrupts etc. Siehe auch: free, uptime, ps. Dokumentation: man:procinfo.

ps   Anzeigen von Prozessinformationen
Paket: procps   Information, Prozessverwaltung

```
ps [Optionen] [Prozess-ID,...]
```
ps zeigt die zum Zeitpunkt der Ausführung des Programms auf dem System laufenden Prozesse an. Mit einer Reihe von Optionen lässt sich bestimmen, welche Prozesse und welche Informationen zu diesen Prozessen angezeigt werden sollen. Es ist zu beachten, dass den Optionen bei *ps* kein Minuszeichen vorangestellt wird.

u   Benutzerformat: Zu jedem Prozess wird der Benutzer sowie die Zeit, zu welcher der Prozess gestartet wurde, angezeigt.
j   Jobformat: Zeigt u. a. die Gruppen-ID (PGID) der Prozesse an.
v   Virtueller Speicher: Zeigt den Verbrauch und den Zugriff auf virtuellen (Swap-) Speicher an (PAGEIN).
a   Zeigt die Prozesse aller Benutzer an.
x   Zeigt Prozesse an, die nicht von einem Terminal kontrolliert werden.
e   Zeigt die Umgebungsvariablen und ihre Werte jedes Prozesses an.
w   Schneidet Zeilen der Ausgabe nicht ab, wenn sie umgebrochen werden müßten, um vollständig dargestellt zu werden. Jedes zusätzliche *w* verlängert den verfügbaren Platz für einen Prozess um eine Zeilenlänge des aktiven Terminals.

```
ps aux
```
Zeigt alle laufenden Prozesse u. a. mit Benutzernamen an.

```
ps xewwwwww
```
Zeigt alle Prozesse des aufrufenden Benutzers mit ihren Umgebungsvariablen an. Für jeden Prozess stehen sechs Zeilen Ausgabeplatz zur Verfügung. Siehe auch: pstree, top. Dokumentation: man:ps.

pstree   Anzeigen der Prozessstruktur
Paket: psmisc   Information, Prozessverwaltung

```
pstree [Optionen] [PID | Benutzer]
```
pstree gibt eine baumartige Struktur der auf dem System laufenden Prozesse aus. Daraus lässt sich entnehmen, welcher Prozess von welchem gestartet wurde und wie einzelne Prozesse miteinander zusammenhängen. Standardmäßig bildet der Prozess *init* den Wurzelpunkt dieser Baumansicht (das ist der erste Prozess, der nach Systemstart gestartet wird). Durch Angabe einer bestimmten Prozess-ID mit *PID* wird der zugehörige Prozess als Wurzelpunkt dargestellt. Wird der Name eines Benutzers angegeben, werden alle Prozesse des mit *Benutzer* angegebenen Benutzers sowie deren Kind-Prozesse dargestellt.

-a Zu jedem Prozess werden die dem Prozess übergegebenen Kommandozeilenargumente mit angezeigt.
-h Der laufende Prozess (das ist *pstree* selbst) und seine Elternprozesse werden in der Ausgabe hervorgehoben.
-p Die Prozess-IDs der angezeigten Prozesse werden mit ausgegeben.
-u Wenn die Benutzer-ID eines Prozesses von der seines Eltern-Prozesses abweicht, wird dies angezeigt.

```
pstree kurt -hpu
```
Zeigt die Prozesse des Benutzers *kurt* in einer Baumstruktur an. Der laufende Prozess und seine Elternprozesse werden hervorgehoben. Wenn die Benutzer-ID von Prozessen von denen ihrer Eltern-Prozesse abweicht, wird dies angezeigt. Siehe auch: ps. Dokumentation: man:pstree.

pwck   Prüfen der Benutzerdatenbank
Paket: passwd   Systemverwaltung

```
pwck
```
Das Programm prüft die Benutzer- und Passwortdatenbank in den Dateien */etc/passwd* und */etc/shadow* auf Integrität und korrekte Einträge. Je nach Grad der gefundenen Fehler gibt *pwck* Warnungen für Benutzereinträge aus (etwa weil das Heimatverzeichnis eines Benutzers nicht existiert) oder fragt im Fall von schweren Fehlern nach, ob es die betreffenden Einträge löschen soll.

⟹Bei der Installation von Debian werden einige Benutzereinträge angelegt, für die standardmäßig keine Heimatverzeichnisse existieren. Warnungen diesbezüglich können ignoriert werden.

Dokumentation: man:pwck.

pwd   Anzeigen des aktuellen Arbeitsverzeichnisses
Paket: shellutils   Information, Shellskripte

```
pwd
```
Das Kommando gibt den Namen des aktuellen Arbeitsverzeichnisses aus. Dokumentation: info:pwd.

quota   Anzeigen von Speicherplatzbeschränkungen
Paket: quota   Systemverwaltung, Information

```
quota [Optionen] [Benutzer | Gruppe]
```
Ohne Parameter aufgerufen, gibt *quota* die für den aufrufenden Benutzer existierenden Speicherplatzbeschränkungen aus. Dabei wird angezeigt, wieviel des für den Benutzer zur Verfügung stehenden Speicherplatzes bereits verbraucht ist. Die Speicherplatzbeschränkungen anderer Benutzer können nur von der Systemadministratorin angezeigt werden.

-g Gibt die Speicherplatzbeschränkungen für alle Gruppen aus, in denen der aufrufende Benutzer Mitglied ist.
-q Gibt nur Informationen über Dateisysteme aus, auf denen die Speicherplatzbeschränkungen überschritten sind.

Siehe auch: edquota, repquota, Kapitel: 15.6, S. 416. Dokumentation: man:quota.

rcp
Kopieren von Dateien zwischen Rechnern
Paket: rsh-client   Netzwerk

```
rcp [Optionen] Quelldatei Zieldatei
```

```
rcp [Optionen] Quelldatei [Quelldatei ...] Zielverzeichnis
```

Das Programm kopiert die mit *Quelldatei* angegebene Datei in die mit *Zieldatei* angegebene. Quell- und Zieldatei müssen dabei nicht auf dem selben Rechner liegen. Dateien auf fernen Rechnern werden in der Form `[Benutzer@]Rechnername:Datei` angegeben. Der optionale Teil *Benutzer* bezeichnet dabei den Benutzername unter dem auf den fernen Rechner zugegriffen werden soll (standardmäßig ist dies der gleiche wie der lokale Benutzername) und *Rechnername* den Namen des Rechners von dem oder auf den die Datei kopiert werden soll. Das Programm fragt nicht nach einem Passwort für den fernen Rechner. Vielmehr führt es die Authentifizierung über den Mechanismus von *rsh* durch. Voraussetzung für die Verwendung von *rcp* ist also die Möglichkeit des Zugriffs auf den fernen Rechner über *rsh*.

-r Wenn es sich bei *Quelldatei* um ein Verzeichnis handelt, wird der Inhalt dieses Verzeichnisses rekursiv kopiert.

```
rcp -r entwicklung:/usr/local/src/ ./
```
Kopiert das Verzeichnis */usr/local/src* auf dem Rechner *entwicklung* rekursiv in das aktuelle Arbeitsverzeichnis.
```
rcp mahnung.tex rw1:/home/docs
```
Kopiert die Datei *mahnung.tex* im Arbeitsverzeichnis auf dem lokalen Rechner in das Verzeichnis */home/docs* auf dem Rechner *rw1*. Siehe auch: cp, ftp, rsh, rdist, scp. Dokumentation: man:rcp.

rdate
Beziehen der Uhrzeit von einem anderen Rechner
Paket: rdate   Systemverwaltung, Netzwerk

```
rdate [Optionen] Rechnername
```
In Netzwerken ist es wichtig, dass die Systemuhren der angeschlossenen Rechner gleich gehen. Das Kommando *rdate* bezieht die Uhrzeit von dem mit *Rechnername* angegebenen Rechner und stellt die Systemuhr des lokalen Rechners nach dieser Uhrzeit. Die Hardwareuhr wird hierdurch nicht umgestellt.

-p Führt dazu, dass *rdate* die Systemzeit des fernen Rechners ausgibt, jedoch nicht die Systemuhr des lokalen Rechners verändert.

-s Die Uhrzeit wird nicht ausgegeben.

```
rdate buchhaltung
```
Stellt die Systemuhr auf die gleiche Uhrzeit ein, wie sie auf dem Rechner *buchhaltung* benutzt wird. Siehe auch: date, hwclock. Dokumentation: man:rdate.

rdev
Ändern von in den Kernel eingebauten Parametern
Paket: util-linux   Systemverwaltung, Installation

```
rdev [Optionen] [Kerneldatei [Wert]]
```
Während des Systemstarts muss der Kernel einige Informationen haben, die er nicht aus Konfigurationsdateien lesen kann, weil zu diesem Zeitpunkt noch kein Zugriff auf Dateien möglich ist. Diese Informationen werden ihm gewöhnlich über Bootparameter mitgeteilt, die z. B. von LILO übergeben lassen. Einige Parameter lassen sich jedoch auch direkt in den Kernel schreiben. Dadurch können Einstellungen vorgenommen werden, die es dem Kernel u. U. ermöglichen, das System auch ohne zusätzliche Informationen zu starten. Das Programm *rdev* verändert direkt die angegebene Kerneldatei und kann dort festlegen, welcher Datenträger als Wurzeldateisystem

gemountet werden soll, welcher Datenträger als Swappartition benutzt werden soll, in welchem Video-Modus die Graphikkarte initialisiert werden soll und wie groß eine zu verwendende RAM-Disk sein soll.

Ohne Parameter aufgerufen, gibt *rdev* den im Kernel eingestellten Wurzeldatenträger aus. Um den Wurzeldatenträger zu ändern, ist *rdev* mit dem Namen der Kerneldatei und der Gerätedatei aufzurufen, auf der sich das Wurzeldateisystem befindet.

-s Kerneldatei Swapgerät Ändert den in der mit *Kerneldatei* angegebenen Kerneldatei angegebenen Swapdatenträger.

-r Kerneldatei Größe Legt die Größe der zu verwendenden RAM-Disk auf die mit *Größe* angegebene Größe in Kilobyte fest.

-R Kerneldatei Parameter Legt fest, ob der Kernel das Wurzeldateisystem zum Lesen und zum Schreiben oder nur zum Lesen mounten soll (0 bedeutet Lesen und Schreiben und 1 nur Lesen).

-v Kerneldatei Videomodus Legt fest, in welchem Videomodus der Kernel die Graphikkarte initialisieren soll. Hierbei gelten die folgenden Werte: -3 (es wird nachgefragt), -2 (erweiterter VGA-Modus), -1 (normaler VGA-Modus).

```
rdev /boot/vmliunz /dev/sda7
```
Ändert den in der Kerneldatei *vmlinuz* eingestellten Wurzeldatenträger auf die durch */dev/sda7* repräsentierte Partition (dritte logische Partition auf der ersten SCSI-Festplatte).

```
rdev -s /dev/fd0 /dev/hda2
```
Legt den Swapdatenträger in der Kerneldatei auf dem Datenträger in */dev/fd0* auf die durch */dev/hda2* repräsentierte Partition fest.

```
rdev -R /boot/vmlinuz 1
```
Legt fest, dass der Kernel in der Datei */boot/vmlinuz* das Rootdateisystem nur zum Lesen mounten darf.

```
rdev -v /boot/vmlinuz -1
```
Stellt den zu verwendenden Videomodus des Kernels in */boot/vmlinuz* auf Standard-VGA ein. Siehe auch: lilo, loadlin. Dokumentation: man:rdev.

rdist
Verteilen von Dateien auf fremde Rechner
Paket: rdist
Netzwerk

```
rdist [Optionen]
```

In Netzwerken möchte man oft eine Reihe von Rechnern mit der gleichen Software bzw. den gleichen Dateien ausstatten. Die manuelle Pflege vieler Rechner ist jedoch mühsam und unübersichtlich. Das Programm *rdist* erlaubt es, die betreffenden Dateien auf einem Rechner zur Verfügung zu stellen und sie dann auf die angeschlossenen Rechner zu verteilen. Der besondere Vorteil von *rdist* besteht darin, dass das Programm erkennt, ob sich die lokal vorhandenen Dateien von denen auf den Zielrechnern unterscheiden und führt die Installation nur dann durch, wenn eine Abweichung vorliegt.

rdist liest dazu eine Konfigurationsdatei, die standardmäßig den Namen *distfile* trägt und sich in dem Verzeichnis befindet, von dem aus das Programm aufgerufen wird. Das Format dieser Datei ist ausführlich in der Manual-Seite zu dem Programm beschrieben. Standardmäßig baut das Programm über den Befehl *rsh* eine Verbindung zu den Zielrechnern auf und führt dort das Programm *rdistd* aus. Damit *rdist* funktioniert, muss also der Zugang zu den Zielrechnern über *rsh* möglich und das Programm *rdistd* auf diesen Rechnern vorhanden sein. Alternativ lässt sich mit dem Parameter *-P* allerdings ein anderes Programm (z. B. *shh*) zur Kommunikation mit dem Zielrechner angeben.

Die Konfigurationsdatei:

In der Datei *distfile* wird definiert, welche Dateien auf welchen Rechnern installiert werden sollen und welche zusätzlichen Aktionen dabei auszuführen sind. Prinzipiell sind dort zwei Formen von Anweisungen möglich, zum einen Definitionen von Gruppen von Dateien oder Rechnernamen und zum anderen Definitionen von auszuführenden Aktionen. Eine Gruppendefinition sieht folgendermaßen aus:

`Name = ( Mitglied1 [Mitglied2 ...] )` Hierdurch werden die mit *Mitglied1*, *Mitglied2* usw. bezeichneten Dateien oder Rechnernamen zu einer Gruppe mit dem durch *Name* angegebenen Namen zusammengefaßt.

Beispiele für Gruppendefinitionen wären also:
`Ziele = ( chef, verwaltung, produktion1, produktion2 )`
Hierdurch werden die Rechner mit den angegebenen Namen zu der Gruppe *Ziele* zusammengefaßt.
`Dateien = ( /usr/local /opt )`
Faßt die Verzeichnisse */usr/local* und */opt* zu der Gruppe *Dateien* zusammen.

Die Definitionen auszuführender Kommandos haben das folgende Format:

`Quelliste -> Zielrechner [Kommandos];` Durch eine solche Anweisung werden bei der Ausführung von *rdist* die mit *Quelliste* bezeichneten Dateien und Verzeichnisse auf den mit *Zielrechner* bezeichneten Rechnern installiert. Im Fall von Verzeichnissen wird der Inhalt der angegebenen Verzeichnisse rekursiv auf den Zielrechnern installiert. Durch optional anzugebende Kommandos lassen sich die Aktionen modifizieren. Beispielsweise ist es möglich, durch das Kommando *install* einen anderen Pfad auf dem Zielrechner zu spezifizieren als die zu installierenden Dateien auf dem Ausgangsrechner haben.

Zusammen mit den beiden Beispielen von oben könnte eine einfache Kommandodefinition also folgendermaßen aussehen:
`${Ziele} -> ${Dateien};`
Hierdurch wird *rdist* angewiesen, alle Dateien unterhalb der durch *Dateien* definierten Verzeichnisse auf die Rechner zu installieren, die als *Ziele* definiert wurden.

- `-a Bytes` Die Installation der Dateien wird nur auf solchen Zielrechnern durchgeführt, auf denen mehr als mit *Bytes* angegebener Speicherplatz auf den Datenträgern zur Verfügung steht, auf denen die Dateien installiert werden sollen.
- `-f Datei` Es wird die mit *Datei* angegebene Datei als Definitionsdatei verwendet und nicht die Datei *distfile* im Arbeitsverzeichnis.
- `-n` *rdist* zeigt nur an, welche Kommandos es ausführen würde und führt keine Installation von Dateien durch.
- `-P Dateiname[:Dateiname ...]` Gibt mit *Dateiname* den Namen einer Datei an, welche ein ausführbares Programm enthält, mit dem die Verbindung zu den Zielrechnern aufgebaut werden soll. Es ist möglich, mehrere Programme hintereinander anzugeben. Sie müssen dann durch einen Doppelpunkt voneinander getrennt sein.

rdist
Führt die Installation oder Aktualisierung entsprechend der Definitionen in der Datei *distfile* im Arbeitsverzeichnis durch.
rdist -P /usr/bin/ssh:/usr/bin/rsh
Bewirkt das gleiche wie obiger Befehl mit dem Unterschied, dass zunächst versucht wird, mit *ssh* die Verbindung zu den Zielrechnern aufzubauen. Wenn dies nicht gelingt, wird das Programm *rsh* benutzt. Siehe auch: rsh.
Dokumentation: man:rdist.

reboot   Neustarten des Systems
Paket: sysvinit   Systemverwaltung

```
reboot [Optionen]
```
Das Kommando führt einen Neustart des Systems durch. Siehe auch: shutdown, halt, poweroff, init. Dokumentation: man:reboot.

recode
Paket: recode

Konvertieren von Texten
Textbearbeitung, Kompatibilität

```
recode [vorher][/[..][zwischendurch.. [...]][hinterher] [Datei ...]
```
Leider gibt es eine große Anzahl unterschiedlicher Zeichentabellen und gerade bei der Kodierung von Sonderzeichen oder Umlauten in Textdateien gibt es viele verschiedene Standards. Dies führt oft dazu, dass Textdateien, die unter anderen Betriebssystemen erstellt wurden oder sogar unter dem gleichen Betriebssystem unter Verwendung einer anderen Kodierung erstellt wurden, nur bedingt auf dem eigenen Rechner les- und weiterverarbeitbar sind. Das Programm *recode* kennt ungefähr 100 dieser Zeichentabellen und kann Dateien von einer in die andere konvertieren. Das Programm liest Daten von der Standardeingabe oder aus den mit *Datei* bezeichneten Dateien und kodiert diese aus der mit *vorher* angegebenen Zeichentabelle in die mit *nacher* angegebene Zeichentabelle um. Optional kann mit *zwischendurch* eine Zeichentabelle angegeben werden, die das Programm intern während der Transformation benutzt. Das Ergebnis wird auf die Standardausgabe geschrieben, wenn von der Standardeingabe gelesen wurde. Wenn aus einer oder mehreren mit *Datei* angegebenen Datei(en) gelesen wurde, werden diese Datei(en) umkodiert.

Neben den eigentlichen Zeichensatztabellen kennt *recode* eine Reihe so genannter „Surfaces" (Oberflächen). In der Terminologie des Programms werden darunter Codierungen von Dateien verstanden, die nicht den Zeichensatz, sondern beispielsweise Zeilenenden oder komplette Neucodierungen wie Base64 betreffen. Mit einigen Zeichensätzen sind bestimmte Surfaces verbunden, so werden unter DOS, Windows und OS/2 so genannte CR/LF-Paare zur Markierung von Zeilenenden benutzt, während unter UNIX/Linux hierfür nur ein CR-Zeichen gebraucht wird. Mit den Zeichensätzen *pc* oder *cp850* ist deswegen das Surface *CR/LF* verbunden. Surfaces können explizit ausgewählt werden, in dem der Name des gewünschten Surface – durch einen Schrägstrich getrennt – hinter den Namen eines Zeichensatzes gestellt wird.

Informationen zu den von *recode* unterstützten Zeichentabellen lassen sich in den Info-Seiten zu dem Programm nachlesen. Die wichtigsten sind:

latin1 Die üblicherweise unter Linux verwendete Zeichentabelle. Sie wird benutzt, wenn keine andere Zeichentabelle angegeben wird.
cp850 Die unter MSDOS und OS/2 im deutschsprachigen Raum benutzte Zeichentabelle.
cp437 US-amerikanische Zeichentabelle, die oft unter Windows benutzt wird.
ibmpc IBM-PC-Zeichentabelle mit CR/LF-Zeilenenden.
Apple-Mac Macintosh Zeichentabelle.
AtariST Atari ST Codepage.

-l | --list Gibt die unterstützten Zeichentabellen und Surfaces aus.

```
recode brief.txt cp850..latin1
```
Kodiert die Datei *brief.txt* von der Zeichentabelle *cp850* nach *latin1* um. Siehe auch: fromdos, uudecode, uuencode. Dokumentation: info:recode.

renice
Paket: bsdutils

Veränderung der Priorität laufender Prozesse
Prozessverwaltung

```
renice Priorität [[-p] Prozess-ID ..][[-g] Prozess-Gruppe ...][[-u] Benutzer ...]
```

Das Programm ändert die Priorität laufender Prozesse. Dadurch lässt sich die Systemlast durch rechenintensive Programme verringern. Gewöhnliche Benutzer können mit *renice* die Priorität ihrer eigenen Prozesse verringern während die Administratorin die Priorität aller Prozesse verringern und erhöhen kann. Die verfügbaren Nice-Werte sind ganzzahlige Werte zwischen -20 und 19, Prozessen mit dem Wert -20 wird die meiste Rechenzeit zugeteilt und Prozesse mit dem Wert 19 bekommen die wenigste Prozessorzeit. Der Standardwert, mit dem Prozesse gestartet werden, ist 0.

[-p] PID [PID ...] Verändert die Nice-Werte der Prozesse mit den durch *PID* angegebenen Prozess-IDs.
-g PGRP [PGRP ...] Verändert die Nice-Werte aller Prozesse, die zu den mit *PRGP* angegebenen Programmgruppen gehören.
-u Benutzer [Benutzer ..] Verändert die Nice-Werte aller Prozesse, die den mit *Benutzer* angegebenen Benutzern gehören.

`renice 20 14543`
Setzt den Prozess mit der Prozess-ID 14543 auf die geringste Priorität.

`renice -u 15 chef lohn`
Setzt alle Prozesse der Benutzer *chef* und *lohn* auf den Nice-Wert 15 (relativ geringe Priorität). Siehe auch: ps, top, kill, nice. Dokumentation: man:renice.

reset — Neuinitialisieren des Terminals
Paket: ncurses-bin   Systemverwaltung, Shellskripte

`reset [Optionen] [Terminal]`

Gelegentlich kommt es vor, dass ein Programm die Einstellungen des Terminals so verändert, dass es nicht mehr vernünftig benutzt werden kann. Dies kann sich u. a. durch falsch interpretierte Tastaturkommandos oder falsch dargestellten Zeichen im Terminal bemerkbar machen. Das Programm *reset* setzt die Einstellungen wieder auf den Standardwert zurück, so dass danach normal weitergearbeitet werden kann.

Wird mit *Terminal* der Name eines bekannten Terminaltyps angegeben, so wird das Terminal so initialisiert, wie ein Terminal vom angegebenen Typ initialisiert werden müßte. Standardmäßig zeigt das Programm nach der Neuinitialisierung an, welche Tastaturkombination zum Unterbrechen des aktuellen Prozesses und zum Löschen einer Zeile genutzt werden können.

-q Gibt die Bezeichnung des Terminaltyps aus.
-Q Gibt keine Informationen aus.
-s Gibt den Befehl aus, der in der Shell eingegeben werden muss, um die Variable *TERM* richtig zu setzten.

`reset`
Setzt das Terminal auf seine Starteinstellungen zurück.

`reset -Qs linux`
Setzt das Terminal zurück und initialisiert es als Terminal vom Typ *linux*. Zusätzlich wird eine Zeile ausgegeben, mit der die Variable *TERM* gesetzt werden kann. Dokumentation: man:reset.

rgrep — Durchsuchen von Dateien nach Text
Paket: grep   Dateiverwaltung

`rgrep [Optionen] Suchbegriff Datei | Verzeichnis [Datei | Verzeichnis ...]`

Ähnlich wie das Programm *grep* durchsucht *rgrep* Dateien nach Text. Der Vorteil von *rgrep* besteht darin, dass es nicht nur mehrere Dateien untersuchen kann, sondern dass auch die Dateien in einem ganzen Verzeichnisbaum durchsucht werden können. Dadurch entfällt die Kombination von *find*, *xargs* und *grep* beim Durchsuchen von Verzeichnisbäumen nach Dateien mit einem bestimmten Inhalt. Standardmäßig durchsucht *rgrep* eine oder mehrere mit *Datei* angegebene Datei nach Zeichenfolgen, auf die der mit *Suchbegriff* angegebene reguläre Ausdruck zutrifft und schreibt passende Zeilen auf die Standardausgabe. Eine besondere Eigenschaft von *rgrep* ist es, dass das Programm die gefundenen Zeichenfolgen in der Ausgabe hervorheben kann.

-h Hebt die gefundenen Zeichenfolgen hervor.
-c Gibt lediglich die Anzahl der gefundenen passenden Zeichenfolgen aus.
-l Gibt lediglich die Namen der Dateien aus, in denen die gesuchte Zeichenfolge vorkommt.
-n Gibt zusätzlich die Nummern der Zeilen aus, in denen die gesuchte Zeichenfolge vorkommt.
-i Unterscheidet bei der Suche nicht zwischen Groß- und Kleinschreibung.
-r Durchsucht rekursiv alle Dateien in dem oder den angegebenen Verzeichnissen.
-R Ausdruck Durchsucht rekursiv alle Dateien in dem oder den angegebenen Verzeichnissen, bei denen der Dateiname mit dem regulären Ausdruck *Ausdruck* übereinstimmt.
-x Endung Durchsucht alle Dateien in dem oder den angegebenen Verzeichnissen, welche die mit *Endung* angegebene Namensendung haben.

`rgrep -h debian Datei.tex`
Gibt alle Zeilen der Datei *Datei.tex* aus, in denen das Wort *debian* vorkommt und hebt dieses Wort hervor.

`rgrep -x tex -rin debian src`
Durchsucht rekursiv alle Dateien im Verzeichnis *src*, welche die Endung *tex* haben, nach der Zeichenfolge *debian*. Dabei wird nicht auf Groß- und Kleinschreibung geachtet. Ausgegeben werden die Namen der Dateien, in denen die Zeichenfolge gefunden wurde, die Zeilennummern in diesen Dateien sowie die Zeilen selbst. Siehe auch: grep, find. Dokumentation: man:rgrep.

rm   Löschen von Dateien
Paket: fileutils   Dateiverwaltung

`rm [Optionen] Datei [Datei ...]`

Der Befehl löscht die mit *Datei* angegebenen Dateien.

-i | --interactive Bevor Dateien gelöscht werden, wird nachgefragt, ob dies wirklich geschehen soll.
-v | --verbose Der Name jeder zu löschenden Datei wird ausgegeben.
-r | --recursive Wenn es sich bei den zu löschenden Dateien um Verzeichnisse handelt, wird der Inhalt dieser Verzeichnisse mit allen Unterverzeichnissen gelöscht.
-f | --force Es wird keine Fehlermeldung ausgegeben, wenn zu löschende Dateien nicht existieren. Außerdem erfolgt keine Nachfrage, wenn die Rechte an den zu löschenden Dateien nicht ausreichen. Es wird in jedem Fall versucht, sie zu löschen.

`rm brief.tex`
Löscht die Datei *brief.tex*.

`rm -iv *html`
Löscht alle Dateien, deren Namen mit *html* enden und die sich im aktuellen Verzeichnis befinden. Für jede zu löschende Datei erfolgt eine Sicherheitsabfrage. Die Namen der gelöschten Dateien werden ausgegeben.

`rm -rf briefe`
Wenn es sich bei *briefe* um ein Verzeichnis handelt, wird das Verzeichnis mit seinem Inhalt und allen Unterverzeichnissen gelöscht. Es erfolgt keine Nachfrage. Siehe auch: rmdir. Dokumentation: info:rm.

rmdir   Löschen von Verzeichnissen
Paket: fileutils   Dateiverwaltung

`rmdir [Optionen] Verzeichnis [Verzeichnis ...]`

Der Befehl löscht die mit *Verzeichnis* angegebenen Verzeichnisse. Die zu löschenden Verzeichnisse müssen existieren und leer sein.

-p | --parents Wenn ein Verzeichnis, in dem sich zu löschende Verzeichnisse befinden, durch das Löschen dieser Verzeichnisse leer wird, wird es ebenfalls gelöscht.

`rmdir tmpdir`
Löscht das Verzeichnis *tmpdir* im aktuellen Arbeitsverzeichnis.

`rmdir -p musik/classic musik/pop musik/jazz`
Löscht die Verzeichnisse *classic*, *pop* und *jazz* im Verzeichnis *musik*. Wenn *musik* danach leer ist, wird es ebenfalls gelöscht. Siehe auch: mkdir, rm. Dokumentation: info:rmdir.

rmmod
Paket: modutils

Entfernen von Modulen aus dem Kernel

Systemverwaltung

`rmmod [Optionen] Modul [Modul ...]`

Der Befehl entfernt das oder die mit *Modul* bezeichneten Module aus dem Kernel. Falls das Modul von einem Programm oder einem anderen Modul benutzt wird, kommt es zu einer Fehlermeldung.

-a Entfernt alle Module, die zur Zeit nicht benötigt werden, aus dem Kernel.

`rmmod sb`
Entfernt das Modul *sb* aus dem Kernel. Siehe auch: insmod, modconf, lsmod. Dokumentation: man:rmmod.

rsh
Paket: rsh-client

Ausführen von Kommandos auf fremden Rechnern

Netzwerk

`rsh [Optionen] Rechnername Kommando`

Das Programm stellt eine Verbindung zu dem mit *Rechnername* angegebenen Rechner her, führt dort standardmäßig eine Anmeldung unter dem aktuellen Benutzernamen durch (hierbei ist die Eingabe eines Passworts nicht notwendig) und ruft dann auf diesem Rechner das mit *Kommando* angegebene Kommando auf. Standardein- und -ausgabe ebenso wie die Standardfehlerausgabe werden mit dem auf dem fernen Rechner ausgeführten Programm verbunden, so dass es genauso benutzt werden kann wie ein lokal ausgeführtes Programm. Voraussetzung für die Verbindung mit dem fernen Rechner ist, dass auf dem Rechner der entsprechende Dienst bereitgestellt ist (*rshd*) und dass dort durch die Datei */etc/hosts.equiv* oder die Datei *.rhosts* im Heimatverzeichnis des aufrufenden Benutzers die Erlaubnis zum Benutzen dieses Dienstes erteilt wurde.

-l Benutzername Die Anmeldung auf dem fernen Rechner erfolgt unter dem mit *Benutzername* angegebenen Namen.

`rsh labor ls`
Ruft auf dem Rechner mit dem Namen *labor* das Kommando *ls* auf und gibt das Ergebnis auf dem lokalen Rechner aus.

`rsh labor cat brief > brief`
Ruft auf dem Rechner mit dem Namen *labor* das Kommando *cat brief* auf und schreibt das Ergebnis in die lokale Datei *brief*. Siehe auch: rlogin, rcp, rshd, /etc/hosts.equiv. Dokumentation: man:rsh.

runlevel
Paket: sysvinit

Anzeigen des aktuellen Runlevels

Information, Systemverwaltung

`runlevel`

Das Programm gibt den aktuellen und den vorherigen Runlevel (siehe Kapitel 13, S. 375) aus. Siehe auch: init.
Dokumentation: man:runlevel.

rwall
Paket: rwall

Senden von Nachrichten an Benutzer fremder Rechner

Kommunikation

```
rwall Rechnername [Datei]
```

Das Programm liest die mit *Datei* angegebene Datei oder von der Standardeingabe und schreibt den gelesenen Text auf alle Terminals des Rechners *Rechnername*, an denen Benutzer angemeldet sind. Voraussetzung hierfür ist, dass auf dem fremden Rechner der entsprechende Dienst zur Verfügung steht. In der Regel wird dieser Dienst durch das Programm *rpc.rwalld* bereitgestellt, der vom Internet-Dämon bei Bedarf gestartet wird. *rpc.rwalld* startet auf dem fremden Rechner dann das Programm *wall*. Siehe auch: wall, write, rpc.rwalld, inetd. Dokumentation: man:rwall.

scp
Paket: ssh

Verschlüsseltes Kopieren von Dateien zwischen Rechnern

Netzwerk

```
scp [Optionen] [[Benutzername@]Quell-Rechner:]Quelldatei
    [[Benutzername@]Ziel-Rechner:]Zieldatei
```

Das Programm kopiert die mit *Quelldatei* bezeichnete Datei in die mit *Zieldatei* bezeichnete Datei. Beiden Dateien kann ein Rechnername vorangestellt sein. Dieser muss von dem jeweiligen Dateinamen durch einen Doppelpunkt getrennt sein. Die betreffende Datei wird dann von dem mit *Quell-Rechner* spezifizierten auf den mit *Ziel-Rechner* angegebenen Rechner kopiert. Wenn einer der beiden Rechnernamen nicht angegeben ist, wird angenommen, dass der lokale Rechner gemeint ist.

Optional kann den Rechnernamen (getrennt durch das @-Zeichen) ein Benutzername vorangestellt sein. Die Authentifizierung geschieht dann mit dem mit *Benutzername* angegebenen Namen. Wenn die Benutzernamen nicht angegeben sind, wird versucht, die Anmeldung mit dem lokalen Namen des aufrufenden Benutzers durchzuführen.

Das Programm verwendet zur Kommunikation und zum Datentransfer das Programm *ssh*. Dieses Programm ermöglicht eine sicheren, verschlüsselten Datenaustausch. Voraussetzung für das Funktionieren von *scp* ist, dass auf den beteiligten fernen Rechnern das *ssh*-Serverprogramm (*sshd* ausgeführt wird.

- -r Wenn mit *Quelldatei* ein Verzeichnis angegeben ist, wird dieses rekursiv mit allen darin enthaltenen Dateien und Unterverzeichnissen kopiert.
- -v Während Verbindungsaufbau und Authentifizierung werden die einzelnen dazu durchgeführten Schritte ausgegeben.
- -B Falls Passwörter zur Anmeldung an einem der fernen Rechner benötigt werden, werden diese nicht erfragt, sondern es wird abgebrochen. Sinnvoll, wenn das Programm ohne Benutzereinwirkung ausgeführt werden soll.

```
scp mozart:/home/willy/bericht.txt bericht_von_mozart.txt
```
Kopiert die Datei */home/willy/bericht.txt* auf dem Rechner *mozart* auf den lokalen Rechner und legt sie dort im Arbeitsverzeichnis mit dem Namen *bericht_von_mozart.txt* ab. Die Anmeldung am Rechner *mozart* erfolgt mit dem Benutzernamen des aufrufenden Benutzers auf dem lokalen Rechner.

```
scp -r root@mozart:/usr/local root@beethoven:/usr/local
```
Kopiert das Verzeichnis */usr/local* auf dem Rechner *mozart* rekursiv mit allen enthaltenen Dateien und Unterverzeichnissen auf den Rechner *beethoven*. Die Authentifizierung an beiden Rechnern erfolgt über das Benutzerkonto des Administrators (*root*). Siehe auch: rcp, ssh. Dokumentation: man:scp.

script
Paket: bsdutils

Protokollieren von Arbeitssitzungen

Verschiedenes

```
script [-a] [Datei]
```
Gelegentlich ist es wünschenswert, den Text, den Programme ausgeben, als auch eigene Eingaben in einer Datei mitzuprotokollieren, damit man später genau nachvollziehen kann, was man während einer Arbeitssitzung getan hat. Hierzu dient das Programm *script*. Es startet eine neue Shell und speichert jedes Zeichen, das auf dem Bildschirm erschient in einer Datei mit dem Namen *typescript* oder in der mit *Datei* angegebenen Datei. Um *script* zu beenden, ist die von *script* gestartete Shell zu beenden, also beispielsweise der Befehl *exit* einzugeben.

-a Wenn eine Datei mit dem Namen *typescript* oder dem angegebenen Namen bereits existiert, wird diese nicht überschrieben, sondern das aktuelle Skript an sie angehängt.

```
script lernen
```
Startet eine neue Shell und protokolliert die Ein- und Ausgaben während der Arbeit mit dieser Shell in der Datei *lernen*. Dokumentation: man:script.

sed
Paket: sed

Automatisches Verändern von Textdateien

Textbearbeitung, Shellskripte

```
sed [Optionen] [Datei ...]
```
Das Programm liest Text von der Standardeingabe oder aus der oder den mit *Datei* angegebene(n) Datei(en) und schreibt diesen standardmäßig unverändert auf die Standardausgabe. Durch verschiedene Anweisungen ist es jedoch möglich, den Text von *sed* verändern zu lassen. Diese Anweisungen können sich entweder in einer eigenen Datei befinden oder an der Kommandozeile übergeben werden. *sed* ist ein mächtiges Werkzeug, dessen Möglichkeiten in diesem Rahmen nur angeschnitten werden können.

-n | --quit Der Text wird nur dann auf die Standardausgabe ausgegeben, wenn dies in den Anweisungen explizit angegeben ist.

-e Anweisungen | --expression=Anweisungen *sed* verändert den Text nach den mit *Anweisungen* gegebenen Anweisungen.

-f Datei | --file=Datei Editieranweisungen werden aus der mit *Datei* bezeichneten Datei gelesen.

Editieranweisungen:

Editieranweisungen bestehen aus einer optionalen Adresse und einem Befehl der beschreibt, was an dieser Adresse zu tun ist. Einige Befehle erwarten zusätzliche Parameter, die auf den Befehl folgen müssen. Die Adresse ist entweder eine Zeilennummer (z. B. 15), der Befehl wird dann für die angegebene Zeile ausgeführt, oder ein Zeilenbereich (z. B. 1,13), der Befehl wird dann für diese beiden Zeilen und alle dazwischenliegenden ausgeführt. Darüber hinaus ist es möglich, anstatt der Zeilennummern reguläre Ausdrücke anzugeben (siehe Kapitel 20, S. 20). Der angegebene Befehl wird dann für die Zeilen ausgeführt, auf die der reguläre Ausdruck zutrifft oder – wenn zwei reguläre Ausdrücke angegeben wurden – auf den Bereich von Zeilen, der durch Zeilen eingeschlossen wird, auf die der erste reguläre Ausdruck (1.Zeile) und der zweite reguläre Ausdruck (letzte Zeile) zutrifft. Werden reguläre Ausdrücke als Adressen verwendet, müssen diese durch Schrägstriche am Anfang und am Ende gekennzeichnet sein. Ein Sonderfall ist das Zeichen $, welches die letzte Zeile des gelesenen Textes bezeichnet. Beispiele für Adressen sind also:

2 Bezeichnet die zweite Zeile.
2,13 Bezeichnet die Zeilen zwei bis 13.
13,$ Bezeichnet alle Zeilen von der 13. bis zur letzten.
/aaa/ Bezeichnet alle Zeilen, in denen die Zeichenfolge *aaa* vorkommt.
/aaa/,/ccc/ Bezeichnet alle Zeilen die zwischen Zeilen liegen, in denen *aaa* und *ccc* vorkommt, inklusive dieser Zeilen selbst.

/Kommentar/,$ Bezeichnet alle Zeilen von der Zeile an, in der die Zeichenfolge *Kommentar* auftritt bis zur letzten Zeile.

Wird keine Adresse angegeben, so gelten die Befehle für alle Zeilen des Textes.
sed versteht u. a. die folgenden Befehle:

`d` Die adressierten Zeilen werden gelöscht.
`p` Die adressierten Zeilen werden ausgegeben. Es ist zu beachten, dass die Zeilen doppelt ausgegeben werden, wenn *sed* nicht mit der Option *-n* aufgerufen wurde.
`w Datei` Die adressierten Zeilen werden in die mit *Datei* bezeichnete Datei geschrieben.
`s/Ausdruck/Ersatz/[Option]` In den adressierten Zeilen wird der Text, auf den der mit *Ausdruck* angegebene reguläre Ausdruck zutrifft, durch den mit *Ersatz* angegebenen Text ersetzt. Wenn *Ersatz* das Zeichen & enthält, wird es durch den Text ersetzt, auf den *Ausdruck* zutrifft. Wird für Option eine Zahl angegeben, so wird eine Ersetzung nur für die Textstelle durchgeführt, welche die der Zahl entsprechende Textstelle ist (also nur die Dritte, wenn 3 angegeben wurde). Standardmäßig wird nur die erste Textstelle ersetzt. Wenn für *Option g* angegeben wird, werden alle Textstellen ersetzt, auf die der Ausdruck zutrifft.

`sed -e /ganten/d adressen.txt > adressen_neu.txt`
Löscht alle Zeilen aus der Datei *adressen.txt*, in der die Zeichenfolge *ganten* vorkommt und schreibt das Ergebnis in die Datei *adressen_neu.txt*.

`sed -e /Teil 1/Teil 2/s/Verlust/Gewinn/g bericht > bericht_gut`
Ersetzt in der Datei *bericht* das Wort *Verlust* durch das Wort *Gewinn*, wenn dieses Wort in Bereichen der Datei *bericht* vorkommt, die mit Zeilen, die mit der Zeichenfolge *Teil 1* beginnen und mit Zeilen, in denen das Wort *Teil 2* vorkommt, aufhören. Das Ergebnis wird in die Datei *bericht_gut* geschrieben. Siehe auch: grep, perl, awk, cat. Dokumentation: man:sed.

see — Betrachten von MIME-Dateien
Paket: mime-support — Information, Dateiverwaltung

`see [MIME-Typ[:Kodierung]] Datei [Datei ...]`

Das Programm öffnet die mit *Datei* angegebene(n) Datei(en) mit dem in der Datei */etc/mailcap* angegebenen Betrachtungsprogramm (Viewer). Welches Betrachtungsprogramm das richtige ist, wird anhand des angegebenen MIME-Typs sowie der angegebenen Kodierung entschieden. Wenn diese Informationen nicht angegeben werden, werden sie aufgrund der Dateiendung und den Informationen in der Datei */etc/mime.types* geraten. Falls der aufrufende Benutzer eine eigene Mailcap-Datei *.mailcap* oder eine eigene MIME-Typen Datei *.mime.types* in seinem Heimatverzeichnis besitzt, werden diese ebenfalls berücksichtigt.

`see bild.gif`
Startet ein geeignetes Programm zum Betrachten von GIF-Bilddateien und lädt die Datei *bild.gif* darin. Voraussetzung ist, dass ein solches Programm auf dem System existiert und in die Datei */etc/mailcap* eingetragen ist. Siehe auch: run-mailcap, update-mime. Dokumentation: man:see.

setserial — Einstellen serieller Schnittstellen
Paket: setserial — Systemverwaltung

`setserial [Optionen] Gerätedatei [Einstellung [Wert] ...]`

Das Programm konfiguriert die seriellen Schnittstellen des Computers. Es wird normalerweise während des Systemstarts aus dem Startskript */etc/rcS.d/S30setserial* aufgerufen. Die Einstellungen der Schnittstellen werden beim Herunterfahren des Rechners in der Datei */etc/serial.conf* gespeichert und beim Starten aus dieser Datei gelesen. Wird *setserial* nur mit Angabe einer Gerätedatei aufgerufen, die eine serielle Schnittstelle repräsentiert, gibt es die Konfiguration der entsprechenden Schnittstelle aus. Wird *setserial* mit Angabe einer Gerätedatei und der Angabe von Einstellungen und Werten aufgerufen, nimmt es die entsprechenden Einstellungen vor.

-a Bei der Ausgabe der Konfiguration werden sämtliche verfügbaren Informationen über die betreffende Schnittstelle ausgegeben.

`port ioport` Legt die Ein- und Ausgabeadresse der betreffenden Schnittstelle auf den mit *ioport* angegebenen Wert fest.

`irq Nummer` Legt den Interrupt der betreffenden Schnittstelle auf den mit *Nummer* angegebenen Interrupt fest.

`uart Typ` Gibt den UART-Typ der Schnittstelle an. Gültige Typen sind: 8250, 16450, 16550, 16550A, 16650, 16650V2 und 16750 oder *none*, wenn die Schnittstelle nicht mit einem UART ausgestattet ist.

`autoconfigure` Weist den Kernel an, die betreffende Schnittstelle automatisch zu konfigurieren.

`auto_irq` Weist den Kernel an, den von der Schnittstelle benutzten IRQ automatisch festzustellen. Diese Einstellung muss vor *autoconfigure* vorgenommen werden.

`skip_test` Weist den Kernel an, während der Autokonfiguration **nicht** zu versuchen, den Typ des UARTs festzustellen. Wird bei einigen UART-Imitaten benötigt.

`setserial -a /dev/ttyS0`
Gibt die aktuelle Konfiguration der ersten seriellen Schnittstelle (unter DOS: COM1) aus.

`setserial /dev/ttyS2 port 0x3E8 auto_irq autoconfigure`
Konfiguriert die dritte serielle Schnittstelle (Unter DOS: COM3) automatisch unter Verwendung der Basis-Ein/Ausgabe-Adresse von hexadezimal *3E8*. Siehe auch: tunelp, /proc/interrupts, /proc/ioports. Dokumentation: man:setserial.

sfdisk
Paket: util-linux

Partitionsdaten anzeigen und verändern
Systemverwaltung

`sfdisk -s [Gerätedatei]`
Gibt die Größe in (1024 Byte großen) Blöcken der mit *Gerätedatei* bezeichneten Partition aus. Wird keine Partition angegeben, werden die Größen aller im System vorhandenen Festplatten ausgegeben.

`sfdisk -l [Optionen] [Gerätedatei]`
Gibt die Partitionstabelle der mit *Gerätedatei* bezeichneten Festplatte aus. Wird keine Festplatte angegeben, werden die Partitionstabellen aller im System vorhandenen Festplatten ausgegeben.

`sfdisk -V [Gerätedatei]`
Führt verschiedene Konsistenztests mit der Partitionstabelle der mit *Gerätedatei* bezeichneten Festplatte durch. Wird keine Festplatte angegeben, werden die Partitionstabellen aller Festplatten geprüft.

`sfdisk Gerätedatei`
Erlaubt das nicht-interaktive Partitionieren der mit *Gerätedatei* bezeichneten Festplatte. Das Programm liest Partitionierungsangaben von der Standardeingabe und erzeugt auf der betreffenden Festplatte die entsprechende Partitionstabelle. Dadurch ist die automatische Partitionierung in Shellskripten und ähnlichen Anwendungen möglich. Die Partitionierungsangaben müssen in folgender Form erfolgen, wobei jeweils eine Zeile die Partitionierungsangaben für eine Partition enthalten muss:

`Start Größe Partitionstyp Bootbar z,k,s z,k,s`
Die einzelnen Felder können durch Leerzeichen, Kommata oder Semikolons voneinander getrennt werden. *Start* bezeichnet den Startpunkt in Zylindern oder der gewählten Einheit (siehe Parameter -U), an dem eine Partition beginnen soll. *Größe* bezeichnet die Größe der Partition in der gewählten Einheit, *Partitionstyp* den Partitionstyp, er muss hexadezimal und ohne *0x* angegeben werden. Bei der Angabe des Partitionstyps ist es weiter u. a. möglich, die Buchstaben *L* für Linux-Native oder *S* für Linux-Swap anzugeben. Mit *Bootbar* wird angegeben, ob die Partition aktiv sein soll. Ein Stern (*) macht die Partition aktiv, ein Minuszeichen (-) macht sie inaktiv. Die letzten beiden Angaben (*z,k,s*) bezeichnen Start- und Endpunkt einer Partition in der Form Zylinder,Kopf,Sektor. Die *z,k,s*-Angaben müssen normalerweise nicht vorgenommen werden. Alle diese Angaben sind optional: Wird

Start ausgelassen, wird der erste freie Sektor auf der Festplatte benutzt. Wird *Größe* ausgelassen erhält die Partition die maximale Größe. Wird *Partitionstyp* ausgelassen, erhält die Partition den Typ Linux-Native (83). Wird *Bootbar* ausgelassen, wird die Partition nicht aktiv. Besondere Vorgabewerte gelten für Partitionen in erweiterten Partitionen.

Einigen Optionen müssen Partitionsnummern übergeben werden. Dies sind die gleichen Nummern, die auch die Gerätedateien tragen, welche die entsprechende Partition repräsentieren, z. B. 4 für die vierte primäre Partition.

- `-T | --list-types` Gibt alle dem Programm bekannten Partitionstypen aus.
- `-g | --show-geometry` Gibt die Information des Kernels über die Geometrie der entsprechenden Festplatte aus.
- `-d` Gibt die Partitionstabelle(n) in einem Format aus, das *sfdisk* verwenden kann, um eine Neupartitionierung vorzunehmen. Nützlich, um gleiche Partitionierungen auf verschiedenen Festplatten durchzuführen.
- `-N Partitionsnummer` Es wird nur die mit *Partitionsnummer* bezeichnete Partition verändert. Anstatt der oben beschriebenen Vorgabewerte gelten nun die Werte der bezeichneten Partition als Vorgabewerte.
- `-A Partitionsnummer` Die mit *Partitionsnummer* bezeichnete Partition wird aktiviert, alle anderen werden deaktiviert.
- `-c | --id Partitionsnummer [ID]` Gibt den Partitionstyp (z. B. 83 für Linux-Native) aus, wenn *ID* nicht angegeben wurde und ändert den Partitionstyp auf den mit *ID* angegebenen Wert, wenn *ID* angegeben wurde.
- `-C Zylinder -H Köpfe -S Sektoren` Es wird die angegebene Festplattengeometrie benutzt und nicht die vom Kernel erkannte.
- `-u Einheit` Alle Größenangaben werden in der angegebenen Einheit ausgegeben oder interpretiert. Mögliche Einheiten sind: S (Sektoren), B (Blöcke), C (Zylinder) und M (Megabyte). Der Vorgabewert ist Zylinder.
- `-x | --show-extended` Es werden auch Informationen über erweiterte Partitionen ausgegeben. Bei der Veränderung von Partitionstabellen werden auch Anweisungen zu erweiterten Partitionen erwartet.
- `-D | --DOS` Die Partitionstabelle wird so angelegt, dass sie auch von DOS benutzt werden kann.
- `--IBM | --leave-last` Der letzte Zylinder auf der Festplatte wird nicht benutzt. Sinnvoll für einige IBM-Werkzeuge, die davon ausgehen, dass sie den letzten Zylinder überschreiben dürfen.
- `-n` Alle Befehle werden ausgeführt, die neue Partitionstabelle wird jedoch nicht geschrieben. Erlaubt das Testen von Partitionierungsanweisungen.
- `-O Datei` Erstellt eine Sicherungskopie aller durch *sfdisk* veränderten Sektoren in der mit *Datei* bezeichneten Datei. Die Sicherungsdatei sollte sich natürlich auf einem anderen Datenträger als der zu partitionierenden Festplatte befinden.
- `-I Datei` Bringt die Partitionstabelle wieder in den Zustand, wie er in *Datei* beschrieben ist. Diese Datei muss zuvor mit der vorherigen Option erstellt worden sein.

sfdisk -l -u m
Gibt alle Partitionstabellen aus. Größenangaben werden dabei in Megabyte vorgenommen.

sfdisk -u M -O /floppy/backup /dev/sda < ptable
Liest Partitionierungsanweisungen aus der Datei *ptable* und partitioniert die erste SCSI-Festplatte entsprechend. Vorher wird eine Sicherheitskopie aller zu verändernden Sektoren in die Datei */floppy/backup* geschrieben.

sfdisk -I /floppy/backup /dev/sda
Macht die im vorherigen Beispiel vorgenommenen Änderungen unter Verwendung der Sicherungsdatei */floppy/backup* rückgängig. Die Datei *ptable* könnte beispielsweise folgendermaßen aussehen:

```
0,1000
,128,82
,2000
;
```

Die erste Zeile legt eine 1000 MB große Partition am Beginn der Festplatte an. Die zweite Zeile legt eine 128 MB große Partition vom Typ Linux-Swap an. Die dritte Zeile legt eine 2000 MB große Partition an. Die vierte Zeile legt eine weitere Partition an, die den verbleibenden Platz ausfüllt. Weil keine erweiterte Partition angelegt wurde, können auf der Festplatte keine weiteren (logischen) Partitionen angelegt werden.
Siehe auch: cfdisk, fdisk, Kapitel 2.5. Dokumentation: man:sfdisk.

shadowconfig — Ein- und Ausschalten von Schattenpasswörtern
Paket: passwd — Systemverwaltung

```
shadowconfig on | off
```

Mit dem Befehl kann die Benutzung von Schattenpasswörtern, die nicht in der Datei */etc/passwd*, sondern in der Datei */etc/shadow* gespeichert werden, ein- und ausgeschaltet werden.

```
shadowconfig on
```
Schaltet die Benutzung von Schattenpasswörtern ein.

```
shadowconfig off
```
Schaltet die Benutzung von Schattenpasswörtern aus.   Siehe auch: adduser, passwd. Dokumentation: man:shadowconfig file:/usr/share/doc/passwd/README.debian.gz.

shutdown — Herunterfahren des Systems
Paket: sysvinit — Systemverwaltung

```
shutdown [Optionen] Zeit [Nachricht]
```

Das System wird zu der mit *Zeit* angegebenen Uhrzeit heruntergefahren. Diese Zeit kann in der Form *Stunden:Minuten*, also beispielsweise 16:15 angegeben werden. Eine weitere Möglichkeit ist die Angabe in der Form *+Minuten*, z. B. +15. Das System wird dann nach Ablauf der angegebenen Minuten heruntergefahren. Drittens kann für Zeit *now* angegeben werden, wodurch das System sofort heruntergefahren wird.

Standardmäßig hält *shutdown* das System nicht an, sondern bringt es in einen Zustand, in dem nur der Systemverwalter angemeldet sein darf und deswegen Verwaltungsaufgaben sicher durchgeführt werden können (Runlevel 1).

Wird *Nachricht* angegeben, gibt *shutdown* die angegebene Mitteilung vor dem Herunterfahren an alle angemeldeten Benutzer heraus, damit diese über den bevorstehenden Systemabschluss informiert werden und sich abmelden können. Unabhängig davon, ob *Nachricht* angegeben wurde, erhalten die Benutzer des Systems in regelmäßigen Abständen vor dem Systemabschluß eindeutige Mitteilungen.

- `-r` Startet das System nach dem Herunterfahren neu.
- `-h` Hält das System nach dem Herunterfahren an.
- `-k` Führt keinen Systemabschluß durch und sendet lediglich die Warnungs-Mitteilungen an alle Benutzer.
- `-c` Bricht einen laufenden Systemabschluß ab. Hier muss keine Zeitangabe gemacht werden.

```
shutdown +20 "Wir machen Schluss fuer heute!"
```
Fährt das System 20 Minuten nach Eingabe des Befehls herunter und teilt dies allen Benutzern mit.

```
shutdown -c "Es gibt doch noch was zu tun!"
```
Bricht den laufenden Systemabschluß ab und teilt dies ebenfalls mit.

```
shutdown -r now
```
Führt sofort einen Neustart des Rechners durch.

```
shutdown -h now
```
Hält das System sofort an.   Siehe auch: reboot, halt, poweroff, init. Dokumentation: man:shutdown.

sleep
Paket: shellutils

Aussetzen der Verarbeitung
Shellskripte

```
sleep Zeitraum
```
Das Programm wartet so lange, wie mit *Zeitraum* angegeben wird. Die anzugebende Zahl wird standardmäßig als Zeitraum in Sekunden interpretiert. Wenn ihr einer der Buchstaben *m*, *h* oder *d* nachgestellt wird, wird die Angabe als Zeitraum in Minuten, Stunden oder Tagen interpretiert.

```
sleep 5
```
Wartet 5 Sekunden.

```
sleep 4h
```
Wartet 4 Stunden. Dokumentation: info:sleep.

sort
Paket: textutils

Sortieren von Textdateien
Textbearbeitung

```
sort [Optionen] [Datei ...]
```
sort liest eine oder mehrere mit *Datei* angegebene Datei(en) oder von der Standardeingabe, wenn keine Datei angegeben wurde, und sortiert diese zeilenweise. Das Ergebnis wird auf die Standardausgabe geschrieben. Per Voreinstellung geschieht die Sortierung unter Berücksichtigung aller in jeder Zeile vorhandenen Zeichen, wobei die Zeichen in der ersten Spalte die höchste Priorität haben, dann die in der zweiten Spalte usw.

- `-b` Leerzeichen am Anfang von Zeilen werden nicht berücksichtigt.
- `-d` Es wird nach dem „Telefonbuchprinzip" sortiert. Alle Zeichen außer Buchstaben, Zahlen und Leerzeichen bleiben unberücksichtigt.
- `-f` Bei der Sortierung bleiben Unterschiede zwischen großen und kleinen Buchstaben unberücksichtigt.
- `-r` Gibt das Ergebnis umgekehrt sortiert aus (A zuletzt, Z zuerst).
- `-k Pos1[,Pos2]` Bei der Sortierung werden nur die Zeichen berücksichtigt, die innerhalb der mit *Pos1* und *Pos2* angegeben Spalten stehen. Wenn *Pos2* nicht angegeben wird, werden die Zeichen von der mit *Pos2* spezifizierten Spalte bis zum Ende der Zeile berücksichtigt.

```
sort -d freunde.txt kollegen.txt > leute.txt
```
Sortiert den Inhalt der beiden Dateien *freunde.txt* und *kollegen.txt* und schreibt das Ergebnis in die Datei *leute.txt*.

```
sort -r -k 12 termine.txt
```
Sortiert die Datei *termine.txt* in umgekehrter Reihenfolge und berücksichtigt dabei nur die Zeichen ab der 12. Spalte in jeder Zeile. Das Ergebnis wird auf die Standardausgabe ausgegeben. Siehe auch: uniq. Dokumentation: info:sort.

split
Paket: textutils

Zerteilen von Dateien
Dateiverwaltung, Textbearbeitung

```
split [Optionen] [Datei] [Namensanfang]
```
Das Programm liest die mit *Datei* angegebene Datei oder von der Standardeingabe, wenn keine Datei angegeben ist und teilt die gelesenen Daten in einzelne Dateien. Per Voreinstellung findet diese Teilung nach jeweils 1000 Zeilen gelesenen Textes statt. Die erzeugten Dateien erhalten standardmäßig die Namen *xaa*, *xab* usw. Wenn mit *Namensanfang* eine andere Zeichenkette angegeben ist, wird diese den Namen der erzeugten Dateien anstatt des Zeichens *x* vorangestellt. Existieren bereits Dateien mit den Namen der zu erzeugenden Dateien, werden diese überschrieben.

- `-l Zeilen | --lines=Zeilen` In jede Datei wird maximal die mit *Zeilen* angegebene Anzahl von Zeilen geschrieben.

-b Bytes | --bytes Bytes Jede erzeugte Datei wird maximal so groß, wie mit *Bytes* spezifiziert ist. *Bytes* können die Buchstaben b, k oder m nachgestellt sein, wodurch die angegebene Zahl als 512 Byte große Blöcke (b), Kilobyte (k) oder Megabyte (m) interpretiert wird.

`split -b 1400k bigpicture.bmp bigpic`
Zerteilt die Datei *bigpicture.bmp* in Einzeldateien mit einer Größe von höchstens 1,4 MB. Die erzeugten Dateien erhalten die Namen *bigpicaa, bigpicab* usw., sie passen auf 3,5 Zoll-Disketten.

`cat bigpicaa bigpicab bigpicac > bigpicture.bmp`
Der Bcfchl setzt die mit dem vorherigen Beispiel erzeugten Einzeldateien wieder in die Usprungsdatei zusammen. Siehe auch: cat. Dokumentation: info:split.

ssh
Paket: ssh

Aufbauen einer verschlüsselten Verbindung zu einem anderen Rechner

Netzwerk

`ssh [Optionen] Rechnername | Benutzer@Rechnername [Befehl]`

Das Programm baut eine verschlüsselte Verbindung zu dem mit *Rechnername* angegebenen Rechner auf und versucht dort eine Authentifizierung mit dem Benutzernamen des aufrufenden Benutzers durchzuführen. Wenn *Rechnername* in der Form *Benutzer@Rechnername* angegeben ist, wird versucht, die Authentifizierung mit dem mit *Benutzer* angegebenen Namen durchzuführen. Voraussetzung für das Gelingen des Verbindungsaufbaus ist u. a., dass auf dem fernen Rechner das Server-Programm *sshd*) ausgeführt wird.

Wenn mit *Befehl* kein *Befehl* angegeben wird, wird nach erfolgter Anmeldung am fernen Rechner dort eine Shell gestartet, die vom lokalen Rechner aus benutzt werden kann. Anderenfalls wird das mit *Befehl* angegebene Programm auf dem fernen Rechner ausgeführt. Ausgaben dieses Programms werden auf der Standardausgabe des lokalen Terminals ausgegeben.

Zur Authentifizierung sind verschiedene Methoden möglich. Welche benutzt werden, ist davon abhängig, wie das Server-Programm auf dem fernen Rechner und das lokale Programm konfiguriert sind. U. a. ist die gleiche Authentifizierung wie mit dem Programm *rsh* möglich (über die Dateien */etc/hosts.equiv* und *.rhosts* im Heimatverzeichnis des Benutzers, mit dessen Namen die Anmeldung auf dem fernen Rechner versucht wird) oder über eine Passwortabfrage. Das Programm lässt sich genauso wie *rsh* verwenden, bietet allerdings den großen Vorteil, dass die Datenübertragung zwischen beiden Rechnern verschlüsselt stattfindet und deswegen abhörsicher ist. Dies ist insbesondere bei der Übertragung von Passwörtern von enormer Wichtigkeit. Das Programm ist deswegen den Programmen *rsh* oder *telnet* vorzuziehen, sobald unsichere Verbindungen wie Internetverbindungen benutzt werden.

Eine weitere besondere Eigenschaft von *ssh* besteht darin, dass es X-Verbindungen ebenfalls verschlüsselt ermöglicht. Dazu startet es auf dem fernen Rechner einen Proxy-X-Server und leitet die Daten eines auf dem fernen Rechner gestarteten X-Programms an den lokalen X-Server verschlüsselt weiter. Dies ermöglicht sogar die einfache Verwendung des X Protokolls über maskierte Verbindungen.

-l Name Die Anmeldung am fernen Rechner erfolgt mit dem mit *Name* spezifizierten Benutzernamen.
-v Das Programm gibt aus, welche Schritte zum Verbindungsaufbau und zur Authentifizierung durchgeführt werden. Hilfreich, um zu untersuchen, warum ein Verbindungsaufbau nicht funktioniert.
-x Schaltet die Weiterleitung von X-basierten Daten aus (Dies ist die Voreinstellung).
-X Schaltet die Weiterleitung von X-basierten Daten ein.
-C Alle Daten, die zwischen lokalem und fernen Rechner ausgetauscht werden, werden verschlüsselt. Sinnvoll für langsame Verbindungen, wie Einwahlverbindungen.

`ssh -l meier arbeitsplatz.firma.de`
Baut eine sichere Verbindung zu dem Rechner *arbeitsplatz.firma.de* auf und startet dort eine Shell, die vom lokalen Rechner aus benutzt werden kann. Die Anmeldung erfolgt mit dem Benutzernamen *meier*.

`ssh -X -C zweitrechner.psychologie.uni-bremen.de /usr/bin/X11/gimp`
Baut eine sichere und komprimierte Verbindung zu dem Rechner *zweitrechner.psychologie.uni-bremen.de* auf. Auf dem fernen Rechner wird das Programm *gimp* gestartet, dessen Ausgabe über den X-Proxy-Server auf das X-Display des lokalen Rechner weitergeleitet wird. Siehe auch: rsh, scp. Dokumentation: man:ssh.

strace — Anzeigen von Systemaufrufen einen Programms
Paket: strace
Information

`strace [Optionen] [Befehl]`

Das Programm führt das mit *Befehl* angegebene Programm aus und protokolliert die Systemaufrufe, die das ausgeführte Programm durchführt, sowie die Signale, die es erhält. Per Voreinstellung werden diese Informationen auf die Standardfehlerausgabe geschrieben. *strace* ist ein nützliches Werkzeug, wenn man sehen will, was ein Programm tut oder warum ein Programm an irgendeiner Stelle unvorhergesehene Fehler hervorruft.

- `-o Datei` Die protokollierten Systemaufrufe werden in die mit *Datei* bezeichnete Datei geschrieben und nicht auf die Standardfehlerausgabe.
- `-f` Es werden auch die Systemaufrufe protokolliert, die von Prozessen durchgeführt werden, die von dem Ausgangsprozeß gestartet werden.
- `-ff` Zusammen mit dem Parameter *-o* bewirkt dieser Parameter, dass für jeden Prozess eine Datei angelegt wird, deren Name sich aus dem bei der Option *-o* angegebenen Dateinamen und der Prozess-ID des betreffenden Prozesses zusammensetzt. Die Protokolle der gestarteten Prozesse werden dann in diese Dateien geschrieben.
- `-p PID` Führt dazu, dass *strace* die Systemaufrufe eines bereits laufenden Prozesses mit der durch *PID* angegebenen Prozess-ID ausgibt. Der Vorgang kann abgebrochen werden, ohne dass der laufende Prozess unterbrochen wird.

`strace ls 2>&1 | less`

Zeigt die Ausgabe von dem Befehl *ls* zusammen mit den von diesem Programm durchgeführten Systemaufrufen mit dem Programm *less* an. Der Ausdruck *2>&1* bewirkt, dass die Standardfehlerausgabe (2) mit auf die Standardausgabe (1) gegeben wird und deswegen ebenfalls von *less* gelesen wird. Siehe auch: ps, gdb. Dokumentation: man:strace.

su — Ändern der Benutzeridentität
Paket: login
Systemverwaltung

`su [Optionen] [Benutzer]`

Der Befehl ermöglicht das zeitweise Arbeiten unter einem anderen Benutzernamen. Wird *su* ohne Parameter aufgerufen, startet das Programm eine Shell mit den Rechten des Systemadministrators. Wenn ein gültiger Benutzername angegeben wird, wird eine Shell mit der Identität dieses Benutzers gestartet. Wird *su* von einem anderen Benutzer als dem Systemadministrator aufgerufen, fragt das Programm nach dem Passwort des Benutzers, mit dessen Identität die Shell gestartet werden soll. *su* erhält das aktuelle Arbeitsverzeichnis sowie die Umgebungsvariablen, mit Ausnahme der Variablen *HOME* und *SHELL*, die aus den Voreinstellungen des Benutzers bezogen werden, auf dessen Identität gewechselt wird. Wird nicht auf die Identität des Administrators gewechselt, werden zusätzlich die Variablen *USER* und *LOGNAME* auf die neue Identität gesetzt.

- `-c Befehl | --comand=Befehl` Es wird keine interaktive Shell ausgeführt. Stattdessen wird das mit *Befehl* angegebene Kommando mit den Rechten des angegebenen Benutzers ausgeführt.
- `-s Shell | --shell=shell` *su* startet normalerweise die Standard-Shell des Benutzers, zu dessen Identität gewechselt wird. Mit diesem Parameter kann stattdessen die mit *Shell* angegebene Shell benutzt werden.

- An Stelle einer gewöhnlichen Shell wird eine Login-Shell des Benutzers, zu dessen Identität gewechselt wird, aufgerufen. Diese wird im Heimatverzeichnis des neuen Benutzers ausgeführt und alle Umgebungsvariablen des aufrufenden Prozesses werden gelöscht.
-p | --preserve-environment Es werden keine Umgebungsvariablen geändert und es wird das in der Umgebungsvariablen *SHELL* gespeicherte Programm ausgeführt.

`su -c make install`
Führt das Programm *make* mit Administratorrechten aus. *make* wird der Parameter *install* übergeben. Vorher wird nach dem Passwort des Administrators gefragt, falls der Befehl nicht vom Administrator abgeschickt wurde.

`su carsten`
Wechselt die Benutzeridentität auf die des Benutzers *carsten*. Wird dieser Befehl nicht vom Systemadministrator benutzt, so muss das entsprechende Passwort eingegeben werden. Siehe auch: login, super, sudo, fakeroot. Dokumentation: info:su.

sudo — Programme als Administrator ausführen
Paket: sudo — Systemverwaltung

`sudo [Optionen] Befehl`
Eine weitere Möglichkeit bestimmten Benutzern das Recht einzuräumen, einige Befehle mit besonderen Rechten auszuführen, bietet das Programm *sudo*. *sudo* führt das mit *Befehl* angegebene Kommando mit den Rechten und der Identität des Systemadministrators aus. Welche Befehle unter welchen Bedingungen von welchem Benutzer mit den Privilegien des Administrators ausgeführt werden dürfen, muss in der Datei */etc/sudoers* festgelegt werden (siehe Kapitel 15.5.3, S. 414). Unter Umständen wird vor der Ausführung des angegebenen Befehls nach dem Passwort des Benutzers gefragt. Damit wird sichergestellt, dass das Programm auch wirklich vom berechtigten Benutzer aufgerufen wird.

-l Zeigt an, welche Programme vom aufrufenden Benutzer mit besonderen Privilegien ausgeführt werden dürfen.
-b Das auszuführende Programm wird im Hintergrund ausgeführt.
-u Benutzername Das auszuführende Programm wird unter der Identität des mit *Benutzername* angegebenen Benutzers ausgeführt.

`sudo lprm 625`
Ruft das Programm *lprm* mit dem Argument *625* auf und führt es unter der Identität des Administrators aus. Siehe auch: su, super, fakeroot. Dokumentation: man:sudo.

swapoff — Verwendung von Auslagerungsspeicher beenden
Paket: mount — Systemverwaltung

`swapoff Datei`
Stoppt die Benutzung von *Datei* als Auslagerungsspeichers des Kernels. Bei *Datei* kann es sich um eine Gerätedatei (Swappartition) oder um eine gewöhnliche Datei (Swapdatei) handeln.

`swapoff -a`
Stoppt die Benutzung aller Partitionen, die in der Datei */etc/fstab* als Swappartitionen definiert wurden.

`swapoff /dev/hda6`
Die zweite logische Partition der ersten (E)IDE-Festplatte wird nicht mehr als Auslagerungsplatz verwendet. Siehe auch: swapon, mkswap. Dokumentation: man:swapoff.

swapon — Auslagerungsspeicher einbinden
Paket: mount — Systemverwaltung

`swapon [-p Priorität] Datei`
Stellt dem Kernel *Datei* zur Benutzung als Auslagerungsspeicher zur Verfügung. Bei *Datei* kann es sich um eine Gerätedatei (Swappartition) oder um eine gewöhnliche Datei (Swapdatei) handeln, die entsprechend vorbereitet wurde.

`swapon -a`
Stellt dem Kernel alle Swappartitionen zur Verfügung, die in der Datei */etc/fstab* als solche definiert wurden, sofern sie nicht bereits zur Verfügung gestellt worden sind.

`swapon -s`
Gibt Informationen über die Benutzung einzelner Swappartitionen und -dateien aus.

`-p Priorität` Die Swappartition oder -datei soll mit der mit *Priorität* angegebenen Priorität benutzt werden. *Priorität* ist eine Zahl zwischen 0 und 32767. Eine hohe Zahl entspricht einer hohen Priorität, was bedeutet, dass das entsprechende Medium bevorzugt benutzt wird.

`swapon /var/swapfile`
Stellt dem Kernel die Datei */var/swapfile* als Auslagerungsspeicher zur Verfügung. Siehe auch: swapoff, mkswap, mount. Dokumentation: man:swapon.

sync
Paket: fileutils

Datenträger und Cache synchronisieren
Dateiverwaltung, Systemverwaltung

`sync`
Das Kommando synchronisiert Daten und Dateiinformationen im Zwischenspeicher (Cache) mit den physikalischen Datenträgern. Die Verwendung dieses Befehls empfiehlt sich, wenn Datenträger (z. B. Disketten) aus dem System entfernt werden sollen und nicht sicher ist, ob alle Daten tatsächlich auf diese Datenträger geschrieben worden sind. *sync* kann u. U. vor Datenverlusten während eines kritischen Systemzustands schützen. Siehe auch: umount, mount. Dokumentation: info:sync.

tail
Paket: textutils

Endstücke von Dateien ausgeben
Textbearbeitung, Systemverwaltung

`tail [Optionen] [Datei ...]`
Das Programm liest von der Standardeingabe oder aus den mit *Datei* bezeichneten Dateien und gibt standardmäßig die letzten 10 Zeilen auf die Standardausgabe aus. Wird mehr als eine Datei angegeben, gibt das Programm vor dem Endstück jeder Datei eine Zeile aus, die den Namen der betreffenden Datei beinhaltet. *tail* eignet sich auch zur Beobachtung von wachsenden Dateien wie Log-Dateien.

`-Anzahl | +Anzahl` Es wird die mit *Anzahl* angegebene Menge von Zeilen ausgegeben. Alternativ kann zu *Anzahl* eine der Einheiten b (512 Byte), k (Kilobyte) oder m (Megabyte) angegeben werden. Es wird dann die entsprechende Datenmenge ausgegeben.

  Achtung: Diese Option muss die erste angegebene Option sein.

`-f | --follow` Nach Ausgabe des Endstückes wird die Datei beobachtet. Sobald ein anderer Prozess der Datei neue Zeilen hinzufügt, werden diese ebenfalls ausgegeben.

`-q | -quiet` Die Namen von Dateien werden nicht ausgegeben.

`tail ~/.xsession-errors`
Die letzten 10 Zeilen der Datei *.xsession-errors* im Heimatverzeichnis des aufrufenden Benutzers werden ausgegeben.

`tail -f /var/log/syslog`

Das Ende der Datei */var/log/syslog* wird ausgegeben. Danach wird gewartet, bis der Datei neue Zeilen hinzugefügt werden. Wenn dies passiert, werden diese Zeilen ebenfalls ausgegeben. Daraufhin wird wieder gewartet... Siehe auch: head, cat. Dokumentation: info:tail.

tar
Paket: tar

Bearbeiten von Tar-Archiven
Dateiverwaltung, Backup, Installation

```
tar -x | --extract [Optionen]
```
Extrahiert Dateien aus einem Tar-Archiv.
```
tar -c | --create [Optionen] [Datei ...]
```
Erzeugt ein Archiv und überschreibt dabei u. U. ein bestehendes Archiv.
```
tar -d | --diff [Optionen] [Datei ...]
```
Vergleicht den Inhalt eines Archivs mit Dateien im Dateisystem.
```
tar -l | --list [Optionen]
```
Listet den Inhalt eines Archivs auf.
```
tar -r | --append [Optionen] [Datei ...]
```
Fügt bestehenden Archiven neue Dateien hinzu.
```
tar -u | --update [Optionen] [Datei ...]
```
Fügt einem bestehenden Archiv neue Dateien zu, wenn diese im Archiv nicht bereits existieren oder neuer sind als die entsprechenden Dateien im Archiv.

Tar-Archive sind zu einer Einheit zusammengesetzte Sammlungen aus einzelnen Dateien. Eine solche Einheit kann u. a. auf ein Band geschrieben werden oder in einer neuen Datei gespeichert werden. Unter Debian schreibt *tar* Archive standardmäßig auf die Standardausgabe oder liest sie von der Standardeingabe. Tar-Archive sind ein weitverbreitetes Format zur Weitergabe von Programm- und Datenpaketen für UNIX. Weil *tar* Archive nicht selbst komprimieren kann, werden Tar-Archive in der Regel mit *gzip* komprimiert, um Platz zu sparen. Solche Archive haben in der Regel die Endung *.tar.gz* oder *.tgz*. Es können auch Archive auf anderen Rechnern erstellt werden.

- `-f Datei | --file=Datei` Es wird in das mit *Datei* bezeichnete Tar-Archiv geschrieben oder daraus gelesen. Wenn *Datei* in der Form *Benutzer@Rechnername:Dateiname* angegeben wird, wird das Archiv auf dem mit Rechnername angegebenen Rechner und mit dem dortigen Namen *Dateiname* erzeugt. *Benutzer@* ist optional und spezifiziert den Benutzernamen, unter dem auf den fremden Rechner zugegriffen werden soll. Standardwert ist der eigene Benutzername. Voraussetzung ist die Möglichkeit des Zugriffs auf den fremden Rechner über *rsh*.
- `-T Datei | --files-from Datei` Die Namen der zu lesenden oder zu schreibenden Dateien werden aus der mit *Datei* bezeichneten Datei gelesen. Wird für Datei ein Minuszeichen angegeben, werden die Namen von der Standardeingabe gelesen (siehe Beispiel bei *find* (S. 656)
- `--rsh-command=Programm` An Stelle von *rsh* wird das mit *Programm* angegebene Programm benutzt, um die Verbindung mit einem fernen Rechner aufzubauen.
- `-v | --verbose` Die Namen der gelesenen oder geschriebenen Dateien werden ausgegeben.
- `-k | --keep-old-files` Beim Extrahieren von Dateien werden keine existierenden Dateien überschrieben.
- `-w | --interactive` Bevor Dateien überschrieben werden, wird nachgefragt, ob dies tatsächlich geschehen soll.
- `--exclude Ausdruck` Es werden keine Dateien archiviert, extrahiert oder verglichen, auf deren Name *Ausdruck* zutrifft. *Ausdruck* kann Metazeichen wie *?* oder * enthalten. Diese müssen in der Regel durch Anführungszeichen vor der Interpretation durch die Shell geschützt werden.
- `-L Länge | --tape-length=Länge` Gibt die Länge des benutzten Bandes in Kilobyte an.

`-b Blockgröße | --blocking-factor=Blockgröße` Legt die Blockgröße in *Blockgröße* * 512 Byte fest. Standardwert ist 20.

`-p | --preserve-permissions` Dateien erhalten beim Auspacken die gleichen Rechte, die sie vor dem Einpacken hatten.

`--same-owner` Dateien erhalten beim Auspacken den gleichen Besitzer, den sie während des Einpackens hatten.

`-P | --absolut-names` Beim Hinzufügen von Dateien in ein Archiv werden die absoluten Pfadnamen im Archiv vermerkt (mit / am Anfang).

`--no-recursion` Beim Schreiben von Daten in ein Archiv werden die Inhalte von Verzeichnissen und deren Unterverzeichnissen nicht archiviert.

`-l | --one-filesystem` Es werden nur Dateien in ein Archiv geschrieben, die sich auf dem gleichen Datenträger befinden, auf dem auch das aktuelle Arbeitsverzeichnis ist.

`--remove-files` Dateien werden gelöscht, nachdem Sie einem Archiv hinzugefügt wurden.

`-z | --gzip` Die zu lesenden oder zu schreibenden Daten werden mit dem Programm *gzip* komprimiert oder dekomprimiert.

`-Z | --compress` Die zu lesenden oder zu schreibenden Daten werden mit dem Programm *compress* komprimiert oder dekomprimiert.

`-I | --bzip2` Die zu lesenden oder zu schreibenden Daten werden mit dem Programm *bzip2* komprimiert oder dekomprimiert.

`--use-compress-program=Programm` Die zu lesenden oder zu schreibenden Daten werden mit dem durch *Programm* spezifizierten Programm komprimiert oder dekomprimiert.

`tar -lzf paket.tar.gz`
Listet die Namen der Dateien im komprimierten Tar-Archiv *paket.tar.gz* auf.

`tar -xvzf paket.tar.gz`
Dekomprimiert und extrahiert den Inhalt von *paket.tar.gz* in das aktuelle Arbeitsverzeichnis und zeigt die Namen der erzeugten Dateien an.

`tar -cvzf backup.tar.gz texte/`
Erstellt ein komprimiertes Tar-Archiv mit dem Namen *backup.tar.gz* und kopiert das Verzeichnis *texte* sowie den Inhalt dieses Verzeichnisses und aller Unterverzeichnisse in das Archiv.

`tar -cvf /dev/tape ~/`
Erstellt ein Archiv vom Heimatverzeichnis des aufrufenden Benutzers auf dem durch */dev/tape* repräsentierten Bandlaufwerk. Der Benutzer muss Schreibrechte für dieses Gerät haben.

`tar -uvf /dev/tape ~/`
Hängt neue oder veränderte Dateien an das Archiv in dem durch */dev/tape* repräsentierten Bandlaufwerk an. Veränderte Dateien überschreiben beim Auspacken die zunächst ausgepackten älteren Dateien.

`tar -xvf /dev/tape ~/briefe/marion.tex`
Extrahiert die Datei *marion.tex* im Verzeichnis *briefe* im Heimatverzeichnis des aufrufenden Benutzers aus dem Archiv in dem durch */dev/tape* repräsentierten Bandlaufwerk, falls diese Datei dort vorhanden ist.

`tar -cvf /etc backup@backupserver:/backups/host1_etc.tar`
`--rsh-program=/usr/bin/ssh`
Erstellt ein Archiv mit dem Inhalt des Konfigurationsverzeichnisses */etc* auf dem Rechner mit dem Namen *backup server*. Auf diesen Rechner wird mit dem Benutzernamen *backup* zugegriffen und das Archiv dort im Verzeichnis *backups* mit dem Namen *host1_etc.tar* abgelegt. Die Verbindung wird mit dem Programm *ssh* aufgebaut. Der aufrufende Benutzer muss deswegen berechtigt sein, über *ssh* auf den Rechner *backupserver* unter dem Benutzernamen *backup* **ohne** Angabe eines Passworts zuzugreifen. Siehe auch: mt, gzip, bzip2, rsh, cpio, dpkg. Dokumentation: info:tar.

tee
Paket: shellutils

Vervielfachen eines Datenstroms
Shellskripte

```
tee [Optionen] [Datei ...]
```

Das Programm liest von der Standardeingabe und schreibt die gelesenen Daten auf die Standardausgabe. Die gleichen Daten werden zusätzlich in die mit *Datei* angegebene(n) Datei(en) geschrieben. Wenn diese Datei(en) bereits existieren, werden sie überschrieben.

-a Es werden keine Dateien überschrieben, sondern die Daten werden an eventuell bestehende Dateien angehängt.

```
find / -group verkauf | tee verkauf.lst | less
```
Zeigt alle Namen von Dateien, die mit der Gruppe *verkauf* assoziiert sind, mit *less* an und schreibt diese gleichzeitig in die Datei *verkauf.lst*. Dokumentation: info:tee.

telnet
Paket: telnet

Verbinden mit einem anderen Rechner
Netzwerk

```
telnet [Optionen] [Rechnername] [Portnummer]
```

Es wird eine Verbindung mit dem durch *Rechnername* angegebenen Rechner aufgebaut. Standardmäßig wird dabei mit Port 23 (telnet) verbunden und der entfernte Rechner startet einen Login-Prozess, der die Anmeldung auf diesem Rechner ermöglicht. Nach erfolgreicher Anmeldung wird auf der Gegenseite in der Regel eine Shell gestartet, so dass mit diesem Rechner genauso gearbeitet werden kann, als würde man direkt ein Terminal dieses Rechners benutzen. Durch die Angabe einer Portnummer kann mit einem anderen Dienst auf dem entfernten Rechner verbunden werden. Das Programm bietet die Möglichkeit, durch eine so genannte Escape-Tastensequenz in einen Kommandomodus geschaltet zu werden, von wo aus es sich nach Herstellung der Verbindung zum fremden Rechner kontrollieren lässt. Wird *telnet* ohne den Namen eines Rechners gestartet, schaltet es sofort in den Kommandomodus. Die wichtigsten Kommandos in diesem Modus sind `open Rechnername [Portnummer]` (Aufbau einer Verbindung), `close` (Beenden einer bestehenden Verbindung) und `quit` (Beenden des Programms). Der Kommandomodus kann standardmäßig durch die Tastenkombination STRG-ALT-] erreicht werden.

- `-a` Es wird versucht, eine automatische Anmeldung mit dem Benutzernamen des aufrufenden Benutzers durchzuführen.
- `-e [Zeichen]` Das mit *Zeichen* spezifizierte Zeichen wird zur Escape-Sequenz. Wenn *Zeichen* nicht angegeben wird, wird die Escape-Sequenz abgeschaltet.
- `-l Benutzername` Es wird versucht, eine Anmeldung mit *Benutzername* auf dem fernen System durchzuführen.

```
telnet localhost
```
Baut eine Telnet-Verbindung zum lokalen Rechner auf.
```
telnet mailserver 25
```
Baut eine Verbindung zum Rechner *mailserver* auf und verbindet dort mit Port 25. Dieser Port wird gewöhnlich für eingehende SMTP- (Mail-) Verbindungen genutzt.
```
telnet -l schulze verwaltung2
```
Baut eine Verbindung zum Rechner *verwaltung2* auf und versucht, dort eine Anmeldung unter dem Namen *schulze* vorzunehmen. Siehe auch: in.telnetd, rlogin, rsh, ftp. Dokumentation: man:telnet.

tload
Paket: procps

Graphische Repräsentation der Systemlast
Information

```
tload [Optionen]
```

Das Programm stellt eine graphische Repräsentation der Systemlast in einem Terminal oder auf einer virtuellen Konsole dar. Die Anzeige wird regelmäßig aktualisiert und das Programm kann mit der Tastenkombination STRG-C verlassen werden.

`-d Sekunden` Legt den Zeitraum in Sekunden fest, der zwischen den Aktualisierungen des Bildschirms liegen soll.

`-s Abstand` Legt den Abstand zwischen zwei Punkten in Zeichen auf dem Bildschirm fest.

Siehe auch: xosview, top, ps, uptime. Dokumentation: man:tload.

todos
Konvertieren von Textdateien in das DOS-Format
Paket: sysutils   Textbearbeitung

```
todos [Optionen] [Datei ...]
```

todos liest standardmäßig von der Standardeingabe, konvertiert alle Zeilenenden vom DOS- (CRLF)- in das UNIX-Format und schreibt das Ergebnis auf die Standardausgabe. Wenn eine oder mehrere Dateien angegeben werden, so werden diese Dateien konvertiert.

`-b` Vor der Konvertierung von Dateien wird eine Sicherungskopie des Originals erstellt. Diese erhält die zusätzliche Endung *.bak*.

```
cat brief.txt | todos > briefdos.txt
```
Konvertiert den Inhalt der Datei *brief.txt* in das DOS-Format und schreibt das Ergebnis in die Datei *briefdos.txt*.

```
todos -b *txt
```
Konvertiert alle Dateien mit der Endung *.txt* im aktuellen Verzeichnis in das DOS-Format und erzeugt vorher Sicherungskopien der Originale. Siehe auch: fromdos, recode. Dokumentation: man:todos.

top
Dauerhaftes Anzeigen aktueller Prozesse
Paket: procps   Systemverwaltung, Information

```
top [Optionen]
```

Das Programm zeigt in einem Terminal oder auf der Konsole wichtige Systeminformationen sowie Informationen über die laufenden Prozesse. Diese Daten werden regelmäßig aktualisiert.

`d Abstand` Legt den Abstand zwischen Aktualisierungen in Sekunden fest.

`S` Die laufenden Prozesse werden mit der jeweils benötigten CPU-Zeit kumulativ aufgelistet.

Siehe auch: xosview, ps, gtop. Dokumentation: man:top.

touch
Verändern von Änderungs- und Zugriffsdatum von Dateien
Paket: fileutils   Dateiverwaltung

```
touch [Optionen] Datei [Datei ...]
```

Standardmäßig wird das Datum der letzten Veränderung sowie das Datum des letzten Zugriffes der mit *Datei* bezeichneten Dateien auf die aktuelle Uhrzeit gesetzt. Falls eine der angegebenen Dateien nicht existiert, wird sie als leere Datei erzeugt.

`-c | --no-create` Nicht-existente Dateien werden nicht erzeugt.
`-a | --time=access` Es wird nur das Datum des letzten Zugriffs geändert.
`-m | --time=modify` Es wird nur das Datum der letzten Veränderung geändert.
`-r Datei | --reference=Datei` Die Zeiten werden so gesetzt, wie sie bei *Datei* gesetzt sind.

-t MMTTSSmm[[HH]JJ][.ss] Anstelle des aktuellen Datums wird das angegebene benutzt. Dabei steht *MM* für den Monat, *TT* für den Tag, *SS* für die Stunde, *HH* für das Jahrhundert, *JJ* für das Jahr und *ss* für die Sekunde.

```
touch program.c
```
Änderungs- und Zugriffsdatum der Datei *program.c* werden auf das aktuelle Datum gesetzt.

```
touch -r Makefile src/*c
```
Alle Dateien mit der Endung *.c* im Unterverzeichnis *src* des aktuellen Verzeichnisses erhalten das gleiche Änderungs- und Zugriffsdatum wie die Datei *Makefile*.

```
touch -a -t 010108301905 Makefile
```
Das Datum des letzten Zugriffs der Datei *Makefile* wird auf den 1. Januar 1905, 8.30 Uhr gesetzt. Siehe auch: make, date, ls. Dokumentation: info:touch.

traceroute — Anzeigen des Weges zu einem Rechner
Paket: traceroute — Netzwerk

```
traceroute [Optionen] IP-Adresse
```

Das Programm zeigt an, welchen Weg IP-Pakete gehen, um zu einem Rechner zu gelangen. Standardmäßig wird dabei versucht, alle Router anzuzeigen, welche die Pakete weiterleiten und zu jedem dieser Router die Zeiten anzuzeigen, die drei Testpakete brauchten, um dorthin und wieder zurück zu gelangen.

> Das Programm verwendet das TTL- (Time-To-Live) Feld von IP-Paketen, in dem der Absender eines Pakets bestimmt, wieviele Stationen das Paket maximal gehen darf, bevor es nicht mehr weitergeleitet und eine entsprechende Meldung zurückgesandt wird. Wenn mit einem TTL-Wert von 1 gestartet wird und dieser immer weiter erhöht wird, erfolgt im glücklichsten Fall eine Meldung von allen Stationen (Routern). Diesen Meldungen kann dann die Information entnommen werden, von welchen Routern sie kommen und wie lange das Paket hin und die Meldung zurück gebraucht haben.

-l Der TTL-Wert der zurückgelieferten Pakete wird ebenfalls angezeigt. Aus dieser Information kann erkannt werden, ob zurücklaufende Pakete einen anderen Weg nehmen.

-t TTL Der maximale TTL-Wert wird mit *TTL* angegeben. Standard ist 30.

-w Sekunden Es wird über den mit *Sekunden* angegebenen Zeitraum auf Pakete gewartet.

```
traceroute ftp.debian.org
```
Die Stationen, die IP-Pakete zum Erreichen des Servers *ftp.debian.org* brauchen, werden angezeigt. Siehe auch: ping. Dokumentation: man:traceroute.

true — Erfolgreiches Nichts-Tun
Paket: shellutils — Shellskripte

```
true
```
Das Kommando hat keine Wirkung, außer dass es durch seinen Rückkehrwert eine erfolgreiche Beendigung signalisiert (Rückkehrwert 0).

```
while true; do echo erfolg; done
```
Endlosschleife: Es wird immer wieder *erfolg* ausgegeben, weil *true* immer den Wert 0 zurückliefert. Siehe auch: false. Dokumentation: info:true.

tty — Ausgabe des aktuellen Terminals
Paket: shellutils — Shellskripte

```
tty [Optionen]
```

Das Programm gibt aus, ob und mit welchem Terminal die Standardeingabe des Prozesses verbunden ist. Diese Information kann in Skripten beispielsweise dazu verwendet werden, festzustellen, ob das Skript mit einem Terminal verbunden ist und es sinnvoll ist, den Benutzer zu Eingaben aufzufordern.

Der Rückkehrwert ist 0 wenn die Standardeingabe mit einem Terminal verbunden ist und 2, wenn nicht. Bei einem Fehler wird 3 zurückgeliefert.

`-s | --silent` Der Name des Terminals wird nicht ausgegeben.

`if tty -s; then echo Weitermachen?; read answer; fi`
Diese Zeile in einem Shellskript erfragt, ob fortgefahren werden soll, falls die Standardeingabe mit einem Terminal verbunden ist. Die Antwort wird nicht ausgewertet. Dokumentation: info:tty.

tune2fs
Einstellungsänderungen an Ext2-Dateisystemen vornehmen

Paket: e2fsprogs   Systemverwaltung

    tune2fs [Optionen] Gerätedatei

Das Programm verändert die im Superblock eines Ext2-Dateisystems gespeicherten Einstellungen.

> **Achtung:** Diese Einstellungen dürfen nie bei einem zum Schreiben gemounteten Datenträger geändert werden!

`-l` Gibt die gegenwärtigen Einstellungen im Superblock des Datenträgers aus.
`-c Anzahl` Legt fest, wie oft das Dateisystem gemountet werden darf, bevor eine Überprüfung des Dateisystems erzwungen wird.
`-i Zeitraum` Legt die Zeit fest, nach deren Ablauf eine Überprüfung des Dateisystems erzwungen wird. Dieser Zeitraum kann in Tagen (z. B. 10d), in Wochen (z. B. 3w) oder in Monaten (z. B. 6m) angegeben werden. Standardmäßig wird die angegebene Zahl als Zeitraum in Tagen interpretiert.
`-m Prozentsatz` Ändert den für den Systemadministrator reservierten Speicherplatzanteil auf dem Datenträger in den angegebenen Prozentsatz.
`-u Benutzer` Legt fest, dass der reservierte Speicherplatzanteil nur von dem mit *Benutzer* spezifizierten Benutzer verwendet werden kann.
`-g Gruppe` Legt fest, dass der reservierte Speicherplatzanteil von Mitgliedern der mit *Gruppe* spezifizierten Gruppe verwendet werden kann.

`tune2fs -c 1 /dev/sda2`
Die zweite primäre Partition der ersten SCSI-Festplatte soll nach jeder Benutzung geprüft werden.
`tune2fs -m 10 -g notfall /dev/sda2`
Der reservierte Anteil auf der gleichen Partition soll 10 Prozent betragen und von Mitgliedern der Benutzergruppe *notfall* verwendet werden können. Siehe auch: mke2fs, e2fsck. Dokumentation: man:tune2fs.

tunelp
Einstellungen der parallelen Schnittstelle ändern

Paket: util-linux   Systemverwaltung

    tunelp Gerätedatei [Optionen]

Ohne Optionen aufgerufen zeigt das Kommando an, ob die mit *Gerätedatei* bezeichnete parallele Schnittstelle einen Interrupt benutzt und wenn, welchen. Über verschiedene Optionen lässt sich die Ansteuerung der bezeichneten parallelen Schnittstelle durch den Kernel verändern.

Grundsätzlich sind zwei verschiedene Modi voneinander zu unterscheiden, über die Rechner mit einem an die parallele Schnittstelle angeschlossenen Drucker kommunizieren:

1. Der Drucker teilt dem Betriebssystem über einen Interrupt mit, wenn er bereit ist, neue Daten zu empfangen.
2. Das Betriebssystem testet in regelmäßigen Abständen, ob es neue Daten an den Drucker senden kann. Diese Art der Kommunikation wird auch als „Polling" bezeichnet.

Das interruptgestützte Verfahren belastet den Rechner weniger und erlaubt im allgemeinen einen flüssigeren Datenstrom. Andererseits wird oft das Polling-Verfahren benutzt, weil der Interrupt für die parallele Schnittstelle anderweitig verwendet wird oder dieses Verfahren durch die Hardware nicht unterstützt wird.

-i Interrupt Der Treiber wird angewiesen, den mit *Interrupt* angegebenen Interrupt zu verwenden. Dies muss der Interrupt der entsprechenden parallelen Schnittstelle sein. Der Polling-Modus wird durch diesen Parameter ausgeschaltet. Wird für *Interrupt* 0 angegeben, wird wieder in den Polling-Modus geschaltet.

-c Zeit Es wird die mit *Zeit* in hundertstel Sekunden angegebene Zeit gewartet, bis wieder versucht wird, Daten an den Drucker zu senden. Ein geringer Wert (z. B. 10) erhöht die Systemlast beim Drucken, während ein hoher Wert (z. B. 500) sie verringert. Wird der Wert 0 angegeben, versucht das System ständig Daten an den Drucker zu schicken. Der Standardwert ist 10.

-t Anzahl Es wird so oft wie mit *Anzahl* angegeben versucht, ein Zeichen an den Drucker zu schicken, bevor die mit der Option *-c* angegebene Zeit gewartet wird. Der Standardwert ist 250. Bei modernen Druckern sind geringere Werte angemessener (z. B. 80).

-r Führt einen Reset der angegebenen Schnittstelle durch.

-a on | off Legt fest, ob bei einem Fehler versucht werden soll, weiter zu drucken. Vorgabewert ist abzubrechen, wenn ein Fehler auftritt *on*). Gelegentlich ist es jedoch wünschenswert, dass weiter versucht wird zu drucken, wenn ein Fehler aufgetreten ist (etwa wenn kein Papier mehr im Drucker ist.)

-s Gibt den Status des Druckertreibers für die angegebene Schnittstelle aus.

`tunelp /dev/lp0 -i 7`
Schaltet die erste parallele Schnittstelle auf den Interrupt-Modus und verwendet den Interrupt 7.

`tunelp /dev/lp1 -i 0 -c 400 -t 50`
Schaltet die zweite parallele Schnittstelle auf den Polling-Modus und wartet 4 Sekunden zwischen zwei Versuchen, Daten zu senden. Legt außerdem fest, dass nur 50 mal hintereinander versucht werden soll, Daten zu senden, bevor gewartet wird. Diese beiden Einstellungen verringern die Systemlast, die Folge kann allerdings langsames Drucken sein. Siehe auch: setserial, /proc/interrupts, /proc/parport.
Dokumentation: man:tunelp.

tzconfig
Paket: libc6

Einstellen der Zeitzone
Systemverwaltung

`tzselect`

Das Programm gibt nach seinem Aufruf zunächst die aktuell eingestellte Zeitzone aus und erfragt dann, ob gewünscht wird, diese zu ändern. Falls diese Frage mit y und EINGABE beantwortet wird, werden einige geographische Bereiche zur Auswahl angeboten. Es ist dann die Ziffer einzugeben, welche dem Bereich entspricht, in dem man sich befindet. Danach werden die, dem System bekannten, Standorte in dem ausgewählten Bereich angezeigt. Hier ist der Name eines der angezeigten Standorte einzugeben, an dem die Uhrzeit mit dem eigenen Standort übereinstimmt. Siehe auch: tzselect. Dokumentation: man:tzselect.

umount
Paket: mount

Entfernen von Datenträgern aus dem Dateisystem
Systemverwaltung

`umount [Optionen] [Gerätedatei | Verzeichnis]`

Das Programm entfernt den mit *Gerätedatei* angegebenen Datenträger wieder aus dem Dateisystem (unmountet ihn). Alternativ kann auch das Verzeichnis angegeben werden, in das der zu entfernende Datenträger gemountet

war. Noch nicht geschriebene Daten werden vor dem Unmounten auf den betreffenden Datenträger geschrieben. Auswechselbare Datenträger können nach dem Unmounten aus dem System entfernt werden.
Ein Datenträger kann erst dann aus dem System entfernt werden, wenn kein Prozess auf Dateien auf diesem Datenträger zugreift. Ansonsten erfolgt die Fehlermeldung:
```
Device is busy
```
Ursache hierfür kann schon sein, dass das aktuelle Arbeitsverzeichnis eines Prozesses auf dem zu entfernenden Datenträger liegt. Bevor beispielsweise eine Diskette aus dem Dateisystem entfernt wird, sollte sichergestellt sein, dass sich das aktuelle Verzeichnis der Shell nicht auf dem Datenträger befindet.

- `-r` Falls der Datenträger nicht erfolgreich entfernt werden kann, wird versucht, ihn nur mit Leseberechtigung (read-only) zu mounten.
- `-a` Es werden alle Datenträger, die in der Datei */etc/mtab* als gemountet vermerkt sind, entfernt.
- `-t` `Dateisystemtypen` Zusammen mit der Option *-a* werden nur die Datenträger entfernt, die die mit *Dateisystemtypen* bezeichneten Dateisystemtypen haben (z. B. *ext2* oder *msdos*). *Dateisystemtypen* ist eine Komma-separierte Liste aus Dateisystemtypen.
- `-n` Der Datenträger wird entfernt, jedoch nicht aus der Datei */etc/mtab* gestrichen.

umount /floppy
Entfernt den in das Verzeichnis */floppy* gemounteten Datenträger aus dem Dateisystem.
umount /dev/sda1
Entfernt den Datenträger */dev/sda1* (erste primäre Partition auf der ersten SCSI-Festplatte) aus dem Dateisystem.
umount -a -r
Es wird versucht, alle Datenträger aus dem Dateisystem zu entfernen. Für Datenträger, bei denen dies nicht gelingt, wird versucht, sie neu und ohne Schreibberechtigung zu mounten. Mit diesem Befehl kann versucht werden, Datenträger sauber zu schließen, wenn das System in einem kritischen Zustand ist. Siehe auch: mount, sync. Dokumentation: man:mount.

uname   **Anzeigen von Name und Version des Betriebssystems**
Paket: shellutils   Shellskripte

```
uname [Optionen]
```
Das Kommando gibt den Namen des Betriebssystems sowie optional zusätzliche Informationen aus. Mit dieser Information können Skripte, die für verschiedene Betriebssysteme und Rechnerarchitekturen geschrieben worden sind, feststellen, auf was für einem Rechner sie gerade ausgeführt werden.

- `-m | --machine` Gibt den Namen der Rechnerarchitektur aus.
- `-n | --nodename` Gibt den Netzwerknamen des Rechners aus.
- `-s | --sysname` Gibt den Namen des Betriebssystems aus (Standardeinstellung).
- `-s | --release` Gibt die Releasenummer des Betriebssystems aus. Unter Linux wird hier die Versionsnummer des Kernels ausgegeben.
- `-v` Gibt die Versionsnummer des Betriebssystems aus. Unter Linux wird hier u. a. das Datum, an dem der Kernel kompiliert wurde, ausgegeben.
- `-a | --all` Gibt alle Informationen zusammen aus.

uname -a
Gibt eine Zeile mit Informationen über die Rechnerarchitektur und das Betriebssystem aus. Siehe auch: hostname, /proc/cpuinfo, /proc/version. Dokumentation: info:uname.

uncompress   **De-Komprimieren von Dateien**
Paket: gzip   Dateiverwaltung

```
uncompress [Optionen] [Dateiname ...]
```
Unter Debian ist *uncompress* ein Link auf das Programm *gzip*, mit dem Dateien im *compress*-Format dekomprimiert werden können. Siehe daher auch *gzip*.
```
uncompress Datei.Z
```
Dekomprimiert die Datei *Datei.Z* und schreibt das Ergebnis in die Datei *Datei*. Die Ausgangsdatei wird gelöscht. Siehe auch: gzip, gunzip, zip, unzip. Dokumentation: info:gzip.

uniq   Eliminieren von doppelten Zeilen
Paket: textutils   Textbearbeitung

```
uniq [Optionen] [Eingabedatei] [Ausgabedatei]
```
Standardmäßig liest uniq Daten von der Standardeingabe und schreibt diese auf die Standardausgabe. Dabei werden alle Zeilen, die nacheinander mehr als einmal vorkommen nur einmal ausgegeben. Das bedeutet, dass die Eingabe in der Regel sortiert sein muss, um alle doppelten Zeilen zu löschen. Wird *Eingabedatei* angegeben, wird aus dieser Datei gelesen. Wenn *Ausgabedatei* angegeben ist, wird in diese Datei geschrieben. Falls *Ausgabedatei* bereits existiert, wird sie überschrieben.

`-u | --uniq` Es werden nur Zeilen ausgegeben, die einmal vorkommen.
`-d | --repeated` Es werden nur Zeilen ausgegeben, die mehrmals vorkommen.
`-Anzahl | -f Anzahl | --skip-fields=Anzahl` Die mit *Anzahl* angegebene Anzahl von Feldern am Anfang jeder Zeile wird beim Vergleich nicht berücksichtigt. Ein Feld ist eine Zeichenfolge, die keine Leerzeichen oder Tabulatoren enthält.
`+Anzahl | -s Anzahl | --skip-chars=Anzahl` Die mit *Anzahl* angegebene Anzahl von Zeichen am Anfang jeder Zeile wird beim Vergleich nicht berücksichtigt.
`-w Anzahl | --check-chars=Anzahl` Beim Vergleich wird nur die mit *Anzahl* angegebene Anzahl von Zeichen miteinander verglichen.

```
uniq telefon.txt telefon_neu.txt
```
Eliminiert alle aufeinander folgenden doppelten Zeilen der Datei *telefon.txt* und schreibt das Ergebnis in die Datei *telefon_neu.txt*.
```
cat einkauf.lst | sort | uniq > einkauf.items
```
Sortiert die Datei *einkauf.lst* alphabetisch, eliminiert doppelte Einträge und schreibt das Ergebnis in die Datei *einkauf.items*. Siehe auch: sort. Dokumentation: info:uniq.

unzip   Auspacken von (PK-) Zip-Archiven
Paket: unzip   Dateiverwaltung, Kompatibilität

```
unzip [Optionen] Archivdatei [Archivdatei ...] [-x Datei ...] [-d Ver-
zeichnis]
```
Das Programm *unzip* entpackt ZIP-Archive. Diese stellen unter DOS/Windows und anderen Betriebssystemen das Standard-Archivformat dar. Standardmäßig werden die mit *Archivdatei* angegeben(en) Archivdatei(en) in das Arbeitsverzeichnis ausgepackt. D. h. es werden alle Dateien aus dem Archiv extrahiert und in das aktuelle Verzeichnis gelegt. Falls sich in dem Archiv Unterverzeichnisse befinden, werden diese erzeugt. *unzip* überschreibt normalerweise bereits existierende Dateien nicht automatisch, sondern fragt nach, wie in einem solchen Fall verfahren werden soll.

Bei der Angabe von Dateinamen dürfen Metazeichen angegeben werden. Diese müssen normalerweise in Anführungszeichen gesetzt werden, damit sie nicht von der Shell interpretiert werden.

`-l` Der Archiv-Inhalt wird angezeigt, es werden keine Dateien ausgepackt.

`-d Verzeichnis` Die Dateien werden in das mit *Verzeichnis* angegebene Verzeichnis ausgepackt.

`-x Datei [Datei ...]` Die mit *Datei* angegeben(en) Datei(en) werden nicht ausgepackt.

`-p` Die extrahierten Daten werden auf die Standardausgabe geschrieben, es werden keine Dateien erzeugt.

`-f` Es werden nur solche Dateien ausgepackt, die bereits existieren und deren letztes Modifikationsdatum älter ist als das der Dateien im Archiv.

`-z` Zeigt eine Beschreibung des Archivs an, falls diese vorhanden ist.

`-a` Falls notwendig, werden Textdateien konvertiert (siehe auch *todos*.)

`-C` Angegebene Dateinamen werden ohne Berücksichtigung von Groß- und Kleinschreibung interpretiert.

`-j` Im Archiv enthaltene Verzeichnisse werden nicht erzeugt. Alle Dateien werden in das gleiche Verzeichnis ausgepackt. Dies entspricht dem Verhalten des DOS-Programms *PKZIP*.

`-P Passwort` Wenn das Zip-Archiv mit einem Passwort geschützt ist, kann der Zugriff durch die Angabe von *Passwort* erfolgen.

`-L` Dateien werden mit kleingeschriebenen Dateinamen angelegt.

`-X` Dateien werden mit den gleichen Besitzern und Gruppen angelegt, die sie beim Einpacken hatten (funktioniert nur, wenn das Archiv unter UNIX erstellt wurde).

`unzip -l archiv.zip`
Listet die Namen der in der Archivdatei *archiv.zip* enthaltenen Dateien und Verzeichnisse auf.

`unzip archiv.zip`
Extrahiert alle Dateien und Verzeichnisse aus der Archivdatei *archiv.zip* und legt sie im aktuellen Verzeichnis an.

`unzip -j -L -C archiv.zip -d tmp -x "*.exe"`
Extrahiert die in der Archivdatei *archiv.zip* enthaltenen Dateien und legt sie im Verzeichnis *tmp* an. Eventuell vorhandene Verzeichniseinträge werden nicht erzeugt, alle Dateien werden direkt in das Verzeichnis *tmp* geschrieben. Alle Dateinamen werden kleingeschrieben erzeugt. Dateien, die – ohne Berücksichtigung von Groß- und Kleinschreibung – die Endung *.exe* haben, werden nicht ausgepackt. Siehe auch: zip, gzip, gunzip, tar. Dokumentation: man:unzip.

updatedb **Aktualisieren der *locate*-Datenbank**
Paket: findutils Systemverwaltung

`updatedb`

Aktualisiert die Datenbank der auf dem System vorhandenen Dateien. *updatedb* wird normalerweise täglich durch das im Verzeichnis */etc/cron.daily* installierte Skript *find* ausgeführt. Das Programm wird über die Datei */etc/updatedb.conf* konfiguriert. Siehe auch: locate, find, cron. Dokumentation: man:updatedb.

uptime **Anzeigen der Systemlaufzeit**
Paket: procps Information

`uptime`

Das Programm gibt eine Zeile aus, in der die folgenden Informationen enthalten sind:

– Die aktuelle Uhrzeit.
– Der Zeitraum, über den das System bisher unterbrechungsfrei hochgefahren ist.
– Die Anzahl der angemeldeten Benutzer.
– Die durchschnittliche Systemlast der letzten Minute, der letzen fünf Minuten und der letzten 15 Minuten.

Siehe auch: w, top, who, /proc/uptime. Dokumentation: man:uptime.

userdel **Löschen von Benutzerkonten**
Paket: passwd Benutzerverwaltung

```
userdel [-r] Benutzername
```
Das Programm löscht das Konto des mit *Benutzername* angegebenen Benutzers vom System. Standardmäßig werden die Dateien dieses Benutzers dabei nicht gelöscht. Der Besitzer des zu löschenden Kontos darf nicht angemeldet sein.

-r Löscht das Heimatverzeichnis des zu löschenden Benutzers und alle darin enthaltenen Dateien. Andere Dateien auf dem System, die nicht unterhalb des Heimatverzeichnisses liegen (z. B. in */var/spool/mail*), werden nicht automatisch gelöscht.

```
userdel meier
```
Löscht das Benutzerkonto des Benutzers *meier*.
```
userdel -r henkel
```
Löscht das Benutzerkonto des Benutzer *henkel* sowie sein Heimatverzeichnis mit allen darin enthaltenen Dateien und Unterverzeichnissen. Siehe auch: adduser, usermod, find. Dokumentation: man:userdel.

usermod — Eigenschaften von Benutzerkonten ändern
Paket: passwd   Benutzerverwaltung

```
usermod Option [Option ...] Benutzername
```
Verändert die Eigenschaften des Benutzerkontos von *Benutzername*. Die folgenden Änderungen sind möglich:

- -c Kommentar Die Zeile mit Zusatzinformationen (wirklicher Name u. a.) des Benutzerkontos wird auf den mit *Kommentar* angegebenen Wert verändert.
- -d Verzeichnis Der Besitzer des Kontos erhält das mit *Verzeichnis* angegebene Heimatverzeichnis. Wenn dieses noch nicht existiert, wird es angelegt.
- -m Diese Option sorgt bei gleichzeitiger Verwendung der Option -d dafür, dass die Dateien des Benutzers aus dem alten in das neue Heimatverzeichnis verschoben werden.
- -e Datum Gibt das Datum an, an dem das Benutzerkonto gesperrt wird. Das Datum muss in der Form MM/TT/JJ angegeben werden (z. B. 06/04/00 für den 4. Juli 2000)
- -f Tage Gibt die Anzahl der Tage an, nach der das Benutzerkonto gesperrt wird, wenn das Passwort abgelaufen ist.
- -g Gruppe Legt die primäre Gruppe des Benutzers fest. Diese Gruppe muss existieren. Für *Gruppe* kann der Gruppenname oder die numerische Gruppen-ID angegeben werden.
- -l Name Der (Login-)Name des Benutzers wird auf den mit *Name* angegebenen Wert geändert. Gewöhnlich sollte nach einer Änderung des Benutzernamens ebenfalls das Heimatverzeichnis geändert werden, damit Benutzernamen und Heimatverzeichnisse weiterhin die gleichen Bezeichnungen tragen.
- -s Shell Legt die Standardshell des Benutzers fest. Das ist die Shell, die nach der Anmeldung des Benutzers gestartet wird (Standard: Bash).
- -u Benutzer-ID Weist dem Benutzer eine neue numerische Benutzer-ID zu. Diese Nummer darf noch nicht vergeben sein. Dateien im und unterhalb des Heimatverzeichnisses vom betreffenden Benutzer werden an eine solche Änderung automatisch angepaßt. Andere Dateien müssen manuell angepaßt werden.

```
usermod -c "Mitarbeiter der Woche" schulze
```
Weist dem Informationsfeld des Benutzers *schulze* den Wert *Mitarbeiter der Woche* zu.
```
usermod -c "marion mueller" -l mueller -d /home/mueller -m -g verkauf -e
02/05/01 schulze
```
Nachdem unser „Mitarbeiter der Woche" übermütig geworden und rausgeflogen ist, weist dieses Kommando sein Konto der neuen Benutzerin *mueller* zu. Der Kommentar wird entsprechend angepaßt, Benutzername und Heimatverzeichnis werden verändert, das Konto wird einer neuen primären Gruppe zugeordnet und läuft am 5. Februar 2001 ab. Siehe auch: adduser, userdel, chage, find, finger. Dokumentation: man:usermod.

uudeview
Paket: uudeview

Dekodieren von Dateien
Dateiverwaltung, E-Mail

```
uudeview [Optionen] Datei [Datei ...]
```

Ähnlich wie *uudecode* sucht das Programm in den oder der mit *Datei* angegebenen Datei(en) nach kodierten Bestandteilen und extrahiert diese in Dateien. *uudeview* unterstützt jedoch mehr Kodierungsverfahren und ist wesentlich komfortabler zu bedienen als *uudecode*. Außerdem kann es mehrere Dateien gleichzeitig extrahieren und auch mit Daten umgehen, die in mehreren Teilstücken verschickt worden sind.

- `-i` Alle kodierten Dateien werden sofort ausgepackt.
- `-o` Es wird nicht nachgefragt, bevor Dateien überschrieben werden.
- `-p` *Verzeichnis* Die dekodierten Dateien werden in das mit *Verzeichnis* spezifizierte Verzeichnis geschrieben.
- `-n` Während der Dekodierung wird keine Statusanzeige ausgegeben.

Ohne Angabe der Option *-i* wird für jede kodierte Datei nachgefragt, was mit ihr geschehen soll. Es stehen dann u. a. die folgenden Tastaturkommandos zur Verfügung:

- **D** Die Datei wird dekodiert und unter dem angegebenen Namen gespeichert.
- **N** Die Datei wird nicht dekodiert.
- **I** Falls zu einer Datei weitere Informationen vorhanden sind, werden diese ausgegeben.
- **R** Die Datei wird unter einem anderen, anzugebenden Namen gespeichert.
- **Q** Das Programm wird sofort verlassen.

```
uudeview -i -p tmp -n *.txt
```
Es werden alle Dateien mit der Endung *.txt* im Arbeitsverzeichnis auf enthaltene kodierte Dateien untersucht. Falls solche gefunden werden, wird deren Inhalt ohne Nachfrage in das Verzeichnis *tmp* extrahiert. Siehe auch: uudecode, uuenview. Dokumentation: man:uudeview.

uuenview
Paket: uuenview

Kodieren von Binärdaten mit ASCII-Zeichen
Dateiverwaltung, E-Mail

```
uudeview [Optionen] [Datei ...]
```

Das Programm kodiert (Binär-) Dateien unter ausschließlicher Verwendung des ASCII-Zeichensatzes, so dass sie sicher per E-Mail oder in News-Postings verschickt werden können. Im Gegensatz zu *uuencode* kann *uuenview* die zu kodierenden Dateien auch direkt verschicken. Die Ausgabe von *uuenview* wird ohne Verwendung von Optionen auf die Standardausgabe ausgegeben. Damit das Versenden von News-Postings mit *uuenview* funktioniert, muss *inews* installiert und konfiguriert sein.

- `-u` Verwendet das UU-Verfahren zur Kodierung. Dies ist der Standard und sollte von allen Empfängern unterstützt werden.
- `-b` Verwendet das Base64-Verfahren zur Kodierung. Dies ist das vom MIME-Standard vorgesehene Verfahren zur Kodierung.
- `-Zeilen` Kodiert nicht mehr als mit *Zeilen* angegebene Zeilen in einer Datei. Wenn *Zeilen* nicht ausreicht, um alle Daten zu kodieren, werden mehrere Dateien erzeugt bzw. mehrere Nachrichten versandt. Diese Option muss gesetzt werden, wenn vom News- oder Mailserver keine Mitteilungen, die eine bestimmte Länge überschreiten, akzeptiert werden oder wenn die Gegenseite solche Nachrichten nicht empfangen kann.
- `-o` Legt fest, dass die kodierten Daten in Datei(en) geschrieben werden sollen. Diese Dateien erhalten die gleichen Namen wie die Ausgangsdateien und Endungen wie *001, 002* usw., je nachdem, wie viele einzelne Dateien erzeugt werden.
- `-od` *Verzeichnis* Legt fest, dass die kodierten Daten in Dateien in das mit *Verzeichnis* angegebene Verzeichnis geschrieben werden sollen.

-m `Adresse` Verschickt die kodierten Daten an die mit *Adresse* bezeichneten E-Mail-Empfänger. Bei *Adresse* kann es sich entweder um eine einzige E-Mail-Adresse oder um mehrere durch Kommata getrennte Adressen handeln. Zwischen den Adressen darf kein Leerzeichen stehen oder sie müssen mit Anführungszeichen umschlossen sein.

-p `Newsgruppe` Verschickt die kodierten Daten an die mit *Newsgruppe* bezeichneten News-Gruppen. Mehrere News-Gruppen können wie mehrere E-Mail-Adressen angegeben werden.

-s `Betreff` Fügt den versandten E-Mails oder News-Postings die mit *Betreff* angegebene Subject-Zeile zu. Betreff-Zeilen, die länger als ein Wort sind, müssen durch Anführungsstriche vor der Interpretation durch die Shell als unterschiedliche Argumente geschützt werden.

-a Mit dieser Option aufgerufen liest *uuenview* einen Text von der Standardeingabe und hängt diesem die kodierten Daten als MIME-Attachement an. Dieses Verfahren sollte zusammen mit der Option *-b* benutzt werden.

`uuenview bild.jpg`
Kodiert die Datei *bild.jpg* und schreibt das Ergebnis auf die Standardausgabe.

`uudeview -b -p de.comp.os.ms-windows.misc -s "Crash" crash.wav`
Kodiert die Datei *crash.wav* mit dem Base64-Verfahren und schickt das Ergebnis an die News-Gruppe *de.comp.os.ms-windows.misc* mit der Betreff-Zeile *Crash*.

Achtung: Das Posten großer Dateien wird in den meisten Newsgroups äußerst ungern gesehen!

`uuenview -b -a -m meier@sonstwo.de -s "Bewerbung von Schulze" dokument1.doc`
`< mail.txt`
Schickt den Inhalt der Datei *mail.txt* an den E-Mail-Empfänger *meier@sonstwo.de* und fügt dieser Mail die Datei *dokument1.doc* als MIME-Attachement an. Die Mail erhält die Subjekt-Zeile *Bewerbung von Schulze*. Siehe auch: uudeview, uuencode, mail, inews. Dokumentation: man:uuenview.

vigr
Editieren der Gruppendatei
Paket: passwd
Systemverwaltung

`vigr [-s]`

Dieser Befehl öffnet die Gruppendatei */etc/group* mit dem Standard-Editor (normalerweise *vi*). Er entspricht dem Befehl *vipw* für die Benutzerdatenbank.

-s Öffnet anstatt von */etc/group* die Datei */etc/gshadow*, in der bei Verwendung von Schattenpasswörtern die Gruppenpasswörter gespeichert werden.

Siehe auch: vipw. Dokumentation: man:vigr.

vipw
Editieren der Benutzerdatenbank
Paket: passwd
Benutzerverwaltung

`vipw [-s]`

Die Benutzerdatenbank (*/etc/passwd*) sollte normalerweise nicht mit einem Editor bearbeitet werden, weil die Gefahr besteht, dass andere Benutzer diese Datei – etwa durch Wahl eines neuen Passwortes – verändern, während die Datei bearbeitet wird. Wird sie dann nach der Bearbeitung gesichert, werden die zwischenzeitlichen Änderungen überschrieben und gehen verloren. Das Programm *vipw* verhindert Veränderungen an der Datei */etc/passwd* durch andere Prozesse und ruft dann den Standard-Editor (normalerweise *vi*) oder den in der Umgebungsvariable *EDITOR* festgelegten Editor mit dieser Datei auf, so dass sie gefahrlos bearbeitet werden kann.

-s Öffnet die Datei */etc/shadow*, in welcher die verschlüsselten Passwörter bei Verwendung von Schattenpasswörtern gespeichert werden, anstatt von */etc/passwd*.

```
vipw
```
Öffnet die Datei */etc/passwd* mit dem Editor und schützt sie vorher vor Veränderung durch andere Prozesse. Siehe auch: vipw, adduser, userdel, usermod, chage. Dokumentation: man:vipw.

w   Anzeigen von Systemlast und Benutzeraktivität
Paket: procps   Information

```
w [Optionen] [Benutzer]
```
Das Programm zeigt in der ersten Zeile die gleiche Information wie der Befehl *uptime* an (Uhrzeit, Laufzeit des Systems, Systemlast). Dazu werden die Namen der angemeldeten Benutzer mit folgenden Informationen angezeigt:

- Der Name des Terminals, auf dem der Benutzer arbeitet (TTY).
- Der Name des Rechners, von dem aus sich der Benutzer angemeldet hat (FROM).
- Die Uhrzeit bzw. das Datum, zu der sich der Benutzer angemeldet hat (LOGIN@).
- Die Zeit, seit deren Ablauf der Benutzer keine Aktivitäten mehr gezeigt hat (IDLE).
- Die Prozessorzeit, welche die laufenden Prozesse des Benutzers bisher verbraucht haben (JCPU).
- Die Prozessorzeit, die der Prozess im Vordergrund des dem Benutzer zugewiesenen Terminals bisher verbraucht hat (PCPU).
- Der Name des Vordergrundprozesses (WHAT).

`-s` Es wird nur eine Kurzform ausgegeben.
`-u` Es wird nicht ausgegeben, von wo sich Benutzer angemeldet haben.

Siehe auch: uptime, who, finger. Dokumentation: man:w.

wall   Ausgeben von Nachrichten an alle angemeldeten Benutzer
Paket: bsdutils   Kommunikation

```
wall [Datei]
```
Das Kommando gibt eine Nachricht auf allen Terminals aus, an denen Benutzer angemeldet sind. Wenn mit *Datei* eine Datei angegeben ist, wird der Inhalt von *Datei* ausgegeben. Standardmäßig wird von der Standardeingabe gelesen (Abbrechen mit STRG-D).

⟹Benutzer haben die Möglichkeit, zu verhindern, dass von anderen Benutzern auf ihren Terminals geschrieben wird (siehe *mesg*). Der Systemadministrator kann jedoch immer Nachrichten an alle Benutzer schicken.

```
echo Essenszeit | wall
```
Gibt auf allen Terminals mit angemeldeten Benutzern die Meldung *Essenszeit* aus. Siehe auch: mesg, talk, write, rwall. Dokumentation: man:wall.

watch   Regelmäßiges Aktualisieren von Programmausgaben
Paket: procps   Information

```
watch [-n Sekunden] Programm [Argumente]
```
Das mit *Programm* angegebene Programm wird alle 2 Sekunden neu aufgerufen und seine Ausgabe auf dem Terminal dargestellt. Dies erlaubt das bequeme Beobachten von Prozessausgaben und Systemzuständen.

`-n Sekunden` Die Ausgabe wird alle *Sekunden* aktualisiert.

```
watch -n 5 df
```

Zeigt die Ausgabe von *df* auf dem Bildschirm an und aktualisiert sie alle 5 Sekunden. Dokumentation: man:watch.

wc Zählen von Zeilen, Wörtern und Zeichen in einer Datei
Paket: textutils Textbearbeitung

```
wc [Optionen] [ Datei ...]
```

Das Programm liest Daten von der Standardeingabe oder aus einer oder mehreren mit *Datei* angegebenen Datei(en). Standardmäßig gibt es dann für jede gelesene Datei die Anzahl der Zeilen, die Anzahl der Wörter und die Anzahl der Zeichen (Bytes) in der betreffenden Datei hintereinander aus. Wenn mehrere Dateien angegeben wurden, wird zum Schluß eine Zeile mit der Summe dieser Werte ausgegeben.

`-c | --chars` Gibt nur die Anzahl der Zeichen aus.
`-w | --words` Gibt nur die Anzahl der Worte aus.
`-l | --lines` Gibt nur die Anzahl der Zeilen aus.

```
wc -w -l src/*tex
```
Gibt die Anzahl der Worte und Zeilen aller Dateien im Verzeichnis *src* deren Namen die Endung *tex* haben aus. Zum Schluß wird die Summe dieser Werte ausgegeben.

```
sed -n -e /Abschnitt/p bericht.txt | wc -l
```
Gibt die Anzahl aller Zeilen in der Datei *bericht.txt* aus, in denen das Wort *Abschnitt* vorkommt. Dokumentation: info:wc.

whatis Anzeigen von Kurzbeschreibungen zu Kommandos
Paket: man-db Dokumentation

```
whatis [Optionen] Suchbegriff
```

Es wird eine Kurzbeschreibung des mit *Suchbegriff* angegebenen Kommandos ausgegeben. Standardmäßig wird *Suchbegriff* dabei als eindeutiges Wort interpretiert.

`-r | --regex` *Suchbegriff* wird als regulärer Ausdruck interpretiert.
`-w | --wildcard` *Suchbegriff* enthält Meta-Zeichen (*,?,[]).

Beim Einsatz von Meta-Zeichen und regulären Ausdrücken ist darauf zu achten, dass diese durch Anführungszeichen vor der Interpretation durch die Shell geschützt werden müssen.

```
whatis ls
```
Gibt eine Kurzbeschreibung des Befehls *ls* aus.

```
whatis -w "*ls*"
```
Gibt Kurzbeschreibungen aller Befehle, in denen die Zeichenkette *ls* vorkommt, aus. Siehe auch: man, apropos, info. Dokumentation: man:whatis.

which Anzeigen der zu benutzenden Programmdatei
Paket: debianutils Information, Dateiverwaltung

```
which Datei
```

In einigen Fällen existieren auf dem System unterschiedliche Programmdateien mit dem gleichen Namen in unterschiedlichen Verzeichnissen und es ist unklar, welche beim Aufruf des Programms tatsächlich ausgeführt wird. *which* gibt den Pfad- und Dateinamen der mit *Datei* bezeichneten Datei aus, die ausgeführt wird, wenn *Datei* als Kommando eingegeben wird. Mit dem Befehl lässt sich – vor allem in Skripten – schnell der absolute Pfadname zu einem Programm konstruieren.

```
which vi
```
Gibt den Pfad- und Dateinamen der Datei aus, die nach Eingabe des Befehls *vi* ausgeführt wird.

```
dpkg -S 'which ls'
```
Gibt den Namen des Debian-Pakets aus, dass die Datei enthält, die nach Aufruf des Befehls *ls* ausgeführt wird. Siehe auch: find, whereis. Dokumentation: man:which.

who   Anzeigen angemeldeter Benutzer
Paket: shellutils   Information

```
who [Optionen]
```
Das Kommando gibt aus, wer zur Zeit am System angemeldet ist, auf welchem Terminal er arbeitet, wann er sich angemeldet hat und von welchem Rechner, falls er sich nicht am lokalen System angemeldet hat.

`-u | --idle` Zeigt an, wie lange ein Benutzer keine Aktivität mehr gezeigt hat.
`m | am i` Zeigt nur die Information über den aufrufenden Benutzer an.
`-H | --heading` Druckt eine Überschriftenzeile
`-w | --message` Zeigt für jeden angemeldeten Benutzer an, ob dieser Nachrichten auf seinem Terminal akzeptiert (+) oder nicht (-) oder ob dies nicht festgestellt werden kann (?).

```
who am i
```
Zeigt Rechner und Benutzername des aktuellen Benutzers sowie den Namen des Terminals und Uhrzeit der Anmeldung an. Siehe auch: w, whoami, finger, users, wall, write. Dokumentation: info:who.

whoami   Anzeigen des eigenen Benutzernamens
Paket: shellutils   Information, Shellskripte

```
whoami
```
In Zeiten immer schnellerer Informationsverarbeitung ist es wichtig, den Überblick zu behalten. Der Befehl zeigt den (effektiven) Benutzernamen des aufrufenden Benutzers an. Diese Information kann in Shellskripten genutzt werden, um abhängig vom Benutzer, der das betreffende Skript ausführt, Entscheidungen zu treffen.
```
if [ 'whoami' = root ]; then echo Administrator; else echo User; fi
```
Probieren Sie es aus! Siehe auch: who, w. Dokumentation: info:whoami.

wine   Windows-Programme ausführen
Paket: wine   Kompatibilität

```
wine [Optionen] Datei [Datei ...]
```
Das Programm lädt die Windows-Laufzeitumgebung *wine* und startet darin das oder die mit *Datei* angegebene(n) Windows-Programm(e). Die auszuführenden Programmdateien müssen sich entweder im Arbeitsverzeichnis oder im Suchpfad für Windows-Programme befinden. Dieser wird in der Konfigurationsdatei von *wine* definiert. Alternativ kann auch ein voller Pfadname angegeben werden, hierbei ist dann sowohl die unter UNIX als auch die unter Windows übliche Schreibweise zulässig. Zu startende Programmdateien müssen sich in oder unterhalb eines Verzeichnisses befinden, das in der Konfigurationsdatei als Windows-Laufwerk definiert wurde. *wine* wird über die Datei */etc/wine.conf* oder über die Datei *.winerc* im Heimatverzeichnis des aufrufenden Benutzers konfiguriert.

`--config Datei` Es wird die mit *Datei* bezeichnete Konfigurationsdatei benutzt.
`-desktop Größe` Die von *wine* gestarteten Windows-Programme werden zusammen in einem eigenen Fenster von der mit *Größe* bezeichneten Größe dargestellt. *Größe* muss in der Form *Horizontal*x*Vertikal* angegeben werden, wobei *Horizontal* für die horizontale Größe und *vertikal* für die vertikale Größe des Fensters in Pixeln steht.
`--managed` Die Fenster von Windows-Programmen werden von dem laufenden Window-Manager verziert und verwaltet.

--language *Sprache* Die von Windows-Programmen zu verwendende Sprache wird mit *Sprache* festgelegt. Gültige Werte für Sprache sind beispielsweise De (Deutsch) und En (Englisch).

--dll *Bibliothek*[,*Bibliothek* ...]=n|e|s|b[: *Bibliothek* ...] Die mit *Bibliothek* angegebenen Windows-Programmbibliotheken sollen auf eine der folgenden Arten geladen werden: n (native, original Windows-Bibliothek), e (elfdll, *wine* Windows-Bibliothek), s (so, Linux-Bibliothek) oder b (builtin, in *wine* eingebaute Bibliothek).

```
wine sol.exe
```
Startet das Windows-Programm *sol.exe* (Solitär).

```
wine --language de --managed
/mnt/hda1/Programme/msoffice/Winword/winword.exe
```
Startet das Windows-Programm *winword.exe* mit Einstellungen für deutsche Sprache. Die Fenster dieses Programms werden vom laufenden Window-Manager verwaltet. Der Name des Programms wurde mit vollem Pfad- und Dateinamen angegeben.

```
wine --desktop 800x600 --dll user,user32,shell,shell32,commdlg,comdlg32=n
explorer
```
Startet das Windows-Programm *explorer.exe* in einem eigenen Fenster mit einer Größe von 800 mal 600 Bildpunkten und verwendet die original Windows-Bibliotheken *user.dll, user32.dll, shell.dll, shell32.dll, commdlg.dll* und *comdlg32.dll*. Siehe auch: dosemu, Kapitel 18.3, S. 625. Dokumentation: man:wine, info:wine.

xargs
Paket: findutils

Generieren von Kommandozeilen
Dateiverwaltung, Shellskripte

```
xargs [Optionen] [Kommando [Argumente]]
```
Das Programm liest von der Standardeingabe und ruft das mit *Kommando* angegebene Programm mit den eventuell durch *Argumente* angegebenen Argumenten am Anfang der Kommandozeile (nach dem Programmnamen) und den von der Standardeingabe gelesenen – durch Leerzeichen, Tabulatoren oder neue Zeilen getrennte – Zeichenketten als darauf folgende Argumente auf. Wird *Kommando* nicht angegeben, so wird */bin/echo* aufgerufen.

xargs eignet sich gut dafür, mit einer Liste von Dateien bestimmte Aktionen auszuführen.

-l [*Zeilen*] | --max-lines[=*Zeilen*] Dem aufzurufenden Kommando werden nicht mehr Argumente angehängt, als in jeweils durch *Zeilen* spezifizierte Zeilen enthalten sind. Standardwert ist 1, wenn *Zeilen* nicht angegeben wird. *Kommando* wird dann mehrmals aufgerufen, bis der gesamte Inhalt der Eingabe übergeben ist.

-n *Anzahl* | --max-args=*Anzahl* Dem aufzurufenden Kommando werden nicht mehr als mit *Anzahl* angegebene Argumente angehängt. Kommando wird mehrmals aufgerufen, wenn die Eingabe mehr als *Anzahl* Zeichenketten enthält.

-p | --interactive Bevor tatsächlich ein Programm aufgerufen wird, wird die erzeugte Kommandozeile ausgegeben und nachgefragt, ob das Kommando ausgeführt werden soll.

-s *Anzahl* | --max-chars=*Anzahl* Die erzeugten Kommandozeilen dürfen die mit *Anzahl* angegebene Länge nicht überschreiten. Das aufrufende Programm wird mehrmals aufgerufen, wenn nicht die gesamte Eingabe mit einer Kommandozeile verarbeitet werden kann.

```
cat alte_dateien | xargs -p rm
```
Ruft den Befehl *rm* mit den in der Datei *alte_dateien* enthaltenen Dateinamen auf. Vor jedem Aufruf von *rm* wird die zusammengestellte Kommandozeile angezeigt und nachgefragt, ob sie tatsächlich ausgeführt werden soll.

```
find ~/ -name core | xargs ls -l
```

Sucht ausgehend vom Heimatverzeichnis des aufrufenden Benutzers alle Dateien mit dem Namen *core* und zeigt die zugehörigen Dateiinformationen (*ls -l* = ausführliches Format) an. Siehe auch: find, locate. Dokumentation: man:xargs.

xdfcopy
Paket: fdutils

Erstellen von XDF-Disketten
Dateiverwaltung, Systemverwaltung

```
xdfcopy [Optionen] [Quelldatei] Zieldatei
```
XDF (Extended Density Format) ist ein von IBM eingeführtes Diskettenformat, das es erlaubt, auf einer 3,5 Zoll-Diskette (High Density) bis zu 1840 KB zu speichern. Disketten können mit *xdfcopy* für die Verwendung dieses Formats vorbereitet werden. Gleichzeitig erlaubt das Programm XDF-Diskettenabbilder auf Disketten zu schreiben bzw. solche Abbilddateien von XDF-Disketten zu erstellen. Wenn *Quelldatei* nicht angegeben wird, wird der mit *Zieldatei* bezeichnete Datenträger XDF formatiert. Wird *Quelldatei* angegeben und handelt es sich dabei um eine Gerätedatei, die ein Diskettenlaufwerk repräsentiert, wird eine Abbilddatei unter dem mit *Zieldatei* benannten Namen erstellt. Wenn es sich bei *Quelldatei* um eine Diskettenabbilddatei handelt, wird dieses Abbild auf das mit *Zieldatei* bezeichnete Diskettenlaufwerk geschrieben.
Wird der Datenträger nur für die Verwendung des XDF-Formates vorbereitet, muss auf ihn noch ein Dateisystem geschrieben werden, um ihn benutzen zu können (siehe Option *-D*).

- `-Format` Formatiert die Diskette in dem mit *Format* bezeichneten Format. Standard ist das normale XDF-Format. Das Programm stellt jedoch eine Erweiterung dieses Formats zur Verfügung, mit dem sich noch mehr Daten auf einer Diskette unterbringen lassen. Für *Format* können u. a. die folgenden Werte angegeben werden: 1 – formatiert 3,5 Zoll Disketten (High Density) im XDF-Format und 3 – formatiert 3,5 Zoll Disketten (High Density) im erweiterten XDF-Format (1920 KB).
- `-D` *Laufwerksbuchstabe* Nach der Formatierung wird auf dem Datenträger ein DOS-Dateisystem erzeugt. Hierzu wird das Programm *mformat* aufgerufen. *Laufwerksbuchstabe* muss das *mtools*-Laufwerk bezeichnen, in dem sich der Datenträger befindet.
- `-n` Der Datenträger wird nicht formatiert

```
xdfcopy -D a: /dev/fd0
```
Formatiert die Diskette im ersten Diskettenlaufwerk im XDF-Format und schreibt ein DOS-Dateisystem darauf.
```
xdfcopy image.xdf /dev/fd0
```
Formatiert die Diskette im ersten Diskettenlaufwerk im XDF-Format und schreibt den Inhalt der Abbilddatei *image.xdf* auf die Diskette. Siehe auch: mtools, mkdosfs, mformat. Dokumentation: man:xdfcopy.

yes
Paket: shellutils

Automatisches Beantworten von Abfragen
Shellskripte

```
yes [Zeichenfolge]
```
Einige Programme fragen den Benutzer, ob sie gewisse Aktionen durchführen sollen. In den meisten Fällen lässt sich diese Eigenschaft abschalten, bei manchen Programmen jedoch nicht. Dies ist dann störend, wenn solche Programme im Hintergrund ohne Benutzereinwirkung automatisch ausgeführt werden sollen. Das Programm *yes* schreibt ununterbrochen das Zeichen *y* bzw. die durch *Zeichenfolge* angegebene Zeichenfolge auf die Standardausgabe. Diese Ausgabe kann dann mit der Standardeingabe eines anderen Programms verknüpft werden, das eine bestimmte Zeichenfolge als Antwort auf eine Nachfrage erwartet.
```
yes n | ask.sh
```
Führt das Programm *ask.sh* aus. Jede Eingabe, die *ask.sh* von der Standardeingabe liest, wird mit dem Buchstaben *n* und einem Zeilenende (entspricht der EINGABE-Taste) beantwortet. Wenn *ask.sh* fertig ist, erscheint die Fehlermeldung

Broken Pipe

Ursache hierfür ist, dass *yes* weiterhin schreibt, obwohl auf der anderen Seite der Pipe nicht mehr (von *ask.sh*) gelesen wird. Das Shellskript *ask.sh* könnte beispielsweise folgendermaßen aussehen:

```
#! /bin/bash
for i in *;
do echo "$i anzeigen?";
   read answer;
   if [ $answer = y ]; then ls -l $i; fi;
done;
```

Dokumentation: info:yes.

zcat
Komprimierte Daten unkomprimiert ausgeben

Paket: gzip

Dateiverwaltung, Shellskripte

```
zcat [Datei ..]
```

Das Programm liest komprimierte Daten von der Standardeingabe oder aus einer oder mehreren mit *Datei* angegebenen Datei(en), entkomprimiert sie und gibt das Ergebnis auf die Standardausgabe.

```
zcat note1.gz
```

Gibt den Inhalt der komprimierten Datei *note1.gz* unkomprimiert auf der Standardausgabe aus.

```
cat archiv.tar.gz | zcat | tar -xvf -
```

Gibt den Inhalt der Datei *archiv.tar.gz* in die Eingabe von *zcat*. Dort werden die Daten entkomprimiert und dann an *tar* weitergeleitet, wo sie in die einzelnen Dateien des Archivs zerlegt und entsprechend geschrieben werden. Der gleiche Effekt wäre mit dem Befehl *tar -xvzf archiv.tar.gz* zu erzielen. Siehe auch: gunzip, gzip, cat, zless. Dokumentation: man:zcat.

zforce
Prüfen und Anpassen der Namen komprimierter Dateien

Paket: gzip

Dateiverwaltung, Kompatibilität

```
zforce [Datei ...]
```

Gelegentlich gehen die Endungen von Dateinamen verloren, wenn sie auf Datenträgern gespeichert werden müssen, auf denen nur bestimmte Dateinamenlängen erlaubt sind oder andere Einschränkungen für Dateinamen gelten. Beispielsweise dürfen Dateinamen unter MS-DOS nur aus acht Buchstaben und einer durch einem Punkt abgetrennten Endung von drei Buchstaben bestehen. Namen von komprimierten Dateien, die oft aus mehr Buchstaben bestehen und gewöhnlich die zusätzliche Endung .gz tragen, sind auf diesen Datenträgern schlecht zu speichern. Das Programm *zforce* überprüft, ob es sich bei der oder den mit *Datei* angegebenen Dateien um komprimierte Dateien handelt und hängt diesen wieder die Endung .gz an, falls dies so ist.

```
zforce *txt
```

Überprüft für alle Dateien im Arbeitsverzeichnis mit der Endung *txt*, ob es sich um komprimierte Dateien handelt und hängt diesen die zusätzliche Endung .gz an, falls dies zutrifft. Siehe auch: gzip, gunzip, mcopy. Dokumentation: man:zforce.

zgrep
Durchsuchen komprimierter Dateien

Paket: gzip

Textbearbeitung, Suchen

```
zgrep [Optionen] [Suchbegriff] [Dateiname ...]
```

Das Programm liest Daten aus einer oder mehreren mit *Dateiname* angegebenen Dateien oder von der Standardeingabe, falls keine Dateien angegeben worden sind, dekomprimiert diese und leitet das Ergebnis weiter an das Programm *grep*, welches Dateien nach Text durchsucht. Alle mit *Optionen* angegebenen Optionen werden *grep* übergeben. Ausgabe und Rückkehrwert entsprechen dem Aufruf von *grep* mit den gleichen, aber unkomprimierten Daten. Siehe auch: grep, gunzip, zcat, gzip, egrep, fgrep. Dokumentation: man:zgrep.

zip
Erstellen von (PK-) Zip-Archiven

Paket: zip

Dateiverwaltung, Kompatibilität

```
zip [Optionen] [Archivdatei [Datei ...]]
```

Das Programm erstellt Zip-Archive. Dieses Archivformat ist unter DOS/Windows das zur Zeit meistverbreitetste Format zur Weitergabe von Programm- und Datenpaketen. Zip-Archive sind vergleichbar mit komprimierten Tar-Archiven, in ihnen können sich Dateien und Verzeichnisse sowie dazugehörige Kontrollinformationen befinden. Diese liegen in dem Archiv in komprimierter Form vor.

Standardmäßig schreibt das Programm eine oder mehrere mit *Datei* angegebene Dateien oder Verzeichnisse in das mit *Archivdatei* bezeichnete ZIP-Archiv. Wenn dieses Archiv noch nicht existiert, wird es automatisch erzeugt. Wenn eine oder mehrere Dateien gleichen Namens in dem Archiv schon vorhanden sind, werden sie durch die angegebene Version ersetzt. Wird für *Archivdatei* ein Minuszeichen angegeben, dann wird das Archiv auf die Standardausgabe geschrieben.

- `-b Verzeichnis` Von *zip* angelegte temporäre Dateien werden in dem mit *Verzeichnis* angegebenen Verzeichnis angelegt.
- `-d Name` Löscht die mit *Name* bezeichneten Dateien in der Archivdatei. *Name* darf Meta-Zeichen enthalten, diese müssen in der Regel durch Anführungszeichen vor der Interpretation durch die Shell geschützt werden.
- `-f` Es werden nur solche Dateien in das Archiv kopiert, die bereits dort vorhanden sind und bei denen das Datum der letzten Änderung im Archiv älter ist als bei den Originaldateien.
- `-u` Es werden nur solche Dateien in das Archiv kopiert, die dort nicht vorhanden sind oder bei denen das Datum der letzten Änderung im Archiv älter ist als bei den Originaldateien.
- `-F` Es wird versucht, ein kaputtes Archiv zu reparieren. Dabei gehen u. U. in dem Archiv enthaltene Daten verloren.
- `-i Name` Es werden nur die Dateien in das Archiv kopiert, auf die der mit *Name* angegebene Name zutrifft. *Name* kann Meta-Zeichen enthalten, die normalerweise durch Anführungszeichen vor der Interpretation durch die Shell geschützt werden müssen.
- `-j` Die Verzeichnisnamen von Dateien werden nicht mit im Archiv gespeichert. Die Folge ist, dass alle enthaltenen Dateien beim Auspacken des Archivs im aktuellen Verzeichnis erzeugt werden.
- `-k` Es wird versucht, alle Dateinamen in gültige MS-DOS-Dateinamen umzuwandeln. Diese Option sollte bei Archiven angewandt werden, die unter DOS/Windows von einem anderen Programm ausgepackt werden sollen.
- `-m` Dateien und Verzeichnisse werden gelöscht, nachdem sie in das Archiv kopiert wurden.
- `-r` Wenn eine oder mehrere der angegebenen Dateien Verzeichnisse sind, wird der Inhalt dieser Verzeichnisse sowie der Inhalt aller Unterverzeichnisse und die Verzeichnisse selbst in das Archiv kopiert (rekursiv).
- `-x Name` Dateien, deren Name mit dem mit *Name* angegebenen Namen übereinstimmt, werden nicht in das Archiv kopiert. *Name* kann Meta-Zeichen enthalten, die in der Regel durch Anführungszeichen vor der Interpretation durch die Shell geschützt werden müssen.
- `-z` Erlaubt die Eingabe eines Kommentars, der im Archiv gespeichert wird. Die Eingabe des Kommentars kann durch STRG-D beendet werden.
- `-@` Die Namen der einzupackenden Dateien werden von der Standardeingabe gelesen. Dabei darf jede Zeile nicht mehr als einen Dateinamen enthalten.

```
zip texte.zip text1.txt text2.txt
```
Die Dateien *text1.txt* und *text2.txt* werden in das Archiv *texte.zip* kopiert. Dieses Archiv wird neu erstellt, wenn es noch nicht existiert.

```
zip -r home.zip ~/ -x "*.o" core "*.a" "*dvi"
```

Mit Ausnahme der Dateien, die *core* heißen oder deren Endungen *.o*, *.a* oder *.dvi* lauten, werden alle Dateien und Verzeichnisse unterhalb des eigenen Heimatverzeichnisses in das Archiv *home.zip* kopiert.

```
find ~/ -name "*.tex" -and -type f | zip texfiles.zip -@
```

Alle Dateien unterhalb des eigenen Heimatverzeichnisses, deren Namen die Endung *.tex* haben, werden in das Archiv mit dem Namen *texfiles.zip* geschrieben. Siehe auch: unzip, gzip, gunzip, tar. Dokumentation: man:zip.

zipsplit
Teilen von (PK-) Zip-Archiven

Paket: zip

Dateiverwaltung

```
zipsplit Archivdatei
```

Das Programm verteilt die in dem mit *Archivdatei* bezeichneten Archiv enthaltenen Dateien auf mehrere (kleinere) Archive. Das Programm ist hilfreich, wenn ein Archiv so groß ist, dass es nicht mehr auf bestimmte Datenträger (z. B. Disketten) paßt und auf mehrere verteilt werden muss. Im Gegensatz zu *split* zerteilt *zipsplit* die Archivdatei nicht an festgelegten Grenzen, sondern so, dass jede im Ausgangsarchiv enthaltene Datei komplett in einem der neu erzeugten Archive enthalten ist. Die erzeugten Archive lassen sich deshalb alle einzeln verwenden und müssen nicht erst zusammengesetzt werden.

-t Es wird lediglich ausgegeben, wieviele Zip-Archive erzeugt werden müßten, es werden aber keine neuen Archive erzeugt.

-n *Größe* Die erzeugten Archive dürfen nicht größer als *Größe* werden. *Größe* muss in Byte angegeben werden.

-b *Verzeichnis* Die erzeugten Archive werden in das mit *Verzeichnis* angegebene Verzeichnis geschrieben.

-p Zwischen dem Schreiben der einzelnen Verzeichnisse wird eine Pause gemacht und aufgefordert, die EINGA-BE-Taste zu betätigen. (Sinnvoll, um Disketten zu wechseln.)

```
zipsplit -t -n 1440000 texfiles.zip
```

Gibt aus, wieviele höchstens 1,4 MB-großen Archive erzeugt werden müßten, um alle in dem Archiv *texfiles.zip* enthaltenen Dateien zu berücksichtigen.

```
zipsplit -p -b /floppy -n 1440000
```

Erzeugt höchstens 1,4 MB große Archive aus der Archivdatei *texfiles.zip* und schreibt diese in das Verzeichnis */floppy*. Vor dem Schreiben jedes Archivs wird eine Pause eingelegt, in der eine neue Diskette eingelegt werden muss. Soll tatsächlich auf unterschiedliche Disketten geschrieben werden, müssen diese natürlich gemountet werden. Siehe auch: zip, unzip, split. Dokumentation: info:zip.

zless
Anzeigen von komprimierten Textdateien

Paket: gzip

Information

```
zless [Datei ...]
```

Das Programm dekomprimiert die mit *Datei* angegebenen Dateien oder die von der Standardeingabe gelesenen Daten und ruft standardmäßig das Programm *less* auf, um sie anzuzeigen. Ein anderes Programm kann über die Umgebungsvariable *PAGER* festgelegt werden.

```
zless /usr/share/doc/HOWTO/en-txt/Mail-HOWTO.txt.gz
```

Zeigt die dekomprimierte Fassung der Datei */usr/share/doc/HOWTO/Mail-HOWTO.txt.gz* mit dem Programm *less* an. Siehe auch: less, gunzip, zmore, gzip. Dokumentation: man:zless, man:less.

Teil V

Anhang

20. Verwendung regulärer Ausdrücke

Reguläre Ausdrücke stellen ein sehr mächtiges Werkzeug zur Bearbeitung von Textdateien dar. Es handelt sich dabei – vereinfacht gesagt – um eine Erweiterung herkömmlicher Suchfunktionen von Programmen, die mit Textdateien arbeiten. Weil die Verwendung regulärer Ausdrücke unter Linux/UNIX von sehr vielen Programmen unterstützt wird, ist es nicht unangemessen, die entsprechende Funktionalität als einen Teil des Betriebssystems anzusehen. Wichtige Programme, die mit regulären Ausdrücken umgehen können, sind Texteditoren wie *vi* oder (X)Emacs, die Programminterpreter *perl* oder *awk*, der Streameditor *sed* oder das Suchprogramm *grep*.

Achtung: Reguläre Ausdrücke sind von den Meta-Zeichen zu trennen, die mit der Bash und einigen anderen Programmen benutzt werden können. Beide haben zwar einen ähnliche Zweck, müssen aber mit unterschiedlicher Syntax benutzt werden.

Die einfachste Form eines regulären Ausdrucks ist eine gewöhnliche Zeichenkette. Um beispielsweise die Systemprotokolldatei */var/log/syslog* nach solchen Zeilen zu durchsuchen, welche die Zeichenkette *ippp0* enthalten, könnte das Programm *grep* auf die folgende Art benutzt werden:

```
debian:~# grep ippp0 /var/log/syslog
```

Es werden dann alle Zeichenketten ausgegeben, auf die der reguläre Ausdruck *ippp0* zutrifft. Was machen Sie aber, wenn Sie alle Zeilen sehen möchten, in denen entweder *ippp0* oder *ippp1* vorkommt? Sie könnten den obigen Befehl entsprechend anpassen und sich beim zweiten Aufruf die Zeilen mit *ippp1* ausgeben lassen. Sie hätten dann allerdings zwei getrennte Datensätze, aus denen sich die Reihenfolge ihres Auftretens in der Ausgangsdatei (*/var/log/syslog*) nicht mehr auf einen Blick erkennen lässt. Reguläre Ausdrücke bieten – ähnlich wie Metazeichen – die Möglichkeit, Suchbegriffe anzugeben, die auf verschiedene Zeichenketten zutreffen. Hierzu werden bestimmte Zeichen mit besonderer Bedeutung eingesetzt. Beispielsweise kann in eckigen Klammern angegeben werden, dass mehrere Zeichen als zutreffend gelten sollen. Um die Datei */var/log/syslog* also nach *ippp0* und *ippp1* zu durchsuchen, könnte dieser Befehl benutzt werden:

```
debian:~# grep "ippp[01]" /var/log/syslog
```

Die Anführungszeichen sind hier notwendig, damit die eckigen Klammern nicht von der Shell interpretiert werden. Die wichtigsten Sonderzeichen in regulären Ausdrücken sind die folgenden:

- **.** Ein Punkt steht für genau ein beliebiges Zeichen. Der reguläre Ausdruck *a.a* trifft also sowohl für die Zeichenkette *aba* als auch *aca* zu. Er trifft allerdings nicht für die Zeichenkette *aa* zu, weil in dieser Zeichenkette das dritte Zeichen nicht enthalten ist.
- ***** Ein Stern nach einem regulärem Ausdruck bedeutet, dass zutreffende Zeichenketten aus keiner, einer oder mehreren Zeichenkette(n) bestehen, auf die der vorhergehende reguläre Ausdruck zutrifft. Der vorhergehende Ausdruck ist dabei standardmäßig das vor dem Stern genannte Zeichen. Der reguläre Ausdruck *"stop*"* trifft also beispielsweise auf die Zeichenketten *sto*, *stop* und *stopp*, nicht aber auf die Zeichenkette *stau* zu, weil hier das dritte Zeichen kein „o" ist.

Durch die Kombination von Punkt und Stern lassen sich beliebig lange Zeichenketten, die aus jedem Zeichen bestehen dürfen, spezifizieren. Der reguläre Ausdruck .* trifft also auf alle Zeichenketten zu (genau ein beliebiges Zeichen darf beliebig oft vorkommen).

+ Das Plus-Zeichen hat eine ähnliche Aufgabe wie der Stern. Es bedeutet, dass der vorher genannte reguläre Ausdruck mindestens einmal vorkommen muss. Der Ausdruck *stop+* trifft deswegen nicht auf die Zeichenkette *sto* zu (weil das Zeichen „p" hier nicht enthalten ist), wohl aber auf *stop* oder *stopp*. Das Pluszeichen wird nicht von allen Programmen, die mit regulären Ausdrücken umgehen können, als Sonderzeichen interpretiert.

[] Durch eckige Klammern eingeschlossene Zeichen bedeuten, dass eines der genannten Zeichen ausreicht, damit der reguläre Ausdruck zutrifft. Beispielsweise trifft der Ausdruck *st[ao].** sowohl auf *stop* als auch auf *stau*, nicht aber auf *stumm* zu, weil in dem Ausdruck angegeben ist, dass das dritte Zeichen entweder ein „a" oder ein „o", aber kein „u" sein darf.

Es ist erlaubt, eine Reihe von Zeichen durch ein Minuszeichen miteinander zu verbinden. Der Ausdruck *[0-9]* umfasst also alle Zahlen und der Ausdruck *[a-z]* alle Kleinbuchstaben (ohne Umlaute). Auch hier ist die Kombination mit anderen Sonderzeichen möglich, so trifft der Ausdruck *[a-z]** nur auf solche Zeichenketten zu, in denen beliebig viele kleingeschriebene Buchstaben (oder gar keine Zeichen) vorkommen.

Wird den Zeichen in eckigen Klammern ein Zirkumflex (^) vorangestellt, dann ist damit gemeint, dass der entsprechende Ausdruck nur auf solche Zeichen zutrifft, die nicht in den eckigen Klammern enthalten sind. Der Ausdruck *[^0-9]* trifft also nur auf Zeichen zu, die keine Zahlen sind.

^ Um den Anfang einer Zeile anzugeben, ist ebenfalls das Zeichen ^ zu verwenden. Der Ausdruck *^Einleitung* trifft also für alle solche Zeilen zu, in denen das Wort *Einleitung* am Anfang der Zeile steht.

$ Ebenso kann das Ende einer Zeile spezifiziert werden. Hierzu ist das Dollarzeichen zu benutzen. Der Ausdruck *2000$* trifft also nur für solche Zeilen zu, in denen die Zahl *2000* am Ende der Zeile steht.

Durch die Kombination von Zirkumflex und Dollarzeichen lässt sich der Inhalt ganzer Zeilen angeben. Beispiel: *^Heute ist Sonntag$* trifft ausschließlich auf Zeilen zu, die nur die Zeichenkette *Heute ist Sonntag* beinhalten und der Ausdruck *^Heute ist .*tag$* trifft auf die Zeilen zu, die mit der Zeichenkette *Heute ist* beginnen und mit den Zeichen *tag* enden, also auch auf *Heute ist Dienstag* oder *Heute ist ein besonders warmer Donnerstag*, nicht aber auf *Heute ist ein schöner Tag*, weil die letzte Zeile nicht mit den Zeichen *tag*, sondern mit *Tag* endet.

\ Gelegentlich müssen Zeichen mit besonderer Bedeutung wie normale Zeichen eingesetzt werden. Dies kann erreicht werden, in dem ihnen ein rückwärtsgerichteter Schrägstrich vorangestellt wird (\). Beispielsweise hat der Punkt in *Danke\.* keine besondere Bedeutung mehr, der Ausdruck steht für die Zeichenkette *Danke.*. Wenn das Zeichen \ als normales Zeichen genutzt werden soll, ist diesem ebenfalls ein rückwärtsgerichteter Schrägstrich voranzustellen (\\).

Bedenken Sie, dass die meisten Zeichen mit besonderer Bedeutung in regulären Ausdrücken auch für die Bash eine besondere Bedeutung haben. Wenn Sie an der Kommandozeile mit regulären Ausdrücken arbeiten, sollten Sie diese deswegen immer mit Anführungszeichen vor der Interpretation durch die Shell schützen.

Weitere Informationen zu regulären Ausdrücken befinden sich u. a. in der Info-Dokumentation zum Programm *awk* (GNU Version, Paket *gawk*), in der Manualseite zum regulären Ausdruck nach dem POSIX-Standard (Manualseite *regex*, Abschnitt 7) sowie in der Manualseite zu dem Editor *ed* (Paket *ed*).

21. Befehle unter DOS und GNU/Linux mit vergleichbaren Aufgaben

Die folgende Tabelle stellt die wichtigsten Befehle unter den Betriebssystemen DOS, Windows NT und OS/2 den entsprechenden Befehlen unter GNU/Linux gegenüber.

Auch wenn einige Befehle unter beiden Betriebssystemfamilien den gleichen Namen tragen, ist zu bedenken dass sie mit einer unterschiedlichen Syntax zu verwenden sind und dass die GNU/Linux Befehle in der Regel weitaus mehr Möglichkeiten bieten, als die entsprechenden DOS Befehle.

Zum Verwalten von Dateien auf DOS-/Windows-formatierten Datenträgern können sie die Befehle verwenden, die durch das Programm *mtools* (S. 692) zur Verfügung gestellt werden. Diese Befehle werden in der Regel auf eine ähnliche Art und Weise bedient, wie die entsprechenden Befehle unter DOS, Windows oder OS/2.

MS-DOS Befehl	GNU/Linux Befehl	Zweck
ATTRIB	chmod	Verändern von Dateiattributen (S. 644). Siehe auch *chown* (S. 645) und *chgrp* (S. 643) zum Verändern von Besitzern und Gruppen von Dateien. Außerdem *chattr* (S. 642) zum Verändern von Dateiattributen im Ext2-Dateisystem.
CD	cd	Wechseln des aktuellen Arbeitsverzeichnisses.
COPY	cp	Kopieren von Dateien (S. 646).
DATE	date	Anzeigen des Datums und Ändern der Datumseinstellung (S. 648). Siehe auch *hwclock* (S. 665).
DEL	rm	Löschen von Dateien (S. 707).
DELTREE	rm -rf	Löschen von Verzeichnissen mit allen Unterverzeichnissen und enthaltenen Dateien (S. 707). Bei dem Programm *rm* erfolgt standardmäßig keine Sicherheitsabfrage.
DIR	ls	Anzeigen des Inhalts eines Verzeichnisses (S. 677).
ECHO	echo	Ausgeben einer Zeichenkette (S. 677).
FC	diff	Vergleichen des Inhalts zweier Dateien (S. 651).
FIND	grep	Suchen nach Zeichenketten in Dateien (S. 661).
MD (MKDIR)	mkdir	Erzeugen von Verzeichnissen (S. 682).
MORE	more	Seitenweises Anzeigen einer Datei auf dem Bildschirm (S. 688). Im allgemeinen ist unter Linux das Programm *less* (S. 672) dem Programm *more* vorzuziehen.
MOVE	mv	Verschieben und Umbenennen von Dateien (S. 694).
PRINT	lpr	Drucken von Dateien (S. 676).
REN (RENAME)	mv	Umbenennen von Dateien (S. 694).

Fortsetzung auf der nächsten Seite

Fortsetzung der vorherigen Seite

MS-DOS Befehl	GNU/Linux Befehl	Zweck
RMDIR	rmdir	Löschen von Verzeichnissen (S. 707).
SORT	sort	Sortieren von Textzeilen (S. 715).
TIME	date	Anzeigen der Uhrzeit und Ändern der Zeiteinstellung (S. 648).
TYPE	cat	Ausgeben des Inhalts einer Datei (S. 640).

Tabelle 16: DOS und GNU/Linux Befehle mit vergleichbaren Aufgaben.

22. Wichtige Gerätedateien

Die folgende Tabelle zeigt die wichtigsten Gerätedateien. Beachten Sie bitte auch die Tabellen auf Seite 365 (Gerätedateien für proprietäre CDROM-Laufwerke), auf Seite 232 (Gerätedateien für Mäuse) sowie auf Seite 236 (Gerätedateien für Drucker). Eine vollständige Liste aller von Linux unterstützten Gerätedateien zusammen mit den Major- und Minor-Nummern dieser Geräte befindet sich im Kerneldokumentationsverzeichnis in der Datei *devices.txt*.

Gerätedatei	Beschreibung
`/dev/null`	Gerätedatei, in die Daten geschrieben werden, die verworfen werden sollen („Müllschluckergerät")
`/dev/zero`	Gerätedatei, aus der Nullen gelesen werden können, beispielsweise zum Erzeugen von Dateien mit einer bestimmten Größe, aber ohne speziellen Inhalt
`/dev/random`	Zufallszahlengenerator
`/dev/ram0`	Erste RAM-Diskette
`/dev/ram1`	Zweite RAM-Diskette
`/dev/fd0`	Erstes Diskettenlaufwerk (das Medienformat wird automatisch festgestellt)
`/dev/fd1`	Zweites Diskettenlaufwerk
`/dev/hda`	Festplatte oder CDROM am Master-Anschluss des ersten (E)IDE-Adapters
`/dev/hda1`	Erste primäre Partition auf der Festplatte */dev/hda*
`/dev/hda4`	Vierte primäre Partition auf der Festplatte */dev/hda*
`/dev/hda5`	Erste logische Partition auf der Festplatte */dev/hda*
`/dev/hda19`	15. logische Partition auf der Festplatte `/dev/hda`
`/dev/hdb`	Festplatte oder CDROM am Slave-Anschluss des ersten (E)IDE-Adapters
`/dev/hdb1`	Erste primäre Partition auf der Festplatte */dev/hdb*
`/dev/hdc`	Festplatte oder CDROM am Master-Anschluss des zweiten (E)IDE-Adapters
`/dev/tty`	Aktuelles Terminal
`/dev/console`	Systemkonsole
`/dev/lp0`	Drucker an der ersten parallelen Schnittstelle
`/dev/lp1`	Drucker an der zweiten parallelen Schnittstelle
`/dev/ttyS0`	Erste serielle Schnittstelle
`/dev/ttyS1`	Zweite serielle Schnittstelle
`/dev/ttyS2`	Dritte serielle Schnittstelle
`/dev/loop0`	Erstes Loop-Gerät. Mit diesen Geräten können Dateisysteme eingebunden werden, die sich nicht auf einem Gerät, sondern in einer Datei befinden.

Fortsetzung auf der nächsten Seite

Fortsetzung der vorherigen Seite

Gerätedatei	Beschreibung
/dev/loop1	Zweites Loop-Gerät
/dev/sda	Erste SCSI-Festplatte
/dev/sda1	Erste primäre Partition auf der ersten SCSI-Festplatte
/dev/sda5	Erste logische Partition auf der ersten SCSI-Festplatte
/dev/sda15	10. logische Partition auf der ersten SCSI-Festplatte
/dev/sdb	Zweite SCSI-Festplatte
/dev/st0	Erstes SCSI-Bandlaufwerk, Modus 0
/dev/st01	Erstes SCSI-Bandlaufwerk, Modus 1
/dev/st0m	Erstes SCSI-Bandlaufwerk, Modus 2
/dev/nst0	Erstes SCSI-Bandlaufwerk, Modus 0 ohne automatische Rückspulung
/dev/nst01	Erstes SCSI-Bandlaufwerk, Modus 1 ohne automatische Rückspulung
/dev/st1	Zweites SCSI-Bandlaufwerk, Modus 0
/dev/st11	Zweites SCSI-Bandlaufwerk, Modus 1
/dev/sr0	Erstes SCSI-CDROM
/dev/sr1	Zweites SCSI-CDROM
/dev/sequencer	Sequenzer-Gerät (MIDI-Ausgabe)
/dev/dsp	Digitales Audio-Abspielgerät
/dev/audio	Sun-kompatibles Audio-Abspielgerät
/dev/sndstat	Aus diesem Gerät lassen sich Statusinformationen über die Soundtreiber auslesen
/dev/sg0	Erstes generisches SCSI-Gerät
/dev/sg1	Zweites generisches SCSI-Gerät
/dev/ht0	Erstes IDE-Bandlaufwerk
/dev/nht0	Erstes IDE-Bandlaufwerk ohne automatische Rückspulung
/dev/ht1	Zweites IDE-Bandlaufwerk

Tabelle 17: Wichtige Gerätedateien

23. Glossar

Im folgenden finden Sie Erklärungen für einige wichtige und häufig gebrauchte Begriffe. Einen Internet-Glossar von EDV-Begriffen finden Sie u. a. unter `http://www.chemie.fu-berlin.de/glossar/glossar.html`.

Absoluter Pfad: Pfad, der vom Wurzelpunkt des Dateisystems ausgeht. Absolute Pfade beginnen mit einem Schrägstrich.
Account: Konto, meist Benutzerkonto.
Archiv: Datei, in der andere Dateien enthalten sind. Standardarchivformat und Linux ist das GNU-Tar-Format. Tar-Archive werden normalerweise nach Ihrer Erzeugung komprimiert, um Festplattenplatz zu sparen.
Argument: Daten (Zeichenketten, Zahlen), die einem Programm oder einer Funktion beim Aufruf übergeben werden.
ASCII: American Standard Code for Information Interchange. Zeichensatztabelle. Die Tabelle enthält alle Buchstaben des Alphabets ohne Umlaute und Sonderzeichen sowie alle Zahlen, eine Reihe von Satzzeichen und verschiedene Steuerzeichen. Sie ist u. a. in der Manualseite *ascii* im Abschnitt 7 des Manualsystems dokumentiert.
Authentifizierung: Vorgang, bei dem ein Benutzer oder ein Programm nachweist, dass er/es berechtigt ist, einen bestimmten Dienst oder eine Ressource zu benutzen.
BIOS: Basic Input Output System. Ein fest in den Rechner eingebautes Programm, durch das in eingeschränkter Weise u. a. auf Festplatten und Disketten zugegriffen werden kann.
Blockgerät: Gerät von dem Daten zu jeder Zeit von jeder Position gelesen werden können, wie z. B. eine Festplatte.
Booten: Antreten. Der Vorgang, der nach dem Einschalten oder dem Neustart eines Computers durchgeführt wird, u.a. das Laden des Betriebssystems.
Bug: Wanze. Fehler in einem Programm.
Cache: Zwischenspeicher, in dem Daten zu späteren Wiederverwendung gespeichert werden. Der Einsatz eines Caches macht z.B. Sinn, wenn auf Daten über das Netzwerk nur relativ langsam zugegriffen werden kann.
CMOS: Complementary Metal Oxide Semiconductor. Stromsparender Speicherbaustein.
Daemon: Ein Programm, welches unsichtbar im Hintergrund ausgeführt wird. In den meisten Fällen handelt es sich bei Daemonen um Server-Prozesse, die darauf warten, dass auf die von ihnen angebotenen Dienste zugegriffen wird.
DLL: Dynamic Link Library. Dynamisch verknüpfbare Bibliothek. Programmcodedatei, die während des Ladevorgangs oder zur Laufzeit eines Programms mit dem Programm verbunden werden kann. Unter Linux haben diese Dateien üblicherweise die Dateinamensendung *.so* (shared object), evtl. gefolgt von einer Versionsnummer.
Domain: Bereich. Im Internet ist eine Domain eine Namensfamilie für eine Anzahl von Rechnern.
EIDE: Enhanced IDE.
Ethernet: Netzwerkstandard zum Transport von Daten zwischen Rechnern.
Firewall: Rechner, der Datenpakete nach Sicherheitsregeln filtert.
FTP: File Transfer Protokoll. Netzwerkprotokoll zum übertragen von Dateien.

Gerätedatei: Eine spezielle Datei unter Linux/UNIX, über die ein bestimmtes „Gerät" angesprochen werden kann. Bei diesen Geräten kann es sich um physikalisch tatsächlich vorhandene Geräte, wie serielle Schnittstellen, aber auch um „logische Geräte", wie Festplattenpartitionen handeln. Man unterscheidet Blockgeräte und Zeichengeräte.

GUI: Graphical User Interface. Graphische Benutzerschnittstelle. Ein Programm oder ein System von Programmen, welches die Abläufe und Ressourcen auf dem Rechner visualisiert und in der Regel die Bedienung mit einer Zeigeeinheit (Maus) erlaubt.

HTML: Hypertext Markup Language. Sprache zur Strukturierung von Texten. Diese Sprache wird in erster Linie bei Dokumenten, die im WWW veröffentlicht, werden benutzt. HTML-Dokumente können mit einem Webbrowser angezeigt werden.

HTTP: Hypertext Transfer Protokoll. Netzwerkprotokoll, mit dem Inhalte des WWW (Word Wide Web) von einem Server auf einen Klientrechner übertragen werden. (Siehe auch *WWW*).

IA32: 32 Bit-Prozessorarchitektur der Firma Intel.

Icon: Ikone. (Sinn-)Bild in graphischen Benutzeroberflächen, durch das eine Einheit wie ein Programm, eine Datei oder ein Befehl repräsentiert wird.

IDE: Intelligent Drive Electronics. Schnittstelle zum Anschluss von Festplatten und CDROMs.

ID: Identifikation(snummer). Hiermit ist meist die numerische Repräsentation einer Einheit, wie eines Benutzers oder eines Prozesses gemeint.

IMAP: Internet Mail Access Protocol. Internet-Protokoll mit dem E-Mail, die sich auf einem anderen Rechner befindet, u. a. gelesen oder heruntergeladen werden kann.

ISP: Internet Service Provider. Dienstleister, welchen den Zugriff auf das Internet ermöglicht.

Jumper: Kleine Stecker auf einer Platine oder Erweiterungskarte. Mit Jumpern lassen sich bei vielen Geräten Einstellungen vornehmen.

Kernel: Kern. Im Zusammenhang mit Linux wird darunter in der Regel der Betriebssystemkern verstanden.

Klient: Programm, welches auf einen Server zugreift.

LBA: Logical Block Addressing. Modus zur Festplattenansteuerung.

MBR: Master Boot Record. Erster Sektor einer Festplatte, indem sich gewöhnlich Programmcode zum Starten des Rechners sowie die Partitionstabelle befindet.

Meta: Über. Mit Meta wird außerdem eine Taste bezeichnet, die auf PC-Tastaturen nicht vorhanden ist. Die Funktionalität dieser Taste wird an Stelle dessen über die ALT-Taste erreicht.

MIME: Multipurpose Internet Mail Extensions. Internet-Standard in dem spezifiziert wird, wie Dateien per E-Mail versendet werden (z. B. als Attachements).

Mirror: Spiegel. In der Regel wird hierunter ein HTTP- oder FTP-Server verstanden, der die gleichen Daten zur Verfügung stellt, wie ein anderer Server. Durch den Einsatz solcher Server läßt sich die Last auf dem Server mit den Originaldaten veringern.

Motif: Kommerzielle Programmbibliothek, die Funktionen zur Erstellung von X-basierten Anwendungen enthält.

MTA: Mail Transport Agent. Programm zum Empfang und zum Versenden von E-Mail.

NT: Not There.

NTP: Network Time Protocol. Internetprotokoll, mit dem die Uhren zwischen Rechnern abgeglichen werden.

Option: Möglichkeit. Bei Kommandozeilenprogrammen wird unter einer Option eine Zeichenkette verstanden, mit der das Programm in einen bestimmten Betriebsmodus geschaltet wird.

Paket: Eine Datei, die eine Reihe weiterer Dateien enthält. Im Gegensatz zu einem Archiv werden die Dateien in einem Paket auf eine definierte Art und Weise installiert und deinstalliert.

Parameter: An ein Programm oder eine Funktion beim Aufruf übergebene Zeichenketten. Im Gegensatz zu Optionen werden unter Parametern in der Regel solche Argumente verstanden, die spezifizieren womit das Programm etwas tun soll.

Partition: Eine Bereich auf einem Datenträger, der von anderen Bereichen abgegrenzt ist und sich in vielerlei Hinsicht wie ein eigener Datenträger behandeln läßt.
PC-Card: siehe PCMCIA
PCMCIA: Personal Computer Memory Card International Association. Ein Standard der definiert, wie Peripheriegeräte mit dem Rechner verbunden werden. Der Standard findet vor allem bei Erweiterungsgeräten für Laptops Verwendung. PCMCIA-Geräte werden auch als PC-Cards bezeichnet.
PC: Personal Computer. Rechner, die auf Intels x86-Architektur basieren, also einen solchen Prozessor, einen Nachfolger (z.B. aus der Pentium-Familie) oder einen kompatiblen Prozessor (z.B. von den Firmen AMD oder Cyrix) besitzen. Wichtige Erweiterungen dieser Architektur sind durch den 80386er-Prozessors eingeführt worden, auf welche die meisten modernen Betriebssysteme (auch Linux) angewiesen sind. Diese Architektur wird oft als „i386" abgekürzt (80386 und aufwärts). Gelegentlich spricht man auch von IBM-kompatiblen Computern.
Personal Computer: siehe *PC*.
Pfad: Beschreibung des Ortes einer Datei im Dateisystem. Unter Linux besteht ein Pfad aus verschiedenen Verzeichnisbezeichnungen, die durch Schrägstiche voneinander getrennt werden. Beispiel: ../texte/briefe.
Pixel: Bildpunkt. Kleinste Einheit auf dem Bildschirm oder in einem Ausdruck.
POP: Post Office Protocol. Internet-Protokoll mit dem E-Mail von einem Mail-Provider abgeholt werden kann.
PPP: Point to Point Protocol. Netzwerkprotokoll, bei dem Daten zwischen zwei Rechnern, übertragen werden. Das Protokoll wird häufig für Verbindungen zu einem ISP benutzt.
Prozess: Eine Instanz eines Programms, das auf dem Rechner gerade ausgeführt wird.
Quellcode: Die, in der Regel von Menschen geschriebene, lesbare Form eines Programs. Der Quellcode ist normalerweise notwendig, um Programme zu verändern.
RAMDAC: Random Access Memory Digital to Analog Converter. Baustein auf Graphikkarten.
RAM: Random Access Memory. Arbeitsspeicher auf den der Prozessor direkt zugreifen kann.
Relativer Pfad: Pfad, der vom aktuellen Arbeitsverzeichnis ausgeht. Relative Pfade beginnen mit einer Dateibezeichnung.
RFC: Request for Comment. Dokumente, in denen die Standards des Internets definiert sind.
root: Benutzername des Systemadministrators.
Rootverzeichnis: siehe Wurzelverzeichnis
Router: Rechner der Datenpakete von einem Netzwerk in ein anderes weiterleitet.
SCSI: Small Computer System Interface. Schnittstelle zum Anschluss von Festplatten und anderen Geräten an den Computer.
Server: Programm oder Rechner, auf das andere Programme oder Rechner (Klienten) zugreifen können, um bestimmte Dienste in Anspruch zu nehmen.
Shell: Ein Programm, das Befehle vom Benutzer entgegennimmt oder aus einer Datei liest und diese ausführt.
Sourcecode: Siehe Quellcode
Spiegel: Siehe *Mirror*.
Swappartition: Eine Partition, die vom Betriebssystem verwaltet wird und dem Auslagern von Teilen des Arbeitsspeichers dient.
T-Online: Internet-Provider. Informationen zur Konfiguration eines Internetzugangs über diesen Provider finden Sie u.a. unter `http://home.t-online.de/home/riffland/T-Online-Linux-HOWTO.html`
Trojanische Pferde: Entsprechend denen der Sage handelt es sich hierbei um (Programm-)Dateien, die als Geschenk angeboten werden. Ihre eigentliche Aufgabe besteht jedoch nicht darin, dass zu tun, was versprochen wurde, sondern böswillige Aktionen gegen denjenigen vorzunehmen, der diese Programme ausführt.
UART: Universal Asynchronous Receiver and Transmitter. Baustein, der u. a. in seriellen Schnittstellen vorhanden ist.

URI: Uniform Resource Identifier. Eindeutiger Bezeichner für eine Resource. Hierbei handelt es sich um eine Erweiterung von URLs

URL: Uniform Resource Locater. Eindeutiger Bezeichner für eine Resource. URLs setzen sich in der Regel aus einer Protokollbezeichnung (z.B. *ftp* oder *http*), einem Rechnernamen und einem Verzeichnis- und Dateinamen zusammen. Beispiel: `http://www.debian.org/distrib/books`.

USB: Universal Serial Bus. Neuere Schnittstelle zum Anschluss von Peripheriegeräten wie Druckern oder Scannern.

UTC: Universal Coordinated Time. Standarduhrzeit, nach der die meisten Uhren in UNIX/Linux-Rechnern gestellt werden. Diese Zeit ist auch als Greenwich Mean Time bekannt.

Webbrowser: Program zur Darstellung von Inhalten des WWW. Solche Programme sind beispielsweise Netscape oder Lynx.

Wurzelverzeichnis: Ausgangspunkt des Dateisystems. Im Gegensatz zu allen anderen Verzeichnissen, gibt es zu diesem Verzeichnis kein übergeordnetes Verzeichnis.

WWW: World Wide Web. Unüberschaubare Menge von Informationen in verschiedensten Formaten (u.a. Text, Audio, Video), die sich auf einer ebenso unüberschaubaren Menge von Rechnern befinden und untereinander (gelegentlich sinnvoll) mit sogenannten Hyperlinks verknüpft sind.

X Window System: Netzwerkbasiertes Fenstersystem. Das X Window System stellt die Grundlage für graphische Benutzeroberflächen auf den meisten UNIX/Linux-Betriebssystemen dar. Es ermöglicht u. a. die Darstellung und Bedienung eines Programms von einem anderen Rechner, als von dem, wo es ausgeführt wird. Das X Window System wird oft auch als X oder X11 (X Version 11) bezeichnet.

Zeichengerät: Gerät auf das nur sequentiell zugegriffen werden kann, wie z. B. eine serielle Schnittstelle.

24. Der „Gesellschaftsvertrag"

```
Copyright © 1997-1998 Software in the Public Interest (SPI)
P.O. Box 1326
Boston, MA 02117.

Wortwörtliches Kopieren und Verteilen ist in allen Medien erlaubt, vorausgesetzt, diese Bemer-
kung bleibt erhalten.
```

Achtung: Dies ist die deutsche Übersetzung von „Debian's social contract with the free software community". In Zweifelsfällen ist das englische Original maßgeblich. Es ist beispielsweise im Internet unter `http://www.debian.org/social_contract.en.html` verfügbar.

„Gesellschaftsvertrag" mit der Gemeinschaft für freie Software

Wir sind „Software In The Public Interest", Hersteller des Debian GNU/Linux Systems. Wir bieten diesen „Gesellschaftsvertrag" der Gemeinschaft für freie Software an. (Mit „Gemeinschaft für freie Software" werden alle Hersteller und Anwender freier Software bezeichnet.)

1. Debian wird 100% freie Software bleiben

Wir versprechen, das die Debian GNU/Linux Distribution auch weiterhin vollständig aus freier Software bestehen wird. Da es viele verschiedene Auslegungen des Begriffs „freie Software" gibt, haben wir weiter unten die Richtlinien aufgeführt, nach denen wir freie Software identifizieren. Trotzdem werden wir Anwender unterstützen, die nicht-freie Programme einsetzen oder entwickeln. Wir werden aber niemals das Gesamtsystem von nicht-freier Software abhängig machen.

2. Unser Beitrag zur Gemeinschaft für freie Software

Wenn wir neue Komponenten des Debian-Systems schreiben, so werden wir sie als freie Software lizensieren. Wir werden das bestmögliche System erstellen, so daß freie Software weit verbreitet und genutzt wird. Wir werden Korrekturen, Verbesserungen, Anwenderwünsche usw. an die ursprünglichen („upstream") Autoren weiterleiten, deren Programme in unser System integriert wurden.

3. Wir werden Probleme nicht verbergen

Wir werden unsere Fehlerdatenbank für alle Zeiten öffentlich betreiben. Fehlermeldungen, die von Anwendern online abgeschickt werden, werden augenblicklich für andere sichtbar.

4. Unsere Prioritäten sind unsere Anwender und freie Software

Wir orientieren uns an den Bedürfnissen unserer Anwender und der Gemeinschaft für freie Software. Ihre Interessen stehen an erster Stelle. Wir werden unsere Nutzer bei ihrer Arbeit mit den verschiedensten Rechnerumgebungen unterstützen. Wir haben nichts dagegen, daß kommerzielle Software auf Debian-Systemen eingesetzt wird. Außerdem erlauben wir anderen eine erweiterte („Value-Added") Distribution zu erstellen, die Debian und kommerzielle Software enthält, ohne dafür irgendwelche Gebühren zu erheben. Um diese Ziele zu erreichen, werden wir ein integriertes System von hoher Qualität und 100% freier Software anbieten, die die gerade beschriebene Nutzung nicht durch rechtliche Einschränkungen, wie z. B. durch Lizenzverträge, verhindert.

5. Programme, die nicht unseren Standards für freie Software genügen

Wir wissen, daß einige unserer Anwender unbedingt Programme einsetzen müssen, die nicht den Debian-Richtlinien für freie Software entsprechen. Für solche Programme haben wird die zusätzlichen Bereiche „contrib" und „non-free" auf unserem FTP-Archiv eingerichtet. Die Software in diesen Verzeichnissen ist nicht Bestandteil des Debian-Systems, wurde aber trotzdem für den Einsatz in einem Debian-System vorbereitet. Wir empfehlen den CD- Herstellern, die jeweiligen Lizenzbestimmungen der Programmpakete in diesen Verzeichnissen zu studieren und selbst zu entscheiden, ob sie die Programme mit ihren CDs verteilen dürfen. Obwohl die Programme aus „non-free" nicht Bestandteil der Debian-Distribution sind, unterstützen wir ihren Einsatz und bieten Infrastruktur für diese nicht freien Programme an, z. B. unsere Fehlerdatenbank und die Mailing-Listen.

Die Debian-Richtlinien für freie Software

1. Unbeschränkte Weitergabe

Ein Bestandteil der Debian-Distribution darf durch seine Lizenz nicht verhindern, daß irgendjemand diese Software als Bestandteil einer Software-Distribution, die Programme aus den verschiedensten Quellen enthält, verkauft oder weitergibt. Die Lizenz darf keine Abgaben oder sonstige Leistungen für einen solchen Verkauf fordern.

2. Quellcode

Das Programm muß im Quellcode vorliegen, und es muß die Weitergabe sowohl im Quellcode als auch in compilierter Form erlaubt sein.

3. Weiterführende Arbeiten

Die Lizenz muß Veränderungen und weiterführende Arbeiten gestatten und es erlauben, daß diese unter den gleichen Lizenzbedingungen weitergegeben werden dürfen wie die Original-Software.

4. Integrität des ursprünglichen Quellcodes

Die Lizenz darf die Weitergabe von verändertem Quellcode nur dann verbieten, wenn sie die Weitergabe von sogenannten Patch-Dateien mit dem Quellcode erlaubt, die dazu dienen, das Programm vor seiner Herstellung zu modifizieren. Die Lizenz muß ausdrücklich die Weitergabe der aus dem veränderten Quellcode erzeugten Programme erlauben. Die Lizenz darf fordern, daß die veränderten Programme einen anderen Namen oder eine andere Versionsnummer tragen müssen.
(Dies ist ein Kompromiß. Die Debian-Gruppe ermutigt alle Autoren, Veränderungen an Dateien sowohl im Quellcode als auch in Binärform zu erlauben)

5. Keine Diskriminierung von Personen oder Gruppen

Die Lizenz darf keine Person oder Gruppe von Personen diskriminieren.

6. Keine Diskriminierung von Einsatzbereichen

Die Lizenz darf keine Einschränkungen hinsichtlich des Einsatzbereichs vornehmen. Beispielsweise darf sie nicht verhindern, daß das Programm geschäftlich oder für genetische Forschungen verwendet wird.

7. Weitergabe der Lizenz

Die mit einem Programm verbundenen Rechte müssen für alle gelten, die das Programm erhalten, ohne daß es für sie notwendig ist, eine zusätzliche Lizenz zu erwerben.

8. Keine spezielle Lizenz für Debian

Die mit dem Programm verbundenen Rechte dürfen nicht davon abhängig sein, daß das Programm Teil des Debian-Systems ist. Falls das Programm aus der Debian-Distribution herausgenommen wird und ohne Debian genutzt oder vertrieben werden soll, ansonsten aber im Rahmen der Programmlizenz bleibt, so müssen alle Parteien, die das Programm bekommen, die gleichen Rechte haben, wie sie im Zusammenhang mit dem Debian-System gewährt wurden.

9. Keine Auswirkungen auf andere Programme

Die Lizenz darf keine Beschränkungen besitzen, die Auswirkungen auf andere Software hat, die mit diesem Programm weitergegeben wird. Beispielsweise darf die Lizenz nicht vorschreiben, daß alle anderen Programme auf dem gleichen Medium freie Software sein müssen.

10. Beispiellizenzen

Die „GPL", „BSD" und „Artistic" Lizenzen sind Beispiele für Lizenzen, die wir als „frei" betrachten.

25. GNU Public License

Anmerkung des Autors: Als Quelle für die hier wiedergegebene Übersetzung der GNU Public License diente die im Internet unter der URL `http://agnes.dida.physik.uni-essen.de/~gnu-pascal/gpl-ger.html` verfügbare Version.

Diese Übersetzung wird mit der Absicht angeboten, das Verständnis der GNU General Public License (GNU-GPL) zu erleichtern. Es handelt sich jedoch nicht um eine offizielle oder im rechtlichen Sinne anerkannte Übersetzung. Die Free Software Foundation (FSF) ist nicht der Herausgeber dieser Übersetzung, und sie hat diese Übersetzung auch nicht als rechtskräftigen Ersatz für die Original-GNU-GPL anerkannt. Da die Übersetzung nicht sorgfältig von Anwälten überprüft wurde, können die Übersetzer nicht garantieren, daß die Übersetzung die rechtlichen Aussagen der GNU-GPL exakt wiedergibt. Wenn Sie sichergehen wollen, daß von Ihnen geplante Aktivitäten im Sinne der GNU-GPL gestattet sind, halten Sie sich bitte an die englischsprachige Originalversion.
Die Free Software Foundation möchte Sie darum bitten, diese Übersetzung nicht als offizielle Lizenzbedingungen für von Ihnen geschriebene Programme zu verwenden. Bitte benutzen Sie hierfür stattdessen die von der Free Software Foundation herausgegebene englischsprachige Originalversion.
Jeder hat das Recht, diese Lizenzurkunde zu vervielfältigen und unveränderte Kopien zu verbreiten; Änderungen sind jedoch nicht gestattet.

Diese Übersetzung ist kein rechtskräftiger Ersatz für die englischsprachige Originalversion!

Vorwort

Die meisten Softwarelizenzen sind daraufhin entworfen worden, Ihnen die Freiheit zu nehmen, die Software weiterzugeben und zu verändern. Im Gegensatz dazu soll Ihnen die GNU General Public License, die allgemeine öffentliche GNU-Lizenz, ebendiese Freiheit garantieren. Sie soll sicherstellen, daß die Software für alle Benutzer frei ist. Diese Lizenz gilt für den Großteil der von der Free Software Foundation herausgegebenen Software und für alle anderen Programme, deren Autoren ihr Werk dieser Lizenz unterstellt haben. Auch Sie können diese Möglichkeit der Lizenzierung für Ihre Programme anwenden. (Ein anderer Teil der Software der Free Software Foundation unterliegt stattdessen der GNU Library General Public License, der allgemeinen öffentlichen GNU-Lizenz für Bibliotheken.)
Die Bezeichnung „freie" Software bezieht sich auf Freiheit, nicht auf den Preis. Unsere Lizenzen sollen Ihnen die Freiheit garantieren, Kopien freier Software zu verbreiten (und etwas für diesen Service zu berechnen, wenn Sie möchten), die Möglichkeit, die Software im Quelltext zu erhalten oder den Quelltext auf Wunsch zu bekommen. Die Lizenzen sollen garantieren, daß Sie die Software ändern oder Teile davon in neuen freien Programmen verwenden dürfen - und daß Sie wissen, daß Sie dies alles tun dürfen.

Um Ihre Rechte zu schützen, müssen wir Einschränkungen machen, die es jedem verbieten, Ihnen diese Rechte zu verweigern oder Sie aufzufordern, auf diese Rechte zu verzichten. Aus diesen Einschränkungen folgen bestimmte Verantwortlichkeiten für Sie, wenn Sie Kopien der Software verbreiten oder sie verändern.

Beispielsweise müssen Sie den Empfängern alle Rechte gewähren, die Sie selbst haben, wenn Sie - kostenlos oder gegen Bezahlung - Kopien eines solchen Programms verbreiten. Sie müssen sicherstellen, daß auch sie den Quelltext erhalten bzw. erhalten können. Und Sie müssen ihnen diese Bedingungen zeigen, damit sie ihre Rechte kennen.

Wir schützen Ihre Rechte in zwei Schritten: (1) Wir stellen die Software unter ein Urheberrecht (Copyright), und (2) wir bieten Ihnen diese Lizenz an, die Ihnen das Recht gibt, die Software zu vervielfältigen, zu verbreiten und/oder zu verändern.

Um die Autoren und uns zu schützen, wollen wir darüberhinaus sicherstellen, daß jeder erfährt, daß für diese freie Software keinerlei Garantie besteht. Wenn die Software von jemand anderem modifiziert und weitergegeben wird, möchten wir, daß die Empfänger wissen, daß sie nicht das Original erhalten haben, damit von anderen verursachte Probleme nicht den Ruf des ursprünglichen Autors schädigen.

Schließlich und endlich ist jedes freie Programm permanent durch Software-Patente bedroht. Wir möchten die Gefahr ausschließen, daß Distributoren eines freien Programms individuell Patente lizensieren — mit dem Ergebnis, daß das Programm proprietär würde. Um dies zu verhindern, haben wir klargestellt, daß jedes Patent entweder für freie Benutzung durch jedermann lizenziert werden muß oder überhaupt nicht lizenziert werden darf.

Es folgen die genauen Bedingungen für die Vervielfältigung, Verbreitung und Bearbeitung:

Bedingungen für die Vervielfältigung, Verbreitung und Bearbeitung

Paragraph 0

Diese Lizenz gilt für jedes Programm und jedes andere Werk, in dem ein entsprechender Vermerk des Copyright-Inhabers darauf hinweist, daß das Werk unter den Bestimmungen dieser General Public License verbreitet werden darf. Im folgenden wird jedes derartige Programm oder Werk als „das Programm" bezeichnet; die Formulierung „auf dem Programm basierendes Werk" bezeichnet das Programm sowie jegliche Bearbeitung des Programms im urheberrechtlichen Sinne, also ein Werk, welches das Programm, auch auszugsweise, sei es unverändert oder verändert und/oder in eine andere Sprache übersetzt, enthält. (Im folgenden wird die Übersetzung ohne Einschränkung als „Bearbeitung" eingestuft.) Jeder Lizenznehmer wird im folgenden als „Sie" angesprochen.

Andere Handlungen als Vervielfältigung, Verbreitung und Bearbeitung werden von dieser Lizenz nicht berührt; sie fallen nicht in ihren Anwendungsbereich. Der Vorgang der Ausführung des Programms wird nicht eingeschränkt, und die Ausgaben des Programms unterliegen dieser Lizenz nur, wenn der Inhalt ein auf dem Programm basierendes Werk darstellt (unabhängig davon, daß die Ausgabe durch die Ausführung des Programmes erfolgte). Ob dies zutrifft, hängt von den Funktionen des Programms ab.

Paragraph 1

Sie dürfen auf beliebigen Medien unveränderte Kopien des Quelltextes des Programms, wie sie ihn erhalten haben, anfertigen und verbreiten. Voraussetzung hierfür ist, daß Sie mit jeder Kopie einen entsprechenden Copyright-Vermerk sowie einen Haftungsausschluß veröffentlichen, alle Vermerke, die sich auf diese Lizenz und das Fehlen einer Garantie beziehen, unverändert lassen und desweiteren allen anderen Empfängern des Programms zusammen mit dem Programm eine Kopie dieser Lizenz zukommen lassen.

Sie dürfen für den eigentlichen Kopiervorgang eine Gebühr verlangen. Wenn Sie es wünschen, dürfen Sie auch gegen Entgelt eine Garantie für das Programm anbieten.

Paragraph 2

Sie dürfen Ihre Kopie(n) des Programms oder eines Teils davon verändern, wodurch ein auf dem Programm basierendes Werk entsteht; Sie dürfen derartige Bearbeitungen unter den Bestimmungen von Paragraph 1 vervielfältigen und verbreiten, vorausgesetzt, daß zusätzlich alle folgenden Bedingungen erfüllt werden:

(a) Sie müssen die veränderten Dateien mit einem auffälligen Vermerk versehen, der auf die von Ihnen vorgenommene Modifizierung und das Datum jeder Änderung hinweist.
(b) Sie müssen dafür sorgen, daß jede von Ihnen verbreitete oder veröffentlichte Arbeit, die ganz oder teilweise von dem Programm oder Teilen davon abgeleitet ist, Dritten gegenüber als Ganzes unter den Bedingungen dieser Lizenz ohne Lizenzgebühren zur Verfügung gestellt wird.
(c) Wenn das veränderte Programm normalerweise bei der Ausführung interaktiv Kommandos einliest, müssen Sie dafür sorgen, daß es, wenn es auf dem üblichsten Wege für solche interaktive Nutzung gestartet wird, eine Meldung ausgibt oder ausdruckt, die einen geeigneten Copyright-Vermerk enthält sowie einen Hinweis, daß es keine Gewährleistung gibt (oder anderenfalls, daß Sie Garantie leisten), und daß die Benutzer das Programm unter diesen Bedingungen weiter verbreiten dürfen. Auch muß der Benutzer darauf hingewiesen werden, wie er eine Kopie dieser Lizenz ansehen kann. (Ausnahme: Wenn das Programm selbst interaktiv arbeitet, aber normalerweise keine derartige Meldung ausgibt, muß Ihr auf dem Programm basierendes Werk auch keine solche Meldung ausgeben).

Diese Anforderungen betreffen das veränderte Werk als Ganzes. Wenn identifizierbare Abschnitte des Werkes nicht von dem Programm abgeleitet sind und vernünftigerweise selbst als unabhängige und eigenständige Werke betrachtet werden können, dann erstrecken sich diese Lizenz und ihre Bedingungen nicht auf diese Abschnitte, wenn sie als eigenständige Werke verbreitet werden. Wenn Sie jedoch dieselben Abschnitte als Teil eines Ganzen verbreiten, das ein auf dem Programm basierendes Werk darstellt, dann muß die Verbreitung des Ganzen nach den Bedingungen dieser Lizenz erfolgen, deren Bedingungen für weitere Lizenznehmer somit auf die Gesamtheit ausgedehnt werden - und damit auf jeden einzelnen Teil, unabhängig vom jeweiligen Autor.

Somit ist es nicht die Absicht dieses Abschnittes, Rechte für Werke in Anspruch zu nehmen oder zu beschneiden, die komplett von Ihnen geschrieben wurden; vielmehr ist es die Absicht, die Rechte zur Kontrolle der Verbreitung von Werken, die auf dem Programm basieren oder unter seiner auszugsweisen Verwendung zusammengestellt worden sind, auszuüben.

Ferner bringt ein einfaches Zusammenstellen eines anderen Werkes, das nicht auf dem Programm basiert, zusammen mit dem Programm oder einem auf dem Programm basierenden Werk auf ein- und demselben Speicher- oder Vertriebsmedium das andere Werk nicht in den Anwendungsbereich dieser Lizenz.

Paragraph 3

Sie dürfen das Programm (oder ein darauf basierendes Werk gemäß Paragraph 2) als Objectcode oder in ausführbarer Form unter den Bedingungen von Paragraph 1 und 2 vervielfältigen und verbreiten — vorausgesetzt, daß Sie außerdem eine der folgenden Leistungen erbringen:

(a) Liefern Sie das Programm zusammen mit dem vollständigen zugehörigen maschinenlesbaren Quelltext auf einem für den Datenaustausch üblichen Medium aus, wobei die Verteilung unter den Bedingungen der Paragraphen 1 und 2 erfolgen muß. Oder:
(b) Liefern Sie das Programm zusammen mit einem mindestens drei Jahre lang gültigen schriftlichen Angebot aus, jedem Dritten eine vollständige maschinenlesbare Kopie des Quelltextes zur Verfügung zu stellen - zu nicht höheren Kosten als denen, die durch den physikalischen Kopiervorgang anfallen —, wobei der Quelltext unter den Bedingungen der Paragraphen 1 und 2 auf einem für den Datenaustausch üblichen Medium weitergegeben wird. Oder:

(c) Liefern Sie das Programm zusammen mit dem schriftlichen Angebot der Zurverfügungstellung des Quelltextes aus, das Sie selbst erhalten haben. (Diese Alternative ist nur für nicht-kommerzielle Verbreitung zulässig und nur, wenn Sie das Programm als Objectcode oder in ausführbarer Form mit einem entsprechenden Angebot gemäß Absatz b erhalten haben.)

Unter dem Quelltext eines Werkes wird diejenige Form des Werkes verstanden, die für Bearbeitungen vorzugsweise verwendet wird. Für ein ausführbares Programm bedeutet „der komplette Quelltext": Der Quelltext aller im Programm enthaltenen Module einschließlich aller zugehörigen Modulschnittstellen-Definitionsdateien sowie der zur Compilation und Installation verwendeten Skripte. Als besondere Ausnahme jedoch braucht der verteilte Quelltext nichts von dem zu enthalten, was üblicherweise (entweder als Quelltext oder in binärer Form) zusammen mit den Hauptkomponenten des Betriebssystems (Kernel, Compiler usw.) geliefert wird, unter dem das Programm läuft - es sei denn, diese Komponente selbst gehört zum ausführbaren Programm.

Wenn die Verbreitung eines ausführbaren Programms oder des Objectcodes dadurch erfolgt, daß der Kopierzugriff auf eine dafür vorgesehene Stelle gewährt wird, so gilt die Gewährung eines gleichwertigen Zugriffs auf den Quelltext als Verbreitung des Quelltextes, auch wenn Dritte nicht dazu gezwungen sind, den Quelltext zusammen mit dem Objectcode zu kopieren.

Paragraph 4

Sie dürfen das Programm nicht vervielfältigen, verändern, weiter lizenzieren oder verbreiten, sofern es nicht durch diese Lizenz ausdrücklich gestattet ist. Jeder anderweitige Versuch der Vervielfältigung, Modifizierung, Weiterlizenzierung und Verbreitung ist nichtig und beendet automatisch Ihre Rechte unter dieser Lizenz. Jedoch werden die Lizenzen Dritter, die von Ihnen Kopien oder Rechte unter dieser Lizenz erhalten haben, nicht beendet, solange diese die Lizenz voll anerkennen und befolgen.

Paragraph 5

Sie sind nicht verpflichtet, diese Lizenz anzunehmen, da Sie sie nicht unterzeichnet haben. Jedoch gibt Ihnen nichts anderes die Erlaubnis, das Programm oder von ihm abgeleitete Werke zu verändern oder zu verbreiten. Diese Handlungen sind gesetzlich verboten, wenn Sie diese Lizenz nicht anerkennen. Indem Sie das Programm (oder ein darauf basierendes Werk) verändern oder verbreiten, erklären Sie Ihr Einverständnis mit dieser Lizenz und mit allen ihren Bedingungen bezüglich der Vervielfältigung, Verbreitung und Veränderung des Programms oder eines darauf basierenden Werkes.

Paragraph 6

Jedesmal, wenn Sie das Programm (oder ein auf dem Programm basierendes Werk) weitergeben, erhält der Empfänger automatisch vom ursprünglichen Lizenzgeber die Lizenz, das Programm entsprechend den hier festgelegten Bestimmungen zu vervielfältigen, zu verbreiten und zu verändern. Sie dürfen keine weiteren Einschränkungen der Durchsetzung der hierin zugestandenen Rechte des Empfängers vornehmen. Sie sind nicht dafür verantwortlich, die Einhaltung dieser Lizenz durch Dritte durchzusetzen.

Paragraph 7

Sollten Ihnen infolge eines Gerichtsurteils, des Vorwurfs einer Patentverletzung oder aus einem anderen Grunde (nicht auf Patentfragen begrenzt) Bedingungen (durch Gerichtsbeschluß, Vergleich oder anderweitig) auferlegt werden, die den Bedingungen dieser Lizenz widersprechen, so befreien Sie diese Umstände nicht von den Bestimmungen dieser Lizenz. Wenn es Ihnen nicht möglich ist, das Programm unter gleichzeitiger Beachtung der Bedingungen in dieser Lizenz und Ihrer anderweitigen Verpflichtungen zu verbreiten, dann dürfen Sie als Folge das Programm überhaupt nicht verbreiten. Wenn zum Beispiel ein Patent nicht die gebührenfreie Weiterverbreitung des Programms durch diejenigen erlaubt, die das Programm direkt oder indirekt von Ihnen erhalten haben, dann besteht der einzige Weg, sowohl das Patentrecht als auch diese Lizenz zu befolgen, darin, ganz auf die Verbreitung des Programms zu verzichten.

Sollte sich ein Teil dieses Paragraphen als ungültig oder unter bestimmten Umständen nicht durchsetzbar erweisen, so soll dieser Paragraph seinem Sinne nach angewandt werden; im übrigen soll dieser Paragraph als Ganzes gelten.

Zweck dieses Paragraphen ist nicht, Sie dazu zu bringen, irgendwelche Patente oder andere Eigentumsansprüche zu verletzen oder die Gültigkeit solcher Ansprüche zu bestreiten; dieser Paragraph hat einzig den Zweck, die Integrität des Verbreitungssystems der freien Software zu schützen, das durch die Praxis öffentlicher Lizenzen verwirklicht wird. Viele Leute haben großzügige Beiträge zu dem großen Angebot der mit diesem System verbreiteten Software im Vertrauen auf die konsistente Anwendung dieses Systems geleistet; es liegt am Autor/Geber, zu entscheiden, ob er die Software mittels irgendeines anderen Systems verbreiten will; ein Lizenznehmer hat auf diese Entscheidung keinen Einfluß.

Dieser Paragraph ist dazu gedacht, deutlich klarzustellen, was als Konsequenz aus dem Rest dieser Lizenz betrachtet wird.

Paragraph 8

Wenn die Verbreitung und/oder die Benutzung des Programms in bestimmten Staaten entweder durch Patente oder durch urheberrechtlich geschützte Schnittstellen eingeschränkt ist, kann der Urheberrechtsinhaber, der das Programm unter diese Lizenz gestellt hat, eine explizite geographische Begrenzung der Verbreitung angeben, in der diese Staaten ausgeschlossen werden, so daß die Verbreitung nur innerhalb und zwischen den Staaten erlaubt ist, die nicht ausgeschlossen sind. In einem solchen Fall beinhaltet diese Lizenz die Beschränkung, als wäre sie in diesem Text niedergeschrieben.

Paragraph 9

Die Free Software Foundation kann von Zeit zu Zeit überarbeitete und/oder neue Versionen der General Public License veröffentlichen. Solche neuen Versionen werden vom Grundprinzip her der gegenwärtigen entsprechen, können aber im Detail abweichen, um neuen Problemen und Anforderungen gerecht zu werden.

Jede Version dieser Lizenz hat eine eindeutige Versionsnummer. Wenn in einem Programm angegeben wird, daß es dieser Lizenz in einer bestimmten Versionsnummer oder „jeder späteren Version" („any later version") unterliegt, so haben Sie die Wahl, entweder den Bestimmungen der genannten Version zu folgen oder denen jeder beliebigen späteren Version, die von der Free Software Foundation veröffentlicht wurde. Wenn das Programm keine Versionsnummer angibt, können Sie eine beliebige Version wählen, die je von der Free Software Foundation veröffentlicht wurde.

Paragraph 10

Wenn Sie den Wunsch haben, Teile des Programms in anderen freien Programmen zu verwenden, deren Bedingungen für die Verbreitung anders sind, schreiben Sie an den Autor, um ihn um die Erlaubnis zu bitten. Für Software, die unter dem Copyright der Free Software Foundation steht, schreiben Sie an die Free Software Foundation; wir machen zu diesem Zweck gelegentlich Ausnahmen. Unsere Entscheidung wird von den beiden Zielen geleitet werden, zum einen den freien Status aller von unserer freien Software abgeleiteten Werke zu erhalten und zum anderen das gemeinschaftliche Nutzen und Wiederverwenden von Software im allgemeinen zu fördern.

Keine Gewährleistung

Paragraph 11

Da das Programm ohne jegliche Kosten lizenziert wird, besteht keinerlei Gewährleistung für das Programm, soweit dies gesetzlich zulässig ist. Sofern nicht anderweitig schriftlich bestätigt, stellen die Copyright-Inhaber und/oder Dritte das Programm so zur Verfügung, „wie es ist", ohne irgendeine Gewährleistung, weder ausdrücklich noch implizit, einschließlich - aber nicht begrenzt auf — Marktreife oder Verwendbarkeit für einen bestimmten Zweck. Das volle Risiko bezüglich Qualität und Leistungsfähigkeit des Programms liegt bei Ihnen. Sollte sich das Programm als fehlerhaft herausstellen, liegen die Kosten für notwendigen Service, Reparatur oder Korrektur bei Ihnen.

Paragraph 12

In keinem Fall, außer wenn durch geltendes Recht gefordert oder schriftlich zugesichert, ist irgendein Copyright-Inhaber oder irgendein Dritter, der das Programm wie oben erlaubt modifiziert oder verbreitet hat, Ihnen gegenüber für irgendwelche Schäden haftbar, einschließlich jeglicher allgemeiner oder spezieller Schäden, Schäden durch Seiteneffekte (Nebenwirkungen) oder Folgeschäden, die aus der Benutzung des Programms oder der Unbenutzbarkeit des Programms folgen (einschließlich - aber nicht beschränkt auf - Datenverluste, fehlerhafte Verarbeitung von Daten, Verluste, die von Ihnen oder anderen getragen werden müssen, oder dem Unvermögen des Programms, mit irgendeinem anderen Programm zusammenzuarbeiten), selbst wenn ein Copyright-Inhaber oder Dritter über die Möglichkeit solcher Schäden unterrichtet worden war.

Ende der Bedingungen

Anhang: Wie Sie diese Bedingungen auf Ihre neuen Programme anwendbar machen

Wenn Sie ein neues Programm entwickeln und wollen, daß es von größtmöglichem Nutzen für die Allgemeinheit ist, dann erreichen Sie das am besten, indem Sie es zu freier Software machen, die jeder unter diesen Bestimmungen weiterverbreiten und verändern kann.

Um dies zu erreichen, fügen Sie die folgenden Anmerkungen zu Ihrem Programm hinzu. Am sichersten ist es, sie an den Anfang einer jeden Quelldatei zu stellen, um den Gewährleistungsausschluß möglichst deutlich darzustellen; außerdem sollte jede Datei mindestens eine „Copyright"-Zeile besitzen sowie einen kurzen Hinweis darauf, wo die vollständige Lizenz gefunden werden kann.

```
[eine Zeile mit dem Programmnamen und einer kurzen Beschreibung]
Copyright (C) 19[yy]  [Name des Autors]

This program is free software; you can redistribute it and/or modify it under the terms of
the GNU General Public License as published by the Free Software Foundation; either version
2 of the License, or (at your option) any later version.

This program is distributed in the hope that it will be useful, but WITHOUT ANY WARRANTY;
without even the implied warranty of MERCHANTABILITY or FITNESS FOR A PARTICULAR PURPOSE.
See the GNU General Public License for more details.

You should have received a copy of the GNU General Public License along with this program;
if not, write to the Free Software Foundation, Inc., 675 Mass Ave, Cambridge, MA 02139, USA.
```

Auf Deutsch:

```
[eine Zeile mit dem Programmnamen und einer kurzen Beschreibung]
Copyright (C) 19[jj]   [Name des Autors]

Dieses Programm ist freie Software. Sie können es unter den Bedingungen der GNU General
Public License, wie von der Free Software Foundation herausgegeben, weitergeben und/oder
modifizieren, entweder unter Version 2 der Lizenz oder (wenn Sie es wünschen) jeder späteren
Version.

Die Veröffentlichung dieses Programms erfolgt in der Hoffnung, daß es Ihnen von Nutzen sein
wird, aber OHNE JEDE GEWÄHRLEISTUNG - sogar ohne die implizite Gewährleistung der MARKTREIFE
oder der EIGNUNG FÜR EINEN BESTIMMTEN ZWECK. Details finden Sie in der GNU General Pu-
blic License.

Sie sollten eine Kopie der GNU General Public License zusammen mit diesem Programm erhalten
haben. Falls nicht, schreiben Sie an die Free Software Foundation, Inc., 675 Mass Ave, Cam-
bridge,
MA 02139, USA.
```

Fügen Sie auch einen kurzen Hinweis hinzu, wie Sie elektronisch und per Brief erreichbar sind.
Wenn Ihr Programm interaktiv ist, sorgen Sie dafür, daß es nach dem Start einen kurzen Vermerk ausgibt:

```
Gnomovision version 69, Copyright (C) 19[yy]   [Name des Autors] Gnomovision comes with
ABSOLUTELY NO WARRANTY; for details type 'show w'. This is free software, and you are
welcome to redistribute it under certain conditions; type 'show c' for details.
```

Auf Deutsch:

```
Gnomovision Version 69, Copyright (C) 19[jj]   [Name des Autors] Für Gnomovision besteht
KEINERLEI GARANTIE; geben Sie 'show w' für Details ein. Gnomovision ist freie Software,
die Sie unter bestimmten Bedingungen weitergeben dürfen; geben Sie 'show c' für Details ein.
```

Die hypothetischen Kommandos 'show w' und 'show c' sollten die entsprechenden Teile der GNU-GPL anzeigen. Natürlich können die von Ihnen verwendeten Kommandos anders heißen als 'show w' und 'show c'; es könnten auch Mausklicks oder Menüpunkte sein - was immer am besten in Ihr Programm paßt.
Soweit vorhanden, sollten Sie auch Ihren Arbeitgeber (wenn Sie als Programmierer arbeiten) oder Ihre Schule einen Copyright-Verzicht für das Programm unterschreiben lassen. Hier ein Beispiel; ändern Sie bitte die Namen:

```
Yoyodyne, Inc., hereby disclaims all copyright interest in the program "'Gnomovision"'
(which makes passes at compilers) written by James Hacker.

[Unterschrift von Ty Coon], 1 April 1989 Ty Coon, President of Vice
```

Auf Deutsch:

```
Die Yoyodyne GmbH erhebt keinerlei urheberrechtlichen Anspruch auf das Programm
"'Gnomovision"'  (einem Schrittmacher für Compiler), geschrieben von James Hacker.

[Unterschrift von Ty Coon], 1. April 1989 Ty Coon, Vizepräsident
```

Diese General Public License gestattet nicht die Einbindung des Programms in proprietäre Programme. Ist Ihr Programm eine Funktionsbibliothek, so kann es sinnvoller sein, das Linken proprietärer Programme mit dieser Bibliothek zu gestatten. Wenn Sie dies tun wollen, sollten Sie die GNU Library General Public License anstelle dieser Lizenz verwenden.

Index

&& (bedingte Ausführung), 443
*
– Metazeichen, 113
– reguläre Ausdrücke, 743
., 476
.. (übergeordnetes Verzeichnis), 98
.Xauthority, 272
.Xressources, 269
.bash_logout, 433
.bash_profile, 427, 432
.bashrc, 432
.inputrc, 427
– Beispiel, 430
.ispell_default, 668
.lesskey, 673
.menu, 275
.rhosts, 559, 716
.xsession, 274
/, 386
/bin, 386
/boot, 294, 386
/dev, 386
/dev/MAKEDEV, 686
/dev/cdrom, 393
/dev/gpmdata, 258
/etc, 387
/etc/X11/XF86Config, 267
/etc/X11/Xressources, 269
/etc/X11/Xserver, 270
/etc/X11/gdm/gdm.conf, 277
/etc/adduser.conf, 633
/etc/adjtime, 665
/etc/aliases, 567
/etc/alternatives, 225
/etc/anacrontab, 248
/etc/apache/access.conf, 591
/etc/apache/httpd.conf, 589
/etc/apache/srm.conf, 590
/etc/apt/sources.list, 202, 227
– Beispiel, 203

/etc/auto.master, 402
/etc/chatscripts/provider, 520
/etc/cron.allow, 248
/etc/cron.deny, 248
/etc/crontab, 246
/etc/defaultdomain, 579
/etc/environment, 278
/etc/exports, 575
/etc/fstab, 119, 394, 689
/etc/group, 408
– bearbeiten, 732
– NIS, 581
/etc/gshadow, 409
– bearbeiten, 732
/etc/host.conf, 505
/etc/hostname, 507, 665
/etc/hosts, 506
/etc/hosts.allow, 556
/etc/hosts.deny, 556
/etc/hosts.equiv, 558, 708, 716
/etc/inetd.conf, 554
/etc/init.d, 380
/etc/init.d/rc, 381
/etc/init.d/rcS, 380
/etc/inittab, 376
– erneut einlesen, 379, 667
/etc/inputrc, 427
/etc/irc/servers, 175
/etc/isapnp.conf, 371
/etc/isdn/device.ippp0, 531
/etc/isdn/ipppd.ippp0, 532
/etc/kernel-pkg.conf, 315
/etc/ld.so.conf, 671
/etc/lilo.conf, 296, 302
/etc/lmhosts, 594
/etc/lpd.perms, 582
/etc/mailcap, 711
/etc/mime.types, 711
/etc/modules.conf, 351
/etc/modutils, 351

/etc/motd, 108
/etc/mtab, 727
/etc/mtools.conf, 692
/etc/netatalk/papd.conf, 611
/etc/network/interfaces, 507
/etc/news/server, 176
/etc/nsswitch.conf, 505
/etc/nsswitch.conf (NIS), 580
/etc/ntp.conf, 176
/etc/papersize, 176
/etc/passwd, 408, 701
– bearbeiten, 732
– NIS, 581
/etc/playmidi/playmidi.conf, 177
/etc/ppp/chap-secrets, 523
/etc/ppp/ip-up.d, 524
/etc/ppp/ip.down.de, 524
/etc/ppp/options, 521
/etc/ppp/pap-secrets, 523
– ISDN, 532
/etc/ppp/peers/provider, 520
/etc/printcap, 235, 583
/etc/profile, 427, 432
/etc/rc*.d, 381
/etc/resolv.conf, 506
/etc/samba/smb.conf, 597
/etc/samba/smbpasswd, 596
/etc/securetty, 560
/etc/serial.conf, 711
/etc/services, 499
/etc/setserial.conf, 513
/etc/shadow, 409, 701, 714
– bearbeiten, 732
/etc/shells, 410, 645
/etc/skeleton, 633
/etc/sudoers, 414
/etc/yp.conf, 580
/floppy, 117
/home, 387
/lib, 387
/lib/modules, 650
/mnt, 387
/opt, 387
/proc, 120, 388
/proc/cmdline, 346
/root, 388
/sbin, 388
/tmp, 388
/usr, 388
/usr/doc, 131, 140
/usr/lib/cgi-bin, 588

/usr/local, 388
/usr/share, 389
/usr/share/doc, 131, 140
/usr/src, 389
/usr/src/linux, 317
/var, 389
/var/log, 390
/var/log/syslog, 390, 520, 617, 674
/var/log/wtmp, 671
/var/mail, 390
/var/news, 695
/var/run/utmp, 675
/var/spool, 390
/var/www, 588
:, 477
? (Metazeichen), 114
[] (Metazeichen), 114
[] (reguläre Ausdrücke), 744
Änderungsdatum
– von Dateien, 110, 723
~(Heimatverzeichnis), 98
übersetzen
– Kernel, 312, 338
– Quellcodepakete, 214
übertakten (Prozessor), 54
|| (bedingte Ausführung), 443
1024 Zylinder, 24, 309
10BaseT, 10Base2, 10Base5, 20
1TR6, 528
32 Bit
– Dateizugriff, 664

a2ps, 630
Abbilddateien
– Installation, 36
Abhängigkeiten, 182
– anzeigen, 216
– Auflösen mit *dpkg*, 191
– erfüllte vorspielen, 228
– Kernelmodule, 650
– Quellcode, 214
– unerfüllte, 191
abiword, 622
Ablaufsteuerung (Bash), 462
Abmelden, 94
abschalten, 94
Abschnitte
– Manualsystem, 132
Abteilungen der Distribution, 187
ac, 631
Acrobat Reader, 622
activate, 286, 632

addgroup, 632
adduser, 633
administrieren, 108
– Dateisystem, 391
– Drucker, 245
– Gruppen, 660
ADSL, 526
Advanced Power Management, 53
ae, 634
afterstep, 274
aktive Partition, 632
aktualisieren
– Datenbank verfügbarer Pakete, 158, 205
– Kernel, 343
alias, 433, 477
alien, 634
ALSA, 337
Alternativen, 224
– auswählen, 226
anacron, 248
anhalten
– Dienste, 382
– System, 94
Anmeldezeit, 632
Anmeldung, 93, 675
– an fernem Rechner, 549, 722
– graphische, 276
– mehrfach, 115
– Optionen, 675
– unterbrechen, 695
Anmeldungen
– vergangene anzeigen, 671
anonymous-FTP
– Server einrichten, 560
– verwenden, 550
Anrufbeantworter (ISDN), 538
Anrufer-Identifikation, 537
anXious, 251
anzeigen
– aktuelles Arbeitsverzeichnis, 701
– belegten Festplattenplatz, 392
– Bibliotheken, 672
– Dateien, 97
– – DOS-Datenträger, 681
– eingebundene Partitionen, 391
– Festplattenplatz, 391
– geladener Module, 350
– Gruppenmitgliedschaft, 662
– laufender Prozesse, 700
– letzte angemeldete Benutzer, 671
– Paketabhängigkeiten, 216

– Rechnername, 665
apache, 586
apacheconfig, 586
APM
– BIOS, 53
– Kernel, 323
Apple Macintosh
– Server für, 610
– Textdateien, 705
Appletalk
– Kernel, 327
Applixware, 624
apropos, 134, 635
apsfilter, 239
apsfilterconfig, 239
APT
– CDROMs, 204
– Einführung, 148, 201
– in *dselect*, 158
– Konfiguration, 201
apt-cache, 215
apt-cdrom, 204
apt-get
– benutzen, 205
– Einführung, 148
– Fehlerursachen, 205, 207
– Optionen, 215
– Proxy-Server, 206
apt-move, 212
apt-setup, 150
aptitude, 221
– Navigation, 222
– Tastaturkommandos, 223
ar, 181
Arbeitsgruppen (SAMBA), 594
Arbeitsplatzumgebungen, 279
– Einleitung, 250
– GNOME, 281
– KDE, 279
Arbeitsspeicher
– Auslastung anzeigen, 658
– Bedarf, 18
– Kernel, 353
– prüfen, 681
Arbeitsverzeichnis, 95
– anzeigen, 96, 701
– wechseln, 97
Archive, 720
at, 635
AT&T, 4, 423
atq, 636

768 Index

atrm, 636
Attachements
– dekodieren, 731
– kodieren, 731
Attribute
– Datei-, 109
– – ändern, 111, 642
– – anzeigen, 110, 678
Auflösung
– Bildschirm, 260, 266
– umschalten, 261
– X, 269
auflegen (Einwahlverbindung), 699
Ausdrücke, reguläre, 743
ausführen
– Recht zum, 109
– regelmäßiges von Programmen, 246
Ausführung
– bedingte (Bash), 466
Auslagerungsspeicher
– einbinden, 719
– verwalten, 400
Ausloggen, 94
auspacken
– Archive, 720
– Pakete manuell, 196
AUTOEXEC.BAT, 291
autofs, 401
automatisieren (Vorgänge), 460
Automounter, 401
– Benutzerschreibrechte, 404
– Kernel, 334
– verwenden, 403

Bücher, 141
Backup, 20
– *tar*, 720
– Windows-Rechner (*smbclient*), 609
badblocks, 636
balsa, 544
Bandlaufwerke, 692, 720
– Bandlänge, 720
base-config (Paket), 85
base64, 731
basename, 637
Bash, 93, 423
– Grundlagen, 433
– Kommandovervollständigung, 434
– Makros, 428
– Programmierung, 460
– starten und beenden, 425
– Tastatureinstellungen, 427

Basisinstallation, 55
– Übersicht, 59
– Kernel, 69
– Netzwerk, 78
– Treiber, 72
Basissystem
– Abbilddateien, 37
– Disketten, 35
– Installation, 80
– Konfiguration, 85
batch, 637
Bedingungen
– prüfen, 468
beenden
– Prozesse, 442, 659, 670
– X, 262
Befehle
– Eingabe, 94
– gruppieren, 444
– Optionen, 629
– unter DOS und Linux, 745
Befehlsgeschichte, 118, 434
Befehlsverkettung (Bash), 438
Befehlsvervollständigung, 102
Benutzer, 407
– Aktivität anzeigen, 733
– angemeldete anzeigen, 735
– Anmeldedauer, 632
– aus Gruppen entfernen, 660
– Basisinstallation, 85
– benachrichtigen, 733
– besondere Rechte erteilen, 413
– Dateirechte, 109
– Gruppen hinzufügen, 660
– hinzufügen, 633
– hinzufügen und entfernen, 411
– ID, 407
– Identität ändern, 717, 718
– Informationen über ändern, 643
– Informationen anzeigen über, 658
– löschen, 730
– letzte angemeldete anzeigen, 671
– sperren, 696, 730
– System-, 633
– verändern, 730
– verwalten, 410, 633, 643
– vordefinierte, 409
Benutzerdatenbank prüfen, 701
Benutzername
– ändern, 730
– anzeigen, 666

– eigener, 735
Benutzeroberfläche, 250
Benutzerverwaltung, 632
Berechnungen, arithmetische (Bash), 457
Berkeley Software Distribution, 5
Besitzer (von Dateien)
– ändern, 111, 645
– anzeigen, 110, 677
Betriebssystem, Version anzeigen, 727
bg, 478
Bibliotheken
– benötigte anzeigen, 672
– Informationen über aktualisieren, 671
Bildbearbeitung, 626
Bildschirm
– Auflösung, 269
– – *xf86config*, 266
– – *XF86Setup*, 260
– Auflösung festlegen, 296, 703
– falsche Darstellung, 263
– Frequenzen, 265
– Konfiguration
– – *xf86config*, 265
– – *XF86Setup*, 259
– virtueller, 271
– zurücksetzen, 706
Binärformat, 4
binary-all, 188
binary-i386, 188
bind, 478
BIOS, 16, 285
– Einstellungen, 52
Blöcke
– fehlerhafte, 637
– – DOS-Datenträger, 680
Blockgröße, 684
Boot-Sequence (BIOS), 52
boot.ini (Window NT), 308
Bootdiskette, 188
– Basisinstallation, 83
– erstellen, 36, 287, 682
– für DOS/Windows, 39
booten, 299
– Grundlagen, 285
– Installationssystem, 55
– Kernel (Basisinstallation), 58
– Window NT, 307
Bootloader
– Alternativen, 310
– LILO, 293
– Loadlin, 287

Bootmanager, 29, 293
Bootmeldungen
– anzeigen, 652
Bootmenü
– Installationssystem, 56
– LILO, 300
– Loadlin, 290
Bootmethode
– Übersicht, 29
– Basisinstallation, 82
– Wahl der, 29
Bootparameter
– einstellen, 702
– Installation, 56
Bootpartition, 23, 26
Bootprompt, 346
Bootsektor, 23, 82, 285
– sichern, 297
– wiederherstellen, 298
Bootvorgang, 285
bosskill, 142
Bourne, Steve, 423
Bourne-Again-Shell, 423
break, 465
Broadcastadresse, 498
Broken (Paketliste in *dselect*), 159
Browsing (SAMBA), 595
BSD, 5
Buchstaben, zählen, 734
Bug Tracking System, 146
builtin, 478
bunzip2, 638
Busmastering, 54
bzip2, 638

Cache
– auf Datenträger schreiben, 719
– BIOS, 53
– Paket, 211, 215
– WWW, 177
cal, 639
Callerid, 537
card, 639
case, 470
cat, 100, 640
catdoc, 622, 640
cd, 97
CDDB, 178
cdparanoia, 626
cdrecord, 626
CDROM
– Basisinstallation von, 69, 81

– brennen, 626
– einbinden, 393, 689
– entfernen, 726
– Gerätedateien, 50
– – ältere, proprietäre Laufwerke, 364
– hinzufügen, 204
– Parameter, 355
– Player, 178
– proprietäre, 331
– – Treiber, 364
– Start von, 55
cfdisk, 61, 641
– Befehle, 63
chage, 641
changelog.Debian.gz, 140
changelog.gz, 140
CHAP, 514
chat, 521
Chatscript, 520
chattr, 642
chfn, 643
chgrp, 111, 643
chmod, 111, 644
chown, 111, 645
chsh, 645
CIFS, 593
ClearDTR, 258
ClearRTS, 258
Clipboard, 271
cmp, 646
Codenamen, 185
command, 479
Common UNIX Printing System, 235
CONFIG.SYS, 290
continue, 465
contrib, 187
control.tar.gz, 182
convert, 626
Copyleft, 4
copyright, 140
Corel Linux, 9
cp, 101, 646
cp850, 705
CR/LF, 705, 723
Cron, 246
– Konfiguration, 246
– und den Rechner abschalten, 248
– und gewöhnliche Benutzer, 248
crontab, 248, 647
CTRL-ALT-Backspace, 260
CUPS, 235

cut, 648
Cut and Paste, 271

DAT-Laufwerke, 692
data.tar.gz, 182
date, 648
Datei
– Deskriptor (Bash), 436
Datei-Manager
– GNOME, 283
Dateiattribute, 109
Dateien, 100
– anzeigen, 97, 677, 711
– – DOS-Datenträger, 681
– Attribute, 111, 642
– aus Paketen durch eigene Versionen ersetzen, 226
– ausgeben, 100, 640
– – DOS-Datenträger, 693
– bearbeiten, 103
– Benutzerrechte, 109
– Benutzung anzeigen, 659
– Besitzer ändern, 645
– dekomprimieren, 638, 663
– durchsuchen, 661
– fortlaufend anzeigen, 719
– gemeinsam benutzen, 412
– Geräte- Übersicht über, 747
– Gruppe ändern, 643
– Gruppenrechte, 109
– komprimieren, 639, 664
– komprimierte ausgeben, 738
– Konfigurations-, 108
– kopieren, 101, 646
– – DOS-Datenträger, 680
– löschen, 101, 707
– – DOS-Datenträger, 681
– leere erzeugen, 723
– lesen, 127
– lesen komprimierter, 129
– Paketen zuordnen, 195
– Rechte, 109
– Rechte ändern, 644
– suchen, 122, 195, 656
– System-, 108
– teilen, 715
– temporäre erzeugen, 686
– Typ bestimmen, 656
– umbenennen, 102, 694
– – DOS-Datenträger, 691
– vergleichen, 646, 651
– verschieben, 102, 694
– versteckte, 112

– versteckte anzeigen, 677
– zusammenfügen, 640
– zwischen Rechnern übertragen, 702
– zwischen Rechnern abgleichen, 703
– zwischen Rechnern kopieren, 709
Dateinamen
– ausgeben, 637
– DOS/Windows, 693
– komprimierter Dateien anpassen, 738
Dateinamenerweiterung, 454
Dateirechte, 109
– ändern, 111, 644
– anzeigen, 110, 677
Dateisystem, 385
– administrieren, 391
– Attribute (ext2), 642
– einstellen, 725
– erstellen (DOS), 681, 683
– erstellen (ext2), 684
– erstellen (MINIX), 685
– prüfen und reparieren, 654, 659
– Unterstützung durch den Kernel, 333
Dateisystemtypen, 392
Datenbank
– verfügbarer Pakete, 196
– – durchsuchen, 216
– vorhandener Dateien und Verzeichnisse, 674, 729
Datenkompression, 638, 639, 663, 664, 728, 739
Datensicherung, 720
– Hardware, 20
Datenträger
– als Benutzer einbinden, 121
– automatisch einbinden, 401
– beim Systemstart automatisch einbinden, 119
– Benutzung anzeigen, 659
– einbinden, 116, 689
– entfernen, 118, 726
– externe, 116
– formatieren, 396, 681, 683–685
– prüfen, 395, 637
– – DOS, 652
– – ext2, 654
– von Windows Rechnern einbinden, 608
Datenzugriff optimieren, 664
Datum
– anzeigen, 648
– einstellen, 648
– von Dateien ändern, 723
dbootstrap, 58
dd, 649
– Abbilddisketten, 38

DE-NIC, 499
deb-control, 229
debconf, 170, 171
– Konfiguration, 170
Debian, 7
– Archiv
– – Aufbau, 185
– Entwicklerreferenz, 142
– FAQ, 142
– Free Software Guidlines, 8
– Geschichte, 142
– Gründe für, 9
– Mailinglisten, 145
– Policy, 142
– WWW-Adresse, 144
Debian Menü, 275
debian-binary, 182
debian-cd, 626
debian-guide, 142
debian-history, 142
debian-policy, 142
declare, 479
Default-Route, 496
Deinstallation
– mit *apt-get*, 210
– mit *dpkg*, 193
– mit *dselect*, 163, 168
Deja.com, 144
dekodieren, 731
dekomprimieren
– Dateien, 638, 663
depmod, 650
Desktop
– Environments, 279
– virtueller, 271
deutsche
– Debian-Mailingliste, 145
– HOWTOs, 141
– Manualseiten, 133
– Spracheinstellungen, 453
– Tastatur, 670
– – unter X, 264, 267
– Umlaute in der Bash, 428
developers-reference, 142
df, 391, 650
DFSG, 8
DHCP, 509
dhtml, 143
Dial-On-Demand, 616
Dienste
– starten und beenden, 382

diff, 651
dirname, 651
dirs, 479
Disketten, 116
– Basisinstallation von, 70
– Basissystem, 37
– DOS/Windows, 692
– einbinden, 117, 394, 689
– entfernen, 118, 726
– für Installation erstellen, 38
– prüfen, 652
– Treiber-, 37
– zugreifen, 117
Diskettenlaufwerke
– Parameter, 356
Diskquotas, 416
– benutzen, 419
– einrichten, 417
– Kernel, 334
disown, 480
DISPLAY, 272
DISPLAY, 453
Display-Manager, 276
– Einführung, 251
– *gdm*, 277
distfile, 703
Distribution, 7
– Abteilungen, 187
– aktualisieren, 208
– Layout, 186
– Release, 186
– Unterabteilungen, 189
– Versionen, 185
Distributoren, 7
Diversifikationen, 226
djtools, 245
DMA-Kanäle, 32
– anzeigen, 678, 700
dmesg, 652
DNS, 499
– Domänenname anzeigen und setzen, 665
– Server einbinden, 506
Dokumentation, 131, 142
– *apache*, 588
– Bücher und allgemeine, 141
– Bash, 435
– Drucker, 245
– Einführung, 142
– Entwicklerreferenz, 142
– Installationsdisketten, 31
– Kernel, 321

– LILO, 295
– Pakete, 140
– Plug and Play, 373
– SAMBA, 609
– X, 278
Domänen (SAMBA), 594
Domain, 499
dos, 652
DOS
– Bootmenü, 290
– Start von, 84
– Textdateien, 705
DOS-Datenträger, 680, 692
– einbinden, 393
– formatieren, 681
DOS/Windows-Textdateien, 659
DOSemu, 625, 692
dosfsck, 396, 652
dotfile, 174
dotfile-bash, 174
Dotfiles, 112
Dotted Quad Notation, 496
dpkg, 189
– Einführung, 147
– Voreinstellungen, 198
dpkg-buildpackage, 214
dpkg-dev, 214
dpkg-divert, 226
dpkg-preconfigure, 170
dpkg-reconfigure, 170
dpkg-repack, 228
dpkg-scanpackages, 227
drucken, 243, 630, 676
– auf Windows oder OS/2-Rechner, 584
– Aufträge anzeigen, 675
– Aufträge löschen, 244, 676
– im Netzwerk, 582
– Info-Dokumentation, 137
– konvertieren, 662
– Manualseiten, 134
– mehrere Seiten auf einer, 690
– Testseite, 241
– Textdateien, 630
Drucker
– administrieren, 245
– Auswahl, 20
– einstellen, 725
– für Apple-Rechner freigeben, 611
– Fehlerbehebung, 242
– freigeben (SAMBA), 603
– Kernel, 332

– Konfiguration, 233, 235
– Schnittstellen, 236
– Statusanzeigen, 243
Druckertypen, 236
Druckerwarteschlange, 675
dselect, 153, 653
– aufrufen, 653
– Paketauswahl, 162
– Tastenübersicht, 166
du, 392, 653
DVI-Dateien anzeigen, 134
dvips, 138, 621
dwww, 143

E-Mail, 542
– abholen, 569
– Adressen umschreiben, 569
– Attachements, 731
– automatisch abholen, 573
– automatisch senden, 678
– HOWTOs, 567
– Klientprogramme, 544
– lesen, 678
– Programme, 545
– senden, 678
– Server einrichten, 562
– Shellskripte, 679
– wartende anzeigen, 177, 659
e2fsck, 395, 654
EAZ, 528
echo, 480
Editor, 103, 619, 634
– KDE, 620
EDITOR, 453, 732
EDSS1, 528
EIDE
– Eigenschaften, 19
– einstellen, 664
– Kernel, 324
– Parameter, 355
Ein- und Ausgabeumleitung, 435
einbinden
– Datenträger, 116, 392, 689
einfrieren (Paketstatus), 185, 197
– in *dselect*, 163
Eingabeaufforderung, 93
– anpassen, 450
– im Buch, 3
Eingaben
– protokollieren, 710
einloggen, 93, 675
einpacken, 720

Einsatzzweck, Definition, 15
einstellen
– Papierformat, 176
– Sprache, 453
– Tastatur, 670
– Uhrzeit, 648, 665
– Zeitzone, 726
Einwahlverbindungen
– über ISDN, 527
– benutzen, 517
– Benutzern ermöglichen, 524
– E-Mail Einstellungen, 568
– Einführung, 510
– Einwahlskript, 515
– Fehlersuche, 518
– Modem, 512
Emacs, 619
– E-Mail, 546
– Info, 139
– Manualseiten, 136
– News, 547
enable, 480
enlightenment, 274
Enlightenment
– Konfiguration und Bedienung, 282
entfernen
– Datenträger, 392, 726
– Module, 350
– Pakete, 193
entpacken, 720, 728
Entwicklerversionen
– Debian, 185
– Kernel, 313
equivs, 228
equivs-build, 230
equivs-control, 228
esound-common, 174
Ethernetkarten
– Auswahl, 20
– einbinden, 507
– Kernel, 329
– Treiber, 360
EURO-ISDN, 528
eval, 481
ex-Modus, 105
Excel, 623
exec, 481
exim, 174, 543
– Einrichtung, 562
– für Einwahlrechner, 568
– testen, 565

774   Index

eximconfig, 562
eximon, 569
exit, 482
Expanded Memory (BIOS), 53
Expansion (Bash), 454
export, 482
Exportbeschränkungen, 188
Ext2-Attribute
– anzeigen, 678
– setzen, 642
Ext2-Dateisystem
– Attribute, 642, 678
– automatisch prüfen, 725
– einstellen, 725
– erstellen, 684
– prüfen, 654
Extended Density, 737
Extended Memory (BIOS), 53

fakeroot, 214, 655
false, 655
FAQs
– Debian, 142
– Internet, 144
Farben bei *ls*, 677
Farbtiefe (X), 269
FAT-Dateisystem
– Dateien wiederherstellen, 652
– erstellen, 681, 683
– Kernel, 334
– prüfen, 652
FAT32
– formatieren, 681
Faxversand, 627
fdisk
– DOS/Windows, 46
fdisk, 655
– DOS/Windows, 48
– OS/2, 49
Fehler
– /etc/inittab, 379
– Basisinstallation, 88
– Basiskonfiguration Netz, 503
– Drucker, 242
– *exim*, 565
– *fetchmail*, 571
– ISDN, 534
– Kernel, 343
– LILO, 305
– Loadlin, 292
– Masquerade, 615
– *netatalk*, 611

– PPP, 518, 520
– SAMBA, 604
– X, 262
Fehlerdatenbank, 146
Fehlermeldungen, 99
Feldvariablen, 458
Festplatte
– Basisinstallation von, 71
Festplatten
– Adapterauswahl, 19
– Auslastung anzeigen, 700
– belegten Platz anzeigen, 650, 653
– einbinden, 689
– einstellen, 664
– Gerätedateien, 50
– Namen, 48
– partitionieren, 655
– Partitionierung anzeigen, 641
– Platzbedarf, 21
– prüfen, 637
– Standby, 665
Festplattenplatz
– anzeigen, 391
– belegten anzeigen, 392
fetchmail, 569
fetchmailconf, 570
fg, 482
FHS, 385
FIFO, 684
– erzeugen, 686
file, 656
File Hierarchie Standard, 385
File Transfer Protocol (siehe auch FTP), 549
Filter
– *apsfilter*, 239
– *magicfilter*, 236
Filter (drucken), 234
filtersetup, 241
find, 122, 656
finger, 658
FIPS, 40
– Partitionstypen, 43
Floppy
– Installationsmethode in *dselect*, 158
Fonts, 254
for, 462
formatieren, 396, 683
– Basisinstallation, 66
– DOS-/Windows-Datenträger, 396, 681, 683
– Ext2-Dateisystem, 684
– MINIX, 685

– Seiten, 690
– Swappartition, 686
– XDF-Disketten, 737
FQDN, 665
Framebuffer, 259
– Kernel, 336
free, 658
Freeware, 5
freie Software, 754
Freshmeat, 144
from, 658
fromdos, 659
frozen, 185
fsck, 659
Ftape
– Kernel, 333
ftp
– Bedienung, 550
– Referenz, 552
FTP, 549
– Server, 560
Funktionen (Bash), 472
fuser, 617, 659
fvwm, 274

Gateway, 496
– konfigurieren, 504
gcombust, 626
GDI-Drucker, 17
gdm, 277
GECOS-Feld, 408
gedit, 620
Geräte
– Block-, 324
– zeichenorientierte, 331
Gerätebezeichnungen, 116
Gerätedateien, 116
– Disketten, 116
– Drucker, 236
– erzeugen, 686
– Mäuse, 231
– Partitionen, 48
– proprietäre CDROM-Laufwerke, 364
– Tabelle, 747
Gerätemanager (Windows), 32
Geschichte, 142
Gesellschaftsvertrag, 8, 753
getty, 377
gftp, 553
Ghostscript, 234, 662
GID, 407
– anzeigen, 666

gimp, 626
gmc, 283
GMT, 53
GNOME, 281
– Datei-Manager, 283
– Display-Manager, 277
– E-Mail, 544
– FTP-Klient, 553
– Info, 139
– Installation, 282
– Manualseiten, 135
– PPP-Konfiguration, 524
gnome-apt, 217
gnome-help-browser, 135, 139
gnome-panel, 284
gnome-ppp, 524
gnome-session, 282
gnome-terminal, 271
GNU, 3
GNU Public License, 4
gnumeric, 623
gnuplot, 174
Gnus, 547
gom, 174
gomconfig, 174
gpart, 299
gpasswd, 411, 660
gphoto, 627
GPL, 4, 757
gpm, 231
– Benutzung, 233
– Repeater-Modus, 233
– und X, 256
gpmconfig, 231
gpppon, 525
Graphikbearbeitung, 626
Graphikkarte
– Auswahl, 19
– identifizieren, 253, 255
– Konfiguration
– – xf86config*xf86config*, 265
– – *XF86Setup*, 259
– unterstützte, 253
Graphikspeicher, 260
graphische Benutzeroberfläche, 250
graphisches Login, 276
grep, 661
grip, 628
groupdel, 662
groups, 662
GRUB, 310

Gruppen, 407
– Administrator, 411, 660
– anzeigen, 666
– Dateirechte, 109
– eigene anzeigen, 662
– hinzufügen und entfernen, 411
– ID, 407
– löschen, 662
– neue anlegen, 632
– Passwörter, 411, 660
– verwalten, 410, 633, 660
– vordefinierte, 409
– wechseln, 694
– Zugehörigkeit anzeigen, 110, 677
– Zugehörigkeit von Dateien ändern, 111, 643
gs, 234, 662
gs-aladdin, 234
gtoaster, 626
GUI, 250
gunzip, 663
guru, 142
gv, 139, 622
gzip, 663

Hacker-Sprache, 142
half configured (Paketstatus), 184
half installed (Paketstatus), 184
halt, 664
Hardlinks, 673
Hardware
– Auswahl, 16
– HOWTO, 16
– Informationen, 31
– Ressourcen, 31
– Ressourcen anzeigen, 678
Hardwareuhr, 665
hash, 482
hdparm, 664
Heimatverzeichnisse, 95, 633
– ändern, 730
– aufteilen, 399
help, 483
herunterfahren, 94, 664, 714
Hilfe, 131
– Bash, 435
– Befehle erklären, 734
– Befehle finden, 635
– in *dselect*, 154
– Info, 136, 666
– Integrierte Programme, 142
– Internet, 144
– Kommandos, 630

– Manualseiten, 131
– Newsgroups, 145
– Programme, 630
– Referenzkarten, 639
– suchen, 143
Hintergrund (Prozesse), 440
hisax, 528
history, 483
hold
– in *dselect*, 163
hold (Paketstatus), 161, 185
Homeverzeichnis (siehe Heimatverzeichnisse), 95
hostname, 665
HOWTOs, 141
– Bootprompt, 355
– deutschsprachige, 141
– Drucker, 245
– HTML, 141
– ISDN, 539
– Kernel, 321
– Masquerade, 613
– NIS, 578
– Paket, 141
– Plug and Play, 373
– PPP, 523
– X, 278
HURD, 8
hwclock, 665
hylafax, 627

i82365, 72
icewm, 274
Iconbox, 282
id, 666
IDENT, 557
identd, 557
Identität ändern, 717
if, 466
ifconfig, 502
ifdown, 509
ifup, 509
igerman, 175
imagemagick, 626
IMAP, 543
Indices, von Paketen erstellen, 227
inetd, 553
info, 136, 666
– aufrufen, 666
– Bedienung, 137
Info, 136
– drucken, 137
– Emacs, 139

– GNOME, 139
– KDE, 139
init, 95, 375, 667
– Bedienung, 378
Inodes, 684
insmod, 667
install-mbr, 286
Installation
– aktualisieren, 208
– Basissystem, 55
– Bootdisketten, 188
– eines Paketes erzwingen, 198
– Erläuterung des Ablaufs, 183
– Kernel, 340
– Konfigurationsdateien, 172
– Loadlin, 288
– mit *apt-get*, 208
– mit *dpkg*, 190
– *dselect*, 153, 166
– mit *gnome-apt*, 219
– nicht-offizielle Paketquellen, 205
– Quellcode, 213
– Quellen, 202
– – */etc/apt/sources.list*, 202
– – *apt-set*, 150
– – *dselect*, 156
– Quellen für die Basisinstallation, 69
– Quellenreihenfolge, 203
– schrittweise mit *dpkg*, 192
– synchronisieren, 197, 703
– von CDROM, 191
Installations-CDROM
– Aufbau, 186
Installationsdateien, finden und herunterladen, 35
Installationsdisketten
– Herstellung, 38
Installationsdisketten, Vorbereitung, 34
Installationsmedium
– Auswahl, 30
– benötigte Informationen, 34
Installationsmethode
– Konfiguration in *dselect*, 154
installierte Pakete anzeigen, 194
Interface, 495
– Typen und Bezeichnungen, 501
Internet, 6
– über ISDN, 527
– über Modem, 512
– als Informationsquelle, 144
– automatische Einwahl, 523
– Basisinstallation aus, 80

– FAQs, 144
– Installation aus, 86, 150
– suchen, 144
– Super-Daemon, 553
– Verbindung beenden, 699
– Verbindung herstellen, 699
Internet Protocol, 496
Internet Service Provider, 510
Internet-News, 546
Interrupts, 31
– anzeigen, 678, 700
– parallele Schnittstelle, 726
– serielle Schnittstellen, 712
IO-Adressen, 31
– anzeigen, 678
– serielle Schnittstellen, 712
IP, 496
IP-Adressen, 496
– zuweisen, 502
IP-Netzwerke, 496
ipchains, 614, 617
IRC, 175
ircii, 175
IrDA, Kernel, 329
ISA-PnP, 370
isapnp, 372
isapnptools, 370
ISDN, 527
– Ablaufverfolgung, 538
– Anrufbeantworter, 538
– automatische Einwahl, 532
– Basiskonfiguration, 530
– Benutzern Einwahl erlauben, 534
– Kernel, 330
– Modememulation, 535
– protokollieren, 536
– Treiber, 528
– Verbindung überwachen, 535
– Verbindung starten und beenden, 533
isdnconfig, 531
isdnctrl, 534
isdnlog, 536
isdnrep, 538
isdnutils, 175, 527
ISP, 510
ispell, 668

jargon, 142
jobs, 484
Jobverwaltung, 439
join, 669
Jokerzeichen, 113

Joysticks, Kernel, 333
Jumper, 32

K-Menü, 280
Kalender, 639
kbdconfig, 670
KDE, 279
– Editor, 620
– Info, 139
– Installation, 280
– Installationsquellen, 279
– Manualseiten, 135
– News, 549
– PPP-Konfiguration, 524
– Webbrowser, 542
kdehelp, 135, 139
kdm, 277
kedit, 620
Kernel
– übersetzen, 312, 338
– Auswahl, 314
– Automounter, 401
– Dokumentation, 142, 144
– Einleitung, 311
– für Masquerade, 613
– Fehler, 343
– Installation, 340
– Konfiguration, 317
– Konfiguration aktualisieren, 320
– Konfiguration sichern, 320
– manuelles übersetzen, 339
– NFS-Server, 574
– Optionen, 321
– Parameter, 354
– Parameterverarbeitung, 349
– stabile und unstabile, 313
kernel-doc, 142
kernel-package, 315
kernel-packageconfig, 315
Kernelmeldungen
– ausgeben, 652
Kernelparameter
– allgemein, 353
– direkt im Kernel einstellen, 702
– LILO, 304
– Loadlin, 289
– Syntax, 346
kfm, 542
kill, 442, 484
killall, 670
Klammererweiterung (Bash), 458
kmail, 545

kmod, 351
knews, 548
Kommandogeschichte, 118, 434
– Einstellungen, 448
Kommandointerpreter, 423
Kommandooptionen, 629
Kommandos
– externe und interne, 433
– Parameter, 97
– zu bestimmter Zeit ausführen, 635
Kommandosubstitution, 456
Kommandovervollständigung, 434
Kommentare (Bash), 461
kompilieren
– Kernel, 312
– Quellcodepakete, 214
komprimieren, Dateien, 639, 664
komprimierte Dateien
– anzeigen, 740
– durchsuchen, 738
Konfiguration
– APT, 201
– Bash, 427
– Basissystem, 85
– Drucker, 233, 235
– Festplatten, 664
– Kernel, 317
– LILO, 295
– Maus, 231
– mit *gnome-apt*, 220
– Pakete, 169, 171, 172
– Plug and Play, 371
– Skripte, 170
– Standard Window-Manager, 274
– Tastatur, 60
– X, 256, 264
Konfigurationsdateien, 108
– Installation, 172
– löschen, 193
– persönliche, 112
konfigurieren
– in *dselect*, 168
Konflikte, 182, 183
– Überprüfung, 183
– *apt-get*, 209
– *gnome-apt*, 219
– in *dselect*, 163
– Konfigurationsdateien, 172
– mit *dpkg* lösen, 192
– Wörterbücher, 175
Konsole

– aktuelle anzeigen, 725
– Maus, 231
– umschalten, 93, 115, 262
– virtuelle, 59, 115
– zurücksetzen, 706
Kontextmenüs, 271
Konto (Benutzer)
– einrichten, 633
– löschen, 730
– sperren, 696
Kontrolldatei, 229
Konventionen im Buch, 2
konvertieren
– Bildformate, 626
– DOS-/Windows-Textdateien, 659
– Druckdateien, 243
– Info-Dokumentation, 137
– MS-Winword-Dateien, 640, 691
– Paketformate, 634
– PostScript, 630, 662
– Textdateien, 705
kopieren, 101, 646
– auf Diskette, 118
– roh, 649
– sicher zwischen Rechner, 709
– zwischen Rechnern, 702
kppp, 524
krn, 549

löschen, 101, 707
– Druckaufträge, 244, 676
– in *dselect*, 163
– Konfigurationsdateien, 193
lösen, Konflikte in *dselect*, 165
laden, Module, 72, 349
lame, 628
LANG, 453
Laptop, Hinweise zu, 17
last, 671
LaTeX, 620
latin1, 705
Laufwerksbuchstaben, 48, 693
– DOS/Windows, 48
– *mtools*, 692
– OS/2, 49
– Windows NT, 49
LBA, 24
LD_LIBRARY_PATH, 453
ldconfig, 671
ldd, 672
leafnode, 175
lesen, Recht zum, 109

less, 100, 127, 672
– Kommandozeilenoptionen, 672
– Preprozessor, 129
– suchen, 128
– Zeichensatz, 128
LESSCHARSET, 128
LESSCLOSE, 129
lessfile, 129
lesskey, 672
LESSOPEN, 129
lesspipe, 129
let, 485
libc5, 160
libpaperg, 176
lilo, 304
LILO, 286, 293
– Basisinstallation, 82
– Fehler, 305
– Installation, 299
– Kernelinstallation, 340
– Kernelparameter, 347
– Konfiguration, 295
– Referenz, 302
liloconfig, 295
Links, 106
– erstellen, 673
– harte, 106
– löschen, 107
– symbolische, 107
Linux
– Geschichte, 6
– Gründe für, 9
– Version anzeigen, 727
Linux Documentation Project, 141
– WWW-Adresse, 144
Linux Today, 144
Linux.com, 144
Linux.de, 144
Linux.org, 144
listen, 677
ln, 106, 107, 673
loadlin, 57, 84
Loadlin, 287
– Benutzung, 288
– Fehler, 292
– Installation, 288
– Kernelparameter, 348
local, 485
localhost, 506
locate, 125, 673
Logdatei, 390

- Beispiel PPP, 520
- Einträge erzeugen, 674
- fortlaufend anzeigen, 719
logger, 674
login, 377, 674
Login:, 93
logname, 675
logout, 485
Loopback
- Interface, 498
- Kernel, 325
lost+found, 387
lp, 675
lpc, 245
lpq, 243, 675
lpr, 234, 243, 676
lprm, 244, 676
lprng, 234
ls, 113, 677
- langes Format, 110
lsattr, 677
lsdev, 678
lsmod, 350, 678
luser, 142
lynx, 541
- Installation, 176

magicfilter, 235
- unterstützte Druckertypen, 236
magicfilterconfig, 235
mail, 678
Mail (siehe E-Mail), 542
Mail User Agents, 542
Mail-Provider, 542
Mailinglisten zu Debian, 145
main, 187
maint-guide, 142
Majornumber, 686
- Partitionen, 297
make-kpkg, 338
makeinfo, 138
Makros (Bash), 428
man, 132, 679
- Aufruf, 679
Manualseiten, 131, 679
- Abschnitte, 132
- Anzeigeprogramme, 135
- drucken, 134, 679
- Emacs, 136
- GNOME, 135
- KDE, 135
- konvertieren, 679

- Sprache, 133, 679
- suchen, 134, 635
mapped memory (BIOS), 54
masqmail, 569
Masquerade, 612
- aktivieren, 614
- Kernel, 327
- Startskript, 615
- testen, 615
Maus
- -Protokolle, 232
- Benutzung, 233
- Konfiguration, 231
- - *xf86config*, 264
- - *XF86Setup*, 258
- Schnittstellen, 231
- Treiber, 363
mbadblocks, 680
mbr, 83, 286
- Bedienung, 84
MBR, 23, 82–84, 285, 632
mcd, 680
mcopy, 680
MD5, Passwörter, 85
mdel, 681
mdeltree, 681
mdir, 681
Mehrfrequenzwahlverfahren, 515
Memory Cache (BIOS), 53
Memory Hole (BIOS), 53
memtest, 681
Menü
- überschreiben, 276
- Debian, 275
- Definitionsdateien, 275
- GNOME, 284
- KDE, 280
- LILO, 300
menu, 275
menuconfig (Kernel), 319
Metazeichen, 113, 454
- *find*, 124
- unterdrücken, 455
Metrolink, 251
mformat, 681
mgetty, 377
MIME, 711, 732
mini-HOWTOs, 141
MINIX, 685
Minornumber, 686
Mirror, 189

– Liste der Debian-, 189
– lokaler, 212
mkboot, 287, 682
mkdir, 96, 682
mkdosfs, 396, 683
mke2fs, 396, 683
mkfifo, 684
mkfs, 682
mkfs.minix, 685
mkhybrid, 626
mkisofs, 626
mknod, 685
mksmbpasswd, 596
mkswap, 400, 686
mktemp, 686
mmd, 687
modconf, 74, 350
– Bedienung, 75
Modem
– Installation über, 86
– Interneteinwahl, 512
modinfo, 687
modprobe, 350, 687
– Konfiguration, 351
Module, 311
– Abhängigkeiten berechnen, 650
– Auswahl (*modconf*), 72
– automatisch Laden, 351
– Einführung, 349
– entladen, 76, 350, 708
– geladene anzeigen, 350, 678
– Informationen und Parameter anzeigen, 687
– ISDN, 528
– laden, 72, 349, 667, 687
– Parameter, 354
– – mit *modconf*, 76
more, 127, 688
– Optionen, 688
mount, 117, 391, 392, 688
– Dateisystemtypen, 392
– Optionen, 689
mounten, 392
– als Benutzer, 121
– automatisch, 401
– Basisinstallation, 67
– – DOS/Windows-Partitionen, 68
– – NFS, 68
– – Rootpartition, 67
– CDROMs, 393
– Disketten, 394
– DOS-/Windows-Partitionen, 393

– Einführung, 116
MouseSystems, 233
mozilla, 541
MP3, 627
mpage, 690
mrd, 691
mren, 691
MS-DOS
– Befehle und Linux-Äquivalente, 745
– Start von, 57
MSDOS.SYS, 291
MSN, 528
mswordview, 622, 691
mt, 692
MTA, 543
– *exim*, 562
mtools, 692
MTRR, 322
mtype, 693
Multi CD, 156
– Konfiguration, 157
Multi-NFS, 158
Murdock, Ian, 7
mutt, 545
mv, 102, 694

Nachrichten
– an alle Benutzer, 733
– an fremde Rechner, 709
named, 499
Named Pipe
– erzeugen, 684
Namen
– Domain Name Service, 499
– eigener Rechner, 507, 665
– IP-Adressen zuordnen, 506
– NetBIOS/CIFS, 594
– von Benutzern ändern, 643, 730
Namensauflösung
– bei PPP, 514
– dynamische bei ISDN, 533
– ISDN, 533
– konfigurieren, 505, 506
Nameserver, 505
NAT (siehe auch Masquerade), 612
Netatalk, 610
NetBIOS, 593
Netiquette, 547
Netmask, 497
Netscape, 540
– Mail, 544
– News, 547

782 Index

Network Administrator Guide, 142
Network File System (siehe NFS), 574
Network Information System (siehe NIS), 578
Netzwerk
– Adresse, 497
– Adressenübersetzung, 612
– automatische Konfiguration, 507
– Basisinstallation, 78
– – automatische Konfiguration, 78
– – manuelle Konfiguration, 79
– Basiskonfiguration, 501
– benötigte Informationen, 33
– Dateisystem, 574
– Dienste für Apple Macintosh, 610
– drucken im, 582
– Grundlagen, 495
– Laptop, 510
– Server-Dienste, 553
– Sicherheit, 716
– Uhrzeit beziehen, 702
– unterschiedliche Konfigurationen, 510
– Verbindung testen, 698
– Verbindungen prüfen, 724
– Zugangskontrolle, 556
Netzwerkkarten
– Auswahl, 20
– einbinden, 502
– Kernel, 328
– Treiberparameter (Ethernet), 360
Netzwerkmaske, 497
Netzwort Time Protocol, 176
Neuigkeiten anzeigen, 695
Neustart, 705
– Basisinstallation, 83
New (Paketliste in *dselect*), 159
newgrp, 694
news, 695
News, 546
– System-, 695
Newsgroups, 546
– Attachements, 731
– Hilfe, 145
– suchen, 144
Newsreader, 547
– Einführung, 546
NFS, 574
– Basisinstallation von, 68, 80
– Hintergrund, 575
– Installationsmethode, 157
– Kernel, 335
– Servereinrichtung, 575

– Sicherheit, 577
– Verzeichnissen einbinden, 576
nfs-kernel-server, 574
nfs-server, 574
nice, 695
NIS
– arbeiten mit, 582
– Domänennamen anzeigen, 665
– Einführung, 578
– Klienten einrichten, 580
– Server einrichten, 579
nn, 176
nodeadkeys, 670
nohup, 695
non-free, 188
non-US, 188
NTFS
– einbinden, 393
– Kernel, 335
ntp, 176

Obsolete (Paketliste in *dselect*), 159
Office-Programme, 622
Open Source, 6, 754
Optionen, Programmaufruf, 629
Ordner
– anlegen, 96, 682
– löschen, 98, 708
Ordner (siehe auch Verzeichnisse), 96
OS/2
– Laufwerksbuchstaben, 49
– Partitionen einbinden, 393
override-Dateien, 227

Packages, 227
Pager, 127
– Enlightenment, 283
PAGER, 452, 679
Paketauswahl, 185
– Basisinstallation, 87
– mit *aptitude*, 223
– mit *dpkg*, 197
– mit *dselect*, 159, 162
– mit *gnome-apt*, 219
Paketcache, 211
Pakete, 228
– Abhängigkeiten, 182
– aktualisieren, 206
– Anleitung zur Erstellung, 142
– auswählen in *dselect*, 159
– Auswahl übertragen, 197
– Auswahl bearbeiten, 198

– bearbeiten, 195
– Dateien überschreiben, 226
– Dateien zuordnen, 195
– Dateinamen, 181
– Datenbank verfügbarer, 196
– Deinstallieren, 193
– Dokumentation, 140
– Einführung, 181
– Empfehlungen, 182
– entfernen, 210
– ersetzen, 183
– erstellen angepasster, 228
– Format konvertieren, 634
– Indices erstellen, 227
– Informationen, 193
– Informationen anzeigen, 196, 215
– Inhalt anzeigen, 181
– Installation, 208
– Installationsablauf, 183
– installieren mit *dpkg*, 190
– installierte, 194
– Kernel kompilieren, 314
– Kernel-, 338
– Konfiguration, 169, 171, 172
– Konflikte, 183
– Kontrolldateien, 229
– löschen, 193
– manuell auspacken, 196
– Namen, 181
– Pre-Depends, 183
– Quellcode, 188, 213
– Quellcodeabhängigkeiten, 214
– Quellen, 205
– Rechnerarchitektur, 181
– Status, 161, 194
– Status einfrieren, 185
– suchen, 216
– Upstream-Version, 181
– verfügbare aktualisieren, 205
– Versionsnummern, 181
– virtuelle, 182
– vorgesehener Status, 185
– Zustände, 184
Paketquellen
– APT, 202
– Basisinstallation, 87
– in *dselect*, 154
Paketverwaltung, 181
– Aufbau, 149
Panel
– GNOME, 284
– KDE, 280
PAP, 514
paperconfig, 176, 696
Papierformat einstellen, 176, 696
parallele Schnittstellen, 236, 725
– Kernel, 332
– Treiber, 364
Parameter
– Kernel, 345, 353
– Kommandos, 97
– Module, 76
– Treiber, 354
Parameterdatei
– Loadlin, 289
Parametervariablen, 447, 461
parted, 40
Partitionen, 22
– aktivieren, 632, 713
– anzeigen, 712
– Aufteilung, 27
– automatisch einbinden, 401
– bekannte Typen anzeigen, 713
– DOS/Windows, 48
– einbinden, 689
– einbinden (Basisinstallation), 67
– eingebundene anzeigen, 391
– empfohlene Größen, 27
– entfernen, 726
– erstellen, 655, 712
– erweiterte, 713
– formatieren, 396
– Gerätedateien, 50
– kopieren, 647
– Linux, 50
– logische, 50
– logische, erweiterte, primäre, 23
– Namen, 48
– neue einbinden, 397
– OS/2, 49
– prüfen, 395
– – DOS, 652
– – ext2, 654
– primäre, 50
– Typ festlegen, 712
– Typen, 23
– Typen Windows95/98, 43
– verkleinern, 40
– Windows NT, 49
Partitionierung
– anzeigen, 641
– Durchführung, 40, 63

– manuell, 44
– Planung, 25
– Tipps, 28
– unter DOS/Windows, 40, 46
– unter Linux, 61
Partitionstabelle
– wiederherstellen, 299
Passwörter, 408
– ändern, 696
– Administrator, 85
– Frist zur Änderung, 697
– MD5, 85
– Schatten-, 409
– verschlüsselte (SAMBA), 595, 603
– verwalten, 642
passwd, 696
Passwort
– eigenes ändern, 410
paste, 697
patch, 697
Patch
– erzeugen, 651
– Kernel-, 343
PCI Latency Timer, 54
PCMCIA, 86
– HOWTO, 17
– Konfiguration, 71
PDC, 594
PDF, 622
Pfad, 97
– Abkürzungen, 98
– absoluter, 98
– relativer, 99
phalanx, 177
PID, 440
– anzeigen, 698
pidof, 698
ping, 503, 698
Pipe, 439
– benannte, 684
PK-Zip, 728, 739
playmidi, 177
plex86, 625
Plug and Play, 32
– Kernel, 324
– Konfiguration, 370
pnpdump, 371
poff, 519, 699
Point-To-Point, 498
Policy, 142
Polling, 726

pon, 517, 699
POP, 543
popd, 486
Ports (IP), 499
– Benutzung anzeigen, 659
postfix, 569
postinst-Skript, 169, 184
postrm-Skript, 184
PostScript, 630
– anzeigen, 139
– drucken, 139
– konvertieren, 662
Potato, 185
PPD-Dateien, 611
PPP, 498
– automatisch Programme ausführen, 524
– automatischer Start, 523
– Basisinstallation, 86
– Fehlersuche, 518
– Kernel, 329
– Optionen, 521
– Verbindung beenden, 699
– Verbindung herstellen, 699
pppconfig, 513
pppd, 511
pppoe, 526
pppstats, 699
prüfen
– Bedingungen, 468
– Datenträger, 395, 654
– DOS-/Windows-Dateisysteme, 396, 680
Pre-Depends, 183
preinst-Skript, 183
prerm-Skript, 183
printenv, 700
printtool, 245
printtop, 245
Priorität
– von Prozessen ändern, 695, 706
Privilegien
– vortäuschen, 655
procinfo, 700
procmail, 546
Programme
– abfragen automatisch beantworten, 737
– auf anderen Rechnern ausführen, 708
– auf fremden Rechnern ausführen, 716
– Ausgaben aktualisieren, 733
– automatisch ausführen, 647
– automatisch nach Einwahl ausführen, 524
– beenden, 670

– bei Anrufen ausführen, 537
– E-Mail, 542
– im Hintergrund starten, 440
– mit anderer Benutzeridentität ausführen, 717
– Pfad- und Dateiname, 734
– regelmäßig ausführen, 246
– später ausführen, 638
– Versionen, 630
proposed-updates, 189
Protokolldatei (siehe Logdatei), 390
Protokolle, 500
protokollieren
– Anmeldungen, 632
– Arbeitssitzung, 710
– ISDN, 536
Proxy-Server, 177
– *apt-get*, 206
Prozess-ID, 440
Prozesse
– anzeigen, 659, 700, 723
– bedingt ausführen, 443
– beenden, 442, 670
– ID anzeigen, 698
– ohne Anmeldung ausführen, 695
– Priorität ändern, 706
– Priorität verändern, 695
– Struktur anzeigen, 701
– umschalten, 441
– verwalten, 439
Prozessgruppen
– Priorität ändern, 706
Prozessor
– übertakten, 54
– Auswahl, 17
Prozessverwaltung, 439
ps, 700
PS/2-Maus, 231
PS1, 450
pstree, 700
Public Domain, 5
Pulswahl, 515
pump, 509
purge, 163, 193
– in *dselect*, 168
pushd, 486
pwck, 701
pwd, 96, 701

qmail, 569
quake, 628
Quellcode, 4
– installieren, 213

– Pakete, 188
Quellcodes
– Kernel, 316
Quellverzeichnis, 101
quota, 701
Quotas (siehe Diskquotas), 416
qwertz, 670

R-Kommandos, 558
RAM
– Auslastung, 658
– Bedarf, 18
– Benutzung anzeigen, 700
– Fehler, 19
– prüfen, 681
RAMDAC, 256
Ramdisk, 34
– Kernel, 325
rawrite, 38
RBL, 564
rcp, 558, 702
rdate, 702
rdev, 348, 702
rdist, 703
read, 486
readline, 427
README.Debian, 141
readonly, 487
reboot, 704
Rechenzeit, 695
Rechnerarchitektur anzeigen, 727
Rechnerauslastung
– anzeigen, 700
Rechnername
– anzeigen, 665
– einstellen, 665
Rechte
– ändern, 111, 644
– an Benutzer vergeben, 413
– anzeigen, 110, 677
– Datei-, 109
– erteilen, 718
– vortäuschen, 655
Rechtschreibprüfung, 668
recode, 705
Recommendations, 182
Referenzkarten, 639
reguläre Ausdrücke, 743
Release, 186
– Informationen, 31
renice, 705
reparieren

– Datenträger, 395, 659
– Installation, 215
– – mit *gnome-apt*, 219
Repeater
– *gpm*, 233
replace (Paketeigenschaft), 183
Rescuediskette, 35, 36
– Abbilddateien, 36
– Start des Systems, 84
– Start von, 55
reset, 706
Ressourcen
– Benutzung anzeigen, 659, 700
– freigeben (SAMBA), 601
– X, 269
Rettungsdiskette, 36
return, 487
RFCs, 142
rgrep, 706
Ritchie, Dennis, 4
rlogin, 558
rm, 101, 707
rmdir, 98, 707
rmmod, 708
Rootdateisystem, 353
– im Kernel festlegen, 703
Rootdiskette, 35
– Abbilddateien, 36
Rootpartition, 27
– Größe, 27
Rootverzeichnis, 386
route, 504
Router, 496
Routing, 498
– aktivieren, 614
Routing-Tabelle, 504
RPM Pakete installieren, 634
rsh, 558, 708
runlevel, 708
Runlevel, 375
– ändern, 667
– festlegen des Standard-, 376
– Startskripte, 381
– verwalten, 382
– wechseln, 377
rwall, 709

SAMBA
– Dokumentation, 609
– Einführung, 593
– Fehlerbehebung, 604
– Installation, 596

– Konfiguration, 597
– Konfiguration mit *swat*, 607
– Ressourcen freigeben, 601
– testen, 603
sambaconfig, 596
sane, 627
Scanner-Software, 627
Schach, 177
Schattenpasswörter, 409
– einstellen, 714
Schlüsselstärke (Netscape), 540
Schnittstellen
– parallele, 236
– – Treiber, 364
– serielle, 231, 711
– – Konfiguration, 512
schreiben
– Recht zum, 109
Schreibschutz
– Dateien, 642
– Disketten, 83
Schriftarten, 254
scp, 709
script, 709
Scrollbars, 271
SCSI
– Eigenschaften, 19
– Kernel, 328
– Parameter, 357
sed, 710
see, 711
select, 464
sendmail, 569
serielle Schnittstellen, 231
– einstellen, 711
– Konfiguration, 512
set, 487
setserial, 711
– Beispiel, 512
sfdisk, 712
SGID-Bit bei Verzeichnissen, 412
Shadow RAM (BIOS), 53
shadowconfig, 409, 714
Shell, 93
SHELL, 454
Shellskripte, 460
shift, 489
shopt, 489
shutdown, 95, 714
sichern der Kernel Konfiguration, 320
Signale, 442

– anzeigen, 671
– senden, 670
, 338
SIGTERM, 670
Single User Modus, 375, 378
Skripte, 460
– erstellen, 460
– zur Authentifizierung bei PPP, 515
Slackware Pakete installieren, 634
Slashdot, 144
sleep, 714
slrn, 176
smail, 569
SMB
– Kernel, 336
SMB/CIFS
– Ressourcen einbinden, 608
smbclient, 584, 604
smbmount, 608
SMTP, 542
Social Contract, 8, 753
Softlinks, 107, 673
Software
– Debians Definition freier, 754
– freie, 5
– kommerzielle, 8
– nicht-offizielle Bezugsquellen, 205
– Public Domain, 5
Software in the Public Interest, 8
sort, 715
sortieren, Textdateien, 715
Soundkarten
– Kernel, 337
– Treiber, 366
Soundplayer, 627
source, 490
Sourcecode, 4
– installieren, 213
– Kernel, 316
– Pakete, 188
Spalten, in Textdateien ausschneiden, 648
Speicherauslastung anzeigen, 658, 700, 723
Speicherplatz
– anzeigen, 650
– Auslastung, 653
– Bedarfsbestimmung, 21
– beschränken (siehe Diskquotas), 416
– Beschränkungen anzeigen, 701
– reservierter, 684, 725
Spenden, 8
sperren, Benutzerkonto, 642

SPI, 8
Spiegel-Server, 189
Spiele, 145, 628
split, 715
Spooler, 234, 676
– anzeigen, 675
Spracheinstellung, 453
– Manualseiten, 133
spulen, Bandlaufwerke, 692
ssh, 716
ssmtp, 569
stable, 185
Stallman, Richard, 3
Stampede Pakete installieren, 634
Standardausgabe, 436, 640
Standardeingabe, 436
– duplizieren, 722
– umleiten, 438
Standardfehlerausgabe, 436
Standardshell
– ändern, 410, 645
Standorte, unterschiedliche (Netzwerk), 510
StarOffice, 623
Startdateien, Bash, 427
starten, Dienste, 382
Startpartition, 632
Startskripte, 380
– Beispiel Masquerade, 615
– Beispiel Sound, 473
– für Runlevel, 381
– installieren, 383
– Systemstart, 380
– wichtige, 381
startx, 261, 272
Statistik
– PPP, 699
– Textdateien, 734
Status
– Drucker, 243
– gewünschter, 185
– von Paketen, 161, 184
– – anzeigen, 194
stoppen, Dienste, 382
Stopskripte (siehe auch Startskripte), 380
Storm Linux, 9
strace, 717
Streameditor, 710
su, 108, 717
Subnetz, 496
Substitution (Bash), 454
suchen

– Befehle, 734
– Dateien, 122, 656
– – *locate*, 674
– im Internet, 144
– in *dselect*, 162
– in Hilfe, 143
– in *info*, 137
  in komprimierten Dateien, 738
– in Manualseiten, 134
– in Newsgroups, 144
– *less*, 128
– Manualseiten, 635
– mit *aptitude*, 223
– mit *gnome-apt*, 218
– Pakete, 195, 216
– reguläre Ausdrücke, 743
– schnelles, 125
– Text, 661
– und ersetzen in Textdateien, 710
– *vi*, 104
Suchkriterien
– bei *find* verknüpfen, 123
sudo, 414, 718
Suggestions, 182
SUID-Bit, 413
suidmanager, 413
suidregister, 414
sulogin, 378
Superblock, 396
SuperProbe, 255
suspend, 490
Swapdatei, 401
– einbinden, 719
– einrichten, 686
– freigeben, 718
swapoff, 400, 718
swapon, 400, 718
Swappartition, 400
– Auslastung, 658
– Basisinstallation, 65
– einbinden, 719
– einrichten, 686
– freigeben, 718
– Größe und Lage, 26
– im Kernel festlegen, 703
swat, 607
sync, 719
Syntax, 3
syslinux, 310
– Kernelparameter, 348
syslogd, 674

System
– anhalten, 664
– neu starten, 705
System Administrator Guide, 142
Systemabschluss, 94, 664
– Nachricht, 714
– Zeit bestimmen, 714
Systemaufrufe anzeigen, 717
Systemauslastung anzeigen, 723, 729, 733
Systembenutzer, 409
Systemdateien, arbeiten mit, 108
Systemgruppen, 409
Systeminitialisierung, 377
Systemlast, 729
– bei niedriger Programme ausführen, 638
Systemlaufzeit anzeigen, 729
Systemprotokoll, 674
Systemressourcen
– Benutzung anzeigen, 700
– einschränken, 491
Systemstart
– Auswahl des Betriebssystems, 84
– Startskripte, 380
Systemuhr, 648, 665
– Basisinstallation, 81
– Bios, 53

T-DSL, 526
Tabellenkalkulationen, 623
tail, 719
tar, 720
task-c++-dev, 214
task-c-dev, 214
task-gnome-apps, 281
task-gnome-desktop, 281
task-gnome-games, 282
task-gnome-net, 281
Task-Pakete, 149
– Auswahl, 152
task-x-window-system, 254
task-x-window-system-core, 255
tasksel, 152
Tastatur
– einstellen, 670
– Konfiguration
– – Bash, 427
– – *xf86config*, 264
– – *XF86Setup*, 258
Tastaturlayout
– Basisinstallation, 60
Tasten
– *aptitude*, 223

– Bash, 428
– *dselect*, 154, 166
– *vi*, 104
tcic, 72
TCP, 500
TCP-Wrapper, 556
TCP/IP, 500
– Kernel, 326
tcpd, 556
tee, 722
teilen, Dateien, 715
telnet, 722
Telnet
– Einführung, 549
– Server, 559
Terminal
– aktuelles anzeigen, 725
– Emulation, 254, 271
– zurücksetzen, 706
Terminal-Emulation, 425
test, 468
tetex-bin, 235
texi2dvi, 137
texi2html, 138
texi2pdf, 138
Textbearbeitung, 669, 697, 715, 728
Textbetrachter, 127
Textdateien
– anzeigen, 688
– automatisch bearbeiten, 710
– durchsuchen, 661, 706
– komprimierte anzeigen, 740
– konvertieren, 705, 723
– sortieren, 715
– Spalten ausschneiden, 648
– Unterschiede anzeigen, 651
– Zeilen, Wörter, Buchstaben zählen, 734
– zusammenfügen, 669, 697
Texteditor, 103
Textverarbeitungsprogramme, 622
The Gimp, 626
Thompson, Keneth, 4
Thorvalds, Linus, 6
Tilde (~), 98
tload, 722
todos, 723
top, 723
Toplevel-Domain, 499
touch, 723
Toy Story, 185
traceroute, 724

Transmission Control Protocol, 500
trap, 490
Treiber, 349, 687
– (E)IDE, 355
– anzeigen, 678
– Basisinstallation, 72
– Diskettenlaufwerke, 356
– entfernen, 76, 350, 708
– Ethernet, 360
– ISDN, 528
– laden, 72, 349, 667
– Mäuse, 363
– parallele Schnittstellen, 364
– Parameter, 354
– proprietäre CDROMs, 364
– SCSI, 357
– Soundkarten, 366
Treiberdisketten, 35
– Abbilddateien, 37
true, 724
TTL, 724
tty, 724
tune2fs, 725
tunelp, 725
Turbo, 54
type, 490
typeskript, 710
tzconfig, 726

UART
– einstellen, 712
UDP, 500
Uhrzeit
– anzeigen, 648
– Basisinstallation, 81
– einstellen, 648, 665
– synchronisieren, 702
UID, 407
– anzeigen, 666
ulimit, 491
umask, 412, 492
umbenennen, Dateien, 102, 694
Umgebungsvariablen, 451, 675
– anzeigen, 700
– und Display-Manager, 278
– wichtige, 453
umleiten
– Datenstrom, 436
– Ein- und Ausgabe, 435
umlenken, X Anwendungen, 272
umount, 118, 726
– Fehler, 119

umschalten
- Konsole und X, 262
- zwischen Prozessen, 441
umziehen, mit Verzeichnissen, 397
unalias, 493
uname, 727
uncompress, 727
uniq, 728
UNIX, 4
unpacked (Paketstatus), 161, 184, 192
unset, 493
unstable, 185
Unterabteilungen, 160, 189
until, 464
unzip, 728
update-alternatives, 225
update-inetd, 555
update-ispell-dictionary, 175
update-menus, 275, 276
update-modules, 351
update-rc.d, 383
update-xanim-modules, 627
Updated (Paketliste in *dselect*), 160
updatedb, 674, 729
Updaten, das System, 206
uptime, 729
URI, 202
- Info in KDE und GNOME, 139
- Manualseiten in KDE und GNOME, 135
USB, 17
Usenet, 546
User Datagram Protocol, 500
userdel, 729
usermod, 399, 730
UTC, 53
uudeview, 731
uuenview, 731

Variablen (Bash), 445
- eingebaute, 447
Variablen, Umgebungs-, 451
Variablenexpansion, bedingte (Bash), 459
Verbindung
- im Netz testen, 698
- PPP-Auslastung, 699
- verschlüsseln, 716
Verbindung erstellen (*pppconfig*), 514
Verknüpfungen, 673
- löschen, 107
Verknüpfungen (siehe auch Links), 106
Verschieben von Text, in *vi*, 105
verschieben, Dateien, 102, 694

Versionen
- der Distribution mixen, 186
- von Programmen, 630
Vervollständigung, Befehls-, 434
verwalten
- Auslagerungsspeicher, 400
- Dateisystem, 391
- Passwörter, 642
- Prozesse, 439
- Runlevel, 382
Verweise, 106
- löschen, 107
Verzeichnisse, 95
- anlegen, 96
- anzeigen, 677
- Eintrag, 106
- erstellen, 682
- erzeugen
-- DOS-Datenträger, 687
- gemeinsam benutzen, 412
- Inhalt anzeigen, 97
- löschen, 98, 707, 708
-- DOS-Datenträger, 691
- Namen ausgeben, 651
- verlegen, 397
Verzeichnisstruktur, 385
Vesafb, 259
VFAT
- Dateisystem erstellen, 683
- Kernel, 334
vi, 103
- Übungen, 105
Videomodus
- im Kernel festlegen, 703
Videoplayer, 627
Videospeicher, 260
vigr, 732
vipw, 732
virtuelle Konsolen, 115
virtuelle Pakete, 182
virtueller Desktop, 271
Virus Protection (BIOS), 53
VMWare, 625
Voreinstellungen, *dpkg*, 198

w, 733
Wörter, zählen in Textdateien, 734
Wörterbücher, 175
wait, 493
wall, 733
warten, 715
Warteschlange für Programme, 638

watch, 733
Watchdog, Kernel, 332
wc, 734
Webbrowser, 540
wget, 542
whatis, 134, 734
which, 734
while, 463
who, 735
whoami, 735
Wiederholen, von Befehlen, 118, 434
Wildcards, 113
Window-Maker, 274
Window-Manager, 273
– Einleitung, 250
– Standard festlegen, 274
– und GNOME, 282
Windows
– Datenträger, 692
– Hardware, 17
– Koexistenz, 16
– Partitionen einbinden, 393
– Textdateien, 705
Windows-Programme
– ausführen, 625, 735
Windows NT
– Partitionen einbinden, 393
– und LILO, 307
wine, 625, 735
WinModem, 17
WINS, 594
Winword-Dateien
– konvertieren, 622, 640, 691
wmaker, 274
Woody, 185
Wordperfect, 624
Wunschstatus (von Paketen), 185
Wurzelverzeichnis, 386
wvdial, 177, 525
WWW, Basisinstallation aus, 80
WWW-Server
– Alternativen, 593
– *apache*, 586
wwwoffle, 177

X, 250
– Auflösung
– – umschalten, 261
– Ausgabe umlenken, 272
– Fehler, 262
– Installation, 253
– Konfiguration

– – *enXious*, 251
– – *xf86config*, 264
– – *XF86Setup*, 256
– Pakete, 253
– Ressourcen, 269
– Sicherheit, 273
– testen, 261
– umschalten, 262
– und Framebuffer, 259
– und *gpm*, 256
– verschlüsseln, 716
– Zugriffssteuerung, 272
X Klient, 250
X Server, 250
X Window System, 250
X-Terminal, 253
x-terminal-emulator, 271
x-window-manager, 274
X11, 250
xanim, 627
xargs, 736
xauth, 273
xbanner, 177
xbase-clients, 254
xbuffy, 177
xcdroast, 626
xconfig (Kernel), 318
XDF
– formatieren, 681, 737
xdfcopy, 737
xdm, 254, 277
xdvi, 134, 621
Xemacs, 619
xf86config, 255, 264
XF86Setup, 255, 256
xfig, 626
xfmail, 545
xfonts-*, 254
XFree86, 251
xfree86-common, 253
XiGraphics, 251
xisdnload, 535
xisp, 525
xkeycaps, 269
xlib6g, 253
xman, 135
xmcd, 178
xmcdconfig, 178
xmms, 628
xmodmap, 269
xmonisdn, 535

xpdf, 622
xserver-common, 254
xspread, 623
xterm, 254, 270
xviddetect, 253

Yellow Pages, 578
yes, 737
ypwhich, 580

zählen
– Buchstaben, Zeilen, Wörter, 734
zcat, 738
Zeilen
– doppelte löschen, 728
– zählen in Textdateien, 734
– zusammenfügen, 669, 697
Zeit
– Kommandos zu bestimmter ausführen, 635, 647
– Synchronisation, 176
zeitgesteuertes Ausführen von Programmen, 246
Zeitzone, 726
zforce, 738
zgrep, 738
Zielverzeichnis, 101
zip, 739
Zip-Archive
– auspacken, 728
– erstellen, 739
– teilen, 740
ZIP-Laufwerke, 360
zipsplit, 740
zless, 129, 740
zugreifen
– auf fremde Rechner, 558, 708, 716
Zugriffsdatum
– von Dateien, 723
Zwischenablage, 271